Beat Imhof
Woher wir kommen, wohin wir gehen
Der Himmel ist unsere Heimat

Beat Imhof

WOHER WIR KOMMEN, WOHIN WIR GEHEN

Der Himmel ist unsere Heimat

Deutsche Originalausgabe:
2. Auflage 2017
© Aquamarin Verlag GmbH
Voglherd 1
85567 Grafing
www.aquamarin-verlag.de

Umschlaggestaltung: Annette Wagner

Druck: CPI • Birkach

ISBN 978-3-89427-655-3

Inhalt

Leitgedanken ... 9
Vorwort ... 11
Einleitung ... 15

TEIL I • WOHER WIR KOMMEN ... 21
I. Was war am Anfang? ... 21
   1.1 Die Schöpfungsmythen ... 21
   1.2 Die kosmische Urkraft ... 26
   1.3 Die geistige Schöpfung ... 31
   1.4 Die präkosmische Katastrophe ... 36
   1.5 Die Herkunft des Bösen ... 44
   1.6 Der Fall in die Materie ... 50
   1.7 Zufall oder Schöpfungsplan ... 55
   1.8 Wie das Universum entstand ... 61
   1.9 Der Sonderfall Erde ... 71

2. Die Frage nach Gott ... 73
   2.1 Der unpersönliche Gott und der persönliche Gott ... 73
   2.2 Viele Götter oder ein einziger Gott ... 79
   2.3 Der väterliche und der mütterliche Gott ... 85
   2.4 Das menschliche Gottesbild ... 89
   2.5 Ist Gott allmächtig, allwissend und allgerecht? ... 95
   2.6 Warum greift Gott nicht ein? ... 106
   2.7 Ist Gott uns ferne oder nah? ... 109
   2.8 Ist die Existenz Gottes beweisbar? ... 112
   2.9 Der Anfang des religiösen Glaubens ... 120

3. Die Entstehung des Lebens ... 125
   3.1 Leben ist kein Zufallsprodukt ... 129
   3.2 Gibt es Leben aus Leblosem? ... 131
   3.3 Außerirdische Lebensspuren ... 133
   3.4 Selbstorganisation der Materie oder kreativer Impuls ... 137
   3.5 Das Experiment von Stanley Miller ... 140
   3.6 Bauelemente des Lebens ... 141

3.7 Die Entfaltung der Pflanzen- und Tierwelt 143
3.8 Elementar- und Naturgeister 147
3.9 Der Tod – Eine Erfindung des Lebens 151

4. Vom Wesen des Menschen 155
   4.1 Was ist der Mensch? 155
   4.2 Alles ist eins 157
   4.3 Die zweigeteilte Welt 160
   4.4 Die dreifache Wirklichkeit 163
   4.5 Der mehrdimensionale Mensch 165
   4.6 Der Unterschied zwischen Tier und Mensch 183
   4.7 Das programmierte Schicksal 187
   4.8 Wir sind Maskenträger 199
   4.9 Wie frei sind wir? 201

5. Die Herkunft des Menschen 207
   5.1 Biblischer Schöpfungsbericht und Kreatianismus 208
   5.2 Die Abstammungshypothesen nach Lamarck und Darwin 213
   5.3 Die Entwicklungsidee nach Teilhard de Chardin. 219
   5.4 Die Involutionstheorie 222
   5.5 Die Inkarnationslehre 223
   5.6 Der lange Weg zum Menschen 228
   5.7 Der Stammbaum der Menschheit 232
   5.8 Unser Schulungsplanet Erde 237
   5.9 Das geplante Leben 240

6. Was ist die Seele? 247
   6.1 Die Vitalseele des Menschen 251
   6.2 Das Doppelgesicht der Seele 257
   6.3 Die vitalen Energiezentren 259
   6.4 Die Aura als Spiegel der Vitalseele 265
   6.5 Vitamine der Seele 269
   6.6 Das seelische Immunsystem 275
   6.7 Fluchtwege der Seele 279
   6.8 Hygiene der Seele 287
   6.9 Seelische Heilungskräfte 290

7. Was ist der Geist? 303
   7.1 Die Geistseele des Menschen 304
   7.2 Die Herkunft der Geistseele 307
   7.3 Der Zeitpunkt der Beseelung 310
   7.4 Gehirn und Bewusstsein 318
   7.5 Das hirnunabhängige Denken 323
   7.6 Gehirn und Gedächtnis 327
   7.7 Lethe und der Schleier des Vergessens 330
   7.8 Geistiges Heilen 334
   7.9 Das Zusammenspiel von Körper, Vitalseele und Geistseele ... 338

TEIL II • WOHIN WIR GEHEN 347
8. Die jenseitige Reise 347
   8.1 Leben im Jenseits 350
   8.2 Parallelwelten und Gegenwelten 354
   8.3 Das Entsprechungsgesetz 358
   8.4 Das Gesetz der Anziehung 361
   8.5 Gleichgestimmte Schwingungswelten 364
   8.6 Erholungs- und Anpassungsschlaf 368
   8.7 Auferweckung oder Auferstehung 372
   8.8 Ist Unsterblichkeit beweisbar? 382
   8.9 Das Jenseits ist anders 386

9. Weiterleben im Jenseits 391
   9.1 Bilanz des Lebens 391
   9.2 Auf was es ankommt 395
   9.3 Nichts von „Ewiger Ruhe" 400
   9.4 Jenseitige Aufenthaltsorte 407
   9.5 Aufstiegs- und Entwicklungsstufen 413
   9.6 Lernschulen im Jenseits 417
   9.7 Gefahr droht von unten 421
   9.8 Hilfe kommt von oben 427
   9.9 Belehrung stammt von drüben 434

10. Was bedeutet Erlösung? 441
   10.1 Das jenseitige Paradies. 442

10.2 Ist der Tod der Sünde Sold? 445
10.3 Ursünde statt Erbsünde 450
10.4 Der göttliche Rettungsplan 457
10.5 Die Herkunft des Befreiers 460
10.6 Das wahre Erlösungswerk 467
10.7 Im Fegefeuer brennt kein Feuer 476
10.8 Gibt es eine ewige Verdammnis? 485
10.9 Die himmlischen Sphären 492

11. Die wiederholten Erdenleben 503
11.1 Leben wir nur einmal? 504
11.2 Neue Wahrheit und alter Irrtum 513
11.3 Einwände und ihre Widerlegung 517
11.4 Karma und Reinkarnation 526
11.5 Wiedergeburt als Chance 532
11.6 Rückführungen als Therapie 536
11.7 Sind Wunderkinder wiedergeborene Genies? 541
11.8 Erinnerungen an frühere Leben 552
11.9 Beweise für die Wiedergeburt 557

12. Kirche und Glaube 569
12.1 Konfession und Religion 570
12.2 Psychologie der Glaubensfunktion 576
12.3 Glaube und Unglaube heute 582
12.4 Kirchen in der Krise 589
12.5 Zunehmende Kirchenmüdigkeit 591
12.6 Wenig überzeugende Glaubenskraft 594
12.7 Was Atheisten glauben 598
12.8 Religion als Lebenshilfe 604
12.9 Das heutige Geistchristentum 610

Schlussgedanken 621

Anmerkungen 624
Literaturhinweise 684

Leitgedanken

Die menschliche Seele kann schon im gegenwärtigen Leben als verknüpft
mit zwei Welten zugleich angesehen werden.
IMMANUEL KANT, PHILOSOPH

Die Welt naturwissenschaftlich zu erklären, reicht nicht.
Es braucht einen Dialog zwischen Naturwissenschaft und Theologie.
ARNOLD BENZ, ASTROPHYSIKER

Viele Forscher hatten die Vorstellung, Religion könne langfristig
durch exaktes Wissen ersetzt werden. Nach unserer heutigen
Auffassung ist dieses Ziel prinzipiell unerreichbar.
HANS-PETER DÜRR, ATOMPHYSIKER

Die Gottesidee ist kein Fremdling im Reich der Physik,
sondern ihre eigentliche Heimat.
SIEGFRIED MARKUS, PHYSIKER

Der erste Trunk aus dem Becher der Naturwissenschaften
macht atheistisch, aber auf dem Grund des Bechers wartet Gott.
WERNER HEISENBERG, PHYSIKER

Je weniger Kenntnis ein Forscher besitzt, umso ferner fühlt er sich von
Gott. Je größer sein Wissen ist, umso mehr nähert er sich ihm.
ALBERT EINSTEIN, PHYSIKER

Glaube und Vernunft, Philosophie und Theologie sind ineinander
verschlungen: Man denkt im Glauben und glaubt im Denken.
HANS KÜNG, THEOLOGE

> Sagt es niemand, nur den Weisen,
> Weil die Menge gleich verhöhnet.
>
> J. W. VON GOETHE

Vorwort

Als eines seiner bekanntesten Werke schuf der französische Maler *Paul Gauguin* (1848-1903) das Bild einer tropischen Landschaft mit einer Gruppe von Tahitianerinnen vor grünblauem Hintergrund (1891). Unter sein Gemälde, das heute im Musée d'Orsay in Paris zu sehen ist, schrieb er die Worte: „Woher kommen wir? Was sind wir? Wohin gehen wir?" Das sind Fragen, die uns alle angehen, die aber von den meisten Menschen übergangen oder verdrängt werden.

„Unser Leben gleicht der Reise eines Wanderers in der Nacht." So beginnt das Beresina-Lied und vermittelt uns ein anschauliches Bild für unser Dasein in dieser Welt. In einem Kirchenlied heißt es: „Wir sind nur Gast auf Erden und wandeln ohn Ruh / mit mancherlei Beschwerden der ewigen Heimat zu."

So mancher Mensch weiß nicht, woher er kommt, was er hier soll und wohin er geht. Da ist es wohl angebracht, ab und zu innezuhalten, um sich zu fragen: Wer bin ich? Woher komme ich? Wohin soll ich gehen? Wer sich vergewissern will, wo er jetzt steht, sollte zurückschauen, um festzustellen, woher er gekommen ist. Ebenso müsste er sich vorausblickend fragen, wohin er nun gehen will. Eine derartige Standortbestimmung ist auch für uns notwendig, damit wir auf dem Weg zu unserem Endziel bleiben. Es handelt sich um die große Existenzfrage nach unserem Woher und Wohin, vor undenklichen Zeiten gestellt und nie bis ins Letzte erhellt. Bereits in den „Upanishaden" wurden vor Jahrtausenden die Fragen gestellt: Wer sind wir Menschen? Woher kommen wir? Wohin gehen wir? Warum leben wir?(1)

Nur wer darüber nachdenkt und eine einleuchtende Antwort findet, kann damit rechnen, den Sinn seines Lebens zu finden. Leider hat der Dichter *Matthias Claudius* (1740-1815) recht: „Wir wissen so wenig, wo wir herkommen, als wo wir hingehen, noch was wir hier eigentlich sollen und sind. Wir haben nichts in Händen, darauf wir uns verlassen und damit wir uns trösten und unser Herz stillen können."(2) Der hellsichtige Engländer *Shaw Desmond* hat sich sein Leben lang mit unserem geistigen Woher und Wohin beschäftigt und stellt fest: „Es ist eine Kuriosität unserer gegenwärtigen Zeit, dass sich der größte Teil der abendländischen Kulturmenschheit damit zufrieden gibt, zwischen Geburt und Tod gleichsam in der Luft zu hängen, und dass der Mensch von seinem Woher und Wohin nichts weiß und dass ihm auch die Kirchen außer vagen Andeutungen und einigen mehrdeutigen Bibelsprüchen nichts Konkretes zu bieten vermögen."(3)

Wir Menschen kommen und gehen und sind nur vorübergehend hier auf unserem Planeten Erde. Vor kurzem waren wir noch nicht hier, und in Kürze werden wir nicht mehr hier sein. Unsere Anwesenheit hier auf Erden ist zeitlich beschränkt. Wir sind Vorübergehende ohne feste Bleibe. Wir sind Fremde mit befristeter Aufenthaltsgenehmigung. Wir sind Wanderer zwischen zwei Welten. Wir sind Passanten auf der Durchreise. Dies lehrt uns folgende Geschichte: „Ein alter Rabbi wohnte in einem einfachen Zimmer. Dieses war recht bescheiden, ja fast ärmlich eingerichtet. Da stand ein Tisch, davor ein Stuhl, in der Ecke eine Liege, daneben lagen ein paar Bücher, das war alles. Eines Tages trat ein junger Besucher ein und sah erstaunt, wie einfach der gelehrte Mann da hauste. „Rabbi, wo hast du deine Möbel?", wollte der Fremde wissen. „Und wo sind deine?", fragte der Alte zurück. „Meine Möbel? Ich habe keine bei mir, ich bin ja bloß auf der Durchreise." „Ich auch", antwortete der jüdische Gelehrte." (4)

Es ist faszinierend, uns rückwärts blickend zu fragen, wo wir vor unserem jetzigen Leben waren, und ebenso ist es ratsam, vorausschauend darüber nachzudenken, wo wir nach unserem jetzigen Dasein sein werden. Endgültige Antworten werden wir trotz allen Hinterfragens und Ergründenwollens wohl kaum erhalten. Aber wir werden dabei auf dem Weg der fortschreitenden Selbsterkenntnis ein gutes Stück weiterkommen, was unserem Leben und Streben einen tieferen Sinn verleiht. Noch heute wissen die wenigsten eine Antwort auf die Frage nach unserem Woher und Wohin. Der Quantenphysiker *Michael König*, der seit drei Jahrzehnten den Zusammenhang zwischen Geist und Materie erforscht, stellte im Jahr 2011 fest, dass es immer noch nur „eine Minderheit ist, die wirklich wissen will, wo die Menschen herkommen, wo sie hingehen und welche geistigen und seelischen Entwicklungsmöglichkeiten sie überhaupt haben".(5)

Durch die heutigen Naturwissenschaften lassen sich diese Fragen nicht erschöpfend beantworten. Sie kennen sich nur auf der einen Wirklichkeitsebene aus, nämlich auf der sinnlich wahrnehmbaren Ebene unserer diesseitigen materiellen Welt. Was darüber hinausreicht, ist ihnen zumeist fremd. Auch die Geisteswissenschaften, welche sich mit der spirituellen Seite der Wirklichkeit befassen, sind uns bis heute auf diese Grundfragen unseres menschlichen Daseins eindeutige Antworten schuldig geblieben. Selbst die verschiedenen religiösen Konfessionen vermochten uns bis heute keine einleuchtenden Wahrheiten zu vermitteln, sonst würden sie nicht derart widersprüchliche Ansichten vertreten.

Da der Mensch nicht nur ein körperliches, sondern auch ein geistbegabtes Wesen ist, muss seine Herkunft eine zweifache sein: Eine natürliche und eine übernatürliche, eine materiell-diesseitige und eine spirituell-jenseitige. Wegen dieser doppelten Herkunft sind wir Menschen sozusagen Bewohner zweier Welten. Als solche sind wir von himmlischer Herkunft dem Geiste nach, von irdischer Abkunft dem Körper nach. Daher gehören wir sowohl einem vergänglichen als auch einem unvergänglichen Ursprungsland an. So sah es die Mystikerin *Hildegard von Bingen* (1098-1179) vor nahezu tausend Jahren, als sie schrieb: „Die Seele stammt vom Himmel, der Leib von der Erde."

Wir leben hier nur vorübergehend in einer materiellen Welt und kehren nach unserem Erdendasein in die geistige Welt zurück, die unsere wahre Heimat ist. Diese bezeichnete schon *Platon* (um 428-348 v. Chr.) als jenen „überhimmlischen Ort", den wir erreichen werden, wenn wir unsere Seele in jenen ursprünglichen Zustand der Reinheit bringen, den sie verloren hat.(6)

Im Jahr 1818 sagte *Goethe* (1749-1832) zu *Caroline von Egloffstein*: „So zwingt uns doch eine innige Sehnsucht, den Blick immer wieder zum Himmel zu erheben, weil ein unerklärbares tiefes Gefühl uns die Überzeugung gibt, dass wir Bürger jener Welten sind, die so geheimnisvoll über uns leuchten und wir einst dahin zurückkehren werden." Im Jahr 1824 äußerte er in einem Gespräch mit *J. P. Eckermann* (1792-1854): „Der Mensch, wie sehr ihn auch die Erde anzieht mit ihren tausend und abertausend Erscheinungen, hebt doch den Blick forschend und sehnend zum Himmel auf, der sich in unermesslichen Räumen über ihm wölbt, weil er tief und klar in sich fühlt, dass er ein Bürger jenes geistigen Reiches sei, woran wir den Glauben nicht abzulehnen noch aufzugeben vermögen. In dieser Ahnung liegt das Geheimnis des ewigen Fortstrebens nach einem unbekannten Ziel." In einem kleinen Gedicht aus dem Jahr 1825 schreibt der Weise von Weimar: „So löst sich jene große Frage / Nach unserem zweiten Vaterland. / Denn das Beständige der ird'schen Tage / Verbürgt uns ewigen Bestand."(7)

Eine letzte Gewissheit, wohin uns der Weg des Lebens führt, werden wir wohl nie gewinnen, solange wir unterwegs sind. Wir werden dem großen Psychologen *Carl Gustav Jung* (1875-1961) zustimmen müssen, der in seinem letzten Lebensjahr zur Einsicht kam: „In nichts bin ich ganz sicher. Ich habe keine definitive Überzeugung – eigentlich von nichts. Ich weiß nur, dass ich geboren wurde und existiere, und es ist mir, als ob ich getragen würde. Ich lebe auf der Grundlage von etwas, das ich nicht kenne. Trotz aller Unsicherheit fühle ich eine Solidität des Bestehenden und eine Kontinuität meines Soseins. Die Welt, in die wir hineingeboren werden, ist roh und grausam und zugleich von göttlicher Schönheit. Es ist eine Temperamentssache zu glauben, was überwiegt, die Sinnlosigkeit oder der Sinn."(8)

Es gibt heute ungezählte Anleitungen zur Lösung von Krisen und Konflikten in Partnerschaft, Familie, Beruf und Gesellschaft. Wohlfühlprogramme und Erfolgstrainings werden angeboten. Wozu dies alles für uns Menschen letzten Ende gut sein soll, wird freilich nicht gesagt, weil das angestrebte Ziel am Vordergründigen und Oberflächlichen hängen bleibt. Auf was es wirklich und langfristig ankommt, kann nur der wissen, der für seinen ganzen Lebensweg einen entsprechenden Plan als Orientierungshilfe kennt. Dieser muss ihm aufzeigen können, woher er kommt, wozu er hier ist und wohin er geht. Das vorliegende Buch möge ihm hierzu eine sinnvolle Lebenshilfe bieten.

Für unser Woher und Wohin fand der Dichter *Ludwig Uhland* (1787-1862) die nachfolgenden Worte:

Du kamst, du gingst mit leiser Spur.
Woher? Wohin? Wir wissen nur:
Ein flüchtiger Gast im Erdenland;
Aus Gottes Hand in Gottes Hand.

Einleitung

So mancher Mensch ist sich seiner wahren Herkunft nicht bewusst. So lebt er alltäglich und gewöhnlich dahin, ohne zu wissen, wer er eigentlich ist. Ihm ergeht es ähnlich wie jenem Adler, der sein Leben lang glaubte, ein Huhn zu sein. Hiervon erzählt folgende Geschichte: „Ein Mann fand auf einer Wiese ein Adlerei. Ohne zu fragen, woher es kam, legte er dieses in das Nest einer brütenden Henne. Der junge Adler schlüpfte mit den Küken aus und wuchs mit diesen auf. Sein ganzes Leben lang benahm er sich wie ein Huhn. Ohne je seine Flügel zum Flug zu breiten, scharrte er mit den Hühnern im Hinterhof und auf dem Miststock. Nachts schlief er nach Hühnerart stehend auf einem Bein. Eines Tages sah er hoch über seinem engen Gehege einen herrlichen Vogel mit weitgespannten Flügeln frei dahingleiten. Voll Bewunderung schaute der gefangene Jungadler ihm nach. „Wer ist das?", fragte er den Hahn, der gerade vorbeistolzierte. „Das ist der Adler, der König der Lüfte", erklärte ihm der Gockel, „doch kümmere dich nicht darum; du und ich, wir sind von anderer Abkunft." Also dachte er nicht mehr weiter darüber nach. Etliche Jahre danach starb der Adler, immer noch im Glauben, ein Huhn gewesen zu sein. So bewahrheitet sich: Wer das Denken eines Huhnes hat, für den bleibt die Welt ein Hühnerstall."(1)

Auch die Frage, wohin wir nach dem Verlassen unseres irdischen Daseins gehen, bleibt den meisten Menschen ein Rätsel. In Europa sind rund 50% der hierzu Befragten der Ansicht, nach dem Tod sei alles aus – und was von uns bliebe, sei das Nichts. Vor Jahren hielt ich in einem Rotary-Club einen Vortrag. In der Diskussion fragte ich die Anwesenden, alles gebildete Herren und führende Geschäftsleute: „Woher kommen wir?" Ein Mann der Wirtschaft antwortete mir: „Von nirgends." Als ich wissen wollte, wohin wir im Tode gehen, meinte ein reformierter Pfarrer: „Ins Nichts." Leider müssen wir noch heute dem Rosenkreuzer *Max Hein-*

del beipflichten: „So weit die breite Masse der Menschheit in Betracht kommt, sind die drei großen Fragen: Woher sind wir gekommen? Warum sind wir hier? Wohin gehen wir? bis zum heutigen Tag unbeantwortet geblieben."(2)

Die offiziellen Hüter der Wahrheit auf Kanzel und Katheder sind kaum in der Lage, auf diese uralten Menschheitsfragen einleuchtende Antworten zu geben. Wir fühlen uns im Alltagsleben kaum angesprochen von der abgehobenen Sprache des indischen Jesuiten *Francis X. D'Sa,* (geb.1936), Professor für Indische Religionen und Philosophie in Poona: „Unser *Woher* ist die bedingungslose Liebe, die zugleich eine vergegenwärtigende und damit innerlich befreiende und zur Gemeinschaft führende Liebe ist. Unser *Wohin* ist eine zur Gemeinschaft drängende Liebe."(3) Damit fehlt auch eine klare Antwort auf die Frage nach dem Sinn des Lebens. In einem Vortrag in München erklärte *Richard Steinpach* im Jahr 1979: „Die Fragen nach dem Sinn des Lebens, die Fragen nach dem Wohin und Woher, nach den wirkenden Schöpfungsgesetzen sind heute dringender als je zuvor!"(4) So müssen wir dem evangelischen Pfarrer *Till A. Mohr* beipflichten: „Menschen, die nach dem Sinn, dem Woher und Wohin des irdischen Lebens fragen, stoßen auf Probleme, die sie mit Hilfe des ihnen überlieferten kirchlichen Glaubens nicht lösen können."(5)

Fragen wir uns, was Denker und Dichter im Lauf der Zeit auf die Frage nach unserem Woher und Wohin zu sagen wussten. Von einem Philosophen aus dem alten Persien stammen die Worte: „Ich kam in diese Welt und weiß nicht warum, noch woher, gleich den vom Himmel fließenden Wassern. Ich gehe hinaus gleich den Winden in der Wüste und weiß nicht wohin." Der Universalgelehrte *G. E. Lessing* (1729-1781) fragte: „Der Mensch – wo ist er her? Zu schlecht für einen Gott, zu gut für ein Ungefähr." Ein unbekannter Dichter schrieb: „Niemand kann sagen, wo ich hergekommen bin. Und wo ich hingehe, da gehen alle Dinge hin. Der Wind weht, das Meer geht und niemand versteht." In einem Gedicht des Malers *Ludwig Thoma* (1839-1924) aus „Achtzig Lebensjahren", das manchmal dem Mystiker *Angelus Silesius* (1624-1677) zugeschrieben wird, heißt es:

> Ich komm', weiß nit woher,
> ich bin und ich weiß nit wer,
> ich leb' und weiß nit wie lang,

ich sterb' und weiß nit wann,
ich geh und weiß nit wohin:
Mich wundert's, dass ich fröhlich bin.

Es handelt sich um die Nachdichtung einer mittelalterlichen Poesie des Theologen *Martinus von Biberach* aus dem Jahr 1498, Ähnlich schreibt der Dichter und Arzt *Justinus Kerner* (1786-1862): „Ich weiß nicht, woher ich gekommen, ich weiß nicht, wohin ich werd' genommen." Sogar der geniale Geist *Goethes* befand sich hier im Ungewissen, als er schrieb: „Der Mensch ist ein dunkles Wesen, er weiß nicht, woher er kommt, noch wohin er geht. Er weiß wenig von der Welt und am wenigsten von sich selbst." In seinen Nordsee-Bildern schreibt der deutsche Lyriker *Heinrich Heine* (1797-1856): „Was bedeutet der Mensch? Woher ist er gekommen? Wohin geht er? Wer wohnt dort droben auf goldenen Sternen?" Der amerikanische Schriftsteller und Nobelpreisträger *Ernest Hemingway* (1899-1961) fand: „Mein Leben ist ein dunkler Weg geworden, der nach Nirgendwo hinführt und wieder nach Nirgendwo, und noch einmal nach Nirgendwo, dunkel und ohne Ende nach Nirgendwo." Kaum einsichtiger gab sich der lettische Dichter *Werner Bergengruen* (1892-1964): „Ich weiß nicht mehr, woher ich komm und nicht, wohin ich geh." Der französische Schriftsteller und Nobelpreisträger *Albert Camus* (1913-1960) hielt es für absurd, dass wir in einem Universum ohne Sinn und Ziel leben müssen, und schrieb in seinem „Sisyphos-Mythos": „Wenn der Mensch erkennen würde, dass auch das Universum lieben und leiden kann, dann wäre er versöhnt. Aber in einem Universum, das plötzlich der Illusionen und des Lichts beraubt ist, fühlt sich der Mensch fremd. Aus diesem Verstoßen-sein gibt es für ihn kein Entrinnen, weil er der Erinnerung an eine verlorene Heimat oder der Hoffnung auf ein gelobtes Land beraubt ist. Dieser Zwiespalt zwischen dem Menschen und seinem Leben, zwischen dem Schauspieler und seinem Hintergrund ist eigentlich das Gefühl der Absurdität."(6) Nicht weiter in seinem Streben nach Selbsterkenntnis kam *Hermann Hesse*, wenn er einsieht: „Ach, man weiß so wenig, so verzweifelt wenig von den Menschen. Hundert Jahreszahlen von lächerlichen Schlachten und Namen von lächerlichen alten Königen hat man in der Schule gelernt, aber vom Menschen weiß man nichts! Wenn eine Glocke nicht schellt, wenn ein Ofen raucht, weiß man sogleich, wo zu suchen, wie er zu heilen ist. Aber von unserem eigenen Wesen, von dem, was allein schuld ist an unserem Glück und Weh, von dem wissen wir nichts, gar nichts. Ist das nicht wahnsinnig?" Der Schriftsteller *Manfred Heuer* bedauert: „Woher wir kommen, wissen wir nicht, auch nicht, wohin wir gehen. Wir werden in das Leben hineingeworfen und nach einer längeren oder kürzeren Lebensdauer in die Nacht des Todes gestoßen."(7) Gleicher Meinung ist der rumänisch-deutsche Publizist *Richard Reschika*: „Wir wissen so wenig, wo wir herkommen, als wo wir hingehen, noch was wir eigentlich hier sollen und sind; und wir haben nichts in den Händen, worauf wir uns verlassen und womit wir uns trösten und unser Herz stillen können."(8)

Auch unter den *Philosophen* blieben sehr viele im Ungefähren und Unbestimmten. Schon vor zweitausend Jahren schrieb der römische Philosoph *Seneca* (4 v.Chr.-65 n.Chr.) an seinen Freund *Lucilius*: „Du meinst, es sollte mich nicht kümmern, woher ich selbst gekommen bin? Ob ich diese Welt nur einmal erblicke oder öfter geboren werde? Wohin ich von hier gehe? Was meine Seele erwartet, wenn sie die Erde verlässt?"(9) Der englische Philosoph *David Hume* (1711-1776) gestand: „Wenn ich um mich blicke, sehe ich überall nur Widerspruch, Verwirrung und Streit. Und wenn ich in mich schaue, stoße ich allenthalben auf Zweifel und Ungewissheit. Wer bin ich? Woher komme ich? Wohin führt mein Weg? Ich befinde mich mit diesen Fragen in tiefster Dunkelheit." Nicht besser erging es dem französischen Philosophen *Voltaire* (1694-1778), als er fand: „Manchmal bin ich nahe daran, in Verzweiflung zu versinken, wenn ich bedenke, dass ich nach allem Forschen nicht weiß, woher ich komme, was ich bin, wohin ich gehe, was aus mir werden wird." Der dänische Religionsphilosoph *Sören Kierkegaard* (1813-1855) fragt: „Wo bin ich? Wer bin ich? Wie kam ich dazu, hier zu sein? Was ist das, was man die Welt nennt? Wie bin ich in diese Welt gekommen? Warum hat man mich nicht gefragt? Und wenn ich schon gezwungen bin, daran teilzunehmen, wo ist der Chef? Ich würde ihn gerne sehen." *Rudolf Steiner* (1861-1925), der Begründer der Anthroposophie, gesteht: „Wenn es sich aber um das handelt, was die höchste Bestimmung des Menschen genannt werden soll, dann gelangt das Denken der Gegenwart in eine schier verzweiflungsvolle Unsicherheit."

Auch einige moderne Denker wissen unserem Woher und Wohin keinen tieferen Sinn abzugewinnen. *Martin Heidegger* (1889-1976) beurteilt unser Leben als ein Geworfensein ins Dasein und als ein Sein zum Tode.

Noch sinnloser empfand es *Jean Paul Sartre* (1905-1980), als er schrieb: „Es ist irrsinnig, dass wir leben; es ist unsinnig, dass wir sterben." Für ihn ist der Mensch „einer zufälligen Laune der Natur entsprungen, sinnlos zu Bewusstsein und Freiheit verdammt, ins Dasein geworfen, sich selbst zum Ekel geworden, und ist letztlich als völlig überflüssig in dieser Welt nicht mehr als ein sinnloses Zuviel". Der Psychoanalytiker *Ingnace Lepp* fragte sich: „Was gelten alle unsere Kenntnisse der äußeren Welt, wenn wir nicht wissen, was wir selber eigentlich sind. Dort hat die wissenschaftliche Kenntnis der Natur seit dreihundert Jahren Riesenfortschritte gemacht, während unsere Kenntnis des Menschen kaum vollständiger ist als die von Sokrates und Diogenes." Auf seine humoristische Art schrieb *Erich Kästner* (1899-1974): „Wir fahren alle im gleichen Zug. Und keiner weiß wohin."(10)

Was sagen uns die *Naturwissenschaftler* hierzu? Im 17. Jahrhundert verzweifelte der französische Mathematiker *Blaise Pascal* (1623-1662) beinahe ob der Unmöglichkeit, auf die Frage nach unserem Woher und Wohin eine befriedigende Antwort zu finden. Er gestand: „Ich sehe das stumme Universum und den Menschen ohne Licht, sich selbst hingegeben und wie verirrt in diesen Winkel des Alls, ohne zu wissen, wer ihn dort hingestellt, wozu er da ist, was er im Tode wird, aller Erkenntnis bar. Und ich erschrecke wie ein Mensch, den man ihm Schlaf auf eine öde, einsame Insel verbannt hat, und er erwacht, ohne zu wissen, wo er ist, ohne Macht zu entrinnen. Das ewige Schweigen dieser unendlichen Räume erschreckt mich. Und ich wundere mich, wie man ob dieses elenden Zustands nicht in Verzweiflung verfällt."(11) Nicht anders dachte der Naturforscher *Alexander von Humboldt* (1769-1859), als er feststellte: „Das ganze Leben ist der größte Unsinn. Wüssten wir wenigstens, warum wir auf der Welt sind. Aber das bleibt dem Denker ein Rätsel." Selbst *Albert Einstein* (1879-1955), dem religiöse Vorstellungen nicht fremd waren, vermerkte: „Seltsam ist unsere Lage hier auf dieser Erde. Jeder kommt hierher, ungebeten und ungerufen zu kurzem Aufenthalt, ohne zu wissen warum und wozu."(12) Der Physiker *Max Planck* schrieb: „Woher komme ich und wohin gehe ich? Seit Jahrtausenden haben Wahrheitssucher über unser Woher und Wohin nachgedacht. Das ist die große, unergründliche Frage, die für jeden von uns gleich lautet. Die Wissenschaft kennt die Antwort nicht." Auch der französische Biochemiker und Nobelpreisträger für Medizin, *Jacques Monod*, der den Menschen als „Zigeuner am Rande des Universums" bezeichnete, schrieb 1970 in seinem Buch „Zufall und Notwendigkeit": „Der Mensch weiß endlich, dass er in der teilnahmslosen Unermesslichkeit des Universums allein ist, aus dem er zufällig hervortrat. Nicht nur sein Los, auch seine Pflicht steht nirgendwo geschrieben."(13) Tiefgründig forschte der französische Arzt *Alexis Carrel* nach dem Wesen des Menschen und beschreibt ihn schließlich in seinem Buch „Der Mensch – das unbekannte Wesen" als ein nicht erkanntes Wesen. Der Parapsychologe *J.B. Rhine* fragte: „Was sind wir Menschen – du und ich? Niemand weiß es. Man weiß eine ganze Menge vom Menschen, aber seine eigentliche Natur – das, was bewirkt, dass er sich so und nicht anders verhält – ist noch immer ein tiefes Geheimnis."

Hoffen wir, dass *Ian Currie* Recht behält, wenn er feststellt: „Wir sind die 2000. Menschheitsgeneration, die von der grundlegendsten aller Fragen heimgesucht wird, die sich der Mensch stellen kann: Warum bin ich hier? Warum lebe ich? Woher komme ich und was wird aus mir, wenn ich sterbe? Doch wir werden die letzte Generation sein, die auf diese Fragen keine Antwort hat."(14) Es ist, wie der Psychologe *Alfred Dalliard,* von der Geistchristlichen Gemeinschaft in Zürich, zutreffend schreibt: „Was heute dem Menschen in erster Linie fehlt, ist ein Ur- und Grundwissen über seine Herkunft, über seine Vergangenheit. Der Mensch hat seine Herkunft vergessen. Dieses ‚Grund'-legende Wissen ist ihm im Verlauf der Zeit verloren gegangen.(15). Diesen Fragen nachzugehen, ist die Absicht des vorliegenden Buches, damit einleuchtende Antworten gefunden und all jene Unsicherheiten behoben werden, die heute immer noch nachklingen in dem Musical „Hair" aus dem Jahr 1968:

Wo komm ich her?
Wo geh ich hin?
Sagt, wozu?
Sagt, woher?
Sagt, wohin?
Sagt, worin
liegt der Sinn?

Teil I · Woher wir kommen

Wer wissen will, wohin er geht,
muss wissen, woher er kommt.
WILL QUADFLIEG

I. Was war am Anfang?

„Am Anfang war das Wort", heißt es in der Bibel. „Am Anfang war die Idee", lehrte *Platon* seine Schüler. „Im Anfang war die Tat", lässt *Goethe* den Doktor Faust in seinem Studierzimmer sprechen. „Am Anfang war der Wille", meinte *Schopenhauer*. „Am Anfang war die Kraft", schrieb *Gandhi*. Am besten formulierte es der englische Astronom *Eddington* (1882-1944): „Der Stoff der Welt ist der Stoff des Geistes." Also war am Anfang aller Dinge nicht die Materie, sondern der schöpferische Geist.(1)

1.1 Die Schöpfungsmythen

Die Schöpfungsmythen sind leicht verständliche symbolische Antworten auf die Fragen nach dem Ursprung der Welt und des Menschen. Sie dienten seit Urzeiten dazu, den Menschen nicht nur den Willen der Götter kundzutun, sondern auch den Lauf der Welt und das menschliche Schicksal zu erklären. Es gibt wohl kein Volk, das sich über das Woher des Menschen nicht seine Gedanken gemacht und uns seine Vorstellungen in anschaulichen Bildern und verständlichen Erzählungen überliefert hat. In den Anfangszeiten dachten die Menschen an einen Schöpfungszauber, wenn sie das Entstehen der Welt erklären wollten. Hiervon zeugen zahlreiche Mythen (gr. *mythos*: Sage, Legende). Es handelt sich um verschleierte Aussagen von verborgenen Wahrheiten, wie sie seit Tausenden von Jahren über alle Generationen hinweg weitergereicht wurden. *C.G. Jung* nannte sie *Archetypen,* also Urbilder der Seele, die sich aufgrund Jahrtausende alter Erfahrungen dem kollektiven Unbewussten der Menschheit eingeprägt haben.(2) Mit ihnen werden Ur-Erfahrungen der Menschheit in bildhafter Form zum Ausdruck gebracht, wie dies auch in den Träumen geschehen kann. Deshalb werden die Mythen auch „Träume der Völker" genannt.

Die meisten Schöpfungsmythen lassen die Welt nicht aus dem Nichts, sondern aus einem Urzustand der Finsternis oder aus einem uranfänglichen Chaos entstehen.(3) Die Babylonier kannten eine Zeit, in der überall Finsternis herrschte. Die phönizische Schöpfungsgeschichte setzt an den Anfang finstere Luft und dunkles Chaos. Der griechische Naturphilosoph *Anaxagoras* (um 499-428 v. Chr.) lässt den Kosmos durch einen Wirbelwind aus dem Chaos entstehen. Nach einem indischen Mythos waren am Anfang die dunkle Nacht und das wogende Meer. Die alten Germanen dachten sich den Anfang der Schöpfung als dunklen Abgrund.(4) Sie setzen also die Existenz von etwas voraus, das bereits vor dem Entstehen der Welt vorhanden war. In diesem Sinn bedeutet Chaos nicht das Nichts, sondern der anfängliche Zustand, das „Tohuwabohu", wie es in der hebräischen Bibel (1 Mo 2) genannt wird. Auch nach den griechischen Göttersagen war am Anfang das Chaos. Aus dessen unterer Region entstand die Erdenmutter *Gaia*, aus der oberen Region der Himmelsvater *Uranos*. Aus deren Liebesverbindung ging das Universum hervor. Nach einem römischen Mythos soll die Erdgöttin *Rheia* den Himmelsgott *Kronos* in dem Augenblick geboren haben, als sie aus dem Urmeer auftauchte. Mit ihm ist der ganze Kosmos entstanden.(5) Ein alter persischer Mythos berichtet, dass Gott den Himmel aus glänzendem Metall erschuf. Aus diesem ließ er das Wasser und die Erde entstehen und mit ihr die Mineralien, die Pflanzen, die Tiere und schließlich den Menschen.(6) Nach den meisten Schöpfungserzählungen stand am Anfang entweder das Licht, der Ton oder ein Wort. In der indischen Mythologie wird erzählt: Am Anfang sprachen die Götter die schöpferische Silbe OM aus, und alle irdischen Dinge entstanden aus diesem heiligen Ton. Im indischen Veda wird ein großer Künstler erwähnt, der den Weltraum ausgemessen hat und alle Dinge aus der Urmaterie entstehen ließ. Auch die Veden kennen also eine Genesis. Sie beschreiben zwei Schöpfungsvorgänge. Die Urschöpfung wird dem Gott *Vishnu* zugeschrieben, der durch sein Ausatmen immer wieder ein neues Universum entstehen und beim Einatmen wieder vergehen lässt. Das ist die primäre Schöpfung. Innerhalb der einzelnen Uni-

versen kommt es zu einer sekundären Schöpfung durch Gott *Brahma,* der durch sein göttliches Schöpferwort „Es werde Licht!" in sieben Schritten Himmel und Erde, Geist und Materie, Tag und Nacht und alles Leben erschaffen hat. (7) In einem anderen Mythos heißt es: „Indem Gott mit seiner kreativen Intelligenz die Ur-Materie anblickte, formte und gestaltete er die sichtbare Welt und mit ihr Raum und Zeit."(8)
Nach der altägyptischen Mythologie hat Gott *Chnum* die Welt erschaffen, indem er auf seiner Töpferscheibe aus Lehm das Weltenei formte, aus dem die Pflanzen, die Tiere und der Mensch hervorgegangen sind. Auch in der chinesischen Mythologie ist die Rede von einem Weltenei, aus dem der ganze Kosmos entstanden ist. Eine andere mythische Erzählung aus dem alten Ägypten weiß zu berichten, dass Gott *Atum* im Urmeer lebte. Ganz allein schuf er das Götterpaar *Shu* und *Tefnut,* die Luft und die Feuchtigkeit. Diese vermählten sich. Ihre Kinder waren *Nut,* die göttliche Himmelsmutter, und *Gebeb,* die Göttin und Mutter der Erde. Ein Schöpfungsmythos der *Sumerer,* aus dem 4. vorchristlichen Jahrtausend, weiß zu berichten, dass die Welt von zwei Gottheiten geschaffen wurde, von *En,* dem männlichen Himmelsgott, und von *Ki,* der weiblichen Erdgöttin. Das Schöpferpaar *Enki* erschuf danach alle Dinge. Nach einem babylonischen Mythos schuf *Marduk,* nachdem er im Urmeer den Drachen *Tiamat* besiegt hatte, die Welt zunächst in der Gestalt eines Vogeleis aus glänzendem Metall. In einem griechischen Schöpfungsmythos heißt es, dass die Urnacht vom Wind befruchtet wurde und danach das silberne Weltenei in den Schoß der Dunkelheit gelegt wurde. Aus diesem trat der Liebesgott *Eros* hervor, der die Welt mit vielfältigem Leben beschenkte.(9)

Was die Herkunft des Menschen betrifft, nehmen überlieferte Mythologien an, die Welt und die Menschen seien aus den weiblichen Elementen Erde und Wasser und aus den männlichen Elementen Luft und Feuer hervorgegangen. In der biblischen Schöpfungsgeschichte lesen wir, Gott habe den ersten Menschen „aus Erde vom Ackerboden" (Gen 2,7) gebildet. Ein ähnliches Bild begegnet uns im Koran. Dort heißt es in Sure 15, dass Allah den menschlichen Körper aus feuchter Lehmerde gebildet habe, doch den Geist habe er aus der Glut des Feuers geschaffen. Bei den Griechen wird der Göttersohn *Prometheus* für den Schöpfer des Menschengeschlechts gehalten. Er soll in einer Töpferei bei Panopeus in Böotien aus Lehm die ersten Menschen geformt haben. Auf seine Bitte hauchte die Göttin *Athene* diesen Geschöpfen neues Leben ein. Ein Mythos aus Zentralasien schildert, wie der göttliche Urgeist *Singbonga* Schlamm von der Erde nahm und mit seinen Fingern eine menschliche Gestalt knetete, der er Leben einhauchte. Laut der jüdisch-christlichen Bibel formte Gott den Menschen aus einem Klumpen Erde und blies ihm den lebendigen Odem in die Nase. (1 Mo 2,7) Ein altchinesischer Mythos weiß: Ehe Himmel und Erde sich getrennt haben, formte die Göttin *Niü-Kua* auf ihrer Töpferscheibe aus Lehm den ersten Menschen. Gemäß einem japanischen Mythos gab es am Anfang der Zeit ein Götterpaar, das den ersten Menschen aus dem Schlamm des Meeres bildete. Ähnlich erklärt ein afrikanischer Mythos, wie der höchste Gott *Juok* das erste Menschenpaar aus trockener Ackererde schuf. Das mittelamerikanische Urvolk der Inkas nimmt an, dass der Gott *Huiracocha* zuerst die Erde erschaffen hat, dann das Wasser, danach die Wälder und die Tiere. Zuletzt formte er den Menschen aus Töpfererde. Der südamerikanische Stamm der *Bakairi* kennt den Mythos, dass die Götter den ersten Menschen zunächst aus Bienenharz geformt haben. Als die Sonne schien, sei dieser dahingeschmolzen. Dann nahmen sie Tonerde und formten daraus den Menschen. Ein Indianerstamm aus dem Amazonas-Gebiet weiß von einem göttlichen Urwesen zu berichten, das für den allmächtigen Stammvater gehalten wird, der alle Lebewesen aus Lehm geformt hat.

Neben dem männlichen Schöpfergott wird auch eine weibliche Gottheit als Schöpferin der Welt angenommen. Auch der Indianerstamm der *Chamacoca* in Südamerika verehrte eine göttliche Urmutter, die auf der Sonne lebte. Sie schenkte zunächst den Göttern das Leben, dann allen Lebewesen auf Erden. Ein anderes Indianervolk erzählt von der Großen Erdenmutter, von der die Mondgöttin und der Sonnengott abstammen sollen.

Ein altpersischer Mythos aus dem Jahr 500 v. Chr. erzählt von einer uranfänglichen Schöpfung in einem Sieben-Tage-Werk. In diesem wird berichtet: „Am Anfang schuf Gott den Himmel und die Erde. Alles, was geschaffen wurde, ist unterhalb des Himmels. Als Zweites schuf er aus der Substanz des Himmels das Wasser. Als Drittes ließ er aus dem Wasser die Erde hervorgehen. Dann schuf er die Pflanzen, als Fünftes formte er die Tiere. Und als Sechstes schuf er den Menschen, um dann zu ruhen. (10) Der Schöpfungsbericht der Bibel enthält zwei verschiedene Fassungen. Die sogenannte Priesterschrift (1 Mo 1,1-31) entstand nach dem babylonischen Exil um das Jahr 500 v.Chr. Diese lehnt sich an das ältere

Gilgamesch-Epos aus der babylonisch-assyrischen Tradition an, dessen früheste Niederschrift gut tausend Jahre älter ist. Der zweite Schöpfungsbericht der Bibel (2 Mo 4-25) ist der ältere von beiden und wurde in der überlieferten Form um das Jahr 900 v.Chr. niedergeschrieben. Wer die Verfasser waren, ist unbekannt. Sicher sind sie mythologischen Ursprungs. Nach der biblischen Erzählung lag die unerschaffene Finsternis über dem Abgrund. Als Gott sprach „Es werde Licht!" schuf er zuerst den Tag und die Nacht. So entstand aus der ursprünglichen Einheit die Zweiheit als Symbol für die materielle Welt. Am zweiten Tag trennte er den Himmel von der Erde und das Festland vom Meer. Als der dritte Tag anbrach, schuf er die Pflanzenwelt. Am vierten Tag setzte er die Sonne, den Mond und die Sterne an das Firmament. Dann wurde am fünften Tag die gesamte Tierwelt ins Dasein gerufen. Schließlich schuf Gott den Menschen: Zuerst den Mann, dann die Frau. (1 Mo 1-30)

Zusammenfassend lässt sich sagen: Die Mehrzahl der überlieferten Schöpfungsmythen geht davon aus, dass die Welt einen Anfang hatte und ihr Dasein nicht dem blinden Zufall verdankt, sondern von einer göttlichen Schöpfermacht erschaffen wurde. Sie stimmen darin überein, dass diese schöpferische Kraft bereits vorhanden war, ehe alle Dinge ins Dasein traten. So ist die Welt weder aus dem Nichts noch aus sich selber entstanden. Es wird zuvor ein ungeordnetes Chaos angenommen, in das eine höhere Macht durch ihre Gesetzgebung eine geregelte Ordnung brachte. Nahezu alle Mythen anerkennen ein höchstes Geistwesen, dem schöpferische Fähigkeiten zugesprochen werden. Diese beziehen sich zur Hauptsache auf die Erschaffung des Menschen aus den Elementen der Erde durch ein himmlisches Wesen, wobei männliche Himmelskräfte mit dem weiblichen Erdelement zusammenwirkten. Was in bilderreicher Sprache als einmalige symbolische Schöpfungstat überliefert wird, ist in Wirklichkeit eine viele Milliarden Jahre dauernde kosmische Entwicklungsgeschichte. Kein einziger Schöpfungsmythos lässt die Welt zufällig aus dem Nichts entstehen. Gemäß dem geozentrischen Welt- und Menschenbild des Altertums ist der Mensch seiner Herkunft nach von der Erde genommen und kehrt im Tod zur Erde zurück. (Ps 146,4) Allgemein wird als Schöpfungsprinzip eine kosmische Urkraft angenommen.

1.2 Die kosmische Urkraft

Keine Schöpfungsphilosophie lässt die Welt von selbst aus dem Nichts entstehen. Vielmehr wird eine kosmische Ordnung (gr. *kosmos*: Ordnung) als Urkraft oder Urstoff angenommen, aus der die Welt und der Mensch in ihr hervorgegangen sind. Dass unsere Welt so beschaffen ist, wie sie ist, verdanken wir ganz bestimmten intelligenten Gesetzmäßigkeiten, die seit der Entstehung des Kosmos wirksam sind.(11) Es sind dies nicht Erdenkräfte, sondern Himmelsmächte, die von Anfang an dafür gesorgt haben, dass im grenzenlosen Universum geordnete Verhältnisse herrschen, die sich für die Verwirklichung eines zielgerichteten Schöpfungsplanes als geeignet erwiesen. Da diese nicht zufällig entstehen können, müssen wir logischerweise einen intelligenten Gesetzgeber voraussetzen.

Einige Philosophen nahmen an, dass die Welt immer schon bestanden habe, daher habe sie keinen Anfang genommen und sei ewig. Diese Meinung vertraten im Altertum die griechischen Philosophen *Demokrit* (460-380 v.Chr.) und *Epikur* (um 342-271 v.Chr.) *Platon* hielt die *Ideenwelt* für den Ursprung aller geschaffenen Dinge. Für ihn sind Ideen geistige Urbilder und gedankliche Vorstellungsbilder, die allem geschaffenen Sein vorausgegangen sind. Sie können nicht von selbst entstanden sein, sondern wurden von einem denkenden Wesen gedacht. Also dürfen wir annehmen, dass am Anfang, bei der Erschaffung der Welt, eine Intelligenz am Werk war. In einem altägyptischen Hieroglyphen-Text wird als ursprüngliches Element das Urwasser *Nun* erwähnt, über dem sich die räumliche Unendlichkeit *Heh* wölbt. Auch in der biblischen Genesis ist zu lesen, wie schon vor dem ersten Schöpfungstag der Geist Gottes über der Urflut schwebte, ehe er sprach: „Es werde Licht!" (1 Mo 1,1-2) Die Bibel spricht auch vom „Odem des Allmächtigen" (Hi 32,8), der die ganze Schöpfung durchatmet. In den Sanskrit-Schriften Indiens ist die Rede von einer intelligenten kosmischen Energie, die als die ewige Urkraft *Atman* oder als Weltseele gilt. Sie wird mit dem absoluten Geist und mit dem universalen Schöpfungsprinzip gleichgesetzt.(12) Der *Veda* kennt am Anfang eine Energie, die *Brahman* genannt wird. Es handelt sich um eine unpersönliche Schöpferkraft, eine kosmische Macht, die auch Weltgeist genannt wurde. Diese ist die Ursubstanz, die alles, was im Himmel und auf Erden ist, hervorbrachte.(13) Zahlreiche Denker nahmen eine Art ätherischen Stoff an, welcher die Urenergie im ganzen Weltall weiter trägt. Die alten Griechen nahmen einen Weltäther an, die Inder sprachen von „Prana", einige Kosmologen entwickelten die Idee von einem „Raumfluidum", wiederum andere forderten die Existenz eines „Urplasmas", für das der Psychoanalytiker *Wilhelm Reich* (1897-1957) den Begriff „Orgon" erfand.(14)

Aus der universellen Urkraft sind zwei Arten von Energien entstanden – eine materielle und eine spirituelle. Aus der spirituellen Energie gingen am Anfang der Zeit die geistigen Wesen hervor. Aus der materiellen Energie wurden alle Dinge geschaffen, die im Verlauf der Zeit körperliche Formen angenommen haben. Der Sanskrit-Kenner *Armin Risi* folgert: „Am Anfang war kein Ur-Knall von Materie, sondern ein Ur-Sprung von Bewusstsein. Gottes Bewusstsein ist deshalb der Schlüssel zur allumfassenden Erkenntnis."(15) Nach der fernöstlichen Philosophie des Taoismus, die seit fünftausend Jahren das chinesische und japanische Denken beeinflusst, ist das *TAO* das Urprinzip, das ohne Anfang und ohne Ende ist. Von ihm heißt es im *Tao Te King*. „Es gab etwas Formloses und dennoch Vollständiges, das war vor Himmel und Erde; von nichts abhängig, unwandelbar, alles durchdringend und fehlerlos."(16) Der chinesische Weise *Lao-Tse* schrieb im 6. Jahrhundert v. Chr. im „Tao Te King": „Es gibt ein Ding, das ist unterschiedslos vollendet. Ehe Himmel und Erde waren, ist es schon da. Allein steht es und verändert sich nicht. Im Kreis läuft es und gefährdet sich nicht. Man kann es die Mutter der Welt nennen. Ich weiß nicht seinen Namen. Ich bezeichne es als TAO."(17) In den vedischen Gesängen wird der Anfang aller Dinge als das *Ur-Eine* besungen, neben dem nichts anderes war.

Im griechischen Altertum glaubten die vorsokratischen Naturphilosophen den Urstoff in den *Elementen* gefunden zu haben. Für *Thales von Milet* (um 624-547) liegt im Wasser der Ursprung aller Dinge, *Anaximenes* (um 585-528) bezeichnete die Luft als den einzigen Urstoff. *Anaxagoras* (um 500-428) nannte den Urstoff ein Gemisch aus verschiedenen Elementen, und *Anaximander* (um 610-546) beschrieb das Unbegrenzte „Apeiron" als den unerschaffenen Urgrund der Welt. Er hielt dieses für beseelt wie ein lebendiges Wesen und sprach von „Weltseele", die er für ewig und selbsttätig und für die Ursache aller Bewegungen in der gesamten Natur hielt. In seiner Schrift „Timaios" erzählt *Platon*, dass der Weltenschöpfer die Weltseele zusammen mit dem ganzen Kosmos erschaffen habe. Sie sei das Verbindende zwischen der geistigen Ideenwelt und der materiellen Körperwelt und bringe so alle Dinge zwischen Himmel und Erde hervor. Wegen der geordneten und berechenbaren Himmelsbewegungen der Gestirne, auf die der Mensch keinen Einfluss hat, nimmt er eine außerirdische Intelligenz an, welche die Weltseele gleichsam von außen lenkt. Diesen Lenker des Weltalls nennt er den *Demiurgen*, was für ihn so viel bedeutet wie der *göttliche Baumeister der Welt*.(18) Sein Schüler *Aristoteles* (384-322/21) lehnte die Lehre von der Weltseele ab. Er nahm als Anfang der Schöpfung eine Bewegung an, die von einem *unbewegten Beweger* ausgegangen sei. Die daran beteiligte Kraft nannte er *Entelechie*. Sie ist es, die alles in Bewegung setzt. Träger dieser universellen Energie sind die Atome.

Im Mittelalter tauchte die Idee von einer allumfassenden Weltseele immer wieder auf. *Nikolaus von Kues* (1401-1464) betrachtete die Weltseele als „universale Form", die allen Dingen eigen ist. Auch *Giordano Bruno* (1548-1600) nahm eine Weltseele an, und zwar im Sinne einer in allem wirkenden göttlichen Urkraft, welche der ganzen Schöpfung innewohnt. Auch der Philosoph *Friedrich Wilhelm Schelling* (1775-1854) anerkannte in seiner Schrift „Von der Weltseele" eine in der ganzen Natur tätige schöpferische Kraft, die planend und vernünftig auf eine letzte Einheit hinarbeitet, die erst im Menschenwesen voll zur Auswirkung kommt. Der Weltseele begegnen wir später in den romantischen Dichtungen von *Novalis* (1772-1801) und *August Wilhelm Schlegel* (1772-1829). In neuerer Zeit haben die deutschen Philosophen *Georg Wilhelm Friedrich Hegel* (1770-1831), *Gustav Theodor Fechner* (1801-1887) und *Eduard Hartmann* (1842-1906) die Existenz einer ewigen Weltseele angenommen, eine Art unpersönliche geistige Kraft, auch Weltgeist genannt, aus der alles geschaffene Sein und auch der Mensch hervorgegangen sein soll.

In der ganzen Schöpfung, in der geistigen wie in der materiellen, wirkt nur eine einzige Energie. Alle Energiearten, die wir heute kennen, sind Erscheinungsformen dieser einen universellen Kraft, die wir *Od* nennen wollen. Alles in der gesamten Natur, jeder Stein, jede Pflanze und jedes Tier, so auch der Mensch, ist von einer Od-Hülle umgeben und an seiner individuellen Od-Schwingung erkennbar.

Die moderne Physik bemüht sich seit Jahren um eine einheitliche Theorie, welche alle Naturerscheinungen auf eine gemeinsame Energie zurückführen will. Sie sucht nach einer Urkraft, die das ganze Universum erklärbar und verständlich machen könnte.(19) Diese Urkraft ist der Parapsychologie schon lange bekannt. Der Elektro-Ingenieur *Karl H. Müller* bezieht sich auf jenseitige Informationen, wenn er darauf hinweist: „Nach den medialen Aussagen basieren die diesseitigen und die jenseitigen Phänomene auf derselben Ursubstanz."(20). Damit meint er die universelle Od-Energie. Sie ist die Ursubstanz des Universums. In ihrer unterschiedlichen Wellenlänge und Verdichtung bildet sie sowohl in der diesseitigen als auch in der jenseitigen Welt alle grob- und feinstofflichen Dinge und gestaltet jede Daseinsstufe und jede Existenzebene in ihrer enormen Vielfalt. Diese odische Kraft ist auch die Trägerin der Lebensenergien. Jedes Lebewesen ist an der Ausstrahlung seiner eigenen Odschwingung erkennbar. Der deutsche Naturforscher *Karl Friedrich von Reichenbach* (1788-1869) soll durch seine Versuche an Sensitiven diese Od-Strömungen experimentell nachgewiesen haben. Auch der Theologe und Anthropologe *Pierre Teilhard de Chardin* (1881-1955) nahm als antreibende Kraft eine einheitliche kosmische Energie an, die er *Weltstoff* nannte.(21)

Diese kosmische Urkraft, die nach geistiger Belehrung von Gott ausgeht, erfüllt und durchdringt die ganze Schöpfung. Es ist also dieselbe Energie, welche sowohl in den Höhen der himmlischen Welt wirksam ist als auch die Zustände in den Tiefen der finsteren Fallwelten bestimmt. Der Unterschied liegt allein in der Schwingungsart dieser Energie. Alle Teile und Bereiche in der ganzen Schöpfung sind durch diese Kraft miteinander verbunden.(22) Nach dem thermodynamischen Grundgesetz kann Energie nicht vernichtet, sondern nur umgewandelt werden. Dies gilt auch für die Od-Kraft. Sie kommt in unterschiedlichen Schwingungs- und Verdichtungsgraden in der gesamten Natur und Übernatur vor. Alles ist von einem feinstofflichen Od-Mantel umhüllt. Jeder leblose Gegenstand und jedes Lebewesen strahlt seine eigene Od-Kraft aus.(23) Diese Od-Energie ist daher nicht materiellen, sondern geistigen Ursprungs; letzten Endes ist sie eine Emanation Gottes. Sie ist die Lebenskraft des Geistes. Träger der Od-Kraft ist daher stets der Geist, dessen geistige Schöpfungsgedanken alles, was existiert, ins Dasein gerufen haben. Der Dichter *Friedrich Schiller* (1759-1805) wusste: „Das Universum ist ein Gedanke Gottes." Mit Recht sagte der frühere Direktor des astronomischen Observatoriums in Cambridge, *Arthur Eddington* (1882-1944): „Der Stoff der Welt ist der Stoff des Geistes." Und der amerikanische Physiker *James Jeans* (1877-1946) fügte hinzu: „Das Weltall sieht allmählich mehr wie ein großer Gedanke aus als wie eine große Maschine. Der Geist erscheint im Reich der Materie nicht mehr als ein zufälliger Eindringling; wir beginnen zu ahnen, dass wir ihn eher als den Schöpfer und Beherrscher des Reiches der Materie begrüßen dürfen."(24)

Wenn *Hoimar von Ditfurth* behauptet: „Am Anfang war der Wasserstoff" (25) müssen wir berichtigend einwenden: Am Anfang war nicht der Wasserstoff, sondern die großartige Idee des Wasserstoffatoms. Alle Wirklichkeit ist gedachte Wirklichkeit. Es gibt nichts in unserer geschaffenen Welt, das nicht vor seiner Verwirklichung zuerst gedacht worden wäre. Es gibt keine gedankenlose Wirklichkeit. Alles ist gedacht und durchdacht, ehe es entsteht. Dem Dichter *Friedrich Rückert* können wir zustimmen:

Nichts ist auf der Welt, das nicht Gedankenkraft enthält,
und kein Gedanke, der nicht mitbaut an der Welt.

Daraus können wir folgern: Am Anfang war der schöpferische Gedanke eines denkenden Wesens. Da die Welt gestaltet wurde, ehe es auf Erden denkende Menschen gab, müssen wir den Ursprung allen schöpferischen Denkens nicht in der diesseitigen Menschenwelt, sondern in einer jenseitigen Geisteswelt suchen. In dem Werk „Das Große Johannes-Evangelium", welches der österreichische Kapellmeister *Jakob Lorber* erstmals im Jahr 1840 und danach im Verlauf der folgenden vierundzwanzig Jahre auf schreibmedialem Weg empfangen hat, teilt ein jenseitiges Wesen mit: „Gottes Gedanken, in der nie versiegbaren Fülle von einer Ewigkeit zur anderen, sind die eigentlichen Ursubstanzen und Urstoffe, aus denen alles, was da auf Erden und in den Himmeln gemacht ist, besteht." (26) Der Quantenphysiker *Werner Heisenberg* (1901-1976) hielt die „Welt für einen Gedanken Gottes (27), und der Atomphysiker *Hans-Peter Dürr*, einst Schüler von *Heisenberg,* schreibt: „Am Ende allen Zerteilens von Materie bleibt etwas, das mehr dem Geistigen ähnelt." (28) Auch der Physiker *Siegfried Markus* findet, dass unser Weltall aus einer einzigen Hand hervorgegangen ist und daher einen einzigen Ursprung hat, der im Geistigen liegt. „Aus Gedanken Gottes entstand die Welt des Universums." (29)

Zusammenfassend lässt sich sagen: Der Grundstoff der Schöpfung ist nicht materieller, sondern geistiger Natur. Letzten Endes ging alles geschaffene Sein aus einer einzigen geistigen Wirklichkeit und Wesenheit hervor. Was sich im ganzen Kosmos in unterschiedlichen Dimensionen verwirklicht hat, ist untrennbar miteinander verwoben und vernetzt, weil es einen gemeinsamen Ursprung in Gott hat. Eine esoterische Weisheit lehrt uns:

Der Stoff der Stoffe ist Kraft.
Die Kraft der Kräfte ist Seele.
Die Seele der Seelen ist Geist.
Der Geist der Geister ist Gott.

1.3 Die geistige Schöpfung

Nach der Auffassung der großen Religionen existierte die ewige Gottheit in einer Raum- und Zeitlosigkeit. Da außer ihr nichts war, gab es keine räumliche oder zeitliche Begrenzung. Es gab keinerlei Veränderung und auch kein Früher oder Später, sondern nur das „ewige Nun", wie es der Mönch und Mystiker *Meister Eckhart* (1260-1327) nannte. Erst als Gott ein Wesen außer sich ins Dasein rief, nämlich *Christus*, als göttlichen Sohn, sind durch ihn andere Geistwesen geschaffen worden. So beschreibt es die geist-christliche Lehre. (30) Da Gott nur ein rein geistiges Wesen sein muss, kann auch seine unmittelbare Schöpfung nur eine geistige gewesen sein. Alle großen Weltreligionen sind sich darin einig: Gott ist Geist, und seine Werke sind geistiger Natur. Schon *Platon* nahm an, das Universum müsse eine außerweltliche, eine geistige Ursache haben. Von ihm stammt der Satz: „Alles ist Geist." Die meisten Philosophen vertreten die Ansicht, der materiellen Welt sei eine geistige Welt vorausgegangen. Als Schöpfungsursache nehmen sie ein geistiges Prinzip an. Wie und warum es zu dieser geistigen Schöpfung kam, entzieht sich völlig unserem Wissen. Darüber lässt sich nur spekulieren. So etwa, wenn der scholastische Philosoph und Kirchenlehrer *Thomas von Aquin* (1225-1274) annimmt, Gott habe die Welt erschaffen als Ausdruck seiner allumfassenden Liebe. Niemand weiß es!

Wie die Schöpfung im Einzelnen vor sich ging, darüber machen jenseitige Lehrer in ihren Botschaften wertvolle Angaben. (31) Danach hat Gott sein väterlich-mütterliches Schöpfungsprinzip auf *Christus* übertragen. Weil dieser sowohl das männliche als auch das weibliche Schöpfungsprinzip in sich vereinte, konnte er im göttlichen Auftrag die weitere Schöpfung gestalten und Geistwesen paarweise erschaffen. Einen Hin-

weis hierfür finden wir im Buch *Sirach*, wo es heißt: „Blicke auf alle Werke des Höchsten: immer sind es zwei und zwei, eins zum anderen gehörend." (Sir 33,14)
Fortan waren das männliche und das weibliche Prinzip in diesen Geistwesen, die als Duale ins Dasein traten, getrennt. Beide ergänzen sich wie Yin und Yang oder wie Dur und Moll. Wenn diese polaren Schöpferkräfte in den Dualpaaren sich vereinten, gingen aus dieser „himmlischen Ehe" weitere Geistkinder hervor. Auf diese Weise entstanden die Engelwelten.

Aus einer medialen Jenseitsbelehrung erfahren wir: „Die ersten drei Fürstenpaare, die mit zeitlichem Abstand ins Dasein kamen, bildeten die ersten himmlischen Ehen und somit auch die ersten himmlischen Familien. Von ihnen aus sollten im Verlauf der Zeit die himmlischen Welten mit geistigen Wesen bevölkert werden und so allmählich gewaltig große geistige Familien, gegliedert in Völkerschaften – auch Chöre genannt – entstehen." (32) Diese bewohnen bis heute auf verschiedenen Schwingungsebenen viele himmlische Wohnungen. (Jh 14,2) Das erste von *Christus* ins himmlische Dasein gerufene Geschöpf war der Lichtträger *Luzifer,* eine erhabene Lichtgestalt, ausgestattet mit glänzenden Eigenschaften des bewussten Erkennens und des freien Willens. Über ihn sagt die geistchristliche Lehre: „Im Gegensatz zu Gott und Christus hat Luzifer nicht mehr zugleich das männliche und weibliche Prinzip in sich, sondern er wurde als männliches Wesen geschaffen. Ihm wurde später eine Partnerin als weibliches Dual beigegeben. Luzifer und sein Dual waren das erste der drei Fürstenpaare, deren Abkömmlinge nach und nach die himmlischen Welten bevölkerten." (33)

Die ersten sechs von *Christus* geschaffenen höchsten Geister werden Erzengel oder Himmelsfürsten genannt. Sie gelten zusammen mit ihrem Erschaffer *Christus* als die „sieben Söhne Gottes". (Offb 1,4) Ihr Symbol ist der siebenarmige Leuchter. (Offb 1,20) Ihnen folgen die in der Bibel genannten Cherubim (1 Sm 4,4), Seraphim (Jes 6,2), Throne und Herrschaften, Mächte und Gewalten (Kol 1,16) und viele Legionen von Engeln, die alle ihren Auftrag und ihre Aufgabe hatten. Die frühesten Zeugnisse über Engel finden sich in fünftausend Jahre alten sumerischen Aufzeichnungen. Im Altertum gehörte das Wissen um Engel zum altägyptischen, altpersischen und jüdischen Glaubensgut. Religionsstifter beriefen sich auf ihre Gespräche mit Engeln, so *Zarathustra* (um 599-522 v. Chr.), der nach der Überlieferung von einem „Boten Gottes" belehrt wurde. (34) Auch im religiösen Glaubensgut des Christentums und des Islam sowie im Hinduismus und Buddhismus ist die Rede von Engeln. (35) Auch in der Theosophie (36) und in der Anthroposophie (37) haben Engel ihren Platz. Nach dem Konzil von Nicäa, im Jahr 325, war es den Christen erlaubt, Engel zu verehren und bildlich darzustellen. Vom 8. bis zum 14. Jahrhundert erlebte diese sakrale Kunst ihre Hochblüte. Engel gehörten lange Zeit zu den beliebtesten Themen der religiösen Malerei. Zur Zeit der Aufklärung trat dann eine große Ernüchterung im Denken der Menschen ein, und der Glaube an Engel wurde weitgehend als Aberglauben verfemt. Erst in unserer Zeit erleben wir ein Wiedererwachen des Interesses an den Engelwelten, wie es auch von dem jenseitigen Lehrer *White Eagle* für das neue Zeitalter vorausgesagt wurde. (38)

Je nach ihren zugewiesenen Aufgaben und Tätigkeiten gibt es Schutzengel, Führungsengel, Helferengel, Trösterengel, Heilungsengel, Friedensengel, Sphärenengel und Richterengel. Wie uns die Mystikerin *Flower A. Newhouse* versichert, ist jedem Menschen ein Engel als Begleiter und Beschützer zugesellt. Sie schreibt in einem ihrer Bücher: „Wir sollten uns der Energien, Kräfte und Wunder höherer Seinsdimensionen beständig bewusst sein, da der Großteil jenes Guten, das zu unserer Erweckung beiträgt und uns zum Segen gereicht, aus den Sphären kommt, die jenseits unseres physischen Wahrnehmungsvermögens liegen." (39) Wenn wir unseren persönlichen Engel willkommen heißen, ist er uns hilfreich nahe. Wenn wir nichts von ihm wissen wollen, hält er sich vornehm zurück. Dennoch begleitet er in höherem Auftrag uns nicht nur durchs ganze Leben, er weiß auch um unseren ehemals von uns frei gewählten Lebensplan. Er ist uns behilflich beim Einstieg in ein neues Erdenleben in der Körperwelt. Er hilft uns auch im Sterben beim Aussteigen aus dem irdischen Körperfahrzeug und steht uns bei, wenn es gilt, uns nach dem Tod vor den jenseitigen Richterengeln zu rechtfertigen. (40)

Engel erweisen sich als unsichtbare Beschützer auf unseren Wegen und Fahrten. Sie helfen in kritischen Situationen und bei schwierigen Aufgaben. Sie warnen uns vor Gefahren und wirken als Helfer und Heiler bei Krankheiten und Unfällen. Sie vermögen uns während der nächtlichen Ruhe mit kosmischen Energien zu versorgen. Daher ist es sinnvoll, sich vor dem Einschlafen ihrer Obhut anzuvertrauen. Aufgrund eigener Trance-Erlebnisse glaubt *Silvia Wallimann*: „Die Aufgabe der Engel besteht darin, während der nächtlichen Aufenthalte in den astralen Sphären die

Selbsterkenntnis des Seelenbewusstseins zu fördern, indem sie ihre Frequenz immer und immer wieder erhöhen." (41)

Gespräche und Bücher über persönliche Engel-Erfahrungen sind heute salonfähig geworden. Dies ist auch verständlich, sind doch diese Geistwesen der menschlichen Vorstellungskraft viel näher und zugänglicher als eine weltentrückte Gottheit. Was Engel wirklich sind, darüber gehen freilich die Meinungen heute weit auseinander. Während die einen sie als eigenständige Geistwesen des Himmels betrachten, werden sie von anderen als innere Bildner und Gestalter der menschlichen Seele bezeichnet. (42) Viele halten sie für spirituelle, hochfrequente Energieströme, die uns zugänglich sind, wenn wir uns ihnen öffnen. Der holländische Arzt *H. C. Moolenburgh* hat im Jahr 1985 die Ergebnisse einer Umfrage veröffentlicht, bei der er an rund 400 Personen aus seinem Bekanntenkreis die Frage stellte: „Haben Sie jemals in Ihrem Leben einen Engel gesehen?" Die erhaltenen Antworten teilte er in drei Gruppen ein: 61 Personen schilderten Phänomene, die eher in den Bereich der Parapsychologie gehören, 31 Personen beschrieben angebliche Engel-Erlebnisse und sieben Prozent betrafen unklare Grenzfälle. Daraus zog er den Schluss, dass es tatsächlich Engel gibt, wobei er in 38 Fällen echte Begegnungen mit Engeln annahm. Von den Befragten wurden Engel erfahren als Retter in der Not, als Beschützer in Lebensgefahr, als Helfer bei Krankheiten oder Unfällen, als Beistand in bedrohlichen Situationen oder als echte Wundertäter. (43)

Um Material für die Fernsehserie „Engel – die unsichtbaren Boten" zu erhalten, wurden unter der Leitung des Schriftstellers *Rex Hauk* eine größere Anzahl Menschen nach ihren persönlichen Engel-Erfahrungen befragt. Deren Ergebnisse wurden 1994 mit Kommentaren namhafter Fachleute veröffentlicht. Die Mehrzahl der Befragten bestätigte, von Engeln Hilfen und Botschaften erhalten zu haben. In Amerika gibt es sogar eine Vereinigung, die sich „Angel Watch Foundation" nennt und das Ziel verfolgt, Beweise für die Existenz und das Wirken von Engeln zu sammeln. (44) Der Glaube an Engel ist bei den US-Amerikanern weit verbreitet. Laut einer neuen Umfrage der Nachrichtenagentur AP und des Marktforschungsinstituts GfK halten 77% der erwachsenen Einwohner die Existenz von Engelwesen für selbstverständlich. Frauen sind für diesen Glauben leichter zugänglich und die ältere Generation häufiger als die jüngere Generation unter dreißig Jahren. (45)

Von Mystikern und Sehern wird berichtet, dass sich Engel manchmal unerkannt unter uns Menschen aufhalten. Wir tun gut daran, diese Möglichkeit zu bedenken. Sicher würden wir dann dem einen oder anderen freundlicher und versöhnlicher begegnen. Dies lehrt uns folgende Geschichte: „In einem Kloster gab es große Nachwuchsprobleme. Die wenigen Mönche, die noch dort lebten, waren deswegen miteinander uneins und wiesen sich gegenseitig die Schuld zu. Wenn junge Männer kamen, um das Klosterleben auf Probe kennen zu lernen, empfanden sie ob des frostigen Klimas unter den Mönchen wenig Lust, dieser Gemeinschaft beizutreten. Da suchte der Abt einen weisen Eremiten auf, um bei diesem Rat zu holen. „Ist das Kloster wegen unserer Sünden in einen derartigen Niedergang geraten?", fragte der Klostervorsteher. „Ja", sagte der Einsiedler, „die Sünde der Unwissenheit ist daran schuld." Da rechtfertigte sich der Ratsuchende: „Unwissenheit ist doch nicht sündhaft." „Es ist so", gab der Angesprochene zurück: „Du und deine Mitbrüder wissen nicht, dass einer von euch ein verkleideter Engel ist, um euer klösterliches Zusammenleben zu beobachten. Ich sage dir aber nicht, wer es ist." Wie nun der Abt seinen Mönchen im Kloster diese Kunde überbrachte, hob ein großes Raten und Fragen an: „Ist es wohl der Bruder Koch oder vielleicht der Bruder Gärtner? Könnte es der Sakristan oder der Pförtner sein? Oder am Ende gar der Abt selbst?" Von diesem Tag an begegneten die Klosterleute einander mit viel Wohlwollen und Freundlichkeit, denn keiner konnte ja wissen, wer unter ihnen der verkleidete Engel war. Es ging nicht lange, da herrschte in jenem Kloster eine friedliche und einträchtige Stimmung. Die Mönchsgebete wurden zusehends frommer und ihre Chorgesänge feierlicher. Junge Männer, die sich im Kloster meldeten, waren beeindruckt vom liebevollen Umgang der Mönche miteinander. Viele von ihnen baten um Aufnahme. Es dauerte nicht lange und die Klostergemeinschaft war wieder vollzählig." (46) Vielleicht leben auch wir mit jemandem zusammen, der als ungefallener Engel freiwillig Mensch geworden ist – und wir ahnen es nicht.

Nun stellen sich folgende Fragen: Wenn Gott der Erschaffer aller Dinge und Wesen ist, warum hat er den Menschen, den man gerne die „Krone der Schöpfung" nennt, nicht vollkommener erschaffen? Warum hat er ihn dermaßen unwissend, unerfahren und unentwickelt in diese Welt hineingestellt? Hätte er ihm nicht mehr Talente, Erfindergeist und Willenskraft verleihen können, so dass er sich nicht alles mühsam und gegen tausend Widerwärtigkeiten erkämpfen muss? Wie kann das sein, dass der gütige

Gott Menschen erschaffen hat, die zu Bosheit, Neid und Eifersucht sowie zu Machtmissbrauch und Grausamkeit neigen? Warum schickte er ihn in das irdische „Tal der Tränen", damit er dort den Himmel verdiene? Wozu all das unsägliche Leiden in der ganzen Schöpfung? Soll dies alles das Werk eines barmherzigen Gottes sein? Hierzu gibt es nur eine einzige denkbare Antwort: Auch wir Menschen waren ehemals Geistwesen im Lichtreich und sind selbstverschuldet aus ihm herausgefallen!

1.4 Die präkosmische Katastrophe

Viele mythologische und literarische Zeugnisse sowie mediale Jenseitskundgaben in großer Zahl stimmen in ihren Aussagen darin überein, dass es in der geistigen Welt, bevor die materielle Welt entstand, zu einem höchst tragischen und folgenschweren Ereignis kam. Zahlreiche Hinweise in den antiken Mythen und in historischen Aufzeichnungen zahlreicher alter Völker deuten auf dieses Vorkommnis hin. Auch alle großen Religionen nehmen an, dass vor undenklicher Zeit das göttliche Reich durch eine geistige Katastrophe erschüttert wurde. Dies geschah dadurch, dass ein großer Teil der Himmelsbewohner anfing, sich der göttlichen Ordnung zu widersetzen. Ihr Anführer, um es in menschlichen Worten zu sagen, *Luzifer*, wurde durch seinen Stolz geblendet und wollte in seiner Überheblichkeit an Stelle von *Christus* König der Engelwelten werden. Der medial begabte englische Mystiker *Robert J. Lee*s schätzt: „...dass ein Drittel der himmlischen Heerscharen dem großen Verführer Luzifer folgten." (47) Auch in anderen medialen Kundgaben ist hiervon häufig die Rede. Der Historiker und Jenseitsforscher *Walther Hinz* beschreibt das Geschehen wie folgt: „Milliarden von Jahren waren über die himmlische Schöpfung, deren Wesen in Glückseligkeit miteinander lebten, dahingegangen, ehe der Lichtträger allmählich hoffärtig wurde. Ganz langsam regte sich in ihm der Wille, Widerstand zu leisten. Er fing an, sich erhaben zu fühlen, und er vergaß, dass er doch einst vor Christus gekniet und ihm Treue gelobt hatte." (48) Durch diese Entzweiung entstand eine Trennung zwischen den gottzugewandten und den gottabgewandten Engelwesen.

Bei dieser *präkosmischen Katastrophe* handelt es sich um einen Fall von der ursprünglichen Einheit in die Zweiheit. Symbolisch wird dies durch die Zahl Zwei und durch die Begriffe Zwist, Zwietracht, Zwiespalt, Zweifel und Verzweiflung ausgedrückt. Dies zeigt sich auch in der volkstümliche Darstellungen des Teufels in der Gestalt des Diabolus (gr. *Dia-ballein*: auseinanderwerfen). Seine zwei Hörner, seine gespaltenen Bocksfüße, seine halb menschliche, halb tierische Gestalt und seine zweizinkige Gabel sind Ausdruck seiner entzweienden Haltung, die ihn zum „Vater der Lüge" (Jh 8,44) machte. Als Folge seiner Rebellion wurde die Welt zweigeteilt, nämlich in Gut und Böse, in Licht und Dunkelheit, in Geist und Materie, in Diesseits und Jenseits, in Himmel und Hölle. Zeugnisse für dieses Fallereignis finden sich mehrfach im Alten Testament. Das Buch *Ezechiel* erwähnt ein hohes Engelwesen, das sich gegen Gott versündigt hatte und in einer späteren Inkarnation als Mensch in der Gestalt des Königs von Tyrus auftrat. Von ihm sagt Gott bei Hesekiel: „Du warst das Abbild der Vollkommenheit, voller Weisheit und über alle Maßen schön, ein glänzender Cherub. Doch dein Sinn war hochfahrend geworden, wegen deiner Schönheit, und du hattest deine Weisheit außer Acht gelassen um deines Glanzes willen; darum schleuderte ich dich auf die Erde hinab..." (Ez 28, 11-18) Dem Widersacher *Luzifer* gelten die Worte des Propheten *Jesaja*: „Wie bist du vom Himmel gefallen, du glänzender Stern, Sohn der Morgenröte!" (Jes 14, 12)

Im jüdischen „Sohar" wird dieser Abfall im Geisterreich symbolisch als „Bruch der Gefäße" bezeichnet und als Ursache für das Entstehen der materiellen Welt genannt. Dort heißt es, alle Dinge trügen diesen Scherbenhaufen in sich, da: „...allem Existierenden, solange dieser Bruch nicht geheilt ist, ein gewisser innerer Mangel anhaftet, da ja bei dem Bruch der Gefäße das Licht sich nach allen Seiten zerstreute, teils in seinen Ursprung zurückflutete, teils aber auch nach unten stürzte." Weiter heißt es dort, dass aus den Scherben der zerbrochenen Gefäße die „dämonischen Gegenwelten des Bösen" entstanden seien, die sich „auf allen möglichen Stufen der Weltentwicklung einnisteten". (49)

In alten Aufzeichnungen der Babylonier ist von einem Kampf der Götter zu lesen. In den indischen Schriften wird erzählt, wie die *Devas*, die gutgesinnten Geister, und die *Asuras*, die Dunkelmächte, gegeneinander Krieg führten. (50) Nach einem *iranischen* Mythos bestanden in alten Zeiten zwei Reiche, das Reich des Lichtes und das Reich der Finsternis, in einem harmonischen Verhältnis. Dieses wurde gestört, als der Prinz der Dunkelheit vom Glanz des Lichtes angezogen wurde. Es kam zum Kampf zwischen den Lichtwesen und den Dunkelwesen. Die Niederlage der finsteren Mächte hatte deren Sturz in die Dunkelwelt zur Folge. (51)

Beim altpersischen Propheten *Zarathustra* finden wir den Hinweis, dass Gott am Anfang zwei geistige Wesen erschaffen habe, die er mit Lichtstrahlen durchflutete. Die beiden ersten engelhaften Geschöpfe gerieten aber in Widerstreit zueinander. Der erstgeschaffene Engel wurde zum „guten Geist" *Ahura Mazdah*, der zweite zum „bösen Geist" *Ahriman*. Dieser und dessen Anhang wurden „Lügenknechte Gottes" genannt. In einem 12.000 Jahre dauernden Kampf zwischen dem guten Gott und seinem bösen Widersacher seien die bösen Geister, die dem guten Gott den Gehorsam verweigerten, schließlich aus den Himmeln gestoßen und in die Hölle verbannt worden. (52) *Zarathustra* sprach von einer „Ursünde, welche sich der Mensch, der auf Erden sein zweites Dasein vollbringt, schon in seinem ersten Dasein selbst auferlegt hat". (53) Auch im babylonisch-assyrischen Gilgamesch-Epos, das im 12. Jahrhundert v. Chr. entstanden ist, wird von einem Kampf zwischen den *Asuras* und den *Devas* erzählt. (54)

Im 6. vorchristlichen Jahrhundert haben *Pythagoras* (um 570-496) und seine Schüler eine Vorexistenz der menschlichen Geistseele angenommen. Deren Fall in das körpergebundene Erdenleben war ihrer Meinung nach als Strafe für ein persönliches Verschulden in der geistigen Welt gedacht. (55) Mit seinem Mythos vom „doppelgeschlechtlichen Androgyn" lehrte *Platon*, dass die heutigen Menschen ursprünglich reine Engelwesen waren, die sich gegen die göttliche Ordnung aufgelehnt haben. Daher wurden sie dazu verurteilt, auf der Erde menschliche Körper anzunehmen. Ursprünglich waren diese Wesen von rundlicher Gestalt, doppelgeschlechtlich, also männlich und weiblich zugleich, und als Duale in Liebe vereint. Als sie sich nach langer Zeit der himmlischen Ordnung widersetzten, wurden sie von Gott mit einem Schwert in zwei Hälften zerteilt, in Mann und Frau. Dann wurden sie auf die Erde verbannt und bekamen den Auftrag, zu versuchen, ihre getrennten Hälften wieder zu vereinen. Dort aber, wo ihre Wunde klaffte, entstand der Eros, nämlich die Sehnsucht, wieder eins und ganz zu werden. In seinem „Gastmahl" schrieb Platon: „Wenn nun einer von diesen dem anderen zum ersten Mal begegnet, dann werden sie auf wundersame Weise von Freundschaft und Liebe zueinander erfasst, und beide wollen nicht mehr voneinander lassen." (56)

Der griechische Dichter *Hesiod* (um 700 v. Chr.) schilderte den Kampf der Götter mit den Titanen, die schließlich von Zeus in den Tartarus gestürzt wurden. In den altgermanischen Göttersagen wird von einem „Kampf zwischen den Göttern und einem Fall aus Himmelshöhen" berichtet. Der Philosoph *Plotin* (205-270), der Begründer des Neuplatonismus, schildert in seiner fünften „Enneade" diesen Abfall eines großen Teils der Geisterschar von Gott wie folgt: „Was war es doch, was die Seelen veranlasste, Gottes, ihres Vaters, zu vergessen und ihn, an dem sie Anteil haben und dem sie ganz angehören, mit ihm sich selbst nicht mehr zu erkennen? Der Anfang des Unheils für sie war die Überheblichkeit und der Werdedrang und der erste Zwiespalt und der Wille, sich selber anzugehören. Und indem sie ihre Lust hatten an dieser Eigenmächtigkeit und sich immer mehr dem selbstsüchtigen Trieb hingaben, liefen sie den entgegengesetzten Weg, machten den Abfall immer größer und vergaßen, dass sie selbst von dorther stammen." (57)

Auch in zahlreichen religionsgeschichtlichen Aufzeichnungen spielt der Engelsturz eine wichtige Rolle. Nach dem Manichäismus, begründet vom persischen Religionsführer *Mani* (215-273), stammen die heutigen Menschen ursprünglich aus der göttlichen Lichtwelt. Vor der Erschaffung der Welt soll ein Kampf zwischen den Mächten des Lichtes und den Mächten der Finsternis stattgefunden haben. In der Folge seien zahlreiche Seelen durch ihr eigenes Verschulden in die irdische Körperwelt gefallen. „Deshalb sehnen sie sich wieder nach der himmlischen Lichterwelt, zumal in jedem von ihnen noch ein Lichtfunke wohnt." (58) Vom Evangelisten *Lukas* wird das Jesus-Wort zitiert: „Ich sah den Satan wie einen Blitz vom Himmel stürzen." (Lk 10,18) *Judas*, der Bruder des *Jakobus*, schreibt in einem Brief: „Denkt auch an die Engel, die ihre Herrscherwürde preisgegeben und den Wohnsitz verlassen haben, den Gott ihnen zugewiesen hatte." (Jud, Vers 6) Im 2. Petrusbrief heißt es: „Gott hat nicht einmal gegen gefallene Engel Schonung geübt, sondern sie in die Unterwelt hinab gestoßen, hinein in die Höhlen der Finsternis, wo sie so lange festgehalten werden, bis sie sich wieder zu Gott wenden." (Petr, 2,4) In der „Offenbarung" schildert *Johannes* seine Vision auf der Insel Patmos mit folgenden Worten: „Es erhob sich dann ein Kampf im Himmel. Michael und seine Engel kämpften mit dem Drachen. Der Drache schlug mit seinen Engeln zurück; aber er wurde besiegt. Er und seine Engel durften nicht länger im Himmel bleiben. Der große Drache wurde hinuntergestürzt! Er ist die alte Schlange, die auch Teufel oder Satan genannt wird und die ganze Welt verführt. Mit all seinen Engeln wurde er auf die Erde hinuntergestürzt." (Off 12,7-9)

Der Kirchenvater *Origenes* (185-254), der bekannteste Theologe des frühen Christentums, vertrat die Ansicht, dass zahlreiche Engel von der

Stärke und Überlegenheit des Engelfürsten *Luzifer* beeindruckt waren und sich deshalb von seinen verlockenden Versprechungen betören ließen. Er und alle, „die ihm gefolgt waren, büßten dadurch ihre göttliche Natur ein und verloren so das himmlische Bürgerrecht. Durch die Macht Gottes wurden sie aus den Himmeln in die Finsternis des Tartaros gestürzt und an das Böse gebannt, dem sie den Vorzug gegeben haben." *Robert Streuli* ergänzt hierzu aus Jenseitskundgaben: „Die Willensfreiheit wurde von einer unüberschaubaren Anzahl Wesen vor einer unvorstellbar langen Zeit dazu missbraucht, sich von Christus abzuwenden, obwohl man ihm Gehorsam gelobt hatte. Man anerkannte Christi höchste Stellung nach Gott nicht mehr und wollte eine neue Ordnung der Würden und Herrlichkeiten unter Luzifers Führung. Erster und Anführer dieser Gegenmacht war der, welcher einst der ‚strahlende Morgenstern' war und dann, indem er sich vom Guten abwendete, zum Satan wurde, zum Widersacher *Christi*. Infolge des Abfalls erkalteten sie und erhielten dadurch geistige Körper aus dichterer (Geist)-Materie: Sie wurden zu ätherischen Gestalten der Unterwelt. Je mehr sich das einzelne Wesen gegen *Christus* aufgelehnt hatte, um so dichter wurde jetzt seine (geistige) Materie und umso abstoßender und widerwärtiger die Gestalt seines geistigen Leibes." (59)

Im *Koran* wird der Engelsturz ebenfalls erwähnt, nämlich in den Suren 7, 12-18 und 15, 26-43. Danach soll die Weigerung des stolzesten der Geister, die Ordnung Gottes anzuerkennen, zu diesem Absturz geführt haben. *Allah* verwies den Satan *Iblis* und seine Mitläufer aus dem Paradies mit den Worten: „Hinab mit euch! Einer sei des anderen Feind. Auf der Erde sei von nun an eure Wohnung und Nahrung auf unbestimmte Zeit. Auf ihr sollt ihr leben und auf ihr sterben und einst aus ihr wieder hervorgehen." (Sure 7, 25-26)(60)

Im 12. Jahrhundert versuchten die christlichen Gemeinschaften der *Katharer* und *Albingenser,* die sich vor allem in Südfrankreich und Oberitalien ausbreiteten, den Manichäismus zu erneuern. Gemäß ihrer Lehre besaß Gottvater zwei Söhne: Christus und Luzifer. Nach anfänglicher Harmonie soll Luzifer im Himmel einen Aufstand gegen Christus angezettelt haben, um ihm sein Königtum streitig zu machen. Zur Strafe sei er mit seinen Anhängern aus dem Himmel vertrieben worden. Daraufhin habe Luzifer die Welt erschaffen und diese mit seinen gefallenen Engeln in Menschengestalt bevölkert. (61)

Die Idee, dass wir Menschen gefallene Geistwesen sind, vertraten später auch der katholische Theologe *Nikolaus Cusanus* und der Bischof der böhmischen Brüdergemeinde *Johann Amos Comenius* (1592-1670). In neuerer Zeit haben die Mystiker *Jakob Böhme* (1575-1624) und *Emanuel Swedenborg* (1688-1772) sowie die Augustinernonne und Seherin *Anna Katharina Emmerich* (1774-1824) in ihren Jenseitsvisionen den Engelsturz und Geisterfall gesehen und beschrieben. In den Schriften *Jakob Lorbers* sagt *Christus* durch das innere Wort: „Ich sage euch, es wäre nie eine Erde noch Sonne, noch irgendetwas Materielles geschaffen worden, wäre dieser Einzige (Luzifer) demütig geblieben." Eine andere Stelle weist auf den Uranfang der materiellen Welt als Folge des Geisterfalls hin. Danach verdichteten sich die „anfangs noch ätherisch frei und weit ausgebreiteten luziferischen Geistervereine schließlich nach dem Gesetz der Schwere, das sich aus der Eigenliebe und Herrschsucht von selbst entwickelt hatte, zu einem übergroßen Klumpen – die Wissenschaft unserer Zeit nennt es kosmischen Ur-Nebel." (62) Von den offiziellen Glaubenshütern des Christentums wurden der Engelsturz und dessen Folgen für die Welt weitgehend unterschlagen. Dies konnte nur im Interesse der gefallenen Geister sein. Daher sagte ein jenseitiger Geistlehrer in einem medialen Vortrag: „Solange die Christenheit nicht davon spricht, dass es einen Engelsturz gegeben hat, wird sie die Wahrheit nicht erfassen" (63) – und vor allem nicht begreifen, dass wir Menschen ehemals gefallene Geister sind.

In der heutigen Lehre des *Geistchristentums* (64), das sich auf zahlreiche Botschaften und Belehrungen aus der Jenseitswelt stützt, nehmen diese tragischen Vorgänge, die sich in der geistigen Welt abgespielt haben, eine zentrale Rolle ein. *Wolfgang Eisenbeiss* erläutert, dass die Geistwesen, die später zur Menschwerdung gelangten, ursprünglich Engel in der Gefolgschaft des gefallenen Lichtträgers *Luzifer* waren. (65) Bei anderer Gelegenheit wurde in einer jenseitigen Durchgabe berichtet, dass Milliarden von Jahren in der geistigen Welt vergingen, ehe der Erzengel *Luzifer* das geistige Königtum für sich beanspruchen wollte. „Er mochte es nicht sehen, dass *Christus* im Besonderen die Aufmerksamkeit des Vaters hatte. Denn schließlich war Luzifer ja die zweithöchste Schöpfung und so wollte er auch Rechte beanspruchen – und dies, obwohl doch Christus längst zuvor in den Augen der Geisteswelt zum König gesalbt worden war." (66) „Luzifer fing an, Christus immer häufiger zu meiden. Er machte seinen

Mitläufern verführerische Versprechungen und stellte ihnen großen geistigen Gewinn in Aussicht, wenn sie ihm folgen würden. Mit diesem Ziel sammelte er Heerscharen um sich und baute seine Macht aus. Nicht von heute auf morgen vollzog sich dies, sondern darüber verstrichen – nach euren Zeitbegriffen – Millionen von Jahren." (67) Die Geistlehrerin *Lene* schilderte dieses Geschehen und den Konflikt, der sich daraus in der Jenseitswelt anbahnte, mit folgenden Worten: „Der Lichtträger *Luzifer* ahnte nichts von den Vorbereitungen, die Gott getroffen hatte. Er vermeinte, immer größere Macht zu besitzen. Als er glaubte, stark genug zu sein und genügend Legionen auf seiner Seite zu haben, mit denen er den Kampf aufnehmen und Christus stürzen könnte, trat er mit seinem Anhang vor den Vater. Er huldigte dem Vater und sagte: Ich will nun König sein! Vater, sieh die Scharen, die mir ergeben sind. Sie werden mir und dir dienen. Doch kröne mich zum König aller Geister! Ich will dir dienen, aber ich will König sein!" (68)

Aus geistchristlicher Sicht schildert *Alfred Dalliard* das weitere Geschehen: „Da wurde es plötzlich dunkel um den einstigen Lichtträger. Seine Lichter waren erloschen, er hatte seine Reinheit verloren. Und die Stimme Gottes – sie wurde in allen Sphären und von allen Geistern in aller Welt vernommen – ertönte: Sie, die abtrünnigen Geister, hätten seinen heiligen Willen nicht erfüllt. Sein heiliger Wille sei es, dass Christus die Herrschaft über alle Geister halte. Und sie vernahmen, sie hätten sich des Ungehorsams schuldig gemacht und für sie sei kein Platz mehr im Himmel." (69) Und weiter erfahren wir: „Alle, die der Gesinnung *Luzifers* verfallen waren, wurden zusammen mit ihm unter gewaltigem Getöse verstoßen und aus den Himmeln geworfen. Dasselbe Schicksal erfuhren auch jene, die sich nur halbwegs für diesen entschieden. Denn der Himmel sollte gesäubert werden und in Zukunft nur von solchen bewohnt sein, die reinen Denkens waren. Und sie alle stürzten in die Finsternis. Vielen wurde nun bewusst, dass sie falsch gehandelt hatten. Führer der abgefallenen Legionen erkannten, dass sie das nicht hätten tun dürfen. Sie wollten sich nicht gegen Gott vergehen, haben sich aber gegen sein Wort vergangen, obwohl sie Gott oft zugejubelt und gesungen haben, sein Wort sei ihnen heilig und sie seien ihm treu. Nun war es zu spät! Viele waren sich gar nicht klar darüber, was vor sich ging." (70) Auch der evangelische Pfarrer *Till A. Mohr* bestätigt aufgrund ausgedehnter theologischer und philosophischer Studien: „Wir alle sind gefallene Engel! Wir stürzten –

zwar verführt, aber wegen des freien Willens – aus eigener Schuld aus unserer himmlischen Heimat ins größte Elend." (71)

Alle großen Kulturen der Menschheit wissen um ein früheres Leben in Harmonie und Glückseligkeit in einem vorweltlichen himmlischen Paradies. Ebenso haben sie ein Ahnen, dass eine große Zahl von hohen Geistern entmachtet wurden, da sie die Demut gegenüber Gott eingebüßt hatten. Deshalb wurden sie in die Unterwelt gestürzt. Ihr Anführer heißt seither „Herr der Finsternis". (72)

Da wir Menschen uns ehemals auf die gottabgewandte Seite gestellt haben, müssen wir jetzt die Folgen unseres Fehlverhaltens auf uns nehmen. Wir Menschen sind demnach nicht bei unserer irdischen Zeugung als unbeschriebene Blätter unmittelbar aus der Hand Gottes hervorgegangen. Vielmehr haben wir eine weit zurückliegende Vorexistenz, in der wir uns selber freiwillig verschuldet haben. Unser menschliches Dasein ist die Folge dieser Verfehlung. Durch die ehemals selbst gewählte Absonderung haben wir einen trennenden Damm aufgebaut zwischen uns und der göttlichen Welt und sind dadurch in die Ver-Dammung geraten. Dies ist unsere eigentliche Ur-Sünde und unsere karmische Ur-Schuld, die wir im Verlauf von vielen Erdenleben abzutragen haben.

Dass wir dadurch unser einstiges Glück verloren haben, ist für viele schwer einzusehen. Viel lieber stimmen sie jener Ansicht zu, wir hätten diesen Verlust freiwillig auf uns genommen, um in der irdischen Welt der Gegensätze wertvolle Erfahrungen zu machen, um dadurch wichtige menschliche Erkenntnisse zu erwerben und das eigene Bewusstsein zu steigern. Diese Erklärung scheint mir unbefriedigend. Warum sollten wir einen Zustand von Glück und Harmonie freiwillig verlassen und gegen ein Leben in Mühsal und Erschwernis eintauschen? Es drängt sich uns nach all diesen Überlegungen die Erkenntnis auf, dass es den Fall in die Materie nie gegeben hätte, wäre es nicht vor undenklicher Zeit zum „Engelsturz" gekommen. Die ganze geistige Schöpfung wäre in der zeitlosen Harmonie mit der göttlichen Welt geblieben – und einer materiellen Schöpfung hätte es gar nie bedurft. Diese wurde von der hohen Geisterwelt erst nachträglich als Wiederaufstiegsstufen für die Heimkehrwilligen eingerichtet. Wir müssen uns bewusst sein, dass wir damals auf der falschen Seite standen. Deshalb sind wir jetzt hier auf dieser Erde. Ein jeder von uns muss dem Dichter *Friedrich Hebbel* (1813-1863) beipflichten: „Der ich bin grüßt trauernd den, der ich könnte sein."

1.5 Die Herkunft des Bösen

Zweifellos gibt es in unserer Welt das Böse in der Gestalt von Gewalt, Hass, Feindschaft und Gemeinheit. Angesichts von Elend, Leiden, Unglück und Ungerechtigkeit, das zahllose Menschen scheinbar unverschuldet trifft, stellt sich die Frage: Woher kommt dieses Böse? Neigt der Mensch von Natur aus zum Bösen? Entspringt es seinem „tierischen" Erbe? Oder ist das Böse eine selbstständige negative Macht, die naturgesetzlich im Gegensatz zum Guten steht? Ist der Teufel der Vater der Bosheit und Gottes Gegenspieler oder sein Schatten? Ist er die „dunkle Seite Gottes", wie der reformierte Theologe *Karl-Wilhelm Thyssen* meinte?(73)

Es geht hier um die bekannte Theodizee-Frage in der Theologie. Der Begriff stammt vom Mathematiker und Philosophen *Gottfried Wilhelm Leibniz* (1646-1716) und wird abgleitet von den griechischen Wörtern *„Theos"*: Gott und *„Dike"*: Gerechtigkeit, Rechtfertigung. Es handelt sich also um die Frage: Wie kann ein guter Gott das Böse zulassen? Wie kann er „all die Schrecken und Schmerzen seiner Welt vor sich rechtfertigen"? Wenn alles Sein seinen Ursprung in Gott hat, kommt das Böse auch aus Gott, nachdem er am Anfang seine ganze Schöpfung als gut befunden hat? (1 Mo 1,3-31) Wer hat dann das Böse erschaffen? Hat Gott auch eine böse Seite, die ihn zornig, wütend und rachsüchtig macht, wie einige Bibelstellen dies vermuten lassen? (Jes 5,25; 35,4; Jet 10,10) Papst Clemens I. (um 90-101), der dritte Nachfolger des *Petrus,* hielt dafür, dass sowohl das Gute als auch das Böse seinen Anfang in Gott genommen habe. Er dachte sich, Gott regiere die Welt sowohl mit seiner rechten als auch mit seiner linken Hand. Andere nehmen an, Gut und Böse seien polare Gegensätze, die sich gegenseitig bedingen wie Tag und Nacht und zueinander gehören wie die zwei Seiten einer Medaille. Wäre dem tatsächlich so, könnte es ohne das Böse nichts Gutes geben. Die Dunkelheit ist nicht das Gegenteil von Licht, sondern das Fehlen von Licht. Deshalb ist die größte Finsternis nicht imstande, das kleinste Licht auszulöschen. Im 1. Johannesbrief heißt es mit Recht: „Gott ist Licht, und keine Finsternis ist in ihm." (1 Jh 1,5) Von ihm kann nichts Böses ausgehen, so wenig wie ein Lichtstrahl aus sich selbst einen Schatten werfen kann. Ebenso lässt sich sagen, Hass sei das Fehlen von Liebe, doch können wir nicht behaupten, Liebe sei ein Mangel an Hass.

Die „Bhagavad-Gita" löste das Problem, indem sie annahm, dass Gott weder gut noch böse sei, weil er sich jenseits von Gut und Böse aufhalte. (74) Dagegen lehrte *Zarathustra* im 6. vorchristlichen Jahrhundert, es gebe als oberstes Weltprinzip zwei Gottheiten: Einen Gott des Guten und einen Gott des Bösen. Deshalb sei die geistige Welt zweigeteilt. In der höheren Geisteswelt wohnen nach ihm die Söhne des Lichtes; in den tieferen Jenseitswelten hausen die Söhne der Finsternis. Während die Lichtwesen nach Gerechtigkeit, Wahrheit und Harmonie streben, trachten ihre finsteren Widersacher mit ihren Hassgedanken nur nach Üblem und Bösem. (75) Eine ähnliche Sicht war dem *Manichäismus* eigen. Diese im Altertum vom gnostischen Prediger *Mani* (um 215-277) in Persien begründete und bis ins Mittelalter weit verbreitete Religion lehrte ebenfalls eine dualistische Welterklärung, indem sie streng zwischen den geistigen Reichen des Lichtes und der Finsternis trennte. (76)

Demgegenüber vertraten die griechischen Philosophen *Sokrates* und *Platon* den Grundsatz, dass alles, was ist, an sich gut ist (*omne ens est bonum*). Schlecht oder böse ist immer nur der Mangel an Gutem. Daher gibt es das Böse als eigenständiges Prinzip nicht. Nach dem apokryphen *Henoch*-Buch soll das Böse in die Welt gekommen sein, indem die zu Dämonen gewordenen gefallenen Engel „die Seelen der Menschen vergifteten". (77) Die *Gnosis,* eine in den ersten christlichen Jahrhunderten weit verbreitete Geistesströmung, die aus der Verbindung orientalischer Glaubensvorstellungen mit der griechischen Philosophie hervorgegangen ist, sah den Ursprung des Bösen in der zweigeteilten Schöpfung. (78) Danach ist die unsichtbare, geistige Welt gut, die materielle, sichtbare Welt aber böse. Der Mensch hat als geistig-materielles Mischwesen die Freiheit, zwischen der guten und der bösen Welt zu wählen. Eine Abkehr von diesen Vorstellungen vollzog der Apostel *Paulus,* indem er für die Erklärung des Bösen auf die biblische Erzählung vom Sündenfall im Paradies zurückgriff. In einem seiner Briefe an die Römer machte er die Sünde unserer Stammeltern *Adam* und *Eva* für alles Unheil in der Welt verantwortlich. (1 Rö 5, 12-14) Damit begründete er die verhängnisvolle Erbsündenlehre, die später vom Kirchenvater *Augustinus* weiter ausgebaut wurde und vom Konzil von Trient in den Jahren 1545-1563 zum verpflichtenden Glaubensdogma erklärt wurde.

Im 2. Jahrhundert hat *Justinus der Märtyrer* (gest. um 165) als erster Theologe versucht, die christliche Lehre mit der griechischen Philosophie in Einklang zu bringen. Er erklärte die Dämonen für gefallene Engel, die erstmals das Böse in die Welt gebracht haben. Gleicher Ansicht waren die frühchristlichen Schriftsteller *Tatian* (110-172), *Clemens von Alexandria* (150-220), *Tertullian* (160-230) und *Lactentius* (250-325). (79) Auch der berühmteste christliche Theologe des Altertums, der Kirchenvater *Origenes*, hat den Ursprung des Bösen auf die gefallenen Engel zurückgeführt. In seiner Lehre von der Präexistenz der menschlichen Seele vertritt er die platonische Idee, dass wir Menschen ursprünglich Engel waren, die sich gegen Gott verfehlt haben. Diese Lehre wurde auf dem Konzil von Konstantinopel, im Jahr 553, nach heftigen Streitereien und unter zweifelhaften Umständen durch Mehrheitsbeschluss verurteilt, weil sie angeblich mit dem biblischen Schöpfungsbericht, wonach am Anfang alles gut war (1 Mo 2,7, 2,21), nicht vereinbar war. Der Bannfluch gegen *Origenes* lautete: „Wer behauptet oder glaubt, die Seelen der Menschen hätten schon vor ihrer Geburt bestanden; sie seien einstmals Vernunftwesen gewesen und hätten heiligen Mächten angehört; sie seien dann der göttlichen Schau überdrüssig geworden und hätten sich dem Bösen zugewandt; dadurch sei ihre Liebe zu Gott erkaltet, weshalb sie die Bezeichnung ‚Abgefallene' erhielten; zur Strafe seien sie in menschliche Körper einverleibt worden – der sei verflucht." (80)

Mit diesem verhängnisvollen Kirchenbann (Anathema) begann eine unheilvolle Entwicklung in der Geistesgeschichte des Abendlandes, die bis zum heutigen Tag bei vielen Christen zu ernsten Glaubenszweifeln führt. Der Hinweis auf den Fall der Geister in der himmlischen Welt und von deren Menschwerdungen auf Erden war für die kommenden Jahrhunderte kein Thema mehr und wird auch von der heutigen Theologe nicht mehr offiziell erwogen. Die Frage aber bleibt: Wenn doch Gott gemäß des biblischen Berichtes seine Schöpfung als gut befunden hat, woher kommt dann die Bosheit in diese Welt? Dies hat sich auch *Augustinus* überlegt, indem er fragte. „Der gute Gott konnte ja nur Gutes schaffen, woher kommt dann das Böse?" Er sah im Bösen keine „eigenständige Geschöpflichkeit". (81) Auch der Kirchenlehrer *Basilius* (330-379) sprach dem Bösen keine eigene Substanz zu, sondern sah dies als Folge der „Verstümmelung der Seele" an. Im 13. Jahrhundert übernahm *Thomas von Aquin* diese Lehre und führte sie in die scholastische Philosophie ein. Nach ihm gibt es *das Böse an sich* nicht. Vielmehr ist das Böse ein Fehlen von Gutem (*privatio boni*). Er meinte, Gott lasse das Böse zu, um daraus

Gutes werden zu lassen, so wie aus dem Übel und Elend eines Menschen sich der Helferwille gegenüber leidenden Mitmenschen entwickeln kann. (82) Die Theologie sieht sich außerstande, die Frage nach dem Ursprung des Bösen zu beantworten. Daher folgerte *Richard Swinburne*: „Was die Frage nach dem Ursprung des Bösen betrifft, befindet sich die heutige Theologie noch immer in einem Zustand der Hilflosigkeit." (83) Selbst *Hans Küng* muss eingestehen: „Seit Jahrzehnten habe ich mich mit all den Versuchen der Theodizee in Philosophie und Theologie immer wieder beschäftigt. Und bin zu der klaren Überzeugung gekommen: Eine theoretische Antwort auf das Theodizee-Problem gibt es nicht. Keiner der großen Meister der Menschheit, die ich studierte – weder Augustinus noch Thomas noch Calvin, weder Leibniz noch Hegel noch Karl Barth – haben das Urproblem gelöst." (84) Dies ist eindeutig die Folge des verfehlten Konzilbeschlusses von 553 in Konstantinopel, mit dem die Lehre des *Origenes* vom Geisterfall als Irrlehre verurteilt wurde. Dadurch hat sich die christliche Kirche den Zugang zur Lösung der Frage nach der Herkunft des Bösen verbaut. Sogenannte fortschrittliche Theologen versuchen heute, die Existenz des ersten Verursachers des Bösen überhaupt zu leugnen, indem sie behaupten, das Böse gebe es als diabolische Geistesmacht gar nicht. (85) Dem ist nur zu erwidern: Die List des Gegensatzes besteht darin, uns davon zu überzeugen, dass es ihn nicht gibt.

Zu ganz anderen Erklärungsversuchen kommen manche Philosophen und Psychologen. Auch bei diesen bleibt die Frage nach dem Ursprung des Bösen ein Dauerthema. Während der Optimist *G. E. Lessing* die Welt, in der wir leben, für ein Maximum an Gutheit hielt, fand der Pessimist *Arthur Schopenhauer*, dass unsere Welt ein Ausbund an Schlechtigkeit sei. In jedem Fall wäre Gott für diesen Zustand, den er selber geschaffen habe, verantwortlich. In seiner Schrift „Über das Misslingen aller philosophischen Versuche in der Theodizee" kommt *Immanuel Kant* zur Auffassung, das Böse sei dem Menschen ebenso eingeboren wie das Gute. (86) Der Begründer der Psychoanalyse, *Sigmund Freud* (1856-1939), sah in der Bosheit einen Auswuchs verdrängter Sexualität. (87) Dagegen hält *Leopold Szondi* (1893-1986) in seiner Schicksalspsychologie das Böse für eine erbbedingte Fehlform des Selbsterhaltungstriebes und für einen Auswuchs an fehlgeleiteten Trieben, die sich als Sadismus, als Brutalität, als Missgunst oder als kriminelle Energie äußert und in der Gestalt des biblischen Kain symbolischen Ausdruck fand. (88) In seiner analytischen Psychologie nennt *C.G. Jung* als die Quelle des Bösen das Unbewusste, das er als den „Schatten der Seele" bezeichnet, in dem das Primitive, das Unentwickelte und Verdrängte zu Hause ist. Dies ist für ihn der Ort der primitiven, verdrängten und krankmachenden Seeleninhalte. (89) Auch die *Naturwissenschaftler* sind sich nicht einig, woher das Böse kommt. So erklären viele Biologen das Böse für ein Überbleibsel aus der Frühzeit der Menschheitsentwicklung, als aggressive Gewalttaten zum ständigen Kampf ums Überleben gehörten. (90) Der Psychologe *Eugen Drewermann* fragt mit Recht: „Warum ist das Leben so wie es ist – jenseits von Gut und Böse, unvorstellbar schön und unvorstellbar schrecklich, überraschend ‚weise' und unbegreiflich absurd, sich selbst gebärend und sich selber verzehrend in einem stets sich erneuernden Zyklus?" Er versucht das Böse in der Welt aus der menschlichen Natur zu erklären, deren Wurzeln er im Tierreich zu finden glaubt, aus dem wir stammen, wo das Gesetz der rücksichtslosen Selbstbehauptung herrscht. (91)

Das *Geistchristentum* sieht den Ursprung des Bösen symbolisiert in der Person des einstigen hohen Engels *Luzifer*, der sich weigerte, das Königtum *Christi* anzuerkennen. Seine Auflehnung gegen die Schöpfungsgesetze Gottes war die erste böse Tat der karmischen Geschichte. *Walther Hinz* beschreibt anhand von Jenseitsbelehrungen: „Doch dann geschah es, dass der Sinn dieses Lichtengels hochfahrend wurde. Gefühle des Neides begannen in ihm aufzusteigen, weil sein königlicher Bruder Christus ihn an Glanz und Herrlichkeit so sehr überragte." (92) Durch unhaltbare Versprechungen sammelte *Luzifer* eine große Anhängerschaft um sich, die ihm huldigte. Im Geheimen baute er seine Macht und Stellung aus. Im Verlauf einer großen Zeitspanne bildeten sich in der Geisterwelt zwei Lager. Das eine blieb Christus treu, das andere folgte dem Verführer. Auf diese Weise entstanden in den Himmeln Uneinigkeit und Zwistigkeiten, wo vorher Harmonie und Frieden war. Als nun *Luzifer* mit seiner Gefolgschaft vor Gott trat und verlangte, dass ihm das Königtum übertragen werde, da wurde es plötzlich dunkel um den einstigen Lichtengel. Er büßte seinen Glanz ein und stürzte mit zahllosen Scharen in die Finsternis der Gottferne. Durch diese Scheidung der Geister trennte sich das gottzugewandte Gute vom gottabgewandten Bösen. Diese Trennung, die im „Fall-Mythos" nur bildhaft darzustellen ist, dauert bis heute an. Das ist der Grund für die Bosheit in der Welt. Wir Menschen sind gefallene Engel und waren damals beim Geisterfall dabei. Dies wollen unsere Kirchen freilich nicht wahrhaben. Daher haben sie für die Herkunft des Bösen keine Erklärung. Hätten die Glaubenshüter diese Tatsache anerkannt, wäre ihnen manche Krise, viele Irrtümer in Glaubensfragen und zahlreiche Fehlurteile erspart geblieben. Vielleicht wurde dies durch böswillige Einflüsse aus der dämonischen Dunkelwelt verhindert. Ein Hinweis darauf finden wir in *Jesu* Gleichnisreden vom Sämann, dessen gute Saat in der Nacht vom Feind mit Unkrautsamen verdorben wurde. (Mt 13,24.30)

Wir besitzen aufgrund unserer Entscheidungsfreiheit noch immer die Möglichkeit, das Gute zu missbrauchen und damit Böses zu verursachen. Auch *Luzifer* ist nicht die Bosheit in Person. Als Geschöpf Gottes ist er an sich etwas Gutes. Durch seine Verblendung und Abkehr von der göttlichen Ordnung wurde sein Licht ausgeblendet – und Finsternis entstand um ihn. Es wird heute allzu leicht vergessen, dass es diese böswilligen Mächte noch heute gibt – die teuflische Dämonenwelt. Um der geistigen Freiheit willen, die allen geistigen Geschöpfen zukommt, hat Gott selbst *Luzifer* einen begrenzten Spielraum für seine Verführungskünste zugestanden. Einen Hinweis hierfür finden wir im Evangelium des Lukas, wo Jesus dem Apostel Petrus versicherte: „Der Satan hat verlangt, dass er euch wie Weizen sieben darf." (Lk 22,31) Wir Menschen stehen immer noch in seinem gefährlichen Einflussbereich. Daher ist es denkbar, dass Unglücksfälle, Katastrophen und Kriege auch durch finstere Mächte ausgelöst werden können. Dies gilt selbst für manche Fehlentscheidungen in höchsten politischen und kirchlichen Kreisen. So sind auch alle Naturkräfte an sich gut. Indem wir sie ihrer Natur entfremden, können sie Schlechtes bewirken. Am Anfang aller Bosheit steht also der Missbrauch des Guten.

In unserer heutigen Welt erscheint das Böse nicht immer mit teuflischer Fratze und als höllisches Schreckgespenst, wie es im Mittelalter häufig dargestellt wurde, sondern eher in eleganter Gestalt, als Biedermann mit der weißen Weste, als aalglatter Verführer und Blender, als heimlicher Drahtzieher mit raffiniertem Gehabe. Hinter dem Bösen verbirgt sich boshafte Intelligenz und bewusste Verschlagenheit. So erkennen wir das Böse als das Fehlen an Gutem, so wie das Dunkle durch die Abwesenheit von Licht entsteht. (93)

1.6 Der Fall in die Materie

Nach dem biblischen Schöpfungsbericht wurde der Mensch von Gott aus Materie, nämlich aus Erde, gebildet, und unsere Erde wurde ihm zur Wohnstätte gegeben, bis er zur Erde zurückkehrt, von der er genommen ist. (1 Mo 3,19) Im hebräischen Text des Alten Testaments wird der erste Mensch *Adam* geheißen, das heißt: Sohn der Erde. Dieses mythologische Bild entspricht ganz dem geozentrischen Weltbild des Erzählers, wie es im Altertum noch üblich war. Danach wäre der Mensch ein reiner Erdenbürger. Ganz anders sieht es der Hinduismus. Hier gilt der Mensch als ein ursprünglich geistiges Wesen, das im Verlauf mehrerer Zeitalter, Yugas genannt, immer tiefer in die Materie gesunken ist, weil er zunehmend die Verbindung mit dem Göttlichen verloren hat. Er ist also ein Himmelsbürger, der sich in die materielle Welt hinein verkörpert und verstofflicht hat. Nach dieser Lehre befindet sich die Menschheit gegenwärtig auf der tiefen Entwicklungsstufe des Kali-Yuga. Von da aus wird sie nach Jahrtausenden wieder die Rückreise antreten, um sich zunehmend zu vergeistigen.

Viel verständlicher und glaubwürdiger schildert das moderne Geistchristentum die wahre Herkunft und Bestimmung des Menschen. Aufgrund zahlreicher medialer Belehrungen durch jenseitige Geistwesen ergibt sich folgende Erklärung:

- Der Mensch ist ein von Gott geschaffenes geistiges Wesen, das uranfänglich im Himmel als reines Geistwesen beheimatet war. Daher ist der Mensch von seinem Ursprung her ein Bürger der himmlischen Welten.
- Die Energie der gefallenen Geister hat sich als Folge der herabgesetzten Schwingungsfrequenz verdichtet. Durch den Geisterfall wurde ein großer Teil der reinen Ur-Energie auf eine tiefe Schwingungsebene heruntertransformiert. Durch dieses Herabstufen ergab sich ein hoher Verdichtungsgrad der Energie, aus der allmählich die Materie hervorging. (94)
- Die materielle Welt mit ihren unterschiedlichen Schwingungsebenen wurde zum Aufenthaltsort der gefallenen Geister. (95) Je nach dem Grad ihrer Verdichtung entstanden unterschiedliche Verbannungsorte.

- Die verführten Mitläufer fielen weniger tief als ihre Anführer, die Schwachen weniger tief als die Boshaften, die Reumütigen weniger tief als die Hassenden. So entstanden verschiedene Daseinsebenen – je nach dem Bewusstseinsgrad ihrer Bewohner.

Bereits um das Jahr 800 v. Chr. lehrten die griechischen *Orphiker*, ein Teil der von Gott geschaffenen Seelen sei selbstverschuldet in die Materie gefallen. (96) *Platon* und später die Schule der Neuplatoniker hielten die Verkörperung der menschlichen Seele in der materiellen Welt für die Folge eines selbstverschuldeten Falls aus dem göttlichen Ur-Einen in die Vielheit der gewordenen Dinge. Dass die Entstehung der materiellen Welt die Folge des Geisterfalls war, bestätigt auch der Seher *Jakob Lorber* in seinen Neuoffenbarungen: „Aus Gott ging also nicht ein materielles Universum gewollt hervor, sondern erst durch geistiges Verschulden kam es zu einer Materiebildung, die nicht dem ursprünglichen Schöpfungsplan entsprach." (97) Einen ähnlichen Hinweis gibt uns der jenseitige Lehrer *Emanuel*: „Die Verdichtung der Materie zu so grober, derber Erscheinungsform wie die eure, ist die Folge des Geisterfalls." (98) Auch der französische Philosoph *Henri Bergson* (1859-1941) sah den Ursprung des Universums im Fall des göttlichen Bewusstseins, wodurch die Materie geschaffen wurde. (99) Gleicher Ansicht ist der jenseitskundige *Richard Wagner*: „Die Ur-Ursache liegt darin, dass sich ein Teil der reinen Geistwesen von dem seligen Leben in Gott abwendete. Dies leitete das sogenannte Fallgeschehen, auch ‚Engelsturz' genannt, ein, das schließlich zur Bildung der Materie und des Menschen führte." (100)

Unser Planet Erde, als Teil dieser materiellen Welten, wurde zum Aufenthaltsort für die einverleibten menschlichen Seelen. Nach dieser Auffassung hat Gott das Weltall nicht aus dem Nichts erschaffen. Vielmehr ist dieses aus einer vorher bereits existierenden geistigen Welt durch Schwingungsveränderung hervorgegangen. Die materielle Welt ist nach *Schelling* „schlummernder Geist", nach *Hegel* „selbstentfremdeter Geist" und nach *Teilhard de Chardin* „unbewusster Geist".

Auch für die Naturwissenschaften ergibt sich aus der Tatsache des Geisterfalls eine einleuchtende Erklärung für die Entstehung der materiellen Welt. Beim Absturz der gefallenen Geister wurde durch deren herabgestuften Schwingungszustand ein unermesslich großes Quantum an Energie in die Tiefe gerissen. In dieser Fallgrube wurde die Gesamtenergie des späteren materiellen Universums konzentriert, und es entstand das, was die heutigen Astrophysiker ein „schwarzes Loch" nennen, unter dessen eigener Anziehungskraft kein Lichtstrahl mehr entweichen konnte. Dies könnte die „äußerste Finsternis" gewesen sein, von der die Bibel spricht. (Mt 8,12; 22,13; 25,30) Im Inneren eines „Schwarzen Loches" sind ungeheure Energiemassen so extrem verdichtet, dass sie keine Ausdehnung haben. Dadurch wird Raum und Zeit aufgehoben. Dies ist der Zustand der *Singularität*, wie ihn der englische Astronom *Stephen Hawking* genannt hat. (101) Zu jedem „Schwarzen Loch" gehört als paralleles Gegenstück ein „Weißes Loch". Dieses spuckt die verschlungene Energie wieder aus. Verbunden sind diese beiden kosmischen Trichter durch ein sogenanntes „Wurmloch", eine Art Schlauch oder Kanal, welcher den Energietransport ermöglicht. Der Astronom *Bruno Binggeli* beschreibt diesen Vorgang so: „Die eine Öffnung verhält sich dabei genau wie ein Schwarzes Loch: man wird hineingezogen, aber statt dass man in einer Singularität endet, wird man hindurch geschleust und auf der anderen Seite, irgendwo im Universum, aus der Öffnung eines „Weißen Loches" wieder ausgespuckt." (102)

Die moderne Astrophysik schließt aus der wechselseitigen Beeinflussung von Sternen und Sternsystemen auf die Existenz einer unsichtbaren „dunklen Materie", die bis zu 97% den kosmischen Raum erfüllt. Diese könnte sich aus jener Energie gebildet haben, die beim Absturz eines Teils der Geisterwelt in die Dunkelheit abgezogen wurde. Heute halten es die Naturwissenschaftler *Igor* und *Grichka Bogdanov*, in Frankreich geborene Zwillingsbrüder, die an der Universität von Belgrad einen Lehrstuhl für Kosmologie innehaben, nicht mehr für abwegig, einen kosmischen Zustand *vor* dem Urknall in Erwägung zu ziehen. Sie schreiben: „Wenn wir das Geheimnis der dunklen Materie lösen wollen, müssen wir ihre Quelle am richtigen Ort suchen." Dabei denken sie an einen Zustand vor dem Urknall, denn dessen freigesetzte Energie konnte nicht aus dem Nichts entstanden sein. „Das Problem ist nur, dass bis heute niemand so recht sagen kann, was diese dunkle Energie genau sein soll, oder gar woher sie kommt. Ein Mysterium! An dieser Stelle möchten wir eine mögliche Interpretation wagen. Wir glauben nämlich, dass der Ursprung der dunklen Energie nicht hier, in unserem Universum, zu suchen ist. Genauer gesagt: Nicht *nach*, sondern *vor* dem Big Bang. Dass ihre Existenz zweifelsfrei festgestellt werden konnte, ist an sich schon ein gewaltiger Fortschritt." (103)

Woher stammte also die Energie, die sich in der Materie verdichtete? Nach Ansicht der meisten Naturforscher gab es vorher das Nichts. Nur wenn wir der Präexistenz einer geistigen Schöpfung zustimmen, bekommt die Frage nach dem Vorher einen Sinn. Ohne diese Voraussetzung gibt es hierzu keine einleuchtende Antwort. So behauptet *Hoimar von Ditfurth*: „Für unser Verständnis existierte vor dem nichts." (104) Auch der Physiker *Harald Fritzsch* hält die Frage nach der Zeit davor für sinnlos, weil es vorher gar keine Zeit gab. (105) Gleicher Meinung ist *Paul Davies*: „Ursache und Wirkung sind zeitliche Begriffe und lassen sich nicht auf einen Zustand anwenden, in dem die Zeit nicht existierte." (106) Der amerikanische Physikprofessor *Frank Tipler* hält die Frage nach einem zeitlichen Anfang des Universums für unsinnig, weil sie gleichbedeutend mit der Frage ist: „Was geschehen sei, ehe ein Universum zu existieren begann." (107) Der Kosmologe *Karl-Heinz Kupfer* vertritt die Meinung, der Anfang unseres Universums liege „vor einer für uns unfassbaren Dimension und über den Zeitraum ‚davor' wissen wir gar nichts". (108) Sein Kollege *Harald Fritzsch* hält die Frage nach der Zeit vor dem Urknall für sinnlos, weil wir nicht wissen, warum ein Urknall überhaupt stattgefunden habe. (109) Mehrere Naturwissenschaftler behaupten, die Welt sei aus dem Nichts entstanden. (110) Im Jahr 1983 stellte der russische Physiker *Andrej Linde* in Moskau seine Theorie von der „chaotischen Inflation" auf. Danach soll das ganze Universum aus einem Nichts hervorgegangen sein. (111) Auch der Naturwissenschaftler *Erich Jantsch* stellt sich vor, alles, was wir Schöpfung und Natur nennen, sei vor Jahrmillionen von selbst aus dem Nichts entstanden. (112) Der Physiker *S. M. Markus* gesteht: „Von einem Vorher wissen wir nichts." (113) Etwas aufgeschlossener zeigt sich der Basler Astronom *Arnold Benz:* „Im Laufe der Entwicklung des Universums ist das Neue nicht aus dem Nichts entstanden, sondern aus Vorhandenem und nach kausalen Gesetzen." (114) Schon vor ihm hat der Atomphysiker *Werner Heisenberg* in seiner berühmten Schrift „Der Teil und das Ganze" den Gedanken geäußert, dass am Anfang der Schöpfung eine Idee und ein Plan bestanden hat, nach dem sich im Verlauf von Jahrmilliarden das Weltall entwickelt habe. Dabei lehnte er einen blinden Zufall entschieden ab. (115) Tatsächlich gab es vor dem Entstehen der materiellen Welt keine Zeit im physikalischen Sinne. Es existierte aber zuvor eine geistige Welt, und in ihr gab es eine Zeit im metaphysischen Sinne; denn Geistwesen bewegten sich in jenseitigen Sphären. Wo Bewegung ist, da ist auch Zeit.

Die heutige Physik anerkennt, dass die grobstoffliche Materie nicht der Anfang aller Dinge ist. Bereits im Jahr 1930 hat *Max Planck* (1858-1947), der Begründer der modernen Quantenphysik, an einem Gelehrtenkongress in Florenz seinen staunenden Wissenschaftskollegen erklärt: „Als Physiker, also als Mann, der sein ganzes Leben der nüchternen Wissenschaft von der Erforschung der Materie widmete, bin ich sicher von dem Verdacht frei, für einen Schwarmgeist gehalten zu werden. Und so sage ich nach meinen Erforschungen des Atoms: Es gibt keine Materie an sich. Alle Materie entsteht und besteht nur durch eine Kraft, welche die Atomteilchen in Schwingung bringt und sie zum winzigsten Sonnensystem des Atoms zusammenhält. Da es im ganzen Weltall aber weder eine intelligente noch eine ewige Kraft gibt – es ist der Menschheit nie gelungen, das heiß ersehnte Perpetuum mobile zu erfinden –, so müssen wir hinter der Kraft einen bewussten Geist annehmen. Dieser Geist ist der Urgrund aller Materie. Nicht die sichtbare, aber vergängliche Materie ist das Reale, Wahre und Wirkliche, sondern der unsichtbare, unsterbliche Geist ist das Wahre. Da es aber Geist an sich nicht geben kann und jeder Geist einem Wesen angehört, so müssen wir zwingend Geistwesen annehmen. Da aber auch Geistwesen nicht aus sich selbst sein können, sondern geschaffen worden sein müssen, so scheue ich mich nicht, diesen geheimnisvollen Schöpfer ebenso zu nennen, wie ihn alle alten Kulturvölker der Erde genannt haben: Gott." (116) Neuerdings gesteht auch der bekannte Physikprofessor *Hans-Peter Dürr* (geb. 1929), dass er nach jahrzehntelangem Studium der Materie zur Einsicht gelangt sei, dass es die Materie nicht gebe. (117)

Die letzte Ursache für jene Energie, aus der die ganze Schöpfung besteht, muss in einer außerweltlichen Dimension gesucht werden. In seiner „kurzen Geschichte der Zeit" lässt *Stephen Hawking* diesen Gedanken zu: „Warum das Universum gerade auf diese Weise angefangen haben soll, wäre sehr schwer zu erklären, ohne das Eingreifen eines Gottes anzunehmen, der beabsichtigt hätte, Wesen wie uns zu erschaffen". (118) Auch dem Physiker *Paul Davies* ist diese Überlegung nicht fremd. Er schreibt. „Wenn man einen Grund für den Urknall sucht, muss er außerhalb der Physik liegen." (119) Der Urquell dieser Energie ist der Atem Gottes. Deshalb heißt es in einer alten Sanskrit-Schrift: „*Brahman* atmet aus und die Welt entsteht." Aus diesem universellen Od-Strom entstanden die spirituellen, die astralen und die materiellen Welten. Diese unterscheiden sich voneinander durch ihren eigenen Schwingungszustand. Jede Zustandsänderung im Diesseits wie im Jenseits lässt einen anderen Daseinsbereich entstehen, von der unstofflichen über die feinstoffliche bis zur grobstofflichen Stufe. Eine jede ist gekennzeichnet durch ihren eigenen Bewusstseinsgrad, der von den höchsten Lichtwelten bis zu den tiefsten Dunkelwelten reicht.

Auch für die *Theologie* stellt sich die berechtigte Frage: Was war am Anfang, bevor die Welt geschaffen wurde. Hierzu gibt es von dieser Seite meist nur Verlegenheitsantworten. Als *Augustinus* gefragt wurde, was gewesen sei, ehe Gott die Welt erschaffen habe, soll er geantwortet haben: „Er hat Höllen geschaffen für all jene, die so dumme Fragen stellen." Auf die gleichlautende Frage eines Schülers soll der Reformator *Martin Luther* entgegnet haben: „Er saß in einem Birkenwäldchen und hat dort Ruten geschnitten für böse Buben, die so unanständige Fragen stellen." Auf die Frage eines vorlauten Studenten, wer denn beim Urknall geknallt habe, meinte sein Professor: „Es ist unverschämt, solche Fragen zu stellen." „Woher kommt das Universum?", fragte ein Schüler seinen Meister. „Woher kommt deine Frage?", antwortete der Lehrer.

1.7 Zufall oder Schöpfungsplan

Wie auch immer unsere Welt entstanden ist, eines ist sicher: Sie ist nicht zufällig aus einem leeren Nichts hervorgegangen. Eine Wirkung ohne eine entsprechende Ursache gibt es nicht. Wir müssen den Worten *Schillers* beipflichten: „Es gibt keinen Zufall. Was uns als blindes Ungefähr nur dünkt, gerade das steigt aus den tiefsten Quellen." Wir müssen davon ausgehen, dass die materielle Schöpfung verursacht wurde durch etwas, was vor ihr bereits als vorausgehende Ursache existiert hat. Daraus folgt, dass die Welt nicht zufällig aus sich selbst entstanden ist. Es gibt hierzu zwei Denkmöglichkeiten: Entweder bestand die Welt in irgendeiner Form seit jeher oder sie ist durch einen Schöpfungsakt geschaffen worden. Im ersten Fall begegnen wir der Glaubensauffassung der frühen indischen Philosophie, die eine unpersönliche und ewige kosmische Macht annimmt, *Brahman* genannt. Als universelle Weltseele *Atman* wandert sie in der materiellen Welt durch verschiedene Geschöpfe und kehrt immer wieder zu ihrem Ursprungsort zurück. (120) Im zweiten Fall wird eine Schöpfungsmacht angenommen, die Gott genannt wird. Dies ist die Glaubensrichtung der prophetischen Religionen des Judentums, des Christentums und des Islam. Danach hat ein ewiger Schöpfergott alles Sein geschaffen. Welche der beiden Erklärungsmöglichkeiten zutrifft, lässt sich naturwissenschaftlich nicht beweisen. Sie bleibt eine Glaubensfrage. Doch eines lässt sich sagen: Nichts Geordnetes kann entstehen ohne vorherigen Ordnungsplan. Ohne ein ordnendes Prinzip kommt nur ein Chaos, jedoch kein Kosmos, zustande. Hinter der großartigen Ordnung in der gesamten Natur ist ein klug ausgedachter Plan erkennbar, der auf intelligente Gesetze eines intelligenten Gesetzgebers schließen lässt. *Albert Einstein* gesteht: „Mein Verständnis von Gott stammt aus der tiefempfundenen Überzeugung von einer höheren Intelligenz, die sich in der erkennbaren Welt offenbart." (121) Diese intelligenten Gesetzmäßigkeiten sind im ganzen Universum genau aufeinander abgestimmt, denn sonst könnte es die Welt, wie wir sie sehen, gar nicht geben. Beachtenswert ist, dass diese Gesetzmäßigkeiten überall im ganzen Universum die gleichen sind. Der frühere Direktor der königlichen Sternwarte in Cambridge, *Fred Hoyle,* war von der intelligenten Entwicklung des Kohlenstoffs, der die Grundlage aller Lebensvorgänge bildet, in den Sternen derart beeindruckt, dass er nicht mehr an einen zufälligen chemischen Prozess glauben konnte. Er war fortan überzeugt, „dass sich hinter all dem ein auf ein Ziel gerichteter Sinn verbirgt". Seiner Meinung nach seien in der Natur keine blinden Kräfte am Werk, vielmehr müsse es eine höhere Macht geben, die an den Stellschrauben der Physik gedreht habe. (122) Dagegen möchte uns der englische Biologe *Richard Dawkins* weismachen, dass dies alles einem bloßen Zufall zu verdanken ist und nicht einer schöpferischen Intelligenz. (123)

Ein Naturgesetz kann man sich ebenso wenig vorstellen wie einen Plan ohne Planer, wie eine Erfindung ohne Erfinder, wie ein Computer-Programm ohne Programmierer. Unsere Wissenschafter haben die geistigen und materiellen Gesetzmäßigkeiten nicht selber *er*funden, sondern bloß *ge*funden. Daher dachte sich *Albert Einstein*: „Ohne den Glauben an die Möglichkeit, dass die Welt der Erscheinungen nach Gesetzen der Vernunft gelenkt wird und dass diese Welt mit dem Verstand zu erfassen ist, ohne diesen Glauben kann ich mir einen echten Wissenschaftler nicht vorstellen. Naturwissenschaft ohne Religion ist lahm, Religion ohne Naturwissenschaft ist blind." (124) Gesetze können nicht aus dem Nichts oder aus sich selber entstehen. Dies gilt für die spirituelle wie auch für die materielle Welt. Von der ersten Sekunde nach dem Urknall an ordneten sich die Elemente des Kosmos genau nach vorausgeplanten Gesetzmäßigkeiten, und von einem Zufall kann von Anfang an nicht gesprochen werden. (125) Nicht anders sieht es *Hoimar von Ditfurth*, wenn er in Bezug auf die vorgegebenen Naturgesetze einräumt: „Wir werden niemals erfahren, warum sie so und nicht anders sind. Gleichzeitig aber entdecken wir, dass wir selbst und auch sonst alles Leben aus dem Kosmos verschwinden würde, dass Leben niemals hätte entstehen können, wenn sie im Augenblick des Urknalls auch nur geringfügig anders ausgefallen wären." (126) Der französische Nobelpreisträger für Chemie, *Jacques Monod*, vertritt als Atheist die Ansicht, die geschaffene Welt verdanke ihren Ursprung allein dem Zufall. Allerdings räumt er ein, dieses Zufallsgeschehen habe sich notwendigerweise nach den Gesetzen der Evolution entwickelt. Folgerichtig müsste er auch einen Gesetzgeber annehmen, denn auch die Evolution setzt bestimmte natürliche Gesetzmäßigkeiten voraus. (127) Auch ein Ur-Vakuum als Ursprung der Schöpfung ist nicht denkbar. Einige Kosmologen sprechen von einem „sich selbst erschaffenden Universum". (128)

Vor rund 200 Jahren hat der englische Theologe und Mathematiker *William Paley* (1743-1805) das Universum mit einer exakt laufenden Uhr verglichen, die von einem intelligenten Uhrmacher geschaffen sein musste. Zu Beginn des 19. Jahrhunderts deutete der französische Astronom und Mathematiker *Pierre-Simon Laplace* (1749-1827) das gesamte Weltall als großes zusammenhängendes System, das wie ein Uhrwerk nach bestimmten physikalischen Gesetzen in Gang gehalten wird. Da berührt es einen doch wenig glaubhaft, wenn *Richard Dawkins,* der sich zu einem radikalen Freidenkertum bekennt, einem seiner Bestseller den Titel gab: „Der blinde Uhrmacher". Darin versucht er seine atheistische Weltanschauung zu begründen, indem er nachweisen will, dass die kosmische Weltenuhr ohne intelligenten Konstrukteur wie von selbst und aus sich heraus zusammengefügt wurde. Das wäre etwa so, als wollten wir die hundert Teile einer Uhr lose in die Luft werfen, damit nach wenigen Augenblicken das fertige Uhrwerk herunterfalle. Er lehnt eine intelligente Vorausplanung der Schöpfung, ein „Intelligent Design", rundweg ab. Für *Dawkins* ist die blinde Naturkraft das einzige anerkennenswerte Schöpfungsprinzip. Er hält dafür, dass wir keinen Baumeister voraussetzen müssen, um das Leben oder irgendetwas sonst im Universum zu verstehen. (129) Ihm könnte entgegengehalten werden, was *Paul Davies* bereits im Jahr 1986 verkündet hat: „Der verwickelte und kunstvolle Aufbau einer Uhr mit ihren genau ineinander passenden Teilen ist ein überwältigender Nachweis für einen Plan. Jemand, der noch nie zuvor eine Uhr gesehen hat, würde zu dem Schluss kommen, diesen Mechanismus habe ein intelligenter Mensch auf einen bestimmten Zweck hin entworfen." (130) Dass unsere Welt durch bloßen Zufall aus Nichts entstanden sei, hält auch *Jean Musard,* der frühere Generaldirektor von „General Motors", nachdem er alle ihm zugänglichen Zufallstheorien geprüft hatte, für eine „unsinnige Unwahrscheinlichkeit". Er kommt nicht darum herum, einen planenden Schöpfergott anzunehmen. (131) „Ich kann nicht glauben, dass Gott mit der Welt Würfel spielt", lautete ein Eingeständnis von *Albert Einstein* (132), und der frühere Direktor der US-Raumfahrtbehörde, *Wernher von Braun* (1912-1977), gab zu: „Je mehr wir über die Feinheiten des Universums erfahren, desto mehr müssen wir die dahinter stehende Planung bewundern." Das ganze Universum, so wie wir es kennen, weist uns darauf hin, dass die Bedingungen seiner Existenz bis ins Kleinste aufeinander abgestimmt sind. *Steven Hawking* versichert uns: „Wäre beispielsweise die elektromagnetische Ladung des Elektrons nur ein wenig von ihrem tatsächlichen Wert abgewichen, wären die Sterne nicht in der Lage gewesen, Wasserstoff und Helium zu verbrennen" (133), und sie würden überhaupt keine Leuchtkraft haben. *Igor* und *Grichka Bogdanov* haben errechnet: „Wäre die Expansionsrate des Universums eine Sekunde nach dem Big Bang nur um ein Milliardstel geringer gewesen, wäre der am Entstehen begriffene Kosmos in sich zusammengestürzt, bevor er seine aktuelle Größe erreichen konnte. Wäre sie um ein Winziges höher gewesen, hätten die Sterne nie entstehen können." (134) Dagegen behauptet *Richard Dawkins:* „Das Universum, das wir beobachten, hat genau die Eigenschaften, die man erwarten kann, wenn dahinter kein Plan, keine Absicht, kein Gut und Böse steht, sondern nichts als blinde, erbarmungslose Gleichgültigkeit." (135) Daher sei es eine Illusion zu glauben, die kosmische Ordnung sei durch eine schöpferische Intelligenz zustande gekommen. (136) Dem widerspricht erneut *Paul Davies:* „Sofern das kosmische Universum durch bloßen Zufall entstanden ist, sind die Aussichten, dass es darin Ordnung gibt, geradezu lächerlich gering." Er ist der Ansicht: „Das Universum entspricht einem geordneten Entwurf und ist kein beliebiges Wirrwarr von Ereignissen." (137) Der amerikanische Astronom *George Smooth* verglich das Universum sogar mit einem lebenden Organismus, dessen Entstehung in der angelegten Struktur bereits vorgegeben ist. So schreibt er: „Seine Entwicklung war in seinen Anfängen festgelegt. Sie steckte, wenn man so sagen darf, in einer kosmischen DNS." (138) Dieses Konzept muss bereits vor und außerhalb der materiellen Welt existiert haben – und zwar als kreative Ideen einer genialen kosmischen Intelligenz. Nach dem Philosophen *Jean Guitton* „ist das ganze Universum mit Intelligenz und Intuition gleichsam angefüllt: angefangen von dem winzigsten Elementarteilchen bis hin zu den fernsten Galaxien. Und das Außerordentliche dabei ist, dass es sich in beiden Fällen um dieselbe Ordnung, um die gleiche Intelligenz handelt." (139)

Die heutigen Naturwissenschaften haben diesen Bauplan weitgehend entschlüsselt, so dass sie uns erklären können, *wie* Gott die Welt erschaffen hat. Damit wäre dem Wunsch *Albert Einsteins* weitgehend Genüge getan, der einmal beteuert haben soll: „Ich will nichts als meine Ruhe haben und wissen, wie Gott diese Welt erschaffen hat." Nicht beantwortet dabei bleibt die Frage, *warum* Gott die Welt erschaffen hat. *Stephen Hawking* meint dazu: „Wenn wir die Antwort auf diese Frage fänden, wäre das der endgültige Triumph der menschlichen Vernunft – denn dann würden wir den Plan Gottes kennen." An einer anderen Stelle schreibt er, dass der Anfang des Kosmos eine sehr sorgfältige Wahl erforderte. (140)

Unser Weltall erscheint uns also weder als ein ungeordneter Haufen noch als ein zusammengestückelter Flickenteppich. Wie aus einem bloßen Gewirr von Fasern, Fäden und Schnüren nicht von selbst ein geknüpfter Teppich entsteht, ebenso konnte sich das Gewebe der Schöpfung nicht eigenständig aus dessen Elementen zusammenfügen. Der ganze Kosmos erscheint uns wie ein kunstvoll gewobenes Geflecht, dessen Muster wir erst allmählich erkennen und verstehen, obwohl es schon seit Jahrmilliarden entworfen ist. Es erscheint uns immer mehr als ein großartig geordnetes Ganzes, entstanden wie aus einem Wurf, gebildet wie aus einem Guss. (141) Neuerdings bestätigt der Physiker *Markolf Niemz*: „Die intensive Beschäftigung mit den Naturgesetzen hat mir meinen Glauben an Gott nicht genommen, sondern ihn bestärkt... So viel Ordnung lässt sich mit Zufall nicht erklären, sondern verlangt geradezu nach einer übergeordneten Vernunft, nach einem Gott." (142) Selbst die heute als Gegenargument oft ins Feld geführte *Evolutionstheorie* widerspricht der Annahme eines göttlichen Bauplanes keineswegs. Diese versucht zwar, „die Entstehung der Welt ohne Gott zu erklären" (143), doch *Darwin*, der ursprünglich

Theologe war, äußerte sich nicht zur Entstehung der Welt, sondern lediglich zu deren biologischer Weiterentwicklung. Dabei ist zu beachten, dass Gott nicht die Antwort ist auf die Frage, *wie* die Welt entstanden ist, sondern auf die Frage, *warum* und *wozu,* zu welchem *Zweck* und *Ziel* er das Weltall entstehen ließ. (144)

Es fällt auf, dass heute immer weniger Naturwissenschaftler zu einer „gottlosen" Welt- und Naturerklärung ihre Zuflucht nehmen. Offensichtlich erscheint es ihnen zu einfach, nur von „Zufall", von „Selbstregulierung der Natur" oder von einer „blinden Evolution" zu reden. Es lässt uns aufhorchen, wenn *Paul Davies* an einer australischen Universität schreibt: „Ich gehöre zu der Gruppe von Wissenschaftlern, die sich zu keiner der großen Religionen bekennen, aber ich meine doch, das Weltall könne kein zweckfreier Zufall sein. Meine wissenschaftliche Arbeit hat mich immer mehr davon überzeugt, dass das physikalische Universum einfach genial konstruiert ist." Er kommt zu dem Schluss, dass unsere materielle Wirklichkeit, nur für sich allein gesehen, unvollständig ist. Da dieses nicht sich selbst erklären kann, erfordert seine Existenz „etwas außerhalb von sich selbst und lässt sich nur verstehen, wenn der Einfluss einer Gottheit angenommen wird". (145)

Albert Einstein staunte über die großartige Ordnung im gesamten Universum. In seinem geistigen Testament bekannte er sich zu einem Glauben an eine kosmische Intelligenz und schrieb: „Das Schönste und Tiefste, was der Mensch erleben kann, ist das Gefühl des Geheimnisvollen. Es liegt der Religion sowie allem tieferen Streben in Kunst und Wissenschaft zugrunde. Wer dies nicht erlebt hat, erscheint mir, wenn nicht wie ein Toter so doch wie ein Blinder. Zu empfinden, dass hinter dem Erlebbaren ein für unseren Geist unerreichbar Verborgenes liegt, dessen Schönheit und Erhabenheit uns nur mittelbar und in schwachem Widerschein erreicht. Das ist Religion. In diesem Sinne bin ich religiös. Es ist mir genug, dieses Geheimnis staunend zu erahnen und zu versuchen, von der erhabenen Struktur des Seienden in Demut ein mattes Abbild geistig zu erfassen." (146) Bei allen naturwissenschaftlichen Bedenken kommt *Stephen Hawking* zum Schluss: „Es ist gut möglich, dass Gott auf eine Weise handelt, die nicht mit den wissenschaftlichen Gesetzen beschrieben werden kann. Aber in diesem Fall bleibt nur der persönliche Glaube." (147) Über die Absicht und das Ziel der Schöpfung gibt uns ein medialer Jenseitsvortrag aus dem Jahr 1974 Aufschluss, wo erläutert wird, „dass Gott einen

Weg geebnet hat oder geschaffen hat, damit all die Geistgeschwister, die ausgestoßen wurden, wieder die Möglichkeit haben zurückzukehren", nämlich über den Weg der Menschwerdung. (148)

1.8 Wie das Universum entstand

Die heutige Physik beschreibt die materielle Welt als ein Zusammenspiel von schwingenden Elementarteilchen. Diese werden durch vier verschiedene Grundkräfte gesteuert, die da heißen: Die starke, die schwache, die elektromagnetische Wechselwirkung und die Schwerkraft. Mit unbewaffnetem Auge können wir in klaren Nächten an die zweitausend Sterne beobachten. Es sind dies alles Geschwister unserer Sonne. Allein in unserer Milchstraße gibt es rund fünfzig Millionen Sterne. Im ganzen Universum wird die Zahl der Sternsysteme, Galaxien genannt, auf hundert Milliarden geschätzt, die ihrerseits je hundert Milliarden Sonnen mit ungezählten Planeten und Monden enthalten.

Über die Entstehung des Universums werden heute drei verschiedene Theorien erwogen. Die eine behauptet, das Universum sei statisch und unveränderbar, die zweite nimmt an, das Weltall dehne sich dynamisch aus, und die dritte spricht von einem pulsierenden Wechsel von Expansion und Kontraktion des Kosmos. Die älteste Erklärungsmöglichkeit geht von der Annahme aus, dass unser Universum in großen Zyklen immer wieder entsteht und vergeht, um stets neu zu entstehen. Diese Vorstellung von der periodischen Erneuerung des Weltganzen hat ihren Ursprung in den Weltbildern der Ägypter, Babylonier und Inder. In den östlichen Lehren wird die Schöpfung des Kosmos und dessen periodisches Vergehen und Wiedererstehen als das rhythmische Aus- und Einatmen von *Brahman* verstanden. Danach gilt: „Das Einzige, was vergänglich ist, sind die materiellen Formen, die von der Materie ewiglich gebildet werden, so wie ein Meer konstant neue Wellen bildet. Denn auch die Materie ist eine ewige Energie, und ihre göttliche Funktion besteht darin, ewig vergängliche Formen hervorzubringen, angefangen mit dem materiellen Universum. In Form dieser materiellen Universen bringt das Ewige das Vergängliche hervor, das in seinem unendlichen zyklischen Rhythmus wiederum nur das Ewige spiegelt." (149) Aus dieser Vorstellung entstand die Lehre von den großen Weltenzyklen. Diese umfassen als die „Tage und Nächte Brahmas" je 4.320.000 Jahre. In den geheimnisvollen „Strophen des Dzyan" heißt es: „Der pulsierende Raum, der an- und abschwellende Leib der „ewige Mutter", gehüllt in ihre immer unsichtbaren Gewänder, hatte wieder einmal während sieben Perioden geschlummert. Es gab keine Bewegung und daher keine Zeit, denn sie lag schlafend im Schoß des ‚Unendlichen' – der ewigen Dauer." (150) Auch in den medialen Welten *Jakob Lorbers* ist die Rede von „Schöpfungsperioden ohne Zahl in ewiger Folge". (151) Die Russin *Helena Petrovna Blavatsky* (1831-1891), die Begründerin der Theosophie, erwähnt in ihrer dreibändigen „Geheimlehre" den pulsierenden Charakter des Universums. Ihrer Ansicht nach existiert seit Ewigkeit ein göttliches Wesen, das sich abwechselnd aktiv und passiv verhält. In der aktiven Phase entsteht das Weltall und dehnt sich aus. In der passiven Phase zieht es sich zusammen und verschwindet wieder, im ewigen Wechsel. (152) Selbst der Naturforscher und Fernsehmoderator *Philipp Lersch* (1898-1972) hielt es für denkbar, dass sich unser Universum während einiger Millionen Jahre ausdehnt, um sich dann erneut zusammenzuziehen. Dieser Vorgang, der keinen Anfang und kein Ende kennt, wiederhole sich fortlaufend. (153) Neuerdings greift der englische Astronom *Sir Roger Penrose* die Idee von einem *zyklischen* Universum wieder auf. Er vertritt die Ansicht, dass unser Universum sich nach einer langen Ausdehnungsphase wieder zusammenzieht, um erneut einer Expansion Platz zu machen. Er sieht das Universum als einen ewig fortschreitenden und sich wiederholenden Zyklus von „Aeonen". Danach wäre unser gegenwärtiges Universum, das vor 13,7 Milliarden Jahren mit dem Urknall begann, lediglich ein später Nachfolger früherer Universen. (154) Der amerikanische Physiker und Nobelpreisträger *David Gross* nimmt an, dass sogar mehrere Universen denkbar sind, die nebeneinander oder nacheinander bestehen. (155) Dagegen hält der Zürcher Astronom *Arnold Benz* die Annahme von einem pulsierenden und periodisch sich wiederholenden Universum für unwahrscheinlich, da es dafür weder physikalische noch astronomische Beweise gibt. (156)

Nach dem *statischen* Welterklärungsmodell verharrt das Universum fortwährenden in einem unveränderten Zustand. Bereits die griechischen Philosophen *Demokrit, Heraklit, Epikur, Platon* und *Aristoteles* hielten das Weltall für räumlich begrenzt und auf ewig unveränderlich. Im Mittelalter bezeichneten die Astronomen *Kopernikus, Galilei* und *Newton* das Weltall als statisch. Sie waren der Meinung, dass Gott von Zeit zu Zeit für die nötige Stabilität zu sorgen habe, ähnlich wie ein Uhrmacher eine Uhr immer wieder aufziehen müsse, damit sie nicht stehen bleibt. Sogar *Albert Einstein* vertrat anfänglich die Idee vom statischen Universum und führte in seine astronomischen Berechnungen eine „kosmische Konstante" ein, die das Universum stabilisieren sollte. In unserer Zeit war *Fred Hoyle* von der königlichen Sternwarte in England mit seiner „Steady-State-Theorie" der Auffassung, unser Universum sei ein geschlossenes System ohne Anfang und Ende. (157) Er verteidigte die Ansicht, das Weltall werde in seiner Stabilität durch eine ständige Neuschöpfung von kosmischer Materie erhalten, die sich zu Sonnen und Sternsystemen verdichtet. Das Ganze verharre in einem ständigen Gleichgewicht. Auch Raum und Zeit habe es immer schon gegeben. Daher lehnte er die Anfangs-Theorie ab und spottete: „Man zeige mir das Fossil des Urknalls." (158) Zahlreiche Astronomen und Astrophysiker vertreten heute mit ihrer „String-Theorie" (engl. *string*: Faden, Saite) die Ansicht, dass alle Teile in unserem Weltall miteinander durch Energieschwingungen verbunden sind und zusammenschwingen wie die Saiten bei einem Harfenspiel. Inzwischen gilt die Lehre vom statischen Universum als überholt.

Die heutigen Astrophysiker nehmen an, dass unser Universum einen Anfang hatte und dieser im *Urknall* zu suchen ist. (159) Dies ist das Denkmodell vom *dynamischen* Universum. Bereits im 13. Jahrhundert erklärte der englische Philosoph *Robert Grosseteste* (1168-1253), der erste Kanzler der Universität Oxford, das Weltall sei aus einem Punkt uranfänglichen Lichtes entstanden, der sofort zu wachsen begann und so die Sphären unseres Universums formte. Im Jahr 1927 hat der belgische Theologe und Astronom *Georges Gemaiter* (1894-1966) als Erster das Modell eines expandierenden Weltalls entworfen, das aus der Explosion eines riesigen Uratoms entstanden sein soll. Als er Ende der Zwanzigerjahre des vergangenen Jahrhunderts in der Sternwarte auf dem Mount Wilson in Kalifornien ferne Sternsysteme beobachtete, kam ihm der Gedanke, dass sich die Galaxien verhalten wie Granatsplitter nach einer Explosion. Heute wird allgemein anerkannt, dass unser Universum tatsächlich einen Anfang hatte, der auf eine gewaltige Explosion zurückgeht, *Urknall* oder *Big Bang* genannt. Die Frage nach dessen Ursache können unsere Naturwissenschaftler freilich noch nicht beantworten, weil sie die Gesetze nicht kennen, die dieses Ereignis ausgelöst haben könnten. Nach dem russisch-amerikanischen Physikprofessor *George Gamow* (1904-1968) soll dies der Moment gewesen sein, in dem mit einem gewaltigen Lichtblitz Raum und Zeit entstanden sind. (160) In der biblischen Schöpfungserzählung wird dieses kosmische Geschehen mit den Worten erwähnt: „Gott sprach, es werde Licht. Und es wurde Licht." (1 Mo 1,3) *Stephen Hawking* hält es für möglich, dass dieser Urknall nur einen wiederholten Übergang zwischen einem zusammenstürzenden und einem expandierenden Universum darstellt. Danach wäre der Urknall eine „Brücke" zwischen einem zu Ende gehenden Vorgänger-Universum und einem neu entstandenen Nachfolger-Universum. (161) Ein klarer Nachweis dafür, dass der Urknall tatsächlich stattgefunden hat, ist die kosmische *Hintergrundstrahlung*. Diese wurde im Jahr 1965 im US-Staat New Yersey von den zwei Ingenieuren *Robert Wilson* und *Arno Pinkias* von der amerikanischen Bell-Telefongesellschaft zufällig entdeckt. Sie bekamen den Auftrag, die Ursachen für Störungen im Funkverkehr mit künstlichen Satelliten abzuklären. Dabei hörten sie ständig ein merkwürdiges Rauschen im Mikrowellenbereich, das aus allen Richtungen im Weltraum eintraf. Ausgedehnte Untersuchungen dieses Phänomens führten zu der Erkenntnis, dass es sich dabei um eine kosmischen Strahlung handelt, die als Nachleuchten oder Nachglühen des Urknall-Lichtblitzes gedeutet werden kann. Dessen Leuchtspuren können noch heute auf der Mattscheibe eines Fernsehapparates bei Leer-Empfang als flimmernder „Schnee" beobachtet werden. Dadurch werden wir „Zeugen einer Zeit unmittelbar nach der Geburt des Universums". (162) Das Phänomen dieser „Restwärme" aus dem Weltall wird heute tatsächlich als das „Fossil des Urknalls" angesehen. Um diesem kosmischen Echo weiter auf die Spur zu kommen, hat im Jahr 2013 ein internationales Astronomen-Team in der chilenischen Atacama-Wüste auf 5000 Metern Höhe ein riesiges „Weltraumohr" in Betrieb genommen. Mit diesem werden an die sechzig einzelne Radioteleskope zusammengeschlossen, um mit ihren auf den Sternenhimmel ausgerichteten Antennen das Weltraumrauschen hörbar zu machen.

Der Physiker und Nobelpreisträger *Steven Weinberg* (geb. 1933) hat berechnet, dass unser Universum in seiner Grundstruktur während den ersten drei Minuten nach dem Urknall bei einer Anfangstemperatur von zehn Milliarden Grad entstanden ist. Seither dehnt es sich aus, und zwar mit zunehmender Geschwindigkeit, vermutlich angetrieben von einer dunklen Energie. Weiter nimmt er an, dass sich das Universum nach drei Minuten auf eine Milliarde Grad abgekühlt hat, so dass sich die ersten Atomkerne bilden konnten, bestehend aus Wasserstoff und Helium. In der Ausdehnungsgeschwindigkeit erkennt er eine sinnvolle Feinabstimmung. Hätte sich nach dem Urknall das Weltall schneller ausgedehnt, wären die Atome rasch im Raum verschwunden – und Sterne und Sternsysteme hätten sich nicht bilden können. Wäre es aber langsamer vor sich gegangen, wäre der ganze Kosmos in sich zusammengefallen, und die Evolution hätte nie stattfinden können. (163) Ist das Zufall oder intelligente Vorausplanung? Der *Urknall* war eine Explosion von gewaltiger Energie, die nach der Auffassung der heutigen Astrophysik aus einer Anfangssingularität heraus entstanden ist. Unter *Singularität* versteht man einen gedachten Punkt ohne räumliche Ausdehnung mit extrem hoher Dichte. Dies entspricht dem Universum zum Zeitpunkt der Weltentstehung. *Stephen Hawking* meint, das Universum hätte anfänglich in einer Nussschale Platz gehabt. (164)

Nach fünf Minuten muss der Durchmesser des Universums bereits siebzehn Billiarden Kilometer betragen haben. Damit hat die Ausdehnung unseres Kosmos begonnen, die noch heute anhält. Würde man die inzwischen abgelaufene Bewegungsstrecke wie einen Film rückwärts laufen lassen, würde nach etwas mehr als dreizehn Milliarden Jahren wieder ein Zustand erreicht, der dem Anfangs- und Ausgangsstadium des Weltalls nahe dem Urknall entsprechen würde. Der ganze Kosmos wäre erneut auf einen äußerst engen Raum beschränkt. In seiner „Kurzen Geschichte der Zeit" schildert *Stephen Hawking* das kosmische Geschehen in den ersten Sekunden nach dem Urknall wie folgt: „Im Augenblick des Urknalls hatte das Universum die Größe Null und war deshalb unendlich heiß. Mit der Ausdehnung des Universums musste die Temperatur abnehmen. Eine Sekunde nach dem Urknall war sie auf ungefähr zehn Milliarden Grad gefallen. Das Universum enthielt zu diesem Zeitpunkt größtenteils Photonen, Elektronen und Neutrinos mit deren Antiteilchen sowie einige Protonen und Neutronen. Etwa hundert Sekunden nach dem Urknall war die Temperatur auf eine Milliarde Grad gefallen." Inzwischen dehnte sich das Universum während einer Million Jahre immer weiter aus. In dieser Zeit sank die Temperatur schließlich auf ein paar tausend Grad, so dass die Elektronen und Kerne nicht mehr genügend Energie aufbrachten, um ihre gegenseitige Anziehungskraft zu überwinden. In der Folge konnten sie sich zu Atomen verbinden. Im weiteren Verlauf der Abkühlung entstanden die verschiedenen chemischen Elemente. Die Gase Helium und Wasserstoff füllten den kosmischen Raum aus. Die ungleich verteilten

Gasmassen zogen sich allmählich zusammen. Unter der Wirkung ihrer eigenen Schwerkraft fingen sie an, sich um ihr eigenes Zentrum zu drehen. Bei zunehmendem Druck und steigender Temperatur kam es zu den ersten Kernfusionen. *Stephen Hawking* hat weiter berechnet, dass die Ausdehnung des Universums nicht gleichförmig verlief. Einige Regionen dehnten sich weniger schnell aus als andere. Durch diese Ungleichheiten kam es zu Anhäufungen von Gas- und Staubwolken, aus denen sich durch fortschreitende Zusammenballung die ersten Sterne bilden konnten. (165) Noch heute dehnt sich der kosmische Raum weiter aus. Er gleicht einem Luftballon, auf dessen Oberfläche wir mit einem Farbstift mehrere Punkte angebracht haben. Je stärker wir den Ballon aufblasen, desto weiter entfernen sich diese Markierungen voneinander. Dennoch bleibt dessen äußere Hülle auch bei ständiger Ausdehnung nach außen begrenzt.

Den Beweis für die ständige Ausdehnung des Universums liefert uns die sogenannte *Rotverschiebung*. Der österreichische Physiker *Christian Doppler* (1803-1853) beobachtete, dass die Höhe eines Tones sich verändert, je nachdem ob dessen Schallquelle sich nähert oder entfernt. Das Gleiche lässt sich auch bei einer Lichtquelle nachweisen. Beim Näherkommen derselben kommt es im Lichtspektrum zu einer Blauverschiebung der Spektrallinien, bei deren zunehmender Entfernung aber zu einer Rotverschiebung. Dieses Phänomen wird heute „Doppler-Effekt" genannt. Der amerikanische Physiker und Astronom *Edwin P. Hubble* (1889-1953) konnte im Jahr 1929 mit Hilfe der Rotverschiebung im Lichtspektrum bei weit entfernten Sternen nachweisen, dass die Fliehgeschwindigkeit von Sternsystemen in dem Maße zunimmt, je weiter sie sich von uns entfernen. Daraus kann geschlossen werden, dass unser Universum einen Anfang hatte und sich zunehmend ausdehnt. *John Barrow*, Professor für Astronomie an der Universität von Sussex in England, nannte dies „die größte wissenschaftliche Entdeckung des 20. Jahrhunderts". (166) Im Jahr 2011 haben drei amerikanische Astronomen für den Nachweis, dass sich unser Universum bei zunehmender Geschwindigkeit immer weiter ausdehnt, den Physik-Nobelpreis erhalten. (167) Aus dieser Rotverschiebung lässt sich auch die Geschwindigkeit und die Entfernung einzelner Sterne berechnen. Ihre Geschwindigkeit beträgt gegenwärtig rund fünfzig bis hundert Kilometer in der Stunde. (168) Zur Zeit umfasst der erkennbare Weltraum eine Ausdehnung von mehreren Milliarden Lichtjahren. Ein Lichtjahr ist die Strecke, die das Licht bei einer Geschwindigkeit von 300.000 Kilometer pro Sekunde zurücklegt, nämlich rund 9.300 Milliarden Kilometern. Die am weitesten von unserer Erde entfernten Sternsysteme haben eine Entfernung von zehn bis fünfzehn Milliarden Lichtjahre. So lange ist ihr Licht zu uns schon unterwegs. (169) Nach einer unberechenbaren, sehr langen Zeitdauer könnte die Ausdehnungsgeschwindigkeit des Weltalls durch Abbremsung in der dunklen Materie langsam erlahmen und schließlich für einen kurzen Moment zum Stillstand kommen. Dann wird statt der Expansionsenergie eine zentrale Anziehungskraft die gesamte Materie zu ihrem Ausgangsstadium zurückführen, bis sie sich wieder bei extremem Druck auf einen einzigen Punkt verdichtet. Das könnte zu einem vollständigen Übergang aller Materie in reine Energie oder zu einem nächsten Urknall führen, um eine neue Welt entstehen zu lassen.

Unsere Sonne, so unauffällig sie in einem Seitenarm unseres Milchstraßen-Systems in Erscheinung tritt, besitzt genau die richtige Masse, auch das richtige Alter und die entsprechende Temperatur, damit sich unser Planetensystem mit unserer Erde bilden konnte. Unser Milchstraßen-System umfasst rund dreißig Millionen Sonnen. Wenn wir den neuen Sternatlas von *Eckhard Slawik* aufschlagen, können wir auf vielen großformatigen Seiten die scharfgestochenen Aufnahmen bewundern, die mit Hilfe des Hubble-Weltraumteleskops fotografiert wurden. (170) In den Jahren 1968 bis 1999 wurden auf dem erloschen Vulkan „Nauna Kea" auf Hawaii neun astronomische Observatorien gebaut. Die beiden größten Teleskope weisen Hauptspiegel von je zehn Metern Durchmesser auf. In diesem riesigen Gelände forschen Wissenschaftler aus elf Nationen. Astronomen der Universität Bonn haben im Jahr 2010 durch den Zusammenschluss mehrerer Spiegelteleskope und unter Zuhilfenahme des Hubble-Weltraum-Teleskops am Rande unseres Universums eine Galaxie entdeckt, die vor zwölf Milliarden Jahren entstanden ist. (171) Die neuesten astronomischen Forschungen gehen davon aus, dass unser Weltall aus hundert Milliarden Galaxien besteht. Jede dieser Welteninseln beherberge eine Ansammlung von rund zweihundert Milliarden Sonnen. Jede dieser Sonnen werde wahrscheinlich von Planeten und diese wiederum von Monden begleitet. Im Jahr 1998 wurde der erste extrasolare Planet entdeckt. Bis zum Jahr 2013 wurden bereits achthundertsechsundvierzig in sechshundertfünfundsechzig Sternsystemen gesichtet. (172) Im ganzen Kosmos entstehen und vergehen Sterne, und aus deren Überresten bilden sich neue Sonnensysteme. Auch hier gibt es ein fortwährendes „Stirb und

Werde". So können wir mit *Friedrich Boschke* sagen: „Die Schöpfung ist noch nicht zu Ende." (173)

Heute können wir davon ausgehen, dass die Schlüssel zum Verständnis der kosmischen Ordnung in vorprogrammierten Gesetzmäßigkeiten liegen, nach denen das ganze Universum funktioniert. Wir müssen davon ausgehen, dass die gesamte Schöpfung nach diesen kosmischen Spielregeln eine gewisse Eigendynamik entwickelt, wobei spontane Wendungen und Veränderungen möglich sind. Dies wird in einem Gespräch zwischen dem Astronomen *Arnold Benz* und dem Theologen *Samuel Vollenweider* deutlich. (174) Vom gesamten Weltall kennen wir heute erst einen sehr geringen Teil. Nur 4% sind selbst mit den stärksten Instrumenten sichtbar. Nach heutigen Schätzungen bestehen 23% aus dunkler Materie und 73% aus dunkler Energie. (175)

Am 4. Juli 2012 ging eine sensationelle Meldung um die Welt, als der Generaldirektor des „Europäischen Kernforschungszentrum CERN" in Genf, in Anwesenheit von mehr als hundert Wissenschaftlern aus aller Welt, bekannt gab, dass sein Forscherteam wahrscheinlich das langgesuchte „Gottesteilchen" auf experimentellem Weg gefunden habe. Die neuesten Daten des LHC-Beschleunigers wurden von rund 6000 Wissenschaftlern analysiert und ausgewertet. Die Existenz dieses Teilchens hat der britische Physiker *Peter Higgs* bereits vor fünfzig Jahren aufgrund theoretischer Berechnungen vermutet. Sollte dieses tatsächlich als riesiges Energiefeld das gesamte Universum durchziehen, würde dies ganz neue Einblicke in den Aufbau unseres Universums eröffnen. (176) Diese Meldung gilt zurzeit als eine der wichtigsten Entdeckungen in der Physik der Elemenarteilchen. Durch diese neueste Erkenntnis ließe sich verstehen, was die dunkle Materie eigentlich ist. Diese Higgs-Teilchen sollen die Eigenschaft haben, die bisher bekannten atomaren Teilchen, die mit Lichtgeschwindigkeit durchs All fliegen, abzubremsen und ihnen dadurch Masse und Gewicht zu verleihen. Ohne diesen Vorgang gäbe es überhaupt keine Materie und demzufolge keine Atome, keine Sonnen und Planeten und auch keine Lebewesen. Wir stehen offenbar erst am Anfang, um die letzten Geheimnisse der kosmischen Physik zu begreifen. (177)

Immer stärker setzt sich heute in den Naturwissenschaften die Erkenntnis durch, dass „im Laufe der Entwicklung des Universums das Neue nicht aus dem Nichts entstanden ist, sondern aus Vorhandenem". (178) Was nach dem biblischen Schöpfungsbericht symbolisch in einer einzigen

Woche geschah, vollzog sich in Wirklichkeit im Verlauf von Milliarden von Jahren. Dies zeigt folgende Aufstellung:

- Vor 13,7 Milliarden Jahren entstand das Universum durch den Urknall.
- Vor 6,5 Milliarden Jahren verdichteten sich aus Staub und Gasen die Sterne und Galaxien.
- Vor 4,6 Milliarden Jahren entstanden aus kosmischer Materie unsere Planetensysteme.
- Seit 4,5 Milliarden Jahren leuchtet unsere Sonne.
- Vor 4,4 Milliarden Jahren bildete sich die feste Erdkruste.
- Vor 4,2 Milliarden Jahren trennte sich das Festland vom Ur-Meer.
- Vor 3,5 Milliarden Jahren traten die frühsten Lebensformen auf.
- Vor 2,7 Milliarden Jahren kam es zum Aufbau der Erdatmosphäre.

Paul Davies schildert das Frühstadium unserer Erde mit folgenden Worten: „Die Oberfläche war heiß, die Ozeane waren viel tiefer und die Atmosphäre von erdrückender Schwere. Überall waren Vulkane aktiv, der Mond war näher, die Gezeiten weitaus extremer. Der Planet drehte sich erheblich schneller als heute; Tage und Nächte waren nur wenige Stunden lang. Doch die größte Gefahr war die fortgesetzte Bombardierung durch Trümmerteile aus dem Weltraum. Die Asteroiden und Kometen, die zur Gestaltung der Oberfläche des jungen Planeten beigetragen hatten, hörten nicht einfach auf einzuschlagen. Sie brauchten Zeitalter auf Zeitalter, um ihre Ladungen aus Eis und Gestein zur Erde zu bringen." (179) Es dauerte weitere Millionen von Jahren, bis unser Erdplanet ein lebensfreundliches Gesicht bekam. Das Schicksal unserer Erde hängt von der Lebensdauer unserer Sonne ab. Wenn kein unvorhergesehenes Ende durch eine atomare Vernichtung oder durch den Einschlag eines Riesenmeteoriten stattfindet, wird unser Planet noch einige weitere Milliarden Jahre unbeschadet um unser Tagesgestirn kreisen. Die Oberflächentemperatur wird sich ständig erhöhen, weil sich die Erde zunehmend der Sonne annähert. Nach fünf bis sieben Milliarden Jahren wird unsere Sonne ihren gesamten Sauerstoffvorrat zu Heliumgas verbrannt haben. In der Folge wird sie sich zu einem roten Riesenstern ausdehnen, und unsere Erde wird mit den anderen Planeten und Monden in ihrem Feuer verglühen. Nachdem sie in weiteren Milliarden Jahren ihre heiße Außenhülle abgestoßen hat, wird

sie zu einem weißen Zwergstern schrumpfen. Im ganzen Weltgeschehen bedeutet dies freilich nur eine kleine Episode, denn im Universum sterben fortlaufend alte Sterne. Aus deren staub- und gasförmigen Überresten werden neue Sterne geboren. (180)
Die heutige Astrophysik vermag uns nicht den wahren Grund zu nennen, *warum* und *wozu* es zum Entstehen des Weltalls gekommen ist. Den richtigen Zugang, um das Rätsel unseres menschlichen Daseins zu verstehen, geben uns in neuerer Zeit mehrere mediale Belehrungen von jenseitigen Geistlehrern. (181) Hätten die Weltreligionen diese Wahrheiten angenommen, wäre die Menschheit vermutlich einen anderen Weg gegangen, der uns weniger in den Materialismus, aber vermehrt zur Vergeistigung führen würde. Aus geistchristlicher Sicht war der Urknall nicht der Anfang der Schöpfung, „sondern die materielle Folge des bislang gewaltigsten und erschütterndsten Vorgangs in der geistigen Jenseits-Welt". (182) Danach besteht ein ursächlicher Zusammenhang zwischen dem präkosmischen Großereignis, das wir Engelsturz nennen, und der Entstehung der materiellen Welt durch den Urknall. (183) Nun wird uns klar, welch gewaltige Anstrengung die geistige Welt unternommen hat, um uns Menschen den Wiederaufstieg in die hohe Himmelswelt zu ermöglichen. Diesem grandiosen Wunder der Schöpfung hat *Ludwig van Beethoven* einen Hymnus geweiht, der sich an den biblischen Psalm „Lob der Schöpfung" (Ps 19,2-5) anlehnt und von *Christian Fürchtegott Gellert* (1715-1769) als Lied komponiert wurde: (184)

Die Himmel rühmen des Ewigen Ehre,
das Sternengewölbe kündet seiner Hände Werk.
Ein Tag sagt es dem anderen und
eine Nacht tut es der andern kund.
Nicht Reden sind's noch Worte,
die vergeblich klängen.
Ihr Schall durchtönt die ganze Erde
und bis zum Rand der Schöpfung
dringt ihr Laut.

1.9 Der Sonderfall Erde

Zweifelsohne ist unser heimatlicher Planet Erde ein Sonderfall. Es kommt ihm in unserem Sonnensystem, vielleicht sogar in unserem Milchstraßen-System, eine Sonderstellung zu. Ob er ein Einzelfall ist, wissen wir nicht. Sicher ist er kein zufälliger Glücksfall und auch kein Zufallstreffer im Spiel der Schöpfung. (185) Daher kommt es uns seltsam vor, wenn der ehemalige Chemieprofessor *Jacques Monod*, früherer Direktor des Pasteur-Instituts in Paris und Nobelpreisträger für Medizin, behaupten konnte: „Unsere Losnummer kam beim Glücksspiel heraus. Ist es da verwunderlich, dass wir unser Dasein als sonderbar empfinden – wie jemand, der im Glücksspiel eine Million gewonnen hat?" (186) Die Wahrscheinlichkeit, dass die natürlichen Konstanten zufällig alle so sind, wie sie sind, ist „geringer als die Wahrscheinlichkeit, ein Jahr lang jeden Samstag im Lotto den Jackpot zu knacken"! (187) Zu viele Übereinstimmungen und Feinabstimmungen verbinden sich zu einem sinnvollen Ganzen. Es ist erstaunlich, wie genial alles durchdacht und aufeinander abgestimmt ist. Es stellt sich immer deutlicher heraus, dass kosmische Gesetzmäßigkeiten präzise geplant und aufeinander abgestimmt sind, um unsere Existenz zu ermöglichen. Die Naturwissenschaft führt uns ständig vor Augen, dass unsere Welt aufgrund intelligenter Grundgesetze funktioniert. Diese sind sicher nicht durch die zufällige Laune eines blinden Zufalls entstanden. (188) Der ganze Kosmos zeigt sich uns als einzigartiges Wunder an Ordnung und Präzision.

Die exakte Abstimmung zwischen Sonne, Planeten, Erde und Mond bildet eine einzigartige Voraussetzung dafür, dass auf unserer Erde überhaupt Leben entstehen konnte und heute noch möglich ist. Nach dem anthropischen Prinzip wurden die Anfangsbedingungen der Schöpfung gesetzmäßig so angelegt, dass auf unserer Erde im Verlauf von Jahrmillionen höheres Leben entstehen und sich auf den Menschen hin entwickeln konnte. So gesehen ist der Mensch kein Zufallsprodukt der Evolution. (189) Ist es nicht höchst erstaunlich, dass bei der Unermesslichkeit des Universums ausgerechnet unser kleiner Planet Erde zur einzigen Wohnstätte von uns Menschen ausgewählt wurde? Es scheint, dass von der geistigen Welt unsere Erde bewusst und gezielt als Lern- und Schulungsplanet ausgesucht wurde, um auf ihr für die gefallenen Geistwesen heilsnotwendige Aufstiegsstufen zu schaffen. Vom naturwissenschaftlichen

Gesichtspunkt aus lässt sich sagen, dass die ganze Schöpfungsgeschichte ein bestimmtes Entwicklungsziel verfolgt. Die Natur neigt dazu, immer wieder neue und besser ausgerüstete Lebensformen hervorzubringen. Dem Philosophen *Karl R. Popper* kann man nur beipflichten: „Wie selten und vielleicht einzigartig unsere kleine Erde in diesem großen Universum ist." (190) *Arnold Benz* formulierte dies so: „Damit wir uns überhaupt wundern können, dass das Universum so ist, muss es genau so sein, denn sonst wären wir nicht hier und könnten uns nicht wundern." (191) Offensichtlich wurde unserer kleinen Erde im unermesslichen Universum mit seinen Milliarden von Sonnen und Planeten im göttlichen Schöpfungs- und Heilsplan eine besondere Bedeutung zugedacht. Ob wir tatsächlich die einzigen Menschen in diesem unermesslichen Universum sind, wissen wir bis heute nicht. Gesetzt der Fall, es gebe weit draußen im Weltall noch andere geistbegabte Lebewesen, die uns ähnlich sind, könnte dies unsere Theologen in arge Bedrängnis führen. Die biblische Schöpfungsgeschichte müsste wahrscheinlich umgeschrieben werden.

Wir sind umgeben von Geheimnissen, und wir sind uns selbst ein Geheimnis. Wenn wir des nachts unseren Blick zum Firmament erheben, wird uns die Großartigkeit der Schöpfung und die Besonderheit unserer Stellung im All bewusst, und wir werden mit dem österreichischen Dichter *Johann Gabriel Seidl* (1804-1875) bekennen:

„Herr, du bist groß!"
So ruf ich, wenn das Schweigen
der Mitternacht auf allen Landen liegt.
Die Sterne funkelnd auf- und niedersteigen
und sich der Mond in Silberwölkchen wiegt.
Wann winkst du, Herr, erhabener, uns nach oben,
als wenn dich stumm die heil'gen Nächte loben?

2. Die Frage nach Gott

Der Name „Gott" ist wahrscheinlich eines der am meisten gebrauchten und missbrauchten Worte, die wir kennen. Alle Welt redet von Gott, ohne zu wissen, wer er wirklich ist. So wird er für uns zum größten Unbekannten aller Zeiten. Heute glauben viele an Gott als an etwas Unfassbares, Geheimnisvolles. Andere versuchen, ihn wenn nicht in Worten, so doch in Bildern und Symbolen darzustellen. Viele umschreiben ihn als die „vollkommene Liebe", als den „Vater aus lauter Licht" oder als „höhere Macht" und „kosmische Intelligenz". Nicht wenige halten die „ganze Natur" oder die „universelle Energie" für Gott. Mystiker, die angeblich echte Gotteserfahrungen gemacht haben, schweigen über ihre Erlebnisse, weil ihnen hierzu die Worte fehlen. Vom „verborgenen Gott" hören wir im lateinischen Chorgesang, der von *Thomas von Aquin* verfasst wurde. Dessen Anfang lautet: „Adoro te devotem latens Deitas – Demütig bete ich dich an, verborgene Gottheit..." Für *C.G. Jung* ist Gott das Numinose, nämlich das, was uns ergreift, was uns ergriffen macht und was wir doch nie begreifen. Manch einer fragt sich mit dem 80-jährigen Schriftsteller *Max Huwyler*: „O Gott, wer bist du, wenn wir alle tot sind?" und „Wer oder was ist Gott, wenn die Menschheit nicht mehr existiert?" (1) Im Jahr 2012 wurde bei einer Umfrage des Schweizer Fernsehen SF1 nach den drei wichtigsten Themen gefragt, die in der sonntäglichen „Sternstunde Religion" behandelt werden sollten. Dabei entfielen die meisten Stimmen auf die Frage nach Gott.

2.1 Der unpersönliche Gott und der persönliche Gott

Die Menschheit hat seit Jahrtausenden das Göttliche in unterschiedlichen Formen und Gestalten verehrt, angefangen von Tiergöttern über Naturgötter bis hin zum Glauben an einen persönlichen Gott. Im Altertum hielten die Menschen verschiedene Götter und Halbgötter zuständig für ganz bestimmte Anliegen und Lebensbereiche. So verehrten die Griechen die aus dem Meeresschaum geborene *Aphrodite* als Göttin der Liebe. Ihr gleichgestellt war bei den Römern die *Venus*, bei den Phöniziern die *Ischtar*, bei den Babyloniern die *Astarte* und bei den Ägyptern die *Isis*. Im Christentum wurde diese Liebesgöttin zur Himmelskönigin *Maria* umgedeutet. Der griechische Kriegsgott *Ares* hieß bei den Römern *Mars*. Die griechische Jagdgöttin *Artemis* wurde bei den Römern *zu Diana*. *Hermes / Merkur* oblagen das kaufmännische Geschäft. Die griechische Fruchtbarkeitsgöttin *Demeter,* die bei den Römern *Ceres* genannt wurde, beschützte das Getreide; daher der heutige Name „Cerealien". Die griechische Mutter-Gottheit *Hera,* die bei den Römern den Namen *Juno* trug, war den Frauen geweiht. Mehrere dieser göttlichen Namen wurden als Planeten am astronomischen Sternenhimmel verewigt oder wurden auch bestimmten astrologischen Tierkreiszeichen zugeordnet, wo sie heute als Symbole und Entsprechungen für psychische Funktionen und Lebensbereiche bei der Horoskopdeutung angesehen werden.

Noch heute gehen die Meinungen, ob Gott als Einzelwesen oder als allumfassende Naturkraft anzusehen ist, stark auseinander. Die einen bezeichnen ihn als göttliche Person, andere halten ihn für eine unpersönliche Form von Energie, die alles geschaffene Sein durchströmt und durchwaltet. (2) Die Naturreligionen der Frühmenschen sahen in ihrem magisch-mythischen Denken in allem, was sie nicht erklären konnten, das Wirken der Götter. Naturkräfte und Naturgewalten schrieben sie göttlichen Mächten zu. Magier und Mystiker erspürten ihre Spuren in der ganzen Schöpfung. So schrieb der Mystiker *Jakob Böhme* (1575-1624) nach einer Jenseits-Vision: „Von nun an konnte ich Gott in allem, was da ist, erkennen – in den Tieren, in den Pflanzen und in den Gräsern. Ich verstand, was Gott ist und wie er ist." (3)

Wir finden das *unpersönliche* Gottesbild vor allem in den fernöstlichen Religionen. Der indische Weise *Ramana Maharshi* (1879-1950) bezeichnete die ganze Welt als Gott. (4) In diesem Sinne lautet ein buddhistisches Sprichwort: „Gott ruht im Stein, atmet in der Pflanze, träumt im Tier und erwacht im Menschen." Auch in der Bhagavad-Gita heißt es: „Alles ist Gott und Gott ist alles." Von der ewigen Gottheit sagt sie: „Du bist alldurchdringend und deshalb bist du alles." (5) Der ältere *Brahmanismus* nimmt eine Vielzahl von Gottheiten an. Aus diesem hat sich im 4. bis 2.

Jahrhundert vor unserer Zeitrechnung der *Hinduismus* als religiös-soziales System entwickelt, unabhängig vom Glauben an bestimmte Götter. Wesentlich ist der Glaube an die schicksalsbestimmende Kraft des Karma und an die Wiedergeburt. Diese Glaubensrichtung reicht vom primitiven Geisterglauben über den Vielgötterglauben bis hin zum Glauben an den einen und allmächtigen Weltenherrscher. (6) Im heutigen Hinduismus und Buddhismus gibt es zwei unterschiedliche Formen der Gottesvorstellung – eine persönliche und eine unpersönliche. *Buddha* hat sich zu seiner Gottesvorstellung kaum geäußert. Er vertrat, ähnlich wie fünfhundert Jahre nach ihm *Jesus,* eine Religion der Nächstenliebe. Ähnlich wie in der biblischen Parabel vom barmherzigen Samariter (Lk 10, 30-35) erzählte er folgendes Gleichnis: „Wenn du einen Menschen am Weg liegend findest, der durch einen Pfeil verwundet wurde, ist es dann angebracht zu fragen, aus welchem Holz dieser Pfeil gemacht ist? Was der Verwundete von dir benötigt, ist deine Bereitschaft, den Pfeil aus der Wunde zu ziehen und diese zu verbinden. Er ist an deinen theoretischen Betrachtungen über Gott nicht interessiert. Vielmehr braucht er Heilung, keine Philosophie." (7) Bemerkenswert ist hierzu folgende Mitteilung des indischen Religionsführers *Mahatma Gandhi* (1869-1948): „Ich widerspreche der Behauptung, die Hindus glaubten an viele Götter. Das ganze Unheil ist durch die englische Wiedergabe des Wortes ‚deva' entstanden, für das ihr keine bessere Bezeichnung als ‚Gott' gefunden habt. Ich glaube, ich bin durch und durch Hindu, aber ich habe nie an viele Götter geglaubt. In den heiligen Veden gibt es viele Götter. Andere Schriften nennen sie Engel. Aber die Veden besingen nur einen Gott." (8) Die japanische Ur-Religion des *Shintoismus* und der chinesische *Taoismus* stellen sich die Gottheit als eine unpersönliche Kraft oder Macht vor, welche die ganze Natur erfüllt. Sie verehren das Leben an sich als göttliche Kraft, die in der ganzen Natur aufscheint. (9)

Auch für mehrere freie Religionsgemeinschaften gilt Gott nicht als Person, sondern als die allgegenwärtige Urkraft, die alles Sein durchströmt, die alle Sphären beatmet und mit ewiger Energie versorgt. Man spricht heute vom Allgeist, vom Weltgeist oder vom ewigen Weltäther. Von diesem geistigen Urstoff schreibt ein Vertreter des „Universellen Lebens" in Würzburg: „Der Allgeist ist also kein personales Wesen, sondern Energie und Ursubstanz der ganzen Schöpfung. Darum wird der Geist auch der nicht personifizierte, sondern der *unpersönliche* Gott genannt." (10) Bei uns im Abendland haben sich seit der Aufklärung, im 17. und 18. Jahrhundert, die unpersönlichen Begriffe „Allgeist", „Weltgeist" und „Weltseele" eingebürgert. Wilhelm Hegel nannte diese im ganzen Universum wirkende Kraft „Weltvernunft". Damit kam es zu einer Annäherung an das indische Wort „Atman" in der Bedeutung von „Atem Gottes" oder göttliche Lebenskraft.

Zahlreiche große Denker nahmen einen unpersönlichen Gott an. Der niederländische Philosoph *Baruch de Spinoza* (1632-1677) entfaltet in seinen Schriften die Idee, dass Gott und Natur eine einzige Substanz sind. Für ihn ist Gott in der Welt und die Welt ist Gott. Er hält dies für eine allumfassende kosmische Einheit, die in allen Geschöpfen in Erscheinung tritt. Danach wäre Gott unbestimmt und unpersönlich. (11) Dieser unpersönliche Gottesbegriff wurde auch von *Goethe* übernommen, der immer wieder in seinen Dichtungen den allgemeinen „Weltgeist" anspricht. Für *Albert Einstein* war der Gedanke an einen persönlichen Gott nicht nachvollziehbar. Er war ihm fremd, und er hielt ihn für naiv. Er schrieb in seinen Lebenserinnerungen: „Ich kann mir keinen persönlichen Gott denken, der die Handlungen der einzelnen Geschöpfe direkt beeinflusst oder über seine Kreaturen zu Gericht säße." Noch ein Jahr vor seinem Tod wiederholte er: „Ich glaube nicht an einen persönlichen Gott, und ich habe es nie geleugnet." Er nahm eine allumfassende Energie im Sinne einer geheimnisvollen Naturkraft als unpersönlichen Urgrund an. (12) Auch unter den heutigen Naturwissenschaftlern finden wir häufig die Vorstellung von einem unpersönlichen Gott. So glaubt der Physiker *Markolf Niemz*, Gott sei Schöpfer und Geschöpf zugleich, hervorgegangen aus der sich selbst organisierenden Natur. Für ihn gibt es keinen Gott außerhalb der Schöpfung, weil beide sich gegenseitig bedingen. (13)

Heute wird Gott häufig mit der Natur und die Natur mit Gott gleichgesetzt. So nimmt *Hans-Peter Dürr* an: „Der Schöpfer ist mit dem Urgrund der Schöpfung identisch." (14) Daher bekennt er sich nicht zu einem persönlichen Gott und bezeichnet sich als einen „liebenden Atheisten". (15) Auch der Quantenphysiker *Erwin Schrödinger* spricht sich gegen einen persönlichen Gott aus mit der Begründung: „Ein persönlicher Gott kann in einem Weltbild nicht vorkommen, das nur zugänglich geworden ist um den Preis, dass man alles Persönliche daraus entfernt." (16)

Eine unpersönliche Gottheit nehmen auch jene Philosophen an, die das Absolute, das All-Eine und das Unbegrenzte zum obersten Prinzip erklä-

Die Frage nach Gott | 77

ren. Es wird behauptet, ein persönlicher Gott könne nicht überall zugleich sein, sondern nur entweder hier oder dort. Daher könne seine „Allgegenwart" nur angenommen werden, wenn er unpersönlich sei. In diesem Sinne bezeichnet der amerikanische Philosoph *James Eliott* das Göttliche als eine „formlose, unbegrenzte, alles umfassende Energie, die immer existiert hat und immer sein wird". (17) Ein solcher Gott ist allgegenwärtig, weil er in allem ist. Dies ist das Gottesbild des *Pantheismus*. Auch in zahlreichen esoterischen Kreisen wird heute die Ansicht vertreten, Gott sei eine „universelle Kraftquelle, die jedem lebenden Geschöpf zufließt". (18) Laut einer soziologischen Studie aus dem Jahr 2010 glauben von den 12- bis 25-jährigen nur 26% an einen persönlichen Gott. Für die Mehrheit ist Gott eine unpersönliche Kraft oder Macht. (19)

Der jenseitige Lehrer *White Eagle* erläuterte in einer medialen Botschaft: „In den meisten Religionslehren besteht Unklarheit mit Bezug auf den persönlichen und den unpersönlichen Aspekt der Gottheit. Die Idee eines persönlichen Gottes, der in einem Himmel über dem Firmament thront, war sicher dem unentwickelten Verstand primitiver Rassen gut angepasst. Der moderne Mensch hingegen, der Raumschifffahrt betreibt, benötigt eine neue Konzeption des Gottesbegriffes. Er braucht eine erweiterte Sicht seiner Beziehung zu Gott und zum Kosmos. Daher nennt er ihn „Großer Geist", „Schöpfer aller Welten" oder „universelle Intelligenz" jenseits der Vorstellungskraft des Menschen." (20) Eine moderne theologische Ansicht vertritt *Hans Küng*. Für ihn ist Gott mehr als eine begrenzte Einzelperson, aber auch kein „Übermensch oder gar ein belastendes Über-Ich". (21) Er bezeichnet den Begriff „Person" gleichsam als eine Chiffre. An anderer Stelle ergänzt er: „Der Allesumfassende und Allesdurchdringende ist nie ein Objekt, von dem sich der Mensch distanzieren kann, um über ihn auszusagen." (22) Nachdem er sich Gott als unendlich vorstellt, muss er sich fragen: „Kann dieser unendliche Gott noch Person sein?" Seine Antwort lautet: „Gott ist gewiss nicht Person, wie der Mensch Person ist." *Hans Küng* formuliert es in seiner theologischen Gelehrtensprache so: „Gott ist omnipräsent, weltimmanent und welttranszendent." Gott ist weder nur ein innerirdisches noch ein außerirdisches oder ein überirdisches Wesen. Gott ist dies alles im Einzelnen nicht, aber er ist alles in einem. Er ist wesenhaft in allem und alles Wesentliche ist in ihm. (23) Hierzu ist einzuwenden: Das Wort „Gott" ist nicht bloß eine Metapher, mit der wir etwas Unanschauliches veranschaulichen. Wenn sich auch das Übernatürliche im Natürlichen offenbaren kann, ist Gott nicht die Natur selbst, sondern der Erschaffer der Natur. Ursache und Wirkung sollten nicht miteinander verwechselt werden.

Ausdrücklich zu einem *persönlichen* Gott bekennen sich die prophetischen Offenbarungsreligionen des Judentums, des Christentums und des Islam. Das Judentum beruft sich auf das Zeugnis: „Ich bin der Herr, dein Gott. Du sollst keine fremden Götter neben mir haben." (2 Mo 20,2) Im frühen Christentum bezeugt der Apostel *Paulus*: „Wir wissen, dass es keinen anderen Gott gibt als den einen. Denn mag es auch sogenannte Götter, sei es im Himmel, sei es auf Erden geben, so gibt es für uns Christen nur einen Gott, den Vater, von dem alle Dinge sind und für den wir geschaffen sind." (1 Kor 8,4-6) Der Islam bekennt sich in der Koran-Sure 112 *Al-Ihlas* zum „alleinigen und einzigen Gott". Die meisten Weltreligionen stellen sich als oberstes Weltprinzip ein persönliches Wesen vor, das alles leitet und bestimmt und dessen Stellvertreter die weltlichen Herrscher sind. Daher sprechen sie ihn mit einem Personennamen an. Im Judentum ist Gott der Unnennbare. Im Islam hat er tausend Namen, und Christus spricht ihn mit dem vertraulichen Wort „Vater" an. Gott ist für sie eine Person mit Ichbewusstsein, so wie er sich selbst *Moses* gegenüber zu erkennen gab mit den Worten: „Ich bin, der ich bin." (2 Mo 3,14) Sofern Gott als Person mit Bewusstsein gedacht wird, hat er auch Gestalt. In einer Jenseitsbelehrung wird bestätigt: „Zwar hat Gott in sich eine so unendliche Kraft, doch ist Gott gleichwohl eine Person und hat eine Gestalt." (24) Demzufolge kann er nicht allgegenwärtig sein. (25)

Ob Gott als ein persönliches oder als ein unpersönliches Wesen zu denken ist oder als beides zugleich, ist heute noch umstritten. Hier treffen sowohl die Begriffe „immanent" und „transzendent" als auch „vollkommene Unpersönlichkeit" oder „vollkommene Persönlichkeit" aufeinander. Der Philosoph *Peter Michel* überlegt: „Da in der Gottheit alle Gegensätze zusammenfallen (coincidentia oppositorum), gehören dazu auch die dualen Aspekte Unpersönlichkeit und Person." (26) Offenbar muss das Göttliche als beides gedacht werden. Nach der Meinung von *Hans Küng* ist Gott nicht eine Einzelperson, die sich von anderen Personen abgrenzt. Er ist deshalb auch nicht die ranghöchste Person unter anderen Personen. Seiner Ansicht nach befinden wir uns hier in einer „gefährlichen Gratwanderung auf der Grenze von Anschaulichkeit, Sagbarkeit und Unsagbarkeit, Fassbarkeit und Unfassbarkeit". Darum überlegt er, ob wir uns vor dem Geheimnis dieser unergründlichen Wirklichkeit nicht fragen sollten: „Wäre Schweigen vor dem Geheimnis nicht die durchaus angemessene Grundhaltung?" (27) In unserer menschlichen Vorstellung ist Gott eine über das Menschenschicksal erhabene und frei waltende geistige Person, die ihren Wohnsitz hoch über der irdischen Welt hat. Diesen Gott meinte *Friedrich Schiller,* als er im Jahr 1797 dichtete:

Und ein Gott ist, ein heiliger Wille lebt,
Wie auch der menschliche wanke;
Hoch über der Zeit und dem Raume
schwebt lebendig der höchste Gedanke.

2.2 Viele Götter oder ein einziger Gott

Geschichtlich gesehen, entstand der Glaube an viele Götter sicher vor dem Glauben an einen einzigen Gott. Diese Vielgötterei, auch *Polytheismus* (gr. *polys*: viel; *theos*: Gott) genannt, ergab sich bei den Naturvölkern in der Frühzeit aus der gedanklichen Projektion menschlicher Vorstellungsbilder. So wurden unerklärliche Naturerscheinungen, wie Sonnen und Mondfinsternisse, Blitz und Donner, Naturkatastrophen oder der farbige Regenbogen, dem Wirken himmlischer Mächte zugeschrieben, die über den Wolken thronten. Die ersten Gottheiten waren vermutlich Schutz- und Wettergötter. (28)

So ist der Anfang der Religion in der Naturbeobachtung und Naturverehrung zu suchen. Heute noch glauben Indianerstämme in Nord- und Mittelamerika, die Schamanen in Sibirien oder viele afrikanische Volksgruppen an eine Vielzahl von Naturgöttern. Zahlreichen Gottheiten in Tier- und Menschengestalt wird auch im heutigen buddhistischen Tibet und in angrenzenden Nachbarländern wie Burma, Thailand oder Nepal in Tempeln, Pagoden und Klöstern durch Opfergaben, Gebete und Rituale gehuldigt. Avatare und Bodhisattvas gelten im Hinduismus und Buddhismus nicht als Gottheiten, sondern als erleuchtete und aufgestiegene Meister in Menschengestalt, wie sie der Indienreisende *Baird Spalding* (gest. 1953) in seinen fünf Bänden „Leben und Lehren der Meister im Fernen Osten" (29) beschrieben hat. Der Buddhismus ist nicht eine gottlose Religion, wie viele meinen. „Kann eine Religion ohne Gott noch Religion sein?", fragt mit Recht der Theologe *Hans Küng.* (30)

Neben einem höchsten Gott kannten die alten Völker zahlreiche Nebengötter und Halbgötter. In ihren Mythologien wird fast immer unter den vielen Götternamen ein höchster Gott genannt. Laut den indischen Upanishaden, aus dem 13. Jahrhundert v. Chr., fragten die Götter den Himmelsgott *Rudra*: „Wer bist du?" Dieser antwortete: „Ich bin der eine, ich war als Erster da. Außer mir gibt es keinen anderen." (31) Daneben werden im Hinduismus zahlreiche Götter sozusagen für den „alltäglichen Hausgebrauch" verehrt.

Im Altertum gehörte der Vielgötter-Glaube nicht nur zur Religion der Griechen und Römer, auch die frühen keltischen und germanischen Völker kannten einen vielgestaltigen Götterhimmel. Ähnlich war es auch bei vielen skandinavischen, germanischen und slavischen Völkergruppen. Im 7. Jahrhundert ging mit dem Zerfall der alten Reiche auch der heidnische Vielgötterglaube zu Ende. In seiner Oper „Götterdämmerung" lässt *Richard Wagner* (1813-1883) Walhall, die Wohnstätte der Götter, in einem alles vernichtenden Brand untergehen. (32) Auch im japanischen Shintoismus sowie in einigen Stammesreligionen Afrikas, Amazoniens und Ozeaniens finden wir noch heute den Glauben an zahlreiche Gottheiten.

Der Polytheismus ist eigentlich ein verkappter Monotheismus, denn die zahlreichen Götter gelten bloß als Teilaspekte oder Widerspiegelungen einzelner Eigenschaften der einen Gottheit, vergleichbar der einen Sonne, die sich auf der Erde in tausend Gewässern spiegelt. Der Ein-Gott-Glaube ist in der Menschheitsgeschichte erst allmählich aus dem Viel-Götterglauben hervorgegangen. Durch diesen wurde die Natur entgöttlicht und die Götterwelt entzaubert. Damit verschwand auch weitgehend die Ehrfurcht vor der Natur und ihren Geheimnissen. Daher klagt der jüdische Philosoph *Hans Jonas*: „Im Gegensatz zum Heidentum hat sich im Eingottglauben die Vorstellung von einem seelenlosen Universum durchgesetzt. Die Welt der Natur ist immer mehr aller Würde und Werte entkleidet worden." (33)

Der Anfang des Glaubens an einen einzigen Gott, auch Monotheismus (gr. *monos*: allein, einzig; *theos*: Gott) genannt, begegnet uns erstmals im alten Ägypten zur Zeit des Pharao *Amenophis IV*. (1375/58 v.Chr.), der sich den Namen *Echnaton* zulegte. Dieser erklärte den Sonnengott *Aton* zum einzigen Gott. Gleichzeitig schaffte er den jahrtausendealten Vielgötterglauben mit *Amun-Re* als oberstem Gott ab. Er verlegte seine Residenz nach Amarna in Mittelägypten und heiratete *Nofretete*. Auch verbot er den bisherigen Amun-Kult und setzte die gesamte Priesterschaft ab. In seinem berühmten „Sonnengesang", der in den Felsenhöhlen im „Tal der Könige" erhalten blieb, pries er die Sonne als Spenderin allen Lebens mit den Worten: „O du einziger Gott, neben dem kein anderer ist." (34) Eine fast wörtliche Wiedergabe dieser Lobpreisung finden wir im 104. Psalm des Alten Testaments. Der spätere jüdische Gottesname *Adonai* wird vermutlich vom ägyptischen Sonnengott *Aton* hergeleitet. (35) Vom ägyptischen Volk wurde der Aton-Glaube der Königsfamilie kaum angenommen. Ihm fehlten die Götter, von denen es sich bis dahin beschützt glaubte. Pharao *Echnaton* verstarb verhältnismäßig jung, vermutlich anlässlich einer Epidemie, die das Land heimsuchte. Daher hatte er es versäumt, seine Nachfolge zu regeln. Erst sein Schwiegersohn und Nachfolger *Tut-anch-Amun* führte unter dem Druck der entmachteten Priesterschaft den früheren Amun-Kult mit seinen vielen Göttern wieder ein. Die Tempel, die *Echnaton* in Theben und Karnak dem Reichsgott *Aton* errichten ließ, wurden geschleift. Mit der Verehrung des Gottes *Amun* wurde die alte Staatsordnung wiederhergestellt. Beachtenswert ist, dass *Moses,* der spätere Anführer des israelischen Volkes, zu jener Zeit am ägyptischen Pharaonenhof aufwuchs und dort den Glauben an den einen Gott kennen lernte. Beim Auszug aus Ägypten blieb er diesem Eingott-Glauben treu und wurde so zum Begründer der jüdischen Religion. (36) Laut der Bibel soll *Moses,* nachdem er das Volk Israel aus Ägypten geführt hatte, auf dem Berg Sinai eine göttliche Stimme aus den Wolken vernommen haben, die ihm verkündete: „Ich bin der Herr, dein Gott! Neben mir gibt es für dich keinen anderen Gott. Wirf dich nicht vor fremden Göttern nieder und diene ihnen nicht." (2Mo 20,1-5) Ob es sich dabei um eine Inspiration, eine Vision oder Halluzination gehandelt hat, wissen wir nicht. Wahrscheinlicher ist, dass *Moses* den Ein-Gott-Glauben des *Echnaton* in Israel eingeführt hat. Das war der Beginn des Monotheismus im Judentum, der später vom Christentum und vom Islam übernommen wurde. Daher werden diese drei Glaubensrichtungen die *monotheistischen Religionen* genannt.

Den Ein-Gott-Glauben vertrat auch *Zarathustra*, der den großen Weltenordner *Ahura Madzda* zum einzigen Gott erklärte. (37) In seiner Schrift „Über erste und letzte Dinge" führt er seine Glaubenslehre auf eine Jenseitsoffenbarung durch einen Engel zurück. Der Historiker *Walther Hinz* schreibt über ihn: „Der Prophet fand in seiner baktischen Heimat mit seiner Glaubensstiftung keine Zustimmung, sondern er wurde verfolgt. Mit wenigen Getreuen floh Zarathustra nach Westen in den heutigen Nord-Iran, in die Gegend von Nischapur. Nach zweijährigen heftigen Auseinandersetzungen mit der heidnischen Priesterschaft und ihrer Vielgötterei trat König *Wischtaspa* mit seinem ganzen Hofstaat zum neuen Glauben über. Dieser Glaube wurde durch die persischen Großkönige, vor allem durch *Kyrus* und *Darius*, zur Religion der alten Perser." (38) Die iranisch-persische Mithras-Religion, die auf *Zarathustra* zurückgeht, fand vom 5. vorchristlichen Jahrhundert bis ins 2. nachchristliche Jahrhundert weite Verbreitung. Der Sonnen- und Lichtgott „sol invictus", die unbesiegbare Sonne, galt als Hüterin der kosmischen Ordnung. Ähnliches gilt vom Manichäismus, begründet durch den babylonischen Religionsstifter *Manes Madi* (216-274 n. Chr.). Sein Glaube an einen einzigen Gott fand bis ins 1. Jahrhundert im ganzen römischen Weltreich seine Anhänger.

Bei den Griechen war es der vorsokratische Philosoph *Xenophanes* (580-480 v. Chr), der den Götterglauben verurteilte und an seiner Stelle den Glauben an einen einzigen Gott lehrte. Von ihm stammt der Satz: „Ein Gott gilt unter den Göttern und unter den Menschen als der größte." (39) In seiner Schrift „Timaios" nennt *Platon* den einen und höchsten Gott den „Vater, welcher das All erschuf". (40) Es waren vor allem die semitischen Völker, die den Glauben an den einen Gott im nahen Orient und im Abendland verbreitet haben. Heute wird dieser bei allen drei monotheistischen Glaubensbekenntnissen anerkannt. Von diesen kennt nur das Christentum die Lehre vom dreieinigen Gott, die auf ein Diktat des römischen Kaisers *Konstantin* (um 275-337) zurückgeht. Dieser hatte am Konzil von Nicäa, im Jahr 325, mit dem fragwürdigen griechischen Ausdruck „homousios" die Wesensgleichheit von Christus mit Gottvater erklärt. Die Konzilsteilnehmer waren sich keineswegs darüber einig. *Wulfing von Rohr* schreibt. „Es gab lang anhaltende Auseinandersetzungen darüber, ob Jesus ganzer Mensch gewesen sei, was manche bestritten, und auch, ob er ganz Gott gewesen sei, was von Angehörigen des sogenannten Arianismus abgelehnt wurde." (41) Schließlich bedurfte es eines Machtwortes des heidnischen Kaisers, der aus rein politischen Gründen sich letztlich durchsetzte. Aus diesem Konzilsbeschluss wurde im Jahr 381 das Dogma von der göttlichen Dreifaltigkeit (Trinität) abgeleitet. In der Folge wurden auf dem Konzil von Chalcedon, im Jahr 451, dem Gottessohn zwei Naturen zugeschrieben: Eine menschliche und eine

Die Frage nach Gott | 83

göttliche. Danach bilden beide ohne Minderung der einen gegenüber der anderen eine untrennbare Einheit. (42) So wurde es auch ins christliche Glaubensbekenntnis aufgenommen.

Festzuhalten ist, dass *Jesus Christus* sich nie mit Gott auf die gleiche Stufe gestellt hat. Er hat sich auch nie als Gott bezeichnet, sondern als Gottes Sohn. Er sprach von seinem Vater, der ihn gesandt hat (Jh 12.45), der ihm Macht verliehen hat (Jh 5,26.-27) und der ihn beauftragt hat (Jh 4,32-34). Dies beweisen auch folgende Bibelzitate: „Der Vater ist größer als ich." (Jh 14,28) „Der Sohn kann nichts von sich aus tun. Er handelt nach dem Vorbild seines Vaters." (Jh 5,19) „Der Vater gibt dem Sohn Einblick in alles, was er tut; denn er liebt ihn." (Jh 5,20) „Er hat von Gott die Vollmacht erhalten, Sünden zu vergeben." (Mk 2,5) „Die Werke, die ich tue in meines Vaters Namen." (Jh 10,25) Zu seinen Aposteln sagte er: „Vertraut Gott und vertraut auch mir." (Jh 14,1) Am Kreuz klagte er: „Mein Gott, warum hast du mich verlassen?" (Mt 27,46) Sterbend rief er: „Vater, in deine Hände empfehle ich meinen Geist." (Lk 23,46) Vor seiner Himmelfahrt sagte er zu seinen Jüngern: „Ich fahre auf zu meinem Vater und eurem Vater, zu meinem Gott und eurem Gott." (Jh 20,17) In Bezug auf die Stunde des Weltenendes lehrte *Jesus*: „Aber die Stunde, wann das geschehen soll, kennt niemand, auch nicht die Engel im Himmel, nicht einmal der Sohn. Nur der Vater kennt sie." (Mt 24,36) Von einer Personalunion zwischen Gott und seinem Sohn kann demnach keine Rede sein. Die ganze Bibel kennt nur einen Gott in einer Person. Auch „die frühe Kirche dachte in vielfacher Hinsicht *nicht* trinitarisch. *Christus* wurde am Anfang als göttlicher Bote, als hohes Wesen oder als Engel gesehen". (43)

Die Lehre von der Dreifaltigkeit begegnet uns im angeblichen Missions- und Taufbefehl *Jesu*: „Darum geht nun zu allen Völkern der Welt und macht die Menschen zu meinen Jüngern! Tauft sie im Namen des Vaters und des Sohnes und des Heiligen Geistes ..." (Mt 28,19) Die historisch-kritische Bibelforschung hat diese Bibelstelle inzwischen als Fälschung erkannt. Dies gilt auch für den Text im 1. Johannesbrief: „Es gibt also drei Zeugen: den Geist, das Wasser und das Blut" (1.Jh 5,7), der im 4. Jahrhundert umgeschrieben wurde in: „Drei sind es, die da Zeugnis geben: der Vater, das Wort und der Heilige Geist und die drei sind eins." (44) Auch die Worte *Jesu*: „Empfanget den Heiligen Geist! Wem ihr die Schuld erlasst, dem ist sie von Gott vergeben. Wem ihr sie nicht erlasst, dem ist sie auch von Gott nicht vergeben." (Jh 20, 21-23), mit denen er seinen Jüngern die Binde- und Lösegewalt verliehen haben soll, ist nach dem evangelischen Theologieprofessor *Gerd Lüdemann* eine Fälschung. Er fand „Jesus hat diese Worte nie gesprochen. Sie sind unecht." (45) Das bis heute umstrittene christliche Trinitäts-Dogma hat sein Vorbild in der altägyptischen Mythologie von der Dreiheit *Osiris-Isis-Horus*. (46) Auch im Hinduismus kennt man die göttliche Dreiheit *Brahma-Vishnu-Shiva* (47) sowie in zahlreichen hellenistischen Glaubensvorstellungen, symbolisch dargestellt mit einem Kopf mit drei Gesichtern, drei Masken (lat. persona) oder durch ein gleichseitiges Dreieck. Damit werden drei Seinsweisen und drei Funktionen des einen und gleichen Gottes bildlich veranschaulicht, nämlich das schöpferische Prinzip, das erhaltende Prinzip und das erneuernde Prinzip.

Das heutige Geistchristentum kennt weder die Lehre von der Gottheit Christi noch die Lehre von der göttlichen Dreifaltigkeit. In einer Jenseitsbelehrung an Pfarrer *Johannes Greber* heißt es von *Jesus Christus*: „Seine Macht und Größe hatte er von Gott empfangen. Er war bloß ein Geschöpf Gottes und daher nicht ewig." Und: „Aus sich hat der Sohn nichts, weder das Dasein, noch sein Amt als Statthalter, noch irgendeine Kraft. Alles hat ihm der Vater gegeben." Daraus folgert der jenseitige Lehrer: „Du siehst, wie die Lehre von dem dreipersönlichen Gott nicht nur dem gesunden Denken widerspricht, sondern auch in der Heiligen Schrift keinerlei Stütze hat…Das große Missverständnis, das durch die Bezeichnung ‚der Heilige Geist' hervorgerufen wurde, rührt von den falschen Übersetzungen des griechischen Textes des Neuen Testament her. Dort wo ‚ein' heiliger Geist zu lesen ist, haben eure Übersetzer unbegreiflicher Weise ‚der Heilige Geist' geschrieben." (48)

In der urchristlichen Überlieferung wurde *Christus* nicht als göttliche Person gesehen, sondern als der höchste Engelfürst. (49) So schreibt heute der Theologe *Hubertus Halbfas* (geb. 1932) in seinem monumentalen Werk „Das Christentum": „Die ganze Trinitätslehre ist ein Irrweg, ein Holzweg in der Geschichte der Kirche. Sie ist ein spekulativer Überbau, der zum Anlass der übelsten Streitereien und Spaltungen, zu Mord und Totschlag in der Kirche wurde." (50)

2.3 Der väterliche und der mütterliche Gott

Finden wir in Gott nur väterliche Züge oder auch mütterliche Eigenschaften? Ist Gott männlich oder trägt er auch weibliche Elemente in sich? Nach der Psychologie von C.G. *Jung* ist nicht nur unser Menschenbild, sondern auch unser Gottesbild doppelgeschlechtlich angelegt, nämlich weiblich und männlich zugleich. In prähistorischen Zeiten herrschte bei vielen Naturvölkern das Mutterrecht, das Matriarchat. Daher stellte sich der Mensch der Urzeit das Göttliche vorwiegend weiblich vor. Die ältesten Gottesbilder der Altsteinzeit, vor 30.000 Jahren, sind eindeutig mütterliche Gestalten. Ihre oberste oder einzige Gottheit war die „Große Mutter", die sie auch „Himmelsherrin", „Königin der Götter" und „Göttermutter" nannten. (51) Mehrere antike Hochkulturen kannten männliche und weibliche Ur-Gottheiten. So hielten die alten Ägypter den Erdgott *Geb* und die Himmelsmutter *Nut* für das erste göttliche Zwillingspaar. Das höchste Götterpaar der Sumerer waren *Tammuz* und *Inana*, bei den Babyloniern waren es *Anu* und *Sin*. In gleicher Weise verehrten die Griechen den Ur-Vater *Kronos* und die Erdenmutter *Gaia* als göttliches Paar. Ihre mythologischen Nachfolge-Götter waren der Sonnengott *Helios* und die Mondgöttin *Selene*. Bei den Römern waren die höchsten Staatsgottheiten *Jupiter* und *Juno*. (52)

In der indischen Götterwelt wird noch heute *Shiva-Shakti* verehrt. Auch die Japaner nahmen anfänglich an, alle Geschöpfe der Natur gingen aus dem Zusammenwirken des Himmelvaters mit der Erdenmutter hervor. Als erste geschaffene Gottheit galt die Sonnengöttin *Amaterasu*. Auch die ursprüngliche Religion der Chinesen kannte ein höchstes Götterpaar. Der männliche Himmelsgott und die weibliche Erdenmutter verkörperten das kosmische Prinzip. Der chinesische Weise *Lao-tse* bezeichnete das TAO, zweigeteilt in Yin und Yang, als den Urgrund der Welt. Die alten Ägypter sahen zur frühen Pharaonenzeit ihren Schöpfergott *Chnum* als „Vater der Väter" und „Mutter der Mütter" in einem. (53) Bei den Indogermanen und in mehreren Gegenden Westasiens sowie bei indonesischen und malaiischen Volksstämmen nahmen über Jahrhunderte die weiblichen Erd- und Wassergöttinnen gegenüber den männlichen Feuergöttern eine Vormachtstellung ein. (54) Auch die alten Babylonier verehrten männliche und weibliche Gottheiten. (55)

Im Alten Testament finden wir bei Salomon die „Weisheit" als weibliche Ergänzung zum männlichen Gottesbild. In einem Hymnus sagt sie von sich: „Der Herr hat mich geschaffen am Anfang seiner Wege; ehe er etwas anderes schuf, war ich da." (Spr 8,22) Auch die mittelalterlichen Alchemisten erkannten erst in der Gegensatzvereinigung (coniunctio oppositorum) von männlichen und weiblichen Eigenschaften Gottes die göttliche Einheit und Ganzheit. (56) Eine nur männliche Gottheit tauchte in der Religionsgeschichte erst in historischer Zeit auf. „Immer mehr männliche Gottheiten entstanden, zunächst als Söhne oder Geliebte der göttlichen Mutter, noch untergeordnet, und schließlich, in vaterrechtlichen Kulturen, dominierend." (57) Je mehr der Mann seine Vorherrschaft in Familie und Gesellschaft ausbaute, um so mehr wurden die weiblichen Gottheiten verdrängt. Mit dem Aufkommen des Ein-Gott-Glaubens bei den semitischen Völkern im Vorderen Orient verschwanden die mütterlichen Gottheiten. Die monotheistische Religion des Judentums und später die daraus folgenden Gottesvorstellungen des Christentums und des Islam wollten nur einen einzigen obersten Gott anerkennen, und der konnte entsprechend ihrem patriarchalen Gesellschaftssystem nur männlich sein. Das Denken war auf die Vorherrschaft des Mannes und die Minderbewertung der Frau ausgerichtet. Eine wesentliche Rolle für diese einseitige Sicht spielte die biologische Homunculus-Theorie des griechischen Philosophen *Aristoteles*. Danach ist für die Weitergabe menschlichen Lebens allein der Mann zuständig, weil in jeder einzelnen männlichen Samenzelle ein winziges Menschlein (Homunculus) bereits vorgebildet sei. Der mütterliche Schoß diene lediglich dazu, diesen menschlichen Keimling auszutragen, ähnlich wie die Mutter Erde kein neues Leben hervorbringt, sondern die ihr anvertraute Saat zur Reife bringt. Hinzu kam damals die Vorstellung, dass der Mann sich nichts anderes wünschen kann als männliche Nachkommen. Kommt dann wider Erwarten ein Mädchen zur Welt, sind die körperliche Schwäche der Mutter, ihr jugendliches Alter oder gar die feuchten Südwinde daran schuld. Die Abwertung des weiblichen Geschlechts gegenüber dem männlichen ist noch heute in asiatischen und afrikanischen Ländern weit verbreitet. In gewissen Gebieten Indiens ist es noch heute so, dass eine Familie, die das Pech hat, statt des erhofften Knaben ein Mädchen zu bekommen, es *Nakusha*, die Unerwünschte, nennt. *Bernard Imhasly* schildert diesen Aberglauben und seine magische Bedeutung so: „War das erste Kind ein Mädchen, verzieh man es dem Schicksal und gab ihm einen normalen Namen. War auch das zweite ein Mädchen, musste man den Unglücksfaden zerschneiden und griff auf den Brauch zurück, es Nakusha zu taufen. So sollte sich das Karma wenden und der Familie bei der nächsten Geburt einen Knaben bescheren." (58)

Auch in den monotheistischen Religionen ist die Benachteiligung des weiblichen Geschlechts bis in unsere Tage hinein erhalten geblieben. (59) Der katholische Theologe *Albert Lampart* bestätigt: „Die heutigen großen Weltreligionen sind ausgesprochene Männerreligionen. Sie sind alle aus vaterrechtlichen Gesellschaftsformen herausgewachsen. Wir haben in unseren Gottesvorstellungen das Väterliche und Männliche überstrapaziert." (60) Daher werden die großen Konfessionen noch heute weitgehend von Männern dominiert und regiert und lassen die Frauen an der kirchlichen Arbeit und an Gottesdiensten kaum aktiv teilnehmen. Es gibt in der Bibel ganz vereinzelt Texte, die auf ein weibliches Gottesbild schließen lassen. Beim Propheten *Jesaia* heißt es: „So spricht Jahwe: wie eine Mutter tröstet, so will ich euch trösten." (Jes 66,12) Im Buch *Sirach* erhält die „Weisheit" gleichsam als Tochter Gottes weibliche Eigenschaften." (Sir 24, 3-22) Diese wurde von König *Salomon* als göttliche Eigenschaft gepriesen. (Spr 8, 1-18) Ihr zu Ehren ließ der römische Kaiser *Justinian I.* (483-565) in Konstantinopel die „Hagia Sophia" erbauen. (60)

Eine religiöse Begründung für die Vorherrschaft des Mannes lieferte der französische Theologen *Pierre Abélard* (1079-1142). Er stützte sich auf den biblischen Schöpfungsbericht, wonach Gott sich im männlichen *Adam* abgebildet habe und keinesfalls in der weiblichen Eva, da diese aus der Rippe ihres Mannes geschaffen worden sei. (Gen 2, 21-23) Im gleichen Sinne äußerte sich zweihundert Jahre später *Thomas von Aquin.* weil er annahm, nur der Mann sei unmittelbar aus der Hand Gottvaters hervorgegangen. Auch die in einem christlichen Dogma festgeschriebene „Dreifaltigkeit" ist „von ausschließlich männlichem Charakter". (61) Einen weiteren Schritt zu einem weiblichen Gottesbild vollzog nach Ansicht von *C.G. Jung* die katholische Kirche im Jahr 1950 mit ihrem Dogma von der leiblichen Aufnahme *Mariens* in den Himmel. Zwar wurde die Mutter Jesu nie zur Gottheit erhoben, doch ergänzt seiner Meinung nach diese Aufnahme der Weiblichkeit in den Himmel die Vierheit (Quaternität), welche als kosmisches Ordnungsprinzip erst die Ganzheit des göttlichen Seins vollendet. (62)

Eine einleuchtende Begründung für das väterlich-mütterliche Gottesbild lässt sich auch aus der Tiefenpsychologie ableiten. In der Genesis lesen wir: „Gott schuf den Menschen als sein Abbild; als Abbild Gottes schuf er ihn. Als Mann und Frau schuf er sie." (1 Mo 1,27) Daraus lässt sich schließen, dass männliche und weibliche Qualitäten auch in Gott vorhanden sein müssen, weil er unsere Stammeltern, nach dem biblischen Schöpfungsbericht, beide nach seinem Ebenbild geschaffen hat. Daher müssen auch der menschlichen Seele weibliche und männliche Eigenschaften zugesprochen werden. Aus der analytischen Psychologie von *C.G. Jung* geht hervor, dass die menschliche Seele doppelgeschlechtlich ist. Der männliche Anteil heißt „Animus", der weibliche Anteil wird „Anima" genannt. Beim Mann wird der Animus vorwiegend bewusst gelebt, während die Anima meist unentwickelt im seelischen Hintergrund des Unbewussten verborgen bleibt. Umgekehrt ist es bei der Frau, die ihre Weiblichkeit vordergründig erlebt und die Männlichkeit eher latent in ihrem unbewussten Seelenbereich zurückhält. In der modernen Psychologie gilt der Vater als Symbol für das Bewusstsein, die Mutter aber für das Unbewusste. So gesehen, ist die männlich-weibliche Gottesvorstellung ein Abbild und eine Projektion für die psychische Ganzheit. Jede Meinung, Gott sei männlich oder Gott sei weiblich, ist einseitig und daher falsch. (63)

Viele Frauen sind heute nicht mehr bereit, ausschließlich nur an einen männlichen Gott zu glauben. Die amerikanische Theologin *Mary Daly* (geb. 1928) spottet: „Wenn Gott männlich ist, dann ist das Männliche göttlich." (64) Seit den 1960er Jahren versuchen feministische Theologinnen ihrem Gottesbild einen weiblichen Charakter zu verleihen. Auch in der feministischen Literatur findet die göttliche Weiblichkeit zunehmend Eingang. Der schwedische Filmemacher *Ingmar Bergmann* fragte: „Vielleicht ist Gott eine Frau, wer weiß das Gegenteil?" Die deutsche Schriftstellerin *Louise Rinser* schrieb: „Wenn Gott ein Mann wäre, wäre er keine Frau, also unvollständig." (65) Und der Schweizer Buchautor *Peter Bichsel* ist sich in seinem Buch „Gott und die Welt" sicher: „Wenn es Gott gibt, ist er weiblich." (66) Die amerikanische Mystikerin *Flower A. Newhouse* spricht in ihren Schriften Gott als „Vater-Mutter-Geist" an. (67) Die amerikanische Theologin *Rosemary Radford Ruether* betont: „Gott ist beides: männlich und weiblich, daher weder männlich noch weiblich." (68)

Eine plausible Erklärung für das neue Gottesbild gibt das Geistchristentum. Es lehrt: Da Gott nur als der Vollkommene gedacht werden kann, gehört es zu seinem Wesen, dass in ihm sowohl das männliche als auch das weibliche Schöpfungsprinzip vereint sind. Daher ist Gott aller Geschöpfe Vater und Mutter zugleich. (69) Vor gut zwanzig Jahren habe ich in einem esoterischen Seminar folgende Gebetsformel vorgeschlagen:

Vater-Mutter-Gott,
du bist in den Himmeln,
auf Erden, in mir
und in allen Wesen:
dein Name sei uns heilig...

2.4 Das menschliche Gottesbild

Wie wahr hat *Goethe* in seinem Gedicht „Das Göttliche" erkannt: „Und wir verehren / Die Unsterblichen, / Als wären sie Menschen..." Bereits in prähistorischer Zeit gab man den Göttern menschliche Namen. Unsere frühesten Vorfahren taten dies, um das Göttliche in ihre kleine Welt einzufangen, um seine Nähe zu erfahren, um es zu verehren und um es durch Anrufungen und Opfergaben gnädig zu stimmen. Der Religionsphilosoph *Ludwig Feuerbach* (1804-1872) fand, dass nicht Gott den Menschen nach seinem Bild geformt hat (1 Mo 1,17), sondern dass die Menschen das Bild Gottes nach ihren Vorstellungen entworfen haben. Damit grenzten sie das Unbegrenzte ein und gaben dem Unnennbaren einen Namen. Auf diese Weise setzten sie sich der Gefahr aus, das Wesentliche zum Nebensächlichen herabzustufen und dem Zweitrangigen den ersten Rang einzuräumen. Dies bedeutet eine Verabsolutierung des Relativen und die Relativisierung des Absoluten, was unweigerlich zu einem falschen Gottesbild führen muss. Nicht umsonst gab *Moses* seinem Volk die Weisung: „Ihr sollt von Gott kein Bildnis machen." (3Mo 26,1)

Als sinnesabhängige Wesen neigen wir dazu, uns das Göttliche in menschenähnlichen Bildern und Gestalten vorzustellen. Im Jahr 1976 versuchten an der 7. Engadiner Tagung in St. Moritz mehr als dreißig Theologen, Philosophen, Ärzte und Psychologen sich zur Frage zu äußern: „Wer und was und wo ist Gott?" (70) Während Mystiker in Ost und West seit jeher der Meinung sind, über Gott könne man nicht reden, sondern nur schweigen, redeten die Vortragenden stundenlang darüber, wie sie sich Gott denken. Dabei hatte ein jeder eine andere Meinung. Übereinstimmende Aussagen waren von Anfang an nicht zu erwarten – und sie ergaben sich auch nicht. So schloss die Versammlung nach sechs Tagen mit den Worten des mittelalterlichen Mystikers *Meister Eckhart*: „Das Höchste und das Äußerste, was der Mensch lassen soll, das ist, dass er Gott um Gotteswillen lasse." Dieser Meister der Verinnerlichung war der Meinung: „Wer Gott unter bestimmten Formen sucht, der ergreift wohl die Form, aber Gott, der in ihr verborgen ist, entgeht ihm. Nur wer Gott unter keiner Form sucht, der ergreift ihn, wie er in sich selber ist. Wenn einer glaubt, er habe Gott erkannt, und sich irgendetwas darunter vorstellt, so hat er irgendetwas erkannt, nur nicht Gott." (71)

Es ist für uns Menschen unmöglich zu sagen, wer oder was Gott ist. Gott hat keine begrenzte Gestalt, so wenig wie Licht eine Form hat. Dennoch stellen wir ihn uns in Menschengestalt vor. Eine andere Möglichkeit haben wir kaum. Um uns Gott zu veranschaulichen, können wir die Eigenschaften, die wir ihm zuschreiben, lediglich aus unserer menschlichen Erfahrung ableiten. Wir können die Einheit nicht denken, weil wir uns beim einstigen Fall in die Zweiheit derart zersplittert haben, dass wir das göttliche Eine und Ganze nur noch bruchstückhaft erkennen – wie in einem zerbrochenen Spiegel. Daher fingen die Gottesgelehrten schon frühzeitig an, über Gott zu spekulieren und ihn wie in einem zerbrochenen Spiegel (lat. *speculum*) zu sehen, indem sie Teilwahrheiten für die ganze Wahrheit hielten. Für *C.G. Jung* ist Gott überhaupt nicht in menschliche Begriffe zu fassen. Die Gottesvorstellung ist für ihn ein Geheimnis. (72) An anderer Stelle antwortet er einem Pfarrer, der ihm vorwarf: „Was tun Sie mit Gott!": „Ich tue gar nichts mit Gott, denn wie könnte ich? Ich kritisiere bloß unsere Gottesvorstellungen. Ich weiß doch nicht, was Gott an und für sich ist." (73) In einem Brief an einen Arztkollegen schreibt er: „Ich kann es mit meinem wissenschaftlichen Gewissen unter keinen Umständen vereinbaren, in bescheidener Selbstüberhebung irgendwelche Aussagen über Gott zu machen." (74) Jedoch ist nach seiner Erfahrung das „Phänomen Gott" als menschliches Vorstellungsbild eine psychisch nachweisbare Tatsache in der Seele des Menschen und daher als Urerfahrung Jahrtausende alt.

Das menschliche Gottesbild hat hauptsächlich zwei Quellen: Einerseits das kollektive Unbewusste, in dem uralte Seelenbilder als Archetypen aus der frühesten Menschheitsgeschichte gespeichert sind. Andererseits spielt auch das kindliche Vatererlebnis eine große Rolle. (75) Ein Kind, das einen strengen und strafenden Vater erfahren hat, wird dieses frühe Erlebnis später oft auf das Bild eines strafenden und verurteilenden Gottes übertragen. Ein schiefes Vaterbild kann so leicht zu einem Zerrbild von Gott führen und die eigene Vaterlosigkeit zu einer Gottlosigkeit im religiösen Denken. Aus der „Furcht vor Gott" wird dann nicht nur eine fromme Gottesfurcht, sondern oft genug auch ein neurotisches Gottesbild, das von der krankmachenden Angst vor Gott genährt wird. Auf diese Weise ist wohl auch das Gottesbild im Alten Testament der Bibel entstanden, wo recht häufig von einem zornigen, strafenden und rächenden Gott gesprochen wird. (4 Mo 11,1; Jos 7,1; Jes 30,27; Jer 52,3)

Sowohl in der Theologie als auch in der Psychologie ist man zur Erkenntnis gelangt, dass wir höchstens aussagen können, was Gott *nicht* ist. Mit diesem ausschließenden Verfahren entschleiern wir das Geheimnis Gottes nicht. Deshalb empfahl der Dominikanermönch *Meister Eckhart* einem Schüler: „Tue alles von dir hinweg, was Gott nicht ist, und es bleibt nichts anderes übrig als Gott in dir." Auf ähnliche Weise kam *Thomas von Aquin*, nachdem er sein zwölfbändiges Werk „Summa theologiae" verfasst hatte, zur Erkenntnis: „Da wir von Gott nicht wissen können, was er ist, sondern nur, was er nicht ist, so können wir auch nicht überlegen, wie er ist, sondern nur, wie er nicht ist." (76) Wie dies gemeint ist, zeigt folgende Erzählung: Der berühmte Bildhauer *Michelangelo* (1475-1564) soll seinem Lehrling befohlen haben, aus einem Block Carrara-Marmor einen Elefanten zu meißeln. Als dieser verunsichert jammerte: „Das kann ich doch nicht!", wies ihn der große Meister an: „Nimm Hammer und Meißel und haue alles weg, was nicht zum Elefanten gehört, dann hast du's geschafft!" Zur gleichen Einsicht gelangte *C.G. Jung*: „Wenn man von einem Ding nicht weiß, was es ist, so bedeutet es schon einen Erkenntniszuwachs, wenn man weiß, was es *nicht* ist." (77) Indem er diesen Grundsatz befolgt, beschreibt *Hans Küng* seinen biblischen Gott: „Gott ist nicht ein von der Welt getrenntes Wesen. Er ist auch kein außerirdisches Wesen jenseits der Sterne in einem überirdischen Himmel. Gott ist kein im geistigen Sinn außerhalb der Welt existierendes Wesen. Gott ist kein allmächtiger und selbstherrlicher Herrscher, der mit der Welt und den Menschen mit unumschränkter Gewalt nach völligem Belieben verfährt." Weiter philosophiert er: „Gott ist nicht ein naturhaftes Urprinzip, ist kein Weltengrund, keine abstrakte Kausalität des Universums. Er ist erst recht kein dunkler Abgrund. Er ist nicht eine namenlose Urkraft, er ist kein Weltgesetz, keine Abstraktion des

Universums. Der biblische Gott ist nicht ein affektloser, leidensunfähiger, dem ungeheuren Leid von Welt und Mensch gegenüber apathischer Gott, sondern ein sym-pathischer, mit-leidender Gott." (78) Damit weist er ihm ausgesprochen menschliche Züge zu.

Mehreren Mystikern galt Gott als der Namenlose und Unnennbare. So bekennt *Angelus Silesius* (1624-1677) in seinem „Cherubinischen Wandersmann": „Man kann den höchsten Gott mit allen Namen nennen. / Man kann ihm wiederum nicht einen zuerkennen." (79) Große Mystiker und Eingeweihte empfahlen, über Gott zu schweigen, weil es unmöglich ist, ihn mit menschlichen Worten zu erfassen. Auf die Frage, wo Gott ist, meinte ein Hindu-Priester: „Dorthin geht das Auge nicht, geht die Rede nicht und auch nicht das Denken. Wir wissen nicht, wir verstehen nicht und wir haben keine Ahnung, was wir sagen sollen." In der „Katha-Upanishade" wird von ihm gesagt: „Kein Wort, kein Gedanke kann ihn erlangen, kein Auge vermag ihn zu schauen. Wie kann er anders erlangt werden, als wenn man erkennt: Er ist?" (80)

Der Ex-Theologe und ehemalige Philosophieprofessor *Peter de Rosa* ist überzeugt: „In allen Religionen wird Gott am besten durch Schweigen verkündet." (81) Dies meint auch folgende Geschichte: „Ein Schüler fragte seinen Lehrer: „Wie ist Gott?" Der Angesprochene schien die Frage nicht zu hören, denn er schwieg wortlos vor sich hin. Abermals wollte der wissbegierige Lehrling wissen: „Wie ist Gott?" Immer noch hüllte sich der Meister in Schweigen. Da drängte der ungeduldige Jüngling: „Meister, wie soll ich wissen, wie Gott ist, wenn du es mir nicht sagst!" Da antwortete der Wissende: „Durch mein Schweigen habe ich dich belehren wollen, aber du hast mich nicht verstanden.""

Wenn also Gott dem Menschen als der große Unbekannte, als der unerkannte Ungenannte, als der unfassbare Unbegreifbare erscheint, ist es auch nicht möglich, von ihm ein zutreffendes Bildnis zu schaffen. Für uns Menschen besteht nur noch die Möglichkeit, ihn durch *Symbole* darzustellen. Im Altertum verehrten die Ägypter, Babylonier, Griechen und Römer ihre Gottheiten in den Planeten und in der Leben spendenden Sonne. Als von der göttlichen Sonne abstammend, bezeichneten sich Könige und Kaiser im alten Rom sowie in China, Japan und bei den Inkas in Peru. Abstrakte Sinnbilder, wie sie die Alchemisten gebrauchten, sind der Kreis, das Rad, die Kugel oder das Edelmetall Gold. (82) Auch *Augustinus* suchte nach Symbolen für das Göttliche, als er den Himmel, die

Sonne und den Mond befragte, und alle antworteten ihm: „Ich bin nicht Gott." Dann fragte er „das Meer und die Abgründe und die Tiere und sie antworteten alle: ‚Wir sind nicht Gott'." Daraus folgerte er: „Wenn wir Gott begreifen, begreifen wir ihn nicht." (83) Der Psalmist bezeichnet Gott als das „Licht" (Ps 27,1), der Evangelist als das „ewige Leben" (Joh 5,26). Auch im Buddhismus gilt das Licht als Symbol für das Göttliche. Im Hinduismus wird *Krishna*, als Verkörperung des Gottes *Vishnu*, der „Herr des Lichtes" genannt. Die Kabbala bezeichnet Gott als das „Ur-Licht". Im Christentum wird Gott als „Vater aus lauter Licht" beschrieben. Im Islam ist Allah das „Licht des Himmels und der Erde".

Im Schulunterricht wird unseren Kindern zu erklären versucht, Gott sei die vollkommene Liebe. Einem amerikanischen Briefschreiber, der behauptete: „Gott ist die Liebe", antworte *C.G. Jung*: „Sie scheinen es zu wissen. Ich weiß viel weniger von Gott, denn alles, was ich über das höchste Unbekannte sagen könnte, ist in meinen Augen arroganter Anthropomorphismus." (84) Der große Psychologe hält also nicht viel von der Möglichkeit, sich Gott menschenähnlich vorzustellen. Dennoch ist dies die einzige Art, sich ein Bild von Gott zu machen. Schon die ältesten Mythologien nahmen an, der Mensch sei als ein Abbild oder Ebenbild Gottes geschaffen worden. Im biblischen Schöpfungsbericht heißt es: „Gott schuf den Menschen nach seinem Bild, ihm zum Gleichnis schuf er ihn." (1 Mo 1,27) In seinem Hymnus auf *Prometheus* lässt *Goethe* den Gott sprechen: „Hier sitz' ich, forme Menschen / Nach meinem Bilde, / Ein Geschlecht, das mir gleich sei."

Die menschlichen Gottesbilder sind in ihrer Anschaulichkeit zumeist nichts anderes als Projektionen. Nach *Ludwig Feuerbach* ist Gott nur ein ins Jenseits versetztes menschliches Wunschbild. (85) So schaffen sich die Menschen je nach ihrem Aussehen, ihrer Hautfarbe, ihrer Kultur und ihrer Sprache ihr eigenes Abbild von Gott. Bereits der griechische Philosoph *Xenophanes* spottete: „Wenn die Pferde Götter hätten, sähen sie wie Pferde aus." (86)

Tatsächlich findet man bei Afrikanern, bei Asiaten und bei Indianern Gottheiten abgebildet, welche ihre eigenen Rassenmerkmale aufweisen. Bei uns in Europa wird Gott oft als Herrscher dargestellt, mit allen denkbar guten Eigenschaften behaftet, an dem nichts Schlechtes und Übles ist. Während sich die einfachen Menschen von Gott gerne ein menschenähnliches Gottesbild schaffen, denken gebildete Leute darüber eher in abstrakten Formen. Als *Werner Arber,* der Nobelpreisträger und Professor für Mikrobiologie, an der Universität Basel im Jahr 2011 von einem Journalisten gefragt wurde, ob er an Gott glaube, antwortete dieser: „Es kommt darauf an, was man sich unter Gott vorstellt. Für mich ist er nichts Menschliches, aber eine Art interne Kraft, die in der Natur am Werk ist. Und dieser Gott ist nicht nur zuständig für den Menschen, sondern für alles im gesamten Kosmos." (87)

Ist es nicht erstaunlich, wie Theologen manchmal über Gott allzu menschlich reden, als hätten sie mit ihm noch gestern Abend Schach gespielt. *Wilhelm Schamoni* bezeichnet den Menschen gar als „Gesprächspartner" Gottes, der mit uns Menschen im Zwiegespräch steht. (88) Dabei hat Gott, wenn es ihn wirklich gibt, eine Dimension, die unser menschliches Begriffsvermögen weit übersteigt. Wohl deshalb wollte *Ignatius von Loyola* (1491-1556) mit seinem Satz „Deus semper major" uns sagen: Gott ist immer größer, als wir ihn zu denken vermögen. Einen rein verstandesmäßigen Zugang zu Gott gibt es offenbar nicht. Er ist weder mit naturwissenschaftlichen noch mit geisteswissenschaftlichen Methoden zu begreifen. Auf die Frage „Was glauben Sie?", gesteht die studierte Theologin *Judith Hardegger*: „Ich muss zugeben, bei dieser Frage schwanke ich oft. Manchmal denke ich, dass schon etwas Göttliches existiert, und manchmal zweifle ich daran. Sicher aber gibt es mehr, als wir denken und wissen können. Mühe habe ich mit allzu konkreten Gottesvorstellungen. Aber beim Meditieren oder beim Hören von geistlicher Musik kann es schon geschehen, dass ich spirituelle Momente erlebe." (89)

Bei all seiner Gelehrsamkeit sah sich der bekannte Theologe *Karl Rahner* zur Aussage veranlasst: „Gott sei Dank gibt es nicht das, was sechzig bis achtzig Prozent sich unter Gott vorstellen." (90) Auf seine Weise dichtete *Rainer Maria Rilke* in seinem „Stundenbuch" über seinen eigenen Gottesbegriff (91):

Alle, welche dich suchen, versuchen dich.
Und die, so dich finden,
binden dich an Bild und Gebärde.
Ich aber will dich begreifen
wie dich die Erde begreift;
und durch mein Reifen
reifet dein Reich.

Ich will von dir keine Eitelkeit,
die dich beweist,
ich weiß, dass die Zeit anders heißt
als du. Tu mir kein Wunder zulieb
gib deinen Gesetzen Recht,
die von Geschlecht zu Geschlecht
sichtbarer sind.

2.5 Ist Gott allmächtig, allwissend und allgerecht?

Sowohl bei primitiven Naturvölkern als auch bei kleinen Kindern im magischen Alter und bei naiven Gläubigen wird Gott gern als allmächtig, allwissend und allgerecht gedacht. Er beherrscht ihrer Meinung nach die Naturkräfte. Er schickt Sonnenschein und Regen, er lässt Sonne und Mond auf- und untergehen und sogar gelegentlich sich verfinstern. Er zaubert den Regenbogen in die Wolken. Und ist er mit den Menschen unzufrieden, tut er seinen Zorn mit Blitz und Donner kund. Alles Geschehen, das sich nicht erklären lässt, wird so dem Wirken der Gottheit zugeschrieben. Dabei handelt es sich um reine Projektionen von Unwissenden, ähnlich dem kindlichen Wunschdenken: „Mein Vater kann alles; er ist der größte, der stärkste und der mächtigste von allen." Die Vorstellung von einem allmächtigen, allwissenden und allgerechten Gott entwirft ein Wesen, das sich über alle Gesetze der Natur und Übernatur eigenmächtig hinwegsetzt. In diesem Fall wäre Gott auch allein verantwortlich und zuständig für alles, was an Üblem und Bösem in der Welt geschieht. Der französische Schriftsteller und Philosoph *Pierre Bayle* (1647-1706) fragte sich, warum Gott das Übel nicht verhindere. In seiner Antwort überlegte er vier Denkmöglichkeiten: „Entweder kann er dies nicht, dann ist er nicht allmächtig. Oder er weiß nichts davon, dann ist er nicht allwissend. Oder er kümmert sich nicht darum, dann ist er nicht gerecht. Oder er will es nicht, dann ist er nicht gütig und barmherzig."

Der Ehrentitel „Allmächtiger" besagt freilich nicht, dass Gott ein Alleskönner ist. Streng genommen und logisch überlegt kann Gott nicht alles. Daher ist er nicht allmächtig. Dies geht aus folgenden Überlegungen hervor:

- Gott kann nichts zustande bringen, was dem Wesen eines Dinges zuwider läuft, wie hölzernes Eisen oder eisernes Holz. Er kann

auch keinen viereckigen Kreis zeichnen und auch kein rundes Viereck bilden, weil dies einen Widerspruch in sich selbst darstellt.
- Da in Gott alles einen Sinn haben muss, kann er nicht etwas Sinnloses oder Unsinniges in die Welt setzen.
- Gott kann auch nichts tun, was seinem eigenen Wesen entgegensteht. Da er das vollständige Gute ist, kann er nichts Schlechtes oder Böses schaffen.
- Weil Gott reinstes Licht ist, kann er keinen Schatten werfen und auch keine Schattenwelten entstehen lassen. (92)
- Wenn Gott der Allgerechte sein soll, kann ihm keine Ungerechtigkeit oder Parteilichkeit angelastet werden.
- Ist Gott wirklich die vollkommene Liebe, kann er nicht hassen und nicht verurteilen. Demnach kann er auch keine ewige Hölle einrichten und unterhalten.

Daher kann all das, was wir das Böse, Schlechte und Falsche nennen, nicht von Gott kommen. Dieses wird ausschließlich durch jene Wesen verursacht, die sich von Gott abgewendet haben und ins Abseits geraten sind. Schon im 13. Jahrhundert erklärte *Thomas von Aquin*, dass Gott das Böse nicht will, dieses aber zulassen müsse, sofern der Mensch durch den Missbrauch seiner Freiheit dies selber verursache. (93) Gott muss dem Menschen seinen eigenen Willen lassen, weil es zum Wesen der menschlichen Geistseele gehört, dass sie sich frei entscheiden kann. Was ist aber mit jenen, die nicht bewusst und frei gewollt zwischen dem Guten und dem Bösen wählen können? Denken wir an die wehrlosen kleinen Kinder oder an die vielen Menschen, die sich anscheinend nicht selber schuldig gemacht haben? Was ist mit den Opfern von großen Naturkatastrophen? Was ist mit den unschuldigen Tieren, die oft auch schwer leiden müssen? Wenn Gott alles in seiner Hand hält, wie der Evangelist *Johannes* meint (Joh 3,35), dann wäre er auch verantwortlich für alles, was ohne das absichtliche Eingreifen des Menschen geschieht. Hier werden natürliche Gesetzmäßigkeiten wirksam, die auch Gott nicht ändern kann.

Um die göttliche Allmacht zu beweisen, wird gerne auf sogenannte Naturwunder hingewiesen. Für die Echtheit eines solchen Wunders hat *Thomas von Aquin* zwei Bedingungen gestellt: 1. Die Überwindung oder Außerkraftsetzung eines Naturgesetzes. 2. Ein Geschehen, das allein durch die Allmacht Gottes erklärt werden kann. Daraus folgert er, dass die Macht Gottes unendlich sein müsse. Deshalb übersteige sie alle Grenzen und Gesetze der Natur, und Gott könne diese ändern, aufheben oder durch andere ersetzen, wie es ihm beliebe. (94) Diesem kann widersprochen werden mit den Worten des *Augustinus*: „Wunder geschehen nicht im Widerspruch zur Natur, sondern im Widerspruch zu dem, was wir von der Natur wissen."

Im Alten Testament wird erzählt, wie der allmächtige Gott sogar die Sonne und den Mond stillstehen ließ, während die Söhne Israels gegen die Amoriter kämpften. (Jos 10, 12-13) Aus astronomischer Sicht könnte dies höchstens dadurch geschehen sein, dass ein an unserem Planeten vorbeifliegender riesiger Himmelskörper die Umdrehung der Erde um ihre eigene Achse kurzfristig stoppte. Oder nehmen wir ein Beispiel aus unserer Zeit: Das „Sonnenwunder von Fatima" vom 13. Oktober 1917, das in Portugal von mehr als 30.000 Menschen beobachtet wurde. Laut zahlreichen Zeugenaussagen habe sich unsere Sonne während etwa zehn Minuten in wilden Zickzacksprüngen auf die Erde zu bewegt. Sie habe angefangen zu kreisen, sich zu verfärben und habe mehrfarbige Blitze ausgesendet. Diese Sonnenerscheinungen wurden auch bis zu achtzehn Kilometer von Cova da Iria entfernt von Menschen beobachtet. (95) Hierzu ist kritisch anzumerken: Dieses Phänomen wurde von keiner einzigen astronomischen Beobachtungsstation aufgezeichnet. Demnach fand dieses Geschehen nicht in unserer irdisch-materiellen Dimension statt, sondern im besten Fall auf der psychischen Wahrnehmungsebene der Zuschauer, die sich vorübergehend in einem veränderten Bewusstseinszustand ähnlich einer Ekstase (gr. *ék-stasis*: Verzückung) befanden. Dieser außergewöhnliche Zustand könnte ausgelöst worden sein, weil dieses ‚Wunder' den drei Hirtenkindern von der „himmlischen Frau" wenige Wochen zuvor auf diesen Tag hin angekündigt wurde. Dadurch könnte eine kollektive Erwartungshaltung bei der versammelten Menschenmenge ausgelöst worden sein. Auf jeden Fall hat unsere materielle Sonne derartige Turbulenzen nicht tatsächlich ausgeführt, sonst wäre unser gesamtes Planetensystem mit Sicherheit völlig durcheinander geraten. Das will aber nicht heißen, dass es sich dabei um eine Massensuggestion gehandelt habe. Es ist durchaus denkbar, dass eine höhere Regie diese Sinneseindrücke bei den zahlreichen Zuschauern bewirkt hat, um ihnen auf wundersame Weise eine spirituelle Botschaft zu übermitteln.

Im Neuen Testament wird immer wieder die göttliche Allmacht gepriesen. (Kor 6,18; Offb 1,8; 15,3) Im christlichen Glaubensbekenntnis heißt es: „Ich glaube an Gott, den Allmächtigen." Auch im Koran wird Allah der Allmächtige genannt. Dies führte so weit, dass die Mullahs dem gläubigen Volk während des Irak-Krieges versicherten: „Die Amerikaner werden mit ihren Bomben nur jene Häuser treffen, die Gott in seiner Allmacht hierfür vorgesehen hat." Im gleichen Sinne glauben selbst gebildete Moslems, wie der junge Arzt *Khaled Salem* in Kairo: „Das ganze Universum kann sich auflehnen, am Ende geschieht es so, wie Gott es vorbestimmt hat." (96) Dieser Annahme muss widersprochen werden. Wo bliebe denn die Entscheidungsfreiheit des Menschen, wenn alles im Voraus programmiert wäre. Gott hat seit Anbeginn in seine Schöpfung bestimmte Gesetzmäßigkeiten gelegt, nach denen das ganze Universum funktioniert. Auch sogenannte Wunder bedeuten nicht, dass Gott sich über seine Gesetze hinwegsetzt und in bestimmten Fällen diese aufhebt. Zugegeben, „das Wunder ist des Glaubens liebstes Kind", wie *Goethe* einmal sagte. Doch das nüchterne wissenschaftliche Denken fordert hier das „Gesetz der Einfachheit" nach *Wilhelm von Ockham* (1285-1349) heraus. Dieses Prinzip lautet: „Was als natürlich verstanden werden kann, bedarf keiner übernatürlichen Erklärung." (97) Wir sind allzu leicht und vorschnell dazu geneigt, von einem Wunder zu sprechen, was wir mit unserem beschränkten Wissen nicht erklären können. Bei sogenannten Wundern handelt es sich um Vorkommnisse, die wir anscheinend nicht als natürlich erklären können, weil wir sie missdeuten oder deren wahre Ursache nicht kennen. (98)

Als Beweis für die Allmacht Gottes und zugleich für die Göttlichkeit *Christi* wird von den Theologen gerne auf die Auferweckung von Toten hingewiesen, wie sie von der Tochter des *Jairus* (Mt 9,18-26) oder vom Jüngling zu *Naim* (Lk 7,11-15) erzählt wird. Derartige Berichte sind auch aus dem Mittelalter und aus der Neuzeit bekannt geworden. Der Theologe *Wilhelm Schamoni* hat aus mittelalterlichen Heiligsprechungsakten zwanzig Fälle von „erwiesenen Totenerweckungen" beschrieben. (99) Vermutlich hat es sich dabei wohl um die Wiederbelebung von klinisch totgesagten Menschen gehandelt, deren Od-Band, auch „Silberschnur" genannt, noch nicht vollständig zerrissen war, so dass eine Rückkehr ins irdische Leben möglich wurde. Es ist medizinisch bis heute nicht eindeutig geklärt, ab wann ein Mensch tatsächlich tot ist. Es kann sich bei den erwähnten Fällen um Scheintote gehandelt haben. *Johannes Greber* hat hierzu folgende Erklärung durch eine mediale Jenseitskundgabe erhalten: „Ein wirklich Toter kann aus dem Jenseits in das Diesseits nicht mehr zurückkehren. Sein Geist kann nicht wieder von dem Körper Besitz ergreifen, den er durch den irdischen Tod verlassen hat. Das ist ein göttliches Gesetz, von dem es keine Ausnahme gibt." Zu Wundern ganz allgemein, äußerte sich das gleiche jenseitige Wesen: „Ihr pflegt alles ein ‚Wunder' zu nennen, was ihr mit den euch bekannten Naturgesetzen nicht in Einklang bringen könnt. Für den, der die Kräfte der materiellen und geistigen Welt kennt, gibt es keine ‚Wunder'. Denn alles vollzieht sich nach denselben unveränderlichen Gesetzen, von denen keines das andere aufhebt oder abändert." (100)

Auch Wunderheilungen geschehen nicht im Widerspruch zu einem natürlichen Geschehen. Freilich müssen wir dabei unsere Denkmöglichkeiten erweitern. Es kann durchaus geschehen, dass durch Einwirkungen aus einer geistigen Welt die Selbstheilungskräfte eines Patienten so angeregt werden, dass bei ihm eine Heilung zustande kommt. Ebenso ist es denkbar, dass ihm durch jenseitige Wesen die erforderlichen feinstofflichen Energien zugeleitet werden, die ihn wieder gesund werden lassen. Dadurch werden nicht natürliche Gesetzmäßigkeiten außer Kraft gesetzt, sondern durch übernatürliche Einwirkungen unterstützt. Über die Heilungswunder von Lourdes schrieb der Nobelpreisträger für Medizin *Alexis Carrel* in seinem Buch „Das Wunder von Lourdes": „Wir wissen vom biologischen Standpunkt über diese Erscheinungen so gut wie nichts. Umso weniger haben wir das Recht, aufgrund von Gesetzen, die wir keineswegs gründlich kennen, einfach alles in Abrede zu stellen." (101) *Eugen Drewermann* geht aufgrund der vielen tragischen Zustände und Ereignisse in unserer Welt sogar so weit, dass er annimmt, Gott habe offensichtlich auf seine Allmacht verzichtet, weil er dem Menschen seinen freien Willen lässt und in die einmal festgefügten Naturgesetze nicht mehr eingreift. Daher regt er an: „Wir müssen Abschied nehmen von der Idee eines planend handelnden Gottes, der als allgütig, allmächtig und allweise die Welt dazu bestimmt habe, uns Menschen hervorzubringen." (102)

Ähnliche Vorbehalte gelten auch für die Behauptung der meisten Religionen, Gott sei *allwissend*. Wenn Gott tatsächlich ein allumfassendes Wissen hätte, dann müsste er auch unsere Zukunft kennen. Dann wäre durch sein Vorauswissen alles festgelegt, vorgesehen und vorherbestimmt. Für unsere persönliche Entscheidungsfreiheit gäbe es keinen Spielraum mehr. Dadurch wären wir Menschen von jeder persönlichen Verantwortung entbunden und müssten uns als bloße Marionetten des göttlichen Willens vorkommen. Im Alten Testament wird die Allwissenheit Gottes erwähnt (Jer 29,119), und auch im Neuen Testament wird auf das allumfassende Wissen Gottes hingewiesen (Mt 24,36 und Apg 1,7). *Jesus* sprach vom himmlischen Vater, „der ins Verborgene sieht. Er weiß, was wir brauchen, noch ehe wir ihn darum bitten." (Mt 6,5-8) Bereits die alten Ägypter verehrten den allwissenden Gott *Horus*, dessem Falkenauge nichts verborgen blieb. (103) Auch für den griechischen Philosophen *Xenophanes* (565-485 v. Chr.), der als einer der ersten den Eingottglauben verteidigte, ist der allwissende Gott „ganz Auge, ganz Ohr, ganz Geist". (104) Im Koran heißt es in Sure 7: „Allah hört und weiß alles"; und in Sure 57,2: „Allah sieht alles, was du tust; er erkennt das Innerste der menschlichen Seele." Begründet wird dies mit der Annahme, dass Gott in der Zeitlosigkeit lebt und daher Vergangenheit, Gegenwart und Zukunft gleichzeitig überblicken kann. (105)

Die Allwissenheit Gottes hängt nach theologischer Vorstellung mit dessen Allgegenwärtigkeit zusammen. Da er überall ist, kann er auch alles sehen, alles hören und alles wissen. Der Genfer Reformator *Jean Calvin* (1509-1564) hat sogar ein vollständiges Vorauswissen Gottes angenommen, indem er sich auf *Jesu* Aussage stützte: „Viele sind berufen, aber wenige sind auserwählt." (Mt 20,16) Damit hat er seine umstrittene Prädestinationslehre begründet, die bereits von *Augustinus* vorgedacht wurde. Er nahm an, dass der allwissende Gott auch im Voraus weiß, wer für die ewige Seligkeit und wer zur immerwährenden Verdammnis vorgesehen ist. (106)

Wenn Gott allwissend wäre, dann hätte er auch vorauswissen müssen, zu was die Menschen, die er geschaffen hat, im Verlauf der Zeit fähig sind: Welches Elend und Unheil sie bewirken werden, welche Kriege und Katastrophen auf ihr Konto gehen werden. Warum hat es Gott eines Tages bereut, die Menschen geschaffen zu haben, als er sie durch die Sintflut mit einigen wenigen Ausnahme wieder vernichten ließ? (1 Mo 6, 5-8) Deshalb fragt der Theologe *Kurt Allgeier*: „Kann ich mir einen Gott vorstellen, der alles weiß und alles kann und der sein Lieblingsgeschöpf, den Menschen, auf so infame Weise hineinlegt? Er musste ja von vornherein wissen, dass Adam und Eva von den verbotenen Früchten naschen würden?" (107)

Nach den Aussagen des Jenseitsforschers *Werner Schiebeler* gibt es auch für Gott kein unfehlbares Vorauswissen. Er begründet dies so: „Dieses unfehlbare Wissen besitzt kein Geist. Auch Gott nicht. Darum wusste auch Gott nicht im Voraus, ob von den geschaffenen Geistern einige oder viele zum Abfall von ihm kämen, und selbstverständlich auch nicht, welche von den Geistern abfallen würden. Er kannte bloß die Möglichkeit des Abfalls, die ja in dem freien Willen von selbst gegeben ist." (108) Auch hier können wir uns an die Weisungen jenes jenseitigen Lehrers halten, der *Johannes Greber* über das Wissen Gottes unterwiesen hat. Er teilte diesem auf medialem Wege mit, dass Gott nicht wissen kann, was in der Zukunft von der freien Willensentscheidung der geschaffenen Wesen abhängt. „Er weiß nicht im Voraus, wie der freie Wille der Geschöpfe in diesem oder jenem Fall sich entscheiden wird." (109) Wüsste er es, wären wir in unseren Handlungen nicht mehr frei.

Von Seiten der monotheistischen Religionen wird auch angenommen, Gott sei der *Allgerechte*. Die heiligen Schriften behaupten dies mehrfach. Im Alten Testament wird Gottes Gerechtigkeit einunddreißig Mal gepriesen und im Neuen Testament geschieht dies dreiundzwanzig Mal. Wie fragwürdig wir Menschen die Gerechtigkeit Gottes empfinden, können wir im Buch *Hiob* nachlesen. Dort beklagt ein frommer und gottesfürchtiger Mann sein Unglück: Er versucht mit ihm zu rechten und zieht seine Gerechtigkeit in Zweifel. Obwohl er sich unschuldig wähnt, sieht er sich hilflos der göttlichen Willkür ausgeliefert. Indessen bleibt seine Klage von Gott unerhört. Schließlich erkennt er, dass Gott nicht allmächtig ist. (Hiob 3,1-26) In seiner „Antwort auf Hiob" weist *C.G. Jung* auf die göttliche Gegensatznatur hin, die anscheinend gerecht und ungerecht handeln kann. (110) Auch heute rufen wir, angesichts der himmelschreienden Ungerechtigkeiten in unserer Welt, gerne nach der Gerechtigkeit Gottes. Doch der Himmel schweigt. Klagt da einer selbstgerecht:

„Gott ist nicht gerecht, denn dir geht es gut und mir geht es schlecht.
Wäre Gott gerechter, ginge es mir besser und dir ginge es schlechter."

Es scheint so, als ob Gott nicht für strenge Gerechtigkeit auf Erden sorgt. „Er lässt regnen über Gerechte und Ungerechte." (Mt 5,45) In seinem Gedicht „Das Göttliche" pflichtet *Goethe* diesem bei: „Es leuchtet die Sonne / Über Bös' und Gute, / Und dem Verbrecher / Glänzen, wie dem

Besten, / Der Mond und die Sterne." Mir sind immer wieder Menschen begegnet, die ein Leben lang ihr Schicksal beklagten und mit ihrem Gott haderten, weil irgendein Ereignis sich nicht nach ihrem eigenen Willen zugetragen hatte. Ein plötzlicher Todesfall, eine unheilbare Krankheit, ein zerbrochenes Liebesglück warf sie völlig aus ihrer Bahn. Vor einigen Jahren ging ich an einem unserer Schweizer Seen spazieren. Da fiel mir eine junge Frau auf, die unruhig und wie verzweifelt am Ufer hin und her ging. Besorgt sprach ich sie an, worauf sie mich anfuhr: „Was habe ich verbrochen, dass Gott mich so straft?" „Ich kann mir nicht vorstellen, dass Gott sie straft", gab ich zurück. Was war geschehen? Da erzählte sie mir, dass ihr 12-jähriger Sohn vor zwei Tagen an Leukämie gestorben sei. Nachdem sich die unglückliche Mutter etwas beruhigt hatte, gab ich zu bedenken, dass ein schmerzliches Ereignis manchmal wie ein Warnschuss vor den Bug des Lebensschiffes sei, damit wir unseren Kurs ändern. Ich schlug ihr vor, bei nächster Gelegenheit eine sinnvolle Tätigkeit zu suchen, um ihr seelisches Vakuum wieder aufzufüllen. Einige Jahre später erfuhr ich, dass sie eine psychologische Ausbildung zur Lebensberaterin abgeschlossen hatte und nun erfolgreich eine eigene Praxis führte. Sie berichtete mir: „Wenn ich das Bild meines verstorbenen Sohnes in meinem Sprechzimmer betrachte, kommt es mir vor, als würde er zu mir sagen: „Siehst du, Mama, wenn ich nicht gestorben wäre, hättest du diese neue Lebensaufgabe nicht gefunden." Heute ist sie ausgesöhnt mit ihrem Schicksal und findet in ihrem tragischen Verlust einen tieferen Sinn.

Nach christlicher Lehre lässt Gott das Leiden als Prüfung der Menschen zu. Noch weiter geht der Apostel *Paulus*, der das unverdiente Leiden sogar als Liebeserweis Gottes erklären will, mit dem Hinweis: „Wen Gott liebt, den züchtigt er." (Heb 12,6) Auf die Frage nach dem Warum des Leidens antwortet der von den deutschen Bischöfen im Jahr 1955 herausgegebene Katholische Katechismus: „Gott lässt Leiden über uns kommen, um uns dadurch zum Heile zu führen, damit wir das Böse abwenden, um uns zu strafen und zu läutern, damit wir uns im Guten bewähren." (111) Diese Erklärung lehnt die Theologin *Dorothee Sölle* ab, indem sie davor warnt, Gott für das Leiden in der Welt verantwortlich zu machen und ihm sadistische Züge zuzuschreiben. Er wäre dann mitschuldig an all den Katastrophen, Hungersnöten und Seuchen, denen Millionen leidgeplagte Menschen alljährlich zum Opfer fallen. Sie widerspricht: „Dann wäre das Leid dazu da, dass unser Stolz gebrochen, unsere Ohnmacht erwiesen, unsere Abhängigkeit ausgenutzt wird; das Leiden hat dann den Sinn, uns zu einem Gott zurückzuführen, der nur erst groß wird, da er uns klein gemacht hat." (112) Etwas weitsichtiger sieht der Schweizer Kardinal *Kurt Koch* für die Leiden der Menschen zwei hauptsächliche Ursachen: Einerseits unser Missbrauch der von Gott geschaffenen Natur; andererseits der böswillige Einfluss dunkler Mächte und Dämonen aus den jenseitigen Dunkelwelten. (113)

Körperliche oder seelische Leiden sollten wir daher nicht als Strafe Gottes ansehen, sondern als „schnellstes Pferd zur Vollkommenheit", wie *Meister Eckhart* einmal sagte. Tatsächlich kann der Mensch am Leiden, wenn er ihm einen tieferen Sinn verleiht, stärker wachsen als an den Freuden schöner Tage. Der häufig von Leiden geplagte *Goethe* erkannte in der „Zuchtmeisterin Krankheit" eine heilsame Absicht, die viel Schöpferkraft in sich trug. Im hohen Alter schrieb er: „Ich habe viel in der Krankheit gelernt, das ich nirgends in meinem Leben hätte lernen können." (114) In seinen letzten Lebensjahren hat sich *Karl Rahner* des Öfteren gefragt: „Warum lässt uns Gott leiden?" Er deutete das Leiden schließlich als „Situation der Prüfung und des Reifens", die Gott zwar nicht will, aber zulässt als Weg zum geistigen Fortschritt. (115) Leiderfahrungen sind oft heilsnotwendige Lernerfahrungen, die nicht anders zu machen sind; denn wer nicht lernt, der wird leiden. Die Kranken- und Leidensgeschichten berühmter Menschen belehren uns eindrücklich, wie Genies am Leben und an sich selber litten und gleichzeitig unsterbliche Werke schufen, indem sie durch die Schule des Leidens geläutert wurden. (116) Nicht umsonst heißt es: „Not lehrt beten." In seinem Gedicht „Harfenspieler" gibt *Goethe* seine Erfahrung kund:

Wer nie sein Brot mit Tränen aß,
Wer nie die kummervollen Nächte
Auf seinem Bette weinend saß,
Der kennt euch nicht, ihr himmlischen Mächte.

Ein eindrückliches Beispiel hierfür ist die erfolgreiche Schriftstellerin und Mundmalerin *Ruth Rieser* (geb. 1943). Infolge Kinderlähmung liegt sie seit einem halben Jahrhundert nahezu bewegungslos in einem Zürcher Spital. Mit einem Pinsel im Mund malt sie Keramik-Teller, mit einem Stift im Mund schreibt sie Buchstabe um Buchstabe ihre Bücher. Sie hat erfahren: „Jede Erkrankung und jedes Leiden will uns etwas lehren, uns aus unserer Tiefe eine Mitteilung oder Botschaft über unsere Lebenshaltung und Lebenseinstellung überbringen. Jede Krankheit könnte zum enormen Lern- und Reifungsprozess werden, sofern wir uns innerlich öffnen und nicht eine starre Lebenshaltung beibehalten." (117) Aufgrund seiner jahrzehntelangen ärztlichen Tätigkeit ist *C.G. Jung* zur Erkenntnis gelangt, dass das Leiden ein wesentlicher Bestandteil des menschlichen Lebens ist, ohne den wir niemals irgendetwas tun würden, denn „ohne Leiden geschieht in der Seele nichts... Wenn es jemand wenigstens erreicht, unausweichliches Leiden zu ertragen, hat er schon eine fast übermenschliche Aufgabe erfüllt." (118) Gott ist nicht dafür verantwortlich zu machen, dass die Glücksgüter dieser Welt anscheinend so ungleich verteilt sind. Bevorzugt er die einen und benachteiligt die anderen? Müsste es in unserer Welt nicht weit gerechter zugehen, wenn Gott gerecht wäre? Man kann sich tatsächlich fragen:

- Warum wird das eine Kind in ein Wohlstandsmilieu hineingeboren und das andere in eine armselige Blechhütte in einem Elendsviertel?
- Warum kommt der eine Mensch gesund zur Welt und der andere ist mit einer Erbkrankheit oder einer Missbildung behaftet?
- Warum ist der eine Mensch mit vortrefflichen Talenten ausgestattet, während einem anderen nur bescheidene Begabungen beschieden sind?
- Warum hat der eine die Gunst vortrefflicher Erfolgsmöglichkeiten im Leben und ein anderer bringt es kaum je auf einen grünen Zweig?
- Warum hat der eine Glück in der Liebe, in Partnerschaft, Familie, Beruf und Gesellschaft, und ein anderer muss ein vereinsamtes und anspruchsloses Dasein fristen?
- Warum stirbt der eine Mensch schon in jungen Jahren, und der andere erreicht ein hohes Alter?

Wenn Gott sich ständig in das Weltgeschehen einmischen würde, müsste er fortwährend Partei ergreifen. Dann wäre er auch dafür verantwortlich, dass es Gewinner und Verlierer, Bevorzugte und Benachteiligte, Glücksritter und Pechvögel gibt. Außerdem: Wie könnte Gott all den unterschiedlichen und oft gegensätzlichen Wünschen der Menschen gerecht werden, ohne selbst ungerecht zu sein? Der Neurowissenschaftler *Henning Scheich* gibt zu bedenken: Wenn Gott immer wieder regierend und korrigierend in das ganze Naturgeschehen eingreifen müsste, „geriete die Welt aus den Fugen, weil kein Naturgesetz mehr funktionieren würde". (119) Über die tieferen Ursachen von Leid und Not in unserer Welt stehen unsere Theologen vor einem unlösbaren Rätsel. *Hans Küng* schreibt: „Der Mensch kann nicht hinter das Geheimnis des göttlichen Ratschlusses kommen." Und: „Das Rätsel des Leides und des Bösen lässt sich nicht gewaltsam mit dem Schlüssel der Vernunft aufbrechen." (120)

Alle diese Fragen lassen nur eine Antwort zu: Es gibt ein allgemein gültiges Gesetz, das früher oder später für die ausgleichende Gerechtigkeit sorgt. Wir nennen es das *Karma*-Gesetz. Der gnädige und gerechte Gott hält sich an dieses Gesetz. Deshalb spricht die Theosophin *Beatrice Flemming* von der „karmischen Gerechtigkeit", die sich in jedem Schicksal auswirkt. (121) Die göttliche Gerechtigkeit besteht nicht darin, dass Gott jede menschliche Tat belohnt oder bestraft. Vielmehr sorgt das unbestechliche Karma-Gesetz für Gerechtigkeit. Was uns im Guten wie im Schlechten trifft, ist nicht von Gott geschickt und gewollt, sondern weitgehend von uns selbst verursacht, denn: „Was der Mensch sät, das wird er ernten." (Gal 6,7) „Wer da karg sät, der wird auch kärglich ernten." (2 Ko 9,6) Natürlich ist diese Saat nicht immer von heute, sondern geht auf unsere Vorexistenzen in früheren Erdenleben zurück. Um dies zu verstehen, müssen wir allerdings in größeren Zeiträumen denken lernen. Maßgebend ist nicht bloß, was wir heute und morgen tun. Unser Tun oder Nicht-Tun und dessen Folgen sammeln und häufen sich über eine sehr lange Zeit in unserem Seelenspeicher an. So sind wir es immer selbst, die verantwortlich sind für das, was auf uns schicksalhaft zukommt. Gott hält sich fern von all unseren menschlichen Vorurteilen, Fehlurteilen, Schuldsprüchen und Freisprüchen. Wir müssen einsehen, dass die Himmlischen nicht nach unserer irdischen Pfeife tanzen. Es sind die göttlichen Gesetze, die von selbst für Ausgleich und Gerechtigkeit sorgen und letzten Endes dafür, dass jedem das zukommt, was zu ihm gehört.

2.6 Warum greift Gott nicht ein?

Wie oft hört man die vorwurfsvolle Aussage: Wenn es einen Gott im Himmel gäbe, dürfte er all das Elend in der Welt nicht zulassen. Warum greift er nicht ein? Warum lässt er das Leiden zu und verhindert es nicht? Warum greift er nicht ein bei all der Ungerechtigkeit in der Welt? Wieso lässt er es zu, dass unbeteiligte Menschen bei Unfällen, Kriegen, Terrorangriffen und Naturkatastrophen ums Leben kommen? Wie kann er tatenlos zusehen, wie unschuldige Kinder in Armutsländern zu Tausenden verhungern, während in den Wohlstandsländern ebenso viele fast im eigenen Speck ersticken? Wie lässt sich das rechtfertigen? Mancher mag sich verzweifelt fragen: Warum schweigt Gott? Erinnern wir uns an die Klage des *Hiob*: „Gäbe es doch einen, der mich hört. Das ist mein Verlangen, dass der Allmächtige mir Antwort gibt." (Hi 31, 35) Vom jüdischen Schriftsteller *Bernhard Elias* (geb. 1925), einem nahen Verwandten von *Anne Frank,* stammt folgendes Bekenntnis: „Ich sende jeden Abend eine Art Gebet aus, aber ich kann nicht an einen Gott glauben angesichts der furchtbaren Dinge, die auf unserer Welt geschehen. Da sind etwa 24.000 Kinder, die jeden Tag an Hunger und Krankheit sterben. Ich glaube, es gibt irgendetwas, was die Welt bewegt, aber ich weiß nicht, was es ist." (122)

Vor einigen Jahren wurden die beiden deutschen Politiker *Helmut Schmidt* und *Richard von Weizsäcker* gefragt, ob sie an Gott glauben. Während sich der ehemalige Bundespräsident einer Aussage enthielt, bekannte der Altbundeskanzler sinngemäß: „Ich kann zu Gott kein Vertrauen mehr haben. Wie könnte ich einem Gott, der Auschwitz zuließ, noch vertrauen?" (123) Ein deutscher Soldat, der im Winter 1942 in Stalingrad eingekesselt war, schrieb seinem Vater, einem protestantischen Pfarrer: „Es gibt keinen Gott. Und wenn es doch einen Gott geben sollte, dann gibt es ihn nur bei euch in den Gebetsbüchern und Gebeten, in den frommen Sprüchen der Priester und Pastöre, in dem Läuten der Glocken und dem Duft des Weihrauchs, aber hier in Stalingrad gibt es ihn nicht." (124) Der jüdische Religionsphilosoph *Martin Buber* (1878-1965) sprach in diesem Zusammenhang von der schmerzlichen Gottverlassenheit und von der „Gottesfinsternis", die viele erfahren haben. (125)

Dennoch gab es auch damals Menschen, die selbst in den Höllen von Auschwitz und Treblinka ihren Gottesglauben bewahrt haben. Entscheidend dabei sind nicht nur die äußeren Lebensbedingungen, sondern auch die innere Lebenseinstellung. Die Jüdin *Erika Rotschild* bekennt nach jahrelanger KZ-Gefangenschaft: „Ich vertraute auf Gott, das gab mir Kraft zum Überleben." (126) Eine andere Jüdin, welche im Konzentrationslager von Theresienstadt festgehalten wurde, glaubt überlebt zu haben dank ihres täglichen Gebetes: „Lieber Gott, lass mich leben." (127) Der jüdische Philosoph *Hans Jonas* stellte 1984 in seiner Ansprache anlässlich einer Preisverleihung der evangelisch-theologischen Fakultät der Universität Tübingen die Frage, warum Gott in den NS-Vernichtungslagern, wo Hunderttausende Juden ermordet wurden, nicht eingegriffen habe. Seine Antwort lautete. „Nicht weil er nicht wollte, sondern weil er nicht konnte." (128) Er konnte nicht, weil er den Menschen ein freies Selbstbestimmungsrecht zuerkannt hatte. Wie hätte Gott eingreifen sollen? Er hätte Partei ergreifen müssen, um sich auf eine Seite zu schlagen und die anderen im Stich zu lassen. Sicher gab es auf beiden Seiten Menschen, die ihn um Hilfe anflehten. „Allen Leuten recht getan, ist eine Kunst, die niemand kann", heißt ein wahres Sprichwort.

Es ist jedoch keineswegs so, als ob die göttliche Welt sich nicht um uns kümmern oder sorgen würde. Es ist aber auch nicht denkbar, dass Gott dauernd in unser Geschick eingreift, so dass wir uns nicht mehr selbst bestimmen können. Wir können uns aber ein himmlisches „Care Team" vorstellen, eine Art jenseitige Eingreiftruppe und Helfergruppe, bestehend aus vielen einsatzwilligen Schutzengeln, Helfergeistern und Führerengeln, die uns helfend und rettend nahe sind, wenn wir ihre Nähe zulassen und es für uns erlaubt ist. Darauf weist uns das Psalm-Wort hin: „Gott hat seinen Engeln befohlen, dich zu beschützen, wohin du auch gehst." (Ps 91,11) Himmelsmächte begleiten und führen uns, weil sie ja unseren Lebensplan kennen und wissen, was gut für uns ist. Sie wissen auch, wann uns geholfen werden kann und wann nicht. Hierzu gibt es zahlreiche Erfahrungsberichte. (129) Es ist auch denkbar, dass verstorbene Verwandte und Bekannte mit Erlaubnis der hohen Geisterwelt uns vor Not und Gefahr rechtzeitig warnen können, wie dies offensichtlich immer wieder vorkommt. Dies kann geschehen durch Warnträume oder durch sogenannte „Zufälle", die von einer Überwelt her gesteuert sind. Gelegentlich wird berichtet, dass Verstorbene leibhaftig und für kurze Momente sichtbar werden, um eine bevorstehende Gefährdung abzuwenden.

Allerdings müssen wir uns bewusst sein, dass die Jenseitigen uns nicht in jedem Fall helfen können. Es mag vorkommen, dass uns ihre Hilfe nicht erreicht, weil wir für sie nicht empfangsbereit sind. Möglicherweise lässt unser Eigenwille oder unsere fehlende Einsicht die jenseitige Hilfe nicht zu.

Wie steht es aber um die Rechtfertigung Gottes angesichts der vielen Katastrophen, welche die Menschen ständig unverschuldet heimsuchen? Hierauf ist zu antworten: Nicht Gott hat diese Katastrophen verursacht oder ausgelöst. Es sind Naturkräfte, die nach natürlichen Gesetzmäßigkeiten wirksam sind. Gott kann seine Naturgesetze nicht willkürlich außer Kraft setzen, sonst hätten wir ein Chaos. Er kann auch nicht durch sein Dazwischentreten diese Ereignisse verhindern. Allerdings müsste eine andere Frage uns beschäftigen: Warum wurden Menschen gerade in diese gefährdeten Gebiete hineingeboren oder haben sich dort niedergelassen, so dass sie später von tragischen Ereignissen heimgesucht werden? Warum sind andere Menschen in anderen Gegenden verschont geblieben? Die Antwort kann offensichtlich nur heißen: Es gehörte zu ihrem Lebens- und Schicksalsprogramm, das sie ehemals selber gewählt haben, ehe sie zur Welt kamen. Wir dürfen auch nicht meinen, Gott müsse wie die Feuerwehr immer und überall eingreifen, wenn es brennt. Er lässt seine ehernen und ewigen Gesetze walten. Diese sorgen stets dafür, jedenfalls auf lange Zeit gesehen, dass alles seinen rechten und gerechten Verlauf nimmt. Es handelt sich um die unerschütterlichen geistigen Gesetze der Gegenläufigkeit, der Wiederkehr, der ausgleichenden Gerechtigkeit und der Wiedergutmachung, zusammengefasst im allgemein gültigen Karma-Gesetz. (130) Dieses sorgt dafür, dass mit der Zeit alles wieder gerade wird, was im Verlauf vieler Erdenleben krumm gewachsen ist. Die göttliche Barmherzigkeit erkennen wir auch darin, dass wir Menschen in wiederholten Erdenleben und auf jenseitigen Aufstiegsstufen die Gelegenheit erhalten, unerledigte Aufgaben und Probleme so lange anzugehen, bis wir sie gelöst haben und davon endgültig erlöst sind.

Es ist auch möglich, dass die Jenseitigen nicht helfend eingreifen dürfen, weil bestimmte schicksalshafte Geschehnisse karmisch bedingt und für uns heilsnotwendig sind. Deshalb ist es notwendig, dass wir uns bei jedem Ungemach fragen: Wer weiß, wozu das gut ist? Mit Zuversicht und Vertrauen können wir sagen: Alles wird gut für den, der das Gute will. Der evangelische Pfarrer *Till Mohr* zeigt sich in seinem großartigen Buch „Kehret zurück, ihr Menschenkinder!" überzeugt: „Wer in diesem Leben nicht wiedergutgemacht hat, wird es nach diesem Leben tun müssen, wenn Gott ihm dafür in seiner Gnade eine neue Möglichkeit auf Erden einräumt." (131)

2.7 Ist Gott uns ferne oder nah?

Bei dieser Frage geht es um zwei gegensätzliche Ansichten, die im Verlauf der Zeit von Theologen und Philosophen entwickelt wurden, nämlich um den Deismus und den Theismus. Der *Deismus* (lat. *deus*: Gott) nimmt einen weltfernen Gott an, der sich nicht ins alltägliche Weltgeschehen einmischt. Seine Anhänger halten dafür: Gott hat am Anfang der Zeit die Welt erschaffen, und seither überlässt er deren Weiterbestand seinen Gesetzen. In diesem Sinne bekräftigt *Stephen Hawking*: „Diese Gesetze mögen ursprünglich von Gott gefügt worden sein, doch anscheinend hat er seither die Entwicklung des Universums diesen Gesetzen überlassen und sich selbst aller Eingriffe enthalten." (132) An anderer Stelle äußert er die Ansicht: „Wir sind so unbedeutende Kreaturen auf einem kleinen Planeten eines sehr durchschnittlichen Sterns in den Außenbezirken von einer Galaxie unter 100 Milliarden anderer im beobachtbaren All. Daher ist es schwer, an einen Gott zu glauben, der sich um uns kümmert oder auch nur unsere Existenz bemerkt." (133)

Nach deistischer Auffassung funktioniert das ganze Universum seit Jahrmilliarden reibungslos, ohne dass die Allmacht Gottes dauernd regulierend eingreifen muss. Hauptsächliche Vertreter dieser Weltschau waren im 17. und 18. Jahrhundert die Philosophen der Aufklärung, wie *John Locke* (1632-1704) *Spinoza, Voltaire, David Hume* (1711-1776), *J. J. Rousseau* (1712-1778) oder *Immanuel Kant*. Der Begründer der Anthroposophie, *Rudolf Steiner*, pflichtete diesem Deismus bei, als er im Vorwort zu „Goethes Naturwissenschaftliche Schriften" es für die erhabenste Idee hielt, „dass Gott sich nach der Schöpfung des Menschen ganz von der Welt zurückgezogen und den letzteren ganz sich selbst überlassen habe". (134)

Der Ex-Theologe *Peter de Rosa* kann nicht an einen Gott glauben, der alles sieht und hört, alles überwacht, alles gebietet oder verbietet und belohnt oder bestraft. Er meint: „In dieser Welt scheint Gott viel zu beschäftigt zu sein, unsere Gebete zu erhören, zu beschäftigt mit Nichtstun, um etwas zu tun. Der Schöpfer ruht nicht nur am Sonntag, sondern jeden Tag; er ist nicht mehr länger Babysitter für die Welt. Folglich fühlt der religiöse

Mensch sich einsam, Gottes Schweigen ist vernichtend. Er ist immer weniger zu Hause, wenn wir versuchen, mit ihm in Verbindung zu treten, und kümmert sich immer weniger um die Welt, so dass der religiöse Mensch sich fragt, was er eigentlich anstellt. Muss er nicht eine Menge Zeit übrig haben, jetzt, da er sich aus den meisten menschlichen Belangen zurückgezogen hat?" (135) Ins gleiche Horn stößt der aus der katholischen Kirche ausgetretene Theologe *Eugen Drewermann*. Er ist überzeugt davon, dass „die gesamte Geschichte des Lebens bis zum Auftreten des Menschen keinerlei Spuren eines göttlichen ‚Eingreifens' verrät". (136) Daher nimmt er an: Dieser weltferne Gott „bedarf mithin nicht länger der endlosen Lamentationen und Jeremiaden, der Hilfeschreie und Bittgesänge, der Rachepsalmen und Triumpflitaneien, mit denen seine abergläubigen Gläubigen ihm immer noch in den Ohren liegen, er bedarf nicht länger der Ritualdienste priesterlicher Büß-Experten und magischer Opferpraktiken: in die von Muff und Moder schlechtgelüfteten Katakomben und weihrauchdurchtränkten Kathedralen dringt jetzt endlich die frische Brise eines wieder bemerkbaren Sonnenaufgangs." (137) Nach *Richard Dawkins* hält sich Gott, falls er überhaupt existiert, außerhalb von Raum und Zeit auf und nimmt deshalb keinen Anteil am Weltgeschehen. (138)

Dem gegenüber glauben die Anhänger des *Theismus* (gr. *theos*: Gott), dass der himmlische Vater alle seine Geschöpfe in seiner Hand hält und für deren Wohl besorgt ist, gemäß dem Bibelwort: „Es fällt kein Haar von deinem Haupt, ohne dass Gott es will oder zulässt." (Lk 21,18) Denn „er hat doch alle Haare auf eurem Haupt gezählt". (Mt 10,30) Die Theisten glauben an einen Gott, der alles gütig lenkt und weise fügt. Allerdings vermögen sie nicht zu erklären, warum es in unserer Welt so viel Elend, Unglück und Gewalt gibt, das trotz seiner ständigen Fürsorge Ungläubige wie Gläubige gleichermaßen treffen kann. Dennoch glauben sie an einen menschenfreundlichen Gott, den wir anbeten, loben und preisen sollten, um ihm für seine stete Hilfe und Nähe zu danken. Er ist der Gott der Bibel, den um Hilfe zu bitten *Jesus* mit den Worten empfahl: „Klopfet an und es wird euch aufgetan." (Mt 7,7)

Ein 20-jähriger Physiklaborant nahm dieses Bibel-Wort allzu wörtlich und entschloss sich eines Tages, zu Gott um eine Freundin zu beten. Das tat er eine Zeit lang täglich in der Morgenfrühe eine volle Stunde lang. Er glaubte fest daran, Gott müsse sein Gebet erhören. Da nach Wochen und Monaten sein Wunsch nicht in Erfüllung ging, warf er seinen pietistischen Glauben über Bord und erklärte sich zum Atheisten. Darauf brachte seine besorgte Mutter den etwas feminin wirkenden jungen Mann zu mir in die psychologische Beratung. Am Schluss unserer Gespräche pflegte dieser jeweils zu beteuern: „Im Grunde genommen fehlt mir nur eines: eine Freundin." Schließlich schlug ich ihm vor: „Ich suche für Sie eine Freundin." In seinem Einverständnis gab ich ein entsprechendes Inserat in einer Jugendzeitschrift auf, und siehe da: Es meldeten sich an die zehn jugendliche Mädchen und junge Frauen. „Nun müssen Sie selber auswählen", erklärte ich ihm. „Dies ist mein letztes Experiment, wenn das auch nichts bringt, mache ich Schluss!", drohte er mir. Und so geschah es: Bei all seiner seelischen Unreife nahm er mit einem 16-jähriges Mädchen eine freundschaftliche Beziehung auf. Als dessen Mutter dahinter kam und ihm den Umgang mit jenem jungen Mann verbot, war die Katastrophe da: Enttäuscht nahm sich mein Klient das Leben, nachdem er ausgerechnet hatte, an welchem Wochentag seine Eltern am besten zu seiner Beerdigung kommen konnten.

Heute nimmt die Zahl der Deisten, die an einen unnahbaren, verborgenen Gott weit entfernt von der Menschenwelt glauben, deutlich zu. Nach einer Shell-Umfrage aus dem Jahr 2010 glauben 51% der 12- bis 25-jährigen an einen Gott, der keinen direkten Einfluss auf das tägliche Leben nimmt. (139) Demgegenüber stützt der neue evangelische Heidelberger Katechismus den heutigen Theismus in abgehobener, um nicht zu sagen weltfremder Sprache. Er antwortet auf die Frage: „Was verstehst du unter der Vorsehung Gottes?": „Die allmächtige und gegenwärtige Kraft Gottes, durch die er Himmel und Erde mit allen Geschöpfen wie durch seine Hand noch erhält und so regiert, dass Laub und Gras, Regen und Dürre, fruchtbare und unfruchtbare Jahre, Essen und Trinken, Gesundheit und Krankheit, Reichtum und Armut und alles andere uns nicht durch Zufall, sondern aus seiner väterlichen Hand zukommt." (140) Vertreten wird dieser Theismus vor allem durch die alten Priesterreligionen, durch die mittelalterliche scholastische Philosophie und durch die Traditionen christlicher Kirchen. So glaubt der englische Philosoph und Theologe *John Mackie* (geb. 1917) an das Wunder des Theismus, indem er annimmt, die Welt müsste jeden Augenblick ins Nichts zerfallen, wenn Gott sie nicht fortwährend in seinen Händen hielte und gelegentlich seine Gesetze außer Kraft setzen und in den natürlichen Ablauf der Dinge eingreifen würde. (141) Auch *Hans Küng* hält sich an jenen Gott, von dem er glaubt, er sei nicht „ein Gott, der sich aus allem heraushält und erhaben in einer vom Leid der Welt und des Menschen unberührten himmlischen Transzendenz verharrt". (142) Für ihn ist „Gott kein im wörtlichen oder räumlichen Sinn ‚über' der Welt, in einer ‚Überwelt' wohnendes ‚höchstes Wesen', sondern „Gott ist in diesem Universum, und dieses Universum ist in Gott… Von innen durchdringt er den Kosmos und wirkt auf ihn ein." (143) Danach befände sich Gott nicht in einer weltfernen „splendid isolation", wie ihn der englische Philosoph *David Hume* noch sah, sondern mitten unter uns und in uns. Es wird nicht der Glaube an einen transzendenten Gott, sondern an den immanenten Gott gefordert.

Am besten ist es wohl, wenn wir uns nicht an eine der beiden extremen Auffassungen des Deismus oder des Theismus klammern. Aus vielen Jenseitsbelehrungen wissen wir, dass zwischen der gedachten Gottnähe und der Gottferne nicht eine gähnende Leere herrscht. Dieser Zwischenraum ist besetzt vom Geisterreich. Die lichten Sphären nennen wir das Engelreich. Diesem polar entgegengesetzt ist das dunkle Dämonenreich. Dazwischen liegt das Menschenreich, das von beiden Seiten her beeinflusst wird. An uns Menschen liegt es, ob wir uns den gutgesinnten Engelwelten oder den bösgesinnten Dämonenwelten zuwenden wollen.

Es ist durch mehrere Umfragen bestätigt worden, dass sich Menschen, je älter sie werden und je mehr sie sich der Todesschwelle nähern, um so öfter in die Nähe des Göttlichen wünschen, unabhängig von ihrem bisherigen religiösen Glauben oder Unglauben. Das Gleiche gilt für Menschen in großer Not und Todesgefahr. In den Thunersee-Festspielen vom Jahre 2012 ist der tragische Untergang des Luxusdampfers „Titanic" vom 14. April 1912 in Szene gesetzt worden. Im letzten Bild spielte die Schiffskapelle die Melodie „Bethany" aus einem Choral von *Lowell Mason*: „Näher mein Gott zu Dir, näher zu Dir!" Mindestens vier der bekannten Kino-Filme vom Untergang der „Titanic" enden ebenfalls mit dieser Musik. Sie soll Vertrauen schenken in den Glauben, dass da einer ist, wie *R. M. Rilke* in seinem Herbstgedicht über die fallenden Blätter schreibt, „der diesen Fall unendlich sanft in seinen Händen hält".

2.8 Ist die Existenz Gottes beweisbar?

Gott ist für unser menschliches Denken nur indirekt erfahrbar. Wir können seine Existenz nicht mit mathematischer Sicherheit beweisen. We-

Die Frage nach Gott | 113

der durch eine algebraische Gleichung noch durch einen geometrischen Lehrsatz und auch nicht mit einer chemischen Formel können wir ihn einfangen. Mit naturwissenschaftlichen Methoden lässt er sich weder beweisen noch widerlegen. Wir können ihn messtechnisch nicht erfassen und auch nicht experimentell nachweisen. *Hans Küng* bringt es auf den Punkt: „Gott kann wissenschaftlich nicht analysiert werden." (144) Daher ist er für uns nicht greifbar. Er entzieht sich unserer direkten Sinneswahrnehmung, denn „niemand hat Gott je gesehen". (Joh 1,18) Da stößt unser menschliches Denkvermögen an seine Grenzen. Diese Überlegung führt entweder zum Atheismus und Nihilismus oder zum Gottesglauben.

Seit mehr als zweitausend Jahren haben sich kluge Denker scharfsinnig um eindeutige Gottesbeweise bemüht. *Platon* ging von einer ewigen Idee der Wahrheit aus, die ihrem Wesen nach göttlich sein muss. Sein Gottesbeweis lautet daher: „Man kann behaupten, dass es in allen Bereichen, wo es eine Abstufung in ein Höheres und Niederes gibt, notwendig auch etwas Höchstes und Vollkommenes geben muss. Dies dürfte das Göttliche sein." (145) *Augustinus* nahm an, dass es über dem wandelbaren und fehlbaren Menschen eine ewige, unfehlbare Instanz geben müsse, die über jeden Irrtum erhaben sei. Gott ist für ihn lediglich denkbar als ursachenlose Erstursache, die selber nicht bewirkt worden ist, aber die Ursache für jede Wirkung sein muss, die aus ihm hervorgegangen ist. (146) Für *Blaise Pascal* bieten sich uns zwei Denkmöglichkeiten: Entweder gibt es einen Gott oder es gibt ihn nicht. Wenn wir auf das eine oder andere eine Wette abschließen, können wir in beiden Fällen gewinnen oder verlieren. Daher meint er: Wer an Gott glaubt, verpasst wenig, falls es ihn nicht gibt. Wer aber nicht an Gott glaubt, der verliert viel, falls es ihn doch gibt. Daher hält er es für vernünftig, an Gott zu glauben, ohne dass wir sein Dasein beweisen können. So kommt er zu dem Schluss: „Unbegreifbar ist, dass Gott ist, und unbeweisbar ist, dass er nicht ist." (147)

Die *Naturwissenschaften* gaben sich in früheren Zeiten überzeugter als heute, wenn es um Gottesbeweise ging. So war *Isaac Newton* sicher, dass die Welt mit all ihrer Vielfalt nur aus Gottes Willen entstehen konnte. Er kam vor dreihundert Jahren zur Einsicht: „Die wunderbare Einrichtung und Harmonie des Weltalls kann nur nach dem Plan eines allwissenden und allmächtigen Wesens zustande gekommen sein." Der Astronom *Johannes Kepler* (1571-1630) war der Meinung: „Astronomie treiben heißt, die Gedanken Gottes zu lesen." *Thomas Edison* hielt Gott für den größten unter den Ingenieuren." Von *Max Planck* stammt das Bekenntnis: „Hinter allem Streben und Forschen suche ich das Geheimnis des göttlichen Geistes zu beweisen." *Paul Davies* glaubt sogar, dass die Naturwissenschaft uns einen zuverlässigeren Weg zu Gott anbieten kann als die untereinander zerstrittenen Religionen. (148) Demgegenüber kommt *Josef Tomiska*, Professor für Physikalische Chemie an der Universität Wien, zu der Einsicht: „Mit dem Verstand allein kann man Gott nicht suchen. Er ist unbegreifbar. Es ist nur mit dem Gefühl möglich." (149) Auch für den Physiker *Tobias Wabbel* liegt im Gedanken an die Existenz Gottes die Möglichkeit, dem Leben einen Sinn zu geben. Er schreibt: „Auf der Suche nach einer Antwort auf die Frage, warum wir hier sind, stoßen wir schließlich auf eine Größe, die das Universum übertrifft: Gott." (150) Etwa die Hälfte der heutigen Naturwissenschaftler nimmt Gott als Erschaffer der Welt an.

Auch die *Geisteswissenschaften* versuchten seit langem, mit scharfsinnigen Überlegungen dem Geheimnis Gottes näher zu kommen. Aus der Tatsache, dass in unserer Welt viele Dinge verursacht wurden, folgerte der Theologe *Anselm von Canterbury* (1033-1109), es müsse Gott als erste Ursache geben. Dies war auch die Überlegung des *Thomas von Aquin*, indem er davon ausging, dass jede Wirkung auf eine vorausgehende Verursachung zurückgehe. Aus den zahlreichen Wirkungen in der ganzen Natur schloss er auf eine erste Wirkursache, die er Gott nannte. Für ihn ist Gott ein notwendiges, zeitloses und unveränderliches Wesen, von dem denknotwendig die Existenz der ganzen Schöpfung ausgeht. (151) In neuerer Zeit versuchten die Theologen *Karl Barth* (1886-1968) und *Rudolf Bultmann* (1884-1976) frühere Gottesbeweise aufzugreifen und zu begründen, ohne wesentlich neue Gesichtspunkte zu nennen. Doch einen zwingenden Beweis hierfür haben sie nicht. Sie können im besten Fall darauf hinweisen, dass die Schöpfung aus sich selbst nicht zu erklären ist. Mit all diesen und ähnlichen Beweisführungen wollte *Immanuel Kant* aus Gründen der *theoretischen* Vernunft aufräumen. Beweise im streng wissenschaftlichen Sinne hält er nur im Bereich des sinnlich Wahrnehmbaren für gegeben. Denn über das, was unserer Sinneserkenntnis nicht zugänglich ist, können wir kein sicheres sinnliches Wissen haben. Für ihn war der Begriff Gott eine von Menschen gedachte Idee. Daher überlegte er: Was als Existenz denkbar ist, muss nicht unbedingt auch existieren. Aus Gründen der *praktischen* Vernunft jedoch räumt er ein, dass unser ethisches Gewissen und Handeln nur verständlich ist, wenn es sich einer höchsten Instanz gegenüber, die wir Gott nennen, verantwortlich fühlt. Daher hält er es für ratsam, an Gott zu glauben, damit das menschliche Leben einen Sinn bekommt. So gesehen, könnte Gott eine reine Erfindung der Menschen sein, um das Erdenleben erträglich zu machen. Er ließ sich schließlich von der Existenz einer höheren Macht durch zwei Dinge überzeugen, die „das Gemüt mit immer neuer und zunehmender Bewunderung und Ehrfurcht" erfüllt, nämlich: „Der gestirnte Himmel über mir und das moralische Gesetz in mir." (152) So kommt auch *Hans Küng* bei seiner Frage „Existiert Gott?" zum Ergebnis: „Eine rein rationale Demonstration der Existenz Gottes, die allgemein zu überzeugen vermochte, gibt es nach den bisherigen Erfahrungen nicht." (153)

Trotzdem sei versucht, die zehn wichtigsten Gottesbeweise auf den neuesten Stand zu bringen, ohne dabei die Theologie bemühen zu wollen:

1. Der *historische* Beweis: Aus der ganzen Menschheitsgeschichte wird ersichtlich, dass es zu allen Zeiten und bei allen Völkern ein religiöses Bewusstsein gab, das die Existenz eines Gottes oder mehrerer Götter annahm. Die römische Philosophie der *Stoa* leitete ihren Gottesbeweis von der Tatsache ab, dass es kein Volk in der Geschichte der Menschheit ohne eine Gottesvorstellung gegeben habe. Aus dieser Gemeinsamkeit schließt sie auf eine in der Natur des Menschen verankerte Gottesidee. Daher gehört es zur Natur des Menschen, dass er fähig ist, im Gegensatz zum Tier, über sich selbst hinaus zu denken und sein Streben auf etwas zu richten, das größer ist als er selbst. Dadurch ist er in der Lage, an einer überirdischen, geistigen Welt teilzunehmen und zur Überzeugung zu gelangen, dass es ein höheres Wesen geben muss, dem er göttliche Eigenschaften zuschreibt. Dies gehört zu den anerkannten Urerfahrungen der Menschheit, die in unserem kollektiven Unbewussten als Archetypen gespeichert sind und in Mythen, Traditionen und Glaubensvorstellungen weiterleben.
2. Der *Autoritätsbeweis*: Als Autorität bezeichnen wir wissende und weise Menschen, die aufgrund ihrer Erfahrungen und Leistungen beweisen, dass sie auf der Suche nach der Wahrheit bereits ein gutes Stück vorangekommen sind. Daher können sie mit ihrem Wissensvorsprung für andere Wegweiser und Wegbereiter sein.

Seit den antiken Hochkulturen nahmen die großen Denker der Weltgeschichte aus Gründen der Vernunft und der höheren Einsicht die Existenz einer geistigen Macht an, die sie einer höheren Gottheit zuschrieben. Es ist daher nicht denkbar, dass so viele der intelligentesten Menschen über alle Generationen hinweg sich in dieser Annahme und gedanklichen Vorstellung geirrt haben könnten. (154)

3. Der *Kausalitätsbeweis*: Nach dem allgemeinen Kausalitätsgesetz hat jede Wirkung ihre entsprechende Ursache. Wenn wir die Ursachenkette zurückverfolgen bis zum Anfang, kommen wir zu einer Erstursache, die selber nicht verursacht wurde. Diese erste Ursache bleibt uns unbegreiflich, dennoch muss es sie gegeben haben, sonst gäbe es auch keinerlei nachfolgenden Wirkungen. Aus allen Wirkungen lässt sich auf die Existenz einer Erstursache schließen, die wir Gott nennen.

4. Der *kosmologische* Beweis: Unser Universum entstand nicht aus einem uranfänglichen Chaos, nicht aus einem wirren Durcheinander, in der hebräischen Bibel „tohuwabohu" genannt. Aus einem Chaos kann kaum etwas anderes entstehen als ein Chaos, wenn da nicht ein ordnender Geist eingreift. Daraus folgert *Richard Swinburne*: „Die Ordnung in der Welt ist demnach ein Hinweis auf die Existenz Gottes." (155) Wie jeder Baumeister einen Bau nach einem vorgegebenen Plan errichtet, so muss auch der große Weltenbaumeister unseren Kosmos nach Ordnung und Gesetz entworfen haben. Von selbst oder zufällig hätte sich diese wunderbare Weltenordnung nicht einstellen können. Sowohl in der Welt des Allerkleinsten (Mikrokosmos) als auch in der Welt des Allergrößten (Makrokosmos) stellen wir tatsächlich ein wunderbares Ordnungsprinzip fest, das von einem ersten Ordner stammen muss. Dieser wird Gott genannt.

5. Der *ontologische* Beweis: Ontologie ist die philosophische Lehre vom Sein. (gr. *ontos*: das Seiende). Jedes Sein stellt eine Wirklichkeit dar. *Anselm von Canterbury* nahm die Existenz eines höchsten Wesens an, aus dem alles Sein kommt. *Thomas von Aquin* schloss aus der Existenz zahlreicher Seinsformen auf ein erstes und höchstes Seiendes, das er einem göttlichen Wesen zusprach. *Gottfried Wilhelm Leibniz* erweiterte diesen Gedanken, indem er

sich Gott als vollkommenes Wesen vorstellte. Daraus folgerte er: Gott muss als etwas Vollkommenes gedacht werden, denn wäre er nicht vollkommen, wäre er nicht Gott. Zum Wesen der Vollkommenheit gehört unbedingt seine Existenz, so wie es zum Wesen eines Kreises gehört, dass er rund ist. Daher wäre die Aussage „Gott existiert nicht" ein Widerspruch in sich selbst.

6. Der *metaphysische* Beweis: Metaphysik (gr. *meta-physis*: was die Natur überragt) ist jener Teil der Philosophie, der sich mit übernatürlichen Wahrnehmungen und Erkenntnissen befasst. (156) Neben der erfahrbaren Sinneswelt, die wir das Diesseits nennen, gibt es auch eine spirituelle Jenseitswelt, die uns nicht durch die sinnliche Wahrnehmung zugänglich ist, sondern allein durch unser Denken angenommen werden kann. Diese geistige Welt muss schon vor der materiellen Welt bestanden haben, denn das Geistige ist das erste wirkende Prinzip. Diese ursprüngliche geistige Intelligenz und Kraft muss einem Wesen angehören, das die höchste Schöpferkraft besitzt und aus dem alle späteren Dinge hervorgegangen sind. Ohne diesen Urgrund aller Geschöpfe gäbe es überhaupt nichts. Diesem schöpferischen Wesen, das selber nicht geschaffen wurde, geben wir den Namen Gott.

7. Der *kinesiologische Beweis*: Das griechische Wort „*kinein*" heißt bewegen. Kinesiologie ist die Lehre von den Bewegungsabläufen. Der griechische Philosoph *Heraklit* (um 540-480 v. Chr.) hat seine Welterklärung aufgebaut auf der Feststellung: „Alles fließt, alles bewegt sich." *Aristoteles* hat daraus seinen Bewegungsbeweis für die Existenz Gottes abgeleitet. Er schloss aus den tatsächlichen Bewegungen in der Welt auf einen *ersten Beweger*. Jede Bewegung wird durch eine andere Bewegung angestoßen, und jede Bewegung drängt durch Energieverbrauch zum Stillstand hin. Überall beobachten wir ein fortwährendes Entstehen und Vergehen. Aber nichts bewegt sich von selbst, aus eigener Kraft. Es ist der Wissenschaft nie gelungen, eine Maschine zu erfinden, die keines Antriebs bedarf und keine Energie verbraucht. (157) Es muss daher einen Erstbeweger gegeben haben, der die erste Bewegung durch seine Schöpferkraft ausgelöst hat. Diesen nennen wir Gott.

8. Der *teleologische Beweis*: Hinter der ganzen Schöpfung muss eine Absicht und ein Ziel (gr. *telos*: Ziel) liegen, denn ohne Beweg-

grund und Zielgebung kann sich nichts entwickeln. Die ganze materielle Welt ist nach bestimmten physikalischen und chemischen Gesetzmäßigkeiten ausgerichtet, die auf ein Ziel hinweisen. Diese natürlichen Gesetze müssen bereits vor dem Entstehen der Materie und der Energie existiert haben. Diese müssen also von einer höheren Intelligenz entworfen und in Kraft gesetzt worden sein. *Stephen Hawking* meint dazu: „Das Universum und die Gesetze der Physik scheinen genau auf uns abgestimmt worden zu sein. Wenn nur eine von ca. vierzig verschiedenen physikalischen Eigenschaften geringfügig andere Werte gehabt hätte, gäbe es kein Leben, wie wir es kennen. Entweder wären die Atome instabil oder sie ließen sich nicht zu Molekülen zusammensetzen, oder die Sterne würden die schweren Elemente nicht bilden oder das Universum würde in sich zusammenstürzen." (158) Ein blindes Zufallsgeschehen, wie die Evolutionisten es annehmen, kann hier ausgeschlossen werden. Die zielgerichtete Zweckmäßigkeit der ganzen Schöpfung lässt auf die Absicht eines intelligenten Planers schließen. Diese Überlegung lässt den logischen Schluss zu, dass es dieses höhere Wesen geben muss, das wir Gott nennen.

9. Der *moralische* Beweis: Moral ist die Lehre vom sittlichen Verhalten des Menschen (lat. *mores*: Sittlichkeit). Nach der christlichen Philosophie ist dem Menschen das Sittengesetz, das wir Gewissen nennen, dank seiner geistigen Herkunft angeboren. Dieses reicht über das triebgesteuerte Benehmen der Tiere und Pflanzen weit hinaus und regelt das sittliche Streben der Menschen. Nach den großen Religionsstiftern soll es sich um göttliche Weisungen handeln, die als „Gebote und Verbote Gottes" bezeichnet werden. Diese gelten für den sittlich orientierten Menschen als verbindliche und verpflichtende Sittengesetze, welche die Existenz eines göttlichen Gesetzgebers voraussetzen. Allerdings können wir nicht beweisen, dass die sittlichen Gebote direkt von Gott stammen. Wir müssen aber zugeben, dass sie uns zu ihm hinführen können, wenn wir sie befolgen. Unser moralisches Bewusstsein und unsere Fähigkeit, zwischen Gut und Böse zu unterscheiden, ist daher nicht bloß ein anerzogenes Verhaltensmuster. Vielmehr setzt dies die Existenz einer höchsten sittlichen Instanz voraus, die wir Gott nennen. Darauf beruht unser zeitliches und ewiges

Glück, das allein durch die Existenz Gottes garantiert ist. *Augustinus* formulierte dies so: „Unruhig ist unser Herz, bis es ruhet in dir, o Gott." (159)
10. Der *biogenetische* Beweis: Biogenese ist die Lehre von der Herkunft des Lebens (gr. *bios*: Leben). Dieser Beweis geht aus von der Tatsache, dass unsere ganze natürliche Umwelt seit Millionen von Jahren erfüllt ist mit Leben. Das war nicht immer so. Der Biochemiker *Louis Pasteur* (1822-1895) hat durch seine Experimente nachgewiesen, dass Leben immer nur von Leben abstammen kann. Es ist bis heute keinem Forscher gelungen, auf künstlichem Weg eine einzige lebende Zelle zu erzeugen. Weder durch zufällige Urzeugung noch durch Selbstorganisation der leblosen Materie kann Leben entstehen. Leben gab es im ganzen Weltall auch nicht von Ewigkeit her, denn die Anfangsbedingungen unseres Universums nach dem Urknall, vor 13,7 Milliarden Jahren, waren extrem lebensfeindlich. (160) Demnach muss das Leben geschaffen worden sein durch ein existierendes Wesen, das die geistige Urkraft des Lebens seit jeher besaß und weitergeben konnte. Dieses Wesen nennen wir Gott.

Jeder dieser zehn „Gottesbeweise" mag, für sich allein genommen, nicht immer überzeugend sein. Alle zusammen aber fügen sich zu einem einheitlichen Gesamtbild, dem eine gewisse Überzeugungskraft zugebilligt werden kann. Menschen, die aufgrund ihres einseitigen Denkens nicht von der Existenz einer höchsten Intelligenz, die wir Gott nennen, zu überzeugen sind, mögen sich an *Karl Jaspers* halten. Der schrieb: „Ein bewiesener Gott ist kein Gott." Dieser Philosoph hält es für ein großes Unheil unserer menschlichen Lage, dass wir Gottes Dasein weder beweisen noch widerlegen können. Er bedauert es, „dass Gott so verborgen ist, dass, wer ihn leugnet, nicht zu ihm durch bloßes Denken gezwungen werden kann". Und er fragt sich: „Wäre es nicht unausdenkbar herrlich, wenn Gott selbst sich zeigte und wir seiner gewiss wären?" (161) Auch Menschen, die dem streng wissenschaftlichen Denken eher fern stehen, sprechen statt von Gottesbeweisen lieber von persönlicher Gotteserfahrung. Der Schriftsteller *Peter Bichsel,* der sich nicht als Kirchgänger bezeichnet, sagte in einem Zeitungsinterview: „Mir ist es gleichgültig, ob es einen Gott gibt, aber ich glaube an ihn. Ich habe es nötig, an ihn zu glauben. Das Schlimmste wäre, wenn jemand den letzten wissenschaftlichen Gottesbeweis antreten könnte. Dann würde ich meinen Glauben wohl verlieren." (162) Hier spricht nicht die Logik der Vernunft, sondern die Logik des Herzens.

Selbst ein jenseitiger geistiger Lehrer, der anfangs des vergangenen Jahrhunderts *Johannes Greber* durch seine medial übermittelten Kundgaben belehrte, gestand ein: „Aber das Wesen Gottes kann ich dir nicht klarmachen und auch nicht die Ursache für das göttliche Sein angeben. Wollte ich es versuchen, so wäre es dasselbe, als wenn du einem vierjährigen Kinde die Berechnung einer Sternbahn klarmachen wolltest... Dein eigenes Denken zeigt dir Gott als einen wollenden, schaffenden und alles weise ordnenden höchsten Geist; zeigt dir seine Allmacht, Weisheit und Größe, soweit sie der menschlichen Vernunft zugänglich ist." (163)

Wie klein müsste Gott sein, wenn wir ihn mit unserem menschlichen Verstand einfangen könnten! Gott ist für uns nur in seinen großartigen Werken erkennbar, die er geschaffen hat. Heute müssen wir einsehen, dass wir weder mit theologisch-philosophischen Überlegungen noch mit naturwissenschaftlichen Methoden beweisen können, dass Gott existiert. Doch ist es auf diese Weise auch nicht möglich zu beweisen, dass er nicht existiert. Demnach ist es eine Sache des Glaubens, ob wir in unserem Weltbild die Chiffre „Gott" einbeziehen wollen oder nicht. Bereits der französische Philosoph *Jean Jacques Rousseau* bezeichnete die Frage nach Gott als eine Sache des Glaubens und nicht als eine Angelegenheit des vernünftigen Denkens. So kommen wir zum Schluss: Für den Gläubigen ist kein Beweis nötig, und für den Ungläubigen ist kein Beweis möglich. (164) Für den Dichter *Friedrich Rückert* (1788-1866) ist Gott nur gefühlsmäßig zu erfassen. In seiner „Weisheit des Brahmanen" lesen wir:

Wer Gott nicht fühlt in sich und allen Lebenskreisen,
der wird ihn nicht beweisen mit Beweisen.

2.9 Der Anfang des religiösen Glaubens

Der Glaube an einen Gott oder an mehrere Götter und Gottheiten ist so alt wie die Menschheit. Seit jeher haben die Menschen sich Vorstellungen von einem oder mehreren höchsten Wesen gemacht. Nur die moderne Zeit glaubt, ohne sie auskommen zu können. Nach *C.G. Jung* entstand das religiöse Denken aus den Schuldgefühlen der Menschen und aus deren Bedürfnis nach Vergebung. (165) Tiere beten nicht, weil sie keine religiösen Vorstellungen kennen. Daher wird der Mensch manchmal als das „betende Tier" bezeichnet. Wir können davon ausgehen, dass in den Urzeiten der Mensch erst allmählich sich seiner selbst bewusst wurde. Mit dem Erwachen seines Selbstbewusstseins fing er an, sich Fragen zu stellen wie: Wer bin ich? Woher komme ich? Wozu bin ich hier? Erste Antworten hierzu fanden einige wenige Vordenker, denen in der Frühzeit als Stammesälteste, Magier, Schamanen oder Medien eine führende Rolle zukam. So entwickelten sich die ersten Vorstellungen von Geistern und Göttern sowie vom Fortleben nach dem Tod. (166) Beweise hierfür finden sich in den Grabbeigaben, wie sie schon vor 100.000 Jahren üblich waren.

Der religiöse Glaube entwickelte sich nach denselben Wachstums- und Entwicklungsgesetzen, wie sie in der ganzen Natur zu beobachten sind. Aus Erfahrung wissen wir, dass sich alles Lebendige aus einfachen Anfängen entfaltet, ähnlich wie ein Baum, der aus einem winzigen Kern hervorgeht und erst mit den Jahren seine volle Größe erreicht. So ist es auch im Verlauf der Evolution über Jahrhunderttausende geschehen. Auf gleiche Weise wiederholt sich dieser Vorgang bei der Entstehung jedes Einzelwesens in stark verkürzter Zeit. Aus dieser Tatsache hat *Ernst Haeckel* sein „biogenetisches Grundgesetz" abgeleitet. Dieses besagt, dass die Einzelentwicklung (Ontogenese) die abgekürzte Wiederholung der Stammesentwicklung (Phylogenese) darstellt. Dies gilt auch für die seelische und geistige Entfaltung des Menschen. Von dieser Feststellung aus hat der amerikanische Psychologe *Stanley Hall* (1846-1924) sein „psychogenetisches Grundgesetz" hergeleitet. Nach diesem durchläuft ein Mensch in seiner Kindheit und Jugendzeit in verkürzter Form die gleichen Entwicklungsphasen, wie diese im Verlauf der ganzen Menschheitsgeschichte stattfanden. Wir können uns diesen Entwicklungsverlauf leicht vergegenwärtigen, wenn wir die prähistorischen Höhlenmalereien und Felsenzeichnungen von Altamira in Nordspanien oder in Les Eyzies in Südfrankreich vergleichen mit den Strichzeichnungen eines heutigen Kleinkindes. Wir stellen kaum einen wesentlichen Unterschied fest. Versetzen wir uns nun in Gedanken in die Situation eines Steinzeitmenschen vor 10.000 oder 20.000 Jahren. Dieser wohnte mit seiner Sippe in einer Höhle, umgeben von einer wilden Natur, ständig großen Gefahren ausgesetzt. Unerklärliche Naturerscheinungen wie Blitz und Donner, Erdbeben und Vulkanausbrüche, Verfinsterungen von Mond und Sonne konnte er weder verstehen noch beeinflussen. Daher neigte er dazu, an höhere Mächte zu glauben, die solches bewirkten. Ähnliche Vorstellungen finden wir auch heute bei kleinen Kindern, wenn sie auf Naturereignisse, die sie noch nicht verstehen können, mit Furcht reagieren. Das ist der Anfang der Geisterfurcht, letzten Endes auch der Gottesfurcht. Auch beim heutigen Menschenkind, obwohl es beeinflusst wird durch Erziehung, Kultur, Zivilisation und Tradition, entwickelt sich der religiöse Gottesglaube in ähnlicher Weise aus magischen Anfängen. Am Beginn steht das mythische Denken, mit dem es seine Umwelt von geheimnisvollen Wesen belebt und verzaubert sieht. Bei Gewittern, die von Blitz und Donner begleitet sind, ängstigt es sich und fühlt sich bedroht. Auf dem Weg der seelischen Projektion glaubt es, dass diese Himmelskräfte aus einer Überwelt kommen. Wenn möglich, flüchtet es in die schützenden Arme von Mutter oder Vater. Auch hier ist es zunächst die Erfahrung des Unerklärlichen, das es zu seinen ersten Warum-Fragen veranlasst.

Am Beginn jeden religiösen Glaubens steht ein Mythos. Es handelt sich um eine symbolische Darstellung von etwas Unbegreiflichem. In den Urzeiten fingen die Menschen an, aus Furcht oder Bewunderung die Naturkräfte zu verehren. Eine wichtige Rolle spielten in den Naturreligionen die Sonnen- und Mondkulte. Den Planeten am Abendhimmel wurden geheime Kräfte zugeschrieben, weil man glaubte, diese würden mit ihrem Lauf das Schicksal der Menschen beeinflussen. Gestirne wurden als Verkörperung von Gottheiten gesehen. So ist eine religiöse Beziehung zu überirdischen Wesen entstanden. Aber auch auf der Erde wurden bestimmten Bergen, Flüssen, Quellen, Bäumen und Tieren geheime Kräfte zugeschrieben, und einige von ihnen wurden sogar für heilig gehalten. Die Ur-Menschen errichteten ihnen Altäre, brachten ihnen Opfer dar und glaubten ihre Stimme im Rauschen der Blätter im Walde, im Murmeln der Quellen oder im Ruf der Vögel zu vernehmen. Aus der gedanklichen und gefühlsmäßigen Beziehung zu diesen Wesenheiten entstand allmählich die „mystische Urform des religiösen Glaubens", die sich bis heute in den Mythen und Märchen, in den Sagen und Legenden und selbst in den Träumen der Menschen niedergeschlagen haben. (167) Mit dem Erwachen des spirituellen Bewusstseins fingen die Menschen an, sich Vorstellungen zu machen über die Götter. Sie gaben ihnen Namen und dichteten ihnen übermenschliche Eigenschaften an. So entstanden zahlreiche religiöse

Riten, Zauberformeln, Segenssprüche und Kultformen, die in ihrer Symbolsprache zum Teil noch heute in den großen Weltreligionen weiterwirken. (168) Die anfänglichen religiösen Vorstellungen der Frühmenschen haben im kollektiven Unbewussten der gesamten Menschheit ihre Spuren hinterlassen, die über Generationen weitervererbt wurden und heute noch lebendig sind. In der analytischen Psychologie von *C.G. Jung* werden diese Erinnerungsspuren „Archetypen" genannt. Als im Jahr 1960 der englische BBC-Reporter *John Freeman* den damals 80-jährigen *Jung* fragte, ob er an Gott glaube, antwortete dieser: „Ich habe es nicht nötig, an Gott zu glauben. Ich weiß es." Damit brachte er zum Ausdruck, wie er aus vielen Gesprächen mit seinen Patienten erkannt hatte, dass es in der menschlichen Seele seit Urzeiten bestimmte psychische Gotteserfahrungen gibt, die religiöser Natur sind. (169)

Die einfachen Frühmenschen dachten sich auch die ganze Natur als beseelt. Nach ihrem Glauben konnten sich Götter und Geister in Pflanzen und Tieren verkörpern. Nach der Lehre des Animismus (lat. *anima*: Seele, Lebensenergie) glauben noch heute zahlreiche Naturvölker, ähnlich wie die kleinen Kinder es tun, an die Allbeseelung ihrer Umwelt. In diesem uranfänglichen Denken liegt der Ursprung des religiösen Glaubens. Dieser kann als Projektion von innerseelischen Vorstellungsbildern erklärt werden. Am Anfang der Religion steht das Geheimnisvolle, das Staunen und das Sichwundern. Das, was *C.G. Jung* das „Numinose" genannt hat. (170) Nach ihm steht am Beginn des religiösen Denkens das Erlebnis des Geheimnisvollen, eben jenes „Numinosen". Gemäß seiner Psychologie ist es das, was uns ergreift, uns ergriffen macht und was wir doch nie ganz begreifen. Um diese Geheimnisse zu deuten, stellt sich beim einfachen Menschen bald der Aberglaube und der Wunderglaube ein, aus dem bei kritischem Überlegen der echte Glaube an eine göttliche Macht oder Kraft entstehen kann.

Offenbar gibt es keine Ur-Religion, die allen Frühmenschen gemeinsam gewesen wäre. Es gibt aber ein allen gemeinsames Muster des religiösen Denkens, dem der Glaube an überirdische Mächte und an ein Weiterleben nach dem Tod zugrunde liegt. (171) Der religiöse Glaube hängt weniger vom Nachweis einer göttlichen Existenz ab, als vielmehr von der menschlichen Vorstellung von Gott. In seinem dreibändigen Werk „Gott und der Zufall" schreibt *Jean Mussard*, der frühere Generaldirektor von „General Motors": „Die natürliche Veranlagung der Menschen aller Zeiten und

Rassen, in der Natur das Heilige zu entdecken und ihm – bewusst oder unbewusst – eine die eigene Kraft hoch übersteigende Macht zuzuschreiben, ist ein allumfassendes Phänomen." (172) Dieses beruht sowohl auf einem tiefen Ahnen um etwas Höheres und Mächtiges, als auch auf einem übernommenen und durch die Tradition gefestigten Vorstellungsbild, das als frühe Prägungen durch die Erziehung erklärt werden kann. Es mag sich auch um eine bloße Projektion menschlicher Wünsche, Hoffnungen und Befürchtungen handeln. Viele Leute glauben heute an einen Lückenbüßer-Gott, der ihnen erklären soll, was sie mit ihrem eigenen Verstand nicht ergründen können. So nehmen sie an, dass alles, was ihnen zustoße oder begegne, gottgewollt sei, so dass sie selber dafür nicht verantwortlich sein müssen. Für den gläubigen Menschen ist Gott das höchste Prinzip, die oberste Autorität, der höchste denkbare Gedanke.

3. Die Entstehung des Lebens

Die ältesten Lebensspuren, die bisher auf unserer Erde gefunden wurden, sind ungefähr drei Milliarden Jahre alt. Sie wurden als Versteinerungen frühester Pflanzen- und Tierformen in den oberen Erdschichten gefunden. Davor herrschte Leblosigkeit. Wenn wir uns fragen, wie dieses Leben entstanden ist, sollten wir zunächst überlegen, was das Leben vom Leblosen trennt. Nach heutiger Erkenntnis ist das Leben gekennzeichnet durch mehrere wichtige Fähigkeiten, die der toten Materie fehlen. Zu diesen gehören: (1)

Bewegungsfähigkeit Informationsaustausch
Reizempfänglichkeit Fähigkeit der Fortpflanzung
Nahrungsaufnahme Anpassung und Veränderung
Eigener Stoffwechsel Vererbung von Eigenschaften
Sinneswahrnehmung Wachstum und Entwicklung

Um diese komplexen Fähigkeiten ausüben zu können, bedarf es des Zusammenspiels eines intelligenten Informationssystems, das sicher nicht zufällig und plötzlich entstanden ist. Woher die erforderliche Steuerung stammt, vermag die Naturwissenschaft nicht zu sagen. Dagegen nehmen die Geisteswissenschaften an, dass hier ein regulierendes Prinzip aus der Übernatur am Werk war. Unsere Erde ist der einzige Ort in unserem Sonnensystem, auf dem bis heute Leben nachgewiesen wurde. Auf keinem anderen Planten, auf keinem der vielen Monde und Trabanten und auch auf keinem Asteroiden konnte bis heute eindeutig irgendeine Lebensspur entdeckt werden. Kein Naturforscher kann uns erklären, wie das Leben auf unserer Erde entstanden ist. Auch vermochte bisher noch keiner mit Sicherheit zu sagen, ob Leben nur auf eine einzige Art entstehen konnte und ob es je außerirdisches Leben gegeben hat oder immer noch gibt.

Die frühesten Lebensformen auf unserer Erde waren die Bakterien. Diese mit bloßem Auge nicht sichtbaren einzelligen Spaltpilze sind aus der Verbindung von Atomen und Molekülen entstanden. Sie sind eine Art Grenzgänger zwischen dem Leblosen und dem Lebendigen. Die äußere Gestalt der Bakterien ist kugel-, stäbchen- oder spiralförmig. Sie können sich ohne Sauerstoff und ohne Wasser und nur von Mineralstoffen wie Schwefel- und Eisenverbindungen ernähren. Eigentliche Lebewesen sind sie jedoch nicht, denn sie haben keinen Zellkern und keinen eigenen Stoffwechsel. Sie sind in der Lage, extreme Hitze und Kälte zu ertragen. Einige ihrer Arten wurden in jüngster Zeit auf dem Meeresgrund in heißen Vulkanquellen, den sogenannten „schwarzen Rauchern", entdeckt, wo sie bei Temperaturen bis zu +120 Grad C überleben können. (2)

Bis heute sind rund 2.500 Bakterienstämme entdeckt worden. Sie bestehen aus einer Zelle und können sich selbstständig vermehren, indem sie zuerst in die Länge wachsen und sich dann in ihrer Mitte teilen Auf diese Weise vermag ein einziges Bakterium innerhalb von zwölf Stunden fünf bis sechs Milliarden Nachkommen zu erzeugen. Vor rund zwei Milliarden Jahren erfanden die Cyanobakterien die Photosynthese, wodurch Lichtenergie in biochemische Energie umgewandelt wird. Dies war eine wichtige Voraussetzung für die Entstehung des Lebens überhaupt. Unter anderem wurde damals durch diesen Prozess die Erdatmosphäre mit Sauerstoff angereichert. Bakterien können sowohl Krankheiten abwehren als auch Krankheiten verursachen. Bakterielle Krankheitserreger lassen sich durch Stärkung des Immunsystems oder mit Antibiotika bekämpfen.

Eine andere sehr einfache Vorform des Lebens sind die *Viren*. Dies sind kugelförmige Mikroorganismen, gebildet aus eiweiß- und nukleinsäurehaltigen Molekülen ohne eigenen Stoffwechsel. Sie gelten als Krankheitserreger, die sich nur auf Wirtszellen am Leben erhalten, weil sie sich nicht selbstständig vermehren können. Sobald ein Virus in eine lebende Zelle eindringt, wird es dort aktiv und bringt die Wirtszelle dazu, neue Viren zu produzieren, was dann in sehr großer Zahl geschehen kann. Durch Antibiotika ist ihnen nicht beizukommen. Bekämpfen kann sie nur das körpereigene Immunsystem. (3)

Am Anfang der biologischen Entwicklung stand mit größter Wahrscheinlichkeit eine Ur-Zelle, welche die Fähigkeit besaß, sich durch Teilung zu vervielfachen. Im Inneren dieser ursprünglichen Zelle muss es bereits eine intelligente Planung gegeben haben, weil die nachfolgenden

Tochterzellen genau der Mutterzelle gleichen. Außerdem enthielt diese Ur-Zelle eine Reihe von Enzymen, die in der Lage waren, den vorgegebenen Bauplan in Form von Kopien tausendfach umzusetzen und so ihre Vermehrung und Fortpflanzung zu sichern. Es handelt sich dabei um einen derart komplizierten Vorgang, der sicher nicht einem blinden Zufall, sondern nur einer planenden Intelligenz höherer Ordnung zuzuschreiben ist. Die ersten selbstständigen Lebewesen, die sich auf diesem Weg auf unserem Planeten ansiedelten, waren mikroskopisch kleine fadenförmige Blaualgen, die mit Hilfe von Sonnenlicht (Photosynthese) in der Lage waren, an ihre Umwelt Sauerstoffmoleküle abzugeben. Dies ermöglichte erst die Entwicklung von pflanzlichem und tierischem Leben zur heutigen Vielfalt. (4) Im Verlauf von weiteren Jahrmillionen hat sich das Leben immer weiter ausgebreitet. Allerdings gab es bis vor einer Milliarde Jahren nur einzellige Organismen in Form von Algen und Urtierchen, die in der „Ur-Suppe" der Meere lebten. Diese beherrschten während gut zwei Milliarden Jahren das Leben auf unserer Erde.

Vor 650 Millionen Jahren kam es auf unserer Erde zu einem starken Temperatursturz bis auf -50 Grad C. Es entstand die größte Eiszeit der Erdgeschichte. Eine drei Kilometer dicke Eisschicht bedeckte die ganze Erdoberfläche. Die allermeisten Lebensarten überstanden diesen Kälteschock nicht. Nach fünfzehn Millionen Jahren stieg die Temperatur wieder an, und das Eis begann zu schmelzen. Die Erde erwachte aus ihrem Kälteschlaf. Erst vor 600 Millionen Jahren kam es zu lebensfreundlichen Temperaturen. Im Erdzeitalter des Kambriums, vor 550 Millionen Jahren, breiteten sich die mehrzelligen Lebensformen explosionsartig aus. (5) Ein ähnlicher Vorgang ereignete sich auch vor 225 Millionen Jahren und zuletzt vor 65 Millionen Jahren, als die Dinosaurier ausstarben. Im Verlauf der Evolution sind immer wieder verschiedene Pflanzen- und Tierarten ausgestorben, während sich neue Arten entwickeln konnten. (6) Nachdem vor 400 Millionen Jahren die ersten Kontinente aus dem Meer emporstiegen, vollzog das Leben den ersten Sprung aufs Land. Amphibien verließen die Gewässer und wurden zu Landbewohnern. Durch ihre Lungenatmung konnten sie Sauerstoff direkt aus der Luft aufnehmen, was ihre Lebensfähigkeit enorm verbesserte. Die ersten Amphibien bauten ihre Schwimmflossen allmählich zu Beinen und Füßen um, damit sie ihre eigene Schwere besser tragen konnten. In diesem Zusammenhang entwickelten sie Schultergürtel, Beckenknochen und ein einfaches Rückgrat. Dies war die Voraussetzung dafür, dass sich Millionen Jahre später der aufrechte Gang einiger Säugetierarten entwickeln konnte. (7)

Leben ist eine Form von Energie und eine Kraft, die macht, dass etwas lebt. Daher sprechen wir von Lebenskraft oder Lebensenergie. *Aristoteles* nannte sie „Entelechie", *Meister Eckhart* sprach vom „Seelenfünklein", *Henri Bergson* prägte hierfür den Begriff „élan vital". Vom Biologen *Hans Driesch* (1867-1941) stammt der Name „Vitalismus". In östlichen Philosophien ist von „Atman", von „Prana" und vom „Feuer des Lebens" die Rede. (8) In der Bibel steht dafür die Bezeichnung „Odem des Lebens", die spirituelle Psychologie kennt hierfür den Namen „Od". Entdeckt hat diese Energieform der deutsche Chemiker *Karl Freiherr von Reichenbach* (1788-1869). Aus der Sicht des Geistchristentums ist das *Od* jene universelle Lebenskraft, welche die ganze Schöpfung durchatmet. (9) Od gilt als die Ur-Kraft des Lebens. Ihre Quelle liegt im lebendigen Wesen Gottes. Von ihr sagt *Walther Hinz*: „Alles, was geschaffen wurde, konnte nur durch diese von Gott ausströmende Kraft ins Dasein treten." (10) Daher ist Gott der Spender allen Lebens. Das Leben auf der Erde kommt demnach aus himmlischen Sphären. Dies bestätigt *Alfred Dalliard*, indem er schreibt: „Auf Befehl Gottes gingen hohe Geister des Himmels zu einem ganz bestimmten Erdteil, um dort aus der eigenen Schöpferkraft heraus Leben zu bringen. Als reine Wesen besaßen sie in sich eine gewaltige Urkraft mit der Fähigkeit, Wachstum auszulösen und zu fördern." (11)

Diese belebende Kraft entsteht nicht immer wieder neu, sobald ein Wesen zu neuem Leben erwacht. Weder durch einen göttlichen Eingriff noch durch Selbstzeugung aus dem Nichts entsteht neues Leben. Vielmehr handelt es sich um eine ununterbrochene Weitergabe von Lebensenergie über die lange Kette der Generationen hinweg. In den unsterblichen Geschlechtszellen bleibt sie uns durch deren fortwährende Teilung erhalten, solange es zeugungsfähige Lebewesen auf unserer Erde gibt. Wenn lebendige Wesen sich dem Drang und Zwang ihrer Fortpflanzung hingeben, nehmen sie, mehr unbewusst als bewusst, am unaufhörlichen Stirb- und Werdeprozess mit all seinen Freuden und Leiden teil. Das Entstehen und Vergehen des Phänomens „Leben" kann nicht dem bloßen Zufall zugeschrieben werden. Es steht im Dienst der Höherentwicklung in Natur und Übernatur. Aus biologischer Sicht beruht das Geheimnis des Lebens auf der Ganzheit eines Organismus. Die DNS allein reicht nicht aus, um das

Phänomen Leben zu erklären. Das Rätsel des Lebens ist auch heute noch nicht vollständig entschlüsselt.

Auf die Frage, wie das Leben auf unserer Erde entstanden ist, gibt es bis heute keine eindeutige Antwort. Weder die Naturwissenschaften noch die Geisteswissenschaften sind in der Lage, hierzu gültige Antworten zu geben. Wo sie sich zu diesem Thema dennoch äußern, greifen sie auf naturwissenschaftliche Erkenntnisse zurück, wie dies *Teilhard de Chardin* (12), *Eugen Drewermann* (13) oder *Hans Küng* (14) getan haben, ohne dabei die Frage nach dem Entstehen des Lebens wirklich zu klären. Für sie ist das Leben nicht einem göttlichen Eingreifen zuzuschreiben. Vielmehr verstehen sie es als das Ergebnis eines rein natürlichen, physikalisch-chemischen Vorgangs. Bis heute verbirgt sich hinter allem Lebendigen ein unentdecktes Geheimnis.

3.1 Leben ist kein Zufallsprodukt

Als zufällig ist ein Vorkommnis zu bezeichnen, das ohne Ziel und ohne Absicht eintritt, das keiner Gesetzmäßigkeit folgt und ohne Regelung abläuft. Das Wort „Zufall" muss immer dann als Erklärung herhalten, wenn man ein natürliches Geschehen nicht erklären kann. Im Sinne einer Wirkung ohne entsprechende Ursache gibt es den Zufall nicht. In der Philosophie gilt der Zufall als ein Ereignis, das nicht beabsichtigt und nicht voraussehbar war. In der Esoterik gilt als zufällig, was einem durch höhere Fügung schicksalshaft zufällt nach dem Motto: „Was zu dir gehört, dass kommt dir zu." In den Naturwissenschaften spricht man gerne von einem Zufallsereignis, wenn dessen Verursachung nicht klar ist.

Bei der Frage nach dem Ursprung des Lebens ist die Flucht in die Zufallserklärung eine peinliche Ausrede, die beweist, dass man die tatsächlichen Zusammenhänge nicht kennt oder nicht wahrhaben will. Von selbst kann ein Geschehnis oder ein Ergebnis nicht eintreten. Nehmen wir als Vergleich an, auf einem Baugrund würden einige Tonnen Bausteine abgeladen. Aus diesen kann ein Gebäude von selbst und ohne äußeres Dazutun nicht entstehen. Es braucht hierzu die Idee des Bauherrn, die Planungsarbeit des Architekten, die Organisation des Unternehmers und den Einsatz der Handwerker. Gleiche Voraussetzungen auf höherer Ebene sind erforderlich, um einen lebenden Organismus aus Billionen von Zellen aufzubauen. Von einem Zufallsgeschehen, wie es *Jacques Monod* in seinem berühmten Buch „Zufall und Notwendigkeit" angenommen hat, kann demnach keine Rede sein. Er sah den Menschen als „ein Blinder, der sehen möchte, der aber weiß, dass die Nacht kein Ende hat". (15) Auch *Richard Dawkins* kämpft als überzeugter Atheist mit seiner Zufallstheorie gegen jeden religiösen Schöpfungsglauben an. Er vertritt mit vielen anderen heutigen Naturwissenschaftlern die Auffassung, dass die ersten organischen Lebensformen sich zufällig aus der anorganischen Materie entwickelt haben. In seinem Buch „Der blinde Uhrmacher" wettert er gegen den religiösen Schöpfungsglauben. (16) Als Evolutionsbiologe wird er nicht müde, die Entwicklung des Lebens mit einer Unsumme von Fakten zu belegen, ohne die Frage zu beantworten, *wie* das Leben auf unserem Planeten Erde entstanden ist. Schließlich muss er doch zugeben, dass „die Essenz des Lebens eine statistische Unwahrscheinlichkeit in kolossalem Maßstab ist". (17) Da können wir uns fragen: Wäre ein blinder Uhrmacher imstande, eine komplizierte Uhr zu bauen, ohne Konstruktionsplan, ohne Bauanleitung und ohne überhaupt genau hinzuschauen? Durch einen blinden Zufall kann weder eine Präzisionsuhr noch die kosmische Weltenuhr erklärt werden. Daher lehnt es *Eugen Drewermann* ab, das Leben als das Ergebnis bloßer Zufälle zu bezeichnen. Dieser Gedanke erscheint ihm „allzu kühn, ja er müsste angesichts der unglaublichen Komplexität auch nur der einfachsten Lebensformen geradezu widersinnig anmuten". (18) Man kann diesem Psychologen insofern recht geben, als er den biblischen Schöpfungsbericht als Mythos und nicht als historischen Bericht erklärt. Gewiss ist dieser als eine volkstümliche Erzählung in symbolischen Bildern anzusehen. Was sich da in knapp einer Woche abgespielt haben soll, ereignete sich tatsächlich in Milliarden von Jahren.

Richard Dawkins will das Entstehen des Lebens als ein zufälliges und einmaliges Ereignis erklären, das sich vor Jahrmillionen zugetragen hat. Für ihn muss es sich um einen äußerst unwahrscheinlichen und einmaligen Zufallstreffer gehandelt haben. Damit nimmt er gleichzeitig an, dass sich ein derartiger Glücksfall nicht mehrmals wiederholen konnte. (19) Auch für den Verhaltensforscher *Konrad Lorenz* (geb. 1903) gleicht die Entstehung des Lebens auf unsere Erde einem Blitz, der plötzlich einschlägt. (20) Dagegen schreibt *Hoimar von Ditfurth*: „Der Zufall als alleiniger Motor der biologischen Entwicklung hätte niemals zur Entstehung auch nur eines einzigen funktionierenden Organismus führen können. Es hätte von Anfang an nur im völligen Chaos geendet." (21)

Völlig voraussetzungslos, wie die Zufallstheoretiker meinen, kann das Leben in seiner großen Vielfalt nicht aus dem Nichts entstanden sein. Daher überlegt der englische Astronom *Fred Hoyle:* „Seit die Biochemiker in steigendem Maße die ehrfurchtsgebietende Komplexität des Lebens entdecken, ist sein zufälliger Ursprung ganz offensichtlich so wenig wahrscheinlich, dass man diese Möglichkeit völlig ausschließen kann. Leben kann nicht zufällig entstanden sein." (22) Die meisten heutigen Naturwissenschaftler räumen ein, das Leben als rein physikalisch-chemischen Prozess nicht erklären zu können. Neueste Forschungen der Molekularbiologie zeigen, dass jede Art von Leben einen hochkomplizierten Bauplan voraussetzt, der im Chromosomensatz (Genom) jedes Zellkerns vorprogrammiert ist. In dessen DNS-Code sind rund drei Milliarden Erbinformationen verschlüsselt gespeichert, die das Verhalten von Zellen, Geweben und Organen bestimmen. Es handelt sich um eine unglaublich komplexe Anordnung, die notwendig ist, um überhaupt Leben hervorzubringen. Bis heute gibt es keine glaubwürdige Erklärung dafür, wie diese Strategie über Jahrmillionen wie von selbst entstehen konnte, ohne dass ein höheres Wesen hierzu Regie geführt hätte. Diese raffinierte Einrichtung kann nicht durch Zufall entstanden sein, sondern muss einer höchsten Intelligenz, einem göttlichen Designer, zugeschrieben werden. (23)

Was die Biologie uns heute sagen kann, ist lediglich dies: Jede Lebenstätigkeit ist als Austausch und Verarbeitung von Informationen innerhalb eines Zellgefüges zu verstehen. Diese Informationen sind in den Erbanlagen des Zellkerns gespeichert. Wie diese dort eingeschleust werden und wer der Informatiker ist, der dahintersteht, vermag bis heute kein Naturwissenschaftler zu sagen.

3.2 Gibt es Leben aus Leblosem?

Verfolgt man die Entwicklung des Lebens wie in einem rückwärts laufenden Film, gelangt man irgendwann an die Grenze zwischen Lebendem und Leblosem. Wie sich dieser Anfang tatsächlich ereignet hat, darüber sind sich die Biologen bis heute nicht im klaren. Dass Leben spontan und zufällig aus Leblosem entstehen kann, hielt man selbst in wissenschaftlichen Kreisen bis ins 19. Jahrhundert hinein für durchaus denkbar. Die älteste Theorie hierzu ist die von der *Urzeugung* (Archigenese). Im griechischen Altertum wurde diese von den Philosophen *Anaximander, Xe-*

nophanes, Empedokles, Parmenides und *Arkesilaos* angenommen. Diese hielten es für möglich, dass niedere Kleinlebewesen aus Schlamm oder Abfällen entstehen können. Der Dichter *Hesiod* nahm die Geburt von Lebendigem aus dem anfänglichen Chaos an. *Aristoteles* war der Ansicht, dass Kleintiere wie Würmer und Frösche aus dem Schlamm der Flüsse hervorgehen.

Im Mittelalter glaubten namhafte Gelehrte, dass von feuchter Erde und aus verrotteten Abfällen verschiedenes Ungeziefer entstehe. Der Arzt und Alchemist *Paracelsus* (1493-1541) schrieb in seinem Buch „Über die Natur der Dinge", aus dem Jahr 1538, dass neues Leben aus verwesenden Stoffen in warm-feuchter Umgebung erzeugt werde. Im 17. Jahrhundert gab der Jesuit und Professor für Naturwissenschaften in Würzburg *Athanasius Kirchner* (1601-1680) folgende wundersame Anleitung zum besten: „Man nehme einige Schlangen, röste sie, schneide sie in kleine Stücke und sähe diese in fetten Boden. Hierauf besprenge man sie von Tag zu Tag leicht mit Wasser, wobei darauf zu achten ist, dass das Stück Land der Frühlingssonne ausgesetzt sei. In acht Tagen wird man die Erde mit kleinen Würmern bestreut sehen." (24) Im Jahr 1871 hielt es *Charles Darwin* in einem Brief an einen seiner Freunde für denkbar, dass in den Anfängen der Erdentwicklung „in einem warmen kleinen Teich mit allen möglichen ammoniakalischen und phosphorischen Salzen darin" unter dem Einfluss von Licht, Wärme und elektrischen Blitzentladungen von selbst organische Verbindungen entstehen könnten. (25)

Den endgültigen Beweis dafür, dass Lebendiges nicht von Leblosem abstammen kann, erbrachte im Jahr 1865 der französische Chemiker und Bakteriologe *Louis Pasteur*. Er erhitzte Fleischbrühe bis zum Siedepunkt und füllte diese in Flaschen ab, die er sofort mit einer paraffinartigen Masse abdichtete. Selbst nach einigen Wochen konnte er darin kein Spur von Leben nachweisen. So bewies er auf experimentellem Weg, dass Leben immer nur von Lebendem stammen kann. Damit war die Urzeugungstheorie endgültig widerlegt. (26) Trotzdem blieb *Ernst Haeckel* bis zum Jahr 1900 überzeugt, dass aus organischen Kohlenstoffverbindungen lebendes Plasma entstehen könne. Daher bezeichnete er die Theorie von der Urzeugung „als eine unentbehrliche Annahme der natürlichen Entwicklungs-Theorie" und meinte, wer diese nicht bejahen könne, der müsse an Wunder glauben. (27) *Pierre Teilhard de Chardin* hielt es für denkbar, dass sich das Protoplasma der ersten lebenden Zellen im Ur-

Meer durch chemische Umwandlung aus den anorganischen Substanzen der leblosen Materie gebildet habe. (28) Es gab bis in die neuere Zeit immer wieder Wissenschaftler, die glauben wollten, primitive Lebensformen könnten durch *Selbstzeugung* (Abiogenese) entstehen.

Selbst heute noch bildet der kritische Moment des Überganges vom Leblosen zum Lebenden in der Biologie ein ungelöstes Problem. Daher empfiehlt *Richard Dawkins*: „Eigentlich brauchen wir keine plausible Theorie für den Ursprung des Lebens, und wir sollten vielleicht sogar ein wenig beunruhigt sein, wenn jemand eine allzu plausible Theorie entdeckt." (29)

3.3 Außerirdische Lebensspuren

Die Frage ist immer noch offen, ob es außerhalb unserer Erde auf anderen Himmelskörper höher entwickelte Lebewesen gibt. Auf diese Möglichkeit angesprochen, sagte *C.G. Jung* in einem Gespräch: „Es ist wahnsinnig zu glauben, dass wir die Einzigen sind; es ist ebenso irrsinnig zu behaupten, dass wir nicht die Einzigen sind." Und der amerikanische Astronom *Carl Sagan* (1934-1996) meinte: „Wenn wir allein im Universum sind, dann ist dies eine ungeheure Platzverschwendung." Dagegen hält es *Hans Elsässer* für vorstellbar, dass wir im ganzen Weltall die Einzigen sind. (30) Der Kosmologe *Lorenz Marti* (geb. 1952) schätzt die Wahrscheinlichkeit, dass es einen Planeten wie unsere Erde mit all ihren vielfältigen Lebensformen überhaupt gibt, praktisch auf Null. Er schreibt: „Warum dieses Wunder trotzdem möglich geworden ist, wissen wir nicht." (31)

Bereits der griechische Naturforscher und Philosoph *Anaxagoras* lehrte in Athen, dass pflanzliche und tierische Lebenskeime im ganzen Weltall vorhanden seien. Auch der römische Dichter *Lukrez* nahm im 1. Jahrhundert v. Chr. an, dass es noch andere Welten im All gibt, auf denen Leben existiert. Im Mittelalter hielten der Astronom *Johannes Kepler* und der Philosoph *Giordano Bruno* (1548-1600), der von der römischen Kirche wegen Ketzerei zum Tode verurteilt und verbrannt wurde, dies durchaus für möglich. (32)

Seit Jahrzehnten suchen und forschen unsere Wissenschaftler nach außerirdischem Leben. *Fred Hoyle* schrieb sogar: „Der Ursprung des Lebens lag nicht auf der Erde", sondern weit draußen im Weltraum. (33) Neuerdings entdeckten Astrophysiker eine Vielzahl von Planeten außerhalb unseres Sonnensystems. Dass auch andere Sonnen ihre planetaren Begleiter haben, scheint die Regel zu sein. Bereits vor einem halben Jahrhundert schätzte *Friedrich Boschke*, dass es in unserem derzeit bekannten Universum rund 80.000 Planeten gibt, die in einem ähnlichen Entwicklungszustand sind wie unsere Erde. (34) Der Nobelpreisträger für Chemie, *Svante Arrhennins* (1859-1927), entwickelte als Erster die Idee, dass vor Jahrmillionen durch Infiltration von Lebenskeimen aus dem Weltall einfaches Leben auf der Erde entstanden sein könnte. (35) Die heutige *Panspermie*-Theorie (gr. *pan*: allüberall, *sperma*: Samen), die im Jahr 1871 vom englischen Astronomen *Lord Kelvin* (1824-1907) vorgestellt wurde, geht davon aus, dass Moleküle und vielleicht sogar Mikroorganismen im ganzen All existieren und diese mit kosmischem Staub auf die Erde gelangt sind, um sich hier weiter zu entwickeln. (36) Heute wird von der Astrobiologie angenommen, dass unsere Erde vor ungefähr 250 Jahrmillionen mit Lebenskeimen aus dem Weltall geimpft wurde, die aus dem Trümmerfeld des Asteroidengürtels zwischen Mars und Jupiter stammen. Aus diesen winzigen Organismen sollen sich in den Urmeeren einfache Lebensformen entwickelt haben. Dies setzt freilich voraus, dass es irgendwo im Weltall bereits Leben gegeben hat, das durch Meteoriten auf unseren Planeten übertragen wurde. Ungeklärt bleibt die Frage, wie das Leben auf den erdfernen Himmelskörpern entstanden sein soll. (37)

Es ist durchaus denkbar, dass niedere und vielleicht sogar höhere Lebensformen tatsächlich auf fernen Welteninseln vorkommen. Mehrere versteinerte Lebensspuren, die in zwei bis drei Milliarden altem Meteorgestein gefunden wurden, scheinen dies zu bestätigen. Die Forscher *Michel Mayor* und *Stéphane Udry* von der Universität Genf haben im Jahr 2007 an der Europäischen Südsternwarte, in der chilenischen Atacama-Wüste, in einer Entfernung von nur zwanzig Lichtjahren im Sternbild der Waage einen erdähnlichen Planeten entdeckt, auf dem Leben denkbar wäre. (38) Anfangs des Jahres 2012 ging folgende Meldung durch die Weltpresse: „Astronomen haben in einer Entfernung von zweiundzwanzig Lichtjahren einen Planeten entdeckt, der um eine Zwergsonne kreist. Er ist viereinhalb Mal größer als unsere Erde, weist aber ähnliche lebensfreundliche Bedingungen auf wie unser heimatlicher Planet. Die Forscher fanden zwar keinen Hinweis für Leben auf diesem fernen Himmelskörper, halten dieses aber für möglich." (39) Am 15. August 2013 teilte die europäische Weltraumbehörde mit, dass mit Hilfe des Weltraumteleskops

"Kepler" seit 2009 allein in unserer Milchstraße über 3500 erdähnliche Planeten entdeckt wurden. Der erfolgreiche Genfer Planetenforscher *Stéphane Udry* ist überzeugt, dass in absehbarer Zeit auch Planeten gefunden werden, auf denen Leben möglich ist. (40) Nach einer Mitteilung der US-Raumfahrtbehörde NASA wird gegenwärtig auf dem Planeten Mars nach frühen Lebensspuren gesucht. Am 6. August 2012 landete der Marsroboter "Curiosity" auf dem Roten Planeten, nur zweihundert Meter von der vorgesehenen Landestelle entfernt. Diese Raumsonde legte die rund 560 Millionen Kilometer weite Flugstrecke in acht Monaten zurück. Mit Hilfe dieses Forschungsroboters soll in den kommenden zwei Jahren nach Spuren von Leben gesucht werden, und zwar aus der Zeit, als es vor Jahrmillionen dort noch flüssiges Wasser gab. Tatsächlich wurde zwei Monate später durch fotografische Bilder von der Marsoberfläche der Nachweis erbracht, dass es auf dem roten Planeten mindestens ein ausgetrocknetes Flussbett gibt, das eine große Menge ausgewaschener Kieselsteine enthält. Daraus schließen die Forscher, dass es früher dort flüssiges Wasser gegeben hat und damit eine günstige Vorbedingung für Leben. Der Astrobiologe *Hansjürg Geiger* nimmt an, dass vor vier Milliarden Jahren die Lebensbedingungen auf dem Mars sogar besser waren als auf der damaligen Erde. (41) Die heutige Weltraumforschung schätzt, dass es außerhalb unseres Sonnensystem noch zahlreiche weitere Planeten gibt. (42) Der Astrophysiker *Hans Martin Schmid* geht davon aus, dass mehr als die Hälfte aller Sterne einen oder sogar mehrere erdähnliche Planeten hat. Ein Teil von ihnen befindet sich bestimmt in einer "bewohnbaren Zone". Ob es auch Leben in irgendeiner Form gibt, ist bis heute nicht erwiesen. (43)

Die Naturwissenschaften konnten bis heute keinen plausiblen Grund für das Entstehen von Leben auf der Erde erbringen. Daher ist es wohl angebracht, auch nach einer geisteswissenschaftlichen Erklärung zu suchen. Diese bietet uns die esoterische *Od-Lehre* an. Bereits im biblischen "Loblied auf den Schöpfer" aller geschaffenen Dinge heißt es: "Du sendest aus deinen Odem, so werden sie alle Dinge erschaffen, und du erneuerst das Antlitz der Erde." (Ps 104, 30) Im Buch "Hiob" ereifert sich der junge *Elihus*: "Gottes Geist hat mich erschaffen, der Atem des Allmächtigen hat mir das Leben gegeben". (Hiob 33,4) Wir dürfen annehmen, dass diese kreativen Od-Kräfte seit Anbeginn der Schöpfung als kosmische Energien im ganzen Weltall wirksam sind. Träger dieser belebenden Energien ist nach *Johannes Greber* nicht die Materie, sondern der Geist. So ließ sich sein jenseitiger Lehrer verlauten: „Wo Leben ist, ist Od, und wo Od ist, ist Geist. Die Odkraft ist die Lebenskraft des Geistes." (44) Bei diesem „Lebensfunken Gottes" handelt es sich um eine Energiezufuhr aus höheren, außerirdischen Dimensionen. Alle Lebensformen werden von dieser Od-Energie belebt und am Leben erhalten. Diese wirkt sich auf die Bildung von lebensfähigen Zellen aus und verleiht diesen die Fähigkeit zur Selbsterhaltung und Selbstdurchsetzung. Elementar- und Naturgeister führen diese Kräfte allen Lebewesen auf Erden zu. Diese stammen aus dem ganzen Kosmos und kommen von der Sonne, deren Strahlungskraft und Wärme die Saat zum Keimen bringt, die Pflanzen wachsen lässt und die Früchte zur Reife führt. Von diesen können wir uns reichlich ernähren, indem wir deren Od-Substanz aufnehmen. Dabei müssten wir nicht höheres Leben vernichten und verzehren. Diese Odkraft verleiht den organischen Bausteinen in der Körperwelt das Leben und sorgt dafür, dass dieses für eine begrenzte Zeit auch erhalten bleibt. So wie jede Art von Energie nicht vernichtet, sondern nur umgewandelt wird, geschieht es auch mit der belebenden Seelenkraft des Od im ganzen Naturbereich. Wie dies im Pflanzenreich und Tierreich geschieht, wird in einer Jenseitsbotschaft geschildert: „Wenn in der Natur die Zeit des Sterbens vorüber ist und es ein Wiedererwachen gibt und alles zu grünen anfängt, sind diese Odwellen erneut am Werk. Sie ziehen über die Erde, über die ganze Erde hin und her. In dieser Bewegung streuen sie die Funken über die Fluren. Wunderbar anzuschauen ist es, wie sich zu der dafür bestimmten Zeit die Natur auf diese Weise wieder belebt. Dieselben Odwellen, welche die Funken bei der Abscheidung von der Erde in ihren Strom aufgenommen hatten, geben sie der Natur jetzt wieder zurück, wodurch es in ihr zum Wachsen und Gedeihen kommt. Dies vollzieht sich bis hin zu ganz bestimmten Stufen." (45)

Als Überbringer der Lebenskeime aus einer feinstofflichen Welt in die grobstoffliche Körperwelt könnten wir die Elementar- und Naturgeister ansehen. Während der Meditationswoche der „Geistigen Loge Zürich", im Jahr 1974, ging die jenseitige Lehrerin *Lene* auf dieses Thema ein, indem sie ausführte: „Vor Milliarden Jahren war auf der Erde kein Leben vorhanden – nur Wasser, Feuer und Schlamm, Gestein. Von ihrer eigenen Schöpferkraft, die ihnen zur Verfügung stand, gaben diese reinen Wesen ab. Sie hatten in sich eine solche Kraft und Fähigkeit, Wachstum zu fördern. Sie brachten sozusagen die geistige Substanz mit sich, oder man könnte auch sagen, göttlichen Samen für das neue Leben, der für diese Erde notwendig war." Weiter führte sie aus: „In den himmlischen Welten, da gibt es genauso ein Pflanzenreich, ein Tierreich, ein Mineralreich. Alles das ist in der Gotteswelt vorhanden. Ich muss also auf eine gewisse Ursubstanz zurückgreifen... Als es dann darum ging, Leben auf die Erde zu bringen, da wurden die Geister Gottes aus den Himmeln gerufen und auf den Befehl Gottes zu dieser Erde gebracht... Diese Geister Gottes mit schöpferischen Talenten waren zu einem ganz bestimmten Erdteil hin gesandt worden. Dort sollten sie die eigene Schöpferkraft einsetzen, die ihnen zur Verfügung stand, denn sie waren reine Wesen und hatten in sich eine solche mächtige Kraft und Fähigkeit, Wachstum zu fördern. Diese geistigen Kräfte waren also zuerst einmal notwendig zur Schaffung neuen, noch niederen Lebens. Auf diese Weise wurde das Pflanzenreich und das Tierreich geschaffen." (46)

3.4 Selbstorganisation der Materie oder kreativer Impuls

Anaxagoras nahm an, dass die ersten Lebewesen auf Erden aus der Vermischung der weiblichen Elemente Wasser und Erde mit den männlichen Himmelskräften der Luft und des Feuers hervorgegangen seien. Ähnlich lautet die Aussage des biblischen Berichtes, wonach sich die Göttersöhne mit den irdischen Evastöchtern einließen und mit ihnen Kinder zeugten. (Gen 6,1-2) Die Symbolik dieser mythischen Erzählungen deutet auf das Zusammenwirken von natürlichen und übernatürlichen Ursachen beim Entstehen des Lebens hin.

Um sich nicht zu einer „höheren Instanz" bekennen zu müssen, wird heute gerne der vage Begriff „Selbstorganisation" ins Feld geführt. So ist der Astronom *Arnold Benz* der Meinung: „Nicht der Zufall hat das Leben hervorgebracht, sondern die Selbstorganisation." (47) Selbst *Hans Küng* glaubt: „Eines wissen wir. Wie auch immer man den Übergang zum Leben im Einzelnen erklärt, er beruht auf biochemischen Gesetzmäßigkeiten und somit auf Selbstorganisation der Materie, der Moleküle." (48) Es handelt sich um ein modernes Schlagwort, das sich so leicht dahinsagt und doch nichts erklärt. Ähnlich war es mit dem Wort „Urzeugung", das über viele Jahrhunderte hindurch herhalten musste, um die Entstehung des Lebens zu begründen, bis es sich schließlich als Irrtum erwiesen hatte. Die Theorie von der Selbstorganisation wurde vom deutschen Biochemiker und Nobelpreisträger *Manfred Eigen* (geb. 1927) aufgestellt. Er versuchte anhand mathematischer Modelle zu beweisen, dass aus anorganischer Materie zufällig und von selbst komplexe Strukturen entstehen, aus denen zumindest Vorstufen von organischem Leben hervorgehen können. (49) Unter dem Begriff „Selbstorganisation der Materie" versteht er die zufällige Anordnung und Eingliederung von mehreren anorganischen und organischen Stoffen in ein lebendiges Ganzes. Dies setzt voraus, dass die Natur, eigenmächtig und eigengesetzlich, eine geordnete Struktur hervorbringt, die sich eigenständig erhalten und weiter organisieren kann. Eine Selbstorganisation würde voraussetzen, dass organisches Leben planlos, absichtslos und rein zufällig aus anorganischer Materie entstanden ist.

Nun stellt sich die Frage: Wie soll die leblose Materie sich selber organisieren können, wenn sie über das intelligente und komplizierte Organisationsprogramm hierzu nicht verfügt? Man müsste annehmen, dass sich vor drei Milliarden Jahren unter urzeitlichen Umweltbedingungen der Lebensfunke von selbst entzündet hat, ähnlich wie sich in einem überhitzten Heuschober ein Feuer von alleine entfacht. Auch die Selbstentzündung einer Kerze ist nicht vorstellbar, wenn nicht von außen Energie hinzukommt. Sicher können wir mit einer brennenden Kerzenflamme weitere Kerzen anzünden. Die entscheidende Frage aber bleibt dabei unbeantwortet: Woher kommt der Funke, der die erste Kerze angezündet hat? Die Wahrscheinlichkeit, dass sich ein Eiweißmolekül zufällig und spontan mit einer passenden Aminosäure verbindet, wird auf 1:10.000.000 geschätzt. (50) Wenn sich eine solche Kombination zufällig einstellen könnte, wäre es unseren Forschern längst gelungen, auf diesem Wege lebensfähige Zellen im Labor heranzuzüchten. Immer mehr setzt sich heute die Erkenntnis durch, dass ein komplexes Phänomen, wie es das Leben ist, nicht allein als chemisch-physikalischer Vorgang zu erklären ist. Damit dies geschieht, muss eine intelligente Planung, eine gezielte Absicht und ein kreativer Wille wirksam werden. (51)

Es ist gut möglich, dass durch einen *kreativen Impuls* aus der Geistigen Welt eine Information eingesetzt wurde, die auf unserer Erde einen Prozess auslöste mit dem Ziel, einfache Lebensformen zu bilden. *Henri Bergson*, der Begründer des Vitalismus, nahm eine schöpferische Kraft im ganzen Universum an, die er als „élan vital" bezeichnete. Diese außerirdische Substanz, auch *Od* genannt, hat zum Entstehen von Leben geführt. Eine ähnliche Auffassung vertrat schon *Pierre Teilhard de Chardin* im vergangenen Jahrhundert, als er schrieb, der Stoff der Materie sei durch einen zündenden Lebensfunken aus der göttlichen Welt beseelt worden. (52) Der Philosoph *Bernard Kälin* zog daraus den Schluss, „dass Leben aus einer geistigen, nicht stofflichen Welt stammen muss, die wir die göttliche Welt nennen". (53)

In seiner neuen Informatik-Theorie hat *Werner Gitt* ein Gedankenmodell entwickelt, indem er annimmt, dass Lebewesen erstmals durch eine Informations-Übertragung aus einer höherdimensionierten Welt ins Dasein gerufen wurden. Daher konnte der Verfasser behaupten: „Am Anfang war die Information." (54) Der zündende Lebensfunke muss also ein geistiger Impuls gewesen sein. Derartige Informationen sind als intelligente Botschaften vorstellbar, welche von außen den vorhandenen Molekülen auf unserer Erde entsprechende intelligente Anweisungen geben konnten, um sich zu organischen Einheiten zu verbinden. Informationen werden auch unter den einzelnen lebenden Zellen ausgetauscht und sorgen für die Aufgabenteilung unter ihnen. (55) Nach dem Physiker *Arthur Young* enthält ein einziges Bakterium bis zu sechzig Millionen Informationen. (56) Ein derart ausgeklügeltes Informationssystem kann unmöglich durch bloßen Zufall entstanden sein. Da es anfänglich noch kein intelligentes Leben auf unserer Erde gab, muss diese Information aus außerirdischer oder überirdischer Quelle stammen. (57) Ähnlich sagte es die Theosophin *Beatrice Flemming*: „Eine göttliche Lebenswoge baute aus den Atomen beseelte Formen." (58)

Was bisher kein Naturwissenschaftler zu erklären vermochte, erläuterte die jenseitige Lehrerin *Lene* durch das Tieftrance-Medium *Beatrice*: „Vor Milliarden von Jahren wurden Geister Gottes aus den Himmeln tätig und brachten erstes Leben auf die Erde." (59) Auch in den Belehrungen an *Johannes Greber* wird mehrfach bestätigt, dass es auf feinstofflichen Ebenen und astralen Daseinsstufen bereits pflanzliches und tierisches Leben gegeben hat, längst bevor es sich auf unserer Erde zu regen begann. (60) Aus dieser Sicht ist anzunehmen, dass die irdischen Lebewesen sich anfänglich aus den präexistenten Mustern jenseitiger Geschöpfe entwickelt haben. Diese stammen demnach aus einer höheren Daseinsebene. In zahlreichen weiteren Jenseitskundgaben wurde mitgeteilt, wie „das geistige Haus *Christi* samt seiner Umgebung, mit all den Herrlichkeiten, mit dem wunderbaren Grün, mit den wunderbaren Pflanzen, Blumen und Tieren" ausgestattet ist. (61) Die frühesten Lebensformen auf unserer Erde waren demnach feinstoffliche Wesen, die sich aus einer höheren Dimension in das ätherische Umfeld der grobstofflichen Materie hinein verdichteten. So konnte der Lebensimpuls allein nur aus Gott kommen, denn „Alles Leben strömt aus ihm", wie es in einem Lied heißt. (62)

3.5 Das Experiment von Stanley Miller

Für das Entstehen von einfachen Lebensformen, wie wir es auf unserer Erde kennen, ist vor allem das Vorhandensein von Wasser, Kohlenstoff und Sauerstoff erforderlich. Der russische Biologe *Alexander von Oparin* (geb. 1894) kam auf die Idee, dass erstes Leben vor rund drei Milliarden Jahren auf unserer Erde durch Vermischung anorganischer Gase wie Methan, Ammoniak und Wasserstoff unter der Einwirkung von heftigen Blitzen und Vulkanausbrüchen entstanden sein könnte. In den Jahren 1952-1953 entwickelte der Student *Stanley Mille*r (1930-2007) den Gedanken, Leben könnte sich unter diesen Bedingungen aus leblosen chemischen Substanzen entfaltet haben. Er wusste, dass die Erde in ihrem Frühstadium eine Erdatmosphäre besaß, die vorwiegend aus einem Gasgemisch von Methan, Ammoniak, Kohlenmonoxid, Kohlendioxid und Stickstoff bestand. Urmeere bedeckten den größten Teil der Erdoberfläche, die durch zahlreiche Vulkanausbrüche und heftige Gewitterstürme heimgesucht wurde. Im Jahr 1953 startete der junge Forscher an der Universität von Chicago auf Anregung seines Lehrers, des Nobelpreisträgers *Harold Clayton Urey*, folgendes Experiment:(63) Er versuchte in seinem Labor jene Umweltbedingungen künstlich nachzustellen, wie sie in Urzeiten auf der Erde vor drei bis vier Milliarden Jahren geherrscht hatten. Er mischte in einem Glasröhrensystem die genannten Gase mit Wasser, das er auf sechzig Grad erhitzte. Dann leitete er elektrische Stromstöße von 60.000 Volt hindurch, um urzeitliche Gewitterblitze nachzuahmen. Bei fortschreitender Abkühlung des anorganischen Inhalts hatte sich nach einer Woche in dem versiegelten Glaskolben tatsächlich eine rotbraune Flüssigkeit angesammelt, ähnlich der „Ur-Suppe", wie sie *Charles Darwin* bereits im Jahr 1871 annahm. In dieser fanden sich eine Anzahl organischer Eiweiß-Verbindungen, die neu hinzugekommen waren. Es handelte sich um Aminosäuren, die heute als Bausteine des pflanzlichen und tierischen Lebens gelten. (64) Aus dem Vorhandenseins dieser Eiweiß-Verbindungen konnte allerdings noch nicht der Nachweis für eigenständiges Leben erbracht werden. Schließlich musste *Stanley Miller* einsehen, dass sich das Phänomen Leben als weit komplizierter erweist, als er anfänglich dachte. Seither wurden ähnliche Experimente mit gleichen Ergebnissen in vielen Versuchsanordnungen durchgeführt. Sie erlauben aber keine Aussagen darüber, wie sich diese Moleküle zu eigentlichen Lebensträgern verbinden konnten. Es handelt sich dabei bloß um Vorstufen zum Leben, aber nicht um das Leben selbst. (65) Die geordnete Verbindung von Molekülen zu größeren Einheiten, die sich selbst verdoppeln können, konnte nicht beobachtet werden. So erwies sich einmal mehr: „Der Zufall allein kann kein Lebewesen erzeugen." (66) Das berühmte Chemie-Experiment brachte das Wissen, wie das Leben auf unserer Erde entstanden sein könnte, keinen entscheidenden Schritt voran.

3.6 Bauelemente des Lebens

Als kleinste Bausteine der Materie gelten die Atome. Diese bildeten sich ursprünglich bei der Explosion von Sternen aus Kohlenstoff und Sauerstoff. Diese Urelemente verdichteten sich vor etwa fünf Milliarden Jahren zu Gas- und Staubwolken, aus denen unser Sonnensystem entstand. Als sich vor 4,6 Milliarden Jahren unsere Erde zu einem selbstständigen Planeten formte, waren diese Elemente mit dabei. (67) Später gesellten sich weitere Elemente und deren chemische Verbindungen hinzu. Zu den wichtigsten Bausteinen aller lebenden Organismen gehören die Eiweiß-Verbindungen. Als Enzyme und Hormone beeinflussen sie den gesamten Stoffwechsel eines Lebewesens. Außerdem sind sie als Bauelemente beim Entstehen und Wachstum der Zellen von entscheidender Bedeutung. Alles organische Leben auf unserer Erde ist aus Eiweiß aufgebaut. Diese Elemente bestehen aus komplexen Kohlenstoffverbindungen, die Eiweiß als Träger von Lebenskräften herstellen können. Moleküle sind also Bausteine des Lebens, sie sind aber nicht das Leben selbst, so wie hundert willkürlich miteinander verbundene Buchstaben noch keinen sinnvollen Satz ergeben. Diese müssen zuerst richtig angeordnet werden. Der Atomphysiker *Fridjof Capra* erforschte das „Netz des Lebens" und schrieb. „Es ist zwar richtig, dass alle lebenden Organismen letztlich aus Atomen und Molekülen bestehen, aber sie sind nicht ‚nur' Atome und Moleküle. Leben zeichnet noch etwas anderes, etwas Nichtmaterielles und nicht Reduzierbares aus: ein Organisationsmuster." (68)

Der Bauplan aller Lebewesen ist als Erbinformation in den Eiweiß-Molekülen enthalten. Diese sind auf den zwei parallel verlaufenden Strängen der Doppel-Helix wie auf einer Strickleiter aufgereiht. Sie ermöglichen die Steuerung aller biomechanischen und biochemischen Abläufe in einem lebenden Organismus. (69) Deren quer verbindende Sprossen werden von Nukleinbasen gebildet. In diesen Molekülen vollzieht sich mit größter Präzision und unter der intelligenten Regie des Zellkerns „der Tanz des Lebens". (70) Entscheidend für die Bildung von lebensfähigen Substanzen ist die Desoxyribonukleinsäure, abgekürzt DNS. Der Physiker *Michael König* vergleicht den DNS-Code einer einzigen lebenden Zelle mit einer hochkomplexen Ansammlung von Informationen, die in rund zweitausend Büchern mit je zweihundert Seiten aufbewahrt sind. Bei jeder Zellteilung wird diese riesige Bibliothek verdoppelt. (71) Ein DNS-Molekül wird gebildet aus siebenundzwanzig eiweißhaltigen Aminosäuren. Diese stellen das „Alphabet des Lebens" dar. Sie entstehen aus der Kombination von mehreren Milliarden von Molekülen. Jedes DNS-Molekül besitzt die einzigartige Fähigkeit, sich zu vervielfachen. Es ist dies eine Grundvoraussetzung dafür, dass Leben sich überhaupt erhalten und vermehren kann. Beachtenswert ist, dass die Natur unter hundert Trillionen möglichen Codes in der Frühzeit des Lebens offenbar nur eine einzige Art ausgewählt hat. Gewiss auch kein Zufall!

Die heutige Molekularbiologie nimmt bei allen Lebensformen eine gemeinsame Grundstruktur und einen gemeinsamen Bauplan an. Der kleinste Grundbaustein allen Lebens ist die Zelle. Eine lebende Zelle besteht im Normalfall aus einem Zellkern, der von flüssigem Zellsaft, Protoplasma oder Zytoplasma genannt, umgeben ist. Dieses ist ein Gemisch aus zahlreichen anorganischen und organischen Stoffen, die sich miteinander kombinieren lassen. Dadurch wird ein räumliches System aufgebaut, das bei allen pflanzlichen und tierischen Zellen nachgewiesen werden kann. Zwischen dem Zellkern und dem Zellplasma findet ein ständiger Informationsaustausch statt. Diese Aufgabe übernehmen spezielle Botenmoleküle, die RNS-Moleküle genannt werden. Sie veranlassen die DNS-Moleküle, sich mit den passenden Aminosäuren zu verbinden. Unter dem Mikroskop ist jede Zelle als dreidimensionales Gebilde, ähnlich einem Baustein, zu erkennen. Ihr Innenleben gleicht einem komplizierten chemischen Laboratorium, in dem ständig chemische Veränderungen ablaufen.

Jede Zelle ist Trägerin der Lebensenergie und steuert durch ihren intelligenten Funktionsplan zusammen mit anderen Zellen die Lebenstätigkeiten. Schon deshalb kann das Leben nicht zufällig und planlos aus dem leblosen Chaos entstanden sein, wie manche Evolutionsbiologen meinen. *MacGregor* hält diese exakte Anordnung, entstanden lediglich durch einen geglückten Zufall, für ebenso unwahrscheinlich, als wenn ein Mensch imstande wäre, bei einem Würfelspiel fünf Millionen Mal nacheinander eine Sechs zu würfeln. (72) Durch das fortlaufende Kopieren der Erbinformationen in den Chromosomen wird das Grundmuster oder der Bauplan des Lebens als genetischer Gedächtnisspeicher von Generation zu Generation weitergereicht. (73) Dieser Vorgang gleicht dem Staffettenlauf vor der Eröffnung einer Olympiade, bei der das olympische Feuer von zahlreichen Läufern durch die Länder getragen wird. Das fehlerfreie Funktionieren eines größeren Organismus hängt mit dem Zusammenwirken von rund 200.000 Aminosäuren zusammen, die in einem vorgegebenen Grundmuster angeordnet sind. (74) Wohl kennt die heutige Naturwissenschaft die Baupläne zahlreicher Lebensformen, doch vermag sie nicht zu sagen, *wer* diese entworfen hat. Dass aus ein paar Aminosäuren durch Zufall ein Lebenskeim entstehen kann, ist ebenso unwahrscheinlich, als wenn durch eine lose Anhäufung von Musiknoten von selbst eine Symphonie entstände. (75)

Das Urelement des Lebens ist zweifellos das Wasser. Ohne Wasser gibt es kein Leben, auch auf außerirdischen Himmelskörpern nicht. Die frühesten Lebensformen waren Wasserwesen. So wie drei Viertel der Erdoberfläche aus Wasser bestehen, so enthält auch jede lebendige Zelle den gleichen Anteil an Wasser. Auch das menschliche Leben wächst im mütterlichen Fruchtwasser heran. Einen vollständigen Entzug oder Verlust an Wasser hält der Mensch in der Regel kaum länger als drei Tage aus. Zu Recht sprechen wir vom „Wasser des Lebens".

3.7 Die Entfaltung der Pflanzen- und Tierwelt

Heute nehmen die meisten Naturwissenschaftler an, dass die vielfältigen Lebensformen sich aus einfachsten Anfängen durch Veränderung ihrer Erbanlagen, nämlich durch Mutation und Kombination ihrer Gene, entwickelt haben. (76) Nach Schätzungen von Forschern an der Universität in Arizona teilen sich zur Zeit zehn bis zwölf Millionen Pflanzen- und

Tierarten den Lebensraum auf unserer Erde. Obwohl jedes Jahr Tausende von Arten aussterben, werden derzeit rund 18.000 Arten pro Jahr neu entdeckt. Biologen hoffen, die noch fehlenden zehn Millionen bis zum Jahr 2065 zu finden. (77) Die getrennte Entwicklung der Pflanzenarten von den Tierarten erfolgte schon sehr früh, nämlich im Erdzeitalter des Präkambriums, vor rund 2050 Millionen Jahren. Auf die *Anzahl* einzelner Arten von Tieren entfallen heute: (78)

Einzeller 20.000
Fische 20.000
Amphibien / Lurche 4.000
Reptilien / Kriechtiere 10. 000
Insekten: 1. 500.000
Vögel: 9.000
Säugetiere: 6. 000

Die frühesten Lebewesen waren die pflanzlichen und tierischen Einzeller, nämlich die *Urtierchen*, wie wir sie noch heute als einfache Mikroorganismen kennen. (79) Zu ihnen gehören die Amöben, die Wimperntiere und Rädertiere, die Kleinpilze und Kleinkrebse sowie verschiedene Algenarten. (80) Zu den *niederen* Tierarten gehören die wirbellosen Meeresbewohner wie Korallen, Schwämme, Polypen, Schnecken, Lurche, Muscheln, Quallen, Würmer, Spinnen, Krebse und Asseln, aber auch die Tintenfische, Kraken, Seesterne und Seeigel. (81) Von den auf anderthalb Millionen geschätzten *Insektenarten* sind gut 700.000 erforscht. Immer wieder werden neue Arten entdeckt. (82) Zur Artengruppe der *höheren Tiere* gehören die Amphibien, Reptilien, Fische und Vögel sowie alle Säugetiere. Während 150 Millionen Jahren beherrschten die Riesensaurier den Lebensraum unseres Planten Erde. Im Verlauf der Evolution erhoben sich kleine Saurier in die Lüfte. Aus diesen Flugsauriern entwickelten sich während Millionen von Jahren die Vögel und die Fledertiere, die wir heute als Fledermäuse und Flughunde kennen. Viele Arten sind inzwischen ausgestorben oder sehr selten geworden. (83) Unter den Säugern leben heute noch ungefähr 6.000 Arten. Von der außerordentlichen Vielfalt, die es in früheren Zeiten gab, sind 10. 000 Arten ausgestorben. (84) Im Übergang vom Kambrium zum Paläozoikum, vor rund sechshundert Millionen Jahren, traten veränderte Arten auf, weil die Erdatmosphäre eine starke Anreicherung an Sauerstoff erfuhr. Gleichzeitig wurden durch den Rückzug der Weltmeere neue Lebensräume für die Landtiere erschlossen. Dadurch entstand eine große Artenvielfalt, heute unter dem Fachwort „Biodiversität" bekannt.

Vor rund 250 Millionen Jahren ereignete sich die größte Naturkatastrophe in der Erdgeschichte. Am Übergang der Erdzeitalter Perm-Trias starben, wie Fossilienfunde beweisen, sozusagen mit einem Schlag rund 90% der damaligen Pflanzen- und Tierarten auf unserem Planeten aus. Die Ursachen hierfür sind bis heute rätselhaft. Vermutlich kam es im Zusammenhang mit riesigen Asteroiden-Einschlägen, gewaltigen Erdbeben und Vulkanausbrüchen zu einem gefährlichen Ansteigen von giftigen Treibhausgasen in der Atmosphäre. Dies führte zu einer weltweiten Klimaveränderung, welche zur Vernichtung der meisten Nahrungsquellen führte. Es brauchte Millionen von Jahren, bis sich das Leben auf unserem Planeten wieder erholt hatte.

Vor 75.000 Jahren ereignete sich auf der indonesischen Insel Java ein gewaltiger Vulkanausbruch. In der Folge verhinderte eine große Wolkenschicht jede Sonneneinstrahlung. Während sechs Jahren verursachte ein globaler Winter erneut ein Massensterben unter der Pflanzen- und Tierwelt. Vor sechsundsechzig Millionen Jahren starben die eierlegenden Riesenechsen aus, wahrscheinlich zufolge einer weltweiten Klimakatastrophe. Danach konnten sich die lebendgebärenden Säugetiere, zu denen auch wir Menschen gehören, ungehindert ausbreiten.

Nur eine geringe Zahl der Frühmenschen überlebte. Von diesen muss die heutige Weltbevölkerung abstammen. Nach der Aussage der Bibel, die freilich kein naturwissenschaftliches Buch sein will, soll Gott vor langer Zeit wegen der Verderbtheit der Menschen alles Leben auf der Erde und in der Luft durch die Sintflut völlig vernichtet haben, mit Ausnahme jener Tiere, die *Noah* (1 Mo 6,17; Lk 17,27) in seine Arche aufgenommen hatte. Nach neuen geologischen Erkenntnissen handelt es sich dabei nicht um eine weltweite Wasserflut, sondern um ein lokales Ereignis im Vorderen Orient. Danach soll vor ungefähr 12.000 Jahren durch gewaltige Vulkanausbrüche und riesige Seebeben ein Tsunami ausgelöst worden sein, dessen Auswirkungen im ganzen Mittelmeerraum zu schweren Überschwemmungen führten. In diesem Zusammenhang kann der sagenhafte „Untergang von Atlantis", von dem *Platon* in seinem Buch „Kritias" berichtet (85), wie auch der Vulkanausbruch vor der ägäischen Insel

Santorin, gesehen werden. Vermutlich kam es damals auch zum Einbruch des Schwarzen Meeres ins Mittelmeer durch die Meerenge am Bosporus, was zu ausgedehnten Überflutungen bis hinunter nach Palästina führte. Offenbar wird es sich bei dieser Flutkatastrophe um ein natürliches Ereignis gehandelt haben, das nachträglich als „Strafe Gottes" erklärt wurde. Die Kreationisten glauben noch heute, dass Gott danach alle Lebewesen wieder von neuem erschaffen musste.

Der Stammbaum aller bekannten Tierarten wurde erstmals von *Jean-Baptiste de Lamarck* im Jahr 1809 erstellt und im Jahr 1866 von *Ernst Haeckel* ergänzt. Dieser zeigt uns, wie die verschiedenen Arten sich im Verlauf von Jahrmillionen und Jahrhunderttausenden unterschiedlich entwickelt haben. Bereits in der Urzeit unserer Erde, vor fünfhundert Millionen Jahren, haben sich die Hauptäste des Stammbaums voneinander abgezweigt. Um ein anschauliches Bild von der langen Entwicklungszeit der Pflanzen- und Tierwelt, Biogenese genannt, zu erhalten, können wir die viereinhalb Milliarden Jahre seit der Entstehung unserer Erde auf die zwölf Monate eines Erdenjahres zusammenziehen. Ein Monat umfasst demnach 375 Millionen Jahre Erdgeschichte. Daraus ergibt sich folgendes Bild: In den drei Monaten Januar, Februar und März befand sich unser Planet im Stadium der Verdichtung von Gas- und Staubpartikeln zu einer glühendheißen Kugelform. Die Monate April und Mai brachten eine fortschreitende Abkühlung auf der Erdoberfläche. In dieser Zeit bildete sich die Atmosphäre, in der sich der Wasserdampf allmählich in Regen umwandelte. Während Zehntausenden von Jahren hat es in der Folge ununterbrochen geregnet. Im Juli trennten sich die Landmassen der Kontinente von den Urmeeren. Im August eroberten die ersten Meeresbewohner das trockene Land. Im Monat September fingen die Saurier an, die Erde für die Dauer von ungefähr 140 Millionen Jahren zu beherrschen. Im Oktober explodierte ein Riesenmeteorit mit der Stärke von mehreren tausend Atombomben über der Erdoberfläche und löschte vor 65 Millionen Jahren fast das gesamte Leben aus. Im November, in den Zeitaltern des Kambriums und des Quartärs, vor ungefähr 600.000 Jahren, bedeckten zufolge eines gewaltigen Temperatursturzes ausgedehnte Gletscher große Gebiete der Erdoberfläche. Erst bei zunehmender Erwärmung breiteten sich die bereits vorhandenen Pflanzen und Tiere über den ganzen Erdball aus. Die ersten Menschen traten verhältnismäßig spät auf; in unserem Zeitmodell erst an Silvester, wenige

Minuten vor Mitternacht. Wir sind also ausgesprochene Neulinge auf unserer Erde. Ein durchschnittliches Menschenleben dauert in unserem Zeitvergleich weniger als eine Sekunde, also nicht länger als der Seufzer einer Eintagsfliege. (86)

Die ganze Natur wächst so, wie ein Baum wächst, langsam und stetig. Daher reden wir vom „Baum des Lebens" und vom Stammbaum der Pflanzen und Tiere. Dieser wird graphisch gerne als weitverzweigter Baum dargestellt. Sein kräftiger Stamm ragt aus dem Wasser empor. Damit soll angedeutet werden, dass die ersten Pflanzen und Tiere im Urmeer lebten und alle eine gemeinsame Wurzel haben. Von hier aus wachsen mehrere kräftige Führungsäste in die Höhe, um ihre Kraft in zahlreiche Seitenäste zu verteilen und so die ganze Evolution des Lebendigen bildlich darzustellen. Der Hauptast trägt an seiner Spitze, als „Krone der Schöpfung", den Menschen.

Im Jahr 1738 fing der schwedische Botaniker *Carl Ludwig Linné* (1707-1778) damit an, in einer riesigen Sammelarbeit alle damals bekannten Pflanzen und Tiere mit lateinischen Namen zu kennzeichnen und sie nach ihren Arten, Gattungen, Familien und Untergruppen systematisch zu erfassen. Dabei ging er noch von der irrigen Annahme aus, dass alle Lebewesen seit den Tagen der Schöpfung unverändert geblieben sind. Rund fünfzig Jahre später entwickelte der französische Naturforscher *Jean Baptiste de Lamarck* die erste Evolutionslehre. In seinem Buch „Philosophie zoologique" stellte er im Jahr 1809 die Behauptung auf, dass Pflanzen und Tiere sich im Verlauf der Jahrhunderttausende unter dem Einfluss von Klima- und Umweltveränderungen in ihrem Aussehen verändert haben. (87)

3.8 Elementar- und Naturgeister

An die uns bekannte grobstoffliche Pflanzen- und Tierwelt schließt sich eine höhere Schwingungswelt an, die wir als das Reich der Elementar- und Naturgeister bezeichnen. Im Volksglauben und bei den Grenzwissenschaften gelten diese feinstofflichen Lebewesen als Hüter der elementaren Naturkräfte und als dienende Helfer des Menschen. (88) In der esoterischen Literatur sind sie als Fabelwesen und Zaubergeister bekannt. Die hellsichtige *Flower A. Newhouse* nennt sie liebevoll „die jüngeren

Geschwister der Menschen". (89) Laut einer medialen Jenseitsbotschaft gehören auch diese Wesen zur göttlichen Schöpfung. Ihnen wurde die Aufgabe zugewiesen, auf unserer Erde beim Aufbau der astralen Ebenen eine lebensfreundliche Umwelt herzustellen und zu bewahren. (90) Diese ätherischen Geschöpfe, die heute noch in großer Zahl alle Naturbereiche bevölkern, sind nur für hellsichtige und hellfühlende Menschen wahrnehmbar. Vor allem Kinder und Jugendliche, die dem magischen Denken und Empfinden noch näher stehen als Erwachsene, berichten von dieser geheimnisvollen Welt. (91)

Wegen ihrer hauchzarten Beschaffenheit gelten sie als unsichtbare Bewohner aller Naturbereiche. Sie beleben Wälder, Wiesen, Berge, Gewässer und halten sich auch in erdnahen Lufträumen auf. *Paracelsus* verfasste ein Buch über Naturgeister. Er nannte sie die lebendigen und lustigen „Begleiter von Bergleuten, Feuerleuten und Windleuten ... und was denen gleich ist; alle, die wie Menschen erscheinen und doch nicht aus Adam sind, sondern Geschöpfe und Kreaturen unterschiedlich von Menschen und Tieren." (92) Auch *Rudolf Steiner* hat sich in seiner Lehre mit dem Wirken von Naturgeistern befasst.

Seit wir uns weitgehend von der lebendigen Natur entfremdet haben, ist uns das Wissen um diese geheimnisvolle Welt der Naturgeister abhanden gekommen. Um das Jahr 1960 wurde in Findhorn, im Norden Schottlands, unter Mitwirkung und Anleitung von Naturgeistern im kargen Sand ein Garten eingerichtet, wo heute sogar subtropische Pflanzen in der freien Natur gedeihen. Seit 1972 besteht dort unter der Bezeichnung „Findhorn Foundation" eine gemeinnützige Organisation zur Herstellung von Blütenessenzen. Deren Mitbegründerin *Dorothy Maclean* schreibt: „Die Wahrnehmungsorgane für die übersinnliche Welt sind in den modernen Menschen verschwunden. Das ist der Preis, den sie für die Entwicklung des analytisch wissenschaftlichen Geistes zahlen müssen. Die Naturgeister sind so wirklich wie eh und je, werden aber nur von denen wahrgenommen, die eine Fähigkeit zum Sehen und Erkennen derselben entwickelt haben." (93) Es sind dies medial begabte Menschen, die hellhörig und hellsichtig auch die ätherischen und astralen Regionen unserer Erde wahrnehmen und daher mit feinstofflichen Naturwesen in Verbindung treten können. (94) Zu diesen gehört auch die Amerikanerin *Flower A. Newhouse*. Sie schreibt in einem ihrer Bücher: „Wären unsere geistigen Sinne erwacht, könnten wir z.B. das Aufblühen jener Gebiete der Natur beobachten, die von Naturgeistern bewohnt werden. Äußerst klein und zierlich, schwingen sie in den zerfließenden Klängen sphärischer Musik. Mit geöffneten inneren Augen werden wir erschauen, dass Wälder und Berge, obwohl sie einsam und unbewohnt erscheinen, von großen, anmutigen Wesen bewacht werden, die die ganze Landschaft behüten." (95) Ähnlich wie die Engelwelten, so werden auch die Naturgeister in verschiedene Gruppen eingeteilt, entsprechend den vier Grundelementen Erde, Wasser, Luft und Feuer.

Auf der Erdoberfläche befinden sich in großer Zahl die *Erdgeister*. Sie sind bekannt unter den Namen Elfen, Gnomen, Feen und Kobolde. Sie fördern und schützen das Pflanzenreich. Zumeist wohnen sie auf Bäumen, sitzen auf blühenden Blumen und Sträuchern, wiegen sich auf Gräsern und Halmen wie Schmetterlinge mit zarten Flügeln. Manchmal hausen sie in Erdhöhlen und Grotten. So hat sie die sensitive Malerin *Sulamith Wülfing* einfühlsam gezeichnet. Ähnlich stellte die begnadete Malerin und Anthroposophin *Ymelda Hamann-Mentelberg* sie dar. In ihrer „Heiligen Botschaft der Blumen" schreibt sie: „In jeder Blume lebt verzaubert ein Elementarwesen und wartet auf die Erlösung durch das liebevolle Interesse eines Menschen." (96)

In der Erdatmosphäre schweben die *Sylphen* als beschwingte *Luft- und Äthergeister*. Sie lenken die Winde und spielen als Sturmgeister auf der Harfe des griechischen Wettergottes *Aeolus*. Sie erhellen die Morgendämmerung und schaffen milde Abendstimmungen, sie gleiten auf Wolkenschiffen dahin. Sie lenken die stürmischen Winde und wehen im Regen und Sonnenschein, im Hagel und Schneegestöber daher. Der Dramatiker *William Shakespeare* lässt sie in seinem „Sommernachtstraum" in der Gestalt von Elfen auftreten. (97)

Als *Geister der Gewässer* gelten die Undinen, Nixen, Nymphen, Melusinen und Najaden. Diese hausen als Wasserwesen in Quellen und Bächen, in Flüssen und Seen. Sie beschützen alle Pflanzen und Tiere, die in den Fluten leben. Auch begleiten sie den Kreislauf des Wassers von der Verdunstung bis zur Mündung ins Meer. Ein hellfühlender Freund der Naturgeister war *Goethe*. Bei seiner Schweizer-Reise, im Jahre 1797, dichtete er angesichts der Staubbachfälle bei Lauterbrunnen im Berner Oberland seinen „Gesang der Geister über den Wassern".

Das Feuer wird beherrscht von den *Feuergeistern*, die als Lichtwesen und Flammengeschöpfe das Herdfeuer hüten und Mensch und Tier vor

Brandkatastrophen bewahren sollen. Auch lenken sie die energiereichen Sonnenstrahlen der Erde zu. (98) Unter den Namen Amfri, Firl und Salamander erhitzen sie die Vulkane und Geysire, sie erwärmen im Erdinneren heilsame Quellwasser, sie entzünden Blitze in Gewitterwolken. Auch glühen sie auf im fernen Wetterleuchten, sie zaubern flammende Nordlichter in den Nachthimmel, sie malen farbige Regenbögen in die Wolken, sie erröten im Morgen- und Abendrot und erbleichen im fahlen Mondenschein.

Die geheimnisvolle Welt der Naturgeister wird jenen zugänglich, die ähnlich wie kleine Kinder noch zu magisch-mythischem Denken neigen. Die sensitiv begabte *Dora van Gelder* hält manche Naturgeister, insbesondere die Elfen, für intelligenter und höher entwickelt als die meisten Tiere. (99) Was die Herkunft dieser Naturgeister betrifft, begegnen uns unterschiedliche Theorien. Die einen sehen in den feingliedrigen Lebewesen eine Verkörperung von gefallenen Paradiesgeistern, andere halten sie für die Seelen der Verstorbenen. Einige sehen in ihnen Geschöpfe aus magischen Praktiken neugieriger Menschen, etwa nach der Art des „Zauberlehrlings" im gleichnamigen *Goethe*-Gedicht. Der jenseitige Lehrer *Emanuel* sieht in den Naturgeistern höher entwickelte Tierseelen, gleichsam als Übergangsstufe zwischen der Tier- und Menschenwelt. (100) Naturgeister werden immer wieder in Mythen, Märchen, Sagen, Dichtungen und Liedern erwähnt. Wir begegnen ihnen in *Goethes* Gedicht „Der Fischer", in dessen klangmalerischer Vertonung von *Richard Strauß*, sowie in der Melodie „Sommerabend" von *Johannes Brahms* oder im „Elfenlied" von *Hugo Wolf*.

Der geobiologische Forscher *Gerhard Schlepphorst* erlitt vor zehn Jahren einen schweren Unfall, als ein Autoraser ihn überfuhr. Dabei verlor er sein Erinnerungsvermögen und auch seine Fähigkeit zu sprechen und zu schreiben. Nach einer medizinisch nicht erklärbaren Spontanheilung veränderte sich sein Bewusstsein. Der Parapsychologe *René Tischler* schreibt über ihn: „Er wurde hellsichtig, nahm plötzlich feinstoffliche, unsichtbare Energieformen wahr und auch Naturwesen, die auf Bäumen, Sträuchern, im Wald, auf Feldern und in Wolken für ihn sichtbar sind." (101)

Diese lieblichen Wesen sollen von der geistigen Welt beauftragt sein, in der ganzen Natur helfend und heilend einzugreifen, wo es erlaubt und erforderlich ist. Obwohl sie von uns Menschen in der Regel nicht wahrgenommen werden, wirken sie dennoch im Verborgenen. Sie bilden eine Art

Zwischenstufe zwischen der unbewussten Pflanzen- und Tierwelt und der bewusstseinsfähigen Menschenwelt.

3.9 Der Tod – Eine Erfindung des Lebens

Leben und Tod verhalten sich zueinander wie die zwei Seiten einer Münze. Der Tod ist die Kehrseite des Lebens. Das eine ist ohne das andere nicht denkbar. Geborenwerden und Sterben gehören zusammen. Wie das Leben, so ist auch der Tod eine Erfindung der Natur. Ohne diese polaren Gegensätze gäbe es keine fortschreitende Entwicklung. Bereits für *Jakob Böhme* war „der Tod die Wurzel allen Lebens". (102) Für *Sigmund Freud* ist das Ziel des Lebens der Tod; und mit dem Physiker *C. F. von Weizsäcker* lässt sich sagen: „Erst die Evolution hat den Tod geschaffen." (103)

Naturwissenschaftlich gesehen, ist der Tod ein biologisches Phänomen, das es schon gab, längst bevor der Mensch auf unserem Erdplaneten in Erscheinung trat. Deshalb kann er nicht die Strafe für eine Sünde in einem irdischen Paradies gewesen sein. (1 Mo 3,3) Der entsprechende Bibelbericht kann nur symbolisch und auf einer geistigen Ebene verstanden werden. Bereits viele Millionen Jahre vor den ersten Menschen starben Lebewesen, nämlich Pflanzen und Tiere. Der Tod ist vielmehr eine Erfindung der Natur, die sich erst im Verlauf der Evolution eingestellt hat. Bereits vor einigen Milliarden Jahren existierten auf unserer Erde einzellige Lebewesen, die sogenannten Urtierchen (Protozoen), die den natürlichen Tod noch nicht kannten. Sie vermehrten sich im Urmeer während 200 Millionen Jahren fortwährend durch einfache Zellteilung, ohne eine Leiche zu hinterlassen. Erst mit der Zeit schlossen sich gleichartige Einzeller zu einem Zellverband zusammen, um sozusagen mit vereinten Kräften mittels Arbeitsteilung lebenstüchtiger zu werden. Auf diese Weise bildeten sich Zellgruppen, Zellfamilien und zuletzt Zellstaaten, die wir Organismen nennen. (104) Dies hatte zur Folge, dass keine dieser Zellen außerhalb des gesamten geschlossenen Organismus aus eigener Kraft lebensfähig war, weil jede von den anderen abhängig war. Dieses war in der Geschichte des irdischen Lebens erstmals der Fall bei der Alge *Volvox*. Dieses mikroskopisch kleine Lebewesen besteht aus zahlreiche Tochterzellen, die so eng miteinander verflochten sind, dass zunächst keine einzelne außerhalb ihres kugelförmigen Verbandes selbstständig existieren kann. (105) Erst wenn sie ausgereift sind, werden sie aus dem mütterlichen Organismus entlassen.

Wenn nun durch Alterung, Krankheit oder Unfall ein Teil dieser Zellen ihren Dienst am Ganzen aufgeben, kann dies zum Tod des ganzen alternden Organismus führen, um neuem Leben Platz zu machen. Deshalb hielt der Tod Einzug ins Leben. (106) So gesehen ist der biologische Tod die Folge der immer komplizierteren Weiterentwicklung der Lebensformen.

Hierzu gibt es noch einen zweiten natürlichen Grund. Beim Entstehen der Mehrzelligkeit, vor 550 Millionen Jahren, muss es zu einem Entwicklungssprung bei der Fortpflanzung neuer Arten gekommen sein. Diese sollte die einfache Teilung der einzelligen Lebewesen ersetzen. So kam es zur Bildung von *sterblichen* Körperzellen und *unsterblichen* Geschlechtszellen. Die erste Gruppe dient noch heute der Selbsterhaltung der Lebewesen, die zweite aber durch ihre fortwährende Teilung der Arterhaltung. So lässt sich sagen: Die einfachen Körperzellen sterben nach begrenzter Zeit, die Geschlechtszellen aber leben für eine unbegrenzte Zeit, indem sie sich fortwährend teilen. Das Leben bedient sich also des Todes, um zu überleben. *Goethe* hat schon früh erkannt: „Die Natur hat den Tod erfunden, um viel Leben zu haben." In seinen Aphorismen schrieb er über die Natur: „Der Tod ist ihr Kunstgriff, mehr Leben zu haben." (107) *Carl Friedrich von Weizsäcker* ist überzeugt, dass die Sterblichkeit der Lebewesen deren Fortentwicklung beschleunigt, indem es jüngere Generationen zeugt und ältere aussterben lässt. (108) Dadurch wird Raum geschaffen für neues Leben. Der Astrophysiker *Arnold Benz* bestätigt dies: „Ohne den billionenfachen Tod früherer Lebewesen gäbe es keine Evolution des Lebens, und es gäbe uns selber nicht. Durch den Tod des Individuums überlebt die Art bei sich ändernden Lebensbedingungen." (109)

In jedem Lebewesen tickt eine organische Lebensuhr, die dafür sorgt, dass alles Lebendige sein Ende nimmt, um neu zu erstehen. (110) Wenn diese innere Uhr abgelaufen ist oder durch äußere Einwirkung gestoppt wird, tritt der Tod ein. Was wäre das Leben, wenn es den Tod nicht gäbe? Stellen wir uns vor: Alle Pflanzen, alle Tiere und alle Menschen, die seit Urzeiten bis heute jemals über unsere Erde gegangen sind, würden noch leben. Unser Lebensraum würde längst nicht mehr genügen. Es käme zu einer weltweiten ökologischen Katastrophe. Vergleichsweise lässt sich denken: Wenn alle Fahrzeuge, die es seit Jahrtausenden auf unseren Straßen gegeben hat, immer noch im Verkehr wären, würde dies mit Sicherheit zu einem totalen Verkehrszusammenbruch führen. Wie gut ist es also, dass es den Tod gibt, so dass die lebenssatten Menschen, deren Lebensdurst gestillt ist, das Zeitliche segnen dürfen. Ansonsten würden unsere Alters- und Alltagsprobleme, unsere Sorgen, Hoffnungen und Ängste nie enden, und unsere Jugend hätte keine Zukunft.

Das Wissen um die eigene Sterblichkeit verleiht unserem Leben eine ganz besondere Qualität. Wir sollten mit *Peter de Rosa,* dem ehemaligen Theologieprofessor, einsehen können: „Der Tod ist nicht etwa ein Fluch Gottes, den zu fürchten die Religion uns anhalten sollte, sondern ein nobler Gedanke... Der Tod ist lebenswichtig für das Vorankommen der Menschheit. Ohne Tod gäbe es kein Gefühl für den Wert des Lebens, keine Großzügigkeit." (111) Es sind also zwei große Antriebskräfte in der gesamten Natur, die das Schwungrad des Lebendigen antreiben: Der Selbsterhaltungstrieb und der Arterhaltungstrieb. Diese beiden Triebe sorgen seit Jahrmillionen dafür, dass alles Leben erhalten bleibt.

So sah es im Münchner Dichterkreis auch *Emanuel Geibel* (1815-1884):

Von Leben zu Leben,
Von Strand zu Strand.
So ist der Tod
Auch ein Bad nur.
Aber drüben,
Am anderen Ufer,
Liegt uns bereit
Ein neues Gewand.

4. Vom Wesen des Menschen

„Was ist der Mensch, dass du seiner gedenkst, o Herr?", fragt der Psalmist. (Ps 8,5) Die Antwort gibt der Psalm 103: „Ein Mensch ist in seinem Leben wie das Gras, / er blüht wie die Blume des Feldes. Fährt der Wind darüber, ist sie dahin; der Ort, wo sie stand, weiß von ihr nichts mehr." (Ps 103,15-16) Diese allzu einfache biblische Aussage hat über Jahrtausende und zum Teil noch bis in die Gegenwart hinein das religiöse Menschenbild geprägt. Was wissen wir vom Wesen des Menschen heute wirklich? Diese Frage gehört wohl zu den grundlegenden Anliegen der Menschheit. Wie soll man sie beantworten? Ist der Mensch bloß ein „nackter Affe", ein Irrläufer der Evolution oder eine zufällige Laune der Natur, wie manche meinen? Soll man ihn für eine intelligente Bestie oder vielmehr für die „Krone der Schöpfung" halten? Hat *Erich Kästner* recht mit seinem Gedicht „Misanthropologie", in dem er schreibt: „Die Menschheit ist nichts weiter als / eine Hautkrankheit des Erdenballs?" (1) Solange wir nicht wissen, wer oder was der Mensch ist, können wir auch nicht wissen, wozu er da ist und was für ihn gut ist.

4.1 Was ist der Mensch?

Während eines halben Jahrhunderts habe ich bei passender Gelegenheit ratsuchende Frauen und Männer, die in meine psychologische Sprechstunde kamen, gefragt: „Wer sind Sie eigentlich? Wer sind Sie wirklich?" Damit wollte ich mich nach ihrem Wissen um ihr eigenes Wesen erkundigen. Die meisten habe ich damit überfordert. Ein junger Mann gab mir zur Antwort: „Wenn man darüber nachdenkt, wird man ja verrückt." Tatsächlich müssen wir abrücken vom banalen Alltagsdenken, um zu erfahren, wer wir wahrhaft sind.

Es geht hier um die wichtigen Fragen: Was ist der Mensch? Was unterscheidet den Menschen von allen anderen Lebewesen, die wir kennen?

Was ist es, das den Menschen zum Menschen macht? Was wissen wir von seinem Werden und Wachsen, von seinem Wollen und Wirken? Wahrscheinlich ist das, was wir vom Wesen des Menschen *nicht* wissen, weit größer als das, was die Wissenschaften hierüber im Verlauf der Jahrtausende zusammengetragen haben. Der französische Mathematiker und Philosoph *Blaise Pascal* fasste es kurz: „Der Mensch ist ein Nichts gegenüber dem All und ein All gegenüber dem Nichts." (2) Der Pfarrer und Bauerndichter *Jeremias Gotthelf* (1797-1854) schrieb in seiner urwüchsigen Sprache: „Der Mensch kennt alle Dinge dieser Welt, nur den Menschen kennt er nicht, da ist er aus lauter Dummheit zusammengesetzt." Der amerikanische Parapsychologe *Joseph B. Rhine* fragte sich: „Was sind wir Menschen – du und ich? Niemand weiß es. Man weiß eine ganze Menge vom Menschen, aber seine eigentliche Natur – das, was bewirkt, dass er sich so und nicht anders verhält – ist noch immer ein tiefes Geheimnis." (3) Nicht viel weiter kam der Dichter *Hermann Hesse* (1877-1962) als er erkannte: „Ach, man weiß so wenig, so verzweifelt wenig von den Menschen. Hundert Jahrzahlen von lächerlichen Schlachten und Namen von lächerlichen alten Königen hat man in der Schule gelernt, aber vom Menschen weiß man nichts! Wenn eine Glocke nicht schellt, wenn ein Ofen raucht, weiß man sogleich, wo zu suchen, wie er zu heilen ist. Aber von unserem eigenen Wesen, von dem, was allein schuld ist an unserem Glück und Weh, von dem wissen wir nichts, gar nichts. Ist das nicht wahnsinnig?" Nicht besser erging es *Rudolf Steiner*, als er nach der Stellung des Menschen in unserem Universum fragte und sich eingestehen musste: „Wenn es sich aber um das handelt, was die höchste Bestimmung des Menschen genannt werden soll, dann gelangt das Denken der Gegenwart in eine schier verzweiflungsvolle Unsicherheit." (4) In ähnlichem Sinne erklärte der Theologie-Professor *Adolf Haas* in München: „Es hat wohl keine Zeit gegeben, die so viele wissenschaftliche Tatsachen über den Menschen angehäuft hat wie die unsrige. Es hat aber auch keine Zeit gegeben, die so wenig wusste, was der Mensch eigentlich ist, wie die unsrige." (5) Diesem vermochte der französische Psychoanalytiker *Ignace Lepp* lediglich beizufügen: „Was gelten all unsere Kenntnisse der äußeren Welt, wenn wir nicht wissen, was wir selber eigentlich sind. Die wissenschaftlichen Kenntnisse über die Natur hatten seit dreihundert Jahren riesige Fortschritte gemacht, während unser Wissen vom Wesen des Menschen kaum vollständiger geworden ist als das von *Sokrates* und *Diogenes*."

Um die Frage nach dem Wesen des Menschen haben sich im Verlauf der Jahrhunderte drei unterschiedliche Erklärungsmodelle herausgebildet. Das eine sieht den Menschen einer einzigen Wirklichkeitsebene angehörend, sei diese nun materieller oder geistiger Natur. Dies ist die Ansicht des Monismus. Das andere versteht den Menschen als eine Zweiheit von Körper und Seele, wie es dem Dualismus entspricht. Eine dritte begreift den Menschen als eine vorübergehende Dreiheit von Körper, Seele und Geist. Dies ist das Menschenbild des Trichotomismus.

4.2 Alles ist eins

Eine der wichtigsten Erkenntnisse *Heraklits* lautet: „*En to pan* – alles ist eins." Noch heute nimmt der *Monismus* (gr. *monos*: eins, einzig) an, dass alles, was existiert, nur aus einer einzigen Substanz besteht. So lehrten die altindischen Upanishaden, dass alles eins und nur eines ist. *Parmenides* prägte hierfür den Satz: „Eines ist das Ganze und alles ist eines." Nach *Platon* ist die Vielfalt der Erscheinungen nur die tausendfache Wiederholung des Einen. Aus der uranfänglichen Einheit entstand die Vielheit der geschaffen Dinge, die eines Tages wieder in die ursprüngliche Einheit zurückkehren werden. Weil alles nur eines ist, sind wir mit allem eins und mit allem verbunden. So können wir den esoterischen Satz verstehen: „Wer einen Grashalm bricht, der rüttelt am Universum."

Dieses Eine kann als Materie oder als Geist verstanden werden. Der *materielle Monismus* hält den Menschen für lediglich aus materiellem Stoff gebildet. Dieser ist, wie alles Stoffliche in der Welt, aus der zufälligen Mischung von Atomen und Molekülen hervorgegangen. Auch der Mensch ist zusammengesetzt aus anorganischen und organischen Bausteinen. Die Materie, aus der alles besteht, ist unerschaffen und ewig. Alle Tätigkeiten des Menschen, selbst die geistigen, sind ausschließlich als stoffliche Kräfte zu erklären. Gedanken und Bewusstsein des Menschen werden allein vom Gehirn erzeugt. Nicht anders ist es mit den seelischen Funktionen, die durch das Nervensystem ausgelöst werden. Anhänger dieser einseitigen Weltschau sind die Materialisten. Zu diesen gehörten im Altertum die griechischen Philosophen *Demokrit* (460-380 v. Chr.) und *Epikur* (342-271 v. Chr.). Im 18. Jahrhundert machte sich der mechanistische Monismus breit. Dieser hielt den Menschen für eine seelenlose Maschine, die sich selber antreibt. Was *Julien Ottry de la Mattrie* (1834-

1919) in seinem Buch „L'homme machine" die menschliche Seele nennt, ist für ihn lediglich die Auswirkung der Hirntätigkeit. Diese materialistisch eingestellten Monisten leugnen daher die Existenz der Seele. Der berühmte Anatomieprofessor *Rudolf Virchow* (1821-1902) belegte dies mit seiner Aussage: „Ich habe Tausende von Menschen operiert und nie eine Seele gefunden." *Ernst Haeckel* gründete mit seiner materialistisch-monistischen Weltanschauung vor rund hundert Jahren den „Deutschen Monistenbund". Damit brachte er zu jener Zeit viele Wissenschaftler auf seine Seite. Zu diesen zählte in neuerer Zeit auch der marxistische Philosoph *Ernst Bloch* (1885-1977). Dieser hielt die Materie für die einzige Wirklichkeit. Er überlegte: „Aus nichts wird nichts, also muss die Materie seit Ewigkeit sein." (6)

Der englische Professor für Physiologie an der Universität London, *H. J. Campell,* schrieb in seinem Buch „Der Irrtum mit der Seele": „Alle reden von der Seele, um das Wundertier Mensch haushoch über seine Mittiere zu erheben. Doch Seele, die gibt es nicht, weil der Mensch sie nicht braucht." (7) Alles, was wir Seele oder Geist des Menschen nennen, sind für den materiellen Monismus nichts anders als Wirkungen oder Begleiterscheinungen des materiellen Gehirns.

Eine gegenteilige Auffassung vertritt der *spirituelle Monismus.* Dieser anerkennt nur den Geist (lat. *spiritus*: Geist, Seele) als einzige Substanz. Der Geist erschafft alle Dinge und erfüllt den ganzen Raum. So heißt es in einer 2000-jährigen indischen Sanskrit-Schrift: „Vom Geist gehen alle Dinge aus. Sie sind geistgeboren und geistgefügt." Danach ist alles, was existiert, rein geistiger Natur. In der Philosophie Indiens gab es zur Zeit der brahamanisch-buddhistischen Periode (500 v. Chr.-1000 n. Chr.) eine Weltanschauung, welche Gott, Kosmos und Geistseele als eine Einheit betrachtete. *Brahman* galt als das Ur-Eine, und alle gewordenen Dinge wurden lediglich als dessen Erscheinungsbilder gesehen. (8) Die Vielheit der wahrnehmbaren Dinge galt als *Maya,* als Schattenwurf der einen und einzigen Wirklichkeit. Damit ist die geistige Ideenwelt gemeint, wie sie auch *Platon* gedacht hat. Er sah in den sinnlich wahrnehmbaren Dingen der Körperwelt nur äußere und veränderbare Abbilder der unverändert existierenden Ur-Ideen im Reich des Geistigen. Die materielle Welt ist für ihn nur Schein und Schatten. Diese Ansicht veranschaulichte er in seinem Höhlengleichnis: Drei Männer wurden wegen eines Vergehens in einer halbdunklen Höhle gefangen gehalten. Wenn draußen die Sonne schien, sahen sie an der hinteren Höhlenwand nur die Schattenbilder der Vorübergehenden. Die Sträflinge hielten diese für wirklich. Eines Tages wurden die drei Häftlinge in die Freiheit entlassen. Sie stürmten aus ihrem finsteren Verlies hinaus ins Tageslicht. Doch am Abend kehrten sie wieder in die Schattenwelt ihrer Höhle zurück, weil sie die Außenwelt nicht für wirklich halten konnten. (9)

Der in den Niederlanden geborene Philosoph *Baruch de Spinoza* entwickelte die monistische Idee, wonach der Mensch, die Natur und alle Dinge dieser Welt Bestandteile einer einzigen Substanz sind, die er Gott nannte. Für ihn ist Gott in allem und alles ist in Gott. Der Mensch als endliches Geschöpf hat keinen freien Willen, alles geschieht nach göttlicher Notwendigkeit. Körper und Seele sind für ihn lediglich zwei verschiedene Erscheinungsformen des Geistes. (10) Zur gleichen Zeit lehrte *Gottfried Wilhelm Leibniz*, dass die Geistseelen der Menschen vor aller Zeit in einem himmlischen Reich lebten. Dort schauten sie die *ewigen Ideen* der Dinge. Deren Bilder seien dem Menschen eingeboren. Nach diesen gestaltet er seine diesseitige Welt. Begründet wird dies damit, dass die äußeren Dinge nicht auf die Geistseele einwirken können, weil die Materie den Geist nicht beeinflussen kann. Da aber der Mensch tatsächlich geistige Erkenntnisse besitzt, müssen diese ihm als Ideen angeboren sein. Diese Leibnizsche Lehre von der „*prästabilierten Harmonie*" besagt, dass Gott alle Dinge und Wesen so geschaffen hat, dass sie untereinander in voller Übereinstimmung stehen, sofern sie dem Gesetz ihrer inneren Entwicklung folgen. Sollte dies tatsächlich der Fall sein, leben wir „in der besten aller möglichen Welten". (11) Für *Leibniz* handelt es sich bei Körper und Seele des Menschen um eine einzige Substanz, die auf zwei verschiedene Arten tätig ist, ähnlich zwei Uhren, die unabhängig voneinander die gleiche Zeit anzeigen. Unsere äußerlich wahrnehmbare Welt wäre, so gesehen, nichts anderes als ein unwirkliches Blendwerk unserer Sinne, eine Illusion oder Sinnestäuschung. Auch *Hegel* sah in der materiellen Welt nur eine Erscheinungsform des absoluten Geistes. Ähnlich hielt *Schopenhauer* die Welt, in der wir leben, für eine Manifestation der geistigen Willenskraft. (12) Der Dichter *Hermann Claudius* (1878-1980) vergleicht diese äußere Scheinwelt mit einem flüchtigen Wolkengebilde am Abendhimmel:

Und Wolken können wahrhaft Schlösser sein
mit ungezählten königlichen Räumen.
Du wirst empfangen dort mit deinen Träumen
und schweigend trittst du in die Hallen ein.
Und alles, was sie bieten, das ist dein.
Du kannst dir jeden Wunsch erfüllen
und jeden Wunsch in seiner Tiefe stillen.
Niemand weiß davon als du allein
und jene Wolke dort im Abendschein;
du kannst wie ein König darin thronen
und wie eine Fürstin darin wohnen
mit all deiner Lust und deiner Pein.

4.3 Die zweigeteilte Welt

Da die monistische Anschauung, welcher Art sie auch sei, die Welt nicht restlos erklären kann, stellt sich die Frage, ob eine zweifache Sicht der Dinge uns weiterhelfen könnte. Diese Weltschau vertritt die Philosophie des *Dualismus* (gr. *duo*: zwei). Bereits vor Jahrtausenden wurde diese Zweiheit dargestellt durch das altchinesische „Yin und Yang" aus der Zeit des ersten Kaisers *Fu-hsi* (2852-2738), der als einer der Begründer des Taoismus gilt. Dieses Symbol steht für die Dualität von Gut und Böse, von Himmel und Erde, von Tag und Nacht, von Licht und Schatten, von Hell und Dunkel, von Gesundheit und Krankheit, aber auch für das Männliche und das Weibliche, für das Obere und das Untere, für das Inwendige und das Äußere. Alles Geschaffene sowohl in der geistigen als auch in der materiellen Welt besteht aus dieser Zweiheit, aus der die Vielheit der Dinge hervorgegangen ist. *Nikolaus von Kues* baute auf dieser Tatsache seine Philosophie auf. Er forderte: „Die Dinge müssen vielfältig sein, damit wir sie voneinander unterscheiden können. Befänden sie sich in der uranfänglichen Einheit, könnten wir sie nicht einzeln erkennen." Dieses Denkmodell nimmt *zwei* Wirklichkeiten an: Eine materielle und eine spirituelle, eine diesseitige und eine jenseitige. So gesehen, leben wir Menschen in zwei Welten: In einer physischen und in einer metaphysischen. Daher sind wir unserer Herkunft nach Bewohner zweier Welten.

Als einer der ersten Vertreter der dualistischen Weltschau gilt *Aristoteles*. Er wandte sich ab von der monistischen und für ihn weltfremden

Ideenlehre seines großen Lehrers *Platon*. Statt dessen erforschte er die sinnlich erfahrbare Welt der diesseitigen Dinge. Nach ihm entsteht der Mensch aus der formbaren Masse der Materie und der formenden Kraft der Seele. Beide gehören unweigerlich zusammen, so wie eine Amphore sowohl den Lehm als Material als auch die formende Hand des Töpfers voraussetzt. Ursprünglich stammte diese Idee von der Leib-Seele-Einheit von den alten Ägyptern. Nach deren geheimem Priesterwissen kann der Mensch nach seinem Tod nur weiterleben, wenn seine Seele mit dem Körper in Verbindung bleibt. Daher setzte man alles daran, nach dem Tod den Körper durch Mumifizierung zu erhalten, um der Seele die Weiterexistenz im Jenseits zu ermöglichen. (13)

Durch den griechischen Geschichtsschreiber *Herodot* kam diese Lehre zu den Hebräern und zu den Hellenen. Daraus entwickelte sich bei den jüdischen Pharisäern der Glaube an die Auferstehung, die zur Zeit *Jesu* noch umstritten war. Im 4. Jahrhundert baute *Augustinus* die philosophische Idee von der Leib-Seele-Einheit in seine Theologie ein, indem er annahm: „Der Mensch zerfällt nicht in zwei Teile, die man voneinander trennen könnte. Vielmehr ist der Leib des Menschen beseelter Leib und die Seele ist verleiblichte Seele." Daraus entwickelte sich im 4. Laterankonzil, im Jahr 1215, das Dogma von der irrtümlich angenommenen Leib-Seele-Einheit des Menschen. Unter Seele war die unsterbliche Geistseele gemeint. Das belebende Prinzip der Vitalseele wurde dabei nicht berücksichtigt. Im Mittelalter hat *Thomas von Aquin* die aristotelische Lehre von der Leib-Seele-Einheit in die Philosophie der Scholastik eingeführt und zu einem metaphysischen Denksystem ausgebaut, das freilich nach heutiger Ansicht das Wesen des Menschen nicht genügend zu erklären vermag (14) Noch heute wird in der christlichen Theologie an der verhängnisvollen Theorie von der *substanziellen Einheit* von Körper und Seele festgehalten. So konnte mein ehemaliger Philosophie-Lehrer *Norbert Luyten* an der Universität Fribourg noch behaupten: „...dass man die Seele nie ohne ihre wesentliche Bezogenheit auf den Körper denken darf." (15) Extremer noch formulierte es der Jesuit *Ladislaus Boros* in seiner Aussage: „Ohne Leib gibt es keine Seele." Dabei führt er aus: „Es ist unmöglich, den Leib von der Seele zu trennen, ohne dadurch die Seele dem Untergang auszuliefern." (16) Ihm pflichtet der Theologe W. Pannenberg bei: „Es gibt keine dem Leib gegenüber selbstständige Wirklichkeit „Seele" im Menschen." (17)

Klar widerlegt wurde diese These von der Leib-Seele-Einheit durch die Philosophin *Hedwig Conrad-Martius,* indem sie logisch überlegte, dass zwei selbstständige Substanzen, wie es Körper und Geist nun einmal sind, nicht gleichzeitig eine einheitliche Totalität bilden können. (18) Gleicher Ansicht ist *Till A. Mohr*: „Der Mensch, wie das gesamte kreatürliche Leben, wurde von Anfang an nicht als Leib-Seele-Einheit erschaffen, sondern der materielle Leib ist gegenüber dem eingekleideten Geist etwas Sekundäres und Vergängliches, von dem der Geist und jedwedes Leben der Kreatur wieder befreit werden wird. Die Einheit von Leib und Seele besteht nur sinnvoll für die Zeit des irdischen Lebens. Im Tode, wenn die ‚silberne Schnur' zerreißt, löst sie sich wieder auf." (19)

Tatsächlich wäre es ein Widerspruch in sich selbst, wollten wir Körper und Seele des Menschen als eine Einheit betrachten. Beide sind in ihrem Wesen grundsätzlich verschieden. Der Körper ist aus teilbarer Materie zusammengesetzt, die Geistseele aber ist spiritueller Art und daher unteilbar. Beide Substanzen sind eigenständig, beide sind von verschiedener Herkunft und haben eine unterschiedliche Zukunft. Dies beweisen uns die außerordentlichen Bewusstseinszustände, wie sie immer wieder bei Nahtod-Erfahrungen und außerkörperlichen Reisen in die feinstoffliche Astralwelt erlebt werden können. (20) Solche sind möglich in einem Zustand des natürlichen Schlafes, aber auch im künstlichen Koma oder in der Narkose. (21)

Bereits im 17. Jahrhundert vertrat der der französische Philosoph *René Descartes* (1596-1650), der als der Begründer der modernen Philosophie gilt, ein anderes dualistisches Denksystem, indem er die ganze Natur in zwei Bereiche teilte. Dabei trennte er die ausgedehnten Dinge (*res extensa*) von den denkenden Dingen (*res cogitans*). Für ihn galt nur der Mensch als denkendes und erkennendes Geschöpf. Alles andere, insbesondere auch die Pflanzen und Tiere, zählte er zu den ausgedehnten Dingen mit bloßem Sachwert. Materie und Geist verglich er mit zwei Uhren, welche die gleiche Zeit anzeigen, ohne voneinander beeinflusst zu werden. Diese verfehlte Ansicht führte bis in unsere Zeit hinein zu dem tragischen Irrtum, der den Tieren kein Recht im juristischen Sinne und auch kein Lebensrecht zuerkannte. (22)

Auch in der heutigen *Psychologie* kennt man die Zweiheit von Körper und Seele. Statt von „Seele" spricht man von *Psyche* und meint damit die Lebensenergie, auch „Libido" genannt. Diese beiden Prinzipien bestehen nicht parallel und unabhängig nebeneinander, sondern stehen miteinander in psycho-physischer Wechselwirkung. Ein Beweis hierfür sind jene körperlichen Krankheiten, die als verursachenden Hintergrund einen seelischen Konflikt haben. Dies trifft nach neuester Erkenntnis für alle jene Krankheiten zu, die als „Psychosomatosen" bezeichnet werden. Es handelt sich dabei um ein sehr breites Feld, von der einfachen Neurose bis zur Psychose. Dabei besteht noch immer eine merkwürdige Unsicherheit hinsichtlich der Begriffe „Seele" und „Geist". Gar manchem ergeht es ähnlich wie dem amerikanischen Parapsychologen *Joseph B. Rhine*, der sich erinnerte: „In ihrer frühen Jugend gewannen die meisten von uns ihren ersten Glauben vom Menschen, dass er aus zwei Teilen bestünde, einem stofflichen Körper und einem nicht-physischen Geist oder einer Seele. Der Seele kam eine Vorrangstellung zu; der Körper war nichts weiter als deren Gehäuse oder Werkzeug. Natürlich sprachen wir nur am Sonntag von der Seele, sonst nur dann, wenn gerade ein Begräbnis stattfand. Im Übrigen gebrauchten wir an Werktagen das Wort ‚Geist', womit wir so ziemlich das Gleiche meinten; die feine Unterscheidung zwischen beiden Begriffen ging uns nichts weiter an." (23)

Es drängt sich uns heute eine neue Sicht über das Wesen des Menschen auf. Sie allein ermöglicht es, die unheilvolle Begriffsverwirrung um die menschliche Seele zu beseitigen. Diese ist vor Jahrhunderten entstanden, als die Geisteswissenschaften, vorab die Philosophie und Theologie, anfingen, den Begriff Seele mit dem des Geistes gleichzuschalten. Aus diesem Grunde ist *Hans Küng* der irrtümlichen Überzeugung, dass die Unterscheidung von Seele und Geist heute weitgehend hinfällig geworden sei. (24) Dies müsste dazu führen, als würden wir Pflanzen und Tiere entweder für seelenlose Geschöpfe oder für geistbegabte Wesen halten. Beides ist nicht zulässig, weil es dem logischen Denken widerspricht. So kommen wir zur Dreiteilung des Menschen.

4.4 Die dreifache Wirklichkeit

Wenn wir statt der Zweiheit des Menschen aus Körper und Seele/Geist eine Dreiheit von Körper, Seele und Geist annehmen, kommen wir zum sogenannten *Trichotomismus* (gr. *treis, tria*: drei; *tome*: Teilung). Dieses dreigliedrige Menschenbild erwähnte bereits der griechische Dichter *Homer* im 8. oder 7. vorchristlichen Jahrhundert. Er sah den Menschen als eine Verbindung von Körper, belebender Seele und körperlosem Geist. Diese Dreiteilung wurde auch von *Platon* übernommen. Der römische Kaiser und Philosoph *Marc Aurel* (121-180) schreibt in seinen „Selbstbetrachtungen": „Drei Teile sind es, aus denen du bestehst: Körper, Lebenshauch und Geist." Auch der Apostel *Paulus* folgte dieser Ansicht in seinem ersten Brief an die Thessaloniker (1 Th 5,23), wo er die griechischen Benennungen *soma*, *psyche* und *pneuma* verwendet. Ebenso nahm der Bischof *Irenäus von Lyon*, einer der wichtigsten Theologen des 2. Jahrhunderts, die Dreiheit Körper, Seele und Geist an. Dagegen hat der Scholastiker *Thomas von Aquin* die Lehre des *Aristoteles* von der substanziellen Einheit von Körper und Seele in die kirchliche Philosophie eingeführt. Diesem folgend, hat *Papst Pius IX.* im Jahr 1857 in seinem Schreiben an den Kardinal von Breslau die Dreiteilung verurteilt – und so ist es bis heute geblieben. (25)

Aus der Sicht der esoterischen Philosophie wissen wir, dass Körper, Seele und Geist nur für die Dauer des Erdendaseins eine vorübergehende Lebensgemeinschaft darstellen, die im Tode aufgelöst wird. Körper, Seele und Geist des Menschen verhalten sich zueinander wie Fahrzeug, Betriebsenergie und Fahrer. Das Fahrzeug ist gleichsam der Körper, der uns für eine bestimmte irdische Fahrstrecke zur Verfügung steht. Die Seele im psychologischen Sinn ist der Kraftstoff als Lebensenergie, die es uns ermöglicht, das Fahrzeug in Betrieb zu nehmen. Der Fahrer aber ist der Geist, der das Körperfahrzeug bewusst zu steuern vermag. So können wir mit dem Philosophen und Psychologen *Karlfried Dürckheim* (1896-1988) bekennen: „Ich *habe* einen Körper, ich *habe* eine Seele, aber *ich bin* ein geistiges Wesen." (26) Bei der Geburt steigt der Geist ein in das gewählte Körperfahrzeug, beim Tod steigt er wieder aus und übergibt es der Entsorgung. Um unseren langen Weg nach Hause zurückzulegen, wird uns nach erreichtem Etappenziel für die Weiterfahrt ein neues Erdenfahrzeug anvertraut. Dies geschieht immer wieder aufs neue, bis wir an unserem Endziel in der himmlischen Heimat angelangt sind.

Der persische Dichter *Hossein Iranschär* schlug noch andere Bilder für diese Dreiheit vor: „Der Körper gleicht der Harfe, die Seele dem Ton und der Geist dem Künstler, der auf der Harfe spielt." Oder: „Der Körper gleicht dem Tempel, die Seele dem Licht auf dem Altar und der Geist dem Priester, der dort Andacht hält." (27) Eine ähnliche Dreiteilung führt *Adelma von Vay* ein mit ihrer Formulierung: „Geist, Kraft, Stoff." (28)

Die jenseitigen Geistlehrer, die mit Pfarrer *Johannes Greber* in Kontakt standen, verwiesen in dieser Frage auf die hohen Meister, von denen sie sagten: „Sie lehrten mit Recht, dass der Mensch aus Geist, Seele und Körper besteht." (29)

Die Dreiteilung des Menschen in Körper, Seele und Geist hat nach einer jenseitigen Belehrung zu tun mit dem dreifachen Od, das in ihm wirkt. Dort heißt es: „Beim Menschen sind es drei Arten von Odkräften oder Odströmen, die ihm von Gott gegeben sind und die er zum Leben braucht. Es ist die besondere Odkraft des Geistes; es ist die Lebenskraft oder die Odkraft der Seele; und dann ist es die verdichtete, grobstoffliche Odkraft des irdischen Lebens." (30) Neuerdings teilt auch der Philosoph und Hirnforscher *Karl R. Popper* sowohl den Menschen als auch die gesamte Welt, in der wir leben, drei unterschiedlichen Bereichen zu, nämlich der physischen Körperwelt, der psychischen Gefühls- und Empfindungswelt und der Welt des Geistes. (31)

Während das naturwissenschaftliche Denken unserer Tage immer noch Mühe hat, sich vom materiellen Monismus zu lösen, und die christliche Theologie auch heute noch an der Leib-Seele-Einheit festhält, sind die esoterischen Wissenschaften auf gutem Weg, den Menschen als eine *vorübergehende* Einheit von Körper, Seele und Geist zu verstehen, die sich im Tode auflöst. Vom geistchristlichen Menschenbild aus betrachtet, erlaubt es nur diese Dreiteilung, jenes Wissensgut zu begründen, das die Tatsachen von Präexistenz, Inkarnation und Reinkarnation zutreffend und einleuchtend zu erklären vermag.

4.5 Der mehrdimensionale Mensch

Mit unserer gewohnten Sinneswahrnehmung leben wir in einer dreidimensionalen Raumwelt. Wir sind jedoch umgeben von einer Wirklichkeit, die weit über diese enge Begrenzung hinausreicht. Es ist dies die Welt des Außersinnlichen und des Übersinnlichen, des Transzendenten und des Spirituellen. Wir sind umgeben von einer mehrdimensionalen Welt von unterschiedlicher Beschaffenheit auf verschiedenen energetischen Schwingungsebenen. Der Mensch ist ein Wesen, das gleichsam in mehreren Welten beheimatet ist. Es ist durchaus denkbar, dass am gleichen Ort unterschiedliche Daseinsebenen miteinander verflochten und verwoben sind, ohne dass sich diese gegenseitig beeinträchtigen. Wir haben es hier nicht bloß mit einem räumlichen Nebeneinander und einem zeitlichen Nacheinander zu tun, sondern auch mit einem Ineinander und Miteinander in unterschiedlichen Strukturen. So sind wir Menschen auf mehreren Seinsebenen gleichzeitig zu Hause. Unsere materielle Welt ist keineswegs die einzige Wirklichkeit im Universum. Noch immer gilt das *Shakespeare*-Wort: „Es gibt mehr Dinge zwischen Himmel und Erde, als sich eure Schulweisheit träumen lässt."

Geht es um die Ausdehnung, die Ausmessung und das Ausmaß einer Daseinsform, verwenden wir hierfür den Begriff *Dimension* (lat. *dimetiri*: abgrenzen, ausmessen). Mit unseren verschiedenen fest- und feinstofflichen Körperhüllen nehmen wir an mehreren Dimensionen teil. (32) Mit unseren Sinnen sind wir an einer mehrdimensionalen Welt beteiligt. Für alles, was jenseits dieser Möglichkeiten liegt, sind wir blind und taub. Freilich wäre es vermessen zu behaupten, dass es diese unsichtbaren und unhörbaren Wirklichkeiten nicht gibt. Was jenseits unserer Sinne ist, das ist für uns bereits das Jenseits. Daher schreibt der Mystiker *Angelus Silesius* in seinem „Cherubinischen Wandersmann":

Wir messen unsere Schritte nach Raum und Zeit
und sind – wir wissen es nicht – in Mitten der Ewigkeit

Alles Hörbare grenzt an das Unhörbare und das Sichtbare an das Unsichtbare. Uns umgibt die Welt des Außersinnlichen und des Übersinnlichen. Wir leben also in einer Welt von unterschiedlicher stofflicher Dichte und auf verschiedenen energetischen Schwingungsebenen. Das Wissen, dass der Mensch neben seinem physischen Körper noch feinstoffliche Körper sein eigen nennt, war bereits im Altertum bekannt. So bei *Plotin*, *Jamblichus* und *Origenes*. Auch der Apostel *Paulus* wusste darum, denn er hat in seinem 1. Brief an die Korinther von einem irdischen, verweslichen und einem überirdischen, unverweslichen Körper gesprochen. (1 Ko 15,42-45)

Der Mensch ist seinem Wesen nach weit vielschichtiger, als wir für gewöhnlich annehmen. Nicht nur besteht er aus der Dreiheit von Körper, Seele und Geist, wie wir ihn in seiner erdgebundenen Gestalt wahrnehmen. Nach der theosophischen und anthroposophischen Lehre besitzt er insgesamt sieben Körper. (33) Es sind dies:

1. Der physische Körper
2. Der Ätherkörper
3. Der Astralkörper
4. Der Mentalkörper
5. Der Kausalkörper
6. Der Geistkörper
7. Der Lichtkörper

Auf die ersten vier niederen, sterblichen Körper, die „niedere Vierheit" genannt, folgen die drei höheren, unsterblichen Körper, die als die „höhere Dreiheit" bezeichnet werden. (34) Diese sieben Körper durchdringen und überlagern sich gegenseitig. Sie schichten sich wie die Schalen einer Zwiebel um den Wesenskern des Menschen. Alle sind miteinander durch unsichtbare Energiefäden verflochten und wirken gegenseitig aufeinander ein. (35) Die vier unteren Körper werden bei jeder Menschwerdung neu aufgebaut, um das Dasein in der Diesseitswelt zu ermöglichen. Die drei oberen Körper, die den Tod überleben, bleiben erhalten und verkörpern sich in jedem Erdenleben wieder aufs neue. Jeder dieser sieben Körper spiegelt auf seine Weise das Wesen des Menschen und zeigt an, wie jede dieser Existenzformen bisher entwickelt wurde. Sie verraten uns Art und Grad des Bewusstseins und zeigen an, wie weit es der Mensch auf dem Weg seines geistigen Aufstiegs gebracht hat. (36) Wir wollen nun diese Körper und Verkörperungen im Einzelnen kennen lernen:

1. Der *physische Körper* ist von grobstofflicher Natur. Seine Elemente entstanden vor Jahrmillionen im Inneren sterbender Sterne. Aus diesem Grund können wir sagen: Wir sind Kinder des Kosmos, aus Sternenstaub gebildet, (37) und kommen aus den Tiefen des Weltalls. (38) Er bildet die äußerste Körperhülle, mit der sich der Mensch umgibt. Hervorgegangen ist jeder einzelne lebende Körper aus einer weiblichen Eizelle in Verbindung mit einer männlichen Samenzelle. Durch fortschreitende Teilung wächst die Elternzelle bis zum Erwachsenenalter zu einem Organismus von sechzig bis neunzig Billionen Zellen heran. Würde der Mensch im gleichen Tempo weiterwachsen wie in der Zeit der Schwangerschaft, wäre er mit zwanzig Jahren schwerer als unsere Erde. Während der Schwangerschaft entsteht zunächst der Embryo, dann der Fötus und schließlich der bis ins Kleinste wunderbar gestaltete Körper des Neugeborenen. Schon

in der embryonalen Entwicklungsphase bilden sich aus verschiedenen Zellschichten die drei Keimblätter Ektoderm, Mesoderm und Entoderm, welche für die drei Körperbautypen Bewegungstyp, Ernährungstyp und Empfindungstyp von Bedeutung sind. (39) Der physische Körper unterliegt einem fortdauernden Aufbau- und Abbauprozess. Viele Zellen werden innerhalb von Stunden erneuert, andere werden im Verlauf von Monaten oder Jahren ausgewechselt. Trotzdem bleiben wir Menschen in unserer körperlichen Gestalt dieselben. Das Altern beginnt um das 36. Lebensjahr, wenn mehr Körperzellen abgebaut als aufgebaut werden.

Platon nannte den Körper das Gefängnis der Seele. *Cicero* sprach vom „Kerker der Seele". Für den römischen Kaiser *Marc Aurel* war der Körper das aus Staub gebildete Gefäß der Seelensubstanz. *Seneca* wertete ihn als Fessel oder Werkzeug des Geistes. Nach der indischen Philosophie gleicht die Geistseele einem Paradiesvogel, der im Käfig des Körpers eingeschlossen ist. *Thomas von Aquin* nennt den Menschen ein Geistwesen, das mit einem Körper bekleidet ist. Der grobstoffliche Körper ist gleichsam unser festgefügter Schutz- und Abwehrpanzer, der zahlreiche äußere Gefahren von uns fernhält und unsere Lebensenergie vor Verlust bewahrt. Es ist also ein großer Vorteil, als menschgewordenes Geistwesen im Besitz eines grobstofflichen Körpers zu sein. Daher sind wir verpflichtet, diesen gesund und leistungsfähig zu erhalten. Dies können wir in der Regel erreichen, indem wir unsere diesseitigen Lebensgewohnheiten, unsere Ernährung, unsere seelischen Verhaltensweisen und unsere mentalen Denkmuster veredeln und miteinander in Harmonie bringen. Leider bekommt bei vielen Menschen auch heute noch der französische Philosoph *Voltaire* Recht: „In der ersten Hälfte des Lebens geben wir eine Menge Geld aus, um unsere Gesundheit zu ruinieren. In der zweiten Lebenshälfte geben wir nochmals viel Geld aus, um zu versuchen, unsere Gesundheit wiederherzustellen – und inzwischen rinnt das Leben davon." Bedienen wir uns des leiblichen Körpers nicht bloß als sinnliche Lustquelle und auch nicht als genussvolle „Räucher- und Speckkammer", sondern als Tempel des Geistes, der wir sind.

2. Als *Ätherkörper* bezeichnen wir eine hauchartige und nahezu unsichtbare Substanz, die vom lebendigen Körper ausgeht und ihn schleierartig umgibt. Es handelt sich um ein feinstoffliches Fluidum, das diesen wie eine zweite Haut umhüllt. Der hellsichtige griechische Heiler *Daska-*

los, genannt „Magus von Strovolos", ist überzeugt: „Jeder grobstoffliche Körper hat sein ätherisches Gegenstück oder Doppel. Es gibt keine Zelle, kein Teilchen und kein Atom im grobstofflichen Körper, das nicht seine ätherische Entsprechung hat, die es zusammenhält." (40) Der Ätherkörper hat nur so lange Bestand, wie der Mensch lebt, denn dieser besteht aus Lebensenergie. Gesundheit und Krankheit kommen durch ihn zum Ausdruck. Hier wirkt das physikalische Gesetz: Wo Energien fließen, baut sich ein Kraftfeld auf. Der ätherische Körper ist demnach die Ausstrahlung dieses Kraftfeldes, das durch die im Menschen strömenden Energien erzeugt wird.

In seiner Ausstrahlung verrät der Ätherkörper die seelische Eigenschwingung des Menschen. Nach außen ist diese wahrnehmbar durch den eigentümlichen Geruch oder Duft einer Person. Typische Redewendungen wie „Ich kann dich gut riechen", das englische „I feel good for you" oder das Schweizerdeutsche „i cha di nit schmöcke" bestätigen dies. Auch bewirkt das Ätherische die Anziehung und Abstoßung und damit Sympathie und Antipathie zwischen den Menschen. Der Ätherkörper reagiert positiv auf Wohlgerüche, was sich die Parfüm-Industrie zunutze macht. Schlechte Gerüche, die von negativen Ausdünstungen, von verdorbenen Nahrungsmitteln, von verrauchten Räumen oder alkoholischen Dünsten ausgehen, widern einen gesunden Ätherkörper an. Die Äthersubstanz schützt den Menschen vor inneren Verletzungen. Eine alltägliche Beobachtung beweist dies: Wenn auf der äußeren Haut durch einen Schlag oder einen Stich ein heftiger Schmerz ausgelöst wird, versuchen wir diesen instinktiv zu mildern, indem wir reflexartig mit einer Handfläche rasch über die verletzte Stelle streichen oder sie mit dem Mund anblasen. Dadurch verschließen wir das Loch, das in den Ätherkörper geschlagen wurde und den darunter liegenden sensitiven Astralkörper verletzt hat. Mit der ätherischen Ausstrahlung unserer inneren Handflächen können wir Lebensmittel, vor allem Früchte, Getreide und Wasser, mit der eigenen Lebensenergie aufladen, bevor wir sie einnehmen. (41)

Im ätherischen Körper spiegeln sich Gesundheit oder Krankheit und die vitale Stärke oder Schwäche eines Menschen. Die Vitalität wird in der frühesten Lebenszeit aufgebaut und gewinnt in der Jugend an Stärke und Ausstrahlung. Im Alter nimmt ihre Kraft stetig ab. Die ätherische Hülle ist auch das Eingangstor, über das wir die zarten Vitalkräfte aus der Natur, die uns beleben und stärken, aufnehmen können. So spendet uns das Sonnenlicht das lebensnotwendige Vitamin-D. Durch die „Kunst des langen Atems", wie es im Kriya-Yoga (42) geübt wird, führen wir uns die „Vitamine der Luft" zu. Gleiches geschieht bei der vertieften Prana-Atmung (43). Dagegen wird unsere ätherische Körperhülle beeinträchtigt durch Rauch, Feinstaub, Smog, überhitzte und schlecht gelüftete Räume, aber auch durch Lärm, Erd- und Wasserstrahlen, kurzwellige Strahlung und starke Lichteinwirkung.

3. Der *Astralkörper* gleicht einem feinmaschigen Kleid. Der Ausdruck „astral" kommt vom griechischen Wort „astron" und bedeutet Stern oder Gestirn. Nach esoterischer Auffassung bewohnen durchsichtige Astralwesen die Sternensphären. Diese gelten als höherdimensionierte Aufenthaltsräume sowohl für die noch ungeborenen Geistwesen als auch für die Seelen der Verstorbenen. Versehen sind diese Wesen mit einem Astralkörper. Nach der Lehre der Theosophie und der Anthroposophie, die Gedankengut aus östlichen Philosophien übernommen haben, besteht der Astralkörper aus der feinstofflichen Substanz des hochschwingenden Energiekörpers. Der Astralkörper gilt als Ort der animalischen Triebe, Antriebe und Instinkte, aber auch unserer Gefühle und Empfindungen. Hier sind unsere Bedürfnisse und Wünsche zu Hause. Daher nennt man den Astralkörper auch unseren „Begierdeleib" oder „Wunschkörper". Alle Freuden und Sorgen, alle Ärgernisse und Nöte eines Menschenlebens finden hier ihren Niederschlag und hinterlassen ihre Spuren in dieser sensiblen Substanz. (44)

Nach *Peter Michel* dient der Astralkörper auch „als Modell für den Aufbau des physischen Körpers vor dem Eintritt in die Materie". (45) Er bildet ebenso das Vehikel für unser Ego, wenn wir den physischen Körper bei einer Astralwanderung vorübergehend oder beim Tod endgültig verlassen. In seiner Anthroposophie spricht *Rudolf Steiner* vom „astralischen Leib", mit dem wir sogar solare und lunare Einflüsse wahrnehmen können. (46) Diese spürt jeder, der in Nächten kurz vor oder nach Vollmond und Neumond Mühe hat ein- oder durchzuschlafen. Es ist der elektromagnetische Sonnenwind, der in diesen Mondphasen vermehrt auf die Erde gelenkt wird.

Der hellsichtige Mystiker *Carl Welkisch* schildert den Astralkörper als „ein greifbar gegenständliches Wesen von der gleichen Gestalt wie der zu ihm gehörige Körper und diesem in allen Einzelheiten ähnlich". (47)

Aus diesem Grund wird dieser in der Parapsychologie als „Doppelkörper" oder „Doppelgänger" bezeichnet. Der Berner Biochemiker *Ernst Waelti* ist aufgrund seiner außerkörperlichen Erfahrungen überzeugt: „Wir müssen doch davon ausgehen, dass eine uns bis heute fast vollständig unbekannte, feinstoffliche bioenergetische, dynamische Anatomie des Doppelkörpers existiert." (48) Vereinzelt kann es tatsächlich vorkommen, dass sich der Astralkörper vom grobstofflichen Körper löst und als Doppelgänger in Erscheinung tritt, wie dies dem Dichter *Goethe* widerfahren ist. Er beschreibt dies in „Dichtung und Wahrheit" wie folgt: „Nun ritt ich auf dem Flusspfade gegen Drusenheim, und da überfiel mich eine der sonderbarsten Ahnungen. Ich sah nämlich nicht mit den Augen des Leibes, sondern des Geistes mich mir selbst denselben Weg zu Pferd entgegenkommen." (49)

Bei Nahtod-Erfahrungen und bei einem Seelenaustritt im Schlaf oder in der Narkose kann sich der Astralkörper vorübergehend vom grobstofflichen Körper trennen. Er bleibt jedoch mit diesem durch die sogenannte „Silberschnur" verbunden, ähnlich wie ein Astronaut, der bei einem Weltraumspaziergang mit seiner Raumkapsel durch ein Kabel verbunden bleibt, um seine Rückkehr zu sichern. Der Physiker *Werner Schiebeler* schildert eine derartige Astralprojektion oder Astralexkursion folgendermaßen: „Während des sogenannten Austritts hat das ‚Ich' des betreffenden Menschen in dem Astralleib das volle Bewusstsein. Es kann durch die ‚Sinnesorgane' des Astralleibes die Umgebung wahrnehmen und den bewusstlosen, eigenen, materiellen, fleischlichen Körper als fremden Gegenstand liegen sehen. Es kann denken und beispielsweise seine besondere Lage erfassen, ist jedoch meist nicht imstande, sich seiner materiellen Umwelt irgendwie bemerkbar zu machen." (50) Ein Beweis für die Existenz des Astralkörpers ist der Phantomschmerz nach Amputation von Körpergliedern. Auch macht der Astralkörper uns empfänglich für energetische Schwingungen aus der näheren Umwelt. Mit dessen Hilfe reagieren wir zum Beispiel auf Erd- und Wasserstrahlen, auf Witterungseinflüsse und auf astrale Einwirkungen von Sonne und Mond. Der Astralkörper gleicht dem feingewobenen Untergewand, das nach außen sichtbar wird, sobald das gröbere Oberkleid des feststofflichen Körpers abgelegt wird. (51) Aufgrund seiner eigenen Erfahrungen schildert der Basler Biologe *Werner Zurfluh* eine seiner Astralerfahrungen: „Und dann zerreißt das Netz der ich-bezogenen Vorstellungen und der kleinlichen beschränkten

Weltanschauung – und über mir öffnet sich der Himmel, eine andere Welt wird sichtbar, eine Wirklichkeit jenseits des Alltäglichen. Doch diese ist auch nur Durchgang zu einer ferneren und befremdlicheren Realität, die ihrerseits wiederum die Vorstufe für die nächste Dimension ist. Welten hinter Welten werden füreinander transparent. Mir scheint alles wie ein unfassbares Schichtengebilde mit räumlich und zeitlich gestaffelten Wirklichkeitsebenen." (52)

Da der Astralkörper feinstofflich ist, vermag er die feste Materie leicht zu durchdringen. Er kann durch massive Mauern, harte Beton- und Stahlwände oder dicke Glasscheiben mühelos hindurchschreiten. Diese bieten ihm kein Hindernis. In der Astralwelt verlieren die Natur-Gesetze ihre erdbezogene Gültigkeit. „Wesen im feinstofflichen Körper leben in einer anderen Zeitdimension und werden nicht durch Grobstoffliches begrenzt, das heißt, sie sind schwerelos, unsichtbar und können durch grobstoffliche Materie hindurchgehen." (53) Das Erscheinen von Verstorbenen kann so ganz natürlich erklärt werden.

4. Der *Mentalkörper* des Menschen gehört nach dem theosophischen Schriftsteller *Charles W. Leadbeater* der Mentalsphäre an, die als nächsthöhere Stufe der Astralwelt gilt. (54) Die Bezeichnung „mental" ist aus dem lateinischen Wort „mens" für Denktätigkeit, Verstand, Vernunft, Absicht und Einsicht abgeleitet. Die Mentalsphäre ist demnach die Gedankensphäre. Der Mentalkörper ist unser feinstoffliches Gedankenkleid, das wir uns im Verlauf des Erdenlebens durch die Art unserer Gedankengewohnheiten zulegen und aneignen. Er wird während unseres irdischen Lebens durch die Art unseres Denkens aufgebaut. In ihm spiegeln sich unsere Phantasien, unsere gedanklichen Vorstellungen und Ideen, unsere Interessen und Neigungen, unsere moralische Gesinnung, aber auch unsere Weltanschauung, unsere religiösen Glaubensinhalte sowie all unser Hassen und Lieben. Im Mentalkörper werden auch unsere Erinnerungen aufbewahrt. In ihm sammeln wir unser erworbenes Wissen. Dort speichern wir unsere Erfahrungen. Je nach unserer Denkweise bilden sich dort die niederen Orte des banalen Alltagsdenkens oder die höheren Ebenen von Kultur, Wissenschaft und Religion.

An der Beschaffenheit des Mentalkörpers kann man erkennen, welchen Charakter man vor sich hat. Hier zeigt sich seine Mentalität. Das mentale Gewand verrät in Form und Farbe unsere Gedankenwelt. Je reiner und lauterer unser Denken, je idealer unsere Gesinnung, je selbstloser unser Lieben ist, desto schöner und edler wird das mentale Kleid sein, das unser geistiges Wesen umhüllt und das wir nach unserem Tod tragen werden. Der Mentalkörper ist der Träger unseres Ego-Bewusstseins. Hier lässt sich der berühmte Satz *René Descartes* anwenden: „Ich denke, also bin ich." Durch unseren *Mentalkörper* stehen wir mit jener geistigen Region in Verbindung, in der kreative Gedanken ihre tiefen Quellen haben. Der Mentalkörper ist daher der Hort intuitiver Eingebungen und Gedankeneinfälle. In seinem Buch „Der göttliche Funke" erwähnt *Arthur Koestler* die Ergebnisse einer Untersuchung am Technologischen Institut von New Jersey, wonach 83% der erfolgreichen Wissenschaftler zugaben, sich öfters auf ihre Intuition verlassen zu können. (55) Eine der Möglichkeiten, an diese Quellen der Intuition heranzukommen, ist eine abwartende Haltung in gelöster Entspannung. Als der Nobelpreisträger für Chemie, *Malvin Calvin*, im Auto auf seine Frau wartete, wurde ihm auf einmal der Vorgang der Photosynthese klar bewusst. Diese Erkenntnis kam „gewissermaßen aus dem Nichts – urplötzlich. Und genau so plötzlich sah ich den Weg des Kohlenstoffes bei der Photosynthese vor meinem geistigen Auge." (56) Unsere bewussten und unbewussten Erinnerungen gehen beim Verlassen des Körpers nicht verloren. Das Gehirn ist bloß der Umsetzer unserer gedanklichen Tätigkeiten in eine mentale Ausdrucksform, genauso wie ein Radioapparat auch nicht die hörbare Nachricht verursacht, sondern diese als elektromagnetische Schwingung vom Sender empfängt und in eine für unser Ohr wahrnehmbare Wellenlänge umsetzt.

So wie unser Ätherkörper durch Lärm, Umweltbelastungen, Suchtmittel und Drogen in negativen Stress gerät oder unser Astralkörper durch niederdrückende Gefühle und Stimmungen strapaziert wird, ebenso verdunkelt sich unser Mentalkörper durch negative Gedanken. Dies kann geschehen durch all die Skandal-, Verbrecher- und Horrorgeschichten, mit welchen unsere Medien täglich unsere Gedankenwelt in Beschlag nehmen und belasten. Wir sollten uns bewusst davor hüten, diesen unsinnigen Gedankenmüll mit all seinen banalen, trivialen und brutalen Inhalten in unserem Mentalkörper einzulagern. *C. G. Jung* war überzeugt: „Das Böse betrachten heißt, das Böse in der Seele verursachen."

Auf der Mentalebene sind wir weitgehend unabhängig von Raum und Zeit. Durch aktive Gedankenimpulse können wir mit Leichtigkeit große Entfernungen durchmessen und im Diesseits wie im Jenseits nacherleben, was *Schiller* empfand, als er schrieb: „Mich hält kein Band, mich hindert keine Schranke. / Frei schwing ich mich durch alle Räume fort. / Mein unermesslich Reich ist der Gedanke / und mein geflügelt Werkzeug ist das Wort."

Halten wir fest: Die vier unteren Körper des Menschen bilden eine vorübergehende Ganzheit. Sie ergänzen sich gegenseitig durch eine sinnvolle Arbeitsteilung. Alles, was den Menschen ausmacht, seine grobstoffliche Gestalt, seine feinstofflichen Energien und seine Verstandeskräfte sind nicht streng voneinander zu trennen. Sie berühren sich gegenseitig, sie tauschen sich aus und gehen nahtlos ineinander über, solange er auf dieser Erde lebt. Durch edle Gesinnung und liebende Zuwendung allen Wesen gegenüber schaffen wir eine durchgeistigte Gesamtsphäre, mit der wir Menschen stets darauf bedacht sein sollten, allem Lebendigen mit so viel Freude wie möglich und so wenig Leiden wie nötig zu begegnen. Hier gilt als Lebensmaxime das *Goethe*-Wort aus dem Gedicht „Das Göttliche": „Edel sei der Mensch, / Hilfreich und gut! / Denn das allein / Unterscheidet ihn / Von allen Wesen, / Die wir kennen."

5. Der *Kausalkörper* ist jener feinstoffliche Anteil unseres Wesens, der durch unser Tun in Gedanken, Worten und Werken gebildet wird. Das Wort „kausal" heißt ursächlich oder verursacht, abgeleitet vom lateinischen Wort „causa" für Beweggrund, Ursache oder Absicht. In der indischen Philosophie steht hierfür der Begriff „Karma". Dieses Sanskrit-Wort bedeutet „tun, machen". Daher sprechen wir auch vom „Karma-Körper". Im Kausalkörper sind die Spuren aller guten und schlechten Taten aufbewahrt, die wir im Verlauf unserer verschiedenen Existenzen im Diesseits wie im Jenseits bewusst verursacht haben. Das gute Tun wird uns auf dem Weg zur Vergeistigung förderlich sein, die bösen Taten werden uns belasten und unseren geistigen Aufstieg hemmen. Der Kausalkörper als Informationsträger gibt zu jeder Zeit Auskunft über unsere geistige Hinterlassenschaft, sei es als Guthaben oder als Schuldenbetrag. Dies macht unseren geistigen Kontostand aus, der uns am Anfang jedes Erdenlebens als Startkapital zur Verfügung steht. Was wir die göttliche Gnade nennen, ist nicht ein Schuldenerlass, als ob auf der Schreibtafel unseres Lebens eine geschriebene Schuldenrechnung großzügig mit einem Schwamm weggewischt würde. Als Gnade bezeichnen wir die gewährte Möglichkeit zur Schuldentilgung durch Wiedergutmachung. Erinnern

wir uns an das biblische Gleichnis von jenem Unversöhnlichen, der sich weigerte, mit seinem Gegner Frieden zu schließen, und deswegen ins Gefängnis kam. Von ihm sagte *Jesus*: „Du kommst von dort nicht heraus, bis du den letzten Cent bezahlt hast." (Mt 5, 25-26)

Nach der Theosophin *Annie Besant* ist der Kausalkörper auch der Träger unserer jenseitigen Individualität. (57) In ihm sind sowohl die Ur-Sache, der Ur-Grund unserer Existenz, enthalten als auch die Früchte unserer Taten und Untaten, die wir selber ernten. Der Kausalkörper schafft den gerechten Ausgleich durch das Gesetz der Gegenläufigkeit, indem er stets die Ursache zum Verursacher zurückführt. Kein Gott muss da strafend oder rächend eingreifen – wir verursachen alles selber. Wir müssen früher oder später die Suppe auslöffeln, die wir uns selber eingebrockt haben. Daher sprechen wir vom Gesetz der ausgleichenden Gerechtigkeit. Dieses meinen die bekannten Erfahrungsweisheiten: „Wie man in den Wald hinein ruft, so tönt es heraus." „Wer anderen eine Grube gräbt, fällt selbst hinein." „Wie man sich bettet, so liegt man." „Nach dem Maß, mit dem wir messen, werden auch wir gemessen." „Wer zum Schwerte greift, wird durch das Schwert umkommen." Wer diese Gesetzmäßigkeit begriffen hat, der befolgt die „Goldene Regel": „Was du nicht willst, das man dir tu, das füg auch keinem anderen zu" oder „Liebe deinen Nächsten wie dich selbst."

Da der Kausalkörper geistiger Natur ist, geht er beim Tod des Menschen nicht verloren. Er behält seine Elemente durch alle Verkörperungen hindurch, bis er beim „zweiten Tod" im Jenseits vollständig aufgelöst wird. Das Karma ist wie ein Baum, der in unserem geistigen Garten wächst und die Früchte unserer Taten reifen lässt; die guten Tatfrüchte schmecken uns dereinst süß, die schlechten dagegen bitter. *Buddha* lehrte seine Schüler: „Erst wenn wir alle Früchte des Karmas aufgegessen haben, werden wir vom Zwang der Wiedergeburten befreit." Mit unsere Taten knüpfen wir eine lange „Kette von Ursache und Wirkung". (58)

6. Mit dem *Geistkörper,* auch Geistleib oder Geistgestalt genannt, erfahren wir unsere zweithöchste Existenzform. Er ist Träger unseres Geistbewusstseins. Durch ihn werden wir uns unseres geistigen Wesens voll bewusst. Wir wissen endlich, wer wir wirklich sind und wer wir immer schon waren. Der lange Weg vom Verlassen des himmlischen Paradieses durch unsere Existenzen in den gefallenen Dunkelwelten bis hin zu den

Aufstiegsstufen in den diesseitigen Naturreichen und jenseitigen Geisterreichen werden uns wieder gegenwärtig. Wir erinnern uns an den mühsamen Aufstieg durch zahlreiche Verkörperungen auf Erden und wissen nun, woher wir gekommen sind. So erkennen wir das Beständige hinter dem Wechsel und Wandel der Erscheinungen.

Der Geistkörper besteht aus einer hochschwingenden Energie. Daher ist er schwerelos und durchsichtig. Er besitzt keinerlei Organe oder Glieder im materiellen Sinne. Durch seine eigene Kraft kann er jede denkbare Form oder Gestalt annehmen und jede Entfernung in Gedankenschnelle durcheilen. Raum und Zeit verlieren ihre Unbedingtheit. *Johannes Zeisel*, ein Mystiker unserer Tage, schildert diesen Zustand, indem er schreibt: „Da drängt kein Jetzt und kein Heute mehr, kein Dahin und Dorthin. Aus dem Drängen der Zeit, aus der Flucht der Dinge wird Ruhe, und plötzlich spüren wir, dass Morgen und Übermorgen nur Schimären eines rastlosen Bewusstseins sind. Und schon haben wir den ersten Schritt getan aus der Vergänglichkeit in die Gegenwart des ewigen Augenblicks. Kommt diese Ahnung des Ewigen aus echter seelischer Verwandlung, wird sie zu wesenhafter Erkenntnis. Zugleich erwächst damit in uns das Wissen um unsere Zeitlosigkeit. Wo diese aber lebendig ist, entlarvt sich der Tod als Täuschung." (59)

Eine wichtige Eigenschaft des Geistkörpers ist seine Fähigkeit, auf dem Weg der *Inspiration* kreative Eingebungen aus höheren Welten zu empfangen. Dabei kommen uns aus einer spirituellen Überwelt unverhofft Ideen und Gedanken zu, die wir nicht gesucht haben. Bei *Goethe* lesen wir: „Täglich, bei aller Mühe und Arbeit, sehe ich, dass nicht mein Wille, sondern der Wille einer höheren Macht geschieht, deren Gedanken nicht meine Gedanken sind." *Shakespeare* nannte seinen „Hamlet" ein „reines Geschenk von oben". *Rudolf Steiner* erkennt in der Inspiration die „geistigen Urbilder der irdischen Dinge" und nennt sie eine Art „Geistiges Hören". Er schreibt: Bei ihr „tritt der eigene Wille zurück und öffnet einem absichtslosen Geschehen das Tor zur geistigen Welt". (60) Was in der Kunst der „Kuss der Musen" genannt wird, kann als Geistesblitz, als Erleuchtung oder als Offenbarung gesehen werden, die einem von ober her zukommt. Der Vergleich mit einem „Blitz aus heiterem Himmel" ist hier zutreffend. Eine solche Situation beschreibt *Friedrich Nietzsche* in einem Brief an seinen Freund *Franz Overbeck*: „Mir ist zu Mute, als hätte es geblitzt – ich war eine kurze Spanne Zeit ganz in meinem Elemente und in meinem Lichte. Und nun ist es vorbei." In seinem „Zarathustra" berichtet er, wie er in Sils Maria am Silvaplaner See beim Surlej-Felsen von völlig neuen Gedanken befallen und ergriffen wurde, wo „plötzlich, mit unsäglicher Sicherheit und Feinheit etwas sichtbar, hörbar wird. Etwas, das einen im Tiefsten erschüttert und umwirft. Man hört, man sucht nicht – man nimmt, man fragt nicht, wer das gibt; wie ein Blitz leuchtet der Gedanke auf, mit Notwendigkeit, in der Form ohne Zögern – ich habe nie eine andere Wahl gehabt." (61) Von der österreichischen Schriftstellerin *Lotte Ingrisch* stammt das Bekenntnis: „Vieles von dem, was ich schreibe, übersteigt einfach meinen eigenen Horizont und muss aus höheren Ebenen stammen." Selbst *Pablo Picasso* sah sich nicht als Schaffender, sondern als Medium einer höheren Macht. (62) Als *Josef Haydn* gefragt wurde, wie er zu seinen musikalischen Einfällen gekommen sei, deutete er mit der Hand nach oben und sagte: „Von oben kommt alles." *Johannes Brahms* sah seine Kompositionen wie vor seinem geistigen Auge: „Takt für Takt wird mir das fertige Werk offenbart." *Richard Wagner* erinnert sich: „Der Tristan ist und bleibt ein Wunder. Wie ich so etwas habe machen können, wird mir immer unbegreiflicher; wie ich ihn immer wieder durchlas, musste ich Aug und Ohr weit aufreißen. Mit mir wird etwas gewollt, das höher ist als ich." Von *Chopin* wird berichtet, dass seine wie von selbst eintretenden künstlerischen Eingebungen, die er nie gesucht oder vorbereitet hatte, sich völlig unvorhergesehen am Klavier einstellten. (63) Auch bei naturwissenschaftlichen Entdeckungen und Erfindungen spielt die Inspiration häufig die entscheidende Rolle. Laut einer Umfrage bei rund zweihundert genialen Wissenschaftlern gaben 50% an, die Möglichkeit der inspirativen Eingabe zu kennen, 33% nützten diese Quelle regelmäßig und 19% erklärten, dass sich inspirierte Gedanken bei ihnen einstellen, wenn sie sich bewusst dafür offen halten." (64)

Wir können vermuten, dass viele erhabene Gedanken berühmter Philosophen und die zeitlosen Werke begnadeter Künstler sowie die großen Entdeckungen einfallsreicher Erfinder aus einer höheren Geisteswelt empfangen werden. Es handelt sich offenbar um Wahrnehmungen höherer Ordnung, die nicht allein auf menschlichem Können beruhen, sondern auf Eingebungen aus einer geistigen Welt, die plötzlich aufleuchten und mit einer seltenen Gewissheit bewusst werden. Der Spätromantiker *Friedrich Rückert* (1788-1866) lobte den Geistkörper mit dichterischen Worten:

Was ist des Geistes Leib? Der Körper ist es nicht,
der, aufgebaut aus Staub, in Staub zusammenbricht.
Das ist des Geistes Leib: die Form, die er sich erbaut,
in der mit Geistesblick ein Geist den andern schaut.
Das ist der Leib, der jetzt die grobe Körperhülle
durchschimmernd, wenn sie fällt, vertritt in klarer Fülle.
In diesem Leib sehen wir uns dort, lasst uns vertrauen!
Der Geist hat seinen Leib, um, selbst geschaut zu schauen.

7. Der *Lichtkörper* ist aus lauter Lichtzellen oder Photonen aufgebaut, völlig schattenlos. Er ist umgeben von hellen Lichtstrahlen. Nach altägyptischer Vorstellung empfängt die befreite und geläuterte Seele von den jenseitigen „Richtern der Wahrheit" das Lichtkleid und das Diadem aus lauter Lichtfunken. In den Veden wird der Lichtkörper „Seligkeitshülle" genannt, und in den Upanishaden heißt er „Sonnenkörper". Auch die alten Griechen wussten von diesem Lichtleib und nannten ihn „Augoeides", der Strahlende, der Leuchtende., *Isidorus* (1380/90-1463), ein Bischof der Ostkirche, schrieb: „Die Seele besitzt ein strahlendes Fahrzeug, leuchtend wie ein Stern und ewig." Was gemäß der Bibel die drei Jünger *Petrus, Johannes* und *Jakobus* bei der Verklärung auf dem Berg Tabor hellsichtig zu sehen bekamen, war offenbar der leuchtende Lichtkörper von *Jesus, Moses und Elias*, denn sie erschienen „in himmlischem Glanz". (Lk 9,32) In der sakralen Malerei werden Heilige ohne Schatten dargestellt, dafür tragen sie einen hellen Lichterkranz um das Haupt, die sogenannte Gloriole.

Der lichtvolle Körper entspricht dem feinsten Schwingungszustand. Hier ist alles Irdische ausgeblendet, jeder Schatten verschwunden. In diesem himmlischen Bereich ist alles erfüllt von göttlicher Strahlung und reinstem Licht. Der Lichtkörper ist Träger des allumfassenden kosmischen Bewusstseins. Er verfällt wegen seiner Unstofflichkeit nicht mehr der Vergänglichkeit. *Annie Besant* beschreibt, wie der Selige mit seinem Lichtkörper in die Regionen des spirituellen Bewusstseins eintritt: „Er erfährt sich selbst als eins mit allen anderen und kann, ohne sein Selbstbewusstsein zu verlieren, sein Bewusstsein so ausdehnen, dass er das Bewusstsein anderer umfasst und wirklich und wahrhaft eins mit ihnen zu werden vermag." (65)

In jedem Menschen ist ein Licht verborgen, dessen innere Leuchtkraft von der geistigen Entwicklung abhängt. Wie wir uranfänglich reine Lichtwesen waren, lehrt uns folgende Geschichte: „Einst waren wir alle engelgleiche Geistwesen in den himmlischen Höhen. Nach langer Zeit sind wir den verführerischen Worten des Lichtengels Luzifer gefolgt. Zur Strafe sind wir in die gottferne Finsternis gestürzt. Das göttliche Licht, das wir bisher in uns trugen, wurde uns abgenommen. Nun entstand in den Himmeln das Problem, wohin sollte man dieses göttliche Licht verstecken, damit die gefallenen Engel, die nun Menschen geworden sind, dieses nicht so schnell wiederfinden. Ein Engel schlug vor, den göttlichen Lichtfunken dort zu verbergen, wo das Meer am tiefsten ist. Ein zweiter Engel empfahl, das Gotteslicht in den Eishöhlen der höchsten Berge einzufrieren. Ein dritter Engel fand schließlich die richtige Lösung. „Verstecken wir", riet er, „den Gottesfunken in die Herzen der Menschen hinein, dort werden sie am wenigsten danach suchen.""

Sehr sinnvoll ist bei jeder Begegnung der schweigende Gruß: „Ich grüße das göttliche Licht in dir!" Heute haben wir auf der ganzen Erde zahlreiche Kirchen, Tempel, Moscheen und Pagoden errichtet, in der Meinung, das göttliche Licht ließe sich dort in brennenden Kerzen, Lampen und Lichtern aufbewahren. Dabei sollten wir uns auf die Worte des Apostels *Paulus* besinnen: „Wisst ihr nicht, dass euer Körper ein Tempel des Geistes ist, der in euch wohnt und den ihr von Gott habt?" (1 Kor. 6,19-20) Im gleichen Sinne schrieb *Novalis*: „Es gibt nur einen Tempel im Weltall, und der ist der Körper des Menschen." Wir sollten also in uns das göttliche Licht leuchten lassen.

In den höchsten Sphären scheint das Jenseits eine reine Lichtwelt zu sein, und seine Bewohner erstrahlen in glänzendem Licht. Als *Belly J. Eadie* während einer schweren Operation aus ihrem grobstofflichen Körper vorübergehend austrat, begegnete sie in der Jenseitswelt einem Lichtwesen. Sie erinnerte sich später an diese Begegnung: „Das Licht zog mich an. Beim Näherkommen erkannte ich die Gestalt eines Mannes in dem Licht und sah, dass es rings um ihn strahlte. Ich bewegte mich weiter darauf zu, und da fing es an zu leuchten – es leuchtete auf unbeschreibliche Weise, viel heller als die Sonne –, ich sah, dass das Licht in unmittelbarer Nähe der Gestalt golden war, so als sei ihr gesamter Körper in einen goldenen Heiligenschein getaucht, und dieser Heiligenschein strahlte aus ihr heraus und verbreitete ein herrliches, leuchtend-weißes Licht, das sich bis in einige Entfernung ausdehnte. Ich fühlte, wie dieses Licht mit dem meinen verschmolz und wie mein Licht sich zu dem ihren hingezogen fühlte.

Es war, als würde das Licht zweier brennender Lampen in einem Raum ineinander fließen. Man kann kaum sagen, wo das eine Licht aufhört und das andere anfängt; sie wurden einfach zu einem einzigen Licht. Und wenn auch das Licht um die Gestalt viel heller war als das meine, so war mir doch bewusst, dass auch mein Licht uns beide erleuchtete. Und als unsere Lichter verschmolzen, war es, als sei ich in seine Gegenwart getreten, und ich fühlte eine wahre Explosion der Liebe." (66) Ein ähnliches Lichterlebnis schildert der Philosoph und Psychologe *William James*, der 1910 starb. Er teilte 1977 in einer medial empfangenen Jenseitsbotschaft mit: „Die ganze Atmosphäre ist von Licht erfüllt, dem kein irdisches Licht vergleichbar ist, und alle Farben leuchten mehr als alles, was man auf Erden sehen kann. Dieses Licht scheint allen Formen des Jenseits innezuwohnen, und es ist selbst mit vibrierendem Leben erfüllt." (67)

Diese Lichtsphäre mit seinen Lichtkörpern nennen die Christen den „Himmel", im Judentum und im Islam spricht man vom „Paradies". Bei den alten Griechen war es das „Elysium", bei den Germanen die „Walhalla". Die mittelalterliche Mystik sprach von der „unio mystica" und der östliche Buddhismus kennt das „Nirvana". Diese höchste Stufe wird in den heiligen Schriften in Ost und West auch der „siebte Himmel" genannt. Nach *Buddha* ist dies der Ort, in den all jene hinkommen, die absichtslos gut sind. Es ist dies jene Sphäre, in der wir mit der universellen Liebe eins werden. Diese Lichtsphäre, in die unser Lichtkörper dereinst aufgenommen werden soll, wird dem *Christus*-Bewusstsein zugeschrieben. Von diesem berichtet der Apostel *Paulus* in seinem zweiten Korinther-Brief: „Wir alle schauen mit unverhülltem Antlitz die Herrlichkeit des Herrn. Dabei werden wir selbst in das verwandelt, was wir sehen, und bekommen mehr und mehr Anteil an seinem Glanz und zwar durch den Geist des Herrn." (2 Kor. 3,18)

In seinem Buch „Die Seelenreise" schreibt *Alfons Rosenberg* über die Bewohner der Lichtsphäre: „Das Gewand der hier wohnenden seligen Geister ist reines Licht, ihr Angesicht strahlt in der Schönheit der Engel. Auch ist in dieser Region noch ein Rest des Unterschiedes der Geschlechter zu finden, doch wird die Liebe dieser Geister zueinander bereits durch die Liebe zu Christus überstrahlt." (68) Von Mystikern und Visionären wird berichtet, dass sie im Zustand des „augenlosen Schauens" von einem Lichtschein umgeben waren, so von *Philippo Neri* und *Katharina de Ricci*, vom Medium *Europia Palladino* oder vom indischen Weisen *Sri*

Aurobindo. *Johannes Zeisel* bezeichnet diesen Zustand als die „Transzendierung unseres Bewusstseins in göttliche Dimensionen" hinein und als „Ausweitung ins Unendliche jenseits des unseren Sinnen Erfahrbaren". (69) An anderer Stelle schreibt er: „Es geschieht immer wieder – wenn auch nicht oft, dass in den dunklen Wegen des Lebens eine Überfülle von Licht hereinströmt. Diese strahlende Helligkeit ist so überwältigend, dass die von unserem Bewusstsein gesetzten Lichter – also Glaube, Erkenntnis, Hoffnung, Moral und wie sie alle immer heißen mögen – im gleichen Augenblick gegenstandslos werden. Die Veränderung ist unwiderstehlich, das Ereignis für den Verstand unbegreiflich." (70)

Was wir Erleuchtung nennen, ist tatsächlich ein Einbruch von Licht aus himmlischen Höhen. Wem dies widerfährt, der fühlt sich für kurze Momente in höhere Sphären entrückt, die alles Irdische vergessen lassen. Von *Thomas von Aquin* wird erzählt, dass er in seinen späteren Jahren, nachdem er sein monumentales zwölfbändiges Werk „Summa theologica" verfasst hatte und bereits ein berühmter Gelehrter an der Universität von Paris war, ein visionäres Erlebnis hatte. Danach hat er keine Zeile mehr geschrieben. Als seine Mitbrüder ihn nach dem Grund fragten, beteuerte er: „Seit ich einen Blick in den Himmel tun durfte, kommt mir alles, was ich bisher geschrieben habe, vor wie leergedroschenes Stroh."

In diesem Zustand des kosmischen Bewusstseins kommt es zu einem überwältigenden Einheitserlebnis. Man erlebt alles in einem und eines in allem. Jeder Stein, jedes Blatt ist Bestandteil der kosmischen Ganzheit. Alles ist mit allem verbunden und alles ist in allem vereint. Wer dieses universelle Bewusstsein einmal erlangt hat, erkennt „wie hinter allem Gesondertsein eine verborgene Ordnung waltet. Er erlebt die Einheit der Schöpfung in seinem eigenen Bewusst-sein; eine Erfahrung, die ihn niemals verlassen wird. Er erkennt, dass er eins mit allem anderen ist, ohne sein Selbst-Bewusstsein zu verlieren. Er ist in der Lage, sein individuelles Bewusstsein so auszudehnen, dass es das Bewusstsein unzähliger anderer Wesen zu umfassen vermag. Er wird eins mit ihnen, ohne sich selbst zu verlieren." (71)

Abschließend wollen wir noch einmal festhalten: Den sieben Körpern des multidimensionalen Menschen entsprechen sieben verschiedene Schwingungsebenen, in denen sich unser gesamtes Dasein im Diesseits und im Jenseits abspielt. Daraus werden wir nie und nimmer herausfallen. Es kommt nur darauf an, in welcher Existenzform wir uns gerade befinden. Diese hängt wesentlich von unserer eigenen körperlichen, seelischen und geistigen Befindlichkeit ab. Diese wird weitgehend bestimmt durch unsere persönliche Art des Denkens, der Gesinnung, der geistigen Ausrichtung, des sittlichen Strebens und der eigenen Sinngebung für unser zeitliches und ewiges Dasein. In welchem Zustand wir uns gegenwärtig befinden und welche stoffliche Hülle wir als Kleid tragen, hängt von unserem geistigen Entwicklungsstand ab. So ist unsere Auswendigkeit nichts anderes als die Projektion unserer Inwendigkeit. Unsere innere Wandlung hat stets unsere äußere Verwandlung zur Folge. In der Bhagavad Gita heißt es: „Sind unsere Kleider verbraucht, tun wir die alten beiseite, legen an ihrer statt andere, neue an. So ruhen im Alter wir aus von des Lebens ermüdendem Streite und überlassen dem Grab das irdische Kleid, bis die Natur aufs Neue gewirkt eine leibliche Hülle, liebend bereitet im Schoß der Mutter ein neues Gewand." (72)

Als *Jesus* als Mensch auf Erden lebte, war sein *Christus-Geist* auch mit diesen sieben Körpern umkleidet. Mit dem physischen Körper wanderte er durch Galiläa und starb in Jerusalem am Kreuz. Mit der Ausstrahlung seines ätherischen Körpers heilte er Kranke und Gebrechliche. Mit seinem Astralkörper konnte er auf dem Wasser wandeln und durch verschlossene Türen gehen. Mit seinem Mentalkörper trat er als Weisheitslehrer auf. Mit seinem unbelasteten Kausalkörper nahm er die Sündenschuld der ganzen Menschheit auf sich, um eine Amnestie zu erwirken. Mit seinem Geistkörper lebte er in einem höheren Bewusstsein, und mit seinem Lichtkörper kehrte er heim in sein Reich. Von diesem höchsten lichtumfluteten Zustand der ewigen Glückseligkeit schreibt *Friedrich Schiller* in seinem Gedicht „Das Ideal und das Leben":

Nur der Körper eignet jenen Mächten,
die das dunkle Schicksal flechten;
Aber frei von jeder Zeitgewalt,
die Gespielin seliger Naturen,
wandelt oben in des Lichtes Fluren
göttlich unter Göttern die Gestalt.
Wollt ihr hoch auf ihren Flügeln schweben,
werft die Angst des Irdischen von euch,
fliehet aus dem engen dumpfen Leben
in des Ideales Reich!

4.6 Der Unterschied zwischen Tier und Mensch

Blaise Pascal schrieb: „Der Mensch darf nicht glauben, er sei den Tieren gleich; er darf auch nicht glauben, er sei den Engeln gleich. Er darf nicht das eine und nicht das andere übergehen, sondern muss beides sehen: Ni ange, ni bête", also weder Engel noch Tier. (73) Und *Christian Morgenstern* dichtete:

> Von halber Höh – ein Adel, der uns passt.
> So lebt ich immer zwischen Tier und Gott,
> halb Mensch, halb Vogel – zweier Reiche Gast.

In ihren Sinneswahrnehmungen sind zahlreiche Tiere dem Menschen in vielen Bereichen klar überlegen. Insekten können die ultraviolette Lichtstrahlung wahrnehmen, Amphibien spüren die Infrarotwärme ihrer Beutetiere, Fledermäuse hören viel feinere Töne als wir Menschen. Die meisten höher entwickelten Tiere können auch denken, aber sie wissen nicht, dass sie denken. Auch vermag ein Tier nicht, über sich selbst nachzudenken. So weiß es nicht, zu welcher Tierart und Rasse es gehört, wie alt es ist und welches Geschlecht es hat. Deshalb hat es kein Ich-Bewusstsein. Daher sagte *Arthur Schopenhauer*, der täglich mit seinem Dackel spazieren ging: „In dem Moment, wo mein Hund zum ersten Mal ‚ich' sagt, ziehe ich den Hut vor ihm ab." Während Menschen in der Regel mittels der Sprache denken, folgt das Tier sprachfreien Denkmustern, die wir Instinkte nennen. Darunter verstehen wir vererbte Erfahrungen. Tiere sind auch in der Lage, ihre Gedanken und Bedürfnisse mitzuteilen. Dies tun sie aber nicht mit Worten, wie der Mensch, sondern auf ihre Art, durch Laute und Gebärden. (74) Als typisch menschliche Denkfähigkeiten, die das Tier nicht kennt, gelten die Kreativität, das Symbol- und Sprachverständnis und das Abstraktionsvermögen. (75) Das gegenständliche Denken ist beim Tier an seine Sinneswahrnehmung gebunden. Es vermag nicht darüber hinaus zu denken, indem es neue intelligente Wege sucht, um sein Dasein zu bereichern. So weben Spinnen seit Jahrtausenden ihre Fangnetze stets nach derselben Art. Bienen und Wespen gestalten ihre Waben immer nach dem gleichen Muster. Ebenso bauen die Vögel ihre Nester nach der gleichen Mode. Das intelligente Verhalten scheint bei den Tieren vorwiegend situationsabhängig zu sein, wie dies die Versuche mit Affen zeigen. Der

Tierpsychologe *Wolfgang Köhler* (1887-1967) hat auf der Insel Teneriffa derartige Experimente mit Schimpansen durchgeführt. Diese Tiere waren in der Lage, selbstständig Kisten aufeinander zu stapeln oder Stöcke zu benutzen, um Bananen vom Dach ihres Käfigs herunterzuholen. Was sie aber nicht konnten, war, ihren Jungen diese Technik als sprachlich formulierte Instruktion außerhalb der gegebenen Situation beizubringen. (76)

Manche Tiere können in Trauer sogar echte Tränen vergießen. (77) Das Tier fühlt auch den Schmerz, aber ein Leidensbewusstein ist ihm fremd. Unter einem Leiden verstehen wir das Wissen um den Schmerz. Das Tier leidet, aber es kann nicht wissen, warum es leidet. Es kann sich auch nicht an vergangenes Leiden erinnern. Deshalb schreibt *Erich Fried*: „Wenn einer lebt wie ein Hund und weiß, dass er lebt wie ein Hund; und wenn einer leidet wie ein Hund und weiß, dass er leidet wie ein Hund; und wenn einer stirbt wie ein Hund und weiß, dass er stirbt wie ein Hund – das ist ein Mensch." (78) Der frühere Zoo-Direktor *Heini Hediger* hat in seinem Buch „Tiere verstehen" zehn verschiedene Arten von Gefühlen bei höheren Tieren nachgewiesen. (79) Wohl kann das Tier Schuldgefühle empfinden, wenn man es mit Worten tadelt oder ihm mit Schlägen droht, doch wird es nie ein moralisches Schuldbewusstsein haben. Deshalb ist es sinnlos, mit ihm erst außerhalb einer gegebenen Situation zu schimpfen. Das Tier ist, im Gegensatz zum erwachsenen Menschen, nicht verschuldungsfähig. Deshalb konnte *Friedich Nietzsche* sagen: „Aber zum Tier gehört die Unschuld." (80)

Vor 200.000 Jahren entwickelten unsere Vorfahren die Fähigkeit zu sprechen. Dies hat nicht nur mit der anatomischen Veränderung des Kehlkopfs zu tun, sondern in erster Linie damit, dass die Frühmenschen nach der Einkörperung der Geistseele fähig wurden, in Symbolen zu denken und Gedanken in Laute umzusetzen. In dieser Beziehung ist der Mensch dem Tier überlegen. Deshalb bezeichnete *Friedrich Nietzsche* den Menschen als „das Tier, das sprechen und versprechen kann". Anthropologen haben festgestellt, dass der Unterschied im gesamten Chromosomensatz einer lebenden Zelle, Genom genannt, zwischen dem Menschen und dem Schimpansen nur ein Prozent beträgt. Biologen wollen in diesem Unterschied den Grund dafür sehen, dass ein Schimpanse nicht sprechen kann. (81) Diese Begründung genügt natürlich nicht, um das Phänomen „menschliche Sprache" zu erklären. Die eigentliche Ursache hierfür liegt in der Tatsache, dass ein Tier nicht Träger einer Geistseele ist.

Auch Tiere haben ihr eigenes Lebens- und Todesschicksal. Die meisten Haustiere und Nutztiere sind auf Gedeih und Verderb auf den Menschen angewiesen. Er kann über sie verfügen, als wären sie sein rechtloser und leibeigener Besitz. Nicht selten werden sie schwer misshandelt und geschlachtet. Solche Übergriffe fallen früher oder später auf den Täter zurück. Ich stimme dem russischen Dichter *Leo Tolstoi* zu: „So lange es Schlachthäuser gibt, so lange wird es auch Schlachtfelder geben." Freie Tiere sind dem gnadenlosen Schicksal der Wildnis ausgesetzt und stehen in ständigem Überlebenskampf. Noch nie hörte ich eine Predigt, in der Geistliche auf unsere sittliche Verantwortung gegenüber der stummen Kreatur hingewiesen hätten. Der „Katechismus der Katholischen Kirche" aus dem Jahr 1963 behauptet sogar: „Gott hat die Tiere unter die Herrschaft des Menschen gestellt, den er nach seinem Bilde geschaffen hat. Somit darf man sich der Tiere zur Ernährung und zur Herstellung von Kleidern bedienen." Im Jahr 1987 erklärte Papst *Johannes Paul II.* anlässlich einer Ansprache im Petersdom in Rom: „Tiere wurden zum Nutzen des Menschen geschaffen und dürfen für Experimente gebraucht werden." (82) Dass Tierversuche recht unzuverlässig und wenig aussagekräftig sind, bestätigt zur Genüge die „Vereinigung der Ärzte gegen Tierversuche". Das unermessliche Leiden der ungezählten Versuchstiere in den teuren Pharma-Fabriken wäre also gar nicht notwendig. Es ist auch längst bewiesen: Würden sich die Menschen vegetarisch ernähren, wie es eigentlich ihrer wahren Natur entspricht, wären sie weit gesünder. Dies kann ich nach sechzig Jahren fleischloser Ernährung aus eigener Erfahrung bestätigen. Auch die Haustiere könnten artgerechter gehalten werden. Die Tiere sind uns nicht gegeben, damit wir sie herzlos ausnutzen und gefühllos abschlachten. Vielmehr sind sie auf unserem Weg der Menschwerdung seit Millionen von Jahren unsere biologischen Wegbereiter gewesen, denn ohne sie wären wir nicht da. So sind wir aufgerufen, den Tieren als unseren Wegfährten ihre Würde und ihr Daseinsrecht zuzusichern. Weil das Tier nicht in der Lage ist, dieses Recht für sich einzufordern, haben wir Menschen die Pflicht, ihm dieses zu gewähren.

Solange wir Menschen nicht in der Lage sind, dem Tier Leben zu geben, sind wir auch nicht berechtigt, ihm das Leben ohne Not zu nehmen. Das Tier ist sicher nicht der Feind des Menschen, doch vielfach ist der Mensch der Feind des Tieres. Daher ist den Worten von *Emil Gött* (1864-1908) zuzustimmen:

O Mensch, du bist des Tieres höher Wesen,
überlegen ihm an Wissen und auch an List;
in seinen Augen aber magst du lesen,
ob du ihm Freund, ob du ihm Henker bist.

Der später als Urwalddoktor bekannt gewordene *Albert Schweitzer* ging als Junge an seinem elterlichen Wohnort im Elsass an einem Sonntagmorgen auf die Spatzenjagd. In dem Moment, als er seine Schleuder auf einen wehrlosen Vogel ansetzen wollte, fingen alle Kirchenglocken im Dorf an zu läuten, ähnlich einem Mahnruf vom Himmel. Entsetzt warf der Junge sein Wurfgeschoss weit von sich und gelobte, nie mehr gegen ein Leben anzutreten. Jahre danach fasste er als Leitmotiv für sein Handeln den Grundsatz: „Ehrfurcht vor dem Leben." Im praktischen Alltag sollte dies für uns heißen: Den Tieren so wenig Leiden wie nötig und so viele Freuden wie möglich zu bereiten. Daher sollte es unser Bestreben sein, den Tieren ein würdiges Dasein unter den Menschen zu ermöglichen, ohne dass diese eines Tages aus Gewinn- und Genusssucht umgebracht werden. Wahre Ethik ist allumfassend und unteilbar. Es ist stets eine Frage des Bewusstseins, wie der Mensch mit den Tieren umgeht. Denn so wie er zu den Tieren steht, so verhält er sich auch zu seinen Mitmenschen. *Edgar Kupfer* schreibt in seinem Buch „Tierbrüder": „Ich glaube, solange man Tiere tötet und quält, wird man Menschen töten und quälen." (83) Der Philosoph *Peter Michel* schreibt hierzu: „Die Tiere sind unsere jüngeren Geschwister im großen Schöpfungsgefüge. Die Missachtung der Tiere zählt zu den tragischen Verfehlungen des Christentums; und noch immer klagen Legebatterien und Tierversuchslabore die Grausamkeit des Menschen an. Solange Menschen denken, dass Tiere nicht fühlen, müssen Tiere fühlen, dass Menschen nicht denken." (84) Dies ist auch bei unserer Esskultur zu bedenken. Wenn mir ein Mensch beteuert, er esse nur ab und zu etwas Fleisch, dann pflege ich zu sagen: „Das ist wie ein bisschen schwanger; entweder is(s)t man es, oder man is(s)t es nicht."

Was den Menschen über das Tierreich hinaushebt, ist das, was ihn wesentlich zum Menschen macht, nämlich seine geistige Überlegenheit, seine sittliche Verantwortung und seine Entscheidungs- und Handlungsfreiheit. Im Gegensatz zum Tier kann sich der Mensch seiner Stellung und seines Auftrags in der Welt bewusst werden Dies meinte *Goethe*:

Allein nur der Mensch
Vermag das Unmögliche;
Er unterscheidet
Wählet und richtet;
Er kann dem Augenblick
Dauer verleihen.
Er allein darf
Den Guten lohnen,
Den Bösen strafen,
Heilen und retten,
Alles Irrende, Schweifende
Nützlich verbinden.

4.7 Das programmierte Schicksal

„Das Schicksal mischt die Karten und wir spielen", sagte einmal *Arthur Schopenhauer*. Die Lehre vom Schicksal nimmt an, dass in jedem Menschen ein verborgener Plan, ein vorgegebenes Programm bestimmt, wann und wo er geboren wird, wie er lebt und wann er stirbt. In seinem Buch „Das Phänomen C.G. Jung" schreibt *Anthony Stevens*: „Es hat den Anschein, als ob jeder von uns nach einem Drehbuch lebt, das schon geschrieben ist." (85) Dieses enthält sowohl unseren Lebens- und Heilsplan aus spiritueller Sicht als auch unsere biologische und psychologische Programmierung für das gegenwärtige Leben.

Verschiedene Kulturen und Religionen nennen das Schicksal auch Fatum, Kismet, Vorsehung, Karma oder Fügung. Religiöse Menschen glauben an Vorbestimmung und an den „Willen Gottes". Noch heute hört man oft die Redewendung: „Es kommt, wie es kommen muss." In den uralten Mythologien schrieb man das vorbestimmte Menschenschicksal dem Walten der Götter zu. Die alten Griechen verehrten drei Schicksalsgöttinnen: Die erste der drei Schwestern, mit dem Namen *Lachesis*, bemisst jedem Menschen seinen Lebensfaden; *Klotho*, die zweite, spult ihn ab, und *Atropos*, die dritte, zerreißt ihn zur festgesetzten Todesstunde. Bei den Römern fiel diese Aufgabe den Parzen zu und in der nordischen Sagenwelt den Nornen. Die antiken Völker waren sehr schicksalsgläubig. So schrieb der griechische Dichter *Euripides* (um 480-406 v. Chr.): „Vor des Schicksals Zwangsgebot gibt es kein Entfliehen" und der hellenische Geschichtsschreiber *Herodot* war der Ansicht: „Dem Menschen ist es doch nicht gegeben abzuwenden, was ihm schicksalshaft bestimmt ist."

Der Gedanke an das unabänderliche Schicksal lebte zur Zeit der klassischen Literatur wieder auf. So heißt es beim protestantischen Theologen *Gottfried Herder* (1744-1803): „Nenne nicht das Schicksal grausam, nenne seinen Schluss nicht Neid; / sein Gesetz ist ew'ge Wahrheit, seine Macht Notwendigkeit." Und *Goethe* pflichtet bei: „Auf allen Pfaden des Lebens führen die Horen dich streng, wie es dem Schicksal gebeut." Sein Dichterfreund *Schiller* ergänzte: „Denn noch niemand entfloh dem verhängten Geschick." *Jean Paul* (1763-1825) stimmt zu: „O der arme Mensch steht allemal mit zugebundenen Augen vor deinem scharfen Schwert, unbegreifliches Schicksal." *Schopenhauer* vertritt die extreme Auffassung: „Weder unser Tun noch unser Lebenslauf ist unser Werk... Schon bei der Geburt des Menschen ist sein ganzer Lebenslauf bis ins Einzelne unwiderruflich bestimmt." Manch einer hält sich für seines Schicksals Schmied. Er gibt sich der Illusion hin, sein Geschick frei wählen zu können. Das kleine Gedicht von *Hieronymus Lorm* könnte ihn eines Besseren belehren:

Das Schicksal ist ein Wirbelwind,
Ein kleines Blatt das Menschenkind;
Er treibt's zu Tal, er hebt's zum Hügel,
Das Blättchen rühmt sich seiner Flügel.

Der Philosoph *Anton Neuhäusler* nimmt an, dass es von tatsächlichen Ereignissen so etwas wie „gedankliche Vorentwürfe" des Zukünftigen gibt, die hellseherisch wahrnehmbar sind. (86)

Einen Tag nach Abschluss der Fußball-Weltmeisterschaften 1994 wurde vor zahlreichem Publikum und Medienleuten im Glattzentrum in Wallisellen bei Zürich ein Tonbandprotokoll abgespielt, das die junge Hellseherin *Paula* bereits vor Beginn der Spiele besprochen hatte und anschließend versiegeln ließ. Darin hatte sie die Resultate sämtlicher Schweizer Spiele richtig vorausgesagt. Sie beschrieb auch unverkennbar den Mann, der beim Spiel Schweiz-USA den ersten Treffer erzielen würde. Ebenso nannte sie den Torschützen im Match der Schweizer gegen Rumänien. Für die Partie gegen Kolumbien sah sie nicht nur das Torverhältnis 1:1 richtig voraus, sondern sagte auch, dass anschließend etwas Trauriges geschehen werde. Gemeint war wohl der Mord an dem Spieler Andres Escobar. *Paula* wusste auch den Sieger des Finalspiels Brasilien gegen Italien im Voraus und nannte ebenso das Torverhältnis 3:2. Bereits sechs Wochen vor dem Ereignis sagte sie: „Das Spiel geht lange, und es fallen viele Tore". (87) Interessant sind auch die Platzexperimente, die verschiedene Wissenschaftler mit dem holländischen Hellseher Gérard *Croiset* (geb. 1910) durchgeführt haben. Dieser konnte im Voraus genaue Angaben machen über jene Personen, die einige Wochen später durch das Los einen bestimmten Platz in einem Vortragssaal zugeteilt bekamen. (88) Hier stellt sich die Frage: Wie ist es möglich, dass derartige Geschehnisse, die scheinbar von vielen äußeren Umständen abhängen, bis in kleine „Zufälligkeiten" hinein vorausgesehen werden können? Wo liegen da die Grenzen unserer eigenen Gestaltungsmöglichkeit und Entscheidungsfreiheit? Oder sind derartige Voraussagen bloße Zufallstreffer?

Hellsehen als Einsicht in ein Geschehen, das sich in einer höheren Dimension bereits im Voraus abzeichnet, ist grundsätzlich möglich. Deshalb sagte *Thorwald Dethlefsen* in einem Vortrag: „Das Vorauswissen der Zukunft ist gerade deshalb möglich, weil das zukünftige Geschehen in einer anderen Wirklichkeit bereits ist." (89) Gegenteiliger Ansicht ist der bekannte Physiker *Hans-Peter Dürr*, der durchaus Sympathie empfindet für transzendentes Gedankengut. Er behauptet: „Für mich gibt es kein Hellsehen, weil die Zukunft noch gar nicht da ist!" (90) Ich halte es für durchaus möglich, dass während eines außerordentlichen Bewusstseinszustandes ein zukünftiges Geschehnis plötzlich wie gegenwärtig aufleuchtet, weil dieses in der astralen Welt bereits vorprogrammiert ist. So können Ereignisse in einer höheren Parallelwelt oder Anti-Welt bereits wie ein Spielfilm auf einer Videokassette gespeichert sein, um später zur vorgesehenen Zeit in unsere Wirklichkeit eingespielt zu werden. Schicksalhafte Vorkommnisse kommen nicht auf uns zu, vielmehr gehen wir ihnen entgegen, vergleichbar einer Bahnstation, die bereits vorhanden ist, längst bevor der Zug an ihr vorbeifährt. Daher sagte der englische Astronom *Sir Arthur Eddington*: „Die Ereignisse kommen nicht, sie sind schon da. Wir gehen im Verlauf des Lebens an ihnen vorüber." Vergleichen wir also das menschliche Leben mit einer Bahnreise. Wir sind frei in der Wahl einer bestimmten Fahrt. Sobald wir aber in den Zug eingestiegen sind, müssen wir uns mit zahlreichen Gegebenheiten abfinden, die wir nicht ändern oder frei wählen können, da sie bereits im Voraus geplant sind: Die Weichenstellungen und Signale, die Abfahrts- und Ankunftszeiten, die Zugkomposition, das Zugpersonal, die Fahrtstrecke und das Fahrziel. All dies ist ohne unser Dazutun schon festgelegt, eher wir einsteigen. Auch können wir nicht an jedem beliebigen Ort aussteigen. Wer eigenwillig die Notbremse zieht, um seine Fahrt zu unterbrechen, macht sich schuldig. Auch die Mitreisenden sind nicht zufällig da. Bei unserer Platzwahl müssen wir auf diese Rücksicht nehmen. Wir bilden mit ihnen für kurze Zeit eine Art Schicksalsgemeinschaft. Unsere persönliche Freiheit kommt bei der Freiheit der anderen an ihre Grenze. Oder nehmen wir einen anderen Vergleich: Das Leben ist wie ein Teppich, der vor uns abrollt. Dessen Muster ist längst gewoben, nur kennen wir es noch nicht. Unsere Freiheit liegt darin, wie wir diesen Teppich gebrauchen, ob wir uns an ihm freuen oder ärgern. An seinem Gewebe können wir nichts ändern, ohne ihn zu beschädigen.

Es gibt genug Beispiele, die zeigen, dass wir nicht immer in der Lage sind, unser Geschick völlig frei und eigenständig zu gestalten, obwohl uns eine beschränkte Entscheidungsfreiheit nicht abgesprochen werden kann. So frei, wie wir es gerne hätten, sind wir allerdings nicht. So manches ist bereits vorgespurt und eingefahren, und wir gehen ahnungslos, gleichsam mit verbundenen Augen, darauf zu, weil es zu uns gehört. Dies gilt manchmal auch für Gegebenheiten, denen wir am liebsten ausweichen möchten. Diese Erfahrung deutet folgende Geschichte an: „Ein reicher Mann im alten Persien ging jeden Morgen mit seinem Diener in seinem Garten spazieren. Eines Tages erschrak der Diener heftig, und der Herr fragte: „Was ist los?" „Soeben habe ich hinter dem Gebüsch den Tod gesehen, und dieser hat mich drohend und furchterregend angeschaut", gestand der Diener. Daher flehte dieser: „Herr, gib mir dein schnellstes Pferd, um schleunigst in Richtung Teheran davonzureiten, sonst ist es um mich geschehen." Der Herr holte sein bestes Reitross aus dem Stall und der Diener galoppierte mit diesem davon. Wie der Herr zurück in seinen Garten kam, erblickte auch er den Tod. Mutig stellte er diesen zur Rede: „Was fällt dir ein, meinen Diener derart zu erschrecken und zu bedrohen?" Ruhig antwortete der Tod: „Ich wollte deinen Diener gar nicht erschrecken und auch nicht bedrohen. Ich war nur erstaunt, dass dein Diener noch hier ist, wo wir uns doch heute Abend in Teheran treffen sollen." "

Wie schicksalshafte Ereignisse sich lange im Voraus ankündigen können, zeigen die Wahr- und Warnträume, die aus einer unbewussten oder überbewussten Welt zu stammen scheinen. Bekannt geworden ist in diesem Zusammenhang die Katastrophe der „Titanic". Das Schiff, das sich auf seiner Jungfernfahrt nach Amerika befand, galt als unsinkbar. Dennoch wurde sein Untergang vom 15. April 1912, bei dem 1485 Passagiere in den Fluten des Nordatlantiks den Tod fanden, von neunzehn Personen im Voraus geträumt. Zwischen dem 3. und 10. April haben mehrere Passagiere ihre Kabinen abbestellt mit der Begründung, sie ahnten ein bevorstehendes Unglück. Der englische Journalist *William Thomas Stead* (1894-1912) wurde vom damals bekannten Hellseher *Louis Hamon*, genannt *„Cheiro",* gewarnt, diese Schiffsreise anzutreten. Als er aber vom damaligen amerikanischen Präsidenten zu einem Vortrag in die USA eingeladen wurde, fuhr er dennoch mit und ging unter. Bereits in der darauf folgenden Nacht beschrieb er seiner Tochter *Estelle* auf medialem Weg, wie sich die Tragödie ereignet hatte. (91) Vierzehn Jahre vor dem Untergang der „Titanic" ist in Amerika ein Buch erschienen mit dem Titel „Der Untergang der Titan". Darin beschreibt der amerikanische Schriftsteller *Morgan Robertson* die Fahrt eines Dampfers über den Atlantik. Dieser galt als das größte und sicherste Schiff seiner Zeit. Nachdem es einen Eisberg gerammt hatte, wurde es in die Tiefe gerissen. Nur wenige Passagiere und Besatzungsmitglieder wurden gerettet. Genau so geschah es mehr als ein Jahrzehnt später im Nordatlantik. (92) Die Übereinstimmungen zwischen Roman und Wirklichkeit sind verblüffend: Die ‚Titan' misst in der Länge 260 Meter; die ‚Titanic' ist 270 Meter lang. Die Geschwindigkeit bei der Kollision: ‚Titan' 25 Knoten, ‚Titanic' 24,5 Knoten. Der Katastrophenmonat ist in beiden Fällen der April. Die romanhafte Kollision der „Titan" geschah exakt um Mitternacht, bei der ‚Titanic' war es um 23.40 Uhr, als der Schiffsbug im Meer versank. (93)

Als ein vollbesetzter Jumbo-Jet der „Turkish-Airlines" am 3. März 1974 auf dem Flug von Paris nach London kurz nach dem Start abstürzte und 346 Menschen in den Tod riss, erfüllte sich haargenau der Traum, den das Medium *Shawn Robbins* zwei Wochen zuvor hatte. Die Voraussage wurde bereits am 16. Februar 1974 in New York auf Tonband aufgezeichnet. Am 19. Februar wurde das New Yorker Büro des FBI über diese Voraussage informiert, und am 27. Februar suchte das Medium die Präsidentin der New Yorker Stiftung für Parapsychologie auf und teilte ihr die schreckliche Vorahnung mit. Doch niemand nahm die Warnung ernst. So war das Unheil nicht zu verhindern, das genau nach der Vorhersage ablief. (94)

Es gibt Vorwarnungen für tragische Ereignisse, die anscheinend unabwendbar sind. Der Tagespresse vom 23.4.1977 entnehme ich folgenden Bericht: „Der 19-jährige *Lee Fried*, Student an der Duke-University von Durham in North Carolina, sah am 21. März 1977 in einem Traum, wie zwei Jumbo-Jets zusammenstießen, wobei 583 Menschen den Tod fanden. Zwei Tage später träumte *Umberto di Grazia* in Italien, dass zwei große Flugzeuge zusammenstoßen und über 500 Tote zu beklagen sind. Vier Tage später erfüllten sich beide Träume, denn am 27. März 1977 stießen auf dem Flughafen von Teneriffa im dichten Nebel zwei Großraumflugzeuge zusammen. Die Zahl der Todesopfer betrug zunächst 496. Vier Tage später starben infolge schwerer Verbrennungen weitere vier Passagiere, so dass auch die vorausgeträumte Zahl der Toten genau stimmte." (95) Am 23. Dezember 1978 stürzte eine DC-9 der „Alitalia" beim Anflug auf den Flughafen von Palermo kurz vor der Küste von Sizilien ins Meer. Von den 128 Insassen konnten nur 21 gerettet werden. Bereits drei Tage zuvor erzählte *Mario* seiner Schwester einen Traum, in dem er sich in einem Flugzeug sah, das den Anflug auf den Flugplatz verfehlte und ins Meer stürzte. Dabei dachte er an Sizilien. Dieser Sensitive hält seine Zukunftsträume jeweils schriftlich fest und teilt deren Inhalt verschiedenen Bekannten mit, so dass er beim Eintreffen eines Ereignisses entsprechende Zeugen für die Richtigkeit seiner Vorhersagen nennen kann. (96)

Wahrträume sind zeitlich oft schwer einzuordnen, wie nachfolgendes Beispiel zeigt: Eine Frau träumte im Jahr 1919, sie stünde an einem unbekannten verlassenen Meeresstrand in der Normandie. Sie wusste im Traum, dass ihr jüngster Sohn dort begraben lag. Als sie aus dem Schlaf erwachte, flehte sie ihren Mann an, ihren Sohn zu retten. Doch der Junge war erst zwei Wochen alt und völlig gesund. Doch der Traum vom Strand und vom Grab ihres Sohnes wiederholte sich in den folgenden Jahren immer wieder. Zwanzig Jahre nach diesem ersten Traumerlebnis, es war das Jahr 1939, wurde der Sohn zum Kriegsdienst eingezogen. Bald verloren die Eltern jeden Kontakt zu ihm. Erst 1946 erfuhren sie, dass dieser in einem Gefangenenlager gestorben sei. Später schickten zwei Kriegskameraden der Mutter eine Zeichnung mit genauen Angaben von der letzten Ruhestätte ihres Sohnes. Der junge Soldat wurde, wie zwanzig Jahre früher vorausgeträumt, in den Dünen von Fort Mahon in Nordfrankreich, achthundert Meter vom Meer entfernt, beigesetzt. (97)

Allerdings müssen Warnträume nicht zwingend in Erfüllung gehen. Es genügt oft, dass sie als Vorwarnungen beachtet werden, wie folgendes Beispiel zeigt: Eine junge Frau aus New York hörte im Traum einen Hilfeschrei ihres zweijährigen Sohnes. Träumend sah sie mit an, wie der Kleine aus dem Fenster fiel, dann hörte sie die Sirenen des Ambulanzwagens, der vor dem Haus vorfuhr. Als sie aus dem Schlaf erwachte, schaute sie zuerst nach dem Baby, dann zum Fenster. Alles war in Ordnung. Einige Tage später legte sie eine Matratze zum Lüften in die Fensteröffnung des Kinderzimmers. Während sie sich in einem Nebenraum beschäftigte, erinnerte sie sich plötzlich an ihren Traum und eilte ins Kinderzimmer. Dort hatte ihr Kleiner soeben das Fenster vollständig geöffnet und saß schon auf dem Fensterbrett. Gerade in dem Augenblick, als er nach außen fallen wollte, ergriff sie ihn. Die Matratze lag schon auf der Straße, doch ihren Sohn konnte sie noch rechtzeitig retten. (98) Aus diesen und ähnlichen Berichten ist deutlich zu erkennen, dass so manches im menschlichen Leben schicksalshaft vorgegeben ist, zumindest als Möglichkeit. Manchmal ist in einer solchen Vorschau eine deutliche Warnung enthalten. Wer diese beachtet, entkommt vielleicht dem angezeigten Ereignis. Solches ist einer Frau in England widerfahren, die träumte, das Flugzeug, das sie am folgenden Tag nehmen wollte, stürze ab. Sie verschob ihre Reise – und das Flugzeug stürzte tatsächlich ab.

So wie im Kino oder Fernsehen in der Vorschau kleine Ausschnitte jenes Films gezeigt werden, der demnächst anlaufen soll, so ist es denkbar, dass zukünftige Ereignisse aus einer jenseitigen Datenbank eingespielt werden, bevor sie sich in unserem dreidimensionalen Diesseits tatsächlich zutragen. Dies beweist folgender Fall: Die Schwedin *Lizz Wernroth* erhielt am 2. und 7. Januar 1974 auf einem leeren Tonband eine solche Einspielung aus der „anderen Welt". Darauf sind deutlich die Geräusche eines schweren Autounfalls zu hören. Nicht nur das Quietschen der Räder und der nachfolgende Aufprall zweier Fahrzeuge waren deutlich vernehmbar, sondern auch die Stimmen jener Personen, die an dem Unfall, der sich zwei Wochen später in der Nähe von Genf tatsächlich so ereignete, beteiligt waren. (99) Es scheint, dass dieser Unfall bereits in einer anderen Dimension eingeplant war, bevor er sich in unserer irdischen Wirklichkeit ereignete.

Der Zeitschrift „Neue Post" vom Jahr 1963 entnehme ich den nachfolgenden Erlebnisbericht. Eine Leserin schreibt: „Es war in einer Nacht vom Samstag zum Sonntag, als ich den Traum hatte, den Traum vom

Unfall. Ich sah alles ganz deutlich: Das Auto, ein grauer VW mit Schiebedach, stand zertrümmert seitwärts vor einem Brückengeländer. Polizisten liefen hin und her. Dann sah ich das Kind mit der Puppe. Diese hatte ein blaues Kleidchen an, der Kopf war zerbrochen und sie lag mit verrenkten Gliedern vor dem Auto. ‚Es ist ein Wunder, dass das Kind mit dem Leben davongekommen ist', sagte ein Polizist neben mir. ‚Aber diese Leute fahren samstags immer wie die Verrückten, und dann wundern sie sich, wenn etwas passiert.' Ich hörte mich selbst sprechen. ‚Was ist mit den anderen?' Der Polizist hob die Schultern. ‚Niemand glaubt, dass sie durchkommen', sagte er. Nach diesem Traum wachte ich schweißgebadet auf. Ich hatte so etwas Entsetzliches noch nie geträumt. Ein paar Wochen vergingen. Eines Nachmittags klingelte es an meiner Tür. Ich öffnete. Vor mir stand eine junge blonde Frau, neben ihr ein Mann und vor beiden ein Mädchen, etwa drei Jahre alt, eine Puppe in den Armen. Ich sah sie fragend an. ‚Tante Gusti, kennst du mich nicht mehr?' Die junge Frau lachte hell auf. ‚Ich bin Erika', sagte sie. ‚Erika, wo kommst du denn her? Als ich dich zuletzt sah, warst du ein junges Mädchen.' ‚Und nun bin ich Ehefrau und Mutter', ergänzte meine Nichte. ‚Das ist mein Mann Erwin und das ist Cornelia, unsere Tochter.' Ich lud die drei in meine Wohnung ein, und dann saßen wir beieinander und plauderten von vergangenen Zeiten. Plötzlich sah ich zu der kleinen Cornelia hin, die ruhig in einer Ecke mit ihrer Puppe spielte. Ich blickte auf die Puppe und erstarrte. Es war die Puppe mit dem blauen Kleid aus meinem Traum, die vor dem zertrümmerten Auto gelegen hatte. ‚Hast du etwas, Tante Gusti', fragte Erika. Ich murmelte etwas und lehnte mich zurück. ‚Seid ihr mit dem Wagen da?', fragte ich. Erika nickte. ‚Wir waren im Urlaub und fahren heute noch nach München zu den Eltern.' ‚Wo ist denn euer Auto?', fragte ich. Dabei fühlte ich, wie mein Herz heftig zu pochen begann. ‚Das steht genau vor der Tür', sagte Erika. Ich ging zum Fenster, und dann musste ich mich festhalten, weil ich taumelte. Es war ein grauer VW mit Schiebedach. Sie wollten heute noch fahren, heute war Samstag. Es waren genau vier Wochen seit meinem Traum. ‚Ihr braucht doch nicht mehr zu fahren', sagte ich. ‚Ich mache euch hier das Bett zurecht'. ‚Warum eigentlich nicht?', sagte Erika und sah ihren Mann an. Erwin nickte, und Erika warf ein: ‚Aber ich will doch noch mit Vater telefonieren. Die Eltern erwarten uns heute sonst vergeblich und machen sich Sorgen.' Sie telefonierte. Ihr Gesicht war ernst, als sie den Hörer auflegte. ‚Vater geht es nicht gut, er ist ins Krankenhaus eingeliefert worden. Mutter bittet mich, zu kommen. Wir müssen also fahren.' Als sie am Abend wegfuhren, kamen mir die Tränen. Bebend und zitternd saß ich vor dem Fernsehapparat. Nach einer Weile klingelte das Telefon. Die Stimme, die mir antwortete, hatte ich schon einmal gehört. Es war die Stimme aus meinem schrecklichen Traum. ‚Frau Bender', sagte der Polizist, wir haben in der Handtasche der Dame, die verunglückt ist, den Zettel mit ihrer Adresse gefunden'. ‚Wo ist es denn passiert?', stammelte ich. ‚Gleich bei der Brücken-Auffahrt.' Wenig später war ich mit dem Taxi auf dem Weg zur Stelle, die mir der Polizist gesagt hatte. Das Unglück war genau so geschehen, wie ich es im Traum gesehen hatte. Ich sah den zertrümmerten VW. Ich sah die Puppe, die verrenkt auf der Fahrbahn lag. Erwin und Erika erlagen ihren Verletzungen ‚Es ist ein Wunder, dass das Kind mit dem Leben davongekommen ist', sagte einer der Polizisten, ‚die Leute fahren samstags immer wie die Verrückten.' Alles genau so, wie es sich im Traum vier Wochen zuvor anzeigt hatte."

Der hellseherisch begabte Architekt *Anton Styger* aus Oberägeri im Kanton Zug beschreibt in seinem im Jahr 2008 erschienenen Buch „Erlebnisse mit den Zwischenwelten" zwei derartige Visionen, die sich wenige Jahre danach auf tragische Weise genau so ereignet haben, wie er diese in einer inneren Schau vorausgesehen hatte. Auf Einladung eines Freundes besuchte er zusammen mit seiner Frau im Jahr 1995 New York. Bei dieser Gelegenheit bestiegen er und seine Frau dort auch einen der hohen Zwillingstürme des World Trade Centers. In der nachfolgenden Nacht erlebte er in einem Traumgesicht, wie die beiden Türme nach einer fürchterlichen Explosion auf mehreren Stockwerken brennen und schließlich in sich zusammenstürzen. Aus der sich ausbreitenden Staubwolke sieht er zahllose Menschen, die als brennende Fackeln aus den Fenstern stürzen. Alles lief wie in einer Zeitlupenaufnahme ab. Jahre später schreibt er: „Es vergingen gut sechs Jahre, und ich hatte alles vergessen: In der Nacht auf den 11. September 2001 hatte ich dieselbe Vision erneut. Am Morgen erzählte ich dies Frau und Kindern. Es ging mir nicht gut, denn ich ahnte, dass es bald passieren würde." Am Tag danach geschah die Katastrophe wie vorausgesehen.

Ungefähr ein Jahr zuvor, am 11. November 2000, hatte *Anton Styger* eine andere Vorausschau. Wie in einem Videofilm wurde ihm folgendes Bild gezeigt: „Ich war in einem Ratssaal... Dort sah ich, wie plötzlich jemand in dieses Plenum stürmte und begann, wild um sich zu schießen. Viele der Männer und Frauen wussten im Moment gar nicht, was los war. Einzelne glaubten einige Sekunden lang an einen Scherz oder blieben wie blockiert und eingefroren einige Minuten sitzen. Andere sah ich unter ihre Sitzpulte in Deckung gehen, fast gleichzeitig mit anderen, die sofort vom Stuhl fielen. Es floss viel Blut, und Verletzte schrien um Hilfe. Aber auch solche, die heil blieben, lösten ihre Anspannung durch Schreien. Panik. Den Täter sah ich nur von hinten, und die Gesichter aller im Saal waren für mich wie in einer Sendung von Aktenzeichen XY mit einem grauen Schleier vollkommen verdeckt. Dann hatte der Schütze ein Problem mit seiner Waffe und rannte weg... Nun sah ich ein anderes Bild. Auf Tischen in diesem nüchternen Saal lagen vierzehn leblose Körper mit weißen Leintüchern zugedeckt. Alles war still und wie erstarrt. Das Standbild erlosch wie im Nebel. Ich erwachte aus dieser Erstarrung und stieß einen Schreckenslaut aus, mit dem ich meine noch schlafende Frau weckte... Gut eineinhalb Jahre waren vergangen. In der Nacht vom 28. September 2001 wurde ich wieder geweckt. Und ich bekam die ganze Vision noch genauer zu Gesicht als beim ersten Mal am 11. 11. 2000." Am selben Vormittag ereignete sich im Kantonsratsaal in der Stadt Zug dieses Verbrechen genauso wie vorausgesehen. (100)

Vor fünfzig Jahren hat die Zeitschrift „Schweizerischer Beobachter" eine Leserumfrage durchgeführt. Im Anschluss an einen Artikel über Vorahnungen und Wahrträume sollten die Leser mitteilen, ob sie selber dergleichen auch erfahren hatten. Es gingen 1500 Erlebnisberichte ein. Diese wurden zur psychologischen Auswertung dem C.G. Jung-Institut in Zürich übergeben. Die Ergebnisse sind später in Buchform erschienen. (101)

Manchmal kommt es einem vor, als wären wir Menschen nur Marionetten, die an dünnen Fäden hangen, welche geheime Schicksalsmächte in ihren Händen halten. Was wir menschliche Freiheit nennen, ist vielleicht nur die Umsetzung eines bereits festgelegten Programmes aus einer anderen Dimension. Schon *Goethe* wusste: „Es glaubt der Mensch zu schieben und er wird geschoben." Wer die wirklichen Programmierer sind, ist schwer zu sagen. *K. O. Schmidt* war überzeugt: „Könnten wir alle Kausalreihen, die in einem einzigen Schicksalsaugenblick zusammentreffen, in ihrem Ablauf und Zusammenlauf überblicken, würden wir ob der Fülle der scheinbar ungeplanten Zufälligkeiten, die dabei offenbar werden, oder ob der Weisheit, die auch das Zufälligste lenkt, in ehrfürchtiges Staunen verfallen." (102) Denken wir dabei an die zufällige Begegnung von zwei jungen Menschen, die später ein Ehepaar werden, und an deren Kinder und Enkel, die diesen im Verlauf der Jahre geschenkt werden. Diese würde es nicht geben, hätten sich die beiden nicht ehemals wie zufällig getroffen. Da muss man doch annehmen, dass diese Menschen schon lange zueinander unterwegs waren und geheime Schicksalsmächte, die wir Engel nennen, sie auf verborgenen und verschlungenen Pfaden unwissend und ahnungslos zueinander führten.

Aus *spiritueller* Sicht wird jedem Menschen sein ihm gemäßes Schicksal aus der geistigen Welt zugeteilt, damit er in der Schule des Lebens lernen kann, was für ihn noch zu lernen ist. Dies hängt weitgehend davon ab, was er in früheren Existenzen sich bereits an geistigem Fortschritt erworben hat. So hat ein jeder also sein persönliches Schicksal, das auch im kollektiven Schicksal einer Familie, eines Landes, eines Volkes oder einer Nation hineingewoben sein kann. *Werner Dostal* erläutert klar den Zusammenhang zwischen innerer Freiheit und schicksalhafter Notwendigkeit, indem er schreibt: „Bevor ein Wesen in ein menschliches Leben gesandt wird, bestimmen seine jenseitigen Begleiter und Helfer die groben Umrisse seines Lebensplanes. In der Kette der irdischen Existenzen soll das kommende Erdenleben gewissen Aufgaben und Herausforderungen ausgesetzt sein, die auf dieser Stufe von Bedeutung sind. Manchmal sind es Aufgaben, die schon in früheren Erdenleben gestellt waren, aber nicht erfüllt worden sind und deshalb wiederholt werden müssen. Manchmal sind es neue Aufgaben, die bisher noch nicht gestellt werden konnten, weil sie noch zu schwer gewesen wären." An anderer Stelle schreibt er: „Erst mit der umfassenden Sicht über die Kette der aufeinanderfolgenden Leben können menschliche Schicksale richtig begriffen werden." (103)

Aus der Jenseitswelt belehrte der frühverstorbene *Roland* seine medial schreibende Mutter *Marcelle de Jouvenal*: „Du musst wissen, dass die Ereignisse im Menschen sich vorbereiten, lange bevor sie in Erscheinung treten. Wenn man euer Inneres bloßlegen könnte, würdet ihr erkennen, dass euer ganzes Leben von der Geburt an in euch schlummert und die Zeit nur dazu dient, euch Wurzeln treiben zu lassen. Die Freiheit des Menschen ist beschränkt." (104) Der Psychologe *Erich Fromm* gibt zu bedenken: „Nicht wie das Schicksal sich gestaltet, sondern wie du dich mit ihm abfindest, bedingt dein Lebensglück", und *C.G. Jung* rät: „Tue in Freiheit, was du durch Schicksal tun musst." Einschränkend erklärte ein jenseitiger Geistlehrer: „Es ist nicht alles Schicksal, was ihr in eurem

Leben tut oder erleidet. Das meiste ist das Ergebnis der Selbstbestimmung eures freien Willens. Vorherbestimmt ist bloß euer Lebensweg mit gewissen Schicksalsstationen an diesem Weg. Was ihr darauf treibt und wie ihr euch an den einzelnen Stationen verhaltet, das ist Sache eurer Willensentscheidung. Dafür trägt ihr die Verantwortung. Euer Leben hat den einzigen Zweck, dass euer Geist auf dem ihm vorgezeichneten Weg höher kommt, näher zu Gott. Euer Lebensweg ist ein Examensweg." (105)

Unsere irdischen Schicksale sind gleichsam die Stationen unseres geistigen Entwicklungs- und Heilsplanes auf dem Weg unserer Heimkehr in das geistige Herkunftsland. Daher sprechen wir auch bei schweren Schicksalen von „Heimsuchungen", denn diese bieten, wenn sie genutzt werden, die schnellsten Aufstiegsmöglichkeiten. Manchmal ist es notwendig, dass unsere jenseitigen Geistführer und Schicksalsengel korrigierend und regulierend eingreifen, wenn wir zu sehr vom vorgesehenen und vorgewählten Lebensplan abweichen. Dann kann es zu Unfällen, zu Anfällen, zu Krankheiten und sonstigen Schicksalsschläge kommen. Diese sind gleichsam ein „Schuss vor den Bug" unseres Lebensschiffes, der uns anzeigen soll, dass wir auf falschem Kurs sind. Vergessen wir dabei nicht, dass wir auch den negativen Einflüssen bösgesinnter Wesen aus den gefallenen Dunkelwelten ausgesetzt sind. Manches Unglück und Ungemach geht auf das Konto dieser Übeltäter. Vertrauen wir uns daher unseren himmlischen Führern an, die wir Schutzengel und Helferengel nennen.

Manche unerwartete Schicksalswende mag uns zunächst ungelegen kommen. Oft begreifen wir erst viel später, wie diese sich zu unserem Vorteil ausgewirkt hat. Es liegt eine tiefe Wahrheit im Weisheitsspruch der alten Römer: „Volentem ducunt fata nolentem trahunt – Den Willigen führt das Schicksal, den Unwilligen zieht und zerrt es an den Haaren herbei." Um dies alles zu begreifen, müssen wir das Gesetz von Saat und Ernte verstehen lernen, das nicht nur in einem Leben, sondern über viele Leben hinweg wirksam ist. So heißt es in einem Gedicht von *Ludwig Ruge*:

Wir wissen, dass ein ehern Schicksal waltet,
das unaufhaltsam alles lenkt und wägt,
doch ist der Mensch es selber, der es gestaltet
und in sich seines Schicksals Sterne trägt.

Wir sind es selber, die das Schicksal wenden
Durch unsern Willen und durch unsre Tat;
Wir sähen aus mit unsren eignen Händen
und ernten ein die Früchte unsrer Saat.

4.8 Wir sind Maskenträger

In den großen Schicksalsdramen der Weltbühnen treten die Rollenträger häufig maskiert auf. Dies ist besonders der Fall in den Welttheatern des *Pedro Calderon* (1600-1681), in seinem „Gran teatro del mundo", in *Hugo von Hofmannsthals* (1874-1929) „Jedermann" und im „Salzburger großen Welttheater". In diesen berühmten Schauspielen werden die unterschiedlichen Lebensrollen durch Masken gekennzeichnet. Es sind Abbilder und Sinnbilder für das tätige Leben.

Je nach der von uns gewählten oder uns zugeteilten Rolle ist das Leben für die einen ein Lustspiel, für andere ein Trauerspiel, für diese eine Posse, für jene eine Tragödie. Was beim Theater das Libretto oder im Film das Drehbuch ist, das nennen wir in unserem irdische Dasein unseren Lebens- und Schicksalsplan, der uns auf den Leib geschrieben ist. Dabei ist nicht so sehr entscheidend, *was* wir spielen, sondern *wie* wir spielen. Ich habe selber im Studententheater, im Stück „Das Leben ein Schauspiel" von *Albert Schnyder*, im Jahr 1951 den Teufel verkörpert. Nach zahlreichen Aufführungen wurde ich weder vom Regisseur noch vom Publikum wegen meiner diabolischen Rolle getadelt, sondern für mein teuflisches Spiel gelobt. So ist es auch im Leben. Nicht die Rolle, die wir spielen, ist maßgebend, sondern die Qualität unseres Spiels. Nicht *was* wir spielen, sondern *wie* wir spielen, ist entscheidend. Die Rolle, die wir im jetzigen Leben zu spielen haben, wurde uns zugedacht, ehe wir geboren wurden, und wir haben sie gewählt, ehe wir damit ins Leben traten.

Auch auf der Bühne des wirklichen Lebens tragen wir häufig eine Maske, um uns nach außen kenntlich zu machen oder um unser wahres Wesen dahinter zu verbergen. Mit unserer Maske halten wir uns bedeckt, um nicht erkannt zu werden. Manchmal raten uns Klugheit und Vorsicht zum Maskentragen, damit wir nicht das Gesicht verlieren. Deshalb meinte *René Descartes*: „Larvatus prodeo – Ich trete nur maskiert auf." Die ganze Maskerade des Lebens hat also oft eine bloße Schein- oder Schutzfunktion. Nicht selten bedienen wir uns mehrerer Masken und vertauschen die häusliche Maske mit der beruflichen Maske, die private Maske mit der gesellschaftlichen Maske. Darin liegt der Unterschied zwischen dem Straßenengel und dem Hausbengel, zwischen dem Biedermann und dem Bösewicht. So sieht es auch *Arnold Schwegler:*

Wir tragen alle Masken – alle.
Wir sind nicht, was man von uns hält,
und zweifelhaft im besten Falle
ist unser Anblick für die Welt.

Im täglichen Umgang kennen wir Menschen einander zumeist nur als Maskenträger. Dabei lassen wir uns beeindrucken oder täuschen von Schein und Show. Wir wissen nicht, wer der andere wirklich ist. Wie sich dies im Leben verhält, selbst unter Menschen, die sich wirklich zu kennen glauben, hat der amerikanische Schriftsteller *O'Neil* in seinem Drama „Der große Gott Brown" wie folgt darzustellen versucht: Zwei befreundete Ehepaare erscheinen gemeinsam auf der Bühne. Alle vier Personen tragen eine Maske. Sie kennen einander nur maskiert. Eines Tages verliert einer der beiden Männer draußen im Garten seine Maske, ohne dass er dies bemerkt. Wie er in der Wohnung seine Frau begrüßen und umarmen will, weicht diese entsetzt zurück. „Was wollen Sie hier?", ruft sie erbost und abweisend. Etwas verstört wehrt sich der Ehemann: „He, was ist mit dir los? Kennst du mich nicht mehr?" „Nein, Sie sind ein Fremder. Ich kenne Sie nicht!", beteuert die erschrockene Ehefrau. In ihrer Not ruft sie die Nachbarsleute herbei. Diese bestätigen, dass er ein fremder Kerl sei, der hier nichts zu suchen habe. Nachdem ihm mit der Polizei gedroht wurde, verlässt er kopfschüttelnd das Haus. Da merkt er auf einmal, dass ihm seine Maske fehlt. Er sucht sie im Garten, findet sie, legt sie wieder an und kehrt in seine Wohnung zurück. Unter der Türe wird er von seiner Frau erleichtert und freudig begrüßt mit den Worten: „Stell dir vor, soeben war ein fremder Mensch hier und hat frech behauptet, er wäre mein Mann." Erneut wurden die Nachbarn gerufen, und diese erkannten ihren Freund. Alle vier Maskierten setzten sich nun zusammen, und bei einer Flasche Wein besprachen sie das seltsame Vorkommnis. Plötzlich sinkt der heimgekehrte Ehemann, von einem Herzinfarkt getroffen, sterbend zu Boden. Im Fallen verliert er seine Maske. Seine Frau und das befreundete Ehepaar stürzen zur Maske hin und sorgen sich um sie. Den wahren

Menschen, der nun maskenlos daliegt, beachten sie nicht. In der letzten Szene wird die Maske auf einer Bahre auf den Friedhof getragen.

Meist erst am Ende des Maskenspiels, das wir unser Leben nennen, erfolgt die letzte Demaskierung und Entlarvung. Hierüber dachte *Arthur Schopenhauer* nach: „Gegen Ende des Lebens geht es wie gegen Ende eines Maskenballs, wenn die Larven abgenommen werden. Man sieht jetzt, wie diejenigen, mit denen man während seines Lebenslaufs in Berührung gekommen war, eigentlich gewesen sind. Denn die Charaktere haben sich an den Tag gelegt, die Taten haben ihre Früchte getragen, die Leistungen ihre gerechte Würdigung erhalten und alle Trugbilder sind abgefallen." (106) Nachdem wir endgültig von der Lebensbühne abgetreten sind, tragen wir die letzte Gesichtsmaske: die Totenmaske. Diese ist wohl die ehrlichste von allen. Von ihr schreibt der Schriftsteller *Max Picard* in seinem kleinen Buch „Das letzte Antlitz", dass hier die letzte Wahrheit zu Tage tritt. (107) Im Volksmund heißt es: „Ein Kind hat das Gesicht, das Gott ihm gab. Der Erwachsene besitzt das Gesicht, das er sich erworben hat. Im Tode hat der Mensch das Gesicht, das er sich verdient hat."

4.9 Wie frei sind wir?

Mit dem viel beschworenen „Freien Willen" des Menschen ist es meist nicht weit her. Wir sind gar nicht so frei, wie wir es gerne hätten. Zu viele Unwägbarkeiten und Abhängigkeiten schränken uns ein, bewusste und noch mehr unbewusste. Zwar dichtete *Friedrich Schiller* in seinem „Musen-Almanach": „Der Mensch ist frei geschaffen, ist frei, / Und würde er in Ketten geboren." Dies kann im besten Fall von der Gedankenfreiheit gesagt werden, die bekanntlich zollfrei über alle Grenzen hinwegkommt. Eine gewisse Freiheit konnten wir in Anspruch nehmen, ehe wir freiwillig ins jetzige Erdenleben traten. Jedes Mal, wenn wir ein neues Leben auf Erden wählen, sind wir in vielerlei Hinsicht an die vorgegebenen Daseinsbedingungen gebunden. Denn so manches ist festgelegt, das wir nicht ändern können: Ort und Zeit unserer Geburt, die Eltern und die weitere personale Umwelt, unsere Konstitution mit ihren Vorzügen und Schwächen, unser Geschlecht, unsere Begabungen und Fähigkeiten, unsere körperlichen und seelischen Eigenheiten. *Goethe* hat in seinen „Orphischen Urworten" gedichtet:

Wie an dem Tag, der dich der Welt verliehen,
Die Sonne stand zum Gruße der Planeten,
Bist alsobald und fort gediehen
Nach dem Gesetz, wonach du angetreten.
So musst du sein, dir kannst du nicht entfliehen,
So sagten schon Sibyllen, so Propheten;
Und keine Zeit und keine Macht zerstückelt
Geprägte Form, die lebend sich entwickelt.

Mit unserem Geburtshoroskop wird uns ein kosmischer Personalausweis ausgestellt, der unsere Besonderheit symbolisch aufzeigt. Dies ist eine Art „Lebensuhr" (108), die uns wissen lässt, wie das geplante Leben in seinem Verlauf gedacht ist. *Carl Loewe* (1796-1869) hat dies in seiner Ballade „Die Uhr" mit den Worten beschrieben: „Ich trage, wo ich gehe / Stets eine Uhr bei mir..."

Wir können unsere Lebensmöglichkeiten, über die wir in einem begrenzten Rahmen frei verfügen können, vergleichen mit einem Menschen, der ein bestimmtes Auto kaufen will. Er lässt sich beraten, wägt ab und überdenkt Möglichkeit und Notwendigkeit seiner Wahl. Hat er zu einem bestimmten Fahrzeugtyp freiwillig Ja gesagt und den Kauf getätigt, dann muss er sich nach dessen Bauart und Fahrtüchtigkeit richten. Er kann nicht schalten und walten, wie es ihm beliebt. Wenn er an sein Ziel ankommen will, muss er sich an die Betriebsanleitung und an die Verkehrsregeln halten. Ähnlich verhält es sich, wenn der Mensch mit einem neuen Körperfahrzeug ein erneutes Erdenleben antritt. Unsere Freiheit besteht im vernünftigen Umgang mit dem, was wir vorher gewählt haben, ohne dies ändern zu wollen. Hierzu gehört auch, dass wir unsere Grenzen sehen und anerkennen. Es verhält sich dies wie mit einer Ziege, die auf einer Wiese mit einer fünf Meter langen Leine an einem Pfahl angebunden ist. Solange sie im zugemessenen Umkreis bleibt, kann sie sich frei bewegen. Sobald sie darüber hinaus will, spürt sie ein schmerzhaftes Ziehen und Zerren am Hals. Daraus kann ein jeder die Lehre ziehen: Willst du frei sein, zieh nicht an der Leine!

Die beiden Ärzte *Friedrich Vogel* und *Peter Popping* haben sich gefragt, was im menschlichen Leben als angeborenes Schicksal gelten mag und was in der freien Selbstbestimmung liegt. Nach ausgedehnten Forschungen kamen sie zu dem Ergebnis, dass es in der Regel möglich ist, selbst bei ungünstigen Erbanlagen und Existenzbedingungen, das Steuer in die eigene Hand zu nehmen und zu versuchen, über sich selbst hinauszuwachsen. (109) Der Wiener Arzt und ehemalige KZ-Häftling *Viktor Frankl* nannte dies in seiner Logotherapie die Selbsttranszendenz. (110) Freilich handelt es sich um ein Missverständnis, wenn von Willensfreiheit gesprochen wird. Der Wille ist nicht frei. Er ist eine blinde Kraft, die notwendig das schafft, was der erkennende Verstand ihm als erstrebenswert vorstellt. Wenn von einem Schüler gefordert wird: „Du musst nur wollen", nützt dies nichts, solange ihm nicht erklärt wird, *was* er zu wollen hat. Dies kann ihm nur die vernünftige Einsicht des Verstandes vorschlagen und nicht eine bloße Willensanstrengung. Der Wille vermag uns die Kraft zu verleihen, um tätig zu sein. Zu welchem Ziel aber unser Tun führen soll, sagt uns nicht der Wille, sondern die eigene Erkenntnis. Erst die richtige Zielvorgabe gibt dem Willen den entscheidenden Impuls zum Handeln. Jeder Willenseinsatz setzt also einen Beweggrund, ein Motiv voraus. Wir können das niedere, sinnenabhängige Erkennen vom höheren übersinnlichen Erkennen unterscheiden. Diesem entsprechend, lässt sich das sinnliche Wollen oder Begehren vom spirituellen Wollen oder Streben trennen. Tiere kennen nur das niedere, triebgesteuerte Verlangen. Der Mensch aber sollte aufgrund seiner Geistesbegabung in der Lage sein, darüber hinaus auch höhere, geistige Werte zu erkennen und zu wollen.

Wie dieses höhere Bestreben mit dem niederen Triebverlangen in Widerspruch geraten kann, lässt sich im „Römerbrief" des Apostels *Paulus* nachlesen, wo er sich unglücklich nennt und eingesteht: „Denn ich begreife mein Handeln nicht: Ich tue nicht das, was ich will, sondern das, was ich hasse." Und weiter: „Das Wollen ist bei mir vorhanden, aber ich vermag das Gute nicht zu verwirklichen. Denn ich tue nicht das Gute, das ich will, sondern das Böse, das ich nicht will." (Röm 15-19) Das ist genau das, was jeder Suchtabhängige spürt, und mit *Goethes Faust* klagt er: „So tauml' ich von Begierde zu Genuss / Und im Genuss verschmacht' ich nach Begierde." Vor jeder bewussten Willenshandlung steht immer die gedankliche Vorstellung des angestrebten Zieles. Der Willenlose lässt sich treiben, der Willensstarke verfolgt ein Ziel. Nur tote Fische schwimmen mit dem Strom. Was wir als Willensstärke oder Willensschwäche bezeichnen, hängt wesentlich davon ab, wie stark oder schwach der Beweggrund ist, der uns veranlasst, die eigenen körperlichen und seelischen Antriebskräfte einzusetzen, um ein vorgefasstes Ziel zu erreichen.

Im menschlichen Erdenleben geht es zu wie in einer Schule. Das Lernprogramm und die einzelnen Lektionen sind durch den Lehrplan vorgegeben. Die Lehrer sind bestimmt, die Lehrmittel sind vorgeschrieben. An den Schülern liegt es, ob sie durch freiwilligen Einsatz die notwendigen Lernschritte vollziehen, um das gewählte Lernziel zu erreichen. Wer das Lernprogramm nicht erfüllt, muss die gleiche Klasse wiederholen. Den Zusammenhang zwischen innerer Freiheit und schicksalhafter Notwendigkeit erläutert *Werner Dostal* wie folgt. „Bevor ein Wesen in ein menschliches Leben gesandt wird, bestimmen seine jenseitigen Begleiter und Helfer die groben Umrisse seines Lebensplanes. In der Kette der irdischen Existenzen soll das kommende Erdenleben gewissen Aufgaben und Herausforderungen ausgesetzt sein, die auf dieser Stufe von Bedeutung sind. Manchmal sind es Aufgaben, die schon in früheren Erdenleben gestellt waren, aber nicht erfüllt worden sind und deshalb wiederholt werden müssen. Manchmal sind es neue Aufgaben, die bisher noch nicht gestellt wurden, weil sie für uns noch zu schwer gewesen wären." An anderer Stelle schreibt er: „Erst mit der umfassenden Sicht über die Kette der aufeinander folgenden Leben können menschliche Schicksale richtig begriffen werden." (111)

Aus der Jenseitswelt belehrte der früh verstorbene *Roland* seine Mutter *Marcelle de Jouvenel*: „Die Freiheit des Menschen ist beschränkt." (112) Der ehemalige Bewohner eines buddhistischen Klosters, *Armin Risi* (geb. 1962), stimmt zu: „Der freie Wille besteht also darin, dass wir entscheiden können, worauf wir unser Bewusstsein ausrichten. Das ist unsere einzige Freiheit und auch unsere Verantwortung." (113) In kleinen und alltäglichen Dingen folgen wir in der Regel unseren freien Entscheidungen. Doch in den großen Lebensentwürfen, die wir mit unserem begrenzten Erkennen nicht genügend durchschauen, stehen wir unter dem Einfluss einer höheren Regie. In vielen Belangen des Lebens ist es ratsam, sich so zu verhalten wie die Möve Jonathan: Sie besiegte den Sturm, indem sie sich ihm überließ.

Schließlich sollten wir uns bewusst werden, dass wir von himmlischen Mächten wunderbar durch unser Leben geführt werden, sofern wir uns ihnen anvertrauen. Auch sind die „Herren des Karma" beauftragt, dafür zu sorgen, dass die vor unserer Menschwerdung frei gewählte Schicksalsplanung möglichst eingehalten wird. „Oft gestalten diese großen Wissenden das Schicksal mit unsichtbarer Hand." (114) So kann es zu Ereignissen kommen, die wir während unseres Aufenthaltes auf der Erde nicht immer verstehen, die uns aber letztlich zu unserem Ziel führen. Allerdings gilt es, nicht zu vergessen, dass es auch bösgesinnte Geistwesen gibt, die an den Schalthebeln der Geschicke und der Geschichte zu drehen versuchen, um Wasser auf ihre Mühlen zu leiten und uns damit auf ihre Seite zu ziehen. An uns liegt es, sich dagegen zu wehren.

Was wir eigenwillig und selbstbestimmend zu tun glauben, wird oft von unsichtbaren Wesenheiten mit uns getan. Nicht immer erliegen wir einem unabwendbaren Schicksalszwang. Manchmal lässt uns das Geschick auch einen gewissen Spielraum zur freien Entscheidung, wie ich mehr als einmal erlebt habe. Vor Jahren rief mich um die Mittagszeit meine ältere Tochter in meiner Praxis an und bat mich, später nach Hause zu kommen, weil das Essen noch nicht bereit sei. Also machte ich mich erst eine Stunde später auf den Weg. Wie ich über die mir vertraute große Brücke fuhr, die als letzter Ausweg für Lebensmüde bekannt ist, sah ich an deren einem Ende ein verlassenes fremdes Auto stehen. Zunächst dachte ich mir nichts dabei und fuhr weiter. Nach etwa einem Kilometer vernahm ich in mir eine Stimme: „Halt an, kehr um! Da ist jemand in Gefahr." Wie ich wieder zur Brücke kam, sah ich an deren anderem Ende eine anscheinend verzweifelte Frau. Ich stieg aus und ging zu ihr hin. Da eilte sie mir mit Tränen überströmtem Gesicht entgegen und fiel mir mit den Worten in die Arme: „Sie sind mein Engel!" So konnte ich sie vor dem tödlichen Sprung in die Tiefe retten und wieder ins Leben zurückführen. In solchen Momenten denke ich an die Worte *Rilkes*:

Wie ist das klein, womit wir ringen.
Was mit uns ringt, wie ist das groß!
Ließen wir ähnlicher den Dingen
Uns vom großen Sturm bezwingen,
Wir würden weit und namenlos.
Was wir besiegen ist das Kleine,
Und der Erfolg selbst macht uns klein.
Das Ewige und Ungemeine
will nicht von uns gebogen sein.

5. Die Herkunft des Menschen

Nach biblischer Auskunft soll das erste Menschenpaar eine unmittelbare Schöpfung Gottes gewesen sein. Außer einigen dogmatischen Fundamentalisten glaubt heute kaum noch jemand an die Wahrheit dieser Geschichte. Allerdings handelt es sich hier nicht um eine Sage oder Legende, seit Jahrtausenden aus der Vorzeit der semitischen Völker überliefert. Vielmehr ist diese Erzählung als bildliche Darstellung zu verstehen, die nur auf der symbolischen Ebene verständlich wird. Aus psychologischer Sicht geht es also weder um einen historischen noch um einen naturwissenschaftlichen Bericht, sondern ganz klar um einen Mythos. Mythen sind Arten des Erzählens, die eine Wahrheit in anschaulicher und verdichteter Form zum Ausdruck bringen. In mehreren altpersischen, babylonischen, sumerischen und hethitischen Mythen, die älter sind als die Bibel, ist die Rede von Göttern, die den ersten Menschen aus Lehm auf einer Töpferscheibe geformt haben. (1) Nicht anders steht es im 1. Buch Moses: „Da bildete Gott der Herr den Menschen aus Erde vom Ackerboden." (1 Mo 2,7) Der Name *Adam* steht für „Mensch aus Erde", das heißt: Er ist von der Erde und aus der Erdentwicklung genommen. Dieses Menschenbild ist rein diesseitig und erdbezogen zu sehen. Ähnliches erzählt *Platon* in seinem Mythos vom Androgyn. (2) Nach geistchristlicher Auffassung waren *Adam* und *Eva* vor der Erschaffung der materiellen Welt ein himmlisches Engelpaar im jenseitigen Paradies. Durch den gemeinsamen Sündenfall wurden sie, zusammen mit einer großen Engelschar, aus der Einheit mit der göttlichen Welt in die gottferne Dunkelwelt verbannt. Erst nach langer Zeit erhielten sie durch ihre Menschwerdung auf Erden und getrennt als Mann und Frau die Möglichkeit des Wiederaufstiegs in die geistige Welt. (3) Das Meinungsforschungs-Institut GfK hat in der Schweiz im Jahr 2002 im Auftrag der Vereinigung „Pro Genesis" eine Erhebung durchgeführt. Dabei wurde gefragt, wie der Durchschnitt der

Bevölkerung in den deutschsprachigen Ländern Europas über die Entstehung des Menschen auf der Erde denkt. Von den fünfhundert Befragten glaubten damals 40%, dass Gott dabei unmittelbar mitwirkte. Weitere 40% stimmten der Evolution ohne göttliches Eingreifen zu. Rund 20% waren in dieser Frage unentschieden. (4)

Wir kennen heute fünf verschiedene Theorien über die körperliche Herkunft des Menschen: 1. Der biblische Kreatianismus 2. Die Abstammungslehre von Lamarck und Darwin. 3. Die Entwicklungsidee nach Teilhard de Chardin. 4. Die Involutionstheorie und 5. Die Inkarnationslehre.

5.1 Biblischer Schöpfungsbericht und Kreatianismus

Das Wort „Kreatianismus" wird sprachlich hergeleitet vom lateinischen „creare" für schaffen oder erschaffen. Die Kreationisten stützen sich vorwiegend aus religiösen Gründen ausschließlich auf den biblischen Schöpfungsbericht. (1 Mo 1, 27 und 2, 21-22) Dieser erzählt auf eine mythologische Weise und noch ganz dem veralteten geozentrischen Weltsystem verpflichtet, Gott habe unsere Erde und danach die ganze Sternenwelt vor einigen wenigen zehntausend Jahren innerhalb einer Woche erschaffen. In den Garten Eden habe er mit allen Pflanzen und Tieren auch das erste Menschenpaar hineingestellt, nämlich als Mann und Frau, ohne dass diese als Kinder von einer Mutter entbunden wurden. Die Kreationisten halten noch heute diese biblische Erzählung für das unverfälschte Wort Gottes. Dieses soll dem Propheten *Moses* wortgetreu und irrtumsfrei eingegeben worden sein. Daher muss es der Wahrheit entsprechen, unbekümmert davon, was Vernunft und Logik dazu sagen. So meinte in einem Fernsehgespräch vom 15. Dezember 2005 eine amerikanische Schülerin: „Wenn etwas anderes gesagt wird, als das, was in der Bibel steht, dann ist es nicht wahr."

Der Kreatianismus lässt sich vom Grundsatz leiten: „Wenn etwas der Bibel widerspricht, dann kann es nicht den Tatsachen entsprechen." Es wird hier an eine Symbolgeschichte geglaubt, als wäre sie ein naturwissenschaftliches Dokument, von Gott selber verfasst und diktiert.. In Wahrheit handelt es sich um eine anschauliche Geschichte des *Zarathustra*, der im „Avesta" die Welt in sieben Tagen durch den Schöpfergott *Ahura Mazda* erschaffen ließ. (5) Ein überzeugter Vorkämpfer für die Wahrheit der erwähnten Bibelaussage war der anglikanische Erzbischof

James Ussher (1581-1656). Er berechnete im Jahr 1701 aus den Zeitangaben über die zwölf Stämme Israels (4 Mo 1,1-47) das Alter der Erde auf 6000 Jahre. Zugleich setzte er den ersten Schöpfungstag auf den 4. November des Jahres 4004 v. Chr. fest. (6)

Im 19. Jahrhundert gewann der Kreatianismus als Gegenströmung zum damals aufkommenden Darwinismus zunehmend an Bedeutung. Heute finden wir diese Denkrichtung vor allem bei fundamentalistisch eingestellten Kreisen der drei abrahamitischen Glaubensgemeinschaften des Judentums, des Christentums und des Islam. Recht verbreitet ist der Kreatianismus heute bei streng gläubigen Christen mit ihrer wortgetreuen Bibelauslegung in einigen Staaten Nordamerikas. Noch im Jahr 1966 wurde in den USA die Biologielehrerin *Susanne Epperson* am College in Little Rock vom Schuldienst entlassen, weil sie ihren Schülern die Evolutionstheorie von *Darwin* vortrug. Als sie gegen diese Maßnahme klagte, kam es erneut zu einem Prozess. Dessen Gerichtsurteil lautet: „In den Schulen darf nur der biblische Text der Schöpfungsgeschichte erwähnt werden." Ein Jahr später hob der Oberste Gerichtshof der USA dieses Verbot als verfassungswidrig auf. (7)

In der sogenannten „Chicago-Erklärung" aus dem Jahr 1978 heißt es wörtlich: „Der Schöpfungsbericht der Bibel ist eine Tatsachenbeschreibung über die Herkunft dieser Welt und allen Lebens. Alle Grundtypen der Lebewesen, einschließlich des Menschen, sind durch direkte Schöpfungsakte geschaffen worden. Alle biologischen Änderungen, die seitdem aufgetreten sein mögen, haben nur zur Veränderung innerhalb der ursprünglichen Arten geführt." (8) Nach einer Gallup-Umfrage aus dem Jahre 2001 stimmen 45% der erwachsenen Amerikaner der Aussage zu, Gott habe die Menschen in ihrer heutigen Gestalt vor 10.000 Jahren erschaffen. Gemäß einer im Jahr 2006 veröffentlichten Statistik glauben 53% der US-Amerikaner, Gott habe den Menschen in seiner heutigen Art vor 6.000 bis 10.000 Jahren sozusagen „eigenhändig" in die Welt gesetzt. 31% nehmen an, Gott habe die seit Jahrmillionen anhaltende biologische Entfaltung des Lebens durch intelligente und von ihm gedachte Naturgesetze vorausgeplant und auf den Weg gebracht. Dagegen halten 12% die ganze Evolution für ein absichtsloses, zielloses und sinnloses Zufallsgeschehen. (9) Die Ergebnisse einer Umfrage des Meinungsforschungs-Instituts „Ipsos Mori" in Großbritannien aus dem Jahr 2006 zeigen folgendes Bild: 48% der Engländer glauben, dass die Menschen sich im Verlauf von Jahrmillionen aus niederen Lebensformen entwickelt haben. Rund 22% stimmen dem Kreatianismus zu, wonach Gott die ersten Menschen direkt erschaffen hat. Dagegen halten es 17% für möglich, dass sich der Mensch aufgrund eines direkten Eingriffes durch ein übernatürliches Wesen auf unserer Erde entwickelt hat. Die restlichen 12% äußerten sich zur Frage nach der Herkunft des Menschen nicht. (10) Nach einer anderen Umfrage in der Zeitschrift „Factum" aus dem Jahr 1980 glaubt jeder Fünfte im deutschsprachigen Europa, dass Gott gemäß dem biblischen Schöpfungsbericht das Leben auf unserem Planeten vor 6000 Jahren geschaffen hat. Dagegen hält der größere Teil der Befragten die Evolutionstheorie für schlüssig. Gleicher Meinung sind in Deutschland 46%, in Österreich 41% und in der Schweiz 33%. (11) Allerdings gibt es heute immer noch Naturwissenschaftler, die unentwegt an die Welterschaffung in sechs Tagen glauben. (12)

Was die heutige Situation des Kreatianismus in Amerika betrifft, schildert die Psychologin *Susie Reinhardt* diese mit folgenden Worten: „Obwohl die meisten amerikanischen Wissenschaftsverbände den Kreatianismus als Pseudowissenschaft werten, nehmen nach Umfragen rund 40 bis 50% der US-Wähler die Bibel wörtlich. In den USA üben die Kreatianisten bereits einen starken Einfluss aus. Mit Hilfe ihres prominentesten Fürsprechers, des früheren US-Präsidenten *George W. Bush*, konnten sie im Jahr 2005 durchsetzen, dass ihre Weltsicht im Fach Biologie als Alternative zur Evolutionslehre an einigen staatlichen Schulen unterrichtet wird." (13) In Italien hat im Jahr 2004 die Bildungsministerin *Letizia Moretti* angeordnet, dass an öffentlichen Schulen im religiösen Unterricht der 13- und 14-jährigen Schüler die Evolutionstheorie nach *Charles Darwin* gestrichen werden soll zugunsten des biblischen Schöpfungsberichtes. Dagegen protestierten 30.000 Professoren, Forscher und Intellektuelle. Der Nobelpreisträger für Medizin, *Renato Dulbecco*, meinte: „Unglaublich, wir drehen die Uhr um 1000 Jahre zurück." Noch im Jahre 2006 verlangten fundamentalistische Kirchen unter der Wortführung ihres Bischofs *Bonifes Adoyo* in Kenia, dass im dortigen Nationalmuseum die wohl berühmteste Fossiliensammlung, welche die biologische Herkunft des Menschen belegt, entfernt werde, um die Menschen in ihrem christlichen Glauben nicht zu beirren. (14) Die traditionelle Lehre der meisten christlichen Kirchen hält an der biblischen Schöpfungstheorie immer noch fest, insofern sie aussagt, dass Gott die Welt aus Nichts erschaffen (Creatio ex nihilo) und die menschliche Seele sich nicht aus tierischen Vorformen entwickelt habe, sondern unmittelbar aus der Hand Gottes hervorgegangen sei. (15) Am meisten Zuspruch erhält der Kreationimus heute noch in fundamentalistischen evangelikalen Kreisen, welche den biblischen Schöpfungsbericht für eine von Gott geoffenbarte unantastbare Wahrheit halten. Eine fundamentalistische Verteidigung des Kreatianismus finden wir heute noch bei den *Zeugen Jehovas* und bei der *Vereinten Kirche Gottes* und in zahlreichen christlichen Freikirchen. (16)

Wenn die Kreationisten die Bibel wirklich für das wahre Wort Gottes halten, müssten sie alle Vegetarier sein. In der biblischen Schöpfungsgeschichte steht nämlich: „Dann sprach Gott: Hiermit übergebe ich euch alle Pflanzen auf der ganzen Erde, die Samen tragen, und alle Bäume mit samenhaltigen Früchten. Euch sollen sie zur Nahrung dienen. Allen Tieren des Feldes, allen Vögeln des Himmels und allem, was auf der Erde lebt, was Lebensodem in sich hat, gebe ich alle grünen Pflanzen zur Nahrung." (1 Mo 1,29-30) Von Fleischnahrung hat er nichts gesagt. Immerhin macht sich ein Umdenken langsam bemerkbar. Bereits im Jahr 1950 hat der damalige Papst *Pius XII.* in seiner Enzyklika „Humani generis" erklärt, dass der Mensch seinem Körper nach aus der Erdentwicklung stammt, dass die Geistseele aber eine unmittelbare Schöpfung Gottes sei. Im Jahr 1996 bestätigte Papst *Johannes Paul II.* diesen kirchlichen Standpunkt. (17) Desgleichen tat es dessen Nachfolger, Papst *Benedikt XVI.*, an einer Tagung in Castel Gandolfo im Jahr 2006. (18) Heute stehen die meisten christlichen Kirchen in Europa dem strengen Kreatianismus eher ablehnend gegenüber. Von der Mehrzahl der Theologen wird heute anerkannt, dass die Bibel kein historischer Bericht über die Erschaffung der Welt ist. Sie will hierüber auch keinen wissenschaftlichen Anschauungsunterricht geben. Vielmehr schildert sie in bilderreicher Sprache, wie die einfachen und ungebildeten Menschen sich in biblischer Vorzeit die Entstehung der Welt haben vorstellen können. (19)

Jede enge Auslegung des biblischen Schöpfungsberichtes und die daraus folgenden dogmatischen Glaubenssätze der christlichen Kirchen, wie die Lehren von der unmittelbaren Erschaffung des Menschen durch göttlichen Eingriff oder die Behauptung, die gesamte Menschheit stamme von einem einzigen Elternpaar ab, führt in mancherlei Hinsicht in eine ausweglose Situation. Im Jahr 2005 erklärte der Wiener Kardinal *Christoph Schönborn,* dass er die Position bibeltreuer Kreise mit ihrem wörtlichen Glauben an die überlieferte Schöpfungsgeschichte nicht teile und die christliche Schöpfungslehre mit der Evolutionstheorie durchaus in Einklang zu bringen sei. Er widersprach den Kreatianisten mit folgenden Worten: „Ich halte solche Versuche für schlichtweg unsinnig. Man kann nicht gegen das Wissen handeln. Glauben und Wissen sind kein Widerspruch. Und der Versuch, mit abenteuerlichen Hypothesen die Erdgeschichte auf sechs Tage zu reduzieren, entbehrt meines Erachtens jeder Seriosität." Die katholische Theologieprofessorin an der Universität Bern, *Sivia Schroer*, die von sich sagt, sie glaube an Gott, nicht aber an die biblische Schöpfungsgeschichte, räumt ein: „Längst behandelt die Bibelwissenschaft die Schöpfungserzählung als Zeugnis antiker Kulturen – und nicht mehr als von Gott inspirierte Reportage über den Weltanfang." (20) Ihr pflichtet der Theologe *Patrick Becker* bei, indem er die Evolutionstheorie für die bessere Antwort auf die Schöpfungsfrage hält als den Kreatianismus". (21)

Namhafte Naturwissenschaftler und fortschrittliche Theologen sind sich heute darin einig, dass im ganzen Naturgeschehen von Anfang an ein intelligentes Entwicklungsprogramm eingeplant war, das sich im Verlauf einer sehr langen Zeit allmählich unter der Wirkung vielfältiger Umwelteinflüsse in abertausend Formen ausgestaltet hat. Dieses Zusammenwirken sehen wir in allem Lebendigen von Anfang an bestätigt. Es lehrt uns, dass sich nichts entwickeln kann, was nicht als entwicklungsfähige Anlage bereits vorhanden ist, und sich keine Anlage von selbst entfalten kann, wenn sie nicht durch entsprechende Außenwirkungen geweckt wird. Für *John R. Schroeder* ist Gott „der ultimative intelligente Designer, der sozusagen eine grundlegende Vorlage benutzt hat. Wenn wir die vielen Lebensformen im Detail untersuchen, wird eine unglaubliche Übereinstimmung offensichtlich." (22)

Die Naturwissenschaft erklärt uns, *wie* die Welt entstanden ist. Deshalb sagte *Albert Einstein*: „Ich will nichts als meine Ruhe haben und wissen, wie Gott diese Welt erschaffen hat." Die religiösen Schriften dagegen versuchen zu erklären, *warum* und *wozu* die Welt erschaffen wurde. Es handelt sich demnach um zwei Erklärungsmodelle, die auf zwei verschiedenen Ebenen zu verstehen sind. Die eine Ebene bezieht sich auf die Biologie, die andere auf die Religion. Sowohl die Naturwissenschaften als auch die Theologie zeigen sich heute in zunehmendem Maße bereit anzuerkennen, dass sich in dieser Frage die Ansichten der Evolution und der Bibelwissenschaft nicht widersprechen müssen, weil beide Aussagen auf zwei verschiedenen Ebenen zu verstehen sind. Die Theologie spricht sich dabei aus über die geistige Herkunft des Menschen. Die Naturwissenschaften dagegen äußern sich nur zu dessen körperlicher Abkunft. (23)

5.2 Die Abstammungshypothesen nach Lamarck und Darwin

Bis ins 18. Jahrhundert herrschte die Meinung vor, dass die Natur unverändert blieb, so wie sie Gott am Anfang der Schöpfung gebildet hat. Erst als die Biologen und Paläontologen anfingen, uralte Versteinerungen von Pflanzen und Tieren zu erforschen, erkannten sie anhand dieser Fossilien, dass die Lebensformen sich im Verlauf von vielen Millionen Jahren stark verändert haben. Auch entdeckten sie, dass es in Urzeiten zahlreiche Lebewesen gegeben hat, die heute ausgestorben sind. Ebenso fanden sie, dass es heute im Pflanzen- und Tierreich neue Arten gibt, die sich erst im Verlauf einer sehr langen Zeit durch Anpassung und Auswahl herausgebildet haben.

Der französische Naturforscher *Jean-Baptiste de Monet Lamarck* begründete als erster Evolutionsbiologe zu Anfang des 19. Jahrhunderts eine Abstammungslehre unter dem Namen *Deszendenztheorie* (lat. *descendere*: absteigen). In seiner „Philosophie zoologique" von 1809 verneinte er die unveränderte Gleichheit der tierischen Arten. Dagegen vertrat er die Ansicht, die Verschiedenheit der Lebensformen sei während einer sehr langen Zeit durch Gebrauch oder Nichtgebrauch bestimmter Organe entstanden. Dadurch soll es zu Neubildungen und Rückbildungen körperlicher Merkmale gekommen sein, was allmählich auch zur Veränderung des Erbgutes geführt habe.

Mit seiner Entwicklungslehre wurde *Lamarck* zum Wegbereiter der Evolutionstheorie. Diese geht davon aus, dass im Verlauf längerer Zeitabschnitte durch Anpassung an neue Umweltbedingungen höher organisierte Lebensformen aus einfachen Organismen hervorgegangen sind. Die so erworbenen Eigenschaften sollen an ihre Nachkommen weiter vererbt worden sein. Daraus schließt sie auf den gemeinsamen Ursprung aller Lebewesen, die auf einige wenige Urformen zurückzuführen sind. Diese Theorie versucht daher zu beweisen, dass sich die heutigen Pflanzen- und Tierformen durch Anpassung an neue Lebensbedingungen aus einfach gestalteten Lebewesen entwickelt haben. In jüngster Zeit hat die Basler Molekularbiologin *Barbara Hohn* durch Pflanzenexperimente nachgewiesen, dass auch Bäume sich über mehrere Generationen hinweg nach Erfahrungen ihrer biologischen Vorfahren orientieren können. Sie spricht daher nicht nur den Tieren, sondern auch den Pflanzen ein funktionierendes Zellgedächtnis zu. (24)

Die Gegner dieser Evolutionstheorie werfen ein, dass es bei manchen Tierarten gar keine Entwicklung gegeben habe. So wurden im Jahr 1938 vor der Küste Südafrikas urzeitliche Fische mit dem Namen „Quastenflossler" entdeckt. Diese Tiere, von denen man glaubte, sie seien vor siebzig Millionen Jahren ausgestorben, haben sich nicht verändert. Gleiches gilt von einer Meeresmolluske, die seit vierhundert Millionen Jahren als ausgestorben galt. (25) Diese Tiere scheinen sich offensichtlich über viele Millionen von Jahren nicht verändert zu haben, weil ihre gewohnte Lebensweise stets die gleiche blieb.

Die Entwicklungslehre widerspricht dem Schöpfungsglauben nicht. Sie schließt die Erschaffung der Welt durch eine göttliche Macht nicht aus. Über den Ursprung des Lebens äußerte sich die Evolutionstheorie überhaupt nicht. Fragwürdig ist aber die Behauptung, die Welt sei aus dem Nichts ohne intelligente Planung, ohne Absicht und Ziel, aus sich selber entstanden, wie dies der englische Evolutionsbiologe *Richard Dawkins* behauptet, indem er die Entstehung und Entfaltung der Pflanzen- und Tierwelt dem Zufall überlässt. (26)

Als der eigentliche Begründer der wissenschaftlichen Evolutionstheorie gilt der englische Naturforscher *Charles Darwin* (1809-1882). Das Wort Evolution geht auf das lateinische Wort „evolvere" zurück und bedeutet entfalten, entwickeln. Es handelt sich also um eine Lehre über die biologische Entwicklung des Lebens, insbesondere auch des Menschen. *Darwin* studierte zunächst einige Semester Medizin, dann ließ er sich zum Theologen ausbilden. Weil er als Pfarrer keine Anstellung fand, nahm er in den Jahren 1831 bis 1836 an einer Forschungsreise mit dem englischen Schiff „Beagle" teil. So gelangte er nach Patagonien und auf die Galapagos-Inseln im Stillen Ozean. (27) Während dieser Zeit konnte er ein umfangreiches Material an Naturbeobachtungen sammeln. So entdeckte er auf einigen Inseln im Pazifischen Ozean mehrere Vogelarten, vor allem Finken, deren Schnabelformen deutlich voneinander abwichen, je nach ihrer unterschiedlichen Nahrungsaufnahme, die von Insel zu Insel verschieden war. Auch fiel ihm auf, dass die einheimischen Tierarten auf einzelnen Inseln unterschiedliche Körpermerkmale entwickelt haben, die sonst nirgends vorkamen. Daraus schloss er, dass entwicklungsfähige Lebensformen bereits von Anfang an vorhanden waren. Von *Darwin* ist folgende Aussage aus dem Jahr 1859 überliefert: „Es ist wahrlich eine großartige Ansicht, dass der Schöpfer den Keim allen Lebens, das uns umgibt, nur wenigen oder nur einer einzigen Form eingehaucht hat, und dass, während unser Planet den strengen Gesetzen der Schwerkraft folgend sich im Kreis schwingt, aus so einfachem Anfang sich eine endlose Reihe der schönsten und wundervollsten Formen entwickelt hat und noch immer entwickelt." (28)

In den darauf folgenden Jahren wertete er seine naturwissenschaftliche Sammlung aus. Die Ergebnisse baute er zu seiner berühmt gewordenen Entwicklungslehre aus. Dreißig Jahre danach veröffentlichte er im Jahr 1859 in London sein Hauptwerk unter dem Titel „Die Entstehung der Arten durch natürliche Zuchtwahl". Darin legte er die Theorie dar, dass sich die Tierarten in ihrem harten Überlebenskampf durch natürliche Auslese (Selektion) und Anpassung an die Umwelt weiterentwickelt haben. Als *Darwin* gegen Ende seines Lebens gefragt wurde, ob er etwas über den Ursprung des Lebens aussagen könne, soll er entgegnet haben, „dass augenblicklich jedwede Antwort auf diese Frage über das Wissen der Zeit hinausgeht". (29) Tatsächlich vermag die Evolutionstheorie noch längst nicht alle Fragen zu beantworten. Dies hat *Darwin* am Ende seines Lebens selber eingesehen, denn er schrieb 1869 an *Josef Hooker*: „Würde ich noch weitere zwanzig Jahre leben und wäre ich imstande zu arbeiten, wie würde ich die „Entstehung der Arten" verändern müssen, und wie sehr müssten die Ansichten in allen Punkten modifiziert werden! Nun, es ist ein Anfang, und das ist schon etwas." (30)

Darwins Theorie lässt sich in drei Punkte zusammenfassen. 1. Alle Arten von Lebewesen haben sich aus einem gemeinsamen Stamm heraus entwickelt. 2. Diese Entwicklung geschah nicht sprunghaft, sondern vollzog sich in langen Zeitabschnitten. 3. Aus einer anfänglich geringen Anzahl von Arten ist bis zum heutigen Tag eine reiche Artenvielfalt entstanden. Im fortwährenden Kampf ums Dasein konnten sich nur die stärksten und gesündesten Exemplare behaupten. Auch wurden bei der Paarung instinktiv jene Partner ausgewählt und bevorzugt, die Träger von durchsetzungsfähigen Erbanlagen waren. So kam es über viele Generationen hinweg zu einer Veränderung der Arten. Eine Entwicklung auf ein bestimmtes Ziel hin ist damit nicht gemeint. (31) Darwin hat auch die Entwicklung des Menschen in seine Evolutionstheorie einbezogen. Danach hat der biologische Stammbaum der menschlichen Rasse seine Wurzeln im Tierreich. Im Jahr 1871 veröffentlichte er sein Buch zur „Abstammung des Menschen". (32)

Der heutige *Neodarwinismus* ergänzte die ursprüngliche Evolutionstheorie *Darwins*, indem er auch die Möglichkeiten zu Neubildungen durch spontane Genveränderungen annimmt. Durch derartige Mutationen kann es zu Evolutionsschüben und Entwicklungssprüngen kommen, die keinerlei Zwischenformen hinterlassen haben. (33) Hierzu wenden Kritiker der Evolutionstheorie ein, dass es als Beweis für die fortlaufende Entwicklung der zahlreichen Tierarten bestimmte Übergangsformen geben müsse, sogenannte „missing links", was aber bisher kaum nachgewiesen werden konnte. *Darwin* gab selber zu, dass dies vielleicht der rätselhafteste Einwand gegen seine Evolutionstheorie sein könnte. (34)

Die Evolutionslehre blieb noch bis zur Mitte des vorigen Jahrhunderts umstritten. Sowohl die evangelischen als auch die katholischen Kirchen reagierten zunächst ablehnend. Vor allem die katholische Kirche in Amerika wehrte sich dagegen mit dem Hinweis auf den biblischen Schöpfungsbericht. Im Jahr 1926 fand in Dayton/Tennessee, USA der sogenannte „Affenprozess" statt, bei dem drei Wissenschaftler gerichtlich angeklagt wurden, weil sie die Evolutionslehre verteidigten. Berühmt geworden ist die heftige Auseinandersetzung zwischen dem anglikanischen Bischof *Wilberforce* und dem Darwin-Anhänger *Thomas Henry Huxley*. Als der geistliche Herr den Naturforscher fragte, ob seine Großeltern von Affen abstammten, soll dieser schlagfertig geantwortet haben: „Ich stamme lieber von einem Affen ab als von einem Bischof, der eine seriöse Wissenschaft ins Lächerliche zieht." (35) Noch heute sind es die bibelgläubigen Fundamentalisten, die befürchten, bei Annahme der Evolutionstheorie habe Gott in dieser Welt und insbesondere im Leben der Menschen keinen Platz mehr, weil alles natürlich erklärt würde. (36) Tatsächlich behaupten manche Atheisten und Freidenker, die Evolutionstheorie beweise, dass es gar keinen Gott brauche, um die ganze Schöpfung zu erklären. (37) In der Auseinandersetzung zwischen Kreatianismus und Darwinismus taucht immer wieder die Frage auf: Woher kommt der Mensch?(38) Heute sind die meisten Biologen der Meinung, „dass Darwin im Prinzip recht gesehen hat, dass aber seine Sicht der Evolution eine Erweiterung braucht. Viele Teilfragen der Evolution sind noch nicht befriedigend beantwortet." (39)

Die Anwendung der Evolutionslehre auf das menschliche Zusammenleben führte im 19. und 20. Jahrhundert zum *Sozialdarwinismus*. (40) Dieser rechtfertigte die sozialen Ungleichheiten oder die Rassenüberlegenheit als eine natürliche Folge der biologischen Auslese. Kolonialismus und Eroberungskriege wurden als „Kampf ums Dasein" und mit dem „Recht des Stärkeren" begründet, wie es in der ganzen Natur vorkommt. Der französische Diplomat Graf *Arthur de Gobineau* (1816-1882) gilt als der Begründer der arischen Rassenlehre, die bei *Friedrich Nietzsche* zur Theorie vom „Übermenschen" führte. Während der Diktatur des „Dritten Reiches" in den Jahren 1933 bis 1945 entstand aus dieser falsch verstandenen Evolutionslehre das berüchtigte Schlagwort „Wehe dem, der schwach ist". Dies führte zu den berüchtigten „Nürnberger Rassengesetzen", deren erschreckende Folgen die angestrebte Vernichtung „minderer Rassen" und die Ausmerzung „lebensunwerten Lebens" waren. (41) Demgegenüber verlangt der *Sozialhumanismus* die Unterstützung von Schwachen und Kranken durch unsere Sozialwerke, indem sie Nothilfe an Bedürftige und Benachteiligte ermöglicht.

Noch heute bestehen seitens der Geisteswissenschaften gegenüber der naturwissenschaftlichen Evolutionslehre einige Bedenken. So hält die theologische Lehre von der Leib-Seele-Einheit dem Darwinismus entgegen, der Mensch könne nicht in seiner Ganzheit, also mit Körper und Seele, aus dem Tierreich hervorgehen, weil die Seele direkt von Gott geschaffen werde. In den letzten Jahrzehnten schlug die katholische Kirche in ihrer Stellungnahme hierzu einen versöhnlicheren Ton an. Papst *Pius XII.* schrieb in seiner Enzyklika *Humani generis*, dass man die Lehre *Darwins* insoweit annehmen könne, als Gott den Menschen nicht aus dem Nichts geschaffen habe, sondern seinen Körper aus bereits vorhandenen Lebensformen gebildet hat, um in diesen eine Geistseele hinein zu erschaffen. Papst *Johannes Paul II.* erklärte in seiner Botschaft an die Päpstliche Akademie der Wissenschaften, dass der Darwinismus mit dem christlichen Glauben vereinbar sei, schränkte aber ein: „Wenn der menschliche Körper seinen Ursprung in der lebenden Materie hat, die vor ihm existiert, dann ist doch seine Seele unmittelbar von Gott geschaffen". (42) Abzulehnen ist allerdings die Auffassung des Ex-Theologen *Eugen Drewermann,* der von einer „phantastischen Ungeplantheit zumindest des Menschen in der Geschichte des Lebens auf unserem Planeten" spricht. (43) Die Evolutionstheorie schließt die Existenz Gottes keineswegs aus.

Im Gegenteil weist sie uns auf einen höchst intelligenten Schöpfungsplan hin, der nicht durch einen blinden Zufall erklärt werden kann. Bei allem Verständnis für die Evolutionstheorie ist festzuhalten, dass *Darwin* die Frage nach der Entstehung des Lebens völlig offen gelassen hat.

Außerdem haben neueste Forschungen gezeigt, dass nicht die bloße Auslese und Anpassung an neue Umweltverhältnisse allein die Entwicklung der Lebensformen vorangebracht haben. Inzwischen ist erwiesen, dass die Weitergabe von vererbten Erfahrungen, die wir Instinkte nennen, wesentlich zur Höherentwicklung der Arten beigetragen hat. Den experimentellen Nachweis hierzu erbrachte im Jahr 1999 die australische Biologin *Emma Whitelaw*. Danach geht mit dem Tod eines Lebewesens dessen Entwicklungsfortschritt nicht verloren. Dieser wird auf dem Weg der Vererbung auf dessen nachfolgende Generation weiter getragen. (44) Dies gilt nicht nur für Pflanzen und Tiere, sondern auch für den Menschen unter Berücksichtigung einer sehr langen Zeitspanne. Seit Millionen von Jahren schreitet die Natur zielstrebig auf den Menschen zu, den wir als die Spitze der Evolution betrachten können. Der stummen Kreatur der Pflanzen- und Tierwelt, der wir das biologische Dasein auf unserem Planeten Erde verdanken, hat *Christian Morgenstern* (1871-1914) das nachfolgende Gedicht gewidmet:

Ich danke dir, du stummer Stein,
und neige mich zu dir hernieder.
Ich schulde dir mein Pflanzensein.

Ich danke euch, ihr Grund und Flor,
Und bücke mich zu euch hernieder:
Ihr halft mir zum Tier empor.

Ich danke euch, Stein, Kraut und Tier,
Und beuge mich zu euch hernieder:
Ihr halft mir alle drei zu mir.

Wir danken dir, du Menschenkind,
und lassen fromm uns vor dir nieder,
weil dadurch, dass du bist, wir sind.

5.3 Die Entwicklungsidee nach Teilhard de Chardin

Der französische Jesuit und Naturforscher *Pierre Teilhard de Chardin* (1881-1955) hat in der Abstammungs- und Entwicklungslehre des Menschen neue Wege beschritten, indem er versuchte, den Geist als entscheidendes Element des Menschen in die natürliche Entstehungsgeschichte einzubeziehen. Er arbeitete in den Jahren 1926 bis 1939 als Paläontologe und Archäologe in China. Aufgrund seiner Forschertätigkeit entwickelte er ein philosophisch-theologisches Menschenbild, das freilich bis heute keine wissenschaftliche Anerkennung fand. Er versuchte die biblische Schöpfungslehre mit den Erkenntnissen der Evolutionstheorie in Einklang zu bringen. Dieses Bemühen fand bei seinen kirchlichen Oberen keine Zustimmung. Im Jahr 1926 wurde ihm deshalb die Lehrerlaubnis am „Institut catholique" in Paris entzogen. Die vatikanischen Behörden verboten ihm die Veröffentlichung seiner zahlreichen theologischen und naturwissenschaftlichen Schriften. Ihm wurde vorgeworfen, er verletze mit seinen Ansichten die christliche Glaubenslehre, die stets bekräftigte, dass der Mensch unmittelbar aus der Hand Gottes hervorgegangen sei und nicht aus der Erdentwicklung, wie *Teilhard* meinte. Er übertrug daher seine Autorenrechte testamentarisch seiner Sekretärin, die in den 1960er Jahren mehrere seiner Werke veröffentlichte. Diese lösten zunächst bei zahlreichen fortschrittlich denkenden Theologen eine bemerkenswerte Begeisterung aus, während kritische Biologen sich zurückhielten. Inzwischen ist diese Zustimmung weitgehend abgeklungen, weil seine Theorie immer deutlicher als religiöse Mystik und weniger als sachbezogene Naturwissenschaft anerkannt wurde.

Eine der grundlegenden Neuerungen von *Teilhard de Chardin* war die Annahme, dass es wirklich Lebloses in der Schöpfung nie gegeben habe, sondern dass alle Materie von Anfang an bereits einen Keim von Leben und Bewusstsein in sich trage. Was die ursächliche Entstehung des Lebens betrifft, führte er diese auf eine Zustandsänderung der Materie zurück. Diese sei beim Erreichen eines kritischen Punktes in der fortschreitenden Erdentwicklung spontan ausgelöst worden. Er verglich dies mit der Veränderung von flüssigem Wasser in Wasserdampf, sobald dessen Siedepunkt erreicht ist. Die Evolutionstheorie von *Darwin* erweiterte er, indem er den Geist als entscheidendes Element in die Entstehungsgeschichte des Menschen einbaute. Nach ihm hat die gesamte Schöpfung zwei sich entsprechende Seiten: eine materielle Außenseite und eine geistige Innenseite. Materie und Geist bezeichnete er als zwei sich ergänzende Seinszustände des kosmischen Urstoffs, aus dem alles entstanden ist. Die ganze materielle Wirklichkeit, aus der die Vielfalt aller Lebensformen und schließlich das menschliche Bewusstsein entstanden sein soll, zeigt seiner Meinung nach eine unverkennbare Neigung zur Weiter- und Aufwärtsentwicklung bis zur Vergeistigung. Auf diese Weise soll auch der menschliche Geist im Verlauf von Jahrmillionen aus der Materie hervorgegangen sein.

Es handelt sich also um eine Erweiterung der Evolutionstheorie von *Darwin* durch eine religiöse Vision. Diese nimmt an, Gott selbst mache die ganze Weltentwicklung aktiv mit, gestalte sie und führe sie in *Christus* zur Vollendung. *Teilhard* hat die Evolution auf unserer Erde in folgende vier Phasen eingeteilt: 1. Die Erschaffung des Weltalls (Kosmogenese), 2. Die Entstehung des Lebens (Biogenese). 3. Die Entwicklung des Menschen (Anthropogenese) und 4. Die Entfaltung des Christus-Bewusstseins auf unserem Planeten (Christusgenese). Diese fortschreitende Höherentwicklung bezeichnet er als Evolutionsweg vom Punkt „Alpha" zum Punkt „Omega". Es handelt sich also um eine gerichtete, spiralförmig aufsteigende und nach oben offene Evolution, die auf den Menschen abzielt. (45) Was die biologische Entwicklung des Menschen angeht, sah *Teilhard de Chardin* zwischen Mensch und Tier keinen wesentlichen Unterschied. Er nimmt eine Art Reifungsprozess der Materie an, in deren Verlauf ein langsamer Übergang vom Tier zum Menschen stattfand. (46) Seiner Meinung nach ist der Mensch dank seiner Geistbegabung dem Tier um einen kleinen Entwicklungsschritt voraus. Im Tierreich ist der Mensch bereits vorgebildet, und es bedarf zur Menschwerdung bloß eines sachten Übergangs, eine Art Häutung, zu vergleichen mit dem Überschreiten einer Schwelle, die zu einem neuen Zustand führt. (47)

Ähnlich erklärte der Anthropologe *Adolf Portmann*, ehemaliger Professor für Zoologie an der Universität Basel, die biologische Sonderstellung des Menschen durch den Geist, den er sich dachte „als etwas Zusätzliches, als etwas, was in diesem Menschenleib aus unsichtbaren Anlagen sich allmählich entfaltet hat und schließlich wie eine wunderbare Blume in diesem aufgerichteten tierischen Körper erblüht ist". (48) Der Arzt *Josef Gander* verteidigte diese Theorie, indem er schrieb: „Aus dem tierischen Reflex ist der bewusste Intellekt ausgebrochen. Aus einem instinktiven

Dasein ist ein intelligentes Sosein geworden. Mit diesem psychischen Phänomen hat die eigentliche Menschwerdung ihren Anfang genommen. Diese Loslösung aus dem materiellen Bereich und die Befreiung der psychischen Faktoren ist das Endziel jeglicher Evolution." (49) Selbst *Hans Küng* bekennt sich in seinem Buch „*Der Anfang aller Dinge*" zu dieser Theorie, indem er schreibt: „Nur auf unserem Planeten im ganzen Sonnensystem hat sich schließlich nach Jahrmillionen aus dem Tierreich Leben, sogar mit Geist entwickelt." (50)

In all diesen Entwürfen liegt meiner Meinung nach noch sehr viel Unklares. Von den Naturwissenschaften ist dieses Problem offensichtlich nicht zu lösen. Es drängen sich daher folgende geisteswissenschaftliche Überlegungen auf:

- Seinem Wesen nach ist der Geist etwas Eigenständiges und Selbstständiges. Er existiert unabhängig von der Materie. Was von der Materie unabhängig ist in seinem Bestehen, das ist auch unabhängig von ihr in seinem Entstehen. Also kann der Geist nicht aus der Materie hervorgegangen sein.
- Der Geist ist die Erstursache aller geschaffenen Dinge. Alles, was existiert, wurde zuerst im Geiste gedacht, bevor es materielle Form und Gestalt annehmen konnte. Der formgebende Gedanke kann nicht aus der geschaffenen Form entspringen. Daher kann etwas Früheres nicht aus etwas Späterem hervorgehen.
- Der Geist ist seinem Wesen nach unteilbar, die Materie aber ist teilbar. Das Unteilbare kann nicht im Teilbaren seinen Ursprung haben.
- Der Geist ist seinem Wesen nach einfach, die Materie aber ist aus der Vielfalt der Atome zusammengesetzt. Etwas Einfaches kann daher nicht aus etwas Zusammengesetztem kommen.
- Die Schwingung des Geistes ist von höherer Frequenz als jene der Materie. Die Abstammung einer höheren Schwingungsebene von einer niederen ist nicht denkbar.
- Es besteht nicht bloß ein gradueller Unterschied zwischen Geist und Materie, sondern ein essenzieller.

Daraus folgt, dass die Ansicht von *Teilhard de Chardin*, wonach der Geist aus der materiellen Entwicklung hervorgegangen ist, so nicht stimmen kann.

5.4 Die Involutionstheorie

Eine andere Theorie über die Herkunft des Menschen entwickelte *Armin Risi*. Er stellt der westlichen Evolutionstheorie die östliche Involutionstheorie gegenüber. Dabei beruft er sich auf die Veden.

Das lateinische Wort „involvere" bedeutet entfalten oder verdichten. Das Erklärungsmodell der Involutionstheorie geht aus von der logischen Einsicht, dass etwas Niederes nicht etwas Höheres und etwas Materielles nicht etwas Geistiges hervorbringen kann. Daher wird ein geistiges Schöpfungsprinzip vorausgesetzt, aus dem alles geschaffene Sein hervorgegangen ist. Ebenso wird angenommen, dass vor sehr langer Zeit aus höheren Energien geistige Wesen geschaffen wurden. Diese werden Götter, Halbgötter, Engel und Dämonen genannt. Auch Elementargeister und Naturgeister gehören dazu, aus denen in großen Zeiträumen Pflanzen und Tiere und schließlich der Mensch hervorgegangen sind. Aus dieser Sicht ist die Menschheit nicht aus der irdischen Materie-Evolution, sondern aus einer Geist-Involution hervorgegangen. Deren geistige Substanz hat sich in der Materie verdichtet. Es handelt sich also um zwei Daseinsstufen auf unterschiedlichen Schwingungsebenen. Nach der indischen Philosophie verdanken beide ihr Dasein dem absoluten kosmischen Bewusstsein und dem höchsten Schöpfergott des Universums – *Brahma*. (51)

Die Involutionstheorie lehrt, dass auf allen geschaffenen Ebenen stets der Geist als formende Kraft wirksam ist. Die höchste Stufe wird der reinsten Liebe und aus dem klarsten Bewusstsein – als dem höchsten Zustand des Geistes – gebildet. Um alle Wesen zu dieser geistigen Höhe zu führen, war es vorgesehen, dass sich Liebe und Bewusstsein auch auf dem irdischen Plan manifestieren können. Daher rief die göttliche Erdenmutter hohe Lichtwesen herbei, um sich in der materiellen Welt zu verkörpern. Diese verdichteten ihre hochfrequenten Lichtkörper hinunter auf die niederen Schwingungsebenen der materiellen Welt, wo sie als Menschen geboren wurden. (52) Nach dieser Theorie haben sich hohe Engelwesen zur Menschwerdung bereit erklärt, indem sie sich auf der irdischen Ebene in einer Art „Selbstmanifestation" materialisierten. Nachdem sie weibliche und männliche Körper angenommen hatten, konnten sie sich biologisch fortpflanzen. Bei jeder menschlichen Geburt vergaßen diese Wesen mehr ihre himmlische Herkunft. Ihr Daseinssinn lag nun darin, sich an ihren früheren geistigen Zustand zu erinnern und erneut bedingungslose Liebe und höheres Bewusstsein zu entfalten. Es sollen sich auch niedere Geister auf der Erde in menschliche Gestalten gehüllt haben, um die gottzugewandten Wesen auf dunkle Irrwege zu führen. Wo ihnen dies gelingt, kommt es zu einer Art „Sündenfall", und es entsteht Karma, das den geistigen Aufstieg behindert und in wiederholten Erdenleben wieder abgearbeitet werden muss. (53)

Auch die abendländische Lehre der *Rosenkreuzer* kennt eine ähnliche Involutionstheorie. Danach verlaufen Abstieg und Wiederaufstieg in periodischem Wechsel. „Alles, was sich während der absteigenden Phase auf dem Weg der Involution verdichtet, bleibt bestehen, bis der entsprechende Tiefpunkt des aufsteigenden Bogens erreicht ist" (54), der zum Wiederaufstieg führt. Wem es durch diese zyklische Wiederholung gelingt, wieder zum reinen Lichtwesen zu werden, der wird vom „Rad der Wiedergeburten" befreit und braucht nicht mehr Mensch zu werden. Auf diesem Weg gelingt es mit der Zeit einer Vielzahl von Geistseelen, sich mit der unpersönlichen Weltseele *Atman* zu vereinen.

Hier ist kritisch anzumerken, dass die Involutionstheorie keinen genügenden Grund für die Menschwerdung der Geistseele liefert. Sie vermag nicht zu erklären, *warum* wir als ehemalige Lichtwesen in die Materie hinabgestiegen sind, um dort anscheinend schuldlos viel Leid, Elend und Not auf uns zu nehmen. Sie weiß nichts von unserem einstigen Fall in den Engelwelten und vom Verlust des Paradieses. Sie ist nicht in der Lage zu begründen, warum wir Menschen überhaupt hier auf Erden sind, wie wir schuldig geworden sind und weswegen wir der Erlösung bedürfen. Die Involutionstheorie setzt auf Selbsterlösung.

5.5 Die Inkarnationslehre

Wer die menschliche Existenz auf unserem Planeten verstehen will, der muss versuchen, diese nach rückwärts gewendet zu begreifen. Jede Entstehungsgeschichte hat auch ihre Vorgeschichte, so auch die Menschheitsgeschichte. Ohne unsere geistige Herkunft zu klären, ist das Problem unseres menschlichen Daseins nicht zu lösen. Dieses darf sich nicht bloß auf unsere biologische Existenz beschränken. Aus dieser Sicht wäre der Mensch, wie es *Teilhard de Chardin* gesehen hat, nicht mehr als ein höher entwickeltes Säugetier, dessen Erbmasse sich nur um zwei Prozent von der unserer affenartigen Verwandten unterscheidet. (55) Zwischen Tier und Mensch besteht nicht bloß ein gradueller, sondern ein wesenhafter Unterschied. Dieser besteht im Vorhandensein von etwas drittem – dem *Geist*. Dieser allein befähigt den Menschen zum ichbewussten Denken und Handeln, zu geistigen Tätigkeiten, zu spirituellen Vorstellungen und zu religiösem Glauben. Die menschliche Geistseele hat nicht einen materiellen, sondern einen geistigen Ursprung. Dieser liegt nicht in der materiellen, sondern in der spirituellen Welt. Dieses Denkmodell vermag allein die *Inkarnationslehre* zu begründen. Diese nimmt an, dass die Geistseele aus einer spirituellen Vorexistenz einen lebenden fleischlichen Körper (lat. *carnis*: Fleisch) in Besitz nimmt, um Mensch zu werden. So ist der Fahrer schon vorhanden, ehe er in ein Fahrzeug einsteigt. Es geht hier also um die Lehre von der *Präexistenz* der Geistseele. Dies ist der Schlüssel zum Verständnis unseres Menschseins. Da die christlichen Kirchen dieser Tatsache nicht zustimmen, können sie auch die Inkarnationslehre nicht annehmen. Die christlichen Theologen haben sich den Zugang zu diesem Erklärungsmodell während Jahrhunderten durch falsche Lehrentscheidungen hoffnungslos verbaut. Sie gleichen Höhlenforschern, die den Ausgang ihres dunklen Verlieses zugemauert haben aus Angst vor frischer Außenluft.

Es wird häufig übersehen, dass im Alten Testament zahlreiche Hinweise für die Präexistenz der geistigen Seelen enthalten sind. So heißt es bei *Jeremia*: „Der Herr sagte zu mir: „Schon ehe ich dich ins Leben rief, hatte ich einen Plan mit dir. "" (Jer 1,4-5) Im Buch des Propheten *Ezechiel* sagt der Herr über die Präexistenz des späteren Königs von Tyrus: „Du warst die Vollkommenheit selbst, voll Weisheit und erlesener Schönheit. In Eden, dem Gottesgarten lebtest du." (Ez 28,12-13) In der Psalmen-Sammlung heißt es im Lied *Davids*: „Du sahst mich schon lange fertig, als ich noch ungeformt war. Im Voraus hast du alles aufgeschrieben; jeder meiner Tage war schon vorgezeichnet, noch ehe der erste begann." (Ps 138, 16) Im Buch der *Sprichwörter* stellt sich die personifizierte Weisheit mit den Worten vor: „Der Herr hat mich vor langer Zeit geschaffen, ich war sein erstes Werk vor allen anderen. In grauer Vorzeit hat er mich gemacht, am Anfang, vor Beginn der Welt. Als ich geboren wurde, gab es noch kein Meer, und kein Quell brach aus der Tiefe hervor. Der Grund der Berge war noch nicht gelegt, die Hügel waren noch nicht entstanden. Die Erde hatte Gott noch nicht gemacht, vom festen Land und seinen Feldern war noch nicht das Geringste zu sehen. Ich war dabei, als er den Himmel wölbte und den Kreis des Horizonts festlegte über den Tiefen des Ozeans, als er die Wolken hoch oben zusammen zog und die Quellen aus der Tiefe sprudeln ließ, als er dem Meer die Grenzen bestimmte, die seine Fluten nicht überschreiten dürfen, als er die Fundamente der Erde abmaß – da war ich als Kind an seiner Seite, ich freute mich und spielte vor ihm..." (Spr. 8, 22-31)

Im Hinduismus und Buddhismus gehört die Annahme unserer geistigen Vorexistenz seit mehr als 2000 Jahren zur traditionellen Glaubenslehre. Im altpersischen *Avesta* begegnen wir ebenfalls der Idee, dass die Seelen der Menschen bereits vor ihrem Erdenleben in einer geistigen Welt ihr Dasein hatten. Von den Indern und Persern gelangte diese Lehre zu den Griechen. *Pythagoras*, *Empedokles* und vor allem *Platon* wussten um die Präexistenz der Geistseele. Wäre die abendländische Philosophie dieser platonischen Anschauung gefolgt und nicht der seines berühmten Schülers *Aristoteles*, der die Präexistenz der Geistseele leugnete, hätte unsere Geistesgeschichte wahrscheinlich einen anderen und wohl besseren Verlauf genommen. Auch die *Kabbala* war mit der Präexistenzlehre vertraut. Sie lehrte, dass Gott die Seelen des Volkes Israel vor aller Zeit in einem einzigen Schöpfungsakt ins Dasein gerufen habe. Im frühen Christentum nahmen mehrere Kirchenlehrer die Präexistenz der Geistseele an. Unter ihnen traten besonders die Theologen der Ostkirche, *Clemens von Alexandria* und *Origenes*, der bekannteste Kirchenlehrer des christlichen Altertums, hervor. (56) In seinen Schriften vertrat er die heute wieder vermehrt anerkannte Ansicht, dass die Geistseele nicht bei jeder Zeugung eines Kindes von Gott erschaffen werde, sondern bereits vor dem Entstehen der materiellen Welt in der jenseitigen Geisteswelt existierte. In seinem Hauptwerk „Peri archon", das unter dem Titel „De principiis – Von den Anfängen" vom Kirchenschriftsteller *Tyrannus Rufinus* (345-410) übersetzt wurde, ist zu lesen: „Die Menschen auf dieser Erde sind nicht erst durch ihre irdische Geburt ins Leben getreten, sondern haben als Geschöpfe Gottes schon ein langes Dasein hinter sich. Einst waren sie Mitbewohner des Reiches Gottes, das von ihm zusammen mit einer großen Schar hoher Engel gelenkt wurde." (57) Leider wurde diese Lehre auf Betreiben des römischen Kaisers *Justinian I.* (482-565) und seiner intriganten Gattin *Theodora* aus innenpolitischen Gründen, nämlich um dem fortwährenden „Mönchsgezänk" ein Ende zu bereiten, auf dem Konzil von Konstantinopel, im Jahr 553, verurteilt. Auf Geheiß der kirchlichen Obrigkeit wurden später fast alle Schriften des *Origenes* vernichtet. (58)

Im Mittelalter hat *Thomas von Aquin*, als Verehrer der aristotelischen Philosophie, die Präexistenzlehre abgelehnt mit dem merkwürdigen Argument, dass wir Menschen uns an ein Vorleben gar nicht erinnern können. Noch bis in unsere Gegenwart wird dieser Einwand weiterhin ins Feld geführt, um die Präexistenz der menschlichen Geistseele zu leugnen. So schreibt der Benediktinermönch und Philosophielehrer *Bernard Kälin* in seinem Lehrbuch der scholastischen Philosophie aus dem Jahr 1940: „Die menschliche Seele kann nicht vor dem Körper existiert haben, denn beide sind aufeinander angewiesen und sind voneinander nicht zu trennen." Um dies zu beweisen, überlegt er: „Die Seele ist in ihrer Präexistenz tätig oder nicht tätig. Wenn sie tätig wäre, müssten wir uns daran erinnern. Wenn die Seele in einem früheren Leben bereits Erfahrungen sammeln konnte, warum muss dann jedes Menschenkind bei null anfangen und alle Erkenntnisse von neuem erwerben?" (59) Diese irrtümliche Auffassung ist leicht zu widerlegen durch die zahlreichen Rückerinnerungen an frühere Leben, wie sie in letzter Zeit bei Rückführungen, im Nahtod-Zustand oder bei außerkörperlichen Erfahrungen bekannt geworden sind. (60) Durch diese kann klar belegt werden, dass sich viele Menschen an frühere Leben erinnern. Außerdem fangen wir nicht in jedem Leben bei Null an, sonst gäbe es ja keinen Fortschritt.

Da sich sowohl die Theosophie als auch die Anthroposophie klar zur Reinkarnation bekennt, nimmt sie ebenfalls eine Inkarnation der menschlichen Geistseele aus einer Vorexistenz an. In seiner „Spirituellen Seelenlehre und Weltbetrachtung" verteidigt *Rudolf Steiner* diesen Gedanken: „Die Geistseele des Menschen ist präexistent vorhanden. Durch die Empfängnis wird ihr die Gelegenheit geboten, sich zu verkörpern." (61). Auch die Philosophin *Christa Jerrentrup* nimmt eine Einkörperung der Geistseele an, wenn auch aus evolutionären Gründen, indem sie schreibt: „Irgendwann geschah dann im Tierreich das Außerordentliche, dass erstmals Geist in prädisponierter Materie erscheint. Materie und Geist vermählen sich zu einem neuen Wesen, dem Phänomen Mensch auf dieser Erde." (62)

In der heutigen Theologie wird die lehramtliche Verurteilung der Präexistenz und der Inkarnation der Geistseele immer häufiger für nicht mehr glaubwürdig gehalten. So ist sich *Till A. Mohr* gewiss, „dass wir alle als Menschen in geistiger Hinsicht zwar aus dem Hause des Vaters, dem Reich Gottes stammen, aber nicht direkt und ohne Sünde ‚von oben' kommen, wie *Jesus* von sich selber sagte (Jh 8,23), sondern als verlorene Söhne und Töchter ‚von unten'." (63) In der Annahme einer geistigen Vorexistenz der Menschenseele sollten wir uns auch bewusst werden, dass nicht die Eltern ihre Kinder ins Dasein rufen, sondern dass diese als geistige Wesen ihren Vater und ihre Mutter auf Erden auswählten, ehe sie Mensch geworden sind. Die medial begabte *Silvia Wallimann* erfuhr in Tieftrance, dass die zur Menschwerdung vorbereiteten Geistwesen sich vor ihrer Niederkunft bereits in der jenseitigen Astralwelt aufhalten, um von dort aus ihre zukünftigen Eltern auszusuchen. (64)

Das Geistwesen, das sich zu einer erneuten Menschwerdung bereit erklärt hat, kann mit Hilfe der jenseitigen Berater seine zukünftigen Eltern in dem Sinne wählen, dass es sich entschließt, sich bei einer werdenden Mutter anzumelden. Aus erbbiologischen Gründen geschieht dies nach dem Gesetz der Wahlverwandtschaft. Sobald eine Frau schwanger ist, vermag das geistige Wesen zu erkennen, welche körperlichen und seelischen Eigenschaften auf dem Weg der Vererbung von den biologischen Vorfahren übernommen wurden. Es liegt dann an seinem Entschluss und nicht an dem seiner Eltern, ob es diese vorgesehene Schicksalsrolle annehmen will. Für die irdischen Eltern ist es eine bevorzugte Aufgabe, sich dieser Wahl freiwillig zu stellen. (65) Der libanesische Dichter *Khalil Gibran* (1883-1931) hat hierfür eindrückliche Worte gefunden(66):

Deine Kinder sind nicht deine Kinder.
Sie sind die Söhne und Töchter der Sehnsucht des Lebens nach sich selbst.
Sie kommen durch dich, aber nicht von dir,
und obwohl sie bei dir sind, gehören sie dir nicht.
Du kannst ihnen deine Liebe geben, aber nicht deine Gedanken,
denn sie haben ihre eigenen Gedanken.
Du darfst ihren Körpern ein Heim geben, aber nicht ihren Seelen,
denn ihre Seelen wohnen im Hause von morgen,
das du nicht besuchen kannst, nicht einmal in deinen Träumen.
Du kannst versuchen, ihnen gleich zu werden,
aber versuche nicht, sie dir gleich zu machen,
denn das Leben schreitet nicht rückwärts und verweilt nicht beim Gestern.
Du bist der Bogen, von dem deine Kinder als lebendige Pfeile abgeschickt werden.

Der Schütze sieht das Ziel auf dem Pfad der Unendlichkeit
und er spannt euch mit seiner Macht, damit seine Pfeile fliegen.
Lasst eure Bogen in der Hand des Schützen Freude bedeuten.

5.6 Der lange Weg zum Menschen

Der Mensch als geistbegabtes Lebewesen hat dem pflanzlichen und tierischen Leben etwas Wesentliches voraus. Er ist in seiner Entwicklung im Verlauf der Jahrmillionen als Bewohner zweier Welten zwei unterschiedliche Wege gegangen – einen biologischen und einen spirituellen. Der eine Weg führte ihn nach natürlichen Gesetzmäßigkeiten zielgerichtet über die Pflanzen- und Tierwelt zu seiner heutigen Gestalt. Daher lässt *Goethe* in seiner Faust-Dichtung den *Thales* in der Felsenbucht des ägäischen Meeres feierlich sprechen:

> Da regst du dich nach ewigen Normen,
> Durch tausend, abertausend Formen,
> und bis zum Menschen hast du Zeit.

Der andere Weg weist auf seine geistige Herkunft hin, die ihn über alle Arten der stummen Kreatur weit hinaushebt. Dieser zweifache Entstehungsweg weist den Menschen als Bewohner zweier Welten aus. *Galileo Galilei* hat diese Tatsache veranschaulicht, indem er sich vorstellte, Gott habe den Menschen in zwei verschiedenen Büchern entworfen. Im Buch der Natur sah er vor, *wie* sich die Welt und in ihr der Mensch entwickeln sollte. Im Buch der Übernatur begründete er, *warum* und *wozu* er ihn zur Menschwerdung führte.

Was wir über die *körperliche* Herkunft aus theologischen und philosophischen Quellen wissen, scheint im Widerspruch zu stehen zu den naturwissenschaftlichen Erkenntnissen. Heute muss sowohl in den Geisteswissenschaften als auch in den Naturwissenschaften in Bezug auf das Werden des Menschen und der Menschheit ein Umdenken stattfinden. Rein biologisch beurteilt, reichen die Wurzeln unseres Menschseins bis tief in das Pflanzen- und Tierreich hinab. Dessen vegetative und animalische Funktionen kennt auch der menschliche Körper. Die biologischen Grenzen zwischen den einzelnen Naturreichen sind daher fließend. Nicht viel anders ist es auch im seelischen Bereich der Lebewesen. Bei höher entwickelten Tieren kann man ein Bewusstsein und sogar ein Selbstbewusstsein beobachten, wie die bekannten Spiegelexperimente beweisen. Dabei zeigt sich, dass Schimpansen einen künstlichen Farbtupfer, den man auf ihrer Stirne anbringt, an ihrem eigenen Spiegelbild richtig erkennen, was für eine gewisse Selbsterkenntnis spricht. (67)

Vor 750 Millionen Jahren traten die ersten Landpflanzen auf unserer Erde in Erscheinung. Ihnen folgten vor etwa 430 Millionen Jahren die Landtiere. Während 150 Millionen Jahren beherrschten die Riesenechsen der Dinosaurier in der Trias-, Jura- und Kreidezeit das feste Land. Als diese vor rund 65 Millionen Jahren ausstarben, traten die ersten Säugetiere auf den Plan. Ihre Urahnen waren rattenartige, pelztragende Plazentatiere. Ihr Name deutet darauf hin, dass ihre Nachkommen in der Plazenta ihrer Muttertiere heranwuchsen und nicht in einem Eigelege, wie dies noch bei den Sauriern und Vögeln der Fall war. (68) Sie ernährten sich erstmals an den Milchdrüsen ihrer Muttertiere. Daher gelten sie als die ersten Säugetiere, von denen unter anderem die Fledermäuse, die Elefanten und auch die Menschen abstammen. (69)

Im Verlauf seiner biologischen Entwicklung hat sich der Mensch immer weiter von seinen tierischen Vorfahren entfernt. Äußeres Merkmal ist nicht nur der aufrechte Gang, der Gebrauch der Hände als Werkzeuge und der Erwerb der Sprache, sondern auch weitgehend der Verlust seiner Ganzkörperbehaarung. Diese hat sich allmählich eingestellt, nachdem die Frühmenschen immer häufiger dazu übergingen, sich infolge der Klimaveränderung zu bekleiden. Das führte zu einer Genveränderung (Mutation) und damit auch zu einer veränderten Pigmentierung der Hautoberschicht. Sehr selten kommt es heute zu einem Rückfall in das ursprüngliche Anlagemuster, Atavismus genannt (lat. *atavus*: Urahne, Vorfahre), so dass vereinzelt noch heute Kinder mit vollständiger Körperbehaarung geboren werden. (70)

Bei den Säugetieren ergab sich im Verlauf der Evolution eine Zweiteilung in der Ernährungsweise. Eine Entwicklungsreihe begnügte sich mit der reinen Pflanzennahrung, die andere ging zur Fleischnahrung über. Eine dritte Gruppe entschied sich als „Allesfresser" (Omnivoren) für eine Mischkost. Der heutige Mensch wird gerne zur letzteren Gruppe gezählt, doch lässt sich dies biologisch nicht begründen, wie nachfolgende Gegenüberstellung beweist:

Die Pflanzenesser	Die Fleischesser
sie besitzen Mahlzähne	sie besitzen Reiß- und Fangzähne
ihr Kiefer ist auch horizontal beweglich	ihr Kiefer ist nur vertikal beweglich
sie schwitzen durch die Haut	sie schwitzen nicht durch die Haut
sie trinken das Wasser durch Saugen	sie trinken das Wasser durch Schwappen
sie haben fixe Zehen oder Hufe	sie haben bewegliche Krallen
sie besitzen einen langen Darm	sie besitzen einen kurzen Darm

Dies weist darauf hin, dass der Mensch abstammungsmäßig zu den Vegetariern gehört. Bevorzugt der Mensch tierische Lebensmittel, ernährt er sich nicht artgerecht. Die Folgen dieser Fehlernährung sind zahlreiche Zivilisationskrankheiten, die bei einer Rückkehr zur natürlichen pflanzlichen Kost häufig verschwinden oder gar nicht erst entstehen können. Neueste Forschungen weisen darauf hin, dass die Frühmenschen erst vor rund zweieinhalb Millionen Jahren von der Pflanzennahrung zur Fleischnahrung übergingen. Von da an wiesen sie, wie Knochenfunde aus jener Zeit zeigen, viel schärfere Zähne auf als ihre Vorfahren, die vorwiegend weiche Früchtenahrung zu sich nahmen. Es gibt mehrere Gründe für diese Umstellung in der Ernährung. Der eine liegt im veränderten Klima. Als unsere Vorfahren aus den wärmeren Gegenden Afrikas in die kälteren Klimazonen des Nordens ausgewandert sind, erwies sich tierisches Fleisch als geeignete Nahrungsquelle, um in kalter Jahreszeit überleben zu können, zumal die Pflanzennahrung im Winter weitgehend ausfiel. Der griechische Schriftsteller *Plutarch* (46-125 n. Chr.) bestätigt, dass die Menschen sich früher besser ernährten und nur der Not gehorchend und im Widerspruch zur eigenen Natur das Fleisch der Tiere als Nahrung nahmen. (71) Der andere Grund war religiöser Art. In prähistorischen Zeiten war es üblich, dass die sich schuldig fühlenden Menschen den Göttern unschuldige Tiere opferten. Der zum Himmel aufsteigende Rauch des Brandopfers sollte die Gottheit besänftigen und gnädig stimmen. Der Stammespriester aß stellvertretend für die Gottheit vom Opferfleisch. Auch das gläubige Volk durfte an dieser magischen Kulthandlung teilnehmen. Später geschah dies regelmäßig im kleinen Kreis der eigenen

Sippe, als der Familienvater die priesterliche Rolle am heimischen Herd übernahm. So wurde das Fleischessen langsam zur täglichen Gewohnheit, wobei der religiöse Sinn allmählich verloren ging.

Aus religiösen und ethischen Überlegungen verzichten heute immer mehr Menschen in Ost und West auf tierische Nahrung, indem sie der Weisung der Bhagavad-Gita folgen: „Jene, die auf dem Weg der geistigen Höherentwicklung sind, ernähren sich von lebendiger Nahrung, die zu Kraft und Gesundheit beiträgt, aber auch zur Freude und Heiterkeit. Wer noch auf einer niederen geistigen Stufe steht, der nimmt Verdorbenes und Totes als Nahrung zu sich." In diesem Sinne lehrte auch der *Buddha*: „Das Essen von Fleisch ist unmoralisch, denn Fleisch von natürlich gestorbenen Tieren ist immer ein Produkt der Gewalt." (72) Die Nahrung aus Tierleichen trägt zur Verrohung und Rücksichtslosigkeit gegenüber der stummen Kreatur bei. Der Arzt *Fritz Becker* schrieb im Jahr 1973: „Der Mensch ist in seiner Brutalität stumpf geworden gegen seine Tierbrüder, und er wird es um so eher, je mehr Fleisch er zu sich nimmt." (73)

Der Verzicht auf Fleischnahrung ist nicht nur aus gesundheitlichen Gründen von Vorteil, sondern es ist dies auch eine Frage des spirituellen Bewusstseins und nicht zuletzt auch eine Gewissensfrage. In einer Zeit, in der die industrielle Massentierhaltung und Intensivmast zum Entstehen regelrechter Tierfabriken führte, ist es notwendiger denn je, das Gewissen der Menschen, denen doch das Tier als Kamerad und Begleiter anvertraut ist, wachzurütteln, damit endlich dem grausamen Morden ein Ende gesetzt wird. Täuschen wir uns nicht: Der seelische Stress der Tiere, die zur Schlachtbank gezerrt und geprügelt werden, die Not, die Qualen, die Schmerzen und Todesängste der hingerichteten Tiere essen wir mit deren Fleisch in uns hinein und werden damit belastet. (74)

Der feinsinnige *Rainer Maria Rilke* (1875-1926) empfiehlt uns daher zur Ernährung des Körpers:

Erneuere ihn mit reiner Speise,
mit Tau, mit ungetötem Gericht,
mit jenem Leben, das wie Andacht leise
und warm wie Atem aus den Feldern bricht.

5.7 Der Stammbaum der Menschheit

Der biblische Schöpfungsbericht lässt vermuten, dass die ersten Menschen vor etwa 10.000 Jahren in der Gegend der Flüsse Euphrat und Tigris im heutigen Irak gelebt haben. Dagegen nahmen bis vor kurzem die meisten Naturforscher an, die Wiege der Menschheit habe in Ost-Afrika gestanden, weil die frühesten Menschenfunde aus dieser Region stammen. Neueste Entdeckungen jedoch weisen darauf hin, dass erste Menschenarten bereits vor mehreren Millionen Jahren in China und Polynesien auftraten. (75) Die heutige naturwissenschaftliche Stammesgeschichte des Menschen umfasst viele Jahrmillionen. Wir können diese Zeit veranschaulichen, indem wir den zeitlichen Ablauf von den Anfängen der Menschheit bis zur Gegenwart auf ein einziges Jahr zusammenziehen. Gemäß diesem Modell treten nach dem Urknall bei Jahresbeginn die ersten Frühmenschen etwa in den Frühlingsmonaten auf. Mitte Juni beginnt die Besiedlung von Europa von Afrika her. Anfangs November erleben die Steinzeitmenschen die großen Eiszeiten. Sie wohnen in Höhlen und entdecken den Gebrauch des Feuers. Es ist dies die Periode der Jäger und Sammler. An Silvester werden die Menschen sesshaft und fangen an, Landwirtschaft und Viehzucht zu treiben. Erst eine Minute vor Neujahr beginnt unsere historische Zeit. (76)

Erste versteinerte Spuren unserer schimpansenähnlichen Vorfahren, die zur Spezies der Hominiden und Anthropoiden gezählt werden, lebten vor etwa drei bis vier Millionen Jahren in den damaligen Regenwäldern Afrikas. Infolge einschneidender Klima- und Umweltverhältnisse verschwanden die Wälder in der Sahelzone immer mehr. Ihre affenartigen Bewohner stiegen von den Bäumen und siedelten sich in den weiten Steppen und Savannen des schwarzen Kontinents an. Um dort einen erweiterten Ausblick zu gewinnen, mussten sie sich auf ihre hinteren Beine erheben. Auf diese Weise kam es zur Angewöhnung des aufrechten Gangs. In der Folge entstand eine neue Menschenart: der *Homo erectus*. Seine Zweibeinigkeit wird von *Emil Kuhn* als das „Schlüsselmerkmal" der menschlichen Entwicklung bezeichnet. (77) Die wichtigsten anatomischen Veränderungen betrafen die aufgerichteten Beckenknochen und das größere Gehirnvolumen. Das Frontalhirn nahm an Größe zu und das Untergesicht wich zu Gunsten der Stirnpartie zurück. Gleichzeitig entwickelten sich die Vorderbeine zu Armen und die Vorderfüße zu greifenden

Händen. Die Begegnung zwischen gleichartigen Wesen fand von Angesicht zu Angesicht statt. Zeugung und Geburt geschahen von der Vorderseite des Menschen. (78)

Von hier zweigten sich mehrere Äste am Stammbaum des Menschen ab. Unsere Vorfahren waren weder reine Affen noch eindeutige Menschen, sondern sie bildeten Zwischen- oder Übergangsstufen, die zum eigentlichen Menschentyp führten. (79) Die heutige Anthropologie nimmt an, dass diese eigenständige Entwicklung am Übergang vom Tertiär zum Diluvium vor ungefähr anderthalb Millionen Jahren eingesetzt hat. Die Evolutionstheorie vermag dieses Phänomen nicht eindeutig zu erklären. Sie versucht dies mit dem Hinweis auf mögliche Mutationen im Erbgefüge der Primaten. Die Erfahrung zeigt aber, dass derartige genetische Veränderungen eher zu Degenerationen führen und nicht zu einer Höherentwicklung.

Als eigentlicher Stammvater der Menschheit gilt der *Homo habilis*. (80) Dieser lebte vor ungefähr zweieinhalb Millionen Jahren. Aufgrund größerer geologischer und klimatischer Veränderungen musste dieser neue Menschentyp lernen, sich den neuen Umweltverhältnissen anzupassen. Dank seiner Intelligenz wurde er fähig, seine Lebensbedingungen und seine Ernährungsgewohnheiten zu verbessern. Er begann, eigenhändig Werkzeuge und Waffen herzustellen. Der Anthropologe *Friedrich Keiter* formuliert diesen Kulturschritt so: „Der Hammer ersetzte die Faust, die Zange die Zähne, der Löffel die Hohlhand, die Kleidung das Haarkleid, das Schwert die Pranke. Dies hatte zur Folge, dass er körperlich kräftiger und widerstandsfähiger wurde. Das Gesicht nahm menschenähnliche Züge an. (81)

Allgemein wird heute angenommen, dass die Wiege der Menschheit in Afrika stand. Im Jahr 2001 wurden von einer französisch-kenianischen Forschergruppe die bisher wohl ältesten Überreste von Menschen in Kenia gefunden. Diese sollen ein Alter von sechs Millionen Jahren haben und damit deutlich älter sein als die im Jahr 1974 in Äthiopien entdeckte „Lucy" mit einem geschätzten Alter von 3,2 Millionen Jahren. (82) Freilich ist diese „Out of Africa-Theorie" nicht unwidersprochen geblieben. Der Anthropologie-Professor *Milford Wolpoff* von der amerikanischen Universität in Michigan entwickelte in den 1990er Jahren seine „multiregionale Evolutionstheorie". Diese geht davon aus, dass sich die heutige Menschheit an verschiedenen Orten unserer Erde schon recht früh aus unterschiedlichen Vorfahren entwickelt hat. Dies würde bedeuten, dass Europäer andere Stammeltern haben als Afrikaner, Asiaten wiederum andere als Polynesier oder Indianer. Neueste Entdeckungen lassen vermuten, dass menschenähnliche Arten schon weit früher in China und Polynesien auftraten. (83) Neuerdings fanden Forscher in Spanien die Überreste eines Menschentyps, der vor mindestens 1,2 Millionen Jahren gelebt haben musste. Dieser erhielt die wissenschaftliche Bezeichnung *Homo antecessor,* der Vorgänger-Mensch.

Vor 1,8 Millionen Jahren wurden große Teile Zentralafrikas unbewohnbar, weil sich dort das Klima drastisch verschlechterte. Daher wanderten unsere direkten Vorfahren in Europa ein. Aus diesen entwickelten sich zwei neue Menschentypen: der *Neandertaler* und der *Homo sapiens.* In Europa breitete sich der *Neandertaler* während gut 200.000 Jahren aus. Dessen Skelettreste wurden im Jahr 1856 im Neandertal bei Düsseldorf gefunden. Ob sich dieser Menschenschlag mit früheren Hominiden vermischte oder eigenständig weiterentwickelte, ist nicht eindeutig geklärt. (84) Die erste Menschenart, die zur Zeit des Quartärs, vor 600.000 Jahren, den europäischen Kontinent flächendeckend besiedelte, war der *Homo Heidelbergensis.* Etwa gleichzeitig trat in Südostasien der *Java-Mensch* und in China der *Peking-Mensch* auf. Später drang der *Cro-Magnon-Mensch* von Asien her nach Europa vor. Diese verschiedenen Menschentypen, die heute alle ausgestorben sind, wiesen unterschiedliche Rassenmerkmale auf. Vor 300.000 Jahren hat der *Homo sapiens* dank seiner Überlegenheit endgültig die Herrschaft auf unserem Planeten angetreten. Dieser Frühmensch war gekennzeichnet durch einen wuchtigen Schädel mit niedriger, fliehender Stirn. Über den großen rundlichen Augenhöhlen wölbten sich ausgeprägte Hautwülste. Das Mittelgesicht trat deutlich hervor und das Kinn wich etwas zurück. (85) Damit war der Weg frei zur eigentlichen Menschwerdung.

Aus jener Zeit stammen nicht nur Werkzeuge, Waffen und Gebrauchsgegenstände aus Stein, Holz, Horn und Lehm, sondern auch früheste künstlerische Gestaltungen, namentlich Schmuckgegenstände, Verzierungen von Tongefäßen und Höhlenmalereien, die als erste Kulturerzeugnisse gelten können. (86) Eine der wichtigsten Errungenschaften dieser Menschen war, dass sie anfingen, das Feuer in ihren Dienst zu nehmen. In seinem Film „Am Anfang war das Feuer", aus dem Jahr 1981, hat der französische Filmemacher *Jean-Jacques Annaud* diesen entscheidenden Entwicklungssprung nachgezeichnet. (87) Was keinem Tier bis heute gelingt, das Feuer zu bändigen, ermöglichte den damaligen Menschen diesen ersten Schritt zur Kultur. Wissenschaftler des Max-Planck-Instituts für evolutionäre Anthropologie in Leipzig haben im Jahr 2010 eine bislang unbekannte Art des Urmenschen entdeckt, die vor 40.000 Jahren in Sibirien gelebt hat. (88) Für den Anthropologen *Loren Eiseley* steht außer Frage, dass gegen Ende der großen Eiszeiten die Menschen auch Amerika besiedelt haben. (89) Aus dieser Zeit stammen die frühesten Kulturzeugnisse, wie die prähistorischen Felsenzeichnungen von Altamira in Spanien.

Vor rund 30.000 Jahren trat in Europa ein neuer Menschentyp auf: Der *Homo sapiens sapiens,* der wissende und weise Mensch. (90) Seit etwa 25.000 Jahren wird unsere Erde von diesem einen Menschentyp bewohnt, den wir als unseren direkten Vorfahren bezeichnen können. (91) Mit dessen Auftreten muss in der Evolution des Menschen etwas völlig Neues dazugekommen sein: Der menschliche Geist, dessen Symbol das Feuer ist. Zweifellos hat damals ein geistiges Element angefangen, die Vorherrschaft zu übernehmen. Ein entscheidender Schritt in diese Richtung war mit Sicherheit der Erwerb der menschlichen Sprache. (92) Diese Errungenschaft kennzeichnet die Grenze zwischen Tier und Mensch.

Es muss demnach eine Zeit gegeben haben, da zum ersten Mal eine zur Menschwerdung vorbereitete Geistseele in den schwangeren Schoß eines weiblichen Frühmenschen eingetreten ist, um dann als Menschenkind geboren zu werden. (93) Gleiches geschieht auch heute noch in jeder menschlichen Schwangerschaft. Der Mystiker *Carl Welkisch* sah dies so: „Sobald die irdische Evolution, die Stammesgeschichte von Pflanze und Tier, jenen Punkt erreicht hatte, wo der irdisch-natürliche Mensch fähig war, die Wirkungen eines individuellen Geistes, der eine eigene Entwicklung in geistigen Reichen zurückgelegt hatte, aufzunehmen und zu verarbeiten, kam es zur Inkarnation von Individualgeistern." (94) Der Naturwissenschaftler *Walter Heitler*, ehemaliger Professor für theoretische Physik an der Universität Zürich, schließt sich diesem Gedanken an, indem er schreibt: „Dieses grundsätzlich Andere, das dem Menschen zuteil geworden ist, ist der Geist. Als einziges Naturwesen ist der Mensch geistbegabt oder besser, er hat bewussten Zugang zum Geistigen." (95) Wann dies geschehen ist, entzieht sich unserer Kenntnis. Jedenfalls können wir sagen: Was bei jeder einzelnen Menschwerdung (Ontogenese) während der Schwangerschaft geschieht, das muss auch in gleicher Weise in der Stammesgeschichte (Phylogenese) stattgefunden haben: Nämlich die erstmalige Einkörperung präexistenter Geistwesen in hochentwickelte frühmenschliche Geschöpfe. Von diesem Moment an waren diese nicht mehr Tiere, sondern Menschen.

Die Frage, ob die heutige Menschheit nur von einem einzigen Urelternpaar abstammt, wie der *Monogenismus* (gr. *monos*: allein, einzeln; *gignesthai*: werden, entstehen) annimmt, oder ob die unterschiedlichen Menschenrassen verschiedene Stammeltern hatten, wie der *Polygenismus* (gr. *polys*: viel, mehrfach) behauptet, ist immer noch nicht eindeutig geklärt. Heute ist die Mehrzahl der Naturforscher der Ansicht, dass die Existenz des modernen Menschen nicht auf ein einziges Stammelternpaar zurückzuführen sei, sondern dass die ersten Menschentypen in mehreren Regionen unserer Erde aufgetreten sind. Dabei wird natürlich nur an das biologische Werden des Menschen gedacht und nicht an dessen geistige Herkunft. Vor kurzem berichteten amerikanische und russische Forscher im „American Journal of Human Genetics 2003" aufgrund einer breit abgestützten Analyse des menschlichen Erbgutes, dass die heutige Menschheit nur von einem ganz kleinen „Genpool" abstammen könne. Vor einigen Jahren schienen Molekularbiologen die Theorie des Monogenismus erneut zu stützen. Genforscher analysierten mit Hilfe der DNS-Analysen das Erbgut von rund 1000 Menschen aus allen Kontinenten. Dabei stellte sich heraus, dass die Genverwandtschaft der Versuchspersonen aus unterschiedlichen Herkunftsländern nur in acht Positionen voneinander abwich. Die Forscher schlossen daraus, dass die heutigen Menschen von einer einzigen Urmutter abstammen, die vor etwa 200.000 Jahren in Afrika gelebt haben muss. (96) Nach dieser Theorie wären alle Menschen miteinander verwandt – und sie stammten aus Afrika.

Interessant in diesem Zusammenhang ist die Überlegung, die der Kirchenvater *Augustinus* anstellte: „Die Behauptung, dass es auf der entgegengesetzten Seite der Erde bewohnte Länder gibt, widerspricht der Lehre der Heiligen Schrift. Weil es nämlich den Nachkommen Adams unmöglich war, über das dazwischen liegende Weltmeer zu gelangen, würde es für die Existenz der Bewohner auf der anderen Erdseite bedeuten, dass es Völker gäbe, die nicht von Adam abstammen. Das hieße aber, das Ansehen der Bibel umstoßen, welche ausdrücklich lehrt, dass alle Menschen von einem gemeinsamen Vater abstammen." (97) Wer heute trotzdem an dieser Bibelaussage festhalten will, der greift zu Annahmen, wie wir sie bei *Karl Rahner* finden, wonach Gott so etwas Einmaliges und Einzigartiges wie den Menschen doch nur ein einziges Mal habe erschaffen können. (98) Um das fragwürdige Erbsünden-Dogma zu stützen, haben in den 1960er Jahren Vertreter der katholischen Theologie übereinstimmend festgehalten, dass jeder der heutigen Menschen nichts anderes sei als eine Neuauflage des ersten Menschen, der sich zu immer neuen Individuen ausgewachsen hat. (99) Heute wird diese monogenetische Theorie auch von römisch-katholischen Theologen kaum noch vertreten. (100)

5.8 Unser Schulungsplanet Erde

Wer meint, unsere Erde sei ein Vergnügungspark, eine Spielwiese oder ein Lustgarten, der hat sich im Planeten geirrt. Unser menschliches Dasein gleicht eher dem Aufenthalt in einer Schule, in der uns Gelegenheit geboten wird, geistiges Wissen zu erwerben. Aufs Ganze gesehen, zählen die heutigen Erdenbewohner immer noch zu den blutjungen Anfängern, die gerade begonnen haben, auf dem Weg zur Vergeistigung die ersten zaghaften Schritte zu wagen. Nicht wenige befinden sich hier noch auf der Stufe der Kinderkrippe und des Kindergartens. Beobachten wir bloß, was uns die heutigen Medien mehrheitlich als Lernstoff vorsetzen: Es ist nichts anderes als lauwarmer Kinderbrei.

Im Schulhaus unseres Erdplaneten sind wir Menschen die lernwilligen Schüler. Je nach unserem Bewusstseinsgrad sind wir auf unterschiedliche Klassen verteilt. Das Lernprogramm und die Lektionen sind vorgegeben, die Lehrer sind bestimmt, die Unterrichtsstunden sind festgelegt, die Lehrmittel sind vorgeschrieben. An uns liegt es nun, ob wir durch unseren freiwilligen Einsatz die notwendigen Lernschritte bewältigen und die vorgesehenen Prüfungen bestehen. Dadurch können wir in unserer geistigen Entwicklungsreife weiterkommen. Wer sein Lebens- und Lernprogramm nicht erfüllt, der wird jede nicht bestandene Klasse in einem neuen Erdenleben wiederholen müssen. Jede Lektion, die wir nicht gelernt haben, wird uns erneut vorgelegt. Vermutlich wimmelt es auf unserem Planeten von Repetenten, die jede nicht bewältigte Prüfungsaufgabe so lange vorgesetzt bekommen, bis sie gelöst ist. Dies ist nicht als Strafe, sondern als willkommene Gelegenheit zu werten. Daher schreibt *Alfred Dalliard*: „Manchmal müssen wir auch „Klassen" wiederholen, weil wir in einem Leben nicht alle ausstehenden Aufgaben bewältigt haben. Dann sind weitere Leben eine besondere Wohltat, denn sie ermöglichen uns, Versäumtes nachzuholen. Es ist nie zu spät; es gibt kein ewiges oder dauerhaftes Versagen. Unsere jenseitigen Lehrer haben Geduld und Langmut und sind immer bereit, uns eine neue Chance zu geben." (101)

Nur wer nicht lernt, der wird leiden. Demnach gibt es zwei Wege zum geistigen Fortschritt – den *Lernweg* und den *Leidensweg*. Für zahlreiche Menschen bringt das Leben viel Mühen, Sorgen und Verzicht. Es kann durchaus sein, dass sie auf diesem beschwerlichen Weg das lernen, was sie auf einem leichteren Weg nicht lernen konnten. So hält es *Annie Besant* für möglich, dass der Schüler auf diese Art „oft Lektionen lernt, die er auf andere Weise nicht hätte lernen können, und Lehren empfängt, die ihm sonst gänzlich verschlossen geblieben wären". (102) Statt durch schmerzvolle Läuterung in nachtodlichen Sphären kann der Mensch auf Erden in kleinen und gesicherten Schritten das lernen, was ihm zu seinem geistigen Wiederaufstieg verhilft. Nach der esoterischen Philosophie soll unser Menschsein dazu dienen, in wiederholten Erdenleben als Ernte heilsnotwendige Lernerfahrungen einzubringen. (103) Der jenseitige Lehrer *Josef* erläuterte in einem medialen Vortrag in der „Geistigen Loge Zürich" hierzu: „Ein Mensch vermag in einem einzigen Erdendasein mehr zu erreichen, als ein Wesen in jener geistigen Welt – um einen Zeitvergleich anzustellen – in, sagen wir, zwei- bis dreihundert Jahren. Wohl hat es ein Mensch in seinem Erdenleben schwer; aber dafür ist ihm die Möglichkeit zu viel rascherem Aufstieg geboten." (104) So kann er den langen Heimweg ins himmlische Reich in Etappen zurückzulegen. In einem einzigen Anlauf würde er dies kaum schaffen. Weil der Weg in die ursprüngliche Harmonie in der geistigen Welt oft recht beschwerlich sein kann, haben wir die Gelegenheit, diesen in aufeinander folgenden Wegstrecken zurückzulegen. In diesem Sinne ist Wiedergeburt keine Strafe und kein Verhängnis, sondern eine heilsnotwendige Chance. (105) In einem jenseitigen Erfahrungsbericht eines aufsteigenden Geistwesens wird darauf hingewiesen, dass es in jedem Erdenleben immer wieder um den Versuch geht, richtig zu handeln, den irdischen Begierden und Leidenschaften, die tatsächlich Leiden schaffen, möglichst zu entsagen, „denn in der jenseitigen Welt fällt es schwerer, sie abzulegen; sie behindern den Aufstieg". (106) Hinzu kommt, dass wir, mit einem irdischen Körper versehen, besser geschützt sind vor zahlreichen Anfeindungen durch die Bewohner der niederen Astralwelt, die uns vom rechten Weg abzubringen versuchen.

Erschwerende Lebensumstände und leidvolle Erfahrungen sind oft notwendig, um uns zur besseren Einsicht zu bringen. Nicht selten machen uns Umweltverhältnisse oder gar schwierige Mitmenschen das Leben schwer, so dass wir diesen am liebsten entfliehen möchten, obwohl gerade diese für unsere Lernfortschritte von höchstem Nutzen sein können. Dies will uns folgende Erzählung lehren: „In einem Meditationszentrum lebten junge Menschen in einer Wohngemeinschaft, um unter Anleitung ihres Meisters bei Yoga-Übungen, besinnlicher Musik und im Gebet nach höherem Bewusstsein zu streben. Unter ihnen befand sich auch ein schwieriger Teilnehmer, der durch seine ständige Kritik, seinen Widerspruchsgeist und sein unangepasstes Verhalten das harmonische Zusammensein der Gruppe empfindlich störte. Eines Tages verließ dieser die Gemeinschaft und nahm sich in der nahe gelegenen Stadt ein Zimmer. Da reiste der Meister ihm nach und bat ihn, zurückzukommen. Auch versprach er ihm, ihn kostenfrei wieder in seine Schülerschar aufzunehmen. So kehrte der Abtrünnige zurück. Wie die anderen Teilnehmer davon hörten, dass der Störenfried sogar ohne finanzielle Verpflichtungen wieder aufgenommen wurde, fingen sie an unzufrieden zu murren. Da erklärte ihnen der Lehrer: „Ich habe diesen Menschen eingeladen, erneut bei uns zu wohnen und an den Lektionen teilzunehmen, da wir ihn nötig haben. Wie wollt ihr ohne ihn Nachsicht, Geduld, Demut und selbstlose Nächstenliebe lernen, wenn er nicht unser Zusammenleben ständig erschweren würde?"

Denken wir an diese heilsame Geschichte, wenn uns ein Mitmensch durch seine Unart auf die Nerven geht. Das ist immer ein Zeichen dafür, dass etwas in uns negativ auf solche äußeren Einflüsse reagiert und darauf wartet, von uns überwunden zu werden. Häufig ist ein wiederholtes menschliches Dasein notwendig, um karmische Belastungen aus einem früheren Leben abzutragen oder um Vergebung zu bitten und Wiedergutmachung zu leisten. Auf diese Weise können wir selbst aus früher begangenen Fehlern lernen und deren Spuren auslöschen. In ihrem Buch „Reise der Seele ins Licht" bestätigt dies die Hellseherin *Jana Haas* mit folgenden Worten: „Genau aus diesem Grund inkarniert die Seele immer und immer wieder, um sich im Wechsel von himmlischen und irdischen Erfahrungen ständig weiterzuentwickeln." (107) „Die Wohltat mehrfachen Erdenlebens", schreibt *Werner Dostal*, „zeigt sich vor allem darin, dass es nicht um Himmel und Hölle geht, also nicht um eine einmalige und letztmögliche Entscheidung für alle Zeiten, sondern es geht um den

Besserungsweg, den die Seele in der nächsten Zeit durchlaufen muss. So geht es auch weniger um eine Verurteilung, sondern eher um eine pädagogische Vorgabe, um Erziehung und Einsicht." (108)

Unser „In-der-Welt-sein", wie es *Martin Heidegger* nannte, kann auch dazu dienen, einen Beitrag zum allgemeinen Lernfortschritt anderer Menschen zu leisten, sei es durch unser Vorbild, sei es durch Wissensvermittlung oder sei es zur geistigen und seelischen Entwicklungshilfe. Auf die Frage, was der Zweck der Inkarnation sei, antwortete der Begründer des modernen Spiritismus, der französische Arzt und Pädagoge *Hippolyte L. Rival* (1804-1869), der sich in seinen Schriften *Allan Kardec* nannte: „Durch die Inkarnation soll der Geist auch befähigt werden, seinen Teil zum Schöpfungswerk beizutragen. So schreitet er selbst fort, während er zum allgemeinen Fortschritt beiträgt." (109) Das Ziel dieser Entwicklung ist das Erreichen eines engelgleichen Zustands, in welchem alles in Harmonie ist, so wie es ursprünglich war.

Durch die hohe Lebenserwartung, die uns heute geschenkt ist, steht uns in unserem Schulhaus Erde eine deutlich längere geistige Ausbildungszeit zur Verfügung. So ist es vielen vergönnt, die Gunst des körperlich Älterwerdens mit der Kunst des geistig Jungbleibens zu verbinden, um so dem Leben nicht nur mehr Jahre, sondern den Jahren auch mehr Leben zu geben. So können wir zur vielgerühmten Altersweisheit gelangen, indem die körperliche Last zunehmend die leibliche Lust schwinden lässt. *Goethe* durfte dies erfahren, als er in seinen späten Jahren in der Studierzimmer-Szene in seinem „Faust" (110) dichtete:

Entschlafen sind die wilden Triebe
mit jedem ungestümen Tun;
Es reget sich die Menschenliebe,
die Liebe Gottes regt sich nun.

5.9 Das geplante Leben

Das menschliche Leben ist nicht ein Zufallsgeschehen, das ohne Absicht und ohne Ziel abläuft. Vielmehr ist es der Versuch, einen Plan zu verwirklichen, der bei der Geburt des Kindes bereits in großen Zügen entworfen ist. Kein Theaterstück wird eingeübt, kein Film wird gedreht und kein Buch wird geschrieben, ohne dass hierzu vorher ein Plan besteht. So wird auch jedes Menschenleben in der Jenseitswelt vorgeplant. In einem Gespräch mit *Anthony Stevens* vermutete *C.G. Jung:* „Es hat den Anschein, als ob jeder von uns nach einem Drehbuch lebt, das schon geschrieben ist." (111) In einer jenseitigen Botschaft heißt es: „Ein Geistwesen, das in der Geisteswelt für sein Erdenleben vorbereitet wird, trägt in seiner Seele schon einen Plan, in dem sein künftiges Leben in großen Zügen festgehalten wird." (112)

Bei der Geburt besteht das Lebensbuch, das jeder Mensch mit sich bringt, nicht aus leeren, unbeschriebenen Blättern. Im Gegenteil: Es enthält als vorbereitetes Skript bereits den geplanten Lebensentwurf. Dieser enthält die Erbanlagen, die wir von unseren Eltern und den weiteren Vorfahren übernommen haben. Darin ist nicht nur unser Geschlecht und unsere Konstitution festgelegt, sondern auch unsere Begabungen und Talente, unsere Neigungen und Interessen. Sie sind uns als Lebensmöglichkeit in die Wiege gelegt. Bewusst und unbewusst werden wir unter diesen im Verlauf des Lebens wählen können, um diese zu verwirklichen. Darin liegt unsere beschränkte Freiheit. Wir tragen weiter, was unsere Vorfahren uns hinterlassen haben. Deshalb konnte *Rainer Maria Rilke* sagen: „Nie bist du allein. / Tausende, die vor dir lebten, / webten an deinem Sein." So sah es auch *Walt Whitman:* „Ehe ich aus meiner Mutter geboren wurde, haben Generationen mich getragen."

Die Konvergenztheorie lehrt uns: Es kann sich im menschlichen Leben nur das entwickeln, was bei der Geburt anlagemäßig bereits vorhanden ist. Dabei wirken die Anlagen zusammen mit den Umwelteinflüssen. Als dritter Faktor kommt die Selbststeuerung hinzu. Es ist wie bei einer Flussfahrt mit einem Hausboot: Die Beschaffenheit des Fahrzeugs ist vorgegeben. Am Verlauf des Flusses können wir nichts ändern. Doch die Geschwindigkeit, die Fahrtrichtung und die Haltestationen während der Fahrt obliegen unserer eigenen Steuerung. Außerdem sind wir dafür verantwortlich, dass unser Schiff im Wasser ist, aber das Wasser nicht im Schiff. Die Tiefenpsychologie kann uns beweisen, dass wir und wie wir im Leben von Veranlagungen gesteuert werden, die uns zunächst gar nicht bewusst sind. Dennoch können diese bei lebenswichtigen Wahlhandlungen, wie bei der Berufs- oder Partnerwahl, von schicksalhafter Bedeutung sein. Dabei zeigt sich, dass diese Schicksalswahl bei weitem nicht so zufällig geschieht, wie es manchmal scheinen mag. (113)

Eine geeignete Möglichkeit, diese Lebensplanung aufgrund der vererbten

Anlagen zu ergründen, bietet uns die Stammbaumforschung und die Zwillingsforschung. Bei der *Stammbaumforschung* geht es darum, das eigene Ahnenerbe durch Befragung von Personen, die mit uns bluts- und seelenverwandt sind, aufzudecken. Daraus wird unsere persönliche Eigenart verständlich. Sie lässt uns verstehen, woher wir kommen, aus welchem Strom des Lebens wir unsere Lebenskraft schöpfen. In seinen Lebenserinnerungen schreibt *C.G. Jung*: „Ich habe sehr stark das Gefühl, dass ich unter dem Einfluss von Dingen und Fragen stehe, die von meinen Eltern und Großeltern und den weiteren Ahnen unvollendet und unbeantwortet gelassen wurden. Es hat oft den Anschein, als läge ein unpersönliches Karma in einer Familie, welches von den Eltern auf die Kinder übergeht. So schien es mir immer, als ob ich Fragen zu beantworten hätte, die bei meinen Ahnen schon schicksalsmäßig aufgeworfen, aber nicht beantwortet worden sind, oder als ob ich Dinge vollenden oder auch nur fortsetzen müsse, welche die Vorzeit unerledigt gelassen hat." (114)

Bei der *Berufswahl* sollten nicht bloß die äußeren Möglichkeiten eine entscheidende Rolle spielen, sondern vor allem die inneren Neigungen und Eignungen. In diesen Fällen zeigt sich, dass gleiche oder ähnliche berufliche Ausrichtungen auch in der Verwandtschaft gehäuft vorkommen. Dies gilt vor allem für jene Wahl, bei der nicht bloß die Erwerbsmöglichkeit von Bedeutung ist, sondern sich auch die Erfüllung einer inneren Berufung aufdrängt. So konnte ich in einer Umfrage bei über 1000 Lehrerinnen und Lehrern feststellen, dass in deren naher Verwandtschaft in 75% der Fälle auch pädagogische Berufe vorkommen. (115)

Bei der *Partnerwahl* geht es in der Regel um eine unbewusst gesteuerte Sympathiewahl. Das Wort *Sympathie* setzt sich zusammen aus den griechischen Silben „syn" und „pathein" in der Bedeutung von gleichsinnig fühlen und empfinden. Sympathie ist noch nicht Liebe, aber sie ist die Voraussetzung für eine liebende Beziehung. Was sich sympathisch ist, das ist genverwandt, wahlverwandt, nicht selten auch krankheitsverwandt und oft schicksalsverwandt. Bei der Partnerwahl wissen wir zwar, dass wir in der Lage sind zu wählen, aber wir wissen kaum, *warum* wir so und nicht anders wählen. Hier wirkt in der Regel eine nicht klar bewusste gegenseitige Anziehung aufgrund gleicher oder ähnlicher Veranlagungen mit. Dies mag die Erklärung sein für die sogenannte „Liebe auf den ersten Blick". Vordergründig scheint es so, als ob sich eher Gegensätze anziehen. Vom Erbhintergrund her aber zieht sich das Gleiche und Ähnliche an. Es fällt auf, dass wir in Freundschaft und Liebe immer wieder den gleichen oder ähnlichen Partnertyp sympathisch finden. Dies geschieht nicht zufällig und nicht von ungefähr, sondern nach dem Gesetz der Sympathie.

Heiratswilligen sollte daher bewusst sein, dass sie nicht bloß das geliebte Du zum Traualtar führen, sondern auch den ganzen verwandtschaftlichen Anhang der Ursprungsfamilien beider Partner. Dieses kann sich später über Generationen hinweg in Gesundheit und Krankheit an ihren Nachkommen auswirken. Für einen gesunden Nachwuchs ist es daher wichtig, dass in der Blutsverwandtschaft eine vernünftige Distanz eingehalten wird, so dass sich nicht das gleiche, sondern bloß das ähnliche Erbgut zusammenfindet. Bei Verwandten-Ehen häufen sich die Erbschäden. Ein Beispiel hierfür ist die Bluterkrankheit „Hämophilie" in einigen europäischen Königs- und Fürstenhäusern. Die Geschichte unserer Zeit hätte wahrscheinlich einen weniger tragischen Verlauf genommen, wären im 20. Jahrhundert die jungen Thronanwärter in dieser Hinsicht erbgesund gewesen. (116) Diese Tatsache klingt in den kunstvollen Versen von *Rilke* in seinem „Stunden-Buch" an: „Die Könige der Welt sind alt. / Und werden keine Erben haben. / Die Söhne starben schon als Knaben, / und ihre bleichen Töchter gaben / die kranken Kronen der Gewalt." (117)

Wie sich die zu nahe Genverwandtschaft in einer Ehe verhängnisvoll auswirken kann, zeigt folgende Begebenheit: Eine junge Frau kam zu Professor *Leopold Szondi* (1893-1986), dem Begründer der Schicksalspsychologie. Sie litt unter der Zwangsvorstellung, sie könnte ihre eigenen Kinder durch das Verwechseln von Medikamenten vergiften. Eines Tages kam auch ihr Ehemann in die ärztliche Sprechstunde. Bei dieser Gelegenheit fragte die Patientin ihren Therapeuten: „Nicht wahr, Herr Doktor, das haben Sie noch nie gehört, dass eine Mutter dauernd Angst hat, ihre eigenen Kinder vergiften zu müssen?" Dieser antwortete: „O doch, während Jahren suchte mich eine ältere Dame vom Lande auf, die haargenau an den gleichen Vergiftungsideen gelitten hat." Der junge Mann, der bis dahin schweigend in einer Ecke saß, sagte: „Ich kenne diese Frau, sie ist meine Mutter." Nun stellt sich die Frage: Warum heiratete dieser Mann eine Frau, die später, ohne dass er es ahnen konnte, an derselben seelischen Krankheit leiden wird wie seine eigene Mutter? Die Antwort der Schicksalsanalyse lautet: Die beiden Liebenden waren nicht nur sympathieverwandt, sondern auch krankheitsverwandt. Vor diesem Beispiel verstehen wir die Aussage von *C.G. Jung*: „Das Kranke wirkt wie ein Vergrößerungsglas, mit dem wir das Normale besser sehen."

Eine zweite Möglichkeit, das durch die Erbanlagen geplante Leben zu ergründen, ist die *Zwillingsforschung*. Sie zeigt uns, wie sehr das übernommene Erbgut unser Leben zu beeinflussen vermag. (118) Eineiige Zwillinge sind immer erbgleich, weil sie im frühen Entwicklungsstadium durch Teilung aus einer einzigen befruchteten Elternzelle hervorgegangen sind. Ihr Aussehen gleicht sich wie „ein Ei dem anderen". (119) Sie ähneln sich in ihren Begabungen und Neigungen, wobei ihr Charakter und ihr Verhalten vordergründig durchaus verschieden sein kann. Zwischen ihnen besteht häufig eine wortlose Verständigung, so dass sie unabhängig voneinander, aber gleichzeitig, dieselben Dinge tun, gleiche Erfahrungen machen oder übereinstimmende Konflikte oder Krankheiten austragen müssen. Auch Entwicklungsschritte im Kleinkindalter stellen sich zur gleichen Zeit ein. Selbst im späteren Leben sind sich eineiige Zwillingspaare in ihren Lebensgewohnheiten und Interessen erstaunlich ähnlich. Sie zeigen in ihrer Berufs- und Partnerwahl sehr häufig die gleichen Muster, selbst wenn sie getrennt aufgewachsen sind und ohne voneinander zu wissen. (120)

Sehr eindrücklich lässt sich die Erbverwandtschaft bei der Homosexualität nachweisen. Diese wird oft irrtümlicherweise auf falsche Erziehung oder auf frühkindliche Prägungen zurückgeführt. In einer psychologischen Studie wurde im Jahr 1952 die sexuelle Orientierung bei 95 Zwillingen untersucht. Unter diesen befanden sich 44 eineiige und 51 zweieiige Zwillingspaare. Dabei wurde festgestellt, dass dort, wo der eine eineiige Zwilling homosexuelle Neigungen besaß, dies zu über 80% bei seinem Zwillingsgeschwister auch zutraf. Bei den zweieiigen Zwillingen, die sich erbmäßig nicht mehr gleichen als gewöhnliche Geschwister, betrug diese Übereinstimmung weniger als 20%. (121) Daraus kann geschlossen werden, dass eine schwule oder lesbische Neigung weder Sünde noch Krankheit ist, sondern eine erbbedingte Variante der Natur – und damit eine zulässige Lebensform.

Es gibt nicht nur biologische Zwillinge, sondern auch *kosmische* Zwillinge. Als solche werden Menschen bezeichnet, die das gleiche Geburtshoroskop aufweisen. Sie sind am gleichen Tag zur gleichen Stunde ungefähr am gleichen Ort zur Welt gekommen. Daher haben sie, astrologisch gesehen, ein ähnliches Lebensschicksal. Mir ist ein Fall bekannt, wo in der Ostschweiz gleichzeitig zwei Kinder geboren wurden: Ein Mädchen und ein Knabe. Beide wuchsen im selben Dorf auf, besuchten den gleichen Kindergarten und die gleiche Schule. Sie verliebten sich schon in jungen Jahren und heirateten, als sie 20-jährig waren. Sie lebten über fünf Jahrzehnte in harmonischer Ehe zusammen und starben am gleichen Tag zur gleichen Stunde im gleichen Haus.

Schließlich gibt es auch *geistige Zwillingspaare,* die von ihrer himmlischen Abkunft her zusammengehören. Diese werden als *Dualseelen* oder Partnerseelen bezeichnet. (122) Finden sich diese in einer glücklichen Partnerschaft in diesem Erdenleben, kann man vermuten, es handele sich um „Ehen, die im Himmel beschlossen wurden". (123). Nach der esoterischen Philosophie sind alle Geistwesen ursprünglich in der göttlichen Welt paarweise erschaffen worden. Diese Zwillingsseelen gehören zusammen wie Dur und Moll oder Yin und Yang. Durch ihre Seelenverwandtschaft ergänzen sie sich gegenseitig und bilden zusammen eine Einheit. Beim präkosmischen Geisterfall haben sich viele dieser Geschwisterseelen aus den Augen verloren. Nun versuchen sie bei ihrem Wiederaufstieg auf dem Weg der wiederholten Erdenleben, sich erneut zu finden. So schreibt *K. O. Schmidt*: „Was je einst innerlich verbunden war, bleibt durch alle Geburten und Tode verbunden und schwingt immer aufs neue zu weiterer gemeinsamer Weltenpilgerfahrt durch alle Wirklichkeitsstufen des Seins zusammen." (124)

Es ist durchaus denkbar, dass ein Mensch, der sich der himmlischen Führung anvertraut, auch bei seiner Partnerwahl von oben geleitet wird. Dies kann so weit gehen, dass die Geisteswelt ihrem Schützling den richtigen Lebenspartner zuführt. So hat er im Gebet die Möglichkeit, darum zu bitten, dass alles, was ihm Schaden zufügen könnte, von ihm ferngehalten werde, damit er die rechte Wahl und Entscheidungen für sein Lebensschicksal treffe. (125)

Mit dem Lebensplan ist auch stets eine Lebensaufgabe verbunden, die wir zu erfüllen haben. Dabei geht es nicht bloß um Arbeit und Pflichterfüllung, sondern in erster Linie darum, mit sich selber auf dem geistigen Entwicklungsweg weiterzukommen. Es kann sich aber auch um eine Aufgabe handeln, die wir an anderen oder die andere an uns zu erfüllen haben. Diese kann in unserem Lebensprogramm so vorgesehen sein. Daher schreibt der Nahtod-Forscher *Christophor Coppes*: „Anscheinend haben wir eine Aufgabe, zu der wir uns noch vor unserer Geburt bereit erklärt haben." (126) Denken wir im letzteren Fall an einen schwer behinderten Menschen, der aus sich selber nichts anderes zu bewirken vermag, als hilfsbedürftig da zu sein. Dadurch sind andere dazu aufgerufen, an ihm selbstlose Werke der barmherzigen Liebe zu vollbringen.

Von Menschen, die ein Nahtod-Erlebnis hatten, wurde öfter bestätigt, dass sie an der Schwelle zum Jenseits mit den Worten zurückgewiesen wurden, sie hätten auf Erden ihre Aufgaben noch nicht ganz erfüllt. Deshalb sollten sie in ihren irdischen Körper zurückkehren. (127) Tragisch ergeht es jenen, die vorzeitig durch einen unvorhergesehenen Unfall oder durch selbstgewählten Freitod aus dem Leben scheiden, bevor sie ihren Lebensauftrag vollendet haben. Einer lebensmüden Patientin, die sich selbst töten wollte, gab *C.G. Jung* zu bedenken: „Vor der Zeit das Leben zu unterbrechen heißt, ein Experiment zum Stillstand zu bringen, das wir nicht angelegt haben. Wir haben uns darin vorgefunden und müssen es bis zum Äußersten durchführen." (128)

Am Ende unseres Lebens wird von jenseitigen Richterengeln unser Lebensfahrplan mit dem Fahrtenschreiber unserer Lebensführung verglichen. Dabei wird geprüft, inwieweit diese Aufzeichnungen übereinstimmen und wo Abweichungen festzustellen sind, die der Korrektur in einem nächsten Erdenleben bedürfen. Um sicherzugehen, sollten wir uns täglich nach oben orientieren und uns der Führung durch die Himmlischen anvertrauen, die ja unseren Lebensplan, den wir einst gewählt haben, und unsere Lebensaufgabe kennen und wissen, was für uns gut ist. Der jenseitige Dichter *Ephides* hat seinem Medium *Hella Zahrada* diesen Gedanken eingegeben (129):

Indes ihr tastend eure Füße setzt im Ungewissen,
ist euer Erdenschicksals Bild schon längst umrissen,
nur Licht und Schatten füget ihr noch ein.
Ihr geht den vorgeschriebenen Weg, ob willig, ob gezwungen
und eure Freiheit ist, dass ihr um ihn gerungen,
bevor ihr niederstiegt ins Erdensein.

6. Was ist die Seele?

Um das Jahr 1950 hat ein reicher Amerikaner namens *James Kidd* in seinem Testament verfügt: „Wer die Existenz der menschlichen Seele nachweisen kann, soll mein gesamtes Vermögen erben. Für den Fall, dass dies nicht möglich ist, soll das Geld für entsprechende Forschungsarbeiten verwendet werden." Weil es sich zu jener Zeit um die beachtliche Summe von nahezu einer Viertelmillion Dollar handelte, meldeten sich hundertachtunddreißig vermeintliche Seelenforscher, um den wissenschaftlichen Seelennachweis zu erbringen. Da keiner überzeugend genug war, kam es im Jahr 1967 in der Stadt Phoenix in Arizona zu einem der seltsamsten Erbschaftsprozesse Amerikas. Dreizehn Wochen lang wurde verhandelt und gestritten. Schließlich lehnte der Richter *Robert L. Meyers* alle Ansprüche ab, weil ihn die vorgebrachten Beweisführungen nicht überzeugen konnten. So wurde die Hinterlassenschaft von 230.000 Dollar dem gemeinnützigen Barrow-Forschungsinstitut in Phoenix zugesprochen. Dessen Vertreter aber gestand freimütig, das Wort „Seele" bedeute für ihn als Wissenschafter überhaupt nichts. (1)

Um den Seelenbegriff gehen die Meinungen noch heute stark auseinander. *Voltaire* soll einmal erklärt haben: „Viertausend Bände über Metaphysik werden uns nicht sagen können, was die Seele ist." Und der englische Schriftsteller *Paul Brunton* (1898-1981) gestand: „Ich lege auf das Wort ‚Seele' keinen großen Wert, da es für den Einzelnen nicht die gleiche Bedeutung hat." (2) Der Parapsychologe *Rudolf Passian* meinte: „Die Ansichten über das Wesen der Seele sind verwirrend vielfältig. An einer naturgemäß richtigen Definition wird man wohl noch lange herum laborieren." (3) Gleicher Meinung ist der ehemalige Zürcher Stadtarzt *Jürg Wunderli*: „All unsere Versuche, die Seele zu definieren, bleiben schließlich stümperhafte Versuche." (4)

Diese Unklarheiten über das Wesen der Seele erschweren immer noch jedes Gespräch zu diesem Thema. Was die Theologen unter Seele verstehen, ist meist etwas ganz anderes als das, was Biologen und Psychologen darunter begreifen. Deshalb reden sie dauernd aneinander vorbei und können sich nicht einigen. Das deutsche Wort „Seele" ist wahrscheinlich eine Ableitung des altgermanischen Wortes „sele" für See. Nach mythologischen Vorstellungen wohnen die Seelen der Ungeborenen in einem See und warten dort auf ihre Menschwerdung. Die heutige Evolutionsbiologie nimmt an, dass ursprünglich das Leben aus dem Wasser gekommen ist. Auch in jeder menschlichen Schwangerschaft wächst das werdende Kind im mütterlichen Fruchtwasser heran.

Im Griechischen steht für Seele das Wort „psyche", gleichbedeutend mit dem lateinischen „anima" im Sinn von Hauch, Atem, Odem; jedenfalls für etwas Leichtes und Beschwingtes. Wohl deshalb hat man sich im Altertum die Menschenseele bildlich als Schmetterling oder Vogel dargestellt. (5) Bereits vor 3000 Jahren haben die alten Ägypter die belebende Körperseele „Ka" und die geistige Seele „Ba" als zwei getrennte Prinzipien gekannt. (6) Auch *Platon* sprach der menschlichen Seele eine Doppelnatur zu. Er unterschied die sterbliche Schattenseele von der unsterblichen Lichtseele. Zum Vergleich gebrauchte er das Bild eines Zweigespanns, wobei er das eine Pferd der sterblichen Natur des Menschen zuordnete, das andere aber dem unsterblichen Geist. Gemäß seiner Lehre ist die geistige Seele im menschlichen Körper eingeschlossen wie in einem Gefängnis und kehrt erst nach dem Tod allein in die geistige Welt zurückkehrt. (7) *Aristoteles* jedoch lehrte, dass Körper und Seele eine einzige, untrennbare Einheit bilden. Er nannte die Seele das formende Prinzip und den Körper das geformte Prinzip. Diese Annahme führte *Thomas von Aquin* in die scholastische Theologie des Mittelalters ein. Damit begann die große Verwirrung um das Wesen der Seele. In neuerer Zeit führte diese zur Ganztod-Theologie, die behauptet, am Ende des Lebens würde der ganze Mensch mit Körper und Seele sterben, um dann erst am Jüngsten Tag mit Körper und Seele wiederaufzuerstehen, um dann auf ewig miteinander vereint zu sein. (8)

Zur Zeit der materialistischen Weltanschauung, die vor allem im 18. und 19. Jahrhundert unter den Gebildeten in Europa großen Zuspruch fand, war es üblich, die Existenz der menschlichen Seele überhaupt zu leugnen. In seinem Buch „L'homme maschine" bezeichnete *Julien Ottry de la Mattrie* die Seele als reines Erzeugnis des Gehirns. *Rudolf Virchow* soll beteuert haben: „Ich habe Tausende von Menschen operiert und nie eine Seele gefunden." (9) In ähnlicher Weise kam *Friedrich Nietzsche* zum Schluss: „Man hat ein Nervensystem aber keine Seele." Unter Hinweis auf das bekannte *Goethe*-Zitat bemerkte er, „dass wir so wenig eine Seele als zwei Seelen in einer Brust beherbergen". (10) Für ihn war das Seelische bloß eine körperliche Ausdruckserscheinung. Gedanken und seelische Regungen hielt er für „Exkremente des Gehirns". Ins gleiche Horn stieß *Ernst Haeckel* mit den Worten: „Was wir Seele nennen, ist nichts anderes als eine bloße Naturerscheinung, nämlich die Summe aller Lebenstätigkeiten in allen Lebewesen." (11) Nicht anders sah es der russische Physiologe *Ivan Petrowitch Pawlow* (1849-1936): „Der Mensch ist nichts weiter als ein Körper, nämlich eine Ansammlung von Zellen. Eine Seele gibt es nicht! Liebe, Träume und Gefühle sind lediglich Reaktionen des Gehirns. Die Materie ist alles, was zählt."

Im Jahr 1855 behauptete der Arzt *Karl Vogt,* der Begriff „Seele" sei eine unnötige Hypothese, weil das Seelische nichts anders sei als ein Erzeugnis des Gehirns. Sein Zeitgenosse, der Amerikaner *John B. Watson* (1878-1958), der als Begründer der modernen Verhaltenspsychologie gilt, war sich sicher: „Niemand hat jemals eine Seele berührt oder sie im Reagenzglas eingefangen." Der britische Biochemiker *Sir Francis Crick* (geb. 1916), der für die Entdeckung des DNS-Codes im Jahr 1962 den Nobelpreis erhielt, versicherte: „Ich für meinen Teil glaube, dass die Existenz der Seele pure Einbildung ist." Noch im Jahr 1973 ereiferte sich der englische Hirnforscher *H. J. Campbell*: „Alle reden von der Seele, um das Wundertier Mensch über seine Mittiere zu erheben. Doch Seele, die gibt es nicht, weil der Mensch sie nicht braucht. Alles, was wir seelische Regungen nennen, sind nichts anderes als elektrische Erzeugnisse im Gehirn." (12) Nach Meinung des Psychiaters *Mario Etzensberger* (*1947) gibt es überhaupt keine Seele. In einem Zeitungsinterview erklärt er: „Im Moment ist das Hirn unsere Seele. Für die Hirnforschung funktioniert das Hirn völlig autonom. Das Hirn ist aber nicht ein autonom funktionierendes Organ, sondern in unseren Gesamtorganismus eingebettet. Ohne Rückmeldungen des Körpers ist das Hirn leer – ein Apparat, der gut läuft, aber mit nichts drin. Und wenn der Körper aus irgendwelchen Gründen nicht mehr genügend Energie zur Verfügung stellen kann, geht im Hirn sozusagen das Licht aus." (13) *Daniel Hell,* Professor für klinische Psychiatrie an der Universität Zürich, nimmt an: „Auch wenn es in Zukunft gelingen dürfte, mit immer besseren Techniken immer feinere Gehirnvorgänge sichtbar zu machen, wird man keine Seele finden." (14) Nicht nur im Gehirn, sondern auch im Herzen ist die Seele nicht auffindbar. Der bekannte Herzchirurg *Thierry Carrel* vom Inselspital in Bern sagte kürzlich in einem Interview: „Ich glaube, die Seele ist dort, wo die Gedanken, die Intelligenz und das Reflexionsvermögen eines Menschen sind. Ich habe als Chirurg jeden Tag mit Herzen zu tun und habe noch nie eine Seele gefunden." (15)

Im 20. Jahrhundert wurde das Wort „Seele" in der Psychologie ersetzt durch den Begriff „Seelisches" oder „Psychisches", womit die Summe menschlicher Triebe, Gefühle, Empfindungen, Denk- und Verhaltensweisen zu verstehen ist. *C.G. Jung*, der große Seelenforscher unserer Zeit, schrieb über das „vergessene Wissen von der Seele": „Was die Seele ist, wissen wir ebenso wenig wie das, was das Leben ist." (16) Der Arzt *H. J. Schultz*, der Erfinder des Autogenen Trainings, hat die Erfahrung gemacht: „Eine klare Antwort auf die Frage, was die Seele eigentlich ist, gibt es nicht." (17) Mit naturwissenschaftlichen Methoden ist es nicht möglich, die Seele dingfest zu machen, weil sie mit unseren Sinnen nicht auszumachen ist. Daher spottete der deutsche Dramatiker *Karl Wittlinger* (geb. 1922) in seinem Schauspiel „Die Seelenreise":

Der Mensch hat eine Seele,
was man leicht vergisst,
weil dieses Ding weder säuft noch frisst.

Um in der Seelenfrage endgültig Klarheit zu schaffen, ist es notwendig, zwischen der biologisch verstandenen *Vitalseele* und der spirituell gedachten *Geistseele* klar zu unterscheiden. Bereits der Apostel *Paulus* machte diese Unterscheidung in seinem 1. Brief an die Korinther: Dem ersten Adam, der von der Erde ist, sprach er eine irdische Seele zu. Dem zweiten Adam aber, der vom Himmel ist, eine himmlische Seele. (1 Ko 15,45) Einen Hinweis auf den Wesensunterschied zwischen Seele und Geist finden wir auch in der medialen Durchsage des jenseitigen Lehrers *Emanuel* an *Bernhard Forsboom*: „Ihr seid Geister gewesen, bevor ihr Menschen geworden. Das aus der Materie herauskristallisierende Lebensprinzip ist, wenn es alle Stufen des organischen Lebens durchgemacht hat, noch nicht Geist, sondern erst ein Lebensprinzip, das die Vollkommenheit seiner Wesenheit erreicht hat." (18) Daraus folgt: Ohne die eindeutige Trennung der „Vitalseele" von der „Geistseele" lässt sich die Verwirrung um die Begriffe „Seele" und „Geist", die heute noch andauert, nicht vermeiden.

6.1 Die Vitalseele des Menschen

Unter der Vitalseele ist eine belebende Energie zu verstehen, die von den Eltern auf deren Nachkommen weitergegeben wird, ähnlich wie eine Flamme, die von einer Kerze auf eine andere übertragen wird. Der Begriff „Vitalseele" wird vom lateinischen Wort „vita" für Leben abgeleitet. Die Vitalseele entspricht dem biologischen Seelenverständnis der Naturwissenschaften und meint damit ein dynamisches Energiesystem, das in allen lebenden Wesen wirksam ist. (19) Die Vitalseele ist also die Kraft, die lebendig und lebensfähig macht. Sie ist das Prinzip, das bewirkt, dass etwas lebt. Deshalb nennen wir sie Lebensenergie. Jedes Lebewesen will leben und überleben. Hierzu dienen ihm seine lebenserhaltenden vitalen Grundbedürfnisse wie Atmung, Durst und Hunger. Diese stehen im Dienst des Überlebens- und Selbsterhaltungstriebs.

In antiken Schöpfungsmythen und in der biblischen Genesis wird die Vitalseele verglichen mit dem göttlichen Atem oder Odem, der den ersten Menschen eingehaucht wurde. (1 Mo 2,7) Der Reformator *Martin Luther* (1483-1546) übersetzte die entsprechende Bibelstelle mit den Worten: „Also wurde der Mensch eine lebendige Seele." (20) In neueren Bibelausgaben heißt es lediglich: „So wurde der Mensch lebendig" oder „er wurde ein lebendiges Wesen". In den östlichen Philosophien wird die Seele seit Jahrtausenden einem belebenden Kraftstrom gleichgesetzt. Dieser heißt in der indischen Yogalehre „Prana". (21) *Heraklit* bezeichnete den belebenden Antrieb als Kraftstrom, der jedes Lebewesen durchfließt. Bei seinem Landsmann *Demokrit* ist die Seele ein feinstofflicher Hauch, „pneuma" genannt, der den ganzen lebenden Körper durchdringt. Um die vielfältigen Lebenstätigkeiten zu erklären, nahm *Aristoteles* an, dass sich die vitale Seele auf drei Ebenen auswirken kann: Als *vegetative* Seele befähigt sie die Pflanzen, sich zu ernähren, zu wachsen und zu vermehren. Als *sensitive* Seele ermöglicht sie die Sinneswahrnehmung und die Fortbewegung. Als *rationale* Seele steuert sie die geistigen Tätigkeiten des Denkens und Wollens. Es handelt sich dabei nicht um drei verschiedene Seelen, sondern um die drei Tätigkeiten der Vitalseele. Daraus folgerte *Thomas von Aquin*, dass die menschliche Seele an allen drei Bereichen teilnimmt. Seiner Ansicht nach besitzt der Mensch sowohl eine vegetative als auch eine sensitive und eine rationale Seele. Letztere stellte er in unzulässiger Weise der Geistseele gleich. (22) Diese Dreiteilung der Vitalseele übernahmen später auch *G. E. Leibniz* und *Rudolf Steiner*. *Voltaire* verstand unter Vitalseele das, was uns mit Leben erfüllt. Im gleichen Sinne erklärte *Ernst Haeckel* die Seele als die Summe aller Lebenstätigkeiten. (23)

Heute verstehen wir die Vitalseele ganz allgemein als die belebende Kraft, die allem Lebendigen innewohnt. Es ist demnach stets die gleiche Lebensenergie, ob sie nun Pflanzen, Tiere oder Menschen belebt. Daher bezeichnete der Berliner Chirurg *August Bier* (1861-1949) die Seele als fließende Energie, welche den ganzen Körper durchströmt und lebendig macht. (24) Sie ermöglicht alle bewussten und unbewussten Antriebe, Wahrnehmungen, Gefühlsregungen, Denktätigkeiten und Willenshandlungen des Menschen. Die Menge an verfügbarer vitaler Energie ist bei jedem Lebewesen verschieden, je nach seiner Veranlagung und seinem Energiehaushalt. Der Begründer der modernen Bioenergetik, *Alexander Lowen*, ist überzeugt: „Wie viel Energie ein Mensch hat und wie er damit umgeht, wird über seine Persönlichkeit entscheiden und sich in ihr widerspiegeln." (25)

Für die heutige Psychologie ist die Vitalseele eine erfahrbare Realität. In seinem Buch „Wirklichkeit der Seele" schreibt *C.G. Jung*: „Psyche ist das allerrealste Wesen, weil es das einzig Unmittelbare ist. Auf diese Realität kann sich der Psychologe berufen, nämlich auf die Realität des Psychischen." Diese tritt bei allen Lebewesen je nach ihrem Entwicklungsgrad in Erscheinung, und zwar als Antriebe, Bedürfnisse, Gefühle und Intelligenz. Daher müssen wir auch Pflanzen und Tieren eine Seele zusprechen. Aus diesem Grund sind heute auch die Pflanzenpsychologie (27) und die Tierpsychologie (28) anerkannte Wissenschaften. In der analytischen Psychologie von *C.G. Jung* kommen zwei Begriffe vor: Seele und Psyche. Unter Psyche wird die Gesamtheit aller bewussten und unbewussten seelischen Vorgänge im Menschen verstanden. Als „Seele" dagegen wird nur ein „bestimmter, abgegrenzter Funktionskomplex bezeichnet, den man am besten als eine ‚Persönlichkeit' charakterisieren könnte". (29) In der modernen Parapsychologie kennt man für die Seelenkräfte den Begriff „Psi" und versteht darunter alle sinnlichen und außersinnlichen Fähigkeiten bei Mensch und Tier. In der chinesischen Medizin kennt man hierfür das Wort „Ch'i" und im Japanischen die Bezeichnung „Ki". (30) In zahlreichen Jenseitskundgaben wird diese Lebenskraft auch als Od bezeichnet, welches alle Naturbereiche erfüllt. Als Quelle dieser vitalen Energie wird die göttliche Welt genannt. (31)

Wir Menschen können diese vitalen Kräfte aus der ganzen uns umgebenden lebendigen Natur aufnehmen, vor allem aus den Pflanzen, aber auch aus der Luft, aus dem Wasser und aus der Sonnenenergie. Auf dieser Tatsache beruht das „Wunder der Nahrungslosigkeit", das mehrfach bei Eingeweihten, bei Mystikern und Heiligen in Ost und West nachgewiesen wurde. So wird vom Schweizer Eremiten *Niklaus von Flüe* (1417-1487) berichtet, dass er während neunzehn Jahren ausschließlich davon lebte, dass er sich jeden Abend vor dem Einschlafen Heilkräuter auf die Brust legte, die am Morgen völlig ausgetrocknet waren. Von der sensitiven „Seherin von Prevorst" schreibt der Dichter *Justinus Kerner*, dass diese sich von einem feinstofflichen Fluidum ernährte, das sie aus ihrer Umwelt aufnahm. (32) Ähnliches wird von der Stigmatisierten *Therese Neumann* (1898-1929) erzählt, die sich gern in ihrem Garten aufhielt und als einzige Nahrung ätherische Stoffe von Pflanzen einatmete. Die Inderin *Giri Bala*, die während sechsundfünfzig Jahren ohne Essen und Trinken auskam, soll sich allein aus der feinstofflichen Kraft der Luft und des Lichtes ernährt haben. Sie wurde dreimal während mehrerer Wochen von Ärzten untersucht, welche die Echtheit ihrer Nahrungslosigkeit bestätigten. (33) Nur von ätherischen Stoffen ernährte sich die „Glückselige Mutter" *Ananda Mayi Ma* (geb. 1896) in Bengalen, die oft lange Zeit im hohen Bewusstseinszustand des Samadhi verharrte. (34) Die Bäuerin *Maria Furtner* (1884-1947) aus Fasdor in Bayern hat während zweiundfünfzig Jahren nichts anders als frisches Wasser zu sich genommen. Der Grazer Arzt *Karl Graninger* erfasste aufgrund seiner Nachforschungen bis zum Jahr 1945 insgesamt vierzig Frauen und Männer, die während vieler Jahre nahrungslos lebten und dabei ohne Gewichtsverlust gesund geblieben sind. Nach seinen Angaben bezogen sie ihre Bioenergie vorwiegend aus reinem Quellwasser und frischer Luft. (35) Ohne jede feste Nahrung sollen auch in Europa einige Mystikerinnen während längerer Zeit gelebt haben. So etwa die Mystikerin *Elisabeth von Schönau* (1129-1164), die Franziskanerin *Angela von Foligno* (1248-1309) oder die Dominikanernonne *Katharina von Siena* (1347-1380), die mit mehreren Königen, Päpsten und Dichtern im Briefwechsel stand.

Die Lebenskraft der Vitalseele wird im Verlauf des Lebens allmählich aufgebraucht, je nachdem wie wir mit ihr umgegangen sind. Im Alter oder nach einer schweren Krankheit versiegt sie langsam. Noch bis zu drei Tage nach dem Körpertod bleiben einfache Lebenstätigkeiten erhalten. Stammzellen sollen im Darm sogar noch siebzehn Tage nach dem Tod lebensfähig sein. Der noch unverbrauchte Rest an Lebensenergie zieht sich beim Tod aus dem leblos gewordenen Körper allmählich zurück und wird in andere Energie umgewandelt oder in die feinstofflichen Körper übertragen, die das Weiterexistieren der Vitalseele im Jenseits ermöglichen. Dort belebt sie den astralen und mentalen Feinstoffkörper, bis beim „zweiten Tod" auch diese aufgelöst werden und der Geistkörper in die höheren unstofflichen Lichtsphären übertreten kann.

Was die Frage nach dem *Sitz der Vitalseele* angeht, hat man in früheren Zeiten immer wieder versucht, sie an einem bestimmten Ort im Körper sesshaft zu machen. Gemäß der Bibel sitzt die Seele im Blut. Dies glauben orthodoxe Juden noch heute, weshalb sie aufgrund ihrer religiösen Speisegesetze nur das Fleisch von geschächteten Tieren, die vollständig ausgeblutet sind, zu sich nehmen. Andere Glaubensgemeinschaften verbieten aus einem ähnlichen Grund die Bluttransfusion, weil damit auch die Seelensubstanz übertragen würde. Auch glauben sie, dass jeder Mensch am Ende seiner Tage auf *Herz und Nieren* geprüft werde. (Ps 7,10) Im Altertum hielt man auch das *Zwerchfell* für den Sitz der Seele, weil dessen rhythmische Bewegungen die lebenswichtige Atmung ermöglichen soll. Im alten Mesopotamien hielt man die *Leber* wegen ihrer reinigenden Funktion für den Sitz der Seele. Griechische Philosophen hielten die *Thymusdrüse* für das eigentliche Seelenorgan, weil diese das Wachstum steuert. *Hippokrates* verlegte den Sitz der Seele in das menschliche *Gehirn*, da hier die Denktätigkeit zu Hause ist. Für *René Descartes* galt die *Zirbeldrüse* als Wirkungsort der Seele. Im 17. Jahrhundert bezeichnete *Blaise Pascal* das *Herz* als Organ der Seelentätigkeiten, weil dieses das Gefühlsleben beherrscht.

Eine ganz andere Auffassung, die der heutigen Naturerkenntnis nahe kommt, vertrat im Altertum *Demokrit*, indem er die Vitalseele als „feurigen Hauch" bezeichnete, der den ganzen Körper durchdringt. Schon bedeutend zutreffender erklärte der römische Märtyrer *Justinus* die Seelenkräfte, als er schrieb: „Die Seele erstreckt sich über alle Glieder des Leibes, ist aber nicht der Leib. Selbst unsichtbar, wohnt sie im sichtbaren

Körper." Erstaunlich fortschrittlich dachte die naturkundige Äbtissin *Hildegard von Bingen* (1098-1179). Für sie lebt die Seele in jedem Teil des Leibes, wie er durch sie lebt. Von ihr stammt der Vergleich: „Wie das Wasser die ganze Erde durchströmt, so durchfließt die Seele den ganzen Körper." (36) Auch der italienische Philosoph *Bernardino Telesio* (1508-1588) beschrieb die Seele als sehr feine Substanz, die im ganzen Nervensystem eingeschlossen ist. Die Theosophin *Alice A. Bailey* (1880-1949) bezeichnete den feinstofflichen Astralleib als Ort, in dem die Seele wohnt. Für die heutige Esoterik ist die Vitalseele eine belebende Energie, die sowohl den grobstofflichen als auch die feinstofflichen Körper durchfließt. Daher hat sie keinen eng begrenzten körperlichen Aufenthaltsort, und ihr ist auch kein spezielles Organ zugeordnet. (37)

Ein weiteres Problem stellt sich bei der Frage nach dem *Gewicht der Seele*. Da diese eine Art belebende Energie darstellt, muss sie auch ein Gewicht haben. Das griechische Wort „psyche" und das lateinische Wort „anima" für Seele deuten an, dass es sich um etwas Luftiges, Leichtes handelt, ähnlich der hauchartigen Atemluft. *Galileo Galilei* konnte das Gewicht der Luft nachweisen, indem er eine offene Flasche erhitzte, um die darin enthaltene Luft entweichen zu lassen. Der Gewichtsvergleich vor und nach diesem Versuch zeigte einen leichten Unterschied. (38) Aus der Physikstunde wissen wir: Ein Liter Luft hat bei einem Druck von 760 mm und einer Temperatur von null Grad ein Gewicht von 1,29 Gramm. Der Quantenphysiker *Michael König* bezeichnete die Seelenenergie als einen Verbund von Elektronen und Positronen. Da diese atomaren Teilchen auch Masse besitzen, muss seiner Ansicht nach auch die Vitalseele ein bestimmtes Gewicht haben. (39) Um das Gewicht der seelischen Energie zu messen, hat der japanische Forscher *Hiroshi Motoyama* ein spezielles Messgerät entwickelt und konnte damit beweisen, dass die Vitalseele tatsächlich ein Gewicht hat. (40)

Der amerikanische Arzt *Duncan MacDougall* versuchte bereits zu Beginn des 20. Jahrhunderts das Gewicht von sterbenden Menschen vor und nach ihrem Tod festzustellen. Im Spital von Haverhill im US-Bundestaat Massachusetts baute er ein Holzgestell, auf das er ein normales Gitterbett stellte. Dieses montierte er auf eine große Balkenwaage. Darauf bettete er in dessen Einverständnis einen an Tuberkulose schwer erkrankten Mann. Als dieser am 10. April 1901 starb, wurde das Eigengewicht des Patienten vor und nach dem Sterben kontrolliert. Dabei stellte man im Moment des

Todes eine plötzliche Gewichtsabnahme von durchschnittlich 21 Gramm fest. (41) Innerhalb eines Jahres wiederholte er dieses Experiment mit fünf weiteren sterbenden Menschen. Dabei schwankte das Gewicht vor und nach dem Seelenaustritt zwischen 10 und 30 Gramm. Schließlich führte er diese Versuche auch bei zwölf Hunden durch. Dabei stellte er keinen Gewichtsverlust fest. Daraus zog er den falschen Schluss, dass nur der Mensch eine vitale Seele habe, das Tier aber nicht. (42) Der festgestellte Gewichtsverlust kann nicht allein mit der Verdunstung von Körperflüssigkeit erklärt werden, denn diese kann sich nicht innerhalb von Sekunden einstellen.

Von dem Parapsychologen *Rudolf Passian* stammt folgender Bericht über ein Experiment, das der französische Jenseitsforscher *Hippolyte Barduc* (1850-1909) im Juli 1908 in Paris durchgeführt hat: „Dieser hat einer Versuchsperson folgenden posthypnotischen Befehl erteilt: ‚Am kommenden Montag werden Sie um 21 Uhr müde, legen sich zu Bett und schlafen sofort ein. Dann verlassen Sie ihren Körper und ihre Wohnung und kommen hierher, steigen durch jenes Fenster herein, setzen sich auf jenen Stuhl und drücken eine Seite der Waage so weit herunter, dass dadurch ein Stromkreis geschlossen wird und die elektrische Klingel ertönt.' Zu dem betreffenden Abend hatte Dr. Barduc einige Wissenschaftler sowie eine Hellseherin eingeladen. Das erwähnte Fenster war mit einem in Schwefelkalzium getränkten Stoff bespannt worden. Ein gleichermaßen behandelter Stoff war über einen Stuhl gespannt. Im Zimmer herrschte totale Dunkelheit. Mitten im Raum stand eine einfache Tafelwaage, und zwar unter einer Glasglocke, so dass sie von niemandem berührt werden konnte. Kurz nach 21 Uhr ließ sich die Hellseherin vernehmen: ‚Ich sehe einen Geist in menschlicher Gestalt durch das Fenster hereinsteigen.' Zugleich sahen alle Teilnehmer den Schwefel-Kalzium-Schirm in den Umrissen eines Menschen aufleuchten. Danach verdunkelte sich der Stoff wieder. Nun meldete sich das hellsichtige Medium erneut: ‚Jetzt sehe ich das Gespenst auf dem Stuhl.' Und sofort sah man auch dort das entsprechende Aufleuchten. ‚Nun geht das Gespenst zur Waage', und gleich darauf läutete der Klingelapparat. Als jetzt das Licht angemacht wurde, sah man die Waage in lebhafter Bewegung. Um den Klingelkontakt auszulösen, musste man eine Seite der Waage mit einem Gewicht von 26 Gramm belasten. Mit dieser Gewichtskraft hatte also der Astralleib einer lebenden Person den Waagebalken heruntergedrückt." (43)

Um das Jahr 1900 erregte *Dr. Barduc* großes Aufsehen durch einen weiteren Versuch. Er konnte seine sterbende Frau fünfzehn Minuten vor und eine Stunde nach ihrem Tod fotografieren. Auf dem entwickelten Bild ist der feinstoffliche Astralkörper der Verstorbenen, der sich vom grobstofflichen Körper während des einstündigen Sterbeprozesses allmählich löste, als wolkenartiges Gebilde deutlich zu sehen. Daraus kann geschlossen werden, dass etwas Ätherisches den Tod überlebt, welches auch ein minimales Gewicht haben muss. (44) In der ersten Hälfte des vergangenen Jahrhunderts hat der Berliner Ingenieur *Fritz Grunewald* in seinem Labor eine Medium-Waage oder Phantomwaage entwickelt, mit der er das Gewicht eines Astralwesens bei dessen Eintritt in eine menschliche Person, die sich als Medium zur Verfügung stellte, messen wollte. Genauere Daten hierzu sind nicht bekannt geworden. (45) Nach *Georg Korf* hat der feinstoffliche Astralkörper des Menschen im Durchschnitt ein Gewicht von 27 Gramm. (46) Im Jahr 2003 entstand unter der Regie des Mexikaners *Alejandro Gonzales Innarritu* der Spielfilm „21 Gramm", in dem das Gewicht der Seele auch zum Thema gemacht wurde.

6.2 Das Doppelgesicht der Seele

Was der Mensch in seinem Bewusstsein glaubt zu sein, nämlich männlich oder weiblich, ist nur ein Teil seines Wesens. Der andere Teil, der kaum bewusst in Erscheinung tritt, bleibt meist unentdeckt im Seelenschatten seines Unbewussten verborgen. Es ist dies sein gegengeschlechtlicher Seelenanteil. Nach der Psychologie von *C.G. Jung* ist unsere Seele doppelgeschlechtlich, nämlich weiblich und männlich zugleich. Der große Psychologe hat hierfür die polaren Begriffe „Animus" und „Anima" vorgeschlagen. Begründet wird diese Theorie durch die Tatsache, dass die belebende Energie der Vitalseele bei der Zeugung sowohl von der Seite des Vaters als auch von der Seite der Mutter auf das neue Leben übertragen wird. In der Regel wird nur ein Teil bewusst gelebt. Der andere bleibt latent oder verdrängt im Unbewussten. (47)

Dieser ungelebte und oft auch ungeliebte Seelenanteil, den *C.G. Jung* den „Schatten" nennt, ist bei der Frau männlich, beim Mann aber weiblich geprägt. So trägt jeder Mensch seine „bessere Hälfte", die er in jeder echten Freundschafts- und Liebeswahl als Ergänzung sucht, eigentlich in sich selber. Schon die alten Römer wussten: „Jeder Mann trägt seine Frau in sich." In den indischen Tantras heißt es: „Wozu brauche ich eine Frau? Ich trage eine innere Frau in mir." Und im Mittelalter schrieb *Jane Leade*: „Das Männlein hat seine Jungfrau in sich selbsten." (48) Die Nonne und Mystikerin *Mechtild von Magdeburg* (1210-1280) gesteht: „Die Braut, die ihren Liebsten in sich hat, braucht nicht weit zu gehen." Bei *Rilke* finden wir die tiefsinnige Weisung: „Siehe, innerer Mann, dein inneres Mädchen, dieses errungene aus tausend Naturen, dieses noch nie gelebte Geschöpf."

Da wir in den meisten Fällen uns dieses inneren Partners gar nicht bewusst sind, suchen wir ihn außerhalb. Dieses Suchen wird zur Sehnsucht nach dem geliebten Du. Da es sich dabei nicht immer um wahre Liebe handelt, sondern eher um eine Projektion verkappter Selbstsucht, führt dies nicht selten in Täuschung und Enttäuschung. Daher gelangte *C.G. Jung* zur heilsamen Einsicht: „Wer also nicht vorzieht, von seinem eigenen Unbewussten ständig zum Narren gehalten zu werden, der wird aus der sorgfältigen Analyse jeder Faszination als Quintessenz die Erkenntnis herausziehen, dass wir in tausend Verkleidungen uns selber begegnen auf dem Pfade des Lebens." (49) Leider übersehen viele Verliebte, dass die Türe zum wahren Liebesglück eigentlich nach innen aufgeht. Dies meint nicht narzisstische Selbstverliebtheit, sondern echte Liebeszuwendung, die gibt, ohne zu erwarten, die schenkt, ohne zu verlangen.

Bei der Partnerwahl handelt es sich häufig um eine unbewusste Projektion eigener Wunschvorstellungen. Sobald sich diese als Illusion erweist, kommt es zu gegenseitigen Schuldzuweisungen. In der psychologischen Ehetherapie ist mir immer wieder aufgefallen, dass der eine Partner dem anderen Eigenheiten und Unarten andichtet, die dieser gar nicht hat, sondern die er selber heimlich und unerkannt in sich trägt. Wer einseitig lebt, humpelt wie auf einem Bein durchs Leben. Er macht einen einäugigen und halbherzigen Eindruck, weil er sich selber nicht ganz erkennt. Auch darf in der Liebe der eine Partner vom anderen niemals so vereinnahmt werden, als wär er ein Stück von ihm. Indes könnte er eine Art Spiegel darstellen, in dem der eine sich im anderen erkennt. „Ich suchte dich und habe mich gefunden", war die erlösende Einsicht des österreichischen Dichters *Franz Grillparzer* (1791-1872), die ihn von allem täuschenden Liebesleid befreite. Solange wir nur die eine Seite unserer Persönlichkeit bewusst nach außen leben, bleibt der andere Seelenteil unentwickelt, kindlich und unreif zurück. Diese Einseitigkeit führt dazu, dass ein Mann seine Männlichkeit zur Geltung bringen will, indem er sich nach außen machohaft gebärdet. Dagegen wird er in Zuständen, in denen er seine bewusste Selbstkontrolle einbüßt, so etwa in der Krankheit oder im Rausch, seine unreife Weiblichkeit gefühlsbetont, launisch und wehleidig zur Schau tragen. Umgekehrt wird eine Frau, die nach außen einseitig nur ihre zarte Weiblichkeit vorführt, in Konfliktsituationen, die ihre aktive männliche Seite herausfordern, sich recht eigenwillig, selbstsicher und angriffslustig verhalten.

Wer bewusst seinem inneren Partner begegnet und sich mit ihm anfreundet, der erfährt eine viel größere Möglichkeit, auf andere Menschen zuzugehen und sie so zu lieben, wie sie sind. Er sieht sie nicht mehr im Schattenspiel seiner eigenen unreifen Seele. Unsere Liebesfähigkeit würde dann jene Reife erlangen, die dazu führt, dass wir uns „nicht mehr so leicht verlieben, da wir uns nicht mehr in einen anderen Menschen verlieren, aber wir werden zu tieferer Liebe fähig sein, zu bewusster Hingabe an den anderen". (50) Diesen innerseelischen Prozess nannten die mittelalterlichen Alchemisten die „chymische Hochzeit". Für *C.G. Jung* bedeutet er einen wichtigen Schritt zur Selbstwerdung und seelischen Ganzwerdung, die er mit dem Wort „Individuation" umschrieb. Von ihr sagte er: „Auf diese Weise entwickelt sich eine Persönlichkeit, die sozusagen nur noch in den unteren Stockwerken leidet; in den oberen Stockwerken ist sie von schmerzlichen und freudigen Ereignissen auf eine eigentümliche Weise losgelöst." (51) *Goethe* hat dieses Doppelgesicht seines Wesens in seinen späten Jahren deutlich gespürt, als er seine Seele mit einem Ginkgoblatt verglich und im Jahr 1815 schrieb:

Ist es ein lebendig Wesen, / das sich in sich selbst getrennt,
Sind es zwei, die sich erlesen, / dass man sie als Eins erkennt?
Solche Fragen zu erwidern / fand ich wohl den rechten Sinn.
Fühlst du nicht an meinen Liedern, / dass ich eins und doppelt bin?

6.3 Die vitalen Energiezentren

Aus der Bioenergetik wissen wir, dass dort, wo Energien fließen, sich Kraftfelder aufbauen. Der Astrophysiker *Stephen Hawking* schreibt: „Alle Kräfte werden von Feldern übertragen." (52) Beim Menschen strömen diese Kräfte vorwiegend durch feinstoffliche Kanäle und bilden im Ätherkörper ein weitverzweigtes Netz von Leitbahnen, die in der östlichen

Yoga-Lehre *Meridiane* und *Nadis* genannt werden. (53) An bestimmten Punkten bilden sich kleinere Energieumsetzer, die wir Akupunktur-Punkte nennen. Bei einem Energiestau kann diese durch Akupunktur (lat. *acus*: Nadel) mit feinen Metallnadeln oder durch Fingerdruck, neuerdings auch durch Laserstrahlen, punktgenau behoben werden. Die moderne Bioresonanztherapie geht davon aus, dass jedes Lebewesen von Kraftfeldern umgeben ist, deren ungestörte Energieschwingungen für die körperliche und seelische Gesundheit wichtig sind. Wir können diese auch aktivieren durch bewusste Tiefenatmung, wie sie „als Kunst des lange Atems" im Kriya-Yoga geübt wird. Ähnliche Wirkungen haben Resonanzübungen beim Ausatmen mit den heiligen Silben „OM" und „AUM". (54)

An einigen Stellen der Energiebahnen befinden sich kleinere und größere wirbelartige Kraftzentren, sogenannte *Chakras*, welche die Energieströme im ganzen Körper wie laufende Rotoren in Umlauf setzen. Das Sanskrit-Wort „*chakra*" steht für ein rotierendes Rad mit einer Vielzahl von Speichen. In Indien wird es auch als mehrblättrige Lotosblüte dargestellt. Diese Energiewirbel werden mit wichtigen Nervenzentren und mit innersekretorischen Drüsen des Menschen in Beziehung gesetzt. Sie dienen sowohl als Eingangspforten bei der Aufnahme der vitalen Energie von außen als auch als Ausgangstore für die Ausstrahlung menschlicher Lebenskräfte. Bei geistig noch wenig bewusst lebenden Menschen drehen sich diese „Propeller" bei geringer Strahlkraft träge und schwerfällig. Bei einem spirituell erwachten Menschen erzeugen sie eine hochfrequente Drehzahl wie kraft- und farbensprühende Sonnenräder. (55)

In der Theosophie von *Helena Petrovna Blavatsky* und in der Anthroposophie von *Rudolf Steiner* werden sieben Haupt-Chakras beschrieben, die ungefähr entlang der Wirbelsäule auf der Vorderseite des Astralkörpers angelegt sind. Diese Kraftzentren sind miteinander durch feinstoffliche Bahnen verbunden, so dass ein geschlossener Energiekreislauf entsteht und Energieaustausch möglich ist. Die Chakras beeinflussen die sieben Bewusstseinsstufen des Menschen, denn die Dreiheit von Körper, Seele und Geist entspricht schwingungsmäßig der Anordnung der Energiezentren, nämlich dem Geist im Scheitel- und Stirn-Chakra, der Seele im Hals-, Herz- und Nabel-Chakra und dem Körper im Milz- und Wurzel-Chakra. Kleinere sensible Kraftzentren befinden sich zusätzlich an den Innenflächen unserer Hände. Indem wir diese zum Gebet oder zum Pronam-Gruß falten, wie er in Indien üblich ist, vereinigen wir deren positiv und negativ gepolten Energien und verstärken diese. Die feinstofflichen Chakras beeinflussen die ihnen zugeordneten Organe unseres grobstofflichen Körpers. Entsprechend begabte Menschen sind in der Lage, mit Hilfe eines Pendels den Ort, die Ausdehnung und die Strahlkraft der Chakras festzustellen. (56) Betrachten wir nun die sieben Haupt-Chakras und ihre Beziehungen zu den innersekretorischen Drüsen des Menschen. (57)

1. Das *Wurzel-Chakra,* auch Basis-Chakra genannt, hat seinen Sitz am unteren Ende der Wirbelsäule. Seine Energie ist imstande, auch die höher liegenden Chakras günstig zu beeinflussen. Es versorgt alle Organe mit Lebensenergie, besonders die Zeugungsorgane. Dies verleiht uns Bodenständigkeit und Standhaftigkeit in der realen Diesseitswelt. Ähnlich wie die Wurzeln eines Baumes, verbindet das Wurzel-Chakra uns mit dem Erdreich und dessen natürlichen Energieströmen, die unsere körperliche und seelische Widerstandskraft fördern. (58) Dieses Chakra steht in Verbindung mit den Geschlechtsdrüsen und mit der Nebenniere. Daher stärkt dessen Energie die sexuelle Kraft des Mannes und reguliert die Fruchtbarkeit der Frau. Bei der Vereinigung seiner polaren Energieströme kann neues Leben entstehen. In dieser Region ruht wie eine aufgerollte Schlange die „Kundalini". *Daskalos* beschreibt diese Kraft als „siebenfach gewundene rote Schlange, deren Kopf, der Wirbelsäule folgend, nach oben zeigt. Obgleich sie aussieht wie eine Schlange, ist sie in Wirklichkeit Feuer. Sie ist das Urfeuer – sowohl im materiellen Körper als auch in dessen ätherischem Doppel, das die Grundlage der materiellen Existenz bildet." (59) Im unerweckten Zustand ruht sie, die in der Yoga-Sprache das „schlafende Feuer" genannt wird, nahe dem Beckenboden. Wenn deren Flamme durch entsprechende Übungen entfacht wird, erweckt sie mediale und paranormale Fähigkeiten. Sie droht aber auch jene zu verbrennen, die egoistisch und unkontrolliert das Feuer der triebhaften Leidenschaften schüren. Niemand vermag deren wilde Kräfte zu beherrschen, bevor er nicht angefangen hat, sich selber zu beherrschen. (60) Dieses Kraftzentrum beeinflusst auch die Zirbeldrüse und die Hirnanhangsdrüse im Kopf. Daher ist es nicht nur für die körperliche Vitalität verantwortlich, sondern auch für die Entfaltung der spirituellen Kräfte.

2. Das *Milz-Chakra* liegt an der Oberfläche des Ätherkörpers in der Mitte des Unterleibes. Es verteilt seine Energie über das ganze vegetative

Nervensystem. Insbesondere steht es in Verbindung mit der Bauchspeicheldrüse. Vorwiegend steuert es das Körperwachstum und ist verantwortlich für die Blutbildung und den Aufbau der Antikörper. Weil das Milz-Chakra unmittelbar unter dem Zwerchfell liegt, reguliert es die Tiefenatmung und hängt auch zusammen mit unserem Hormonhaushalt.

3. Das *Nabel-Chakra* befindet sich im Oberbauch über dem Nabel. Den Strahlen der Sonne ähnlich, dehnt es seine Energie auf das gesamte Netzwerk des vegetativen Nervensystems aus. Daher wird es auch Sonnengeflecht genannt. Es hat die Aufgabe, die aufgenommene Sonnenenergie in Vitalität und Wärme umzuwandeln. Dieses Kraftzentrum steht in Verbindung mit dem Nebenrindenhormon. Es ist verantwortlich für unser soziales Beziehungsgeflecht sowie für unser Gefühlsleben. Daher wird es auch als Gefühlszentrum bezeichnet. Seine seelischen Entsprechungen sind spontane und intuitive Entscheidungen, die wir gleichsam „aus dem hohlen Bauch" heraus treffen, wenn wir uns vom „Bauchgefühl" leiten lassen. Diesem Chakra unterstehen auch unsere Antriebs- und Willensimpulse. Bei einer Unterversorgung mit dieser Energieform kommt es zu Lustlosigkeit und Verstimmungen, aber auch zu Ruhelosigkeit und nervöser Betriebsamkeit.

4. Das *Herz-Chakra* hat seinen Ort in der Herzgegend auf der linken Brustseite. Diesem entspricht die Thymusdrüse, die den Kreislauf aufrechterhält und für das Immunsystem verantwortlich ist. Auf der seelischen Ebene erzeugt es Herzenswärme und Herzlichkeit sowie Offenheit im Geben und Nehmen von Gefühlen. Die Herzensgedanken, von den Franzosen „raison du coeur" genannt, steigen nicht in den Kopf, sondern gehen zu Herzen. Wohl deshalb schrieb der Dichter *Antoine* de *Saint Exupery* (1900-1944): „Man sieht nur mit dem Herzen gut; das Eigentliche ist für die Augen unsichtbar." *Jakob Lorber* vernahm die ihm aus dem Jenseits diktierten Botschaften, die er in fünfundzwanzig umfangreichen Bänden niederschrieb, als „innere Stimme" nahe seinem Herzen. (61) Seelische Belastungen wie Sorgen, Ärger und Kummer beeinträchtigen das Herz-Chakra, was Herzbeschwerden in Form von Druck- und Beengungsgefühlen auslösen kann.

5. Das *Hals-Chakra* oder Kehlkopf-Chakra ist auf der Vorderseite der Halsregion nachweisbar. Es hat eine Verbindung zur Schilddrüse, die in der Form eines kleinen Schmetterlings unter dem Kehlkopf vor der Luftröhre liegt. Auf der Körperebene beeinflusst es den Hormonhaushalt, den Stoffwechsel, die Herztätigkeit, den Blutkreislauf und die Körperwärme. Auch steuert es das Wachstum und reguliert den Atemrhythmus. Auf der seelischen Ebene ist es beteiligt an der Sprechfähigkeit und an der sprachlichen Ausdrucksbegabung. Das Hals-Chakra, auch Kehlkopf-Chakra genannt, ist zusammen mit den Stimm- und Sprechorganen wichtig für die zwischenmenschliche Kontaktaufnahme. Ist das Fließen seiner Energien durch seelische Konflikte beeinträchtigt, kann es zu neurotischen Sprech- und Sprachstörungen kommen, wie Stimmlosigkeit, Stottern oder Heiserkeit. Ein Verengungsgefühl in diesem Bereich ist oft ein Anzeichen für innere Unsicherheit, für Furcht- und Sorgengedanken, für Minderwertigkeitsgefühle und unbewusste Ängste. Dieses Kraftzentrum lässt den Menschen bei ungehindertem Energiefluss im dazugehörenden Nacken-Chakra wendig und angepasst erscheinen. Ist dieses blockiert, kommt es an der Hals- und Schulterpartie durch Verspannung zum bekannten Cervikalsyndrom und zu einer leicht gebückten Körperhaltung. Seine Entsprechungen im Bereich des Denkens sind Sturheit und Starrsinn.

6. Das *Stirn-Chakra* sitzt an der Stirnfront zwischen den Augenbrauen über der Nasenwurzel. Nach der indischen Yoga-Lehre wird hier das „Dritte Auge" vermutet, mit dem hellsichtige Menschen „hinter die Dinge" sehen können. Dort ziehen sich bei erhöhter Konzentration die Willensfalten zusammen. Das Stirn-Chakra steht mit der Hirnanhangsdrüse (Hypophyse) an der Hirnbasis in Verbindung. Durch deren Hormonausschüttung werden Bewusstseinszustände beeinflusst. (62) Physiognomisch kommen an dieser Stirnpartie die Denk- und Lernfähigkeit sowie Phantasie und Gedächtnis zum Ausdruck. Es ist der Ort, wo wir die Gedankenkräfte für Aufmerksamkeit und Konzentration sammeln. Bei einem wenig entwickelten Stirn-Chakra ist die geistige Durchsicht und Weitsicht erschwert oder ganz verwehrt, besonders bei jenen Menschen, die „ein Brett vor dem Kopf" tragen.

7. Das *Scheitel-Chakra* krönt das Oberhaupt. Es steht in Verbindung mit der Zirbeldrüse (Epiphyse). Sein Symbol ist der „tausendblättrige

Lotos". Weil es in der Lage ist, höhere Eingaben aus der geistigen Welt zu empfangen, wird es auch „Mund Gottes" genannt. Es wirkt wie eine spirituelle Empfangsantenne und öffnet dem Menschen den Zugang zum kosmischen Bewusstsein und schenkt uns Erleuchtung. Wir können dieses oberste Chakra als Tor betrachten, das sich zur spirituellen Welt hin öffnet und uns Ideen, Inspirationen und Erleuchtung von oben verschafft. Daher ist dies der Ort religiöser Begabungen und philosophischer Neigungen. An dieser Stelle tragen seit dem 14. Jahrhundert fromme Mönche ihre haarlose Tonsur zum Zeichen ihrer Demut und Gottergebenheit. (1 Kor 11,14) *Silvia Wallimann* schreibt hierzu: „Das Scheitel-Chakra, das wie ein glühendes Lichtrad aussieht, steht mit dem gesamten kosmischen Geschehen in energetischer Verbindung." (63) Hellsichtigen Personen erscheint es in der Gestalt einer goldenen Krone über dem Haupt. Organisch steht dieses Chakra in Verbindung mit der Zirbeldrüse (Epiphyse), die für den inneren Hormonhaushalt sorgt. Mit seiner Energie begünstigt es Ideenfülle und Gedankenreichtum bis hin zur Erleuchtung.

Zusammenfassend lässt sich sagen: Alle sieben Chakras versorgen den grobstofflichen und den feinstofflichen Körper des Menschen mit belebender Energie. Jedes einzelne Chakra wirkt als Energieumsetzer (Transformator). Auf diese Weise kann es auch zu einem Enegieaustausch mit positiver Ladung kommen, wenn sich zwei Menschen in guter Gesinnung und gegenseitiger Zuneigung körperlich nahekommen, wenn sie sich beim Begrüßen die Hände reichen, wenn sie sich berühren oder umarmen und küssen. Wenn ein Paar eng beieinander schläft, werden Lebensenergien gegenseitig ausgetauscht. Bei einer Konfliktsituation kann es geschehen, dass der robustere Partner dem schwächeren unbewusst Lebensenergie entzieht, so dass sich dieser später müde und wie ausgelaugt fühlt. Im Extremfall spricht man von Vampirismus. (64) Sensible Menschen meiden aus diesem Grund auch größere Menschenansammlungen in Kirchen, Kino- und Theatersälen oder bei Sportveranstaltungen. Zum Schutz vor Energieverlust empfahl *Annie Besant* ihren Schülern, die Chakras zu schließen, indem sie mit flachen Händen über die Vorderseite ihres ganzen Körpers fahren. In der gedanklichen Vorstellung lässt sich ebenso eine kugelförmige Astral-Hülle mittels der eigenen Aura-Substanz um sich aufzubauen. (65)

Wichtig ist zunächst, dass wir unseren Ätherkörper regelmäßig reinigen. Dies kann durch langsame Tiefenatmung geschehen. Dabei stellen wir uns vor, wie wir den Atem an frischer Luft im rhythmischen Wechsel nacheinander durch jedes Chakra ziehen. Beim Ausatmen stoßen wir alles Negative, das uns bedrückt oder hemmt, von uns weg. Beim Einatmen lassen wir die positiven Energien aus der Natur und Übernatur in uns einströmen. (66) Dass es hierfür noch eine andere Methode gibt, lehrt uns die Geschichte von den „zwei ungleichen Mönchen": „In einem Kloster besaß der Abt die Gabe des Hellsehens. Unter seinen Mitbrüdern waren zwei junge Männer, die wegen ihrer Friedfertigkeit und Umgänglichkeit einen guten Ruf besaßen. Eines Tages wollte der Klostervorsteher wissen, wie diese beiden Männer es schafften, immer so ausgeglichen zu sein. Er blickte also auf den ersten Mönch und sah, wie dieser sich mit einer kristallartigen Gedankenhülle umgab und sich nach außen vor allen unguten Einflüssen schützte. Durch diese mentale Abschirmung blieb er unangefochten. Dann schaute der Abt auf den zweiten Mönch. Dieser unternahm nichts dergleichen, um sich zu schützen. Statt dessen strahlte er Liebe und Wohlwollen auf seine Umgebung aus. Durch diese positive Ausstrahlung seiner Chakras konnte auch nichts Negatives ihn beeinträchtigen. Der Abt kam zum Schluss: Der zweite Mönch hatte es besser gemacht und sei dem Himmelreich näher gewesen." (67)

6.4 Die Aura als Spiegel der Vitalseele

Die Strahlungskraft der Vitalseele wird *Aura* genannt. Das gleichlautende lateinische Wort „aura" bedeutet Hauch, Geruch, Duft oder Schein. Sie umgibt als feinstoffliche unsichtbare Umhüllung den physischen Körper und wird in der Parapsychologie auch als dessen Doppel bezeichnet. Die Aura des Menschen wird einerseits von dessen Bioenergie und andererseits von dessen Gefühlswelt und gedanklicher Gesinnung gebildet. Sie umgibt den ganzen grobstofflichen Körper wie eine hauchdünne Hülle und schirmt ihn nach außen ab. Sie strahlt nach außen vitale Energie ab und nimmt aus der belebten Umwelt stärkende Lebenskraft auf. Dieses pulsierende Aus- und Einströmen von Lebensenergie lässt sich mit dem rhythmischen Atmen verbinden. Dadurch wird um den Ätherkörper ein feinstoffliches Kraftfeld erzeugt, das hellsichtigen Menschen wie ein schwach leuchtender Dunstschleier erscheint. Der Arzt *John Pierrakos* hat nachgewiesen, dass sowohl die gesamte Lebensgeschichte eines Menschen als auch der augenblickliche Zustand eines Organismus sich in der Aura niederschlägt. (68)

Gemäß dem physikalischen Lehrsatz: „Wo Energien fließen, baut sich ein Kraftfeld auf", bilden sich beim Menschen Energiefelder unterschiedlicher Schwingungsfrequenz, deren Eigenstrahlung nach außen als farbige Aura in Erscheinung tritt. Im lebenden Menschen fließen entsprechend der Dreiheit von physischem Körper, Astralkörper und Mentalkörper drei Energieströme, deren Aura sich wie die Schichten einer Zwiebel um den inneren Wesenskern legen. Die erste Schicht ist die Aura des Ätherkörpers, die sich wie der gräuliche Bast am jungen Hirschhorn anfühlt. Die zweite Hülle ist die emotionale Aura des Astralkörpers, die von den gefühlsabhängigen Bedürfnissen, Wünschen und Antrieben unseres Egos gebildet wird. Die dritte Aura-Schicht gehört dem Mentalkörper an und ist Ausdruck der menschlichen Denkgewohnheiten.

Bereits im griechischen Altertum lehrte der Arzt *Empedokles*, dass der menschliche Körper mit einer „ausstrahlenden Substanz des Lichtes" umgeben ist. *Paracelsus* seinerseits nannte diese Ausstrahlung „siderischer Leib", und der französische Forscher *Albert de Rochas* nannte sie „odische Lohe". Der berühmte Chirurg *Ferdinand Sauerbruch* (1875-1951) konnte in der Aura des Menschen ein hochfrequentes elektrisches Feld nachweisen. (69) Die Existenz der Aura kann in geeigneten Experimenten bestätigt werden. Dem Arzt *Walter Kilner* (1847-1920) vom St. Thomas Spital in London ist es gelungen, die menschliche Aura mit Hilfe von zwei verbundenen Glasscheiben, deren Innenflächen mit Dizyanit beschichtet waren, sichtbar zu machen. Nach diesem Verfahren wurde in England vor etwa dreißig Jahren eine Aura-Brille hergestellt, die ich noch heute gelegentlich trage. Wenn ich an heißen Sommertagen über Land gehe, sehe ich damit über blühenden Wiesen und wogenden Kornfeldern einen blauvioletten Hauch schimmern, und ich weiß: Das ist die Aura unserer Mutter Erde. Eine andere Forschungsmethode wurde um das Jahr 1940 vom russischen Elektronik-Ingenieur *Semjon Kirlian* entwickelt. Er fotografierte frische Pflanzenblätter in einem sehr hohen elektrischen Energiefeld. Auf den entwickelten Bildern ließ sich ein heller Strahlenkranz feststellen, der allmählich erlosch, wenn das Blatt welkte. (70) Sensible Menschen vermögen auch mit einem Pendel die Ausdehnung und Strahlungskraft einer Aura auszumessen. Zu beachten ist, dass die Aura sich ändert, je nach dem körperlichen und seelischen Zustand, in dem wir uns befinden. Außerdem ist die Formen- und Farbenbildung der Aura nicht bei allen Menschen gleich. Diese hängt in ihrer Ausprägung in hohen

Maß von der seelisch-geistigen Entwicklungsstufe ab, was deren Stärke und Strahlungskraft bestimmt. (71)

Die Aura gibt uns auch Hinweise auf die seelische Stimmung, auf Erregungszustände und Gefühlsausbrüche. Vor vielen Jahren besuchte ich eine hellsichtige, medial begabte Frau. Um einige meiner Fragen zu beantworten, begab sie sich in Trance. Als sie daraus erwachte, schaute sie mich erstaunt an und fragte: „Haben Sie Ärger gehabt? Sie haben eine knallrote Aura." Ich musste ihr recht geben. Ein seelischer Erregungszustand schlägt sich an unterschiedlichen Stellen des Ätherkörpers nieder. Der hellsichtige amerikanische Arzt *John Pierrakos* hat beobachtet: „Ein intensives Gefühl der Liebe lässt ein sanft rosafarbenes Energiefeld im Brust- und Kopfbereich entstehen. Traurigkeit färbt die Aura über der Brust dunkel. Wut färbt die Aura über den Schultern und dem oberen Teil des Rückens rot.. Ein ernster und aufrichtiger Gefühlsausdruck zeigt sich als goldener Glanz um den Kopf. Befindet sich ein Organismus im Zustand des Schmerzes, so werden die Farben des gesamten Energiefeldes fahl und gräulich." (72) Eine beginnende Krankheit bildet sich in der Aura als dunkle Flecken, als Löcher oder verzerrte Formen ab. An der Aura lässt sich auch feststellen, wie es um den körperlichen und seelischen Gesundheitszustand eines Menschen steht. Auch heftige Gemütserregungen und Stimmungsschwankungen werden hier sichtbar. (73) Seelische Störungen infolge astraler Fremdeinwirkungen werden dem hellsichtigen Medium in der Aura seiner Ratsuchenden erkennbar. So schreibt *Anton Styger* aufgrund vielfältiger Erfahrungen in seinem Buch „Erlebnisse in den Zwischenwelten": „Dunkle Flecken, Wölkchen oder gar schwarze Klumpen in der Aura eines Menschen deuten auf spirituelle Belastungen hin, sie können sich auch als abstrakte Muster oder geometrische Formen zeigen, jedoch sind sie generell in dunkler Farbe oder wie Schatten zu erkennen. Eine astrale Besetzung ist daran zu erkennen, dass dunkle, figürliche oder fratzenhafte Schatten direkt auf dem Körper oder an Körperteilen zu sitzen scheinen. Schon im Gesichtsausdruck des Menschen oder in dessen Augen flackern fremde Züge und Energien auf. Manchmal sind diese Erscheinungen nur kurz sichtbar und gleich darauf wieder verschwunden." (74)

Die räumliche Ausdehnung der Aura-Strahlung ist sehr verschieden. Dies erlebte die Philosophin und Parapsychologin *Gerda Walther* (geb. 1897) im vegetarischen Restaurant „Freya" in München. Dort spürte sie eine besonders schöne, intensive blaue Aura-Strahlung, die den ganzen Raum ausfüllte. Sie schreibt: „Ich suchte festzustellen, von wem sie ausging, und entdeckte nun einen mir völlig unbekannten Inder als die zur Aura gehörende Person. Nach längerer Zeit sah ich beim Betreten desselben Restaurant wieder diese Aura und suchte nun nach dem Inder, den ich dann auch bald entdeckte." (75) Die hellsichtige Yogalehrerin *Irina Tweedie* erlebte in der Dunkelheit einer schlaflosen Nacht ihre Aura so: „Mein gesamtes Nervensystem lag deutlich sichtbar da und dessen Licht zirkulierte wie Blut in den Adern. Nur mit einem grundlegenden Unterschied: Der Blutkreislauf endete in der Haut. Doch dieses Licht tat es nicht. Es durchdrang sie und strahlte aus – nicht sehr weit, so an die zwanzig Zentimeter. Es trat aus dem Körper heraus und schien an einer Stelle wieder in ihn hineinzugehen; das ganze glich einem leuchtenden Netz, das sich durch meinen Körper zog und ihn auch außen einhüllte." (76)

Zwischen zwei Menschen, die sich in Sympathie zugetan sind, bildet sich eine Aura-Brücke, über die ein Energieaustausch stattfinden kann. Auch über Menschengruppen, die sich gleichgesinnt bei einem Gottesdienst oder bei einer gemeinsamen Meditation zusammentun, bildet sich eine Kollektiv-Aura als Ausdruck ihrer vereinten Gedanken- und Gefühlsschwingungen. Verstärkt wird die Ausstrahlung noch durch gemeinsames Singen oder Beten. So baut sich über ihnen gleichsam eine formschöne Pyramide aus farbigem Licht auf, wie sie der Maler *Franz Wenzel* in Bildern festgehalten hat. (77) Über die gemeinsame Aura versammelter Menschen schreibt die Hellseherin *Flower A. Newhouse*: „Sie setzt sich aus den Auren, Gedanken und Bestrebungen der Einzelnen, die heute hier sind, zusammen. Manchmal verändert sich die Aura während eines Gottesdienstes, und das heterogene Muster vieler Farbschattierungen verschmilzt harmonisch ineinander, sobald der Geist der Zuhörerschaft im Einklang schwingt und mit dem spirituellen Licht, das ihn überstrahlt, verbunden ist." (78)

In einem Haus schlägt sich die Aura der Bewohner in der unmittelbaren Umwelt nieder und imprägniert Wände und Möbel. Ein hellsichtiger Mann erzählte mir, wie er in einem Haus, wo ständig Hader und Zwietracht, Streit und Aggression herrschten, eine starke negative Schwingung zu spüren bekam, als ob in jedem Ziegelstein der Wände und Mauern der wahre Teufel säße. Vorsicht gebietet sich daher auch beim Erwerb von gebrauchten Gegenständen im „Second Hand"-Handel. An den Gegenständen und Kleidern aus zweiter Hand kann noch die Aura der früheren Besitzer haften. Daher mahnt *Fritz Singer*: „Schafft in euren Häusern und Wohnungen ein geistiges Licht. Denn jeder Gegenstand, den ihr anfasst, nimmt eure Schwingung an. So wie des Menschen Ausstrahlung ist, so wird sein Hab und Gut von ihm bestrahlt. Positives Leben schafft lichte Häuser und lichte Wohnungen, sie sind mit hellen Schwingungen erfüllt. Negative Gedanken erzeugen finstere Wohnungen und düster schwingendes Mobiliar, weil es durch negative Energien verfinstert wird." (79) Selbst die Aura eines verstorbenen Menschen kann in einem Haus fortbestehen und dort wirksam sein.

Der Aura-Schleier, den wir während unseres Erdenlebens weben, wird uns nach dem Übergang in die andere Welt zum Kleid, das wir dort tragen werden und an dem wir für andere erkennbar sind. In einer medialen Kundgabe von *Leopold Engel* ist zu lesen: „Da nun jede hinübergegangene Seele sehr schnell ein Äußeres erhält, das ihrem Inneren entspricht, so weiß auch der in Empfang nehmende Geist ganz genau, wie weit die Seele fortgeschritten ist und in welche Region seiner Sphäre er diese einführen kann, oder ob er sie überhaupt nicht aufnehmen darf und den vielfachen Besserungsanstalten überweisen muss, damit sie dort geläutert wird." (80) Nachdem Schein und Show, Machwerk und Maske der Diesseitswelt von uns abgefallen sind, wird die Aura zu unserem ehrlichen jenseitigen Gewand. Der Kabbalist *Isaak Luria* (1534-1572) schreibt: „Jeder Mensch trägt die geheimen Spuren der Wanderung seiner Seele in den Linien seiner Stirn und seiner Hand mit sich wie in der Aura, die von seinem Körper ausstrahlt." (81) Bereits die Eingeweihten der Essener-Gemeinschaft verstanden es, aus den Farben der Aura den Grad der geistigen Entwicklung ihrer Anhänger zu lesen. (82) Zu Recht konnte *Angelus Silesius* schreiben:

Es gibt eine Gerechtigkeit auf Erden,
weil die Auren gleich den Menschen werden.

6.5 Vitamine der Seele

Vitamine sind lebenswichtige chemische Verbindungen, die für die Gesunderhaltung des Körpers lebensnotwendig sind. Diese wurden erstmals im Jahr 1910 vom polnischen Biologen *Casimir Funk* (1884-1967) im

Reis entdeckt. Sie helfen zur Behandlung und Verhütung von Vitamin-Mangelkrankheiten, den sogenannten Avitaminosen. So führt das Fehlen von Vitamin C in der Nahrung nach vier bis sechs Wochen zum gefährlichen Skorbut und bei Mangel an Vitamin B_1 kommt es zur berüchtigten Beriberi-Krankheit.

Nicht nur der Körper, sondern auch die Vitalseele bedarf der Vitamine, damit sie gesund und leistungsfähig bleibt. Bei einem seelischen Vitaminmangel infolge Liebesverlust, Enttäuschung und Verbitterung oder bei einem depressiven Gefühl der Sinnlosigkeit können sich Verstimmungen, Aggressionen oder Süchte einstellen. Im äußeren Verhalten führen diese zu Antriebsschwäche, Lustlosigkeit und Niedergeschlagenheit. Die Krankheitssymptome sind dann meist als Notschrei der gekränkten Seele zu verstehen. Im schlimmsten Fall kann dies zu einem körperlichen oder seelischen Zusammenbruch führen, was heute mit dem Begriff „Burnout-Syndrom" umschrieben wird. Nicht selten hat dies Ausgebranntsein den Freitod des Erkrankten zur Folge.

Ein seelischer Vitaminmangel kann so zu einem Verlust an vitaler Energie führen. Die betroffenen Menschen wirken wehleidig, missmutig und nicht belastbar. In diesem Fall muss die seelische Batterie wieder mit den nötigen Vitalstoffen aufgeladen werden. Dies kann geschehen, indem die Seele richtig und genügend mit seelischen Vitaminen ernährt wird. Diese sind in der Regel liebende und verstehende Zuwendung, Zuhören, Aufmunterung, Bestätigung und Anerkennung und die tätige Hilfe zur Lösung bestehender Lebenskonflikte. So wie in vielen Entwicklungsländern Millionen von Menschen körperlich unterernährt sind, genau so leiden in den Wohlstandsländern viele trotz ihres materiellen Überflusses an einer erschreckenden seelischen Hungersnot. „In einer unterernährten Seele kann selbst Gott nicht gedeihen", war die Erfahrung von *C.G. Jung.*

Auf die Frage, was die Seele als Nahrung benötigt, erhalten wir von *Augustinus* den Hinweis: „Die Seele ernährt sich von dem, woran sie sich erfreut." Auch *Voltaire* wusste: „Die Beschäftigung mit dem Schönen ist Nahrung für die Seele." Und *C.G. Jung* befand: „Gefühle sind Nahrung für die Seele." Der amerikanische Lebensberater *Vincent Peale* versicherte: „Wenn wir unsere Seele mit freudvollen Erlebnissen, Worten und Gedanken ernähren, schaffen wir uns eine unerschöpfliche Kraftreserve der geistigen Erfrischung und Erneuerung." (83) Ähnlich sagte es der iranische Dichter *H. K. Iranschähr*: „Selig, wer täglich seine Seele richtig ernährt, denn er wird nicht mehr unter Friedlosigkeit zu leiden haben." (84)

Aus der großen Fülle von Möglichkeiten, mit denen wir uns seelische Vitamine zuführen können, wollen wir einige wichtige nennen. Da ist zunächst die uns umgebende *Natur* mit ihrer Fülle an Schönheit und großartiger Vielfalt. Die ganze Schöpfung ist ein Wunderwerk. Von der Welt des Kleinsten und Verborgensten im Mikrokosmos bis hin zum Allergrößten und Entferntesten im Makrokosmos kann uns so vieles mit Staunen und Freude erfüllen. Wer ein Auge dafür hat, dessen Seele wird reich beschenkt mit Vitaminen der Bewunderung. Zu Recht schreibt *Hubert Mynarek*: „Ohne den Reichtum der vielfältigen Bilder des Lebens in der Natur da draußen wird ein reiches Innenleben der Psyche jedenfalls nie möglich sein." (85) Ein paar erholsame Stunden in der freien Natur können unsere Lebensbatterien mit neuer Energie wieder aufladen. Es ist dies gleichsam ein Atemholen der Seele. Der Schriftsteller *Heinrich Waggerl* (1897-1973) hat es erfahren: „Man kann einen seligen, seligsten Tag haben ohne etwas anders dazu zu gebrauchen als ein Stück Himmel und grüne Erde." (86) Selbst die Schönheit einer Blume vermag in uns Lebensfreude zu wecken. Wohl deshalb empfahl der Prophet *Mohammed*: „Wenn du zwei Brote hast, so verkaufe eines davon, und aus dem Erlös erstehe dir Blumen. Denn das Brot ernährt den Körper, Blumen aber ernähren die Seele." Dies bezeugt folgende feinsinnige Erzählung aus der Zeit, als *Rainer Maria Rilke* noch Sekretär beim berühmten Bildhauer *Auguste Rodin* in Paris war: Gemeinsam mit einer jungen Französin kam er täglich um die Mittagszeit an einem Platz vorbei, an dem eine Bettlerin auf dem Steinpflaster kauerte und um Geld anhielt. Ohne zu irgendeinem Geber je aufzuschauen, ohne ein anderes Zeichen des Bittens oder Dankens zu äußern als nur immer die Hand auszustrecken, saß die Frau immer am gleichen Ort. Der Dichter gab nie etwas. Seine Begleiterin gab häufig ein paar Sous. Eines Tages fragt die Französin verwundert nach dem Grund, warum er nichts gebe. Der Dichter antwortete: „Wir müssten ihrem Herzen schenken, nicht ihrer Hand." Wenige Tage später brachte er eine soeben erblühte weiße Rose mit, legte sie in die offene Hand der Bettlerin und wollte weitergehen. Da geschah das Unerwartete: Die Bettlerin blickte auf, erhob sich mühsam vom Boden, sah den Fremden an, tastete nach dessen Hand und küsste sie scheu. Dann ging sie mit dem

Blütengeschenk still davon. Eine Woche lang war die Alte verschwunden; der Platz, an dem sie vorher gebettelt hatte, blieb leer. Vergeblich suchte die Begleiterin Rilkes eine Antwort darauf, wer wohl jetzt der Alten ein Almosen gebe. Nach acht Tagen saß sie plötzlich wieder wie früher am gewohnten Platz. Sie war stumm wie damals, wiederum nur ihre Bedürftigkeit zeigend durch die ausgestreckte Hand. „Aber wovon hat sie all die Tage, die sie nichts erhielt, nur gelebt?", fragte die Französin. Rilke antwortete: „Von der Rose."

Ähnliches kann gesagt werden von der Pracht eines gepflegten Gartens, wie es der Journalist *Don Monty* geschildert hat: „Der bezaubernde Anblick einer grazilen Birke, der betörende Duft von blühendem Flieder, das zarte Streicheln von wogendem Gras, das beruhigende Plätschern eines kleinen Brunnens, die Süße der Erbsen, frisch geerntet im Garten, spricht all unsere Sinne an, bringt uns zum Staunen und lässt uns Lebensfreude pur genießen." (87) Umgekehrt führt uns ein erfülltes *Innenleben* eine bewundernswerte Außenwelt vor Augen. Wiederum erkennen wir hier das Entsprechungsgesetz: „Wie innen so außen." Daher ist in den Augen der Guten auch die Welt gut. *Goethe* hat diese Wahrheit in seinen „Zahmen Xenien" in folgenden Vers gekleidet: „Wär nicht das Auge sonnenhaft, / Die Sonne könnt es nie erblicken; / Läg nicht in uns des Gottes eigne Kraft, / Wie könnt uns Göttliches entzücken?"

Vitamine der Seele werden uns auch in der wohlwollenden Begegnung mit gleichgesinnten Mitmenschen geschenkt. Ein freundliches Wort, ein aufmunterndes Lächeln und eine lobende Anerkennung können einen ganzen Tag verschönern. Sie sind Balsam für die frustrierte Seele. So empfand der französische Theaterdichter *Viktor Hugo* ein ehrliches Kompliment „Wie einen Kuss durch einen zarten Schleier". Und *Mark Twain* gestand einmal: „Von einem guten Kompliment kann ich zwei Monate leben." Gemeint sind nicht berechnende Schmeicheleien und Lobhudeleien, sondern ehrlich gemeinte anerkennende Wort für eine gute Leistung. Dies ist weit mehr als die oft gehörte trockene Bemerkung des Chefs: „Wenn ich nichts sage, dann ist es in Ordnung." Eine wohlhabende ältere Dame beschäftigte einen Diener, der sich außerordentlich für Bildhauerei interessierte. Vor allem hatte es ihm der Schöpfer verschiedener Monumentalplastiken angetan. Als dieser einmal zu Besuch kam, schüttete der Diener vor lauter Aufregung ein Glas Wein über den Anzug des Gastes.

Untröstlich über sein Missgeschick, entschuldigte er sich mit den Worten: „Bei einem weniger berühmten Mann wäre mir das nicht passiert." Der Künstler beruhigte seinen verwirrten Verehrer mit den Worten: „Damit haben Sie mir das schönste Kompliment meines Lebens gemacht."

Ein Bereich, in dem wir reichlich Vitamine der Seele finden, ist der liebende Umgang mit kleinen Kindern, besonders mit den eigenen. Gerne erinnere ich mich der wunderbaren Worte des italienischen Schriftstellers *Giovanni Papini* (1881-1956): „Die schönste Freude, die schönste vielleicht von allen trügerischen Menschenfreuden ist die: Ein Kind am Hals und auf dem Schoß zu haben, ein Kind, in dessen Gesichtchen dein eigenes Blut blüht, ein Kind, das dich anlacht und dich lallend Vater oder Mutter nennt. Wenn du in diesem deinem Kinde dich selber wieder erkennst, wenn du deine eigene Stimme hörst aus diesem Rosenmund. Wenn du wieder gut und klein und rein wirst für dieses Kind, um ihm ganz nahe zu sein. Wenn es in dir die längst verlorene Weichheit deiner Kinderseele wieder weckt. Wenn du ein Kind dein nennst, das auf deinem Schoß, das in deinem Hause wächst von Tag zu Tag, dann hast du – und hier gibt es kein Vielleicht mehr – die schönste Freude, die ein Mensch haben kann, der eine Seele trägt im Staubgewand."

Dass die Freude, die wir anderen schenken, ins eigene Herz zurückkehrt, hat der Urwalddoktor *Albert Schweitzer* erfahren: „Die Freude, die wir empfinden, wenn wir etwas Gutes getan haben, und wenn wir fühlten, dass wir irgendwo notwendig waren und Hilfe leisteten, ist eine Speise, derer die Seele bedarf." (88) Ein ganz besonderes Vitamin der Seele ist die Zärtlichkeit. Der andauernde Mangel an intimer Zuwendung lässt die Seele darben, ja beinahe verhungern. Dies hat ein Experiment des Hohenstaufer Kaisers *Friedrich II.* (1194-1250) auf dramatische Weise bewiesen. Weil es ihn Wunder nahm, welche Sprache ein Kind lernt, wenn es kein sprachliches Vorbild erfährt, ließ er mehrere Säuglinge isolieren. Sie durften genährt und gepflegt werden, doch ohne dass sie weitere menschliche Nähe und Wärme erfahren sollten. Kein Wort durfte zu ihnen gesprochen werden. Wie berichtet wird, starben alle diese Kinder nach kurzer Zeit an seelischer Unterernährung. (89) Eine Studie des „Instituts for Touch Research" an der Universität Miami/USA hat ergeben, dass regelmäßige zärtliche Berührungen und das Streicheln der Haut das Gedeihen von Säuglingen begünstigt. So nahmen Frühchen, die täglich dreimal während einer Viertelstunde gestreichelt wurden, im

Durchschnitt um 8 Gramm an Gewicht zu gegenüber einer gleichaltrigen Kontrollgruppe, welche bei sonst gleicher Nahrung und Pflege diese seelische Zuwendung entbehren musste. (90) Nicht viel anders ergeht es oft Jugendlichen und Erwachsenen nach einem Liebesentzug. Eine Frau klagte, sechs Monate nachdem ihr Lebenspartner seine Koffer gepackt hatte: „Sicher vermisse ich Sex, aber am meisten fehlen mir die Berührungen, das Händehalten, das Kuscheln, das Streicheln. Manchmal komme ich mir vor wie im Entzug: ausgelaugt, unterernährt, sogar körperlich elend." Die Haut gilt tatsächlich als „Königin der Sinne". (91) Sie ist nicht nur unser flächenmäßig größtes Körperorgan, sondern auch das empfänglichste und empfindlichste. Die Zärtlichkeit vermag das gegenseitige Wohlbefinden zu heben, sie baut Stress ab, löst Gefühlsblockaden, bewahrt vor Aggressionen und verhindert Depressionen. Die Partnerliebe ist wie eine zarte Pflanze, die täglich der Aufmerksamkeit und Pflege bedarf. Der Mangel an zärtlicher Zuwendung zwischen Liebenden ist nicht selten der Anfang ihrer Entfremdung. Die Erfahrung zeigt: Wenn in einer Liebesbeziehung die Zärtlichkeiten rationiert werden, beginnt der Schwarzhandel.

Auch ein gutes Buch, eine feine Poesie, eine harmonische Melodie vermögen unsere Seele zu bereichern, zu belehren oder zu erheitern. Der Dramatiker *Heinrich von Kleist* (1777-1811) hat sich folgendes Rezept verschrieben: „Man müsste wenigstens täglich ein gutes Gedicht lesen, ein schönes Gemälde sehen, ein sanftes Lied hören oder ein herzliches Wort mit einem Freunde reden, um auch den schöneren, ich möchte sagen, den menschlicheren Teil unseres Wesens zu bilden." Einen ähnlichen Gedanken hat Papst *Johannes XXIII.* (1881-1963) seinem Tagebuch anvertraut: „Heute will ich zehn Minuten meiner Zeit einer guten Lesung widmen, denn wie der Körper Speise zum Leben braucht, so hat auch das Leben meiner Seele die Nahrung einer guten Lektüre nötig." (92)

Eine unerschöpfliche Quelle seelischer Vitamine erleben wir in der Musik, die *Franz Schubert* (1797-1828) als wahres Lebenselixier pries: „Du holde Kunst, in wie vielen grauen Stunden, / wo mich des Lebens wilder Kreis umstrickt,/ hast du mein Herz zu warmer Lieb entzunden, / hast mich in eine bessre Welt entrückt." (93) Heute haben wir durch die moderne Technik einen unerschöpflichen Zugang zu großartigen Werken der Musik. Ich habe es erlebt, wie der berühmte Dirigent *Arturo Toscanini* (1867-1954) nach einem Konzert im Park des Richard Wagner Museums in Tribschen bei Luzern mit Wehmut bekannte: „Tutto il mio lavoro è scritto nel' aqua – all meine Arbeit ist wie in Wasser geschrieben." Heute bleibt uns diese Musik auf vielfältigen Tonträgern erhalten.

Auch die Unermesslichkeit des nächtlichen Sternenhimmels schenkt dem staunenden Betrachter ein beglückendes Gefühl von der Größe und Erhabenheit der Schöpfung. Wer in einer wolkenlosen Nacht seinen Blick zu den Sternen erhebt, der wird ergriffen von der Größe und Weite des Universums, und er wird mit dem österreichischen Lyriker *Johann Gabriel Seidl* (1804-1875) in das Lob einstimmen:

„Herr, du bist groß! So ruf ich, wenn das Schweigen
Der Mitternacht auf allen Landen liegt.
Die Sterne funkelnd auf- und niedersteigen
Und sich der Mond in Silberwölkchen wiegt.
Wann winkst du, Herr, erhabener, uns nach oben,
als wenn dich stumm die heil'gen Nächte loben?"

6.6 Das seelische Immunsystem

Das körperliche Immunsystem hat die Aufgabe, körperliche Krankheiten abzuwehren oder zu bekämpfen. Auch das seelische Immunsystem ist zu einer derartigen Abwehrreaktion fähig. Ist das Immunsystem geschwächt durch Krankheiten, Überforderungen oder seelische Konflikte, werden Körper und Seele anfälliger für Infektionen oder Fremdstoffe. (94) Der Begriff „Immunität" wird vom lateinischen „immunis" abgeleitet und bedeutet unberührt, unversehrt oder unverletzt. Es gibt eine natürliche Immunität, die anlagebedingt ist. Daneben kennen wir die erworbene Abwehrkraft, die durch eine überstandene Krankheit oder durch eine Schutzimpfung herbeigeführt wird. Das Immunsystem kann geschädigt werden durch äußere Einwirkungen wie Infektionen, Vergiftungen und Negativstress sowie durch Gifte, wie sie beispielsweise durch eine Entgleisung des eigenen Stoffwechsels im inneren Organsystems gebildet werden, was zu einer gefährlichen Selbstschädigung (Autoimmunerkrankung) führen kann. Da eine innige Wechselbeziehung besteht zwischen Körper und Vitalseele, kann die Krankheitsabwehr und der Gesundheitsschutz nicht allein von der körperlichen Widerstandskraft abhängen, sondern auch von unserem *seelischen* Immunsystem. (95)

Ein wesentlicher Faktor in unserem Immunsystem ist die Stärke der

Vitalseele. So wie in unseren Wäldern der Borkenkäfer nur schwache und kranke Bäume befällt, fallen äußere und innere Krankheitskeime vorwiegend jene Menschen an, die psychisch wenig belastbar oder deutlich geschwächt sind. Der entschlossene Wille zur Gesundheit, der Glaube an die eigene Widerstandskraft und die sichere Zuversicht, eine drohende Gefahr schadlos zu überstehen, hat schon manchen gerettet. Als im Jahr 1815 vor der Schlacht bei Waterloo *Napoleon Bonaparte* (1769-1821) kampfentschlossen über eine Brücke stürmen wollte, versuchten seine Adjutanten ihn davon abzuhalten. Da soll er diese abgewehrt haben mit dem Ruf: „Die Kugel, die mich treffen wird, ist noch nicht gegossen!" Während der Pestzeit in Frankreich besuchte der Kaiser in den Siechenhäusern von Paris die Sterbenden. Als man ihn vor der Ansteckungsgefahr warnte, antwortete er entschlossen: „Wer sich nicht fürchtet, der wird auch die Pest bezwingen!" Der Chemieprofessor *Max von Pettenkofer* (1818-1901) hat während der schweren Cholera-Epidemie am 7. Oktober 1892 vor seinen Studenten eine ganze Kultur von Cholerabazillen eingenommen, um zu beweisen, dass diese ihm nichts anhaben können. Er überstand die lebensgefährliche Infektion unbeschadet. Am 15. September 1981 unternahm der Genfer Arzt *P. A. Bastian* einen Selbstversuch mit dem hochgiftigen Knollenblätterpilz. Ihm gelang es, dank seiner eigenen seelischen Stärke, das eingenommene Gift schadlos zu verkraften. Ähnliche Experimente sind aus der Geschichte der Homöopathie bekannt. Es muss also im Menschen ein seelisches Immunsystem im Dienste der körpereigenen Abwehr- und Widerstandsstrategie geben, das selbst den größten gesundheitlichen Gefährdungen entgegenwirken kann.

Eine weitere Ursache für das seelische Immunsystem ist der Lebenswille eines Menschen. Sobald ein Patient seinen Lebensmut verliert, gewinnt seine Krankheit die Oberhand. Ich kannte einen jungen Mann, der an einem Sonntagmorgen mit Frau und drei Kindern im Auto in die Ferien fahren wollte. In einer unübersichtlichen Kurve prallte er mit einem entgegenkommenden Lastwagen frontal zusammen. Stunden später erwachte er in einem Spitalbett. Er war nicht schwer verletzt, und Lebensgefahr bestand auch nicht. Als er sich nach seiner Gattin und seinen Kindern erkundigte, hieß es ausweichend, diese wären in einer anderen Abteilung des Krankenhauses. Am dritten oder vierten Tag konnte er aufstehen und wollte seine Familie besuchen. Da musste ihm der Chefarzt mitteilen, dass alle vier beim Unfall ums Leben gekommen seien. Von diesem Moment an verlor er jeden Lebensmut und fiel in ein seelisches Tief, aus dem er sich nicht mehr erholen konnte. Dieser psychische Schock wirkte für ihn tödlich. Zwei Tage danach starb er.

Die Schwächung des Überlebenswillens hängt häufig auch mit dem Schwinden an Lebenssinn zusammen. So ist es zu erklären, dass immer wieder Menschen kurz nach ihrer Pensionierung sterben. Offenbar wissen diese mit ihrem Leben nichts mehr Sinnvolles anzufangen, und ihr Dasein kommt ihnen inhaltsleer vor. Sie empfinden sich als überflüssig und verlieren die Freude am Leben, was zu einem vorzeitigen Tod führen kann. Eine gegenteilige Situation findet sich dort, wo die seelische Abwehrkraft verstärkt wird aus Angst vor dem Sterben. Kranke klammern sich krampfhaft und oft mit Erfolg ans Leben und überleben trotz schlechter Prognose. Der Arzt versicherte einer Patientin: „Ihre Schmerzen werden sie ihr Leben lang ertragen müssen." Nun wollte die Kranke ihre Beschwerden unbedingt behalten, weil sie fürchtete, bei deren Verschwinden müsste sie sterben. Auffallend ist, dass bei bisher bekannt gewordenen Ärztestreiks die Todesrate nicht etwa zunahm, sondern um 30 bis 50% fiel, weil viele Kranke nicht ohne ärztlichen Beistand aus ihrem Leben gehen wollten. So starben während eines einmonatigen Streiks des medizinischen Personals in Israel so wenige Menschen wie nie zuvor. Dasselbe wiederholte sich in Kolumbiens Millionenstadt Bogotà. Dort ging die Sterberate während eines Ärztestreiks um 35% zurück. Gleiches wird auch aus England berichtet. (96)

Ein wichtiger Grund für die Schwächung des seelischen Immunsystems kann im angeborenen Mangel an psychischer Stärke und Festigkeit liegen, wie wir sie bei der Psychasthenie vorfinden. Damit ist eine überempfindliche Störbarkeit, ängstliche Anfälligkeit und geringe Belastbarkeit der Vitalseele gemeint. Eine weitere Ursache kann eine schwer zu bewältigende, lange andauernde Lebenskrise sein. In einem Gespräch mit dem rumänischen Schriftsteller *Mircea Eliade* sagte *C.G. Jung* an einer Eranos-Tagung im August 1952 in Ascona: „Ich habe festgestellt, dass innere Konflikte zu tiefenpsychologischen Krisen führen, die des Menschen Integrität in gefährlicher Weise zerstören können." (97) Er hielt anfänglich die Unfähigkeit des Patienten, seine Probleme zu lösen, mindestens für einen mitverursachenden Grund für die Entstehung einer Krebserkrankung. Später veranlasste ihn seine jahrelange ärztliche Erfahrung zu der Annahme, Krebs sei eine körperliche Krankheit mit einer zwar unbekannten, jedoch zweifelsfrei physischen Ursache. Gegen Ende seines Lebens stellte er sich dieser Frage erneut. Nun bezeichnete er vorwiegend psychische Konflikte als Ursache dieser Erkrankung, weil er zahlreichen Patienten begegnet war, die einen ungelösten Konflikt jahrelang mit sich herumtrugen und dann an Krebs gestorben waren. (98)

Damit dachte er in die gleiche Richtung wie der griechische Arzt *Galenus* (131-201), der an einen inneren Zusammenhang glaubte zwischen der Melancholie und dem Krebsleiden. In einem Vortrag über die Entstehung von Tumorerkrankungen hat der allerdings heftig umstrittene *Dr. Hamer* im Dezember 1984 an der Universität Wien erklärt, dass ein Krebs nicht entstehen könne, ohne dass zuvor das seelische Gleichgewicht des Menschen gestört werde. Er ging davon aus, „dass Geist, Seele und Körper eine Einheit darstellen, so dass es kein körperliches Leiden gibt, ohne dass das Seelische wie das Geistige im Spiele sind". (99) Dass negativer Stress und chronische Konflikte das seelische Immunsystem derart schwächen können, dass es zu unkontrollierten Entartungen von Körperzellen und damit zu Tumorbildungen kommen kann, davon ist auch der amerikanische Arzt *C. Simonton* überzeugt. Er stützt sich dabei auf seine Überwachungstheorie, die annimmt, dass jeder gesunde Mensch mehrmals in seinem Leben Krebszellen beherbergt, die aber dank der Überwachung durch die Abwehr- und Killerzellen im Blut vielfach schadlos beseitigt werden. (100)

Wie sehr die geschwächte Seelenkraft zum Siechtum des Körpers führen kann, schilderte der ehemalige Gymnasiallehrer *Fritz Zorn* in seinem Buch „Mars". Er bezeichnete darin seine tödliche Krebserkrankung, die ihn schon in jungen Jahren heimgesucht hatte, als Aufstand des Körpers gegen das vereinsamte Un-Leben, an dem seine Seele litt. Für ihn war es klar, dass sein seelisches Leiden seinen Körper so sehr geschwächt hatte, dass er folgerichtig an Krebs erkranken musste. Daher nannte er den Krebs eine primär seelische Erkrankung. Er schrieb kurz vor seinem Tod: „Das ganze angestaute Leid, das ich jahrelang in mich hineingefressen hatte, ließ sich auf einmal nicht mehr in meinem Inneren komprimieren, es explodierte aufgrund seines Überdrucks und zerstörte bei dieser Explosion den Körper. Der Krebs ist nur die körperliche Illustration für meinen seelischen Zustand." Seine Krebsgeschwülste hielt er für „verschluckte Tränen". Dabei wusste er auch das Heilmittel dagegen zu nennen: „Hätte ich je eine Frau geliebt, wäre ich nicht krebskrank geworden." (101)

Das Immunsystem der Seele wird vor allem beeinträchtigt durch Sympathie- und Liebesentzug. Dieser kann bereits im Säuglings- und Kindesalter beginnen durch Fehlen liebender Zuwendung, durch Verlust oder Entfremdung von der eigenen Mutter oder anderer wichtiger Bezugspersonen. Das kann die Ursache für frühe seelische Verarmung und Mangelernährung sein. In der Jugend sind es häufig Gefühle der Überforderung, der Benachteiligung und des Unverstandenseins, welche den Lebenswillen schwächen. Hinzu können Misserfolge in Schule und Berufsausbildung kommen, welche das psychische Erstarken verhindern. Im Erwachsenenalter treten seelische Entzugserscheinungen auf im Zusammenhang mit schweren Enttäuschungen in Liebes- und Partnerbeziehungen, aber auch infolge lang andauerndem Kummer, Gram und Verdruss oder wegen Neid-, Eifersucht- und Hassgedanken. Man kann nicht jahrelang mit anderen Menschen im Streit leben und dabei meinen, gesund zu bleiben. Auch der Verlust und die unverarbeitete Trauer um eine geliebte Person vermag in der Seele des Zurückgelassenen eine schwere Schwächung des seelischen Immunsystems zur Folge haben, die ihn krank macht. Hier hilft oft nur eine tiefgehende Trauerarbeit als rettendes Heilmittel.

Zur Stärkung der seelischen Immunabwehr bedarf die Seele genauso der lebenswichtigen Vitamine wie der Körper. Das sind ihm Lebensfreude, Genügsamkeit und innere Harmonie. Deshalb schrieb *Franz Grillparzer*:

Eines nur ist Glück hinieden,
Eins, des Herzens stiller Frieden
und die schuldbefreite Brust.
Und die Größe ist gefährlich
und der Ruhm ein eitles Ding.
Was er gibt sind nichtige Schatten,
was er nimmt, es ist so viel.

6.7 Fluchtwege der Seele

Wenn die menschliche Seele bei ungenügender Immunabwehr in Bedrängnis und Not gerät, versucht sie, aus dieser Situation zu flüchten. Dies gilt insbesondere bei Schwierigkeiten, die wir nicht mit unserer bewussten Selbstkontrolle zu meistern vermögen, weil diese durch unbewusste Kräfte gesteuert werden. Das *Ich*-Bewusstsein ist zunächst jene psychische Instanz, welche für den Einsatz der vitalen Seelenkräfte zuständig ist. Ein starkes Ich mit ausgereifter Selbstsicherheit und Durchsetzungsfähigkeit stellt sich einer Konfliktsituation mutig entgegen und versucht, diese auf angepasste Weise zu bewältigen. Darum schreibt der Logotherapeut W. *Kurz*: „Psychisch gesund ist derjenige, der über ein starkes Ich verfügt." (102) Wenn dieses Ich aber unreif oder schwach entwickelt ist, fühlt es sich dieser Herausforderung oft nicht gewachsen und vermag nicht in sozial verträglicher Weise darauf zu antworten. Daher ergreift es die Flucht oder es sucht mit seelischen Tricks untaugliche Scheinlösungen. Ein schwaches Ich kann bereits in der Kindheit und Jugend durch vier verschiedene Gruppen von erzieherischen Fehlformen zur Flucht veranlasst werden, nämlich durch Verwöhnung, durch Ablehnung, durch Überforderung und durch Verwahrlosung.

Was die seelische *Verwöhnung* anbelangt, erklärte der spanische Philosoph *Ortega y Gasset* (1883-1955): „Jemanden verwöhnen heißt, seine Wünsche nicht beschneiden, ihm den Eindruck geben, dass er alles darf und zu nichts verpflichtet ist. Ein Mensch, der unter solchen Bedingungen aufwächst, hat seine Grenze nicht erfahren, weil ihm jeder Druck von außen, jeder Zusammenprall mit anderen Wesen erspart bleibt. So glaubt er schließlich, er sei allein auf der Welt, und er lernt nicht mit anderem, vor allem nicht mit Überlegenem zu rechnen." (103) In diesem Sinne verwöhnt werden oft Einzelkinder und Jüngste in der Geschwisterreihe. Entweder werden sie von ängstlichen Eltern überbehütet oder von ehrgeizigen Vätern und Müttern verzärtelt mit der Begründung: „Mein Kind soll es einmal besser und leichter haben." Daher bleiben diesem oft schmerzliche Erfahrungen erspart, und es wird im Leben zu wenig belastungsfähig.

Bei der *Ablehnung* wird ein Mensch in seinem Dasein oder Sosein von seiner Umwelt oder Mitwelt nicht angenommen. „Hätte meine Mutter mich doch nicht geboren", schrieb mir eine junge Frau. Und eine andere klagte mir: „Ich verfluche die Stunde meiner Geburt." Liebesverweigerung kann für das ganze Leben einem Menschen das Gefühl geben, dass er besser nicht da wäre. Schon die alten Römer wussten: „Wem als Kind die Eltern kein Lächeln geschenkt, den würdigt weder ein Gott des Mahles noch eine Göttin des Lagers." Darin erkennen wir eine der Ursachen für neurotische Essstörungen und Bindungsunfähigkeit in der Partnerschaft. Einer, der sich von seiner Mutter nicht angenommen fühlte, war *Rainer Maria Rilke*. Von sich sagte er einmal: „Ich kann kein Liebhaber sein, vielleicht weil mich meine Mutter nicht geliebt hat." Die vom Dichter später immer wieder gepriesene und geforderte besitzlose Liebe mag in dieser Erfahrung ihren tieferen Grund haben. Jedenfalls schrieb er an seine Freundin *Lou Andreas-Solomé* über seine kalte und besitzergreifende Mutter: „Wenn ich diese verlorene, unwirkliche, mit nichts zusammenhängende Frau, die nicht alt werden kann, sehen muss, dann fühle ich, wie ich schon als Kind von ihr fortgestrebt habe und fürchte tief in mir, dass ich, nach Jahren und Jahren Laufens und Gehens immer noch nicht fern genug von ihr bin, dass ich innerlich irgendwo noch Bewegungen habe, welche die andere Hälfte ihrer verkümmerten Gebärde sind, Stücke von Erinnerungen, die sie zerschlagen in sich herumträgt; dann graut mir vor ihrer zerstreuten Frömmigkeit, vor ihrem eigensinnigen Glauben, vor allem diesem Verzerrten und Entstellten, daran sie sich gehängt hat, selber leer wie ein Kleid, gespenstisch und schrecklich." (104)

Wenn bei einem Menschen etwas zu früh oder im Übermaß verlangt wird, kommt es zur *Überforderung*. Es sind vor allem die Kinder ehrgeiziger Eltern, die dieser seelischen Schädigung zum Opfer fallen. Nicht selten sollen diese zum Ersatz werden für ein Berufs- oder Lebensziel, das sie selber nicht erreicht haben. *Karl Heinrich Waggerl* verfasste hierzu einen für ihn typischen und anschaulichen Vergleich: „Man kann den Birnbaum nicht mit der Peitsche antreiben, damit er vorzeitig Früchte trägt, oder den Weizen nicht an der Wurzel kitzeln, dass er schneller reift. Sollte der Mensch um so vieles anders beschaffen sein? Ich glaube es nicht. Auch in ihm herrscht ein ordnendes Gesetz, ihm allein eigen und gemäß. Er kann vieles auf der Welt durcheinander bringen, zu seinem Vorteil, wie er meint, aber an jenes Gesetz darf er nicht rühren, oder es ist sein Verderben." (105)

Bei der *Verwahrlosung* handelt es sich um eine seelische Heimatlosigkeit, entstanden durch erzieherische Vernachlässigung und einen Mangel an Nestwärme und Geborgenheit in den frühen Lebensjahren. Nicht wenige der Verwahrlosten erlebten eine gestörte Vater- oder Mutterbeziehung, was bei geschiedenen Eltern oft der Fall ist. Andere erfuhren in ihrer Kindheit übermäßige Strenge bei liebloser Behandlung. Die Folgeerscheinungen sind seelische Verarmung, Mangel an psychischer Festigkeit und ungenügende Selbststeuerungskräfte. Viele Jugendliche und Erwachsene, die sich später asozial verhalten, schwer erziehbar sind, Suchtgefahren erliegen oder gar kriminell werden, kommen aus verwahrlostem Milieu. Das Forscher-Ehepaar *Sheldon* und *Eleonore Glueck*, Dozenten an der Harvard-University, hat in den 1960er-Jahren 500 rückfällige Kriminelle im Alter von elf bis siebzehn Jahren auf ihr Herkunftsmilieu untersucht. Sie stellten fest: 86% haben keine Mutterliebe gekannt, 76% hatten nie eine gute Vaterbeziehung und 97% kannten kein harmonisches Familienleben. (106)

Wenn sich nun ein jugendlicher oder erwachsener Mensch aus den eben genannten Gründen in einer seelischen Notlage befindet, versucht er aus dieser zu fliehen. Dabei stehen ihm zur Hauptsache folgende vier *Fluchtwege* offen: Die Regression, die Isolation, die Aggression und die Perversion.

Die *Regression* kann erklärt werden durch den Satz von *Sigmund Freud*. „Ein angestauter Fluss fließt zurück." Es handelt sich um einen Rückschritt auf eine bereits überwundene seelische Entwicklungsstufe. Dies kann geschehen, wenn ein Mensch aus Mangel an altersentsprechenden Verhaltensnormen auf frühkindliche Befriedigungsformen zurückfällt. Daher kann man getrost behaupten: „Jede Zigarette ist ein Schrei nach der Mutterbrust." Eine drastische Regression erlebte ich einmal bei einer erwachsenen intelligenten Lehrerin, die sich als Kind von ihren Eltern verstoßen fühlte. Sie schilderte mir, wie sie sich in frustrierten Phasen manchmal mitten am Tag in ihr abgedunkeltes Schlafzimmer zurückzieht, vier oder fünf Wärmflaschen um sich legt, um Nestwärme zu simulieren, die Bettdecke über den eigenen Kopf zieht, sich mit angezogenen Beinen in eine embryonale Lage versetzt und versucht, mit wiegenden Körperbewegungen einzuschlafen. Auf diese Weise weicht sie in jene Situation der Geborgenheit zurück, die sie als ungeborenes Kind im Mutterschoß empfunden hat.

Ähnlich verhält es sich bei der seelischen *Isolation*. Hier geht es um einen seelischen Rückzug in eine Art „splendid isolation", um sich von der äußeren Welt abzusondern und ein isoliertes Eigenleben zu führen. Diese neurotische Fluchtform kann die Folge von Vereinsamungsgefühlen, Enttäuschungen oder Überforderung sein. Der betroffene Mensch lebt dann in einer Traum- und Wunschwelt, verliert den Kontakt mit der Wirklichkeit und fristet sein einsames Leben in einer umwölkten Phantasiewelt, die er für einzig real hält.

Eine völlig andere Fluchtgelegenheit findet der vitalstarke, rebellische Mensch in der *Aggression*. Dieser handelt nach dem Grundsatz: Angriff ist die beste Verteidigung. Dabei kommt jener Urtrieb zum Einsatz, der in prähistorischen Zeiten im „Kampf ums Dasein" der Selbstverteidigung diente. Heute sind es oft die verwahrlosten, arbeitslosen und heimatlosen jungen Menschen, die sich von der Gesellschaft vernachlässigt und ausgegrenzt fühlen. Daher greifen sie aus Not zu gewalttätigen Mitteln, um auf sich aufmerksam zu machen. Oft mischen sich unter diese auch asoziale Raufbolde und Krawallbrüder, die aus lauter Lust am Zerstören ihrer kriminellen Energie Luft verschaffen wollen. Jeder Krieg, jede Revolte und jede Revolution beruht auf der Polarität von Angriff und Abwehr mit aggressiven Mitteln. Die Aussage mag in vielen Fällen zutreffen: „Oft begegnete ich einem Menschen, der mir böse schien. Als ich aber näher zusah, war er nur unglücklich." In einem Bekenntnis von „Halbstarken" an die Adresse ihrer Eltern heißt es: „Wir machen Radau, weil wir nicht weinen wollen nach all den Dingen, die ihr uns nicht gelehrt habt."

Ein weitere Fluchtmöglichkeit eröffnet sich dem unzufriedenen Menschen in der *Perversion*. Diese führt ihn in die Ersatzbefriedigung. Es handelt sich um ein vitalschwaches Auswegmanöver, das den Betroffenen nie volle Befriedigung gewährt und daher süchtig macht. Daher verbleibt dem Süchtigen stets ein Rest ungestillter Sehnsucht und drängt ihn in den zwanghaften Teufelskreis der Sucht. Der *Doktor Faust* in *Goethes* gleichnamiger Dichtung litt daran, wenn er in der Szene „Wald und Höhle" im Selbstgespräch jammert: „So taumle ich von Begierde zu Genuss, / Und im Genuss / verschmacht ich nach Begierde." (107)

Die menschliche Vitalseele hat zur Konfliktbewältigung nach jahrtausendelanger Erfahrung erprobte Strategien entwickelt und eingeübt, die wir *Schutz- und Abwehrmechanismen* nennen. (108)

Der Mensch vermag dank seiner bewussten Selbststeuerung nicht nur seine Triebe auszuleben, er kann sie auch verdrängen, kompensieren oder sublimieren. Die frühere Psychologie sah in diesen aus dem Unbewussten gesteuerten Vorgängen nichts anderes als krankmachende neurotische Notlösungen. Heute werden sie eher als intelligente Versuche gewertet, trotz partieller Einschränkungen das seelische Gleichgewicht in seiner Ganzheit zu wahren und den Menschen vor größeren Gefahren zu schützen. Als solche seien erwähnt: Die Negation, die Projektion, die Kompensation und die Sublimation.

Bei der *Negation* handelt es sich um die Verneinung, Verleugnung und Verdrängung natürlicher Triebansprüche. Beweggründe hierzu können sein: Seelische Unreife, moralische Bedenken, sittliche Anforderungen oder einfach Mangel an inneren oder äußeren Möglichkeiten. Deshalb behaupten böse Zungen: „Bei den meisten Menschen ist Sittlichkeit nichts anderes als Mangel an Gelegenheit." Die Verleugnung eines Triebwunsches gleicht dem „Totstellreflex" in der niederen Tierwelt und ist offenbar ein Erbe der Evolution. Man will einen Anspruch nicht wahrhaben. Die Seele stellt sich wie tot oder zumindest wie blind und taub gegenüber der Innenwelt oder Außenwelt, um vor deren Anforderungen geschützt zu sein. Auch diese Haltung führt zu einem gefährlichen Realitätsverlust. Noch radikaler ist die Verdrängung. Diese hielt *C.G. Jung* für ebenso unsinnig wie Enthauptung bei Kopfweh.

Bei der *Verdrängung* wird ein unverarbeiteter gefühlsgeladener Konflikt oder ein unliebsames traumatisches Erlebnis ins Unbewusste verdrängt und damit verleugnet und scheinbar vergessen. Dort lassen die verdrängten Seeleninhalte einen Komplex entstehen, der ähnlich einem Tumor viel vitale Energie an sich zieht und unkontrolliert zu wuchern beginnt. Aus Furcht, dieser könnte erneut ins Bewusstsein eindringen, versucht das schwache Ich eine Abwehrstrategie aufzubauen, die den Charakter einer Neurose annehmen kann. Auf diese Weise entstehen neurotische Zwangshandlungen wie Kontrollzwang, Waschzwang oder Wiederholungszwang. Eine junge Frau, die in der Kindheit einen sexuellen Übergriff erlitten hat, erzählte mir, dass sie zwanghaft jeden Abend vor dem Schlafengehen unter ihr Bett, hinter jeden Schrank, ja sogar in jeder Schachtel und Schublade nachsehen muss, ob darin ein Mann versteckt sei. Ehe sie diesem Zwang nicht nachgibt, kann sie nicht einschlafen. Die Therapie eines derartigen Konflikts besteht im Heraufholen der verdrängten Konfliktursache ins Bewusstsein, in der Zurückweisung der damit verdrängten Gefühlsenergien und in der richtigen Verarbeitung des traumatischen Erlebnisses.

Die *Projektion* ist ein anderer unbewusster seelischer Vorgang, bei dem eine gedankliche Vorstellung auf eine außenstehende Person oder Sache übertragen wird. Ein kleines Kind schiebt dem „bösen Tisch" die Schuld zu, wenn es seinen Kopf daran geschlagen hat. Solches geschieht regelmäßig bei Vorurteilen, Schuldzuweisungen und Wahnvorstellungen. Dabei wird die Ursache eines inneren Konflikts nach außen verlagert und vom Subjekt zum Objekt umgemünzt, als hätte man es mit einer Fremdwährung zu tun. So wird eine innere Triebgefahr wie von außen erfahren. Häufig geschieht dies im Traumerleben, wo eine innerseelische Gefahr in der Symbolgestalt eines bösen Tieres oder Menschen uns bedroht. (109) Eine typische Projektion ist die unberechtigte Verdächtigung anderer. Ein anschauliches Beispiel hierfür schildert uns die folgende Geschichte: „Ein Mann vermisste seine Axt und vermutete, dass sie der Bub des Nachbars gestohlen hatte. Daher beobachtete er diesen genau über den Gartenzaun hinweg und glaubte dabei festzustellen: Sein Gang, sein Blick und sein Benehmen sind ganz die eins Axtdiebs. Alles, was dieser tat, sah nach einem Axtdieb aus. Eine Woche später fand dieser Mann zufällig sein Werkzeug unter einem Bretterhaufen auf seinem eigenen Grundstück. Als er den Sohn des Nachbars erneut sah, war sein Gang nicht mehr der eines Axtdiebs. Auch sein Blick und sein Verhalten deutete nicht mehr auf einen Axtdieb hin." (110)

Auch bei der Verliebtheit spielt die Projektion eine wichtige Rolle. Der geliebte Mensch wird nicht so gesehen, wie er wirklich ist, sondern so, wie man ihn gerne sehen möchte. Dass der Täuschung später die ernüchternde Enttäuschung folgen muss, ist wohl unausweichlich, es sei denn, die Verliebtheit räumt später der wahren Liebe ihren Platz ein.

Die *Kompensation* ermöglicht es uns, eine seelische Belastung durch eine ausgleichende Tätigkeit wettzumachen. Diesem psychologischen Begriff liegt das lateinische Wort „compensatio" in der Bedeutung von Ausgleich, Austausch oder Ersatz zugrunde. Durch die Kompensation kann ein seelisches Ungleichgewicht behoben werden. Dies ist zu vergleichen mit einem Schiff, das einseitig überladen wurde und deshalb in Schieflage geraten ist. Diese lässt sich ausgleichen, indem man die Gegenseite mehr befrachtet und belastet. Ähnliches kann in der Seele geschehen, wenn zu viel Energie für eine einseitige Tätigkeit aufgewendet wird und andere Interessensbereiche deswegen vernachlässigt werden. Bei beruflicher Überbeanspruchung kann eine sinnvolle Freizeitbeschäftigung den Ausgleich schaffen. Dabei kann manchmal ein wegweisender Traum aus dem Unbewussten weiterhelfen, wie folgendes Beispiel zeigt: Ein gestresster Kaufmann, der einem allgemeinen Erschöpfungszustand, heute Burnout-Syndrom genannt, nahe war, sah in einem Traum ein Klavier, das halbversunken in einem Teich lag. Nach dem Erwachen wurde ihm bewusst, dass er in seiner Jugend Pianist werden wollte, was seine Eltern zu verhindern wussten. Während Jahrzehnten blieb sein Musikwunsch im Teich seines Unbewussten versunken. Nun nahm er sein Klavierspiel, das er seit Jahren vernachlässigt hatte, wieder auf und fand darin einen erholsamen Ausgleich. Dadurch wurde seine gestresste Seele wieder beruhigt und fand erneut ihr Gleichgewicht. Eine Kompensation macht es auch möglich, ein seelisches Vakuum oder ein psychisches Manko aufzufüllen. Der Psychoanalytiker und Freud-Schüler *Alfred Adler* (1870-1937), der Begründer der Individualpsychologie, hat als Erster diesen seelischen Mechanismus zur Heilung von organisch bedingten Minderwertigkeitsgefühlen beschrieben. (111) Dies ist auch die Idee des Behindertensports oder der Pfadfinderbewegung „malgré tout" (trotz allem). Viele Menschen bringen es gerade auf diesem Weg der Kompensation zu überdurchschnittlichen Leistungen.

Schließlich ist die *Sublimation* ein gangbarer Weg, um einer niederen Triebgefahr auf gesunde Weise entgegenzuwirken. Das lateinische Wort „sublimis" bedeutet im engeren Sinne erhöht und erhaben, im weiteren Sinn geläutert und gereinigt. Zu einer Sublimation im Bereich der Vitalseele kann es kommen, wenn unterschwellige Triebe auf einer höheren Bedürfnisebene veredelt und befriedigt werden. Im Mittelalter haben Alchemisten dieses Bemühen symbolisch veranschaulicht, indem sie unreines Metall in reines Gold zu verwandeln suchten. Durch eine solche Veredelung und Verfeinerung seiner niederen Triebe vermag der Mensch Kultur zu schaffen. Dieser Vorgang ist zu vergleichen mit einem Gärtner, der einen wild heranwachsenden Naturbaum veredelt, indem er die niederen Schösslinge entfernt, ein Edelreis aufpfropft und so einen Kulturbaum heranzieht. Nach der Schicksalspsychologie von *Leopold Szondi* kann ein geeigneter Beruf oder eine Lieblingsbeschäftigung dazu führen, dass eine latent vorhandene krankmachende Veranlagung in sozial angepasster Weise ausgelebt wird. Bekannt ist die Tatsache, dass Menschen, die aufgrund einer krankhaften Neigung den Drang verspüren, Feuer zu legen, sich gerne bei der Feuerwehr nützlich machen. Die eigene Triebgefahr wird so auf eine humanisierte Art in seelische Stärke umgewandelt. (112) Eine aufheiternde Form der Sublimation kann bei Menschen, die zu depressiven Stimmungen neigen, der Humor sein. Unter beruflichen Spaßmachern und Clowns finden sich gehäuft solche, denen bei ihrer seelischen Grundstimmung gar nicht zum Lachen ist. Die Schriftstellerin *Sylvia Walter* schreibt in einem ihrer Seelenromane: „Wenn ich nach außen lache, ist es, weil ich nach innen weine." Auch sublime Natur- und Kulturerlebnisse vermögen uns Menschen zu veredeln und unsere Seele zu verfeinern. Zu einer triumphalen Sublimation brachte es *Ludwig van Beethoven* in seiner Musik. Weil er jahrelang schwer an seiner Gehörlosigkeit litt, plagten ihn immer wieder Selbstmordgedanken. In seinem Testament, das ich einmal in Nussdorf bei Wien hinter einer Kirchenpforte fand, schrieb er: „Mit Freuden eile ich, um dem Tod zu begegnen." Schließlich überwand er seine depressiven Todeswünsche durch seine Kunst. Mit seiner 9. Symphonie, die der vollständig ertaubte Meister komponierte, umarmte er die ganze Welt. *Schillers* „Ode an die Freude" vertonte er in seiner 9. Symphonie zum Triumphgesang „Freude schöner Götterfunke…", der in unserer Zeit zur Europa-Hymne erkoren wurde.

6.8 Hygiene der Seele

Das Wort „Hygiene" stammt vom griechischen *hygieia* und bedeutet ganz allgemein Gesundheit und die Lehre von der Gesundheit. Die Hygiene der Vitalseele meint die psychische Gesundheit und Gesundheitspflege, in der Fachsprache *Psychohygiene* genannt. Diese ist eine wichtige Ergänzung zur Körperhygiene. Ihre Anwendungsgebiete sind: Die seelische Gesundheitspflege, das Vorbeugen seelischer Erkrankungen, die Fürsorge für seelisch schwache und gesundheitlich gefährdete Menschen sowie die psychologische Hilfeleistung in persönlichen, familiären und kollektiven Notsituationen.

In der heutigen Zeit hat die Psychohygiene stark an Bedeutung gewonnen, nachdem die seelischen Krankheiten deutlich im Zunehmen begriffen sind. Auch die Medizin ist zur Erkenntnis gelangt, dass die meisten körperlichen Krankheitssymptome auf dem Hintergrund symptomfreier seelischer Frühformen entstehen, denen es vorzubeugen gilt. Die heutige psychosomatische Medizin hat längst bewiesen, dass der Körper auf die Dauer nicht gesund bleiben kann, wenn die Seele leidet. Die Gründe hierfür sind vielfältig. Eine wichtige Ursache liegt in der *seelischen Umweltverschmutzung* durch die Massenmedien. Daher verlangte die Münchner Logotherapeutin *Elisabeth Lukas* bereits 1990: „Wie der Umweltschutz in den eigenen vier Wänden beginnt, so muss der Innenweltschutz in der eigenen Seele beginnen." (113) Wenn wir unsere Fernseh-Programme ansehen, stellen wir fest, dass allein im deutschsprachigen Bereich pro

Woche an die hundert Verbrecher-, Skandal- und Gaunergeschichten in unsere Wohnstuben ausgestrahlt werden. Diese Bilderflut, begleitet von einer ständigen Schalldusche und Geräuschkulisse, hat mit Sicherheit einen unheilvollen Einfluss auf das Seelenleben der Zuschauer. Eine Untersuchung aus dem Jahr 1997 hat ergeben, dass unsere Kinder nach zehn Schuljahren rund 18.000 Fernsehstunden hinter sich haben. Das sind 3000 Stunden mehr als ihre obligatorischen Schulstunden. Was da alles unkontrolliert und unterschwellig an brutalen Szenen in die Seelen der Zuschauer eingeschleust wird, ist mit Sicherheit einer der Gründe, warum die Gewalt in unserer Gesellschaft deutlich zunimmt.

Eine dritte Ursachengruppe stellen *gestörte Beziehungen* in Familie, Partnerschaft, Verwandtschaft und Nachbarschaft dar. Emotionale Distanzierung und mitmenschliche Konflikte ziehen auch den Körper in Mitleidenschaft. So hat man bei Umfragen festgestellt, dass die Krankheitsanfälligkeit und die Sterbehäufigkeit bei geschiedenen Frauen nahezu doppelt so hoch ist wie bei jenen, die in einer harmonischen Partnerschaft leben. (114) Eine zusätzliche Ursache für eine genügende seelische Gesundheitsvorsorge ist die *fehlgeleitete und falsche Bedürfnisbefriedigung*, der viele Kinder, Jugendliche und Erwachsene dauerhaft ausgesetzt sind. Hier ist vor allem der erschreckende Missbrauch von ungesunden Genussmitteln zu erwähnen. Zur Psychohygiene gehört es, den vitalen körperlichen und seelischen Grundbedürfnissen auf natürliche Weise Rechnung zu tragen, ohne auf unnatürliche Ersatzbefriedigungen auszuweichen. Schon die alten Römer lebten nach dem Grundsatz: „Primum vivere, deinde philosophari – Zuerst leben, dann philosophieren." In der Notzeit der Kriegsjahre forderte *Bertold Brecht* (1898-1956): „Zuerst das Fressen, dann die Moral."

Die Pyramide der Bedürfnisse können wir in folgende vier Ebenen unterteilen: Die biologischen, die seelischen, die kulturellen und die spirituellen Bedürfnisse. Die *biologischen* Bedürfnisse dienen der Erhaltung des Lebens und stehen unter dem Diktat des Selbsterhaltungstriebes. Es handelt sich um das naturbedingte Verlangen nach Atemluft, Wasser, Nahrung, Bewegung und Schlaf. Ohne diesem nicht fortwährend zu genügen, könnte der Mensch nicht überleben. Was alle Lebewesen zur Befriedigung dieser vitalen Bedürfnisse antreibt, nennen wir Triebe und Instinkte. Zu den *seelischen* Bedürfnissen gehören die Sehnsucht nach Sicherheit und Geborgenheit, die soziale Zugehörigkeit und Anerkennung, die Zuwendung durch Nähe, Liebe und Zärtlichkeit sowie das seelische Heimatgefühl. Ein Fehlen oder ein Mangel in dieser Hinsicht frustriert Mensch und Tier. Gefühlsbeherrschung und Gefühlsverdrängung galten früher als Tugenden. „Indianer weinen nicht", wurde schon den Kindern eingeschärft. Heute scheint die emotionale Eiszeit langsam zu Ende zu gehen. Ein deutliches Signal hierfür ist die Tatsache, dass *Daniel Golemans* Buch „Die emotionale Intelligenz" (115) während Jahren ein Renner war. Zur seelischen Gesundheitspflege gehört unbedingt, dass wir zu unseren Gefühlen stehen, Tränen und Trauer zulassen, selbst Wut und Zorn nicht verdrängen, wohl aber vernünftig kontrollieren. Gefühle sind belebende und gesunderhaltende seelische Energien. Wenn diese gehemmt oder blockiert sind, kommt es leicht zu krankmachenden Stauungen und Störungen.

Als *kulturelle* Bedürfnisse gelten die intellektuellen, sozialen und ästhetischen Ansprüche des Menschen, die ihn klar von der Tierwelt unterscheiden. Hier geht es um das Bestreben, sich Wissen anzueignen, Neues zu lernen, Erfahrungen zu sammeln, den geistigen Horizont zu erweitern sowie den Sinn für das Schöne in Natur und Kultur zu pflegen. Dabei erweist sich der Triebverzicht häufig als Preis für die Kultur. Der Psychiater *Gottlieb Guntern* erzählte in einer Radiosendung von 1998, dass vor einigen Jahren eine Gruppe von Künstlern durch einen Mäzen in eine feudale Villa auf dem Land eingeladen wurde. Dort sollten Maler, Bildhauer, Musiker und Schriftsteller in einer unbeschwerten Umgebung, in der für ihr leibliches Wohl ausgiebig gesorgt war, jeder auf seine Weise ein Kunstwerk schaffen. Als nach drei Wochen die gewährte Zeit zu Ende war, hatte nicht einer irgendetwas Beachtenswertes zustande gebracht. Es erging ihnen einfach zu gut, und keiner verspürte den Drang, einem Problem, einem Bedürfnis oder einer Idee durch künstlerische Gestaltung kreativen Ausdruck zu verleihen. Sie standen nicht unter dem Druck einer inneren oder äußeren Notwendigkeit, sich etwas von der Seele zu schaffen.

Von *spirituellen* Bedürfnissen können wir dort sprechen, wo ein bewusstes Streben nach geistiger Entwicklung den Menschen bewegt. Dieser ist gewillt, seine Begabungen und Fähigkeiten nach Möglichkeit sinnvoll einzusetzen. Leider schöpfen die meisten Menschen ihre zur Verfügung stehenden Möglichkeiten viel zu wenig aus, so dass man sie als Riesen bezeichnen kann, die sich angewöhnt haben, als Zwerge herumzulaufen. Wer sich nicht hohe Ziele setzt, um das ganze Ausmaß seiner Anlagen zu verwirklichen, der wird die Spitze seiner Bedürfnispyramide nie erreichen. So bleibt er zeitlebens unzufrieden und enttäuscht auf der Strecke. Zu den spirituellen Bedürfnissen gehört auch die seelische Verankerung im *religiösen* Denken. Ohne dieses erscheint uns das Leben sinnlos und wertlos. *C.G. Jung* teilt in seinen Lebenserinnerungen mit: „Ich habe oft gesehen, dass Menschen neurotisch werden, wenn sie sich mit ungenügenden oder falschen Antworten auf die Fragen des Lebens begnügen. Ihr Leben hat keinen genügenden Inhalt, keinen Sinn." (116) An anderer Stelle bestätigte er: „Wenn ich an meine Patienten denke, so sehe ich, wie sie alle auf der Suche nach ihrer Existenz sind und auf der Suche nach einem Schutz vor der totalen Atomisierung zu einem Nichts oder vor der Sinnlosigkeit." (117)

Gleiche Erfahrungen machte der Wiener Psychiater *Rudolf Allers,* der zugibt, er habe noch keinen Fall von seelischer Erkrankung gesehen, bei dem nicht die Frage nach dem Sinn des Lebens unbeantwortet blieb. (118) Zur selben Erkenntnis kam der amerikanische Psychologe *David Larson* vom „National Institute for Healthcare" in Rickville / Maryland. Er hat elf Forschungsarbeiten ausgewertet, die ihn zum Ergebnis führten: „Religiös gläubige Menschen sind weniger anfällig für stressbedingte und psychosomatische Krankheiten. Sie sind weniger suizidgefährdet, weniger suchtanfällig und haben eine niedrige Scheidungsquote." (119)

6.9 Seelische Heilungskräfte

Von *Buddha* stammt die Erkenntnis: „Der Schlüssel zur Gesundheit liegt in der Seele." Tatsächlich beherbergt die Vitalseele reiche Quellen an Heilungskräften. Jede Heilung erstrebt das Heilsein im Sinne von gesund, unversehrt und ganz sein. Das Wort „heil" bedeutet unverletzt und vollständig. Daher meint Gesundheit immer den ganzen Menschen mit Körper, Seele und Geist. Ist ein Mensch krank, dann ist stets der ganze Mensch betroffen, nicht nur ein Teil von ihm. Bereits *Platon* erkannte: „Das Ganze kann nicht gesund sein, wenn ein Teil krank ist." Gleicher Meinung war *Paracelsus*: „Wo ein Teil krank ist, kann das Ganze nicht gesund sein." Gesundsein ist daher nicht bloß ein Freisein von Leiden und Beschwerden. Sie ist auch nicht ein „Zustand vollkommenen physischen, psychischen und sozialen Wohlbefindens", wie die Weltgesundheits-Organisation (WHO) vor Jahren erklärte. Dies kann lediglich für einen gut gestillten und frisch gewickelten Säugling gelten. Gesundheit ist mehr: Sie ist ein Zustand der inneren Ordnung und Harmonie mit sich, mit der Umwelt und mit der göttlichen Welt. Nur in diesem Sinne konnte der Dichter *Novalis* behaupten: „Ein Mensch in Harmonie wird nicht krank." Der ganzheitliche Gesundheits- und Krankheitsbegriff muss möglichst breit gefasst werden. Dies zeigt allein schon die Tatsache, dass es Tausende von Krankheiten gibt, aber nur eine einzige Gesundheit. Jede Erkrankung ist ein ganzheitliches Problem und geht stets den ganzen Menschen an. Seelische Krankheitsursachen und körperliche Symptome liegen zwar auf verschiedenen Ebenen, bilden aber ein Ganzes. Was wir zumeist als Krankheit bezeichnen, ist nur ein äußeres Anzeichen, das auf eine innere Verursachung hinweist. Der ehemalige Medizinprofessor *Frank Nager* schreibt: „Der eigentliche Ursprung des Leidens ist nicht außen zu suchen, sondern innen, zum Beispiel im Geist, in Unordnung, in grundsätzlicher Fehleinstellung und Einseitigkeit, im geistigen Stillstand, in einer dem inneren Wachstumsgesetz feindlichen Lebensweise, in seelischen Verwundungen und Verlusten, in verdrängter Trauer, in heftigen Leidenschaften oder in negativer menschenfeindlicher Grundgesinnung." (120)

Bei zahlreichen medizinischen Vorkehrungen geht es lediglich um Symptombekämpfung, weil dies die Patienten auch erwarten. Manch einer klagt dem Arzt, was er für körperliche Schmerzen oder Beschwerden hat. Dabei verschweigt er ihm, was seiner Seele fehlt, nämlich innere Ruhe, Gelassenheit, Harmonie, Liebe und Glauben. Wollen wir nicht bloß das oberflächliche Symptom bekämpfen, sondern auch dessen tiefere Ursache beseitigen, müssen wir diese auf jener Ebene angehen, auf der die Krankheit tatsächlich entstanden ist. So gesehen, besteht das Kranksein zumeist in einer Fehlhaltung im Denken, die im seelischen Energiesystem zu Fehlschaltungen und damit zu Hemmungen, Sperrungen und Blockaden führt, die sich ins Körperliche hinein symptomatisieren und materialisieren. Die bloße Behandlung eines äußeren Symptoms führt daher nicht zur wahren Heilung, sondern nur zu dessen Verschiebung auf eine andere Ebene. Dies wird von den heutigen hochspezialisierten Spitzenmedizinern häufig übersehen. Daher sagte der Schweizer Astronom *Fritz Zwicky* von diesen Spezialärzten, dass sie „von immer weniger immer mehr und vom Ganzen nichts verstehen". (121) Wir können davon ausgehen, dass sich beinahe jede Erkrankung über längere Zeit auf einer symptomfreien seelischen oder geistigen Ebene anbahnt, bevor sie ins Körperliche hinein durchschlägt. Einmal kam ein junger Mann mit einer Halbseitenlähmung nach einer Hirnblutung zu mir und gab mir zu verstehen: „Dieser Hirnschlag hat mich getroffen wie ein Blitz aus heiterem Himmel." Da ich von seinem beruflichen Stress und seinem übertriebenen Leistungsehrgeiz wusste, erklärte ich ihm: „So heiter kann der Himmel nur für einen Blinden sein."

Im Bereich der Vitalseele können wir drei Gruppen von Heilungsarten unterscheiden: 1. Die biologische Heilung, 2. Die psychische Heilung. 3. Die mentale Heilung. Eine jede Heilungsart kann sich gleichzeitig auf mehreren Schwingungsebenen auswirken.

Die *biologischen* Heilmethoden arbeiten mit natürlichen Heilkräften und Heilmitteln, die wir aus der ganzen Natur gewinnen können. Da sind zunächst jene, die seit Jahrtausenden aus allen Naturbereichen gewonnen werden, nämlich aus den Elementen Erde, Wasser, Luft und Feuer. Denken wir an die Anwendung von Heilerden, an die Wassertherapien, an den Heilmagnetismus, an die Ernährungstherapie, an die Aromatherapie, an die Atemtherapie, an die Sonnen- und Lichttherapie und an die Wärmeanwendung. Eine wichtige Rolle spielt seit jeher die Phytotherapie, die heute an die vierhundert Heilpflanzen kennt. Deren heilende Energien werden als Tee, Extrakte, Essenzen und Tinkturen auch von der Schulmedizin anerkannt. (122) Dabei ist die Erfahrung zu beachten: Die Natur heilt so langsam wie ein Baum wächst.

Ein überzeugender Beweis für den Erfolg der Naturmedizin liefert uns die Bachblüten-Therapie von *Eduard Bach* (1886-1936), aber auch die Homöopathie, wie sie von *Samuel Hahnemann* (1755-1843) entwickelt wurde. Diese folgt dem Grundsatz, den schon *Paracelsus* kannte: Ähnliches wird mit Ähnlichem geheilt. Dabei wird das in Resonanz mit dem Patienten gefundene Heilmittel durch Verdünnung und Potenzierung auf eine höhere Schwingungsebene gehoben, um in kleinster Dosierung auf den feinstofflichen Astralkörper des Patienten – sei er Mensch oder Tier – eine heilbringende Information zu übertragen.

Zu den wirksamsten Heilkräften der Natur gehört bestimmt die richtige Atmung, auch *Heilatmung* genannt. Schon *Voltaire* erkannte: „Ein guter Teil an Schwächen und Krankheiten kann weggeatmet werden." Atem ist Lebensenergie, und ohne Atmung ist in der ganzen Natur kein Leben möglich. Die Atemluft ist demnach die vitalste Grundkraft des Lebens. Die Vitalseele bezieht ihre Lebenskraft zu einem großen Teil von den Luftmolekülen, den „Vitaminen der Luft". Alles atmet in uns: Jede Zelle atmet, die Haut atmet, die Lunge atmet. Wie unsinnig erscheint es da, durch Rauchen diese wertvollen Lebenskräfte zu schädigen. Ganz besonders kann ich aus eigener Erfahrung die Atemtechnik des Kriya-Yoga empfehlen. Es handelt sich um die „Kunst des langen Atems", wie sie vom indischen Meister *Paramahansa Yogananda* in den 1950er Jahren in Europa und in Amerika gelehrt wurde. (123) Dieses langsame und tiefe Aus- und Einatmen entspricht dem rhythmischen Wechsel von Geben und Nehmen, von Bindung und Lösung, von Entstehen und Vergehen. Kein geringerer als *Goethe* hat dieser Tatsache dichterischen Ausdruck verliehen:

Im Atemholen sind zweierlei Gnaden:
Die Luft einziehen, sich ihrer entladen,
jenes bedrängt, dieses erfrischt,
so wunderbar ist das Leben gemischt.

Wir können dieses Atemtraining noch zusätzlich mit Vokalübungen verbinden, die unsere inneren Organe durch feine Vibrationen zur Mitschwingung bringen. Wir können diese Resonanz in unserer gedanklichen Vorstellung dorthin lenken, wo wir Verspannungen oder Blockaden empfinden. Nach indischer Manier können wir beim langsamen Ausatmen die heilige Silbe OM summen. Diese steht für die beiden Anfangs- und Endbuchstaben der buddhistischen Begrüßungsformel „**O**m mani padme hu**m** – Ich grüße das göttliche Licht in dir", oder für das christliche Gebet „**O**mnia ad majorem Dei gloria**m** – Alles zur größeren Ehre Gottes". In China wird empfohlen, sich zur Stärkung der vitalen Energie beim Ausatmen auf die Worte „Sung" (Ruhe), „Ching" (Stille) und „Chi" (Lebenskraft) zu konzentrieren. In Japan wird häufig die „Laotse-Atmung" angewandt. Diese besteht darin, dass nach tiefem Einatmen die Atemluft bei geballten Fäusten schubweise ausgestoßen wird ähnlich einer pustenden Dampflokomotive. Diese Atemtechnik regt den Blutkreislauf an, vertreibt einschläfernde Müdigkeit, erhöht die Konzentration und damit die intellektuelle Leistungsfähigkeit. (124)

Auch die *Ernährung* ist ein wichtiger Gesundheitsfaktor. Was wir essen sollen, ist nicht nur eine Frage des Geschmacks und der Verträglichkeit, sondern auch eine Angelegenheit des Bewusstseins und des moralischen Gewissens. Daher befolgen wir den Grundsatz der Ayurveda-Lehre:

„Wer richtig isst, braucht keine Medizin, wer falsch isst, dem hilft keine Medizin." Vitalstoffreiche Nahrungsmittel gelten nicht nur als gesunde Lebensmittel, sondern auch als wertvolle Heilmittel. Vom griechischen Arzt *Hippokrates*, dem Begründer der abendländischen Medizin, stammt der Satz: „Unsere Nahrungsmittel sollen unsere Heilmittel, unsere Heilmittel sollen unsere Nahrungsmittel sein." Für den Naturarzt *Sebastian Kneipp* (1821-1897) ist die richtige Ernährung eine der fünf Säulen der Gesundheit. Er war der Ansicht, dass unsere Nahrungsmittel die Funktion von Heilmitteln haben sollen. Der bekannte Schweizer Kurarzt *Max Bircher-Benner* (1867-1939) heilte seine Patienten mit seiner „Heilkost". Ein Großteil unserer Krankheiten sind selbstverursacht durch eine falsche Ernährungsweise. (125)

Die *psychische* Heilung, oft auch Psi-Heilung genannt, wendet die Energien der Vitalseele an, um zu heilen. Das psychische Element sollte bei der Gesundheitsvorsorge und Heilbehandlung unbedingt berücksichtigt werden. „Vergesst die Seele nicht!", war eine wichtige Mahnung von Pfarrer *Kneipp*. Weil viele gesundheitliche Störungen seelisch bedingt sind, wie die moderne psychosomatische Medizin beweist, muss die Heilung auch von dieser Seite her angestrebt werden. Andauernder Verlust an Vitalenergie durch seelische Konflikte führt über kurz oder lang zu krankmachenden Entgleisungen im ganzen Energiesystem. Der Sozialethiker *Hans Ruh* schreibt: „Unser Energieverbrauch hat sehr viel mit unserer inneren seelischen Befindlichkeit zu tun. Es lässt sich sogar als Regel formulieren, dass je schlechter ich mich fühle, desto mehr Energie ich verbrauche." (126) Statt nur den grobstofflichen Körper mit chemischen und physikalischen Eingriffen anzugehen, um dessen Krankheitssymptome zu beseitigen, wäre es notwendig, deren Ursachen im feinstofflichen Bereich des Astral- und Mentalkörpers aufzusuchen und zu heilen. Hierzu stehen uns heute zahlreiche ätherische und astrale Anwendungsmöglichkeiten zur Verfügung.

Die Heilerin *Dora Kunz* ist davon überzeugt: Nur wer sich auch im Seelischen aufgehoben fühlt, „der empfindet sich im Einklang mit einem größeren Ganzen, das ihm Geborgenheit, Vertrautheit und Sicherheit schenkt". (127) Mehrere psychologische Heilverfahren versuchen die vitale Seelenenergie zu nutzen, um durch sie Heilung zu erzielen. Da der Mensch durch seine vitalen Energieschwingungen sowohl Kräfte aussendet als auch solche empfängt, kann dies bei der *Kontaktheilung* genutzt werden. Dies geschieht unbewusst bei jeder sympathischen Berührung, bei jeder wohlwollenden Umarmung, welche wohltuende Gefühle weckt. Bewusst und gezielt kann dies erreicht werden durch Heilmassage, Kinesiologie, Reflexzonen-Therapie, Resonanz-Therapie, Autogenes Training oder Shiatsu-Behandlungen.

Die Ursache für krankmachende Verspannungen und Verkrampfungen in Körper und Seele sind sehr häufig angestaute Gefühle von Ärger, Kummer, Furcht, Angst und Stress. Hierzu sagte *White Eagle*: „Der Schüler der Weisheit aber muss wissen, dass starke Emotionen, welche die feinstofflichen Körper erschüttern, allmählich Krankheiten in geringem oder stärkerem Ausmaß verursachen. Kontrolle über die Gefühlswelt und Umwandlung der niederen Leidenschaften in höhere haben somit einen maßgeblichen Einfluss auf die Gesundheit." (128) Diesen kann mit psychischen Heilungskräften entgegengewirkt werden. Hierzu braucht es bei weitem nicht immer lange und teure Psychotherapien, sondern einfache Übungen. Ein Mann, der seine angeborene Neigung zu heftigen Wutausbrüchen kannte, erzählte mir: „Wenn mich meine Frau wieder einmal maßlos ärgert, flüchte ich schnell in mein Büro, nehme einen Schreibblock zur Hand und fange in heller Wut an, all jene Schimpfwörter von meiner gekränkten Seele zu schreiben, die ich meiner Gattin am liebsten an den Kopf geworfen hätte. Habe ich auf diese Weise meinen Zorn gekühlt, fange ich an, mit einem roten Stift all jene Kraftworte durchzustreichen, die mir doch zu übertrieben oder ungerecht erscheinen. Nachdem ich diese Übung ein zweites und ein drittes Mal durchgeführt habe, sind alle bösen Wörter gestrichen. Dann schließe ich das Zimmer wieder auf, gehe in die Wohnstube oder Küche und umarme meine Angetraute versöhnlich, ohne aus meinem Herzen eine Mördergrube oder Räuberhöhle (Mt 21,13) zu machen." Diese Art, sich seine Konflikte durch Schreiben von der Seele zu schaffen, nennen wir heute Schreibtherapie. Nicht zugelassene Gefühle der Trauer, des Ärgers oder der Wut können Krankheiten verursachen, wie folgendes Beispiel zeigt: Die Frau eines weltberühmten Dirigenten berichtete mir, wie es bei ihrem Mann in den Konzertproben manchmal zu heftigen Wutausbrüchen gekommen sei. Wegen eines falschen Tones konnte er im Zorn seinen Taktstock zerbrechen, den er mit einem Fluch dem nächstbesten Musiker an den Kopf warf. Eines Tages, so erzählte sie weiter, sei eine Delegation des Orchesters zu ihr gekommen und habe erklärt: „Wir können mit ihrem Mann so nicht weiterarbeiten. Wir bitten

Sie etwas zu unternehmen, damit er sich ändert?" Von nun an ersuchte sie ihren Mann, sich besser zu beherrschen. Dieser versprach es. Bei den Proben fing er an, seinen auflodernden Zorn zu verdrängen, indem er auf die Zähne biss und seine Hände ineinander verkrallte. Drei Wochen später explodierte seine Gallenblase, die den verdrängten Ärger nicht mehr aufzufangen wusste. Kurz darauf starb er, wie seine Frau mir versicherte, an einer schweren Unterleibsinfektion.

Es ist wichtig, blockierte Gefühle in geordnete Bahnen zu lenken oder im geschützten Rahmen zur Ablösung zu bringen. Negative Gefühle sind wahre Gifte, die uns krank machen und positive Gefühle nicht aufkommen lassen. Daher schreibt *H. K. Challoner* über die emotionale Heilung: „Eines der Hauptziele der Seele ist es, vergiftete Substanzen wieder frei zu machen, indem sie Ungleichgewicht ausgleicht, läutert und Kanäle schafft, durch die Erleuchtung in die Welt gebracht wird." (129) Wahre Seelengifte liegen im nachtragenden Nicht-Verzeihen-Können. Wer Beleidigungen, Verletzungen und Kränkungen nicht vergessen kann, der nährt in sich über Jahre und Jahrzehnte seelische Krankheitskeime. Eine Frau, deren Tochter in den Ferien ermordet wurde, litt lange Zeit an verschiedenen körperlichen Beschwerden. Sie bestätigte mir: „Erst als ich dem Mörder verzeihen konnte, wurde ich wieder gesund." *Caroline Myss* schreibt in ihrem Buch „Mut zur Heilung": „Mit am wichtigsten für die Heilung ist der Glaube an die Bedeutung der Vergebung. Vergeben macht die für die Heilung notwendigen Energien verfügbar." (130) Eine weitere emotionale Heilkraft liegt in der inneren Fröhlichkeit, verbunden mit einem gesunden, lebensbejahenden Optimismus. Unter allen Lebewesen dieser Erde ist allein dem Menschen die Gabe des Lächelns gegeben. Wenn dieses von Herzen kommt und zu Herzen geht, wirkt es befreiend. Deshalb sagte *Voltaire*: „Das Leben ist leichter zu ertragen mit einem Lächeln." Es ist dies jene Botschaft der Seele, die am leichtesten zu verstehen ist. Zugleich ist es das früheste Signal der menschlichen Zuwendung, mit dem schon ein Säugling seine Eltern zu beglücken vermag. In den christlichen Kirchen war das Lachen lange Zeit verpönt, obwohl ein trauriger Heiliger ein trauriger Heiliger ist. Im Neuen Testament wird das Lachen nur zweimal erwähnt und jedes Mal im abwertenden Sinn, nämlich im Lukas-Evangelium (Lk 6,25) und im Jakobus-Brief (6,25). Puritanische Christen glauben noch heute, das Lachen sei vom Teufel, denn *Christus* habe nie gelacht. Vermutlich verging ihm das Lachen ob der Humorlosigkeit seiner Nachfolger. Vor etlichen Jahren erschien eine Ausgabe der Zeitschrift „Stern" mit einem Titelbild, das *Jesus* mit einem frohen Lachen darstellte. Zahlreiche Leser empfanden dies als entwürdigend, und es hagelte Protestschreiben.

Europäer, die sich bei Naturvölkern aufhalten, sind immer wieder entzückt ob deren unbeschwerter Fröhlichkeit. Diese leiden wohl weit weniger an Neurosen als sogenannte Zivilisierte. Man mag einwenden, nur Primitive, Kinder und Narren erkenne man am Lachen, weil sie sich des Ernstes ihrer Lebenssituation zu wenig bewusst sind. Der sonst nicht gerade optimistische *Arthur Schopenhauer* war da anderer Meinung: „Je mehr der Mensch sich des ganzen Ernstes bewusst ist, desto herzlicher kann er lachen." Lachkuren kannte man früher bei verschiedenen Indianerstämmen. Heute werden auch bei uns Clown-Medizinmänner in Spitälern angestellt, damit sie die Krankheitsdämonen mit ihren Späßen von Kranken fernhalten. Neueste Erfahrungen an Kinderkliniken bestätigen, dass kranke Kinder viel schneller wieder gesund werden, wenn man sie regelmäßig durch sogenannte Clown-Doktoren zum Lachen bringt. Derartige Lachtherapien werden neuerdings auch bei der Behandlung von autistischen Kindern durchgeführt, um diese aus ihrer seelischen Isolation herauszulocken. Wenn man einen Mitmenschen zum Lächeln bringt, ist es oft, als würde man einen dunklen Vorhang vor seiner Seele wegziehen, damit die Sonne der Freude wieder über sein Gesicht strahlt. „Schenk mir ein Lächeln!", forderte ein mürrischer Chef jeweils seine Sekretärin auf, wenn er am Morgen gereizt ins Büro kam. Diese versicherte mir, dass der Tag gerettet war, wenn sie diesem Wunsch nachkam. Lachen ist eine vortreffliche Entspannungstherapie. Der Arzt *Raymond Moody* konnte mit seinen Kollegen in Laborversuchen nachweisen, dass die Muskelspannung beim Lachen deutlich abnimmt, so dass sich Verkrampfungen der Brust- und Bauchmuskulatur lösen. Atmung und Kreislauf werden dadurch angeregt und Stress wird abgebaut. (131)

Das Lachen hat auch eine schmerzstillende Wirkung, nicht nur weil es Verspannungen löst, sondern weil es auch die Aufmerksamkeit vom Schmerz ablenkt und den Leidenden auf andere Gedanken bringt. Der englische Zeitungsreporter *Norman Cousins* kurierte seine Verletzungen an der Wirbelsäule selbst, indem er sich als tägliche Medizin lustige Filme verordnete. Bei diesen regelmäßigen Lachkuren besserte sich seine Gesundheit von Tag zu Tag, bis zur vollständigen Genesung. (132) Der humorvolle englische Schriftsteller *Charles Dickens* (1812-1870) erzählte von einem Mann, der seit Jahren taub und stumm war. In einem Zirkus brach er eines Tages wegen der Späße eines Clowns in ein heftiges Lachen aus. Plötzlich hörte er wieder und konnte erneut sprechen.

Schließlich vermag auch die *Musik* wertvolle seelische Energien auszulösen, welche die Heilungskräfte von Körper und Seele günstig beeinflussen. Nach einer biblischen Erzählung gelang es dem jungen Harfenspieler *David*, den gemütskranken König *Saul* durch seine Musik aufzuheitern. Im 1. Buch Samuel wird berichtet: „Immer, wenn der böse Geist über Saul kam, griff David zur Harfe. Dann wurde es Saul leichter ums Herz, und der böse Geist verließ ihn." (1 Sam 16, 23) Im alten Griechenland galt der Gott *Asklepios* als Patron der Heilkunst. Er trug in der rechten Hand den von der heiligen Äskulap-Schlange umwundenen Heilungsstab, der noch heute als Symbol der Ärzte und Apotheker gilt. In der anderen Hand hielt er eine Laute. Er pflegte die Kranken mit Musik zu heilen. In der „Odyssee" erwähnt der griechische Dichter *Homer* im 8. Jahrhundert v. Chr., wie der Trojanische Held *Odysseus* durch Musik von seinen Verwundungen geheilt wurde. *Pythagoras*, der Weise von Crotona, empfahl mit den Klängen der Lyra und durch rituelle Heilgesänge die Seele zu reinigen. Auch *Platon* schrieb in seinem „Staat": „Die Heilung durch die Musik ist deshalb so vorzüglich, weil ihre Harmonie am meisten in das Innerste der Seele dringt und sie am stärksten berührt." (133) Der Kirchenlehrer *Justinus* lobte die Musik als „Arznei für alle Beschwerden der Seele". *Martin Luther* äußerte einmal in seinen Tischreden: „Musik ist das beste Mittel für einen betrübten Menschen. Durch sie wird das Herz wieder zufrieden und erfrischt Leib und Seele." (134) Nach dem Entsprechungsgesetz „Wie im Großen so im Kleinen" sollte die harmonische Sphärenmusik, die der Astronom *Johannes Kepler* im ganzen Universum für gegeben hielt, mit der inneren Harmonie des Menschen übereinstimmen. Schrille, laute und disharmonische Töne sind wie der Lärm eines Presslufthammers wahre Krankheitserreger, die Körper und Seele leidend machen.

Der Musiker *John Diamond* nannte unter allen Arten von Therapien die Musik als die wirkungsvollste, denn ihr gelingt es, die „Lebensenergie des Menschen zu aktivieren und die Seele zu stärken". (135)

Im Sufismus wird die Musik „Nahrung der Seele" genannt, die zu heilen vermag. Bei Naturvölkern sind Heilungsrituale mit Gesängen und Trommelklängen noch heute üblich. In der Musik wohnen für jedes Temperament emotionale Kräfte, die Gefühle und Stimmungen durch ihren Klang und ihren Rhythmus zum Fließen bringen, was bei der Musiktherapie heilsame Anwendung findet. Sie sind sogar imstande, verschüttete Seeleninhalte wieder bewusst zu machen. In seiner „Musikalischen Hausapotheke" empfiehlt der Dresdener Musikpädagoge *Christoph Rueger* für jede Lebens- und Stimmungslage eine passende Musik. (136)

Der schwedische Musiktherapeut *Aleks Pontvik* hat im Jahr 1955 ein Buch veröffentlicht mit dem Titel „Heilen durch Musik". (137) Darin beschreibt er, wie Musik eine verwundete oder gekränkte Seele zu heilen vermag. *Raz Yirmiya*, der amerikanische Spezialarzt für Immunologie, soll von einer Krebskrankheit geheilt worden sein, nachdem er sich täglich mindestens eine halbe Stunde lang von einer angenehmen, beruhigenden Musik berieseln ließ. (138) Die Erfahrung zeigt, dass die heilende Wirkung des Musizierens und des Musikhörens heutzutage von vielen Musiktherapeuten zielgerichtet und erfolgreich zur Besserung von körperlichen und seelischen Beschwerden eingesetzt wird. (139) In den Jahren 1988/89 wurden in mehreren Klassen einer Schule die Mädchen und Knaben mit fünf Wochenstunden in Gesang und Musik unterrichtet und gefördert. Im Vergleich zu anderen Schulklassen mit nur einer Musikstunde legte diese Schülergruppe ein besseres soziales Verhalten an den Tag, bei größerem Selbstvertrauen und erhöhter Selbstständigkeit der Schüler. (140)

Als *mentale* Heilkraft können wir das rechte Denken bezeichnen, denn Gesundheit ist denkbar. Wenn Krankheiten tatsächlich durch Sorgedenken, Neid, Hass und Eifersucht verursacht werden, sollte es auch möglich sein, durch deren Gegenteil den Menschen gesund zu machen. Ein wichtiger Gesundheitsfaktor ist dabei die *gedankliche Vorstellung*. Es gibt sowohl den „eingebildeten Kranken", wie ihn der französische Theaterdichter *Jean-Baptiste Molière* (1622-1673) in seiner gleichnamigen Komödie schilderte, als auch die „klinische Krankheit", wie sie Medizinstudenten beim Studium von Krankheitsbildern bei sich vermuten. Auf die Frage, von welchen Faktoren der Heilungsprozess bei einem Kranken abhänge, kamen die amerikanische Psychologen *A. E. Bergin* und *M. J. Lambert* aufgrund einer großangelegten Untersuchung zu folgendem Ergebnis: Entscheidend ist in erster Linie, wie und was der Patient dabei denkt. Dann folgt das Vertrauen zum behandelnden Arzt und erst an dritter Stelle stehen Medikamente und Therapien. (141) Der Heiler *Günther Schwarz* heilte zahlreiche Kranke, indem er sie aufforderte, sich in ihren Briefen an ihn als gesund zu beschreiben. Viele sind tatsächlich bloß durch diese Gedankenvorstellungen gesund geworden. (142) Bei Krankenbesuchen hört man häufig, wie Patienten ausführlich ihr Kranksein schildern und viel zu wenig ihr Gesundwerden zur Sprache bringen. Dabei könnte durch die richtige gedankliche Vorstellung die Genesung sicher beschleunigt werden. Wer einem unvermeidlichen Schmerz möglichst wenig Beachtung schenkt, der wird weniger darunter zu leiden haben als jener, der fortwährend an ihn denkt. Ein heroisches Beispiel gab *Sigmund Freud*. Er rauchte während Jahrzehnten täglich bis zu zwanzig Zigarren. In der Folge litt er während den letzten siebzehn Jahren seines Lebens an einem unheilbaren Mundhöhlenkrebs. Nach Angaben seines Arztes Dr. *Max Schur* wurde er fünfzehn Mal operiert. Seine Zahnprothese schmerzte ihn fortwährend, das Sprechen fiel ihm schwer und das Essen war für ihn eine Qual. Dennoch hat er bis zu seinem zweitletzten Lebenstag jedes schmerzstillende Mittel abgelehnt mit der Begründung: „Ich will lieber in Schmerzen denken, als nicht denken zu können." (143) Wie sehr der Geist über einen kranken Körper triumphieren kann, beweist *Stephen Hawking*, genannt das „Genie im Rollstuhl". Bis zum Jahr 2008 war er Professor für Mathematik auf dem berühmten lukasischen Lehrstuhl der Universität Cambridge in England. Seit seinem 21. Lebensjahr leidet er an einer fortschreitenden und unheilbaren Muskellähmung. Deswegen ist er seit Jahrzehnten an den Rollstuhl gefesselt. Körperlich ist er nahezu vollständig gelähmt, sprachlich kann er sich nur äußern mit einem Sprechcomputer, den er mit seinen Augenbewegungen steuert. Dennoch veröffentlicht er noch heute Jahr für Jahr hochwissenschaftliche Werke über Astrophysik und Kosmologie.

Bedenken wir, dass die ersten Ursachen für körperliche und seelische Leiden sehr oft im falschen Denken zu suchen sind. Falsches Denken macht krank. Richtiges Denken lässt uns gesund werden und gesund bleiben. Was uns leidend macht, ist meist nichts anderes als ein Hinweis dafür, dass in unserer Lebensweise, Verhaltensweise, Ernährungsweise und vor allem in unserer Denkweise etwas falsch gelaufen ist. Der Zustand des Natürlichen ist eigentlich die Gesundheit. Wenn wir also durch falsches Denken krank werden können, müssten wir durch richtiges Denken die Gesundheit wiederherstellen können. Daher sagt eine alte indische Weisheit: „Der Schlüssel zur Gesundheit liegt im rechten Denken." Diesem Leitsatz folgte der Apotheker *Emil Coué* (1857-1926), als er seinen

Patienten versicherte: „Wenn Sie denken, sie seien krank, so werden sie krank; wenn Sie denken, Sie genesen, so geschieht dies." (144)

Zur Gedankentherapie gehört auch die *Heilung durch Sinngebung*, wie sie von *Viktor Frankl* in seiner Logotherapie entwickelt wurde. Dieser Arzt, der während vier Jahren die Hölle von Auschwitz überlebte, hat bewiesen: „Der Mensch braucht, um gesund zu bleiben, nicht nur etwas, wovon er lebt, sondern auch etwas, wofür er lebt." (145). Er war überzeugt: Die am schwersten zu heilende Krankheit ist die Sinnkrankheit, nämlich das Leiden an der Sinnlosigkeit des Lebens. Daher verstand er seine Logotherapie als „Heilung durch Sinngebung". Unter einer schweren Sinnleere litt der französisch-rumänische Dramatiker *Eugène Ionesco* (1909-1994), der seinem Tagebuch folgendes Klagelied anvertraute: „Was hätte ich alles machen, was hätte ich alles hervorbringen können, wenn nicht diese unvorstellbare Müdigkeit gewesen wäre, die seit ungefähr fünfzehn Jahren oder vielleicht noch viel länger auf mir lastet. Eine Müdigkeit, die mir das Arbeiten erschwert, aber auch das Ausruhen verwehrt, die mich das Leben nicht genießen lässt, die mich hindert, mich zu freuen, mich zu entspannen, und die es mir unmöglich macht, mich mehr den anderen zuzuwenden, so wie ich es gerne gewollt hätte, statt mein eigener Gefangener zu sein, Gefangener meiner Müdigkeit, dieser Last, dieser Bürde meiner selbst ist…" Weiter schreibt er, dass kein Arzt unter den dreißig oder vierzig, die er aufgesucht hatte, ihm helfen konnte, keiner verstand ihn, keiner konnte ihn von seiner unendlichen Mattigkeit heilen. Schließlich fand er die Ursache seines Leidens: Es war die nagende, verzweifelnde Frage „wozu", es war die Klage über die Sinnlosigkeit seines Lebens. (146)

Um auch in schweren und krankmachenden Situationen im Leben gesund zu bleiben, empfiehlt *Viktor Frankl* die „Einstellungsmodulation" als erprobtes Heilmittel. Damit ist gemeint, dass der Mensch zu seinem Leiden, zu seiner Krankheit eine andere, wenn möglich eine positive Einstellung gewinnen soll. Was er bis dahin bedauert oder verneint hat, soll er versuchen zu bejahen, nach dem Motto: „Wer weiß, wozu das gut ist." Hierzu ein Beispiel: „Eines Tages kam ein älterer Herr mit tieftraurigem Gesichtsausdruck und wie von schwerem Kummer gebückt vor meinem Vortrag zu mir. Ich vernahm von seiner Tochter, die ihn begleitete, dass vor einigen Tagen seine Frau gestorben war und er nun wegen dieses Verlustes jeden Lebensmut verloren hatte. Ich wandte die Methode der

Einstellungsmodulation an, indem ich ihn fragte: „Was hätte es für ihre Gattin bedeutet, wenn Sie vor ihr gestorben wären?" „Das ist nicht auszudenken; sie wäre wohl äußerst verzweifelt gewesen", antwortete der Mann. Da versuchte ich ihn zu ermuntern mit den Worten: „Wie schön ist es, dass Sie Ihre Frau vor Ihnen gehen ließen. Sie haben ihr durch Ihr Überleben viel Leid erspart. Und außerdem dürfen Sie hoffen, dass Sie drüben, in der anderen Welt, einst freudig von ihr erwartet werden." Da richtete sich der alte gebrochene Mann auf, schaute mich mit leuchtenden Augen an und ging mit aufrechtem Gang getröstet davon. Was er bis anhin bedauerte, konnte er nun als sinnvoll annehmen."

Die Heilwirkung der gelenkten Gedankenkraft hat auch *Evelyn Monahan* erlebt. Nach einem schweren Unfall litt sie an Lähmungen, an Epilepsie und war vollständig erblindet. In ihrem Buch „Das Wunder der metaphysischen Heilung" (147) schildert sie, wie sie in kurzer Zeit allein durch die Kraft positiver Gedanken geheilt wurde.

Eine wichtige Form der seelischen Heilung ist die richtige Verarbeitung von Trauer. Diese sollte zur rechten Zeit zugelassen und keinesfalls unterdrückt oder verdrängt werden, damit durch einen psychischen Prozess die erstarrten und blockierten Gefühle und Gedanken wieder zum Fließen gebracht werden. (148) Wer dies nicht allein zu leisten vermag, der sollte fachliche Hilfe annehmen, um in einer Einzel- oder Gruppentherapie die eigene Trauer sinnvoll zu verarbeiten. (149) Damit wir gesund bleiben oder geheilt werden, empfiehlt die Theosophin *Beatrice Flemming*: „Lasst uns Liebe denken und so den Hass verhindern! Lasst uns Glück denken und so den Kummer meiden! Lasst uns Gesundheit denken und so die Krankheit vermeiden." (150)

7. Was ist der Geist?

Der Begriff „Geist" ist dem spirituellen Seelenverständnis der Geisteswissenschaften vorbehalten. Im Allgemeinen verstehen wir unter dem Begriff „Geist" ein Wesen, das sich selbst bewusst werden kann. Daher sprechen wir von Geistbewusstsein, das weder der Pflanze noch dem Tier zukommt. Nach der biblischen Wortkonkordanz kommt der Begriff „Geist" im Alten Testament 41 Mal, und im Neuen Testament sogar 240 Mal vor, und zwar in mehrfacher Bedeutung, nämlich für Geistwesen, Geistseele, Geisteskraft, Bewusstsein, Denkfähigkeit, Erkenntnis, Vernunft, Wille, Gesinnung und Lebensprinzip. In der evangelischen Theologie gilt der Satz: „Nur Gott ist Geist." (Jh 4,24)

In den Geisteswissenschaften versteht man den Geist meist als polaren Gegensatz zur Materie. So bezeichnet *C.G. Jung* den Geist als „jenes Prinzip, das im Gegensatz zur Materie steht". (1) Damit dürfte klar sein, dass der Geist nicht eine Erscheinungsform der Materie ist, sondern eine von der Materie unabhängige und eigenständige Substanz. Geist ist demnach mehr als nur eine Fähigkeit oder eine Fertigkeit, die sich im Verlauf der Evolution als Begleiterscheinung des Lebens entwickelt hat, wie dies *Hoimar von Ditfurth* annahm. Seiner Meinung nach hat sich der Geist aus der Materie entwickelt und ist nicht bloß ein Produkt des Gehirns. Er schrieb: „Das Gehirn hat das Denken nicht erfunden, so wenig wie die Beine das Gehen erfunden haben oder die Augen das Sehen." (2) Dem widerspricht der moderne Naturwissenschaftler *Thomas Vasek*: Für ihn ist der Geist nicht ein biologisches Phänomen, entstanden durch Anpassung der vererbten Anlagen an neue Umweltverhältnisse und Lebensbedingungen. Vielmehr hält er ihn für eine eigenständige Wesenheit, die nicht aus der Erdentwicklung stammt. (3) Indes bleibt bis heute umstritten, ob der Mensch einen Geist *hat* oder ob er ein Geist *ist*. Im Mittelalter prägte *Thomas von Aquin* den Satz: „Der Mensch ist ein

Geist mit einem Körper bekleidet." *René Descartes* setzte den Geist dem Ich-Bewusstsein gleich. Der Geist ist das unsterbliche Wesen in uns, dem der Dichter *Christian Morgenstern* folgende Zeilen gewidmet hat:

Doch nichts vergeht und nichts verdirbt;
denn was da ist, ist Geist zugleich,
und wo ein Leib dem Blick entstirbt,
da tauscht sein Wesen nur ein Reich.

7.1 Die Geistseele des Menschen

Zu den wichtigsten Merkmalen des Geistes gehört seine Unstofflichkeit. Daher können wir einen Engel oder einen Dämon als Geist bezeichnen, nicht aber den Menschen. Mit Recht konnte die Philosophin *Hedwig Conrad-Martius* (1888-1966) behaupten: „Der Mensch ist nicht Geist, er *hat* einen Geist." (4) Um dies zu verstehen, müssen wir Geist und Seele trennen, wie es die alten Ägypter schon taten. Sie unterschieden zwischen der stofflichen Seele „Ma" und dem unstofflichen Geist „Ka". Auch das Alte Testament kannte diese Unterscheidung. Mit dem hebräischen Wort „nephesch" ist die vitale Seele und mit dem Begriff „ruach" die geistige Seele gemeint. Auch *Platon* machte einen Unterschied zwischen „der sterblichen Lebensseele *„psyche"* und der unsterblichen Geistseele *„nous"*. Erst *Aristoteles* sprach den Geist als selbstständiges Wesen allein Gott zu. Den Menschen verstand er als eine Einheit von Körper und Seele. In der neueren christlichen Theologie werden die Begriffe Geist und Seele meist für gleichbedeutend gehalten und mit dem lebenden Körper als untrennbare Einheit verstanden. So gab sich *Norbert Luyten* an der Universität Fribourg überzeugt, dass man die Geistseele nie als ein vom Körper getrenntes Wesen sehen dürfe. (6) Auch *Wolfhart Pannenberg* bekräftigt: „Es gibt keine, dem Leib gegenüber selbstständige Wirklichkeit ‚Seele' im Menschen." (7) Aus dem gleichen Grund nahm *Karl Rahner* an, dass die Seele des Verstorbenen sich aus der Astralmaterie einen stofflichen Ersatzkörper zulegt, weil sie ihrem Wesen nach auf die Verbindung mit einem Körper unbedingt angewiesen sei. Diesem Irrtum pflichtete auch sein Jesuiten-Schüler *Ladislaus Boros* bei, indem er dafürhielt: „Die menschliche Seele ist nie ohne Leib. Selbst wenn wir einen Leichnam vor uns haben oder einen kleinen Haufen Asche, können wir denken, dass derselbe Mensch bereits voll leiblich existiert. Sein Geist schafft sich mit innerer Notwendigkeit aus der Weltmaterie einen Leib." (8) Schließlich haben die evangelische Theologieprofessoren *Paul Althaus, Emil Brunner* und *Oscar Cullmann* zeitlebens die Ansicht vertreten: „Wenn der Körper tot ist, dann ist es auch die Seele. Beide werden am Jüngsten Tag wieder auferweckt. Alles andere widerspricht der biblischen Wahrheit." (9)

Diese theologischen Aussagen, die sich immer noch auf ein längst überholtes Menschenbild stützen, können so nicht stimmen. Dabei werden die beiden Begriffe „Seele" und „Geist" in unzulässiger Weise vermischt. Der Nachweis, dass die Geistseele eine eigenständige und vom Körper unabhängige Wesenheit ist, ergibt sich aus der Tatsache, dass der Mensch aus sich heraus geistig tätig sein kann, ohne etwas Materielles hierzu in Anspruch zu nehmen. Er bedarf hierzu nicht einmal seines organischen Gehirns, wie dies außerkörperliche Erfahrungen beweisen. Der amerikanische Maschinen-Ingenieur *Robert Monroe* hat dies in seinem „Institut für angewandte Wissenschaft" in Virginia durch zahlreiche Experimenten, an denen über 3000 Testpersonen teilnahmen, eindeutig bestätigt. (10) Damit wurde bewiesen, dass der menschliche Geist unabhängig von Körper und Vitalseele eigenständig tätig sein kann.

Dank unseres Geistes können wir in Gedanken unanschauliche Begriffe bilden und Wesentliches von Nebensächlichem unterscheiden. Wir sind imstande, Gemeinsames und Trennendes auseinanderzuhalten. Auch sind wir befähigt, vorausblickend Pläne zu schmieden und rückblickend Schlussfolgerungen zu ziehen. Der menschliche Geist kann geistige Werte erkennen. Indem er diese bejaht oder verneint, ist er in der Lage, zu lieben und zu hassen. Es ist ihm möglich, über sich selber nachzudenken und so sich selber bewusst zu werden. Schließlich bringt er es fertig, über die sinnlich wahrnehmbare Diesseitswelt hinaus zu denken und Vorstellungen über eine jenseitige Welt zu entwickeln. Dies alles ist dem Tier nicht möglich. Diese Fähigkeiten verdanken wir Menschen nicht der Evolution, sondern der *Inkarnation* der Geistseele aus einer von der Materie unabhängigen geistigen Welt.

Um das Wesen des Geistes als eigenständiges Prinzip zu erfassen, nehmen wir erneut folgendes Denkmodell zu Hilfe: Der Körper gleicht dem Fahrzeug, die Vitalseele der Betriebsenergie; den Fahrer aber, der nur vorübergehend mit dem Fahrzeug unterwegs ist, nennen wir Geist. Dieser steigt in das Fahrzeug ein und verlässt es wieder nach kurzer Fahrt, ohne mit ihm eines Wesens zu sein. Nicht anders verhält es sich beim Menschen. Dieser hat einen Körper, so wie man ein Fahrzeug sein eigen nennt. Er gebraucht die Kraft seiner Vitalseele, so wie man sich der Betriebsenergie bedient, um das Fahrzeug in Bewegung zu setzen. Kurz vor oder bei der Geburt steigt die Geistseele in das Körperfahrzeug ein, um dieses beim Tod wieder zu verlassen. Aus dieser Überlegung wird klar, dass die Vitalseele und die Geistseele des Menschen begrifflich sauber voneinander zu trennen sind. Die Abhängigkeit der Geistseele vom lebenden Körper ist demnach nur vorübergehend.

Der menschliche Geist vermag auch außerhalb des grobstofflichen Körpers im Astralbereich bei klarem Bewusstsein tätig zu sein und Sinneseindrücke sogar aus der materiellen Diesseitswelt zu empfangen, ohne dass das menschliche Gehirn daran beteiligt ist. (11) Dies können folgende Vorkommnisse belegen: Eine junge Patientin vernahm, während ihr Körper in Vollnarkose lag, in ihrem außerkörperlichen Zustand die Fluchworte, die der Chirurg während der Operation ausstieß. Die Patientin konnte nach ihrem Aufwachen dem Arzt jedes seiner Kraftworte wiederholen. Dieser musste zugeben: „Niemand sonst kann wissen, wie ich unter Stress am Operationstisch zu fluchen pflege." Ein Blinder konnte nach einer Operation, während der er sich außerhalb seines Körpers wahrnahm, dem Arzt genau angeben, welche Kleider er trug und welche Instrumente er benutzte. Ein anderer Patient konnte während eines schweren Eingriffs am offenen Herzen außerhalb seines Körpers von der Zimmerdecke her die Aufschrift an einer Lampe lesen, die von unten her gar nicht sichtbar war. (12) Ein Mann beobachtete im Tiefschlaf, während er aus seinem Körper ausgetreten war, auf der irdischen Ebene einen Autounfall und konnte sich das Nummernschild des flüchtigen Fahrers merken. Aufgrund dieser Angaben war die Polizei später in der Lage, den Unfallwagen zu sichern. Ein letztes Beispiel: Ein junger Mann, der nach einem Selbsttötungsversuch wegen Liebeskummer zu mir in die psychologische Beratung gebracht wurde, erzählte mir: „Als ich auf der Intensivstation lag, sah ich auf einmal mich selber an der Decke des Spitalzimmers schweben. Unter mir lag bewusstlos mein Körper, verkabelt an elektronischen Messgeräten, bewegungslos in einem Bett." Da konnte ich ihm erklären: „Da haben Sie nun den klaren Beweis dafür, dass Sie nicht Ihr Körper sind." Weil Vitalseele und Geistseele zu unterscheiden sind, haben sie auch eine unterschiedliche Herkunft.

7.2 Die Herkunft der Geistseele

Wir nehmen an, dass der göttliche Geist anfänglich nur geistige Wesen ins Dasein gerufen hat, und zwar nach seinem geistigen Vorbild und Abbild. Sie waren nicht körperlich, sondern geistig sein Ebenbild. (1Mo 1,26) Als reine Geistwesen lebten sie im himmlischen Paradies unabhängig von jeder Materie. Demnach ist unter einem Geist ein Wesen zu verstehen, das von Natur und Herkunft her weder in seiner Existenz noch in seinem Tätigsein an einen stofflichen Körper gebunden ist. Der traditionellen Lehrmeinung der scholastischen Philosophie, die Geistseele sei von Natur aus auf den lebenden Körper hin erschaffen und angewiesen, „um mit ihm in einer natürlichen Ordnung eine neue Wesenheit zu bilden" (13), kann so nicht zugestimmt werden. Körper und Geist bilden zu keiner Zeit eine substanzielle Einheit. Heute wissen wir aus zahlreichen Erfahrungen, dass unsere menschliche Geistseele ein körperfreies Vorher und Nachher außerhalb unserer irdischen Existenz kennt. (14) Die Geistseele stammt ihrem Wesen nach aus der geistigen Welt und ist eine geistige Wirklichkeit.

Im Zusammenhang mit der Abtreibungsproblematik fragte ein kritischer Christ in einer Leserzuschrift aus dem Jahr 2013: „Und wo kommen denn all die Seelen her, die angeblich bei der Zeugung schon parat stehen? Wer macht denn all diese Seelen? Wo ist der Seelenvorrat gelagert?" (15) Bei einer Weltbevölkerung von gut sieben Milliarden Menschen werden in jeder Stunde rund um die Uhr schätzungsweise 10.000 Kinder gezeugt. Da stellt sich die Frage: Wer übernimmt die Verantwortung für diese von Vätern und Müttern gewollten und mehrheitlich ungewollten Geschöpfe? Werden diese ungefragt durch ein zufälliges, gnadenloses Schicksal in ein sinnloses Dasein gestoßen? Ist da jemand in der geistigen Welt, der, einer fleißigen Bienenkönigin gleich, ununterbrochen für Nachwuchs sorgt? Die Mythen vieler Völker enthalten in großer Vielfalt symbolische Erzählungen über die Herkunft der Geistseele. Da ist die Rede von einem Blitzstrahl, der vom Himmel her in den Schoß einer jungfräulichen Mutter fällt, oder vom Atem Gottes und den Schöpfungsworten launischer Götter. Manche lassen die Geistseele aus dem Feuer oder aus der Sonne hervorgehen, andere aus dem kosmischen Weltenei, gestaltet auf der Töpferscheibe eines göttlichen Wesens. (16)

Zahlreich sind die Vorstellungen, dass die Geistseele bereits ein Vorleben in einer jenseitigen Welt hat, bevor sie sich zur Menschwerdung entschließt oder veranlasst wird. Danach bedeutet der Zeugungsmoment nicht den Beginn der menschlichen Existenz, sondern bloß den Anfang eines neuen Lebens auf unserer Erde. Im *Zend Avesta*, der heiligen Schrift der alten Perser, sowie in den Lehren des Hinduismus und im Buddhismus begegnen wir dem Glauben an die *Präexistenz* der Geistseele. Wir finden ihn im Altertum bei den griechischen Philosophen *Pythagoras, Empedokles* und *Platon*. (17) Von der Herkunft der Geistseele aus himmlischen Höhen lässt *Eduard Schuré* in seinem esoterischen Roman „Die Priesterin der Isis" den Tempelpriester *Memnon* verkünden: „Die Seelen sind Töchter des Osiris, des göttlichen Geistes, und der Isis, des himmlischen Lichtes. Als glänzende Funken wurden sie empfangen von dem ewigen und fruchtbaren Lichte durch das Feuer des Schöpfers. Verzehrt vom Wunsche des Lebens steigen sie herab zur Erde und verkörpern sich in tausend Gestalten, dann steigen sie leicht zum heimatlichen Himmel, um wieder herabzusteigen. Ähnlich dem Tropfen des Regens, den der Ozean aufnimmt und den die Sonne wieder zu sich emporzieht." (18) Auch der *Kabbala* ist dieser Gedanke nicht fremd. Im Buch „Jezirah" aus dem 8. Jahrhundert ist zu lesen: „Die Menschenseele steigt vom obersten Himmel auf die Welt herab; sie verbindet sich dort mit einem menschlichen Körper. Sie muss durch viele Menschenleben wandern, bis sie wieder in die himmlische Welt zurückkehren darf." (19) Immer ist da die Geistseele gemeint und nicht die Vitalseele, die von himmlischer Herkunft ist. Doch bleibt es unklar, aus welchem Grund die Geistseele ihre himmlische Heimat verlassen musste.

Aurelius Augustinus beschäftigte zeitlebens die Frage, woher die Geistseele des Menschen stamme. Dabei deckte er einen Widerspruch auf zwischen Geistseele und Vitalseele, ohne sich über deren Herkunft klar zu werden. Er schreibt: „In der Annahme, die Seele sei geistiger Natur und stamme zugleich von den Eltern ab, muss man einen unkörperlichen Samen annehmen, der entweder bei der Empfängnis auf verborgenem und unsichtbarem Weg vom Vater in die Mutter läuft oder, was unwahrscheinlicher ist, dass dieser im körperlichen Samen verborgen ist." Hier spricht er die Homunkulus-Theorie des *Aristoteles* an, wonach in jeder männlichen Samenzelle das „Menschlein" (humunculus) bereits im Kleinsten vorgebildet ist. Jahre später bekennt *Augustinus*: „Was den Ursprung der Seele betrifft, wie es kommt, dass sie im Leibe ist, ob sie nämlich von jenem *Adam* kommt, der zuerst erschaffen wurde, als der Mensch zu einer lebendigen Seele gemacht wurde, oder ob auf gleiche Weise die Einzelseele den Einzelnen zuteil wird, wusste ich weder damals noch weiß ich es heute." (20)

Die vom römischen Kaiser *Justinian* veranlasste Verdammung des Kirchenvaters *Origenes* aus dem Jahr 543 und dessen Verurteilung der Präexistenzlehre am kirchlichen Konzil von Konstantinopel im Jahr 553 stützte sich auf die Lehre von der Leib-Seele-Einheit des *Aristoteles*, wobei erneut von den damaligen Kirchenmännern die Vitalseele mit der Geistseele verwechselt wurde. (21) Dies veranlasste *Karl Rahner* zu der Aussage, dass die Geistseele zu keiner Zeit getrennt vom Körper sein könne. Daher könne sie auch nicht vor dem Körper existierte haben. (22) Eine ganz andere Ansicht finden wir bei *Pierre Teilhard de Chardin*. Dieser nimmt zwar eine Art Vorexistenz des Geistes an, doch stammt dieser nicht aus der geistigen, sondern aus der materiellen Schöpfung. Nach ihm ist der Geist aus der Materie durch Evolution hervorgegangen, da der Geist ohne Materie überhaupt nicht denkbar sei. Für ihn ist der menschliche Geist „die letzte Frucht der Materie, die im Menschen zum Selbstbewusstsein erwacht". (23) Er nimmt also an, dass sich bei den Primaten im Verlauf der Zeit eine Entwicklung anbahnte, bei der „das ganze tierische Seelenleben in eine menschliche Seele sozusagen „umgeschmolzen" wurde. (24) Als überzeugter Verfechter dieser Theorie erwies sich der Jesuit *Ladislaus Boros,* der ergänzend beifügte: „Das Weltall tastet sich voran zum Bewusstsein. Schließlich steht ein Wesen da, das Produkt einer Jahrmilliarden langen Anstrengung der Welt: der Mensch." (25) Ähnlich sieht es *Hoimar von Ditfurth*. In seinem Buch „Der Geist fiel nicht vom Himmel" schreibt er: „Da fällt nichts vom Himmel. Da ist nichts unvermittelt da, was es vorher nicht gab. Da entsteht in einem fortschreitenden Entwicklungsprozess das Neue aus dem Alten." (26) Sogar *Karl Rahner* stützte in seiner Theologie diese Theorie. Für ihn existierte am Anfang die Materie vor dem Geist, weil gemäß der biblischen Schöpfungsgeschichte die materielle Welt vor dem ersten Menschenpaar geschaffen wurde. (27) Eine ähnliche, ebenso irrige Meinung vertritt *Hans Küng*, wenn er in seinem Buch „Der Anfang der Dinge" schreibt: „Auf unserer Erde konnte sich schließlich nach Jahrmilliarden aus dem Tierreich sogar Leben mit Geist entwickeln." (28) Auch als einen biologischen Entwicklungsschritt will der katholische Theologe *Wilhelm Schamoni* die Vergeistigung des Menschen erklären und meint: „Am liebsten möchte man den Sprung von der tierischen zur typisch menschlichen, körperlichen Erscheinung als eine Mutation denken, welche die Erbmasse der Keimzelle änderte." (29) Diese unzulässigen theologischen Erklärungsversuche entstanden, damit die von der Kirche verurteilte Präexistenzlehre nicht anerkannt werden musste.

Dagegen stimmt das heutige Geistchristentum, das auf medialen Jenseitslehren beruht, der Präexistenzlehre zu. „Der Mensch ist ein gottgeschaffenes, präexistentes Wesen. Er ist vor Urzeiten im Himmel als Geistwesen bzw. Engel erschaffen worden und ist Träger eines Gottesfunkens. Er hat bereits eine lange persönliche Geschichte durchlebt, bevor er in das jetzige Menschenleben eintrat." (30) Daraus folgt: Vor der materiellen Welt war nicht das gähnende Nichts, sondern es gab bereits die große geistige Welt mit Milliarden von Geistseelen in der präkosmischen göttlichen Welt. Diese Wesenheiten sind ihrer Natur nach geistig, daher unteilbar und von der materiellen Welt unabhängig. Sie verdanken ihre Herkunft weder der Materie noch sind sie aus deren Evolution hervorgegangen. Zu diesem logischen Schluss führen uns folgende einfache Überlegungen: 1. Etwas Unteilbares kann nicht aus etwas Teilbarem hervorgehen. 2. Etwas Früheres kann nicht aus etwas Späterem abstammen. 3. Etwas Einfaches kann nicht aus etwas Zusammengesetztem entstehen.

Daraus folgt, dass die Geistseele als eigenständige und unabhängige Substanz nur eine geistige Herkunft haben kann. Das gilt sowohl für alle Geistseelen der gesamten Menschheit als auch für die Herkunft jeder einzelnen Menschenseele. Diese kann auch nicht auf dem Weg der Vererbung zum Teil vom Vater und zum Teil von der Mutter kommen, denn sie ist unteilbar und nicht zusammensetzbar. Wenn also die Geistseele in ihrem Bestehen unabhängig ist von der Materie, dann muss sie es auch in ihrem Entstehen sein.

7.3 Der Zeitpunkt der Beseelung

Unter dem Wort „Beseelung" kann man sowohl eine Funktion der Vitalseele als auch die Einkörperung der Geistseele verstehen. Im Folgenden geht es ausschließlich um die Geistseele und deren Verbindung mit dem Körper. Zahlreiche Theologen stützen sich noch heute auf die Theorie des *Kreatianismus,* wonach Gott bei jeder Zeugung schöpferisch eingreift und eine geistige Seele erschafft. In diesem Sinne formulierte noch im

Jahr 1940 der Benediktinermönch *Bernhard Kälin* in seinem „Lehrbuch der Philosophie" den Lehrsatz: „Die Menschenseele entsteht nicht durch Emanation aus der göttlichen Substanz und ist mit ihr nicht identisch; sie wird auch nicht von den Eltern durch Zeugung oder bei der Zeugung hervorgebracht, sondern sie wird von Gott geschaffen." (31) Diese Lehre von der unmittelbaren Erschaffung der Geistseele durch die göttliche Allmacht im Augenblick der Zeugung (32) führt bis heute immer wieder zu der irrigen Meinung, Gott persönlich schenke den Eltern bei der Geburt ein Kind. Wenn dann solch ein Kind früh stirbt, können Eltern es oft nicht verstehen, warum Gott ihnen dieses Himmelsgeschenk nach kurzer Zeit wieder entreißt. Sie hadern dann vielleicht mit Gott und empfinden sein Handeln als grausam und ungerecht. Sie wissen nicht, dass ihr Kind schon längst vor der Zeugung in der Jenseitswelt lebte und sie zu kurzem oder längerem Aufenthalt auf Erden als Eltern ausgewählt hat. Für die Eltern kann ein Kind weder Besitz noch Ersatz sein, sondern oft eine nicht leichte Aufgabe, die es anzunehmen und zur gegebenen Zeit wieder abzugeben gilt.

Wenn dies zutreffen sollte, dass Gott jedes Mal, wenn es einem Menschenpaar passt oder passiert, ein Kind zu zeugen, im selben Augenblick eine unsterbliche Geistseele erschafft, müsste dies zu einer ununterbrochenen Neuschöpfung von Geistseelen führen. Gemäß Schätzungen der UNO kommen zur Zeit in jeder Sekunde drei bis vier Kinder zur Welt. Pro Tag sind dies rund 300.000. Berücksichtigen wir noch die Zahl der Ungeborenen infolge eines natürlichen und künstlichen Schwangerschaftsabbruchs, kämen wir leicht auf rund 600.000 neu zu schaffende Geistseelen täglich. Das sind im Jahr gut 200.000.000. (33) Es ließe sich für die göttliche Schöpfertätigkeit eine von den Jahreszeiten abhängige Leistungskurve erstellen. Dass Gott in seinem Tun derart von der menschlichen Willkür abhängig sein soll, widerspricht seiner vollkommenen Freiheit.

Eine andere Ansicht vertreten die Anhänger des *Generationismus*. Diese halten dafür, die Geistseele komme zwar von Gott, werde aber durch den väterlichen Samen von Generation zu Generation weitergegeben. Ähnlich nehmen die Anhänger des *Traduzianismus* (lt. *traducere*: überbringen) an, die Seelensubstanz werde als elterlicher Ableger bei der Zeugung auf das Kind übertragen. Da die geistige Seele als Substanz nicht teilbar ist, daher nicht als Teil von den Eltern abstammen kann, sind alle diese Theorien nicht nachvollziehbar.

Was den *Zeitpunkt* der Beseelung anbetrifft, vertritt keine der großen Weltreligionen eine eindeutige Aussage. Im Verlauf der Geistesgeschichte haben sich zwei unterschiedliche Erklärungsmodelle entwickelt: Die Simultanbeseelung und die Sukzessivbeseelung. (34) Die Theorie der *Simultanbeseelung* (lat. *simul*: gleichzeitig, zugleich) wurde bereits im 4. Jahrhundert vom griechischen Bischof *Gregor von Nyssa* in die christliche Glaubenslehre eingeführt. Papst *Sixtus* verbot im Jahr 1588 aus diesem Grund jede Abtreibung vom Beginn der Schwangerschaft an. Der Franziskanermönch *Hieronimus Florentinus* lehrte im Jahr 1658, der menschliche Keimling sei bereits von der Empfängnis an beseelt. Die gleiche Ansicht vertrat 1661 *Paul Zacchias*, der Leibarzt von Papst *Innozenz X*. Bis ins 18. Jahrhundert blieb dies die vorherrschende Meinung der Theologen und Mediziner. Wiederum wurde dabei die Vitalseele mit der Geistseele gleichgeschaltet. Im Jahr 1869 wurde diese Lehre von Papst *Pius IX.* für die katholische Kirche als verbindlich erklärt, und im Jahr 1917 fand sie Eingang ins katholische Kirchenrecht. Danach soll Gott gleichzeitig mit dem Zeugungsakt die Geistseele in den menschlichen Keimling „eingießen" nach einer Art göttlicher Infiltration oder Infusion. Die katholische Glaubenslehre spricht daher auch wörtlich von einer „infusio in corporis". Seither wird sie als offizielle Glaubenslehre weiterhin verteidigt, obwohl sie bis heute keine breite Anerkennung gefunden hat, weil sie nicht zu überzeugen vermag. (35) In neuerer Zeit hielt *Karl Rahner* fest: „Grundsätzlich wird unterstrichen, dass die Seele unmittelbar aus Nichts von Gott erschaffen ist, dass sie daher nicht zur göttlichen Substanz gehört, auch nie ein vorkörperliches Leben führt, dass sie aber umgekehrt als solche auch keinen materiellen Ursprung hat." (36)

In ernste Schwierigkeiten gerät diese Lehre von der gleichzeitigen Erschaffung der Geistseele im Augenblick der biologischen Zeugung durch die moderne Fortpflanzungsmedizin. Dies dürfte der Fall sein bei der Eizellenspende, bei der Zeugung im Reagenzglas (Invitrofertilisation) und beim Embryotransfer im Zusammenhang mit der Leihmutterschaft. Gleiches gilt beim Einfrieren oder bei der Vernichtung überzähliger befruchteter Eizellen. (37) Ein weiteres ethisches Problem stellt die moderne Präimplantationsdiagnostik dar. Durch Früherkennung sollen mit Hilfe eines Gentests an der künstlich befruchteten Eizelle schwere Erbschäden erkannt und ausgeschlossen werden. Alle diese medizinischen Maßnahmen müssten aus ethischen und moralischen Gründen verboten werden, wenn tatsächlich die Geistseele schon bei der Zeugung erschaffen würde. Daher lehnt die vatikanische Instruktion „donum vitae" aus dem Jahr 1987 alle künstlichen Eingriffe um Zeugung und Schwangerschaft grundsätzlich ab. (38) Es wird erklärt, „dass ein Personsein schon der befruchteten Eizelle innewohnt", was nach Ansicht des Theologen *Hans Küng* für die Abtreibungsfrage eine ungeheure Verschärfung zur Folge hat. (39) Dabei ist zu bedenken, dass schon bei natürlichen Schwangerschaften nicht alle Embryonen überleben. Gynäkologen schätzen heute, dass es in rund 40% der Fälle zu spontanen Aborten kommt. (40) Danach wäre beinahe die Hälfte der von Gott geschaffenen Geistseelen buchstäblich „im Eimer".

Als in Deutschland im Jahr 2013 die Ärzte in zwei katholisch geführten Krankenhäusern in Köln aus moralisch-theologischen Gründen sich weigerten, einer vergewaltigten jungen Frau die „Pille danach" zu verschreiben, war die Empörung bei der Bevölkerung groß. Der Kirche wurde vorgeworfen, sie sei „weltfremd und ewig-gestrig". Danach hat die deutsche Bischofskonferenz das strikte Verbot der künstlichen Empfängnisverhütung gemäß der Enzyklika „Humanae vitae" von Papst *Paul VI.* insoweit gelockert, als die „Pille danach" bei Opfern einer Vergewaltigung abgegeben werden darf, sofern diese nur eine verhütende und nicht eine abbrechende Wirkung einer Schwangerschaft hat. (41). Dieser Haltung der deutschen Bischöfe schlossen sich kurze Zeit später auch spanische und schweizerische Bischöfe an.

Ein zweites Denkmodell ist das der *Sukzessivbeseelung*. Sukzessiv heißt nachfolgend, nachträglich. Diese Theorie geht von der Annahme aus, dass der Eintritt der Geistseele in den menschlichen Embryo nicht unmittelbar bei der Befruchtung der mütterlichen Eizelle erfolgt, sondern erst im Verlauf der Schwangerschaft. Dabei bleibt unbestritten, dass vitales Leben von allem Anfang an vorhanden ist, nicht aber das Leben der Geistseele. Nach altjüdischem Glauben erfolgt die Beseelung erst am 49. Tag der Schwangerschaft. *Aristoteles* nahm an, dass der männliche Fötus am 30. Tag der Schwangerschaft und der weibliche erst am 90. Tag beseelt werde. Die Gleichheit der Geschlechter wurde schon durch ihn infrage gestellt. Von dieser Ansicht beeinflusst wurde auch *Thomas von Aquin*. Er wurde zum wichtigsten Vertreter der Sukzessionslehre im Mittelalter. Nach ihm soll im menschlichen Embryo zunächst eine vegetative und sensitive Vitalseele wohnen, die von den Eltern abstammt. Erst im Verlauf der Schwangerschaft wird diese von Gott in eine geistige Seele umgewandelt, nachdem sich der kindliche Organismus entsprechend entwickelt hat. (42) Demgegenüber nahm sein Lehrer *Albertus Magnus* (1193-1280) die Simultanbeseelung bei der Zeugung an, während *Alfons von Ligori* (1696-1787), der Begründer des Redemptoristen-Ordens, wiederum der thomistischen Lehre folgte. Nach einer von *Jakob Lorber* medial empfangenen Botschaft erfolgt die Beseelung „nachdem die Frucht im Mutterleibe wenigstens drei Monate lang ein leibliches Leben hatte und die vitale Seele nach getanem Hauptwerk ruhiger geworden ist – bei einigen Kindern früher, bei anderen später, bei vielen drei Tage vor der Geburt". (43)

Heute stimmen auch einige moderne Theologen der Sukzessivtheorie zu. So verlegt *Wilhelm Schamoni* den entscheidenden Zeitpunkt der Beseelung nicht auf die Zeugung, sondern auf den Moment, wo Stunden danach die befruchtete Eizelle sich in der Gebärmutterwand einnistet und die Schwangerschaft ihren Anfang nimmt. (44) Ebenso vertritt *Johannes Fischer*, Professor für theologische Ethik an der Universität Zürich, die Ansicht, dass der Embryo vor seiner Einnistung in die mütterliche Gebärmutterwand noch nicht Mensch ist, sondern ein lebender Organismus, der zum Entstehen eines Menschen führen könne. (45) Noch etwas weiter hinausverschoben wird der Beseelungsmoment vom früheren Ethikprofessor und Moraltheologen in Bonn, *Franz Böckle*. Dieser sprach sich auf einer Ärztetagung im Jahr 1978 dafür aus, dass erst ab dem 14. Tag der Schwangerschaft das menschliche Leben beginnt, nachdem sich die Keimzelle weiter organisiert hat. Daraus folgt, dass jede Maßnahme, welche diese Einpflanzung verhindert, wie die „Pille danach" oder die Spirale, nicht als Abtreibung zu beurteilen ist. (46)

Heutzutage gewinnt das *perinatale Erklärungsmodell* (gr. *peri*: um, herum; lat. *natalis*: zur Geburt gehörend) als dritte Denkmöglichkeit immer mehr Anerkennung. Dabei ist wiederum klar zu unterscheiden zwischen Vitalseele und Geistseele. Während die Vitalseele gleich einem Samen auf natürliche Weise von den Eltern auf das werdende Kind übertragen wird, tritt die Geistseele erst um den Geburtstermin aus einer jenseitigen Vorexistenz durch Einkörperung (Inkarnation) in das lebensfähige Menschenkind ein. Hinweise hierfür hat *Hans Geisler* bereits vor einem halben Jahrhundert in der Zeitschrift „Die andere Welt" zusammengetragen. (47) Aus der jenseitigen Welt wurde *Johannes Greber* aufgeklärt: „Bei der irdischen Zeugung werde bloß der Keim für den Aufbau des materiellen Leibes des werdenden Kindes übertragen. Der Geist wird nach euch unbekannten Gesetzen erst wenige Augenblicke vor der Geburt mit dem Kindeskörper vereinigt." (48) In einer medialen Fragebeantwortung in der „Geistigen Loge Zürich", im Jahr 1976, wurde gefragt, wann der Geist in das Kind eintritt, ob beim ersten Schrei oder schon vorher. Hierzu erklärte das Geistwesen *Lene*: „Beides kann zutreffen, doch in dem Fall, wo das geistige Wesen schon vor dem ersten Schrei des Kindes eingetreten ist, handelt es sich stets nur um eine ganz kurze Zeit." (49) Im gleichen Sinne gab auch das amerikanische Trance-Medium *Edgar Cayce* (1877-1945) an, dass die Seele „kurz vor der Geburt, kurz nach der Geburt oder direkt im Augenblick der Geburt den Körper betreten kann". (50) Etwas genauer erklärt der im Ersten Weltkrieg gefallene Musiker *Sigwart von Eulenberg* den Zeitpunkt der Inkarnation: „Es ist verschieden, je nach der Entwicklung des Geistes, ob dieser sehr „ich-entwickelt" ist oder nicht. Die stark entwickelten Ich-Individualitäten entschließen sich erst im allerletzten Augenblick, in die körperliche Hülle einzutreten, weil sie bis zuletzt mithelfen, an ihr zu arbeiten. Die anderen hingegen verbinden sich früher mit ihr, weil ihnen dieses Interesse fehlt." (51)

Vom naturwissenschaftlichen Standpunkt äußerte sich der Physiker *Werner Schiebeler* dahingehend, dass erst dann die Geistseele in den kindlichen Körper einzieht, wenn dieser hierzu entwicklungsmäßig bereit ist, „nämlich einige Stunden vor der Geburt, vielleicht sogar einige Tage früher". (52) Bei Rückführungen, welche die Psychologin *Helen Wambach* an 750 Versuchspersonen in den 1970er Jahren durchgeführt hat, berichteten nur wenige, sie seien vor dem vierten Schwangerschaftsmonat in den kindlichen Körper eingetreten. 14% wollten sich erinnern, dies sei zwischen dem vierten und achten Monat geschehen, und 85% gaben an, dies sei erst danach geschehen. Rund 33% glaubten, erst unmittelbar vor der Geburt eingetreten zu sein, und 15% nachdem der Geburtsvorgang abgeschlossen war. (53) In einer Jenseitsbotschaft erklärte ein Geistwesen den Vorgang der Einkörperung wie folgt: „Mein Geistleib wurde kleiner gemacht. Ich befand mich außerhalb des Mutterleibes, wurde aber von außen wie mit einer Schnur mit ihm verbunden. Ich befand mich dann außerhalb des Mutterleibes, spürte aber alles, was in ihm vorging. Ich war immer ganz dicht am Leib der Mutter. Erst bei der Geburt oder kurz vorher wurde ich in den Babykörper einverleibt." (54) Einen entsprechenden Hinweis finden wir auch in den Aussagen des Indigo-Knaben *Flavio Gabobianco*, der sich an seinen vorgeburtlichen Zustand erinnern will. Er schreibt: „Der physische Werdegang meines Lebens beginnt damit, dass ich in meine Mutter eindringe. Ich suche ihren Geist auf, weil er der feinstoffliche Teil ist, den ich finden kann; von dort leite ich die Entwicklung meines Körpers ein." (55)

Theosophie und Anthroposophie neigen ihrerseits eher zur *postnatalen Beseelungs-Theorie*. Nach theosophischer Lehre tritt die Geistseele für gewöhnlich erst zwischen dem 4. und 7. Lebensjahr, nämlich mit dem Erwachen des Selbstbewusstseins, endgültig in den kindlichen Körper ein. Bei höher entwickelten Geistwesen kann dies bereits zwischen dem 1. und 3. Lebensjahr der Fall sein. Bei geistig Erwachten und Erleuchteten soll dies gleich nach der Geburt geschehen. (56) *Rudolf Steiner* sah in den ersten Wochen der Schwangerschaft einen rein biologischen Prozess. Erst nach der Geburt soll sich im Verlauf der ersten drei Lebensjahre die präexistente Geistseele mit dem belebten Körper verbinden. (57) Er nahm an: „Etwa in der dritten Schwangerschaftswoche ist es so weit, dass sich der Mensch mit Äther-, Astralleib und Ich mit dem embryonalen Keim verbindet. Aber erst etwa ab der 7. Woche kann der Ätherleib und etwa ab dem 7. Monat der Astralleib in die embryonale Entwicklung intensiver eingreifen. Das Ich des Menschen ist in den letzten Schwangerschaftsmonaten indirekt, ab der Geburt unmittelbar im Körper wirksam." (58)

Zusammenfassend können wir sagen: So wie es im Verlauf der menschlichen Stammesgeschichte (Phylogenese) erstmals zur Inkarnation eines präexistenten Geistwesens in einen Tierleib kam, als dieser im Verlauf einer langen Evolutionszeit bereits einen höheren Entwicklungsstand erreichte, ebenso wird erst im Verlauf der Einzelentwicklung (Ontogenese) ein bereits vorher existierendes geistiges Wesen in den kindlichen Körper einverleibt, um Mensch zu werden. Während die Frage, wann ersteres tatsächlich geschah, offen bleibt, gibt es hinsichtlich der Beseelung des werdenden Kindes einige Theorien, die sich allerdings nicht miteinander vereinbaren lassen.

Am ehesten mag folgender Vergleich zutreffen: Der Eintritt der Geistseele erfolgt erst um die Zeit der Geburt, entweder kurz vorher oder kurz danach. Zu vergleichen ist dies mit dem Bezug eines neu erbauten Wohnhauses. Der Bauherr zieht auch erst bei der Schlüsselübergabe in seinen Neubau ein. Während der Schwangerschaft kann die Geistseele von Zeit zu Zeit den mütterlichen Schoß aufsuchen, um sich mit dem im Werden begriffenen kindlichen Körper als dessen zukünftige Wohnstätte vertraut zu machen. Würde der im Entstehen begriffene Hausbau vor dessen Fertigstellung durch ein äußeres oder inneres Ereignis abgebrochen, müsste der Bauherr an einem anderen Ort erneut ein Baugesuch einreichen, und er müsste sich anderswo nach einer neuen Baugelegenheit umsehen. Ähnlich müsste die inkarnationswillige Geistseele nach einem gewollten oder ungewollten Schwangerschaftsabbruch unter Anleitung jenseitiger Helfer eine andere Mutter auswählen. Nach einer Jenseitskundgabe verhält es sich so: „Man setzt von Anfang an nicht nur auf eine einzige Mutter, sondern man hält sich Ausweichmöglichkeiten bei gleichzeitigen oder späteren Schwangerschaften offen. Fällt die erste werdende Mutter aus, sucht man eine zweite auf, welche für dieses Menschenkind ähnliche Möglichkeiten für dessen Aufstiegsentwicklung bietet." (59) Es ist auch denkbar, dass die jenseitigen „Herren des Karma" bereits voraussehen können, dass eine Schwangerschaft nicht zu einem glücklichen Ende führen wird. Deshalb werden sie gar kein Geistwesen veranlassen, den kindlichen Körper in Besitz zu nehmen. Dann wird es zu einer Fehlgeburt kommen. (60) *Karl E. Müller*, der frühere Präsident der „Internationalen Spiritualistischen Vereinigung", ergänzt hierzu: „Die Einverleibung geschieht nicht zufällig oder willkürlich, sondern nach einem in der geistigen Welt festgelegten Entwicklungsplan, wobei die Eltern nach jenseitigen Gesetzen ausgewählt werden" (61) und zwar bei jeder Menschwerdung immer wieder neu.

Den anschaulichen Vergleich vom Hausbau und dem Einzug der Geistseele in den kindlichen Körper hat *Friedrich Rückert* in folgende dichterische Worte gekleidet:

Erst baut die Natur den Leib, ein Haus mit Sinnestoren,
worin ein fremdes Kind, der Geist, dann wird geboren,
Er findet Hausgerät und braucht es nach Gefallen,
Und wenn er dann das Haus verlässt, wird es zerfallen.
Doch die Baumeisterin baut immer Neues wieder,
und lockt den Himmelsgast zur ird'schen Einkehr nieder.

7.4 Gehirn und Bewusstsein

Gottfried Wilhelm Leibniz hat bereits vor 300 Jahren darauf hingewiesen: „Könnte man durch ein Gehirn gehen wie durch eine Maschine, man sähe vieles, nur eines nicht: Bewusstsein." In neuester Zeit haben amerikanische und finnische Forscher mit Hilfe bildgebender Verfahren eine spezielle Hirnregion entdeckt, welche für das Entstehen von Bewusstseinszuständen verantwortlich sein soll. Daraus schloss der Wissenschafts-Journalist *Thomas Vasek* etwas vorschnell: „Ohne Gehirn haben wir kein Bewusstsein." (62) Dem widerspricht die Feststellung, dass selbst Patienten mit schwersten Hirnverletzungen echte Träume haben, wie dies auch bei Menschen im künstlichen Koma der Fall sein kann. Dass es ein hirnunabhängiges Bewusstsein tatsächlich gibt, beweisen uns die vielen bekannt gewordenen Aussagen von Menschen, die in der Narkose, in der Ekstase und im Nahtod-Zustand außerkörperliche Erfahrungen gemacht haben. Da kann es vorkommen, dass diese in der Astralwelt bestimmte Eindrücke empfangen, an die sie sich später im Normalzustand klar erinnern können. Der amerikanische Arzt *Daniel Amen* wollte wissen, ob es Bewusstsein getrennt vom Gehirn geben könne. Nachdem er rund 55.000 Gehirne von Alzheimer-Patienten mit dem bildgebenden MRT-Verfahren überprüft hatte, soll er zum Ergebnis gekommen sein: „Bewusstsein ohne Gehirn – das gibt es nicht." Zu einem gegenteiligen Ergebnis kam *David Snowdon*, Professor an der Universität von Kentucky. Seit 1986 hat er eine Langzeitstudie bei 678 Ordensschwestern im Alter von 75 bis 106 Jahren durchgeführt, um den Alterungsprozess des Gehirns im Zusammenhang mit der Alzheimer-Krankheit zu erforschen. Er überprüfte während einer längeren Beobachtungszeit dreimal jährlich die geistige Leistungsfähigkeit der Nonnen. Außerdem erhielt er von diesen die Erlaubnis, nach dem Tod ihre Gehirne auf Anzeichen von Alzheimer zu untersuchen. Dabei zeigte sich, dass mehrere dieser Frauen zwar typische Symptome dieser Alterskrankheit aufwiesen, jedoch ihr Leben lang nie unter Bewusstseinsstörungen zu leiden hatten. (63)

Unter Bewusstsein verstehen wir die Fähigkeit des Menschen, seine eigene Existenz bewusst wahrzunehmen und diese als sein „Ich" zu bezeichnen. In der heutigen Tiefenpsychologie wird das „Ich" als die bewusstseinsfähige und selbstregulierende Instanz der Psyche beschrieben. Diese bildet das Zentrum des seelischen Bewusstseinsfeldes und steht im

Gegensatz zum unbewussten „Es". Ein ichbewusstes Wesen gilt als Person. *Sigmund Freud* hat die menschliche Seele verglichen mit einem Eisberg, dessen kleiner Teil sichtbar aus dem Meer emporragt, während dessen größerer Bereich unter dem Meeresspiegel verborgen liegt. In diesem Verhältnis sah er auch das Bewusste zum Unbewussten. *C.G. Jung* griff zu folgendem Vergleich: „Die Seele ist wie eine kleine Insel auf dem riesigen Meer des Unbewussten." Der Psychologe *Julian Jaynes* ist gar der Meinung, beim Menschen sei das individuelle Bewusstsein erst vor zwei bis drei Jahrtausenden entstanden, während davor ein kollektives Horden- oder Stammesbewusstsein bestand, wie dies heute noch bei wenig entwickelten Naturvölkern der Fall ist. (64) Auch beim Kleinkind stellt sich das Selbstbewusstsein erst im Verlauf des 2. oder 3. Lebensjahres ein, wobei es sich selber nicht mehr mit seinem eigenen Namen benennt, sondern anfängt „ich" zu sagen. (65)

Mit dem Eintritt ins irdische Leben verändert sich der Bewusstseinszustand der Geistseele. Während dieser im vorgeburtlichen Sein bei voller Bewusstheit ist, wird sie bei der Einkörperung in den kindlichen Körper weitgehend eingegrenzt, so dass das Neugeborene in einem unbewussten Schlafzustand zur Welt kommt. Erst allmählich dämmert das Erwachen zum Bewusstsein wieder, um dann beim Sterben kurzfristig wieder zu erlöschen. In Wirklichkeit ist das Bewusstsein der Sonne gleich, die immer leuchtet und nur von der Erde aus gesehen scheinbar untergeht. Insofern hat das Bewusstsein wohl etwas mit der körperabhängigen Hirnaktivität zu tun. Daher können wir das Gehirn als Instrument des bewussten Denkens bezeichnen, nicht aber als dessen Ursache.

Es gibt verschiedene Arten und Grade des Bewusstseins. Pflanzen und niedere Tiere werden von angeborenen Instinkten und Trieben geleitet, die ihnen wahrscheinlich nicht bewusst sind. Höher entwickelte Tiere haben sicher ein Körperbewusstsein. Auch können sie sich räumlich und zeitlich orientieren. Mit Sicherheit können sie intelligent handeln. Bestimmt haben sie auch ein Seelenbewusstsein, denn sie nehmen Freuden und Schmerzen wahr. Auch besitzen sie eine situationsabhängige Form von Selbststeuerung. Es fehlt ihnen jedoch das geistige Ich-Bewusstsein, denn dieses ist ein Merkmal der menschlichen Person. Nur der Mensch ist fähig, über sich selber nachzudenken und auf diesem Weg zu erkennen: „Ich bin." Indem er sich selbst hinterfragt, erfährt er sich selbst und gelangt so zum Selbstbewusstsein. Die beiden Hirnforscher *Sir John*

Eccles und *Sir Karl Popper* erkannten: „Der sich selbst bewusste Geist muss als etwas vom Gehirn Getrenntes aufgefasst werden." (66) Sie haben im Jahr 1963 den experimentellen Beweis erbracht, dass „Bewusstsein grundsätzlich als etwas Unabhängiges, als etwas außerhalb des zentralen Nervensystems Existierendes betrachtet werden muss". Sie fanden: Das Bewusstsein sei letztlich auf keinerlei organische Substanz oder Funktion in irgendeiner Form zurückzuführen, und der Geist stehe dem Gehirn als etwas völlig Selbstständiges gegenüber. (67) Diese bekannten Hirnforscher kamen nach umfangreichen Untersuchungen zum Ergebnis, dass unser „Bewusstsein nicht im Gehirn anzusiedeln sei. Vielmehr würde es dem Gehirn übergeordnet sein und dessen Funktionen auf die neuronalen Vorgänge kontrollieren. Das Bewusstsein würde sich ein Gehirn nach den individuellen Bedürfnissen schaffen." (68)

Weil das spirituelle Bewusstsein also nicht an Körper und Gehirn gebunden ist, muss dieses geistige Element nach dem Tod in einem körperfreien Zustand weiter bestehen können. Als der indische Weise *Sri Ramana Maharshi* sich in jungen Jahren bewusst wurde, dass alles Lebendige sterblich ist, fragte er sich: „Wenn ich sterbe, was stirbt denn in mir?" Auf dem Weg des eigenen Nachdenkens kam er zur Erkenntnis: „Ich bin eigentlich ein todloses Wesen. Was an mir stirbt, ist nur mein Körper, nicht aber mein Geist." (69) Eine ähnliche Selbsterfahrung machte im Jahr 1964 der Zürcher Architekt *Stefan von Jankovich,* der sich nach einem Unfall im außerkörperlichen Zustand fragte: „Wer bin ich?" Aus seiner Bewusstlosigkeit erwacht, fand er die Antwort: „Ich bin eine Vision meiner selbst." (70) *Markolf H. Niemz* gab einem seiner Bücher den Titel: „Bin ich, wenn ich nicht mehr bin?" (71) Er kommt zu einem anderen Schluss. Für ihn ist das Bewusstsein des Menschen das Ergebnis der Evolution. Mit zahlreichen heutigen Neurologen ist er der Meinung, das Bewusstsein sei ein Nebenprodukt der Gehirnentwicklung. Daher sei der Mensch erst mit der fortschreitenden Evolution zum Bewusstsein erwacht. Demgegenüber nimmt die Inkarnationslehre an, dass durch den Eintritt der Geistseele in die materielle Welt, vor ein bis zwei Millionen Jahren, das menschliche Gehirn sich den höheren Ansprüchen des Geistes angepasst hat, wodurch es leistungsfähiger geworden ist und der Mensch sich selbst bewusst werden konnte. (72)

Das menschliche Gehirn besteht aus schätzungsweise 100 Milliarden Nervenzellen. Lediglich von einem Prozent kennt man die Bedeutung seiner Funktionen. Das ist etwa so viel wie ein Stecknadelkopf in einem

Lastwagen voll Sand. Obwohl die große Zahl von Hirnzellen ständig tätig ist, weiß man heute noch nicht, wie ein einzelner Gedanke zustande kommt. Es ist so, als wenn in einem großen Saal Hunderte von Menschen gleichzeitig durcheinander reden, so dass keiner den anderen versteht. Wie das Gehirn es schafft, dass aus diesem Stimmengewirr dennoch eine klare Information herausgefiltert werden kann, ist für die Hirnforscher bis heute ein ungelöstes Rätsel. Es muss eine übergeordnete intelligente Instanz am Werk sein, die ein derartiges Wunder vollbringt. Und dies ist die Geistseele. Wie sehr die Hirnforschung heute noch am Anfang steht, beweist die Tatsache, dass die Europäische Union im Januar 2013 für zwei wissenschaftliche Projekte in Schweden und in der Schweiz je eine Milliarde Euro bewilligt hat. Damit soll bis zum Jahr 2020 mithilfe der modernen Computertechnik ein künstliches Gehirn zusammengebaut werden, um dessen Funktionen gründlich zu erforschen. (73)

Meiner Ansicht nach hat sich der Geist nicht im Verlauf der Evolution aus der Materie heraus entwickelt. Das Gegenteil ist wahr: Der Geist hat sich in die Materie hinein begeben, um sich ihrer zu bedienen und um diese schlussendlich zu vergeistigen. Das menschliche Gehirn erzeugt ebenso wenig das Bewusstsein wie eine Uhr die Stunden. In der Hirnforschung ist kein neurologisches Zentrum bekannt, das für das Hervorbringen von Bewusstsein zuständig wäre. Auch ethisches oder religiöses Denken ist nicht an bestimmte Hirnareale gebunden (74), und die Größe des Gehirns hat keine Bedeutung für das Entstehen von Bewusstsein. Das Hirnvolumen von Elefanten ist sicher größer als dasjenige des Menschen, dennoch ist der Mensch geistig diesen Tieren weit überlegen. (75)

Das Bewusstsein ist ein Zustand der Wachheit, zu vergleichen mit dem Licht eines Scheinwerfers in der Nacht. Was vom Lichtkegel angestrahlt ist, wird einem bewusst, alles andere bleibt im Dunkel des Unbewussten. So können wir unser Bewusstsein auf einen engen Bereich eingrenzen. Dies ist der Fall, wenn wir uns in unserer Tätigkeit auf einen bestimmten Punkt konzentrieren und rund herum alles andere außer Acht lassen. In der Yoga-Lehre wird dieses Gerichtetsein des Geistes und die Sammlung aller Geisteskräfte auf einen einzigen Gegenstand „Samadhi" genannt. Ein gegensätzlicher, aber trügerischer Zustand kann sich unter dem Einfluss von Drogen einstellen, wenn sich im Rausch die Wirklichkeit verzerrt und das Bewusstsein grenzenlos ausdehnt. Es ist aber auch möglich, unser Bewusstsein auf eine höhere Stufe zu heben. Dies kann in der Meditation und Ekstase gelingen oder in einem außerkörperlichen Bewusstseinszustand, wie dies beim sogenannten „Seelenaustritt" geschehen kann. *Gabriel Looser* (geb. 1948), der selber mehrmals ein entsprechendes Erlebnis hatte, konnte in diesem körperfreien Zustand feststellen: „Es gibt mich noch, auch wenn ich keinen Körper mehr habe – auch kein Gehirn mehr!" (76) Unser Bewusstsein wird letzten Endes nicht von unserem Gehirn erzeugt, weil es auch außerhalb und unabhängig von diesem tätig sein kann. Wenn wir den Menschen tatsächlich als „Krone der Schöpfung" bezeichnen wollen, dann nicht bloß deshalb, weil er die Spitze der Evolution darstellt, sondern weil er wegen seiner Geistigkeit über alle Geschöpfe der Natur weit hinausragt. Daher hält *Eugen Drewermann* die Geistseele des Menschen für die „Trägerin von Bewusstsein und Selbstbewusstsein, von Individualität und Personalität, von Selbstidentität und Freiheit". (77)

Es stellt sich damit die Frage nach unserer Identität. „Wer bin ich, der ich bin?" Was macht, dass ich dieser bin und kein anderer? Was unterscheidet mich von allen anderen Menschen, von denen jeder für sich sagen kann „Ich bin"? Für *Ken Wilber* (78) ist dies die beunruhigendste Frage aller Fragen. Ergreifend antwortete der evangelische Pfarrer *Dietrich Bonhoeffer* (1906-1945) in der Todeszelle eines SS-Gefängnisses kurz vor seiner Hinrichtung auf diese Frage:(79)

Wer bin ich? Sie sagen mir oft, ich trete aus meiner Zelle gelassen
und heiter und fest wie ein Gutsherr aus seinem Schloss.
Wer bin ich? Sie sagen mir oft, ich spräche mit meinen Bewachern frei
und freundlich und klar, als hätte ich zu gebieten.
Wer bin ich? Sie sagen mir auch, ich trüge die Tage des Unglücks gleichmütig, lächelnd und stolz, wie einer, der siegen gewohnt ist.
Wer bin ich? Der oder jener? Bin ich denn heute dieser und morgen ein anderer?
Bin ich beides zugleich? Vor Menschen ein Heuchler und vor mir selbst ein verächtlich wehleidiger Schwächling?
Oder gleicht in mir, was in mir noch ist, dem geschlagenen Heer,
das in Unordnung weicht vor schon gewonnenem Sieg?
Wer bin ich? Einsames Fragen treibt mit mir Spott.
Wer ich auch bin, du kennst mich, Dein bin ich, o Gott!

7.5 Das hirnunabhängige Denken

Das menschliche Gehirn besteht aus 100 Milliarden Nervenzellen. Diese steuern unsere physischen und psychischen Tätigkeiten. Außerdem sind sie Träger und Vermittler all jener Informationen, die unser Geist aufnimmt, verarbeitet und weitergibt. Doch eines sind sie nicht: die Verursacher unserer Gedanken. Das Gehirn erzeugt ebenso wenig unsere Gedanken wie eine Lampe das Licht oder eine Uhr die Stunden. Die moderne Neurobiologie will die Abhängigkeit des Denkens vom Gehirn beweisen und behauptet: Ohne Hirn kein Denken. Dagegen ist einzuwenden: So wie das Bewusstsein nicht vom Gehirn erzeugt wird, werden auch die Gedanken nicht aus unseren Hirnwindungen geboren. Nicht das Gehirn erzeugt die Gedanken, sondern die Geistseele des Menschen bedient sich in ihrer vorübergehenden Körperabhängigkeit des Gehirns, um zu denken. Auch unsere Sprechorgane sind nicht die Ursache, dass wir unsere Gedanken sprachlich mitteilen können, sondern unsere Denkfähigkeit gebraucht unser Sprachzentrum im Gehirn, um Gedanken in Worte zu fassen. Das Gehirn selber ist nicht der Sprache mächtig. Es liefert hierzu nur die Form, nicht den Inhalt der Informationen. Wenn man das Sprachzentrum im Gehirn künstlich reizt, führt dies allein noch zu keinen sinnvollen Wort- und Satzbildungen, sondern lediglich zu unverständlichen Lautäußerungen. (80) Ein Denken ist sogar möglich selbst bei weitgehendem Ausfall der Gehirnfunktionen. Dies kann der Fall sein, wenn ein Mensch durch eine schwere Kopfverletzung mit einem Schädel-Hirn-Trauma seine Denkfähigkeit scheinbar einbüßt. *C.G. Jung* konnte beobachten, dass selbst schwer Hirnverletzte denken konnten. (81) Beweise für die Unabhängigkeit des Denkvorgangs von der Hirntätigkeit liefern uns auch die außerkörperlichen Erfahrungen im Nahtod-Zustand. Diese belegen eindeutig, dass ein Denken ohne Gehirn möglich ist. (82) Ähnliches kann auch gesagt werden von Geistwesen, die sich aus der Jenseitswelt mit intelligenten Aussagen kundtun. Selbst materialisierte Wesenheiten besitzen bei voll ausgebildeter Körpergestalt kein organisches Gehirn, wie dies *Adolph Böhm* an den „Phantomen von Kopenhagen" beobachten konnte. (83)

Eine Gruppe von Wissenschaftlern hat in zehn verschiedenen Kliniken der Niederlande während dreizehn Jahren medizinische Untersuchungen und Befragungen durchgeführt, um die Echtheit von angeblichen Nahtod-

Erfahrungen zu überprüfen. Dabei wollten sie von ihren Patienten wissen, ob sie aus der Zeit ihrer Bewusstlosigkeit irgendwelche Erinnerungen mitgenommen hatten.

Sie teilten die Befragten in zwei Gruppen ein, in solche, die behaupteten, sich bewusst daran zu erinnern, und solche, die keine Erinnerungen hatten. Bei beiden Gruppen wurde während der Phase der Bewusstlosigkeit ein deutlicher Sauerstoffmangel im Gehirn festgestellt. Es ergab sich also kein signifikanter Zusammenhang zwischen Sauerstoffmangel und Nahtoderlebnis. Daher entfällt die Kritik, es handele sich bei sogenannten Seelenaustritten lediglich um Reaktionen des Gehirns. (84) Auch die körperfreien Astralreisen können als Beweis dafür gelten, dass es ein hirnunabhängiges Denken gibt, denn in diesen Zuständen hält sich das Bewusstsein *außerhalb* des grobstofflichen Körpers auf. (85)

In einem Zustand, in dem die Herz- und Hirnaktivität nicht mehr messbar ist, kommt es häufig zu einer auffallenden Bewusstseinserweiterung und nicht zu einer Bewusstseinstrübung, was aus medizinischer Sicht doch zu erwarten wäre. Ich kenne in meinem Bekanntenkreis drei Personen, die mir dieses Phänomen bestätigt haben. Eine Nachbarin erzählte mir, wie sie nach einem schweren Verkehrsunfall, als ihr Körper bewusstlos vor dem zertrümmerten Auto lag, in ihrem Astralkörper auf einer Wiese stand und in diesem Moment die gesamte Atomphysik verstanden habe. Der Musiker und Chorleiter *Bo Katzmann* versicherte, was er nach einem Motorradunfall, als er sich selber außerhalb seines Körpers sah, bewusst wahrnahm: „Ich war Teil einer Sphäre geworden, in der das gesamte Wissen des Universums gespeichert war. Wie ein Wassertropfen, der ins Meer fällt, wusste ich die Antwort auf alle Fragen." (86) Dennoch sind die meisten Neurologen und Biologen heute immer noch der Meinung, dass höheres Denken „ohne ein evolutionär entstandenes Gehirn nicht möglich sei". (87)

Weil die Geistseele des Menschen nicht materieller Natur und daher nicht zerstörbar ist, kann sie auch nicht krank oder schwach sein. Daher sind Begriffe wie „Geisteskrankheit" und „Geistesschwäche" fehl am Platz. Es handelt sich nicht um eine Schwächung der Geistseele, sondern um eine Behinderung der Vitalseele. Das Gehirn als Instrument des Denkens ist schwach, beschädigt oder behindert, nicht aber das Denken selbst. Zu vergleichen ist dieser Zustand mit einem Autofahrer, dessen Sicht nach außen eingeschränkt wird, weil die Autoscheibe wegen Nebel oder Schnee nicht mehr durchsichtig ist. In seinem Buch „Wenn die Dunkelheit ein Ende findet" beschreibt der Naturwissenschaftler *Michael Nahm* mehrere Fälle von Patienten, die sich nach einer schweren Hirnschädigung über Monate und Jahre im Wachkoma befanden. Kurz vor ihrem Tod kehrte das Bewusstsein zurück, und sie konnten klare Aussagen über ihr früheres Leben machen, obwohl ihr Gehirn weiterhin schwer geschädigt blieb. (88) *C.G. Jung* erzählte seinem Freund *Miguel Serrano*: „Einmal war ich schwer krank, beinahe im Koma. Jedermann glaubte, ich litte schrecklich; ich empfand aber in Wirklichkeit etwas außergewöhnlich Freudiges. Es war mir, als ob ich hoch über meinem Körper schwebte". (89) Er erkannte aus großer Entfernung in aller Deutlichkeit die Umrisse von Ländern und Kontinenten auf unserer Erde, längst bevor es entsprechende Satellitenaufnahmen aus dem Weltall gab.

Das Gehirn ist unser Steuerungsorgan während unserer irdischen Lebensreise, das sich nach dem Tod auflöst. Damit hört unser Denken nicht auf. Es gibt auch danach noch ein hirnfreies Denken. *Ernst Meckelburg* ist aufgrund seiner vielfältigen Erfahrungen überzeugt: „Mit dem Verlöschen der Gehirnfunktionen wird das Ende der körperlichen Existenz, nicht aber das geistige ‚Aus' signalisiert." (90) Man kann nicht behaupten, ohne Gehirn gebe es keinen Geist und ohne Hirntätigkeit keine Denkleistungen. (91) Wir wissen nur, wie im Gehirn motorische und sensorische Funktionen zustande kommen, wie Reflexe ausgelöst werden, was Hormonausschüttungen im Gehirn bewirken und wie Schlafen und Wachen reguliert werden. Die Hirnspezialisten vermögen aber immer noch nicht zu sagen, wie in uns Gefühle und Stimmungen entstehen, woher unsere Ideen kommen, aus welchem Stoff unsere Träume sind, was die spirituelle Intelligenz ausmacht, wo unsere Willensfreiheit ihren Sitz hat und wie es trotz Alterung des Gehirns zur Weisheit der späten Jahre kommen kann und woraus sich religiöse Vorstellungen ergeben. Sie können auch nicht erklären, worin die hirnorganische Besonderheit des Genies liegt. Der Pathologe *Thomas Harvey* hat nach dem Tod *Albert Einsteins*, im Jahr 1955, dessen Gehirn in rund 240 Blöcke zerlegt und dabei nichts gefunden, was die genialen Leistungen des großen Physikers hätte hirnorganisch erklären können. (92) *Sir John Eccles* bleibt aufgrund seiner Forschungen dabei, „dass das Mysterium des Menschen vom wissenschaftlichen Reduktionismus in unglaublicher Weise herabgewürdigt wird, wenn er beansprucht zu wissen, die gesamte spirituelle Welt sei letzten Endes auf materialistische Weise mit Mustern neuraler Aktivität zu erklären". Seiner Meinung nach muss der sich selber bewusste Geist als etwas vom Hirn Getrenntes aufgefasst werden. Er kommt zu dem Schluss: „Das Bewusstsein übt also eine übergeordnete integrierende und kontrollierende Funktion auf die neuronalen Vorgänge aus." (93)

In letzter Zeit sind mehrere gut dokumentierte Fälle bekannt geworden, die beweisen, dass selbst im Zustand des klinisches Todes, in dem keinerlei Gehirnaktivität festgestellt werden konnte, dennoch die Klarheit des Bewusstseins vorhanden blieb. (94) Der amerikanische Neurochirurg und Hirnspezialist an der Harvard-Universität, *Eben Alexander* (geb. 1953), hatte zunächst nicht an ein Weiterleben nach dem Tod geglaubt und schon gar nicht an ein vom Gehirn unabhängiges Denken. Mit vierundfünfzig Jahren erkrankte er im Jahr 2008 an einer schweren bakteriellen Hirnhautentzündung. Während sieben Tagen befand er sich im Koma. In dieser Zeit war jede Tätigkeit des Großhirns lahmgelegt. Sein Bewusstsein befand sich aber in einem außerkörperlichen Zustand und nahm Dinge wahr, die einer höheren Dimension angehören, von deren Wirklichkeit er bisher nichts wusste. In seinem Buch „Blick in die Ewigkeit", das bereits in siebzehn Ländern verlegt wurde, schreibt er über seine Nahtod-Erfahrung, dass wir alle ein Teil des universellen Bewusstseins sind, das den Tod überlebt. Er gesteht: „Ich weiß, das klingt alles sonderbar. Früher hätte ich all dies als Hirngespinste abgetan. Doch was ich erlebt habe, war real. Alles im Universum hängt mit allem zusammen, alles ist miteinander verbunden und von Liebe bestimmt. *Einstein* und *Jesus* sprachen von derselben Sache, auf ihre eigene unterschiedliche Weise." Als Arzt ist er heute überzeugt: „Nur wenn wir glauben können, dass es Gott gibt, dass wir eine Seele haben und dass der Tod nicht das Ende ist, können wir ganzheitlich gesund werden." (95)

Ebenso ist erwiesen, dass Verstorbene, die sich den Lebenden mitteilen, denken können und hierzu kein organisches Gehirn benutzen. Der Physiker *Werner Schiebeler* hat während vieler Jahre in seinem spirituellen Heilkreis die Möglichkeit gehabt, über ein Medium mit verstorbenen Menschen in Kontakt zu kommen. Diese haben ihm aus ihrem vergangenen Erdenleben ausführlich berichtet und ihre gegenwärtige Situation in der jenseitigen Welt geschildert. (96)

7.6 Gehirn und Gedächtnis

Nicht nur unser grobstofflicher Körper hat ein Erinnerungsvermögen, das an das organische Gehirn gebunden ist. Auch sein „Doppelkörper", den wir als seinen Astralkörper kennen, verfügt über ein Gedächtnis. Dieses vermag ohne Gehirn gleichsam als feinstoffliche Kopie die Erinnerungen auch jenseits der Todesschwelle zu bewahren. Als Bewohner zweier Welten sind wir also im Besitz eines doppelten Gedächtnisses. Einerseits haben wir ein zeitlich begrenztes Gedächtnis, das nur vorübergehend an unser Gehirn gebunden ist. Andererseits haben wir ein Erinnerungsvermögen spiritueller Art, das von Raum und Zeit unabhängig ist. Letzteres ist hirnorganisch nicht zu begründen. Es überdauert das Leben in der Diesseitswelt und wird uns nach dem Übergang in die Jenseitswelt weiterhin verfügbar sein. Außerdem müssen wir die Merkfähigkeit von der Erinnerungsfähigkeit unterscheiden. Ob wir uns bestimmte Sinneseindrücke merken können, hat mit der Speicherfähigkeit des Gehirns zu tun. Dagegen sind Erinnerungen nicht als Engramme oder Gedächtnisspuren an bestimmte Gehirnzentren gebunden. Es gibt niedere hirnlose Tiere, die sich von vererbten Verhaltensweisen, die wir Instinkte nennen, leiten lassen. Das Gedächtnis ist demnach in der Entwicklungsgeschichte des Lebens älter als das Gehirn. Der englische Biologe *Rupert Sheldrake* nimmt an, dass unsere Gedächtnisinhalte nicht im Gehirn, sondern in bestimmten feinstofflichen Energiefeldern gespeichert werden und von da abrufbar sind. (97) Wir können dies vergleichen mit einem Musikstück, das wir auf die Magnetspur eines Tonbandes überspielen, um es später wieder abzuhören. Ähnlich sieht dies der Physiker *Michael König*, der annimmt, unsere Erinnerungen seien an einen Verband von Elektronen und Positronen gebunden. (98) Andere Hirnforscher halten alles, was mit Gedächtnisleistungen zu tun hat, für chemische Prozesse im Gehirn. (99) Manche Neurologen meinen, Gedächtnisinhalte würden bestimmte Veränderungen in den Zellen des Gehirn hervorrufen. Dem widersprechen wiederum jene, die wissen, dass Gehirnzellen verhältnismäßig rasch abgebaut und bis ins hohe Alter ständig erneuert werden. Daher können Gedächtnisinhalte nicht an ihnen haften bleiben. Nach neueren Forschungsergebnissen soll das menschliche Gehirn wie eine Art elektronische Suchmaschine funktionieren. Durch ein hochkompliziertes Netzwerk sind 4.000 bis 10.000 Nervenzellen durch Anschlusszellen, die sogenannten Synapsen, miteinander verbunden. Diese gelten als energetische Schaltstellen oder Umsetzer für die Übermittlung von Informationen, die auch unsere Denkabläufe und damit auch unsere Erinnerungen beeinflussen. (100) Dabei sind eine große Zahl von chemischen Botenstoffen, Transmitter genannt, im Einsatz, die dafür sorgen, dass elektrische Impulse durch die vernetzten Nervenbahnen fließen und so das Erinnern möglich machen.

Nun stellt sich das Problem, wie es zu erklären ist, dass in unseren Träumen vergessene Bilder aus längst vergangenen Zeiten wieder auftauchen, ja sogar aus der vorgeburtlichen Zeit, als wir noch im Schoß unserer Mutter unbewusst unserer Geburt entgegen dämmerten und das Gehirn erst im Aufbau war. Auch Geburtserlebnisse und früheste Kindheitserinnerungen aus der Zeit der Schwangerschaft können in der Hypnose wieder auftauchen. Dies gilt auch für Erinnerungen aus früheren Leben, wie Rückführungs-Experimente vermuten lassen. Wenn Erinnerungen einzig und allein in unserem Gehirn wie in einem Schubladensystem oder in einer Kartei registriert wären, dann würden deren Inhalte nach dem Tod dahinfallen, ähnlich wie die Dokumente einer Bibliothek bei einem Brand vernichtet werden. Wenn also unsere Gedächtnisspuren durch den Zerfall des Gehirns verloren sind, gäbe es nach dem Tod kein Erinnern, keine Lebensrückschau und kein Gewissen, aber auch keine Verantwortung und keine Wiedergutmachung. In diesem Fall gäbe es auf Dauer keine Erfahrungen, aber auch keine geistigen Lernfortschritte von Leben zu Leben. Alles, was wir das „Buch des Lebens" oder den „Lebensfilm" nennen, wäre eine leere Fiktion. Dann wäre es auch völlig einerlei, wie ein Mensch gelebt hat. Demgegenüber ist der frühere Professor an der Stanford Universität, *Willis Harman*, sich sicher, „dass all das, was auch immer den Körper verlässt, die Erinnerung mitnimmt. Dies zwingt uns geradezu, unser Erinnern zu überdenken und dies als etwas zu sehen, das nicht in den Hirnzellen gespeichert ist." (101)

Nach neuesten Forschungen lässt sich hirnorganisch nicht genau festlegen, wo unsere Gedächtnisinhalte und Erinnerungen aufbewahrt werden. Dem Naturwissenschaftler *Jean Jacques Delpasse* ist es auf experimentellem Weg gelungen zu beweisen, „dass es möglich ist, selbst beim Fehlen jeder Hirnaktivität bestimmte Gedächtnisinhalte bewusst zu machen". Daraus schloss er, dass „beim Tod zunächst gewisse Teile der menschlichen Persönlichkeit unabhängig vom materiellen Körper in einer anderen

Dimension weiterleben". (102) Daher hält es auch *Werner Schiebeler* für wahrscheinlich, dass Gedächtnisinhalte in einer jenseitigen Parallelwelt wie in einem nichtstofflichen Informationssystem dokumentiert bleiben. (103) Nach den tiefenpsychologischen Erkenntnissen von *C.G. Jung* können Erinnerungen über Jahrtausende als archetypische Bilder im kollektiven Unbewussten der Menschheit erhalten bleiben und in Träumen, Mythen und Symbolen wieder auftauchen. Demzufolge sind diese nicht an ein organisches Gehirn gebunden. (104)

Nun ist es denkbar, dass es in einer höher dimensionierten Wirklichkeit eine astrale Speichermöglichkeit gibt, welche von all unseren irdischen Erlebnissen eine Gedächtniskopie erstellt, die auch dann noch erhalten bleibt, wenn das Gehirn-Original nicht mehr vorhanden ist. Daher ist es durchaus sinnvoll anzunehmen, dass unser irdisches Erfahrungswissen mit einer spirituellen Sicherheitskopie die Vergänglichkeit der Gehirnengramme überlebt, um uns auf einer nächsten Daseinsebene wieder verfügbar zu sein. Die parapsychologische Forschung kennt viele Hinweise dafür, dass Verstorbene im Jenseits mit ihren Erinnerungen weiterleben. Demnach muss es in einer anderen Dimension einen Bereich geben, wo unsere Lebensdaten wie in einer „blackbox" oder in einem Fahrtenschreiber aufgezeichnet und zur Beurteilung einsehbar sind. Diese Datenbank, in der nicht nur das Leben jedes einzelnen Menschen, sondern das der ganzen Menschheit und des gesamten Naturgeschehens aufbewahrt ist, wird in der östlichen Philosophie „Akasha-Chronik" genannt. (105)

Es ist dies einem Zentralarchiv ähnlich, in dem alle Informationen gespeichert sind, die sich als karmische Erinnerungsbelege aus unseren Vorleben angesammelt haben. Daher müssen wir nicht in jedem Erdendasein wieder bei Null anfangen. Es ist durchaus anzunehmen, dass uns für das neue Leben eine Art Denkschrift mitgegeben wird, die es uns erleichtern soll, jene Aufgaben wieder in Angriff zu nehmen, die in früheren Existenzen noch nicht zum Abschluss gebracht wurden. *Roland Zürrer* urteilt zu Recht: „Die bloße Tatsache, dass die meisten Menschen keine bewussten Erinnerungen an ihre vergangenen Leben besitzen, spricht keineswegs gegen die Lehre der Reinkarnation." (106) Wer also aus seiner Vergangenheit nichts lernt, tritt in jedem neuen Leben wieder auf der gleichen Stelle. Deshalb vermittelt uns *Goethe* in einem kleinen Vers die Einsicht:

Wer nicht von dreitausend Jahren
Sich weiß Rechenschaft zu geben,
Bleibt im Dunkeln unerfahren,
Mag er von Tag zu Tage leben.

7.7 Lethe und der Schleier des Vergessens

Das Vergessen ermöglicht uns, über tragische Ereignisse in diesem Leben mit der Zeit hinwegzukommen. Vergessen zu können, ist eine Art Selbstschutz der Seele. Indem wir uns von unliebsamen Erinnerungen lösen, können wir uns von diesen befreien. Deshalb heißt es: „Die Zeit heilt alle Wunden." Sicher ist es für die meisten Menschen von Vorteil, dass sie sich an ihre früheren Erdenleben nicht erinnern. Dies ermöglicht ihnen, neu und unbeschwert wieder von vorne zu beginnen, ähnlich wie ein Schüler im nächsten Schuljahr in einer neuen Klasse bei einem anderen Lehrer frisch einsteigen kann. Es mag auch vorkommen, dass ein Mensch im gegenwärtigen Leben Tragisches und Erschreckendes erfahren hat. Um von diesen Ereignissen in der Jenseitswelt und auch in einem nächsten Erdendasein nicht weiter belastet zu werden, reicht ihm beim Übergang in die andere Welt ein Engel den „Trunk des Vergessens". (107)

In zahlreichen Stellen des Alten Testaments wird darauf hingewiesen, dass die Verstorbenen in dauernden Todesschlaf fallen und bis zur Auferweckung alles Erworbene und Besessene vergessen. (Dan 12,2, Jes 38,18) Auch in mehreren alten Mythologien ist die Rede vom Vergessen im Totenreich. In der Schrift „Theogonia" des griechischen Dichters *Hesiod* begegnet uns *Lethe*, die Tochter der *Eris*, zum ersten Mal am Unterweltfluss, der nach ihr benannt wird. Dort trinken die Verstorbenen in vollen Zügen das Wasser der Vergessenheit, um sich nicht mehr an die Beschwerden und Bitterkeiten ihres vergangenen Lebens erinnern zu müssen. *Platon* beschreibt in seinem Dialog „Der Staat", wie die Verstorbenen am Lethe-Fluss (gr. *lethe*: Vergessenheit) lagern und sein Wasser trinken, um alles zu vergessen. Und im Dialog „Phaidon" schildert er, wie den zur Wiedergeburt ausgewählten Seelen vor ihrer Einkörperung ins Erdenleben der „Trunk des Vergessens" gereicht wird. (108) Im 6. Gesang seiner „Äneis" schreibt der römische Dichter *Vergil* (70-19 v. Chr.), wie die Seelen, die nach göttlicher Weisung bereit sind, sich erneut zu verkörpern, „vom Wasser der Lethe schlürfen, um Vergessenheit und Freisein von Sorgen zu erlangen, indem sie sich von den Erinnerungen an ihre früheren Leben reinigen". (109)

In Dantes „Göttlicher Komödie" wird im Fluss *Lethe* die Erinnerung an alle Schuld des vergangenen Lebens gelöscht, damit die Seele geläutert wird. (110) Auch *G. E. Lessing* gibt sich getröstet: „Wohl mir, dass ich vergessen habe, dass ich schon da gewesen! Die Erinnerung meiner früheren Zustände würde mir nur einen schlechten Gebrauch des gegenwärtigen zu machen erlauben." (111) Gleicher Meinung war *Goethe* in einem Brief an *Charlotte von Stein* aus dem Jahr 1781: „Wie gut ist's, dass der Mensch sterbe, um die Eindrücke auszulöschen und gebadet wiederzukommen." Auch hat er die antike Lethe-Sage in seine Faust-Dichtung aufgenommen, wo es beim Gesang des *Ariel* in der Szene „Anmutige Gegend" heißt: „Dann badet ihn im Tau aus Lethes Flut." (112) In seinem Drama „Iphigenie auf Tauris" spricht der Dichter von jenen grauen Tagen, wo „an den Quellen des Vergessens" und „an den Ufern Lethes, selbstvergessen, die Trauerschar der Abgeschiedenen" sich einfindet. (113)

In einem anderen Symbol ist häufig die Rede vom „Schleier des Vergessens". In der „Pistis Sophia" sagt *Jesus*, dass vor jeder neuen Geburt die Erinnerung an die Vergangenheit wie mit einem Schleier verhüllt wird, um nicht auf das Bewusstsein der neuen Persönlichkeit übertragen zu werden. (114)

Friedrich Schiller hat eine alte Legende, die vom griechischen Schriftsteller *Plutarch* überliefert wurde, in ein Gedicht gefasst mit dem Titel „Das verschleierte Bild zu Sais". Dort schildert er, wie ein ägyptischer Priester den neugierigen Jüngling an das göttliche Gesetz ermahnt, dass er nicht selbst mit ungeweihter Hand den Schleier von der verhüllten Göttergestalt entfernen darf. Wer es dennoch versuchte, den Schleier der verhüllten Göttin *Isis* zu heben, wurde am anderen Morgen bewusstlos am Fuß der Statue gefunden, weil er den Anblick der Wahrheit nicht ertragen konnte. (115) Später hat *Friedrich Hölderlin*, in Anlehnung an das genannte Gedicht, ein Romanfragment geschrieben mit der Überschrift „Die Lehrlinge zu Sais". In einem dazugehörenden Epigramm heißt es, dass die Göttin eine Tafel in Händen hält, auf der zu lesen war: „Kein Sterblicher vermag meinen Schleier zu heben." Der Dichter schildert das ungeheuerliche Wagnis: „Einem gelang es, er hob den Schleier der Göttin zu Sais – Aber was sah er? Er sah – Wunder des Wunders – er sah sich selbst." So erleben wir noch heute, dass die meisten Menschen nicht wissen wollen, wer sie eigentlich sind und wer sie ehemals waren – aus Angst vor der Wahrheit. Dies erlebte auch der Schriftsteller *Elias Canetti* (1905-1994), als er in einem klassischen Versmaß dichtete: „Wie leicht sich das sagt, sich selber erkennen. / Wie sehr man erschrickt, wenn es wirklich geschieht."

Nach *Rudolf Steiner* hat der Mensch deshalb keine Erinnerung an sein vorgeburtliches Leben, weil die Erinnerungskräfte gebraucht werden", um den neuen kindlichen Körper zu bilden. (116) *H. E. Douval* spricht gar von der „Lebensnotwendigkeit, sich nicht erinnern zu können". (117) Der amerikanische Lebensphilosoph *Prentice Mulford* schrieb: „Wie weise ist es, dass wir noch unvollkommene Wesen nicht wissen, was wir in vergangenen Leben erlitten. Wenn wir nicht vergessen würden, hätten wir einen solchen Ballast lästiger und unerfreulicher Erinnerungen mit uns herumzuschleppen, dass unsere Aufnahmefähigkeit für neue Eindrücke dadurch behindert würde." Freilich behält die Geistseele ihr geistiges Wissen, doch während des Erdenlebens bleibt dieses im Kausalkörper erhalten, um erst nach dem Übergang in die geistige Welt wieder bewusst zu werden. (118)

Eine esoterische Lehre lässt uns wissen: Vor jeder Niederkunft in ein neues Erdenleben werfen die „Herren des Karma" über das Gesicht des Neugeborenen den „Schleier des Vergessens." Die Kabbala spricht in diesem Zusammenhang vom „Engel, der die Himmelsaugen schließt". (119) *Elisabeth Kübler-Ross* spricht von einem „Engel des Vergessens", der seinen Finger auf den Mund des Neugeborenen legt und damit alle Erinnerungen an frühere Leben auslöscht. (120) Im Tibetischen Buddhismus wird vor der Neugeburt eines Kindes vom „Verschließen des dritten Auges" gesprochen, wodurch die Hellsichtigkeit verloren geht. (121)

Um die menschliche Natur nicht zu sehr mit Vergangenem zu belasten, hat sie uns die Gabe des Vergessens geschenkt. Die „Herren des Karma" (122) und die „Hüter der Schwelle" (123), die den Überblick über unsere verschiedenen Erdenleben bewahren, teilen uns das erträgliche Maß an Erinnerungen zu und sorgen dafür, dass die karmischen Lasten unsere Lebenskräfte nicht übersteigen. Ein Beispiel hierfür finden wir in dem Jenseitsdiktat, das *C.G. Jung* zwölf Jahre nach seinem Übergang in die andere Welt übermittelte. In seiner für ihn typischen Ausdrucksart hat er sich dem Schreibmedium *Eva Herrmann* gegenüber geäußert. In seinem umfassenden psychologischen Lebenswerk wusste er zeitlebens erstaunlich wenig über das Leben nach dem Tod zu berichten. Nun verweist er auf ein vertieftes Wissen, das er schon vor seinem vergangenen Erdenleben besaß. Aus karmischen Gründen erschien ihm dies „vorübergehend wie verhangen". Nun teilte er mit: „Als ein Blinder sollte ich eine Inkarnation durchschreiten, die Buße war für verflossene Untaten. Dennoch war in der Tiefe meiner Seele dieses höhere Wissen eingelagert; und so lebte ich einem Verhängnis gemäß, das mich als einen zum Schweigen verurteilten Wissenden veranlasste, in meiner Bedrängnis das mir Verwehrte zu erkunden und so die Wahrheit zu ersetzen durch eine dem Zeitgeschmack angepasste und für manche Ohren wohlklingende Pseudowahrheit, die das überschattete und verdrängte, was mir und vielen meiner Zeitgenossen zum Heil hätte gereichen können." (124)

In ihrem Buch „Jenseitige Welten" sieht die aus Russland stammende Hellseherin *Jana Haas* den Zeitpunkt, wo die frühen Erinnerungen gelöscht werden, bereits zwischen der siebten und elften Schwangerschaftswoche. Dies soll bewirken, „dass die Seele ihre früheren Inkarnationen und ihren himmlischen Ursprung völlig vergisst", um neu Erfahrungen unvoreingenommen machen zu können. (125) Aus medialen Erfahrungsberichten aus dem Jenseits ist zu entnehmen, dass bei der Einkörperung in ein neues Menschenleben die Erinnerungen an frühere Existenzen zwar nicht vollständig ausgelöscht werden, „jedoch werden sie so eingeschlossen, dass es nur in seltenen Fällen einem Menschen in seinem späteren, reiferen Leben möglich ist, eine Rückschau in seine früheren Leben zu halten". (126) Dieses Vergessen an frühere Erdenleben ist durchaus sinnvoll. Laut *Thorwald Dethlefsen* hat es nicht nur den Sinn, das gegenwärtige Bewusstsein vom Ballast längst vergangener Zeiten zu befreien, sondern auch die „Aufnahmefähigkeit im Hier und Jetzt zu erleichtern". (127) Dadurch soll dem neuen Erdenbürger Gelegenheit geboten werden, sein erneutes Leben frisch zu beginnen und zu gestalten.

Die Einverleibung der Geistseele in den neuen Körper geschieht von einem Zustand der höheren Bewusstheit aus wieder in einen unbewussten Zustand. Dabei vergisst sie nicht nur ihre früheren Lebenserfahrungen, sondern auch alle jene Wahrheiten, die sie ehemals in der höheren Geisterwelt besessen hat. Deshalb konnte der weise *Sokrates* seine Schüler lehren: „Lernen heißt, sich wieder zu erinnern."

Aufgrund von medialen Jenseitsmitteilungen aus der „Geistigen Loge Zürich" bestätigt *Walther Hinz*: „Einmal als Mensch auf Erden lebend, weiß der einverleibte Geist nichts mehr von seiner Vergangenheit. Doch bringt er gleichwohl deren ganzen Ertrag mit in sein Erdenleben, also allen geistigen Besitz, den er sich bisher errungen hat." (128) Auch nach dem irdischen Tod geraten viele Verstorbene in einen Zustand der Vergessenheit. Dies geschieht besonders jenen, die im Leben nicht an Gott und nicht an ein Weiterleben nach dem Tod geglaubt haben und sich nun in einer niederen Sphäre des Nichtwissens aufhalten. Aus medialen Jenseitskontakten mit Verstorbenen ist zu erfahren, dass diese sich oft nicht mehr an ihren Namen, an ihre Lebensdaten, an den Ort ihrer irdischen Herkunft oder an ihre ehemaligen Lebensverhältnisse erinnern können. Erst auf den höheren Aufstiegsstufen kehrt die Erinnerung an frühere Erdenleben langsam wieder zurück.

Der esoterische Dichter *Manfred Kyber* (1880-1933) fasste diese Erfahrungen in folgende Verse:

Nieder stieg ich zu vergessen,
was ich einst im Licht besaß,
und doch nie bewusst besessen,
weil ich es noch nie vergaß.

Durch Vergessenes muss ich dringen,
selber muss ich, geistgeweiht,
in Erinnerungen erringen
meines Wesens Wesenheit.

7.8 Geistiges Heilen

Das geistige Heilen beruht auf der Wirkkraft geistiger Energien, die nicht von Menschen, sondern von spirituellen Wesenheiten ausgehen. Hierdurch unterscheidet sich dieses wesentlich von allen seelischen Heilungsformen, die wir Psi-Heilung nennen. Die Geistheilung ist, wenn sie diesen Ausdruck wirklich verdient, ein spirituelles Phänomen, das auf religiösen Motiven beruht. Während das psychische Heilen mit den natürlichen Energien der Vitalseele arbeitet, rechnet die spirituelle Heilbehandlung mit heilsamen Kräften aus einer geistigen Welt. Diese können von Gott, von Engelwesen oder auch von verstorbenen Menschen ausgehen. Zu beachten ist folgendes Unterscheidungsmerkmal: Heilerinnen und Heiler, die bei der Heilbehandlung ihre eigene Vitalität einsetzen und diese auf den ratsuchenden und hilfsbedürftigen Menschen übertragen, fühlen sich danach häufig erschöpft und wie ausgelaugt, weil sie viel eigene Energie abgegeben haben. Nicht so ist es beim geistigen Heilen. Weil die heilende Person während der Heilertätigkeit nur Kanal und Vermittlerin ist, sind es übernatürliche Kräfte, die ihr aus der geistigen Welt zuströmen. Daher fühlt sich die Geistheilerin oder der Geistheiler nach der Energieübertragung nicht geschwächt, sondern gestärkt.

Das geistige Helfen und Heilen kann in vier verschiedenen Formen eingesetzt werden: Als Kontaktheilung, als Gebetsheilung, als Glaubensheilung und als Wunderheilung.

Die bekannte Geistheilerin *Anni Ziemer* schreibt in einem „Mitteilungsblatt der Deutschen Vereinigung für Geistheilung" aus dem Jahr 1986: „Der Zustand, in dem sich ein Heiler während der Behandlung befindet, indem er einerseits mit den jenseitigen Engelwesen in Verbindung steht und andererseits mit dem Patienten, ist der einer leichten ‚Trance'. In diesem Zustand vermittelt der Heiler als Katalysator dem jenseitigen Helfer die vom Patienten mitgebrachte Diagnose und dessen Beschwerden. Der jenseitige Helfer nimmt diese Mitteilung auf und kann dann wieder über die Vermittlung des Heilers, aufgrund seiner höheren Kenntnisse und Möglichkeiten, die jeweils nötigen Heilkräfte übertragen. Dabei braucht der Heiler keine Diagnose zu stellen, er ist lediglich das verbindende Zwischenglied." (129)

Bei der *Kontaktheilung* wird durch eine medial begabte Person ein geistiger Kontakt zwischen der Geisteswelt und einem hilfsbedürftigen Menschen hergestellt. Dabei vermag ein jenseitiges Geistwesen richtige Diagnosen zu stellen und wirksame Behandlungen durchzuführen, die in der Regel nur wenig Zeit beanspruchen und weder Medikamente noch medizinisches Gerät benötigen. Auch medizinische Kenntnisse vonseiten des Mediums sind nicht erforderlich. Vorausgesetzt ist jedoch ein selbstloser Helferwille, verbunden mit einer religiös begründeten großen Erbarmungsfähigkeit. Dies traf beispielsweise zu auf den amerikanischen Heiler *Edgar Cayce*. Im Wachzustand besaß er nicht das geringste medizinische Fachwissen. Im Zustand der Trance jedoch vermochte er zutreffende Diagnosen zu stellen und hilfreiche Behandlungsanleitungen zu geben. Man musste ihm nur den Namen und die Anschrift eines Patienten nennen, und sogleich war es ihm möglich, sich auf telepathischem Weg mit diesem in Verbindung zu setzen. Dann konnte er genau angeben, woran und warum dieser erkrankt war. Bei seinem Tod hinterließ er mehr als 14.000 Protokolle über seine Heilungserfolge. (130) Ein ähnliches Beispiel hierfür war der englische Geistheiler *Harry Edwards* (1893-1976), der sich während mehreren Jahrzehnten nahezu täglich und stundenlang für Kranke und Behinderte einsetzte. Es kam zu erstaunlichen Heilungserfolgen, die selbst von zahlreichen Medizinern anerkannt wurden. Eigenen Aussagen infolge ging eine heilende Kraft von ihm aus, die er einem geistigen Ursprung zuschrieb. Auch sollen ihm dabei verstorbene Ärzte aus dem Jenseits geholfen haben. (131) Gemäß einer Langzeit-Studie, die von ihm persönlich in Auftrag gegeben war, wurden bei Hunderten seiner Patienten zu 80% eine deutliche Besserung und bei 30% eine vollständige Heilung festgestellt. (132)

Bei der *Gebetsheilung* geht es darum, dass einzelne Menschen oder Menschengruppen sich in ihren Gebeten an himmlische Wesen wenden, um von ihnen Heilung für eine im Gebetskreis anwesende oder aus der Ferne gedanklich einbezogene Person zu bitten. Es ist durchaus möglich, dass für einen bestimmten kranken Menschen die geistige Welt um Heilung gebeten wird, ohne dass dieser darum weiß. Tritt dann in diesem Fall tatsächlich eine Besserung oder Heilung ein, kann die eigene Erwartungshaltung des Patienten als Heilungsursache ausgeschlossen werden. Eine häufige Form der Gebetsheilung ist das körperliche Berühren eines leidenden Menschen durch eine Einzelperson oder durch eine Heilergruppe zum Zweck der Übertragung geistiger Heilkräfte. Eine beliebte und wirksame Form ist dabei das Auflegen der Hände (Touch for Health). Diese Heilungsform wurde gemäß biblischen Berichten auch von *Jesus* mehrfach angewandt, als er Blinde und Kranke durch bloße Berührung heilte. (Mt 20,34; Mk 1,41; 7,33; 8,25) Auch vom Apostel *Paulus* wird erzählt, dass er auf der Insel Malta einen kranken Mann geheilt habe, indem er ihm segnend seine Hände auflegte. (Apg 28, 8) Im Mittelalter sollen Könige und Kaiser versucht haben, auf diese Weise Kranke zu heilen. Noch heute gilt das Handauflegen als ein priesterliches Ritual, das in neuerer Zeit in katholischen wie in evangelischen Gottesdiensten und in mehreren Freikirchen wieder vermehrt ausgeübt wird. Ein reformierter Pfarrer erzählte aus eigener Erfahrung von Leuten, die sich die Hände auflegen lassen, die zwar „keine konkreten Beschwerden haben und sich im Allgemeinen gesund fühlen, aber auf religiösem Weg Stärkung und

Entspannung suchen. Es gibt aber auch welche, die oft an chronischen Schmerzen leiden und das Verlangen haben, dass diese gelindert oder weggenommen werden. Es gibt weiter Leute mit psychischen Problemen, die also an einer Depression leiden und nach einer Öffnung tasten im grauen Nebelschleier, der auf ihnen lastet." (133) Was nun den Menschen im Einzelnen wirklich hilft, ist schwer auszumachen.

Eine besondere Form echter Geistheilung ist die *Glaubensheilung*. Unter Glauben ist hier die religiöse Erwartung, ja die Überzeugung zu verstehen, dass Heilung durch spirituelle Energien möglich ist. (Mt 9,22; 15,28; Mk 5,34) Es scheint schwer zu sein, einen Kranken zu heilen, der diese gläubige Zuversicht nicht hat, weil bei ihm die geistigen Heilungskräfte keinen Zugang finden. Auch *Jesus* setzte diesen Glauben voraus, denn er konnte jene nicht heilen, die nicht geglaubt hatten, dass er die Fähigkeit hierzu besaß. (Mt 13,58) (134) Manchmal genügte es, dass Kranke nur den Saum seines Kleides berührten, damit sie wieder gesund wurden. Eine Frau, die während zehn Jahren an inneren Blutungen litt, berührte heimlich und im Glauben an Heilung das Gewand des Herrn. Dieser verspürte, wie heilende Kraft von ihm ausging, und auf der Stelle war die Kranke gesund. (Lk 8,46) Mit diesem Glauben muss auch eine Veränderung der Geisteshaltung einhergehen. Wenn diese nicht auf Dauer anhält und der Kranke seine Lebenseinstellung nicht ändert, kommt es meist zu einem Rückfall. Wie sehr dem Mensch nur das hilft, woran er glaubt, zeigt folgendes Beispiel: Vor einigen Jahren ließen sich junge Männer aus Madagaskar in England zu Medizinern ausbilden. Als sie als europäisch geschulte Ärzte in ihr Ursprungsland zurückkehrten und dort eine Praxis eröffneten, konnten diese ihren kranken Eingeborenen kaum helfen, weil diese an die „weiße Heilkunst" nicht glaubten. Sie gingen lieber zu den Medizinmännern ihres Stammes und wurden von diesen geheilt.

Bei den *Wunderheilungen*, wie sie an besonderen Kraftorten vorkommen können, spielen mehrere Faktoren mit hinein. Da ist es zunächst die Örtlichkeit, an der mehrfach wundersame Heilungen stattgefunden haben. Deren ortsgebundene Energieschwingung mag hierzu eine günstige Vorbedingung sein. Es ist vielleicht auch die große Menge von kranken und gebrechlichen Menschen, die sich in einer gemeinsamen religiösen Glaubenshaltung betend und singend zusammenfinden. Dadurch wird ein heilsames „einheitliches Heilungsfeld" (135) erzeugt, in dem sich geistige Schwingungen konzentrieren, durch die spirituelle Heilungskräfte aus jenseitigen Quellen erschlossen werden. Jedenfalls erleben dies regelmäßig zahlreiche Menschen, die aus verschiedenen Ländern zum französischen Wallfahrtsort Lourdes fahren. Nur wenige werden geheilt. Doch die meisten erklären, dass sie in ihrem religiösen Glauben bestärkt wurden und auch in ihrem Leiden auf wundersame Weise einen tieferen Sinn fanden. (136) Schließlich beruhen manche Wundertaten, wie sie uns aus dem Leben *Jesu* berichtet werden, wie die Heilung eines Gelähmten (Mt 9,1-7), die Heilung einer verdorrten Hand (Mt 12,13-14), die Heilung eines Blinden (Mk 8,22-26) auf dem Gesetz der energetischen Frequenzänderung. Eine gleiche Erklärung bietet sich an beim Gang *Jesu* auf dem Wasser (Mt 14,25-27), bei der wunderbaren Brotvermehrung (Mt 15, 32-37) oder bei der Verwandlung von Wasser in Wein bei der Hochzeit von Kanaa in Galiläa (Jh 2, 3-12). (137) Da ging es wohl darum, dass geistige Energien aus einer höheren Dimension in den irdischen Schwingungskreis einwirkten, um die Materie zu verändern. In diesen Fällen kann also eine aus der Jenseitswelt bewirkte Dematerialisation oder Materialisation stattgefunden haben.

7.9 Das Zusammenspiel von Körper, Vitalseele und Geistseele

Betrachten wir den Menschen als eine vorübergehende Einheit von Körper, Seele und Geist, stellen wir für die Dauer des menschlichen Lebens ein fortwährendes wechselseitiges Zusammenwirken dieser drei Seinsbereiche fest. Wie diese auf einen äußeren Einfluss unterschiedlich reagieren, sehen wir bei der maßvollen Einnahme von Genussmitteln. Diese erheitern die Seele, benebeln den Geist und schaden dem Körper. Es ist also nicht so, dass Körper, Seele und Geist eigenständig und unabhängig voneinander tätig sind, ohne sich gegenseitig zu beeinflussen, wie der frühere psychophysische Parallelismus lehrte. Daher empfahl *Rudolf Steiner* stets, Körper, Seele und Geist in einer Gesamtschau zu betrachten. (138)

Schon vor bald 1000 Jahren hat die Äbtissin und Heilerin *Hildegard von Bingen* gelehrt: „Der Körper bedient sich der Seele und die Seele bedient sich des Körpers." Heute wird allgemein anerkannt, dass die seelische Befindlichkeit von körperlichen Zuständen bedingt sein kann und umgekehrt. Körper und Vitalseele verhalten sich wie zwei kommunizierende Gefäße, die an der Basis miteinander verbunden sind. Der Flüssigkeitsstand ist bei beiden immer gleich hoch. Was also dem Körper zustößt, bekommt auch die Seele mit. Was die Seele erfährt, an dem nimmt auch der Körper teil. Deshalb spricht man von der Organsprache der Seele. Nur in der Narkose, in der Hypnose oder bei einem außerkörperlichen Erlebnis kann die Verbindung zwischen beiden vorübergehend unterbrochen sein.

Das seelische Befinden eines Menschen ist wichtig für seine körperliche Gesundheit. Körperliche und seelische Erkrankungen sind aus ihrer Wechselwirkung zu verstehen. Ist der Körper krank, schlägt sich dies auch in der Seele nieder. Wenn die Seele leidet, äußert sich dies auch in körperlichen Beschwerden. Hier handelt es sich um das Forschungsgebiet der Psychosomatik (gr. *psyche*: Vitalseele; *soma*: Körper). Auch die Psycho-Neuro-Immunologie befasst sich mit den Zusammenhängen zwischen Nerventätigkeit, Hormonhaushalt und Psyche, indem sie nachweist, wie chemische Botenstoffe im Gehirn ständig Signale aussenden, die Körper und Seele mit Informationen versorgen und gegenseitig beeinflussen. Mehrere Ärzte haben mir bestätigt, dass mindestens die Hälfte ihrer Patienten eher einer psychologischen statt einer medizinischen Hilfe bedürfe. Ein Beweis für das Zusammenspiel von Körper und Seele ist die Heilwirkung der Placebos (lat. *placere*: gefallen), die keine chemische Wirksubstanz enthalten, jedoch allein über die gedankliche Vorstellung und Erwartungshaltung des Patienten heilend wirken. Wir haben es hier mit einer seelischen Beeinflussung zu tun, die allein auf dem Glauben an das Scheinmedikament beruht. (139)

Sogar die Farbe und die äußere Gestalt eines Medikaments kann entscheidend sein, ob es wirkt. Deshalb tragen anregende Pillen meist die antreibenden männlichen Farben Rot oder Gelb. Dagegen sind beruhigende Tabletten in der Regel durch die weiblichen Farben Grün und Blau gekennzeichnet. Auch Größe und Geschmack einer Tablette, wie auch der Name des Medikaments und die Überzeugungskraft des Arztes oder Apothekers, spielen eine wesentliche Rolle. Diese Schein-Präparate wirken einzig durch die suggestive Vorstellung. Auf die gleiche Weise wirken die Nocebos (lt. *nocere*: schädigen) negativ, weil damit schädliche Nebenwirkungen erwartet werden. Die subjektive Erwartungshaltung des Patienten ist dabei entscheidend. So haben zahlreiche Experimente bewiesen, dass Schmerzmittel oder Schlafmittel bis zu 60% stärker wirken, wenn an deren Wirkkraft geglaubt wird. Aber auch eine falsche Diagnose oder Prognose kann eine entsprechende Erwartungshaltung auslösen. Unsere

Vorstellungen sind gedankliche Botenstoffe, die jedes Körperorgan erreichen können.

So kann auch eine pure Einbildung tödlich wirken, wie die Voodo-Magie bei Naturvölkern beweist. Dabei spielen *negative* Suggestionen eine wesentliche Rolle, wie folgendes Beispiel zeigt: Ein Europäer wurde in Afrika von einem Medizinmann mit dem Todesknochen berührt, weil er ein Stammes-Tabu verletzt hatte. Gleichzeitig wurde ihm vorausgesagt, dass er in drei Wochen sterben werde. Der weiße Mann schlug diese Drohung zunächst in den Wind. Doch je mehr die Zeit verging und das angedrohte Sterbedatum sich näherte, desto schwächer und elender fühlte er sich. Schließlich erzählte er in einem nahe gelegenen Spital den Ärzten von seiner Todesfurcht. Diese versetzten ihn in einen längeren Schlafzustand. Als er daraus nach Tagen erwachte, wurde ihm erklärt, er habe seinen Todestermin verschlafen. Auf einmal fühlte er sich wie neugeboren und konnte sogleich die Klinik geheilt verlassen. Einen ähnlichen Fall, der allerdings tragisch endete, schildert *Anthony Robbins*: Ein australischer Ureinwohner wurde das Opfer einer schwarzmagischen Verwünschung. Als diese ihn traf, erstarrte er vor Entsetzen. Sein Gesichtsausdruck verzerrte sich, er begann am ganzen Körper zu zittern. Er schwankte, fiel zu Boden und wurde nach kurzer Zeit ohnmächtig. Dann trat der Tod ein. Er starb vor lauter Einbildung. (140)

Ein Mann aus den italienischen Abruzzen erzählte mir folgende Geschichte: „In meiner Jugend war es üblich, dass die jungen Burschen sich am Abend auf der Piazza des Dorfes versammelten. Im Gespräch schlug einer vor: „Dem Nächstbesten, der daherkommt, wollen wir einen Schrecken einjagen." Nach kurzer Zeit gesellte sich ein junger Nachbar zu uns. Dieser wurde von uns empfangen mit vorgetäuschten Schreckensrufen: „Was ist mit dir los? Du bist kreidebleich im Gesicht. Gewiss bis du ernsthaft krank. Du schaust ja aus wie eine Leiche auf Urlaub!" Der Angesprochene erbleichte auf der Stelle. Er begann zu zittern, kalter Schweiß trat ihm auf die Stirn. So wankte er völlig verstört nach Hause. Kein Arzt konnte ihm helfen. Am dritten Tag war er tot."

Wenn es also möglich ist, durch negative Einbildungen krank zu werden und sogar zu sterben, muss es auch möglich sein, durch *positive* Vorstellungen wieder gesund zu werden und gesund zu bleiben. Diesen Gedanken griff der französische Apotheker *Emil Coué* auf und begründete die Methode der autosuggestiven Selbstbeeinflussung durch bewusst gesteuerte Gedankenkraft. Sein therapeutischer Grundsatz lautete: „Jede gedankliche Vorstellung hat die Neigung, sich zu verwirklichen." Dabei erweist sich nicht der Wille, sondern der Gedanke ans Gesundwerden als die entscheidende heilende Kraft. (141) Solches geschieht mit der leicht anzuwendenden Technik der beabsichtigten gedanklichen Selbstprogrammierung. Durch diese soll das seelische Unbewusste veranlasst werden, krankmachende Vorstellungsbilder zu beseitigen und an ihrer Stelle gesundmachende Heilungsprozesse in Gang zu setzen. Dabei ist es empfehlenswert, stets gleichbleibende suggestive Gedankenformen zu verwenden und diese, wie ein Mantra oder ein Stoßgebet, häufig zu wiederholen. Dadurch sollen die eigenen Abwehrkräfte erhöht und die Selbstheilungskräfte von Körper und Seele angeregt werden. Dadurch werden tatsächlich gesund machende Energien freigesetzt. (142) Natürlich kann auf diese Weise nicht jede Krankheit und jedes Leiden behoben werden. Ärztlicher Rat und medizinische Hilfe dürfen dabei nicht ausgeschlossen werden.

Eine häufige und wichtige Ursache für körperliche und seelische Erkrankungen sind zerbrochene Liebes- und Partnerbeziehungen. In der heutigen Zeit, da liebende Bindungen so brüchig geworden sind, leiden viele Paare noch lange an ihrem Trennungsschmerz. Dies geht an der Seele nicht spurlos vorüber. Dabei wird nicht nur das gegenseitige Vertrauen zerstört, auch das Selbstvertrauen des einen oder beider Partner wird in Mitleidenschaft gezogen. Der verlassene Partner schwankt zwischen Zweifel und Verzweiflung, zwischen Wut und Mutlosigkeit, zwischen Ablehnung und Anlehnungsbedürfnis. Eine bedrohliche Flut von verwirrenden Gefühlen bricht herein. Vor dem inneren Auge läuft ständig ein Film ab mit echten und falschen Gedankenbildern von Vermutungen und Verdächtigungen, von Täuschungen und Enttäuschungen und von all dem, was hätte sein können, was man hätte tun und lassen sollen, was falsch gelaufen ist und nun nicht mehr zu ändern ist. Fremdvorwürfe und Selbstvorwürfe türmen sich aufeinander und lasten auf der gekränkten Seele. Eine Welt, an die man geglaubt hat, bricht zusammen. Zurück bleiben Schmerz und Wehmut und eine tiefe Trauer der verletzten Seele. Die Ärzte *Holmes* und *Rahe* haben in den 1950er Jahren eine Untersuchung an ihren Patienten durchgeführt, die beweisen sollte, ob einschneidende Veränderungen in der Lebenssituation ihrer Patienten Krankheiten verursachen können Dabei stellten sie fest, dass Ehekonflikte, Ehescheidung,

Verlust des Lebenspartners oder Liebesentzug sehr häufig zu körperlichen und seelischen Krankheiten führen. „Sie wiesen nach, dass einem gehäuften Auftreten schwerer Krankheiten ein deutlicher Anstieg von einschneidenden Lebensumstellungen vorausging." (143) Diese Situation birgt vor allem für den benachteiligten und schwächeren Partner ein beträchtliches Gesundheitsrisiko in sich. Mehrere Untersuchungen bestätigen, dass Geschiedene anfälliger sind für psychosomatische Erkrankungen, depressive Leiden und Suizidgefährdung. Die Sterbehäufigkeit liegt bei geschiedenen Frauen eineinhalb Mal und bei den geschiedenen Männern doppelt so hoch wie bei den Verheirateten. Dabei spielt die richterliche Kinderzuteilung eine wichtige Rolle. (144) Auch schwere Beziehungsdramen, bis hin zu Mord und Selbstmord, sind nicht selten die Folge.

Andererseits ist nicht zu verkennen, dass eine Trennung oder Scheidung eine über viele Jahre andauernde krankmachende Konfliktsituation entschärfen kann. Ich habe Fälle gesehen, wo schwere Zerwürfnisse, ständige Streitereien und vergebliche Versöhnungs- und Verbesserungsversuche die Partner krank machten, so dass für beide und allenfalls auch für die Kinder ein Auseinandergehen das kleinere Übel zu sein schien. Was bei einem körperlichen Leiden gilt, sollte grundsätzlich auch für die Partnerbeziehung gelten: Nach Möglichkeit sanieren statt amputieren. In seltenen Fällen entsteht nach Jahren oder Jahrzehnten die gemeinsame Einsicht, dass eine Trennung an der Zeit ist, weil das Zusammenbleiben zum Leerlauf oder zur gegenseitigen Qual geworden ist. Was zu tun war, ist getan. Ein wichtiger Lebensabschnitt geht zu Ende und verlangt nach einem Neubeginn. Getrennt wollen sie weitergehen, doch sie wollen Freunde bleiben. Auch das kommt vor.

Als beratender Psychologe hatte ich es beruflich während drei Jahrzehnten häufig mit Eheproblemen zu tun. Dabei konnte und durfte ich mir kein endgültiges Urteil anmaßen über Sinn und Unsinn einer Partnerschaft, die einmal als Liebesbeziehung begonnen hatte. Ich war nicht imstande, all die tieferen Zusammenhänge zu durchschauen, die zwei Menschen schicksalshaft zusammengeführt hatten. In vielen Fällen kam es darauf an, abzuwägen, ob es zwei Menschen zumutbar war, ihre Partnerkrise durchzustehen und miteinander leben zu lernen „bis der Tod euch scheidet" oder ob sie daran zerbrechen könnten. Abzuklären war dabei die gegenseitige Toleranzfähigkeit, nämlich die Ambivalenztoleranz, die Konflikttoleranz und die Leidenstoleranz. Ich kam mir häufig vor wie ein

Lehrer in der Schule des Lebens: Schwachen Schülern musste ich empfehlen, die Klasse zu wiederholen und ihre schlechten Erfahrungen in ein nächstes Erdenleben mitzunehmen, um es dann besser zu machen. Die letzte Entscheidung für oder gegen eine Scheidung musste ich immer dem betroffenen Paar überlassen.

Sicher übt auch der Zustand und die Entwicklungsreife der *Geistseele* bei all diesen Lebens- und Liebeskonflikten einen wichtigen Einfluss aus auf Körper und Vitalseele. Gesundheit und Krankheit haben ihre Ursache nicht selten in der geistigen Einstellung des Menschen. Schon vor fünfhundert Jahren vertrat *Paracelsus* die Ansicht: „Alle Krankheit wurzelt im Geiste." Es besteht kein Zweifel: Falsche Gedanken, falsche Gesinnungen, falsche Beziehungen zur Umwelt und Mitwelt können krank machen. Die Krankheit ist wie ein Warnschuss vor den Bug unseres Lebensschiffes, der uns anzeigen will, dass wir auf falschem Kurs sind. Es leuchtet ein, dass der Kapitän nicht Schmerz- und Beruhigungsmittel braucht, sondern Hilfe zur Kursänderung. Von der jenseitigen Geisteswelt wird uns bestätigt: „Ebenso wie der Geist auf die Seele wirkt, um den Körper zu steuern, wirken auch Sinneswahrnehmungen und Körperfunktionen auf die Seele zurück und beeinflussen deren Verhalten." (145) Da der Mensch mit seinem Bewusstsein ein Bewohner zweier Welten ist, einer diesseitigen und einer jenseitigen, gibt es auch einen Gedanken- und Gefühlsaustausch zwischen beiden Daseinsebenen. *John C. Eccles* hält es durchaus für möglich, dass es neben der grobstofflichen Welt eine höher schwingende feinstoffliche Welt gibt, die er „das Bewusstsein des Geistes" nennt. Eine Wechselbeziehung zwischen beiden Welten ist im Sinne eines Informationsaustauschs für ihn gegeben. (146)

Nach allgemeiner Erfahrung kommt keine wahre Heilung zustande, vor allem im seelischen Bereich nicht, solange nicht auch die geistige Einstellung berücksichtigt wird. Es geht dabei um die eigentliche weltanschauliche Orientierung, ohne die alles Bemühen nur kurzfristig, jedoch nicht auf die Dauer helfen kann. Dies wurde mir richtig bewusst, als eine junge geschiedene Frau zu mir kam, die wegen erheblicher Lebensschwierigkeiten seit Jahren in psychoanalytischer Behandlung bei einem Psychiater war. Ich nahm sie eines Tages mit in einen medialen Gottesdienst nach Zürich, in der Erwartung, sie würde dort eine notwendige geistige Wegweisung bekommen. Auf der Heimfahrt fragte ich sie, wie sie das Erlebte und Gehörte empfunden habe. Sie gab mir folgenden Bescheid: „Mir genügt mein

Psychiater und meine Psychotherapie. Mehr muss ich nicht haben." Bei mir dachte ich: Die Frau kommt mir vor, als würde sie sich auf einem Segelboot von Wind und Wasser orientierungslos dahintreiben lassen. In der Psychotherapie bekommt sie vielleicht Anleitungen, wie sie das Ruder halten, wie sie die Segel setzen muss, um sich nicht ständig im Kreis zu drehen. *Wohin aber die Fahrt gehen soll, erfährt sie dadurch nicht.*

In vielen Fällen spielt sicher die religiöse Einstellung und Überzeugung eine wichtige Rolle. Ohne diese ist es schwierig, in unserem Dasein mit seinen Hochs und Tiefs einen Sinn zu erkennen. Im Jahr 1932 sagte *C.G. Jung* bei einem Vortrag an einer Konferenz in Straßburg über seine psychotherapeutischen Erfahrungen: „Unter allen Patienten in der zweiten Hälfte des Lebens, das heißt nach dem 36. Lebensjahr, war kein einziger, dessen Probleme nicht letzten Ende darin bestanden, eine religiöse Lebensauffassung zu finden. Man kann mit Sicherheit annehmen, dass alle deshalb seelisch krank wurden, weil sie das verloren haben, was die Religion den Gläubigen gibt. Und keiner von diesen ist wirklich geheilt worden, wenn er nicht seine religiöse Anschauung zurückgewonnen hat." (147) Gleiche Erfahrungen machte der Wiener Psychiater *Rudolf Allers*. Er erinnerte sich: „Ich habe noch keinen Fall von seelischen Erkrankungen gesehen, bei denen sich nicht als letztes Problem und als eigentlicher Konflikt eine ungelöste metaphysische Frage enthüllt." Zu derselben Erkenntnis gelangte *Viktor Frankl.* (148) Schließlich pflichtet dieser Feststellung auch der amerikanische Psychologe *David Larson* vom „National Institute for Healthcare Research" in Rockville / Maryland vollumfänglich bei. Er hat elf verschiedene Forschungsarbeiten ausgewertet, die ihn zu dem Ergebnis führten: „Religiös gläubige Menschen sind weniger anfällig für stressbedingte und psychosomatische Krankheiten, sie sind weniger suizidgefährdet, weniger suchtanfällig und haben eine niedrigere Scheidungsquote." (149)

Schließlich spielt auch in der letzten Lebensphase die ganzheitliche Betreuung sterbender Menschen eine wichtige Rolle, wie dies der moderne Palliativmediziner *Gian Domenica Borasio* an den Universitäten von München und Lausanne fordert. Dabei geht es nicht bloß um schmerzlindernde Maßnahmen bei körperlichen Beschwerden, sondern auch um den Einbezug des psychosozialen Umfeldes und um die sinngebende spirituelle Begleitung der Betroffenen. (150) Auch *Hans Küng* schließt sich dieser Forderung nach einem menschenwürdigen Sterben an, indem Körper, Seele und Geist in dieses große Geschehen einbezogen werden. (151)

Stets wirken Körper, Vitalseele und Geistseele miteinander und sind in ständiger Wechselwirkung. Zu vergleichen ist dies mit einem gleichseitigen Dreieck. Wenn nur eine der drei Seiten durch Verlängerung oder Verkürzung verändert wird, gerät das ganze System ins Ungleichgewicht. Wie der Geist über Körper und Seele triumphieren kann, bewies in den Jahren 1947 und 1948 der holländische Grafiker *Arnold Gerrit Henske* (1912-1948), der unter dem Namen *Mirin Dajo* öffentlich als „unverletzbarer Wundermann" auftrat. (152) Er ließ viele Male in Holland und in der Schweiz mit Hohlspießen seinen Körper durchbohren. Mit einem 80 cm langen Degen wurden wichtige innere Organe durchstoßen. Im Kantonsspital Bern ließ er sich in Anwesenheit von Ärzten und Medizinstudenten ein fünf Millimeter breites Schwert vom Rücken her durch seine Brust rammen. Dabei flossen nur ein paar Tropfen Blut, und die Wunde schloss sich unmittelbar danach von selbst. Mehrmals erlaubte er Röntgenaufnahmen im Bürgerspital und im Kantonsspital von Basel, welche die Echtheit seiner gewagten Experimente, die zu keinerlei inneren Verletzungen führten, bestätigten. Als man von ihm aus Sensationslust verlangte, er solle einen 35 cm langen Dolch mit kugelartigem Griff schlucken, um ihn dann in seinem Körper durch Dematerialisation aufzulösen, war dies für ihn zu viel. Nach heftigen Schmerzen und inneren Blutungen trat er nach wenigen Tagen bewusst aus seinem Körper aus – und sein Geist kehrte nicht mehr zurück. (153)

Das Zusammenspiel von Körper, Seele und Geist hat *Rainer Maria Rilke* in einem ergreifenden Liebesgedicht für seine Freundin *Lou Andreas-Salomé* zum Ausdruck gebracht:

Lösch mir die Augen aus: ich kann dich sehen,
wirf mir die Ohren zu: ich kann dich hören,
und ohne Füße kann ich zu dir gehen,
und ohne Mund noch kann ich dich beschwören.
Brich mir die Arme ab, ich fasse dich
mit meinem Herzen wie mit einer Hand,
halt mir das Herz zu, und mein Hirn wird schlagen,
und wirfst du in mein Hirn den Brand,
so werd' ich dich auf meinem Blute tragen. (154)

Teil II · Wohin wir gehen

Willst du wissen, wohin du gehst,
frage jene, die dir entgegenkommen.
CHINESISCHES SPRICHWORT

8. Die jenseitige Reise

Der Mensch ist das einzige Lebewesen auf unserer Erde, das imstande ist, die Grenzen der sinnlich wahrnehmbaren Diesseitswelt zu überwinden und in Gedanken in jene andere Wirklichkeit vorzudringen, die wir das Jenseits nennen. Es ist dies jener höhere Schwingungsbereich, in den wir mit Sicherheit nach unserem Tod reisen werden. Bei einer großen Reise im Diesseits ist es ratsam, nur das wichtigste und notwendigste Gepäck mitzunehmen. Alles Nebensächliche würde uns belasten und im Weiterkommen behindern. So verhält es sich auch bei unserer Reise in die jenseitige Welt. Was wir zurücklassen müssen, ist aller materieller Besitz, denn das letzte Hemd hat bekanntlich keine Taschen. Auch alle irdischen Bindungen und Abhängigkeiten sollten wir loslassen, alle diesseitigen Bedürfnisse, Neigungen und Denkgewohnheiten. Was wir aber mitnehmen können, um am anderen Ufer nicht mit leeren Händen dazustehen, sind die Früchte unserer guten Taten, unsere geistigen Erfahrungen, Erkenntnisse und Errungenschaften, unsere Gesinnung und unsere Liebe. Danach werden wir bei der jenseitigen Personenkontrolle an unserem Reiseziel beurteilt.

Die Frage hinsichtlich unseres Weiterlebens nach dem Tod gehört seit jeher zu den wichtigsten Grundproblemen des Menschen. Folgt nach dem Ende unseres Erdenlebens nichts mehr als die inhaltslose Leere, dann ist es einerlei, ob wir, wie wir und wie lange wir gelebt haben. Abgesehen von ein paar wenigen Berühmtheiten, sind wir für unsere Nachwelt in kurzer Zeit wegen unserer Bedeutungslosigkeit bald vergessen. Geht es mit uns aber tatsächlich weiter, dann drängen sich uns einige wichtige Überlegungen auf, nämlich folgende: Was folgt danach? Wie und wann geht es weiter? Was kommt auf uns zu? Wohin gehen wir?

Der Tod ist kein Endzustand, sondern bloß ein Übergang in eine andere Welt. Über das Totsein können wir nichts aussagen, weil es dieses Sein an sich nicht gibt. Sobald wir die Todesschwelle überschritten haben, geht das Leben unmittelbar danach auf einer anderen Daseinsebene weiter. Zwischen dem Vorher und dem Nachher des Todes klafft nicht die Lücke des Nichtseins. Daher muss der Tod als Ereignis etwas Belangloses sein.

Wohin wir nach dem Tod gehen, darüber herrschen heute noch recht widersprüchliche Ansichten. Am häufigsten hört man die Behauptung: „Es ist noch keiner zurückgekommen!" Wer so spricht, beweist damit nur seine Unwissenheit. Gelegentlich hören wir die saloppe Ausrede: „Man sieht niemanden, der nach dem Tod weiterlebt. Ein toter Mensch ist tot und bleibt tot." Wer so spricht, bleibt am Vordergründigen und Vergänglichen hängen. Der Mensch ist aber mehr als dies. Er besitzt auch einen verborgenen Hintergrund, der nach dem Übergang in die jenseitige Welt in den Vordergrund tritt, vergleichbar mit einer Drehbühne beim Szenenwechsel im Theater.

Wir begegnen nicht selten Menschen, die sich aus Mangel an Interesse diese Frage gar nicht stellen wollen und lieber singen: „Es wird in hundert Jahren wieder so ein Frühling sein." Nicht selten begegnen wir Menschen, die überhaupt ein falsches Bild vom Wesen des Menschen haben. Ihnen ist der Gedanke an ein Weiterleben völlig fremd. Zu ihnen zählen heute die bekannten Schriftsteller *Günther Grass* (*1927), *Martin Walser* (*1927) und *Franz Hohler* (*1943), die sich für Wissende halten. Der zuletzt Genannte gestand in einem Interview aus dem Jahr 2012: „Ich glaube nicht an ein Weiterleben nach dem Tode und damit auch nicht an einen jenseitigen Ort der Erlösung oder der Verdammnis. Man könnte vielleicht sagen: Solange jemand an uns denkt, sind wir nicht tot. Danach sinken wir ins Vergessen, geben unseren Anteil Leben ab in den großen Suppentopf, in dem das Leben brodelt." (1)

Schließlich sind da noch jene, die an ihren althergebrachten religiösen Überzeugungen festhalten und diese nicht infrage stellen, obwohl sich diese größtenteils auf Jahrtausende alte Schriften beziehen, die heute kaum noch überzeugen können. Sie stützen sich im besten Fall auf überlieferte Mythologien, archetypische Vorstellungen und alte Traditionen.

Es ist erstaunlich, wie wenig Konkretes die großen Religionsstifter über das Weiterleben der Geistseele im Jenseits gesagt haben. *Gautama Buddha* ging auf dieses Thema gar nicht ein, als ihn einer seiner Mönche darauf ansprach. Selbst *Jesus Christus,* der hierzu sicher über einiges Wissen verfügte, sprach über das Himmelreich nur in Bildern und Gleichnissen. (Mt 11,31: 13,24; 33,44: 47,52) Allerdings versicherte er seinen wenig gebildeten Jüngern: „Ich hätte euch noch vieles zu sagen, doch das würde euch jetzt überfordern." (Jh 16,12) Seitdem sind zweitausend Jahre vergangen. Aber noch immer halten unsere Kirchen an jenen bescheidenen Jenseitsvorstellungen fest, die damals vermittelt wurden, als ob es seither keinen wissenschaftlichen Fortschritt gegeben hätte. Das verhält sich etwa so, als ob die heutige Mathematik und Physik nicht über die frühen Erkenntnisse eines *Pythagoras* oder eines *Archimedes* (um 287-212 v. Chr.) hinausgekommen wären; oder als ob die heutige Medizin immer noch in den Anfängen eines *Hippokrates* oder eines *Galenus* stecken würde.

Wie sehr auch in unserer Zeit die religiösen „Hüter der Wahrheit" in dieser Hinsicht noch weitgehend im Dunkeln tappen, beweisen folgende kirchliche Autoritäten: In einer Ansprache vor Pilgern erklärte Papst *Johannes Paul II.* im Oktober 1998 zur Frage, wie es nach dem Tod weitergehe: „Es handelt sich um eine Übergangsphase. In dieser löst sich der Körper auf, das Weiterleben beginnt als spirituelles Element. Dieses ist mit eigenem Bewusstsein und einem eigenen Willen ausgestattet. Und zwar so, dass ich – Mensch – existiere, obwohl ich keinen Körper besitze." (2) Sein Nachfolger, Papst *Benedikt XVI.,* gesteht diese Unbeholfenheit in der katholischen Glaubenslehre ein mit den Worten: „Das Jenseits ist nicht nur unserem Wirken, sondern auch dem Zugriff des beweisenden Denkens entzogen und damit fragwürdig. Alles, was man darüber sagt, scheint nicht mehr als fromme Vermutung oder Wunsch zu sein." (3)

Noch unsicherer ist die evangelische Kirche in der Frage hinsichtlich des Weiterlebens über den Tod hinaus. Diese glaubt im Zuge der heutigen „Ganztod-Theologie" eher an einen bewusstlosen Schlafzustand der Verstorbenen bis zu deren Auferweckung am Jüngsten Tag. Der reformierte Pfarrer *Hans Rudolf Helbling* fasst die neueste Theologen-Meinung zusammen: „Die ‚Auferstehung der Toten' ist in den letzten dreißig Jahren vollständig in den Hintergrund gerückt. Die Frage, was ‚danach' geschieht, wird kaum noch beantwortet, und wenn, dann sicher nicht mit dem Satz ‚Auferstehung des Fleisches'." (4) Ganz offensichtlich wird diese Unsicherheit der Theologen spätestens dann, wenn man sich deren Grabreden bei einer Beerdigung oder Beisetzung anhört. Sie bleiben ganz bewusst im Unklaren. Wer etwas anderes verkündet, riskiert es, seine Pfarrstelle zu verlieren. Dagegen schrieb der österreichische Tragödiendichter *Friedrich Hebbel*: „Man sollte sich die Toten immer lebendig denken." Auch *Matthias Claudius* vergleicht unser Lebensende mit der Ankunft nach langer Reise:

Und am Ende meiner Reise
hält der Ewige meine Hände,
und er winkt und lächelt leise
und die Reise ist zu Ende.

8.1 Leben im Jenseits

Der evangelische Pfarrer *Max Huber* gestand in einem Brief: „Als ich vor 1959 in Trauerhäuser gehen musste, da habe ich innerlich und äußerlich geschlottert. Mit zitternden Knien bin ich hingegangen, weil ich genau wusste: Ich kann nicht recht trösten, ich weiß nicht, was sage ich den Leuten, ich weiß ja selber nicht, wo unsere Heimgegangenen, unsere Verstorbenen sind. Und als ich vor zehn Jahren das Telegramm von meinem Vater erhielt: ‚Mutter verstorben', da bin ich schreiend durch das Pfarrhaus gerannt und habe gerufen: ‚Wo muss ich sie suchen? Wo ist sie?'" (5)

Heute wissen wir: Unsere Existenz beginnt nicht mit der Empfängnis. Daher endet sie auch nicht mit dem Tod. Dem Geiste nach sind wir nicht von materieller Herkunft. Wir haben eine Vorexistenz in einer geistigen Welt, in die wir nach unserem Erdenleben zurückkehren. Was sich während der Schwangerschaft aufbaut, ist unser grobstofflicher Körper als Fahrzeug für ein geistigen Wesen, das Mensch werden will. Dieses zieht sich nach kürzerer oder längerer Fahrt auf Erden wieder in die jenseitige Welt zurück. So verstanden, ist der Tod nur das Ende unseres physischen Daseins. Dass unser Leben danach weitergeht, dürfte für die Wissenden und Aufgeklärten keine Frage mehr sein. Die hierzu erforderlichen theoretischen und praktischen Beweise sind in meinem Buch „Wie auf Erden so im Himmel" (6) ausführlich dargelegt.

Befragen wir also jene, die uns im Tod vorausgegangen sind und uns nun sagen können, wo und wie es mit ihnen weitergegangen ist. Es gibt heute eine recht umfangreiche Fachliteratur, die uns hierzu ein echtes Jenseitswissen vermitteln kann. Die meisten der dort beschriebenen Phänomene können als Beweise für ein Weiterleben nach dem Tod gewertet werden. (7) Dieses Wissen um ein jenseitiges Weiterleben des Menschen reicht bis tief in die prähistorische Vergangenheit zurück. Darauf deuten die Bestattungsrituale und Grabbeigaben im Totenkult der Frühmenschen hin. Aus der mittleren Steinzeit, um 70.000 bis 50.000 vor unserer Zeitrechnung, sind zahlreiche von Menschenhand angelegte Begräbnisstätten bekannt geworden. Wir wissen heute aus archäologischen Forschungen, dass die Cro-Magnon-Menschen bereits vor 45.000 Jahren kultische Begräbnisse kannten, denn „sie gaben ihren Verstorbenen zahlreiche Schutz- und Gebrauchsgegenstände mit auf ihre Reise ins Jenseits". (8) Der Paläontologe *Alfred Rust* schreibt über die Steinzeitmenschen aufgrund seiner Ausgrabungsfunde in Norddeutschland: „Man gab den Toten zur Fahrt ins Jenseits, in ein Reich, in dem vielleicht eine Gottheit ihren Sitz hatte, Steinwerkzeuge, wahrscheinlich auch Waffen aus organischem Material und Wildstücke als Wegzehrung mit auf die Reise." (9) Aus der historischen Frühzeit verraten uns in Stein gehauene Gräber und Grabstätten einen Jenseitsglauben, wie uns dieser aus der tausendjährigen Tradition der Ägypter und anderer Völker bekannt geworden ist. (10) Daraus schließt *Hans Küng*: „Schon der Neandertaler glaubte an ein Fortleben nach dem Tod!" (11) Der Glaube an ein Weiterleben über den Tod hinaus scheint daher einer menschlichen Urerfahrung zu entsprechen und kann im Sinne von *C. G. Jung* als psychischer Archetyp bezeichnet werden.

In unserer Zeit sprechen zahlreiche Ergebnisse der wissenschaftlichen Jenseitsforschung klar für die Weiterexistenz in einer höher dimensionierten Welt. Gemeint sind zunächst die *Nahtod-Erlebnisse*, die Menschen bei einem Unfall, bei einer Operation oder im Koma außerhalb ihres Körpers bewusst erfahren konnten. Diese vermochten für kurze Zeit die Jenseitsschwelle zu überschreiten und haben dabei festgestellt, dass es den Tod nicht gibt. (12) Diese Menschen, die sozusagen mit einem Fuß im Jenseits standen und wieder ins irdische Leben zurückgekehrt sind, haben seither eine veränderte Einstellung zu Leben und Tod, weil sie nun Wissende geworden sind. (13) Eine weitere Quelle, die uns vertiefte Einblicke in die jenseitigen Verhältnisse ermöglicht, sind die vielen *Nachtod-Berichte* von verstorbenen Menschen, die uns ihren derzeitigen Aufenthaltsort und ihren gegenwärtigen seelischen Zustand in den Jenseitswelten schildern.

Diese lassen uns Jenseitsverhältnisse erahnen, die zum Teil völlig anders sind, als dies unsere traditionellen Glaubensvorstellungen erwarten lassen. (14) Durch *mediale Kontakte* mit Verstorbenen können wir glaubhafte Auskünfte über das Weiterleben von jenen erhalten, die von unserer Erdenwelt ausgewandert sind und sich nun in jenseitigen Sphären aufhalten. Bei aller Kritik und Vorsicht können diese Reiseberichte aus der nachtodlichen Welt als wertvolle Hinweise gewertet werden. (15)

Indem wir diese Jenseitskundgaben zur Kenntnis nehmen, erfahren wir, dass unser Erdenleben nur die eine Seite unserer Existenz bedeutet. Die andere heißt: Weiterleben in einem jenseitigen Dasein. Um unserem menschlichen Hiersein einen bleibenden Sinn abzugewinnen, bedürfen wir notwendig der Vorstellung von einem Leben in einer anderen Welt. Sollte es nach dem Tod nur die vollständige Leere des Nichts geben, wäre unser diesseitiges Leben sinnlos. Der Mystiker *Angelus Silesius* sagte es in wenigen Worten: „Wenn ein Geist stirbt, wird er Mensch; wenn ein Mensch stirbt, wird er Geist." Das äußere Erscheinungsbild des Menschen mag sich ändern, sein Wesen bleibt sich auch nach dem Übergang in die andere Welt gleich. (16)

Auch die modernen Wissenschaften versuchen, eindeutige Beweise für ein nachtodliches Weiterleben zu erbringen. In den 1960er Jahren ist der Dipl. Ingenieur *Maurice Henry* durch logische Überlegungen dieses wichtige Thema der geistigen Überlebensfrage angegangen. In seinem Buch „Der wissenschaftliche Beweis unseres Weiterlebens nach dem Tode" empfiehlt er, auf eine verkürzte Form gebracht, folgende gedankliche Überlegungen:

- Materie an sich gibt es nicht. Sie besteht aus konzentrierter Energie.
- Was wir das Leben nennen, ist eine Form von Energie.
- Jede energetische Lebenstätigkeit unterliegt einer zentralen Steuerung.
- Diese gehorcht einem Organisationsplan, der auf ein Entwicklungsziel hin angelegt ist.
- Der Entwicklungsplan besteht vor dessen Verwirklichung in materieller Form.
- Also kann dieser Plan nicht materieller, sondern muss geistiger Natur sein.

Daraus zog *Maurice Henry* die logische Schlussfolgerung, „dass der unsterbliche Teil unseres Wesens bereits vor der physischen Empfängnis vorhanden sein muss". (17) Unter dem Begriff „*Delpasse-Experiment*" waren in den 1980er Jahren Mediziner bestrebt, das Weiterleben nach dem Tod experimentell nachzuweisen. (18) Der Physiker *Jean Jacques Delpasse* und der Neurologe William *Jangh van Amsynck* machten erstmals entsprechende Versuche bei einem sterbenden Menschen. Dieser lag vorher während längerer Zeit im Koma. Zur Überwachung der Hirnfunktionen wurde dieser an ein EEG-Gerät und an eine Grey-Walter-Versuchsanlage angeschlossen. Nachdem sämtliche Hirnfunktionen ausfielen und der klinische Tod eingetreten war, konnten die Forscher weiterhin Bewusstseins-Signale aus dem toten Gehirn abfangen. Diese wurden als Beweis dafür gewertet, dass der sich selbst bewusste Geist den Tod des Körpers überlebt. Der Wissenschaftsjournalist *Ernst Meckelburg* schreibt hierzu, dies entspreche genau dem „Erscheinungsbild, das wir erwarten dürfen, falls der Geist den Tod überlebt". (19)

Das Wissen um das Weiterleben nach dem Tod erweitert unser menschliches Bewusstsein weit über die Horizonte des Diesseits und eröffnet uns eine Welt, von der die Nichtwissenden keine Ahnung haben. Allerdings werden sie vieles, was im gewöhnlichen Alltag wichtig erscheint, als nichtig erkennen, ganz im Sinne des deutschen Schauspielers *Ernst Ginsberg* (1904-1964): „Wer einmal mit den Toten sprach und Antwort erhielt, kann dem lebendigen Schattentanz nur noch lächelnd zuschauen."

Wie das Leben im Jenseits weitergeht, lässt sich in folgenden Merksätzen festhalten:

Nach dem Ablegen der grobstofflichen Körperhülle lebt die Geistseele auf einer höher schwingenden Daseinsebene weiter. Dort ist sie eingekleidet mit dem feinstofflichen Gewand ihres Astral- und Mentalkörpers.
Sie behält weiterhin ihr Selbstbewusstsein und weiß daher um ihre eigene Fortexistenz. Ihre Sinneswahrnehmungen sind nach wie vor vorhanden. Diese werden sogar erweitert, so dass sie Freud und Leid nachhaltiger empfindet.
Ihre äußere Wahrnehmungswelt, in der sie nun lebt, entspricht ihrer geistgewordenen Innenwelt. Schönheit oder Hässlichkeit ihrer Umwelt ist eine Spiegelung ihres geistigen Entwicklungsstandes.
Gedanken und Gesinnungen nehmen in ihrer Umgebung jene sichtba-

ren Formen an, die sie sich im Erdenleben durch ihre Denkgewohnheiten und Verhaltensweisen angeeignet hat.

Ereignisse und Erlebnisse aus der irdischen Vergangenheit nehmen Gestalt an, als ob sie gegenwärtig wären. Daher ist es möglich, dass wir im jenseitigen Dasein unseren früheren Gedanken, Worten und Werken wiederbegegnen.

Solange die Verstorbenen sich noch in den tieferen Stufen der Astralwelt aufhalten, sind sie noch nicht befreit von niederen Bedürfnissen und Abhängigkeiten. Diese können sie immer wieder in erdnahe Sphären hinabziehen und sie am geistigen Fortschritt hindern.

Je mehr die Geistseele sich von irdischen Verhältnissen und Bindungen löst, desto mehr erweitert sich ihr Geistbewusstsein. Es ist wie bei einer Bergwanderung: Je mehr wir an Höhe gewinnen, desto größer wird unser Erlebnishorizont und desto klarer wird die Weitsicht.

In den jenseitigen Dunkelwelten ist die Erkenntnisfähigkeit je nach dem Grad des geistigen Nichtwissens ihrer Bewohner eingeschränkt. Um bessere Einsicht zu gewinnen, bedürfen sie der Hilfe durch das Gebet gläubiger Menschen oder durch den Beistand höherer Geistwesen.

In den höheren Lichtsphären erfreuen sich die Jenseitigen eines friedvollen Daseins, in dem sie die Gelegenheit erhalten, sich geistig zu entfalten und durch Lernen geistiges Wissen zu erwerben, das ihren Aufstieg zu höheren Aufstiegsstufen begünstigt.

Je nach dem geistigen Fortschritt auf dem Weg in die himmlische Heimat wird von hohen Engelwesen für sie und mit ihnen ein erneutes Erdenleben auf dem Schulungsplanet Erde geplant und vorbereitet. Es kann aber auch sein, dass sie in der Jenseitswelt mit wichtigen Aufgaben betraut werden, durch die sie am Heimführungswerk für die ganze Menschheit teilnehmen können. Dort bewohnen sie ein Haus, dessen äußere Ausstattung ihre eigene Innenwelt spiegelt.

8.2 Parallelwelten und Gegenwelten

Die diesseitige Welt und die jenseitige Welt kann verglichen werden mit zwei benachbarten Zimmern, die durch ein großes Einwegfenster abgegrenzt sind. Von der einen Seite, wo wir Erdenmenschen leben, ist uns der Durchblick verwehrt. Von der Gegenseite her, auf der die Jenseitsbewohner zu Hause sind, ist der Einblick möglich. Obwohl beide Räume parallel nebeneinander liegen, sind sie doch voneinander getrennt, je nach der Wahrnehmung, die ihnen gewährt ist. So verhält es sich auch zwischen unserer Diesseitswelt und der parallel dazu bestehenden Jenseitswelt. In den esoterischen Wissenschaften begegnen wir der Theorie, dass es parallel zu unserer grobstofflichen Diesseits-Welt noch eine feinstoffliche Gegenwelt gibt, die wir das Jenseits nennen. Es handelt sich um Daseinsebenen, die einer höheren Schwingung angehören und deshalb unserer Sinneswahrnehmung nicht direkt zugänglich sind.

Nach geistchristlicher Lehre versteht man unter der *Parallelwelt* jene Jenseitsstufe, die beim Geisterfall für all jene Wesen geschaffen wurde, die bloß verführte Mitläufer waren und nicht zu den eigentlichen Aufständischen und Abtrünnigen gehörten. Die Bewohner dieser jenseitigen Parallelstufe sollen „genau dieselben Aufstiegsmöglichkeiten *im Geistigen* besitzen, wie sie auf der Erde bestehen, aber die Menschwerdung bleibt ihnen erspart. Sie mussten jedoch, genauso wie die Menschen, auf die Erlösung durch Christus warten, ehe sie den weiteren Aufstieg, den Weg der Heimkehr, antreten konnten." (20) Bei den Parallelwelten handelt es sich demnach um feinstoffliche Daseinsebenen, auf denen Geistwesen wohnen, die sich beim Abfall in der Engelwelt nicht so schwer verschuldet haben. Diese dürfen ihren Heimweg ins himmlische Reich parallel zur Erdenwelt antreten, ohne eine Menschwerdung. Sie mussten auch nicht durch *Christus* aus höllischer Gefangenschaft befreit werden, weil sie nie so tief gefallen sind wie die luziferischen Wesen. Durch jenseitige Hilfen und Belehrungen durch hohe Engelwesen können sie ihren Wiederaufstieg auf dieser parallelen Ebene bewältigen, zumal ihnen die erforderlichen Einsichten und geistigen Erkenntnisse leichter vermittelt werden können.

Nach Belehrungen aus dem Jenseits stellt diese Parallelwelt eine Daseinsstufe dar, von der *Walther Hinz* schreibt: „In ihrer Entwicklung und in ihren Aufstiegsmöglichkeiten geht sie genau parallel zur Erde – und eben als geistiges Paradies, als eine besondere, in sich geschlossene Welt. Sie wird bewohnt von Geistgeschwistern, die ihrem Aufstieg entgegensehen. Der Aufstieg ist ja in beiden Welten derselbe. Wie bei euch, gibt es in jener Welt verschieden entwickelte Geistgeschwister, die auf derselben Ebene zusammenleben. Es gibt dort auch ein Tierreich, ein Pflanzenreich, ein Mineralreich. Alles, was bei euch auf Erden in verdichteter, materieller Form vorhanden ist und auf seinen Aufstieg wartet, ist dort auch vorhanden – aber im Geistigen. Das Leben in dieser Parallelstufe ist in geistige Leiber gekleidet; grobstoffliche Materie, wie ihr sie habt, kennt man dort nicht." (21)

Die Diesseitswelt und die Jenseitswelt verhalten sich zueinander wie die störanfälligen Mittelwellen zu den störungsfreien Ultrakurzwellen bei Radiosendungen. Diese sind von unterschiedlicher Wellenlänge, die parallel zueinander ausgestrahlt werden, ohne einander zu beeinträchtigen. Ich will dies an einem Beispiel erläutern: Vor Jahren nahmen vier Geschäftsleute in einem Heißluftballon Kurs auf die Alpen. In der Ostschweiz wurde der Ballon durch einen aufkommenden Sturm aus über 1000 Metern zum Absturz gebracht. Alle Insassen kamen dabei ums Leben. Drei Tage danach rief mich die Frau eines Verunglückten an und fragte: „Was soll ich meinem 8-jährigen Sohn sagen, wenn er wissen will, wo sein Papa jetzt ist?" Ich erklärte ihr: „Nehmen Sie ein Transistor-Radio zur Hand, stellen Sie dieses auf Mittelwelle ein und fragen Sie Ihren Sohn: ‚Was hörst du?' Vielleicht ein Fußballspiel. Dann schalten Sie auf UKW um und bitten ihn erneut anzugeben, was er jetzt wahrnimmt. Möglicherweise eine herrliche Symphonie. Nun können Sie Ihrem Jungen erklären: Dein Vater lebt jetzt nicht mehr auf unserer Mittelwellen-Welt, sondern auf einer viel höher schwingenden UKW-Welt. Von dort schaut er uns zu."

Je höher die Schwingungszahl einer Daseinsebene ist, desto feinstofflicher ist ihre Beschaffenheit und um so erhabener sind ihre Erscheinungsformen. Die jenseitigen Ebenen sind keine fixen Orte und keine streng abgegrenzten Bezirke. Vielmehr gehen sie fließend ineinander über, wie die Farben des Sonnenlichts bei einem Regenbogen. In seinem Buch „Reise gegen die Zeit" beschreibt der Psychologe *Johann Martin Sorge* das Jenseits als eine unstoffliche Parallelwelt, „in der sich die drei Dimensionen des Raumes mit den zwei Dimensionen der Zeit zu einem fünfdimensionalen Kontinuum" erweitern. (22)

In unserem multidimensionalen Kosmos rechnen heute die Astrophysiker mit Welten, die mit ihrer Eigenschwingung weit über unsere vierdimensionale Sinneswelt hinausragen. Das Weltbild der modernen Physik vermutet bis zu zehn Dimensionen. *Stephen Hawking* rechnet in seinem neuesten Denkmodell damit, dass es neben unserer irdischen Welt noch Parallel-Welten und Doppelgänger-Welten von sehr hoher Frequenz gibt. (23) Der Aufenthaltsort der Verstorbenen ist nach *Thorwald Dethlefsen* „nicht das ‚Nichtsein', sondern lediglich eine gegenpolare Form des

Seins". (24) *Ernst Meckelburg* spricht von einer „Transwelt". (25) Als Bürger zweier Welten können wir Menschen an beiden Welten teilnehmen, sofern wir uns dieser Parallelität bewusst sind. So wusste der Maler *Paul Klee* (1897-1940) von sich zu sagen: „Diesseits bin ich nicht ganz fassbar. Ich lebe ebenso bei den Verstorbenen wie bei den Ungeborenen. Etwas näher dem Herzen der Götter als üblich." (26)

Nach der vedischen Philosophie bildet unser Planet Erde die Schnittstelle zwischen den sieben aufsteigenden Welten des Lichtes und den sieben absteigenden Welten der Dunkelheit, die als polare Gegensätze einander gegenüberstehen. Diese nennen wir die *Gegenwelten*. In den aufsteigenden Lichtwelten wird es zunehmend heller, in den absteigenden Dunkelwelten wird es zunehmend finsterer. *Armin Risi* schreibt, dass sich unsere Erde im Bereich der größten Verdichtung der Materie befindet, nämlich dort, wo sich die oberen Welten und die unteren Gegenwelten überschneiden. (27) *Platon* erwähnt in seinem Dialog „Der Staat" sieben jenseitige Daseinsstufen. (28) Auch *Emanuel Swedenborg* und *Jakob Lorber* beschreiben in ihren Schriften sieben aufsteigende Sphären, welche die materiellen überragen. Desgleichen erwähnen die Seherinnen *Adelma von Vay* und *Dorothea Wippermann* in ihren Schriften sieben Seligkeitsstufen. (29) Die esoterischen Lehren der Theosophen, Anthroposophen und Rosenkreuzer nehmen sogar bis zu zwölf parallele Gegenwelten an, in denen wir uns nach unserem Erdenleben aufhalten werden. (30) Auf der parallelen Seite werden die jenseitigen Wesen weniger streng gefordert als die Menschen auf Erden. Die Geistlehrerin *Lene* weist darauf hin: „Man hat keine Sorgen um das tägliche Brot, um die Wohnung, um die Stellung und was es sonst noch für Sorgen bei euch gibt. Das alles fällt dort weg. Aber gerade deswegen neigen die Wesenheiten dort oft zu einer gewissen geistigen Bequemlichkeit und Trägheit. Diese Trägheit, diese Bequemlichkeit ist jedoch dem Aufstieg nicht dienlich... Trotzdem meinen so manche, es sei dort in dieser Parallelstufe eben doch viel schöner. Das sagen ganz besonders jene, welche die Bequemlichkeit lieben und nicht so gerne Prüfungen auf sich nehmen. Nur diese aber liefern die Beweise, die man erbringen muss!" (31)

Aufgrund des Gesetzes der Dualität gibt es auf der Gegenseite ebenso viele absteigende Stufen wie lichtlose Schatten- und Dunkelwelten. In diesen halten sich jene Geistwesen auf, die sich ehemals von den Lichtwelten abgewendet haben und sich nun um ihren Wiederaufstieg bemühen. Wir stehen als Bürger zweier Welten zwischen der Licht- und Schattenwelt. Daher befinden wir uns ständig unter dem Einfluss sowohl himmlischer als auch dämonischer Mächte.

Unsere benachbarte Parallelwelt befindet sich nahe der Erdenwelt. Unter medialen Bedingungen oder mit speziellen technischen Hilfsmitteln ist es möglich, dass zwischen der diesseitigen und der jenseitigen Welt kurze Sprechkontakte zustande kommen. So gelang es dem Jenseitsforscher *Friedrich Jürgenson* im Jahr 1958 erstmals, mit einem Radiogerät die Stimmen von Verstorbenen aus einer „Gegenwelt" aufzufangen. (32) Der Psychologe *Konstantin Raudive* hat derartige Jenseitsstimmen in den 1960er Jahren in großer Zahl gesammelt und dokumentiert. (33) Neuerdings haben die Tonbandstimmenforscher *Herbert Spirik* und *Horst Loos* alle notwendigen technischen Daten veröffentlicht, die für die Kontaktnahme mit diesen Jenseitswelten erforderlich sind. (34)

Da wir in einer mehrdimensionalen Welt leben, ist es durchaus möglich, dass sich verschiedene Wirklichkeiten und deren Wirkungen gegenseitig durchdringen, ohne dass wir uns dessen bewusst werden. (35) Wir können diese unterschiedlichen Daseinswelten vergleichen mit Stimmen oder Klängen von unterschiedlicher Tonhöhe. Auf dieser Tatsache hat der antike Weisheitslehrer *Pythagoras* sein esoterisches Weltbild aus der Harmonie von Kosmos, Zahl und Klang aufgebaut.

8.3 Das Entsprechungsgesetz

Das erste Entsprechungsgesetz lautet: „*Wie oben so unten, wie unten so oben.*" Dieses wird dem ägyptischen Weisen *Hermes Trismegistos* zugeschrieben. Es gehört zu den Grundgesetzen der gesamten Schöpfung. (36) In erweiterter Form erklärt es: Was im Himmel ist, das findet auf der Erde seine Entsprechung. Demnach tritt nichts auf Erden in Erscheinung, was nicht vom Himmel her schon vorgegeben ist. Ebenso hinterlässt alles, was auf Erden geschieht, in den himmlischen Sphären seine Spuren. (37) In den geheimnisvollen Smaragdtafeln der alten ägyptischen Priester wird dieses Gesetz wie folgt beschrieben. „Dasjenige, welches unten ist, gleicht demjenigen, welches oben ist; und dasjenige, welches oben ist, gleicht demjenigen, welches unten ist, um zu vollbringen die Wunderwerke eines einzigen Dinges." (38) Der chinesische Philosoph *Shu-ching* formulierte das gleiche Gesetz so: „Es ist ein innerster Zusammenhang zwischen dem Himmel oben und dem Volk unten. Wer das im tiefsten Grund erkennt, der ist der wahre Weise." (39) Der chinesische Weisheitslehrer *Lao-Tse* nannte diese Entsprechung Yin und Yang. In diesem Sinne beten die Menschen zu ihrem Gott: „Dein Wille geschehe, wie im Himmel so auf Erden." Das kosmische Gesetz „Wie im Himmel so auf Erden" lässt sich auch auf die „Mutter aller Wissenschaften" anwenden – auf die Astrologie. Diese lehrt uns, dass der Sternenhimmel *oben* dem Zifferblatt jener kosmischen Weltenuhr entspricht, die uns anzeigt, wie spät es *unten* in der Menschenwelt ist. Alles hängt mit allem zusammen. Zwischen den oberen Planetenständen und dem Menschenschicksal unten auf der Erde besteht demnach nicht ein ursächlicher Zusammenhang, sondern eine zeitgleiche und gleichzeitige Entsprechung.

Das zweite Entsprechungsgesetz heißt: *Wie innen – so außen*. Im irdischen Leben verhält sich die einwärts gekehrte Seite unserer verborgenen Innenwelt zur nach außen gewendeten Seite der sichtbaren Außenwelt ähnlich wie die konkave Seite einer Linse zur konvexen. Beim Tod erfolgt ein Seitenwechsel, so dass das Innere zum Äußeren wird. Die bisherige innere Erlebniswelt wird zur äußeren Erfahrungswelt. Daher begegnet der Verstorbene im Jenseits seinem eigenen Tun in Gedanken, Worten und Werken. Dort wird er seinen eigenen Taten und Untaten gegenübergestellt. Diese kommen auf ihn zu oder holen ihn ein. Auf diese Weise wird die eigene Innenwelt gleichsam auf eine astrale Leinwand nach außen projiziert. *Jakob Böhme* vertiefte diesen Gedanken mit folgenden Worten: „Der rechte Himmel, da die Seele hingelangt, ist ihr eigener innerer Himmel. Jeder Mensch ist sein eigener Gott und sein eigener Teufel. Himmel und Hölle sind nicht außen, sondern in ihm, und es liegt bei ihm, wem er sich zuwendet." Ähnlich sah es *Rudolf* Steiner: „Wenn der Mensch seinen physischen Leib abgelegt hat, dann werden die Gedanken in einer eigenartigen Weise zu einer äußeren Realität. Das ist das erste Erlebnis, welches der Verstorbene in der geistigen Welt hat, dass er die Gedanken wie losgelöst von sich empfindet, dass sie draußen, gleichsam außerhalb seiner Seele sind, wie in dem Leben zwischen Geburt und Tod die sinnlichen Gegenstände draußen sind. Es ist wie ein Hinauswandern der Gedanken in eine seelische Außenwelt." (40) Diese Gesetzmäßigkeit weist uns darauf hin, dass sowohl in der Diesseitswelt als auch in der Jenseitswelt das Äußere dem Inneren und das Innere dem Äußeren entspricht. So sieht es auch der Anthroposoph *Martin Burckhardt*. Seiner Ansicht nach beginnt das erste Jenseitserlebnis damit, dass der Verstorbene „seine bisherige Innenwelt, seine Erinnerungsgedanken und Vorstellungen als Panorama-Bilder um sich herumgestellt sieht. Im weiteren erlebt er seine Gefühlswelt und alles Begierdehafte als ‚verzehrendes Feuer' und ‚dämonischen Schatten', seine Gedanken umgeben ihn als elementare Wesen. Sein eigenes bisher verborgenes Inneres, seine innere Moralität wird zur offenbaren äußeren Physiognomie, die von anderen Wesen unmittelbar wahrgenommen wird." (41) So ist die jenseitige Sphäre, von der man nach dem Übergang angezogen wird, nicht etwas Äußeres. Vielmehr ist es das nach außen verlagerte Innere des eigenen Bewusstseinszustandes.

Während unseres Erdenlebens richten wir unsere Aufmerksamkeit mehrheitlich auf äußere Geschehnisse. Nach unserem Eintritt in die jenseitige Geisteswelt aber ist maßgebend, was in unserer Innenwelt geschieht. Deshalb konnte die kleine Anna sagen: „Das meiste bei einem Menschen ist außen; das meiste bei einem Engel ist innen." (42) In einer Jenseits-Durchsage teilt die verstorbene Nonne *Frances Banks* ihrer medial begabten Freundin *Helen Greaves* mit: „Ich bin innen und blicke nach außen. Ich habe immer noch dieselben Erfahrungen, dieselben Probleme, dieselben Hoffnungen und sogar größere und weitere Arbeitslust. Ich sehe das alles, nur jetzt von einem ganz anderen Blickwinkel aus und mit viel größerem Verständnis." (43) Die geistig aufgeschlossenen und lernwilligen Wesen kommen dabei leichter vorwärts als jene, die weiterhin an ihren sturen Ideen und Irrtümern festhalten. Dies belegt auch folgende Beobachtung: „Die Geistseele tritt so, wie sie im Augenblick des Todes beschaffen ist, mit all ihren positiven und negativen Erfahrungen und Eigenschaften in die jenseitige Daseinsform." (44) Zahlreiche Jenseitserfahrungen zeigen, dass diese in der Regel noch für längere Zeit beibehalten werden. Diese Sicht der Dinge widerspricht weitgehend den theologischen Spekulationen des Jesuiten *Ladislaus Boros,* der in seinem Buch „Mysterium mortis" annimmt, dass jeder Mensch im Augenblick des Todes mit klarem Bewusstsein und freier Erkenntnis seine letzte, endgültige Entscheidung für oder gegen Gott trifft. (45)

Schließlich heißt eine dritte Variante des Entsprechungsgesetzes: „*Wie im Großen, so im Kleinen*" oder „*Wie im Teil, so im Ganzen*". Dies lässt sich bereits am Lebendigen erkennen. So ist nach neuesten biologischen Erkenntnissen in jeder Körperzelle und in jedem Blutblättchen der gesamte Bauplan eines Lebewesens enthalten. Ebenso lehrt uns die Physiognomik, dass am menschlichen Ohr von Geburt an die gesamte Konstitution des Menschen abgebildet ist. Wie die neuesten Forschungsergebnisse der Nobelpreisträger für Medizin des Jahres 2012, des Briten *John Gurdon* und des Japaners *Shinya Yamanaka*, bewiesen haben, lässt sich auch jede Körperzelle eines erwachsenen Menschen durch einen genetischen Trick in eine ursprüngliche Stammzelle umprogrammieren, die am Anfang der embryonalen Entwicklung steht. (46)

Auch im geistigen Sinne gilt: Wer über Kleines treu sein kann, der ist es auch im Großen. Aus dem Kleinsten erwächst uns das Große. Deshalb verglich *Jesus* in seinen Gleichnisreden das Himmelreich mit einem winzigen Senfkorn. (Mt 13, 31-12) Auf die Frage der Jünger, wer der Größte sei im Himmelreich, wies er auf die Demut und Bescheidenheit eines kleinen Kindes hin und sagte: „Wer so wenig aus sich macht wie dieses Kind, der ist in der neuen Welt Gottes der Größte." (Mt 18, 1-5) *Goethe* hat dem Entsprechungsgesetz in „Gott und Welt" das folgende kleine Gedicht gewidmet:

Müsset im Naturbetrachten
Immer eins wie alles achten:
Nichts ist drinnen, nichts ist draußen.
Denn was innen, das ist außen.
Drum ergreifet ohne Säumnis
heilig öffentlich Geheimnis.

8.4 Das Gesetz der Anziehung

Nach dem Überschreiten der Todesschwelle wird der Mensch von jener jenseitigen Sphäre angezogen, die seinem geistigen Entwicklungsstand entspricht. Wir erkennen hier das Anziehungsgesetz. Wir können es auch das Sympathiegesetz nennen. Der Theosoph *Charles Leadbeater* sprach vom Gesetz der „Sympathieschwingung". (47) Unter *Sympathie* (gr. „*syn*": gleich, „*pathein*": empfinden) ist jene Kraft zu verstehen, die Ähnliches und Gleiches gegenseitig anzieht. So sind Menschen sich sympathisch, die gleichzeitig im gleichen Sinn denken, fühlen und empfinden. Was uns ähnlich ist, das ziehen wir an. Dies gilt sowohl für die Bewohner der hohen Lichtwelten als auch für die Einwohner der tiefen Dunkelwelten. Entsprechend ihrer geistigen Eigenschwingung ziehen sie sich gegenseitig an. *Immanuel Kant* hat diese Gesetzmäßigkeit in seinen „Träumen eines Geistersehers" erläutert, indem er darauf hinwies, dass sich die Guten schon zu Lebzeiten in der Gesellschaft der Guten aufhalten, sich aber noch nicht darin erkennen. Nach dem Tod sind sie wie zuvor in der Gesellschaft der Guten. Jetzt aber sehen sie sich darin. Und das ist der Himmel. Desgleichen befinden sich die Bösen schon im Diesseits in der Gesellschaft der Bösen, doch sehen sie sich noch nicht darin. Nach dem Tod sind sie im Jenseits immer noch unter Gleichgesinnten. Jetzt aber sehen sie sich darin. Und das ist die Hölle." (48)

Einen jeden zieht es im Jenseits an den Ort, der ihm gemäß ist, ohne dass vorher ein göttliches Richterurteil erfolgen müsste. Zu vergleichen ist dies mit einem Ballon, der ein Gas enthält, das leichter ist als Luft. Wird er losgelassen, steigt er so lange, bis der Druck des inneren Gases mit dem Druck der äußeren Luftschicht übereinstimmt. Dort bleibt er stehen. So wird auch ein Mensch nach dem Tod in jener äußeren Sphäre ankommen und dort vorerst bleiben, die seinem inneren Geisteszustand entspricht. Dort, wo sich ein Mensch gesinnungsmäßig im Diesseits aufhält, auf der gleichen Gesinnungsebene, wird er nach seinem Tod im Jenseits ankommen. Den gleichen Gedanken finden wir bei *Arthur Findlay*: „Sind unsere Gedanken rein, so werden wir bei den Reinen wohnen, sind sie böse, so wird unser Platz bei den Bösen sein." (49) Der hellsichtige *Maurice Barbanell* weiß zu berichten: „Wenn wir sterben, werden wir zu der geistigen Sphäre hingezogen, die unserer Wesensart entspricht, die wir als Ergebnis unseres Lebens entwickelt haben. Wir kommen in keine höhere Sphäre als in diejenige, für die uns unser geistiger Reifegrad bestimmt. Niemand kann für sich eine geistige Höhe beanspruchen, die er in sich nicht verwirklicht hat." (50)

Durch das Anziehungsgesetz kommt es in der Jenseitswelt zur Bildung von gleichgesinnten Gruppen. So berichtet die ehemalige Lehrerin und Psychologin *Frances Banks* ihrer Freundin *Helen Greaves* aus dem Jenseits: „Die sich entwickelnde Wesenheit oder Individualität wird gemäß dem Gesetz der Anziehung durch die Kraft einer so weit fortgeschrittenen Gruppe angezogen, deren Bewusstseinsintensität der Stufe ihres Aufnahmevermögens entspricht." (51) So fühlt sich jedes Wesen im Jenseits von jener Umgebung angesprochen, angezogen und aufgenommen, die in ihrer äußeren Ausstattung seinem inneren Geisteszustand entspricht. Dies meint folgende Geschichte: „Eine Frau verirrte sich nach ihrem Tod in einer Gegend, die ihr unbekannt vorkam. Sie befand sich in einer weißen Stadt mit weißen Häusern und weißen Straßen. Deren Bewohner trugen weiße Kleider und sprachen eine Sprache, die ihr fremd war. Während sie dort hilflos herumwanderte, hörte sie ständig eine Stimme in ihrem Inneren, die ihr zuflüsterte: „Suche die braune Straße!" Eine solche fand sie endlich am Rande der weißen Stadt. Wie sie dieser folgte, kam sie in einer tieferen Ebene zu einer braunen Stadt mit braunen Straßen und braunen Häusern. Dort trugen die Einwohner braune Kleider. In einer Sprache, die sie verstand, wurde sie dort willkommen geheißen."

Nach dem Gesetz der gegenseitigen Anziehung gibt es im Jenseits kein Verheimlichen oder Verstecken. So belehrte *Leopold Engel* seinen Sohn aus der anderen Welt: „Da nun jede hinübergegangene Seele sehr schnell ein Äußeres erhält, das ihrem Inneren entspricht, so weiß auch der sie in Empfang nehmende Geist ganz genau, wie weit die Seele fortgeschritten ist und in welcher Region seiner Sphäre er diese einführen kann, oder ob sie überhaupt nicht aufgenommen werden darf und den vielfachen Besserungsanstalten zugewiesen werden muss, damit diese zunächst geläutert werde." (52)

Bei der Begegnung mit jenseitigen Verwandten spielt die Seelenverwandtschaft die wichtigere Rolle als die irdische Blutsverwandtschaft. Es gibt auch im Jenseits ein Gefühl der Zugehörigkeit, das Gleichgesinnte verbindet. Dass Liebende sich gegenseitig anziehen, ist ebenso klar wie der Umstand, dass sich Hassende gegenseitig abstoßen. Es sei denn, dass sie aus karmischen Gründen aneinander gebunden sind, um gegenseitig an sich etwas zu vollenden oder zu vollstrecken, was im Leben ungelöst und unerlöst geblieben ist. Wo schon im irdischen Leben eine innige Seelenverbindung bestand, die aber aus schicksalsgegebenen Gründen nicht zum Tragen kam, kann diese im Jenseits erneut aufleben und erkannt werden. Dies kann der Fall sein bei Geschwister- und Dualseelen, die immer schon zusammengehörten und seit langem zueinander unterwegs waren. (53) Das Band, das Gleichgesinnte zusammenführt und zusammenhält, ist vor allem das Band der wohlwollenden Gedanken füreinander, das als Liebe bezeichnet werden darf. *Shaw Desmond* erkannte bei seinen Jenseitsschauungen: „Eines der Lebensgrundgesetze in allen astralen Welten ist dies, dass nur Wesen gleicher Schwingung, das heißt, gleicher Gedanken- und Gefühlsrichtungen, sich einander nähern können." (54)

Niemand kommt nach seinem Tod in eine andere Jenseitssphäre als in jene, die zu ihm passt. Hier gilt das Gesetz: „Was zu dir gehört, das kommt dir zu." Gleiche Schwingungen und Gesinnungen ziehen sich gegenseitig an. Eine jenseitige Bewohnerin erklärte auf medialem Weg: „Daher kommt es, dass die Wesen, die zu uns herüberkommen, ganz von selbst auf dem richtigen Platz landen." (55) In seinem „Tagebuch von drüben" berichtet *T. A. Lawrence* aufgrund eigener Jenseitserfahrungen, dass wir auch in der anderen Welt nur mit jenen Wesen in eine dauerhafte Verbindung treten können, mit denen uns eine gedankliche Ähnlichkeit und eine gefühlsmäßige Übereinstimmung verbindet. (56) Zum gleichen Schluss kommt der Nahtod-Forscher *Bernard Jakoby*: „Es ist die Kraft der Gedanken, die uns trägt und bestimmt, an welchen Ort die Seele gelangt. Gleiches zieht Gleiches an, und so finden sich Geistwesen zusammen, die ähnliche Überzeugungen oder Glaubenssysteme haben." (57)

In seinem Buch „Geister sind unter uns" schreibt der Jenseitskundige *James van Praagh*: „In den geistigen Reichen aber werden wir von einer Dimension der Gleichgesinntheit angezogen und damit auch von Seelen, die unsere Standpunkte teilen und sich auf derselben Entwicklungsstufe befinden wie wir. Mit unseren Gedanken, Worten und Taten erfinden wir unsere Welt, so dass die Art und Weise, wie wir unser Leben führen, darüber entscheidet, wo wir nach unserem Entschlafen landen." (58) Dies ist die Gerechtigkeit, die sich nach geistigen Gesetzen wie von selber einstellt. Es ist daher ratsam, schon auf Erden mit der guten Geisterwelt in Verbindung zu kommen, mit ihr in Sympathie, ja in Freundschaft, in Verbindung zu treten und sich der Führung hoher Engelwesen anzuvertrauen.

8.5 Gleichgestimmte Schwingungswelten

Von *Hermes Trismegistos* stammt der Lehrsatz: „Alles ist in Schwingung, nichts ist in Ruhe". (59) *Heraklit* gelangte vor mehr als 2000 Jahren zur gleichen Erkenntnis: *panta rhei* – alles fließt, alles bewegt sich. Wenn gleichschwingende Kräfte sich gegenseitig beeinflussen, sprechen wir von *Resonanz* (lat. *resonare*: widerhallen, widertönen). Solches geschieht, wenn wir eine bestimmte Saite einer Harfe anschlagen. Dadurch entsteht eine Tonschwingung, die imstande ist, die gleichgestimmte Saite bei anderen Harfen, die in der Nähe sind, zum Tönen zu bringen. Dasselbe lässt sich auch wahrnehmen, wenn wir eine von zwei Stimmgabeln anschlagen. Sogleich wird auch die benachbarte zur Eigenschwingung angeregt.

Aus dieser physikalischen Gesetzmäßigkeit leitete der englische Biologe *Rupert Sheldrake* seine Theorie von den „morphogenetischen Feldern" ab. Er schreibt: „Zu einer energetischen Resonanz kommt es dann, wenn ein System unter den Einfluss einer alternierenden Kraft gerät, die mit seiner natürlichen Schwingungsfrequenz übereinstimmt." (60) Weil alles in unserem Universum schwingt, gilt das Resonanzgesetz auf allen Ebenen des Seins, und zwar im Diesseits wie im Jenseits.

Weiter lässt sich beobachten: Wenn zwei oder mehrere Energiefelder miteinander in Resonanz treten, verstärken sie sich gegenseitig. Dies geschieht sowohl im harmonischen Zusammenwirken von Menschen in Partnerschaft, Familie und Gesellschaft als auch bei der Arbeit, beim Sport oder in politischen und religiösen Gemeinschaften, wo es gilt, Kräfte gebündelt einzusetzen und auf ein gemeinsames Ziel hinzulenken. Jeder Gegenstand, jede Zelle, jedes Organ aber auch jede Gefühlsregung und jeder Gedanke hat seine Eigenschwingung. Dort, wo diese mit der Eigenschwingung einer anderen Wesenheit übereinstimmt, entsteht eine gleichgestimmte Schwingungswelt. *Manuela Oetinger* weist uns darauf hin, dass die Energiefelder des Menschen durch Resonanz in Schwingung gebracht werden, „wenn sie mit gleichgearteten Energien eines anderen Wesens in Berührung kommen". (61) Diese gegenseitige Beeinflussung ist sogar bei größerer Entfernung durch telepathisches Fernfühlen möglich, was oft bei eineiigen Zwillingspaaren beobachtet wird, selbst wenn diese räumlich voneinander getrennt sind. (62)

Jedes Lebewesen reagiert nur auf jene äußeren Einwirkungen, für die es in seinem Inneren eine entsprechende Resonanzfähigkeit besitzt. Der Wert einer Sache oder Person hängt daher von unserer persönlichen Wertschätzung ab. Von unserer Umwelt her kann uns nur das wirklich beeindrucken und beeinflussen, für das wir inwendig einen empfangsbereiten Sensor haben. Daher ist der Satz berechtigt: „Sage mir, mit wem du umgehst, und ich sage dir, wer du bist." Aus dieser Resonanz ergibt sich auch die Geistesverwandtschaft unter Gleichgesinnten und deren sprachliche und sprachfreie Verständigung auf der gleichen Erlebnisstufe. Jede Resonanz besitzt eine formbildende Kraft, welche die Umwelt zu gestalten vermag. Daher fühlt sich ein Wesen nur in jener Umgebung wohl, die seinem eigenen Schwingungsbild entspricht.

Sowohl die diesseitigen als auch die jenseitigen Welten sind aufgebaut auf der Grundlage des Resonanzgesetzes. So prägt die Eigenart einer

Landschaft den Charakter und die Sprache der Menschen, die dort heimisch sind. Auf die gleiche Weise bilden sich im Jenseits unterschiedliche Sphären und Ebenen, welche durch die Geisteshaltung der dortigen Bewohner geformt werden. Auf das Jenseits bezogen heißt dies, dass Geistwesen durch ihr Denken und ihre Gesinnung die ihnen gemäße Umwelt selber schaffen. Daraus ergeben sich die Zustände von Himmel oder Hölle.

Gleichartige Schwingungsfelder durchdringen sich gegenseitig, ohne sich zu beeinträchtigen, während ungleiche sich gegenseitig abstoßen. So kann es sein, dass sich in einer Wohnung Wesenheiten aus unterschiedlichen Schwingungswelten aufhalten, ohne sich gegenseitig zu stören. Es kommt sogar vor, dass in einem Zimmer ein Mensch und ein jenseitiges Geistwesen auf dem gleichen Stuhl sitzen, ohne dies zu bemerken, wie dies *Pier Hänni* im Buch „Wanderer in zwei Welten" beschrieben hat. (63)

Je höher die Eigenfrequenz eines ausgesendeten Gedankens ist, desto stärker ist seine Ausstrahlungskraft und entsprechend weitreichend seine Resonanzwirkung. Ein konzentrierter Schöpfungsgedanke hat eine weit größere Reichweite als ein banaler Alltagsgedanke. In seinem Buch „Gesetz der Resonanz" nimmt *Pierre Franckh* an, dass sich auf diese Weise in der Außenwelt unsere Wünsche verwirklichen lassen, dass wir Harmonie zwischen den Menschen bewirken und sogar unsere Zukunft beeinflussen können. (64) Eindrückliche Beispiele hierfür lesen wir in dem von *Emmanuel Jungclaussen* herausgegebenen Buch „Aufrichtige Erzählungen eines russischen Pilgers". (65) Dort ist die Rede von einem jungen russischen Pilger, der jahrelang einsam durch die Weiten der Steppen und Wälder seines Landes wanderte. In einem Kloster gab ihm ein Mönch das Geheimnis des Herzensgebetes mit auf den Weg. Gleich einem christlichen Stoßgebet oder einem indischen Mantra sollte er nach der Tradition der Wüstenväter ohne Unterlass und im Rhythmus des Atmens das Gebet meditieren: „Herr Jesus Christus, erbarme dich meiner." Dadurch würden, so sagte der fromme Starez, durch die innere Resonanz dieser Worte in ihm und um ihn wohlgesinnte Schwingungen und Stimmungen erzeugt, die Seelenfrieden und Harmonie bewirken. Außerdem sollten diese ihn und andere vor böswilligen äußeren Anfeindungen und inneren Anfechtungen bewahren. Diesen Rat befolgte der junge Mann und erfuhr dabei eine nie geahnte Heiterkeit und einen bisher nicht gekannten Seelenfrieden. Wo der junge Wanderer auch hin kam, überall verströmte er bei den Menschen aus seiner inneren Haltung und Einstellung heraus Wohlwollen und Versöhnlichkeit. Allein durch seine Anwesenheit konnte er Streit schlichten, seelische und körperliche Schmerzen lindern und manchmal sogar Krankheiten heilen. Solches erfährt jeder, wie ich selbst mehrmals beobachten konnte, der diese einfache, aber wirksame Gedankenübung regelmäßig anwendet.

Das Resonanzgesetz wirkt auch in den höheren Schwingungswelten weiter. Dabei haben Wesen in hohen Bewusstseinsfeldern eine viel stärkere Ausstrahlung als Wesen auf niederen Bewusstseinsebenen. In den niederen Schatten- und Dunkelwelten herrscht eine düstere bis finstere Stimmung. Deren Bewohner haben kaum Kontakt miteinander. Sie fühlen sich weitgehend allein gelassen. Der Jenseitsforscher *Christophor Coppes* hat erfahren: „Insgesamt entsteht der Eindruck von Isolation, Einsamkeit, Verzweiflung und sogar völliger Verlassenheit. Mehr noch, es herrscht ein Gefühl der Ablehnung und des Hasses sowie eine Atmosphäre ständiger Gefahr und Gewalt." (66) Dies entspricht jener negativen Schwingung, die diese übel gesinnten Wesen als Menschen auf Erden um sich verbreitet haben. Nach einem Jenseitsbericht von *Leopold Engel* kann eine Seele „nur auf jene Seelen einen positiven Einfluss ausüben, die ihr gleichgesinnt sind". (67) Kein Wesen vermag auf eine höhere Daseinsstufe zu gelangen, die seiner geistigen Eigenschwingung nicht angepasst ist. Dagegen können höhere Geistwesen in tiefere Sphären hinabsteigen, um jenen zu helfen, die sich noch in tieferen Dunkelwelten aufhalten. Dies ist auch der Grund, warum ein Engel durch seine lichtvollen Gedanken eine viel stärkere Wirkkraft zu entfalten vermag als ein dämonischer Geist mit seinem niederträchtigen Denken. Die gegenseitige Resonanz besitzt auch eine gemeinschaftsbildende Kraft. Durch sie werden in der geistigen Welt nur jene zusammengeführt, die gesinnungsmäßig zueinander gehören und schwingungsgleich zueinander passen. Dieses Gesetz gilt auf allen jenseitigen Ebenen ohne Unterschied. „Man kann nur erwarten, mit solchen Geistern in Verbindung zu treten, mit denen diese Gleichartigkeit besteht." Dies versichert *Thomas E. Lawrence* aus eigener Jenseitserfahrung in seinem „Tagebuch von drüben". (68)

8.6 Erholungs- und Anpassungsschlaf

Was mit uns unmittelbar nach dem Tod geschieht, darüber gehen die Meinungen noch heute stark auseinander. Während die jüdische und die evangelische Theologie mehrheitlich an der Theorie vom Todesschlaf bis zur Auferstehung am Jüngsten Tag festhalten, ist die katholische und die islamische Glaubensrichtung eher der Ansicht, dass sogleich nach dem Übergang in die andere Welt das persönliche Gericht vor dem Throne Gottes stattfindet und am Ende der Zeiten das allgemeine Weltgericht erfolgt. Ganz anderer Ansicht, weist die heutige Jenseitskunde als Erfahrungswissenschaft immer wieder darauf hin, dass viele Verstorbene nach ihrem Eintritt in die Jenseitswelt nichts Derartiges erleben, sondern zunächst in den Genuss eines kürzeren oder längeren Erholungs- und Anpassungsschlafs kommen.

Die heute überholte Ansicht, dass die Verstorbenen in der Erde ruhen und schlafen, war sowohl bei den alten Ägyptern als auch beim israelischen Volk verbreitet. Eine reich ausgestattete Grabkultur wurde während mehreren Jahrtausenden im Land des Nils gepflegt, wovon die Pharaonengräber im „Tal der Könige" in Oberägypten noch heute Zeugnis ablegen. Auch *Platon* verglich den Tod mit dem Schlaf. Vom *Todesschlaf* der Entschlafenen ist an einigen wenigen Stellen der Bibel die Rede. So heißt es im Buch Daniel: „Viele, die in der Erde schlafen, werden erwachen, die einen zu unvergänglichem Leben, die anderen zu ewiger Schmach und Schande." (Dan 12, 2) Der Apostel *Paulus* schrieb an seine Gemeinde in Thessaloniki in Bezug auf die Endzeit: „Wenn Gottes Befehl ergeht, der oberste Engel ruft und die himmlische Posaune ertönt, wird der Herr selbst vom Himmel kommen. Zuerst werden dann alle, die im Vertrauen auf ihn entschlafen sind, aus dem Grabe auferstehen." (Th 4, 16) *Paulus* spricht mehrmals vom „Entschlafen" und von den „Entschlafenen". (69) Damit war nicht im Sinne der jüdischen Sadduzäer das endgültige „Aus" des Menschen gemeint. Die Pharisäer verstanden darunter vielmehr einen schlafähnlichen Zwischenzustand, in dem die Seele zur Ruhe kommt und frei bleibt von allen irdischen Sorgen bis zur Auferstehung. Auch im Koran wird in der Sure 35 „Al Fatir" darauf hingewiesen, dass die Verstorbenen sich in einem unbewussten Schlafzustand befinden, „so dass jene, die in den Gräbern sind, nichts sehen und nichts hören". (70)

Gemäß dem Koran ist die Auferweckung aus dem Zustand des Todesschlafes als eine Neuerschaffung durch Gott am Ende der Zeiten zu denken. (Sure 17,50-52) „Der Tod ist wie ein tiefer, traumloser Schlaf. Die Toten werden wieder erschaffen mit den Erinnerungen, die sie im Augenblick des Todes hatten, und so wird es ihnen scheinen, als geschähe die Auferweckung unmittelbar nach dem Tod." (71)

Martin Luther hat bei seinen Tischgesprächen diesen Gedanken vom Todesschlaf wieder aufgenommen, indem er darauf hinwies, dass die Entschlafenen im Totenreich „nichts wissen und uns nicht hören". (Pr 9,5) Dabei stützt er sich auf die altjüdische Vorstellung vom Schattenreich des Todes, in dem die Verstorbenen „ohne Kraft, ohne Licht, ohne Wissen, ohne Möglichkeit des Handelns" wie im Chaos und Dunkel der finsteren Todesnacht dahinvegetieren. (Hiob 10,21-22) So kam *Luther* zu der irrigen Ansicht über die Verstorbenen: „Sie fühlen oder sehen nichts, und wenn sie aufgeweckt werden, wissen sie nicht, wo sie gewesen sind." Er hielt den Tod für einen „feinen, süßen, kurzen Schlaf". Über die Verstorbenen sagte er: „Sie ruhen wie in einem Ruhebettlein, befreit von Angst und Not, ohne alle Sorgen." (72) In den evangelischen Kirchen ist dieser Gedanke an den Todesschlaf heute noch lebendig. Dieser wird mit dem veralteten biblischen Menschenbild erklärt, wonach Körper und Seele eine untrennbare Einheit bilden sollen. Daraus wird fälschlicherweise gefolgert, dass auch die Seele ihre Existenz aufgibt, sobald der Körper stirbt, als würden sie ungetrennten siamesischen Zwillingen gleichen. Diese Vorstellung führt unweigerlich zur falschen Ganztod-Theorie, wie sie in neuerer Zeit von mehreren bekannten evangelischen Theologie-Professoren vertreten und gelehrt wurde. (73)

Eng verbunden mit dem Gedanken, dass unsere Verstorbenen in der Erde ruhen und schlafen, ist der Glaube an die *Auferweckung* am Jüngsten Tag und die *Auferstehung des Fleisches*. Wohl aus diesem Grund verlangte bis vor wenigen Jahren der katholische Begräbniskult die Erdbestattung und verbot die Einäscherung.

Ein *Erholungsschlaf* wird vor allem jenen Verstorbenen zuteil, die nach längerem irdischen Leiden seelisch ermattet und ermüdet in der neuen Welt ankommen. *Shaw Desmond* hat erfahren: „Gewöhnlich wird der Neuankömmling in der Astralwelt in einem dortigen Heim oder in einer Herberge einen Erholungsschlaf halten, der manchmal sehr kurz und manchmal aber auch sehr lange – nämlich einige Jahre – dauern kann. Erst nach diesem Schlaf ist die Seele für gewöhnlich fähig und bereit, das neue Dasein in einem neuen Lande zu beginnen." (74) Lange Krankheiten vor dem Übergang in die Geistige Welt wirken schwächend auf den geistigen Zustand, so dass dieser in der Jenseitswelt wieder aufgebaut werden muss. Jeder Fall wird von den Helferengeln individuell behandelt. Während des erholsamen und heilenden Schlafzustandes ruht der Geist völlig aus. Es gibt keine Angst- und Fieberträume mehr. Aus eigener Erfahrung erläutert der verstorbene Monsignore *Robert Hugh Benson*: „Die Patienten, die auf ihren Betten ruhen, sehen sehr friedlich aus. Sie werden ständig beobachtet, und bei den ersten Anzeichen des wiederkehrenden Bewusstseins werden andere Helfer hinzugerufen, so dass alles für das volle Erwachen vorbereitet ist. Einige pflegen nur teilweise aufzuwachen, um dann wieder in den Schlummer zurückzufallen." (75) Schließlich dient dieser Schlafzustand, ähnlich dem künstliche Koma bei einem schwer Erkrankten oder Verletzten, der Ruhigstellung und Ablösung von irdischen Abhängigkeiten. Danach fühlen sich die Erwachten viel freier, gelöster und gestärkter als zuvor.

Oft wird in Jenseitsberichten mitgeteilt, dass die Schlafenden von helfenden Geistern umsorgt werden, die ihnen astrale Stärkungsmittel zukommen lassen. Manchmal ist es so, dass die Erholungsbedürftigen nicht schlafen, sondern einfach ausruhen. *Werner Schiebeler* kam in einer medialen Sitzung mit einer verstorbenen Frau ins Gespräch, die nach ihrem Sterben von ihrem Schutzgeist in ein jenseitiges Haus geleitet wurde, wo sie sich ausruhen konnte. Sie erinnerte sich: „Eine herrliche Ruhezeit erwartete mich hier. Sie dauerte einige Zeit, und das Erquickende dieser Zeit schien mir so köstlich, wie ich nie auf der Erde so etwas erlebt habe." (76) Aus der gleichen Quelle stammt der Bericht einer Frau, die mit achtzig Jahren starb. Sie soll nach ihrem Tod in der jenseitigen Welt lange geschlafen haben, weil ihr irdisches Leben sehr mühsam gewesen sei. Sie erzählte, wie zwei weibliche und drei männliche Geistwesen sich während des Genesungsschlafes um sie bemühten, um sie von ihrem Erdenleben zu lösen, aber auch, um ihr erste Belehrungen über ihr Unbewusstes zu erteilen. (77) Von jenen Verstorbenen, die sich im Leben durch ihren Unglauben sowie durch ihre Untaten und Verbrechen schwer belastet haben, wird berichtet, dass diese sich über längere oder kürzere Zeit in den Dunkelwelten in einem unbewussten Dämmerzustand befinden, um sich erst langsam ihrer wahren Situation bewusst zu werden. Schließlich kommt es darauf an, ob sie ihre Verfehlungen einsehen und Hilfe von oben beanspruchen wollen. Ist dies nicht der Fall, verbleiben sie dort, wo sie sind, in einer Art Verbannung, bis sie schließlich zu besserer Einsicht gelangen.

Der *Eingewöhnungsschlaf* dient dazu, um die im Jenseits angekommenen Seelen den neuen Verhältnissen und Daseinsbedingungen anzupassen. Es ist, als wenn wir nach einer langen Auslandsreise zu Hause ankommen und eine gewisse Erholungszeit brauchen, um uns an die altvertraute Umwelt wieder zu gewöhnen. Hierzu ist es erforderlich, die bisherige niedere irdische Schwingung auf eine höhere jenseitige Frequenz umzuschalten. In einem Jenseitsbericht von *Anthony Borgia* heißt es von Verstorbenen: „Unmittelbar nach ihrem ‚Tod' werden sie sanft in einen tiefen Schlaf versetzt. In einigen Fällen schließt sich unmittelbar nach dem physischen Tod die Angewöhnung an, so dass keine Unterbrechung entsteht." (78) Diese Eingewöhnung an die neuen Jenseitsverhältnisse ist auch für jene von Bedeutung, die weitgehend unwissend oder gar irregeführt drüben ankommen. Bevor diese von zuständigen Geistwesen in das Grundwissen über das Weiterleben nach dem Tod eingeführt werden, gönnt man ihnen einen kurzen oder längeren Schlaf, um sich den neuen Daseinsschwingungen anzupassen. Je wacher und erwachter die Verstorbenen in der neuen Welt ankommen, umso rascher werden sie sich an die neuen Lebensbedingungen gewöhnen. Wichtig scheint dies auch für jene zu sein, die unvorbereitet und unerwartet abberufen werden. Von diesen weiß der ehemalige katholische Priester *R.H. Benson* über das Medium *Anthony Borgia* zu berichten: „Das Hinübergehen war so plötzlich gewesen, dass es für die ‚Verschiedenen' keine Unterbrechung in ihrem Leben gegeben zu haben schien. Solcher Menschen nehmen sich sogleich jene Gruppen von Seelen an, die alle ihre Zeit und ihre Kraft gerade solcher Arbeit widmen. In der Ruhehalle konnten wir jetzt die Ergebnisse ihrer Mühen sehen. Hätten so viele dieser Seelen wenigstens nur ein bisschen von den geistigen Dingen gewusst, wäre ihr Erwachen um so vieles glücklicher gewesen." (79) Ihre Erdgebundenheit fesselt sie oft noch lange an ihre früheren Denkgewohnheiten und Verhaltensmuster. Solange diese nachwirken, ist die Geistseele nicht bereit, sich neuen Erkenntnissen zu öffnen. Bis sich die Abgeschiedenen von ihren irdischen Bindungen und Abhängigkeiten lösen können, braucht es seine Zeit. Die Dauer dieses Eingewöhnungsschlafes kann, je nach dem im vergangenen Erdenleben erreichten geistigen Entwicklungsstand, wenige Tage, aber auch mehrere Wochen, Monate und sogar viele Jahre dauern.

Während des jenseitigen Schlafzustandes, der mehrmals durch kurzes

Aufwachen unterbrochen sein kann, findet eine energetische Verwandlung statt, die den Verstorbenen von seinen grobstofflichen Hüllen befreien soll. Es werden ihm ab und zu stärkende Energien zugeführt, die ihn verjüngen sollen. Danach fühlt er sich gesund und befreit von bisherigen körperlichen und seelischen Behinderungen und Leiden. Erst jetzt wird er fähig, sich den Erwartungen der Jenseitswelt zu stellen. Bewusstsein und Sinnesfähigkeit, die vorübergehend ausfielen, kehren jetzt zurück. Zur Anpassung an die jenseitige Welt ist es oft notwendig, dass helfende Geister die aus dem Eingewöhnungsschlaf erwachten Wesen über ihren wahren Zustand aufklären, ihnen klar machen, dass sie jetzt gestorben sind und nun nicht mehr der Erdenwelt angehören. Dies ist für jene, die sich im Leben wenig oder überhaupt keine Gedanken machten über das Weiterleben nach dem Tod, nicht leicht einzusehen und bedarf einer grundlegenden Neuanpassung an die jenseitige Welt.

Nun ist die heimgegangene Geistseele bereit für die Lebensrückschau, die sie zu einer ehrlichen Selbstbeurteilung führen soll. Ein persönliches Gericht vor dem „Throne Gottes", wie es die Kirchen lehren, gibt es in diesem Sinne nicht. In keinem einzigen Fall konnte ich in der umfangreichen Jenseitsliteratur, die mir zu Verfügung stand, nur einen einzigen Hinweis finden, wo ein Verstorbener nach seinem Übergang vor den Richterstuhl Gottes oder Christi zitiert worden wäre. (80) Vielmehr wird er in der jenseitigen Welt, in der er sich befindet, hohen *Richterengeln* zugeführt. Diese nehmen Einblick in das „Buch des Lebens", in dem alle wichtigen Daten des vergangenen Erdenlebens eingetragen sind. Nach deren Einsichtnahme erfolgen eine Beurteilung und entsprechende Weisungen für die Zukunft. Dabei geht es nicht so sehr um Strafe und Buße, sondern um Besserung und Wiedergutmachung.

8.7 Auferweckung oder Auferstehung

An diesen beiden Begriffen „Auferweckung" und „Auferstehung" scheiden sich die Geister in Bezug auf die Frage, wie es nach dem Tod weitergeht. Der evangelische Theologie-Professor *Oscar Cullmann* hält den Unsterblichkeitsglauben für ganz und gar unbiblisch und bezeichnet ihn als das „größte Missverständnis des Christentums". (81) Um dies zu belegen greift er zu einem seltsamen Vergleich, indem er die Lehre *Platons* derjenigen des Apostels *Paulus* gegenüberstellt. *Platon* sah den Tod als Befreier der Seele aus ihrem irdischen Gefängnis. So schildert er das Sterben seines zum Tod verurteilten Lehrers *Sokrates* nicht als schreckliches Erlebnis, sondern als willkommene Gelegenheit, sich aus körperlicher Abhängigkeit zu lösen. (82) Ganz anders sah *Cullmann* den biblischen *Jesus* in seiner menschlichen Todesangst. Für ihn ist der Tod etwas Schreckliches, das nicht zum Leben gehört. Er bangt und zittert im Garten Gethsemane. Vor Todesangst soll er sogar Blut geschwitzt haben. Er fürchtete den Tod als den größten Feind des Lebens und bittet seinen Gott, dass er ihm dieses grauenvolle Schicksal ersparen möge. (Mt 36-46) Gemäß dem Hebräerbrief des *Paulus* soll *Jesus* in einem Gefühl der Gottverlassenheit vor Verzweiflung geschrien und geweint haben. (Heb 5,7) *Sokrates* habe, so nimmt der Theologe an, irrtümlicherweise an das unmittelbare Weiterleben nach dem Tod geglaubt, während *Jesus* um seine totale Vernichtung durch den Tod gefürchtet habe. Nach einer Jenseitsbelehrung wurde *Jesus* am Ölberg von dämonischen Geistern bedrängt und gequält, die ihn von seiner Erlösungstat abhalten wollten, und nicht von seiner Todesfurcht.

Was nun die *Auferstehung* betrifft, soll nach dem christlichen Glaubensbekenntnis der Mensch am Jüngsten Tag in seinem Fleisch wieder auferstehen, und zwar dadurch, dass er durch einen direkten Eingriff Gottes wiederbelebt wird. So war *Thomas von Aquin* noch überzeugt, dass der auferweckte Körper der gleiche sein muss wie der verstorbene, weil Körper und Seele eine Einheit darstellen, damit die Identität des Menschen gewahrt bleibe. Dies ist bis heute für viele Christen auch ein wichtiger Grund für die Ablehnung der Wiedergeburtslehre, die annimmt, dass dem Menschen im nächsten Leben ein neuer Körper verliehen wird. (83) An dieser sonderbaren Auferweckungstheorie wurde von kirchlicher Seite bis in unsere Tage festgehalten. So heißt es noch im Jahr 1963 im „Katechismus der katholischen Kirche": „Die Auferstehung des Fleisches bedeutet somit, dass nach dem Tode nicht nur die unsterbliche Seele weiterlebt, sondern dass auch unser sterblicher Leib (Röm 8,11) wieder lebendig werde." (84) Es fällt auf, dass jene, welche diese Schriftworte wörtlich nehmen, aus religiösen Gründen nur selten bereit sind zur Organspende.

Auch die moderne Ganztod-Theologie geht von der irrigen Annahme aus, dass Körper und Seele eine untrennbare Einheit darstellen. Wenn der Körper stirbt, muss notgedrungen auch die Seele sterben. Nach dieser Theorie, die vor allem von evangelischen Theologen vertreten wird, erfolgt die Auferweckung erst bei der Auferstehung mit Leib und Seele beim großen Weltgericht am Ende aller Tage. Häufig wird dabei die Auferweckung mit der Auferstehung gleichgesetzt. (85) Die biblische Kunde von der *Auferstehung Jesu* am 3. Tag nach seinem Tod gerät heute ebenfalls in Erklärungsnotstand. Nach Ansicht von *Hans Küng* handelt es sich bei der biblischen Erzählung von der Auferstehung *Christi* nicht um ein von außen dokumentiertes historisches Ereignis, sondern um ein innerseelisches Erlebnis nach der Art einer Vision jener, denen der Auferstandene erschienen sein soll. „Zu fotografieren und registrieren gab es nichts." (86) Gleicher Meinung ist der ehemalige Theologe *Thomas Sartory* (geb. 1925), indem er schreibt: „Hätten die Jünger Jesu über die technischen Möglichkeiten des 20. Jahrhunderts verfügt – sie hätten uns dennoch keine Tonbandaufnahmen der Reden des Auferstandenen und weder Foto noch Film seiner ‚Erscheinungen' überliefern können... Es ist der Glaube, der gehört, gesehen und betastet hat; *was* er aber sehend, hörend, tastend erfuhr, lässt sich nicht ‚fixieren'. Was den glaubenden Jüngern begegnete, war etwas überwältigend Wirkliches und doch zugleich etwas Ungreifbares, Unumreißbares, Nichtpräzisierbares." (87) Was die Evangelisten mit unterschiedlichen Einzelheiten in symbolische Erzählungen kleideten, das gilt vielen heutigen Theologen als bloßer Mythos.

Die Antwort auf die Frage, ob die Geistseele sogleich nach dem Tod weiterlebt oder ob sie bis zum Jüngsten Tag in einen Dauerschlaf verfällt, hängt vom jeweiligen Menschenbild ab. Der biblische Glaube an die Auferweckung gründet auf der spätjüdischen Vorstellung von der Leib-Seele-Einheit und vom Todesschlaf. Dies kann durch mehrere Schriftstellen belegt werden. (2 Sam 7,12; Ps 22,30; Dan 12,2.) Entsprechende Hinweise enthält auch das Neue Testament. (Mt 27,52; Jh 6,39) Vor allem finden wir sie in den Paulus-Briefen: 1 Ko 15,4-35; 15, 42-44; Rö 6,4 und Th 4,13. Nach urchristlicher-paulinischer Auffassung ist der Todesschlaf eine Art Wartezeit für jene, die „in der Erde ruhen" (Dan 12,2), die ihren Fleischleib abgelegt haben, aber noch nicht mit dem Auferstehungsleib bekleidet sind. (1 Ko 15,42-44) Nach *Paulus* schlafen die Verstorbenen in der Erwartung, dass sie am Ende der Zeiten bei der Neuerschaffung von Himmel und Erde wieder vom Tode erweckt werden. (Rö 13,11; 1 Ko 6,14; 15,15. Eph 5,14) Dieser Ansicht neigt noch heute die Mehrzahl der evangelischen Theologen zu. Als Termin für diese Auferweckung wird der Jüngste Tag (Jh 12,48) genannt, wenn die Posaune alle Verstorbenen und Lebenden zum Weltgericht ruft. Zwischen dem Tod und der Auferweckung liegt demnach „eine leere Zeitspanne von einer unbestimmten, unvorstellbaren Dauer, in der die Entwicklung der Seele ruht". (88) Dagegen vertritt der Theologe *Josef Finkenzeller* die Ansicht, dass die Auferstehung unmittelbar nach dem Tod geschieht und gleichzeitig ein Endzeitereignis ist. (89)

Die Meinung, der Mensch befinde sich nach seinem Tod bis zum Ende der Welt in einem unbewussten Schlafzustand, widerspricht allen Nahtod-Erfahrungen, wie sie heute in großer Zahl bekannt geworden sind. Erwähnt sei hier die von *Hubert Knoblauch* herausgegebene Sammlung von Tatsachenberichten. (90) Schon *Platon* erzählte in seiner Schrift „Politeia" von einem Soldaten namens *Er,* der auf dem Schlachtfeld zunächst für tot gehalten wurde, nach einigen Tagen aber wieder aus seiner Bewusstlosigkeit erwachte und weiterlebte. (91) Der katholische Theologe *Wilhelm Schamoni* hat im Jahr 1968 eine Sammlung von Fällen aus Heiligsprechungsakten veröffentlicht, in denen es um die „Auferweckungen vom Tode" gehen soll. Dabei handelt es sich durchwegs um Menschen, die nach Unfall oder Krankheit vorübergehend ihren Körper verlassen haben und nach einer gewissen Zeit wiederbelebt werden konnten. Sie sind aus ihrem todähnlichen Zustand ins Leben zurückgekehrt. Dass es sich um ein „Auferwecken" aus einem Schlafzustand handelte, gibt der Verfasser selber zu, wenn er darauf hinweist, dass jene, die wieder in die irdische Welt zurückkamen, sich an nichts erinnern konnten. „Es war ihnen, als wenn sie vom Schlafe und nicht vom Tode erwachten." (92) Es muss sich dabei um Nahtod-Erfahrungen handeln, über die heute medizinisch noch zu wenig Klarheit herrscht und die von der Theologie überhaupt nicht zur Kenntnis genommen werden.

Nach dem christlichen Glaubensverständnis soll die *Auferstehung* erst durch einen neuen Schöpfungsakt Gottes ermöglicht worden sein. Da stellt sich die Frage: Ist hier der physisch-biologische oder der metaphysisch-geistige Tod gemeint? Handelt es sich um den Tod des Körpers, in dem Sinne, dass dessen *Vitalseele* aufhört zu existieren, dann ist die Schlussfolgerung des Apostels falsch, denn der *biologische* Tod ist ein völlig natürlicher Vorgang, den es seit vielen Millionen Jahren schon gab, ehe die ersten Menschen auf unserer Erde lebten. Daher kann dieser Tod nicht der „Sünde Sold" sein. (Rö 6,23) Geht es aber um den *geistigen* Tod, ist dieser Begriff ebenso unrichtig, denn die *Geistseele* ist ein vom Zerfall der Materie unabhängiges und daher unsterbliches, rein geistiges Wesen und kann dem Tod nicht verfallen. Es kann also unter diesem „geistigen Tod" nur die Trennung von Gott nach dem Sündenfall gemeint sein.

Der Gedanke der Auferstehung ist nicht ausschließlich eine christliche Idee. Wir finden ähnliche Hinweise nicht nur in der *Osiris*-Legende der alten Ägypter, sondern auch in den Gathas des *Zarathustra*. (93) Von dort ist der Auferstehungsglaube in die heiligen Schriften der Juden, der Christen und des Islam übergegangen. (94) Für *Hans Küng* ist die Auferstehung *Christi* „völlig unanschaulich und unvorstellbar" und naturwissenschaftlich nicht zu erklären. (95) Nehmen wir aber an, dass die Geistseele des Menschen beim Tod nicht stirbt, weil sie nicht materieller Natur ist wie der menschliche Körper, ist es völlig klar, dass diese danach weiterlebt, als ob sie auferstanden wäre.

Eine einleuchtende Begründung für die sogenannte Auferstehung vermag einzig die Parapsychologie zu liefern. Diese erklärt das sichtbare Erscheinen von Verstorben, das schon mehrfach fotografiert wurde, als *Materialisation* und *Dematerialisation* der Geistseele. Dabei kann sich der feinstoffliche unsichtbare Astralkörper eines Verstorbenen vorübergehend zu einem sichtbaren Körper verdichten. Nach kurzer Zeit, wenn die aufgewendete Energie nachlässt, entstofflicht er sich wieder und entschwindet aus der sinnlichen Wahrnehmung. (96) Ein solches Ereignis bedarf keiner übernatürlichen Erklärung. *Paramahansa Yogananda* schildert in seiner „Autobiographie eines Yogi" die vorübergehende Wiederverkörperung seines verstorbenen Lehrers *Sri Yukteshwar*, am 16. März 1936 in einem Hotel in Bombay. Er erlebte dort die tatsächliche physische Anwesenheit seines verehrten Lehrers. Dass es sich dabei nicht um eine Vision oder Illusion gehandelt hatte, geht aus folgenden Hinweisen hervor: Beide schlossen sich gegenseitig in die Arme, sie spürten ihre lebendigen Körper, sie sprachen miteinander in Bengali. Auf die Frage des Jüngeren, ob sein jetziger Körper das genaue Ebenbild seines früheren Körpers sei, antwortete sein Meister: „Dieser Körper ist aus Fleisch und Blut. Obgleich ich ihn als ätherische Substanz sehe, erscheint er deinen Augen als körperliche Form. Ich habe aus den Atomen des Kosmos einen neuen Körper gebildet, der genau dem physischen Traumkörper gleicht, den du in deiner Traumwelt im Traumsand von Puri begraben hast. Ich bin wahrhaftig auferstanden, doch nicht auf Erden, sondern auf einem Astralplaneten, dessen Bewohner höher entwickelt sind als die Erdenmenschen und daher meinen hohen Ansprüchen besser genügen können. Dort wirst du mit deinen fortgeschrittenen Jüngern einst ebenfalls hinkommen." Über das Sterben und die unmittelbare Auferstehung seines Meisters *Lahiri Mahasaya* im Astralkörper schreibt er an anderer Stelle: „Stundenlang erläuterte er an diesem Tag seinen Jüngern die „Gita". Dann sagte er in seiner schlichten Art: ‚Ich gehe jetzt heim.' Viele der Jünger brachen in Schluchzen aus. ‚Seid getrost; ich werde wieder auferstehen!' Mit diesen Worten erhob sich *Lahiri Mahasaya* von seinem Sitz, drehte sich dreimal im Kreis, setzte sich dann gemäß einem alten vedischen Ritus mit dem Gesicht nach Norden im Lotossitz nieder und ging glorreich in den endgültigen Mahasamadhi ein. Am folgenden Tag, nach der Verbrennung des Körpers, erschien Lahiri Mahasaya in lichtvoller Gestalt und sagte: ‚Aus den Atomen meines verbrannten Körpers habe ich eine neue Form erstehen lassen, die der alten genau gleicht.'" (97)

Der hellsichtige *Erhard Bäzner* berichtet, wie im Zweiten Weltkrieg ein gefallener Soldat sich seinem Freund in lebendiger Gestalt zeigte: „Mit verklärtem Blick kam er ihm freudestrahlend entgegen, so dass ihn der Freund zuerst für lebend hielt und glaubte, er komme, um ihn zu besuchen. Erst beim Näherkommen zeigte sich auf der Brust eine große Wunde, aus welcher Blut strömte. Mit segnend erhobenen Händen schwebte er, seinen Freund liebevoll betrachtend, in die Höhe und verschwand in den Wolken. Nur ein feuriger, goldglänzender Schein, gleich der untergehenden Sonne, war noch einige Minuten zu sehen." (98)

Diese Vorkommnisse können nach heutigem Wissensstand durchaus als Materialisations- und Dematerialisationsphänomene gedeutet werden, nämlich als Verwandlung von feinstofflicher Materie in grobstoffliche und umgekehrt. Dies verhält sich in etwa so, als wenn durch Energiezufuhr festes Eis in flüssiges Wasser und in unsichtbaren Wasserdampf umgewandelt wird. Eine solche Zustandsänderung gilt nicht nur im Bereich der Physik, sondern ist ebenso auf den höherdimensionierten Ebenen der Paraphysik und Metaphysik möglich. (99) Beim Erscheinen des Herrn vor seinen Jüngern muss es sich um eine Re-Materialisation des feinstofflichen Astralkörpers in den grobstofflichen Erdenkörper gehandelt haben. Nach dem Verlassen seines grobstofflichen Körpers wechselte er mit seinem feinstofflichen Körper in die höhere Astralwelt über. (100) Eine ähnliche Erklärung für die Auferstehung vertritt *Armin Risi* mit seiner Involutionstheorie. Diese nimmt an, dass die Wirklichkeit aus mehreren Schwingungsebenen aufgebaut ist. Daher ist es möglich, dass ein grobstofflicher Körper von seiner niederen physischen Ebene in eine höhere Schwingung versetzt wird. Dadurch wird dieser für das menschliche Auge unsichtbar. *Christus* verfügte dank seines hohen geistigen Entwicklungsstandes sicher über diese Möglichkeit. Ebenso besaß er die Fähigkeit, seinen hoch schwingenden Lichtkörper wieder auf die irdische Schwingungsebene zu verdichten, wodurch er wieder sichtbar in Erscheinung treten konnte. (Mk 16, 9-14) So wäre zu erklären, auf welche Weise der Auferstandene mehrmals seinen Jüngern erscheinen und ihren Blicken wieder entschwinden konnte. (101) Der Apostel *Paulus* hat die Erzählung vom Auferstandenen hochstilisiert und als Mysterium dargestellt, weil er zu seiner Zeit eine natürliche Erklärung hierfür nicht geben konnte. Im Mittelalter konstruierten die kirchlichen Konzilsväter in ihrer Unwissenheit bei mehreren Kirchenversammlungen daraus ein Wunder, das die Gottheit Christi beweisen sollte. Sie hätten sich an den Kirchenlehrer *Augustinus* erinnern sollen, der bereits im 4. Jahrhundert erkannte, dass Wunder nicht im Widerspruch zur Natur geschehen, sondern im Widerspruch zu dem, was wir von der Natur wissen.

Zur umstrittenen Frage, ob das Grab *Jesu* als leer vorgefunden wurde oder ob sein Leichnam von seinen Anhängern heimlich entwendet wurde, gehen die Meinungen auch heute noch stark auseinander. Der frühere protestantische Professor für Neues Testament an der Universität Mainz, *Herbert Braun*, hielt den biblischen Bericht vom „leeren Grab" als „historisches Ereignis nicht für glaubhaft". (102) Die einzige sichtbare Spur aus dem Leben und Sterben des Gottessohnes könnte vieleicht das berühmte Turiner Grabtuch sein. (103) Nach dem Evangelium des *Markus* übernahm *Josef von Arimathäa*, ein Mitglied des Hohen Rates, den Leichnam *Jesu* vom römischen Hauptmann. Er kaufte ein Leinentuch und wickelte den Gekreuzigten in dieses Tuch, bevor er ihn in das Grab legte. (Mk 15, 45-46) *Johannes* berichtet, dass *Petrus* und die anderen Jünger dieses Tuch später zusammengefaltet im Grab vorgefunden haben. (Jh 20, 7-8) Was mit diesem Tuch danach geschah, wird nicht berichtet. Erst im Jahr 1357 wird es in der Kirche von Lirey bei Troyes in der französischen Champagne als Grabtuch *Jesu* ausgestellt. In den folgenden Jahrhunderten wurde dessen Echtheit immer wieder angezweifelt. Es wurde mit chemischen und physikalischen Methoden untersucht. Im Jahr 1988 wurde es auch einem Radiokarbontest unterzogen, um sein genaues Entstehungsdatum und die Herkunft des auf dem Tuch abgebildeten Körpers abzuklären. Weder konnte eine Fälschung eindeutig nachgewiesen werden noch war es bisher möglich, seine Echtheit zu beweisen. (104)

Aus physikalischer Sicht können wir annehmen, dass sich der sterbliche Körper *Jesu* im Grab durch eine hochfrequente Strahleneinwirkung aufgelöst hat. Darauf könnten entsprechende radioaktive Spuren auf dem Turiner Grabtuch hinweisen. Der Physiker *Michael König* schreibt über das Grabtuch von *Jesus,* das heute im Dom von Turin aufbewahrt wird: „Die Struktur des Leichentuches wirkt im Bereich der körperlichen Abbildung wie versengt. Als physikalische Erklärung dafür kann angenommen werden, dass es durch eine starke Photonenstrahlung geschah, wobei auch hochenergetische Photonen im Röntgen- und Gammabereich beteiligt waren. Genau eine solche Abstrahlung ist von einem erlösten und völlig durchlichteten materiellen Körper zu erwarten, der in der Lage ist, sich aus der äußeren Raumzeit in Bereiche des Hyperraums, des Himmels, zurückzuziehen." (105)

Gemäß einer Jenseitsbotschaft, die durch das Tieftrance-Medium *Beatrice Brunner* in der „Geistigen Loge Zürich" übermittelt wurde, ist der Leichnam *Jesu* durch übernatürliche Einwirkung aufgelöst worden. Nach dieser Erklärung hat im Inneren der Grabeshöhle eine Energieumwandlung stattgefunden. Dabei hat ein starker auflösender Odstrom den physischen Körper verstrahlt und in eine höhere Lichtschwingung versetzt. Gleichzeitig entstand ein starkes Donnern und Dröhnen, weshalb die wachhabenden Soldaten aus Angst geflüchtet seien. Durch die Kraft der freigewordenen Energie wurde der schwere Stein vor dem Grab beiseitegeschoben, wie dies das Matthäus-Evangelium berichtet. (Mt 28, 2-4) Diese Ansicht finden wir auch in einer anderen Jenseitsmitteilung aus gleicher Quelle bestätigt. Der Geistlehrer *Josef* erklärte in einer Fragenbeantwortung: „Christus hat seinen Körper mitgenommen, denn er war ein reiner Engel Gottes. Sein Körper konnte nicht zersetzt werden, er konnte nur aufgelöst werden, weil alles an Christus so rein war. Wo Reinheit ist, herrscht sie im Körper wie im Geiste. So hat er den Körper mitgenommen, und er hat ihn aufgelöst in diesen Strahlen. Der ganze irdische Körper von Christus hat sich aufgelöst, aber eben nicht in ein Nichts." (106) Als Einwirkung auflösender und wieder aufbauender Odströme wurde das „Auferstehungswunder" auf ähnliche Weise durch Belehrungen aus der hohen Geisterwelt erklärt. Damit wurde auch verhindert, dass über seinem Grab und seinem sterblichen Körper eine irdisch-diesseitige Kultstätte entsteht.

Was die Auferstehung „im Fleisch" betrifft, war *Augustinus* in seinem „Gottesstaat" noch fest überzeugt, dass die Verstorbenen mit einem Leib aus „stofflichem Fleisch" auferstehen werden. Im Mittelalter wurde in Kirchenversammlungen der Jahre 1053, 1208, 1215 und 1274 bekräftigt, dass der Mensch am Jüngsten Tag mit dem gleichen fleischlichen Körper auferstehen wird, den er im Erdenleben besaß. Der 3. Artikel des christlichen Glaubensbekenntnisses heißt immer noch: „Ich glaube an die Auferstehung des Fleisches." Heute wird statt von einer „Auferstehung des Fleisches" von der „leiblichen Auferstehung" gesprochen oder von der „Auferstehung der Toten". *Karl Rahner* erklärt dies in seinen „Schriften zur Theologie": „Sooft das Neue Testament von Auferstehung spricht, redet es von der ‚Auferstehung der Toten', nie der des Fleisches." (107)

Dabei wird an die „geistig Toten" gedacht, die in der Gottferne sind. Doch ist diese sprachliche Formulierung unglücklich gewählt, denn der Geist als nicht materielles Wesen kann nicht „tot" sein. Die Frage, ob es eine Auferstehung vom Tode oder eine Auferweckung der Toten gibt, darüber wird heute immer noch heftig diskutiert. Es kann gemäß unseres heutigen Wissens keineswegs angenommen werden, dass sich die Seelen der Verstorbenen am Jüngsten Tag wieder mit ihren ehemaligen Erdenleibern verbinden. Sicher hat der Philosoph *Peter Michel* recht: „Diese sind alle längst wieder zu Staub zerfallen, während die Geistseele stetig ihren Weg fortsetzt – nicht immer wieder, sondern *immer weiter*." (108)

Dagegen hält der protestantische Pfarrer *Hans Rudolf Helbling* immer noch, gestützt auf das Paulus-Wort im 1.Korinther Brief (1 Ko 15,53), in einer Predigt fest: „Wenn die Zeit der ‚Auferstehung der Toten' ist, werden die Atome und Moleküle, die einmal meinen Körper ausgemacht haben, zusammengenommen und verwandelt in einen unvergänglichen Körper ‚über den der Tod keine Macht hat' und in diesem ‚neuen Körper' wird dann meine Seele leben." (109) Wiederum anders sieht es *Jakob Lorber* in seinen medialen Eingebungen: „Ist die Seele reif geworden, dann verlässt sie für immer diesen Leib, und dieser wird verzehrt. Das ist ganz gleich, von wem oder durch was. Was an ihm noch Substanzielles und der Seele Angehöriges ist, das wird der Seele auch wiedergegeben. Alles andere geht wieder als Nährstoff in tausend andere Lebensformen über." (110) Nach *theosophischem* Verständnis geht es bei der Auferstehung um die Wiederverkörperung des feinstofflichen Empfindungs-und Begierdeleibes „Kama-Rupa" in einem neuen Erdenleben. Es handelt sich nicht um eine Auferstehung des Fleisches, sondern um eine Auferstehung *im* Fleische. (111) Aus geistchristlicher Sicht gibt es keine Auferstehung des Fleisches, sondern ein Wiedererstehen *im* Fleische, nämlich in einem neuen Menschenkörper anlässlich seiner Wiedergeburt auf Erden. (112)

Nur so kann die Kontinuität und Identität zwischen dem verstorbenen und auferstandenen Menschen gewahrt werden. Dies kann sicher nicht durch eine Wiederbelebung des toten Körpers am Jüngsten Tag geschehen, nachdem vom fleischlichen Körper nach dessen Tod in verhältnismäßig kurzer Zeit nichts mehr übrig bleibt außer einige Verfallsreste. Um die Auferstehung verständlich zu machen, kehren wir am besten zu unserem Vergleich zurück: Der Körper ist das Fahrzeug, die Vitalseele ist die Betriebsenergie, die Geistseele ist der Fahrzeuglenker. Wenn aus irgendeinem Grund das Fahrzeug still steht, sei es wegen eines Motorschadens, wegen eines totalen Karosserieschadens oder wegen des vollständigen Fehlens an Betriebsenergie, muss der Fahrer aus seinem Fahrzeug aussteigen. Er schläft nicht in seinem Wagen, bis dieser abgeschleppt wird und eine Pannenhilfe ihn nach Hause fährt oder ihm ein Ersatzwagen geliefert wird. Ähnliches geschieht beim Tod eines Menschen. Er verlässt sogleich seinen Körper, steht neben seinem Fahrzeug auf und schaut sich nach einem Weiterkommen unter anderen Umständen um. Dies ist vergleichsweise die Situation eines Menschen, der im Tod seinen grobstofflichen sterblichen Körper verlassen muss und nun ohne diesen in einer höher schwingenden Welt des Jenseits dasteht. In einer Jenseitskundgabe an *Leopold Engel* teilte ein Verstorbener sein erstes Jenseitserlebnis mit: „Ganz plötzlich fühlte ich, dass mein Körper wie etwas Schweres von mir abfiel, und ganz frisch und munter stand ich da." (113)

Die Auferstehung ereignet sich unmittelbar nach dem endgültigen Verlassen des grobstofflichen Körpers. Was zurückbleibt, ist lediglich die Körperhülle. Es verhält sich dabei ähnlich wie bei einem Schmetterling, der am Ende seiner Entwicklungszeit aus der Verpuppung herausschlüpft. Sobald er seine Flügel entfaltet hat, fliegt er davon in ein neues Leben und kehrt nicht mehr zu der verlassenen Puppe zurück. Um dies zu verstehen, bedarf es keiner weitschweifigen theologischen Spekulationen. Der evangelische Pfarrer *Kurt Marti* gibt in einem seiner Gedichte zu, dass er und viele seiner Amtskollegen hierüber nichts Genaues zu sagen wissen. (114)

Ihr fragt, wie ist die Auferstehung der Toten?
Ich weiß es nicht.
Ihr fragt, wann ist die Auferstehung der Toten?
Ich weiß es nicht.
Ihr fragt, gibt's keine Auferstehung der Toten?
Ich weiß es nicht.

8.8 Ist Unsterblichkeit beweisbar?

Blaise Pascal schrieb in seinen „Pensées": „Die Unsterblichkeit der Seele geht uns dermaßen an, berührt uns derart im Tiefsten, dass wer bei der Frage, was damit ist, gleichgültig bleibt, jegliches Gefühl eingebüßt haben muss." (115) Der Theologe *Dietrich von Hildebrand* hält die Frage, ob die menschliche Seele unsterblich sei, für „ein Problem, von dem für jeden unendlich mehr abhängt als von all den Fragen, die für Völker und Individuen im Mittelpunkt des Interesses zu stehen pflegen". (116) Es geht schließlich um die Frage, ob wir eine unbegrenzte Zukunft haben. Während wir für das Weiterleben der Geistseele in der nachtodlichen Welt genügend Erfahrungsbeweise aus der Parapsychologie vorlegen können, lässt sich über deren Unsterblichkeit nur philosophieren und spekulieren und damit wird sowohl dem Glauben als auch dem Unglauben breiter Raum gegeben. Unsterblichkeit lässt sich zwar denken, doch von der Erfahrung her beweisen können wir sie nicht. Sollte unsere Existenz irgendwann ein Ende nehmen, können wir lediglich feststellen, dass wir nicht unsterblich sind.

Aus spiritueller Sicht ergibt sich die Unsterblichkeit der menschlichen Geistseele aus deren Ursprung. Anfänglich wurde sie als körperlose geistige Wesenheit in der geistigen Welt geschaffen. Ihre eigentliche Heimat ist demnach die himmlische Engelwelt. Da sie selbstverschuldet in die Gottferne gefallen ist, gehört es zu ihrer Bestimmung, zu ihrem geistigen Urquell zurückzukehren. Dieses Ziel kann sie aufgrund ihrer eigenen Unsterblichkeit erreichen. So dachten schon *Buddha* und *Zarathustra*. Nach *Pythagoras* ist die Menschenseele ein unsterbliches Wesen, weil es einst aus der Götterwelt abgestürzt ist und zur Strafe in den Kerker des irdischen Körpers verbannt wurde. (117) Im klassischen Altertum verteidigten den Gedanken an die Unsterblichkeit der Seele die Orphiker und Pythagoreer sowie die Vorsokratiker *Heraklit* und *Empedokles*. (118) Philosophisch gründlich durchdacht waren die Überlegungen der griechischen Philosophen *Sokrates* und *Platon* in ihrem Dialog „Phaidon". (119) Beide gingen von dem Gedanken aus, dass die geistige Seele als göttliche Idee nicht aus der vergänglichen Materie stammt, sondern bereits vor dieser in der geistigen Welt existierte. Ihrem rein geistigen Wesen nach ist sie daher unveränderlich und unsterblich. Tod und Vergänglichkeit können ihr nichts anhaben. Freilich ist diese Beweisführung, wie sie *Sokrates* in seinem letzten Gespräch mit seinen Schülern darstellte, nur von begrenzter Zuverlässigkeit, weil sie ein spirituelles Menschenbild voraussetzt. *Aristoteles* nahm die Unsterblichkeit nicht für die einzelne Menschenseele an, sondern nur für die universelle Weltseele. Obwohl große Philosophen und Kirchenlehrer wie *Augustinus, Albert der Große* und dessen Schüler *Thomas von Aquin* teilweise und bedingt den platonischen Gedanken folgten, stimmten sie eher der aristotelischen Auffassung zu, wonach die Seele zusammen mit dem Körper sterblich ist.

Immanuel Kant vertrat die Ansicht, dass es noch keinem durch Überlegungen der „reinen Vernunft" gelungen sei, die Unsterblichkeit zu beweisen. Dennoch nahm er diese aus der „praktischen Vernunft" an, um das ethische Streben des Menschen über Zeit und Raum hinweg zu begründen. (120) Ähnliches überlegte der Naturforscher *Alexander von Humboldt*: „Der Unsterblichkeitsglaube entspricht so sehr der innersten Natur des Menschen, dass es psychologisch fast unmöglich ist, ganz mit ihm zu brechen. Unser seelisches Ich seufzt nach der Ewigkeit." (121) In einem Gespräch mit seinem Sekretär *Eckermann* versicherte *Goethe*: „Mich lässt der Gedanke an den Tod in völliger Ruhe, denn ich habe die feste Überzeugung, dass unser Geist ein Wesen ist ganz unzerstörbarer Natur; es ist ein Fortwirkendes von Ewigkeit zu Ewigkeit." (122) Selbst der Philosoph *Friedrich Nietzsche* schrieb in seinem „Trunkenen Lied" im bündnerischen Sils-Maria: „Weh spricht: Vergeh! / Doch alle Lust will Ewigkeit – / will tiefe, tiefe Ewigkeit." Der Glaube an die Unsterblichkeit finden wir auch bei zahlreichen Naturvölkern in Afrika, Asien, Mittelamerika und Ozeanien. (123)

Nach dem Verständnis des *Hinduismus* geht die Seele nach des Menschen Tod, versehen mit einem feinstofflichen Astralkörper, in ein jenseitiges Dasein ein. Nachdem sie durch zahlreiche Wiedergeburten auf der Erde alles Karma abgetragen hat, darf sie zur Belohnung in die Unsterblichkeit des „Nirvana" eingehen. (124) Im *Buddhismus* herrscht die Meinung vor, dass die Seele des Menschen so lange auf Erden wiedergeboren wird, bis sie ihre abgesonderte Eigenexistenz aufgeben und in das göttliche Ur-Licht zurückkehren kann, von dem sie ursprünglich ausgegangen ist. (125) Die älteste Religionsphilosophie Chinas, der *Taoismus,* nimmt als Ziel des Menschenlebens die „Unsterblichkeit" an und versteht darunter einen nachtodlichen Zustand, der frei ist von Sorgen, Krankheit, Alter und Tod. Verglichen wird dieser mit einem Stück Eis, das in den ursprünglichen Zustand von flüssigem Wasser zurückgekehrt ist. (126) Nach dem japanischen *Shintoismus* gehen die Verstorbenen in die Unterwelt ein. Von einer Belohnung der Guten und Bestrafung der Bösen ist nicht die Rede. Die eigenen Ahnen werden als beschützende und helfende Geister verehrt. Daher ist der Ahnenkult im Reich der aufgehenden Sonne weit verbreitet.

Der Glaube an die Unsterblichkeit stammt nicht aus jüdisch-christlichen Quellen. In der Bibel kommt dieser Begriff überhaupt nicht vor. Lediglich Gott wird „Unvergänglichkeit" zugesprochen. (Ti 1,17) Das Alte Testament spricht lediglich davon, dass beim letzten Gericht am Weltenende die in der Erde schlafenden Leiber der Seele zurückgegeben werden. In diesem Sinne glaubten die Pharisäer an die Auferstehung und Unsterblichkeit der Seele, während die Sadduzäer beide Vorstellungen ablehnten. (127) Heute halten sich die christlichen Kirchen vorwiegend an die Lehre von der Auferstehung, wonach die Seele zusammen mit dem Körper stirbt, am Jüngsten Tag aber auferweckt wird und durch einen göttlichen Eingriff zur Unsterblichkeit gelangen soll. Zahlreiche evangelische Theologen leugnen aufgrund ihrer Ganztod-Theorie die Unsterblichkeit der Seele nach dem Tod und verweisen ausschließlich „auf die allgemeine Auferstehung am Ende der Zeiten". (128)

Fundamentalistische Glaubensrichtungen nehmen an, dass nur den Gläubigen und Gerechten ewige Unsterblichkeit zuteil wird, während die Ungläubigen und Verdammten von Gott vernichtet werden. Sie stützen sich auf die Worte des Apostel *Paulus,* nach denen der Mensch von Natur aus keine Unsterblichkeit besitzt, sondern Gott wird sie all jenen schenken, die sie verdienen. (1 Ko 15, 50-54; Rö 8,11) Daher halten Theologen wie *Karl Barth* oder *Oscar Cullmann* es für unbiblisch und unchristlich, an eine unsterbliche Seele zu glauben, weil im Tod nicht nur der Körper, sondern der ganze Mensch stirbt. Deshalb ist für sie der biblische Auferstehungsglaube unvereinbar mit der griechischen Unsterblichkeitsidee. (129) Dagegen spricht die biblische Aussage, dass der sterbende *Jesus* am Kreuz dem reumütigen Schächer versicherte, dass er „heute noch (und nicht erst am Jüngsten Tag) mit ihm im Paradies sein" werde. (Lk 23,43) Die *katholische* Theologie geht mehrheitlich von dem Gedanken aus, dass die geistige Seele ihren Ursprung in Gott hat. Die Unsterblichkeit der Seele hängt somit mit der ewigen Existenz Gottes zusammen. Da Gott ewig ist, muss auch der menschlichen Seele auf ewig Unsterblichkeit zukommen. (130)

In den Jahren 1952, 1965 und 1981 hat das Gallup-Institut in einer breit angelegten Erhebung die Frage gestellt: „Glauben Sie, dass es einen Himmel gibt, in dem die Menschen, die ein gutes Leben geführt haben, in Ewigkeit belohnt werden?" Darauf antworteten im Durchschnitt 75% der Frauen und 66% der Männer mit ja. (131)

Die *wissenschaftliche Jenseitskunde* unterscheidet klar zwischen der sterblichen Vitalseele und der unsterblichen Geistseele. Während die Vitalseele eine die Form belebende Energie darstellt, ist die Geistseele rein geistiger Natur. Sie ist nicht bloß ein Ausguss aus dem Strom des Lebens, der schließlich ins Meer der Weltseele zurück fließt. Vielmehr stellt die Geistseele ihrem Wesen nach eine eigenständige und ichbewusste Persönlichkeit dar, die durch den vorübergehenden oder dauerhaften Austritt aus dem Körper ihre Existenz nicht einbüßt, sondern in einer anderen Form weiterlebt. (132)

Die einzige Möglichkeit, die Unsterblichkeit der Geistseele nicht auf dem Glaubensweg, sondern durch rein logische Schlussfolgerungen zu beweisen, bieten meiner Meinung nach folgende Überlegungen:

Der Mensch ist ein geistiges Wesen, denn er ist, im Gegensatz zum Tier, in der Lage, geistig tätig zu sein. Was aus sich heraus geistig tätig sein kann, ist nicht materieller Natur. Daher ist Geistiges nicht teilbar und nicht zerstörbar. Was nicht zerstörbar ist, das ist unsterblich.

Das Geistige im Menschen ist nicht an Raum und Zeit gebunden. Durch unser Denken können wir räumliche und zeitliche Grenzen ungehindert überwinden. Aus diesem Grund kann die Geistseele nicht der Vergänglichkeit und Sterblichkeit verfallen. Demnach ist sie unsterblich und unvergänglich.

Die Geistseele ist nicht an Körper und Gehirn gebunden, wie dies die außerkörperlichen Erfahrungen beweisen. Daraus folgt, dass der Geist des Menschen in einem körperfreien Zustand unbegrenzt weiter existieren kann.

8.9 Das Jenseits ist anders

Leider sind viele unserer Theologen christlichen Glaubens heute nicht mehr in der Lage, zu erklären, was nach dem Tode folgt. Viele scheuen sich, auf dieses heikle Thema überhaupt einzugehen. Ein katholischer Pfarrer gestand in einem Zeitungsinterview: „Es ist brandgefährlich, darüber zu reden, was nach dem Tode kommt." (133) Andere klammern sich linientreu an längst überholte religiöse Vorstellungsbilder, um mit ihren kirchlichen Vordenkern nicht in Konflikt zu geraten. Neueste Forschungsergebnisse der wissenschaftlichen Jenseitskunde werden daher nicht zur Kenntnis genommen, um nicht umdenken zu müssen. Dies wird sich in naher Zukunft bitter rächen, weil die offiziellen Glaubenswahrheiten von immer weniger Gläubigen für glaubwürdig gehalten werden. So ist es schon heute erschreckend zu sehen, wie viele Menschen nicht wissen, was jenseits der Todesschwelle auf sie wartet.

Über das Leben im Jenseits sagen die heiligen Schriften der großen Religionen recht wenig aus. Da ist es nicht verwunderlich, dass deren Theologen sich hierüber lieber in Schweigen hüllen, weil sie hierüber kein solides Wissen haben. In einem Fernseh-Interview aus dem Jahr 1985 fragte *Hans Küng* seinen damaligen protestantischen Fakultätskollegen *Helmut Gollwitzer*: „Was kommt nach dem Tode?" Seine Antwort lautete schlicht und ergreifend: „Ich weiß es nicht." *Karl Rahner* sagte einmal hierzu: „Über die letzten Dinge wissen wir erschreckend wenig." (134) Am treffendsten beurteilte der Basler-Theologe *Hans Urs von Balthasar* die heutige Unsicherheit in unseren Kirchen, indem er feststellte: „Was die Ansicht der Theologen über das Leben nach dem Tod angeht, ist es wie mit einem Zimmer, auf dessen Türe geschrieben steht. ‚Wegen Renovierungsarbeiten geschlossen'." (135) Auf die Frage, wie man sich das Leben nach dem Tode vorstellen könne, antwortete *Hans Küng* im Jahr 1980: „Überhaupt nicht! Hier gibt es nichts auszumalen, vorzustellen, zu objektivieren." (136) Der frühere Dogmatikprofessor und heutige Kardinal *Kurt Koch* schrieb im Jahr 1993: „Bei den heutigen Theologen ist vielfach das Bewusstsein vom Leben nach dem Tod schwach entwickelt und droht beinahe zur Fremdsprache zu werden." (137) Ähnlich sieht es *Silvia Schroer*, Professorin für Altes Testament an der Evangelisch-Theologischen Fakultät der Universität Bern: „Die christliche Tradition scheint betreffs Jenseitsglauben ihr Territorium weitgehend verloren zu haben."

(138) Und in einem Zeitungs-Interview aus dem Jahr 2009 bestätigte *Hans Küng* hinsichtlich des Lebens im Jenseits: „Wie diese letzte Wirklichkeit aussieht, wissen wir nicht." (139) In einem Vortrag erklärte *Eugen Drewermann* im Jahr 1985: „Über das, was nach dem Tode kommt, können wir aufgrund unserer Sinneswahrnehmungen nichts aussagen." (140)

Einer, der es wissen musste, wo und wie das Jenseits ist, war sicher *Jesus Christus*. Doch wurde er damals nicht verstanden. Von seinen Zuhörern und Zuhörerinnen sagte er: „Sie sehen, aber erkennen nichts; sie hören, aber verstehen nichts. An ihnen erfüllt sich die Voraussage des Propheten *Jesaja*: ‚Hört nur zu, ihr versteht doch nichts; seht hin, soviel ihr wollt, ihr erkennt doch nichts!'" Freilich sprach er meist zu einfachen, ungebildeten Menschen. (Mt 13, 13-14) Aus diesem Grund redete er zu ihnen in Gleichnissen (Mt 13, 34-35) und verglich seine Botschaft vom Himmelreich mit der Saat, die vorwiegend auf unfruchtbaren Boden fällt. (Mt 13,18-22) Er gebrauchte anschauliche Bilder, in denen er das Himmelreich mit einem Senfkorn (Mt 13, 31-44) oder mit dem Sauerteig verglich. (Mt 13, 45-46) Doch er fand die Menschen „im Innersten verstockt" und beklagte: „Sie halten sich die Ohren zu und schließen die Augen, damit sie ja nicht sehen, hören und begreifen." (Mt 13, 15-16) Und wie ist es jetzt, 2000 Jahre danach? Manchmal habe ich den Eindruck, es sei heute nicht viel anders. Als Quellen der Wahrheit sind Internet, Facebook und moderne Medien gefragt. Von einem Leben im Jenseits hört man selbst im „Wort zum Sonntag" kaum etwas. Die meisten Menschen haben keine klare Vorstellung vom Jenseits. Viele halten dies für eine Art Schlaraffenland für die Guten und für einen Feuerpfuhl für die Bösen, wo endlich jeder Gerechtigkeit erfahren soll.

Durch diesen Wissensmangel entstand in den letzten Jahrzehnten in den christlichen Kirchen ein gefährliches Defizit und ein gähnendes Vakuum an Unwissenheit, das es dringend auszufüllen gilt. Neues Wissen hierzu ist von der kirchlichen Tradition kaum zu erwarten. Dagegen könnten die neuen naturwissenschaftlich orientierten Erfahrungsbereiche der Thanatologie (gr. *thanatos*: Tod), der Parapsychologie und der esoterischen Jenseitskunde einen wichtigen Beitrag leisten. Aufgrund dieser modernen Wissenschaften steht uns heute ein umfangreiches Erfahrungsgut über das Leben nach dem irdischen Leben zur Verfügung. Seit rund hundertfünfzig Jahren haben namhafte Forscher auf dem Gebiet der Grenzwissenschaften wichtige Beiträge geliefert. Diese eröffnen uns einen großartigen Ausblick in das Jenseits, der ganz andere Vorstellungen zulässt als was bisher verkündet und gepredigt wurde. So sind wir heute in der Lage, zumindest über die erdnahen Sphären der jenseitigen Welten verständliche Aussagen zu machen.

Wir kennen heute mehrere erprobte Möglichkeiten und Methoden, um über Jenseitskontakte Kunde über die „andere Welt" zu erhalten. (141) Vor allem sind es die zahlreichen Botschaften jenseitiger Lehrer und die eindrücklichen Erlebnisberichte von Verstorbenen aus der geistigen Welt, die uns seit dem vorletzten Jahrhundert durch die Vermittlung echter Medien wahres Jenseitswissen vermittelt haben. Auch nach dem Übergang in die geistige Welt hört der Wissenserwerb nicht auf. So berichtet ein früherer katholischer Pfarrer: „Ich war sehr gerne Priester und in diesem Beruf sehr glücklich. Ich muss aber sagen, dass ich in vielen Fragen der Theologie, wie sie sich mir hier in dieser Welt stellen oder zeigen, noch keine Antwort gefunden habe. Es ist nicht so, dass man hier weiß, wie alles auszulegen ist oder wie alles zu verstehen ist. Man wird nicht von heute auf morgen ein Allwissender. Aber ich kämpfe um Klarheit. Auch vieles, was ich den Menschen auf Erden in den Predigten beigebracht habe, überdenke ich hier neu. Ich weiß, dass vieles zu engstirnig war." (142)

Anhand derartiger Erlebnisberichte aus der jenseitigen Welt lässt sich sagen: Nachdem der Mensch seinen grobstofflichen Körper abgelegt hat, befindet er sich in einer feinstofflichen Welt, die ihn unabhängig macht von materiellen Bindungen und Bedürfnissen. In der Regel wird er dadurch befreit von körperlichen Beschränkungen, Behinderungen und Gebrechen. Dies verleiht ihm ein neues Lebensgefühl. Entsprechend dem Grad seiner geistigen Entwicklung wird sein Bewusstsein erweitert oder eingeengt. Dies kann von der großartigen Ausdehnung seines Wissensbereiches bis zum Verlust seiner Selbstwahrnehmung reichen. Auf einer höheren Ebene wird sein persönlicher Zustand als ein Freisein von Raum und Zeit empfunden. In den tieferen Sphären erlebt er sie als begrenzende Einengung und Blockade. Seine äußere Wahrnehmungswelt entspricht seiner eigenen geistigen Entwicklungsreife. Diese bestimmt seinen Aufenthalt in einer erhabenen Lichtwelt oder in einer tristen Dunkelwelt. Die Begegnungen mit gleichgesinnten Wesen werden in den gottzugewandten Sphären durch freundliche, wohlwollende und von gegenseitiger Liebe geprägte Erlebnisse erfahren. In den gottabgewandten Bereichen dagegen sind diese von Misstrauen, Angst und Ablehnung gekennzeichnet.

Nach seinem Untergang mit der „Titanic", am 15. April 1912, teilte der englische Journalist *William T. Stead* seiner medialen Tochter *Estelle* aus eigenem jenseitigen Erleben mit: „Zunächst seid ihr hier nichts anderes, als was ihr auf Erden aus euch zu machen in der Lage ward. Jetzt, auf der Erde, formt ihr euch bereits den Zustand, der euch nach dem Übergang erwarten wird. Eure Gedanken- und Geisteshaltung ist es, welche die Art eures jenseitigen Lebens bestimmt." (143) Sicher ist, dass der Mensch nach dem Übergang in die andere Welt keine plötzliche Wesensänderung an sich wahrnimmt. Er bleibt zunächst das, was er im Verlauf seines Erdenlebens aus sich gemacht hat. Nach dem Übergang ins Jenseits wachsen dem Menschen weder Engelsflügel noch Teufelshörner. Alles spricht dafür, dass er fürs Erste nirgendwo anders hinkommt als zu sich selbst. Es ist so wie im diesseitigen Leben: Jeder erwacht am Morgen als derselbe, der er am Vorabend beim Einschlafen war. Der Seher *Emanuel Swedenborg* sah in seinen Jenseitsvisionen: „Der erste Zustand des Menschen nach dem Tod ist gleich seinem Zustand in der Welt. Er hat auch die gleiche Gesichtsbildung, Rede und Denkweise. So setzt sich das eine Leben in das andre fort, und der Tod ist bloß ein Übergang." (144) Ein Mann teilte aus der anderen Welt seiner Frau mit: „Ich bin genau derselbe, der ich immer war. Manchmal mürrisch – manchmal glücklich." (145) Ein anderer war überrascht, dass er keine Veränderung an sich beobachten konnte. Er ließ seine irdischen Angehörigen wissen: „Ich fühlte tatsächlich, dass ich noch der sei, der ich gewesen war, nur mit Unterschied einer größeren Empfindung von Macht und Freiheit." (146) Auch der Theosoph *Erhard Bäzner*, der durch seine Hellsichtigkeit imstande war, die Spuren von Verstorbenen auch in der Jenseitswelt weiter zu verfolgen, schreibt: „Jeder ist nach seinem Tod genau der, der er vor seinem Tod bereits war. Nichts anderes trifft er im Jenseits an, als was er vor seinem Tod in seinem Bewusstsein, seinen Gedanken und Gefühlen in sich trug. Nur das, was in seinem Willen und in seinen Vorstellungen lebte, kann sich ihm als lebendige Wirklichkeit in den Ereignissen, Erscheinungen und Szenerien seines Lebens im Jenseits zeigen. Er gestaltet sich seine Umgebung selbst durch seine Willensrichtung, sein Gedanken-, Gefühls- und Vorstellungsleben." (147)

Aus zahlreichen Mitteilungen aus dem Jenseits wird deutlich, dass die Verstorbenen in der Regel noch lange über ihren irdischen Abschied hinaus an ihren vertrauten menschlichen Ansichten und Meinungen haften bleiben und erst nach einer längeren Anpassungszeit zu neuen Einsichten gelangen. Viele Verstorbene verharren in ihren erworbenen Vorstellungen, Denkgewohnheiten und irdischen Bedürfnissen. Auf diese Weise äußert sich auch der evangelische Pfarrer *Otto Feuerstein*: „Der Mensch ist nach dem Tode vorerst noch gerade so gescheit oder unwissend, gut oder böse, wie in seiner letzten Lebenszeit. Er hat zunächst noch dieselben wahren und falschen Ansichten, dieselben guten oder schlimmen Charaktereigenschaften, Neigungen und Leidenschaften als die, die er noch im Leben hatte." (148) Ähnliches geschieht vergleichsweise, wenn sich ein Schauspieler nach seinem Auftritt auf der Bühne hinter den Kulissen demaskiert. Dann wird offenkundig, dass er ist, was er schon vorher war. (149) *Maurice Barbanell,* der englische Journalist und Verleger mehrerer spiritueller Bücher, ist als Medium des Geistlehrers „Silberbirke" bekannt geworden. Ihm wurde aus der Jenseitswelt klar gemacht: „Einen Tag nach dem Tod bist du genau derselbe Mensch, der du einen Tag zuvor gewesen bist, außer dass du deinen physischen Körper abgelegt hast. Du brauchst nicht zu sterben, um ein geistiges Wesen zu werden. Du bist schon heute ein geistiges Wesen." (150)

9. Weiterleben im Jenseits

An irgendeine Form von Weiterleben nach dem Tod glaubt heute in europäischen Ländern durchschnittlich etwa die Hälfte der Menschen. Deren Zahl nimmt zu, je mehr der krasse Materialismus und der naive Atheismus abnehmen. Das belegen mehrere neuere Umfragen in zahlreichen europäischen Ländern. Dabei wird dieser Jenseitsglaube immer seltener religiös begründet, sondern durch Erfahrungstatsachen und logische Überlegungen erklärt. (1) Wenn es tatsächlich ein Weiterleben im Jenseits gibt, dann besteht der erste Schritt darin, einzusehen und zu erkennen, wie das Ergebnis des verflossenen Erdenlebens zu bewerten ist. Damit stellt sich die Frage, was jenseits der Todesschwelle noch zählt, was als wichtig und entscheidend übrig bleibt, wie die Schlussbilanz des eigenen Lebens aussieht.

9.1 Bilanz des Lebens

Unter Bilanz verstehen wir bei einer irdischen Buchhaltung den Abschluss der Gewinn- und Verlustrechnung, wobei Einsatz und Ertrag, Startkapital und Errungenschaften einander gegenübergestellt werden. Auch am Ende des menschlichen Lebens wird unter der Führung hoher Engelwesen im Jenseits eine abschließende Bilanz gezogen. Als Erstes erfolgt nach dem Tod eine Standortbestimmung, bei der jeder Verstorbene zunächst sich selbst begegnet. Auf die Frage: Wohin geht die Seele nach dem Übergang in die jenseitige Welt, antwortet der Theologe und Fachmann für Jenseitsfragen *Gabriel Looser*: „Sie kommt zu sich selbst." (2) Es kommt über kurz oder lang zu einem Lebensrückblick, über den *Alfred Dalliard* schreibt: „Wenn der Anpassungsschlaf vorbei ist, wird der Verstorbene irgendwann – und das muss nicht immer gleich ablaufen – mit seinem Erdenleben konfrontiert. Er muss Rechenschaft ablegen über sein Leben auf Erden. In Anwesenheit eines Geistes Gottes, der auch Richterengel genannt werden kann, wird richtiges und fehlerhaftes Verhalten betrachtet." (3)

Es ist nicht denkbar, dass der Mensch im Augenblick des Todes seine „höchste und klarste Christus-Begegnung seine Lebens" erlebt, wie dies der Jesuit *Ladislaus Boros* uns glauben machen wollte. (4) Wie sollte er in diesem kurzen Moment seine letzte und endgültige Entscheidung fällen, nach der er sofort und endgültig gerichtet wird. Ebenso ist nicht nachvollziehbar, was der katholische Theologe *Josef Staudinger* in seinem Jenseits-Buch „mit kirchlicher Druckerlaubnis" zu wissen vorgibt: „Sobald sich die Seele vom Körper losgelöst hat, wird sie sofort hinaufgerufen vor den Richterstuhl Gottes, um dort aus seiner Hand ihr endgültiges Schicksal entgegen zu nehmen. Dort soll die große Entscheidung fallen zwischen ewigem Glück oder ewiger Qual. So wie die Seele angetroffen wird in diesem Augenblick, so wird ihr Urteilsspruch lauten, so werden die Würfel fallen für die ganze Ewigkeit." (5) Dies sind theologische Spekulationen, die keinesfalls durch die erhaltenen Jenseitsberichte belegt werden können. Eher ist *Thomas Lawrence*, dem verstorbenen englischen Offizier und Berater des saudi-arabischen Königs, zuzustimmen, der über sein Medium *Jane Sherwood* aus dem Jenseits mitteilen ließ: „Sollte eine solche Gegenüberstellung tatsächlich möglich sein, wäre es äußerst fraglich, ob irgendein Geschöpf dieses Zusammentreffen überleben könnte." (6)

Als symbolischer Hinweis auf die Bilanz des Lebens bietet sich das Bild vom „*Buch des Lebens*" an. *Walther Hinz* erwähnt eine mediale Jenseitsmitteilung, in der bestätigt wird: „Wenn ein Mensch stirbt, wenn sein Geist sich vom fleischlichen Leib löst und frei wieder eingeht in die Ewigkeit, dann nimmt er auch sein Lebensbuch mit sich." (7) In mehreren alten Mythologien wird der Weltenrichter mit einem Buch in der Hand abgebildet, in dem alle Taten der Menschen aufgeschrieben sind. Erste biblische Andeutungen hierzu finden wir in den Psalmen des Alten Testaments (Ps 69,29) sowie in den Visionen des *Johannes* auf der Insel Patmos. (Off 20,12) Gemeint ist eine Art „Himmlische Buchhaltung", wie sie auch in den Neuoffenbarungen von *Jakob Lorber* erwähnt wird. *Helena Petrovna Blavatsky* sprach von „metaphysischen Tafeln", in denen das „Weltgedächtnis" enthalten ist. *Rudolf Steiner* erwähnte in seinen Schriften mehrmals das Sanskritwort „Akasha-Chronik". (8) Es handelt sich hier um eine Art mentaler Speicher, in dem das gesamte Wissen der Weltgeschichte aufbewahrt wird. Dieses ist in den geistigen „Tempeln der Weisheit" dokumentiert und kann in den jenseitigen „Hallen des Lernens" eingesehen werden. Nebst dieser historischen Datenbank gibt es in der geistigen Welt auch eine persönliche Datensammlung, in der die wichtigsten Gedanken, Worte und Werke jedes einzelnen Menschen aufgezeichnet sind. Dies entspricht dem menschlichen Gewissen, das nach den Worten des amerikanischen Satirikers *Mark Twain* (1835-1910) von vielen Menschen gerne für sauber gehalten wird, weil sie es nie brauchen.

Nach heutiger Beurteilung handelt es sich beim „Buch des Lebens" um eine Aufzeichnung der wichtigsten Lebensdaten, die dem Verstorbenen zur eigenen Bewertung und Beurteilung vorgelegt werden. Wir können dieses vergleichen mit einer Art Lebens-Chronik, aufbewahrt in einem astralen Informationsspeicher oder in einer spirituellen Datenbank. In der Jenseitsliteratur ist häufig auch die Rede vom „Lebensfilm", auch „Lebenspanorama" genannt, der dem Verstorbenen wie auf einer Leinwand oder an einem Bildschirm vorgeführt wird, um ihm eine ehrliche Selbstwahrnehmung und eine gerechte Selbstbeurteilung zu ermöglichen. Manchmal folgen die Bilder mit großer Geschwindigkeit. Hierzu teilte ein Geistwesen dem Schreibmedium *Jane Sherwood* mit: „Sie durchjagten das Protokoll einer langen Lebensspanne. So war nur wichtig, klar zu erkennen, wo ich gefehlt und wo ich richtig gehandelt habe." (9) Eine Frau beschrieb ihre Seelenschau in einem Nahtod-Zustand folgendermaßen: „Mir war, als stiege ich aus einem engen Schacht heraus. In diesem Augenblick stand plötzlich mein ganzes vergangenes Leben vor mir." (10) Aufgrund einer medialen Jenseitsschau erfuhr der hellsichtige *Shaw Desmond* von einer verstorbenen Frau: „Ich wusste jede Tat, jedes Wort und jeden Gedanken mit ungeheurer Schärfe. Das Sonderbarste dabei war, dass alle meine Taten, Worte und Gedanken gleichzeitig vor meiner Seele standen. Es war, als wenn ich tausend Augen innen und außen hätte, die mir die Geschehnisse und Folgen meiner irdischen Handlungen in einem einzigen Erinnerungsbild vermittelten. Daraus sah ich, was ich auf Erden falsch gemacht hatte." (11)

Der jenseitige Mensch bekommt auf diese Weise die einmalige Gelegenheit, die wichtigsten Ereignisse seines abgeschlossenen Erdendaseins noch einmal zu erleben und dieses auf seinen Wert oder Unwert zu begutachten. Er soll dabei die Folgen seines eigenen Tuns nach dem Gesetz von „Aussaat und Ernte" verstehen lernen. Daher wird das Jenseits gerne als das „Land der großen Ernte" bezeichnet. (12) Im Zustand des „klinischen Todes" erlebte *Stefan von Jankovich*: „Ich selber fällte ein Urteil. Nicht irgendein Gott oder astraler Richter. Ich selber hatte die Bilanz zu ziehen. Ich spürte klar, ob ich in dieser oder jener Situation richtig handelte oder mich richtig verhielt, das Problem richtig löste, eine Probe bestanden hatte oder nicht." Als maßgebend erwiesen sich dabei nicht unsere „irdischen Moralbegriffe", sondern allein die geistigen Ordnungsgesetze. (13) Engel Gottes sprechen oft sehr lange und ausführlich mit den Heimgekehrten über alle Licht- und Schattenseiten des vergangenen Lebens. Sie zeigen ihnen auf, wo sie gefehlt haben oder wo sie sich bewährt haben, um diese schließlich darauf hinzuweisen, auf welche Weise sie sich geistig weiterentwickeln können. Entscheidend ist, ob sie dabei Einsicht, Reue und den Willen zur Wiedergutmachung beweisen.

Das berühmte Medium *Arthur Ford* erwähnt in einem eigenen Erlebnis im Nahtod-Zustand, wie er in der jenseitigen Welt vor einem blendend weißen Gebäude stand: „Als ich eingetreten war, bedeutete man mir, in dem riesigen Vorraum zu warten, bis über meinen Fall entschieden worden sei. Durch große Türen konnte ich zwei lange Tische sehen, an denen Leute saßen und sprachen – sie sprachen über mich. Sie begannen mit einer Bestandsaufnahme meines Lebens. Diese ergab kein sehr erfreuliches Bild. Die Leute an den Tischen waren mit meiner Bilanz beschäftigt, aber das, was mir Kummer machte, schien für sie wenig gravierend zu sein. Die herkömmlichen Sünden, vor denen man mich als Kind gewarnt hatte, wurden kaum beachtet. Aber es gab ernste Besorgnis wegen solcher ‚Delikte' wie Selbstsucht, Egoismus, Dummheit. Wiederholt fiel das Wort ‚Verschwendung' – nicht im Sinne von Ausschweifung und Liederlichkeit, sondern als Vergeudung von Energien, Talenten und verpassten guten Gelegenheiten. Auf der anderen Seite wurden lobend einige Dinge erwähnt, die wir alle von Zeit zu Zeit tun, ohne ihnen irgendwelche Bedeutung beizumessen. Die ‚Richter' versuchten, die Grundzüge meines Lebens herauszufinden. Es schien, dass mir eine Aufgabe zugedacht gewesen war, die ich nicht erfüllt habe. Es hatte offenbar einen Plan für mein Leben gegeben, den ich nicht begriffen hatte. ‚Sie schicken mich wieder zurück', dachte ich voller Bedauern. Nie habe ich herausfinden können, wer diese Leute waren." (14)

Aus geistchristlicher Sicht führt diese Selbstbeurteilung zu einem Gespräch mit höheren Engelwesen, welche eine Art „Gericht" durchführen, in dem das Gelungene und das Misslungene beurteilt wird. Über diese Auseinandersetzung mit dem gelebten Leben sagte ein Geistwesen mit dem Namen *Sebastian* anlässlich eines medialen Vortrags, wie man mit ihm zu Gericht ging: „Dann sagte der Engel: ‚Ja, wir müssen einmal über dein Leben reden, das du hinter dich gebracht hast. Wir haben Kenntnis von all deinem Tun in deinem Leben.' ... Dann erinnerten sie mich an eine Begebenheit, und ich erlebte sie so deutlich wieder, wie es dazumal war. Es gab für mich nicht etwa ein Besser-Hinstellen der Dinge, sondern ich konnte es in Tat und Wahrheit genau erleben. Es gab für mich keine Entschuldigung und keine weitere Erklärung... Der Engel nahm sich Zeit für mich, um mir die Dinge lang und breit zu erklären, und ich hatte Zeit zuzuhören... Der Engel sprach weiter zu mir: „Wir können dir ja noch viele solche Dinge aufzählen. Wir wollen dir nur zeigen, dass nichts, gar nichts verschwunden ist von dem, was du gedacht und wie du gehandelt hast." *Sebastian* sah ein, dass in der anderen Welt, in der man dann lebt, es ganz anders ist. „Sie macht einem einen ganz anderen Eindruck. Sie hat ja eine ganz andere Bedeutung... Die Verhältnisse sind ganz anders, und man bedauert es, dass man als Mensch nicht einsichtiger gewesen ist und man sich so an diesen Dingen festgehalten hat, die ja doch vergänglich sind, die einem später nutzlos sind, die einem nichts bedeuten." (15) Es wurde nicht nur aufgedeckt, was er getan hatte, sondern auch das, was er an Gutem unterlassen hatte. Freilich wurden auch über die guten Taten gesprochen, und diese wurden lobend anerkannt."

Ähnliches hat *Frances Banks* erfahren, nachdem sie überdachte, überschaute, ordnete und beurteilte, „was man getan hat und warum, und was für Ergebnisse dabei herausgekommen sind, gute oder schlechte". Dann ist man sich „jenes großen Wesens neben sich bewusst, das Kraft, Frieden und Ruhe gibt und mit aufbauender Kritik hilft. Das ist ein wunderbares Erlebnis." (16) So behält auch im Jenseits das *Goethe*-Wort seine sinnvolle Berechtigung(17):

Es kann die Spur von meinen Erdentagen
Nicht in Äonen untergehn.

9.2 Auf was es ankommt

Entscheidend für das jenseitige Weiterleben ist allein der bisher erreichte geistige Reifezustand. Mit dem Übertritt in die Jenseitswelt ist zwar das Weiterleben gesichert, doch ist das Weiterkommen damit noch nicht geklärt. Maßgebend ist nicht nur das äußere Tun und Lassen. Entscheidend ist vor allem die innere Gesinnung. *Alfred Dalliard* schreibt: „So ist mancher Verstorbener darüber erstaunt, dass auf das eine Verhalten nicht groß eingegangen wird, während das andere schwer ins Gewicht fällt, dem er keine große Bedeutung zumaß." (18) Was nützt es, dass wir Gott ständig mit Worten loben und preisen, wenn wir ihm zur Ehre fromme Lieder singen? Was hat er davon, wenn er der Vollkommene ist? Sind unsere Gottesdienste tatsächlich ein Dienst an Gott, dessen er bedarf? Besteht nicht oft ein großer Zwiespalt zwischen dem, was wir reden, und dem, was wir wirklich meinen.? Wir bitten Gott: „Dein Wille geschehe" und hoffen, dass sein Wille auch der unsrige sei. Wir beten. „Dein Reich komme" und sind froh, wenn es noch lange nicht kommt. Manch einer führt das Wort Gottes im Mund und trägt den Teufel im Herzen.

Aufgrund seiner zahlreichen medialen Gespräche mit Jenseitigen gelangte *Arthur Findlay* (1883-1964) zur Einsicht „dass nicht der Glaube an gewisse Bekenntnisse den Ausschlag gibt, sondern was wir sind und tun. Nicht das Wiederholen von Glaubensbekenntnissen und Gebeten wird uns drüben einen besseren Platz sichern, wenn dies uns nicht zu besseren Menschen macht. Was wesentlich ist, das ist die Entwicklung unseres Charakters, und der wird nicht gestärkt, wenn wir uns davor fürchten, selbstständig zu denken und Glaubensbekenntnisse oder eine Kirche als Krücke benützen, wo uns doch heute genügend Wissen zur Verfügung steht, das uns ermöglicht, auf eigenen Füßen zu gehen." (19)

Auf was es wirklich ankommt, lehrt uns mit wenigen Worten die „Goldene Regel": „Was du nicht willst, das man dir antut, das füge auch keinem anderen zu." Ähnliches forderte der Philosoph *Immanuel Kant* mit den Worten: „Achte stets darauf, dass durch dein Handeln die Würde des andern nicht verletzt wird." In den acht Seligpreisungen (Mt 5,3-11) der Bergpredigt lehrte *Jesus,* was wirklich zählt im Leben. Da ist nicht die Rede vom peinlichen Einhalten der Gebote und Verbote der Kirchen, nichts von religiöser Pflichterfüllung, nichts von Gebeten und Kirchenbesuchen. Selig preist er die „*Armen im Geiste*". Damit meint er nicht die Gelehrten, die Selbstgerechten, die meinen, im Besitz der Wahrheit zu sein, sondern jene, welche die Wahrheit suchen. Selig preist er die *Trauernden,* denn diese erkennen, was allein beständig und wertvoll ist im Leben. Selig preist er die *Sanftmütigen*, die nichts mit Fäusten und Ellenbogen erkämpfen und erzwingen wollen. Selig preist er jene, die sich für *Gerechtigkeit* und Ausgleich einsetzen, weil wir alle Brüder und

Schwestern des gleichen Vaters sind. Selig preist er die *Barmherzigen,* die allen Wesen wohlwollendes Mitleid und Mitgefühl entgegenbringen. Selig preist er jene, die ohne Falsch mit *reinem Herzen* das Gute erstreben und tun. Selig preist er die *Friedensstifter,* denn die göttliche Welt ist ein Land des Friedens. Selig preist er all jene, die um der gerechten Sache willen *Verfolgung* leiden und deswegen missverstanden, verachtet und ausgegrenzt werden.

Ein verstorbener evangelischer Pastor empfiehlt aus seiner jenseitigen Sicht allein das feste Vertrauen auf Gott und versichert uns: „Mit dem festen Glauben ist nicht irgendein irdisches Kirchenbekenntnis gemeint. Das spielt überhaupt keine Rolle. Wichtig ist nur der Glaube an Gott und das Vertrauen auf ihn. Eine bestimmte irdische Konfession bietet keinen Vorteil, nur das Verhältnis zu Gott ist wichtig. Wer zwar regelmäßig zur Kirche geht, aber in Wirklichkeit nicht das feste Vertrauen zu Gott hat, erfährt dadurch keinen Nutzen." (20) Recht enttäuscht war im Jenseits der frühere englische Monsignore *Robert Hugh Benson,* ein ehemaliger katholischer Priester, der sich auf Erden einen bedeutenden Namen als Prediger und Buchautor gemacht hatte. Er musste erfahren, dass von seiner Berühmtheit in der geistigen Welt recht wenig übrig geblieben war. Über sein Medium *Anthony Borgia* teilte er mit: „Jetzt musste ich mir eingestehen, dass all mein Wirken in Wahrheit nur mikrobenhaft klein war. Man beschrieb mir die Gefühle von denen, die auf Erden höchste Gunst und weitesten Ruhm genossen hatten, jetzt aber, nachdem sie ihren Erdenkörper zurückgelassen hatten, entdecken mussten, dass ihnen der Ruhm und ihre Beliebtheit bei den Irdischen nicht in die Geistige Welt nachgefolgt war. Alle Bewunderung, die sie auf Erden genossen hatten, war auf einmal wie weggeblasen. Viele von denen, die auf Erden sehr viel galten, mussten erkennen, dass sie bei uns ganz unbekannte Seelen waren. Und viele, die sich auf Erden keinen Namen geschaffen hatten, durften zu ihrer großen Überraschung wahrnehmen, dass sie, ihrer spirituellen Qualität wegen, bei uns schon sehr bekannt waren." (21)

Manch frommer Christ ist sich zu wenig bewusst, auf was es in der geistigen Welt tatsächlich ankommt. Es sind nicht die Lippenbekenntnisse, sondern die Taten der Gottes- und Nächstenliebe, die wirklich zählen. Dies meint folgende Geschichte: „Eine Frau, die sich für fromm und gottesfürchtig hielt, pflegte jeden Morgen zur Kirche zu gehen. Schon auf dem Weg dorthin dachte sie nur daran, gottgefällig zu leben. Sie achtete nicht auf die Leute, die sie im Vorübergehen freundlich grüßten. Sogar bettelnde Menschen, die sie um ein Almosen baten, ließ sie wortlos stehen, um ja nicht von ihrem Denken an Gott abgelenkt zu werden. Wie diese Frau wieder eines Tages zur Kirche kam, um dem frühen Gottesdienst beizuwohnen, fand sie das schwere Portal verschlossen. Beunruhigt pochte sie an die schwere Holzpforte, doch niemand tat ihr auf. Der Gedanke, dass sie nun zum ersten Mal in all den Jahren die tägliche Messe versäumen musste, ärgerte sie sehr. Daher fing sie an, bald den Messner und bald den Pfarrer deswegen zu beschuldigen. Wie sie ratlos um sich sah, entdeckte sie auf einmal an der Kirchentüre einen Zettel mit der Aufschrift: Gott ist draußen!"

Die ehemalige Nonne *Frances Banks* erfuhr nach ihrem Tod: „Ein gutes Leben, wie man es hier im Jenseits ansieht, ist kein sentimentaler, vager Traum von Gutsein, noch ist ichbezogenes Gutes tun und öffentliches Beten gemeint, was *Jesus* bei den Pharisäern verurteilte. Ich lerne hier, dem wahren Licht zu folgen, lerne den Gehorsam gegenüber der Führung dieses Lichtes und die konsequente Arbeit, das Handeln gemäß der Weisheit dieses Lichts. Dies macht das ‚Gute', das erfüllte Leben aus, das in den Schriften aller Religionen gemeint ist." (22) Dies war auch das Rezept des römischen Kaisers und Philosophen *Marc Aurel* (121-180 n. Chr.) zum guten Tun: „Handele, sprich und denke in allem so, als müsstest du möglicherweise in diesem Augenblick aus dem Leben scheiden." (23) Ähnlich sagt es ein Vers, der dem griechischen Historiker *Herodot* zugeschrieben wird: „Was immer du tust, tue es mit Bedacht und bedenke das Ende." Vielleicht erweist sich das Gute, das wir nicht getan haben, als schlimmer, als das Ungute, das wir getan haben. Es kann sein, dass die Unterlassungssünden schwerer wiegen als die Bosheitssünden. So sah es der Schriftsteller *Heinrich Waggerl*: „Das Böse, das wir tun, wird uns Gott vielleicht verzeihen. Aber unverziehen bleibt das Gute, das wir nicht getan haben." (24) Nach seinem Nahtod-Erlebnis hat *Stefan von Jankovich* durchdacht und aufgezählt, was im Jenseits als gute und schlechte Taten angesehen werden. Er kam zu folgendem Ergebnis: All unsere Taten sollen durch selbstlose Liebe gelenkt werden. Wichtig und entscheidend ist die edle Gesinnung. Wer stets allen Wesen gegenüber wohlwollend gesinnt ist, kann im Leben kaum etwas falsch machen, weil sich auch das Misslungene zum Guten wenden kann, sofern dahinter eine liebende Absicht steht, getragen von geistigem Wissen und All-Liebe. (25) Auf die Frage, was wichtig sei im Leben, antwortete der bekannte Gospel-Chorleiter und Komponist *Bo Katzmann,* der als junger Mann bei einem schweren Motorradunfall einen Herzstillstand erlitt und eine außerkörperliche Erfahrung erlebte: „Genießen allein ist für mich zu wenig; dies hat mit Tatenlosigkeit zu tun. Wichtig ist eine Lebenshaltung der Liebe, und die zeigt sich vor allem in Taten." (26)

In seinen „Nachgedanken über das Leben nach dem Tod" gibt *Raymond Moody* zu bedenken: „Demnach ist es nur folgerichtig, wenn in den letzten Augenblicken des Lebens zwei Wesenszüge, die unverkennbar geistiger Natur sind, nämlich Liebe und Wissen, alles andere in den Schatten stellen." (27) *Robert Hugh Benson* äußerte sich aus dem Jenseits, nachdem er dort angefangen hatte, manche Dinge besser verstehen zu lernen: „Am entschiedensten und mich davon am meisten betreffend war die völlig falsche Haltung, die die Religion in Bezug auf die Geistige Welt einnahm. Die Tatsache, dass ich dort war, wo ich mich befand, stand in völligem Widerspruch zu vielem, was ich lehrte und für das ich in meinem Erdenkleid als Priester einstand. Vor meinen Augen schmolzen jene Bände orthodoxer Lehren, Glaubensvorschriften und Doktrinen zu einem Nichts, denn sie sind nichts nütze, da sie auf keiner Wahrheit beruhen und sich hinsichtlich der ewigen Geisteswelt wie auch hinsichtlich des Großen Schöpfers und Erhalters völlig im Irrtum befinden." (28)

Manch frommer Christ täuscht sich oder ist sich zu wenig bewusst, auf was es in der geistigen Welt wirklich ankommt. Es sind nicht die Lippenbekenntnisse, die zählen, sondern die Taten der Gottes- und Nächstenliebe, die wesentlich sind. (29)

Ein hoher Geist sprach zum Mystiker *Willigis*: „Ich aber sage euch: Keine Kirche, keine Sekte kann euch selig machen. Auf euch ganz allein kommt es an. Jede einzelne Seele ist es, die in sich reif werden muss wie das Korn, die auf den Wegen Christi wandelt und zur Reife drängt in ihren Gedanken, Gebeten und nicht zuletzt in ihren Handlungen." Weiter weist er den Menschen darauf hin: „Er muss in dem paradiesischen Bewusstsein leben, in der Brüderlichkeit, in der Gerechtigkeit, in dem Glauben und in der Liebe." (30)

Auf die Frage, auf was es dereinst ankommt, können wir nun sagen: Alles, was uns bleibt, wenn uns die letzte Stunde geschlagen hat. *Heinz Schenk* hat diesen Hinweis in einen Liedtext aufgenommen, dessen erste Strophe lautet:

Es ist alles nur geliehen
hier auf dieser schönen Welt,
es ist alles nur geliehen
aller Reichtum, alles Geld.
Es ist alles nur geliehen
jede Stunde voller Glück,
musst du eines Tages gehen
lässt du alles hier zurück.

9.3 Nichts von „Ewiger Ruhe"

Ein Pfarrer soll sich ab und zu mit dem Teufel in ein Gespräch eingelassen haben. Eines Abends fragte der geistliche Herr seinen Gast aus der Unterwelt: „Was macht die Hölle so schrecklich?" Der Gehörnte antwortete: „Lärm, Hast, Betriebsamkeit, Stress und Unruhe." Da dachte sich der Pfarrer: „In dem Fall muss der Himmel das Gegenteil sein: Ein Ort der Ruhe, der Stille und der Beschaulichkeit." Nach einer Weile waren sich der Pfarrer und der Teufel einig: „So ein Himmel muss totlangweilig sein!" (31)

Von „ewiger Ruhe" sprechen zunächst jene, die nicht an ein Weiterleben nach dem Tod glauben können. Für sie gibt es weder ein ruhiges noch ein unruhiges Jenseits, sondern nur das leere Nichts.

Der Tod bedeutet für sie etwas Endgültiges; ein Schlusspunkt, hinter dem nichts mehr folgt und auch nichts mehr zu erwarten ist. Auf dem Friedhof betten wir unsere Toten „zur letzten Ruh". Andere erhoffen für sich nach dem unruhigen irdischen Dasein ein ruhevolles Leben im Jenseits. Sie möchten fortan in Ruhe und Frieden gelassen werden. Von „ewiger Ruhe" mögen jene träumen, die sich ein reges Leben nach dem Tod nicht vorstellen können. Dieses „Ruhe sanft" und „Ruhe in Frieden", das wir auf den Grabsteinen heute noch oft lesen können, soll wahrscheinlich die Lebenden trösten und das Loslassen erleichtern. Die Grabesruhe eines Verblichenen zu stören, gilt als schändlicher Frevel. Unter schweren Marmorplatten sollen die Toten ihre bleibende Ruhe finden. *C. G. Jung* spricht von „grauenhaft schönen Grabmälern" und deutet sie als Ausdruck „naiver Gefühle" und „Befriedigung wehleidiger Sentimente". (32)

In den Todesanzeigen unserer Zeitungen lesen wir von Verstorbenen, dass sie „sanft eingeschlafen sind", um nie mehr zu erwachen. Oft begegnen wir Trostworten in Versformen an die Adresse der Heimgegangenen: „Nun bist du befreit von Leid und Schmerz, / ruhe sanft, du liebes Mutterherz." – „Nun ruhe sanft, du gutes Herz, / die Zeit wird lindern unseren Schmerz." – „Das Schicksal setzte hart dir zu, / nun bist du gegangen zur ewigen Ruh." – „Nun ruhe sanft und geh im Frieden, / hab tausend Dank für all dein Lieben." Auch in Prosa: „Mit allem warst du stets zufrieden, nun schlafe sanft in stiller Ruh." / „Jetzt ruhen deine nimmermüden Hände." Auf Grabsteinen lesen wir: „Hier ruht in Frieden" oder „Ruhe in Frieden", abgekürzt als R.I.P (Requiescat in pace) nach dem Psalm 4,9. Diese Sprüche und Verse von der „ewiger Ruhe" scheinen wie eine Ausflucht oder Ausrede zu sein, mit der die Abgeschiedenen rasch aus unserem Erinnern entschwinden sollen. Der anfänglich schmerzliche Verlust eines lieben Verstorbenen gleicht einer gewendeten Buchseite oder einem abgeschlossenen Kapitel in unserem Lebensbuch. Die so denken und glauben, sind in irdischen Vorstellungen befangen. Sie beschränken das Menschsein auf das irdische Dasein und rechnen mit dessen Vergänglichkeit.

Auch in der christlichen Begräbnisliturgie wird für die Seelenruhe der Verstorbenen gebetet: „Der Herr schenke ihnen die ewige Ruhe" oder „Lasse sie ruhen im Frieden" und „O Herr, gib ihm/ihr die ewige Ruhe." Bei der Totenmesse oder bei der Bestattungsfeier ertönen schaurig-schöne Grabgesänge. Berühmt geworden ist das feierliche „Requiem" von *Mozart*, von *Berlioz* oder von *Verdi*.

Das Bedürfnis nach Ruhe entspricht der menschlichen Erfahrung nach großer Anstrengung. *Elisabeth Kübler-Ross*, die aufgrund ihrer Studien über Nahtod-Erlebnisse bei Kindern weltweit mit vierzig Doktortiteln geehrt und im Jahr 1979 zur „Frau des Jahrzehnts" gewählt wurde, sagte kurz vor ihrem Übergang in die andere Welt: „Sterben – das ist, als würde man in die Ferien gehen." Das ist freilich nur die halbe Wahrheit. Es ist bloß der ermattete Körper, der sich nach Ruhe sehnt. Nicht so die Vitalseele, die rastlos tätig ist, um unseren Lebensstrom in Fluss und Bewegung zu halten. Sogar während des Schlafens weiß sie nichts von Ruhe. Dies beweisen unsere Träume. Noch viel weniger verlangt die Geistseele nach Ruhe, weil sie als nicht-materielle Wesenheit nicht ermüden kann. Die frommen Tröstungen von der „ewigen Ruhe" könnten sich dereinst als Illusion erweisen. Diese vermeintliche Untätigkeit, diese fortwährende Bedürfnislosigkeit, diese totale Wunschbefreiung und diese lähmende Gleichförmigkeit müssten eher einer Hölle als dem Himmel gleichen.

Der Gedanke an die „ewige Ruhe" begegnet uns bereits in den antiken Begräbnisritualen der Naturvölker. Die Verstorbenen wurden feierlich zur „letzten Ruhe" gebettet. Durch Grabbeigaben sollten ihre noch verbliebenen Bedürfnisse endgültig befriedigt werden. Wenn ein Verstorbener keine Ruhe fand und nachts *umging*, galt dies als unheilvolles Zeichen, vor dem die Lebenden sich fürchteten. Im Alten Testament finden wir mehrere Hinweise auf einen Ruhezustand im Jenseits. Nach dem Buch „Hiob" werden dort all jene ruhen, „die viel Mühe gehabt haben". „Dort ruhen aus jene, deren Kraft erschöpft ist." (Hi 3,17-18) Sie ruhen dort im „Land der Finsternis und des Todesschattens". (Hi 10,21-22) Bei *Jesus Sirach* heißt es: „In der freudlosen Unterwelt ist kein Genuss mehr zu finden" (Sir 14,16) und in den Psalmen wird von den Verstorbenen gesagt: „Sie wohnen im Land des Schweigens." (Ps 94,17) Der Prophet *Jesaja* verspricht den Gerechten: „Die ewige Ruhe wird ihnen zuteil." (Jes 57,2) Und in der Offenbarung des *Johannes* heißt es von jenen, die im Frieden des Herrn sterben: „Sie werden von ihren Mühen ausruhen und sich freuen." (Off 14,13) Mit diesen Andeutungen soll die Endgültigkeit des Todes zum Ausdruck gebracht werden. (33)

Nach der heutigen Ganztod-Theologie ruhen und schlafen die Verstorbenen in der Erwartung ihrer Auferweckung am Jüngsten Tag. Daher hat es nach dieser Ansicht keinen Sinn, für die Verstorbenen zu beten. Schon *Martin Luther* hielt das Gebet für die Verstorbenen für überflüssig, denn „diese hören nichts". (34) Demgegenüber hält die katholische Glaubenslehre an der Vorstellung fest, dass die Toten in einem Jenseits weiterleben und zwar im Himmel, im Fegefeuer oder in der Hölle. Immerhin wird empfohlen, für die Verstorbenen zu beten und sogar für sie bezahlte Messen lesen zu lassen. Daher wird angenommen, die „Armen Seelen" würden die Menschen um Hilfe bitten.

Von den Religionsführern wird dem gläubigen Volk in Aussicht gestellt, dass mit der „ewigen Ruhe" die Aufhebung aller Leiden, Schmerzen und Behinderungen gemeint ist. Auch die Befreiung von Geburt und Tod, ja sogar die Sättigung aller Bedürfnisse und die Erfüllung aller irdischen Wünsche gelten als Garant für die ewige Glückseligkeit. Nach einem mühevollen Leben und Leiden wird bleibende Ruhe erhofft. Im Koran wird der Himmel als eine Art „Schlaraffenland" geschildert, wo die Seligen auf grünen Kissen und kostbaren Teppichen ausruhen. (Sure 55) Sie werden dort bewirtet „von großäugigen Jungfrauen, die ihnen Krüge und Becher voll Wein kredenzen". (Sure 56) Der katholische Theologe *Josef Staudinger* findet, die einzige Tätigkeit im Himmel sei „Ruhen und Schauen". Für ihn ist der Himmel „der große Feierabend des Lebens". (35) Dabei beruft er sich auf die Bibelworte: „Selig die Toten, die im Herrn sterben, sie werden ausruhen von ihren Mühen." (Apk 14,13) Nach den Worten des evangelischen Theologen *Till A. Mohr* ist diese „ewige Schlaferei, gelinde gesagt, unökonomisch und sinnlos. Gott aber tut nichts Sinnloses". (36)

Nach der Überzeugung *Werner Schiebelers* herrscht auch bei den verbannten Seelen in der geistigen Dunkelheit keine Ruhe. In einer medialen Befragung teilte eine verstorbene Frau ihre Erfahrungen dort mit: „Ich habe nur wahrnehmen können, dass dort andere Geistwesen sind und ständige Unruhe herrscht, ein Kommen und Gehen. Man bewegt sich von einer Seite zur anderen, wie bei einer Ameisenstraße. Die hat aber wenigstens einen Sinn, während bei uns alles ohne Sinn war. Es ist da eine Gegend von Unwissenden. Man fragt sich nicht. Man ist einfach da. Man weiß, dass man nicht tot ist, und das ist eben das Leben nach dem Tode. Weil man vorher von einem Leben nach dem Tode nichts wusste, wenn man nichts anderes kennt, nimmt man das so hin. Wenn du fragst, was ich gedacht habe: Ich habe mir gedacht, das ist alles sinnlos. Ohne eine Aufgabe zu haben und ohne mit einem anderen sprechen zu können, hält man dies nur aus, wenn man nichts anderes gewohnt ist." Auf die Frage von Professor *Schiebeler*: „Was hast du dort gemacht?", antwortete das Geistwesen: „Gar nichts, überhaupt nichts. Ohne Sinn bin ich hin- und hergegangen." (37) Während Wesen in höheren Jenseitssphären keine Müdigkeit kennen, fühlen sich jene in den Tiefenschichten elend und ermattet. Ein anderes Geistwesen klagte: „Ich bin so erschöpft. Ich verstehe nichts. Ich weiß überhaupt nicht, wer ich bin und wo ich bin." Je tiefer gesunken die dunklen Welten und deren Bewohner sind, desto mehr ist ihr Empfinden von Raum und Zeit eingeschränkt. Aber auch dort herrscht nicht „ewige Ruhe". Der Jenseitswanderer *Franchezzo* erlebte die düstere Schattenwelt als „Land der Unruhe". (38)

In den tiefen Schatten- und Dunkelwelten ist von friedlicher Ruhe nichts zu spüren. Auf engem Raum sind die Bewohner unruhig umhergetrieben, im Ungewissen, wo sie sind und wer sie sind. Manche Jenseitige schildern uns aus eigener Erfahrung diesen Zustand der Ruhelosigkeit all jener, die in der anderen Welt immer wieder an den Ort ihrer Untaten zurückkehren. Sie drehen und wälzen die Erinnerung daran wie einen Mühlstein in ihrem Denken. Sie sind umgetrieben von dem Wunsch, ihre Missetaten nicht begangen zu haben. Ein Verstorbener, der sich anlässlich einer medialen Durchsage *Julius* nannte, berichtete, dass er, geplagt von Schuldgefühlen, in einen jenseitigen Wald flüchtete, um sich vor anderen zu verstecken. Dort traf er auf andere, die es ihm gleichtun wollten. Sie alle gingen unruhig hin und her, wussten nicht aus und ein, suchten Ruhe und fanden sie nicht. (39) Daher glaubte der russische Dichter *Fedor M. Dostojewski* (1821-1881): „Es gibt keine Gottlosen, es gibt nur Ruhelose." In den tiefsten Dunkelwelten sind die Uneinsichtigen zur Unrast verurteilt, und zwar so lange, bis sie zur Umkehr bereit sind.

In den oberen Lichtwelten des Jenseits gelten die engen Begrenzungen von Raum und Zeit nicht mehr. So schnell wie das Licht setzen sich auch die Gedanken und Gefühle der Seligen fort. *Erhard Bäzner*, dem Einblicke ins Jenseits vergönnt waren, bezeichnete die himmlischen Sphären als das „Reich vollendeten Friedens und höchster geistiger Lebendigkeit". (40) *Hossein Iranschähr* stellte folgende Überlegung an: „So wie es keine ewige Verdammnis gibt, so gibt es auch keine ewige Ruhe im Sinne von Untätigkeit in der Geisteswelt oder im Himmel, besonders für die vollkommen gewordenen Seelen. Unter der ewige Ruhe und Seligkeit versteht der Weise nur einen seligen Zustand der Seele, in welchem der Begriff Zeit nicht mehr existiert." (41) Auch das von gläubigen Buddhisten erhoffte „Nirvana" ist nicht ein Nichts, sondern ein Zustand des Friedens, der Ruhe, der Befreiung und der Erleuchtung, nicht eine völlige Auflösung in einer vollkommenen Leere. Nach *Buddha* gibt es am Ende aller Erdenwanderungen einen „Zustand ewiger seliger Ruhe, wo alles rastlose Umherirren endgültig aufhört". (42) Da Gott der Unendliche ist, werden wir ewig zu ihm unterwegs sein. Wenn *Augustinus* bekennt: „Unruhig ist unser Herz, bis es ruhet in dir, o Gott", so ist dies eine recht menschlich gedachte Vorstellung. (43) Das Jenseitswissen der heutigen Theologen beider Konfessionen ist recht bescheiden. Daher gab *Ladislaus Boros* in einem Vortrag im Jahr 1965 in Luzern zu: „Die langweiligsten Abhandlungen der Theologen sind diejenigen über den Himmel." So flüchtet manch ein Prediger hinter die Worte des Apostels *Paulus*: „Was kein Auge gesehen und kein Ohr gehört hat und keinem Menschen zu Herzen gegangen ist, was alles Gott denen bereitet hat, die ihn lieben." (1 Kor 2,9)

In der reichhaltigen Literatur der neuzeitlichen Jenseitskunde habe ich keinen einzigen Hinweise auf eine „ewige Ruhe" gefunden. Im Gegenteil: Alle aufstiegswilligen Wesen gehen einer sinnvollen Tätigkeit nach, um geistige und soziale Werke und Werte zu verwirklichen. Diese wird ihnen, den Fähigkeiten entsprechend, von hohen Führerengeln zugewiesen und regelmäßig überwacht. Eine verstorbene Frau gab Auskunft über ihre Tätigkeit in der anderen Welt: „Ich betreue heimgekommene Seelen, ich spende Trost, wo es notwendig wird; ich habe Zugang zu den Menschen, ich erfülle meine Aufgabe in unserem Reich." (44) Derartige soziale Aufträge sollen dazu dienen, Gemeinschaftssinn, Hilfsbereitschaft, Nächstenliebe und Rücksichtnahme zu lernen und einzuüben. Wenn das mit der „ewigen Ruhe" stimmen würde, gäbe es kein Erinnern, keine Verantwortung und keine Rechtfertigung. Wir hätten keine Möglichkeit zur Wiedergutmachung und zur geistigen Weiterentwicklung. Wie wäre es um all jene bestellt, welche die Chance des Menschseins nie erhielten: die ungeborenen und früh verstorbenen Kinder? Und wie steht es um all die Millionen, die im Kampf ums tägliche Leben nie dazu kommen, sich auf die jenseitige Welt vorzubereiten. Sollen sie ewig in ihren Anfängen stecken bleiben? Soll in diesem Ruhezustand das Ende allen Glücksstrebens liegen? Sind dann alle Bedürfnisse gestillt, alle Wünsche erfüllt? Es hätte auch keinen Sinn, für die Verstorbenen zu beten oder an sie zu denken. Sie würden nichts davon in ihrem Todesschlaf erfahren, und wir würden damit bloß ihre „ewige Ruhe" stören. Wären dann nicht jegliche medialen Kontakte mit Verstorbenen und all die Fürbitten für die „Armen Seelen" reine Spekulation und Projektion der Lebenden?

Das jenseitige Reich bietet allen strebsamen Wesen ein abwechslungsreiches und tätiges Leben – und nicht bloß ein süßes Nichtstun. Eine Frau, die auf Erden ein frommes Leben führte, wurde gleich nach ihrem Eintreffen in der Jenseitswelt aufgeklärt: „Wir brauchen alle Zurückgekehrten für eine Aufgabe; wir teilen sie ein, und für jeden haben wir eine Arbeit. Je nach seinem gelebten Leben, je nach seiner Frömmigkeit und auch je nach seinen Talenten taxieren wir ihn und geben ihm dann eine Aufgabe." (45) Auch drängt es die Jenseitigen, das Unergründliche immer tiefer zu erforschen, ihren Wissensbereich fortwährend zu bereichern, ihre Horizonte stets zu erweitern. Jeder wissensdurstige Mensch erfährt schon hier auf Erden, wie beglückend es sein kann, immer wieder Neues zu entdecken, neue Erfahrungen zu machen und alte Irrtümer durch neues Wissen zu ersetzen. Wie viel mehr muss dies in der Unendlichkeit möglich sein. Demnach haben die Jenseitswelten nichts Statisches und Festgefahrenes an sich. Im Gegenteil, dort ist das Leben höchst dynamisch. Dort warten Aufgaben auf uns, die wir erfüllen müssen, wenn wir mit uns selber weiterkommen wollen. Einerseits geht es darum, das vergangene Leben aufzuarbeiten und daraus die richtigen Lehren zu ziehen im Sinne einer gerechten Vergangenheitsbewältigung; andererseits warten neue Aufgaben auf uns, die uns zu neuen Lernfortschritten führen sollen, damit wir selber geistig weiterkommen. Auf der schiefen Ebene der jenseitigen Aufstiegsstufen kann jeder Stillstand wieder zu einem Rückfall führen. *Carl Friedrich von Weizsäcker* hat sicher recht: „Seligkeit ist nicht jenseits des Todes; dort ist Arbeit." (46)

Wer nicht weiterschreitet, der bleibt stehen und fällt leicht zurück. Außerdem genügt es nicht, bloß sich selber in Sicherheit zu bringen und die anderen ihrem Schicksal zu überlassen. *Buddha* lehrte seine Mönche: Wer sein Karma in zahlreichen Erdenleben vollständig abgetragen hat und daher nicht mehr wiedergeboren werden muss, von dem wird erwartet, dass er noch dreimal freiwillig Mensch wird, um auch seinen zurückgebliebenen Brüdern und Schwestern bei ihrem Wiederaufstieg behilflich zu sein. Über der gesamten Schöpfung müssen sich eines Tages die düsteren Nebel der Unwissenheit lichten, damit die Sonne des geistigen Bewusstseins sie erleuchtet.

Wie aus den Jenseitsbotschaften hoher Geistlehrer zu schließen ist, bietet das jenseitige Reich allen Gott zugewandten Wesen ein abwechslungsreiches, tätiges Leben, das weit entfernt ist von einem süßen Nichtstun. Es drängt sie, das Unergründliche immer tiefer zu erforschen, ihren Wissensschatz fortwährend zu bereichern und ihren geistigen Horizont stets zu erweitern. Jeder wissensdurstige Mensch erfährt schon hier auf Erden, wie beglückend es sein kann, immer wieder Neues zu entdecken, neues Wissen zu erwerben und tiefer in die Geheimnisse der Natur vorzudringen. Wie viel mehr muss dies im grenzenlosen All und in den unendlichen Weiten der ganzen Schöpfung möglich sein. Kurz vor seinem Sterben sagte *Goethe* zu Kanzler *Müller*: „Ich wüsste nicht, was mit der himmlischen Seligkeit anzufangen, wenn mir nicht später eine neue Aufgabe und neu zu bemeisternde Schwierigkeiten eröffnet würden. Und dies ist vorgesehen! Wir brauchen nur die anderen Planeten anzuschauen – dort werden wir ebenfalls genügend Nüsse zum Knacken bekommen." (47)

Der jenseitige Dichter *Ephides* gab seinem Medium *Hella Zahrada* folgende Verse mit auf den Weg:

Auch wir in Gottes Näh und Licht,
auch wir im Geisterreiche ruhen nicht
und erschauen das Ende nicht
unserer Leiter – wir streben weiter.

9.4 Jenseitige Aufenthaltsorte

Das Jenseits ist ein unbegrenzter Raum. Er umfasst für dessen Bewohner zahlreiche Aufenthaltsmöglichkeiten. Diese sind so vielfältig und vielschichtig wie es Wesenheiten mit unterschiedlichem geistigen Bewusstseinsgrad gibt. Daher lassen sich verschiedene Sphären und Ebenen denken, vom dumpfen Bewusstsein in den tiefen Dunkelwelten bis hinauf zu den höchsten kosmischen Bewusstseinszuständen in den obersten Lichtwelten. Auf diese Weise entstehen im Jenseits zahlreiche Welten in vielschichtigen Sphären und auf mehreren Ebenen, welche deren Bewohner als ihre Wirklichkeit erleben. Der Nahtod-Forscher *Bernard Jakoby* schreibt hierzu: „Die erlebte Realität entspricht den Vorstellungen, Denkhaltungen und Erwartungen, die eine Seele vom Jenseits hat. Insofern gibt es eine Vielzahl von selbst geschaffenen Realitäten, wobei diese keine Auskunft geben über die umfassendere Wirklichkeit der geistigen Welt." (48)

Es ist also der geistige Seelenzustand selbst, welcher Licht oder Dunkelheit in seine eigene Umgebung bringt. Je lichter der Bewusstseinszustand eines Wesens ist, desto heller wird es um ihn herum, weil im Jenseits alles aus seinem eigenen Inneren erstrahlt und keiner äußeren Lichtquelle bedarf. Ebenso wird die Dunkelheit in den finsteren Abgründen durch jene Geistwesen geschaffen, die in ihrem Erdenleben blind waren für geistige Werte. Selbst die äußere Gestalt, die Kleidung und die Gesichtszüge der dortigen Bewohner nehmen den Ausdruck ihres Inneren an. So gibt es Wesen mit geradezu tierischem Aussehen bis hin zu einem engelhaften Erscheinungsbild. Immer ist es der veränderbare geistige Entwicklungszustand, der diese Formen schafft. Es sind dies stets die eigenen Gedankenschöpfungen, die sich nach außen verwirklichen. Ungezählte Berichte von Astralreisenden werfen einen überzeugenden Blick auf die feinstofflichen Welten, in denen die jenseitigen Wesen wohnen.

Da die Menschen die Neigung zu unterscheiden haben, hat man schon früh versucht, je nach Weltbild und Weltanschauung, die Jenseitswelten zu unterteilen. Die alten Ägypter stellten sich das Jenseits mit einer Tagseite und einer Nachtseite vor. *Zarathustra* trennte das Reich des Lichtes vom Reich der Finsternis. Diese Zweiteilung übernahm später die jüdische Tradition mit ihrer Unterscheidung von Paradies und Scheol. Die Christenheit ging zum Drei-Stufen-Modell „Himmel-Fegefeuer-Hölle" über, wie es vor allem in der katholischen Kirche heute noch üblich ist. In den esoterischen Wissenschaften kennt man verschiedene Jenseitsabstufungen, entsprechend den sieben Prinzipien der Welt, die von der Theosophie, von der Anthroposophie und von den Rosenkreuzern mit verschiedenen Namen bedacht werden. (49)

Die meisten Denkmodelle nehmen eine polare Gegensätzlichkeit im Weltganzen an. Sie trennen das Reich des Lichtes vom Reich der Finsternis, den Aufenthaltsort der Gerechten, den sie Paradies, Elysium oder Himmel nennen, von der Schattenwelt oder Hölle. Über die aufsteigenden Welten ließ sich *Frances Banks* aus dem Jenseits vernehmen: „Es gibt Sphären von unvorstellbarer Freude und Schönheit, die sich aus jedem Entwicklungsstand bilden und ausweiten, hin zu den geistigen Welten der göttlichen Gedanken, weit jenseits jeder Vorstellung, die ich davon haben könnte." Über die Dunkelwelten schreibt sie: „Jammervolle, beengende Zustände, dunkel und bedrückend und so real, wie das gequälte Bewusstsein der darin Eingeschlossenen sie machte." (50) In einem medialen Vortrag beschreibt die Geistlehrerin *Lene* die Himmelswelt mit folgenden Worten: „Das Reich Gottes, wo die Geister Gottes mit dem Vater in Seligkeit zusammenleben, ist eine Welt der Herrlichkeit, der Vielfalt, der Schönheit, der schönen Künste. Wie könnte man sonst von einem herrlichen Himmel sprechen, wenn es nichts gäbe, woran man sich freuen könnte? Die hohe Geisteswelt ist eine Welt des Friedens, des Glücks und der Schönheit." (51)

Die Menschen, die sich seelisch nicht schwer belastet haben, kommen in der jenseitige Welt zunächst ins sogenannte „Sommerland". *Herbert Viktor Speer* betrat während einer außerkörperlichen Jenseitsreise in Begleitung seines Schutzgeistes „Veritas" das astrale Sommerland. Er schilderte dies als eine wunderbare Landschaft unter blauem Himmel. Die taufrische Luft empfand er erfüllt mit wohlriechenden Blumendüften. Diese Sphäre leuchtete wie klares blaues Glas. Auf die Frage, wo sich dieses Sommerland in Wirklichkeit befinde, bekam er zur Antwort: „Es liegt außerhalb der irdischen Anziehungskraft. Dieses Land ist frei von aller Erdgebundenheit. Die Fahrkarte dorthin ist einzig nur der gute, gerechte Glaube an Gott und seine Bevollmächtigten, zu denen Christus an erster Stelle gehört." Der Astralwanderer erinnerte sich später: „Das Sommerland war derart überwältigend, dass ich es nicht fertig brachte, mir über meinen erlebten Zustand lange Gedanken zu machen. Ich empfand, dass ich diese Gnade durch keinen schlechten Gedanken trüben durfte, und ich fühlte mich derartig in Gottes Reich versetzt, dass ich mit heiliger Scheu und andächtiger Ruhe alles Neue auf mich einwirken ließ. Dieses schöne, gleichmäßig warme und lichtdurchflutete Land war kein ‚totes' Reich." Er sah überall buntes Leben: Vögel, Schmetterlinge, schillernde Insekten, eine bunte Blumenpracht und Bäume mit köstlichen Früchten. Und vor allem gab es dort menschliche Wesen, die ihn freundlich begrüßten. Diese trugen buntfarbene Kleider. Sein eigener Astralkörper schien ihm völlig farblos und wie schleierartig, ohne feste Umrisse zu sein. Dieser war mit einem viele tausend Kilometer langen Faden mit der Erde verbunden, um ihm die Rückkehr in seinen grobstofflichen Körper zu ermöglichen. Eine Sonne konnte er nicht sehen. Dennoch war die ganze Landschaft von hellem Licht durchflutet, das keinerlei Schatten warf. Auch Dunkelheit gab es nicht. Ihm wurde erklärt, dass der Unterschied zwischen der Erdenwelt und der Astralwelt in der verschiedenen Schwingungsart liegt. Sein Begleiter klärte ihn auf: „Das Sommerland dient nur der Erholung. Die vielen Besucher dieser Sphäre sind deshalb nur sogenannte Urlauber. Es sind alles Durchreisende. Wenn sich die Seelen bis zu einem gewissen Zustand erholt haben, werden sie verabschiedet." Auf die Frage, wohin diese dann gehen, wurde er belehrt: „Viele wenden sich einer wichtigen Aufgabe zu. Andere übernehmen für eine gewisse Zeit schwere Missionen. Ein anderer Teil zieht es vor, sich inkarnieren zu lassen. Einige gehen von hier zu einer Spezialausbildung. Es gibt in einer anderen Sphäre sogar eine große Ausbildungsschule für höhere Erkenntnisse. Aber für diese Bildung sind nur wenige Seelen geeignet. In den meisten Fällen handelt es sich um Schutzgeister oder Lichtboten, die schon mit großen Erfolgen aufwarten können. Nach der Schulung werden sie zu himmlischen Helfern, d. h. sie übernehmen die Führung größerer Interessengruppen." (52)

Ein verstorbener Mann, der im Erdenleben ein Pfarrer war und sich in seinen medialen Durchgaben *Robert* nannte, beschreibt sein jenseitiges Zuhause als eine erlebbare Wirklichkeit mit Haus, Garten, umgeben von

Wiesen, Wald, Flüssen und Bergen. „Es ist eine Welt, den Bedürfnissen der Heimgegangenen genau angepasst. Es gibt da nichts, was dem geistigen Menschen – zumindest auf meiner Stufe –, wenn er gutwillig und gottgewollt im Gesetz arbeitet, Hindernisse in den Weg stellt. Nur die eigenen Unzulänglichkeiten sind die Hemmnisse. Und diese stellen sich im Bewusstsein des Betrachters in den Weg und verhindern den schnelleren Aufstieg näher zu Gott. Sonst bedeutet alles, soweit es an mir geschehen ist, Förderung!" (53)

Heute werden weltweit derartige Berichte durch die „Internationale Gesellschaft für Nahtod-Forschung", die im Jahr 1980 in Amerika gegründet wurde, gesammelt und bewertet. Es zeigt sich immer deutlicher, dass deren Inhalte nicht auf bloßen Phantasien und Einbildungen beruhen können, sondern übereinstimmend einem ganz bestimmten Erlebnismuster folgen. Immer wieder zeigt sich, dass die erlebten Szenen in der Jenseitswelt sowohl auf erfreuliche Zustände in höheren Daseinsstufen hinweisen als auch beängstigende Verhältnisse in dunklen Verliesen vermuten lassen. Menschen, die zeitlebens nicht an ein Weiterleben im Jenseits glaubten, dürfen nicht erwarten, dass sie in der anderen Welt in paradiesische Zustände gelangen. Sie kommen zunächst in die Gesellschaft der Nichtwissenden, wo sie Gelegenheit erhalten, sich eines Besseren belehren zu lassen. Noch vierzehn Jahre nach seinem Tod ließ *Sigmund Freud* sein Medium *Eva Herrmann* wissen: „Ich bin jetzt in einer Welt, von der ich nichts wusste." (54) Der katholische Priester *Robert H. Benson* berichtet über sein Medium *Anthony Borgia* von einem reichen Geschäftsmann, der nach seinem Tod für lange Zeit in eine armselige Hütte in einer trostlosen Gegend verbannt wurde, um darüber nachzudenken, was er bei all seinem Luxus in seinem Leben alles versäumt hatte. Als er und seine Begleiter ihn in seiner Dunkelwelt besuchten, sahen sie: „Die Landschaft war in höchstem Maße öd. Hier und dort erblickten wir eine Behausung von der armseligsten Art. Wir näherten uns einer von ihnen, um sie eingehender in Augenschein zu nehmen. Es war ein rechteckiges, kleines niedriges Haus ohne jegliche Verzierung. Trotz seines schlichten Aussehens verbreitete es eine düstere Atmosphäre, und es schien uns mehr und mehr zurückzustoßen, je weiter wir uns ihm näherten. Im Inneren dieser armseligen Hütte gab es nur wenige Möbelstücke, und diese befanden sich ebenfalls in erbärmlichem Zustand. Für unsere Augen offenbarte sich hier die Armut seiner Seele, denn diese äußere Erbärmlichkeit beruhte auf geistig-seelischen Zusammenhängen. Die Kälte schien uns hier im Inneren noch größer als draußen zu sein, doch entströmte sie, wie uns gesagt wurde, dem Besitzer dieses Hauses selbst." (55) Auch *Christophor Coppes,* zur Zeit Präsident der „Vereinigung für Studien über Nahtoderfahrungen" in Holland, bestätigt in seinem Buch „Der Himmel ist ganz anders", dass es bei Jenseitserlebnissen auch zu recht belastenden Begegnungen mit den Dunkelwelten kommen kann. (56) Manchmal kommt es zu beängstigenden Erlebnissen, wobei über erschreckende Bilder aus jenseitigen Tiefensphären berichtet wird. Da ist die Rede von dämonischen Gestalten mit boshaften Gesichtern und höhnischem Grinsen in furchterregender Umgebung, die Kälte und Hass ausstrahlen. (57)

Ein derartiges Erlebnis hatte eine 26-jährige Frau, die sich das Leben nehmen wollte. Als sie noch rechtzeitig aus bewusstlosem Zustand gerettet wurde, erzählte sie, wie sie aus ihrem Körper ausgetreten war und auf einmal vor einer Art Höhleneingang stand: „Daran hing so etwas wie Spinngewebe. Die Farben des Höhleninneren waren grau und braun. Ich hörte Schreie, Klagen, Stöhnen und das Knirschen von Zähnen. Ich sah diese Wesen, die Menschen ähnelten, ich erkannte Kopf und Körper. Doch sie waren hässlich und grotesk. Sie hatten Angst und klangen, als ob sie gequält wurden, wie in Todesangst. Niemand sprach zu mir." (58) Es kann sein, dass es sich bei derartigen Erlebnissen um Projektionen von Schuldgefühlen und Ängsten handelt, die aus Jenseitsvorstellungen kommen, die im Leben anerzogen und erworben wurden. Es ist auch denkbar, dass es sich um echte Erfahrungen handelt, die einer jenseitigen Dimension zugeordnet werden müssen.

Die Sphären in der Unterwelt werden gebildet durch die niederen Schwingungen, welche durch das engstirnige Denken, die niederträchtige Gesinnung, durch wilde Leidenschaften sowie durch Hass und Bosheit der dortigen Bewohner erzeugt werden. Die bewusst freigewählte Gottferne führt die Verstorbenen in dunkle Sphären, in denen das himmlische Licht fast vollständig erloschen ist. Es besteht höchstens noch unter der Asche der Vergessenheit eine glimmende Glut, die erst wieder zur Flamme entfacht wird, wenn nach langer Zeit der reumütigen Einsicht in das frühere Fehlverhalten die Geistseele anfängt, sich der Gotteswelt wieder zuzuwenden. Hierzu übermittelt *P.H. Landmann* als Medium folgende Aussage von einem Verstorbenen, der sich noch in einer dunklen Sphäre befand, aber von hier aus sich bereits der göttlichen Welt zugewandt hatte: „Gottes Liebe leuchtet wie ein himmlisches Licht hinein in diese Finsternis. Sie hat mich im Herzen festgemacht, so dass die Genossen meiner Finsternis mich nicht mehr in ihrer Gewalt halten können. Sie versuchen es zwar immer wieder, aber ihre Gründe machen keinen Eindruck mehr auf mich, und ihre Schmähungen finden keinen Widerhall in meinem Herzen. Ich glaube an Gottes Liebe in freilich noch schwachem Vertrauen, und dieses Vertrauen hat sich bereits überaus reichlich gelohnt. Ich habe die Finsternis kennen gelernt. Ich kenne das Leben derer, die sich von Gott losgesagt haben. Ich weiß, wie furchtbar es ist, wie keine Phantasie imstande ist, es sich auszumalen. Aber ich weiß auch, dass Gott Liebe ist, die niemanden aufgibt, und dass es keine ewige Finsternis gibt für die, welche ihre Sünde erkennen und denen sie leidtut. Ich gehöre zu diesen." (59)

Zwischen den aufsteigenden und den absteigenden Jenseitswelten befindet sich unser Planet Erde als grobstoffliche Diesseitswelt in jenem hohen Verdichtungsgrad, den wir die Materie nennen. Auf ihr halten sich nicht nur die als Menschen inkarnierten Geistwesen auf, sondern auch erstaunlich viele Verstorbene, weil sie noch erdgebunden sind. Viele unter ihnen haben noch nicht recht begriffen, dass sie gestorben sind. Andere befinden sich noch für eine längere oder kürzere Zeit von irdischen Bedürfnissen oder Verhältnissen abhängig oder sie konnten sich von selbstverursachten Abhängigkeiten an ihre frühere Umwelt noch nicht lösen, wie dies der hellsichtige *Anton Styger* in seinen Büchern ausführlich beschrieben hat. (60)

Wenn Gott wirklich unendlich und ewig ist, werden wir immer zu ihm unterwegs sein und nie ganz bei ihm ankommen. Dies meinte wohl *Rilke*, als er in seinem „Stundenbuch" unser Dasein in aufeinander folgenden Leben im Diesseits wie im Jenseits mit einer sich aufwärts windenden Spirale verglich. (61)

Ich lebe mein Leben in wachsenden Ringen,
die sich über die Dinge ziehn.
Ich werde den letzten vielleicht nicht vollbringen,
aber versuchen will ich ihn.
Ich kreise um Gott, um den uralten Turm,
und ich kreise jahrtausendelang;
und ich weiß noch nicht: bin ich ein Falke, ein Sturm
oder ein großer Gesang.

9.5 Aufstiegs- und Entwicklungsstufen

Um den gefallenen Geistwesen eine neue Möglichkeit für ihre Rückführung in die himmlische Welt zu gewähren, wurden jenseitige Besserungs- und Aufstiegsstufen eingerichtet. Dort bekommen die Heimkehrwilligen die Gelegenheit, sich auf ihr ehemaliges Fehlverhalten zu besinnen, ihre Gesinnung zu ändern und sich geistig wieder aufwärts zu entwickeln. (62) Der Mensch ist nach seinem irdischen Leben noch lange nicht am Ende seines Weges. Da sein Ziel die Heimkehr ins himmlische Ursprungsland ist, muss es eine fortschreitende Höherentwicklung nach dem Tod geben. Diese geschieht auf dem Weg der wiederholten Erdenleben. Dabei dient jedes Erdenleben einer weiteren Prüfung. „Wer sie nicht besteht, muss im nächsten Erdenleben unter gleichen oder ähnlichen Bedingungen die Prüfung wiederholen, und das so oft, bis er sie besteht. Der Einzelne wird so oft in derselben Stufe als Mensch einverleibt, bis er für die nächsthöhere Stufe reif geworden ist." (63)

Die großen Weltreligionen verkünden im Allgemeinen ein *statisches* Jenseits als einen Endzustand, in dem es in alle Ewigkeit keinerlei Veränderungen mehr gibt. Nach christlicher Tradition bedeutet der Tod das „radikale Ende des Pilgerstandes für den ganzen Menschen". (64) Der frühere Jesuit *Ladislaus Boros*, der in seinen späteren Jahren aus seinem Orden ausgetreten ist und geheiratet hat, vertrat in seinem Buch „Mysterium mortis" die Theorie, dass der Mensch im Augenblick des Todes seine allerletzte und endgültige Entscheidung in einer mystischen Gottesbegegnung trifft, die für sein ewiges Schicksal entscheidend ist. (65) Da stellt sich die Frage: Was für einen Sinn soll es haben, wenn im Hochgebet der katholischen Messfeier täglich und weltweit der Verstorbenen gedacht und für sie gebetet wird, wenn doch für sie längst und für immer alles entschieden sein soll?

Demgegenüber vermittelt die heutige Geisteswissenschaft aufgrund ihrer zahlreichen Forschungsergebnisse das Bild einer ausgesprochen entwicklungsorientierten Jenseitswelt.

Jeder Mensch bringt nach seinem Lebensende die Errungenschaften seines Tuns in Gedanken, Worten und Werken in die jenseitige Welt mit. Es ist dies die Ernte seines Strebens und Bemühens, die ausweist, ob und wie weit er seinen vorgegebenen Lebensplan verwirklicht hat. Dieser geistige Ertrag wird ihm zum Startkapital für sein Weiterkommen und seinen Wiederaufstieg. Dementsprechend werden ihm am zugewiesenen Aufenthaltsort weitere Aufstiegsmöglichkeiten angeboten, die ihm als Ausgangspunkt für seine weitere Entwicklung dienen soll. Wer als geistig Mittelloser dasteht, auf den wartet ein bescheidenes Ankommen in einer armseligen Gegend. Auch seine Bekleidung und seine Behausung sind ärmlich, und er kommt in eine verarmte Gesellschaft Gleichgesinnter. In einer meditativen Jenseitsschau wird von einem Engelwesen darauf hingewiesen: „Wer als Besitzloser in die geistige Welt eintritt, bleibt solange besitzlos, bis er seine Gesinnung wandelt. Er muss zu besserer Erkenntnis gelangen. Kommt er dann auf den Gedanken, dass auch *er* etwas leisten müsse, so hat er schon einen Schritt vorwärts getan. Dann sind andere Wesenheiten bereit, ihm weitere Anleitungen zu geben." (66)

Der verstorbene Italiener *Franchezzo*, der seine Jenseitserlebnisse dem Medium *A. Fernese* in die Feder diktierte, schreibt von einem ehemaligen Schwerverbrecher in den finsteren Sphären der Dunkelwelten: „Nach Verlauf von vielen Jahren – es können sogar Jahrhunderte sein – wird der Wunsch nach Besserung in ihm erwachen, und er wird anfangen fortzuschreiten. Aber nur sehr langsam, denn eine Seele, welche so ärmlich entwickelt und so verkommen ist wie bei diesem Manne, bedarf oft großer Zeiträume, um ihre schlummernden Fähigkeiten zu entwickeln." (67) Jeder Neuangekommene trägt bei sich einen unsichtbaren Ausweis, eine Art geistige Identitätskarte. Auf dieser ist wie auf einem spirituellen Gradmesser sein geistiger Entwicklungsstand abzulesen. Nach diesem richtet sich seine Einstufung in der Jenseitswelt. Jeder Wert, den wir im Leben auf ehrliche Weise und in guter Absicht erworben haben, behält in der Jenseitswelt seinen Gegenwert. Hier zählen freilich nur Werte in spiritueller Währung, mit denen wir drüben unser Auskommen und Weiterkommen sichern können. Dies lehrt uns folgende Geschichte: Ein wohlhabender Mann mit großen Besitzungen auf der Erde starb und erwachte bald danach im Jenseits. Dort stand er vor einer reich gedeckten Tafel mit köstlichen Früchten. Hungrig wie er war, fragte er den diensttuenden Engel, wie hoch der Preis für eine Mahlzeit sei. Er bekam die Antwort: „Alles kostet nur eine Kleinigkeit." Also griff er beherzt zu, denn bei seinem irdischen Vermögen könne er sich das wohl leisten, dachte er bei sich. Als er danach bezahlen wollte und seine Münzen zählte, schüttelte der Engel den Kopf und meinte: „Hier kann man nur mit jenem Geld bezahlen, das man auf Erden an Bedürftige verschenkt hat." Da wurde der Reiche arg verlegen und es war ihm sehr peinlich, weil er sich nun bettelarm vorkam, da er in seinem Erdenleben niemandem etwas geschenkt hatte.

Es wird einem drüben nichts geschenkt. Jeder erhält, was er verdient. Alles andere würde dem Gesetz der Gerechtigkeit widersprechen. Dies übersieht die oft falsch verstandene Gnadenlehre der Theologen. Gnaden sind nicht unverdiente Gaben, sondern verdiente Gaben. Wer nicht als Zechpreller vor seinen Engel tritt, der erfährt Lob und Anerkennung für seinen geistigen Gewinn.

Weil das Jenseits nichts Endgültiges ist, bleiben auch dessen Bewohner nicht bei ihrem Anfangszustand stehen, sondern sie können sich dort auf dem Weg des Lernens oder Leidens weiterentwickeln. Nachdem der verstorbene *C. G. Jung* bereits zwölf Jahre in der Jenseitswelt war, teilte er dem Schreibmedium *Eva Herrmann* mit: „Ich bin als erwachte Seele ein anderer als der, der ich meinen Lesern auf Erden bekannt war." (68) Wie in der menschlichen Gemeinschaft, so ist auch im Jenseits alles nach bestimmten Ordnungs- und Entwicklungsgesetzen geregelt. In der geistigen Welt kann nicht jeder tun und lassen, was ihm beliebt. Es werden ihm bestimmte Aufgaben übertragen, an denen er sich bewähren kann. Auch wird an ihm gearbeitet, um ihn zu besserer Einsicht und höherer Erkenntnis zu führen. Es sind Schutzengel, Führerengel, Helferengel und jenseitige Lehrer, die sich um sein Weiterkommen bemühen. Auch die Wiedergutmachung früherer Fehlleistungen erfordert ernsten Einsatz.

Ein Untätigsein, ein ständiges Ausruhen, ein Nichtstun bringt keinen weiter. Wer nicht vorwärts kommt, fällt zurück oder bleibt stehen. „Wer immer strebend sich bemüht, den können wir erlösen." Dieses *Goethe*-Wort gilt nicht nur im Diesseits, sondern auch im Jenseits.

Jedem Willigen werden für sein geistiges Weiterkommen entsprechende Möglichkeiten geboten. In den mittleren Sphären muss jedes aufstiegswillige Geistwesen einer bestimmten „Erwerbsarbeit" nachgehen. Dadurch kann geistiges Eigentum erworben werden. Die Werkzeuge hierzu sind geistiger Art, nämlich Gedankenkräfte, Glaubensüberzeugungen, Besserungswille, Hilfsbereitschaft und liebendes Mitgefühl. Dies kann geschehen durch Aufträge, die er ausführt, durch Hilfeleistungen, die er anderen entgegenbringt, durch mitfühlende und wohlwollende Anteilnahme am Geschick geistiger Brüder und Schwestern im Diesseits oder Jenseits. Eine verstorbene Frau namens *Susanne* bekam nach ihren eigenen Mitteilungen die Aufgabe zugeteilt, auf Erden leidende Menschen zu trösten und ihnen zu helfen, den Weg ins Licht zu finden. Sie erzählte auf medialem Weg: „Ich gehe auf die Erde zu den Menschen, die man mir zeigte, umarme sie mit meinen geistigen Armen und spreche ihnen Trost zu. Sie spüren mich natürlich nicht, aber von meinem Od geht Kraft auf ihren Körper über und tut ihnen wohl. Auch meine Worte können sie nicht hören, aber ihre Seele nimmt sie auf. Es ist für mich eine Freude, wenn ich sehe, dass es ihnen leichter wird." (69)

Was wir in früheren Leben an geistigen Werten erworben haben, geht uns nicht verloren. Wenn das jüngste Erdenleben nicht sonderlich ertragreich war, muss das Geistwesen deswegen in seiner Entwicklung nicht zurückgestuft werden. Es ist aber notwendig, dass die neuesten Trübungen und Belastungen der Geistseele beseitigt werden, damit die früheren Verdienste erneut in aller Klarheit hervortreten können. Das Ziel des jenseitigen Aufstiegs ist unsere fortschreitende Entwicklung, um wieder das zu werden, was wir einst vor unserem Fall in die Gottferne waren. Jedes Wesen kann auf diesem Weg jenen Grad der Vollkommenheit erreichen, der ihm ehemals in der himmlischen Welt zugedacht war. Nicht alle geschaffenen Wesen haben das gleiche Füllvermögen. So wie es größere und kleinere Gläser gibt, die nicht mehr als voll sein können, so gibt es auch geistige Wesenheiten, die ganz erfüllt sind, wenn sie die vollständige Fülle ihres geistigen Fassungsvermögens erreicht haben. Nach dieser Fülle des Seins verlangt es jede geistige Wesenheit. Der österreichische Schriftsteller *Stephan Zweig* (1881-1942) hat dieses Ziel, das wir in jedem Erdenleben erreichen sollten, in folgende Worte gefasst:

Erst wenn die laute Welt dir fremd geworden
und du ein Fremder aller bist,
lauschest du aus deines Lebens Lied Akkorden
dem Sang, der aus deiner Seele fließt.
Tief tauchst du ein in den Wunderstrom der Zeiten,
der segnend über dir zusammenschlägt,
und selig spürst du wie zu Ewigkeiten
deine starke Seele dich hinüberträgt.

9.6 Lernschulen im Jenseits

Unser Planet Erde wird aus jenseitiger Sicht häufig als Schulungsplanet der Menschheit bezeichnet. Dies mag zutreffen für alle lernwilligen Geistschüler, denn das Leben auf Erden kann für sie eine gute Schule sein, wenn sie wirklich als solche verstanden wird. Für viele bedeutet der Übergang von der Diesseitswelt in die jenseitige Welt nicht viel mehr als für ein Kind der Übertritt vom Kindergarten in die Grundschule. Tatsächlich erleben noch allzu viele das Diesseitsleben als reinsten Kindergarten. Mit ihren alltäglichen Problemen, Sorgen und oberflächlichen Lustbarkeiten sind sie noch weit davon entfernt zu begreifen, wozu der ganze Betrieb eigentlich gut sein soll. Als Unwissende und Unerfahrene kommen sie drüben auf der anderen Seite an. Nun erst beginnt für sie der Ernst des eigentlichen Lebens.

Den Neulingen stehen zwei Wege offen: der Lernweg und der Leidensweg. Wer sich uneinsichtig gibt, sei es, dass er nicht an Gott und die hohe Geisteswelt glaubt, sei es, dass er an falschen Vorstellungen stur festhält oder überhaupt noch nicht einsieht, dass er gestorben ist, der wird, entsprechend seines eingeschränkten Bewusstseins, in enge Verhältnisse geführt. Dort bekommt er die Möglichkeit zur Selbstbesinnung, indem er über sein vergangenes Leben nachdenken kann. Jene aber, welche die jenseitigen Ordnungsgesetze anerkennen und sich diesen fügen, werden zunächst in Gruppen von Gleichgesinnten zusammengeführt. *Walther Hinz* schreibt hierüber: „Das Wichtigste, worin sie sich zu bewähren haben, ist das Zusammenleben innerhalb einer großen Gemeinschaft; denn dabei treten die wahren Wesenszüge eines jeden Einzelnen in Erscheinung." (70)

Für die Lernfähigen und Lernwilligen gibt es zahlreiche Schulungsmöglichkeiten in astralen Lernschulen. Es handelt sich um jenseitige Unterrichtsorte für die aufstiegswilligen Geistwesen, die sich wieder in die Ordnung Gottes einreihen und in die göttlichen Gesetze einweihen lassen wollen. Dort werden sie eingeführt in die geistigen Wahrheiten. Sie werden belehrt über Recht und Gerechtigkeit, über Sühnemöglichkeiten und Gelegenheiten zur Wiedergutmachung. *Franchezzo* vernahm von seinem jenseitigen Geistführer: „In der geistigen Welt gibt es eine große Anzahl von Schulen verschiedener Richtung, in denen allen die ewigen Grundwahrheiten der Natur gelehrt werden." (71) Der Parapsychologie-Professor *Hans Holzer* vom „Institute of Technology" in New York schrieb im

Jahr 1981 über die jenseitigen Lernmöglichkeiten: „Wenn man seinen Horizont erweitern will, kann man dies in Einrichtungen tun, die unseren Schulen zu entsprechen scheinen." (72)

Zunächst werden vor allem die Neuankömmlinge im Gruppenunterricht mit den Gesetzen und Verhältnissen der geistigen Welt vertraut gemacht. All jene, die es im Erdenleben versäumt haben, sich das nötige Jenseitswissen zu erwerben, bekommen nun den erforderlichen Einführungsunterricht. Dies gilt auch für jene Millionen von Menschen, die auf Erden benachteiligt waren und sich kein höheres Wissen aneignen konnten. Frühverstorbene Kleinkinder, die ins *Kinderparadies* aufgenommen werden, erhalten dort Anfangsunterricht wie in einer Schule und steigen, ihrem Lernerfolg entsprechend, von Stufe zu Stufe höher. (73) Fortgeschrittene Jenseitsschüler werden später in Hörsälen von Engelwesen unterwiesen. Dies geschieht vorwiegend in großen Lernhallen. Ein jenseitiger Weisheitslehrer, der sich über sein Medium *Grace Cooke* meldete und sich „White Eagle" nannte, beschreibt diese „Hallen des Lernens" als „enorm große Gebäude mit herrlichen Säulen, welche domähnliche Dächer tragen. Die Wände sind so gestaltet, dass sie Bilder wie auf einer Kinoleinwand aus vergangenen Leben und längst entschwundenen Episoden aus der Geschichte der Erde zeigen können." (74) Ein anderer Jenseits-Wanderer weiß hierüber zu berichten: „In der Sphäre, die ich jetzt bewohne, befindet sich ein prächtiger Palast. Dieser ist der Versammlungsort für alle Mitglieder unserer Bruderschaft, und in ihm befindet sich ein schöner Saal, erbaut aus geistigen Teilen von weißem Marmor. In ihm versammeln wir uns, um Vorträgen zu lauschen, die uns fortgeschrittene Geister aus den höheren Sphären halten." (75)

Es handelt sich um Einrichtungen mit ausgesuchten Lernprogrammen, die unter der Leitung erfahrener geistiger Lehrer durchgeführt werden. Hier werden die wichtigsten Stationen der Menschheitsgeschichte wie in einem Film vorgeführt. Der ehemalige Monsignore *Robert Hugh Benson* beschrieb seinem Medium *Anthony Borgia* in mehreren Jenseitsdurchsagen zahlreiche Lernhallen. Die erste, so erklärte er, sei der Kunst gewidmet. In ihr hängen die geistigen Originale der großen Meisterwerke aller Zeiten und Epochen in ihren ursprünglichen Farbgebungen. In einer anderen Halle entfaltet sich die Literaturgeschichte aller Nationen. In ungezählten Büchern erhalten die Besucher einen wortgetreuen Einblick in die Gedankenwelt großer Schriftsteller. Auch jene wertvollen Bücher, die in früheren Zeiten aus weltanschaulichen oder politischen Gründen vernichtet wurden, wie die große Bibliothek von Alexandria, sind hier vorhanden. Weitere Hallen enthalten die Tonwerke großer Musiker und Komponisten. Auch die berühmten Aufführungen dieser Werke sind hier in bester Tonqualität gespeichert. In den „Hallen der Naturwissenschaften" kann man das Entstehen entscheidender Entdeckungen und Erfindungen verfolgen. Auch für die Geisteswissenschaften sind spezielle Räume vorhanden. Dort können die gedanklichen Höhenflüge all jener Geistesgrößen studiert werden, welche für die Entwicklung der Menschheit je von Bedeutung waren. (76)

Als Lehrmittel stehen den jenseitigen Schülern Informationen und Dokumentationen aus allen Zeiten zur Verfügung. Es handelt sich dabei um Aufzeichnungen, Chroniken, Bibliotheken und Videotheken, die in der feinstofflichen Astralmatrize aufbewahrt sind. Mit einer gedanklichen „Suchmaschine" lassen sich alle Daten blitzschnell abrufen und einsehen. Diese gründen auf dem „Welt-Zeit-Gedächtnis", einer Art geistiger Dokumentar-Zentrale, „in der das gesamte Wissen des Universums gespeichert ist". So jedenfalls nahm der Musiker *Bo Katzmann* diesen universellen Gedächtnisspeicher wahr, als er sich nach einem schweren Unfall während eines außerkörperlichen Zustandes in einer jenseitigen Sphäre aufhielt. (77) Damit erlebte er genau das, was in der Theosophie und Anthroposophie die „Akasha-Chronik" genannt wird. (78) Das Sanskrit-Wort „Akasha" bedeutet in der Hindu-Philosophie eine der vier kosmischen Ätherformen, in dem alle Weltereignisse aufgezeichnet sind. In alten brahmanischen Schriften werden diese „allkosmische Substanz des Weltgeistes" genannt, in dem alles Weltgeschehen von Anfang an wie in einem Riesengeflecht miteinander verbunden ist. Die Jenseitsschüler können hier lernen, die Zusammenhänge richtig zu erkennen und zu bewerten. Dabei werden sie von erfahrenen jenseitigen Lehrern unterstützt. Hier lernen sie zu verstehen, wie und warum im großen Weltganzen etwas Entscheidendes geschehen ist. Auch wird erkannt, was der Täuschung oder dem egoistischen Machtstreben einiger weniger Gewalthaber zuzuschreiben ist. Hier werden die wahren Gründe, Hintergründe und Abgründe menschlichen Handelns offenbar.

Nicht nur die Kenntnisse um irdisches Wissen und Können werden auf diese Weise aufgefrischt. Es geht auch um das Verstehen jenes geistigen Urwissens, das wir Menschen als ungefallene Engelwesen einst besaßen.

Dieses müssen wir, nachdem wir es bei unserem Fall in die Gottferne verloren haben, wieder zurückgewinnen. Solches kann durch den Unterricht bei hohen Geistwesen geschehen.

In den jenseitigen Unterrichtsstätten geht es darum, die geistig Blinden sehend und die geistig Tauben hörend zu machen, damit sie empfänglich werden für das notwendige Jenseitswissen. Für unwissende und einsichtslose Wesen gibt es auch eine Art Einzelunterricht, ja sogar Einzeltherapie.

Der verstorbene *Anton* sah zunächst nicht ein, worin er im Leben schuldig geworden ist. In seinem Jenseitsbericht erzählte er: „Ich musste sozusagen zu einem Psychiater-Engel in die Schule gehen, um zu lernen, was gut und böse ist. Es war ein Ethikunterricht und zugleich ein Religionsunterricht. Nur sehr langsam habe ich begriffen, was Gott von uns erwartet." (79) Manchmal dient die jenseitige Schulung auch einer Art beruflichen Aus- oder Weiterbildung. Aus einer erdnahen Unterrichtssphäre berichtete ein Geistwesen, das im vergangenen Leben *Vitus* hieß: „Ich durfte eine Heilerschule besuchen. Die besuche ich immer noch. Wenn meine Ausbildung abgeschlossen ist, darf ich zu Menschen gehen auf die Erde und sie heilen, wenn Gott es will." (80)

Der Sinn der jenseitigen Lernschulen besteht einerseits darin, die geistigen Wesen auf ein neues Erdenleben vorzubereiten, in das sie mit besseren Entwicklungsmöglichkeiten starten können. Es kann aber auch sein, dass jene, welche die Lernschulen im Jenseits mit Erfolg durchlaufen und mit den erforderlichen Reifeprüfungen bestanden haben, an die himmlischen Hochschulen übertreten können, wo sie höheren Aufgaben mit erhöhten Ansprüchen zugeführt werden. Wer die oberste irdische Entwicklungsstufe erreicht hat, „der kehrt also nicht mehr in ein Erdenleben zurück – es sei denn freiwillig, zur Hilfe für seine irdischen Brüder und Schwestern. Er durchschreitet die weiteren Stufen seiner Rückkehr an die Stätte der himmlischen Welt, aus welcher sein Ungehorsam ihn einst vertrieben hatte. Auf dem Weg dorthin findet der Aufgestiegene auch sein Dual wieder, sofern er sich nicht in der Weise am Abfall mit verschuldet hat, dass ihm diese geistigen Höhen noch für längere Zeit verschlossen bleiben." (81)

9.7 Gefahr droht von unten

Die niederen Ebenen der jenseitige Astralsphäre sind ein Tummelplatz für die vielen Verstorbenen, die noch unwissend, uneinsichtig und eigenwillig weiterhin ihrer Lust und ihrem Laster frönen. Zu diesen gesellen sich nicht selten offen oder versteckt dämonische Wesen in der Gestalt von verführerischen Geistern, die Lügen und falsche Ablenkungsmanöver im Schilde führen. Von diesen geht eine Gefahr für die Menschen aus. Diesen Bösen ist nichts lieber, als wenn man ihre Existenz leugnet. So können sie unerkannt und unbehelligt ihrem Teufelswerk nachgehen. In seiner Schrift „Abschied vom Teufel" (82) weist der frühere Tübinger Theologie-Professor *Herbert Haag* darauf hin, dass im Zuge der römischen Liturgie-Reform nach dem 2. Vatikanischen Konzil der Teufelsglaube zurückgedrängt und weitgehend ausgemerzt wurde.

Es ist sicher richtig, dass wir uns von der mythologischen Gestalt eines gehörnten, geschwänzten und bocksbeinigen Übeltäters verabschiedet haben, wie er früher als Schreckgespenst öfters an die Wand gemalt wurde. Dennoch sollten wir die Existenz der *luziferischen Kräfte* nicht übersehen. Dass es diese Gegner *Christi* gab und immer noch gibt, beweist das Übel in unserer Welt. Diese dunklen Kräfte wirken als geheime Draht- und Strippenzieher hinter den Kulissen unseres Welttheaters, wie dies *Armin Risi* in seinem Buch „Machtwechsel auf der Erde" aufgezeigt hat. Offensichtlich begnügen sie sich nicht mehr mit den Versuchungen frommer Seelen. Vielmehr greifen sie geschickt in die Machtzentralen von Politik und Konfessionen ein, um im großen Stil Verwirrung zu stiften. Diese werden von dunklen Mächten infiltriert und kontrolliert, ohne dass die Entscheidungsträger sich dessen bewusst sind. Es gibt in der astralen und mentalen Welt rund um unseren Erdball negative Gedankenschöpfungen, die wahrnehmbare Formen annehmen können. *Armin Risi* schreibt hierzu: „Einige von ihnen können sogar in menschlichen Verkörperungen auf der Erde erscheinen und einflussreiche Positionen bekleiden, die es ihnen ermöglichen, die Geschichte der Welt derart zu manipulieren, dass sie ihren ‚geistigen Brüdern' die entsprechende elementale Nahrung liefern." (83)

Ohne Zweifel gibt es die bösgesinnten Wesen aus der gottabgekehrten Dunkelwelt, die unser Leben zu stören versuchen, indem sie beeinflussbare Menschen zu ihren Handlangern machen. *Hans Stolp* und *Margarete van den Brink* geben uns in ihrem Buch „Zeitenwandel" einen Einblick in diese finsteren Bereiche des Jenseits, indem sie darauf hinweisen, dass manche kriminelle Tat, Gewalttat und Missetat unter dem „Einfluss der dunklen geistigen Mächte" verübt wird. (84) In einer jenseitigen Kundgabe heißt es glaubhaft: „So viele Menschen müssen durch die bösen Geister so schrecklich leiden, denn diese haben viele Helfershelfer unter den Menschen, um ihre furchtbaren Pläne zu verwirklichen." (85)

Die griechische Bezeichnung für dieses Prinzip des Bösen heißt „Diabolos" (gr. *dia*: entzwei, durcheinander; *ballein*: werfen, schleudern) Gemeint ist damit der Widersacher, hebräisch „Satan", der alles durcheinander wirft. Diese polaren Gegensätze stehen symbolisch für den Fall in den Zwiespalt der Schöpfung, ehe es das Verderben noch nicht gab. Ein ahnungsvolles Urwissen hiervon hat sich in den Mythen der Völker erhalten, in denen von einem „Goldenen Zeitalter" berichtet wird, wo es den Tod nicht gab, wo die Menschen die Sprache der Tiere verstanden und mit diesen in Frieden lebten. (86)

Dieser große „Geist der Verneinung" und „Vater der Lüge" ist noch heute am Werk. Im Vergleich zu früheren Zeiten haben diese Wesen ihre Taktiken und Praktiken geändert. Mit raffinierter Intelligenz gehen sie an ihre Opfer heran. Damals wie heute geht es um Verführung, Lügenpropaganda, Irreführungen und Terror, nur mit viel hinterhältigeren Methoden. (87) *Elisabeth Kübler-Ross* hält es für die Regel, dass ein Verstorbener im Jenseits von ehemaligen Verwandten und Freunden sowie vom eigenen Geistführer und Schutzengel empfangen wird. (88) Dies mag durchaus der Fall sein, sofern dies nicht auf Wunschgedanken und Erwartungshaltung der Betroffenen zurückzuführen ist. Es kommt aber auch vor, dass sich diesem täuschende Gestalten nähern, die sich als Verwandte und Bekannte ausgeben, in Wirklichkeit ihn aber in böser Absicht in die Irre führen wollen. Diese versuchen mit ihrem Täuschungsmanöver den Verstorbenen gleich nach dessen Übergang auf ihre Seite zu ziehen. In einem medialen Heilungs- und Gebetskreis erzählte ein Geistwesen, das sich *Elisabeth* nannte: „Als ich starb, war es so, dass um mich alle meine verstorbenen ‚Verwandten' waren. In Wirklichkeit war aber nicht ein wirklicher Verwandter dabei… Diese angeblichen Verwandten sahen aus wie zu Lebzeiten, empfingen mich und nahmen mich mit. Da ich nie an ein Weiterleben nach dem Tode geglaubt habe, war ich natürlich darüber sehr glücklich. Ich habe es erst nach sehr langer Zeit gemerkt, dass es nicht meine wirklichen Verwandten waren. Sie haben ihr Spiel mit mir

getrieben, da sie einiges von mir wussten... Von Gott sprachen sie nie. Auch versuchten sie mir jeden Gedanken an ein Gebet auszureden." (89)
Es ist diesen Lügengeistern ein Leichtes, ihre Verführungskünste anzuwenden, zumal sie die hierzu notwendigen Angaben aus dem bewussten und unbewussten Erfahrungswissen ihres Opfers beziehen können. Vor allem haben sie es auf Verstorbene abgesehen, die keinerlei Kenntnisse über das Leben nach dem Tod haben und vielfach noch gar nicht gemerkt haben, dass sie gestorben sind. Bei diesen finden diese Lügengeister leichteren Zugang als bei jenen, die sich in Glauben und Gebet einer höheren Führung anvertrauen. Zu beachten ist, dass sich bereits unter den „Abholern" am Totenbett jenseitige Wesen einstellen können, die sich in böser Absicht des Heimgegangenen bemächtigen wollen, um ihn auf ihre Seite zu ziehen. Eine Krankenschwester, die bei einer Operation ein Nahtod-Erlebnis hatte, sah neben sich zwei Wesen, die wie Nonnen gekleidet waren. Diese flüsterten ihr zu, dass alles im Leben ein ‚Traum' sei und es in Wirklichkeit keinen Himmel, keine Hölle oder Erde gäbe, und alles, was sie im Leben erfahren habe, tatsächlich nur Einbildung gewesen sei. (90) Es findet oft schon beim Tod eines Menschen um dessen Geistseele eine heftiges Ringen zwischen der guten und der bösen Geisterwelt statt. So weiß Professor *Walther Hinz,* zu berichten: „Genauso, wie die niedere Geisterwelt den Menschen mit allen Schlichen für sich zu gewinnen sucht, so unternimmt andererseits auch die gute Geisterwelt alles, was ihr nur erlaubt ist, um den Menschen für das Göttliche zu gewinnen." (91)
Es kann auch recht gefährlich werden, wenn versucht wird, durch unkontrollierte Jenseitskontakte irgendwelche Wesen aus der Astralsphäre aus egoistischen Wünschen anzurufen. Da diese sich oft noch im Dunkel ihrer Unwissenheit aufhalten, können sie uns auch keine wahre Auskunft geben. Leichtgläubige Menschen werden dadurch in die Irre geführt. Es kommt auch vor, dass übelgesinnte Geistwesen versuchen, Macht über ahnungslose und leichtgläubige Menschen auszuüben. Eine Frau kam in meine Sprechstunde und erzählte mir, dass sie ihre eigene Medialität erproben wollte, indem sie es mit automatischem Schreiben versuchte. Tatsächlich wurde ihr Bleistift wie von unsichtbarer Hand geführt. Auf dem Papier erschienen gut leserlich, wie ich selber feststellen konnte, in deutscher Sprache fromme Sprüche und nach einigen Tagen die Aufforderung, sich als Medium für eine große Aufgabe zur Verfügung zu stellen. Ich riet ihr dringend von derartigen Versuchen ab. Wie

sie sich nun dem automatischen Schreiben verweigern wollte, wurde ihre Hand nachts heftig gegen die Wand ihres Schlafzimmers geschlagen. Schließlich gab sie ihren Widerstand auf und griff unter fremdem Zwang erneut zu Papier und Bleistift. Da erschienen folgende Worte: „Wenn du mir nicht willig bist, werde ich dich und deine Familie vernichten!" Mit Hilfe des unablässigen Herzensgebets, wie es *Emmanuel Jungclausen* empfiehlt (92), konnte sich meine Klientin von diesem dämonischen Zwang befreien.

Es ist ratsam, dass wir uns im Gebet bewusst auf die gottzugewandte Seite stellen. Dann werden wir auch nur jene Geistwesen bei uns haben, die sich den göttlichen Ordnungsgesetzen unterordnen. So sind wir geschützt vor Lug- und Truggeistern aus den Dunkelwelten. Wertvolle Anleitungen hierzu geben uns die erfahrenen Medien *Anton Styger* (93) und *Sam Hess* (94) in der Schweiz, die beide seit ihrer frühen Jugend hellsichtig sind. Entscheidend dabei ist, auf welcher Seite der Verstorbene zeitlebens stand und welchen Geistwesen zu folgen er bereit ist. In der Jenseitswelt geht dieser Kampf oft unvermindert weiter. Ein verstorbener Mann, der sich unter dem Namen *Georg* in einem medialen Gebets- und Heilkreis meldete, erzählte mit Hilfe eines Sprechmediums, wie er im Jenseits von unguten Wesenheiten beeinflusst wurde. Er erinnerte sich: „Ich habe zu Lebzeiten überhaupt nichts von einem Weiterleben gewusst. Ich wusste auch nichts von einer Geisterwelt." Während eines Jahres sei er vollkommen allein gewesen. Ganz plötzlich befand er sich im Kreis gleichgesinnter Wesen. „Ich wurde damals gezielt für die andere Seite vorbereitet. Diese Geistwesen waren Abgesandte der anderen Seite. Es wurde nie ein Wort über Gott gesprochen, aber auch nicht über Luzifer. Das war überhaupt kein Thema. Es fiel ihm aber auf, dass er bei Unterhaltungen gezielt beeinflusst wurde. „Ich konnte nicht mehr so frei wie früher sprechen. Das hat mich am Anfang gestört, und sie haben versucht, auch die anderen zu unterbrechen. Doch das ist ihnen nicht gelungen... Nach einigen Tagen fragte ich die fünfzehn Geistwesen, warum sie mich bei unseren Unterhaltungen nicht aussprechen ließen. Sie antworteten mir, dass ich jetzt bei ihnen viel zu lernen hätte. Sie hätten mich zu schulen und weiterzubilden. Aus diesem Grund möchten sie mich lenken. Man fing damals an, sich mit mir über die Erde zu unterhalten, über die Menschen und ihre Oberflächlichkeit, Unverträglichkeit und Missgunst. Trotzdem gingen die Menschen in die Kirche, beteten dort und waren nach Verlassen der Kirche wiederum missgünstig. Das könnte ja doch wohl nicht richtig sein. Ich hätte ja zu Lebzeiten nicht geglaubt. Das hätte ich so recht getan, denn an wen sollte man wohl glauben, wo doch so viel Ungerechtigkeit herrsche und wo die Menschen, nachdem sie in die Kirche gegangen seien, hinterher auch nicht besser wären." Auf diese Weise wurde *Georg* vorbereitet und geschult, wie er die Lebenden auf Erden und die Verstorbenen im Jenseits täuschen und hinters Licht führen könne. Er erzählte weiter: „Ich habe mich darauf bereit erklärt, das zu tun, ohne im Geringsten daran zu denken, dass ich hier etwas Falsches tat, dass es schlecht war, mich in einen „Verwandten" zu verwandeln. Diese Tätigkeit habe ich dann ungefähr 195 Jahre ausgeübt. Ich habe mich damals nicht darum gekümmert, wohin die Verstorbenen geführt wurden. Es waren immer Menschen, die nicht an Gott glaubten." (95)

Gefährdet sind aber auch jene, die nicht an die Existenz des „Herrn der Unterwelt" glauben. Weil sie vor ihm ihre Augen verschließen, braucht er sich vor ihnen nicht zu tarnen. Der Teufel ist der Widersacher der Menschen (1 Pt 5,8), die ehemals seine Anhänger und Mitläufer waren. Diese will er in seinem Herrschaftsbereich behalten. Daher scheut er kein Mittel, um dieses Ziel zu erreichen. Manchmal gelingt es den dämonischen Geistern, in seinem Auftrag bei einem verstorbenen Menschen eine regelrechte „Gehirnwäsche" durchzuführen, in dem sie ihn benebeln, sein Denken trüben und seinen eigenen Willen vollständig ausschalten, um ihn sich gefügig zu machen. Ein derart verirrtes Geistwesen, das lange Zeit im Dienst der dunklen Mächte stand, wusste nach seinem Seitenwechsel in einem spiritualistischen Heilkreis zu berichten: „Ihr könnt euch das einfach nicht vorstellen, wie es ist, wenn ein Geist vollkommen ausgeschaltet wird. Wenn ihr ganz apathisch seid und keine eigenen Gedanken mehr habt. Ihr könnt nichts Eigenes mehr tun, und euch wird laufend etwas eingegeben, was nicht von euch selbst kommt, wer nach ihrer Ansicht der richtige Herr ist, dass der einzige wahre Herr der ist, dem ich gedient habe. Das geht tagelang so. Wenn sich dann der große Erfolg, mich wieder zur Umkehr zu bewegen, nicht einstellt, dann fangen die Niederen mit Beschimpfungen an, und zwar in der Weise, als ob ich ständig mich selbst beschimpfte. Es wird mir gesagt, wie schlecht ich sei. Ich bin sicher schlecht gewesen, aber ich habe nun den Willen, von der niederen Seite wegzugehen. Doch komme ich jetzt überhaupt nicht zur Ruhe und bin deshalb sehr froh, wieder hier zu sein." (96)

Die dämonischen Geister sitzen gewiss nicht untätig in ihren Dunkelwelten herum und warten auf den Weltuntergang, um ihre Ernte einzubringen. Ganz im Gegenteil. Sie sind im Diesseits wie im Jenseits mit ihrer böswilligen Intelligenz ständig darum bemüht, Unfrieden zu stiften, Konflikte anzuzetteln, Zweifel zu wecken und die unwissenden Menschen auf Abwege zu führen. Dies geschieht nicht nur bei einzelnen Menschen, sondern auch bei Gruppen, Völkern und Nationen, leider auch bei Religionsgemeinschaften, die sich bekämpfen. Solches nützt die negative Propaganda und Stimmungsmache aus, die über die Massenmedien viele Millionen von Zuhörern und Zuschauern auf Erden erreicht und diese mit ihren bösartigen Suggestionen unterschwellig beeinflusst. Beachten wir bloß das Abendprogramm der täglichen Fernsehsendungen mit seinen zahlreichen Verbrecher-, Horror- und Gaunergeschichten. Diese bewirken bei den Zuschauern nicht nur spannende Unterhaltung, sondern ungewollt aufgrund der Sympathie- und Resonanzgesetze oft auch Nachahmungsgelüste, die kriminelle Energien wecken und freisetzen können.

Nur bei jenen, die von ihrem Erdenleben her gewohnt sind, im Gebet die göttliche Welt anzurufen, konnten diese übelgesinnten Gesellen nichts ausrichten, weil ihnen sogleich gutgesinnte Geistwesen zu Hilfe kommen. Es ist bedauerlich, wie unglaubwürdig die heutigen Glaubensvertreter geworden sind, wenn sie in ihren Predigten und Ansprachen über das reden sollen, wo die wahren Gefahren lauern. Hier sind die Störmanöver aus dem Reich Luzifers deutlich zu spüren. *Werner Dostal* bedauert daher: „Die Kirche hat ihren Gläubigen kein klares Wissen übermittelt, hat sie nicht zum Lernen und Überlegen angeregt, sondern einen irrationalen Glauben an auch absonderlichste Dogmen gefordert. So haben es die Menschen heute schwer, die nötigen Lerninhalte zu erkennen und sich entsprechend zu bilden. Aber glücklicherweise haben die Kirchen heute nicht mehr ihren früheren Einfluss, und die Menschen haben inzwischen auch den Mut, eigene Wege in ihrem Denken zu gehen. Doch ihre Interessen und Bemühungen richten sich kaum noch auf himmlische Inhalte, sondern das Irdische hat von ihnen Besitz ergriffen." (97) Dies liegt ja ganz im Interesse der Dunkelwelten. Manchmal sind es auch erdgebundene Verstorbene, welche schädigenden Einfluss auf bestimmte Menschen nehmen wollen, um sich an ihnen zu rächen, indem sie sich dunkler Mächte bedienen.

Es ist durchaus sinnvoll, Verstorbene mit segnenden und wohlwollenden Gedanken und Gebeten in die andere Welt zu begleiten und ihnen zu helfen, dass sie nicht böswilligen Täuschungen und Verführungen zum Opfer fallen. Schon die alten Ägypter, die Tibeter oder die Mayas wurden durch ihre wissenden Priester angewiesen, für ihre Verstorbenen zu beten und sie durch fromme Rituale vor drohenden Gefahren durch dämonische Wesen zu schützen. Auch heute noch wollen Begräbniszeremonien und Trauerrituale zahlreicher Kirchen an diesem Brauch festhalten. Besonders eindrücklich ist die Gepflogenheit der Tibeter, nach den Weisungen des *Bardo Thödol* einem soeben verstorbenen Menschen durch einen Mönch fromme Weisungen ins Ohr flüstern zu lassen, damit dieser seinen guten Schutzgottheiten folge. (98) Von der hohen Geisterwelt wird den Lebenden empfohlen, sich zum Schutz vor Gefährdungen aus der Dunkelwelt mit geistigen Schutzmauern abzuschirmen. In einer medialen Botschaft wird angedeutet: „Man kann solche Mauern errichten, die der niederen Geisterwelt den Zugang verwehren. Wie diese Mauern zu erstellen sind, wisst ihr selbst: Durch viel Liebe, viel Geduld, durch Ehrlichkeit und Demut." (99)

Von der hohen Geisterwelt wird auch immer wieder vor den Gefahren des „Channeling" gewarnt, das bei ungenügenden Abwehr- und Schutzmaßnahmen niederen Geistwesen den Zugang zu leicht beeinflussbaren Menschen ermöglicht. Bereits im Jahr 1949 wies der jenseitige Geistlehrer *Josef* bei den Veranstaltungen der „Geistige Loge Zürich" darauf hin: „Bei jeder Versammlung ist eine Kontrolle da, die streng dafür sorgen muss, dass keine düsteren Strahlen herein kommen und keine irrenden Geister." (100)

9.8 Hilfe kommt von oben

Die Grenze zwischen dem Diesseits und dem Jenseits ist durchlässig. Daher sind von beiden Seiten gegenseitige Hilfeleistungen möglich. Wie Verstorbene den Lebenden helfen können, beschreibt *Erhard Bäzner*: „Die Verstorbenen können uns in ihrem jenseitigen Dasein ebenso helfen wie wir ihnen. Wir leben immer zugleich auch in der feinstofflichen Wunsch- und Gedankenwelt und in den geistigen Sphären, in jenen Reichen des Universums also, welche auch unsere lieben Heimgegangenen bergen. Wie wir mittels unserer unsichtbaren Körper mit ihnen verkehren können, so nehmen wir durch diese auch ihre Einwirkung wahr." (101)

Manch schöpferisch tätiger Mensch kann bestätigen, dass er bei seiner geistigen Arbeit von jenseitigen Wesenheiten beeinflusst und inspiriert wird. Diese verborgenen Helfer können ehemalige Menschen sein, die es sich zur Aufgabe gemacht haben, von ihrer jenseitigen Welt her auf Erden weiter zu wirken. Es können aber auch Engelwesen sein, die als jenseitige „Einflüsterer" menschliches Bemühen fördern wollen. Berühmte Künstler, Wissenschaftler und Erfinder verdanken ihre genialen Eingebungen solchen Hilfen von oben. Der griechische Weise *Sokrates* hat sich immer wieder auf seinen „Daimon" berufen, der ihn als guter Geist sein ganzes Leben lang begleitet haben soll. Von *Goethe* kennen wir das Geständnis: „Ganz leise spricht ein Gott in meiner Brust... Täglich, bei aller Mühe und Arbeit, sehe ich, dass nicht mein Wille, sondern der Wille einer höheren Macht geschicht, deren Gedanken nicht meine Gedanken sind." *Shakespeare* nannte seine Werke „ein Geschenk von oben". *Mozart* teilte einem Freund mit: „Wenn ich ganz mir selber gehöre, ganz allein für mich in guter Stimmung bin, dann kommen mir die besten und schönsten Gedanken; woher und wie, das weiß ich nicht. Ich kann auch nichts dazu tun." „Als *Haydn* und *Brahms* gefragt wurden, woher sie ihre musikalischen Einfälle hätten, wiesen sie nach oben. *Rainer Maria Rilke* bezeichnete das Entstehen seiner „Sonette an Orpheus" als das „gehorsamste und rätselhafte Diktat aus einer höheren Welt". Die Schriftstellerin *Lotte Ingrisch* versicherte: „Vieles von dem, was ich schreibe, übersteigt einfach meinen eigenen Horizont und muss aus einer höheren Ebene stammen." Selbst der Maler *Pablo Picasso* sah sich nicht als Schaffender, sondern als Medium einer anderen Welt. (102)

Vielfach dienen derartige Hilfeleistungen aus dem Jenseits der Wiedergutmachung früherer Fehlleistungen auf Erden. Für diese Aufgabe werden geeignete Wesen in jenseitigen Schulen vorbereitet und ausgebildet. Dies hat der Sphärenwanderer *Franchezzo* drüben wie folgt erlebt: „Wir wurden belehrt, dass wir durch unsere zukünftigen Bemühungen, andere vor einem Übel zu beschützen, dem wir selber zum Opfer gefallen waren, für unsere eigenen Sünden Buße zu leisten hätten. Mit diesem Unterricht beabsichtigte man, uns für unsere Entwicklungsstufe vorzubereiten, in der wir zur Erde zurückgesandt werden sollten, um ungesehen und unerkannt den Sterblichen beizustehen, die mit irdischen Versuchungen kämpfen." (103) Ein anderer Jenseitiger, der vor längerer Zeit als Mensch verstorben war, wurde in einer jenseitigen Schule mit anderen zusammen von höheren Geistwesen zum „Schutzgeist" für die Lebenden ausgebildet. Er erklärte dies so: „Das war sehr streng. Wir bekamen genaue Richtlinien, wie wir uns verhalten müssen, wenn wir ein menschliches Wesen auf seinem irdischen Weg begleiten wollen. Es wurde uns klar gemacht, welch große Verantwortung wir dabei haben, und dass dieses menschliche Wesen auch eine eigene Persönlichkeit ist, die sehr stark sein kann." Weiter erklärte er, sie hätten die Aufgabe, dem menschlichen Wesen beizustehen, „seinen Weg, wenn es geht, zu erkennen und es auf diesem Weg zu begleiten. Und wenn es Schwierigkeiten hat, ihm zu helfen und es zu beeinflussen, soweit es in unserer Macht und Kraft steht." (104) Eine derartige Hilfeleistung ist freilich nur möglich, wenn der hilfsbedürftige Mensch dafür auch empfänglich ist, darum bittet und diese auch zulässt. Er muss im Gebet gleichsam eine geistige Gedankenspur legen, mit der helfende Engel oder Missionsgeister ihn auf Erden finden können. Engel sind ungefallene Geistwesen, die als Boten und Vermittler (gr. *angelos*) ihren Dienst tun zwischen Himmelswelt und Menschenwelt. (105)

Als weiterer Auftrag kann den Engeln und aufgestiegenen Geistern die Aufgabe übertragen werden, Menschen bei ihrem Tod als „Abholer" in Empfang zu nehmen. Hierzu werden in der Regel auch verstorbene Ehepartner, Verwandte oder Freunde aufgeboten. Es gehört zu ihren Aufgaben, jene, die aus dem Leben in die Jenseitswelt heimkehren, zu betreuen, zu belehren und wenn möglich Familienangehörige zusammenzuführen. (106) So berichtet die hellsichtige Krankenschwester *Joé Snell* über das Sterben eines 17-jährigen Mädchens: „Kurz vor ihrem Ende bemerkte ich zwei Gestalten, die zu beiden Seiten des Bettes standen. Ich hatte sie nicht kommen sehen... Ich erkannte in den beiden zwei intime Freundinnen des Mädchens, die gleichaltrig mit ihr ein Jahr vorher gestorben waren." Die Sterbende, deren Augenlicht zuvor erloschen war, streckte ihre Hände nach den beiden jenseitigen Besucherinnen aus und rief freudig: ‚Oh, ihr seid gekommen, mich abzuholen! Ich freue mich, denn ich bin so müde.' Die Krankenpflegerin fährt fort: „Als sie ihre Hände ausstreckte, ergriff jeder der beiden Engel eine Hand. Ihre Gesichter waren leuchtend, und auch das Gesicht der Sterbenden lächelte, die ja nun die Ruhe finden sollte, nach der sie so sehr verlangte." (107)

Über die Jahre 1946-1948 stand der verstorbene *Roland* seiner trauernden Mutter aus dem Jenseits bei und hat sie in ihren Alltagssorgen beraten. Um sie von seiner helfenden Tätigkeit zu überzeugen, hat er ihr zukünftige Geschehnisse richtig vorausgesagt. Auch wurde er nicht müde, sie durch seine Weisungen wie ein Schutzengel zu führen, manchmal lobend, manchmal tadelnd. So diktierte er ihr am 5. November 1946: „Der Himmel will dir gerne helfen, aber du bist unverständig. Ich tue, was ich kann, für dich, du solltest spüren, dass ich da bin, dass ich mit dir spreche wie ehedem." (108) Manche Verstorbene können ihren Geistgeschwistern auch im Jenseits behilflich sein, wie jener gefallene Soldat, von dem der hellsichtige *Erhard Bäzner* berichtet, dass „dieser edle Verstorbene in der Astralwelt seine gestorbenen Kriegskameraden beruhigte und sie tröstend Stufe für Stufe in reinere Sphären empor führte. Überall war er ein treuer Helfer und Führer der Verstorbenen, die sich ihm vertrauensvoll anschlossen und aufmerksam und dankbar seinen Belehrungen lauschten." (109)

Ein verstorbener ehemaliger katholischer Priester erzählte in einer medialen Kundgabe, wie er sich im Jenseits einer Gruppe von Geistwesen angeschlossen habe, „die sich damit befassen, Verstorbene über ihren Tod aufzuklären. Das sei oft sehr schwer, weil die Verstorbenen, wenn sie im Jenseits ankommen, vielfach für Ratschläge völlig unzugänglich seien. Dann müsse man sich einer besonderen Technik bedienen, um an die Geistwesen überhaupt heranzukommen. Die Technik bestehe darin, unser Äußeres zu verändern und eine Gestalt anzunehmen, die für den Zweck günstig ist und die dem Verstorbenen Vertrauen einflößt." Weiter erklärt er: „Wir sprechen dann unsere Gedanken aus und lehren den Verstorbenen, unsere Gedanken aufzunehmen. Auf diese Weise können die Verstorbenen durch unsere Belehrung dazu gebracht werden, zu begreifen, dass sie nicht mehr auf der Erde sind." (110)

Recht häufig kommt es vor, dass Engel den Sterbenden beistehen und sie in die Jenseitswelt hinüber begleiten. Sie betätigen sich sozusagen als Geburtshelfer beim Sterbevorgang, indem sie dem feinstofflichen Körper behilflich sind, sich aus dem grobstofflichen Körper zu lösen. Auch durchtrennen sie die „Silberschnur", welche während des Lebens beide verbindet. Solches beobachtete *Joé Snell* bei einer Sterbenden beim Eintritt des Todes. Zwei Engel, die kurz zuvor eintrafen, blieben am Bett der Verstorbenen, „bis die Geistform über dem toten Körper sich gebildet hatte. Sie erhoben sich dann und blieben einige Augenblicke neben ihr, die ihnen nun gleich war. Dann verließen drei Engel den Raum, wo vorher nur zwei gewesen waren." (111)

Nach christlicher Lehre werden wir Menschen für die Dauer unseres irdischen Lebens einem Schutzengel als unserem ständigen Begleiter anvertraut. Natürlich müssen wir bewusst seinen Begleitschutz annehmen, sonst zieht er sich zurück. Je nachdem wir uns ihm anvertrauen oder ihn nicht zur Kenntnis nehmen wollen, ist er uns fern oder nah. Sicher drängt er sich uns nicht auf. Auf unsere Bitte oder auf einen Not- oder Hilferuf hin eilt er herbei. Ob wir seinen Beistand annehmen, liegt wieder an uns. (112) Auf jeden Fall haben Schutzengel und Führerengel den Auftrag, die ihnen anvertrauten Menschen durch ihr Leben zu führen, sie vor Gefährdungen zu bewahren und sie vor den Folgen ihres verfehlten Tuns zu warnen. (113) Auf diese Schutz- und Begleitfunktion der Engel wird in der Bibel hingewiesen mit dem Psalmen-Vers: „Gott hat seinen Engeln befohlen, dich zu beschützen, wohin du auch gehst." (Ps 91,11) In ihrem Buch „Jenseitige Welten" nimmt die hellsichtige *Jana Haas* an: „Jeder Mensch hat einen Schutzengel. Mit diesem Engel haben wir in dieser speziellen Inkarnation eine ganz besondere Verbindung; er begleitet uns jeden Augenblick unseres Lebens und wird uns nie verlassen. Unser Schutzengel hat die Aufgabe, uns unsere Kraft zu zeigen, mit der wir unsere individuellen Lebensthemen und Begabungen in Vertrauen und Freude ausleben können... Je friedvoller und reiner unsere Absichten sind, desto stärker kann uns unser Schutzengel begleiten und uns mit seinem Licht behütend zur Seite stehen." (114)

Der Dienst der Engel besteht darin, Erdenbewohner nach Möglichkeit und höherer Zulässigkeit vor Not und Gefahren zu bewahren und Sterbenden beizustehen. (115) *Doreen Virtue* lässt in einem Buch Menschen zu Worte kommen, die überzeugt sind, von ihrem Schutzengel wunderbare Hilfe erhalten zu haben. (116) Allerdings muss der Mensch „selber gewissermaßen die Hände ausstrecken, damit die Engel und Heiligen des Himmels ihn führen können". (117) Der evangelische Pfarrer *Ernst von Jaminet* war überzeugt, dass es Engel gibt, „die auftragsgemäß für das Wohl der Menschen zu wirken haben, sei es, dass ihnen dieser Auftrag von höherer Instanz zugeteilt worden ist, sei es, dass sie ihn auf ihren besonderen Wunsch hin erhalten haben. Letzteres ist vornehmlich der Fall, wo es sich um Verstorbene handelt, die einem besonders nahe standen. Die Liebe sucht auch vom Jenseits her zu helfen, zu schützen, zu fördern." (118) Dies wird auch durch die Parapsychologie bestätigt. Wie der Jenseitsforscher *Wilhelm Otto Roesermueller* in seinem Buch „Hilfe aus dem Jenseits" anhand ärztlicher Berichte über plötzliche Heilungen durch Kräfte des Gebetes nachweist. (119)

Sowohl verstorbene Menschen als auch ungefallene Engel werden als *Missionsgeister* in die Dunkelwelten gesandt. Dort versuchen sie, jene Wesen, die sich von Gott abgewandt haben, zu einem Gesinnungswechsel zu bewegen und ihnen den Weg ins Licht zu weisen. In seinen Jenseitsbeschreibungen nennt *Franchezzo* diese Helfergeister „Brüder der Hoffnung", die in den dunklen Sphären bei den Verbannten versuchen, ihre negative Gesinnung durch Gedanken der Liebe zu verändern. (120) Missionsgeister versehen ihren Dienst auf den verschiedenen jenseitigen Aufstiegsstufen. Aus der hohen Engelwelt wurde in einem medialen Gottesdienst erklärt: „Für den Aufstieg der vielen Wesenheiten werden in dieser besonderen Welt verschiedene Vorkehrungen getroffen. Jeder Stufe steht ein Führerengel vor, mit dem Missionsgeister engste Verbindung halten. Ihm teilen sie mit, welchen Verstorbenen man sich besonders annehmen sollte, wer sich eigne, herausgenommen und einzeln oder in Gruppen unterrichtet zu werden, um ihm so einen schnelleren Aufstieg zu ermöglichen." An anderer Stelle wurde gesagt: „Missionsgeister sammeln die Eifrigen und unterrichten sie, damit sie möglichst bald aus dieser Sphäre herausgenommen werden können. Die Geisterwelt Gottes sorgt dafür, dass diese Wesen durch ihre Betreuung mit feinen Gefühlen, mit Nachsicht und Mitleid durchdrungen werden, damit sie, so vorbereitet, möglichst bald wieder in ein neues Erdenleben zurückkehren können. Denn sie alle müssen ja trachten, sich als Mensch wieder zu bewähren. Dabei kommt alles darauf an, ob sie während ihres Lebens in der geistigen Welt vom Zuspruch der Engel ganz erfüllt wurden, die ihnen ja nur Liebe, Güte und Wohlwollen beibrachten. Wenn eine Seele so gestärkt worden ist, vermag sie auch, den Anfechtungen des Erdenlebens besser standzuhalten." (121)

Auch erdgebundene Verstorbene, die den Weg ins Jenseits noch nicht gefunden haben, werden immer wieder von Missionsgeistern aufgesucht. Ein solches hilfsbereites Geistwesen schildert die mühsame Arbeit an jenen Verlassenen, die kaum ansprechbar sind und meist auch jede Hilfe ablehnen. Von diesen wird etwa gesagt: „Sie wollen von sich aus keinen Schritt weiter machen und sind entweder ganz stumpfsinnig und durch nichts aufzurütteln oder aber bösartig und lassen niemanden an sich herankommen." (122) Oft werden Missionsgeister zu jenen Verstorbenen gesandt, die „zu Lebzeiten nie gebetet haben und die nun verschiedene Stadien durchlaufen und manchmal lange Zeit überhaupt nicht weiterkommen. Von diesen berichtete ein Verstorbener, der in den niederen Sphären als Missionsgeist tätig ist: „Sie werden von der niederen Seite beeinflusst und irregeführt und daran gehindert, sich zu entfalten. Sie beten nicht und haben keinerlei Kenntnisse von den Verhältnissen in unserer Welt. In diese Beeinflussungsversuche der niederen Seite kann ich mich einschalten. Diese irrenden Geistwesen müssen erkennen, dass es nur einen Herrn gibt. Wenn sie das tun, können sie Hilfe bekommen. Aber oft weisen sie mich und meinesgleichen zurück, weil sie uns nicht glauben. Ebenso müssen wir oft mit den Geistwesen von der niederen Seite kämpfen, nicht handgreiflich, sondern mit unseren Gedanken von Geist zu Geist. Mit der Hilfe Gottes und der guten Geister erreiche ich es dann, dass sich die Niederen letzten Endes zurückziehen." (123)

Aus höheren geistigen Ebenen versuchen Engelwesen nicht nur einzelne Menschen und Menschengruppen zu beschützen. Sie sind auch bestrebt, immer wieder unserer Erde positive Energien zu senden, damit der ganze Planet in eine höhere Schwingung gebracht werden kann und negative Gewaltenergien sich nicht weiter ausbreiten. In einer medialen Botschaft räumt ein jenseitiges Geistwesen ein: „Das ist sehr schwierig, weil auf der Erde zur Zeit zu wenig Liebesenergien fließen. Das erschwert den höheren geistigen Helfern ihr Eingreifen erheblich. Auf der Erde hat sich das Negative wie eine zähe, klebrige, teerige Masse in den Menschen breitgemacht, die alles verstopft, das Herz, das positive Denken und auch die Körperlichkeit." (124)

Gemäß zahlreicher Jenseitsberichte ist es auch so, dass Verstorbene den Auftrag und die Möglichkeit erhalten, dass sie ihren Angehörigen auf der Erde hilfreich beistehen, sie positiv beeinflussen und sie behutsam durchs Leben führen. Dies gilt vor allem ihren eigenen hinterlassenen Kindern und Enkelkindern gegenüber, die sie oft auch in deren nächtlichen Schlaf begleiten.

Zwischen dem göttlichen Baumeister und Architekten des Universums und der kleinen Menschenwelt ist nicht ein leerer Raum. Nach dem spiritualistischen Denkmodell ist dieser bevölkert von dienstbaren Engelwesen, von Geistern der Verstorbenen, von feinstofflichen Naturgeistern und von dämonischen Gestalten. Es hängt von unserer eigenen Gesinnung ab, welche dieser Geschöpfe wir anziehen und wem wir vertrauen wollen.

Einen wunderbaren Zugang zur jenseitigen Hilfe gewährt uns das „Herzensgebet". (125) Dieses Gebet kann laut oder leise gesprochen werden wie ein Mantra. Nach der indischen Yoga-Lehre handelt es sich bei einem Mantra um fortlaufend rhythmisch ausgesprochene heilige Wörter oder Silben, die auf höherer Ebene harmonische Schwingungen erzeugen. Auch dem Herzensgebet wird eine erhebende und reinigende Wirkung zugeschrieben. Zudem macht es uns empfänglich für geistige Hilfen und Eingebungen aus der hohen Geisteswelt und bietet zugleich einen wirksamen Schutz gegen negative Einflüsse aus der dämonischen Unterwelt. Indem wir dieses bei jeder passenden Gelegenheit beten, laden wir uns mit himmlischen Energien auf und erzeugen dadurch in uns und um uns eine harmonisch-aufbauende Stimmung. Wir können das Herzensgebet „Herr Jesus Christus, Sohn Gottes, erbarme dich unser!" bei jeder passenden Gelegenheit still in uns denken oder leise vor uns hersagen. Wir können es in der verlängerten Form „führe uns zum Licht, gib uns deine Liebe und deinen Frieden" in einem einzigen langen Atemzug langsam aussprechen. (126) Jeder Mensch, der sich am Abend vor dem Einschlafen durch ein solches Gebet den Himmlischen anvertraut und sich vertrauensvoll in deren Obhut begibt, wird erleben, was *Dietrich Bonhoeffer* (127) in die tröstlichen Worte kleidete:

Von guten Mächten wunderbar geborgen,
erwarten wir getrost, was kommen mag.
Gott ist mit uns am Abend und am Morgen
und ganz gewiss an jedem neuen Tag.

9.9 Belehrung stammt von drüben

Auf mehreren Wegen und Kanälen versuchen jenseitige Geistwesen, uns Menschen spirituelle Belehrungen und Weisungen zukommen zu lassen. Aus eigenem Bemühen werden wir kaum zu den tiefsten Erkenntnissen um unser Woher und Wohin gelangen. Hierzu wussten die großen Führer der Weltreligionen verhältnismäßig wenig zu sagen. (128) Die Kirchen und ihre Vertreter sprechen gerne von „Glaubensgeheimnissen", wenn sie sich in einem Erklärungsnotstand befinden. Sie haben keine glaubhafte Erklärung auf die Fragen: Woher kommt das Böse? Was ist der Mensch? Woher kommen wir und wohin gehen wir? Wozu leben wir auf Erden?

Wie jede Schule, bedarf auch die „Erdenschule des Lebens" erfahrener Lehrer, die uns das erforderliche Wissen beibringen, damit wir uns danach ausrichten können. Zu diesen zählen wir zunächst die Propheten des biblischen Altertums, die Heiligen der großen Konfessionen und die „Großen Meister" des Fernen Ostens. (129) Wie kein anderer, war gewiss *Jesus von Nazareth* in der Lage, aus seinen Erkenntnissen „im Hause seines Vaters" zu berichten. Wenn er sich aber hierzu äußern wollte, sprach er meist nur in symbolischen Bildern. Nicht einmal die gebildeten Juden verstanden ihn. So sagte er zu *Nikodemus*, der ein Mitglied des Hohen Rates in Jerusalem war und seine Rede von der „Wiedergeburt im Geiste" nicht begriff: „Du bist ein anerkannter Lehrer Israels und verstehst das nicht? ... Ihr glaubt mir ja schon nicht, wenn ich zu euch über irdische Dinge rede. Wie könnt ihr mir dann glauben, wenn ich über das rede, was im Himmel ist." (Jh 3,7-12) Auch bedauerte er es, dass seine Jünger wenig Verständnis aufbrachten für eine weiterführende Jenseitsbelehrung. Daher soll er ihnen erklärt haben: „Ich hätte euch noch vieles zu sagen, doch das würde euch jetzt überfordern. Aber wenn der Geist der Wahrheit kommt, wird er euch in die ganze Wahrheit einführen. Was er euch sagen wird, hat er nicht von sich selbst, sondern er wird euch sagen, was er hört. Er wird euch in Zukunft den Weg weisen." (Jh 16,12-14.) Die christlichen Kirchen haben diesen versprochenen „Geist der Wahrheit" im Zusammenhang mit ihrer fragwürdigen Dreifaltigkeitslehre in den „Heiligen Geist" umgewandelt, auf den sie sich bei ihren angeblich unfehlbaren Beschlüssen berufen. (130)

Die frühe Christenheit hat diese Ankündigung offensichtlich als mediale Weisung aus der geistigen Welt verstanden. Daher schrieb der Apostel *Paulus* in seinem 1. Brief an die Christen von Korinth, dass es verschiedene Dienste und verschiedene Fähigkeiten gibt, durch die Weisungen aus der Geistigen Welt übermittelt werden. (1 Ko 12, 4-11) Dabei erwähnte er die Gabe des „Zungenredens", mit der sie in fremden Sprachen reden können. (1 Ko 12,10-11) Weiter schreibt er: „Die Wahrheiten Gottes werden uns nämlich teils durch eigenes Hellsehen und Hellhören, teils durch Geister zuteil, die sich menschlicher Medien bedienen." (1 Ko 13,8-10) In neueren Bibelausgaben wird dieser Text lediglich mit dem Hinweis auf „prophetische Weisungen" wiedergegeben. Nach heutigem Verständnis kann es sich dabei um medial begabte Menschen gehandelt haben, die von der Geistigen Welt zu religiösen Aussagen inspiriert wurden, die dem Volk als „Wort Gottes" überbracht wurden. Dass es sich dabei nicht um die Stimme eines *einzigen* Heiligen Geistes gehandelt hat, sondern um mehrere Geister, beweisen die unterschiedlichen Botschaften, die sich inhaltlich zum Teil deutlich unterscheiden. Vermutlich waren dabei auch mehrere Medien als Übermittler tätig. Dass dabei auch Stimmen aus der niederen Geisterwelt übermittelt wurden, dafür steht der Hinweis auf falsche Propheten und Lügenpropheten, die das Volk Israels zu täuschen versuchten. (Jer 8,10) Dies mag ein Grund dafür sein, dass die christlichen Kirchen die zahlreichen glaubwürdigen medialen Jenseitsbelehrungen noch heute nicht zur Kenntnis nehmen wollen und sie für bösartige Einflüsterungen halten, mit denen man sich nicht befassen soll. Im besten Fall werden die geistigen Schauungen von frommen Visionärinnen für „Privatoffenbarungen" gehalten, die nicht zum offiziellen Glaubensgut der Kirche zählen. Für sie hörte jede anerkannte Offenbarung mit dem Tod des letzten Apostels auf. Dessen ungeachtet gingen die Belehrungen aus der Geisterwelt weiter. Aus der jüngeren Zeit sind mehrere bekannt geworden. Erstmals werden uns klare Hinweise gegeben auf Fragen, die bisher nur verschleiert oder in symbolischen Bildern beantwortet wurden. Es handelt sich um Wahrheiten, die von jenseitigen Geistlehrern durch Medien vermittelt wurden. (131)

Das Wort „Medium" wird vom griechischen „medos" abgeleitet und bedeutet Vermittler. Im parapsychologischen Sinne wird als Medium bezeichnet, wer von seiner Veranlagung her durchlässig und empfänglich ist für Mitteilungen aus einer außerirdischen Dimension. Es handelt sich dabei um die Vermittlertätigkeit von Menschen, die aufgrund ihrer speziellen Begabung in der Lage sind, außerirdischen Intelligenzen und Wesen aus anderen Dimensionen ihre Sprechorgane zu leihen, um sich mitzuteilen. (132) Dabei kann das Medium seine Vermittlertätigkeit bewusst oder halbbewusst wahrnehmen. Befindet es sich in Tieftrance oder Ekstase, hat es nachträglich keine Erinnerung daran, weil sein Geistbewusstsein vollständig aus seinem grobstofflichen Körper ausgetreten ist, während die fremde Wesenheit ganz von ihm in Besitz genommen wurde. Dies kann auch bei der Besessenheit der Fall sein. Um dem Eindringen übelwollender Geister vorzubeugen, schaltet sich bei medialen Gottesdiensten stets ein jenseitiger Kontrollgeist ein.

Ein Medium vermag eine Botschaft aus einer höheren Wellenlänge in eine niedere Frequenz umzuwandeln, so dass sie für uns wahrnehmbar ist. Eine derartige Umsetzung kann in der Trance, in der Ekstase, in einem Nahtod-Zustand oder bei einer außerkörperlichen Erfahrung geschehen. Es ist auch möglich, das jenseitige Wesenheiten vom Medium Energien abziehen, um sich in unserer diesseitigen Welt bemerkbar zu machen. Dies kann der Fall sein bei einer Teil- oder Vollmaterialisation, wie dies in den Jahren 1922-1954 bei dem berühmten Medium *Einer Nielsen* (geb. 1894) in Kopenhagen öfters geschehen ist. Dann ist es möglich, dass ein Geistwesen sichtbar und spürbar in Erscheinung tritt, wie dies der Komponist *Adolph Böhm* bei diesem Materialisations-Medium in Kopenhagen mehrmals erlebt hat. (133) Die jenseitige Einflussnahme kann positiver oder negativer Art sein. Positiv ist sie im Fall einer Begleitung, einer Mitteilung oder einer Hilfeleistung durch ein gottzugewandtes Geistwesen. Negativ wirkt sie sich aus, wenn ein Geist, der auf der gottabgewandten Seite steht, versucht, einen Menschen in die Irre zu führen. Daher ist eine mediale Tätigkeit stets wie ein Zündholz anzuwenden, mit dem wir ein Licht anzünden, aber auch in die Gefahr geraten können, die eigenen Finger zu verbrennen. Auch ist zu beachten: „Bei medialen Botschaften hängt die Wesenheit des sich kundgebenden Geistes von der Person des Mediums und von den Teilnehmern einer Sitzung ab. Ein lichtes Medium wird nur lichte Geister anziehen und umgekehrt. In dieser Tatsache liegt ein Grund für sich widersprechende Belehrungen." (134)

In jüngerer Zeit wurden zahlreiche mediale Belehrungen aus der Jenseitswelt bekannt. (135) Einige seien hier im Einzelnen kurz angeführt. Der österreichische Kapellmeister und Sensitive *Jakob Lorber* empfing auf dem Weg des automatischen Schreibens in seinem Inneren eine jenseitige Stimme, die ihm ein umfangreiches Offenbarungswerk in fünfundzwanzig Bänden an Belehrungen in seine Schreibhand diktierte. In seiner Bescheidenheit bezeichnete er sich als „Schreibknecht Gottes". Seiner medialen Tätigkeit widmete er sich vom 15. März 1840 an, als er die Stimme eines Geistwesens vernahm: „Nimm deinen Griffel und schreibe!" bis zu seinem Tod. Sein Biograph *Karl Gottfried Ritter* berichtet: „Lorber begann dieses Schreibgeschäft fast täglich, schon morgens vor dem Frühstück. Dabei führte er ganz in sich gekehrt, mäßig schnell, aber ohne je eine Pause des Nachdenkens zu machen oder eine Stelle des Geschriebenen zu verbessern, ununterbrochen die Feder, wie jemand, dem von einem anderen etwas diktiert wird." (136)

Im Jahr 1846 empfing ein spiritistisch interessierter Kreis in Paris mediale Durchsagen aus der jenseitigen Geisterwelt. Einer der Teilnehmer an diesem Zirkel war der Arzt und Chemiker *Hippolit Léon Rivail* (1804-1869), der sich später den Schriftstellernamen *Allan Kardec* zulegte. Seine Schriften sind heute vor allem in Südamerika weit verbreitet. Aus den zahlreichen Jenseitsbotschaften verfasste er „Das Buch der Geister", das im Jahr 1857 in Paris erstmals erschienen ist. (137) Bis heute wurde es in dreißig Sprachen übersetzt. Es enthält Antworten auf Fragen, welche die Sitzungsteilnehmer an eine jenseitige Wesenheit über Gott, die Schöpfung, die Seelenwanderung, das Leben im Jenseits und die geistige Höherentwicklung stellten. Dabei untersuchte er besonders die Bedingungen, unter denen mediale Botschaften zustande kommen.

In den Jahren 1890 bis 1897 hat ein spiritualistischer Kreis in München um *Bernhard Forsboom* zahlreiche mediale Kundgaben eines Geistwesens empfangen, das sich „Emanuel" nannte und selber nie Mensch war. Bereits damals wurde drauf hingewiesen, dass unser Menschsein die Folge eines ursprünglichen Geisterfalls sei. (138) Noch deutlicher fielen die Belehrungen aus, die *Johannes Greber* in den 1930er Jahren auf medialem Weg aus der Geisteswelt erhalten hat. Laut seinen eigenen Angaben soll er von einem jenseitigen hohen Geistwesen „in ruhiger Klarheit und überzeugender Folgerichtigkeit" in die christlichen Wahrheiten eingeführt worden sein. Hierzu schrieb er: „Hier gibt es nur einen Weg zur Wahrheit. Wenn es ein Jenseits und ein jenseitiges Geisterreich gibt, so kann uns der Beweis dafür nur dadurch geliefert werden, dass die Geister selbst zu uns kommen und uns belehren." Genau das geschah, als Pfarrer *Greber* zunächst bei seinen umfangreichen Hilfsaktionen in der Nähe von Koblenz für verarmte, kranke und kriegsgeschädigte Kinder von jenseitigen Wesenheiten beraten und begleitet wurde. Im Jahr 1923 nahm er nach anfänglichem Zögern an medialen Sitzungen in seiner Gemeinde teil. Dort wurde er von einem Geistwesen in Bezug auf Fälschungen und Irrtümer in der heutigen Bibel aufgeklärt. Bei nachfolgenden Kontaktnahmen mit diesem jenseitigen Wesen wurde er von ihm beauftragt, in seiner Pfarrgemeinde einen medialen Entwicklungskreis zu bilden. Im Verlauf der nächsten Jahre wurde er von der Geisterwelt über Gott, die Schöpfung, den Geisterfall, die Erlösungstat *Christi* und den Wiederaufstieg der Seelen belehrt. Trotz größter persönlicher Opfer und trotz schwerer Anfeindungen von kirchlicher Seite, die den Verlust seiner Stelle als Pfarrer zur Folge hatte, setzte er sein Werk fort. Im Jahr 1932 veröffentlichte er in

Amerika, wohin er ausgewandert war, diese Jenseitsbelehrungen erstmals unter dem Titel „Der Verkehr mit der Geisterwelt. Seine Gesetze und sein Zweck". (139) Der Jenseitsforscher *Werner Schiebeler* (1923-2006) hält diese medialen Belehrungen aus dem Jenseits für echt, glaubwürdig und in logisch folgerichtiger Sprache verfasst. Er schreibt: „Dabei werden Fragen beantwortet, auf die viele nachdenkliche Christen in den herkömmlichen Kirchen keine Antwort erhalten. Daher bilden diese Durchgaben für viele Menschen eine wertvolle Ergänzung ihres christlichen Glaubens, ohne dass gleich behauptet wird, Gott sei hier unmittelbar persönlich in Erscheinung getreten." (140)

Vertieft und wesentlich erweitert wurden diese Jenseitsbelehrungen durch die zahlreichen medialen Vorträge im Rahmen der „Geistigen Loge Zürich". Dort hat während fünfunddreißig Jahren das Medium *Beatrice Brunner* (1910-1983) in Tieftrance rund 2000 Lehrvorträge gehalten. In diesen haben sich Geistwesen aus der Jenseitswelt zu Wort gemeldet und ein hohes Geistesgut vermittelt. (141) Von der logischen Überzeugungskraft dieser Botschaften aus dem Jenseits konnte ich mich während mehrerer Jahrzehnte selber überzeugen.

Nach ihren eigenen Angaben empfängt *Gabriele Wittek* (geb. 1931) durch die „Innere Stimme" belehrende Botschaften von hohen Geistwesen aus dem Jenseits. Sie selber bezeichnet sich nicht als Medium, sondern nennt sich „Prophetin", die keiner Sekte, auch keiner Religionsgemeinschaft oder Freikirche vorsteht. Ihr weitverzweigtes spirituelles Werk nannte sie zunächst „Heimholungswerk Christi". Seit 1885 nennt sie ihre Wahrheitsquelle „Universelles Leben" mit Sitz in Würzburg. (142) In neuer Zeit sind angeblich im Rahmen der „Geistchristlichen Glaubensgemeinschaft Wuppertal" spirituelle Belehrungen aus dem Jenseits durch das Medium *Regina Bartlick* empfangen und veröffentlicht worden.

Bemerkenswert ist, dass alle diese erwähnten Belehrungen, die von Medien aus der Jenseitswelt durchgegeben wurden, im Wesentlichen übereinstimmen. Eindeutige Widersprüche lassen sich nicht feststellen. Dies mag als Beweis für deren Echtheit gelten, denn mit der Wahrheit verhält es sich wie mit dem Wasser: Wenn wir an verschiedenen Stellen unserer Erde in die Tiefe graben, stoßen wir stets auf das gleiche Element H_2O, mehr oder weniger verunreinigt durch die Umwelt. So halte ich es auch mit den medialen Belehrungen von drüben, wo auch das Menschliche mit hineinspielt. Daher schreibt der Arzt und Parapsychologe *Erich Wunderli*:

„Es wäre falsch zu sagen, Geistmitteilungen oder Geistoffenbarungen seien deshalb Betrug oder Schwindel, weil sie nicht ganz übereinstimmen. Sie sind so wahr, wie ein grundehrlicher Mensch nach bestem Wissen und Gewissen ‚die Wahrheit' sagt, denn er kennt ‚die Wahrheit' nur zum Teil, und was er wirklich sagt, ist das, was er für die Wahrheit hält. Aus diesem Grunde müssen wir bei allem, was uns gesagt oder gelehrt wird, die Vernunft walten und sie entscheiden lassen, was wir glauben sollen." (143)

10. Was bedeutet Erlösung?

Zweifellos sind wir Menschen erlösungsbedürftig. Wir sind nicht, was wir ehemals waren, bevor wir vor undenklicher Zeit in die Gottesfremde ausgewandert sind. Das Gleichnis vom „verlorenen Sohn" (Lk 15,11-32) beschreibt symbolisch unsere selbst verschuldete Situation. Wer dies einmal begriffen hat, der versteht, dass wir nicht zu Spiel und Spaß hier auf dieser Erde sind, so wenig wie ein Schüler nur zum Vergnügen die Schulbank drückt. Wir befinden uns hier, befreit aus langer Haft, gleichsam in einer diesseitigen Durchgangsstation, um zu lernen, uns durch ernstes Streben und Bemühen auf die lange Heimreise vorzubereiten und diese auch in Angriff zu nehmen.

Je nach der konfessionellen Glaubenszugehörigkeit wird das Erlösungsziel unterschiedlich beurteilt. Im Buddhismus versteht man unter „Nibbana" oder „Nirvana" das Erlöschen der Lebensgier und damit die Leidbefreiung und das Aussteigen aus dem „Samsara", dem Kreislauf von Geburt und Tod. Danach folgt das Aufhören aller irdischen Regungen und Strebungen bis zum vollständigen Ich-Verlust. (1) Nach *Platon* handelt es sich bei der Erlösung darum, die Seele wieder in jenen Zustand der Reinheit zu bringen, den sie einst verloren hat. In seinem Dialog „Phaidon" erwähnt er, dass die Seele durch fortschreitende Erkenntnis und Erfahrung der ewigen Wahrheiten aus dem „Grab des Körpers" befreit wird und nicht mehr wiedergeboren werden muss, sondern für alle Zeiten sich in himmlischen Behausungen aufhalten darf. (2) Die abrahamitischen Religionen des Judentums, des Christentums und des Islam sehen die Erlösung als Befreiung der in Sünden verstrickten Menschheit aus der Knechtschaft des Bösen.

10.1 Das jenseitige Paradies

Der Bezeichnung *Paradies* kommen verschiedene Bedeutungen zu. Unter einem Paradies verstand man ursprünglich einen Garten oder Park mit einer Umfriedung (gr. *paradeisos*). Mit diesem Wort wurden im Altertum die Prachtgärten der persischen Könige bezeichnet. Die biblische Schöpfungsgeschichte schildert das Paradies als Garten, in dem Gott persönlich wie ein Gärtner Bäume gepflanzt hat, um in der Abendkühle unter deren Schatten spazieren zu gehen. (1 Mo 3,8) Wie ein Gartenarchitekt, hat er das Paradies als erste Wohnstätte für die Menschen angelegt. Der holländische Maler *Jan Brueghel der Ältere* (1568-1625) hat das Paradies wie einen zoologischen Garten auf unserer Erde dargestellt, in dem das erste Menschenpaar zusammen mit zahlreichen größeren Tieren friedlich zusammenlebte. Nach biblischen Angaben soll im Paradies ein großer Strom geflossen sein, der sich in vier Nebenflüsse teilte. Der erste hieß Pischon, der das Land Hawila bewässerte. Der zweite trug den Namen Gihon, der durch das Land Kusch floss. Der dritte war der Tigris, der östlich von Assur seinen Lauf nimmt, und der vierte Fluss war der heutige Euphrat. (1 Mo 2, 10-14) Nach diesen recht menschlichen Vorstellungen müsste das irdische Paradies im heutigen Irak gelegen haben.

Die alten Griechen dachten sich das Paradies als „Insel der Seligen" weit draußen im Meer, wo die ersten Menschen ohne Mühen und Sorgen lebten. *Homer* erzählte vom paradiesischen Land der Phäaken, in dem Milch und Honig reichlich flossen. Die Briten wussten angeblich von einem geheimnisvollen Land mit paradiesischen Zuständen, das sie in ihrer Sage vom König *Artus* „Avalon" nannten. Die Seefahrer *Marco Polo* (1254-1324) und *Christoph Kolumbus* (1451-1506) hofften, das ehemalige Paradies im Fernen Osten wiederzufinden.

Heutige Naturforscher bemühen sich immer noch, jenen Ort zu entdecken, wo auf unserer Erde die Wiege der Menschheit gestanden haben soll. Sie gehen von der Annahme aus, dass Spuren des Paradiesgartens irgendwo auf unserem Planeten zu finden sein müssen. (3) Aufgrund archäologischer Ausgrabungen und hochauflösender Satellitenaufnahmen sind heute noch vier mögliche Standorte für das biblische Paradies im Gespräch: Die einen suchen es im Zweistromland zwischen den irakischen Flüssen Euphrat und Tigris. Andere vermuten es in Nordostafrika. Verschiedene Forscher hoffen das Paradies dort zu finden, wo vor 30.000

Jahren das Land Lemuria vor der Insel Madagaskar im Meer versank. Wiederum andere sind der Ansicht, die Seychellen-Inseln im indischen Ozean hätte mit ihrer üppigen Vegetation am meisten Ähnlichkeit mit einem paradiesischen Garten.

Im Altertum nahmen einige an, es handele sich beim Paradies um einen jenseitigen Ort des Friedens und der Ruhe, namentlich als Aufenthaltsort für die aus dem Erdendasein zurückgekehrten Seelen. Bereits *Zarathustra* beschrieb das Paradies als „jenseitigen Garten, reich an duftenden Blumen". Die Babylonier verstanden das Paradies als Ort der Seligen. Nach dem Ende der Welt wird der Himmel wieder mit der Erde vereinigt und der ursprüngliche harmonische Zustand der Schöpfung wiederhergestellt. (4) Es wird deutlich, dass die späteren Verfasser der Bibel diese babylonischen Vorstellungen übernahmen. In den religiösen Vorstellungen der alten Völker war das Paradies jener *Götterhimmel*, wo die Helden und Heiligen sich ewiger Glückseligkeit erfreuen können. So wird es in den Mythen der Ägypter, Babylonier, Griechen, Römer und Germanen geschildert. Dies wird sehr irdisch als Erfüllung diesseitiger Wunschphantasien ausgemalt. (5) *Hossein Iranschähr* nahm zwei Paradiese an: „Das eine Paradies sei das der Bibel auf unserer Erde. Das andere liege im Jenseits, wo die abgeschiedenen Seelen ihren Aufenthalt haben können." (6)

Aus *geistchristlicher* Sicht verstehen wir unter dem „Paradies" in erster Linie jenes himmlische Reich, in dem seit Urzeiten Gott mit seinen Engeln wohnt. (5 Mo 4,36) Dieses muss lange vor der Erschaffung der materiellen Welt bestanden haben. Die Geschichte vom Sündenfall im Paradies fand nicht auf unserer Erde statt, sondern auf dieser jenseitigen Daseinsebene. Damals verweigerte eine sehr große Zahl von Himmelsbewohnern den Gehorsam gegenüber der göttlichen Ordnung, indem sie sich weigerten, *Christus* als ihren König anzuerkennen. In der Folge wurden sie aus dem himmlischen Paradies ausgestoßen.

In zweiter Linie wird als Paradies jene geistige Ebene bezeichnet, die als erste *Aufstiegsstufe* für jene gefallenen Geister vorgesehen war, die sich weniger schwer verschuldet haben, weil sie unter den verführten Engeln bloß Mitläufer waren und frühzeitig ihren Irrtum eingesehen haben. (7) Hierzu schreibt *Wolfgang Eisenbeiss*: „Gott und Christus erbarmten sich der unglücklichen Verstoßenen. Durch Christus ließ Gott eine feinstoffliche Aufstiegssphäre schaffen: das Paradies der Bibel. Dieses liegt nicht auf unserer Erde, zumal diese, wie auch der uns bekannte grobstoffliche Kosmos, noch nicht existierten; es gab noch einen Teil der am wenigsten verschuldeten Gefallenen, die sich bis in die äußersten Zonen der Hölle zu entwickeln vermochten. Diese erhielten als erste aufsteigende Geister die Möglichkeit, sich im Paradies zu bewähren. Unter ihnen waren *Adam* und sein geistiges Dual *Eva*. Dies war der erste Versuch, um den gefallenen Geistwesen die Rückkehr in den Himmel zu ermöglichen. Erst der zweite Sturz der Engel, diesmal aus der paradiesischen Welt, war der Anlass zur Erschaffung des grobstofflichen, materiellen Kosmos durch Christus." (8)

Ein dritter Erklärungsversuch für das Paradies gilt jenem jenseitigen Ort, an den die meisten Menschen unmittelbar nach ihrem Tod kommen. Es ist dies eine Art „Auffangort" für jene, die aus dem Diesseits zurückkehren. Diese Jenseitssphäre hat *Jesus* angesprochen, als einer der gekreuzigten Schächer in Reue über seine Untaten ihn bat: „Gedenke meiner, wenn du in dein Reich kommst." Daraufhin soll *Jesus* ihm verheißen haben: „Wahrlich, ich sage dir: Heute noch wirst du mit mir im Paradies sein." (Lk 23,43) Dort findet für die Verstorbenen zunächst der Erholungs- und Eingewöhnungsschlaf statt. Danach kommt es in der Regel zur Beurteilung des vergangenen Lebens vor den Richterengeln. Daraus ergibt sich die Zuweisung an einen Läuterungsort oder das Übertragen einer Aufgabe oder der Besuch einer geistigen Ausbildungs- oder Weiterbildungsstätte. Aus dieser Sphäre erfolgt auch meist der Wiedereinstieg in ein neues Erdenleben. (9)

Nach Ansicht der frühchristlichen Theologen *Tertullian* und *Origenes* gelangen nicht einmal die Märtyrer sogleich in den Himmel, sondern nur ins Paradies, wo diese auf ihren weiteren geistigen Aufstieg vorbereitet werden. (10) *Dante* sah in der Osterwoche des Jahres 1300 in einer Vision das „Paradies" auf dem Gipfel des Berges der Läuterung. (11) Dagegen vermochte er das „himmlische Paradies" als lichtdurchfluteten Aufenthaltsort der Engel und Heiligen kaum in Worte zu fassen und beschrieb ihn in seiner „Göttlichen Komödie" als Ort des Friedens und der beseligenden Gottesschau. (12) Auch *Emanuel Swedenborg* beschrieb nach einer visionären Jenseitsschau das Paradies als Ort der Glückseligkeit. (13) Der katholische Pfarrer *Johannes Heinrich Oberlin* (1741-1826) entwarf sogar einen siebenstufigen Situationsplan mit den Bleibestätten der Verstorbenen im Jenseits. Das Paradies beschrieb er auf der dritthöchsten Ebene für jene, die „reinen Herzens" sind, oder für solche, die „zur vollkommenen

Abtötung ihre Lüste und Sinnlichkeiten" gelangt sind. (14) *Anna Katharina Emmerich* soll aufgrund einer Vision das Paradies als erste Stufe des Himmels geschaut haben. (15)

Jakob Lorber beschrieb das Paradies als eine wunderbare Landschaft mit Gärten von himmlischer Schönheit. Dort versammeln sich nach ihrem Tod die Menschen, die ihr Wesen vom letzten Rest irdischer Spuren befreien wollen, um sich zu veredeln und zu vergeistigen. Erst dann können sie diese Region verlassen und in die erste Stufe des Himmels eingehen. (16) Die „Seherin von Prevorst", *Frederike Hauffe,* erlebte in ihren Visionen das Paradies als den obersten der sieben Sonnenkreise im Jenseits. (17)

Schließlich wird in der „Geheimen Offenbarung" des *Johannes* das „Paradies der Endzeit" erwähnt, das nach dem „Weltgericht" am Jüngsten Tag auf einer neuen Erde unter einem neuen Himmel (Off 21, 1) errichtet werde. Es ist das Friedensreich, das entstehen wird, wenn das himmlische Jerusalem zur Erde niedersteigt. (Off 2,7; 21,1–22,5) Aus all diesen Glaubensvorstellung lässt sich schließen, dass es ein Paradies auf unserem Planeten nie gegeben hat. Zu verstehen ist dieses weniger als begrenzter Ort, sondern als jenseitiger Seinszustand, der abhängig ist vom Grad des Bewusstseins.

10.2 Ist der Tod der Sünde Sold?

Gemäß dem biblischen Schöpfungsbericht soll Gott dem ersten Menschen im Paradiesgarten gesagt haben: „Von allen Bäumen im Garten darfst du essen; nur vom Baum der Erkenntnis des Guten und Bösen, von dem darfst du nicht essen; denn sobald du davon essen wirst, musst du sterben." (1 Mo 2,17) Dieser Bibeltext bezieht sich symbolisch auf eine Gehorsamsprüfung, vor die das aufgestiegene Geisterpaar *Adam* und *Eva* im Jenseits gestellt wurde. Da Adam und Eva nach ihrem erneuten Versagen außerhalb des Paradieses weiterlebten, kann damit nicht der körperliche Tod gemeint sein, sondern der geistige. Auch der Prophet Jesaja meinte den geistigen Tod der Seele, wenn er die Befragung der Totengeister verurteilte. (Jes 8,19) Etwas anders deutet *Karl Rahner* diese Bibelstelle, indem er annimmt, dass die Stammeltern, sofern sie ihre Prüfung bestanden hätten, beim natürlichen Ende ihres Lebens nicht die Auflösung des Körpers im Tod erfahren hätten, sondern sofort mit Leib und Seele ins himmlische Paradies aufgenommen worden wären. (18)

Die christliche Glaubenslehre nimmt an, dass die Stammeltern im irdischen Paradies mit hohen Geistesgaben ausgestattet waren und deshalb auch verschuldungsfähig waren. Der „Basler Katechismus" beschreibt die ersten Menschen als „körperlich stark und schön ... und ihr Geist war klar und gescheit". Auch der Katholische Dogmatik-Professor *Michael Schmaus* meint, dass die übernatürlichen Gaben die ersten Menschen in einen „erhabenen Seinszustand" erhoben hätten, durch den sie frei waren von der Neigung zum Bösen und verschont von ungeordneter Begierde und Leidenschaft. Auch lebten sie in Harmonie mit Gott, aber auch mit der ganzen kreatürlichen Umwelt. (19)

Nach den heutigen wissenschaftlichen Erkenntnissen müssen die ersten Menschen aber recht primitive Wesen mit eingeschränktem Bewusstsein gewesen sein, die kaum zu höherem Denken fähig waren. (20) Dies beweist die Tatsache, dass es zwischen dem Auftreten des *Homo habilis* und dem des *Neandertalers* innerhalb von zwei Millionen Jahren zu keinem wesentlichen kulturellen Fortschritt kam. Diese Frühmenschen befanden sich über Hunderttausende von Jahren in einem „geistigen Dämmerzustand". Aus naturwissenschaftlicher Sicht gab es die paradiesischen Zustände und Vorzüge des Geistes hier auf unserer Erde damals sicher nicht. (21) Unsere Erde war zu keiner Zeit ein Paradies. Seitdem es hier Leben gibt, besteht ein ständiger „Kampf ums Dasein". Das göttliche Strafurteil (1Mo 3,14-19) nach dem biblischen „Sündenfall" ist symbolisch zu verstehen und keinesfalls wörtlich. Als die ersten Menschen die Erde betraten, war diese längst mit „Dornen und Disteln" bewachsen, die Schlange kroch schon damals auf dem Bauch. Nicht nur die Menschenmütter, sondern auch die Säugetierweibchen litten unter den Beschwerden von Schwangerschaft und Geburt, und den Männern blieb es seit jeher nicht erspart, hart zu arbeiten. Von der Biologie her gesehen, war der Mensch zu keiner Zeit unsterblich, sondern für eine unbeschränkte Lebenszeit geplant. Von Anfang an war er ein sterbliches Wesen wie seine biologischen Vorfahren aus dem Tierreich. Daher kommt der holländische Philosoph *Henricus Renckens* zum Schluss: „Die paradiesische Welt stellt, wenn man sie für wörtlich nimmt und gleichzeitig naturwissenschaftlich betrachtet, ein unlösbares Problem dar." (21)

Die Sterblichkeit von uns Menschen kann also nicht die Folge einer Paradiesessünde auf unserer Erde gewesen sein. Daher kann die biblische Schöpfungsgeschichte nicht als historischer Bericht verstanden werden, sondern lediglich als ein anschaulicher Mythos mit symbolischen Bildern, entworfen nach einem altertümlichen Welt- und Menschenbild, dem Verständnis früherer Zeiten angepasst. (22) So können wir mit dem evangelischen Bischof *John Spong,* ehemaliger Theologieprofessor an der Harvard-Universität, im Hinblick auf die Paradiesesgeschichte übereinstimmend sagen: „Dies war ein faszinierender Mythos, der während des größten Teils der christlichen Geschichte wörtlich aufgefasst wurde." (23)

Die biblische Erzählung vom Sündenfall im Paradies kann man nur verstehen, wenn man ihre Bilder in die Symbolsprache der Psychologie übersetzt. Wenn man die Paradiesesgeschichte der Genesis (1 Mo 2,1-25; 3,1-24) genau analysiert, entdeckt man folgende Symbolbilder:

- Das Paradies wird als „*Garten* Eden" beschrieben. Dieser soll Harmonie, Frieden, moralische Unversehrtheit und Einheit der Schöpfung symbolisch zum Ausdruck bringen.
- In der Mitte des Gartens wachsen zwei besondere *Bäume,* die Doppelnatur der Seele andeutend: Ein Baum, dessen Früchte der Vitalseele Lebenskraft und Gesundheit zu schenken vermag, und einer, dessen Früchte der Geistseele ein höheres Bewusstsein und geistiges Wissen verleihen soll, damit die Menschen Gott ähnlich sein können. (1 Mo, 2,9)
- Gott sagte zu *Adam,* ehe er *Eva* erschaffen hatte: „Du darfst von allen Bäumen des Gartens essen, nur nicht von dem Baum, dessen Früchte Wissen geben. Sonst musst du sterben." (2 Mo 16-17) Hier geht es um eine Gehorsamsprüfung. In der Traumsymbolik bedeutet das Essen einer Frucht so viel wie der Erwerb von Wissen und Klugheit. Das Essen einer verbotenen Frucht gilt nicht nur als Ungehorsam, sondern auch als stolze Überheblichkeit und Anmaßung gegenüber Gott.
- Das erste Menschenpaar, *Adam* und *Eva,* ist Symbol für den Fall der ursprünglichen Schöpfung aus der Einheit in die Zweiheit, dargestellt durch die polare Gegensätzlichkeit des Männlichen und des Weiblichen. Diese Doppelnennungen zeigen den Verlust des Eins-Seins mit der göttlichen Welt an.
- Die *Schlange* mit ihrer gespaltenen Zunge ist das Symboltier für Falschheit, List und Zwiespältigkeit, aber auch für die männliche Sexualkraft. Da ihr Biss tödlich wirken kann, galt sie bereits in

alten Kulturen als Symbol für Tod und Verderben. Wegen der symbolischen Doppeldeutigkeit galt sie auch als klug (Mt 10,16), als heilig und heilbringend, wie die „eherne Schlange" des Moses (4 Mo 21,8), die Uräus-Schlange als Kopfschmuck der ägyptischen Pharaonen oder die Äskulapnatter, die dem Heilgott Asklepios geweiht war.

- Welcher Art die Paradiesesfrucht gewesen sein soll, ist unklar. Nach dem Volksglauben soll es sich um einen Apfel gehandelt haben. Dieser ist hier nicht als botanisches Erzeugnis zu verstehen, sondern als erotisches Symbol für die weibliche Brust. Da jedes Symbol doppelwertig ist, erscheint der Apfel in der griechischen Sagenwelt sowohl als Liebesfrucht der Erdgöttin *Gaia* als auch als „Zankapfel" der streitbaren Göttin *Eris*. Die altnordische Göttin *Iduna* verlieh mit dem Genuss eines Apfels ewige Jugend. In der keltischen Mythologie ist der Apfel ein Symbol für überliefertes Wissen. Nach der Sage wachsen auf der „Insel der Seligen" Bäume mit goldenen Äpfeln. In einigen Bildern von der Christgeburt greift *Jesus* nach einem Apfel, was andeuten soll, dass der Erlöser sinnbildlich die Sünden der Welt auf sich nimmt. Statt eines Apfels wird in der religiösen Malerei die Paradiesesfrucht bald als Feige, bald als Granatapfel abgebildet. Beide gelten als weibliche Sexual- und Fruchtbarkeitssymbole.

- In der Heiligen Schrift heißt es, dass *Eva* von der verbotenen Frucht nahm und diese ihrem Mann *Adam* reichte. (1 Mo 3,69) Diese Geste der Versuchung begegnet uns auch in der griechischen Sagenwelt, wo die *Hesperiden,* die verführerischen Töchter der Nacht, dem Helden *Herakles* mit ihren Äpfeln Unsterblichkeit versprachen. Dass die Frau dem Mann zur Versuchung werden kann, nahmen auch einige fromme Kirchenmänner an, die glaubten, sich auf den Apostel *Paulus* berufen zu können. So soll *Augustinus* die Erfahrung gemacht haben: „Nichts schleudert den menschlichen Geist eher von der Höhe seiner Burg als weibliche Liebkosung." *Tertullian* fürchtete die Frau als das „Eingangstor zur Hölle". *Albertus Magnus* fand in Bezug auf die Frau: „Was sie selber nicht erreichen kann, versucht sie zu erhalten durch Verlogenheit und teuflischen Betrug. Darum muss man sich vor jeder Frau hüten wie vor einer giftigen Schlange oder dem gehörnten Teufel. (24) Papst *Pius II.*

(1458-1464) soll seine Kleriker ermahnt haben: „Wenn ihr eine Frau seht, denkt, es sei der Teufel, sie ist die Hölle." (25) Dieses falsche und verzerrte Frauenbild wurde lange Zeit begründet mit dem „Sündenfall" und der Verführung des Mannes durch die Frau im Paradies. Diese Herabwertung der Frau beruht offensichtlich auf der Verdrängung des eigenen weiblichen Seelenanteils durch den Mann.

- Nachdem *Adam* und *Eva* von der verbotenen Frucht gegessen hatten, wurden sie von Schuldgefühlen geplagt und entdeckten, dass sie *nackt* waren. Symbolisch bedeutet das Nacktsein in der Tiefenpsychologie: Verletzte Intimsphäre, sich bloßgestellt fühlen, anerzogenes Scham- und Schuldgefühl. Die ersten Menschen erkannten sich als Geschlechtswesen. Die sexuelle Lust wurde in der Folge mit einem Tabu belegt. Daher machte Gott für sie Kleider aus Fellen. (1 Mo, 3, 21) Symbol hierfür ist das bekannte „Feigenblatt". Es kam zur ersten Schuldzuweisung des Mannes an die Frau: „Die Frau, die du mir gegeben hast, reichte mir eine Frucht, die habe ich gegessen." (1 Mo 3) Dieses Denkmuster ist bei den „Herren der Schöpfung" heute immer noch gefragt.

Diese Symbolerklärungen deuten darauf hin, dass die Paradiesessünde nicht auf dem irdischen Plan stattgefunden hat, sondern auf einer jenseitigen Entsprechungsebene. Der sogenannte „Sündenfall"" hatte daher nicht den physischen, sondern den geistigen Tod zur Folge; nämlich den Verlust der göttlichen Gnade und Liebe. (26) Das ist der ursprüngliche Sinn des Begriffes „Todsünde". Vom Apostel *Paulus* stammt die Aussage: „Der Sünde Sold ist der Tod" (Rö 6,23), die zu verhängnisvollen Missverständnissen führte. So wurde im Jahr 1546 auf dem Konzil von Trient in einem dogmatischen Dekret festgeschrieben, dass die Sünde *Adams* nicht nur dessen physischen Tod zur Folge hatte, sondern auch die Sterblichkeit des ganzen Menschengeschlechts nach sich zog. (27) Dass es sich hier um ein theologisches Missverständnis und Fehlurteil handelt, beweist die Tatsache, dass es den Tod bereits seit vielen Millionen Jahren auf unserer Erde gibt. Dies beweisen die zahlreichen Fossilienfunde. Wir kennen Versteinerungen von Ammoniten und Belemniten, die vor 250 Millionen Jahren gelebt haben. Das älteste „Liebespaar" in meiner Fossiliensammlung sind zwei Trilobiten, eng aneinander geschmiegt und in Sandstein eingebettet. Sie haben vor rund 600 Millionen Jahren im Jurameer gelebt und sind dort miteinander gestorben. Dies zu einer Zeit, wo es auf Erden sicher noch keine Menschen gab. Demnach kann der Tod als biologisches Phänomen nicht die Folge einer Sünde der ersten Menschen gewesen sein.

Wenn es tatsächlich eine ursprüngliche Sünde gegeben hat, welche die ganze Schöpfung in den Tod riss, muss dies bereits vor der ersten Menschwerdung auf Erden der Fall gewesen sein, denn schon die ersten Menschen waren sterblich. So bleibt nur noch die Annahme, dass diese Ursünde als Absonderung von der ursprünglichen Ganzheit in der vormenschlichen jenseitigen geistigen Welt stattgefunden hat. Diese Logik setzt eine Präexistenz der Geistseele voraus, wie sie *Origenes* angenommen hat. (28) Leider wurde seine Lehre als Häresie verurteilt. (29) Damit wurde auch der Lehre von der Inkarnation und der Re-Inkarnation der Geistseele der Boden entzogen, auf dem ein vernünftiges Menschenbild hätte entstehen können. (30)

Es leuchtet ein, dass jenes folgenschwere Ereignis, das heute fälschlicherweise immer noch als „Erbsünde" bezeichnet wird, sich nicht auf unserer Erde, sondern in einem jenseitigen Paradies ereignet hat. Nur in diesem präkosmischen Zustand konnten geistige Wesen sich in jenem erhabenen Zustand befunden haben, den der Theologe *Wilhelm Schamoni* den ersten Menschen auf Erden zugestehen wollte, nämlich eine „hochbegnadete Erkenntniskraft und eine ungebrochene Willenskraft". (31)

10.3 Ursünde statt Erbsünde

Im heutigen Religionsunterricht ist die Erbsündenlehre weder für die katholische noch für die protestantischen Kirche ein ernstzunehmendes Thema. Die heutigen Theologen schweigen sich darüber lieber aus, weil sie hierfür keine glaubwürdige Erklärung mehr haben. Damit aber bleiben auch heute noch die entscheidenden Fragen nach dem Ursprung des Bösen, nach der Herkunft des Menschen und nach dessen Erlösungsbedürftigkeit unbeantwortet. Statt von der Erbsünde, spricht man heute von der allgemeinen moralischen Schwäche und Hinfälligkeit der Menschen. Um diese genügend zu erklären, hätte die Lehre von Karma und Wiedergeburt, wie sie der Hinduismus und Buddhismus kennen, völlig genügt. Der Erlösungstat *Christi* hätte es hierzu nicht bedurft. Bemerkenswert ist, dass weder das Judentum noch der Islam eine Erbsündenlehre kennen.

Auch *Jesus* hat hiervon nie gesprochen, und in den Evangelien wird sie an keiner Stelle erwähnt. Selbst der biblische Schöpfungsbericht kennt keine Erbsündenlehre, wohl aber die Erzählung von einer ersten Sünde des Stammelternpaares *Adam* und *Eva* im Paradies. (1 Mo 2, 8-17)

Als der eigentliche Begründer der christlichen Erbsündenlehre gilt *Augustinus*. Seiner Meinung nach bildet die ganze Menschheit wegen ihrer einheitlichen geschlechtlichen Abstammung *eine* Natur. Diese sei durch die Sünde *Adams* verdorben worden. Durch die menschliche Vererbung seien die Folgen der Sünde unseres Stammvaters auf alle seine Nachkommen übertragen worden. Dadurch sei die gesamte Menschheit zu einem verfluchten Haufen („massa damnata") geworden. Dieser vererbte Zustand habe bei allen nachgeborenen Menschen den Verlust der „heiligmachenden Gnade" zur Folge gehabt, was erst durch die Erlösungstat *Christi* rückgängig gemacht werden konnte. Dabei berief sich *Augustinus* auf die Aussage des Apostels *Paulus*: „Wie die Sünde durch einen einzigen Menschen in die Welt kam, so auch die Rettung aus der Gewalt der Sünde. Die Sünde dieses einen brachte den Tod mit sich, und alle gerieten unter die Herrschaft des Todes; denn sie haben ohne Ausnahme selbst gesündigt." (Röm 5, 12) Noch heute wird diese Ansicht durch das katholische Lehramt verteidigt. (32) Hinzu kommt, nach *Augustinus,* dass allein *Jesus Christus* von der Erbsünde befreit war, weil er als einziger Mensch ungeschlechtlich gezeugt worden sei. (33) Die Erbsündenlehre des *Augustinus* hat sicher manches zu tun mit seiner Biografie. Nachdem er selber, wie er in seinen „Bekenntnissen" schrieb, in seiner Jugend in sexueller Hinsicht ein freizügiges Leben führte, lange mit einer Freundin unverheiratet zusammenlebte und mit ihr ein Kind zeugte, kämpfte er in seinen späteren Jahren gegen seine eigene „Fleischeslust und gegen unkeusche Gedanken", die er durch die Erbsünde verursacht sah. (34) Damit hatte er die menschliche Sexualität verteufelt, worunter viele spätere Generationen schwer zu leiden hatten.

Die Reformatoren *Martin Luther* und *Johann Calvin* übernahmen die Lehre von der vererbten Sündhaftigkeit des gesamten Menschengeschlechts. Danach ist der Mensch wegen seiner gefallenen Natur von Geburt an sündhaft und dem Einfluss höllischer Mächte ausgeliefert, was sich in seiner Neigung zu Lust und Leidenschaft zeigt. So schreibt der sittenstrenge *Calvin*: „Wir, Sünder vom Mutterleib an, werden also allesamt unter dem Zorn der Rache geboren." (35) Das „Augsburger Bekenntnis" aus dem Jahr 1530 hält fest: „Nach Adams Fall werden alle Menschen in Sünde empfangen und geboren, das heißt, dass sie alle vom Mutterleib an voll böser Lust und Neigung sind." Der reformierte „Heidelberger Katechismus" bleibt noch heute dabei, „dass wir durch den Fall und Ungehorsam unserer ersten Eltern *Adam* und *Eva* im Paradies in unserer Natur so vergiftet worden sind, dass wir alle von Anfang an Sünder sind", weil wir als Nachkommen *Adams*, vom Teufel angestiftet, durch mutwilligen Ungehorsam der Gabe Gottes beraubt" wurden. (36) Dagegen lehnte der Zürcher Reformator *Huldrych Zwingli* diese strenge Auslegung der Erbsündenlehre ab. In der orthodoxen Ostkirche fand die augustinische Erbsündentheorie wenig Anklang.

Dem gegenüber prägte im Abendland die römisch-katholische Tradition während Jahrhunderten das Sündenbewusstsein der Christen. Die Erbsündenlehre gehörte zu den unverzichtbaren Grundlagen des kirchlichen Glaubens. Das Konzil von Trient hat im Jahr 1546 in seinem „Decretum de paccato originali" die Erbsündenlehre zum Dogma erklärt und bestätigt, dass jedes Geschöpf, das zum Menschengeschlecht gehört, von der Sünde *Adams* persönlich mitbetroffen sei, „indem es der Macht der Sünde unterworfen ist und dadurch selbst zum Sünder wird. So vervielfältigt sich die Sünde *Adams* in allen seinen Nachkommen." (37) Das katholische Lehramt hält bis heute an dieser Lehre fest. Noch im Jahr 1937 hat Papst *Pius XI.* in seinem Rundschreiben „Mit brennender Sorge" feierlich bekräftigt, dass der Glaube an die Erbsünde zum unveräußerlichen Bestandteil der christlichen Religion gehöre. So lehrt der Katechismus der katholischen Kirche noch heute, dass unsere Stammeltern durch ihren Ungehorsam im irdischen Paradies ihre ursprüngliche Heiligkeit und Gerechtigkeit eingebüßt haben. Ihre Sünde habe die Menschennatur verdorben. Auf dem Weg der Vererbung wird diese Verderbtheit an alle Nachkommen weitergereicht. Auch im Jahr 2005 enthält der von Papst *Johannes Paul II.* gutgeheißene „Katechismus der katholischen Kirche" folgende lehramtliche Erklärung: „Die Erbsünde, in der alle Menschen geboren werden, ist der Zustand des Mangels an der ursprünglichen Heiligkeit und Gerechtigkeit. Sie ist eine Sünde, die wir ‚miterhalten', nicht aber ‚begangen' haben. Sie ist ein Zustand von Geburt an, nicht eine persönliche Tat. Wegen der Einheit des Ursprungs aller Menschen überträgt sie sich auf die Nachkommen Adams mit der menschlichen Natur, nicht durch Nachahmung, sondern durch Fortpflanzung." (38)

Dessen ungeachtet, haben sich im Verlauf der Jahrhunderte die theologischen Meinungen über das Wesen der Erbsünde, über die Art und Weise deren Übertragung auf alle Menschen und über die Folgen dieser Erbschuld immer wieder gewandelt. (39) In neuerer Zeit hat *Teilhard de Chardin* das alte Bollwerk der Erbsündenlehre durch seine naturwissenschaftlichen Forschungen ins Wanken gebracht. Er hat gezeigt, dass der erste Mensch keineswegs im „Zustand der heiligmachenden Gnade" aus der Hand Gottes hervorgegangen ist, sondern vielmehr die vorläufige Spitze einer Millionen Jahre langen biologischen Entwicklung darstellt. Einen katastrophalen Bruch zwischen Gott und seiner Schöpfung, wie es die kirchliche Erbsündenlehre behauptet, vermag er in der ganzen Menschheitsentwicklung nicht zu erkennen. (40) Aus diesem Grunde kennt *Teilhard de Chardin* keine Erbsündenlehre. (41) Eine sonderbare Erbsündenlehre vertrat in neuer Zeit *Hossein Iranschähr*, der von 1910 an in mehreren Ländern Europas lebte und lehrte. Dort gründete er eine „Mystisch-esoterische Schule". Er nimmt an, dass der zum Ebenbild Gottes erschaffene Mensch einen Fall erlebt haben muss, der ihn seiner ursprünglichen Würde und Unschuld beraubte. Der Sündenfall war aus seiner Sicht nichts anderes als der Missbrauch der sexuellen Zeugungskraft, die ihn „zum Sklaven der sinnlichen Lust und tierischen Triebe" gemacht habe. (42) Hier ist einzuwenden: Da die Sexualität als biologische Zeugungskraft sich erst im Verlauf der Evolution entwickelt hat, müsste sich nach dieser Theorie der sogenannte „Sündenfall" bei den Urmenschen auf unserer Erde ereignet haben, als diese noch in primitiven Vorstellungen und eingeschränktem Bewusstsein lebten. Daher konnten sie nicht einer so weittragenden Sünde fähig gewesen sein. Heute wagt kein Theologe christlicher Prägung im herkömmlichen Sinn über die Erbsünde zu sprechen, was einer Vogel-Strauß-Politik gleichkommt. Deshalb schreibt *Karl Schmitz*: „Die Theologen erwecken den Eindruck, man könne die Erbsündenlehre aufs Eis legen, ohne damit gleichzeitig die Frage nach der Erlösung zu gefährden." (43)

Gegenüber der traditionellen kirchlichen Erbsündenlehre sind folgende Bedenken und Fragen vorzubringen:

- Wie soll die angenommene Sünde *Adams* auf alle seine Nachkommen übergegangen sein, wenn nach christlicher Lehre die Geistseele des Menschen unmittelbar bei jeder Zeugung von Gott aus dem Nichts neu geschaffen wird?

- Ist es glaubhaft, dass Gott diese Geistseele von Anfang an mit einer Schuld belastet, für die das Menschenkind nicht verantwortlich ist? Da Gott nichts als nur Gutes schaffen kann, wird er diese menschliche Geistseele nicht von vornherein mit dem Makel einer sündhaften Schuld versehen. (44)
- Wenn Mühsal, Krankheit und Leiden die Folgen der Erbsünde sein sollen, die auf alle Nachkommen *Adams* übergegangen sind, stellt sich die Frage, wie kann Gott, der Allgerechte und Allerbarmer, unschuldige Kinder durch Hunger, Elend und Not derart bestrafen für eine Sünde, die sie selber gar nie persönlich begangen haben? Warum zieht er auch die unschuldigen Tiere und die Pflanzen, die ja auch leidensfähig und sterblich sind, hierfür in Mitleidenschaft? Man kann sich tatsächlich mit dem evangelischen Pfarrer *Till Mohr* fragen: „Wie soll man an einen solchen Gott der Willkür und Ungerechtigkeit glauben können, der jemand für etwas bestraft, was er gar nicht getan hat, sondern andere verübt haben?" (45)
- Wie kann eine Sünde auf dem Weg der Vererbung auf alle Menschen übergehen? Eine Sünde ist eine geistige Tat und als solche ist sie nicht vererbbar. Sündigen kann demnach nicht der Körper und auch nicht die Vitalseele. Daher sind Tiere nicht verschuldungsfähig. Sündig werden kann nur die Geistseele des Menschen, und diese unterliegt nicht den Erbgesetzen.
- Waren die ersten Ur-Menschen in ihrem Denken und Handeln überhaupt in der Lage, eine derart schwere Sünde zu begehen, welche die ganze nachfolgende Menschheit ins Unheil stürzte? Für eine derart schwere Verfehlung fehlte ihnen offensichtlich die klare Erkenntnis und der freie Wille. Aus naturwissenschaftlicher Sicht waren die Frühmenschen recht primitive Wesen und einer schweren sittlichen Verfehlung gar nicht fähig. Daraus folgert die Philosophin *Christa Jerrentrup*: „Wir wissen, dass der Mensch seiner biologischen Abstammung nach aus dem Tierreich hervorging. Auf viele Jahrhunderte oder gar Jahrtausende hinaus war er einer menschlichen großen Schuld, welche die Ursünde gewesen sein muss, unfähig." (46)
- Stammt die gesamte Menschheit nur von einem einzigen Elternpaar ab oder hatten unsere Vorfahren verschiedene Stammeltern? Für die kirchliche Erbsündenlehre ist es unverzichtbar anzunehmen, dass alle Menschen von einem einzigen menschlichen Paar abstam-

men, wie es der *Monogenismus* lehrt. In seiner Enzyklika „Humani generis" hat Papst *Pius XII.* am 12. 8. 1950 diesen Glaubenssatz bestätigt. Darin hält er fest, dass die Ansicht, der menschliche Körper sei aus bereits bestehender Materie, nämlich aus tierischen Vorformen, hervorgegangen, mit dem katholischen Glauben unvereinbar sei. Bei der Mehrzahl der Theologen verfiel dieses Lehrschreiben weitgehend der Nichtbeachtung, weil es den naturwissenschaftlichen Forschungsergebnissen widerspricht. Dennoch verteidigt der bekannte Theologe *Karl Rahner* die Ansicht, der Monogenismus sei aus Gründen der christlichen Erbsündenlehre „auf jeden Fall zu fordern". (47) Demgegenüber nimmt die Lehre des *Polygenismus* an, dass vor Jahrmillionen mehrere Menschenarten gleichzeitig gelebt haben, die heute alle ausgestorben sind. Wie bei den höheren Tieren, so entwickelten sich auch bei den Frühmenschen mehrere Unterarten, die sich nach verschiedenen Seitenzweigen entfalteten. Demzufolge verlief die Entwicklungsgeschichte der Menschheit keineswegs geradlinig, und den *einen* Menschen, von dem wir alle abstammen sollen, gab es offensichtlich nicht.

- Woher nahmen die drei Söhne der Stammeltern ihre Frauen? Das 1. Buch Moses erzählt uns von drei männlichen Nachkommen der Stammeltern: *Kain, Abel und Seth.* Von weiblichen Nachkommen ist nicht die Rede. In der Bibel ist zu lesen, dass *Kain* nach seinem Brudermord von Gott bestraft wurde, indem er das fruchtbare Land verlassen und als Flüchtling umherirren musste. Darauf kam er in das Land Nod und nahm sich dort eine Frau, mit der er Kinder hatte. War dies seine Schwester, die mit ihm vertrieben wurde, oder gehörte diese einer anderen Menschenfamilie an, die von der Erbsünde nicht betroffen war? (1 Mos 4, 9-12)
- Sollte es im weiten Weltraum tatsächlich auf einem fernen Exo-Planeten menschenartige Lebewesen geben, können diese nicht von Adam und Eva abstammen. Gehören auch diese zu jener gefallenen Schöpfung, von der der Apostel *Paulus* annahm, dass sie „insgesamt seufzt und sich schmerzlich ängstigt wie ein Frau, die in Wehen liegt"? (Rö 8,22)

Es sind dies alles Fragen, welche die heutige Theologie in arge Bedrängnis führen. Das Dogma von der Erbsünde ist von einem Weltbild aus formuliert worden, das nicht mehr unserer modernen Zeit entspricht. Heute müssen selbst namhafte Theologen aufgrund neuer naturwissenschaftlicher Erkenntnisse zugeben, dass es sich hier um eine kirchliche Irrlehre handelt, deren Ende nun gekommen ist. So geht der amerikanische Bischof *John S. Spong* sogar so weit zu behaupten: „Die Vorstellung eines Retters, der unseren Status vor dem Fall erneuert, ist vordarwinistischer Aberglaube und nachdarwinistischer Unsinn. Ein übernatürlicher Erlöser, der in eine gefallene Welt eintritt, um die Schöpfung wiederherzustellen, ist ein theistischer Mythos." (48) Etwas gemäßigter drückt sich *Herbert Haag*, früherer Professor für alttestamentliche Theologie an der Universität Tübingen, aus, wenn er empfiehlt, die Theorie von der Erbsünde aus der kirchlichen Erlösungslehre ersatzlos zu streichen. (49) An anderer Stelle gibt er zu: „Einmal mehr waren es die umwälzenden naturwissenschaftlichen Erkenntnisse, die zur kritischen Überprüfung von theologischen Lehrmeinungen führen mussten, die die Kirche durch feierliche Definitionen in den Rang unumstößlicher Wahrheiten erhoben hat." (50)

So ist es nicht verwunderlich, dass heute die kirchliche Erbsündenlehre für die meisten Christen jede Bedeutung verloren hat und von ihr auch unter Theologen kaum noch die Rede ist. Ebenso zu bedauern ist, dass die wahre Ursache des Unheils in der Welt, nämlich der Fall der Engel, völlig verschwiegen wird. Statt dessen spricht man von der allgemeinen Neigung des Menschen zum Bösen, als ob dies zur wahren Natur der Geistseele gehören würde. Tatsächlich wissen selbst die modernen Theologen nicht mehr, von was wir Menschen erlöst sein sollen. Sie können nicht mehr glaubwürdig verkünden, warum *Christus* Mensch geworden ist, warum er am Kreuz sterben musste, was als seine wahre Erlösungstat bezeichnet werden soll. Damit wird das ganze Erlösungswerk infrage gestellt. So verlangt der biblische Text vom „Sündenfall" nach einer neuen Erklärung. Dies fordern auch moderne Theologen immer dringender, da sie die Ausweglosigkeit in der bisherigen Glaubenslehre deutlicher erkennen. Die Wissensquellen, die wir hierzu berücksichtigen können, sind nicht nur die heiligen Schriften verschiedener Religionen, sondern auch mehrere medial empfangene Botschaften glaubwürdiger jenseitiger Lehrer, wie sie uns von *Christus* als „Geister der Wahrheit" versprochen wurden. (Joh 14,17) Erst durch diese Belehrungen lassen sich zahlreiche Missverständnisse und Fehldeutungen in der heutigen christlichen Botschaft erklären und richtigstellen.

Die erwähnten Unstimmigkeiten ließen sich leicht beheben, wenn wir den Sündenfall nicht in ein irdisches Paradies verlegten, sondern in ein himmlisches Paradies, das bereits vor dem Entstehen der materiellen Welt existierte. So gesehen ist das Böse nicht durch eine erste Sünde der Stammeltern auf unserer Erde in die Welt gekommen, sondern durch eine Fehlentscheidung eines großen Teils der Engel im vorirdischen Paradies. Was bisher als Erbsünde bezeichnet wurde, ereignete sich nicht vor einigen tausend Jahren hier auf unserer Erde. Vielmehr ist damit der Fall einer sehr großen Zahl von Geistwesen gemeint, der längst vor der Erschaffung der materiellen Welt in den höchsten Himmeln stattgefunden hat. Dies war der eigentliche erste Sündenfall. Der zweite Sündenfall, den wir als *Ursünde* bezeichnen können, geschah in der Aufstiegsstufe des jenseitigen Paradieses. Dort hat das aufgestiegene Dual-Paar *Adam* und *Eva* eine Gehorsamsprüfung nicht bestanden. Daher wurden sie aus diesem Paradies ausgewiesen. So musste von der geistigen Welt ein anderer Weg zur Erlösung und Heimführung der Gefallenen aufgezeigt werden, nämlich der aufwendige Weg über die Menschwerdung auf Erden, der nicht durch die Evolution, sondern durch einen göttlichen Rettungsplan in die Wege geleitet wurde. (51)

10.4 Der göttliche Rettungsplan

Hätten die ersten aufgestiegenen Geistwesen die ihnen auferlegte Bewährungsprobe im jenseitigen Paradies stellvertretend für ihre gefallenen geistigen Geschwister bestanden, wäre ihnen allen der direkte Heimweg in den Himmel offengestanden. Durch diesen zweiten Fall im Paradies scheiterte der Versuch, die Gefallenen auf einem rein geistigen Weg, ohne körperliche Einverleibung in die Materie, heimzuführen. Nun gerieten die Gefallenen erneut unter den Herrschaftsbereich der Dunkelheit. (52)

Es musste nun ein anderer, schwererer, dafür aber sicherer Weg des Aufstieges gefunden werden. Aus diesem Grund wurde in der göttlichen Welt ein zweiter Plan zur Heimführung der gefallenen Geister entworfen. Es wurde vorgesehen, dass der himmlische König selbst die Abgefallenen wieder zurückführen sollte, indem er selbst den Weg der Menschwerdung auf sich nahm, um nach seinem irdischen Tod dahin zu gelangen, wohin damals alle verstorbenen Menschen hinkamen, nämlich in das Reich der *Luziferischen Geister*. Dort wollte er sie abholen, nachdem er im Kampf mit seinem ursprünglichen Widersacher dessen Herrschaftsbereich eingrenzen wollte, um den zur Rückkehr willigen Geistern die Tore zur Freiheit zu öffnen.

Aus einer jenseitigen Belehrung an *Johannes Greber* erfahren wir: „Das Erlösungswerk Christi begann sofort nach dem Abfall der Geisterscharen. Christus war es, der die von Gott vorgesehenen Besserungsstufen geplant hat. Dadurch wurde er der Erschaffer des ganzen materiellen Universums, das die Stufenleiter für die gefallenen Geister aus der Tiefe zur Höhe des Gottesreiches bildet." (53) Die materielle Welt wurde also nicht zum Spiel und Vergnügen Gottes geschaffen, wie gerne behauptet wird. Der himmlische Schöpfungsplan war vielmehr der Erlösungsplan und Heilsplan, um die abgefallenen und verlorengegangenen Söhne und Töchter des Vaters wieder heimzuführen. (54) Hier stimmt die altorientalisch-biblische Glaubensvorstellung mit der geistchristlichen Lehre überein, wonach die Menschheitsgeschichte auch Heilsgeschichte ist. Um diesen Plan nicht vorzeitig zu gefährden, wurde er zunächst streng geheimgehalten. Hätten die dämonischen Mächte schon früh von diesem Plan erfahren, hätten sie bestimmt alles daran gesetzt, um diesen zu hintertreiben.

Der eigentlichen Erlösungstat ging eine lange Vorbereitungszeit voraus. Alles sollte auf natürlichem Weg geschehen. Zunächst erklärten sich mehrere reine Geistwesen bereit, freiwillig auf Erden die Menschwerdung auf sich zu nehmen. Sie sollten als begnadete Männer und Frauen zu Wegbereitern des Erlösers werden. (Mal 3,1) Die heiligen Schriften der Völker nennen sie gottgesandte Propheten, weise Menschheitslehrer und Avatare, die in Ost und West als Gesandte des Himmels bekannt geworden sind. (55) Einer, der sich als solcher zu erkennen gab, war *Johannes der Täufer*. (Mt. 3, 11-12) Auch jene Menschen, welche die Ankunft des Messias durch die Geburt in eine hebräische Familie im heutigen Palästina ermöglichen sollten, mussten in den Erlösungsplan einbezogen und eingeweiht werden.

Alfred Dalliard, ein profunder Kenner der geistchristlichen Lehre, schreibt: „Das Erlösungsereignis ist welthistorisch gesehen das bedeutsamste und gewaltigste Ereignis, das sich um uns Menschen abspielte: Das Eindringen von *Christus* als Licht, Friedensfürst und Retter in die von *Luzifer* beherrschte Erdatmosphäre mit ihrer geistigen Dunkelheit; der ständige Kampf mit den von ihm inspirierten Menschen und den höllischen Geistern, die ihn vernichten wollten; sein Durchhalten und seine

Treue zu Gott bis zum Sterben am Kreuz trotz ständiger Anfeindungen" (56), all dies hat kein anderes hohes Geistwesen außer ihm bewirken können. Erst bei der Menschwerdung des Erlösers auf unserer Erde erfuhr die niedere Geisterwelt vom großen Rückführungs- und Erlösungsplan. Kaum war das Jesuskind geboren, kam es schon zum ersten Anschlag der höllischen Gewalten, um das Erlösungswerk zu verhindern. Hierzu wurde der damalige grausame und verhasste Provinz-König *Herodes* (73-4 v. Chr.) veranlasst, dass er in Bethlehem alle männlichen Erstgeburten ermorden ließ. (Mt 2,16-18) Der Jesusknabe konnte nur durch die Flucht seiner Eltern nach Ägypten gerettet werden. (Mt 2, 13-15)

Was das *Geburtsjahr* des Erlösers betrifft, gehen die Meinungen deutlich auseinander. Berücksichtigt man das Todesjahr des Königs *Herodes* (73-4 v. Chr.) und seinen Befehl zum Kindermord (Mt 2,13), muss der Messias *vor* dem Jahr 4 unserer Zeitrechnung zur Welt gekommen sein. Was das *Geburtsdatum Jesu* angeht, bestehen verschiedene Annahmen. Die eine legt dieses Ereignis auf den Frühlingsbeginn am 21. März des Jahres Null. Um das Jahr 200 bezeichnete *Clemens von Alexandrien* den Tag des Frühlingsanfangs als Datum der Christgeburt. Andere wollten wissen, der Jesusknabe sei irgendwann im Herbst zur Welt gekommen, weil die Hirten mit ihren Schafen noch auf dem Feld waren, was zur Winterzeit kaum noch der Fall gewesen wäre. Wahrscheinlicher ist, dass die Geburt des Erlösers mit dem römischen Fest der Sonnenwende in Beziehung gebracht wurde. Im alten Rom wurde zur Zeit der Sonnenwende am 21. Dezember jeden Jahres das Fest der unbesiegbaren Sonne (sol invictus) gefeiert. In der frühen Christenheit wurde diese Ehrenbezeichnung auf *Christus* übertragen.

Laut dem astronomischen Kalender kommt es jeden Monat zu einer Konjunktion von Sonne und Mond, sozusagen zu einer „kosmischen Hochzeit". Diese dreitägige Neumondphase haben die alten Griechen der Göttin *Hekate* geweiht. Diese galt als Hüterin der nächtlichen Dunkelheit, des Geheimnisvollen und Verborgenen. Sie war die wohlwollende Gottheit und Hüterin der Unterwelt. Häufig wird sie mit einer brennenden Fackel in der Hand dargestellt, die Licht in die Finsternis bringt. (57) Das neugeborene Mondkind aus dieser mystischen Verbindung der beiden großen Lichter wird drei Tage später als zarte Sichel am Abendhimmel sichtbar. Zählen wir diese drei Tage zum Datum der Sonnenwende am 21. Dezember hinzu, ergibt sich die Zahl 24. So ließe sich erklären, warum der 24. Dezember weltweit als Tag der Christgeburt gilt. Im Jahr 353 wurde von der römischen Kurie die Geburt *Jesu* im Stall von Bethlehem auf den 24./25. Dezember festgelegt. Das gleiche Geburtsdatum wurde bereits dem altiranischen Lichtgott *Mithras* zugeschrieben. Im frühen Ägypten wurde nach einem religiösen Ritus alljährlich in der Nacht vom 24. auf den 25. Dezember in einer unterirdischen Grotte die Neugeburt des Sonnengottes gefeiert. In der Morgendämmerung verließen die Gläubigen in einer feierlichen Prozession diesen Kultort. Bei Tagesanbruch wurde die Nachbildung eines kleinen Kindes vorangetragen zum Zeichen, dass der Sonnengott neu geboren wurde. Demnach handelt es sich beim christlichen Geburtstag *Jesu* um eine Übernahme und Weiterführung eines heidnischen Mythos. (58)

10.5 Die Herkunft des Befreiers

Der evangelische Theologie-Professor und Bibelkritiker *Rudolf Bultmann* (1884-1976) schrieb einmal: „Von Jesus wissen wir historisch eigentlich gar nichts; das, was wir sicher wissen, passt auf eine Postkarte." (59) Nach heutiger bibelkritischer Erkenntnis gilt *Jesus* als historisch nachgewiesene Persönlichkeit und nicht bloß als eine legendäre Gestalt aus einer magisch-mythischen Phantasiewelt. Der jüdische Geschichtsschreiber *Josephus Flavius* (37-100 n. Chr.) führte in seinem Werk über die „Jüdischen Altertümer" aus: „Um diese Zeit lebte Jesus, ein weiser Mann, wenn man ihn überhaupt einen Menschen nennen darf. Er war nämlich der Vollbringer ganz unglaublicher Taten und der Lehrer aller Menschen, die mit Freude die Wahrheit aufnahmen. So zog er viele Juden und auch viele Heiden an sich. Und obgleich ihn Pilatus auf Betreiben der Vornehmsten unseres Volkes zum Kreuzestod verurteilte, wurden dennoch seine früheren Anhänger ihm nicht untreu. Denn er erschien ihnen am dritten Tag wieder lebend, wie gottgesandte Propheten dies und tausend andere wunderbare Dinge von ihm vorausgesagt hatten. Und noch bis auf den heutigen Tag besteht das Volk der Christen, die sich so nennen." (60)

Auch der römische Senator und Historiker *Cornelius Tacitus* (55-117) weist in seinem Buch „Annalen" auf den „Juden *Jesus* hin, der unter der Regierung des *Tiberius* vom Prokurator *Pontius Pilatus* hingerichtet worden sei". Ebenso erwähnt *Gaius Tranquillus Sueton* (um 70-140), Kanzler des römischen Kaisers *Hadrian* (76-138), in seiner Schrift „Das Leben der Cäsaren" das jüdische Volk, „das unter ihrem Anführer *Christus* ständig Unruhe stifte" und deshalb aus Rom vertrieben wurde. Dafür gibt es auch in der Apostelgeschichte eine entsprechende Bestätigung. (Apg 18,2) Der römische Schriftsteller *Gaius Plinius d. J.* (um 61-113), seiner Zeit Prokonsul in der heutigen Türkei, berichtete in einem Brief an den damaligen römischen Kaiser *Trajan* (53-117) von den Christen, „die in ihren religiösen Andachten *Jesus* wie einen Gott verehrten". (61)

Was die leibliche Herkunft *Jesu* betrifft, schrieb der Apostel *Paulus* in einem Brief an die Christengemeinde in Philippi, *Jesus* der *Christus* sei den Menschen in allem gleich geworden. (Ph 2,7) Dies müsste also auch von seiner Herkunft gelten. Wie jeder Mensch, war auch er Bürger zweier Welten; einer überirdischen jenseitigen Welt, als der inkarnierte *Christus*, und einer irdischen, diesseitigen Welt, als *Jesus* von Nazareth. Zu seiner geistigen Abkunft sagte er seinen Jüngern: „Ich komme von oben, ihr kommt von unten. Ihr seid von dieser Welt, ich bin nicht von dieser Welt." (Jh 8,23) Im Unterschied zu uns Menschen blieb er seiner Herkunft nach in der Diesseitswelt ein *ungefallenes* Geistwesen, das direkt von oben kam. Dagegen kommen wir Menschen, obwohl gleichermaßen von geistiger Abkunft, aus einem gefallenen Zustand von unten.

Zu seiner Zeit galt Jesus in seinem gewohnten Umfeld als Sohn des *Josef* aus Bethlehem. Dieser war ein Zimmermann. Seine Vorfahren kamen aus dem Geschlecht *Davids*. (Lk 3,23-38; Röm 1,3) Er war also ein Nachkomme aus dem Königsstamm *Davids*. (Mt 1,1; 9,27; 21,9) Demnach muss er nicht bloß der Nährvater oder Pflegevater, sondern der leibliche Vater *Jesu* gewesen sein. Daher wurde *Jesus* gemäß der Heiligen Schrift mehrfach als „Sohn Davids" angesprochen. Der Evangelist *Matthäus* beginnt seine Botschaft mit den Worten: „Jesus Christus ist ein Nachkomme Davids und Abrahams." Dann zählt er die lange Liste seiner Vorfahren auf. (Mt 1,1-17) Was hätte das für einen Sinn gehabt, wenn *Josef* nicht der leibliche Vater von *Jesus* gewesen wäre, und dieser lediglich sein Adoptivsohn, wie es die dogmatische Lehre der Kirche behauptet.

Die anerkannte Ehefrau des *Josef* war *Maria* aus Nazareth. Sie gilt als die leibliche Mutter *Jesu*. Dass dieser ihr einziges Kind gewesen sein soll, ist keineswegs belegt, denn es wird bei *Matthäus* auf dessen Brüder hingewiesen. (Mt 12,46-47; 13,55) Im 2. Jahrhundert wurden diese zu Stiefgeschwistern aus einer früheren Ehe des *Josef* oder zu dessen Verwandten umgedeutet. (62) Der Glaube, dass *Maria* ihren ersten Sohn jungfräulich geboren hat, ist nicht ein Mysterium, sondern ein Mythos. Eine Jungfernzeugung (Parthenogenese) kommt als ungeschlechtliche Form der Fortpflanzung wohl bei Insekten vor, nicht aber in der Säugetierreihe, aus der auch das menschliche Leben hervorgegangen ist, und auch nicht bei den Menschen. Das Entstehen von Nachkommen aus einer unbefruchteten Eizelle ist beim Menschen biologisch nicht möglich. (63) Nach den biologischen Erbgesetzen, wie sie der Augustinermönch *Gregor Mendel* (1822-1884) im 19. Jahrhundert entdeckt und beschrieben hat, kommt beim Menschen eine Zeugung nur durch die Verschmelzung einer männlichen Samenzelle mit einer weiblichen Eizelle zustande. Dieser biologische Vorgang wurde erst im Jahr 1827 von *K. E. Baer* verstanden, als er die weibliche Eizelle bei der Frau entdeckte. In Unkenntnis dieser Tatsache haben die frühchristlichen Theologen *Irenäus* und *Tertullian* eine übernatürliche Zeugung durch den *Heiligen Geist* angenommen. Letzterer wollte wissen, dass bei der Zeugung *Jesu* „der Same des Mannes fehlte". (64)

Die christliche Lehre von der Jungfrauengeburt kommt aus einem veralteten Menschenbild, das immer noch annimmt, der Mensch bestehe aus der Zweiheit von Körper und Seele. Da *Jesus Christus* als der Mensch gewordene Sohn Gottes bezeichnet wird, lehrt das christliche Glaubensbekenntnis, *Jesus* sei nicht durch den Samen des Mannes, sondern durch den „Heiligen Geist" gezeugt und aus der Jungfrau geboren worden. Das neue Menschenbild, das eine Dreiheit von Körper, Seele und Geist annimmt, erklärt die Herkunft des Erlösers viel glaubhafter, weil es klar zwischen der Vitalseele und der Geistseele unterscheidet. Aus dieser Sicht bekam *Jesus* seine Vitalseele, welche seinen physischen Körper belebte, auf dem normalen Weg der natürlichen Zeugung von seinen leiblichen Eltern *Josef* und *Maria*. Seine Geistseele aber war von übernatürlicher Herkunft und wurde ursprünglich von Gott ins Dasein gerufen, wie dies bei jedem anderen Menschen auch der Fall ist. Der *Christus-Geist* hat sich zur Zeit der Schwangerschaft *Mariens* mit dem heranwachsenden Körper des Jesuskindes vereint. Demzufolge war Josef im biologischen Sinne der Vater *Jesu*, Gott war im geistigen Sinne der Vater *Christi*. Diese Inkarnation vollzieht sich bei jedem Menschen auf genau gleiche Weise, so dass sich zu Recht sagen lässt, der Gottessohn sei in allem den Menschen gleich geworden (Phl 2,7) und die Menschen ihm gleich, mit dem einzigen Unterschied: Er kam aus einem ungefallenen Zustand von oben, wir kommen aus einem gefallenen Zustand von unten. (Jh 8,23)

Im Neuen Testament wird die Geburt Jesu nur von den Evangelisten Matthäus (Mt 2,1-2) und Lukas (Lk 2,1-20) erwähnt, und dies noch mit unterschiedlichen Angaben. Von den siebenundzwanzig Schriften des Neuen Testaments erwähnen nur zwei die „Jungfrauengeburt". Jesus selbst hat nie darauf hingewiesen, auch seine Apostel und Jünger nicht. Im aramäischen und hebräischen Urtext wird die Mutter *Jesu* nicht als Jungfrau bezeichnet, sondern als „Mädchen" (alma) und „junge Frau" (betula). Später ins Griechische übertragen, wird sie „parthenos" genannt, das heißt wörtlich: „Die noch nicht geboren hat." Dies kann sowohl als Mädchen, als junge Frau, aber auch als Jungfrau verstanden werden. Wo von Jungfräulichkeit die Rede ist, handelt es sich um eine Falschübersetzung oder um eine alte mythologische Vorstellung. (65) Auch die Geburt des iranischen Lichtgottes *Mithras* wurde dem gläubigen Volk verkündet mit dem Gesang „Die Jungfrau hat einen Sohn geboren, das Licht der Welt ist erschienen". (66)

Der Mythos von einer jungfräulichen Mutter begegnet uns in mehreren antiken Mysterien-Sagen, die andeuten, dass der Gottessohn symbolisch aus der Verbindung der Erdenmutter (Erde) mit dem Himmelsvater (Sonne) hervorgegangen ist. Bereits im Altertum wurde diese Symbolik auch auf die verschiedenen Gottessöhne übertragen. (67) Nach einer altägyptischen Legende empfing die jungfräuliche Gattin des Pharao ihr Kind vom Sonnengott *Amun-Re*. Auch *Zarathustra* soll eine jungfräuliche Mutter gehabt haben, ebenso *Buddha*. Desgleichen wurde nach der indischen Mythologie *Krishna* von einer Jungfrau geboren. Nach den griechischen Göttersagen brachte *Hera,* die Gattin und Schwester des *Zeus,* ihren Sohn *Hephaistos* jungfräulich zur Welt. Bei der Zeugung des *Perseus* empfing die Göttin *Danae,* die Geliebte des Zeus, dessen göttlichen Samen als goldenen Regentropfen in ihrem jungfräulichen Schoß. Die Jungfrau *Ocrisia*, die Mutter des Königs *Servius Tullius,* soll durch einen Feuerfunken schwanger geworden sein. Die jungfräuliche *Maja*, die Mutter *Alexanders d. Gr.,* empfing ihren berühmten Sohn nach der Sage durch einen Blitzstrahl vom Himmel. (68) Auch die Erzählung von den Hirten auf dem Felde, von der Geburt in einem Stall oder in einer Höhle sowie das Erscheinen der Engel wurden in antiken Mythen auch anderen Berühmtheiten zugeschrieben. (69)

Die umstrittene jungfräuliche Geburt *Mariens,* der Mutter *Jesu,* ließe sich auch symbolisch erklären durch folgende astronomische Überlegung:

Wenn *Jesus* nach der Überlieferung in der „Christnacht" vom 24. auf den 25. Dezember zwischen 20.55 Uhr und 00.30 Uhr zur Welt gekommen ist, dann hat er entsprechend dieser angenommenen Geburtszeit, wie jederzeit mathematisch zu berechnen ist, einen Jungfrau-Aszendenten. Nicht zufällig wird das Tierkreiszeichen „Jungfrau" mit dem Buchstaben „m" dargestellt, ähnlich wie die Anfangsbuchstaben der Namen Maria, Mirjam und Mater/Mutter. Aus der Sicht der astrologischen Typologie können einem Jungfrau-Geborenen folgende Eigenschaften zugeordnet werden: Mitleid, Helferwille, Opferbereitschaft, Mut zum Dienen und ausgeprägtes Pflichtbewusstsein, was zum Charakter *Jesu* gut passen würde. Diese Eigenschaften werden in der Mythologie auch anderen „jungfräulich" geborenen Gottessöhnen zugesprochen.

Bis ins 3. Jahrhundert wusste die Christenheit nichts von einer Jungfrauenschaft *Mariens*. Erst nach langen, sich widersprechenden theologischen Auseinandersetzungen wurde das Dogma von der Jungfrauengeburt in der Ostkirche auf dem Konzil von Ephesus im Jahr 431 und in der Westkirche auf dem Laterankonzil vom Jahr 649 beschlossen. (70) Das kirchliche Dogma von der Jungfrauengeburt führte dazu, dass man von der Theologie her der *Zeugung* des Jesuskindes einen mystischen Anstrich geben musste. *Josef,* der Ehemann der jugendlichen *Maria*, wurde häufig als ergrauter Greis hingestellt, um seine Zeugungsunfähigkeit zu begründen. Demnach musste bei der Zeugung *Jesu* ein Wunder im Sinne eines überirdischen und übernatürlichen Geschehens angenommen werden. Dabei berief man sich auf die Verkündigungsworte, die der Engel *Gabriel* an das junge Mädchen *Maria* gerichtet haben soll: „Du wirst schwanger werden und einen Sohn zur Welt bringen. Dem sollst du den Namen Jesus geben. Er wird groß sein und wird „Sohn des Höchsten" genannt werden." (Lk 1, 31-32) Auf die kluge Frage der jungen Frau, die mit *Josef,* dem Zimmermann, verlobt war, wie dies denn zu geschehen habe, da sie noch mit keinem Mann intime Beziehungen gehabt habe, antwortete der himmlische Bote: „Gottes Geist wird über dich kommen, seine Kraft wird es bewirken." (Lk 34-35)

Diese seltsame Erklärung blieb auch *Johannes Greber* ein Rätsel, bis er von einem jenseitigen Geistlehrer durch ein Medium eine einleuchtende Aufklärung erfuhr. In Bezug auf den Menschen wurde ihm gesagt: „Zeugung und Geburt vollziehen sich in der Schöpfung Gottes nach natürlichen Gesetzmäßigkeiten. Die Verbindung männlichen und weiblichen Samens ist zur Zeugung überall erforderlich. Eine Ausnahme von diesem

Gesetz gibt es nicht... Es kann infolgedessen kein körperloser Geist, sei es nun ein Geist des Himmels oder ein Geist der Hölle, ohne Benutzung eines menschlichen Körpers mit menschlichem Samen die Zeugung eines Menschen vornehmen." Weiter wurde ihm erklärt, dass die Zeugung des Jesuskindes auf natürlichem Weg erfolgte. Der medial begabte *Josef* sei, als er mit seiner Verlobten zusammen war, in Trance gefallen, wobei ein himmlischer Geist seinen Körper benutzte, um das Kind zu zeugen, ohne dass ihm dies bewusst wurde. Deshalb traten bei ihm Zweifel über die Treue seiner Verlobten auf, als diese ihm gestand, dass sie schwanger sei. Erst als ein Engel ihn im Traum aufklärte, nahm er *Maria* zu sich. (Mt 1,19-24) Erst im Verlauf der Schwangerschaft sei der Christus-Geist in den auf natürlichem Weg gezeugten kindlichen Körper *Jesu* eingezogen. (71) Der inkarnierte *Christus* ist also auch hier den Menschen gleich geworden. *Walther Hinz* ergänzt nach medialen Durchsagen in der „Geistigen Loge Zürich": „Somit war das Kind, das von *Maria* geboren wurde, nach demselben Gesetz der menschlichen Verbindung gezeugt worden, das auf Erden uneingeschränkt Gültigkeit hat." (72)

Ein einzigartiger und einmaliger Auftrag wurde also jener jungen Frau zuteil, die gegen Ende des letzten vorchristlichen Jahrhunderts als *Maria* in Nazareth geboren wurde. Von der katholischen Kirche wird sie als „Miterlöserin" bezeichnet. Nach dem Dogma von der „unbefleckten Empfängnis", das Papst *Pius IX.* am 8. Dezember 1854 verkündet hat, sollten alle Katholiken verpflichtet werden zu glauben, dass *Maria* als einzige Ausnahme unter allen sterblichen Menschen durch einen speziellen Gnadenerlass von der Erbsünde befreit war. Theologisch ist dies nicht zu begründen. Dagegen wird dies im Lichte des heutigen Geistchristentums völlig klar, wenn angenommen wird, dass *Maria* als ungefallenes Engelwesen freiwillig Mensch wurde, um Mutter von *Jesus* zu werden. Von ihr wird in der geistchristlichen Lehre angenommen, dass sie als ungefallenes, daher sündenfreies Engelwesen von ihrer Mutter *Anna* empfangen wurde, um freiwillig Mensch und Mutter des Erlösers zu werden. (73) Da sie also an der Ursünde im geistigen Paradies nicht beteiligt war, hatte sie auch nicht deren Folgen zu tragen. Aus diesem Grunde konnte sie unmittelbar nach ihrem irdischen Tod sogleich wieder zurück in ihre jenseitige Heimat. So kann man sinnhaft das Dogma von der leiblichen Aufnahme *Mariens* in den Himmel erklären, das im Jahr 1950 durch Papst *Pius XII.* verkündet wurde. (74) Vom Kirchenlehrer

Cyrill von Alexandrien (gest. 444) wurde das Fest ihrer Himmelfahrt auf den 15. August festgelegt, also auf den gleichen Tag, an dem die Ägypter ihre Göttin *Isis* und die Griechen ihre Göttin *Astrea* feierten. In der katholischen Tradition wird *Maria*, die Mutter *Jesu*, häufig als „Mutter Gottes" oder als „Gottesmutter" angesprochen. Diese Bezeichnung wird mit dem Dogma von der „Gottheit Christi" begründet. Das Geistchristentum sieht *Christus* nicht als „dritte Person der Gottheit". Er selber hat sich auch nie als solche bekannt, sondern als „Sohn Gottes". Für *Martin Werner* ist er für seine Mission über die Engel gestellt, aber er ist nicht Gott." (75) Der Name *Jesus* war in seinem Herkunftsland gebräuchlich, so wie er heute noch in Spanisch sprechenden Ländern häufig vorkommt. Dieser Name wurde dem Jesusknaben auf Weisung des Engels *Gabriel* gegeben. (Lk 21) Der Ehrentitel „Christus" bedeutet der Gesalbte (gr. *christos*), der gemäß der jüdischen Tradition den Königen und Priestern als Zeichen ihrer Würde und Berufung verliehen wurde. (Ps 23,5; 2 Sam 2,4; 2 Kö 9,6)

Wie das Leben *Jesu* vor seinem öffentlichen Auftreten verlief, darüber berichten die überlieferten Schriften recht wenig. Einen Einblick in diese „stummen Jahre" gibt uns ein Engelwesen namens *Lene* in einer medialen Mitteilung: „Als Knabe wusste Jesus noch nicht von seiner Sendung, geschweige, dass er erkannt hätte, wer er in Wahrheit ist. Mit seinem Heranwachsen nahm sich *Jesus* stets größere Freiheiten. Wann immer es ihm möglich war, entfernte er sich von zu Hause. Er verließ das Elternhaus entweder früh morgens oder spät abends, wenn es nicht mehr so heiß war und man im Freien angenehm leben konnte. Sehr oft mussten seine Geschwister ihn suchen, und häufig wurde er deswegen getadelt. Doch konnte man ihn nicht davon abbringen. Wenn *Jesus* von zu Hause fortging, suchte er die Stille auf, in einem Garten oder Hain, wo er allein sein konnte. Dort hielt er Einkehr und verinnerlichte sich. Dort vernahm er, was die Geister Gottes zu ihm sprachen. Dort gaben sie ihm Erklärungen und Belehrungen." (76) Als Mensch gewordenes hohes Engelwesen war *Jesus* hellsichtig. Er sah die Engel, die während seines Betens und Meditierens zu ihm kamen, um mit ihm seine Zukunft zu besprechen. Erst allmählich wurde er sich seiner Sendung und seines Auftrags bewusst, während in seiner Kindheit und Jugend der „Schleier des Vergessens" auch ihn vor allzu frühen seelischen Belastungen bewahrte. Seine Hellsichtigkeit führte ihn auch dazu, dass er zur Zeit seiner öffentlichen Lehrtätigkeit mehrfach sein Leiden und sein Sterben voraussah und dies auch seinen Jüngern ankündigte. (Jh 12, 27-28) Auch seine Todesangst im Garten Gethsemane wurde verursacht durch eine Vision auf seine bevorstehende Passion. Diese hatten weder die Juden noch die römischen Soldaten verschuldet, denn diese waren nur die missbrauchten Handlanger der höllischen Mächte, welche *Christus* von seinem Kampf gegen diese abhalten wollten. (77) Mit Recht schreibt *Armin Risi* in seinem Buch „Licht wirft keinen Schatten": „Wäre es den unlichten Mächten gelungen, *Jesu* Willen und Liebe zu brechen, wäre dies eine kosmische Katastrophe gewesen, weil dann die reinste Liebe zerstört gewesen wäre. Denn nur die reinste Liebe konnte die tiefste Dunkelheit in Licht umwandeln." (78)

10.6 Das wahre Erlösungswerk

In einem Radio-Interview aus dem Jahr 1960 erzählte *C. G. Jung* von einem Ingenieur, den er einmal fragte, ob er sich durch den Kreuzestod *Christi* erlöst fühle. Der große Psychologe stellte fest, dass dieser überhaupt noch nie darüber nachgedacht hatte, obwohl er regelmäßig in die Kirche ging. (79) *Wolfgang Eisenbeiss* schreibt: „Es ist kaum fassbar, dass weit über 95% jener, die sich Christen nennen, nicht wissen, was Erlösung ist." (80) Nach 2000 Jahren gelehrtem und gelebtem Christentum ist heute noch immer nur wenigen bewusst, worin das Erlösungswerk Christi tatsächlich besteht. Einer der Gründe für diese Entfremdung von der christlichen Glaubenslehre ist vor allem die falsche Erbsündenlehre des Apostels *Paulus* und des Kirchenlehrers *Augustinus*. Heute sind sich die wenigsten Menschen in diesem Sinne einer schweren Sündenschuld bewusst. Selbst jene, die tatsächlich schwere Schuld auf sich geladen haben, gestehen sich diese selten ein, wie jene beweisen, die wegen Verbrechen gegen die Menschlichkeit angeklagt werden. Auch jene bedauernswerten Kranken, die sich neurotische Schuldgefühle einbilden, oder jene, die unter einem psychotischen Versündigungswahn leiden, können ihre krankmachenden Schuldgefühle nicht vernünftig begründen.

Bei den Naturvölkern war es die Furcht vor bösen Geistern, welche von den Stammespriestern dem unwissenden Volk eingeredet wurde. In den antiken Glaubensvorstellungen waren es die strafenden Götter, welche dem abergläubischen Volk mit Blitz und Donner immer wieder Angst und Schrecken einjagten. Im Mittelalter beunruhigte der verbreitete Dämonen- und Teufelsglaube die ungebildeten Leute. In den christlichen Priester-Kirchen war es vor allem die falsche Erbsündenlehre, welche die Gläubigen von einer fragwürdigen Erbschuld überzeugen sollte. Nachdem heute auch diese Erklärung nicht mehr glaubwürdig erscheint, müssen die allgemeine sittliche Schwäche und Sündhaftigkeit der ganzen Menschheit herhalten, um unsere Erlösungsbedürftigkeit zu begründen.

Der Begriff „Erlösung" wird abgeleitet von den Wörtern lösen, ablösen, auflösen. Im erweiterten Sinn bedeuten dies: Befreien, die Fesseln lösen, von einer Strafe erlösen. Dies gilt nicht nur im diesseitig-irdischen Bereich. Auch im Jenseits können wir aus eigener Schuld in Zustände und Verhältnisse geraten, aus denen wir befreit und erlöst werden möchten. Hier gewinnt das Wort „Erlösung" eine religiöse Bedeutung. Wir können die Erlösung unter zwei Gesichtspunkten betrachten: Als Selbsterlösung und als Fremderlösung. Die *Selbsterlösung* kann verstanden werden als Befreiung aus einer Notsituation durch eigene Anstrengung. Im buddhistischen Sinn kann dies bedeuten, dass wir Menschen uns selbst aus einem Zustand der Sünde und der moralischen Verderbtheit durch asketischen Lebenswandel und sittliches Streben von der Notwendigkeit der Wiedergeburt befreien und in den geistigen Urzustand zurückkehren können. Ein neuerer Vertreter dieser Lehre war in unserer Zeit *Hossein Iranschähr.* (81) Bei der *Fremderlösung* geht es darum, dass eine äußere Kraft oder Macht uns aus geistiger Gefangenschaft befreit. In diesem Sinne lehrte der Apostel *Paulus,* dass uns *Christus* durch seinen Tod von unserer Erbschuld und vom ewigen Tod erlöst hat. (2 Ko 1,10)

Die christliche Erlösungslehre hat im Verlauf der vergangenen Jahrhunderte mehrere Deutungen erfahren, so dass auch hierüber in unseren Kirchen keine Einigkeit mehr besteht. Wir können heute drei verschiedene Auffassungen unterscheiden: 1. Die Opfertheorie. 2. Die Sühne-Theologie und 3. Die geistchristliche Erlösungslehre.

1. Die *Opfertheorie.* Seit jeher lebten die Menschen in Schuldgefühlen, weil sie ahnten, dass etwas mit ihnen nicht stimme oder ein Gott ihnen zürne. Dies ist das große Drama und Trauma der Menschheitsgeschichte. Wer dies nicht wahrhaben will, fragt umsonst nach dem *Warum* unseres Menschseins. Wir sind sicher nicht hier auf der Erde, um bei Spiel und Spaß das Leben zu genießen, sondern um durch unser Leben und Leiden eigene Schuld abzutragen, so wie dies der russische Dichter *Fjodor*

M. Dostojewski in seinem Meisterwerk „Schuld und Sühne" eindrücklich beschrieben hat. (82)

Schon in der Frühzeit versuchte der sich schuldig fühlende Mensch sich bei der Gottheit zu entschuldigen, indem er ihr das Blut unschuldiger Tiere opferte. Dadurch glaubte er von eigener Schuld befreit zu werden. So hoffte man auch beim griechischen *Mithras*-Kult, sich durch das Blut von Opfertieren reinwaschen zu können. (83) In Babylon war beim Neujahrsfest „Kuppururu" ein Sündenbekenntnis und Reinigungsritual üblich, wobei man glaubte, durch Menschen- oder Tieropfer den Unterweltgott *Asasel* zu besänftigen. Auch im alten Judentum gehörte das Blutopfer anfänglich zur vorgeschriebenen religiösen Sühnehandlung. (2 Mo 30,10 und 3 Mo 4,20) Später trat an dessen Stelle das „Sündenbock-Ritual". Es handelte sich um eine Sühnezeremonie beim alljährlichen jüdischen Jom-Kippur-Fest. Bei diesem religiösen Brauchtum wurden zwei Ziegenböcke ausgewählt. Das eine Tier wurde Gott *Jahwe* als Brandopfer dargebracht, um sein Verzeihen zu erbitten. Das andere Tier wurde zum „Sündenbock" erklärt, um diesem durch den Hohepriester alle Sünden des Volkes aufzuladen. Anschließend wurde das schuldbeladene Tier zu seinem Verderben in die Wüste gejagt und dem Teufel und bösen Geistern ausgeliefert. Das christliche Symbol für diese symbolische Opferhandlung ist das Opferlamm, „welches die Sünden der Welt trägt" und hinwegnimmt. (Jh 1,29) Eine Neugestaltung dieser Opfertheorie geht auf den Bischof *Ignatius von Antiochien* im 2. Jahrhundert zurück. Diese unterscheidet sich von der paulinischen Deutung darin, dass sie lehrt, der Mensch nehme beim Abendmahl auf unblutige Weise am Opfertod *Jesu* teil. Deshalb wird noch heute in jeder katholischen Messfeier dieses Blutopfers gedacht.

2. Die *Sühnetheorie*: Die christliche Erklärung hierzu geht auf den mittelalterlichen Erzbischof *Anselm von Canterbury* (1033-1109) mit seiner Satisfaktionstheologie (lat. *Satisfactio*: Abbitte, Sühne) zurück. Er behauptete, der Zorn Gottes und dessen Beleidigungen durch die Sünden der Menschheit könne nur durch das Kreuzesopfer seines göttlichen Sohnes gesühnt werden. Noch heute gibt der evangelische Heidelberger Katechismus auf die Frage: „Warum Christus den Tod am Kreuz habe erleiden müssen?" die Antwort: „Um der Gerechtigkeit und Wahrheit Gottes willen konnte für unsere Sünde nicht anders bezahlt werden als durch den Tod des Sohnes Gottes." (84) Dabei stützt sich diese Lehrmeinung

auf eine Aussage des Apostels *Paulus*, wonach die gesamte Menschheit wegen der Paradiesessünde dem Zorn Gottes und seinem Strafgericht verfallen sei. (Rö 1,18) Er sah den Tod *Jesu* als eine Sühnetat an, um den zürnenden Gott im Himmel zu besänftigen. (85) Diese Satisfaktionstheologie geht von dem Gedanken aus, dass es nur dem himmlischen Gottessohn möglich war, den durch die Erbsünde beleidigten unendlichen Gott zu versöhnen. Durch das Sühneopfer des sündenlosen *Christus* sollte der göttliche Zorn und die ewige Sündestrafe von der ganzen Menschheit abgewendet werden. So heißt es im Römer-Brief: „Gott hat seinen eignen Sohn nicht verschont, sondern ihn für uns alle hingegeben." (1 Rö 8,32) Dies sollte bedeuten, dass der Sohn Gottes stellvertretend für uns Genugtuung leisten musste, um die verletzte Ehre Gottes wiederherzustellen. Gleichzeitig hat er uns vor dem ewigen Tod errettet. Damit hat *Paulus* den Tod zum Feind des Lebens erklärt. Weil das Leben von Gott kommt, muss der Tod der Feind Gottes sein. Das Lösegeld (Mk 10,45) für die Überwindung des Todes konnte allein *Christus* durch seine Erlösungstat entrichten. Demnach hat er den Tod besiegt und uns Menschen das ewige Leben geschenkt. Daher seine Frage im 1. Korinther-Brief: „Tod, wo ist dein Sieg? Tod, wo ist dein Stachel?" (1 Ko 15, 55)

Da kann man sich überlegen, wie konnte Gott in seiner Vollkommenheit durch unvollkommene Menschen beleidigt werden und deswegen zornig gewesen sein? Zu Recht fragt *Peter Michel*: „Was ist das für ein armseliger Gott, der ‚zürnt', der ‚beleidigt' werden kann, der ‚versöhnt' werden muss. Wie kann die Gottheit, die Allmacht, Allgüte und Allliebe ist, so entstellt werden?" (86) Ein Mensch kann Gott gar nicht beleidigen, es sei denn, er wäre selber Gott. Heute wird zugegeben, dass die „Lehre von der Stellvertretung Christi in der Sündenvergebung falsch ist. Jeder muss seine Schuld selbst abtragen, Christus zeigte nur den Weg dazu." (87) In der kirchlichen Glaubenslehre wird heute noch gesagt, „dass Gott in der Menschwerdung und im Tod seines Sohnes die Sache des verlorenen Menschen zu der seinen gemacht hat, um diesen Menschen zu sich zu erhöhen und ihm jene Freiheit zu gewähren, die im dankbaren Leben für Gott ihren Ausdruck findet".

3. Die *geistchristliche Erlösungslehre* versucht eine Antwort zu geben auf die erste Katechismusfrage: „Wozu sind wir auf Erden?" Die lehramtliche Antwort lautet: „Um Gott zu lieben, ihm zu dienen und dadurch in den

Was bedeutet Erlösung? | 471

Himmel zu kommen." Die wichtige Frage aber, *warum* wir auf Erden sind, wird weder gestellt noch beantwortet. Die geistchristliche Glaubenslehre jedoch weiß aufgrund zahlreicher Jenseitskundgaben: Wir sind auf Erden, weil wir uns vor sehr langer Zeit, als wir noch in der himmlischen Welt lebten, gegen die göttlichen Ordnungsgesetze verfehlt haben. Deswegen haben wir unseren ursprünglichen sündenlosen Zustand im himmlischen Paradies verloren und sind aus dem Himmel gefallen. Dadurch hat sich ein Abgrund aufgetan zwischen der Lichtwelt und der Dunkelwelt, zwischen der Gottesnähe und der Gottesferne. In der Folge sind wir in die höllische Gefangenschaft geraten. Aus diesem Zustand mussten wir erlöst werden. Dies konnte nur geschehen, indem *Christus*, unser ältester Bruder, freiwillig Mensch wurde, um uns in der irdischen Welt zu begegnen und uns den Weg zu unserer Befreiung aufzuzeigen und zu ebnen.

Der evangelische Theologe *Ernst von Jaminet* will auch alle Geistwesen in „Halbgefangenschaft" eingeschlossen wissen, die sich schon vorher aus eigener Kraft von der Hölle losgesagt haben und in den Zwischenwelten auf die endgültige Erlösung warteten. (88)

Nach geistchristlicher Auffassung hat nicht Gott von seinem Sohn den Opfertod am Kreuz verlangt, um sich dadurch mit der Menschheit versöhnen zu lassen. Vielmehr waren es die dunklen Mächte, die *Christus* daran hindern wollten, gegen Luzifer und seinen Anhang anzutreten.

Christus musste in seiner menschlichen Natur den Tod auf sich nehmen, um danach jenen Weg antreten zu können, der damals allen Sterblichen als einziger offen stand, nämlich in die Unterwelt, wo die dunklen Mächte regierten. Nach der geistchristlichen Lehre ging es bei der Erlösung um eine Befreiung, die den Gefangenen in der Unterwelt die erhoffte Heimkehr bringen sollte. Dies geschah durch die *Hadesfahrt* des Erlösers. Nach dem Apostolischen Glaubensbekenntnis, in dem der Erlösungsgedanke mit den Worten „abgestiegen zur Hölle" noch enthalten war, wird heute nicht mehr gebetet. In *Hans Küngs* Alterswerk „Was ich glaube" ist von Erlösung in diesem Sinn überhaupt nicht mehr die Rede. (89)

Zwischen Tod und Auferstehung des Erlösers liegen drei Tage. Die Frage ist: Was hat *Christus* in dieser Zeit getan? Verfiel er dem Todesschlaf oder hatte er eine Mission zu erfüllen? Im Apostolischen Glaubensbekenntnis hieß es früher, dass er nach seinem Tod abgestiegen zur Hölle sei. Dies wurde vom 4. Laterankonzil von 1215 und auf der Synode von Sens im Jahr 1140 bestätigt. Seit dem 5. Jahrhundert gilt der Satz

„Abgestiegen zur Hölle" als verpflichtender Glaubenssatz. Später wurde diese Lehre insoweit verändert, als nicht mehr der Abstieg zu den Verdammten in der Hölle, sondern lediglich eine Begegnung mit den Ungetauften in der Vorhölle gemeint war. Nach dem II. Vatikanischen Konzil (1962-1964) wurde der Text „abgestiegen zur Hölle" aus dem christlichen Glaubensbekenntnis ersatzlos gestrichen, weil er nicht mehr verstanden wird. Zuzugeben ist, dass sich das Neue Testament darüber ausschweigt, was in den drei Tagen zwischen Tod und Auferstehung *Christi* wirklich geschehen ist. *Hans Küng* schreibt hierzu: „Weder von einer postmortalen Leidensfahrt ist die Rede: einer Höllenfahrt als letztem Ausdruck seines Leidens, einem letzten Akt der Erniedrigung nach dem Tod; noch ist irgendwo die Rede von einer postmortalen Triumphfahrt: einer Höllenfahrt als Ausdruck seines Sieges, einem ersten Akt der Erhöhung vor der Auferweckung." (90)

Bei der traditionellen Erklärungsweise geht es im heutigen Christentum nicht so sehr um den *Abstieg* in das Reich des Todes, sondern vielmehr um den *Aufstieg* aus dem Reich des Todes. Damit soll der Sieg des Auferstandenen über den Tod betont werden. In seinem Epheserbrief schrieb *Paulus*, dass *Christus* bei seinem Aufstieg in den Himmel viele Gefangene mitgeführt habe. (Eph 4, 8) In seinem Brief an die Gemeinde von Kolossä meint er gar, *Christus* habe Gefangene „zur Schande vor aller Welt in seinem Triumphzug mitgeführt". (Kol 2,15) Etwas verständlicher sieht es der 1. Petrusbrief. Dort wird gesagt, dass *Christus* zu jenen Geistern ging, die in der Totenwelt gefangen gehalten wurden, um ihnen die Gute Nachricht zu verkünden. (1 Petr 3, 19) Welcher Art diese „Gute Nachricht" war, geht aus diesem Text nicht hervor. *Clemens von Alexandrien* verstand dies dahin, dass *Christus* die gefallenen Geister im Totenreich zur Umkehr bewegen wollte. Die spätere Theologie hat den Abstieg in die Totenwelt lediglich als *Christi* „Leidens- und Todeserfahrung" hingestellt. In der heutigen christlichen Theologie wird die Hadesfahrt *Christi* vielfach als bloßer Mythos bezeichnet, vergleichbar dem Abstieg in die Unterwelt, wie wir sie aus den antiken Legenden um *Orpheus* oder *Äneas* kennen. (91)

Was nach dem Abstieg *Christi* in die Hölle wirklich geschehen ist, schilderte sehr bildhaft *Johannes Greber* aufgrund von medialen Botschaften. Darin wurde ihm mitgeteilt: Nach *Jesu* Tod habe sich sein Geistkörper von der sterblichen Hülle befreit. Als Mensch war er allen Angriffen der Hölle gegenüber standhaft geblieben. Somit hatte er einen ersten und wichtigen Teil seiner Messias-Aufgabe gelöst. Er war von der Hölle nicht besiegt worden. Damit war er selbst aber noch nicht Sieger über den Feind, dem er standgehalten hatte. In einer solchen Jenseitsbotschaft heißt es: „Jetzt aber, wo er frei war vom irdischen Körper, konnte er als Geist auch zum Angriff gegen seinen Feind, den Fürsten der Finsternis, vorgehen. Er stieg hinab zur Hölle im Vertrauen auf die alles überwindende Kraft Gottes, die er sich durch seine Standhaftigkeit in der Gottestreue als Mensch verdient hatte. Gott sandte ihm nun die himmlischen Heerscharen als Kampfgenossen. Es begann ein Ringen, das demjenigen ähnlich war, das sich damals abspielte, als Luzifer mit seinem Anhang gegen die himmlischen Legionen am Tage der großen Revolution im Geisterreich Gottes kämpfte. Der jetzige Kampf spielte sich im Reiche Satans ab. Es war sowohl ein Einzelkampf zwischen Christus und Luzifer als auch ein Massenkampf zwischen den himmlischen Legionen und denen der Finsternis. Dieses gewaltige Ringen pflanzte sich fort bis in die tiefsten Sphären der Hölle, wohin Luzifer und sein Anhang zurückweichen musste. Da – als die Niederlage der Höllenmächte nicht mehr zweifelhaft war, traten auch viele von denen, die bisher ihre Vasallen waren, aber ihren Abfall von Gott bereuten, auf die Seite der himmlischen Heerscharen und kämpften mit diesen zusammen gegen ihre bisherigen Unterdrücker. Und die Zahl der Überläufer wuchs von Sekunde zu Sekunde. Als Luzifer sah, dass alles verloren war, flehte er um Schonung. Er, der einst bei der Versuchung in der Wüste dem Gottessohn die Reiche der Welt angeboten hatte, stand jetzt bebend vor demjenigen, dem er damals den Glauben an die Gottessohnschaft rauben wollte. Jetzt zitterte er bei dem Gedanken, dieser Jesus von Nazareth werde ihm die ganze Herrschaft entziehen, und es sei jetzt der Augenblick gekommen, wo er mit seinem Anhang in die Tiefe der Finsternis eingeschlossen werde... *Christus* eröffnete ihm jedoch, dass ihm seine Herrscherrechte nicht ganz entzogen, sondern bloß auf die beschränkt würden, die ihm der Gesinnung nach angehörten. Aber die, welche aus seinem Reiche zu Gott zurück wollten, müsse er freigeben. Er dürfe sie nicht mehr als seine Untertanen betrachten. Wohl stehe es ihm frei, sie durch Betörungen und Verführungen an sich zu fesseln, aber nicht mehr mit Gewalt wie bisher. Satan willigte ein – musste einwilligen. Er hatte viel härtere Bedingungen erwartet... Damit war das große Rettungswerk zum Abschluss gebracht. Der Erlösungsplan Gottes hatte in seinen wesentlichen Teilen die Verwirklichung gefunden.

Die zwischen dem Reich der Finsternis und dem Reich Gottes gähnende Kluft war überbrückt. Jeder, der von jetzt an aus dem Reich Satans nach der alten Heimat Gottes zurückkehren wollte, konnte über diese Brücke gehen. Kein Wächter des Höllenreiches durfte ihm das Überschreiten der Grenze verwehren... Nach der großen Erlösungstat *Christi* bleibt es nunmehr den von Gott abgefallenen Geschöpfen überlassen, ob sie von der Erlösung Gebrauch machen wollen. Die Gefangenenlager des Satans sind durch den Sieg *Christi* geöffnet. Die Gefangenen können nach ihrer Heimat gehen. Ob sie es tun oder nicht, das hängt von ihnen selbst ab. *Christus* hat die Brücke zur Heimat gebaut. Aber der freie Wille des Einzelnen muss die Heimkehr bewerkstelligen. Er darf die Mühen nicht scheuen, die mit dem Zurücklegen des Heimweges verbunden sind. *Christus* steht ihnen in den Strapazen der Heimkehr durch seine gute Geisterwelt hilfreich zur Seite. Seine Boten zeigen ihnen den Weg, stärken, ermuntern, trösten sie, richten sie immer wieder auf, wenn die Heimkehrenden auf dem Weg ermatten und straucheln. Nur dürfen sie nicht wieder umkehren in die Knechtschaft des Feindes durch Abfall von Gott, sonst dauert es um so länger, bis sie von neuem zu dem Entschluss kommen: , Ich will mich aufmachen und zu meinem Vater gehen!'(Lk 15, 18) ... Die einen brauchen zu diesem Heimweg nur ein einziges Menschenleben. Andere quälen sich Hunderte, wieder andere Tausende von Jahren fern von Gott auf der Suche nach dem Gold des Glücks in den Falschmünzerstätten der Finsternis, von den Irrlichtern Satans aus der einen Irre in die andere gelockt. Es ist ihre eigene Schuld, dass sie öfters von neuem Mensch werden müssen und so spät den Weg des Lichtes finden, gebaut von der Liebe Gottes und seines Sohnes, des großen Retters der gefallenen Schöpfung." (92)

Das war also die eigentliche befreiende und erlösende Tat, die allen Menschen zukommt. Diese verdanken wir einzig und allein dem Erlösungswerk *Christi*. Allein *Christus* war befähigt und befugt, die Kluft zwischen dem Himmelreich und dem Totenreich, von der *Jesus* in seiner Gleichnisrede vom „reichen Mann und dem armen Lazarus" sprach (Lk 16,26), zu überbrücken, um so das wahre Erlösungswerk zu vollbringen. Erst durch diese Befreiungsaktion konnte das Heimholungswerk gelingen. (93) So hat *Christus* nach seinem Erlösungswerk und der Befreiung der Heimkehrwilligen den Abgrund zwischen dem Reich des Lichtes und dem Reich der Finsternis überbrückt, hat die Wegmarkierung aufgestellt, die uns den Weg nach Hause weist, doch gehen müssen wir ihn selber. So konnte er von sich sagen: „Ich bin die Tür. Wer durch mich hineingeht, wird gerettet werden." (Jh 10,9) und: „Ich bin der Weg, der zur Wahrheit und zum Leben führt. Einen anderen Weg zum Vater gibt es nicht." (Jh 14, 6) Der Glaube an die Befreiung der gefallenen Geister ist in den orthodoxen Osterfeiern der Ostkirche noch viel lebendiger als in der christlichen Westkirche, wo mehr die Auferstehung *Christi* gefeiert wird. Auch das Geistchristentum sieht den Abstieg *Christi* zur Hölle als das „entscheidende Heilsereignis der ganzen Erlösung". (94) Daher konnte er von sich sagen: „Ich bin der, an dem sich alles entscheidet." (Jh 8,28)

Bei der richtig verstandenen Erlösung geht es nicht um eine Sühneleistung und oder um einen Schuldenerlass, sondern um die von Gott gewährte Möglichkeit, unsere angelaufene Schuldenlast in mehreren Erdenleben wieder abzutragen. Daher schreibt *Till A. Mohr*: „Die christliche Reinkarnationslehre räumt dem Erlösungswerk Christi zentrale Bedeutung ein; denn ohne diese Erlösung wäre Reinkarnation ein ewiger Kreislauf, ohne die Möglichkeit, der Macht des Todes und der Finsternis für immer zu entfliehen. Der Erlösung *Christi* allein ist es zu verdanken, dass die uns von Gott trennende Schuld des Abfalls, diese Urschuld oder Todsünde, der Welt vergeben und der Friede mit Gott grundsätzlich wiederhergestellt wurde." (95) Durch *Christi* Erlösungs- und Befreiungstat ist seither jedem Menschen und jedem gefallenen Engel die Möglichkeit geboten, heimzukehren in die himmlische Heimat, sofern er dies nur wünscht und will. Keiner wird dort abgewiesen. Keiner geht für immer verloren. Da die Unterwelt nun auch von oben her für gute Geistwesen zugänglich wurde und die Höllentore offen blieben, stiegen immer wieder Missionsgeister und Helferengel zu den Uneinsichtigen hinunter, um ihren Aufstiegswillen zu wecken und sie zur Heimkehr ins himmlische Reich zu bewegen. (96)

Wenn im christlichen Volksglauben von „unerlösten Seelen" die Rede ist, handelt es sich hier zumeist um eine falsche Vorstellung von Erlösung. Als erlöst gelten alle Geistwesen, die sich durch die Erlösungstat *Christi* aus höllischer Abhängigkeit befreit wissen. Unerlöst dagegen sind jene, die sich der himmlischen Amnestie verweigern und immer noch in einer gottabgewandten Haltung verharren. Nach seinem gelungenen Erlösungswerk kehrte *Christus* mit seinen Getreuen in die himmlischen Welten zurück. In mehreren jenseitigen Kundgaben wird diese Heimkehr als ein großartiger Triumphzug durch die verschiedenen Himmel geschildert. Auf allen Ebenen der Lichtwelten wurde er von seinen Engelsfürsten und den Engel-Legionen als Sieger über *Luzifer* und seine Untertanen gefeiert. (97) Eine mediale Mitteilung schildert die feierliche Begrüßung des himmlischen Königs. Sie beschreibt, wie der Erlöser durch die Sphären aller Himmel gezogen ist und alle Engel aufgeklärt hat, damit der göttliche Heilsplan weiter verwirklicht werden kann, um alle Menschenkinder und letztlich alle Geistwesen zu retten und heimzuführen. (98)

Der junge *Goethe* hat im Jahr 1765 in seinen „Poetischen Gedanken über die Höllenfahrt Jesu Christi" dieses Erlösungsgeschehen mit folgendem Gedicht beschrieben:

Welch ungewöhnliches Getümmel!
Ein Jauchzen tönet durch die Himmel.
Ein großes Heer zieht herrlich fort.
Gefolgt von tausend Millionen
Steigt Gottes Sohn von seinen Thronen
Und eilt an jenen finstern Ort.
Er eilt, umgeben von Gewittern;
Als Richter kommt er und als Held,
Er geht, und alle Sterne zittern.
Die Sonne bebt. Es bebt die Welt.

10.7 Im Fegefeuer brennt kein Feuer

Nach *Empedokles* gehört das Feuer-Element zu den vier Grundstoffen, aus denen die Welt entstanden ist. Seine Bedeutung kann auf mehreren Ebenen erklärt werden. Auf der *materiellen* Ebene ist das Feuer ein bevorzugter Energieträger in Form von Wärme, Licht, Elektrizität und Kraftstoff. Der Gebrauch des Feuers galt im Verlauf der Evolution als hervorragende Kulturtat, welche die Menschen aus der lichtlosen Urzeit herausführte. Des „Feuers Macht" hat sowohl eine wohltätige als auch eine zerstörende Wirkung, wie dies *Friedrich Schiller* in seinem „Lied von der Glocke" aus dem Jahr 1800 besungen hat. Auf der *vitalen* Ebene wirkt das Feuer einerseits erwärmend, belebend und anregend, andererseits entschlackend, reinigend und verflüssigend, aber auch auflösend und zerstörend. Daher gilt es in der Naturmedizin als Heilmittel (lat. *ignis sanat*: das Feuer heilt) Auch in der heutigen Chemie dient das Feuer dem Prozess der „Destillation", um Stoffe zu reinigen und zu entschlacken. Auf der *seelischen* Ebene ist das Feuer ein Symbol für Warmherzigkeit in Freundschaft und Liebe, als lodernde Leidenschaft in der Verliebtheit, aber auch als magische Abwehr- und Schutzmacht in religiösen Riten und Zeremonien. Auf der *mentalen* Ebene kennen wir dieses Symbol als Feuereifer der Begeisterung, als Glut kreativer Schaffenskraft, als erfinderischer Geistesblitz, als Licht des hellen Bewusstseins, als Zeichen der geistigen Wachheit und der Erleuchtung. Die Verwandlung von Eisen in Gold durch die Glut des Feuers galt bei den Alchemisten als „königliche Kunst" und zugleich als symbolische Handlung für einen Gesinnungswandel, wobei der menschliche Geist aus seiner materiellen Abhängigkeit befreit werden sollte. In der Zeit des 16. bis 18. Jahrhunderts gehörte die geistige Elite Europas vorzugsweise dem Illuminaten-Orden an (lat. *illuminare*: beleuchten, erleuchten). Auf der *religiösen* Ebene wurde das Feuer als göttliche Kraft verehrt. Als Blitz kommt diese von oben. In der griechischen Mythologie soll *Prometheus* den Göttern das Feuer vom Himmel gestohlen und den Menschen gebracht haben. Im alten Rom mussten die jungfräulichen Vestalinnen zu Ehren der Götter das heilige Tempelfeuer auf dem Kapitol hüten. Dem *Moses* gab sich der *Engel des Herrn* in der Feuerflamme eines brennenden Dornbusches zu erkennen. (2 Mo 3,2) „Der Herr, dein Gott, ist ein verzehrendes Feuer", heißt es im 5. Buch Moses. (5 Mo, 4, 24) Am ersten Pfingstfest zu Jerusalem ließen sich in der Gestalt von „feurigen Zungen" heilige Geister vom Himmel her auf die Apostel nieder. (Apg 2, 2-4) Im Iran gibt es noch heute die religiöse Gemeinschaft der „Parsen", die als Feueranbeter bezeichnet werden. Im Yoga gilt „*Agni*" als Gott des Feuers.

Das Wort „Fegefeuer" ist eine wenig zutreffende Bezeichnung für die Läuterung der Verstorbenen im Jenseits. Der lateinische Ausdruck „purgatorium" (lat. *purgatio*: Reinigung) ist besser gewählt im Sinne von Reinigung der Geistseele von ihren Unvollkommenheiten. Durch die Läuterung soll eine Sauberkeit und Reinheit in der Gesinnung erzielt werden. Die Erkenntnis, dass dem Feuer eine reinigende und läuternde Wirkung zukommt, stammt eigentlich aus der Metallurgie. Schon früh diente es dazu, reines Metall von seinen Schlacken zu befreien. Das Feuer als Mittel zur geistigen Reinigung im Jenseits wird bereits im 6. Jahrhundert vor unserer Zeitrechnung von *Zarathustra* erwähnt. Im 3. vorchristlichen Jahrhundert galt der Ausdruck „feurige Kohlen auf das Haupt sammeln" bei den Ägyptern als Zeichen der Reue, der Buße und des Gesinnungswandels. Von hier fand er den Weg in die biblische Sprüchesammlung. (Spr 25,22) Im Alten Testament wird das reinigende Feuer zur Strafe der Sünder mehrfach genannt. (Jes 47,14; Hos 8,14) Durch ein Straffeuer, das vom Himmel fiel, sollen die Städte Sodom und Gomorrha vernichtet worden sein. (1 Mo 19,24-25) Die christliche Idee vom Fegefeuer als einem jenseitigen Reinigungsort geht auf die Gleichnisrede *Jesu* vom reichen Mann und vom armen Lazarus zurück. Dort ist zu lesen: Als beide starben, wurde Lazarus in „Abrahams Schoß" aufgenommen, während der Reiche in der Flammenglut des Totenreiches von entsetzlichen Qualen geplagt wurde. Da habe dieser seinen Gott angefleht, er möge ihm den Lazarus schicken, damit dieser „wenigstens die Spitze seines Fingers ins Wasser tauche und damit seine Zunge kühle". (Lk 16, 24) Auch der Apostel *Paulus* erwähnte in seinem 1. Brief an die Gemeinde von Korinth, dass die Seelen der Verstorbenen „wie durch Feuer geläutert werden". (1 Ko 3,12-15)

Was die *christliche Fegefeuerlehre* betrifft, gelten die Kirchenväter *Clemens von Alexandrien* und *Origenes* als deren Begründer. Letzterer vertrat sogar die Ansicht, dass die gesamte gefallene Schöpfung einem Läuterungsprozess unterworfen werden muss, damit alle Geschöpfe, selbst Luzifer und die Dämonen, wieder in die göttliche Welt zurückgeholt werden können. (99) Die eigentliche Theorie vom Fegefeuer als jenseitigem Ort der Buße und Läuterung wurde von *Augustinus* entworfen. Bekräftigt wurde diese durch Papst *Gregor den Großen* (540-604). Erneuert wurde sie von den Konzilen von Lyon (1274) und Florenz (1439). Im Jahr 1563 wurde auf dem Konzil von Trient die Lehre vom Fegefeuer zum verbindlichen Dogma erklärt. Dieses Dekret enthält einerseits den Hinweis auf die Läuterung der Seele im Fegefeuer und andererseits die Empfehlung für den Büßenden, durch Gebet und Messopfer seine Leidenszeit abzukürzen. Demgegenüber wurde die Lehre vom Fegefeuer von anderen Kirchenlehrern klar abgelehnt. Zu ihnen gehörten *Gregor von Nazianz, Basilius der Große* und *Gregor von Nyssa*. Auch die orthodoxe Kirche des Ostens bekämpfte sie. Immerhin nimmt sie einen Zwischenzustand im Jenseits an, der zwischen Himmel und Hölle eingerichtet ist, wo als Läuterung in einem Feuer eine vorläufige Belohnung oder Bestrafung der Verstorbenen stattfinden soll. *Martin Luther* lehnte diese Ansicht ab, weil seiner Meinung nach die Verstorbenen in einem bewusstlosen Dauerschlaf bis zum Jüngsten Gericht verharren.

Heute nimmt das Lehramt der römisch-katholischen Kirche an, dass die Verstorbenen im Jenseits für ihre bereuten Sünden Buße und Abbitte zu leisten haben. Sie belehrt ihre Gläubigen, wie nach dem persönlichen Gericht und Urteilsspruch vor dem Throne Gottes jene Verstorbenen, die noch mit lässlichen Sünden behaftet und deshalb noch nicht rein genug sind, dem Fegefeuer zur Läuterung übergeben werden. Dort würden sie sich in einem seelischen Warte- und Zwischenzustand befinden, um sich von vergangenen Fehlern und Sünden zu reinigen. Dabei können Gebete und gute Werke der Menschen deren Leiden mildern und abkürzen. Hierzu ist in neuerer Zeit aus der Volksfrömmigkeit eine reiche „Arme Seelen-Literatur" entstanden. Während der katholischen Theologie früherer Jahrhunderte das Fegfeuer als eine Art „Vorhölle" galt, wird dieses heute eher als „Vorhimmel" betrachtet. (100)

Im jenseitigen Dreistufen-Modell wird das Fegefeuer als eine mittlere Stufe gesehen, die sich zwischen Himmel und Hölle befinden soll. Um dessen Existenz zu begründen, wird auf einige Bibelstellen verwiesen. So ist da die Rede vom Gefängnis, aus dem man erst wieder herauskommt, wenn alle Schuld beglichen ist. (Mt 2,26) In seinem 1. Korinther-Brief erwähnt der Apostel *Paulus* die Feuerprobe, mit der am Tage des Gerichtes alles ans Licht gebracht und auf seinen wahren Wert geprüft wird. (1 Kor 3,15) Im Mittelalter hat *Dante Alighieri* in der „Göttlichen Komödie" zur christlichen Fegefeuerlehre einen wichtigen Beitrag geleistet. Er räumte dem „Berg der Läuterung" großen Raum ein und schilderte diesen als Strafort für all jene Sünder, denen die ewige Höllenstrafe erspart bleibt. So beschrieb er das „Purgatorium" als steilen Berg, der sich auf der Erde zwischen Himmel und Hölle erhebt. Er sah ihn als Buß- und Sühneort, wo die Seelen der Verstorbenen sich von allen irdischen Schlacken befreien können, bis sie, aller Erdenschwere enthoben, ins Paradies aufsteigen können. (101)

In neuerer Zeit wurde von mehreren sensitiven Sehern und Visionären mitgeteilt, dass sie in ihrer Jenseitsschau auch einen Blick ins Fegfeuer tun konnten. So soll *Anna Katharina Emmerich* (am Allerseelentag des Jahres 1821) in einer Jenseitsschau mehrere Straforte auf verschiedenen Himmelskörpern gesehen haben, und zwar nicht als Feuergruben, sondern als trostlose Landschaften. „Kein Baum, keine Frucht. Alles ist farblos, heller und dunkler nach dem Grad der Reinigung." (102) In seinen Tagebüchern beschreibt *Clemens Brentano* ein Jenseitsgesicht der *Frederike Hauffe*: „So mag es einen Himmel geben für die Gerechten und Heiligen, und eine Hölle für die Ungerechten und Gottlosen; aber der größte Teil der Menschen scheint doch nach dem Tode im Zwischenreich hängen zu bleiben." (103) Auch *J. Fr. Oberlin* war von der Wirklichkeit eines nachtodlichen Zwischenzustandes für die noch unvollkommenen Seelen überzeugt. (104) Selbst *Goethe* nahm im „Faust" die Idee vom reinigenden und brennenden Seelenzustand auf. In der allerletzten Szene seiner Faust-Dichtung, die er überschrieben hat mit den Worten „Bergschluchten, Wald, Fels, Einöde" lässt er den Pater *Ecstaticus* sprechen: „Ewiger Wonnebrand, / Glühendes Liebesband,/ Siedender Schmerz der Brust,/ Schäumende Gotteslust." (105)

Alfons Rosenberg verstand das Fegfeuer als eine Abstufung von zeitlich begrenzten Seelenzuständen zwischen Seligkeit und Verdammnis, die eine aufsteigende Seele auf ihrer „Seelenreise" durchwandern muss. (106) Daraus ist abzuleiten, dass die Jenseitsbewohner durchaus eine räumliche und zeitliche Wahrnehmung kennen. (107) In zahlreichen Jenseitsbotschaften werden sogenannte Läuterungssphären erwähnt, in denen einsichtige und reumütige Wesen ihren guten Willen zur Besserung unter Beweis stellen können. Dort bekommen sie Gelegenheit, ihr Fehlverhalten aufzuarbeiten. Sündhafte Verfehlungen werden im Jenseits nicht mit Strafen belegt, die gebüßt werden müssen. Vielmehr werden diese als Fehlen an Gutem und daher als Mangel empfunden. Dies verursacht einen ärmlichen und verarmten seelischen Zustand, an dem die Betroffenen zu leiden haben. Verbessert kann dieser werden durch bessere Einsicht und durch den Willen zur Wiedergutmachung nach dem Gesetz der ausgleichenden Gerechtigkeit. Durch diesen Lernprozesses wird die Seele gereinigt. So erklärt der verstorbene *Roland de Jouvenel* seiner Mutter, das Fegfeuer sei „nichts anderes als eine Lehrzeit, wo die Seelen die Reinheit erlernen müssen". (108)

Karl Rahner hielt es für denkbar, dass diese Läuterung auch in einem neuen Erdenleben durch die Notwendigkeit einer Wiedergeburt stattfinden könnte. In diesem Sinne hielt er die Reinkarnationsidee mit dem christlichen Glauben durchaus für vereinbar. Er schreibt: „Ich habe selber wahrhaftig nichts übrig für ‚Seelenwanderung'. Aber wenn man die ungeheure Verbreitung dieser Vorstellung in Raum und Zeit erwägt, dann kann man sich fragen, ob für eine solche gemäßigte Seelenwanderungslehre nicht doch auch innerhalb der christlichen Dogmatik von der Fegefeuerlehre her ein Platz frei wäre." (109) Der katholische Theologe *Gabriel Looser* zieht daraus den Schluss: „Damit hat Rahner die Türe für das Gespräch mit der Reinkarnationslehre geöffnet." (110)

Nach katholischer Glaubenslehre gibt es mehrere Möglichkeiten, die jenseitigen Sündenstrafen im Fegfeuer zu mildern oder abzukürzen. Gemeint sind die Beichte, der Ablass und das Gebet für die Verstorbenen. Die *Beichte* ist ein Teil der Bußpraxis und soll ein Nachlassen der Sündenstrafen bewirken. Eine wesentliche Voraussetzung für die Lossprechung durch den Priester ist das persönliche Sündenbekenntnis, die Reue und der Wille zur Besserung oder Wiedergutmachung. Derartige Bußübungen kannten in vorchristlicher Zeit sowohl die alten Ägypter als auch die Anhänger des persischen Religionsstifters *Zarathustra*. Auch bei den antiken Mysterienkulten der Griechen und Römer war das Bekennen eigener Schuld üblich. (111) Durch den *Ablass* soll eine Verminderung oder Tilgung der Fegefeuerstrafen erreicht werden. Ein Ablass oder Nachlass kann nach katholischer Bußpraxis durch einen Kirchenbesuch oder durch Bezahlung eines Bußgeldes gewonnen werden. Im Mittelalter wurden diese Geldgewinne für den Bau von Kirchen, Klöstern und Spitälern eingesetzt oder für die Finanzierung von Kreuzzügen und Religionskriegen verwendet. Wegen dieses Missbrauchs bekämpfte *Martin Luther* diesen unwürdigen Ablasshandel. Aus seiner Zeit stammt der Spottvers: „Wenn das Geld im Kasten klingt, die Seele aus dem Fegefeuer springt." Heute ist diese religiöse Praxis wegen der zahlreichen Missbräuche völlig aus der Mode gekommen. Dagegen wird das *Gebet* für die „Armen Seelen" weiter empfohlen. Dieses soll den Büßenden im Fegfeuer Linderung bringen und ihre Leidenszeit erträglich machen.

Abbitten, Verzeihen und Versöhnen allein schaffen eine ungute Tat noch lange nicht aus der Welt. Das Gesetz von der Gerechtigkeit verlangt die *Wiedergutmachung*. Diese kann nicht anders geschehen als durch gute Taten in der Jenseitswelt oder in einem neuen Erdenleben. Die Läuterung vollzieht sich nicht in einem passiven Erdulden von seelischer Pein, sondern im aktiven Tun guter Taten. Was die Verstorbenen plagt und was in ihrer Seele wie Feuer brennen kann, sind die eigenen Schuldgefühle und das schlechte Gewissen, die Selbstvorwürfe und die Unmöglichkeit, schwere Verfehlungen ungeschehen machen zu können. Dies wird in der „Armen-Seelen"-Literatur immer wieder bestätigt. In katholischen Ländern gibt es hierzu zahlreiche Erlebnis-und Erfahrungsberichte, wie sie von den Seherinnen *Anna Maria Lindmayer* (112) und von der medial begabten *Eugenie von der Leyen* (113) eindrücklich geschildert werden.

Viele der heutigen katholischen Theologen halten den Glauben an einen

Aufenthalt der Seele in einem Fegfeuer für veraltet. Ihrer Meinung nach handelt es sich überhaupt nicht um einen materiellen Brand, sondern um eine spirituelle Feuerglut im Sinne einer „brennenden Gottessehnsucht", welche die gottzugewandte Geistseele erfasst. Einen ganz neuen Gedanken erwägt der Jesuit *Ladislaus Boros*, indem er annimmt, das Fegefeuer sei nicht zeitlich in Tagen und Jahren zu messen, sondern als unmittelbare und einmalige Christus-Begegnung im Tod zu verstehen, die für das ewige Schicksal der Verstorbenen entscheidend sei. Er begründet dies so: „Mit voller Liebe und gnadenreich blickt Christus auf den ihm entgegenkommenden Menschen. Sein Schauen glüht aber zugleich bis in das Innerste des Menschendaseins. Gott im Feuerblick Christi zu begegnen, ist die höchste Erfüllung unserer Liebesfähigkeit und zugleich das schrecklichste Leiden unseres Wesens. In dieser Perspektive wäre das ‚Fegefeuer' der sich in der Entscheidung vollziehende Durchgang durch das läuternde Feuer der göttlichen Liebe. Die Begegnung mit Christus wäre unser Fegefeuer." (114) Auch der Theologe *Gisbert Greshake* (geb. 1933), ehemaliger Professor für Dogmatische Theologie an der Universität Wien, erklärt diesen seelischen Reinigungsprozess als „Begegnung des unfertigen und in der Liebe unreifen Menschen mit dem heiligen, unendlichen, liebenden Gott; eine Begegnung, die zutiefst beschämend, schmerzhaft und deswegen läuternd ist". (115)

Die Frage ist nur: Wie kann und soll der kleine Mensch nach seinem Tod vor dem allmächtigen und unendlichen Gott stehen und bestehen können, ohne völlig zur Strecke gebracht und zur „Schnecke" gemacht zu werden? Zu dieser Begegnung mit Gott wird es vermutlich überhaupt nie kommen, weil wir in alle Ewigkeit zu ihm, dem Unendlichen, auf dem Wege sein werden. Dagegen nehmen die reformierten Kirchen mehrheitlich an, der Heilsweg des Menschen sei mit dessen Tod abgeschlossen. Auch die Ganztod-Theologie in beiden Kirchen schließt diese Möglichkeit aus. Wer da glaubt, die Verstorbenen ruhen und schlafen in ihren Gräbern bis zur Auferstehung, der wird kaum daran denken, diesen durch Gebet und Fürbitte zu Hilfe zu kommen. So leiden diese noch zusätzlich unter einem Gefühl der Vergessenheit und Verlassenheit.

Die heutige *parapsychologische Jenseitskunde* siedelt den seelischen Reinigungsort auf einer erdnahen feinstofflichen Sphäre in einer astralen Zwischenwelt an. Diese kann sich in einer erhöhten Schwingung durchaus auch auf unserer Erde befinden. Daher versuchen hellsichtige Menschen, unwissende oder verirrte Astralwesen, die oft noch lange über ihren Tod hinaus an die Erde gebunden sind, durch ihre „Seelenbefreiungen" von dieser Abhängigkeit zu lösen und ihnen den Weg in die Jenseitswelt zu weisen. (116) Manchmal wohnen sie noch weiter in ihren früheren Wohnungen oder Häusern. Sie hängen an ihren früheren Gewohnheiten und Gepflogenheiten, sie sind weiterhin von ihren diesseitigen Bedürfnissen abhängig, sie verharren noch lange in ihren althergebrachten Ansichten und Gesinnungen. Dies bestätigen uns zahlreiche mediale Mitteilungen aus den Jenseitswelten. (117) Auch kommt es vor, dass Übeltäter an ihren ehemaligen Tatort auf Erden zurückkehren müssen und an diesen „Orten des Grauens" so lange gebannt bleiben, bis sie ihre Untat eingesehen und bereut haben. (118)

Nach der analytischen *Psychologie* von *C. G. Jung* besteht die seelische Reinigung im Bewusstmachen der unbewussten Schattenanteile. Deren Verarbeitung und Aufbereitung soll der Selbstverwirklichung dienen. Diese „Individuation" (119) im Sinne der eigenen Bewusstwerdung findet mit dem Tod noch kein Ende, sondern muss sich in der Jenseitswelt bis zum reinsten Bewusstseinszustand fortsetzen. Auf jeden Fall geht es an diesem Läuterungsort nicht um das Abbüßen begangener Sünden in einem astralen Feuerpfuhl, sondern um die Reinigung der Seele von unlauteren Gedanken, von niederen Begierden und Leidenschaften und von selbstsüchtigen Wünschen, welche den Aufstieg in höhere Geisteswelten beeinträchtigen. Solange die diesseitige Begehrlichkeit im „oberen Stübchen" der freien Gedankenwelt zu Hause ist und nicht bloß in den „unteren Stockwerken" der zwingenden Triebhaftigkeit, wird das Geistwesen weiterhin in der Astralwelt gefangengehalten. Dort wird es zwischen Lust und Frust hin und her getrieben, bis es einsieht, dass diese Last seinen Aufstieg nur behindert.

Nach *esoterischer* Ansicht ist das Fegfeuer nicht an einen bestimmten Ort gebunden. Reinigung und Reifung der Seele kann überall stattfinden, und zwar sowohl im Jenseits als auch im Diesseits. Für die Anthroposophie ist das ganze irdische Leben eine Reinigungsschule für die Seele, eine Art Übungsplatz und Trainingslager zur geistigen Weiterentwicklung. Wer der östlichen Karma-Lehre nahesteht, für den geschieht die Verbesserung und Vervollkommnung des Menschen darin, dass die Geistseele durch viele Erdenleben wandert. Dort bekommt sie erneut Gelegenheit, mitgebrachte Belastungen wieder abzubauen und sich dadurch zu läutern. Daher ist es denkbar, dass dies auch in einem zukünftigen Erdenleben geschehen kann.

Gemäß der *geistchristlichen* Jenseitslehre verspüren viele verstorbene Menschen zunächst noch gar kein Verlangen nach „ewiger Glückseligkeit". Das betrifft nicht nur all jene, die zeitlebens nicht an ein Weiterleben nach dem Tod geglaubt haben. Da sind auch die vielen, die sich noch nicht recht bewusst geworden sind, dass sie nicht mehr unter den Lebenden sind. Sie alle halten sich oft noch jahre- und jahrzehntelang auf der Erde und in erdnahen Sphären auf. (120) Mit der Zeit sind sie enttäuscht, weil sie niemand mehr beachtet und auf sie Rücksicht nimmt. Es stellen sich seelische Entzugserscheinungen ein, weil sie ihre Triebe, Leidenschaften und Süchte nicht mehr auf die menschliche Weise befriedigen können. Erst wenn sie nach geraumer Zeit des Herumtreibens auf der Erde müde geworden sind, erwacht in ihnen der Wunsch, ja das geistige Verlangen und die brennende Sehnsucht, nach dem Aufstieg in höhere Sphären. Dann kommen ihnen auch Missionsgeister zu Hilfe, die sie auf den Weg nach oben geleiten und sie aus ihrem selbst verursachten „Fegefeuer" befreien. Was vielen Verstorbenen tatsächlich wie ein Feuer auf der Seele brennt, sie schmerzt und sie leidend macht, ist das Erkennen, was in ihrem Leben alles falsch gelaufen ist und nicht mehr rückgängig gemacht werden kann. Der Theologe *Andreas Resch* ist der Meinung, dass die reumütigen Sünder einsehen müssen, dass sie nicht ohne Reinigung und Läuterung und Wiedergutmachung zur Anschauung Gottes gelangen können. (121)

Wie sehr das Interesse am jenseitigen Schicksal der Verstorbenen bei uns noch lebendig ist, beweist der enorme Erfolg des Dokumentarfilms „Arme Seelen" von *Edwin Beeler*. In dreißig Kinos der Schweiz haben bis zum Juni 2011 über 23.000 Besucher diesen Film gesehen. Für uns gelten auch heute noch die mahnenden Worte des deutschen Dichters *Friedrich Hebbel*: „Seele, vergiss die Toten nicht!":

Seele, vergiss sie nicht,
Seele, vergiss nicht die Toten!
Sieh, sie umschweben dich
Schauernd, verlassen,
Und wenn du dich erkaltend
Ihnen verschließest, erstarren sie
Bis hinein in das Tiefste.

10.8 Gibt es eine ewige Verdammnis?

Das Wort „ewig" ist hier mit Vorsicht anzuwenden. Man schwört sich „ewige Liebe", sehnt sich nach „ewiger Jugend", schließt „ewigen Frieden". In der romantischen Dichtung lesen wir: „Ewig rauschen die Wälder" und „Ewig leuchten die Sterne". Das deutsche Wort „ewig" wird vom griechischen „aeon" und vom lateinischen „aevum" abgeleitet und bedeutet weder zeitlos noch endlos, sondern lediglich eine lange Zeit oder ein Zeitalter. In der Hindu-Philosophie umfasst ein einziges Zeitalter, Yuga genannt, Millionen von Jahren. (122) Die Zeit ohne Ende, in „ewiger Wiederkehr", wie *Nietzsche* sie dachte, gleicht einem Rad, das sich immerfort dreht. Das geometrische Zeichen hierfür ist die „Lemniskate", die durchgehende Schlaufe in Form einer liegenden Acht. Das esoterische Symbol dazu ist der „Oroboros" in Gestalt einer Schlange, die sich in den eigenen Schwanz beißt. (123)

Im religiösen Denken hat „Ewigkeit" meist den Sinn von Zeitlosigkeit. In der christlichen Bibel kommen die Begriffe „ewig, ewiglich und Ewigkeit" insgesamt 148 Mal vor – und zwar in recht unterschiedlicher Bedeutung. Aus den Psalmen und Kirchengebeten kennen wir sogar die Formel „von Ewigkeit zu Ewigkeit". (Ps 90.2) Um diese unscharfen Begriffe zu klären, müssen wir die *Quantität* der Zeit (Chronos) von der *Qualität* der Zeit (Kairos) unterscheiden. Die quantitative Zeit ist mit dem Chronometer messbar, die qualitative Zeit meint ein einmaliges Zeitmoment, wie die „Weihe des Augenblicks" im Sinne von *Gottfried Kellers* Dichterwort: „Ein Tag kann wie eine Perle sein und ein Jahrhundert nichts." In neuer Zeit haben sich die Philosophen *G. W. Hegel* und *Martin Heidegger* mit dem Begriff „Ewigkeit" auseinandergesetzt. Für den einen ist sie die „absolute Gegenwart", die weder war noch sein wird, sondern einfach *ist*. Der andere verstand sie als „beständige Anwesenheit". (124)

In der Jenseitswelt gelten keine irdischen Zeitbegriffe. In einer medialen Jenseitsmitteilung heißt es: „Zeit, wie ihr sie habt, haben wir nicht. Unsere Zeit erweckt nicht das Gefühl der Vergänglichkeit. Sie kennt nur Gegenwärtiges und Zukünftiges." (125) Dort wird weder der Wechsel von Tageszeiten noch von Jahreszeiten wahrgenommen. In den hohen Lichtwelten ist es stets hell, in den Dunkelwelten ist es finster als Dauerzustand. Himmel ist demnach die beständige Gottesgegenwart und Hölle wäre dementsprechend die vollständige Gottesferne; beides als Zustand und nicht als Zeitdauer. Zeitlos und in beständiger, unveränderter Präsenz kann nur das Göttliche gedacht werden. Was außer diesem ist, kann daher nicht ewig existieren, selbst die Hölle nicht. Demnach kann es keine ewige Hölle geben.

Das deutsche Wort „Hölle" stammt aus dem altgermanischen „hell" und dem altnordischen „hel" für bergen, verbergen. Dort bezeichnet „Hölle" ganz allgemein den verborgenen Aufenthaltsort der Verstorbenen im Totenreich. Die lateinische Sprache verwendet dagegen das Stammwort „infernus" für das, was unten ist. Das davon abgeleitete „infera" für die „Unterwelt" führt zum italienischen „inferno", zum französischen „enfer" und zum spanischen „everno". In der Menschheitsgeschichte kommt der Begriff „Hölle" bereits bei *Zarathustra* vor, der um 600 v. Chr. in seinen Gatha-Gesängen die Verstorbenen über eine schmale Brücke gehen lässt. Die guten Seelen gelangen unbehelligt in das jenseitige Land, die Bösen dagegen fallen in den darunter liegenden Abgrund der Hölle und werden dort gepeinigt bis zum Weltgericht." (126) Bei den Griechen beschrieb der Dichter *Hesiod* den „Hades" als die Schattenwelt der Toten. Dessen tiefster Bereich war der „Tartaros", das Gefängnis für die Feinde der Götter. Beim jüdischen Volk sahen die *Sadduzäer* das Totenreich „Scheol" als den Ort der Schatten, wo weder Freuden noch Leiden herrschen. Dagegen hielten die *Pharisäer* am Glauben fest, dass es einen jenseitigen Bereich der ewigen Qual und einen des ewigen Glücks gibt. (Lk 16,19-26) Für die „ewige Hölle" gebrauchten sie das Wort „Gehenna", nach dem hebräischen „Gehinnom", einer stets rauchenden Abfallgrube im Hinnomtal in der Nähe der Stadt Jerusalem. Diese ist später zum Bild für die Hölle geworden, wo nach *Jesu* Wort das „Feuer nie erlischt". (Mk 9,44) In den Heiligen Schriften erscheint dies sowohl als „Pfuhl des unaufhörlich brennenden Feuers" (Mt 18,8), das sogar die Nacht erhellt, als auch als Ort der ewigen Finsternis" (Mt 25,30), was ein Widerspruch in sich selber ist. Dieser erklärt sich aus der Vermischung jüdischer und griechischer Denkungsart. (127) Das Feuer der Bibel verbrennt und vernichtet nicht. Vielmehr soll es läutern und reinigen, um die Seele zum Gesinnungswandel zu bewegen.

Der Unterschied zwischen dem Fegefeuer und dem Höllenfeuer besteht nach christlichem Verständnis einzig darin, dass das eine von begrenzter, das andere von ewiger Dauer sein soll. Im Neuen Testament wird die Hölle verhältnismäßig selten erwähnt, nämlich nur gerade acht Mal, am häufigsten im Evangelium des *Matthäus*. Bei *Jesus* kommt das Wort viel seltener vor, als man nach den kirchlichen Drohreden vermuten möchte. Jedenfalls war er kein Höllenprediger. Im Mittelalter hat *Dante* in seiner „Göttlichen Komödie" der Hölle viel Raum gegeben. Er ließ die Verdammten nicht nur im ewigen Feuer schmoren, sondern auch im Eis einfrieren oder im Schlamm versinken. Auf das Höllentor ließ er die Worte anbringen: „Durch mich geht man ein in die Stätte des Leidens, durch mich geht man ein in die ewige Pein; ihr, die ihr hier eintretet, lasst alle Hoffnung fahren." (128)

Die Ewigkeit der Hölle wurde auf der Synode von Konstantinopel, im Jahr 543, auf Geheiß des oströmischen Kaisers *Justinian I.* mit folgendem Wortlaut umschrieben: „Wer sagt oder glaubt, die Strafe der bösen Geister und gottlosen Menschen sei nur zeitlich und werde nach bestimmter Zeit ein Ende nehmen, und dann komme eine völlige Wiederherstellung der bösen Geister und gottlosen Menschen, der sei verflucht und aus der Kirche ausgeschlossen." (129) Das Vierte Laterankonzil von 1215 bestätigte die Lehre von der ewigen Sündenstrafe. Auf dem zweiten Konzil von Lyon, im Jahr 1274, wurde der Lehrsatz beschlossen: „Die Seelen jener, die in einer Todsünde oder im Stand der Erbsünde aus dem Leben scheiden, kommen in die Hölle, um dort mit ewigen Strafen gequält zu werden." Papst *Benedikt XII.* erklärte im Jahr 1326, dass alle, die im Zustand einer schweren Sünde sterben, sofort in die Hölle hinabsteigen, „wo sie von höllischen Qualen ewig gepeinigt werden". Auf dem Konzil von Florenz (1438-1445) wurde das Schlagwort geprägt: „Außerhalb der Kirche ist kein Heil." Dort wurde die verfehlte Auffassung des *Augustinus* bestätigt und festgelegt: „Niemand außerhalb der katholischen Kirche, weder Heiden noch Juden, auch kein ungläubiger, ein von der Einheit der Kirche getrennter oder ungetaufter Mensch wird des ewigen Lebens teilhaftig, sondern er verfällt dem ewigen Feuer." (130) Auch das „Augsburgische Bekenntnis" von 1530 hält an der Lehre von der ewigen Verdammnis fest. (131)

In seiner unglücklichen Prädestinationslehre behauptet *Johann Calvin*, Gott habe von Ewigkeit her bereits vorgesehen, wer zum ewigen Heil bestimmt sei und wer nicht. Dabei stützte er sich auf das falsch verstandene Bibelwort: „Viele sind berufen, aber wenige sind auserwählt." (Mt 20,16) In neueren Ausgaben der Heiligen Schrift wird dieser Satz aus der Luther-Bibel weggelassen. (132) Noch im Jahr 1939 hat Papst *Pius XII.*

seine Kleriker ermahnt, nicht müde zu werden, ihre Kirchgänger stets auf die „ewige Höllenstrafe" hinzuweisen. In einer Ansprache vom März 1949 sagte er: „Als wichtiges Mittel gegen die Entkirchlichung der Massen müssen die Priester mehr denn je die Schrecken der Hölle predigen, um die Menschen Gott wieder näher zu bringen." (133) Erst im Jahr 1964 wurde vom Zweiten Vatikanischen Konzil bestimmt, „dass selbst Atheisten guten Glaubens ihr ewiges Heil erreichen können". (134) Ebenso seien auch Andersgläubige nicht von vornherein von der ewigen Seligkeit ausgeschlossen. Noch im „Welt-Katechismus der katholischen Kirche", der unter Zustimmung von Papst *Johannes Paul II.* im Jahr 1993 veröffentlicht wurde, wird die ewige Verdammnis der gefallenen Geister bestätigt: „Wegen des unwiderruflichen Charakters ihrer Entscheidung und nicht wegen eines Versagens des unendlichen göttlichen Erbarmens kann die Sünde der Engel nicht vergeben werden." (135)

Seit jeher waren die Höllenpredigten bei allen Konfessionen ein wirksames Druckmittel der Kirchen, um ihre Gläubigen an kurzer Leine zu halten. Der reformierte Pfarrer *Friedrich Rittelmeyer* hält diese Panikmache für „die schlimmsten Priestererfindungen der Weltgeschichte, erfunden um die Menschen einzuschüchtern und die Priestertyrannei aufzurichten". (136) In den heutigen theologischen Lehrtexten spielen die ewigen Höllenstrafen kaum noch eine Rolle, und die „Hölle" ist kein Thema mehr. Statt von einem göttlichen Strafurteil wird von einer freien „Selbstdistanzierung" des Menschen vor Gott gesprochen. (137)

Nach *geistchristlicher* Lehre befinden sich in der Verdammnis zunächst jene ungetreuen Geistwesen, die sich beim Engelsturz zwischen sich und der göttlichen Welt einen Damm aufgerichtet haben und damit in die Ver-Dammung gegangen sind. Viele von ihnen sind inzwischen durch die Erlösungstat *Christi* befreit worden und befinden sich auf dem Wiederaufstieg zu ihrem ursprünglichen himmlischen Herkunftsland. Auch Menschen können vorübergehend in die Hölle kommen. Dies geschieht nicht aufgrund eines endgültigen göttlichen Verdammungsurteils, sondern wegen der inneren Abkehr von der göttlichen Welt. Dies führt dazu, dass jene Wesen, die sich vom göttlichen Licht bewusst abwenden, von jenen dunklen Sphären schwingungsmäßig angezogen werden, die zum Bereich der Hölle gehören. Dort bleiben sie so lange gefangen, bis sie ihre selbstverursachte Lage begreifen, ihre schweren Verfehlungen einsehen, ihre unwissende Verblendung aufgeben und zur Umkehr bereit sind. Wie lange dieser Zustand dauert, hängt nicht von einem Gottesurteil ab, sondern allein von der Gesinnung jedes Einzelnen.

Die Insassen der Hölle müssen durch einen schmerzvollen Leidensprozess langsam erkennen, wo ihr Leben selbstverursacht aus dem Ruder gelaufen ist, wo sie schuldig geworden sind, indem sie andere benachteiligt haben, wo sie andere mit Hass- und Rachegedanken verfolgt haben, wie sie durch Verleumdungen und Verwünschungen andere geschädigt haben, wo sie durch Unehrlichkeit und Ungerechtigkeit ihre Mitmenschen bewusst belogen und betrogen haben, also überall dort, wo es ihnen an Liebe gefehlt hat. Um dies einzusehen und bis in alle Einzelheiten wiedergutzumachen, dazu braucht es nicht eine Ewigkeit, aber oft eine sehr lange Zeit. Ich schließe mich der Ansicht des Philosophen *Peter Michel* an: „Die ‚ewige Hölle', von der manche Glaubensgemeinschaften sprechen, gibt es nicht, auch wenn die Zeit des Aufenthaltes für manche Seelen eine Ewigkeit zu währen scheint. Es gibt in den Läuterungssphären, wie man die Hölle besser bezeichnen sollte, ihrer Beschaffenheit nach sehr große Unterschiede. Was für die eine Seele ein angenehmer Aufenthaltsort ist, kann auf die andere Seele einen höllischen Eindruck machen. Es kommt immer auf die Entwicklungsstufe an, von der aus man die Zustände einer Sphäre betrachtet." (138)

Gegen die Ewigkeit der Hölle sprechen zahlreiche Einwände. Die wichtigsten seien hier aufgeführt:

Gott konnte so etwas Böses wie eine Hölle gar nicht einrichten, denn er kann nur Gutes schaffen. Am Anfang der Schöpfung gab es die Hölle noch nicht. Diese Dunkelsphäre entstand erst, als eine große Anzahl von Engelwesen durch ihre Rebellion im Himmel selbstverschuldet ihr göttliches Licht verloren haben und in die lichtlose Finsternis der Gottferne gefallen sind. (139)

Ein philosophischer Lehrsatz heißt: „Alles, was ist, ist an sich gut." Alles Existierende hat seinen Eigenwert, denn das Sein ist besser als das Nichtsein. Das Böse gibt es an sich nicht. Es ist dies ein Fehlen von Gutem. Der vollständige Mangel an Gutem ist nicht die Hölle, sondern das Nichts.

Es würde der Gerechtigkeit Gottes widersprechen, wollte er Menschen ewig bestrafen für etwas, was sie in der Begrenztheit und Einsichtslosigkeit ihrer beschränkten Intelligenz gefehlt haben.

Wenn Gott wirklich die vollkommene Liebe ist, dann ist es nicht denkbar, dass er nur ein einziges seiner Geschöpfe für immer von sich weist. Dies wäre völlig im Widerspruch zu seiner allerbarmenden Güte. Die Lehre von der ewigen Hölle widerspricht der „Religion der Liebe". Daher lehnte bereits der evangelische Pfarrer *Johann F. Oberlin* die Lehre von der ewigen Höllenstrafe ab, mit der Begründung: „Wenn Gott eines seiner Geschöpfe ewig verdammen könnte, würde er aufhören, der barmherzige Gott zu sein, er würde zum Teufel." (140)

Gott verurteilt keines seiner Geschöpfe zu einer immerwährenden Höllenstrafe. Stets ist es der Mensch selber, der sich von Gott abwendet und sich selber hinter dem Damm einer lieblosen Abkehr zurückhält, bis er früher oder später der besseren Einsicht folgen muss. Daher geht keine Menschenseele für immer verloren. (141)

Die Überlegung, eine Beleidigung des unendlichen Gottes müsse unweigerlich auch eine unendliche Strafe zur Folge haben, ist falsch. Ein endliches menschliches Wesen ist in seiner Unvollkommenheit nie in der Lage, Gott in seiner Vollkommenheit zu beleidigen. „Kein endliches Wesen vermag durch sein zeitliches Tun zeitlose Folgen nach sich zu ziehen." (142)

Eine ewige Hölle ist nicht denkbar, denn eine ewige Strafe würde eine vollständige Verneinung des Wesens Gottes bedingen. Dies wiederum würde eine allumfassende Gotteserkenntnis voraussetzen, zu der kein Geschöpf fähig ist. Ein jüdisches Sprichwort sagt: „Würde ich Ihn kennen, so wäre ich Er." (Lev 10,3)

Zum Wesen eines jeden Geistwesens gehört es, dass es frei entscheiden kann. Da die Bewohner der Hölle sich selber freiwillig durch ihr falsches Tun an diesen Strafort gebracht haben, sind sie auch jederzeit frei, sich zu einer Umkehr zu entschließen. Wenn ein Engel oder ein Mensch freiwillig zu Gott ins Abseits geraten kann, dann muss er doch auch freiwillig wieder herauskommen können. Der Weg in die Hölle ist gewiss keine Einbahnstraße.

In keinem Menschen ist das himmlische Licht so vollständig erloschen, dass es nicht durch die göttliche Gnade wieder entfacht werden könnte. Daher überlegte der indische Weisheitslehrer *Sarvepalli Radhakrishnan*: „Die Hölle, in die wir kommen können, muss ein Ende haben, wenn nicht Gott selbst den Teufel spielen will. In keinem von uns ist das Göttliche so ganz erloschen, dass er die ewige Verdammnis verdient hätte." (143)

Eine Hölle kann es nur so lange geben, wie es geistige Wesen gibt, die Gott und seine Ordnungsgesetze verneinen. Sobald diese aufgrund ihrer besseren Erkenntnis ihre ablehnende Haltung aufgeben, hört die Hölle auf zu existieren. Dieser Einsicht folgend lehrte *Origenes* in seiner „Apokatastasis", dass sogar *Luzifer* am Ende zu Gott zurückkehren wird. (144)

Die Ewigkeit der Hölle steht im Widerspruch zum Versprechen *Jesu*: „Ich bete darum, dass sie alle eins seien. So wie du in mir bist und ich in dir, Vater, so sollen auch sie in uns eins sein!" (Jh 17, 21) In seiner Gleichnisrede vom „guten Hirten" sagte er: „Ich habe noch andere Schafe, die nicht zu diesem Schafstall gehören; auch die muss ich herbeibringen. Sie werden auf meine Stimme hören, und alle werden in einer Herde unter einem Hirten vereint sein." (Jh 10, 16) Das ist ja auch das Ziel der allumfassenden Erlösungstat *Christi*, dass am Ende alle wieder zurückkehren in die ursprüngliche Einheit, wie er dies im Gleichnis vom verlorenen Schaf angedeutet hat. (Mt 18,12-14)

Wenn nur einige wenige für immer von Gott verdammt würden, wäre das Erlösungswerk *Christi* nicht vollständig gelungen. Er wollte doch vom Kreuz aus alle Geschöpfe an sich ziehen. (Jh 12,32)

Aus *geistchristlicher* Sicht ist die Hölle jene lichtlose geistige Sphäre, in der nie von Gott gesprochen wird, wo er niemals erwähnt wird, wo niemand zu Gott betet und in der das Göttliche kein Thema ist. Nach den von *Helen Greaves* medial empfangenen Jenseitsmitteilungen herrschen darin „jammervolle, beengende Zustände, dunkel und bedrückend und so real, wie das gequälte Bewusstsein der darin Eingeschlossenen sie macht. Aber diese Qualen dauern nicht ewig. Die Menschenseele muss in diesen psychischen Qualen nicht länger bleiben, als sie ihrer bedarf. Es steht der Seele frei, dem Hass, der Grausamkeit und den Lüsten ihrer niedrigen Natur, die sie von ihrem Erdenleben zurückbehalten hat und die sie nun in einem dunklen Kerker inmitten gleichgesinnter Insassen festhalten, zu widerstehen. Sie kann sich jederzeit dafür entscheiden, dem Licht der Liebe, der Vergebung und der Harmonie zu folgen." (145)

Der Bereich der Dunkelwelten reicht von der tiefen Finsternis bis hinauf zur obersten Stufe der Dämmerwelt. In diesen obersten Sphären, die noch zum Einflussbereich der höllischen Mächte gehören, treiben sich zahlreiche Astralwesen herum, die sich noch nicht endgültig der Ordnung Gottes fügen wollen. Nicht selten machen sich diese als Lügen- und Plagegeister in verführerischer Absicht an gutgläubige Menschen heran und versuchen, sie durch Botschaften negativ zu beeinflussen. Von diesen warnt der Musiker *Sigwart* aus der Jenseitswelt: „Ihr müsst wissen, dass ich alle Kundgebungen, die im Allgemeinen von Verstorbenen gegeben werden, für sehr gefährlich halte. Sie bringen oft vom Wege ab, wenn sie auch echt sind. Denn wie selten ist ein Berufener darunter. So wie ein Geist eine gewisse Stufe erreicht hat, wird er nie mehr große Mitteilungen an die Menschen geben, außer er hat die Erlaubnis von seinen Meistern bekommen." (146)

Eine gute Erklärung für den Zustand der Hölle bringt *Eliott James*: „Wenn es überhaupt eine Hölle gibt, so ist es vielleicht das Stadium, in dem die Seele ihrer karmischen Verantwortung bewusst wird. Wenn sie das Resultat ihrer Handlungen im vergangenen Leben erkennt und ihr klar wird, dass sie diese Bürde nun wieder ausgleichen muss. In diesem Augenblick kommt ihr das vielleicht sehr traurig vor; aber auf diese Weise lernt sie und entwickelt sich weiter. Es gibt kein ewiges Feuer, das die Seele erdulden muss. Diese Vorstellung ist nur eine menschliche Erfindung." (147)

Eine Hölle gibt es nur so lange, als es Wesen gibt, die in der Gottferne und Gottverneinung freiwillig verharren. Sobald der letzte der Geister seine gottabweisende Haltung aufgegeben hat, hört der Zustand der Hölle auf zu existieren. Es verhält sich so wie mit unseren irdischen Gefängnissen: Sobald kein Mensch mehr straffällig geworden ist und seine Gefängnisstrafe abgebüßt hat, werden die Strafanstalten überflüssig sein. Dieser Ansicht war bereits im frühen Christentum der Kirchenvater *Eusebius Hieronymus* (um 331-419), als er schrieb: „Selbst die Dämonen und Herrscher der Finsternis werden in irgendeiner Welt, wenn sie den Willen hierzu haben, sich zum Besseren wenden und zu anderen Menschen werden und so zum alten Ausgangspunkt zurückkehren." (148) Entscheidend allein ist, ob und wann ein geistiges Wesen bereit ist, sich freiwillig wieder der göttlichen Welt zuzuwenden.

10.9 Die himmlischen Sphären

Im Verlauf unserer geistigen Höherentwicklung können wir als geistige Wesen in mehrere höher schwingende Welten aufsteigen. Was wir den „Himmel" nennen, ist der lichtdurchflutete Bereich der hohen Geisterwelt, der aus mehreren Sphären und Schwingungsebenen besteht. Jede einzelne unterscheidet sich von den benachbarten durch ihren eigenen Verdichtungsrad. Dessen Frequenz ist umso höher, je reiner und vergeistigter die Bewohner einer Sphäre sind. (149)

Im Denken der antiken Völker galt der Himmel als die Wohnung der Götter, der Aufenthaltsort der guten Geister und als die Bleibestätte jener Seelen, die wegen ihrer guten Taten auf Erden mit der ewigen Seligkeit belohnt werden. Aus der ägyptischen Mythologie kennen wir das Reich des Sonnengottes „Aton" und anderer Gottheiten. (150) Im antiken Griechenland beschrieb *Homer* im 4. Buch seiner „Odyssee" das „Elysium" als einen Ort am Rande der Welt, wo die Götter wohnen und den seligen Helden ein angenehmes Lebens erwartet. „Nicht Regen, nicht Schnee, nicht Winter von Dauer. Zephyros lässt allzeit seine hellen Winde dort wehen, die ihm der Okeanos schickt zur Erfrischung der Menschen... Ein Land unter ewig heiterem Himmel, gleich dem Land der Götter, deren Speisen Ambrosia und Nektar reichlich fließen." Mit ähnlichen Worten besingt *Plutarch* die „Insel der Seligen" als ein tropisches Eiland, weit draußen im Meer, mit grünen Palmen und Granatapfelbäumen: „Regen fällt dort selten, und wenn er fällt, dann mit Maß. Es gibt meist laue Winde, die dann so reichlich Tau spenden, dass der Boden selbst die beste Frucht in solchem Überfluss hervorbringt, dass die Bewohner nichts anderes zu tun haben, als sich dem Genuss des Ausruhens hinzugeben." (151) Das Volk der Kelten glaubte an einen Ort auf einer glücklichen Insel im Weltmeer, auf welchem tausende von schönen Frauen auf die Helden und Gerechten warten. Dort ertönt süße Musik und berauschende Getränke werden herumgereicht. Falschheit, Sorgen, Krankheiten und Tod gibt es dort nicht. (152) *Zarathustra* sah das himmlische Paradies als einen Garten in „duftender und blühender Blumenpracht". (153) Für die alten Völker war der Himmel vor allem ein Erfüllungsort irdischer Wünsche.

Auch die großen *Weltreligionen* versprechen ihren Anhängern nach dem Tod die Aufnahme in ein Reich der Seligen, sofern sie ihren Weisungen und Lehren folgen. Der Himmel wird dabei als ein ins Unendliche ausgedehnter Glückszustand gedacht. Manche dieser Vorstellungen sind später vom Judentum, vom Christentum und vom Islam übernommen worden. Im alten *Judentum* wird der Himmel als „Abrahams Schoß" bezeichnet. (Lk 16,22) In alten Schriften des *Hinduismus* wird der Himmel beschrieben als ein Garten, dessen Bäume aus Gold und Silber bestehen und deren Äste reich behangen sind mit Früchten aus kostbaren Edelsteinen. Im 13. Hymnus des „Rig Veda" bittet der Verstorbene: „Wo Freude und Lust, Belustigung und Vergnügen weilen, wo des Wunsches Wünsche sich erfüllen, dort mach mich unsterblich." Im

Buddhismus wird das „Nirvana" als Ziel zur Befreiung aus dem „Rad der Wiedergeburten" genannt. Damit ist nicht ein Auflösen der Geistseele im Nichts gemeint, sondern das Aufgeben der Ich-Verhaftung, wodurch der Kreislauf der wiederholten Erdenleben beendet wird. *Mahatma Gandhi* hat diesen oft falsch verstandenen Begriff wie folgt erklärt: „Nirvana ist zweifellos nicht die letzte Auslöschung. Soweit ich in der Lage war, das zentrale Geschehen in Buddhas Leben zu verstehen, ist Nirvana das endgültige Verlöschen aller erdgebundenen Veranlagungen in uns, von allem Vererbten in uns, von allem Korrupten und Verdorbenen in uns. Nirvana ist nicht wie die schwarze, tote Grabesruhe, sondern der lebendige Friede, das lebende Glück einer Seele, die sich ihrer selbst bewusst ist und weiß, dass sie ihren Platz im Herzen des Ewigen gefunden hat." (154) Der *Taoismus* in China und Japan stellt sich den Himmel als ein sinnenfreudiges Dasein vor. Das Weiterleben nach dem Tod denkt man sich dort so wie auf unserer Erde, nur etwas reiner, erhabener und schöner. „Dort sind auch jene Erlebnisse und Wunscherfüllungen möglich, wie im irdischen Leben, allerdings frei von Sorgen, Krankheit, Alter und Auflösung." (155) Im *Islam* findet das „Paradies" als Himmel der Seligen ausführliche Beschreibungen. Diese werden als menschliche Wunscherfüllungen gesehen. Sie „verheißen dem Rechtschaffenen ewigen Müßiggang zwischen Palmen, sprudelnden Quellen und hübschen Jungfrauen mit schwellenden Brüsten, wobei die beglückende Betrachtung des Allerhöchsten versüßt wird durch herrliche Klänge und den häufigen Genuss von Honig, Milch und Wein." (156) In der Sure 56 des Koran wird von den Seligen in Allahs Nähe gesagt, dass diese in den Gärten der Wonne auf durchwobenen Polstern ruhen. „Die Runde machen bei ihnen unsterbliche Knaben mit Humpen und Krügen und Bechern voll Wein. Nicht alle sollen Kopfweh von ihm haben und nicht in Trunkenheit geraten. Und Früchte, wie sie sich erlesen und Fleisch von Geflügel, wie sie es begehren, und großäugige Huris gleich verborgenen Perlen als Lohn für ihr Tun. Sie hören kein Geschwätz drinnen und keine Anklage der Sünde; nur das Wort: Frieden! Frieden!" (157) In der Sure „Al-Imran" wird all jenen, die für die Sache des Islam ihr Leben lassen, der sofortige Einzug ins himmlische Paradies versprochen. Darauf hoffen noch heute die vielen Selbstmord-Attentäter im Dienst des „Dschihad", des heiligen Krieges. (158)

Im *Christentum* ist der Himmel ein jenseitiger geistiger Bereich. In der christlichen Bibel ist 124 Mal die Rede vom Himmel und vom Himmelreich. Selbst *Jesus,* der den Himmel mehrmals als „sein Reich, das nicht von dieser Welt ist" (Jh 18,36) bezeichnete (Mt 26,29) und vom Reich seines Vaters sprach (Mt 26,29), gab keine nähere Auskunft hierüber. Statt dessen gebrauchte er Symbole und Sinnbilder. So sagte er: „Das Himmelreich gleicht einem Hausvater" (Mt 18,23; 22,2), einem Hochzeitsmahl (Mt 22,2-14) oder einem Senfkorn (Mt 13,31), einem Sauerteig (Mt 13,33), aber auch einem verborgenen Schatz (Mt 13,44) oder einem Fischernetz. (Mt 13,47)

Das Wort „Himmel" ist der gebräuchlichste Ausdruck für die Jenseitssphäre vollständigen Glücks. Sie ist unsere geistige Heimat. Hier wohnen jene, die „reinen Herzens sind". (Mt 5,8) In den Seligpreisungen der Bergpredigt hat *Jesus* deutlich gemacht, wer den Himmel verdient. (Mt 5,3-12; Lk 6,20-23) Der Begriff „Himmelfahrt" entspricht dem antiken Weltbild, wonach der Himmel oben und die Unterwelt tief unter der Erde gedacht wurde. In den Heldensagen und Heiligenlegenden des Altertums ist mehrfach davon die Rede, dass außerordentliche Menschen nach ihrem Tod in den Himmel erhoben wurden, so *Herakles, Empedokles, Alexander der Große* oder *Apollonius von Tyana.* Im Alten Testament wird erzählt, dass die Propheten *Elija* und *Henoch* in den Himmel aufgefahren seien. Der christliche Auferstehungsglaube stützt sich auf eine entsprechende Aussage, die nur im Lukas-Evangelium vorkommt. (Lk 24,51) Heute verstehen wir unter einer Himmelfahrt das Hinübergehen eines Menschen in eine höhere Dimension, die wir das Jenseits nennen. Die Theologen sehen in ihm jenen Ort, in dem die Seligen für immer in der Gemeinschaft mit Gott verbleiben können. Im Alten Testament wird der Himmel als Wohnort Gottes bezeichnet. (Ps 11,4; 103,19) Vom Himmel her glaubte man die Stimme Gottes zu vernehmen, vom Himmel her meinte man Gottes Walten zu spüren, aus dem Himmel erwartete man göttliche Hilfe, aber auch die strafende und rächende Hand Gottes.

Bei all den vielen Vorstellungen von einem jenseitigen Himmel handelt es sich vorwiegend um Projektionen menschlicher Erwartungen und Wünsche. Wie die höchsten himmlischen Sphären tatsächlich sind, darüber erfahren wir in den überlieferten Schriften und auch in den übermittelten Jenseitskundgaben verhältnismäßig wenig. Der Hauptgrund hierfür mag darin liegen, dass es unserer irdisch-menschlichen Sprache am erforderlichen Wortschatz fehlt, um darüber etwas Gültiges auszusagen. Auch unsere Sinne vermögen sich nicht vorzustellen, „was kein Auge gesehen und kein Ohr gehört hat, was Gott jenen bereitet hat, die ihn lieben". (1 Ko 2,9)

Nach *C.G. Jung* kennt das seelische Unbewusste statt der Wortsprache die Symbolsprache. Diese teilt sich dem Bewusstsein in anschaulichen Bildern mit, so in den Träumen, in den Mythen und in den Visionen. Danach sind Symbole uralte menschliche Formen des Verstehens und Begreifens. Wir können diese vergleichen mit den Backformen aus Großmutters Küche. Mit diesen können wir noch heute das gleiche Weihnachtsgebäck herstellen wie vor hundert Jahren. Deren äußere Gestalten sind uralt, deren Inhalt aber ist neu. Auf ähnliche Weise zeigt sich die Engelwelt in *Jakobs* Traum von der Himmelsleiter. (1 Mo 28,12) Auch *Jesus* bediente sich der anschaulichen Bildersprache, wenn er über das Himmelreich sprach. (Mt 13,10-14; Mk 4,10-20, Lk 8,9-10) Zahlreich sind die Visionen, die den Blick öffnen zu hohen Himmelssphären. So wird erzählt, dass *Thomas von Aquin* am 6. Dezember 1273, während der Messfeier, einen Blick in den offenen Himmel tun konnte.

Eine grandiose Himmelsvision begegnet uns in *Dantes* „Göttlicher Komödie", welche der Maler *Gustav Doré* (1832-1883) eindrucksvoll illustriert hat. *Emanuel Swedenborg* erlebte vom Jahr 1743 an zahlreiche Jenseitsvisionen, die er in seinem Buch „Himmel und Hölle" niederlegte. (159) Ähnliches erfuhr *Anna Katharina Emmerich*, als sie in ihren visionären Schauungen die „Lichter- und Glanzwelt der Heiligen" erlebte. (160) Immer wieder sind diese Schilderungen der hohen Himmelssphären durchsetzt von irdischen Vorstellungsbildern. Dies gilt auch für die in neuerer Zeit bekannt gewordenen Nahtod-Erfahrungen, wie sie *Christopher Coppes* als Bereiche „völlig anderer Bewusstseinsstrukturen" beschreibt. (161) Deutlich abweichend von dieser veräußerlichten Vorstellung von einem örtlich umschriebenen Himmel ist die Lehre der *Theosophie,* die den Himmel nicht als einen Ort, sondern als einen hohen Bewusstseinszustand bezeichnet. So schreibt *Charles Leadbeater*: „Die Tatsache, dass jeder Mensch sich seinen eigenen Himmel durch Auswahl aus der Pracht der göttlichen Gedankenwelt schafft, ist wirklich der Grundstein der Erkenntnis. Ein Mensch bestimmt sowohl die Dauer als auch die Art seines Himmelslebens durch die Ursachen, die er während seines Erdenlebens geschaffen hat." (162)

Obwohl *Jesus* davon sprach: „In meines Vaters Haus sind viele Wohnungen" (Jh 14,29), kennt der christliche Himmel keine Unterteilung in verschiedene Himmelssphären. Daher schreibt *Peter Michel* in seiner Kritik am „Katholischen Weltkatechismus": „Die unter der Bezeichnung ‚Himmel' beschriebene Sphäre rückt in eine völlig diffuse Ferne ... Die Vorstellung einer unendlichen Fülle von Sphären und Ebenen, die jeweils Lebewesen verschiedener Reife und Entwicklung beherbergen, die sich aber alle weiterhin in einem evolutiven Prozess befinden – diese Vorstellung ist dem Weltkatechismus gänzlich fremd." (163) Auch im jüdischen „Talmud" werden sieben Himmel erwähnt. Ebenso ist im apokryphen „Testament der 12 Patriarchen", entstanden zwischen den Jahren 70 und 135 n. Chr., die Rede von den sieben Himmeln. Nach esoterischer und geistchristlicher Auffassung können wir sieben himmlische Sphären unterscheiden. Im Einzelnen können diese folgendermaßen benannt werden:

Das *Paradies* ist jene erste Himmelssphäre, in der die meisten verstorbenen Menschen zunächst hinkommen, sobald sie ihren irdischen Körper aufgeben und bereit sind, sich von ihrer Bindung an die Erde und ihre Verhältnisse zu lösen. Es ist dies eine Art Vorhimmel für die gutgesinnten, dem göttlichen Licht zugewandten Seelen. Hier kommt es bald danach zur Lebensrückschau, der die moralische Bewertung des vergangenen Lebens folgt. Von hier aus zieht es die jenseitige Seele, je nach ihrer Gesinnung und Eigenschwingung, in eine vorübergehende Läuterungs- und Besserungsstufe, oder sie kann in die himmlische Sphäre aufsteigen.

Die zweite Himmelssphäre wird das *Sommerland* genannt. Dieses wird oft als eine jenseitige Region geschildert, die viel Ähnlichkeit hat mit einer schönen irdischen Landschaft oder mit einem Ferienland mit mildem Klima in einer üppigen Pflanzen- und Tierwelt. Es handelt sich um eine feinstoffliche Sphäre, in der die dortigen Bewohner entsprechend ihren Wünschen sich sinnlichen Freuden hingeben können. Daher wird diese Sphäre auch „Wunschwelt" genannt. Es ist dies auch der Bereich des Wiedersehens für all jene Gleichgesinnten, die auf Erden in Liebe und Wohlwollen miteinander verbunden waren. Unabhängig von früheren zeitlichen oder räumlichen Abständen finden sich hier Eltern und Kinder, Ehepaare und Freundespaare, Brüder und Schwestern, Verwandte und Bekannte wieder, sofern sie der gleichen Schwingungsebene angehören. Auch jene Geistwesen, die sich beim einstigen Fall aus der Engelwelt und beim Wiederaufstieg durch die zahlreichen Entwicklungsstufen aus den Augen verloren haben, können sich hier wiedertreffen. Es kann sein, dass wir einst in dieser Sphäre auch jene Tiere wiederfinden, die einst auf Erden unsere Lieblinge waren. Von hier aus werden zahlreiche Geistwesen, die eine jenseitige Schulung und Weiterbildung in den „Hallen des Lernens" erfahren haben, für ein neues Erdenleben vorbereitet.

Das *Land der Seligen* ist die dritte Himmelsstufe. Sie nimmt jene Geistwesen auf, die sich von allen früheren hemmenden und belastenden Abhängigkeiten befreit und von allen Leidenschaften geläutert haben. Der hellsichtige Theosoph *Erhard Bäzner* schreibt über diesen Zustand: „Die triebhaften, leidenschaftlichen und selbstsüchtigen Neigungen haben sich ausgeschwungen und sind überwunden, sie finden in den feinen Schwingungen des Devachan keine Möglichkeit der Existenz mehr. Damit hat alles Leid ein Ende und Seligkeit ist an seine Stelle getreten." (164) Verwirklichen können diesen Zustand allerdings nur jene, die ihren Seelenfrieden bereits im irdischen Leben oder nach ihrer Wanderung durch die Läuterungsstufen erreicht haben. Hier sieht sich der Verstorbene inmitten einer harmonischen Umwelt. Geschaffen wird diese durch die eigene Vorstellungskraft, die sich einen Zustand von Frieden, Harmonie und Liebe ersehnt. Durch die Allmacht der Gedanken vermag die Geistseele die Begrenzungen von Raum und Zeit zu überwinden.

Der vierthöchste Himmel gehört den *Lichtwelten*. Diese sind erfüllt von Liebe und Harmonie. Liebe trägt uns über alle Erdenschwere hinaus und beschwingt den menschlichen Geist zu großartigen Höhenflügen, wie herrliche Kunstwerke aus allen Jahrhunderten bezeugen. Wie viel mehr muss dies noch in den Hohen Lichtwelten der Fall sein. Die Gestalten der dort lebenden Geistwesen bestehen aus reiner Photonen- oder Lichtenergie. Sie haben nichts Stoffliches mehr an sich. *Frances Banks* berichtete ihrer langjährigen Freundin *Helen Greaves* aus der Jenseitswelt: „Es gibt den Himmel. Ich selbst kann für den kleinen Teil des Himmels voll Schönheit, Frieden und liebevollem Dienen zeugen, in den ich das Glück hatte, versetzt zu werden. Aber es gibt darüber hinaus Sphären von unvorstellbarer Freude und Schönheit, die sich aus jedem Entwicklungsstand bilden und ausweiten hin zu den geistigen Welten der göttlichen Gedanken weit jenseits jeder Vorstellung, die ich davon haben könnte. Es ist beruhigend zu wissen, dass wir die ganze Ewigkeit vor uns haben, um diesen An- und Aufstieg zu bewältigen." Als Bewohnerin einer Lichtwelt teilte sie mit: „Licht ist hier buchstäblich der Träger des Bewusstseins. In dem Maße, in dem unsere Gedanken sich einstimmen in die Schwingungen der schöpferischen Gottheit, wandelt sich die Substanz unserer Körper, wird weniger dicht und strahlt mehr Licht aus." (165)

Die *Engelwelten* bilden die fünfte Himmelsstufe. Diese wird bewohnt von erhabenen Lichtwesen, die sich durch ihr geistiges Leuchten und ihren strahlenden Glanz auszeichnen. Alle großen Religionen kennen diese erhabenen Geister unter verschiedenen Namen als Vermittler und Botschafter zwischen Himmel und Erde. Die Engel gehören zu den Erstlingsgeistern, die am Anfang der geistigen Schöpfung von *Christus* im Auftrag Gottes ins Dasein gerufen wurden. Im Alten Testament werden sie mit dem hebräischen Wort „Melachim" oder im Griechischen mit „Angeloi" bezeichnet, was so viel heißt wie „Boten Gottes". Im Daniel-Buch wird ein Engelfürst (Dan 10,13) erwähnt und im jüdischen Erbauungsbuch „Tobias" heißt es: „Ich bin *Raphael*, einer der sieben Söhne Gottes". (Tob 12,15) Diese werden auch „Erzengel" genannt. Sie sind oberste Ordnungshüter und Anführer sehr großer Engelscharen. In der Frühzeit des Christentums wurde auch *Christus* als höchstes Engelwesen bezeichnet. Erst im Übergang vom Urchristentum zum beginnenden Frühkatholizismus wurden ihm, gleich wie den Göttersöhnen in den antiken Mythologien, gottähnliche Eigenschaften zugesprochen. (166) Die überlieferte Engelchristologie, um die sich die beiden alexandrinischen Bischöfe *Arius* (256-328) und *Athanasius* (295-373) und deren Anhänger aufs heftigste bekämpften, wurde auf dem Konzil von Konstantinopel, im Jahr 325, unter dem massiven machtpolitischen Einfluss des heidnischen römisch-byzantinischen Kaisers *Konstantin d. Gr.* (275-337) mit dem unklaren Begriff „wesensgleich" (gr. homousios) als Irrlehre verurteilt. Damit wurde *Christus* vergöttlicht und über das Engelreich gestellt. Die Schriften des *Arius* wurden vernichtet. Wer weiterhin dessen Bücher las, musste mit der Todesstrafe rechnen. (167)

Die *Christus-Sphäre* ist jener zweihöchste himmlische Bereich, in dem die aufgestiegene Geistseele mit ihrem Bewusstsein in jenes Reich eintreten kann, in dem ihr die unmittelbare Begegnung mit *Christus* ermöglicht wird. Dort nimmt sie Anteil am Leben und Lieben einer Welt, die ganz vom Christus-Geist erfüllt ist. Diese Sphäre ist jener königliche Bereich, von dem *Jesus* zu den Pharisäern sagte: „Mein Reich ist nicht von dieser Welt." (Jh 18,36) Dieses Christus-Reich sollten wir *in* uns verwirklichen. Dies wird das „Christus-Bewusstsein" genannt.

Die höchste Himmelsphäre, die das *Reich Gottes* genannt wird, ist jenen Geistwesen vorbehalten, die sich völlig frei gemacht haben von allen ichbezogenen Wünschen. Sie leben in einer Idealwelt.

Reines Licht in strahlender Liebeskraft ist die vorherrschende Schwingung dieser göttlichen Welt. Wohl deshalb wird im Religionsunterricht den Kindern erklärt: „Gott ist der Vater aus lauter Licht." Auch der englische Seher *Robert James Lees* (1849-1931) bestätigt: „Gott ist Licht, und die Nähe und Ferne zu ihm wird automatisch durch Licht oder Dunkelheit angezeigt." (168) In dieser höchsten Himmelssphäre erfährt das spirituelle Bewusstsein die größte Klarheit und Leuchtkraft. Auch *Buddha* lehrte, es gebe sieben Himmel. In den obersten kommen jene, „die absichtslos gut sind". (169) Dass dies gar nicht leicht ist, erfährt jeder, der einmal versucht, ohne den geringsten Eigennutz und ohne dass ihm sein heimlicher Egoismus in die Quere kommt, etwas Gutes zu tun. Selbst die höchste Sphäre des himmlischen Reiches ist nicht bloß ein „ewiges Schauen und Staunen, ein dauerndes Loben und Preisen", was die Theologen gerne „visio beatifica" nennen. Die Teilnahme an Gottes Reich bedeutet auch das Teilnehmen an seinem Wesen und Wirken. Hierzu heißt es in einer Jenseitsbotschaft: „Gott hat seinen himmlischen Geschöpfen Gelegenheit geboten, Anteil zu nehmen an der immerwährenden großen, herrlichen Neugestaltung und Vielfalt des Himmels. Sie sollten nicht nur in dieser Herrlichkeit Gottes wohnen und sie bestaunen, ohne auch nur etwas dazu beizutragen. Das wäre keine Seligkeit. Denn wie ihr Menschen über eigene Leistungen beglückt seid, wenn ihr solche von Bedeutung aus eigener Kraft hervorgebracht habt, die aus eigener Inspiration hervorgegangen sind. So ist es auch im Himmelreich. Glückselig sind jene, die dort schöpferisch tätig sein dürfen." (170)

In den höchsten Himmelssphären macht sich kein süßes Nichtstun breit. So wie der menschliche Geist dazu neigt, ständig regsam zu sein, so zeigt sich die Geistseele auch dort ideenreich und leistungsfreudig, allerdings auf viel höherem Niveau. Sie kennt weder Müdigkeit noch Leistungsunlust. Aber auch das beschauliche Betrachten und Bewundern der unermesslichen Werke Gottes in all ihrer Größe und Schönheit gehört zu den himmlischen Freuden sowie das liebende Beisammensein mit geistverwandten Wesen. Sie begegnen sich dort immer wieder in gemeinsamen Festen und Feiern, bei Veranstaltungen künstlerischer und kultureller Art. So ist der

Himmel kein Zustand der Langweile und des eintönigen Einerleis. Die Unendlichkeit Gottes und seines Reiches lässt uns nie am letzten Ziel ankommen. Daher werden unsere Wünsche nie bis ins Letzte erfüllt und unsere Sehnsucht nie ganz gestillt. Wir sind und bleiben immer unterwegs, denn Gottes Unendlichkeit ist unerreichbar für seine Geschöpfe. (171) Über diesen höchsten Bereich, den eine Geistseele erreichen kann, sagte die jenseitige Geistlehrerin *Lene*: „Die Pracht, die Herrlichkeit, der Glanz Gottes ist so unbeschreiblich, so wunderschön, dass ihr selber gänzlich außerstande wäret, diese Pracht und Herrlichkeit zu schauen." (172) In gleichem Sinne bekennt *Erhard Bäzner,* dem als Hellsichtiger die Jenseitswelt in Teilen zugänglich war: „Weder ein Wort, noch ein Bild, noch ein Vergleich können auch nur annähernd diesen Zustand beschreiben; denn er ist über alles irdische Ausdrucksvermögen erhaben." An anderer Stelle schreibt er: „Kein Vergleich ist imstande, die Pracht und Erhabenheit, die unermessliche Glorie des strahlenden Lichtes, der schwingenden Töne und der innerlichen Erlebnisse auch nur ahnen zu können. In diesem ‚siebten Himmel' weiß sich der Verstorbene wahrhaftig frei; erlöst von allen Täuschungen und aller Gebundenheit, erkennt er sich in seinem wahren *Selbst.*" (173)

So geht die Reise immer weiter, immer höher von Sphäre zu Sphäre in die Unendlichkeit, so wie es *Hans Sahl* gedichtet hat:

Ich gehe langsam aus der Welt hinaus
in eine Landschaft jenseits aller Ferne.
Was ich war, was ich bin und was ich bleibe
geht mit mir ohne Ungeduld und Eile
in ein bisher noch nie betretenes Haus.

11. Die wiederholten Erdenleben

In *Mozarts* „Zauberflöte" versichern die drei Knaben dem liebeskranken Papageno: „Man lebt nur einmal, dies sei dir genug." In *Albert Lortzings* Oper „Der Waffenschmied" singt der heiratslustige Geselle Georg: „Man lebt nur einmal in der Welt." In einem Tiroler Volkslied heißt es: „Der Mensch lebt nur einmal und dann nicht mehr." Ein moderner Schlager, gesungen von *Florian Grubentaler,* trägt den Titel: „Wir alle haben nur ein Leben." Und der Schweizer Schriftsteller *Max Frisch* (1911-1991) schrieb in seiner „Antwort aus der Stille": „Warum leben wir nicht, wo wir doch wissen, dass wir nur ein einziges Mal da sind, nur ein einziges und unwiederholbares Mal, auf dieser unsagbar herrlichen Welt!" Im Jahr 1974 erschien im Zürcher Verlag für Volksgesundheit ein Buch von *Emil Steiger* mit dem Titel „Du lebst nur einmal". Die gleiche Ansicht vertrat im Jahr 1978 der Theologe *Paul Tillich*: „Wir leben nur einmal. In diesem einen Leben sind wir hineingestellt in eine bestimmte Zeit, an einen bestimmten Ort, mit bestimmtem Erbgut ausgestattet." Wie leicht lassen sich solche wenig durchdachten Behauptungen aufstellen, ohne zu bedenken, ob sie überhaupt zutreffen. Vor Jahren fuhr ich mit dem Zug nach Heidelberg, um dort einen Vortrag zu halten. Kurz nach Basel betrat ein Kellner des Speisewagens mein Abteil. Höflich, wie es sein Beruf verlangt, wollte er mir eine kleine Flasche Champagner empfehlen. Als ich ebenso höflich abwinkte, versuchte er es noch einmal: „Ach, gönnen Sie sich doch diesen Trunk, man lebt ja nur einmal!" Als ich ihn fragte: „Woher wissen Sie das?", zog er sich wortlos zurück und ward nicht mehr gesehen.

11.1 Leben wir nur einmal?

In Bezug auf die wiederholten Verkörperungen der Geistseele auf unserem Planeten Erde gibt es unterschiedliche Meinungen, die sich je nach Begriffsverständnis mehr oder weniger voneinander unterscheiden. Da ist die Rede von Seelenwanderung und Wiederverkörperung, von Wiedergeburt und Reinkarnation, seltener von Transmigration und Transkorporation, aber auch von Metamorphose, Palingenese oder Reventismus. Im übertragenen Sinn kann nach *C.G. Jung* Wiedergeburt auch eine innere Wandlung, eine Art psychische Neugeburt bedeuten. (1) Der Zürcher Religionsphilosoph *Ronald Zürrer* schreibt in seinem gut dokumentierten Buch „Reinkarnation": „Der Glaube an irgendeine Form der Seelenwanderung oder des Weiterlebens nach dem Tode bildet zweifelsohne eine der ältesten und am weitesten verbreiteten Überzeugungen der Menschheitsgeschichte und taucht fast ausnahmslos in jeder zivilisierten Kultur auf jedem Kontinent auf." (2) Für *C.G. Jung* gehört die Lehre von der Wiedergeburt zu den „Uraussagen der Menschheit überhaupt". (3) Ihm stimmt der Psychiater *Gion Condrau* (geb. 1919) zu, indem er darauf hinweist, dass die Frage der Reinkarnation bereits die alten Kulturen beschäftigte, „welche die verschiedenen Formen des religiösen Glaubens mit Inhalt gefüllt haben und des Menschen Dasein über Jahrtausende mit dem Tod versöhnt hat". (4)

Die Annahme des Wiedergeburtsgedankens erlaubt uns die Beantwortung der Fragen nach unserem Woher, Wohin und Wozu, die anders gar nicht einleuchtend zu beantworten sind. Daher erklärte *Carl Friedrich von Weizsäcker* in einem Vortrag an den Salzburger Hochschulwochen im Jahr 1975: „Die weltweit wirksamste Vorstellung vom Jenseits des Todes ist die Lehre von der Wiederverkörperung der Seelen in immer neuen Leibern." (5) Die geistigen Quellen dieser Vorstellung von mehreren aufeinander folgenden Erdenleben liegen einerseits in der morgenländischen Erkenntnislehre und andererseits in der abendländischen Philosophie.

Für die *östlichen* Geistesströmungen gehört der Seelenwanderungs-Gedanke wesentlich zur Karma-Lehre. Erste schriftliche Hinweise hierzu finden wir in den „Upanishaden" aus dem 8. Jahrhundert v. Chr. und in der „Bhagavad Gita". Im Hinduismus und Buddhismus gehört diese Annahme seit mehr als 2000 Jahren zur traditionellen Lehre. Danach ist das gegenwärtige Leben des Menschen die Folge seiner früheren Existenzen. Er ist als geistiges Wesen in die materielle Welt hinabgestiegen, um dort seine Lernerfahrungen zu machen. Im altpersischen *Avesta* begegnen wir der Idee, dass die Seelenwesen bereits vor jedem Erdenleben in einer geistigen Welt ein Dasein haben. Danach ist das Ziel der wiederholten Erdenleben die möglichst baldige Selbstbefreiung der Seele aus dem Zwang der endlosen Wiederkehr. Das Symbol für die östliche Wiedergeburtslehre ist das Rad des *Samsara,* das sich solange durch viele Erdenleben dreht, bis sich der Mensch durch eigenes Streben aus diesem karmischen Schicksalszwang befreit hat. (6) Von hier hat *Zarathustra* diese Lehre übernommen. (7) Ihm folgte in der Spätantike der persische Prophet *Mani* (216-277 n. Chr.), der ebenfalls die Wiedergeburtsidee verkündete. (8) Dieser wird als der Begründer des Manichäismus angesehen. Seine Offenbarungsreligion sieht die Welt zweigeteilt in das Reich des Lichtes und in das Reich der Finsternis. Diese Weltsicht breitete sich im ganzen Römerreich der ersten Jahrhunderte unserer Zeitrechnung aus und hinterließ bis ins 10. und 11. Jahrhundert ihre Spuren im europäischen Raum und sogar im fernen China. Diese Religionsphilosophie verband sich schon früh mit dem Gedanken der Wiedergeburt. Vom Manichäismus wurde auch das frühe Christentum beeinflusst, als dieses von Kaiser *Konstantin* zur römischen Staatsreligion erklärt wurde. Selbst *Augustinus* beschäftigte sich eine Zeit lang mit dem Manichäismus und dessen Idee von der Vorexistenz und Wiedergeburt, indem er sich fragte: „War ich vor meiner Geburt irgendwo oder irgendwer?" (9)

Im Osten des Römerreiches ist im 2. und 3. Jahrhundert die Geistesrichtung der *Gnosis* entstanden. Diese religiös ausgerichtete Erkenntnislehre enthielt ein Gemisch aus östlichen und westlichen Weisheitslehren, unter anderem auch die Lehre von der Seelenwanderung. Der Gedanke an die Wiederholung der Erdenleben war auch der *Kabbala* im 2. und 3. Jahrhundert nicht fremd. So lehrte sie, Gott habe alle Seelen des auserwählte Volkes Israel bereits vor der Erschaffung der Welt in einem einzigen Schöpfungsakt ins Dasein gehoben. In ihren Schriften heißt es: „Alle Seelen sind der Wiedergeburt unterworfen, und die Menschen kennen die Wege des Höchsten nicht. Sie haben keine Kenntnis von den vielen Seelenwanderungen und geheimen Prüfungen, durch die sie gehen müssen." (10)

Auch dem *Sufismus,* der sich im 6./7. Jahrhundert vom Irak her im Vorderen Orient ausbreitete, war der Wiedergeburtsgedanke bekannt. Ihr wichtigster Vertreter, der persische Mystiker *Dschelâl ed Din Rûmi*

(1207-1273), lehrte die Wanderung der Seele durch alle Naturreiche. Von ihm stammt das berühmte Bekenntnis:

> Ich starb als Stein und wuchs als Pflanze auf,
> Ich starb als Pflanze und ward Tier darauf,
> Ich starb als Tier und ward als Mensch geboren,
> Was fürchte ich? Hab durch den Tod ich je verloren?
> Als Mensch rafft er mich von dieser Erde,
> Damit ich des Engels Flügel tragen werde.
> Als Engel noch ist meines Bleibens nicht,
> Denn ewig bleibt nur Gottes Angesicht.
> So trägt noch über Engelwelten mich fort
> Mein Flug zu unerdenklich hohem Ort:
> Es klingt in mir wie Harfenlieder,
> dass zu Ihm wir kehren immer wieder. (11)

Dagegen hielt der indische Weise *Sri Aurobindo* (1872-1950) nichts von einer Rückkehr der Geistseele in einen Tierkörper, wie auch der moderne Buddhismus diese Ansicht ablehnt. (12) Auch der westlichen Wiedergeburtslehre ist ein Aufstieg der Menschenseele durch das Mineral-, Pflanzen- und Tierreich fremd. Sie spricht lediglich von der Wiedergeburt in einem Menschenkörper. Eine Wiederverkörperung in ein Tier ist für mich deshalb nicht vorstellbar, weil ein Tier wohl eine Vitalseele besitzt, nicht aber ein Geistseele. Dagegen ist es denkbar, dass ein Mensch, der sich im Leben an Tieren schuldig gemacht hat, etwa durch Tierquälerei, nach seinem Tod an den feinstofflichen Empfindungsleib eines Tieres gebannt wird, um so zu erfahren, dass auch Tiere Schmerzen wahrnehmen können.

Die *westliche* Wiedergeburtslehre entstand wahrscheinlich unter dem Einfluss orientalischer Vorstellungen. Sie ist allerdings weniger pessimistisch und fatalistisch eingestellt, da sie die Möglichkeit zu wiederholten Erdenleben nicht als Zwang, sondern als Chance sieht. Ihr Symbol ist deswegen nicht das Rad, sondern die sich aufwärts windende Spirale, die den menschlichen Geist aus seinem gefallenen Zustand stets höher trägt auf dem Weg der Selbsterkenntnis. Das Ziel des Menschenlebens ist nicht die Selbsterlösung, sondern die Selbsterkenntnis und die Selbstverwirklichung durch die einsichtsvolle Bewältigung des eigenen Schicksals. Die frühesten Berichte über diesen abendländischen Wiedergeburtsglauben kommen aus Ägypten. Der weit gereiste griechische Geschichtsschreiber *Herodot* berichtete, dass die Ägypter als erstes Volk an die Unsterblichkeit der Seele und deren Wiedergeburt geglaubt haben. (13) Jahrhunderte später finden wir diesen Gedanken in den orphischen Mysterien Griechenlands. Ihr wichtigster Vertreter war der berühmte Weise *Pythagoras*. Er konnte in Ägypten und in Babylon die Weisheitslehren der dortigen Priester kennen lernen. (14) Im süditalienischen Crotona unterhielt er die erste esoterische Akademie. Ein wesentlicher Bestandteil seiner Botschaft war der Lehre von der wiederholten Einkörperung der menschlichen Seele gewidmet. Einer seiner berühmten Nachfolger war *Empedokles*. Er hielt es für denkbar, dass Menschen, die sich an einem Tier vergangen hatten, zur Strafe als Tier wiedergeboren wurden. Daher verbot er das Quälen und Töten von Tieren. Rund hundert Jahre danach vertrat *Platon* in seinem Dialog „Phaidon" die Idee von der Seelenwanderung. (15) Dagegen lehnte sein Schüler *Aristoteles* die Wiedergeburtslehre ab, nachdem er eine vorgeburtliche geistige Existenz nur der ewigen Gottheit zusprach, nicht aber den Menschen.

Die alten Germanen und andere Völker des Nordens hielten an dem Glauben fest, dass der Mensch nach seinem Tod nach einer gewissen Zeit im Schoß der eigenen Sippe wiedergeboren wird, damit der Stamm erhalten bleibt. In seiner Schrift „Über den gallischen Krieg" schrieb *Julius Cäsar* (100-44 v. Chr.): „Bei den Germanen war es der Glaube, dass die Seelen nicht sterben, sondern nach dem Tode in einem anderen Körper wieder zur Welt kommen. Darin erblicken sie den Hauptantrieb zur Tugend und den Grund, warum der Tod nicht zu fürchten sei." Von den Kelten schrieb der Geschichtsschreiber *Diodorus* im 1. vorchristlichen Jahrhundert: „Bei ihnen gilt die Lehre, dass die Seelen der Menschen nach einer bestimmten Zahl von Jahren nach dem Tod wieder in das Leben treten und dabei in einen anderen Körper einkehren."

In den ersten Jahrhunderten unserer Zeitrechnung scheint der Gedanke an wiederholte Erdenleben auch im frühen Christentum im Gespräch gewesen zu sein. Jedenfalls schrieb der Kirchenschriftsteller *Tyrannius Rufinus* in einem Brief an den Bischof *Anastasius*, „dass der Glaube an wiederholte Lebensläufe Allgemeingut gewesen und seit jeher als alte Tradition überliefert worden sei". (16) In seinen Schriften vertrat *Origenes*, wohl der größte christliche Kirchengelehrte des Altertums, zwar möglicherweise nicht die Wiedergeburtslehre, wohl aber die Ansicht, dass Gott am Anfang der Schöpfung alle Seelen gleichzeitig erschaffen habe. Ein Teil von ihnen habe sich versündigt und sei zur Strafe in menschliche Leiber eingesperrt worden. (17) Als sein ärgster Gegner tat sich der Kirchenvater *Hieronymus* hervor, indem er versuchte, ihm mit massiven Verleumdungen, Fälschungen und Intrigen zu schaden. Dies hat im Jahr 1985 den heutigen Kardinal *Christoph Schönborn* in einem Vortrag in Zürich veranlasst, ihn als „einen miesen Charakter zu bezeichnen, obwohl er von der Kirche heiliggesprochen wurde". (18) Im 6. Jahrhundert wurden die Lehren des *Origenes* verurteilt und verboten. Nach diesem offiziellen Verdikt mussten die Anhänger der Wiedergeburtslehre untertauchen, um vor Verfolgungen durch die Kirche geschützt zu sein. In den nachfolgenden Jahrhunderten schlossen sich diese in Geheimorden, geheimen Bruderschaften und verschwiegenen Geheimbünden zusammen. Auf diese Weise konnten sie ihr Geheimwissen, zu dem auch die Wiedergeburtslehre gehörte, bewahren und an Gleichgesinnte weitergeben.

Vom 10. bis 13. Jahrhundert entfaltete sich in den südlichen und westlichen Ländern Europas eine streng religiöse Gemeinschaft mit asketischer Gesinnung. Diese nannten sich *Katharer,* abgeleitet vom griechischen Wort „katharos" für „sittlich rein". Sie hielten mit Recht die menschlichen Geistseelen für gefallene Engel, die als Menschen wiedergeboren werden. Weil diese Vereinigung frommer Laienbrüder sich auch gegen den damals korrupten katholischen Klerus stellte, rief Papst *Innozenz III.* (1198-1216) zu einem Kreuzzug gegen diese vermeintlichen Häretiker auf, die in einer zwanzig Jahre andauernden grausamen Verfolgung durch die römische Inquisition nahezu vollständig vernichtet wurden. Eine besondere Gruppierung der Katharer waren im südfranzösischen Languedoc die *Albigenser* als Anhänger des Manichäismus. Auch sie glaubten an die Wiedergeburt. Daher wurden auch sie in den Albigenser-Kriegen von 1209-1229 von Kirche und König als Ketzer brutal verfolgt. Die Burg Montségur fiel als ihre letzte Bastion im Jahr 1244. Ihr Gedankengut wurde im 14. Jahrhundert von der mönchsähnlichen Bruderschaft der *Rosenkreuzer* (19) und im 17. Jahrhundert auch von einzelnen *Freimaurerlogen* übernommen. (20)

Zur Zeit des Humanismus, im 14. bis 16. Jahrhunderts, während der Aufklärung, im 17. und 18. Jahrhundert, und in der Periode des Idealismus, im 18. und 19. Jahrhundert, erfuhr die Wiedergeburtsidee abseits der christlichen Glaubenslehre große Beachtung. In den Werken vieler berühmter Dichter und Denker finden sich zahlreiche literarische Zeugnisse für den Wiedergeburtsgedanken. (21)

Die spiritistischen und spiritualistischen Forschungen haben im 19. und 20. Jahrhundert der Wiederverkörperungsidee in weiten Kreisen einen großen Auftrieb gegeben. Zu nennen ist vor allem die „Geheimlehre" der *Theosophischen Gesellschaft*, gegründet 1875 von der Russin *Helena Petrovna Blavatsky* (1831-1919) und dem Amerikaner *Henry S. Olcott* (1832-1907) (22) *Blavatskys* Hauptwerk lehnt sich stark an die Weltanschauung des Hinduismus und Buddhismus an und übernimmt auch den Gedanken der Seelenwanderung. Von der Theosophischen Gesellschaft trennte sich im Jahr 1913 unter der Führung *Rudolf Steiners* die Anthroposophische Gesellschaft ab, die sich nebst der Wiedergeburtslehre auch christliches Gedankengut zu eigen machte. (23) Beide Geistesrichtungen vertreten noch heute eindeutig die Lehre von der Wiedergeburt. In jene Zeit fallen auch die Neuoffenbarungen *Jakob Lorbers*, in denen der Wiedergeburtsgedanke ebenfalls teilweise zum Ausdruck kommt. (24) Aus der Theosophischen Gesellschaft ist in den Vereinigten Staaten im Jahr 1894 die *Neugeistbewegung* hervorgegangen, die heute in Europa unter dem Namen „Unity" bekannt ist. Auch diese Vereinigung verpflichtet sich der Wiedergeburtslehre. (25) Ähnliches lässt sich heute von der *New Age-Bewegung* mit ihrer spirituellen und esoterischen Ausrichtung sagen. Zu ihren prominenten Vordenkern gehören *Fridjof Capra* (26) und *Ken Wilber* (27)

Die gegenwärtige Situation um die Wiedergeburtsthematik zeigen einige aufschlussreiche Erhebungen. Mehrere großangelegte *Umfragen* der vergangenen rund vierzig Jahre beweisen, dass die Lehre von den wiederholten Erdenleben bei der Durchschnitts-Bevölkerung immer mehr an Zustimmung gewinnt. Im Jahr 1968 waren es in den christlichen Ländern Europas und Nordamerikas 20-25%. (28) Der Theologe *Andreas Resch* hat im Jahr 1978 der römischen Bischofssynode die Ergebnisse einer Untersuchung vorgelegt, wonach im europäischen Bereich rund 23% der Katholiken und 21% der Protestanten der Idee von der Wiedergeburt zustimmen. Unter den Andersgläubigen waren es sogar 56%. (29) Das Gallup-Institut in London hat in den Jahren 1978 bis 1982 in zwölf europäischen Ländern eine Erhebung zur Frage „Glauben Sie an die Wiedergeburt?" durchgeführt. Befragt wurden 12.463 Personen. Von den unter dreißig Jahre alten Befragten hielten 29% und bei den über 30-jährigen 21% die Wiedergeburtsidee für annehmbar. In den USA glaubten in den Achtzigerjahren rund ein Viertel der Befragten an die Wiedergeburt. (30)

Das deutsche Institut für Meinungsforschung in Allensbach stellte im Jahr 1988 in einer repräsentativen Umfrage bei 2000 Personen in der damaligen Bundesrepublik die Frage: „Glauben Sie, dass Sie früher schon einmal gelebt haben?" Von den Befragten antworteten 12% mit „Ja". Auf die Gesamtbevölkerung der BRD hochgerechnet, waren dies rund sechs Millionen Bundesbürger, die den Gedanken an die Wiedergeburt für annehmbar hielten. (31) Im Auftrag des „Schweizerischen Pastoralsoziologischen Instituts in St. Gallen und des „Institut d'éthique sociale" in Lausanne wurde in den Jahren 1988-1989 bei Katholiken und Protestanten eine Umfrage zum Thema „Religion und Weltanschauung" durchgeführt. 29% der sonntäglichen Kirchgänger gaben an, an die Reinkarnation im Sinn der wiederholten Erdenleben zu glauben. (32) Die deutsche „Bildzeitung" befragte im Jahr 1992 ihre Leser: „Haben Sie schon einmal gelebt?" Unter den 4604 eingegangenen Antworten bejahten 43,5% diese Frage, während 56,5% diese verneinten oder offen ließen. (33)

Das Meinungsforschungs-Institut DemoSCOPE führte im Jahr 1994 in Deutschland und in der Schweiz eine Umfrage durch zum Thema „Wiedergeburt". Von den 452 befragten Personen gaben 33% an, sie würden an eine Wiederverkörperung des Menschen in einem neuen Leben glauben. Dabei zeigten sich deutliche Unterschiede bei einzelnen Altersgruppen. 38% der 15-34-jährigen stimmten dieser Ansicht zu. Bei den 35-54-Jährigen waren es 28% und bei den 55-74-Jährigen 29% . (34) Eine Umfrage der Zeitschrift „Brückenbauer" vom April 2000 ergab, dass von der heutigen Jugend in der Schweiz rund 30% an die wiederholten Erdenleben glauben. Bei kirchlich distanzierten Jugendlichen waren es etwas mehr als bei kirchentreuen Christen. Die Zustimmung war bei den Katholiken leicht höher als bei den Reformierten und bei den weiblichen Befragten häufiger als bei den männlichen. (35) Nach einer Umfrage in der Schweiz aus dem Jahr 2000 glauben 43% der Jugendlichen nicht mehr an ein Leben nach dem Tod im christlichen Sinn. Dafür halten 30% die Wiedergeburt des Menschen für einleuchtend. (36) Bei den medialen Befragungen von Verstorbenen, ob es eine Wiedergeburt aus ihrer jenseitigen Sicht tatsächlich gebe, stößt man auf unterschiedliche Auskünfte. Einige lehnen diese ab, andere stimmen zu. Die Erklärung hierfür liegt darin, dass die

Jenseitsbewohner noch längere Zeit über ihren irdischen Tod hinaus an jenen Vorstellungen festhalten, die sie sich hier auf Erden erworben haben. (37)

Die hier vorgelegten Zahlen beweisen, dass die Zustimmung zum Glauben an die Wiedergeburt in unserer Zeit deutlich zunimmt. Der Theologieprofessor *Gisbert Greshake* räumt daher ein, dass heute auch in den christlichen Ländern 20-25% der Bevölkerung eine Reinkarnation für denkbar hält. (38) Dies ist einerseits zu erklären durch das wachsende Interesse an alternativen Weltanschauungen, andererseits sind die heutigen Menschen in religiösen Fragen nicht mehr so streng traditionsgebunden und lassen sich von neuen und fremden Glaubensansichten leichter beeinflussen. Schließlich lassen sich durch dieses Denkmodell nicht wenige Glaubensfragen eher beantworten als durch die dogmatischen Lehren unserer Kirchen, an deren zurückhaltender bis ablehnender Haltung der Wiedergeburtslehre gegenüber sich seit fast 2000 Jahren nichts geändert hat. So ist es nicht verwunderlich, dass von der kirchlichen Basis her der Wiedergeburtsgedanke immer deutlicher ins religiöse Bewusstsein drängt.

Die christlichen Kirchen kommen heute nicht mehr länger darum herum, sich diesen neuen Problemen zu stellen. Einige wenige christliche Organisationen haben die Zeichen der Zeit bereits erkannt. So hat im Jahr 1979 die „Evangelische Zentralstelle für Weltanschauungsfragen" in Stuttgart eine vorsichtig abgefasste Dokumentation zum Thema „Reinkarnation – Seelenwanderung – Wiedergeburt" herausgegeben. (39) Im Januar 1985 hat die „Arbeitsgemeinschaft katholischer Dogmatiker und Fundamentaltheologen" an einer Tagung in Trier unter dem Titel „Seele als Problembegriff christlicher Eschatologie" dem Thema „Wiedergeburt" ihre Aufmerksamkeit gewidmet. Am 1. und 2. Juli 1985 wurde in der Paulus-Akademie in Zürich zum Thema „Reinkarnation – Antwort der Kirche" ein interreligiöses Seminar durchgeführt. Dieses stand unter dem Patronat der Schweizer Bischofskonferenz und des Schweizer Evangelischen Kirchenbundes. (40) Unter der Überschrift „Die neue religiöse Welle – Pastorale Hilfen zur Auseinandersetzung mit neuen religiösen Bewegungen außerhalb der Kirche" erschien 1985 eine Werkmappe für Theologen zum Thema „Wiedergeburt". Herausgegeben wurde diese von der katholischen sozial-ethischen Arbeitsstelle der Deutschen Bischofskonferenz und der Arbeitsgemeinschaft Österreichischer Pastoral- und Seelsorgeämter. Im Jahr 1986 veröffentlichte *Richard Friedli* (geb. 1937), Professor für Religionswissenschaft an der katholischen Universität Fribourg, ein Handbuch über „Einmaligkeit des Lebens oder Wiedergeburt". (41) Das Bistum Basel führte im Jahr 1986 einen Dekanatsfortbildungskurs für Theologen und Seelsorger durch, wobei es zur Hauptsache um eine Auseinandersetzung mit der Idee der Reinkarnation ging. Indessen nahm das Interesse an der Wiedergeburtslehre unter dem Kirchenvolk weiter zu. An der Basler Psi-Tagung von 1988, an der über 1500 Personen teilnahmen, wurde es offensichtlich, dass der christliche Auferstehungsglaube als einzige Antwort auf die wichtigsten Existenzfragen des heutigen Menschen nicht mehr genügt. (42) Auch die stark besuchten 18. Basler Psi-Tage, vom 24.-27 November 2000, waren dem Thema „Wiedergeburt – Wahn oder Wirklichkeit" gewidmet. Am 16. und 17. März 1994 führte die katholische Pfarrei Hausen am Albis in der Schweiz einen Vortragszyklus über „Christlicher Glaube und Wiedergeburt" durch. Bei dieser Gelegenheit sprach der frühere Dogmatik-Professor und heutige Kardinal *Dr. Kurt Koch* über „Die Wiedergeburtstheorie aus christlicher Sicht". Ich selber durfte hierzu das Gegenreferat halten unter dem Titel „Die wiederholten Erdenleben aus esoterischer Sicht". Nachdem der Theologe meine Argumente für die Reinkarnation gehört hatte, schrieb er mir: „Ich kann allerdings nicht sagen, dass ich ‚bekehrt' bin. Vielmehr stellen sich mir immer mehr neue Fragen." Bei anderer Gelegenheit vertraute er mir in diesem Zusammenhang an: „Wenn Sie recht haben, müssen wir in unserer Kirche noch einiges ändern."

Heute wird unter Theologen meist nur „unter vorgehaltener Hand" über Reinkarnation gesprochen. Vor einigen Jahren versuchte ich von einem befreundeten katholischen Theologen zu erfahren, was er von der Wiedergeburtsidee halte. Seine Gegenfrage lautete: „Fragst du mich als Pfarrer oder als Privatperson?" Er gestand mir, dass er diesem Thema als Kirchenvertreter geflissentlich ausweichen müsse, obwohl er persönlich eine gegenteilige Meinung habe. Ein anderer Theologe und Religionslehrer an einem Gymnasium pflichtete all meinen Argumenten für die Wiedergeburtslehre widerspruchslos zu. Auf meine Anfrage: „Warum sagt ihr Priester das den Leuten in der Kirche nicht?", gab er mir zur Antwort: „Ja das kann man den Leuten doch nicht sagen! Das sind Säuglinge, die brauchen Milch und nicht Champagner."

Es ist eine historische Tatsache, dass festgefahrene Positionen in Weltanschauungsfragen stets eine Gegenströmung auslösen. Das heutige Aufkommen und weltweite Erstarken der Wiedergeburtsidee ist ein deutlicher Hinweis auf ein Defizit und Manko in der christlichen Glaubenslehre. Die Versuche der Kirchenvertreter, die Wiedergeburtslehre zu widerlegen, haben sich weitgehend als untauglich erwiesen. Heute steht nicht mehr die Frage im Vordergrund, was die Bibel zur menschlichen Herkunft sagt; und ob *Jesus,* der in der jüdischen Tradition aufgewachsen ist, die Reinkarnation lehrte, ist unter bibelkundigen Fachleuten bis heute umstritten. *Till A. Mohr* aus St. Gallen zeigt sich in seinem umfangreichen und gut dokumentierten Werk „Kehret zurück, ihr Menschenkinder!" hiervon überzeugt. (43) Dagegen ist der katholische Theologe *Gabriel Looser* in seinem Buch „Welches Leben nach dem Tode?" der Meinung, dass *Jesus* sich mit dem Problem der wiederholten Erdenleben offenbar gar nicht auseinandergesetzt habe und „ihn all die Fragen um Reinkarnation und Karma ganz einfach nicht interessierten", weil er für uns Menschen einen anderen Heilsweg im Auge hatte. (44)

Die Frage nach unserem Woher und Wohin wird von den offiziellen Hütern der Glaubenswahrheit heute zu wenig ernst genommen und daher kaum glaubhaft beantwortet. Immer mehr Menschen werden der Ansicht des Psychologen *Gerhard Adler* beipflichten: „Die Reinkarnation ist eines der großen Denkmuster für das menschliche Einzelschicksal und das größere Geschehen im All." (45)

11.2 Neue Wahrheit und alter Irrtum

Grundsätzlich ist festzuhalten, dass es sich bei der Suche nach der Wahrheit in erster Linie um ein philosophisches Problem handelt und nicht um ein theologisches. Nicht der Glaube im Sinne des Für-wahr-Haltens ist dabei maßgebend, sondern die logische Erkenntnis und Einsicht. Dies gilt auch für die Frage, ob der Mensch nur ein Leben hat oder ob er mehrmals geboren wird. Um die Wahrheit nach Geburt und Wiedergeburt verständlich zu machen, müssen wir zunächst zwei alte Irrtümer ausräumen, die seit rund zweitausend Jahren das abendländische Denken belasten. Hier trifft das *Goethe*-Wort zu: „Nichts steht einer neuen Wahrheit so sehr entgegen als ein alter Irrtum." Der Grund für die jahrhundertelange Auseinandersetzung um das Thema Wiedergeburt liegt nämlich in zwei „Webfehlern" im Gewand des überlieferten Christentums. Darin liegt auch der wahre Grund dafür, dass die Wiedergeburtslehre bis heute keine offizielle Anerkennung in der christlichen Glaubenslehre fand.

Der erste schwerwiegende Fehler bestand darin, dass die christliche Glaubenslehre die *Präexistenz* der menschlichen Geistseele ablehnt und behauptet, Gott erschaffe bei jeder menschlichen Zeugung unmittelbar aus dem Nichts eine geistige Seele. Dabei stützt sie sich auf die mythologische Erzählung der Bibel von der Erschaffung der ersten Menschen in einem irdischen Paradies. Von einer „präkosmischen Katastrophe" berichten zahlreiche Mythologien verschiedener Völker. Aber auch mediale Jenseitsbelehrungen aus neuerer Zeit, wie sie das heutige Geistchristentum kennt, wissen darum, dass die menschlichen Seelen eine Vorexistenz in der geistigen Welt haben – und zwar längst vor ihrer Menschwerdung. (46)

Unter dem Einfluss der griechischen Philosophie nahmen im frühen Christentum mehrere Kirchenlehrer die Präexistenz der Geistseele an. Unter ihnen traten besonders *Clemens von Alexandrien* und *Origenes* hervor. Im Hauptwerk des *Origenes* „Peri archon", das unter dem Titel „De Principiis" von *Tyrannus Rufinus* ins Lateinische übersetzt wurde, ist zu lesen: „Die Menschen auf dieser Erde sind nicht erst durch ihre irdische Geburt ins Leben getreten, sondern sie haben als Geschöpfe Gottes schon ein langes Dasein hinter sich. Einst waren sie Mitbewohner des Reiches Gottes, das von ihm zusammen mit einer Schar hoher Engel gelenkt wurde. Jene, die in den himmlischen Sphären blieben, sind die Engel. Da gab es viele, die in die Tiefe gestürzt und ganz von Gott abgefallen sind. Das sind die Teufel. Es soll auch wieder andere gegeben haben, die sich gegen Gottes Ordnung aufgelehnt haben und deswegen zur Strafe in Leiber eingesperrt wurden. Je nach dem Grad des Abfalls wurden sie in Tierleiber oder in Menschenleiber hineingeboren." (47)

Diese Lehre des *Origenes* konnte sich nicht durchsetzen, weil sich in der Bibel hierfür kein Rückhalt fand und sie eher der Auffassung einiger griechischer Philosophen entsprach. Im Jahr 543 wurde auf Geheiß des oströmischen Kaisers *Justinian* die Präexistenzlehre am Konzil von Konstantinopel mit folgendem Wortlaut verurteilt: „Wer die erdichtete Präexistenz der Seele und ihre darauf folgende phantastische Wiederherstellung vertritt, der sei ausgeschlossen." (48) *Robert Streuli* ergänzte in seiner Origenes-Biografie hierzu, dass diese Kirchenversammlung ohne

Ermächtigung durch den damaligen Papst *Vigilius* einberufen wurde. Anwesend waren hundertsechzig Kleriker der Ostkirche und nur ein halbes Dutzend Vertreter der Westkirche. Einige Tage vor dem Konzil lud der Kaiser die ihm wohlgesinnten Bischöfe zu einer Synode ein, an der die Verurteilung (Anathema) des *Origenes* vorbereitet wurde. Ob der Papst, der an der Kirchenversammlung nicht anwesend war, später unter Zwang diesen Konzilsbeschluss unterschrieben hat, bleibt umstritten. In den nachfolgenden Jahrzehnten wurde die Verurteilung der Präexistenzlehre allmählich als offizielle Doktrin in die katholische Kirchenlehre aufgenommen. (49) Diese Tatsache blockierte später während Jahrhunderten jeden Dialog zwischen Befürwortern und Gegnern der Präexistenzlehre und der Reinkarnation.

In den nachfolgenden Jahrzehnten setzte sich diese Ächtung als offizielle Lehre der Kirche immer mehr durch. So wurde die Präexistenzlehre auch auf einer Bischofssynode vom Jahr 1082 verurteilt. Dasselbe geschah durch das 4. Laterankonzil 1215 und auf dem 14. Ökumenischen Konzil von Lyon 1254 sowie auf dem 17. Ökumenischen Konzil zu Florenz im Jahr 1439. Zuletzt sprach das Zweite Vatikanische Konzil (1962-1965) vom „einmaligen Erdenleben" des Menschen. (50) Damit wurde dem Christentum jede Grundlage für die Wiedergeburtslehre entzogen. Heute geben viele Kirchenvertreter, wie der amerikanische Theologe *Cyrill C. Richardson* vom „Union Theological Seminary" in New York, unumwunden zu: „Die Verdammnis des Origenes ist eine der traurigsten Episoden in der Geschichte der christlichen Kirche." (51)

Indem wir die Lehre von der Wiedergeburt der Geistseele annehmen und den Weg zurückverfolgen über mehrere Menschenleben bis zu ihrem Ursprung in der göttlichen Welt, wird vieles klarer. So zitiert *Thorwald Dethlefsen* aus einer Schrift des *Origenes*: „Wenn wir wissen wollen, weshalb die menschliche Seele das eine Mal dem Guten gehorcht, das andere Mal dem Bösen, so hat man die Ursache in einem Leben zu suchen, das dem jetzigen vorausging. Jeder von uns eilt der Vollkommenheit durch eine Aufeinanderfolge von Lebensläufen zu. Wir sind gebunden, stets aufs neue bessere Leben zu führen, sei es auf Erden, sei es in anderen Welten. Unsere Hingabe an Gott, die uns von allen Übeln reinigt, bedeutet das Ende der Wiedergeburten." (52) Ähnliches überlegt *Fritz Singer*: „Ist es nicht vernünftig, dass Seelen in Körper inkarnieren in Übereinstimmung mit deren Verdiensten und früheren Taten und dass jene, die ihren Körper benutzen, das Beste zu tun, ein Anrecht auf einen Körper haben, der in seinen Eigenschaften höher steht als die Körper anderer? Jede Seele kommt in diese Welt, gestärkt durch die Siege oder geschwächt von den Niederlagen ihres früheren Lebens." (53)

Der zweite folgenschwere Fehler liegt am *falschen Menschenbild* in der heutigen Theologie. Dieses geht auf *Aristoteles* zurück. Er nannte die Seele das formende und den belebten Körper das geformte Prinzip. Beide gehören seiner Ansicht nach stets zusammen und können bei einem Lebewesen nicht getrennt gedacht werden. Dies war seine naturwissenschaftliche Sicht, die noch heute teilweise anerkannt wird. (54) Irrtümlicherweise hat *Thomas von Aquin* den naturwissenschaftlichen Begriff „Entelechie" des *Aristoteles* für die *Vitalseele* mit dem geisteswissenschaftlichen Begriff der *Geistseele* des *Platon* gleichgestellt. Dieser Denkfehler wird noch heute in der christlichen Theologie widerspruchslos hingenommen. *Norbert Luyten*, der Ordinarius für Philosophie an der Hochschule von Fribourg, bestand deshalb darauf, „dass man die Geistseele nie ohne ihre wesentliche Bezogenheit auf den Körper denken darf". (55) Der Jesuit *Ladislaus Boros* verstieg sich gar zu der Behauptung: „Die menschliche Seele geht mit einer zu ihrem Wesen gehörenden Notwendigkeit in die Materie ein. Ohne Leib gibt es keine Seele." (56) Für den Theologen *Gebhard Frei* (1905-1967), Professor für Philosophie und Grenzwissenschaften und Mitbegründer des C.G. Jung-Instituts in Zürich, mit dem ich manche Diskussion über das Wiedergeburtsthema geführt habe, ist der Gedanke von der Leib-Seele-Einheit zweifellos der „stärkste Vernunftbeweis, den wir vom Boden des katholischen Denkens aus gegen die Reinkarnationsidee vorbringen können". (57)

Daher ist es wichtig, auch hinsichtlich der Wiedergeburtslehre, klar zwischen Vitalseele und Geistseele zu unterscheiden. Was wiedergeboren wird, ist nicht die Vitalseele, sondern die Geistseele des Menschen. (58) Gegen eine „Leib-Seele-Einheit" sprechen nicht nur logische Überlegungen, sie steht auch im Widerspruch zu den praktischen Erfahrungen in außerkörperlichen Zuständen. Diese sind in den vergangene Jahrzehnten in großer Zahl bekannt und auch wissenschaftlich erforscht worden. So hat neben anderen der Schweizer Biochemiker *Ernst Waelti* aufgrund seiner eigenen außerkörperlichen Erlebnisse experimentell bewiesen, dass wir Menschen gleichzeitig auf mehr als nur einer Daseinsebene existieren können. Dabei kann sich die Geistseele mit ihrem Ich-Bewusstsein auf einer feinstofflichen Ebene aufhalten, während der grobstoffliche Körper, getrennt von ihr, von der Vitalseele weiterhin am Leben erhalten wird. (59) Solche Erfahrungen lassen den eindeutigen Schluss zu, dass Körper und Geistseele nicht eine untrennbare Einheit bilden. Was also im Leben beobachtet werden kann, das muss auch vor und nach dem Leben gegeben sein, nämlich dass die Geistseele getrennt vom materiellen Körper und seiner Vitalseele existieren kann.

Ein seltsames Zeugnis für die Präexistenz ist der um 1980 in Südamerika geborene *Flavio Cabobinco*. Schon in seinen ersten Lebensjahren äußerte er erstaunliche Erkenntnisse über Gott und die Welt, die ihm niemand beigebracht hatte, sondern die er einfach wusste. Der Knabe ist hellsichtig begabt, er sieht die Aura seiner Mitmenschen, er kann vorübergehend seinen Körper verlassen und sich in höherdimensionierte Welten begeben, wo er Kontakt haben kann mit Engeln und Verstorbenen. Mit vier Jahren erinnerte er sich, wie es war, bevor er in seinen neuen Menschenkörper eintauchte und wie er vor seiner Geburt seine Eltern auswählte. Er weiß, dass er vor seinem jetzigen Leben sich in einer anderen Dimension aufgehalten hat. Als seine Mutter ihn einmal fragte: „Kannst du mir sagen, wer du wirklich bist?", antwortete der 8-jährige Flavio: „Ich erzähle dir doch nichts anderes, seit ich drei Jahre alt bin! Ich bin eine Seele, die mit vielen anderen gekommen ist, um euch in diesem Zeitabschnitt des Planeten zu helfen. Ich bin jetzt auf der Erde, die dicht ist, aber jetzt ihren Weg ins Geistige beginnt. Um auf die Erde zu gelangen, musste ich durch die Sonne gehen, sonst hätte ich in dieses Planetensystem nicht eindringen können. Dann habe ich mich auf anderen Planeten, die nicht so physisch wie die Erde sind, weiter vorbereitet." Mit neun Jahren sagte er seinen Eltern: „Ich erinnere mich besser an die Zeit vor meiner Geburt als an die ersten drei Jahre meines Lebens. Mein vorgeburtliches Leben überschaue ich aus allen Blickwinkeln. Meine Sicht hat keine Grenzen, da ich nicht mit physischen Augen sehe. Auf diesem Planeten, der so dicht ist, bin ich zum ersten Mal." (60)

11.3 Einwände und ihre Widerlegung

Um den alten Irrtum von der Einmaligkeit des menschlichen Lebens weiterhin aufrechtzuerhalten, werden von den Gegnern der Wiedergeburtslehre zahlreiche Einwände erhoben. In diesem Zusammenhang ist es interessant zu erfahren, dass die Hälfte der römischen Kardinäle zurzeit gegen die Anerkennung der Wiedergeburtslehre sind mit der Begründung, diese widerspreche der christlichen Tradition. (61) Der Schweizer Kardinal *Kurt Koch* hat bereits im Jahr 1985 eine Schrift verfasst, in der er eine Anzahl von Überlegungen anstellte, die gegen die Reinkarnationslehre sprechen sollen. Freilich sind diese unschwer zu widerlegen, weil sie aus einem veralteten Menschenbild kommen. (62) Nach unserem heutigen Wissensstand besteht kein Widerspruch zwischen Reinkarnationsglaube und Christentum. (63) Es handelt sich um zwei verschiedene Wege zum gleichen Ziel. Nachfolgend sollen die vierzehn wichtigsten Einwände gegen die Wiedergeburt aufgeführt und widerlegt werden:

1. Die Gegner der Wiedergeburtslehre wenden ein: So wie nach den Worten der Bibel *Christus* nur einmal auf Erden gelebt hat und nur einmal gestorben ist (Hebr. 9,26-27), so lebt und stirbt auch der Mensch nur einmal. Dabei wird übersehen, dass der Gottessohn als ungefallenes Geistwesen „von oben her" (Jh 3,31) ein einziges Mal und freiwillig Menschengestalt angenommen hat, um uns zu erlösen, während wir erlösungsbedürftigen Geistwesen, „von unten her" kommend, über mehrere Menschenleben den langen Heimweg ins himmlische Vaterhaus zu bewältigen haben. Ein einziges Erdenleben wäre hierfür viel zu kurz. Sicher sind hierzu mehrere Anläufe in verschiedenen Etappen erforderlich. Der „verlorene Sohn" der Bibel (Lk 15,11-32) ist auch nicht in einem einzigen Anlauf nach Hause gekommen.
2. Nach der Bibel soll *Jesus* dem rechten Schächer zugesichert haben: „Noch heute wirst du mit mir im Paradiese sein." (Lk 23,43) Dies spricht nicht gegen die Wiederholbarkeit der Erdenleben. Das „Paradies" ist nicht der endgültige Himmel, sondern der erste Versammlungsort der Verstorbenen in der Jenseitswelt. Dorthin kam auch *Jesus* nach seinem Tod, ehe er zur Unterwelt hinabstieg. Nun konnten die Erlösten entscheiden, ob sie für ihren weiteren geistigen Aufstieg den jenseitigen Weg oder den Weg über die wiederholten Erdenleben wählen wollten.
3. Nach der kirchlichen Glaubenslehre soll der Wiedergeburtsgedanke mit der göttlichen *Allbarmherzigkeit* nicht vereinbar sein. Begründet wird dies mit der Behauptung, *Christus* habe durch sein Leiden und Sterben die gesamte Menschheit ein für allemal mit Gott versöhnt und ihre Sündenschuld auf sich genommen. Diese Ansicht widerspricht aber der

göttlichen Gerechtigkeit. *Jesus* wies in seinem Gleichnis vom Gefängnis darauf hin, dass keiner dort herauskommt, bis er „den letzten Pfennig bezahlt" hat. (Mt 5, 26) Vergebung und Verzeihung setzen Reue und Umkehr jedes Einzelnen voraus sowie den Willen zur Wiedergutmachung. Den Tatbeweis hierzu kann der Sünder am besten in einem neuem Leben erbringen.

4. Es wird behauptet, die Wiedergeburtslehre lasse sich mit einer *Erlösung* im christlichen Sinn nicht vereinbaren, weil sie eine Selbsterlösung annehme. Dieser Einwand mag für das buddhistische Verständnis gelten, nicht aber für die christliche Botschaft. Hier geht es keineswegs um Selbsterlösung, als wäre es möglich, sich am eigenen Haarschopf aus dem Sumpf zu ziehen. Vielmehr handelt es sich um eine fortschreitende Selbsterkenntnis, Selbstentwicklung und Selbstentfaltung über mehrere aufeinander folgende Menschenleben mit dem Ziel der geistigen Selbstverwirklichung. Dies wäre in einem einzigen Erdenleben kaum zu schaffen. Den Weg dorthin hat uns *Christus* mit seiner Befreiungstat eröffnet, indem er den Abgrund zwischen dem Reich der Finsternis und dem Reich des Lichtes überbrückt hat. Was wir uns danach auf unserem Heimweg zu Schulden kommen ließen, das müssen wir später selber wiedergutmachen in wiederholten Erdenleben. Dabei müssen wir jenen wiederbegegnen, an denen wir falsch gehandelt haben. Die Gelegenheit hierzu wird weder im Diesseits noch im Jenseits leicht zu finden sein. Am ehesten noch in einem erneuten Menschenleben.

5. Ein anderer Einwand meint, die Wiedergeburtslehre lasse keinen Raum zu für den *Gnadenerweis* Gottes, den er jedem Menschen zuteilwerden lässt. Dem ist zu entgegnen: Die Gnade der wiederholten Menschwerdung haben wir durch gute Leistungen in einem früheren Leben verdient. Diese kann darin bestehen, dass wir unser Schuldigsein aus früheren Existenzen anerkennen und gewillt sind, dieses zu bereinigen. Mit Recht schreibt *Armin Risi*: „Das Annehmen der Gnade setzt das Wahrnehmen der eigenen Schuld voraus." (64) Hier stellt sich die Frage: Warum haben nicht alle Erlösten den gleichen Anspruch auf das unverdiente Gnadengeschenk Gottes, von dem die Kirchen gerne reden? Dies käme dem ungerechten Verhalten eines Schulvorstehers gleich, der all seinen Schülern ohne Prüfungen, ohne Noten und ohne den entsprechenden Leistungsausweis abzuverlangen, gnadenhalber das Reifezeugnis aushändigen würde. Die göttliche Gnade besteht darin, dass uns Menschen immer wieder aufs

neue die Möglichkeit gewährt wird, uns zu verbessern, alte Schuld abzutragen und geistige Fortschritte zu machen auf dem Weg nach Hause. So gesehen, bedeutet die Wiederholung von Erdenleben nicht Strafe, sondern Gewinn, Gunst und Gnade durch göttliches Erbarmen. Daher können wir *Hans Torwesten* zustimmen: „Die Reinkarnation ‚erbarmungslos' zu nennen, ist so unsinnig, wie das Gesetz von Ursachen und Wirkung auf der physischen Ebene als ‚erbarmungslos' zu bezeichnen." (65)

6. Die Gegner der Wiedergeburtslehre können die ungleich verteilten Schicksalsfügungen bei den Menschen nicht einleuchtend erklären. Man könnte an der Güte Gottes zweifeln, wenn man zusehen muss, wie anscheinend unschuldige Menschen schwer zu leiden haben, während andere, die sich schwer schuldig gemacht haben, scheinbar ungeschoren davonkommen. Denken wir an die Armen und Hungernden in den Drittweltländern, an die vom Schicksal Benachteiligten in aller Welt und an die Millionen von Kindern, die kaum eine Chance zum Leben haben. Theologen, die gerne von der Gerechtigkeit Gottes predigen, müssen mit *Hans Küng* zugeben: „Vor allem das unverschuldete Leid von Kindern ist durch kein Argument zu rechtfertigen." (66)

7. Es wird von den Gegnern der Wiedergeburtslehre vorgebracht, die Möglichkeit, mehr als einmal zu leben, verleite uns Menschen zu einer *gleichgültigen Lebensführung*. Die Einmaligkeit des menschlichen Lebens werde dadurch zu wenig ernst genommen, weil man sich auf ein Nochmals und ein Später vertrösten könne. Das Menschenleben werde so eher zu einem wiederholbaren Spielball als zu einem einmaligen Ernstfall. Darauf ist zu fragen: Wäre dies nicht ein schlechter Schüler, der seine ungenügenden Leistungen damit entschuldigt, dass er diese in einem nächsten und übernächsten Schuljahr wettmachen könne? Ein einmaliges Leben würde für sehr viele Menschen nichts anderes bedeuten als eine Summe von verpassten Gelegenheiten, mit sich selber geistig weiterzukommen. Die Erfahrung zeigt uns aber, dass jene, die an die Wiedergeburt glauben, in der Regel sich sehr um ein gelungenes Leben bemühen und sich nicht einem oberflächlichen Dasein hingeben. Außerdem ist schwer zu verstehen, wie ein einziges Leben entscheidend sein soll für unser ewiges Schicksal. *Jan Erik Sigdell* schreibt: „Die Kirche lässt uns glauben, dass wir nur diese eine und einzige Chance hätten: dieses angeblich einmalige Erdenleben." (67) So würden die wenigen Erdenjahre, die uns beschieden sind, für „ewige Zeiten" entscheidend

sein, ob wir in den Himmel oder in die Hölle kommen. Das kann doch nicht sein!

8. Oft hört man den Einwand, das Wiederholen eines Menschenlebens bedeute einen völligen *Neuanfang*. Dadurch müsse jeder Mensch in jedem Erdenleben wieder bei Null anfangen. Frühere Erfahrungen würden mit dem Hirntod vernichtet. Wäre es anders, müssten wir uns doch an frühere Erdenleben erinnern. Dies ist eine falsche Annahme, denn Gedächtnisinhalte sind nicht allein an unser grobstoffliches, vergängliches Hirnorgan gebunden. Vielmehr hinterlassen diese ihre Spuren als Kopie auf einer höheren Daseinsebene in der feinstofflichen Welt. Dort werden sie in einem höheren Schwingungsbereich aufbewahrt und an ein nächstes Leben weitergereicht. Den Beweis hierfür liefern uns die spontanen und experimentellen Rückerinnerungen an frühere Leben. Die Aufeinanderfolge mehrerer Leben bietet uns die Gewähr, dass wir immer wieder dort fortfahren können, wo wir zuletzt aufgehört haben. Eine voranschreitende Entwicklung von einem Erdenleben zum nächsten hielt *Gotthold Ephraim Lessing* für durchaus sinnvoll. Denn er sagte sich: „Warum sollte ich nicht so oft wiederkommen, als ich neue Kenntnisse, neue Fertigkeiten zu erlangen geschickt bin? Bringe ich auf einmal so viel zuwege, dass es der Mühe wiederzukommen etwa nicht lohnt?" (68) Zu vergleichen ist ein erneutes Erdenleben mit der Gelegenheit, eine nicht bestandene Schulklasse im nächsten Schuljahr wiederholen zu können. In einem medialen Vortrag versicherte der jenseitige Lehrer *Josef*: „Wer seine Prüfung im Erdenleben nicht besteht, den erwarten ähnliche Prüfungen im darauf folgenden menschlichen Dasein." (69)

9. Jene, die Bedenken haben gegenüber der Wiedergeburtslehre, fragen sich, warum die Menschheit sich im Verlauf der Jahrhunderte kaum gebessert habe. Seit Menschengedenken setzen sich die Erdbewohner stets mit den gleichen Problemen auseinander. Wenn es wirklich eine Wiederholung des menschlichen Lebens gäbe, müsste man doch einen geistigen Fortschritt beobachten können? Tatsächlich lehrt uns die Erfahrung auf den ersten Blick, dass die Menschen über Jahrhunderte und Jahrtausende sich gleich verhalten haben und kaum eine Besserung in Sicht ist. Dies scheint freilich nur vordergründig so zu sein. Von außen gesehen, können wir auch bei einem Schulhaus den Eindruck bekommen, dass die einzelnen Klassenzimmer Jahr für Jahr die gleichen sind, mit den gleichen Schülern, mit denselben Lehrern und mit dem glei-

chen Unterrichtsstoff. In Wirklichkeit aber werden in jedem Schuljahr die Schüler ausgewechselt, weil die Erfolgreichen in höhere Schulstufen abwandern, während der Nachschub an jüngeren Jahrgängen stets von unten kommt. Auch unser Planet gleicht einem Schulhaus. Dieses bleibt, von außen gesehen, über lange Zeit unverändert, die Schüler aber sind in den einzelnen Klassen entsprechend ihren Lernfortschritten immer wieder neue auf nächst höheren Stufen. Ebenso verhält es sich bei den wiederholten Erdenleben. So konnte der Religionswissenschaftler an der Universität Fribourg, *Richard Friedli,* schreiben: „Wiedergeboren werden ist deshalb eine geistige Entwicklung zu einem immer höheren Bewusstseinszustand." (70)

10. Gegner der Wiedergeburtslehre fragen sich, warum es mit der *geistigen Entwicklung* der Menschen nicht schneller vorangehe, wenn doch jedes neue Leben einen fortschreitenden Aufstieg von Stufe zu Stufe ermöglichen sollte. So sagt *Gabriel Looser*: „Wenn die lange Kette von Inkarnationen die geistige Entwicklung der Menschen voranbringen soll – wieso sind dann so wenig Fortschritte ersichtlich? Wieso regieren immer noch Macht und Geld die Welt? Wieso werden die hoch technisierten Kriege immer brutaler und grausamer?" (71) Die Antwort darauf lautet: Weil die Erdenschüler nur sehr gemächlich vorankommen und viel Zeit vergeuden mit tausenden von Nebensächlichkeiten, die sie nicht weiterbringen. Allzu viele haben nur Spiel und Spaß im Sinn, als wären sie zu ihrem Vergnügen hier auf dieser Erde. Es ist erstaunlich, wie viele Menschen ihr Leben mit banalen Alltäglichkeiten zubringen. Sie gehen in ihrer Geschäftigkeit und Geschwätzigkeit auf, ohne geistig viel zu bewirken. In ihrer Betriebsamkeit sind sie dauernd unterwegs, ohne einmal stille zu stehen, um sich zu fragen, woher sie kommen und wohin sie gehen. Nur wenig bewusst, leben die meisten unbekümmert dahin, ohne sich zu fragen, warum und wozu sie hier sind. Sie bleiben im Netzwerk ihrer niederen Bedürfnisse hängen und bleiben Gefangene ihrer selbst.

11. Die wiederholten Erdenleben würden zu einem *Identitätsverlust* führen, wird häufig entgegnet. Diesen Einwand fasste bereits *Wilhelm Busch* (1832-1908) in folgende Verse: „Die Lehre von der Wiederkehr ist zweifelhaften Sinns; / es fragt sich sehr, ob man nachher noch sagen kann, ich bin's."

Der Theologe *Wolfhart Pannenberg* sagte sich: „Ich bin es doch gar nicht mehr, der in der nächsten oder übernächsten Wiedergeburt in Erscheinung tritt. Denn ich bin identisch mit meinem Leib, mit diesem Leib zwischen Geburt und Tod." (72) Darauf ist zu erwidern: Die Identität, wie sie die Wiedergeburtslehre versteht, haftet freilich nicht am gegenwärtigen Namensträger, nicht an seinem Personalausweis und auch nicht an seiner gegenwärtigen körperlichen Erscheinung. Wir verlieren bei der Wiedergeburt unsere geistige Eigenart nicht, so wenig wie bei einer Organtransplantation unser Ich-Bewusstsein ausgewechselt wird. Selbst mit einem neuen Herzen bleibt uns die alte Liebe erhalten. Was unseren Körper belebt, ist die Vitalseele, was ihn aber überlebt, ist die Geistseele. Diese bildet den Wesenskern unserer Identität. Bereits *Origenes* sprach von einem „Geistkern als eigentlichem Träger der Individualität, der bei jeder Wiedergeburt der gleiche bleibt". (73) Bei jeder Menschwerdung wird das „Vital-Ich" ausgewechselt wie eine Theaterrolle, während das höhere „Geist-Ich" als Rollenträger stets erhalten bleibt. (74) Es ist daher falsch, die eigene Geistperson mit dem gegenwärtigen Körper gleichzustellen. (75)

12. Ein weiteres Bedenken betrifft das *Vergessen*. Es wird behauptet: Wir erinnern uns an unsere früher gelebten Leben nicht. Demnach ist es wohl sinnlos, wiedergeboren zu werden. Auch dieser Einwurf trifft nicht zu. Wir wissen heute von zahlreichen Menschen, die sich spontan oder bei Rückführungen an ein früheres Leben erinnern und hierfür auch Beweise vorlegen können. Wenn dies nicht möglich wäre, gäbe es nach unserem Tod keine Lebensrückschau, keine Verantwortung und keine Wiedergutmachung. Es wäre so, als wenn ein Schüler nicht auf dem aufbauen könnte, was er in früheren Klassen gelernt hat. Ein vorübergehendes Vergessen ist durchaus sinnvoll. Seien wir froh, dass wir im jetzigen Leben nicht den ganzen Erinnerungs-Ballast aus früheren Inkarnationen in unserem Bewusstsein mitschleppen müssen. Für einen Schauspieler wäre es belastend, würde er während eines neuen Auftritts wieder in eine frühere Rolle zurückfallen. Dies müsste sein Spiel stören. Ähnlich müsste es sein, sollten wir uns im gegenwärtigen Leben immer wieder an frühere Leben erinnern. Die Natur hat uns die Fähigkeit des wohltuenden Vergessens gegeben. Es wäre nicht auszuhalten, würden wir uns immer wieder an die Taten und Untaten aus früheren Leben erinnern. *Rudolf Passian* folgert richtig: „Denn logischerweise besäßen nicht nur wir selbst, sondern auch alle anderen die volle Erinnerung an Vergangenes... Dann würden Hass, Neid und Zwietracht, diese ohnehin üppig wuchernden Sumpfgewächse einer ethisch fehlentwickelten Zivilisation, nur noch schlimmer ins Kraut

schießen, als es ohnehin bereits der Fall ist, und die Hölle auf Erden wäre allenthalben perfekt." (76)

13. Mit dem Hinweis auf das ständige *Bevölkerungswachstum* fragen sich die Gegner der Wiedergeburtsidee, woher denn die vielen Seelen kommen, die da fortwährend zur Menschwerdung antreten. Diese Frage lässt sich mit folgendem Vergleich beantworten: Es ist wie bei einem Skilift. Je schneller dieser läuft, desto mehr Sportler werden in einer bestimmten Zeit zu ihrem Abfahrtsziel gebracht. Die Wartezeiten bei der Talstation werden dadurch verkürzt. So verhält es sich auch bei der Anzahl der Wiedergeburten. Je größer das Angebot an schwangeren Müttern ist, desto kürzer werden die Zeiten zwischen den aufeinander folgenden Erdenleben; und um so schneller werden die im Jenseits auf ein neues Leben wartenden Geistseelen wiedergeboren. Nach den Angaben von rückgeführten Menschen betrugen früher die Wartezeiten mehrere Jahrhunderte; heute sind es bloß wenige Jahre oder Jahrzehnte. (77) Wir kennen nicht die Zahl der Geister, die sich seit der Erlösungstat *Christi* auf den Heimweg ins Himmelreich gemacht haben. Wir wissen auch nicht, wie viele von diesen zur Zeit unterwegs sind. Wahrscheinlich befinden sich immer noch sehr viel mehr aufsteigende Seelen im unverkörperten Zustand im Jenseits auf der Warteliste als im verkörperten auf unserer Erde. (78)

Wir kennen auch nicht die Anzahl der von *Christus* ins Dasein gerufenen Engel. (79) Wir kennen auch nicht die Zahl aller Erdenwesen. Es muss ein riesiger Treck sein, der ständig größer wird. Gegenwärtig sind es über sieben Milliarden, also elf Mal so viel wie vor 300 Jahren. (80) Die durchschnittliche Lebenserwartung nimmt dank gesünderer Ernährung und besserer medizinischer Versorgung zu. (81) Nach UNO-Hochrechnungen könnten es bis zum Jahr 2050 gut neun Milliarden und am Ende des jetzigen Jahrhunderts gegen fünfzehn Milliarden sein. (82) Die Spirale dreht sich immer schneller. Es handelt sich dabei nicht um fortwährend von Gott neu ins Leben gerufene Seelen, sondern um Wiederkehrende. „Es sind stets die gleichen Seelen", schreibt *K. O. Schmidt*, „die dem kosmischen Kreislauf folgen." (83) Erst wenn sie alle Aufstieges- und Entwicklungsstufen durchlaufen haben und zu Hause ankommen, sind sie erlöst und befreit.

14. Die Annahme der Wiedergeburtsidee ist eng verbunden mit der *Karma-Lehre*. Hierzu wird oft bemerkt, diese sei fatalistisch, entspreche einem tragischen Weltbild und verbreite eine traurige Grundstimmung.

Nach geistchristlicher Auffassung gilt dieser Einwand nicht. Diese setzt sich vielmehr für eine optimistische Welterklärung ein. Sie übernimmt zwar die Ansicht, dass unsere Existenz durch die Hypothek unserer Ursünde im himmlischen Paradies sowie durch weitere Fehlleistungen im jetzigen und in früheren Erdenleben karmisch belastet ist. Wir haben also zu erkennen, dass wir unseren gegenwärtigen Zustand selber verursacht haben. Gleichzeitig erfahren wir aber, dass unser Schicksal nicht mit einem einzigen Leben endgültig entschieden ist. Auch muss es uns klar werden, dass wir in neuen Erdenleben die Möglichkeit erhalten, unsere karmischen Schulden stückweise abzuarbeiten, ähnlich wie man eine Hypothek bei der Bank abzahlt. Die christliche Wiedergeburtslehre vermittelt uns also ein hoffnungsvolles Weltbild und eröffnet uns den heilsnotwendigen Weg zur Rückkehr in das himmlische Reich.

Wie tröstlich ist es doch, auf dem langen Weg der Menschwerdung immer wieder neue Gelegenheiten zum Aufstieg und zur geistigen Weiterentwicklung erwarten zu dürfen! Entscheidend für unseren geistigen Fortschritt und unsere spirituelle Entwicklungsreife sind freilich nicht allein die Anzahl der Erdenleben, sondern die Summe der Lernerfahrungen, die wir daraus gezogen haben. Lassen wir uns vom schwäbischen Dichter *Christian Wagner* (1835-1917) sagen:

Wenn alles Alte längst vergessen ist,
In der Erinnerung alles ausgewischt,
All das Vergangene völlig aufgezehrt:
Dann kommt die Zeit, da das, was übrig ist,
Von Lenzgefühlen wundersam durchfrischt
Als neuer Keim ins Leben wiederkehret.
Nicht zugrunde geht, was du verloren,
An dich tritt es, frisch und neugeboren.
All dein Sehnen, schmerzvoll im Gemüte,
Wird zum Vogelsang und wird zur Blüte.
Lenzesfreudig steht dein einstig Hoffen
Tausendknospig der Erfüllung offen.

11.4 Karma und Reinkarnation

Das Wort Karma wird von der altindischen Sanskritsilbe „kṛ" abgeleitet. Diese ist verwandt mit dem lateinischen „creare" und bedeutet tun, schaffen und bewirken. Die Lehre vom Karma besagt, dass jedes bewusste und beabsichtigte Tun oder Lassen seine Folgen nach sich zieht. Es handelt sich um das „Gesetz von Ursache und Wirkung", auch das „Gesetz von Saat und Ernte" genannt. Die Ernte entspricht folgerichtig der Saat. So schreibt *Rudolf Steiner* in seiner „Theosophie": „Meine Taten von gestern sind mein Schicksal von heute." (84) Der ergänzende Begriff heißt „Dharma", in der Bedeutung von Lebensaufgabe oder Lebensauftrag. Da wir Menschen nicht von heute sind, haben wir aus unserer Geschichte so manches, was in der Vergangenheit unerledigt geblieben ist, aufzuarbeiten oder abzutragen. Nach den Worten von *William Judge* (1851-1896), dem Mitbegründer der Theosophischen Gesellschaft, „macht die Lehre vom Karma das Elend und die Leiden der Welt verständlich. Die Natur kann dafür nicht verantwortlich gemacht werden." (85)

Zwischen den beiden Begriffen „Karma" und „Wiedergeburt" besteht ein ursächlicher Zusammenhang. Ohne den Karma-Gedanken ist die Lehre von den wiederholten Erdenleben weder zu verstehen noch zu begründen. Ohne Karma gibt es keine Wiedergeburt. Wer kein Karma angehäuft hat, braucht auch nicht wiedergeboren zu werden, um dieses abzubauen. Es sei denn, dass er freiwillig und stellvertretend für andere eine karmische Last oder Belastung auf sich nimmt, um seinen Erdengeschwistern beizustehen und ihnen behilflich zu sein. Jene, die dieses Schicksal selbstlos auf sich nehmen, können wir die wahren Heiligen nennen.

Der moralischen Vergeltungskraft des Karma-Gesetzes ist es zu verdanken, dass Gutes mit Gutem und Böses mit Bösem vergolten wird, ohne dass eine höhere Macht ständig belohnend oder strafend eingreift. Denn „der Mensch wird nicht für seine Sünden bestraft, sondern durch seine Sünden". (86) Gott hält sich an seine Gesetze, die dafür sorgen, dass die Welt immer wieder in Ordnung kommt, wenn sie aus den Fugen zu geraten droht. Daher heißt es: „Das Karma bestraft oder belohnt nicht, es stellt lediglich die verloren gegangene Harmonie wieder her." (87)

So mancher hadert mit seinem Schicksal und empfindet dieses als ungerecht. Es gibt persönliche und familiäre Schicksale, die ohne den Karma-Gedanken kaum zu erklären sind. Schicksalsschläge sind keineswegs Züchtigungen eines strafenden Gottes, sondern die oft späten Folgen unseres eigenen Tuns. So ist jeder seines eigenen Schicksals Schmied. Dies war auch die Ansicht von *C.G. Jung*. Aufgrund seiner Erkenntnisse bezeichnete er „die Schicksalsbestimmung, mit der ein Mensch sein Leben antritt, als das Resultat von Handlungen und Leistungen vergangener Leben". (88) Um dies zu begreifen, müssen wir mehrere Erdenleben in größeren Zeiträumen überschauen. Dann werden wir nicht mehr von blindem oder zufälligem Schicksal sprechen, sondern von gnädigen und weitblickenden Schicksalsmächten, die es gut mit uns meinen. Der Zeitabschnitt zwischen Ursache und Wirkung sowie zwischen einem Erdenleben zum nächsten ist in der Regel so groß, dass unser menschliches Langzeitgedächtnis diesen nicht zu überblicken vermag. Erst wenn sich der Schleier des Vergessens über unseren Erinnerung erhebt und uns in der Jenseitswelt ein Gesamtüberblick über unsere Vergangenheit ermöglicht wird, erkennen wir in der langen Ereigniskette unserer Vorleben die wirkenden Zusammenhänge. So gesehen, gibt es weder ein blindes noch ein ungerechtes Schicksal. Die nachfolgende Wirkung entspricht der vorausgehenden Ursache. Dies bestätigt der Philosoph *Theodor Hemblin*: „Was wir Schicksal nennen, ist kein blindes Ungefähr, sondern die Frucht aus früherem Sein. Könnten wir die Schicksalsfäden über Zeit und Unendlichkeit hinweg verfolgen, dann würden wir gewahr werden, dass wir ernten, was wir selber einst säten, und dass gleichermaßen unsere Zukunft davon abhängt, wie wir heute dem Leben und seinen Aufgaben gegenüberstehen." (89)

Von Anbeginn der Schöpfung hat die göttliche Intelligenz allen Geistwesen seine Gesetze mitgegeben. Die Gesetzestafeln, die gemäß der biblischen Erzählung *Jehova* dem *Moses* auf dem Berg Sinai übergeben hat (2 Mo 31,18), sind ein Symbol für das, was wir unser Gewissen nennen. Aus dieser Sicht lässt sich auch das Karma-Gesetz verstehen. So wie auf der irdischen Ebene ein Richter sich bei der Beurteilung einer Tat an bestimmte festgeschriebene Gesetze halten muss, um Recht zu sprechen, ebenso sorgt das Karma-Gesetz auf der geistigen Ebene für Gerechtigkeit. Dieses allgemein gültige Gesetz enthält folgende drei selbstständig wirkende Teil-Gesetze: 1. Das Gesetz von Ursache und Wirkung. 2. Das Gesetz der Gegenläufigkeit. 3. Das Gesetz des Ausgleichs.

Das Gesetz von *Ursache und Wirkung,* auch Kausalitäts-Gesetz genannt, besagt, dass unsere Taten nicht ohne Wirkung bleiben. Es handelt sich um das Gesetz von Saat und Ernte. „Was der Mensch sät, das wird er ernten" (Gal 6,7) und „Wer kärglich sät, der wird auch kärglich ernten." (2 Ko 9,6) In der esoterischen Schrift „Kybalion" wird *Hermes Trismegistos* mehrfach als Gesetzgeber erwähnt. Dieser wird in der ägyptischen Mythologie dem ibisköpfigen *Thot* gleichgesetzt, der beim jenseitigen Totengericht als Schreiber waltet. Auch hat dieser die Aufgabe, aus dem „Buch des Lebens" alle verzeichneten Taten des Verstorbenen vorzulesen. Von ihm soll die Weisung stammen: „Nichts entgeht dem Prinzip von Ursache und Wirkung, aber es gibt viele Ebenen der Ursächlichkeit und Wirkung. Und man kann die Gesetze der höheren Welten verwenden, um die Gesetze der niederen Welten zu überwinden." (90)

Das *Gesetz der Gegenläufigkeit* lehrt uns, dass auf jede Aktion eine Reaktion folgt. Es verhält sich dies wie bei einem Pendel, dessen Ausschlag sich unter der Wirkung der Schwerkraft ins Gegenteil umkehrt, und zwar so lange, bis es in der Mitte zur Ruhe kommt. Dieses sich selbst regulierende Gesetz wurde schon von *Heraklit* beschrieben und später von *Galileo Galilei* in Florenz bestätigt. Es sorgt dafür, dass nichts in die Extreme ausufert. „Gott lässt die Bäume nicht in den Himmel wachsen" oder „Wer hoch hinauf will, kann tief fallen" heißen zwei Spruchweisheiten. Ein Symbol hierfür ist die biblische Geschichte vom Turmbau zu Babel. (1 Mo 11,4) Auch das menschliche Leben schwingt wie ein Pendel von Geburt zum Tod und wieder zurück zur Neugeburt im nächsten Erdenleben. Deshalb konnte *Novalis* sagen: „Wenn ein Geist stirbt, wird er Mensch; wenn ein Mensch stirbt, wird er Geist."

Was für den materiellen Bereich gilt, das trifft auch im Geistigen zu. Bei jeder Übertreibung zwingt eine Gegenkraft zur Umkehr. Immer kehrt zu uns zurück, was wir im Guten oder Schlechten übertrieben haben. Wir nennen diese Gesetzmäßigkeit auch das „Bumerang-Gesetz". Symbol dafür ist das bei vielen Naturvölkern gebräuchliche gekrümmte Wurfholz, das im Kampf oder bei der Jagd auf einer Kreisbahn zum Werfer zurückkommt. Das Gesetz der Gegenläufigkeit lehrt uns, dass alles Tun früher oder später zu seinem Verursacher und jede Tat zu ihrem Täter zurückkehrt.

Das *Gesetz des Ausgleichs* wird auch als das *Gesetz von der ausgleichenden Gerechtigkeit* bezeichnet. Wer sich über die Ungerechtigkeit in unserer Welt beklagt, der übersieht, dass die Retourkutsche oft lange auf sich warten lässt, aber sie kommt gewiss. *Hossein Iranschähr* schreibt:

„Schicksal ist das Offenbarwerden des Gesetzes des Ausgleichs, der Vergeltung, der Weltharmonie und der Allgerechtigkeit." (91) Selbst ungesühnte Missetaten, deren Verursacher sich hier auf Erden jedem Gericht entziehen können, werden auf der geistigen Ebene hierfür zur Rechenschaft gezogen. Das Gesetz des Ausgleichs verlangt nicht Buße, sondern Besserung und Wiedergutmachung..

Nach der Karma-Lehre zieht jedes Tun in Gedanken, Worten und Werken die entsprechenden Folgen nach sich. *Zarathustra,* für den alle rituell-religiösen Äußerlichkeiten keine tiefe Wirkung haben, empfahl im 6. Jahrhundert v. Chr. seinen Anhängern: „Gutes denken, Gutes reden und Gutes tun." (92) Gleicher Meinung war *Anna Katharina Emmerich*: „Alles, was der Mensch denkt, spricht und tut, hat in sich etwas Lebendiges, das fortwirkt zum Guten oder zum Bösen." (93)

Was das *Tun in Gedanken* betrifft, müssen wir uns bewusst sein, dass jeder bewusst gedachte Gedanke sich verselbstständigen und als energiegeladener Informationsträger solange weiterwirken kann, bis er sich verwirklicht hat. Dadurch schaffen wir Karma. Bereits im Dhammapadam heißt es: „Alles, was wir sind, ist das Ergebnis dessen, was wir gedacht haben; alles ist auf unseren Gedanken gegründet, es besteht aus unseren Gedanken." (94) Freilich haben wir immer die Möglichkeit, Gedanken zurückzurufen oder durch andere zu ersetzen. So kann eine schlechte Tat durch eine gute Tat aufgehoben oder rückgängig gemacht werden. Auf diese Weise können wir einen Hassgedanken in einen Liebesgedanken umwandeln. Dies ist der Sinn des Vergebens und Verzeihens.

Dadurch wird schlechtes Karma in gutes Karma umgepolt. (95) Wir können sogar mit unseren guten Gedanken das ungute Denken anderer Menschen ins Gegenteil umwandeln. Ebenso ist es ratsam, nicht immer Böses mit Bösem zu vergelten. Dies war die Absicht des *Franz von Assisi* (um 1181-1226), als er betete: „Herr, mach mich zum Werkzeug deines Friedens, dass ich liebe, wo man mich hasst, dass ich verzeihe, wo man mich beleidigt, dass ich versöhne, wo Streit ist, dass ich die Wahrheit sage, wo Irrtum herrscht, dass ich Hoffnung wecke, wo Verzweiflung quält, dass ich ein Licht anzünde, wo Finsternis droht, dass ich Glauben bringe, wo Zweifel nagt, dass ich Frieden schenke, wo Kummer wohnt."

Das *Tun in Worten* ist ein in sprachlicher Form ausgedrückter Gedanke. Nach der Psychologie von *Emil Coué* hat ein in Worte gefasster Gedanke, den wir uns zu eigen machen, die Neigung und Fähigkeit, sich zu verwirklichen. (96) Dies gilt insbesondere für Wunsch-, Fluch- oder Segensgedanken, selbst wenn wir sie unbedacht aussprechen. Dadurch schaffen wir nachhaltig karmische Spuren. Auch das *Tun in Werken* ist die Folge unserer Gedanken und häufig auch unserer Rede. Der indische Lehrer *Sant Kirpal Singh* bestätigt: „Durch Worte allein werden die Menschen nicht zu Heiligen oder Sündern, aber durch Taten, die sie mit sich tragen, wohin sie sich auch wenden." (97) Entscheidend sind nicht nur die bösen Taten, die wir getan haben, sondern auch die guten Taten, die wir nicht getan haben.

All unser Handeln hinterlässt bleibende Spuren, die weiter wirken, selbst dann, wenn wir sie vergessen haben. Sie bleiben in unserem Unbewussten wie in einer großen Datenbank oder Chronik gespeichert. (98) Diese können sich ohne unser weiteres Dazutun zu gegebener Zeit als Folgen in einer karmischen Verkettung wieder einstellen. (99) Deshalb schreibt *Georg Korf* in seinem esoterischen Roman „Die andere Seite der Welt": „Niemandem geschieht etwas, sei es Gutes oder Böses, Freud oder Leid, zu dem er nicht selbst in einem gegenwärtigen oder in einem seiner Vorleben die Ursache geschaffen hat." (100) Insofern diese Taten negative Folgen nach sich ziehen, müssen sie früher oder später aufgelöst werden durch Gutes in Gedanken, Worten und Werken. Solches kann im jetzigen Leben geschehen oder in einer nächsten Inkarnation, nach den Worten *Buddhas*: „Bis alle Früchte des Karmas aufgegessen sind." Die Früchte des Karmas wachsen, wie der *Dalai Lama* in einem seiner Bücher schreibt, „an unserem eigenen Lebensbaum". (101)

Der Datenspeicher unserer Handlungen ist das Unbewusste. Die heutige Tiefenpsychologie kennt drei Schichten des unbewussten Seelenlebens: 1. Das *persönliche Unbewusste*, das *Sigmund Freud* erforscht hat. 2. Das *familiäre Unbewusste*, das der ungarische Psychiater *Leopold Szondi* beschrieben hat. 3. Das *kollektive Unbewusste*, welches *C.G. Jung* aufgedeckt hat. Die vierte Schicht, die in der allgemeinen Tiefenpsychologie bisher noch nicht erwähnt wird, nenne ich das *karmische Unbewusste*. (102) Der Psychologe *Baldur Ebertin* nennt es das „Reinkarnationsbewusstsein". (103) Die Inhalte dieser untersten Seelenschicht sind jene Erfahrungen und Erlebnisse aus früheren Erdenleben, deren karmische Auswirkungen in kommenden Inkarnationen zum Zuge kommen. Diese lassen sich manchmal über mehrere Generationen zurückverfolgen, so dass man den Eindruck bekommt, manche Menschen seien mit bestimmten Lasten aus früheren Erdenleben befrachtet. In diesem Sinne schreibt die Psychologin *Cornelia Brunner,* eine Schülerin von *C.G. Jung*: „Wir haben Grund zur Annahme, dass sich Linien der Ahnen und der früheren Inkarnationen kreuzen, da man in Familien hineinverkörpert wird, mit denen man das frühere Karma zu erfüllen oder zu lösen hat." (104)

Wir können mehrere Arten von Karma unterscheiden: 1. Das *Ur-Karma,* das wir vor Milliarden von Jahren auf uns geladen haben, indem wir uns an der Rebellion gegen die göttliche Ordnung beteiligt haben. Diese Untat hatte zur Folge, dass wir ins gottferne Abseits geraten sind. Dies war der Ursprung des Unheils, unter dem die Welt noch heute zu leiden hat. 2. Das *Lebenskarma,* das wir in diesem Erdenleben verursachen und das sich erst in einem späteren Leben auswirken wird. Wir müssen also die Suppe, die wir uns selber eingebrockt haben, wieder auslöffeln, und hierzu benötigen wir mehr als einen Löffel. (105) 3. Das *Teilkarma,* das uns als zumutbare Aufgabe im gegenwärtigen Leben aufgetragen ist. 4. Das *Gesamt-Karma,* das die Summe aller guten und schlechten Taten und deren Folgen aus den bisherigen Einzelexistenzen im Diesseits und im Jenseits enthält.

Neben dem *Einzel-Karma* wird auch ein *Kollektiv-Karma* angenommen, welches das Leben ganzer Familien, Sippen, Rassen, Völker und Nationen beeinflussen kann. So ist es denkbar, dass größere Gruppen von aufsteigenden Geistwesen aus karmischen Gründen gleichzeitig in gleiche Lebensumstände hineingeboren werden und daher auch das gleiche Schicksal erleben müssen. Dies kann der Fall sein bei größeren Unglücksfällen, Epidemien, Katastrophen und Verbrechen, wo viele Menschen zur gleichen Zeit und am gleichen Ort anscheinend „unschuldig" zu Schaden kommen. Der Theosoph *Johannes Fährmann* verdeutlicht dies: „Es kommt in vielen Fällen nicht immer nur eine einzige Ursache in Frage, sondern es gehen meist mehrere Ursachen ineinander über und wirken kollektiv auf das Geschehen ein." (106)

Manche Autoren unterscheiden zwischen einem positiven und einem negativen Karma. Positives Karma ergibt sich als Folge eines aus Erkenntnis und Liebe geborenen Denkens und Tuns; negatives Karma entsteht aus dem Nichtwissen und aus der Ichsucht der Menschen. Positives Karma ist immer gut; negatives Karma kann sich gut oder schlecht auswirken, je nachdem, ob es uns auf den Lernweg oder auf den Leidensweg führt. Letzten Endes sollte sowohl das positive als auch das negative Karma unserer Förderung dienen. (107) Nur eine gute Tat, die man ohne eigennützige Absicht und nur um des guten Willens geleistet hat, schafft kein Karma, weil der Handelnde weder Lob noch Anerkennung dafür begehrt. (108) Maßgebend ist bei allem Tun die Absicht oder die Absichtslosigkeit. *Goethe* sagte zu seinem Sekretär *Eckermann*: „Der Mensch kommt als sein eigenes Werk zur Welt. Hat er an seinem Charakter gearbeitet, wird seine Wiedergeburt hell und glücklich sein. Bei Hingabe an Schwächen und Laster wird sie matt und traurig werden." (109) Wir schaffen unser Schicksal demnach stets selbst durch unser eigenes Tun in Gedanken, Worten und Werken.

11.5 Wiedergeburt als Chance

In jedem Erdenleben bietet sich uns die Gelegenheit, altes Karma abzutragen. So wie wir durch unser dreifaches Tun negatives Karma verursachen können, ist es auch möglich, dass wir durch positive Gedanken, wohlwollende Worte und edles Tun schlechtes Karma auflösen können, um uns von der Notwendigkeit der Wiedergeburt zu befreien. So einfach ist dies natürlich nicht, wie die frommen Inder glauben, wenn sie an der Kumbha-Mela zu Ehren ihres Gottes *Shiva* knietief in den Fluss Ganges steigen, um sich von ihren Sünden zu reinigen. Selbstverschuldetes Karma lässt sich weder durch ein Sündenbekenntnis noch durch eine rituelle Waschung, sondern nur durch eine bewusste Wiedergutmachung aus der Welt schaffen.

Wenn ein Schüler wegen ungenügender Leistungen nicht befördert wird, erhält er im nächsten Schuljahr die Chance, die nicht bestandene Klasse zu wiederholen. Dies bedeutet für ihn nicht eine Schande, Schikane oder Strafe, sondern eine Gunst, die man ihm gewährt, ohne dass er von der Schule gewiesen wird. Sofern er diese nützt, ist das Wiederholungsjahr für ihn nicht ein verlorenes, sondern ein gewonnenes Jahr. Genauso verhält es sich bei jedem wiederholten Erdenleben. Durch jede erneute Einverleibung wird der Geistseele die Gnade zuteil, auf ihrem Lern- oder Leidensweg schneller voranzukommen. In einer Jenseitsbotschaft heißt es: „Es ist ein Gunsterweis Gottes, dass er dem Menschen in immer neuen Erdenleben die Möglichkeit geschaffen hat, das wiedergutzumachen, was er gefehlt hat." (110)

Allerdings fehlt zahllosen Menschen im gegenwärtigen Leben diese

Gunst oder Gnade, um mit sich selbst geistig weiterzukommen. Wäre das menschliche Leben einmalig, hätten so viele so manches verpasst, was sie in ihrer Zukunft nicht oder nur unter erschwerten Bedingungen nachholen können. Weder durch ein Fegefeuer noch durch eine Höllenstrafe kann aus der Welt geschafft werden, was im Leben schiefgelaufen ist. Auch die Erlösungstat *Christi* kann dies nicht ungeschehen machen. Einzig die Wiedergutmachung, welche bessere Einsicht und Reue voraussetzt, bietet hierzu die Möglichkeit, und zwar am ehesten in einem neuen Erdenleben. (111) Für den strebsamen Menschen bietet das diesseitige Leben viel bessere Aufstiegsmöglichkeiten. „Es fordert den Menschen viel stärker heraus und ist so ein geeigneter Schulungsort zum geistigen Reifen als die jenseitige Welt." (112) *Till A. Mohr* fügt hinzu: „Wir können uns also in keinem Fall mit Berufung auf die göttliche Gnade um die Wiedergutmachung drücken. Wer in diesem Leben nicht wiedergutgemacht hat, wird es nach diesem Leben tun müssen, wenn Gott ihm dafür in seiner Gnade eine neue Möglichkeit auf Erden einräumt." (113)

Dass uns nicht nur ein einziges Erdenleben geschenkt wird, sondern mehrere, die wir nötig haben, um uns Stufe um Stufe heimwärts zu entwickeln, ist keineswegs eine Strafe oder ein Zwang, sondern eine Gnade und eine Chance, für die wir dankbar sein dürfen. Wir bekommen dadurch Gelegenheit, unseren Heimweg in mehreren Etappen zurückzulegen. Mutige und entschlossene Geistwesen gehen häufig einen kürzeren und direkten Aufstiegsweg in einem einzigen Menschenleben, um schneller voranzukommen. Sie gleichen jenen Bergsteigern, die an der Eiger-Nordwand die „Direttissima" wählen. Dort sind sie auch größeren Gefahren ausgesetzt. Jene aber, die den langsameren Weg über mehrere Erdenleben im Diesseits gehen wollen, bewegen sich auf sicheren Pfaden. Freilich können sie auch hier auf Umwege und Abwege geraten. In den Phasen zwischen den einzelnen Etappen halten sie sich in einer Zwischenwelt auf, wo sie ihre bisherigen Lern- und Leidenserfahrungen aufarbeiten können. (114) Einzig den Uneinsichtigen und Unverbesserlichen bleibt sowohl der direkte als auch der indirekte Aufstiegsweg bis auf Weiteres versagt. Sie bleiben so lange in dunklen Sphären verbannt, wo sie über ihr verpfuschtes Leben und ihre Missetaten nachdenken können, bis sie zur besseren Einsicht gelangen und Hilfe von Lichtwesen annehmen wollen.

Jedes aufstiegswillige Geistwesen bekommt so lange die Möglichkeit, sich weiter zu entwickeln, bis es seine persönliche Karma-Schuld abgetragen hat. Hierzu dient ihm die Chance der wiederholten Erdenleben. Allerdings hängt die jeweilige Ausgangslage von der Ertrags- und Verlust-Bilanz aus dem vorangegangenen Leben ab. Dabei ist immer eine bestimmte „Karma-Welt", wie *Manuela Oetinger* diese nennt, erforderlich, mit der sich das inkarnierte Wesen in Schwingungsgleichheit befindet. (115) So ist es zu erklären, dass die Lebens- und Entwicklungs-Chancen bei jedem Menschen verschieden sind. Dieses gilt auch nicht als Strafe, sondern als Gnade. Deshalb wird das Karma-Gesetz auch das „Gesetz der Gnade" genannt. In diesem Sinne bedeutet Gnade nicht, dass eine göttliche Macht ungeschehen macht, was doch geschehen ist. Vielmehr erfährt jener die Gnade des Verzeihens, der sich darum bemüht, wieder gerade zu biegen, was krumm gewachsen ist, wiedergutzumachen, was falsch gelaufen ist, wieder aufzurichten, was gefallen ist, heimzuholen, was in die Irre ging, und zu heilen, was verletzt und verwundet wurde. Dass wir hierzu noch manche Gelegenheit in wiederholten Leben bekommen, darin liegt die Gnade. (116)

Dieser Gnadenerweis sorgt dafür, dass wir so lange mit einer Aufgabe betraut werden oder mit einem Problem zu tun haben, bis wir dessen karmische Ursachen behoben haben. Deshalb konnte *C.G. Jung* einem Patienten versichern: „Was du in dir nicht verwirklichst, begegnet dir als Schicksal." In diesem Sinne ergänzt *Robert Brown*: „Wenn es uns nicht gelingt, die Lektion, mit der wir konfrontiert werden, zu lernen, dann gibt es kein Entrinnen. Wir werden irgendwann später im Leben wieder vor dieser Lektion stehen. Daraus habe ich gelernt, dass wir niemals vor einem Problem davonlaufen können. Wir mögen noch so weit laufen, irgendwann im Leben wird uns dasselbe Problem wieder einholen. Es kommt vielleicht in anderer Gestalt, aber entgehen werden wir ihm nicht." (117) Die Lebensaufgaben, die uns aufgetragen werden, können in ihrem Schweregrad recht unterschiedlich sein. Diese hängen nicht nur, wie man meinen möchte, von der Last des Karmas ab, sondern auch von der geistigen Entwicklungsreife des Menschen. Weniger fortgeschrittene Geistwesen werden von den „Herren des Karma", auch „Hüter der Schwelle" genannt (118), leichtere Aufgaben in kleinen Portionen zugeteilt, um sie nicht zu entmutigen. Reiferen Geistwesen wird man auf höheren Ebenen schwerere Proben zumuten. Es verhält sich dies wie in einer Gesamtschule. Im Kindergarten werden Märchen erzählt und Kinderlieder gesungen. In den obersten Klassen werden Differenzial- und Integral-Rechnungen vorgelegt.

Ein tragisches Schicksal lässt deshalb nicht unbedingt auf ein schweres Karma schließen. Es kann dies auch auf eine größere Chance hindeuten. Es ist eine Tatsache, dass Menschen mit einer schweren Behinderung oder Krankheit oft weit sinnerfüllter leben als jene, denen diese Beschwernisse erspart bleiben. Nicht nur für die Betroffenen selber kann eine schwere schicksalshafte Einschränkung eine Chance sein. Sie ist es oft auch für ihre Angehörigen. Ich konnte mehrmals beobachten, wie sich Eltern oder Geschwister von schwer benachteiligten Kindern und Jugendlichen mit bewundernswertem Eifer für deren Pflege, Schulung und Ausbildung einsetzen. Auf diese Weise sind zahlreiche heilpädagogische Kindergärten und Schulen, geschützte Werkstätten und Pflegeheime entstanden, die es ohne diese behinderten Menschen heute gar nicht gäbe. Dadurch erhalten zahlreiche Menschen die Chance, sich in sozialen Einrichtungen zu betätigen und Werke der Nächstenliebe zu vollbringen. Auch kommt es nicht selten vor, dass Geschwister einen heilenden oder helfenden Beruf wählen, um später als Ärzte, Lehrer, Fürsorger und Therapeuten im Dienst jener zu wirken, die vom Schicksal benachteiligt wurden. Diesen sozialen Helferwillen sprach *Albert Schweitzer* an: „Wer viel Schönes im Leben erhalten hat, muss auch entsprechend viel dafür hingeben. Wer vor eigenem Leiden verschont blieb, hat sich verpflichtet zu fühlen, anderen zu helfen. Wir alle müssen an der Last von Weh, die auf der Welt liegt, mittragen." (119)

Zwischen den einzelnen Erdenleben befinden wir uns sozusagen auf „Heimaturlaub" in einer feinstofflichen Sphäre, wo wir Gelegenheit erhalten, uns von den Strapazen des vergangenen Lebens zu erholen. Diese Zeit soll auch dazu dienen, unsere gelebte Vergangenheit zu überprüfen und daraus die nötigen Folgerungen für das nächste Leben zu ziehen. „Dieser Wechsel zwischen Arbeit und Erholung wird so lange fortgesetzt, bis der ‚irdische Lehrgang' vollendet ist." (120) Was die Zeitdauer zwischen den einzelnen Inkarnationen betrifft, bekommen wir aus der Jenseitswelt unterschiedliche Auskünfte, je nach den Daseinsebenen, aus denen sie stammen. Wir können annehmen, dass die Zeit zwischen Tod und Neugeburt in seltenen Fällen nur wenige Tage oder Wochen beträgt. In der Regel dauert sie einige Jahre und Jahrzehnte, eventuell auch Jahrhunderte. Früher, als sich das Zeitenrad der Geburtenfolge langsamer drehte, betrugen die Zwischenzeiten sogar tausend und mehr Jahre. Dies mag daran liegen, dass es damals bei der viel kleineren Bevölkerungszahl auf unserer Erde weniger leicht war, für eine inkarnationsbereite Geistseele die richtigen Eltern im geeigneten Umfeld und zum rechten Zeitpunkt zu finden. Heute kann sich die Inkarnationskette über ganze Länder und Kontinente und Kulturkreise ausdehnen, bei ständig wachsender Zahl an Geburten.

Die Lehre von der Wiedergeburt kennt kein endgültiges Scheitern, weil grundsätzlich jedem gottfernen Geistwesen die Chance der Heimkehr geboten wird. *Gisbert Greshake* wehrt sich gegen die düstere Hoffnungslosigkeit der christlichen Höllenbotschaft und bemüht sich „unter allen Umständen Hoffnung zu vermitteln, da sie dem Menschen eine stets neue Chance zuerkennt". (121) In einem Lehrvortrag aus der Jenseitswelt heißt es: „Du kannst nur und erst dann wieder als Gewinner in die Herrlichkeit einkehren, wenn alles wieder geordnet ist und deine Seele erneut jenen Glanz aufweist, den sie einst besaß. Die Möglichkeit, diesen Glanz deiner Seele zurückzugewinnen, bietet dir ein erneutes menschliches Dasein. Denn von dort aus geht der Aufstieg nach oben." (122)

Am Ende eines gewöhnlichen Lebens, wie es der Durchschnittsmensch verbringt, bleibt noch recht viel unerledigt und ungelöst. Wenn wir bedenken, wie bescheiden der geistige Fortschritt der meisten Menschen in einem einzigen Leben ist, können wir ermessen, wie viele Erdenleben nötig sind, um jener Forderung nachzukommen, die *Jesus* mit den Worten ansprach: „Ihr sollt vollkommen sein, wie es auch euer himmlischer Vater ist." (Mt 5,48) Wir werden so lange durch Geburt, Tod und Wiedergeburt gehen, bis wir den weiten Weg aus unserer geistigen Gefangenschaft hin zur Gemeinschaft mit Gott zurückgelegt haben. Mit den Worten von *Iranschähr* lässt sich sagen: „Deine Seele wird so lange vom Trank des Leides und des Genusses, der Freude und des Schmerzes trinken, bis sie, erfüllt von Sehnsucht nach Erlösung, alle irdischen Wünsche vergöttlicht und alle Begierden auf dem Altar der Liebe freudig geopfert hat." (123)

11.6 Rückführungen als Therapie

Viele kranke Menschen wissen nicht, wo die Ursachen für ihre Leiden zu suchen sind. Wenn sie es wüssten, hätten sie wenigstens einen Grund dafür. So müssen sie sich trösten mit den Worten *Friedrich Nietzsches*, der sein Leben lang ein Leidender war: „Tapferes Herz, frag nicht warum!" Von ihm stammen auch die Worte: „Wer ein Warum hat zum Leben, erträgt fast jedes Wie."

Um ein Leiden zu heilen, müssen in der Regel dessen Ursachen erkannt und behoben werden. Diese liegen nicht selten weit zurück in der Vergangenheit. Häufig sind es vererbte Verhaltensmuster, frühe negative Prägungen, unverarbeitete Schockerlebnisse aus Kindheit und Jugendjahren sowie vergessene oder verdrängte Konflikte und deren krankmachende Gefühlsbesetzungen.

Manche Gründe für derartige Leiden reichen sogar zurück bis in frühere Erdenleben. Hier kann eine sogenannte Reinkarnationstherapie als möglicher Heilungsweg erwogen werden. Mit speziellen Methoden wird versucht, verschüttete und vergessene Leidensursachen ins Bewusstsein zu heben, um sie dann richtig zu verarbeiten. Auf diese Weise kann es gelingen, die verborgenen Ursachen von seelischen Störungen aus früheren Erdenleben aufzudecken. Aus seiner langjährigen therapeutischen Erfahrung ist *Harald Wiesendanger* überzeugt, durch eine solche Rückführung „nahezu sämtlichen psychischen und psychosomatischen Leiden beikommen zu können – sie wesentlich zu lindern, wenn nicht gar völlig zu beseitigen". (124) Während mit Hilfe der klassischen Psychoanalyse die Kausalkette eines krankmachenden Geschehens im besten Fall bis in die früheste Kindheit zurückverfolgt werden kann, greift die Reinkarnationstherapie viel weiter zurück, bis in längst vergangene Zeiten, um dort die Anfänge bestehender Verhaltensstörungen aufzuspüren. In neuerer Zeit hat dieses Heilverfahren deutlich an Bedeutung gewonnen. Der Rückführungstherapeut *Baldur R. Ebertin* hat festgestellt, dass die Zukunft nur bewusst gestaltet werden kann, „wenn die Gegenwart erkannt und die Vergangenheit verarbeitet und bewältigt wird". (125)

Die Reinkarnationstherapie, auch Regressionstherapie (lat. *regredere*: zurückgehen) genannt, setzt voraus, dass die menschliche Seele mehr als nur ein einziges Leben kennt. (126) Sie nimmt an, dass frühe Prägungen, sei es in der Kindheit, bei der Geburt, während der Schwangerschaft oder sogar in früheren Erdenleben, ihre Nachwirkungen im jetzigen Leben haben. Diese können als unerklärliche Ängste und Zwangsvorstellungen, als Fixierungen an frühere Erlebnisse oder als körperliche oder seelische Verletzungsspuren immer noch nachwirken und daher krank machen. In solchen Fällen kann eine Rückführungstherapie von Ärzten und Psychologen bei geeigneten Patienten in Hypnose oder bei vollem Wachbewusstsein vorgenommen werden.

Erste experimentelle Versuche wurden um das Jahr 1890 von dem Psi-Forscher *Albert de Rochas* (1837-1914) an der Polytechnischen Hochschule von Paris durchgeführt. (127) Ähnliches versuchte der schwedische Forscher *John Björkhem* an der Universität Uppsala. Seine gezielten Rückführungen bei rund 600 Versuchspersonen verarbeitete er im Jahr 1942 in seiner Dissertation. (128) In den Vereinigten Staaten war es der Arzt *Morris Netherton*, der zur gleichen Zeit mit der gleichen Heilmethode gute Erfahrungen erzielte. (129) In den 1970er Jahren gelang es dem Münchner Psychologen *Thorwald Dethlefsen* mit diesem Verfahren zahlreiche Menschen in frühere Leben zurückzuführen, um diese durch Rückerinnerungen an frühere Inkarnationen von krankhaften Verhaltensweisen zu befreien. Mit seinen Büchern und Fernsehauftritten hat er eine ganze Welle von Wiedergeburtstheorien und Reinkarnationstherapien ausgelöst, die bis heute nicht verebbt ist. (130) Auch die Psychologin *Ulrike Vinmann* vermochte durch ihre Reinkarnationstherapie zahlreiche Menschen zu heilen, indem sie diesen durch Rückführung in frühere Leben die Hintergründe ihrer Leiden und Beschwerden aufdeckte. Auf diese Weise fand sie Zugang zu früheren seelischen Verletzungen. Indem sie diese bei ihren Patienten bewusst machte und richtig verarbeitete, konnte sie die immer wiederkehrenden Leidensmuster auflösen. (131) In jüngster Zeit werden derartige Rückführungen nicht mehr in Hypnose, sondern in eingeübter Tiefenentspannung durchgeführt, damit die auftauchenden Erinnerungen von der Versuchsperson selbst bei Bewusstsein miterlebt werden können.

Das karmische Unbewusste kennt keine Zeit, also kein Vorher und Nachher, sondern nur Gegenwart. Aus diesem Grund können unverarbeitete Erlebnisse über Jahrhunderte gleich einer schweren seelischen Hypothek in ein neues Erdenleben mitgeschleppt werden. In einer Demonstration, die ich in Zürich miterleben konnte, hat *Thorwald Dethlefsen* durch eine Tonbandeinspielung folgenden Fall vorgeführt: Eine Frau litt im gegenwärtigen Leben an Klaustrophobie (lat. *claustrum*: abgeschlossener Raum; gr. *phobos:* Furcht), nämlich an einer krankhaften Angst vor engen, geschlossenen Räumen. In der hypnotischen Rückführung zeigte sich, wie sie im Mittelalter unschuldig zum Tod durch Verhungern verurteilt und in einen Turm eingeschlossen wurde. Dort wurde sie von gefräßigen Ratten angefallen, bis sie starb. Bei dieser Vorführung hörten wir als Zuhörer die entsetzlichen Angstschreie der Patientin, als ob sie immer noch im Hungerturm eingeschlossen sei. Durch das bewusste Wiedererleben dieser traumatischen Situation und durch das Verstehen, dass diese aus längst vergangener Zeit wie ein glimmendes Feuer in ihr weiter brannte, konnte die tragische Erinnerung daran endgültig gelöscht werden. (132) Dieses eindrückliche Beispiel zeigt, dass wir Menschen nicht nur ein Kurzzeit- und ein Langzeit-Gedächtnis haben, sondern auch ein hirnunabhängiges karmisches Gedächtnis, das nichts vergisst.

Auch der amerikanische Reinkarnations-Forscher *Ian Stevenson* konnte anhand von zahlreichen Beispielen aufzeigen, wie körperliche und seelische Verwundungen aus früheren Leben gleich unverheilten Narben sich im gegenwärtigen Leben störend und krankmachend auswirken können. (133) Durch die Erweiterung und Vertiefung des Bewusstseins ist es möglich, in geheime Winkel der frühen Vergangenheit hineinzuleuchten, um verborgene Zusammenhänge aus längst durchlebter Zeit aufzuhellen. Diese tauchen dann als innere Gedankenvorstellungen, optische Bilder und akustische Wahrnehmungen auf, so als ob sie aus der Gegenwart stammten. Dabei wird die Versuchsperson durch gezielte Fragestellungen des Therapeuten über die Zeit ihrer letzten Geburt hinaus in frühere Inkarnationen geführt. Hier bestätigt sich die Aussage *Edgar Cayces,* dass viele Leiden nur von einem früheren Leben her zu verstehen sind. Dieser vermochte in seiner medialen Rückwärtsschau bei kranken und behinderten Patienten nicht nur treffsicher Diagnosen zu stellen, welche von den Medizinern meist bestätigt wurden, sondern er war auch in der Lage, auf die Ursachen dieser Leiden in einem früheren Leben hinzuweisen und Heilungsmöglichkeiten aufzuzeigen. (134)

Auch Traumerfahrungen, die sich in Form von „Repetitionsträumen" während Jahren immer wieder einstellen, kommt eine heilende Wirkung zu. Der Heilungsprozess besteht, ähnlich wie bei einem psychoanalytischen Verfahren, im bewussten Nacherleben und Verarbeiten von vergessenen oder verdrängten traumatischen Erlebnissen aus einem früheren Leben.

Die heilende Wirkung einer derartigen Rückführung bei klarem Bewusstsein in einer Tiefenentspannung konnte ich vor Jahren an mir selber erleben: Seit meiner frühesten Jugend bis ins Erwachsenenalter hinein ängstigten mich nächtliche Hinrichtungsträume. Immer wieder sah ich mich in den seltsamsten Situationen vor einer drohenden Exekution, die im letzten Moment verhindert oder aufgeschoben wurde. Daher befürchtete ich, später einmal einem Justizirrtum zum Opfer zu fallen und zum

Tode verurteilt zu werden. Aus diesem Grund reiste ich nie in ein Land, wo damals noch die Todesstrafe ausgeführt wurde, wie etwa in Frankreich oder England. Das Thema „Todesstrafe" beschäftigte mich lange Jahre. Ich las und sammelte wie besessen Berichte und Bilder von Hinrichtungen, sah mir mit Grauen entsprechende Filme an und setzte mich für die Abschaffung der Todesstrafe ein. Als ich mit etwa dreißig Jahren in einer Rückführung hellwach und bei vollem Bewusstsein erlebte, wie ich im 17. Jahrhundert in China aus religiösen Gründen zum Tode verurteilt und hingerichtet wurde, blieben meine Hinrichtungsträume mit einem Schlag völlig aus. Ich wusste nun, dass dieses Schicksal mir nicht in der Zukunft drohen würde, sondern dass es mir in einem früheren Leben widerfuhr. Ich bin heute nicht restlos davon überzeugt, dass ich vor etwa 300 Jahren tatsächlich in China gelebt habe, obwohl einige Merkwürdigkeiten im gegenwärtigen Leben deutlich dafür sprechen. Eines aber ist sicher: Diese Rückführung in eine längst vergangene Zeit und das damit verbundene gefühlsstarke Nachempfinden eines traumatischen Erlebnisses wirkten sich heilend und befreiend auf mich aus.

Eine Rückführung in frühere Leben kann folgende Wirkungen haben: Zunächst wird das Ich-Bewusstsein erweitert, indem wir erfahren, dass wir nicht zum ersten Mal hier sind. Wir bekommen Einblicke in die schicksalshaften Zusammenhänge bei der Berufs- und Partnerwahl. Auch begreifen wir die Gründe für unbewusst gesteuerte Zuneigungen und Abneigungen in unseren zwischenmenschlichen Beziehungen, Bindungen und Abhängigkeiten. Wir erkennen das Warum für die Wahl unserer Eltern, für Ort und Zeit unserer Geburt, für angeborene Eigenheiten, Neigungen und Interessen, aber auch für unterschwellige Ängste und Sehnsüchte. Dies ist möglich, weil das karmische Gedächtnis die Erinnerungen an unsere früher gelebten Leben aufbewahrt. Dies schildert der Schriftsteller *Alexander von Bernus* (1880-1965), der seine letzten Jahre im Stift Neuburg in Donaumünster nahe Donauwörth zubrachte, im Gedicht eines Eingeweihten (135):

Ich weiß von einst gelebten Tagen und von den Tempeln an dem Nil
Geheimnisvolles viel zu sagen und von der Vorzeit weiß ich viel.
Ich sah die schattenhaften Mysten gesangsweis um die Tempel gehen;
ich weiß, wo die verborgnen frühsten noch unverlöschten Lampen stehn.

Ich hob aus nie erreichten Schächten den Bergkristall mit meinem Ton
und beschwor in den zwölf heiligen Nächten die Wesenheiten, die uns
bedrohn.
Ich spürte mit der Wünschelrute die Schätze auf aus dunklem Grund
und meine Stimme lag im Blute und wurde Brot in jedem Mund.

Ich schaute in den Stein der Weisen, ich selbst von jeder Schwere frei
und ich verschwieg die Kunst wie Eisen in lauteres Gold zu wandeln sei.
Ich lebte tausend Leben jede noch so verfemte Liebe nach;
und wenn ich heute tönend rede, so bin ich's nicht allein, der sprach.

Und jede Saite, die ich rühre, schlug ich schon einmal an vorlang
und in vergessenen Sängen spüre ich meinen eigenen Gesang.
Und sind mir auch Gestalt und Namen entfallen deren, die ich war,
so weiß' ich doch, woher sie kamen, an dem, was ich an mir erfahr.

In ungezählten Lebensläufen, seit ich auf dieser Erde geh,
die so viel Schicksal auf mich häuften, dass ich mich selber nicht versteh.
Was mir gehört, ist mein Vermächtnis, und aus dem heut' noch halben
Schein
entsteht dem nächsten Leib Gedächtnis an jedes vorgewesene Sein.

11.7 Sind Wunderkinder wiedergeborene Genies?

Geniale Menschen sind von Natur aus mit außerordentlichen Fähigkeiten ausgestattet, die sie schon sehr früh zu überdurchschnittlichen Leistungen befähigen. Unsere moderne Wissenschaft kann ihr Erscheinen nicht begründen. Das Genie ist ein Mensch, dessen Wirken ein ganzes Jahrhundert erleuchtet. *Napoleon* fand: „Geniale Menschen sind wie Meteore, die verbrennen müssen, um ihr Jahrhundert zu erhellen." Wie der Meteor eine wunderbare Leuchtspur an den nächtlichen Himmel zaubert, so versetzt das Wunderkind mit seinem Genius seine Zeit in großes Erstaunen. Wunderkinder sind seltene Auserwählte, die ihren Gleichaltrigen in seltsamer Weise auf einem bestimmten Spezialgebiet weit überlegen sind. Zweifellos wurden sie mit dem „Kuss der Musen" beglückt. In ihnen brennt ein „feu sacré", oder wie *Sokrates* glaubte, „ein Daimon, der sie zu höchsten

Leistungen beflügelt". Während Normalbegabte ihr Können mühsam erarbeiten müssen, wird den Hochbegabten ein besonderes Talent wie ein Geschenk in die Wiege gelegt. Sie fallen schon als Kleinkinder auf, weil ihr Denkfähigkeit und ihre Denktempo weit über dem Durchschnitt liegen. Bereits als Säuglinge schauen sie aufgeweckt und interessiert in die Welt. Sie zeigen eine ungewöhnliche geistige Wachheit. Auch benötigen sie verhältnismäßig wenig Schlaf und sind sehr neugierig, was um sie herum vor sich geht. Im Kleinkindalter ist ihr Wortschatz außergewöhnlich reichhaltig. Sie spüren logische Zusammenhänge auf und stellen oft Fragen, auf die selbst Erwachsene nicht kommen. Ihre Interessen und Bedürfnisse stimmen nicht mit denen Gleichaltriger überein. Daher werden sie oft ausgegrenzt und gelten als Sonderlinge. In der Schule bewältigen sie den Lernstoff viel schneller als andere, langweilen sich daher oft und stören als Außenseiter den Unterricht. Von der Lehrperson werden sie nicht selten abgeblockt mit der Bemerkung: „Sei ruhig, du weißt es sowieso!" (136)

Zu unterscheiden von den eigentlichen Wunderkindern sind die Talentierten und die einseitig Begabten. Während das Talent arbeitet, um zu verdienen, arbeitet das Genie um zu dienen. *Robert Schumann* (1810-1856) formulierte es so: „Das Talent arbeitet, das Genie schafft." *Goethe* erkannte: „Das Talent erlernt alles, das Genie weiß alles." Und *Emanuel Geibel* (1815-1884) schrieb: „Was die Epoche besitzt, das verkünden hundert Talente, / Aber der Genius bringt ahnend hervor, was ihr fehlt." Als die heutige Star-Geigerin *Anne-Sophie Mutter* mit fünf Jahren anlässlich eines Konzertes dem Dirigenten *Herbert von Karajan* auf ihrer Violine vorspielte, meinte dieser erstaunt: „Das ist kein Talent, das ist ein Genie."

Als talentiert gilt, wer eine hohe Allgemeinintelligenz mit einen IQ von über 130 aufweist. Daneben gibt es die einseitige Inselbegabung bei den sogenannten „Savants", die es nur auf einem isolierten Spezialgebiet zu Höchstleistungen bringen, sonst aber nur mittelmäßig bis schwach begabt erscheinen. Unter diesen finden sich gehäuft autistisch veranlagte Sonderlinge. Meistens fallen diese durch ein phänomenales optisches Gedächtnis auf. So ist *Stephen Wiltshire* (geb. 1974) aus England, der erst mit neun Jahren anfing zu sprechen, in der Lage, nach einem Hubschrauber-Rundflug über einer Stadt diese anschließend bis in alle Einzelheiten als Panoramabild genau zu zeichnen. Erstaunliche Leistungen können bei den Gedächtnisgenies beobachtet werden, wie *Kim Peek* (1951-2009) eines war. Berühmt wurde er durch sein Auftreten im Film „Rain Man". Im Alter von sechzehn Monaten fing er an zu lesen. Mit vier Jahren konnte er den gesamten Inhalt von acht Lexikon-Bänden aus dem Gedächtnis zitieren. Er besaß ein photographisches Gedächtnis, mit dem er zwei Buchseiten zugleich erfasste. Auf diese Weise konnte er den Inhalt von 12.000 Büchern vollständig in Erinnerung behalten. Das Savant-Syndrom findet sich auch bei den „Kalenderrechnern", die zu einem vorgegebenen Datum blitzschnell den dazugehörigen Wochentag nennen können. Erklären kann man diese Sonderbegabungen auch heute noch nicht. Man vermutet spezielle genetische Veranlagungen oder hirnorganische Veränderungen. (137)

Echte *Wunderkinder* sind seit Jahrhunderten bekannt. Anscheinend können weder eine seltene Mischung der Erbanlagen noch eine spezielle Erziehung und Förderung im Elternhaus dafür verantwortlich gemacht werden. Wunderkinder erkennt man daran, dass sie in frühester Jugend mit dem Wissen und Können von hochbegabten Erwachsenen auftreten. Sie besitzen einen Erfahrungsschatz, den sie anscheinend bei ihrer Geburt schon mitgebracht haben. Bereits in ihrer Kindheit sind sie aufgrund außerordentlicher Begabungen zu außergewöhnlichen Leistungen befähigt. Die Zürcher Psychologin *Ulrike Stedtnitz* erklärte in einem Zeitungs-Interview: „Ein Genie durchbricht gängige Denkmuster. Von einem Wunder spricht man, wenn ein Kind unter zehn Jahren das Niveau eines Erwachsenen erreicht hat." (138) Hierzu einige Beispiele aus jüngerer Zeit:

John Carter arbeitete sich im Alter von vier Jahren mit enormem Einsatz durch ein Lehrbuch der höheren Mathematik. Mit zehn Jahren studierte er bereits an der Hochschule und mit neunzehn Jahren machte er seinen Doktor in Physik an der Universität von Arkansas. Der Nuklearphysiker *Greg Bell* sagte von ihm: „John kann wissenschaftliche Arbeiten von dem Kaliber verrichten, mit dem man einen Nobelpreis gewinnen könnte." (139) Schon mit dreizehn Jahren schloss *Ganesh Sittampalam*, Sohn einer Einwandererfamilie aus Sri Lanka, sein Mathematik-Studium an einer englischen Universität mit dem Diplom ab. In nur achtzehn Monaten bewältigte er das ganze Pensum, für das andere Studierende in der Regel sieben Jahre benötigen. Ein Mitstudent sagte von ihm: „Man muss ihn einfach mögen. Da sitzt er, bläst Kaugummi auf und löst dabei unglaublich komplizierte Aufgaben." (140) Als Elfjähriger hat *Adragon Eastwood de Mello*, aus Santa Cruz in Kalifornien, 1988 die Aufnahmeprüfung in Mathematik an der dortigen Universität bestanden und studierte danach höhere Mathematik und Astrophysik. (141)

Im Jahr 1997 hat das siebenjährige Wunderkind *Ugo Zuniga Utor* seine Professoren an der medizinischen Fakultät der peruanischen Universität in Lima in Erstaunen versetzt. Der Knabe hat dort während eineinhalb Stunden über „Die Grundlagen des Verdauungssystems, der Anatomie und der Körpergewebe" einen hochwissenschaftlichen Vortrag gehalten. Dabei konnte er sich in fünf verschiedenen Sprachen verständlich machen. (142) Ein ganz ähnlicher Fall ist der zwölfjährige Wunderknabe *Sho Timothy Yano*, der aufgrund seiner hervorragenden Leistungen im Jahr 2003 ein Stipendium für das Medizinstudium an der Universität Chicago erhielt. Der junge Student ist der Sohn einer koreanischen Mutter und eines japanischen Vaters. Mit seinen zwölf Jahren hat er bereits ein vierjähriges Biologie- und Chemiestudium hinter sich, das er nach Angaben seiner Professoren sehr erfolgreich abgeschlossen hat. (143)

Chantalle Coleman aus dem englischen Dorf St. Athan wurde 1960 als das „klügste Kind der Welt" bezeichnet." Schon bei der Geburt ahnte die Mutter, dass ihre Tochter etwas ganz Besonderes ist, weil sie so aufgeweckt und interessiert in die Welt schaute. Sie erinnert sich: „Sie hat mich gleich erkannt und gelacht." Mit sechs Monaten fing sie an, deutlich und in ganzen Sätzen zu sprechen. Mit acht Monaten trat das Mädchen in den Kindergarten ein. Nach ihrem ersten Tag konnte sie sämtliche Namen aller dreißig Kinder ihrer Spielgruppe in alphabetischer Reihenfolge hersagen. Mit zwei Jahren las sie fließend lange Texte aus Büchern. Mit drei verstand sie die Grundregeln des Bruchrechnens. Mit vier Jahren wurde sie aufgrund eines umfangreichen Intelligenztests mit einem IQ von 152 vom „Superhirn Verein Mensa" zum jüngsten Genie der Welt erklärt. (144) Ihre Eltern schreiben dies weder der Vererbung noch günstigen Umwelteinflüssen zu. Ihr Vater, ein Techniker bei der Royal Air Force, bestätigt: „Wir sind einfache Leute, keine Genies. Die Intelligenz meiner Tochter ist ein Geschenk Gottes. Die Erklärung der Wissenschaft ist dürftig." (145) Das texanische Wunderkind *Priya Pureval* zählt zu den intelligentesten Menschen der Welt. Wegen eines gemessenen Intelligenzquotienten von über 150 wurde sie im Jahr 2000 in den Kreis der Höchstintelligenten aufgenommen. Bevor sie ein Jahr alt war, sprach sie fehlerfrei in ihrer Muttersprache. Mit vier Jahren konnte sie fließend lesen. Außerdem sprach sie in diesem Alter neben Englisch auch Hindi, Pandschabi und Spanisch.

(146) Laut einer Zeitungsmeldung aus dem Jahr 2007 ist ein britisches Mädchen im Alter von nur zwei Jahren und neun Monaten das bisher jüngste Mitglied im Verband für intellektuell hochbegabte Menschen. Die kleine *Georgia Brown* aus der südenglischen Grafschaft Hamsphire hat mehrere Psychologen durch einen überdurchschnittlich hohen Intelligenzquotienten von 152 (Norm 90-120) überrascht. Damit gehört sie zu jenen 2% der Bevölkerung, die als außerordentlich intelligent gelten. (147) Geniale Menschen zeigen in der Regel sehr früh ihre Sonderbegabung. Als Sechsjährige hat *Ruth Lawrence* aus Huddersfield in England ihr erstes Computerprogramm ausgearbeitet. Im Alter von zehn Jahren wurde sie 1989 zum „klügsten Kind Großbritanniens" ernannt. Mit elf Jahren durfte sie sich an der Elite-Hochschule von Oxford zum Mathematik-Studium einschreiben. Sie bestand die Aufnahmeprüfung an der Universität als beste unter 530 Kandidaten. Zwei Jahre später erwarb sie den Titel eines Magisters in Mathematik. Noch vor ihrer Volljährigkeit wurde sie zur Mathematikprofessorin ernannt. Jetzt lehrt sie als jüngste Dozentin in der Geschichte der USA an der berühmten Harvard Universität. (148)

Das Sonderbare an diesen Wunderkindern liegt darin, dass sie von klein auf mit Fähigkeiten ausgestattet sind, die sonst nur begabten Erwachsenen nach langen Jahren des Lernens und Reifens zukommen. Dies ist auch der Fall beim koreanischen Wunderkind *Ung Yong Kim*. Sein Vater ist Physikprofessor an der Hang Yang-Universität und seine Mutter ist Lehrerin für Hygiene an der National-Hochschule in Seoul. Mit drei Monaten hatte der Knabe bereits neunzehn Zähne. Dies hat gewiss nichts zu tun mit der akademischen Tätigkeit seiner Eltern. Mit sechs Monaten konnte er laufen und fragte schon nach den Namen von Bäumen und Tieren. Mit dreizehn Monaten fing er an Koreanisch und Englisch zu sprechen. Einen Monat später wollte er Deutsch lernen. Zur gleichen Zeit fing er an, sich für Mathematik zu interessieren, und innerhalb eines Jahres konnte er Integral- und Differenzial-Rechnungen lösen. Mit achtzehn Monaten fing er an zu zeichnen und zu schreiben. Mit zweieinhalb Jahren begann er, ein Tagebuch zu führen und Gedichte zu verfassen. Einige seiner Dichtungen wurden im Oktober 1966 in Seoul veröffentlicht. Als Dreijähriger sprach er fließend drei Sprachen. (149) Ein ähnliches Wunderkind ist der kleine *Ejal*, 1986 als Sohn einer Handwerkerfamilie in Naharia in Israel geboren. Mit sechzehn Monaten fing er an, Hebräisch zu lernen. Mit eineinhalb Jahren konnte er fließend lesen. Kurz darauf fing er an, die englische Sprache zu sprechen, die er selbstständig aus Fernsehsendungen lernte. Mit zwei Jahren wurde er von einem Psychologenteam umfangreichen Sprach- und Rechentests unterzogen, die er alle glänzend bestand. Daraufhin wurde er zum Physikstudium an der Universität Haifa zugelassen. (150) Das Wunderkind *Georgy Robert Smith* aus Virginia löste anspruchsvolle Mathematikaufgaben kurz nach seinem ersten Geburtstag. Im Kindergarten erklärte er seinen Kameraden den Vorgang der Photosynthese. Mit neun Jahren machte er seinen Schulabschluss und mit dreizehn Jahren beendete er erfolgreich sein Hochschulstudium. Als 19-jähriger fing er an, sich mit Mathematik, Biomedizin, Raumfahrttechnik und Politwissenschaften zu befassen. Einen großen Teil seiner Energie steckt er seit Jahren in die von ihm gegründete Organisation Internationaler Jugendanwälte, die sich für Menschenrechte und Gewaltlosigkeit einsetzen. (151)

Manche Wunderkinder haben die Blütezeit ihres genialen Schaffens mit zwanzig Jahren bereits überschritten. Nicht wenige haben dieses Alter gar nie erreicht. Als „Frühvollendete" haben sie ihr Erdendasein bereits im Kindes- und Jugendalter verlassen und sind nach kurzem Gastspiel auf der Bühne des irdischen Daseins dorthin zurückgekehrt, woher sie gekommen sind: In die höherdimensionierten Geisteswelten, die wir das Jenseits nennen. Denken wir an den Wunderknaben *Christian Heinrich Heinicken* (1721-1725) aus Lübeck, der ein paar Stunden nach seiner Geburt anfing deutlich zu sprechen. Im 10. Lebensmonat vermochte er alle Gegenstände in seinem Umfeld richtig zu benennen. Schon mit vierzehn Monaten las er Erzählungen aus der Bibel und lernte sie auswendig. Mit drei Jahren sprach er fließend Deutsch, Französisch und Latein. In diesem Alter beherrschte er grundlegende arithmetische Rechenvorgänge. Auch besaß er erstaunliche historische und geographische Sachkenntnisse. Ganz besonders interessierte ihn die dänische Geschichte. Sein Ruhm verbreitete sich damals in ganz Europa, als er, kaum dreijährig, vor dem dänischen König *Friedrich IV.* und seinem Gefolge einen hochwissenschaftlichen Vortrag hielt und dafür den begehrten Elephantenorden verliehen bekam. Mit vier Jahren hatte das kleine Genie eine umfassende Geschichte Dänemarks verfasst. Schon mit viereinhalb Jahren starb der kränkelnde Knabe, der falsch ernährt wurde, an Zöliakie und deren Folgen. Der Chronist schreibt über ihn, er habe damals „alt und weise wie ein Greis ausgesehen". (152)

Der deutsche Schüler *Lars Windhorst* wurde mit sechzehn Jahren von der Schule gewiesen, weil er sich am Unterricht zu wenig beteiligte. Sein ökonomisches Interesse entwickelte er bereits in früher Kindheit. Als Elfjähriger abonnierte er die deutsche Finanzzeitung „Handelsblatt". Mit vierzehn Jahren begann er Computerbauteile aus Asien zu importieren. Mit neunzehn Jahren war er bereits Millionär. Er gilt als „Ein-Mann-Wirtschaftswunder". In wenigen Jahren hat er sich einen 250 Millionen-Konzern aufgebaut. Inzwischen hat er für 120 Millionen Dollar einen dreißigstöckigen Tower in der vietnamesischen Ho-Chi-Minh-Stadt gebaut. (153)

Der jüngste Teilnehmer eines Kurses über Computer-Programmierung an der Brunel-Universität in London war im Jahr 1992 *Nicholas MacMahon*, der Sohn einer englischen Gärtnerfamilie. Er konnte sich bereits mit einem Jahr problemlos mit anderen unterhalten. Lesen hatte er schon zuvor gelernt. Der Schulunterricht langweilte den eifrigen Enzyklopädie-Leser und Verehrer von Mozart und Schubert. (154)

Auf dem Gebiet der Musik sind die Wunderkinder deutlich in der Überzahl. *G. Révesz* hat schon vor achtzig Jahren zahlreiche Daten über musikalische Wunderkinder gesammelt, die dies bestätigen. (155) *Sarah Chang* ist 1980 in Südkorea geboren. Mit fünf Jahren spielte sie bereits *Mozarts* 3. Violinkonzert. Drei Jahre später trat sie erstmals mit den New Yorker Philharmonikern öffentlich auf. Mit vierzehn Jahren spielte sie mit den Berliner Philharmonikern. Von der 17-jährigen sagte der weltberühmte Geigenvirtuose *Yehudi Menuhin* (1916-1999), der selber mit sieben Jahren die Reife eines voll ausgebildeten Konzertmeisters erreichte, sie sei die perfekteste Geigerin, die er je gehört habe. Die Musiklehrerin *Dorothey De Lay* erzählte: „Sarah kam als Fünfjährige zu mir und spielte das Mendelssohn-Konzert mit so tiefer Empfindung, dass ich mir sagte: ‚So etwas hast du tatsächlich noch nie gehört.' Ich habe ihr Spiel mit den Aufnahmen anderer Wunderkinder verglichen – sie haben nichts Ähnliches." (156) *Augustin Hadelich* wurde 1985 als Sohn deutscher Eltern geboren. Diese bewirtschaften zur Zeit einen Bio-Bauernhof im italienischen Riparbella. Mit fünf Jahren begann der Knabe mit seinem Geigenspiel. Im Alter von sechs Jahren unternahm er seine erste Konzertreise nach Salzburg, Wien und Bayreuth. Mit acht Jahren wurde er in die Meisterklasse der „Accademia Musicale Chigiana" aufgenommen. Als 10-jähriger ging er auf weitere Konzertreisen in Deutschland und in der Schweiz. (157) Der im Jahr 1991 geborene *Kristian Cvetkovic* gab mit fünf Jahren sein erstes öffentliches Konzert. Bis heute wurde er für sein

Klavierspiel bereits dreimal mit dem ersten Preis des Schweizerischen Musik-Wettbewerbs ausgezeichnet. (158)

Karl Witte ist in einfachen Verhältnissen in Lochau bei Halle an der Saale aufgewachsen. Mit acht Jahren las er griechische und lateinische Dichter im Originaltext. Als Neunjähriger begann er sein Studium an der Universität Leipzig. Mit vierzehn Jahren wurde er Doktor der Philosophie, mit sechzehn Jahren Doktor der Rechtswissenschaften und mit siebzehn Jahren Professor an der Universität Berlin. Heute gilt er als anerkannter Dante-Forscher. (159) Als literarisches Wunderkind fiel *Minou Drouet* auf, als sie 1955, im Alter von sieben Jahren, ihren ersten Gedichtband veröffentlichte. Der überströmende Reichtum ihrer dichterischen Sprache und die anschauliche Treffsicherheit ihres Ausdrucks versetzte selbst die strengsten Kritiker in Erstaunen. (160) Ein seltsames Wunderkind ist der schon erwähnte südkoreanische Knabe *Kim Ung-Yong*. Nebst seiner koreanischen Muttersprache beherrscht er auch Englisch und Deutsch. Sein Tagebuch mit seinen 247 Seiten enthält neben seinen Gedichten auch philosophische Abhandlungen und wurde bald zum Bestseller. Sein Vater erzählte, dass er zum ersten Mal auf die Fähigkeiten seines Sohnes aufmerksam geworden sei, als er im Alter von acht Monaten anfing, das koreanische Alphabet zu lernen. Mit dreizehn Monaten wagte er sich an die Mathematik heran und war innerhalb eines Jahres mit Integral- und Differenzialrechnungen vertraut. (161)

Großes Aufsehen erregte die frühe Vielsprachigkeit verschiedener Wunderkinder. Der Bauernbub *Eduard Huber* wurde 1879 in einfachen Verhältnissen in Grosswangen im Kanton Luzern geboren. Trotz seiner bescheidenen Herkunft galt er schon früh als Sprachengenie. Sein Vater war Landwirt, Metzger, Gastwirt und Lokalpolitiker. Die Mutter kam aus einem Arzthaus. In der Volksschule und in der nachfolgenden Mittelschule war Eduard ein talentierter Schüler, der dreimal eine Klasse überspringen konnte. Am Gymnasium von Solothurn studierte er nebenbei Italienisch, Englisch und Spanisch. Außerdem nahm er Privatstunden in Hebräisch, Chaldäisch und Sanskrit. Damals abonnierte er eine in Kairo erschienene Tageszeitung in arabischer Sprache. Nachdem er mit achtzehn Jahren das Abitur bestand, schrieb er sich an der Pariser Universität Sorbonne ein und belegte dort die Sprachfächer Sanskrit und Altpersisch. Am Collège de France widmete er sich der persischen und arabischen Literatur. Gleichzeitig schrieb er sich an der Ecole Orientale für die Sprachen Russisch, Japanisch, Chinesisch, Armenisch, Hindustani und Türkisch ein. Alle diese Studien bewältigte er mit Leichtigkeit und großem Interesse. (162) Im Jahr 1905 wurde er im Alter von sechsundzwanzig Jahren Professor für chinesische Sprache in Hanoi. Er besaß gründliche Kenntnisse in der siamesischen, birmesischen und talanischen Sprache, so dass er schließlich an die dreißig europäische und asiatische Sprachen beherrschte. Dass er diese fremden Sprachen oft innert weniger Wochen erlernte, lässt vermuten, dass er diese in früheren Leben bereits gekannt haben muss, denn anders ist dieses Sprachgenie nicht zu erklären. Mit den Jahren bereiste der junge Schweizer ganz Südostasien und forschte in Klöstern und Bibliotheken nach uralten Handschriften, die er ins Chinesische und Englische übersetzte. Gerne unterhielt er sich mit buddhistischen Mönchen und spürte gleichsam eine innere Verwandtschaft mit diesen, so dass es schien, als wäre er in früheren Leben einer von ihnen gewesen. Er kleidete sich wie ein chinesischer Mandarin und war in Gestalt und Gesichtsausdruck weit mehr Asiate als Europäer. Schließlich erging es ihm wie manch anderem Wunderkind: Er starb schon mit vierunddreißig Jahren an einem plötzlichen Fieberanfall auf einer Forschungsreise im Mekong-Delta. (163)

Um das seltsame und seltene Phänomen der Wunderkinder zu verstehen, bieten sich uns *drei Erklärungsmodelle* an: 1. Die Anlagetheorie, 2. Die Milieutheorie und 3. Die Wiedergeburtstheorie.

Die *Anlagetheorie* geht davon aus, dass eineiige Zwillinge, die erbgleich sind, in ihren Neigungen und Begabungen bis zu 80% übereinstimmen. Dagegen besitzen zweieiige Zwillinge, die nicht erbgleich sind und sich nicht mehr ähnlich sind als gewöhnliche Geschwister, nur eine mittlere Ähnlichkeit von 20-30%. Daraus kann der Schluss gezogen werden, dass die Erbanlagen für die Entwicklung von Talenten und Spezialbegabungen viel stärker ins Gewicht fallen als etwa Erziehungseinflüsse und frühe Prägungen durch die Umwelt. Dennoch genügt meiner Meinung nach die Vererbungstheorie allein nicht, um die außerordentlichen Begabungen von Wunderkindern zu erklären. Diese haben in der Regel weder geniale Vorfahren noch hochtalentierte Nachkommen. Die Erfahrung lehrt, dass berühmte Väter und Mütter kaum je ebenso berühmte Kinder und Enkel haben. Die Familien *Bach, Bernoulli und Strauß* bilden da die großen Ausnahmen. Viele Genies haben überhaupt keine Nachkommen gehabt, und wenn doch, sind diese zumeist nur von mittelmäßiger Statur gewesen.

Wunderkinder haben in der Regel Eltern, die begabungsmäßig nicht sonderlich auffallen. Dies zeigt auch die Fernseh-Serie „Ich trage einen großen Namen". Daraus erkennen wir, dass das Genie nicht vererbbar ist. Dies ist auch die Meinung von *K. O. Schmidt*: „Durch Vererbung lässt sich das jähe Auftauchen eines Genies nicht erklären, zumal kaum ein Genie ebenbürtige Nachkommen hatte." (164) In seiner „Pathographie des Genies" schreibt *W. Lange-Eichbaum*: „Es besteht keine spezifische biologische Voraussetzung für das Genie. Das Genie ist also unter keinen Umständen ein ganz bestimmter körperlich-seelischer Menschentypus." (165)

Auch durch die *Umwelttheorie* kann das Genie nicht erklärt werden. Zweifellos spielen Milieueinflüsse eine Rolle, wenn es gilt, bestimmte Anlagen zur Entfaltung zu bringen. Ein biologischer Grundsatz lautet: Es kann phänotypisch nach außen nur in Erscheinung treten, was genotypisch als Anlage bereits vorhanden ist. Dennoch hält die moderne Verhaltenspsychologie wenig von Anlagen und behauptet, der Mensch sei weitgehend das Produkt seiner Umwelt. Ein Vertreter dieser Ansicht war der Bischof und Pädagoge *Johann Amos Comenius* (1592-1670) aus Mähren, der behauptete: „Der Erziehung ist alles möglich, sie bringt selbst den Bären zum Tanzen." Meine Beobachtungen haben mir gezeigt, dass die Fremderziehung im Allgemeinen für den Berufs- und Lebenserfolg nur zu 20% verantwortlich ist. Veranlagung und Selbsterziehung gehen zu 80% auf das Konto der Veranlagung. Diese muss allerdings auf mehrere Generationen rückwärts verfolgt werden, soll dies zutreffen. Von zahlreichen Genies wissen wir, dass sie in eine mittelmäßige Umwelt hineingeboren wurden. Dennoch haben sie dem Namen ihrer Familie Berühmtheit verliehen. Könnte es sein, dass deren Kenntnisse und Fähigkeiten aus früheren Leben stammen? Das Herkunftsmilieu kann jedenfalls das plötzliche Auftreten eines Wunderkindes nicht genügend erklären.

So bleibt als letzte Erklärungsmöglichkeit die *Wiedergeburtstheorie*. Viele geniale Menschen führen ihre herausragende Sonderstellung als Mitbringsel auf frühere Leben zurück. Hierfür sprechen die Selbstzeugnisse von *Platon, Seneca, Giordano Bruno, Goethe, Herder, Rückert, Schopenhauer, Rudolf Steiner* oder *Richard Wagner*. Als die berühmte italienische Sängerin *Giuseppina Gargano* in jungen Jahren in einer Bellini-Oper erstmals die Hauptrolle der „Somnambulen" sang und dies mit der Erfahrung und Gestaltungskraft einer großen Künstlerin tat, erklärte sie anschließend. „Das war nur möglich, weil ich mir während des ganzen Abends lebendig bewusst war, diese Partie schon oft gesungen zu haben. Ich erkannte mit absoluter Gewissheit, dass ich in einem früheren Leben Opernsängerin war." Desgleichen bestätigte der Musiker *Hans Fleischer*: „Lange bevor ich Musikunterricht hatte, zog ich fünf Linien und schrieb Noten mit dem Gefühl einer altgewohnten Beschäftigung. Beim Klavierspiel konnte ich sofort von einer Tonart in eine andere übergehen. Ohne Unterricht in der Harmonielehre waren mir deren Gesetze vollkommen vertraut, was ich nur dadurch erklären kann, dass ich schon im früheren Leben als Komponist tätig war." (166) Die italienische Zeitung „Domenica del Corriere" vom 27. Juni 1967 berichtet vom achtzehn Monate alten Knaben *Antonio Morabito* in der mittelitalienischen Stadt Terni. Das Kind besitzt erstaunliche geografische Kenntnisse von europäischen Ländern und Städten, obwohl es im jetzigen Leben nie dort war. Es zeigt Kenntnisse und Verhaltensweisen wie ein gebildeter Erwachsener. Hierzu schreibt *Peter Freiherr von Egloffstein*: „Dass sich bei den Ladenbesitzern in Terni ein Geistwesen inkarniert, das sich in seiner früheren irdischen Existenz speziell mit Geografie befasste und in kultivierten Kreisen lebte, wird nahezu zur zwingenden Annahme und jedenfalls zu einer plausiblen Erklärung." (167)

Wunderkinder sind wahrscheinlich „alte Seelen", die erneut Mensch geworden sind, um unsere irdische Welt mit ihrer himmlischen Kunst zu bereichern. So hielt sich der amerikanische Dirigent *Leonard Bernstein* für den wiedergeborenen Komponisten *Gustav Mahler*. Als er einmal eine Partitur dieses Meisters in Händen hielt, kam es ihm vor, als würde er sein eigenes Werk in Händen halten, so genau erkannte er jede Note und jedes Zeichen. Da wusste er: „In mir ist *Gustav Mahler* wiedergeboren." (168) Die Meister-Geigerin *Anne-Sophie Mutter*, geboren 1963, bewies ihre geniale Begabung schon in den ersten Kinderjahren. Als sie als Fünfjährige zum ersten Mal eine Geige in die Hand nahm, hatte sie nach ihren eigenen Aussagen den bestimmten Eindruck, ein solches Instrument schon vor langer Zeit gespielt zu haben, und dass *Mozart* schon immer auf sie gewartet habe. (169) Es ist durchaus denkbar, dass Wunderkinder ihr erstaunliches Können als Erfahrung aus früheren Erdenleben mitbringen. So gesehen sind die Wunderkinder von heute die Genies von gestern. In seiner Schrift „Anamnesis – über die Erinnerungen" lehrte schon *Platon*: „Leicht erworbenes Wissen ist solches, das durch das ewige Selbst in einem früheren Leben erarbeitet worden ist und sich nun als leicht einprägsam und verständlich darstellt." Neues zu lernen, hieß für ihn, sich an Früheres zu erinnern. Der Theosoph *Johannes Fährmann* sieht es ebenso: „Die Anwesenheit verschiedenartiger schöpferischer Kräfte im Menschen – die wir in ihrer Gesamtheit Genie nennen – sind keinem blinden Zufall, keinen angeborenen, ererbten Eigenschaften und Neigungen zu verdanken, sondern sie entspringen der Gesamtsumme persönlicher Erfahrungen, welche das Individuum, der ewige Pilger, in früheren Leben erworben hat." (170) Nach heutigem Wissensstand ist das Auftreten von Wunderkindern nicht anders zu erklären als durch die Tatsache der wiederholten Erdenleben. Daher findet die Theosophin *Beatrice Flemming*: „Die einzig-logische Erklärung für das Geheimnis des Genies ist das Reinkarnationswissen." (171) Dies ist auch die Ansicht von *Peter Michel*, der schreibt: „Kein Genie hätte die Welt betreten können, würde seine Geist-Seele nicht über viele Erdenleben alle gesammelten Erfahrungen aufbewahren." (172) Wunderkinder sind demnach ein starker Hinweis für die Richtigkeit der Wiedergeburtslehre.

11.8 Erinnerungen an frühere Leben

Der Hauptgrund, warum immer noch viele Menschen in Europa und Amerika die Wiedergeburtstheorie ablehnen, liegt darin, dass sie sich mit ihrem kurzbeinigen Denken angeblich nicht an frühere Leben erinnern können. Wenn all das, woran wir uns nicht erinnern können, nicht existieren würde, müsste die ganze Menschheitsgeschichte auf ein paar wenige Jahrzehnte zusammenschrumpfen. Es ist durchaus bezeichnend, dass die Mehrzahl der Menschen bei ihrem gegenwärtigen geistigen Entwicklungsstand sich nicht an frühere Leben erinnert. Denn dies könnte, so schreibt *Alfred Dalliard*: „Für die einen sehr belastend sein, andere würde es in ihrem Egoismus noch bestärken. Belastend wäre dies für jene, die sich zum Beispiel an einen Mord oder an sonst eine Untat im vorangegangenen Erdenleben erinnerten, umso mehr, als dieses Wissen auch den anderen nicht verborgen bliebe." (173) Die holländische Hellseherin und Heilerin *Maya Storms* (geb. 1924) gab anlässlich der Basler Psi-Tagung im Jahr 1988 auf die Frage, warum wir uns nicht an frühere Leben erinnern, die Antwort: „Die meisten Menschen wollen nichts davon wissen, denn die Rückerinnerung ist schmerzhaft. Das hat auch etwas mit der Reife der Seele zu tun. Erst wenn man sich ein höheres Bewusstsein er-

rungen hat, kann und will man sich in früheren Erdenleben sehen." (174) *Hossein Iranschähr* meint, „dass die Erinnerung für die unreifen Seelen ein Hindernis für ihre Höherentwicklung bedeuten würde". (175)
Dennoch kommt es heute häufiger vor, dass Menschen sich spontan oder in einer gelenkten Rückführung an einzelne Episoden aus früheren Erdenleben erinnern, wie folgendes Beispiel zeigt: Vor etlichen Jahren war ein deutsches Ehepaar in Frankreich auf der Loire mit einem Hausboot unterwegs. An einer bestimmten Uferpartie überfiel die Frau plötzlich eine unerklärliche Unruhe. Sie verlangte, sofort an Land gehen zu können. Von dort eilte sie auf ein Waldstück zu. Davor stand eine unbewohnte Villa. Sie behauptete, diese Gegend und das Haus zu kennen. Ein Nachbar öffnete ihr Tür und Tor. In heller Aufregung rannte sie die Stiege hoch in den 2. Stock, eilte einen Gang entlang und betrat ein Zimmer mit den Worten: „Hier bin ich früher ermordet worden!" Solches Wiedererleben einer früheren Schreckenssituation, die sich tief ins Unbewusste eingegraben hat, kann tatsächlich ein Hinweis auf ein früheres Leben sein, zumal dieses, wie im vorliegenden Fall, durch polizeiliche Nachforschungen bestätigt wurde. (176) Alte Gedächtnisinhalte können manchmal aus der Tiefenschicht des karmischen Unbewussten auftauchen und ins Bewusstsein durchbrechen, ohne dass diese zunächst als solche erkannt werden. *Bruno Hempe* berichtete, wie er im Jahr 1920 aus einem inneren Antrieb und ohne irgendwelche Unterlagen den Plan eines ihm unbekannten Teils der Stadt Nürnberg gezeichnet hatte. Drei Jahrzehnte danach fand er in einem Antiquariat einen alten Plan eben dieses Stadtteils, auf dem genau sein ehemaliges Phantasiegebilde mit zahlreichen Einzelheiten zu erkennen war. Merkwürdig dabei ist, dass dieser Stadtteil schon vor vielen Jahren abgerissen wurde. (177)
Von einem ähnlichen Fall erzählt die Schriftstellerin *Barbara Lischke* aus Stäfa im Kanton Zürich, die mehrere Jahre in Schottland lebte. Für eine Freundin suchte eine Frau dort eines Tages eine Wohnung in dem Ort Carlisle. Sie erinnert sich: „Auf der Fahrt durch die Stadt kamen wir an einem alten Haus vorbei, zwei ältere Leute waren im Garten. Ich fragte, ob hier etwas zu vermieten sei. Die Frau bejahte. Wir wurden ins Haus eingeladen. Die beiden Leute gaben uns Tee. Wir einigten uns über die Mietbedingungen. Am nächsten Tag wollten wir zur Vertragsunterzeichnung nochmals vorbeikommen. Doch als wir zur vereinbarten Zeit in Carlisle ankamen, fanden wir das Haus nicht. Wir standen

vor einer Wiese und einigen alten Bäumen. Ich traute meinen Augen nicht und erkundigte mich im nächsten Pub. Dort schaute mich ein alter Mann mit großen Augen an. „Mam", sagte er, „das von Ihnen erwähnte Haus ist vor Jahrzehnten abgebrannt." (178) Gelegentlich kommt es vor, dass sich im jetzigen Leben eine einzelne Erinnerungsspur mit einem im Unbewussten gespeicherten Erinnerungsbild verbindet und so ein Wiedergeburtserlebnis auslöst, wie folgendes Beispiel zeigt: Die Münchner Psychotherapeutin *Patricia Bahrani* berichtet von einer Frau, „die unter einer unerklärlichen, ja geradezu panischen Angst davor litt, unter die Dusche zu gehen. Die Frau begann schon an sich zu zweifeln, glaubte sich beinahe verrückt. Nach einer Rückführung stieß man endlich auf des Rätsels Lösung. Sie erinnerte sich, dass sie in ihrem letzten Leben als jüdisches Mädchen von den Nazis in ein Konzentrationslager verschleppt und dann ins Gas geschickt wurde." Die Ähnlichkeit der Duschbrause in ihrem jetzigen Badezimmer mit den Duschköpfen in der Gaskammer, durch die das tödliche Gas von der Decke einströmte, löste die Erinnerung an ihre Ermordung aus. (179)

Häufiger noch als Erwachsene vermögen sich Kinder an frühere Erdenleben zu erinnern. *Ian Stevenson* hat in seiner dreißigjährigen Forscherarbeit über 2500 Kinder untersucht, die sich an frühere Leben erinnern konnten. Er hat hierzu Angaben gesammelt, die sich bei genauen Nachprüfungen zum großen Teil als richtig erwiesen haben. (180) Im Verlauf von mehreren Jahrzehnten hat er auch zahlreiche Menschen befragt, die an ihrem gegenwärtigen Körper auffallende Narben und Spuren aufweisen, die nur als tödliche Verletzungen in einem früheren Leben erklärt werden konnten. (181) Er fand bei 200 Kindern sonderbare Hautveränderungen, und zwar genau dort, wo sie angeblich in einem früheren Leben tödlich verletzt worden waren. Diese Zeichen waren von Geburt an vorhanden, aber nicht vererbt, da niemand in der Verwandtschaft derartige Merkmale aufwies. Durch Zeugenaussagen, Polizeiprotokolle, ärztliche Aufzeichnungen und Autopsieberichte konnten diese Stigmata zweifelsfrei dokumentiert werden. (182) Auch der türkische Arzt *Rezat Bayer* untersuchte 1590 Fälle von seltsamen Verletzungsmerkmalen, die von gewaltsamen Einwirkungen in einem früheren Leben stammen könnten. (183) Offenbar ist es möglich, dass sich die Spuren einer tödlichen Verletzung nach dem Tod dem feinstofflichen Astralkörper einprägen und bei einer erneuten Einverleibung auf den neuen Körper übertragen werden.

Es ist denkbar, dass durch ein einschneidendes Ereignis der Mensch in eine Rolle zurückfällt, die ihm in einem früheren Erdenleben vertraut war, so wie ein Schauspieler bei einer Theateraufführung sich plötzlich an eine frühere Szene erinnert. So berichtet *Deepak Chopra* von einem Knaben mit Namen *James Leininger*. Dieser zeigte schon vom dritten Lebensjahr an große Begeisterung und auffallendes Interesse für Kampfflugzeuge aus dem Zweiten Weltkrieg. Als er ein Buch fand, das den Luftkampf bei Iwo Jima in den letzten Tagen des Pazifikkrieges beschreibt, teilte er seinen Eltern mit, dass er damals dort abgeschossen wurde. „Er erinnerte sich an seinen früheren Namen und an den Moment, als ein japanisches Maschinengewehr ihn traf. Die Eltern recherchierten den Vorfall und entdeckten, dass tatsächlich ein amerikanischer Pilot dieses Namens auf die beschriebene Weise ums Leben kam. Überlebende aus der Luftwaffe bestätigten die Einzelheiten, an die sich ihr Sohn erinnerte." (185)

Mit Erinnerungsspuren aus einem früheren Leben könnte auch der Fall der *Sabine Kindschuh* aus dem ostdeutschen Thüringen erklärt werden. Nach einem vor acht Jahren erlittenen Hirnschlag stellte sie sogleich beim Erwachen aus der Bewusstlosigkeit bei sich selbst eine merkwürdige Veränderung fest. Gegen ihren Willen sprach sie fortan in einer schweizerdeutschen Mundart, obwohl sie diese in ihrem jetzigen Leben nie erworben hatte und auch nie in der Schweiz war. Trotz einer dreijährigen Sprachtherapie in Deutschland hat sich diese Situation, an der sie schwer litt, nicht verändert. Medizinisch lässt sich dieses sehr seltene Fremdsprachen-Akzent-Syndrom bisher nicht erklären. (186) Eine Rückführung in ein Vorleben könnte vielleicht den entsprechenden Nachweis erbringen.

Auch *Wiedergeburtsträumen* muss eine gewisse Beweiskraft zuerkannt werden, wenn sie sich in irgendeiner Form in der Lebenswirklichkeit bewahrheiten und nicht bloß symbolisch zu verstehen sind. Es gibt tatsächlich Träume, in denen Personen in merkwürdigen altmodischen Kleidern auftreten, die vor Jahrhunderten getragen wurden. Auch ein Sprechen in fremden Sprachen kommt vor, welche die träumende Person gar nicht kennt. Seltsame Szenen spielen sich in fremder Umgebung ab, zeitlich und räumlich in die Vergangenheit verschoben, die vielleicht als Erlebnisse in früheren Leben verstanden werden können. (187) In seiner Erzählung „Der gelbe Koller" schildert der Dichter *Will Vesper* (1882-1962), wie ihn in einem historischen Museum der Anblick eines Reiterwams aus der Landsknechtzeit eigenartig beeindruckt habe, so dass ihm, unerklärlich und befremdend, ein Frösteln über den Rücken lief. „In der Nacht, nachdem der Museumseindruck schon wieder ganz versunken schien, träumte er aufregende Szenen. Er sieht sich in einem früheren Leben, wie er vor seinem in Flammen stehenden Haus um sein Leben und um das seines Weibes gegen eine wilde Rotte von Soldaten kämpft, die angeführt sind vom dem ‚tollen Christian', dem Träger des gelben Kollers. Er kann sein Weib vor den Gewalttaten der Tobenden nur retten, indem er ihm ein Schwert in die Brust stößt, dann wird er selbst von dem gelben Koller erschlagen. Am Morgen nach dem Traum geht der Dichter mit seiner Gefährtin, der er alles erzählt hat, wieder in den Waffensaal des Museums. Eine Blutspur an dem alten Wams ist ihnen ein untrügliches Zeichen dafür, dass der Traum wirklich in ihrer beider voherige Verkörperung hineingeleuchtet hat." (188)

Eine besondere Art von Rückerinnerung können die *Déjà-vu-Erlebnisse* sein. Diese werden bewusst als örtlich oder zeitlich verschoben erfahren. Es handelt sich um ein Wiedererkennen bestimmter Orte und Gegenden, die im gegenwärtigen Leben nie besucht wurden. „Da bin ich schon einmal gewesen!", ist häufig die erste Reaktion. Manchmal kommt es bei einer unerwarteten Begegnung mit einer bestimmten Person oder Situation zum untrüglichen Gefühl des Wiedererkennens aus längst vergangener Vorzeit. Zugegeben: Es kann sich dabei um Sinnestäuschungen handeln, um vergessene Ereignisse aus frühester Kindheit, um verborgene Wunschgedanken, um krankhafte Wahrnehmungsstörungen oder Wahnvorstellungen, selbst um pure Einbildung. Auf seiner Italienreise schrieb *Goethe* im Oktober 1786 in einem Brief aus Venedig: „Es ist mir wirklich auch jetzt nicht etwa zumute, als ob ich die Sache zum ersten Mal sähe, sondern als ob ich sie wiedersähe." Der Schriftsteller *Stephan George* beschrieb bei einem Spanien-Aufenthalt das „seltsame Gefühl des Wiedersehens mit einer längst entschwundenen Zeit". Und *Rilke* empfand auf seiner Reise durch Russland, die er mit seiner Freundin *Lou Andreas-Salome* unternommen hatte, dieses weite Land als seine „Seelenheimat". (189)

Von Gegnern der Wiedergeburtslehre wird gerne behauptet, derartige Erinnerungen würden lediglich auf vererbte Spuren aus dem familiären Unbewussten stammen. Theoretisch wäre es denkbar, dass Erlebnisse der Vorfahren als genetisches Erbmaterial auf die Nachkommen übergeht. In diesem Fall aber müssten erbgleiche Zwillingspaare die gleichen Erinnerungen an frühere Leben haben. Dass dies nicht der Fall ist, hat die amerikanische Psychologie-Professorin *Helen Wambach* in ihren Rückführungs-Experimenten an eineiigen Zwillingen festgestellt. (190)

Mit seinem Gedicht aus dem Jahr 1912 „Ich war einmal" erinnert sich der schlesische Lyriker *Otto Julius Bierbaum* (1865-1910) an seine Vorleben:

Oft weiß ich ganz genau. Ich – war – einmal;
Ich habe schon einmal all dies gesehen;
Der Baum vor meinem Fenster rauschte mir
Ganz so wie jetzt vor tausend Jahren schon;
All dieser Schmerz, all diese Lust ist mir
Ein Nochmals, Immerwieder, Spiegelung
Durch Raum und Zeit. – Wie sonderbar das ist.
Ein Fließen, Sinken, Untertauchen und
Ein neu Empor im gleichen Strome. Ich
Und immer wieder Ich: Ich – war – einmal.

11.9 Beweise für die Wiedergeburt

Was die Reinkarnationshypothese betrifft, lässt sich diese kaum zweifelsfrei beweisen oder widerlegen, denn es handelt sich hier um ein Erklärungsmodell, das man für wahr halten kann oder nicht. Lassen wir zunächst einige Gegner der Wiedergeburtslehre zu Wort kommen. In seinem „Lehrbuch der Philosophie" führt der Theologe *Bernhard Kälin* folgende drei Überlegungen an, mit denen er glaubt, die Wiedergeburtslehre widerlegen zu können (191):

1. Es wird behauptet, wenn die Seele früher schon eine Zeit lang in einem anderen Körper tätig gewesen wäre, müsste sie sich dessen bewusst sein und sich daran erinnern können. Dies sei jedoch nicht der Fall. Bereits der Kirchenlehrer *Irenäus* soll versucht haben, die Reinkarnationslehre mit dem Hinweis zu bestreiten, dass wir Menschen uns an frühere Erdenleben gar nicht erinnern können. Auch die scholastische Philosophie greift immer wieder auf diesen wenig stichhaltigen Gegenbeweis zurück. Hierzu ist zu entgegnen, dass erwiesenermaßen zahlreiche Menschen sich tatsächlich an ein früheres Leben erinnern können, sei es spontan oder in einer gelenkten Rückführung. In vielen Fällen konnte die Echtheit dieser Erinnerung nachträglich belegt werden.

2. Die menschliche Seele ist von Natur aus auf den lebenden Körper hingeordnet. Beide Substanzen gehören untrennbar zusammen. Daher kann die Seele, welche die einmalige Form des Körpers ist, nicht mit einem zweiten oder dritten Körper verbunden werden. Dies würde der von der Kirche anerkannten Lehre von der Leib-Seele-Einheit widersprechen. Darauf ist zu entgegnen: Hier wird in unzulässiger Weise die Vitalseele mit der Geistseele gleichgesetzt. Was für die Vitalseele stimmen mag, gilt nicht für die Geistseele. Diese kann auch unabhängig vom Körper existieren, wie die zahlreichen außerkörperlichen Erfahrungen vieler Menschen beweisen.

3. Die Menschenseele kann sich nicht aus einem präexistenziellen Vorleben in den kindlichen Körper einverleiben, denn dieser soll erst im Augenblick der Zeugung direkt von Gott geschaffen werden. Daher kann es weder eine Inkarnation noch eine Re-Inkarnation aus einer geistigen Vorexistenz geben. Für diese Behauptung gibt es keinen einzigen schlüssigen Beweis. Sie stützt sich lediglich auf den veralteten Kreatianismus, welche den biblischen Schöpfungsbericht historisch statt symbolisch versteht. Daher schrieb *Thomas Henry Huxley*: „Nur sehr voreilige Denker werden die Idee der Präexistenz verwerfen. Gleich der Evolutionslehre hat auch die Wiederverkörperungslehre ihre Wurzeln in der Welt der Tatsachen, und sie darf jene Unterstützung für sich in Anspruch nehmen, die das große Argument der Analogie bieten kann." (192)

Noch heute kommt der Widerstand gegen die Wiedergeburtslehre aufgrund von derartigen Überlegungen zustande. Viele Theologen sind schon deshalb gegen das Denkmodell der Wiedergeburt eingestellt, weil dieses nicht zum traditionellen Konzept ihrer Kirche gehört. Für den evangelischen Theologen *Werner Thiede* gibt es daher „keinen objektiv zwingenden Grund, an Reinkarnation zu glauben". (193) Der Ethik-Professor *Denis Müller* von der evangelisch-theologischen Fakultät Lausanne ist der Meinung, der Wiedergeburtsgedanke sei mit dem christlichen Glauben und dessen Erlösungslehre nicht vereinbar. (194) Dabei wird übersehen, dass die christlichen Kirchen den Wiedergeburtsgedanken nie direkt und ausdrücklich verurteilt haben. Lediglich die Lehre von einer Präexistenz der Seele wurde auf mehreren Kirchenversammlungen anhand falscher Überlegungen verurteilt, was indirekt auch die Wiedergeburtsidee betraf; denn ohne eine Vorexistenz kann eine Reinkarnation nicht gedacht werden. Immerhin hielt der anglikanische Theologe und Philosophieprofessor *Geddes MacGregor* die Verbannung des Gedankens von der Wiedergeburt aus dem christlichen Glaubensgut „für einen schweren Irrtum". (195) Auch der katholische Theologe *Gabriel Looser* räumt ein, dass es in der christlichen Bibel keine gesicherten Grundlagen für oder gegen die Reinkarnationslehre gibt, weil *Jesus* zu dieser Frage keine eindeutigen Aussagen gemacht habe. (196) Klar gegenteiliger Meinung ist der evangelische Theologe und frühere St. Galler-Pfarrer *Till A. Mohr*. In seinem umfangreichen Werk „Kehret zurück, ihr Menschenkinder!" (197) bringt er sehr viele Hinweise und Beweise dafür, dass sich der Reinkarnationsglaube sowohl im Alten als auch im Neuen Testament durch eine Fülle von überlieferten Bibelstellen eindeutig belegen lässt.

Wegen ihrer weltanschaulichen Überzeugung lehnen heute folgende religiöse Gemeinschaften die Annahme der Wiederverkörperungslehre ab:

- Die Gläubigen der drei Offenbarungsreligionen, die an die unmittelbare Erschaffung des Menschen durch Gott glauben und daher ein Vorleben der Geistseele verneinen. Zu ihnen gehören die Anhänger des Judentums, des Christentums und des Islam.
- Die dualistisch denkenden Theologen und Philosophen, die an der substanziellen Einheit und Unteilbarkeit von Körper und Seele festhalten.
- Die Anhänger der Ganztod-Theologie, die annehmen, dass es für den Menschen nach seinem Tod keine Weiterexistenz gibt bis zur Auferweckung am Jüngsten Tag.
- Fundamentalistisch eingestellte christliche Glaubensgemeinschaften wie die Zeugen Jehovas, die Wiedertäufer, die Neuapostolischen, die Mennoniten, die Mormonen und Mitglieder anderer Freikirchen, die ausschließlich an die Auferstehung glauben.

Wer das Wiedergeburtsthema nicht bloß zur Sache des religiösen Glaubens machen will, sondern zur Angelegenheit einer überprüfbaren Erfahrung, für den gibt es fünf Arten von Beweisführungen: 1. Der historische Beweis, 2. der Autoritätsbeweis, 3. der Evolutionsbeweis, 4. der teleologische Beweis und 5. der Erfahrungsbeweis.

1. Der *historische Beweis* geht aus von der Tatsache, dass durch alle Jahrtausende der Menschheitsgeschichte der Gedanke an die Wiederverkör-

perung lebendig war. Für *Gerhard Adler* besteht kein Zweifel, „dass die Reinkarnationsidee in allen Kulturkreisen aufzufinden ist". Er zählt die Seelenwanderungslehre zu den großen Modellen, mit denen das Geschick der Welt und des Menschen zu deuten versucht wird. Mehrere Naturvölker auf der ganzen Welt glaubten schon sehr früh, dass der Mensch nach seinem Tod in seinen Nachkommen wiedergeboren wird. Auch die alten Ägypter, als erstes Kulturvolk, kannten den Gedanken an die Wiedergeburt. (198) Auf einer dreitausendjährigen Grabinschrift heißt es: „Ich bin das Heute, das Gestern und das Morgen. Meine wiederholten Geburten durchschreitend, bleibe ich kraftvoll und stark." (199) Bei den großen Religionen Indiens, die sich heute über die ganze Welt ausgebreitet haben, gehört der Wiedergeburtsgedanke seit jeher dazu. Die Mysterien-Kulte der alten Perser, Griechen und Römer kannten den Glauben an die Wiedergeburt. (200) Auch das viel jüngere „Tibetische Totenbuch" kennt die Lehre von der Wiedergeburt. (201)

2. Der *Autoritätsbeweis* geht von der Tatsache aus, dass sich sehr viele Berühmte der menschlichen Geistesgeschichte den Wiedergeburtsgedanken zu eigen machten. Es ist doch sehr unwahrscheinlich, dass so viele Geistesgrößen, die seit Jahrhunderten zur Elite der Menschheit zählen, in einer so wichtigen Frage einem schweren Irrtum erlegen sind. Nachfolgend soll versucht werden, die wichtigsten Anhänger der Wiedergeburtsidee nach Berufsgruppen zu ordnen:

Unter den *Theologen* des frühen Christentums sind folgende berühmte Namen zu nennen: Der Kirchenlehrer *Clemens von Alexandria* erklärte, dass die Wiedergeburtslehre eine seit jeher mitgeteilte Wahrheit sei und zur christlichen Tradition gehöre. *Justin der Märtyrer* meinte, dass die Seele mehr als einmal in einem Körper wohne. Gleicher Ansicht war *Tertullian*. *Gregor von Nyssa* vertrat die Meinung: „Für die Seele ist es eine Notwendigkeit, dass sie sich durch mehrere Lebensläufe ringt." Der Kirchenvater *Hieronymus* schrieb: „Die Wiederverkörperungslehre ist in ältesten Zeiten stets einer kleinen Schar Auserwählter mitgeteilt worden als eine Wahrheit, die nicht von der Masse breitgetreten werden sollte." (202) *Augustinus* fragte sich in jungen Jahren: „Habe ich nicht schon in einem anderen Körper gelebt, ehe ich in dem Leib meiner Mutter wurde?" (203)

Beeinflusst durch die altgriechische Philosophie, zeigte sich im Mittelalter der Zürcher Reformator *Huldrych Zwingli* im positiven Sinne empfänglich für den Reinkarnationsgedanken. (204) In der neueren Zeit äußerte der Erzbischof *L. Passavali*: „Ich bin der Ansicht, dass es einen bedeutenden Schritt vorwärts bedeuten würde, wenn man den Gedanken der Wiedergeburt öffentlich vertreten dürfte, und zwar der Wiedergeburt auf Erden, denn damit ließen sich viele Rätsel lösen, die heute den Geist und Verstand der Menschen als undeutliche Nebel bedrücken." (205) Der belgische Kardinal *Désiré Mercier* (1851-1926) soll deutliche Sympathie für die Wiedergeburtsidee empfunden haben. (206) Selbst Papst *Pius XII.* soll während seines Pontifikats (1939-1958) ernsthaft daran gedacht haben, „in der römisch-katholischen Kirche die Idee der Wiedergeburt offiziell wieder einzuführen". (207) In jüngster Zeit hat *Till A. Mohr* ausführlich nachgewiesen, dass die Wiedergeburtslehre unbedingt zum christlichen Glaubensgut gehört. (208) Desgleichen beweisen die Theologen *Rudolf Frieling* (209) und *Richard Friedli* (210) Verständnis für die Reinkarnationshypothese.

Unter den berühmten Philosophen, welche der Wiedergeburtslehre zustimmten oder diese zumindest für denkbar hielten, sind große Namen aus dem Altertum zu nennen: *Pythagoras, Empedokles, Sokrates, Platon, Seneca, Plutarch* sowie die Neuplatoniker *Plotin, Porphyrios* und *Jamblichos.*

Zahlreiche *Dichter* waren mit dem Gedanken der Wiedergeburt vertraut und schöpften daraus ihre sinnvollen Poesien. Vor allem regte das freie Denken der Aufklärung im 17. und 18. Jahrhundert viele an, sich dem neuen Erklärungsmodell um das Woher und Wohin des Menschen zuzuwenden.

Mit *K. O. Schmidt* müssen wir zugeben: Dass große Dichter und Denker aus allen Völkern dieser Erkenntnis zustimmten, „berechtigt zu dem Schluss, dass es sich jeweils um die gleiche Schau der Wirklichkeit handelt, wenn auch von verschiedenen Standpunkten aus. Tatsächlich ist die Zahl derer, denen der Gedanke der Wiederkehr und fortschreitenden Vollendung in immer neuen Leben Mittelpunkt ihrer tiefsten Ahnungen und Kündungen war, unübersehbar." (211) Dies lässt uns hoffen, dass sich hier eine neue geistige Entwicklung anbahnt. Sie wird dazu führen, dass jenes Bewusstsein, das bisher nur Einzelne gewonnen haben, in nicht allzu ferner Zukunft zum gemeinsamen Wissen der ganzen Menschheit gehören wird.

3. Der *Evolutionsbeweis* geht von dem Gedanken aus, dass alles in der Natur sich in wiederholten Zeitabschnitten in Stufen und Phasen vollzieht. Dies gilt auch für den einzelnen Menschen und für die ganze Menschheit. Es gibt keinen plötzlichen Entwicklungssprung. Alles braucht seine Zeit. So ist das menschliche Leben ein Teil der Evolution, und zwar sowohl im biologischen als auch im spirituellen Sinn. Ein einziges Menschenleben ist viel zu kurz bemessen, um den langen Weg zu bewältigen, der uns an unser letztes Ziel bringen soll. Dieses ist zumeist nur über mehrere Teilziele zu erreichen. Daher bietet sich die Wiedergeburt über mehrere irdische Menschenleben als Entwicklungsweg an. Freilich ist dies nicht der einzige Pfad, um die Geistseele zur Vollendung zu führen. Ein zweiter Weg könnte der Aufstieg der Geistseele ausschließlich über jenseitige Entwicklungsstufen sein, ohne dass eine Menschwerdung erforderlich ist. Und schließlich kommt als dritte Variante ein Abwechseln zwischen den beiden erstgenannten Wegen diesseits und jenseits der Todesschwelle infrage. In diesem Fall wechselt eine diesseitige Wegstrecke im grobstofflichen Menschenkleid mit einer jenseitigen im feinstofflichen Geistkleid. Entscheidend ist, dass wir auf dem einen oder anderen Weg vorwärts kommen und ans Ziel gelangen.

Was wir in der Entwicklungspsychologie als einen Wechsel zwischen Bewegungs- und Beruhigungsphase kennen, könnte sich auch in der fortschreitenden geistigen Entfaltung als ein schrittweiser Aufstieg von Stufe zu Stufe ergeben.

4. Der *teleologische* Beweis (gr. *telos*: Ziel, Ende) nimmt an, dass alles, was sich entwickelt, auf ein bestimmtes Ziel hin ausgerichtet ist. Das gilt sowohl für die biologische Vitalseele als auch für die spirituelle Geistseele des Menschen. Gleich wie die Magnetnadel in einem Kompass immer nach Norden zeigt, so weist uns ein geistiger Zeiger in die Richtung auf unser ewiges Ziel hin. Dieser führt die menschliche Seele in jedem Erdenleben in jene Verhältnisse und Daseinsbedingungen, die für die geistige Entwicklung die besten Voraussetzungen bieten. Folgt der Mensch dieser Zielrichtung, kommt er mit sich selber gemäß seinem Lebensplan voran und seinem Ziel jedes Mal ein Stück näher. So gesehen, gleicht jedes Erdenleben einer Zwischenstufe, der eine andere vorausgeht und wiederum eine andere nachfolgt, bis die oberste Sprosse der „Himmelsleiter" erreicht ist.

5. Durch die *Erfahrungsbeweise* sollen Erinnerungen an frühere Erdenleben im Nachhinein anhand von Zeugenaussagen und Zeitdokumenten als zutreffend bestätigt werden. In dieser Absicht hat die amerikanische Psychologin *Helen Wambach,* langjährige Professorin für Psychologie und Parapsychologie an der Brookdale-Universität in Lincroft/USA, in den 1970er Jahren großangelegte Rückführungsexperimente durchgeführt. (212) Zunächst wertete sie die Antworten von 750 Versuchspersonen aus, die sie bei hypnotischen Rückführungen erhalten hatte. Dabei berichteten 90% der Befragten ausführlich und überzeugend von einem Leben vor dem gegenwärtigen Leben. Danach hat sie während zehn Jahren in über 2000 Sitzungen mehrere Testpersonen in ihre Vergangenheit zurückgeführt und dabei zwei Arten von Experimenten angewandt: ein zeitliches und ein geografisches. Der erste Versuch galt der Zeitreise in mehrere geschichtliche Epochen der Vergangenheit. Daraus sollten die Probanden angeben, bei welchen Zeitabschnitten sie die eindrücklichsten Rückerinnerungen hatten. In einem zweiten Versuch sollten die Personen anmerken, zu welchem geografischen Ort auf unserer Erde sie sich am stärksten hingezogen fühlen, als ob sie dort schon einmal gelebt hätten. Der Parapsychologe *Valentin J. Oehen* bringt hierzu folgende Erklärung: „Im Anschluss an die Sitzungen hatte jede Versuchsperson einen umfangreichen Fragebogen auszufüllen. Darauf sollte sie Lebensumstände, Landschaft und Klima, Kleidung, Wohn- und Essgewohnheiten, Gebrauchsgegenstände, Architektur, Geschlecht und Rasse der nacherlebten Existenzen angeben. Im Laufe von zehn Jahren sammelte die Therapeutin auf diese Weise 1088 detaillierte Schilderungen angeblicher ‚früherer Leben'. Als sie das gewaltige Datenmaterial auswertete und mit geschichtlichen Quellen verglich, erlebte sie eine Überraschung nach der anderen: Nur in elf Fragebögen fanden sich Unstimmigkeiten zwischen der gewählten Zeitepoche und den Schilderungen über Architektur oder Bekleidung. Die Beschreibungen von geschichtlich verbürgten Ereignissen stimmten genau überein. Ganz gleich aus welchem Kulturkreis berichtet wurde, die Details stimmten immer in gleicher Weise mit der Realität überein." (213)

Eine weitere Art von Erfahrungsbeweisen stellt die Überprüfung von Körpermerkmalen dar, die aus einem früheren Leben stammen sollen. Hierzu ein Beispiel, mitgeteilt von *Hartwig Hausdorf:* „Eines Tages brachte man *Dr. Bayer* einen Jungen mit dem Namen *Ahmed* in die Sprechstunde. Bei der Untersuchung entdeckte der Arzt „auf Hals, Brust und Armen neun verschiedene, exakt runde Muttermale, die fast wie Einschüsse von Pistolenkugeln aussahen. Seine Eltern bezeugten, dass der Junge mit diesen Zeichen geboren wurde, diese also nicht erst später erworben hatte. Nun stellte der Arzt umfassende Nachforschungen an. Vor allem versandte er an alle Polizeidirektionen in der Türkei ein Rundschreiben, in dem er um dringende Auskunft bat, ob sich in ihrem Bereich in den vergangenen Jahrzehnten ein spektakulärer Mord ereignet habe, bei dem das Opfer mit neun Pistoleneinschüssen getötet worden sei. Nach längerer Zeit traf ein Brief aus Adana in Anatolien ein. Das dortige Kommissariat berichtete über einen schon gut fünfzehn Jahre zurückliegenden Mordfall, der die Gemüter schockiert hatte. Damals war auf dem Marktplatz ein Mann namens *Mustafa* von einem eifersüchtigen Nebenbuhler mit neun Pistolenschüssen niedergestreckt und getötet worden. *Dr. Bayer* ging mit dem Knaben nach Adana. Dort erkannte dieser die noch lebenden Angehörigen der Familie des getöteten *Mustafa* und dessen alte Mutter, die also in einem früheren Leben seine eigene Mutter gewesen sein musste. Der Arzt erhielt von den Behörden sogar die Erlaubnis zur Exhumierung des Leichnams des fraglichen Mordopfers. Anhand von Knochenverletzungen konnte der Mediziner eindeutig nachweisen, dass die Lage der tödlichen Schüsse haargenau mit den neun Muttermalen des kleinen Ahmed übereinstimmten!" (214)

Es scheint, dass bei einem Nahtod-Erlebnis ein Fenster zur Vergangenheit geöffnet wird, so dass für kurze Zeit der Blick frei wird zurück in frühere Erdenleben. *Stefan von Jankovich* beschreibt in seinem Buch „Reinkarnation als Realität", dass er bei einem Nahtod-Erlebnis nach einem schweren Autounfall sich an sein vergangenes Leben in Kroatien und an seinen damaligen Namen erinnerte. Aus diesem Grund habe er in diesem Leben unter Zeugen dort unten an der Adria seinen ehemaligen Wohnort und sogar seine eigene Grabstätte wiedergefunden. Auch tauchte in ihm die Erinnerung an eine frühere Existenz in Italien auf. Kurz danach war er wieder in der Lage, die italienische Sprache zu verstehen und zu sprechen, obwohl er diese im gegenwärtigen Leben nie erlernt hatte. (215)

Eine aufwändige Beweisführung, die im Jahr 2010 von *Nicole Vögele* in einem Dokumentarfilm aufgearbeitet wurde, unternahm der Winterthurer Konstrukteur *Hans Fickler*. Nach einem Nahtoderlebnis träumte dieser während mehreren Jahren immer wieder von einer Gegend in Nordamerika, in der er mit Sicherheit im gegenwärtigen Leben nie gewesen war. Die Traumbilder waren so eindrücklich und präzise, dass er von diesen genaue Skizzen und Pläne anfertigte. Um der Sache, die ihn nachhaltig beschäftigte, auf den Grund zu gehen, reiste er im Alter von achtundsiebzig Jahren samt seiner umfangreichen Dokumentation in die USA auf Spurensuche. In der Stadt Omaha, im Staat Nebraska, entdeckte er einen Stadtteil, dessen Gebäude, Straßen und Örtlichkeiten in auffallender Weise mit seinen Traumskizzen übereinstimmten, so dass er immer mehr zur Gewissheit kam, hier schon einmal gelebt zu haben. Er fand seinen einstigen Arbeitsplatz in einer Lokomotivhalle. Im Stadtarchiv stieß er auf eine Aktennotiz aus dem Jahr 1867, die seinen einstigen Namen enthielt, den er mehrmals geträumt hatte. Seine Traumaufzeichnungen führten ihn auch in den US-Staat Pennsylvania, wo angeblich seine Urenkelin noch leben sollte. Tatsächlich fand er das Haus, in dem er selber vor 150 Jahren mit seiner damaligen Familie wohnte. Dort begegnete er einer 91-jährigen Frau, deren Urahne er anscheinend selber war, wie alte Fotos aus dem Familienalbum vermuten ließen. Auch entdeckte er eine alte Bauruine, die sein früheres Wohnhaus gewesen sein musste; genau so, wie er es in seinen wiederholten Träumen gesehen hatte. Schließlich war er aufgrund seiner Aufzeichnungen und Nachforschungen an Ort und Stelle nahezu sicher, im 19. Jahrhundert zu einer deutschen Auswandererfamilie gehört zu haben, die ihr Glück in der Neuen Welt suchte. Zuletzt fand er auf einem nahe gelegenen Friedhof sogar den Grabstein aus seinem Vorleben, den er mit Namen sowie mit Geburts- und Todesjahr aus seinen Traumerfahrungen kannte. (216)

Wer sich mit der Idee vertraut macht, dass wir auf diese Erde wiederkehren, um neue Lieben zu leben, neue Erkenntnisse zu erwerben, neue Aufgaben zu übernehmen und an der Höherentwicklung der ganzen Menschheit teilzunehmen, der weiß sich mit der großen Zahl fortschrittlicher Denker in guter Gesellschaft. *Carl Friedrich von Weizsäcker* bekannte sich in einem Vortrag zu folgender Aussage: „Die weltweit wirksamste Vorstellung vom Jenseits des Todes ist die Lehre von der Wiederverkörperung der Seelen in immer neuen Leibern. Diese Lehre finden religiös suchende europäische und amerikanische Intellektuelle verständlicher als alle anderen Jenseitslehren."

Wenn wir die Möglichkeit der wiederholten Erdenleben annehmen, eröffnet sich uns eine hoffnungsfrohe Zukunft. Immer wieder hört man

Stimmen, die warnen und mahnen: „So kann es nicht mehr weitergehen!" Doch niemand scheint zu wissen, *wie* es weitergehen soll. Allen Weltuntergangsstimmungen zum Trotz, sehen wir ein Wiedererwachen und Wiedererstarken jener geistigen Werte, die immer wieder totgesagt werden. In absehbarer Zeit wird der materielle Fortschrittswahn unserer Zeit erschöpft sein. Der Wiedergeburtsglaube gibt uns Anlass zu einer großartigen Vision: So wie aus den Wurzeln einer absterbenden Pflanze neues Leben sprießt, so wird nach dem Niedergang überlebter Generationen und Zivilisationen eine neue Menschheit erwachen. Nicht bloß Anfängerseelen werden dann auf unserem Schulungsplanet Erde geboren. Zunehmend werden auch fortgeschrittene, erfahrene „alte Seelen" im Menschenkleid auf den Plan treten. Aus diesen werden geistige Führer hervorgehen, wie es schon einmal geschah vor zweieinhalbtausend Jahren. In der sogenannten „Achsenzeit" traten im Nahen Osten, dort, wo für uns Abendländer die Sonne aufgeht, innerhalb der letzten fünfhundert Jahre vor der Zeitenwende zahlreiche große Philosophen, Weisheitslehrer und Religionsführer auf. Es ist wahrhaft erstaunlich, wie sich das Auftreten großer Geister und Meister damals häufte. Diese haben nachhaltige Spuren in der Menschheitsgeschichte hinterlassen und haben die Nachwelt bis heute grundlegend verändert.

Eine solche geistige Erneuerung und Wiedergeburt wäre auch in unserer Zeit notwendig und für kommende Generationen zu erwarten. In dieser Hinsicht wird uns die Zukunft nicht einen Untergang, sondern einen Übergang, nicht ein Ende, sondern eine Wende auf dem Weg zu einer fortschreitenden Vergeistigung bringen. Der Kulturphilosoph *Manfred Kyber* (1880-1933) fasste die Idee von den wiederholten Erdenleben in folgende Dichterworte:

Immer wieder und wieder
steigst Du hernieder
in der Erde wechselnden Schoß,

bis Du gelernt hast im Lichte zu lesen,
dass alles Leben und Sterben EINS gewesen
und alle Zeiten zeitenlos.

Bis dich die mühsame Kette der Dinge
zum immer ruhenden Ringe
in Dir sich reiht.

In Deinem Willen ist Weltenwille.
Stille ist in Dir
Stille und Ewigkeit.

12. Kirche und Glaube

Der traditionelle Kirchenglaube wird heute von vielen Menschen in Zweifel gezogen. Die Annahme, dass die Vertreter der Amtskirche unsere Angelegenheiten mit Gott schon in Ordnung bringen, schwindet zusehends. Auch die kirchlichen Amtsträger sehen sich immer weniger in der Lage, uns einen Anspruch auf ewige Glückseligkeit zu garantieren. Häufig bleibt der religiöse Glaube der Menschen an religiösen Nebensächlichkeiten wie Ritualen, Zeremonien, Gebetsformeln und frommen Übungen hängen, was die Gefahr in sich birgt, dass diese Äußerlichkeiten zum bloßen Aberglauben verkommen. Dies soll folgende Geschichte verdeutlichen: „Ein indischer Meister pflegte jeden Morgen mit seinen Schülern auf dem Balkon seines Ashrams zu meditieren. Eines Tages lief ihnen eine kleine Katze zu. Weil das Tierchen offensichtlich haus- und heimatlos war, fand es dort Obdach und Nahrung. Jedes Mal, wenn die frommen Männer sich zum Gebet niederließen, lief die Katze herbei und wollte gestreichelt werden. Das störte die Meditierenden in ihrer Andacht. Nun wies der Meister den jüngsten seiner Chelas an, er möge jeweils vor dem Beten die Katze einfangen und anbinden. Dies tat er, und von nun an blieben die Betenden unbehelligt. Als der Guru starb, hielten es die Jünger weiterhin so: Zuerst die Katze anbinden, dann meditieren. Und als auch die Katze starb, konnten sie nicht mehr beten, bis sie nicht eine neue Katze fanden, um diese vor ihrer Andacht anbinden zu können." (1)

Auf eine weitere Schwierigkeit weist Pfarrer *Antonius Sommer* hin: „Unter vielen Christen herrscht ein großer Irrtum, indem sie glauben, dass sie durch Christi Tod und Blut von allen Sünden erlöst worden wären, und glauben, so weniger Anstrengungen unternehmen zu müssen, da sie ohnehin erlöst seien." (2) Mit dem religiösen Glauben vieler Menschen verhält es sich wie mit einem Stein, der seit Jahrhunderten in einem See liegt. Dieser war ständig vom Wasser umgeben, doch sein Inneres ist davon nie berührt worden.

Der religiöse Glaube ist mehr als ein Für-wahr-Halten, mehr als eine Vermutung und mehr als eine Annahme. Er ist eine innere Gewissheit, für die keine äußeren Beweise vorgebracht werden müssen. In früheren Jahren habe ich mehrmals versucht, atheistisch denkenden Menschen logische Gottesbeweise darzulegen. Vielfach stimmten sie mir vom Kopf her zu. Dennoch erklärten sie mir, sie könnten trotzdem nicht an Gott glauben. Da verstand ich, dass der Gottesglaube nicht allein vom Kopfdenken, sondern auch vom Herzdenken abhängt. Der Glaube kommt von der „Logik des Herzens" und bedarf der inneren Erfahrung des Göttlichen in uns, um uns und über uns.

Im Kathechetik-Unterricht hatten wir früher zu lernen: „Glauben heißt für wahr halten, was die Kirche lehrt." Inzwischen ist deutlich geworden, dass diese Glaubensverkündigung durchaus nicht immer irrtumsfrei war. Manches kirchliche Dekret und Dogma stand während Jahrhunderten der Wahrheit im Wege. Aber auch vieles, was ehemals als Irrlehre verurteilt wurde, wird heute für wahr gehalten. Denken wir etwa an die Meinungsvielfalt der Kirchengelehrten, wenn es um die Frage geht, was nach dem Tode folgt. Von den Propheten des Alten Testaments bis zu den modernen Professoren der theologischen Fakultäten wird heute viel darüber diskutiert und spekuliert. Da fallen einem die Worte des *Mephisto* in *Goethes* „Faust" ein:

Ich sag es dir: ein Kerl der spekuliert,
Ist wie ein Tier, auf dürrer Heide
Von einem bösen Geist im Kreis herum geführt,
Und rings umher liegt schöne grüne Weide. (3)

12.1 Konfession und Religion

Die beiden Begriffe Konfession und Religion werden häufig und in unzulässiger Weise miteinander vertauscht oder gleichgesetzt. Daher schreibt *Friedrich Schiller* in seinem Aufsatz „Mein Glaube": „Welche Religion von allen, fragst du? Ich bekenne: Keine. Und warum nicht? Aus Religion." Unter Konfession (lat. *confessio*: Bekenntnis) ist die Zugehörigkeit zu einem bestimmten Glaubensbekenntnis gemeint. Religion (lat. *religare*: verbinden) bedeutet ganz allgemein die Verbindung mit dem Göttlichen. Während Religion auf dem Weg der allumfassenden Bewusstwerdung zu erreichen ist, haben sich die Konfessionen zunehmend eingeengt und abgesondert, indem sie schon früh dazu übergegangen sind, Gott ein Haus zu bauen, ein Gotteshaus, wo sie ihn eingeschlossen haben und zugänglich nur für sich, damit sie ihm nahe sein können. An bestimmten Tagen *gehen* sie zur Kirche, statt zu versuchen, in ihrem Alltag Kirche zu *sein*.

Religion ist viel ganzheitlicher als jede konfessionelle Glaubensbezeugung. Aus diesem Grunde muss Religion weniger eng gedacht werden als jede Konfession, die sich gerne von den anderen als die einzig wahre abgrenzt. Während wir von mehreren Konfessionen sprechen, ist die Religion einzig und allgemeiner, da sie von jeder Konfession beansprucht werden kann. Während die Konfession horizontal denkt und sich möglichst ausbreiten will, vertieft sich die Religion vertikal in die Geheimnisse der gesamten Schöpfung und verlangt weder Bekehrung noch Bekenntnis. Die Konfessionen empfehlen ein praktisch anwendbares religiöses Denkmodell, die Religion ist ein Suchen nach der Wahrheit, ohne den Anspruch zu erheben, diese bereits gefunden zu haben. Konfessionen verkünden Halbwahrheiten und Teilwahrheiten, die Religion ist auf dem Weg zur ganzen Wahrheit.

Die eigene Konfession ist zu vergleichen mit einem gewählten Aufstiegspfad auf einen hohen Berg. Sie legt sich auf eine bestimmte Wegrichtung zum Gipfel fest. Auch empfiehlt sie jedem Berggänger, ihre eigenen Wegweiser, Wegmarkierungen und Weghilfen zu beachten und warnt vor einem eigenwilligen Alleingang. Die Religion dagegen erkennt an, dass man auch auf anderen Wegen zum Gipfel der Wahrheit gelangen kann. Wer oben auf dem höchsten Grat ankommt, der hat gewonnen. Wer da meint, nur sein Weg sei der einzig richtige, der verhält sich intolerant und neigt zum einäugigen Fundamentalismus. Der Gipfel ist das Ziel, nicht der Weg.

Religion ist daher weit mehr als ein konfessionell eingefärbter Glaube, als ein Bekenntnis zu einer bestimmten Glaubensrichtung. Religiös kann ein Mensch auch sein, ohne einer Kirche anzugehören.

Die Religion versucht, unabhängig von jeder Konfession, eine Antwort zu geben auf die Frage nach dem Woher und Wohin des Menschen. (4) Religion im eigentlichen Sinne hat zu tun mit Spiritualität, nämlich mit der geistigen Ausrichtung auf eine höherer Macht, unabhängig davon, als was sie bezeichnet oder benannt wird. Ganz allgemein kann es bei der *Religion* nur „um eine erlebnishafte ‚Begegnung mit dem Heiligen' gehen" oder um eine „Beziehung zu etwas, was den Menschen und seine Welt übersteigt oder umgreift: zu einer wie immer zu verstehenden allerletzten Wirklichkeit". (5) *Carl Friedrich von Weizsäcker* bezeichnete die Religion als „menschliches Verhalten gegenüber dem Göttlichen". (6)

Wir können zwei Gruppen von Konfessionen unterscheiden: Die großen Konfessionen und die kleinen Konfessionen. Zu den *Großkonfessionen* gehören die großen Glaubensbekenntnisse der sogenannten „Fünf Weltreligionen". Verteilt auf die Weltbevölkerung entfallen:

- auf das Christentum mit gut 2,1 Milliarden Getauften 33%
- auf den Islam mit rund 1,3 Milliarden Anhänger 21%
- auf den Hinduismus mit etwa 850 Millionen Mitgliedern 14%
- auf den Buddhismus mit annähernd 375 Millionen Angehörigen 6%
- auf das Judentum mit über 15 Millionen Gläubigen 0,2%
- Dazu kommen Naturreligionen mit 6%, der Taoismus mit 6% und esoterische Glaubensrichtungen mit 14% . (7)

Die Wahrheit erscheint uns heute aufgesplittert, als würden wir sie in einem zerbrochen Spiegel betrachten. Dagegen kommt uns die ungebrochene religiöse Wahrheit wie das Bild des Mondes vor, das sich in einer sternenklaren Nacht in unzähligen Seen, Flüssen, Teichen und Tümpeln spiegelt; oder wie es der Zen-Meister *Willigis Jäger* sagte: „Hinter allen Fenstern leuchtet das eine Licht." (8)

Der Grund für die Vielfalt der Konfession ist die auf dem Konzil von Trient, im Jahr 1546, verbindlich festgelegte Glaubensregel (Kanon). Diese besteht aus einer Vielzahl von kirchlichen Glaubenssätzen und Gesetzesbestimmungen. Die unterschiedlichen Deutungen und Sichtweisen führten bald zu vielfältigen Lehrmeinungen, die zu verschiedenen Konfessionen führten. (9) Nachfolgend soll der Unterschied zwischen Konfession und Religion anhand von zwölf Merksätzen klar hervorgehoben werden:

- Unter einer *Konfession* ist das Bekenntnis zu einer bestimmten Kirche oder die Zugehörigkeit zu einer Glaubensgemeinschaft zu verstehen. Religion dagegen gibt es nur eine, nämlich die Sehnsucht nach dem Ewigen und Unendlichen. Nach *Werner Schiebeler* ist Religion „die Zuwendung an eine höhere Macht". (10)

- Konfessionen stellen Gebote und Verbote auf. Sie kennen Pflichtübungen und sittliche Verhaltensnormen. Wahre Religion lässt sich allein von der Gottes- und Menschenliebe leiten, gemäß der Weisung des *Augustinus*: „Liebe, und im übrigen tue, was du willst!"
- Jede Konfession pflegt ihre besondere Art der Gottesverehrung durch Gebete und Gesänge, durch Anrufungen, Lobpreisungen, Rituale, Kulthandlungen sowie durch kirchliche Feste und Feiern. Die Religion braucht nichts dergleichen. Sie sucht die Verinnerlichung in der Stille. Sie verhält sich sprachlos, weil jedes Wort sich vor dem „Namenlosen" scheu zurückzieht. Sri Aurobindo erkannte: „Kleine Dinge haben kleine Worte; große Dinge haben großes Schweigen."
- Konfessionen lassen ihren Glauben durch Priester und Prediger verkünden und verwalten. Die Religion folgt allein der inneren Stimme des Gewissens. Sie überlässt jedem Menschen die Gestaltung seiner persönlichen Gottesverehrung und bindet diese nicht an Formen und Formeln.
- Eine Konfession kann man wählen und wechseln; die Religion ist nicht austauschbar, weil sie nicht an eine bestimmte Konfession gebunden ist. Diese versteht sich als das sorgfältige Beachten und Bewahren des Wahren und Guten in der ganzen Natur und Übernatur.
- Die Konfession gewährt den Menschen ein Gefühl der Zugehörigkeit zu einer Glaubensgemeinschaft. Die Religion schenkt den Gläubigen die Gewissheit, dass wir von einer höheren Macht gehalten und getragen werden.
- Die Konfession verpflichtet ihre Mitglieder zu einem festgeschriebenen Glaubensbekenntnis, zum Befolgen bestimmter sittlicher Gesetze und meist auch dazu, je nach ihren Möglichkeiten, ihre Kirche materiell zu unterstützen. Die Religion erwartet dies überhaupt nicht und überlässt dieses Tun dem Prinzip der Freiwilligkeit.
- Die Konfession bietet uns ein Deutungsmodell an, um die Fragen nach unserem Woher und Wohin und nach dem Sinn des Leben mehr oder weniger glaubwürdig zu beantworten. Die Religion ist frei von jedem Systemdenken und schenkt uns das Vertrauen, dass alles seinen verborgenen Sinn hat.
- Die Konfession pocht auf ihre Eigenständigkeit und grenzt sich gegen andere kirchliche Gemeinschaften ab. Die Religion betont das

Gemeinsame. Sie bemüht sich um die Einheit aller Menschen im Glauben.
- Die Konfession bekennt sich zu verkündeten Lehraussagen, Glaubenswahrheiten und Vorschriften. Die Religion versteht sich als Gesinnung und Lebenseinstellung, die sich nach inneren Wertvorstellungen ausrichtet.
- Anhänger bestimmter Konfessionen versuchen manchmal, ihre Glaubensüberzeugung mit Kampf und Krieg zu verteidigen oder durchzusetzen, wie dies heute immer noch geschieht. Die Religion lässt sich nicht auf derartige Auseinandersetzungen ein, weil sie für Glaubensfreiheit ist.

Die Frage, welche der verschiedenen Glaubensrichtungen die einzig richtige sei, hat *Lessing* zum Thema eines Schauspiels gemacht. In seinem „Nathan der Weise" (11) lässt er den Sultan *Saladin* den reichen jüdischen Kaufmann *Nathan* fragen, welche der drei großen Konfessionen die beste sei, die des Muselmans, des Juden oder des Christen. Darauf erzählte *Nathan* die berühmte Parabel von den drei Ringen: Ein Mann besaß einen kostbaren Ring, der seit Generationen vom Vater auf den Lieblingssohn übergegangen ist. Dieser Ring soll die Kraft gehabt haben, seinen Träger Gott und den Menschen wohlgefällig zu machen. Nun aber hatte dieser Mann drei Söhne, die ihm alle gleich lieb waren. Daher konnte er sich nicht entscheiden, welchem er den Ring vererben sollte. Da ließ er insgeheim noch zwei weitere Ringe herstellen, die dem Original täuschend ähnlich waren. Nach dem Tod des Vaters erhielt jeder der drei Söhne einen dieser Ringe, und jeder war fest davon überzeugt, den echten Ring geerbt zu haben. In diesem Glauben war nun jeder der drei Söhne bemüht, ein seinem Gott und den Menschen wohlgefälliges Leben zu führen. Diese Ringparabel stellt eine Herausforderung an die drei großen Konfessionen dar, sich auf die gemeinsamen Wurzeln zu besinnen und nicht darauf zu beharren, den einzig wahren Glauben zu besitzen. (12)

Nach dem Gang über die Todesschwelle bleiben die Verstorbenen in der Regel ihrer bisherigen konfessionellen Glaubenszugehörigkeit treu, sofern sie diese für die richtige halten. So hat der ehemalige Bischof *Robert Benson* in der anderen Welt erfahren, dass die eifrigsten Anhänger einer Konfession vorerst ihre religiösen Ansichten und Gepflogenheiten beibehalten. In einer medialen Durchsage teilte er mit: „Die gleichen Zeremonien, die gleichen Rituale, die gleichen alten Glaubensüberzeugungen: All das wird weitergetragen mit dem gleichen falschen Eifer, der sich in den Kirchen in gleicher Weise stark machte." Im Jenseits war der frühere katholische Theologe überrascht, dass so vieles, was auf Erden über Religion gelehrt wurde, sich im Jenseits als falsch erwies. Er gesteht: „Vor meinen Augen verschmolzen jene Bände konfessioneller Lehren, Glaubensvorschriften und Doktrinen zu einem Nichts, denn sie sind zu nichts nütze, da sie auf keiner Wahrheit beruhen und sich hinsichtlich der ewigen Geisteswelt wie auch hinsichtlich des großen Schöpfers und Erhalters völlig im Irrtum befinden. Ich konnte erst jetzt klar erkennen, was sich mir bisher nur verschwommen vorstellte." (13) Auf die Frage, ob ein Verstorbener an seiner angestammten Konfession festhält, antwortete ein jenseitiger Lehrer: „Das ist eben auch verschieden. Wenn ein Wesen bereit ist, Belehrungen anzunehmen, und wenn es in seiner geistigen Entwicklung so weit ist, dass es geistige Schulen besuchen darf, dann wird es bestimmt auch toleranter werden in religiösen Anschauungen." (14)

Der hellsichtige *Shaw Desmond* erfuhr in einer Jenseitsschau: „Der fundamentale Unterschied zwischen der Religion jenseitiger Sphären und unserer Erde liegt darin, dass dort das ganze Leben von der Religion durchdrungen und geleitet wird. Das gesamte Leben dort ist Religion, während bei uns nur allzu oft das Religiöse streng vom praktischen Leben geschieden ist… Dort wird keiner wegen seiner religiösen Anschauung verlacht oder angegriffen, denn in der jenseitigen Welt herrscht vollständige Gedanken- und Glaubensfreiheit." Ein anderer hat erlebt, dass in dunklen Sphären oft noch eingefleischte Traditionalisten und dogmatische Fanatiker unentwegt eisgrauen Theorien nachleben. „Sie tragen immer noch die Zwangsjacken irdischer Theologie, die oft weit über den Tod hinaus die bedauernswerte Seele an jeder freien Entfaltung und Aufwärtsentwicklung hindert." (15) In seiner Schrift „Nachtodliche Schicksale" berichtet *Werner Schiebeler* über die Bedeutung der Konfession im Jenseits: „Der eine hat diesen Glauben, der andere jenen, und alle sind im Dunkeln. Sie sind alle befangen von ihren Bekenntnis- und Glaubensformen, und man kann keine Vernunft in sie hineinbekommen. Dogmen und fanatische Glaubensanschauungen sind so fest in ihnen verwurzelt, dass sie nichts anderes im Sinn haben." (16) In einer niederen Jenseitssphäre nahm die Seherin *Adelma von Vay* mehrere Wesen mit einem bescheidenen geistigen Entwicklungsstand wahr. Sie schreibt: „Ich fand in den

Sphären dieses Kreises die Religionen der Erde in ihrem Fanatismus, mit ihren Dogmen. Jede Glaubenssekte bildete eine Welt für sich. Alles, was auf Erden irdisch gedacht und menschlich aufgefasst wurde, das findet sich hier in der Wiedergabe, im Bilde, welches sich die Geister durch ihren Glauben und ihre Begriffe geschaffen haben." (17)
Die religiösen Gottesvorstellungen im Diesseits beruhen häufig auf Projektionen innerer Erfahrungen und Erwartungen. Daher wird das Göttliche gerne in der äußeren Welt gesucht, statt in der eigenen Innenwelt. Ein arabischer Sufi-Meister wurde einmal gefragt, wo er Gott begegnet sei. Dieser antwortete: „Zuerst suchte ich ihn in den Moscheen der Moslems, doch da war er nicht. Dann ging ich in die Synagogen der Juden. Auch hier begegnete ich ihm nicht. Nun glaubte ich, ihn in den Kirchen der Christen zu entdecken. Aber hier wohnte er auch nicht. Zuletzt ging ich in die Tempel der Hindus und in die Pagoden der Buddhisten. Dort sah ich Hunderte von Göttern, aber Gott fand ich dort nicht. Schließlich wandte ich meinen suchenden Blick in mein Inneres. Dort allein begegnete ich Gott. An keinem äußeren Ort war er zu finden." (18)

12.2 Psychologie der Glaubensfunktion

Wir können uns fragen, ist der Glaube eine übernatürliche Gnade oder Gabe? Gilt hier das Wort *Jesu* an seine Jünger: „Euch ist es gegeben, die Geheimnisse des Himmelreiches zu verstehen, diesen aber ist es nicht gegeben." (Mt 13,11) Oder ist das Glaubenkönnen eine natürliche Fähigkeit? Beruht die Bereitschaft zu religiösem Glauben auf einer speziellen Begabung, ähnlich wie das Talent für Musik oder Mathematik. Oder ist sie eine Täuschung, wie *Freud* meinte, als er den Gottesglauben für eine Illusion und Projektion kindlicher Wünsche hielt? (19) Nach *Jung* ist der Gottesglaube ein Archetyp, der auf einer allgemeinen menschlichen Urerfahrung beruht, die im kollektiven Unbewussten ihren Niederschlag gefunden hat. (20) Als erbliche Anlage begünstigt sie seiner Meinung nach die innere Bereitschaft zum religiösen Denken. Er wusste es aufgrund seiner eigenen Träume und jener seiner vielen Patienten. Er schloss daraus, dass die Vorstellung von Gott einen wesentlichen Inhalt im kollektiven Unbewussten der Menschheit darstellt. (21) *Leopold Szondi* war überzeugt, dass Glaubenkönnen nicht nur auf erzieherischen und sozialen Umweltfaktoren beruht, sondern auch auf seelischen Erbanlagen, die im familiären Unbewussten gespeichert sind. *Szondi* bezeichnete den religiösen Glauben als eine vererbbare Ich-Funktion oder als seelische Instanz, die an das Geistige glaubt oder an ihm zweifelt. Ohne Ich-Bewusstsein gibt es seiner Ansicht nach keinen Glauben an etwas Höheres, Geistiges. (22) Daher lässt sich bei den Tieren keine Glaubensfunktion feststellen, weil sie kein Ich-Bewusstsein haben. *Szondi* und sein Forschungsteam haben mit der Methode der Stammbaumanalyse 1419 Verwandte von 25 Geistlichen verschiedener Konfessionen untersucht. Dabei stellten sie fest, dass der Anteil an religiösen Berufen bei Menschen, die zum epileptoiden Erbkreis gehören, deutlich höher war als bei der Duchschnittsbevölkerung. Auffallend ist in diesem Zusammenhang, dass Religionsstifter und religiöse Führer wie *Echnaton, Moses, Paulus* und *Mohammed* angeblich an der „heiligen Krankheit" Epilepsie (morbus sacer) gelitten haben. (23) Zu diesen gehören auch Vertreter von religiösen Splittergruppen und Sekten, die sich durch ein starkes Sendungsbewusstsein, das bis zum Fanatismus gehen kann, ausgezeichnet haben. Diese Erkrankung vermag Visionen sowie ekstatische und mystische Erlebnisse auszulösen oder vorzutäuschen. Auch der kanadische Psychologe *Michael Persinger* (geb. 1945) sieht einen Zusammenhang zwischen der epileptischen Erkrankung und religiösen Erlebnissen. Dies überprüfte er, indem er mit magnetischen Feldern jene Gehirnzentren reizte, die mit der Epilepsie und der epileptoiden Veranlagung in Verbindung stehen. „In der Tat berichteten die Probanden in 80% der Fälle von religiösen Erfahrungen, die von einem allgemeinen Wohlheitsgefühl bis zur direkten Erfahrung einer spirituellen ‚Anwesenheit' Gottes reichten." (24)

Dass die Begabung zu religiösem Denken auch dem Vererbungsgesetz folgt, zeigen Forschungen an erbgleichen Zwillingspaaren. An der Universität von Minnesota wurde in den 1990er Jahren eine Studie an einer großen Zahl von eineiigen Zwillingen durchgeführt. Diese wurden kurz nach ihrer Geburt voneinander getrennt und wuchsen in unterschiedlicher Umwelt auf, ohne dass sie voneinander wussten. Dabei zeigte sich, dass diese in ihrer religiösen Einstellung mit einem genetischen Anteil von 40 – 60% übereinstimmten. Die Forscher bestätigten, dass eineiige Zwillinge lebenslang eine viel größere Ähnlichkeit in ihrer Spiritualität zeigen, jedoch nicht in ihrer Konfessionszugehörigkeit, als zweieiige Zwillingspaare. Dies spricht doch klar für eine Vererbbarkeit der religiösen Begabung. (25)

Nach *Hubert Knoblauch* bezieht sich die Religion auf eine natürliche „Fähigkeit des Menschen, einen Bezug zu einer transzendenten Wirklichkeit herstellen zu können" (26), und zwar unabhängig von seiner Konfession und Kirchenzugehörigkeit. Der deutsche Pädagoge *Eduard Spranger* (1882-1963) beschrieb in seinem Hauptwerk „Lebensformen und Psychologie" (27) mehrere Charaktertypen, unter anderem auch den religiösen Typus. Diesem ist das Suchen und Hinterfragen geistiger Werte eigen, er forscht nach dem Sinn des Lebens, er will wissen, was nach dem Tode folgt, woher der Mensch kommt und wohin er geht und warum es das Böse in unserer Welt gibt. In seinem umfangreichen Werk „Psychologische Typen" hat *C.G. Jung* zwei gegensätzliche Einstellungstypen dargestellt, wobei der eine sich vom anderen deutlich unterscheidet in seiner Beziehung zum religiösen Denken und Empfinden. (28) So ist der extravertierte Mensch im Allgemeinen eher nach außen gerichtet und interessiert. Für ihn zählen nachweisbare Tatsachen. In religiösen Fragen verhält er sich nüchtern, kritisch und lässt sich nicht so leicht überzeugen. Dagegen benimmt sich der introvertierte Mensch eher scheu, zurückhaltend, nachdenklich und in sich gekehrt. In religiösen Angelegenheiten lässt er sich von inneren Erfahrungen und Gefühlen leiten. Er folgt dem Ausspruch *David Ben Gurions* (1886-1973): „Wer nicht an Wunder glaubt, ist kein Realist."

Es gibt hinsichtlich der religiösen Ansprechbarkeit auch geschlechtstypische Unterschiede zwischen Mann und Frau. Zahlreiche statistische Erhebungen im christlichen Kulturraum bestätigen, dass Frauen an religiösen Fragen mehr interessiert sind als Männer. Schon *Pythagoras* hat den Frauen bei der Verehrung der Götter mehr Frömmigkeit zugebilligt als den Männern. (29) Auch heute noch ist die Zugehörigkeit zu einer Konfession dem weiblichen Geschlecht wichtiger als dem männlichen. Die Männer verhalten sich in religiösen Angelegenheiten generell zurückhaltender und kritischer. Diese sind dreimal weltlicher eingestellt als die Frauen. Dies gilt auch für ihr Interesse an religiöser Literatur. Daraus kann geschlossen werden, dass die weibliche Seele von Natur aus ansprechbarer für religiöse Gedanken und Gefühle ist als die männliche. (30) Dennoch ist bei den religiösen Berufen die Männerwelt weit stärker vertreten als die Welt der Frauen.

Aus diesen psychologischen Beobachtungen ergibt sich, dass der religiöse Glaube nicht bloß das Ergebnis einer konfessionellen Erziehung in Elternhaus, Schule und Umwelt sein kann, sondern dass hierfür auch eine bestimmte Veranlagung, ähnlich einem Talent oder einer Begabung, vorhanden sein muss. (31) Hierfür spricht die Erfahrung, dass nicht religiöse Eltern manchmal religiös ansprechbare Kinder haben. Freilich kann auch das Gegenteil der Fall sein. Ein typisches Beispiel hierfür ist das Experiment des französischen Religionshistorikers und Orientalisten *Ernest Renan* (1823-1892), Professor am Collège de France und Mitglied der Académie française. Der einstige Theologiestudent verlor anlässlich eines Studienaufenthaltes im damaligen Palästina seinen katholischen Glauben. Von da an bekannte er sich zum Atheismus. Als solcher wollte er beweisen, dass ein Kind, das in frühen Jahren vor jeglicher konfessioneller Einflussnahme verschont bleibt, später auch keinerlei religiöse Bedürfnisse entwickeln wird. Daher ordnete er an, dass sein Enkel *Ernest Psichari* (1883-1919) zwar die beste Erziehung und Schulung erhalten solle, aber ohne mit Religion oder Konfession in Berührung zu kommen. Der unter diesen Bedingungen aufgewachsene junge Mann trat nach Absolvierung einer Militärschule in die französische Fremdenlegion ein und wurde nach Nordafrika versetzt. Dort fand der junge Offizier auf den langen, einsamen Kamelritten durch die algerische Wüste durch eigenes Nachdenken zum religiösen Glauben. Nach Frankreich zurückgekehrt, wechselte er seinen Beruf und wurde, zum großen Ärger seines berühmten Großvaters, katholischer Priester. So ist im Enkel die Erbanlage zu religiösem Denken, die sein atheistisch gesinnter Ahnherr als Religionshistoriker und früherer „Leben-Jesu-Forscher" gewiss auch in sich hatte, wieder zum Zuge gekommen. (32)

Die Naturwissenschaften wollen heute die Gottsuche nicht allein den Theologen und Philosophen überlassen. Die Mikrophysik forscht nach dem „Gottes-Teilchen" in den Atomen. Die Biologie vermutet ein „Gottes-Gen" im menschlichen Erbgut. Hirnexperten meinen, den Sitz des Göttlichen in Arealen der menschlichen Hirnrinde orten zu können. Die moderne Chemie glaubt, dass religiöse Gefühle auch unter dem Einfluss von Drogen und Hormonausschüttungen zustande kommen. (33) Moderne Naturwissenschaftler versuchen zu beweisen, dass der religiöse Glaube einem angeborenen natürlichen Bedürfnis entspricht und nichts mit der Existenz Gottes zu tun hat. So hat der Atheist *Jacques Monod* erklärt: „Was mich angeht, so zweifele ich kaum daran, dass dieses religiöse Verlangen angeboren ist, dass es irgendwo in der Sprache der Gene verzeichnet steht und sich spontan entwickelt." (34) Auch der Psychiater und Sterbeforscher *Michael Schröter* findet, „dass religiöses Erleben lediglich auf einer biologischen Veranlagung der menschlichen Psyche beruht". (35)

Der Molekularbiologe *Dean Hamer* nimmt an, dass es eine genetische Grundlage für den religiösen Glauben gibt. Er hat bei 1000 Versuchspersonen mit einem Fragebogen die religiösen Erfahrungen und Erlebnisse erforscht und kam zu dem Ergebnis, dass diese zu 40-50% auf vererbte biologische Funktionen, ähnlich den Instinkten, zurückzuführen sind. Die Fähigkeit zu religiösem Denken hat sich beim Menschen seiner Meinung nach im Verlauf der Evolution als Überlebensstrategie entwickelt, weil dies Durchsetzungskraft und Vertrauen schafft. (36) In neuerer Zeit haben mehrere Mediziner, vor allem Hirnforscher, sich darum bemüht, wissenschaftlich zu beweisen, dass es nicht nur eine gengebundene und daher vererbbare Religiosität gibt, sondern dass diese bei bestimmten Menschen sogar hirnorganisch verankert ist. Bereits in den frühen 1960er Jahren versuchte der Arzt und Theologe *Walter Pahnke* an der Harvard-Universität zu beweisen, dass ein direkter Zusammenhang besteht zwischen spirituellen Erlebnissen und der Hirnaktivität, mehr noch, dass diese sogar durch Drogen wie LSD oder Ecstasy künstlich ausgelöst werden können. Diese verstärken die hormonelle Ausschüttung der Botenstoffe Dopamin, Serotonin und Noradrenalin, die zur Veränderung des Bewusstseinszustandes führen und religiöse Empfindungen auslösen können. Aufgrund dieser Versuche entstand in Amerika eine neue Wissenschaft mit dem Namen „Neurotheologie". Diese versucht religiöse Erfahrungen auf hirnorganische Ursachen zurückzuführen. (37) Der frühere Strafrechtsprofessor *Peter Noll* an der Universität Zürich war schon vor dreißig Jahren der Meinung, die Gottesvorstellung sei dem menschlichen Gehirn eingepflanzt. (38)

Mehrere Forscher sind heute überzeugt, Gotteserfahrungen seien durch neurologische Prozesse im menschlichen Gehirn zu erklären. Die evangelische Theologin *Regina Moscato* geht sogar so weit zu behaupten, Gott sei ein Hormon, unter dessen Wirkung religiöse Vorstellungen entstehen können. (39) Neuestens wollen Neurologen festgestellt haben, dass die Wichtigkeit, die ein Mensch seinem religiösen Glauben beimisst, in hohem Maß von seiner Hirnaktivität abhängt. Hierzu führen sie die Resultate experimenteller Untersuchungen bei Nonnen und Mönchen an, die gezeigt haben, wie deren religiöse Gedanken und Erlebnisse vor allem das Frontalgehirn beanspruchen, das bei Tieren im Allgemeinen schwächer entwickelt ist. Auch einige moderne Neurologen sind der Ansicht: Der Glaube findet in unserem Gehirn statt und gehört zum Menschen wie der aufrechte Gang oder die Sprache. (40)

Demgegenüber gibt der Neurologe *Gerhard Wolf* zu bedenken: „Es entbehrt jeder Grundlage, aus der Verteilung von Hirnaktivitäten auf besondere Glaubensstrukturen schließen zu wollen oder gar auf den Sitz Gottes im Gehirn. Dieselben Hirnstrukturen werden auch für ganz andere Aufgaben herangezogen." (41) Hierzu ist zu bedenken, dass religiös anmutende Stimmungen und Gefühle nicht gleichzusetzen sind mit echtem religiösen Glauben. Dieser ist weder genbedingt noch hirnabhängig. Mit den modernsten Methoden der Hirnforschung lässt sich wohl feststellen, dass der Mensch denkt, aber nicht, *was* er denkt. (42)

In unserer Zeit wurde vereinzelt von evangelischen Theologen die Vorstellung entwickelt, Gott sei bloß ein „innerseelisches Phänomen" ohne reale Entsprechung in einer spirituellen Welt. In diesem Sinne äußert sich der holländische Pfarrer *Klaas Hendrikse*, der sich als „gläubiger Atheist" bezeichnet, in seinem Buch: „Glauben an einen Gott, den es nicht gibt". (43) In einem Zeitungsinterview erklärte er im Juni 2013: „Gott ereignet sich im Menschen." Für ihn gedeiht Gott in der Seele der Menschen, „denn ohne sie ist Gott nirgends". (44) Er ist überzeugt, dass man ein gläubiger Mensch sein kann, ohne glauben zu müssen, dass es Gott gibt. Er glaubt an das Göttliche im Menschen, aber nicht an einen Gott als persönliches Wesen über den Wolken jenseits der Sterne, der als allwissend, allmächtig und allgegenwärtig gedacht wird. Da drängt sich mir die Frage auf: Wer hat denn die Welt erschaffen, längst bevor es die Menschen gab?

Meiner Ansicht nach ist es die Geistseele und nicht das Gehirn, die von Natur aus fähig ist, religiös zu denken. Es ist zwar durchaus denkbar, dass organische und psychische Voraussetzungen hierzu begünstigend wirken. Manches spricht dafür, dass die Fähigkeit zu religiösem Denken in der Natur der menschlichen Geistseele begründet ist. (45) Der Psychologe *Hubert Findl* nimmt an, dass es in jedem Menschen eine Kontaktstelle zum Göttlichen gibt oder eine Art Sensor, mit dem er sich ans Übernatürliche andocken kann. Freilich ist diese Veranlagung unterschiedlich entwickelt. Bei den Tieren fehlt sie ganz. (46) Es scheint, dass im Menschen gewisse natürliche Vorbedingungen vorhanden sein müssen, um religiös ansprechbar zu sein, um eine Verbindung zum Göttlichen herstellen zu können. Die menschliche Geistseele bedient sich dieser natürlichen

Gabe, um sich dem Spirituellen behutsam zu nähern. Die amerikanische Psychologin *Deborah Kelemen* vertritt die Meinung, dass Kinder, die allein auf eine einsame Insel gebracht würden, ohne irgendeinem religiösen Einfluss ausgesetzt zu sein, von sich aus rein intuitiv den Glauben an eine höhere Macht entwickeln würden. (47) Dies gelingt freilich nur jenen Menschen, die aufgrund ihrer geistigen Entwicklung bereits zu einem höheren Bewusstsein erwacht sind. (48)

Wege zum religiösen Denken sind Gebet, Meditation und die einfühlsame Naturbetrachtung. Aus dem Wunderbaren in der uns umgebenden Natur, die wir mit offenen Sinnen und mit einem wachen Geist wahrnehmen, können wir leicht auf den Gedanken kommen, dass da ein göttliches Wesen am Werk war, um dies alles entstehen zu lassen. Wir werden mit *Friedrich Rückert* bekennen:

Herr, deine Welt ist schön, Herr, deine Welt ist gut;
gib mir nur hellen Sinn, gib mir nur frommen Mut!
Ich fühle, dass ich bin, ich fühle, dass du bist,
und dass mein Sein von dir ein sel'ger Abglanz ist.
Die Welt beseligst du, beseligst dich in ihr;
sollt' ich nicht selig sein, Allseliger, in dir!

12.3 Glaube und Unglaube heute

Der amerikanische Schriftsteller *David Forster Wallace* erklärte in seiner berühmt gewordenen Rede vor Studenten des Kenyon College: „Es gibt keinerlei Unglauben. Jeder Mensch glaubt irgendwas und betet etwas an. Aber wir können wählen, *was* wir glauben wollen. Und es gibt einen äußerst einleuchtenden Grund, sich dabei für einen Gott oder ein höheres Wesen zu entscheiden – ob das nun Jesus ist, Allah, Jahwe, die Wicca-Göttin, die „Vier edlen Wahrheiten" des Buddha oder eine Reihe unantastbarer ethischer Prinzipien. Denn so ziemlich alles andere frisst den Menschen bei lebendigem Leib auf." (49)

Im Altertum und im Mittelalter lebten die meisten Menschen in Unwissenheit und Aberglaube unter dem Druck der strengen Glaubensvorschriften ihrer Priester. Nach der Aufklärung, als die menschliche Vernunft auf den Altar gehoben wurde, schien der religiöse Glaube zugunsten der exakten Wissenschaften zu schwinden. Erst in neuer Zeit ist eine Rückkehr zu spirituellen Interessen wahrzunehmen. Dies beweist allein schon das starke Anwachsen der theologischen und esoterischen Literatur in unseren Buchhandlungen. Heute glauben immer mehr aufgeschlossene und gebildete Menschen nicht nur an eine höhere Macht, sondern auch an Engel, an ein Leben nach dem Tod und an die Wiedergeburt. Im Jahr 1979 führte das Allensbach-Institut unter dem Titel „Was glauben die Deutschen?" eine Umfrage durch. Danach glauben 50% an Schutzengel, 46% an eine höhere Macht, 41% an Jesus als Gottes Sohn, 35% an einen Schöpfergott, 30% an ein Weiterleben nach dem Tod und 23% an die Existenz teuflischer Wesen. (50) Vielerorts stellt man ein tiefes religiöses Unbehagen und ernste Glaubenszweifel beim Kirchenvolk fest. Die einen wollen sich hierzu nicht äußern, um nicht als unwissend dazustehen, andere weichen diesen Fragen aus, um nicht als ungläubig zu gelten. Nach einer Statistik, die *Martin Lehmann* im Jahr 2006 zusammengestellt hat, bezeichneten sich damals 50% der Westdeutschen als ungläubig. In den östlichen Bundesländern, die vor der Wiedervereinigung unter atheistischer Führung standen, waren es sogar mehr als 80%. Bei den Holländern sollen es 65% gewesen sein. Etwa 20% in allen Bevölkerungsschichten bezeichnen sich als „spirituell Suchende", die nur gelegentlich in die Kirche gehen, ab und zu auch beten und an ein Weiterleben nach dem Tod zu glauben bereit sind. 20 bis 30% halten die Wiedergeburt für glaubhaft. (51)

Die Zeiten, wo sich eine oberste Kirchenbehörde erlauben konnte, Glaubensfragen mit dem Diktat zu beenden: „Roma locuta, causa finita – Rom hat gesprochen, die Sache ist erledigt" sind vorbei. Der heutige Mensch glaubt, so weit mündig geworden zu sein, um selber nach der Wahrheit zu suchen. Er will nicht einfach blind und brav für wahr halten, was die Kirche als vermeintliche Hüterin der Wahrheit lehrt. Er hat seine Vorbehalte, stellt kritische Fragen im Widerstreit der Meinungen und verlangt brauchbare Orientierungshilfen für sein Leben. Unsicherheit und Ungewissheit in Glaubensfragen breiten sich aus. Der schulische Religionsunterricht wird heute immer häufiger zur allgemeinen Lebenskunde, zumal die Klassen konfessionell stark durchmischt sind. Die Predigten in den Kirchen befassen sich vorwiegend mit sozialen, ethischen und moralischen Problemen und weichen theologischen Fragen immer häufiger aus. Eine Theologin sagte mir kürzlich: „Ich weiß nicht, was ich den Leuten bei der nächsten Beerdigung sagen soll."

Heute steht der religiöse Glaube nicht mehr wie ein sicherer Fels in der Brandung der Zweifel. Alles wird infrage gestellt und hinterfragt. Der naive Köhlerglaube, der dem gutgläubigen Aberglauben näher steht als der Glaubenssicherheit, kann heute nicht mehr überzeugen. *Paul Davies* schreibt: „An der Kirche lebt man heute nicht deshalb vorbei, weil sie ihren jahrhundertealten Kampf mit den Naturwissenschaften verloren hätte, sondern weil sich unsere Gesellschaft so grundlegend verändert hat, dass die biblische Weltsicht keinen rechten Bezug zur Welt von heute zu haben scheint." (52) Viele Kirchentreue glauben heute nur mit Vorbehalten. Sie stellen kritische Fragen und zweifeln an der Richtigkeit und Rechtmäßigkeit mancher Lehrmeinungen. Leider haben sich die amtlichen Verkünder der Wahrheit im theologischen Parteiengezänk oft durch fragwürdige Konzilsbeschlüsse für alle Zeit festlegen lassen. Auch haben sie sich durch voreilig beschlossene Dogmen und Lehrsätze den Zugang zu neuen Erkenntnissen und damit den Anschluss an die Zukunft verbaut.

In einem Zeitungs-Interview gab der Abt *Christian* des Klosters Engelberg in der Schweiz offen zu: „An der Verflachung des Glaubens sind nicht nur die Gläubigen schuld, die angeblich immer weniger glauben. Sondern auch die Kirchenführung ist es, die auf deren Lebenswirklichkeit und Lebensführung zu wenig eingeht und sich vom realen Leben oft zu weit entfernt hat. Die Kluft zwischen dem Leben der Gläubigen und dem, was sich die Kirchen darunter vorstellen, ist größer geworden. Die Kirche kann doch nicht so tun, als ob noch alles gleich wäre wie vor 50 oder 100 Jahren." (53) Heute werden die Gläubigen in vielem im Unklaren und Ungewissen gelassen, weil ihre Vertreter selber keine Gewissheit mehr haben oder diese nur vortäuschen. So bekommt man heute von den Theologen verschiedener Konfessionen recht unterschiedliche Antworten auf die Fragen: Ob das Leben nach dem Tod weitergeht, ob es eine Auferstehung gibt und wie diese zu denken ist. Oder: Was von einem „Jüngsten Gericht" zu halten ist und von der Wiederkunft Christi am Ende aller Tage. Immer noch werden falsche Vorstellungen von Erbsünde, von ewiger Verdammnis vertreten und davon, von was uns Christus tatsächlich erlöst hat. Auch in Fragen der praktischen Seelsorge ist die Haltung der offiziellen Kirche nicht mehr zeitgemäß. Umstritten ist heute vor allem unter katholischen Theologen die kirchliche Sexualmoral, das Scheidungsverbot, das Pillenverbot, die Verweigerung der Sakramente an Geschiedene oder das Verbot der interkonfessionellen Gottesdienste. Die christliche Kirche steht heute in vielen Belangen in einem gefährlichen Reformstau. Viele ihrer Aussagen sind nicht mehr zeitgemäß. Fragen von heute werden mit Antworten von gestern abgetan. Nach *Peter de Rosa,* dem ehemaligen katholischen Theologie-Professor, läuft das Christentum Gefahr, ein Museumsstück zu werden. Er begründete dies schon vor fünfundzwanzig Jahren so: „An sechs Wochentagen denken die Menschen wie Bürger des 20. Jahrhunderts, am Sonntag sollen sie glauben wie Semiten des 1. Jahrhunderts." (54)

Was theologische Fachleute früher hinter vorgehaltener Hand angezweifelt haben, wird heute offen in Frage, ja sogar in Abrede gestellt. So zum Beispiel, ob *Christus* je eine Kirche gegründet hat, ob von ihm Sakramente eingesetzt wurden, ob das „Letzte Abendmahl" in der geglaubten Form überhaupt stattgefunden hat, ob das Jesus-Bild, wie wir es aus der Bibel kennen, der Wahrheit entspricht. Die deutsche Theologie-Professorin *Uta Ranke-Heinemann* verlor im Jahr 1987 auf Betreiben des Vatikans ihren Lehrstuhl für Kirchengeschichte an der Universität Essen, weil sie in ihrem Buch „Nein und Amen" so manches an der offiziellen Kirchenlehre in Zweifel gezogen hat. (55) Was Bibelwissenschafter schon lange wussten, aber auf Anordnung der kirchlichen Behörden unter Verschluss halten mussten, dringt nun langsam auch beim Kirchenvolk ins Bewusstsein, nämlich dass so manches am überlieferten Glauben als Mythos und Legende anzusehen ist. (56) Noch im Jahr 1962 hat *Karl Rahner* in seinem mehrbändigen „Theologischen Lexikon" felsenfest daran geglaubt, „dass die göttliche Inspiration sich auf alle Teile der Schrift bezieht, und zwar auf die Aussagen, die nicht Heilslehre, sondern auch naturkundliche Aussagen betreffen. Das alles sei von Gott ausgesagt und daher irrtumsfrei." Zehn Jahre danach kam er nicht umhin zuzugeben, was ihm schon längst klar sein musste, dass die biblische Textkritik zahlreiche Abschreibfehler, viele Änderungen, Auslassungen und Falschübersetzungen aufdeckt. (57) Vieles, was früher in der Bibel für das „Wort Gottes" gehalten wurde, beruht auf Übersetzungsfehlern, ungenauen Abschriften, Fehldeutungen, Anpassungen, Ergänzungen und sogar auf bewussten Fälschungen. (58) Zu einem gleichen Schluss kam *Wilhelm Kammeier* in seinem Buch „Die Fälschung der Geschichte des Christentums". (59) Im Jahr 1993 erschien ein bibelkritisches Buch der Theologen *Günther* und *Jörn Schwarz*. Während fünfundvierzig Jahren haben sie die Quellen der Bibel erforscht, indem sie aramäische und altsyrische Texte mit den griechischen und lateinischen Übersetzungen verglichen. Dabei stellten sie fest, dass alle überlieferten Jesus-Worte ursprünglich „poetisch geformt" waren und der „herkömmliche Wortlaut der Evangelien noch nicht einmal annähernd sinngetreu übersetzt wurde". Es stellte sich heraus: „Was die Christen glauben – Jesus lehrte es nicht! Und was Jesus lehrte – die Christen wissen es nicht!" Zuverlässig ist an den Evangelien, die in den Jahren 40 bis 90 n. Chr. entstanden, „so gut wie gar nichts". (60) Der jüdische Bibelexperte Prof. *Pinchas Lapide* (1922-1979) hat zahlreiche Stellen in den griechischen Evangelienschriften aufgedeckt, welche den ursprünglichen aramäischen und hebräischen Wortlaut falsch wiedergeben, was zu schweren Missverständnissen geführt hat. Er gibt uns die Wahl: „Man kann die Bibel ernst nehmen – oder wörtlich, beides zusammen verträgt sich nur schlecht." (61) Hierzu fällt mir der Hinweis ein, den der indische Theologie-Professor und Jesuit *Francis D'Sa* im Jahr 1954 uns Studenten an der Universität Fribourg anvertraute: „Wer die Bibeltexte für wörtlich nimmt, der ist nicht auf dem Heilsweg, sondern auf dem Holzweg."

Recht radikal gehen heute moderne Bibelkritiker vor. So schreibt *Rolf Augstein* in einem „Spiegel"-Bericht: „Nicht was ein Mensch namens *Jesus* gedacht, gewollt, getan hat, sondern was nach seinem Tod in seinem und unter seinem Namen, aber oft nicht in seinem Sinn, sehr oft gegen seine Absicht gedacht, gewollt, getan worden ist, hat die christliche Religion und mit ihr die Geschichte des sogenannten christlichen Abendlandes bestimmt." (62) Nicht weniger kritisch beurteilt der frühere evangelische Theologieprofessor an der Universität Göttingen *Gerd Lüdemann* (geb. 1946) mehrere biblische Aussagen, die man später *Jesus* in den Mund gelegt hat, die er aber so nie gesagt haben konnte. In seinem Buch „Der große Betrug" schreibt er aufgrund seiner neutestamentlichen Forschungen: „So ist Jesus unter Übermalung des Neuen Testamentes über weite Strecken bis zur Unkenntlichkeit entstellt worden. Nur hie und da schimmern Fragmente seiner Botschaft noch durch, und nur an wenigen Stellen können wir einen schattenhaften Umriss seiner Person erahnen." (63) Selbst die ausgesprochen bibeltreue Zeitschrift „Gute Nachrichten" räumt ein: „Der Wissenschaft ist es gelungen, den Weg aufzuhellen, auf dem die Bibel durch die Jahrhunderte hindurch bis auf unsere Zeit überliefert wurde. Weite Strecken des Weges freilich liegen noch ganz im Dunkeln; andere Stellen sind recht hell erleuchtet… Doch gemahnt uns der derzeitige Stand der Dinge daran, dass niemand die Richtigkeit des Textes und des Kanons

,beweisen' kann. Dafür wissen wir trotz allem zu wenig. So bleibt denn immer noch ein Element des Glaubens für denjenigen, der die Zuverlässigkeit der Bibel akzeptiert." (64) Einen weiteren Grund für den heutigen Glaubensschwund nennt *Hans Küng*: „Die Kirche trägt durch ihre Politik der Vertuschung und der Tolerierung von Skandalen eine Hauptschuld daran, dass so viele Menschen heute nicht mehr an Gott glauben." (65) Die christlichen Kirchen stützen ihre Autorität einerseits auf die Behauptung, dass die Bibel das „unverfälschte Wort Gottes" sei, was erwiesenermaßen nicht stimmt. Andererseits leiten sie ihre Doktrin von der Tradition ab, indem sie lehren, was über Jahrhunderte als wahr und richtig angesehen wurde, kann nicht auf einmal falsch sein. Damit rechnen sie wohl mit dem Unwissen oder mit dem schlechten Gedächtnis ihrer Gläubigen. Autoritäre Belehrungen in Glaubenssachen sind dem heutige Menschen in zunehmendem Maße zuwider. Die heutige Gesellschaft fordert immer dringender demokratische Lebensformen nicht nur von Staatsregierungen, sondern auch in den Kirchen. Die modernen Menschen, die gelernt haben, eigenständig und kritisch zu denken, wollen von ihren Kirchenoberen nicht mehr länger bevormundet und wie unmündige Kinder behandelt werden. Gefordert wird heute ein Mitwirken und eine Mitverantwortung aller für eine gemeinsame Sache, ein interkonfessionelles Zusammenstehen und Zusammengehen in Toleranz und gegenseitigem Respekt. Wegen des monarchisch-autoritären Führungsstils verlieren die kirchlichen Autoritäten zunehmend an Glaubwürdigkeit, weil man ihre Lehrentscheidungen nicht mehr ernst nimmt. Ein äußeres Zeichen hierfür sind die immer leerer werdenden Kirchen, der dramatische Priestermangel und das Rumoren an der Kirchenbasis.

Um sich zu erneuern, wäre es notwendig, veraltete Lehrentscheidungen aufzuheben, die vor Jahrhunderten angeblich unter dem Beistand des „Heiligen Geistes" gefasst wurden. Heute erweisen sie sich als theologische Stolpersteine und Fallstricke auf dem Weg zum neuen Denken. Um diesen für den Fortschritt freizugeben, müsste zugegeben werden, dass so manche Doktrin falsch oder zumindest nicht mehr zeitgemäß ist. Doch davor haben die zuständigen Autoritäten Angst – und Angst ist bekanntlich eine schlechte Ratgeberin. Wenn also die Erneuerung nicht von oben eingeleitet wird, muss sie von unten kommen, nämlich von der Basis her, vom Kirchenvolk. Und tatsächlich stehen die Zeichen hierfür gut. Überall auf der Welt sind Reformbestrebungen im Gang. Es ist zu wünschen, dass nicht nur politische, sondern auch kirchliche Diktaturen einem hoffnungsvollen Frühlingserwachen weichen, wie dies das eben begonnene neue Zeitalter ankündigt. Dies erst führt zur Anerkennung des Vielen im Einen und nicht zur Herrschaft des Einen über die Vielen. Der frühere Theologie-Professor *Josef Bommer* führt in seinem Artikel „Kirche: Das System ist krank" aus: „Die Kirchenleitung ist teils überaltert und darum reformunwillig. Psychologen diagnostizieren ein 'autistisches Krankheitsbild' der römischen Kirche. Ein horizontales Schisma tritt immer mehr in Erscheinung. Die Kluft zwischen Basis und Kirchenleitung wird immer deutlicher. Eine teils unfähige Kirchenleitung will das nicht wahrhaben." (66) Dogmen sind verdichtete Glaubenserfahrungen, die veränderungsbedürftig sind und entweder aufgehoben werden müssen oder dem neuen Weltbild angepasst werden sollten. *Till Mohr* schreibt: „Das Alter oder auch die Verbreitung einer Lehre bietet noch keine Gewähr für ihre Richtigkeit. Es gibt Ideologien, die sehr weit verbreitet und sozusagen erfolgreich waren, obwohl sie mit Gott und der Wahrheit nicht das Geringste zu tun haben." (67)

In der „Sternstunde Philosophie" des Schweizer Fernsehens SRF1 aus dem Jahr 2005 wurde einleitend darauf hingewiesen, dass seit 1970 über 30% der Bevölkerung der katholischen und der reformierten Konfession den Rücken gekehrt haben. In einem nachfolgenden Gespräch ging der Theologe *Norbert Bischofberger* mit dem bekannten Religionspädagogen *Hubertus Halbfas* der Frage nach, wie es gegenwärtig um das Christentum stehe. Professor *Halbfas* (geb. 1932), der von 1967 bis 1987 an der Hochschule von Reutlingen katholische Theologie lehrte, sieht heute, zumindest in Europa, ein Ende des Christentums näherkommen. Einen wesentlichen Grund hierfür erkennt er im verloren gegangenen Sprachverständnis für zahlreiche theologische Begriffe, wie Dreifaltigkeit, Sohn Gottes, Erlösung oder Auferstehung, die in der bisherigen Form nicht mehr vermittelbar sind. (68) Es ist zu hoffen, dass aus dem gegenwärtigen Traditionsabbruch durch Rückbesinnung auf das Urchristentum ein Neuanfang möglich sein wird. An ein Wort des österreichischen Schriftstellers *Stefan Zweig* sei hier erinnert: „Immer muss erst ein Bestehendes in seiner Autorität erschüttert werden, ehe ein Neues aufgebaut werden kann. Erst aufgelockert ist der Boden dem Saatkorn bereit." (69)

12.4 Kirchen in der Krise

Zweifellos befinden sich die heutigen Priester-Kirchen in einer Krise. Um ihre Zukunft besorgt, schauen sie ängstlich zurück und scheuen den Ausblick nach vorne. In einer sich rasch wandelnden Gesellschaft hat die Kirche, die sich gerne auf Bibel und Tradition beruft, immer weniger Chancen, mit der Zeit zu gehen. Der gesellschaftliche Wandel macht auch vor den Pforten unserer Kirchen nicht Halt. Während früher der einzelne Mensch in seinem Lebensentwurf stark geprägt war durch die kirchliche Gemeinschaft, löst er sich heute immer mehr aus dieser traditionellen Bindung und Abhängigkeit und will sein Leben selber nach eigenem Gutdünken gestalten. (70)

Das Emnid-Institut in Bielefeld befragte 2000 Bürger in den westlichen Bundesländern und 1000 in den östlichen Bundesländern nach ihrer Konfessionszugehörigkeit. Fast zehn Millionen Deutsche haben sich in der Zeit von 1967 bis 1989 von ihrer Kirche verabschiedet. In der Ex-DDR bezeichneten sich nur noch 5% der Bevölkerung als katholisch, 25% als evangelisch und 70% als konfessionslos. In den westlichen Bundesländern, wo sich die beiden Konfessionen zahlenmäßig ungefähr die Waage halten, sind in dieser Zeit rund 30% aus ihrer Kirche ausgetreten. Im Jahr 1980 bezeichneten sich rund zwei Drittel der Bevölkerung in der Schweiz als religiös. Acht Jahre später bestätigte nur noch ein Drittel, sie könnten mit der Kirche noch etwas anfangen. (71) In den vergangenen zehn Jahren hat sich die Zahl der Konfessionslosen in Europa verdoppelt. Früher gehörte das Bekenntnis zu einer Konfession zur persönlichen Identität. Selbst weltliche Vereine legten sich die Bezeichnung „katholisch" oder „evangelisch" zu, und entsprechend wurden deren Mitglieder aufgenommen. Heute spielen diese Unterschiede keine Rolle mehr. Selbst bei der Partnerwahl und bei der beruflichen Stellenbewerbung wird auf die Zugehörigkeit zu einer Konfession nicht mehr geachtet. Auch der derzeitige Priestermangel ist ein Zeichen der Krise in unseren Kirchen. Schon heute können zahlreiche Pfarrstellen nicht mehr durch ordinierte Priester besetzt werden. Statt dessen müssen Laientheologen und Laientheologinnen stellvertretend die Leitung von Pfarrgemeinden übernehmen. Sowohl der katholischen wie auch der reformierten Kirche wird in den kommenden Jahrzehnten der Priesternachwuchs fehlen. Immer geringer wird die Zahl jener jungen Menschen, die sich einem Theologiestudium zuwenden. (72)

Nach den Worten von *Hans Küng* handelt es sich bei den kirchlichen Krisen um eine Systemkrise. (73) Diese ist gekennzeichnet durch Orientierungslosigkeit, Wertezerfall und Sinnzweifel. Die Unsicherheit in Glaubensfragen nimmt allgemein zu. Der Einfluss der Kirchen auf die Lebensführung der Menschen ist deutlich zurückgegangen. Der religiöse Glaube wird heute zunehmend zur Privatsache. Ein jeder betrachtet sich als Sonderfall und entscheidet für sich selber, was er glauben will und was nicht. Trotzdem nimmt das Interesse an religiösen Fragen deutlich zu, wie das Bücherangebot und die Zahl der Neuerscheinungen in dieser Sparte klar zeigen. Bei weitem nicht jeder, der der Kirche den Rücken kehrt, bezeichnet sich als ungläubig. Deshalb ist *Hubertus Halbfas* der Meinung, das Christentum müsse sich neu erfinden. (74)

Die zuständigen Kirchenbeauftragten an der Basis weichen den anstehenden Problemen eher aus, statt sie anzugehen, weil sie nicht wissen, ob sie eines Tages von der Obrigkeit zurückgepfiffen werden. So wird heute die Kirche immer weniger zu einem Ort der Glaubensgemeinschaft als vielmehr zu einer Institution, die um ihre Existenz kämpfen muss. Um diese Situation zu ändern, ergreifen Gläubige an der Kirchenbasis immer häufiger selber die Initiative. Man hört sogar den Aufruf zum kirchlichen Ungehorsam. Der österreichischen Pfarrei-Initiative vom Jahr 2012 haben sich rund 400 Priester angeschlossen. Ähnliches geschah im Jahr 2012 in der Schweiz, wo 541 Pfarrer, Pfarreileiter und Seelsorger und fast 1022 Sympathisanten eine Forderung nach Reformen unterzeichneten. (75) Angestrebt wurde die Aufhebung des Pflichtzölibats, die Ordination auch für Frauen, die Zulassung der Laienpredigt, die Teilnahme von Mitgliedern anderer christlicher Kirchen am Abendmahl und die Gleichberechtigung homosexuell veranlagter Menschen. All dies ist bis heute gemäß römisch-katholischer Lehre nicht möglich. Die Schweizer Bischöfe wurden für den 1. Juli 2013 vor die vatikanische Glaubenskongregation zitiert. Ob sich eine Änderung anbahnt, ist mehr als fraglich. Die zuständigen Bischöfe antworteten bisher eher mit deren Rückweisung und Ablehnung. (76)

Von der Ökumene wird mehr erwartet als bloß ein gemeinsames Beten mit Andersdenkenden trotz eines verschiedenen Kirchenverständnisses. In unserer multikulturellen Gesellschaft muss in Zukunft auch eine multireligiöse Gemeinschaft möglich sein. Jeder Krise wohnt die Aufforderung zur Veränderung inne. Krisenzeiten sind Wandlungszeiten. Das gilt für Lebenskrisen wie für religiöse Krisen. Wer die Zeichen der neuen Zeit wahrnimmt, der dreht das Rad der Erkenntnisse vorwärts und nicht zurück. Bezeichnend für diesen Wandel ist allein schon die Tatsache, dass rund ein Drittel der sonntäglichen Kirchgänger beider Konfessionen die Lehre von den wiederholten Erdenleben für glaubwürdig hält. Die Zustimmung zu neureligiösen Ansichten ist bei der jüngeren Generation größer als bei der älteren. Die Zugehörigkeit zu einer Konfession wird dabei zur Nebensache. Deutlich im Zunehmen begriffen ist die Zahl jener Christen, die den Standpunkt vertreten, sie könnten auch ohne Kirche religiös sein.

Die Hälfte der Bewohner europäischer Länder glaubt an „irgendetwas Höheres", aber nicht unbedingt an einen persönlichen Gott. Eine Umfrage bei 1300 Personen in der Schweiz führte laut einem Pressebericht aus dem Jahr 2011 zu folgendem Ergebnis: 17% praktizieren einen mehr oder weniger konfessionsfreien Glauben. 9% gehören alternativen Gruppen an, esoterisches Gedankengut wie Karma und Wiedergeburt wird von 21-23% angenommen, 10% bekennen sich zum Agnostizismus und Atheismus. (77) Zahlreiche Gläubige gehen, ohne die Kirche zu verlassen, in die innere Emigration. Andere laufen stillschweigend davon, um sich anderen religiösen Glaubensrichtungen anzuschließen. Dabei wird immer öfter bei östlichen Glaubensvorstellungen eine Anleihe gemacht, oder man schließt sich neureligiösen Glaubens-Modellen und alternativen Religionssystemen an. (78) Stark im Zunehmen begriffen ist mit Sicherheit die Zahl der Glaubenszweifler, weil ihnen die offizielle Verkündigung weltfremd und unglaubwürdig vorkommt. Da kann man sich fragen: Wird die Kirche zum Auslaufmodell? *Gustav Wyneken* kommt in seinem Buch „Abschied vom Christentum" zum Schluss: „Es duldet keinen Zweifel mehr: Die Stunde des Christentums ist abgelaufen." (79) Manchem gläubigen Christen geht es so wie *C.G. Jung,* der in seinen Lebenserinnerungen gesteht: „Die Kirche wurde mir allmählich zur Qual, denn dort wurde laut – ich möchte fast sagen, schamlos von Gott gepredigt, was Er beabsichtigt, was Er tut." (80)

12.5 Zunehmende Kirchenmüdigkeit

Wer müde ist, verhält sich lustlos, kraftlos und antriebslos. Er hat jedes Interesse verloren. Dieser Zustand erfasst heute auch manchen Gottesdienstbesucher. Das ständige Wiederholen gleichförmiger Rituale, Lesungen und Gesänge in den Kirchen kann ermüden. Religiöse Zeremonien und deren Liturgie wirken mittelalterlich. Da werden biblische Texte vorgelesen über Ereignisse, die sich vor 2000 Jahren zugetragen haben und deren geschichtlicher Wert zweifelhaft ist. Aber auf Fragen, welche die Menschen direkt und heute angehen, gibt es kaum brauchbare Antworten, weil diesen häufig der Bezug zur gegenwärtigen Zeit fehlt. So wirkt die kirchliche Verkündigung oft „blass, blutleer und dem wirklichen Leben entfremdet". Das Christentum ist zu einem „verkrusteten Glaubenssystem" geworden, wie *Katja Luger-Koch* feststellt. (81) Als Folge davon nimmt der Theologe *Eugen Biser* einen „bestürzenden Rückgang des Gottesdienstbesuches" wahr". (82)

In den ehemaligen katholischen Hochburgen Europas geht es unaufhaltsam bergab. In Frankreich fühlen sich laut einer Umfrage aus dem Jahr 1994 über 80% der Kirchenmitglieder allein ihrem Gewissen verpflichtet und nur 1% der Katholiken lassen sich von der offiziellen Lehre der Kirche leiten. (83) Der Rückgang der Kirchenbesuche wurde in Deutschland gemäß einer „Spiegel"-Umfrage bereits in den Jahren 1967 bis 1991 deutlich erkennbar. Während 1967 in den westdeutschen Bundesländern noch 25% regelmäßig den sonntäglichen Gottesdienst besuchten, waren es 1992 nur noch 10%. Danach haben sich sechs Millionen Deutsche innerhalb eines Vierteljahrhunderts von ihrer Kirche mehr oder weniger verabschiedet. (84) Auf die Frage „Wie oft gehen Sie in den Gottesdienst", antworteten in der Schweiz im Jahr 2008: 20% mit: Nie, 46% besuchen nur zu besonderen Anlässen, wie Taufe, Hochzeit oder Beerdigung, die Kirche, 13% gehen gelegentlich und 9% regelmäßig in die Kirche. Stadtbewohner gehen seltener in die Kirche als Landbewohner. Bei Männern finden sich mit 20% mehr Kirchenabstinente als unter den Frauen. Ältere Menschen gehen häufiger zur Kirche als jüngere. (85)

Die Kirchenmüdigkeit zeigt sich auch in der abnehmenden Spendenfreudigkeit der Gläubigen für kirchliche Werke. Nicht nur die Schäflein, sondern auch die Scherflein fehlen heute den Kirchen. Immer häufiger werden Kirchenräume ihrem ursprünglichen Zweck entfremdet und für Ausstellungen, Konzerte, Discos, Theateraufführungen und Vereinsanlässe vermietet. Von den vierundvierzig Kirchen, die es vor dreißig Jahren in der Stadt Amsterdam gab, dienen heute nur noch weniger als die Hälfte dem religiösen Gottesdienst. (86) Mancherorts werden Kirchen sogar zum Verkauf angeboten, weil sie nicht mehr gebraucht werden. Da die Finanzen nicht mehr reichen, überlegt man sich in manchen Bistümern und Pfarreien, sich zusammenzuschließen. Vom kirchlichen Leben ist in der Öffentlichkeit heute wenig zu spüren. Die feierlichen Prozessionen an kirchlichen Festtagen müssen wegen des Straßenverkehrs auf Seitenwege ausweichen oder werden ganz abgeschafft. Dagegen werden heute wegen eines Fastnachtsumzugs, eines Straßenrennens oder eines Vereinsaufmarsches ganze Straßenzüge abgesperrt. Schließlich hält auch der Arbeitsstress während der Woche und das vielfältige Sport- und Freizeitangebot am Wochenende die Menschen vom sonntäglichen Kirchenbesuch immer häufiger ab.

Wenn Christen ihrer Kirche den Rücken kehren, spielen hauptsächlich folgende Gründe eine Rolle:

- Viele geben sich religiösen Fragen und kirchlichen Anliegen gegenüber uninteressiert und gleichgültig. Sie meinen, ohne die Institution Kirche auskommen zu können.
- Manche sind enttäuscht, weil sie auf ihre Lebensfragen keine annehmbare Antwort erhalten. Mit den gängigen Glaubensaussagen können sie wenig anfangen. Sie halten diese für unzeitgemäß und überholt.
- Andere haben ihr Welt- und Menschenbild nach naturwissenschaftlichen Denkmodellen ausgerichtet. Immer mehr intellektuell aufgeschlossene Menschen orientieren sich nach alternativen Welterklärungen. Ihr Motto lautet: „Glaubst du noch oder denkst du schon?"
- Da sind auch jene, die mit der kirchlichen Amtsführung unzufrieden sind und diese für autoritär halten, weil sie nur gebietet und verbietet, statt sich gesprächsbereit und tolerant zu zeigen.
- Zahlreich sind auch jene, die ihre Kosten-Nutzen-Rechnung erstellen und sich fragen: Was bietet mir die Kirche, und was bekommt sie von mir durch meine Kirchensteuer? Wie eine Telefonumfrage bei 1009 Einwohnern der Stadt Basel im Jahr 1998 ergeben hat, treten reformierte Christen vor allem wegen der Kirchensteuer aus, die Katholiken dagegen in erster Linie wegen der Rückständigkeit des römischen Lehramtes. (87)
- Nur vereinzelt wird der Übertritt in eine andere religiöse Gemeinschaft als Grund angegeben. Rund 90% der Ausgetretenen bleiben konfessionslos.

Angesichts dieser Vorbehalte und Einwände ist es wahrhaft Zeit, sich zur Zukunft des Christentums seine Gedanken zu machen. (88)

12.6 Wenig überzeugende Glaubenskraft

Die Zeitschrift „Glückspost" hat sich in den Jahren 2010 bis 2013 bei öffentlich bekannten Persönlichkeiten unter anderem nach deren religiösem Glauben erkundigt. Ich habe die eingegangenen Antworten aus 120 Nummern dieser Zeitschrift erfasst und ausgewertet. Unter den Befragten waren 64% Männer und 36% Frauen. Die Teilung in drei Altersgruppen ergab: 37% waren 20-40 Jahre alt, 32% waren zwischen 40-60 und 31% über 60 Jahre alt. Unter den angegebenen Berufen befanden sich 36% Sportler, 19% Schauspieler und Unterhaltungskünstler, 18% Musiker und Kunstschaffende, 16% Fernsehleute und 11% andere Berufe.

Was ihre religiöse Überzeugung angeht, erklärten 17%, sie würden an eine *höhere Macht oder Kraft* glauben. Entsprechende Antworten lauteten: „Ich glaube an die Schöpfung. Es muss etwas Höheres geben." / „An eine höhere Macht glaube ich auf jeden Fall, aber nicht an Gott in Form einer Person." / „Ich glaube, dass da etwas ist. Es ist sicher nicht Gott, sondern die Natur, das Leben."/ „Ich glaube, dass es jemand gibt, der auf mich aufpasst, der einen Weg mit mir geht." / „Ich glaube an gute Energien und an die Macht, die uns leitet." / „Ich denke, dass irgendeine Macht über uns wacht." / „Ich glaube an Gott, an eine höchste Macht und auch an das Gute im Menschen." / „Obwohl ich konfessionslos bin, glaube ich an eine höhere Macht. Unsere Welt ist zu perfekt, um zufällig entstanden zu sein."

Keine sichere und klare Vorstellung über den eigenen Glauben haben 13%. Einige typische Antworten lauten: „Mein Glaube? Diese Frage steht schon lange auf meiner Pendenzenliste. Zu viele offene Fragen, zu viele Ungereimtheiten." / „Alle Menschen sind gleich, egal welcher Herkunft oder Religion. An etwas anderes will und werde ich nicht glauben." / „Mag sein, dass mich jemand bei meinen Entscheidungen führt. Dass weiß man selber nie so genau. Ich bin ein Mensch, der versucht, seine Dinge selbst zu klären und benötige dafür keinen kirchlichen Beistand." / „Ich habe auf jeden Fall einen Glauben, den ich aber nicht erklären kann. Ich denke, dass es irgendetwas nach dem Tod gibt." / „Ich kann nicht genau sagen, ob ich an Gott glaube. Aber ich glaube an die Vorsehung im Leben und an das Gute." / „Ich bin der Meinung, dass nichts unmöglich ist. Daran glaube ich." / „Ob es etwas Höheres gibt, das hoffe ich, fühle mich aber oft hin- und hergerissen.."

Je nach eigenem Bedürfnis gehen 13% in die Kirche oder beten. Sie begründen dies so: „Ich gehe nicht regelmäßig in die Kirche. Sicher gibt es Situationen, wo man sich fragt, ob beten hilft." / „Ich habe Respekt vor der Kirche und achte den Glauben, aber ich bin kein regelmäßiger Kirchgänger. Gerne bete ich vor dem Einschlafen, aber ganz still für mich und denke dabei an jene Personen, die mir wichtig sind." / „Zur Kirche gehe ich zwar nicht mehr oft, doch bete ich für mich selber. Ich denke, jeder muss für sich selber den passenden Glauben finden." / „Ich bin auf jeden Fall ein gläubiger Mensch. Ich renne aber nicht jeden Sonntag in die Kirche, um Gott nahe zu sein." / „Ich glaube an ein Leben nach dem Tod. Ich bete und rede mit Gott. An Weihnachten besuche ich traditionsgemäß den Gottesdienst."

An *spirituelle Werte* und an *moralische Gesetze* glauben 12%. „Ich bin ein sehr spiritueller Mensch, und so ist mein Leben ganz nach diesen Grundsätzen aufgebaut." / „Ich bin eine spirituelle Person und glaube an Gott. Ich denke, dass wir nur einen Bruchteil unseres Potenzials ausschöpfen." / „Ich bin streng katholisch erzogen worden, war am Sonntag oft dreimal in der Messe. Wegen der Missbrauchsskandale fühle ich mich der Kirche nicht mehr sehr verbunden. Ich glaube aber daran, dass Gott uns leitet. Mit meinem Sohn bete ich regelmäßig und bringe ihm den Glauben ohne die Ängste näher, und nicht, wie ich es früher erlebt habe, wenn von Sünde und Hölle gesprochen wurde." / „In meinem Leben gibt es nach wie vor spirituelle Seiten, wobei es heute nicht mehr die Kirche ist. Für mich hat Spiritualität mit dem Leben zu tun, mit der Natur und mit lieben Begegnungen." / „Heute zählt für mich nur, moralisch zu leben. Und dafür braucht es keine bestimmte Glaubensrichtung." / „Ich bin nicht gläubig im kirchlichen Sinn. Wichtig für alle ist, dass man für sich selber und für andere gut ist." / „Entscheidend in der Glaubensfrage ist, wie ein Mensch sein Dasein verbringt. Man sollte ein anständiges Leben führen. Dann braucht man auch nicht in die Kirche zu gehen." / „Ich wurde christlich erzogen. Heute lebe ich eher nach dem Prinzip: Lebe jeden Tag so, als wäre er dein letzter, und eines Tages wirst du recht bekommen." / „Tue keinem an, was du selbst nicht willst. Möglicherweise wäre die Welt mit solchen Glaubenssätzen ein freundlicherer Ort." / „Ich glaube, dass Extreme nie gut sind und ein Weg der Mitte und der Balance, der alle Beteiligten respektiert und berücksichtigt, der richtige ist."

An *Schicksal, Karma und Wiedergeburt* glauben 6%, wie folgende Aussagen belegen: „Mein Glaube ist, dass all die guten und auch die schlechten Dinge, die wir gemacht haben, auf uns zurückkommen." / „Im Leben ist vieles vorherbestimmt. An Zufälle glaube ich nicht, da im Leben viel zu viel passiert, was man nicht erklären kann. Am Ende macht alles einen Sinn." / „Alles kommt zurück. Diese Gewissheit gibt mir Halt und den Glauben an Recht und Fairness." / „Ich glaube ans Schicksal; Zufälle gibt es nicht. Es ist für jeden Menschen vorherbestimmt, wann er sterben muss. Ich glaube auch, dass man Wünsche ans Universum weitergeben kann." / „Ich gehöre keiner religiösen Gemeinschaft an. Meine absolute Überzeugung ist jedoch: Dass jeder Mensch das Recht hat, an das zu glauben, was ihm Kraft gibt, solange er damit niemandem schadet und keinem Unrecht tut." / „Gewisse Dinge scheinen mir an meinem katholischen Glauben extrem veraltet. Was kommt nach dem Tod? Ich hoffe auf ein Wiedersehen in einem neuen Leben mit allen lieben Menschen, die ich hier auf Erden kennen gelernt habe." / „Ich habe keinen Glauben im üblichen Sinn. Ich denke, es gibt Ereignisse, die passieren aus bestimmten Gründen und sind vorherbestimmt."

Dem *kirchlichen Glauben verpflichtet* glauben sich 8% – und zwar mit folgender Begründung: „Ich bin römisch-katholisch. Ich glaube fest an die Dreifaltigkeit und gehe jeden Sonntag in die Messe. Inmitten der Kirchgemeinde fühle ich mich sehr geborgen." / „Ich bin mit dem christlichen Glauben aufgewachsen und gebe ihn auch an meine Tochter weiter, obwohl wir eher Passiv-Mitglieder der Kirche sind." / „Ich bin ein gläubiger Mensch, glaube an Gott und an die Liebe. Ich bin streng katholisch aufgewachsen, war Ministrantin und gehe regelmäßig zur Kirche." Von den 120 Befragten erklärten nur 5%, sie seien *ungläubig*. Dies wird so begründet: „Ich glaube nur an mich selber. Alles andere ist mir von den Religionen zu organisiert." / „Ich bin protestantisch aufgewachsen, bis heute aber überzeugter Atheist. Ich glaube an das Gute im Menschen und vor allem an mich." / „Religion spielte schon in meinem Elternhaus keine Rolle, so auch später nicht. Das, woran ich mich festhalte und worauf ich aufbaue, ist die schöpferische Tätigkeit. Sie ist meine tägliche Therapie." / „Was kommt danach? Nichts! Ich würde ja gerne glauben, dass es ein Leben nach dem Tode gibt. Aber das möchte man wohl so glauben, damit man weniger Angst vor dem Ende hat."

Die Ergebnisse dieser Umfrage sind freilich nicht für eine breite Bevölkerungsschicht aussagekräftig, dennoch vermitteln sie ein zuverlässiges Glaubensbild von einer begrenzten Gruppe von Menschen, die erfolgreich und anerkannt in der Öffentlichkeit stehen. Deshalb haben ihre Aussagen besonders für unsere Jugend einen gewissen Vorbildcharakter. Der religiöse Glaube ohne kirchliches Bekenntnis verhält sich heute wie eine Ehe ohne Trauschein. Unverbindlichkeit steht im Trend. Die meisten lehnen die Kirche als Institution nicht grundsätzlich ab. Häufig lassen sie ihre Kinder in der Kirche taufen, schicken diese in den religiösen Schulunterricht und bezahlen sogar aus Gründen der Solidarität ihre jährliche Kirchensteuer. Sie wollen sich aber nicht binden und verpflichten, zumal sie den kirchlichen Amtsträgern gegenüber einige Vorbehalte haben.

Deutlich abgenommen hat die Zahl der Gläubigen auch in alternativen christlichen Glaubensgemeinschaften, wie etwa bei den Christkatholiken, bei den Orthodoxen und bei zahlreichen Freikirchen. (89) In unseren Nachbarländern sind diese Zahlen etwa ähnlich. Nach einer Umfrage bei Jugendlichen und jungen Erwachsenen im Alter von 15 bis 25 Jahren glaubten im Jahr 2000 rund 75% an Gott oder ein höheres Wesen. 43% an ein Weiterleben nach dem Tod und 30% an eine Wiedergeburt. Dagegen gingen von den Befragten lediglich 4% regelmäßig zur Kirche. (90) Der größte Teil der Bevölkerung in den ehemals christlichen Stammlanden in Europa hat sich von ihrer Kirche entfremdet und ist in religiöser Hinsicht heimatlos geworden. (91) In breiten Kreisen sagt man sich: „Gott ja – Kirche na-ja." Immer mehr Menschen sind zur Auffassung gelangt, man könne religiös sein, auch ohne einer Kirche anzugehören. Es heißt dann: „Religion mit Vorbehalt – Kirche auf keinen Fall." Zweifelsohne ist das christliche Glaubenssystem reformbedürftig. Ohne eine tiefgreifende Erneuerung verlieren die Kirchen in unserer Gesellschaft zunehmend an Bedeutung. An Stelle des Dogmenglaubens müssen vermehrt Gewissensfreiheit und Selbstverantwortung gefordert werden. Dass der Gottesglaube, so wie er überliefert wurde, heute immer seltener wahrgenommen wird, ist zum Teil auch der christlichen Theologie zuzuschreiben. Sie hat allzu lange versucht, eine „Wissenschaft von Gott" einzuführen, als ob das Göttliche mit wissenschaftlichen Methoden zu erfassen wäre. (92)

12.7 Was Atheisten glauben

Es ist unglaublich, was Atheisten alles glauben, ohne dass sie dafür eindeutige Beweise vorlegen können. Ihr Unglaube, den sie sich einreden, beruht häufig auf falschen Erwartungen und Befürchtungen, auf schmerzlichen Erlebnissen und Enttäuschungen, auf einem Mangel an logischem Denken und nicht zuletzt auf einem veralteten oder falschen Gottesbild. Manche sind durch erlittene oder vermeintliche Ungerechtigkeiten verbittert. Andere lehnen sich gegen anerzogene Glaubensirrtümer auf. Vielen fehlt schlicht das Talent oder die Begabung zu religiösem Denken. (93) Der französische Philosoph *André Comte* erklärte kürzlich in einem Interview: „Ich glaube nicht an Gott, aber ich weiß, dass mein Atheismus kein Wissen ist, sondern Glaube. Wer sagt, er wisse, dass Gott nicht existiert, ist nicht in erster Linie ein Atheist, sondern ein Dummkopf." (94)

Unter *Atheismus* (gr. *a-theos*: ohne Gott) im engeren Sinn ist ein Denken zu verstehen, das die Existenz eines göttlichen Wesens leugnet. Danach entsteht und besteht die Welt ohne einen Gott und ohne, dass man ihn als deren Schöpfer und Erhalter anerkennt. Nach der Auffassung des extremen Atheismus gibt es nur eine einzige Wirklichkeit, nämlich die greifbare Materie. Dies ist die Denkweise des philosophischen Materialismus, wie ihn bereits im Altertum die Philosophen *Demokrit*, *Epikur* und *Lukrez* vertreten haben. Der griechische Philosoph *Xenophanes* hielt den Gottesglauben für eine Erfindung der menschlichen Phantasie und meinte: „Wenn die Pferde Götter hätten, sähen sie aus wie Pferde." Oder: „Wenn Esel ihre Götter hätten, dann hätten diese Eselsohren." Treffender noch sagte es *Leo Tolstoi*: „Wenn ein Wilder an seinen hölzernen Gott zu glauben aufhört, so heißt das nicht, dass es keinen Gott gibt, sondern nur, dass er nicht aus Holz ist."

Als Vorläufer des *Neu-Atheismus* kann der deutsche Philosoph und Vertreter des Idealismus *Friedrich Wilhelm Hegel* genannt werden. Dieser bezeichnete „Gott" als den absoluten Weltgrund oder als die Weltvernunft, nämlich als bloße Idee, die dem Weltganzen zugrunde liegt. Unter seinem geistigen Einfluss stand der Philosoph *Ludwig Feuerbach*, einer der Begründer des modernen Atheismus. Zum damaligen Hegel-Kreis gehörten auch *Karl Marx* (1818-1893) und *Friedrich Engels* (1820-1895), die den religionsfeindlichen Materialismus zur eigentlichen Philosophie des Kommunismus machten. Aus der gleichen Zeit stammt die „*Gott-*

ist-tot-Philosophie" von *Friedrich Nietzsche*. Diese ist bekannt geworden durch den Text über den „tollen Menschen" aus seiner „Fröhlichen Wissenschaft". Von diesem heißt es, dass er „am hellen Vormittag eine Laterne anzündete, auf den Markt lief und unaufhörlich schrie: ‚Ich suche Gott! Ich suche Gott!' Da dort gerade viele von denen zusammen standen, welche nicht an Gott glaubten, so erregte er ein großes Gelächter... Der tolle Mensch sprang mitten unter sie und durchbohrte sie mit seinen Blicken. ‚Wo ist Gott?' rief er, ‚ich will es euch sagen! *Wir haben ihn getötet* – ihr und ich! Wir alle sind seine Mörder!'" (95) *Nietzsche* wird von gewissen kirchlichen Kreisen gerne als Gottesleugner hingestellt, doch das war er nicht. Seinem Freund *Franz Overbeck* (1837-1905) soll er anvertraut haben, er habe mit zwölf Jahren in einer Kirche Gott in seiner ganzen Herrlichkeit gesehen. Es war wohl die Projektion eines naiven Gottesbildes aus seinen Kinderjahren, das er später für tot erklärte. Offensichtlich blieb er sein Leben lang ein Gottsucher, schrieb er doch in seinen späten Jahren im Gedicht „Der Zauberer": „O komm zurück! / All meine Tränen-Bäche laufen / zu dir den Lauf! / Und meine letzte Herzens-Flamme – / *Dir* glüht sie auf! / O komm zurück / Mein unbekannter Gott! / Mein Schmerz! / Mein letztes – Glück!" (96)

Im 19. Jahrhundert wurden die atheistisch denkenden Philosophen unterstützt von einigen Naturwissenschaftlern. Diese versuchten, die Welt nach mechanischen Gesetzen zu erklären; so dass sie der „Hypothese Gott" nicht bedurften, wie der französische Naturforscher *Laplace* behauptete, als der Franzosenkaiser *Napoleon* ihn nach seiner Gottesvorstellung fragte. Einen wesentlichen Beitrag zu dieser atheistischen Naturerklärung leistete die Evolutionstheorie *Charles Darwins*, der selber als studierter Theologe kein Gottesleugner war. Noch heute berufen sich atheistisch denkende Naturwissenschaftler gerne auf seine Abstammungslehre. Freilich vermag das Dschungelgesetz der Auslese keine endgültige Antwort zu geben auf die Frage nach dem Ursprung des Lebens. Von den atheistischen Evolutionisten sagt *Rüdinger Safranski*: „Man denkt zwar weiterhin über den Menschen hinaus, aber nicht ins Göttliche hinauf, sondern ins Tierische hinab. Statt Gott ist nun der Affe das Thema. Für die Natur hat Gott seine Zuständigkeit verloren." (97)

Eine Sonderform des modernen Atheismus ist der *Agnostizismus* (lat. *a-cognoscere*: – nicht wissen), der davon ausgeht, dass wir Menschen mit unserer begrenzten Erkenntnisfähigkeit gar nicht in der Lage sind,

Gott zu erkennen oder dessen Existenz zu beweisen. Er nimmt an, dass uns der wahre Seinsgrund seiner Existenz für alle Zeiten verborgen und verschlossen bleibt. Die heutigen Agnostiker glauben: Nicht wir haben Geheimnisse, sondern die Geheimnisse haben uns. Daher leugnen sie die Möglichkeit einer natürlichen Gotteserkenntnis. Statt von Sicherheit und Gewissheit sprechen sie von Wahrscheinlichkeit. So bekennt der Schauspieler *Heiner Lauterbach* (geb. 1953) in einem Interview aus dem Jahr 2013: „Ich bin Agnostiker, glaube also nicht zwingend an Gott, würde aber seine Existenz auch nicht ausschließen wollen. Ich halte es nur für verhältnismäßig unwahrscheinlich, dass es jemanden gibt, der all das ‚geschaffen' hat, der in Milliarden Menschen hineinhorchen kann, alles lenkt und steuert." (98) Eine derartige Agnostiker-Aussage beruht klar auf einem allzu menschlichen Gottesbild, wie es bis vor kurzem auch von unseren christlichen Kirchen verbreitet wurde. Der französische Philosoph *André Comte-Sponville* glaubt, dass ohnehin niemand beweisen könne, ob es einen Gott gebe oder nicht. Demzufolge sei eigentlich jeder Mensch ein Agnostiker. (99) Eine ähnliche Haltung nimmt der Wiener Quantenphysiker *Anton Zeilinger* ein, wenn er in einem Interview auf die Frage „Glauben Sie an Gott? antwortet: „Als Naturwissenschaftler muss man neutral sein. Persönlich bin ich aber weder Atheist noch Agnostiker. Wie immer man Gott definiert: Man wird physikalisch seine Existenz nie beweisen, aber auch nie widerlegen können." (100) Und der sich zum Christentum bekennende Astrophysiker *Arnold Benz* ist der Meinung, dass der Kernpunkt des neuzeitlichen Agnostizismus in der scheinbaren „Abwesenheit Gottes in der naturwissenschaftlich erschlossenen Wirklichkeit" zu suchen sei. (101)

Wir können drei Arten des praktischen Atheismus unterscheiden: Die passive Form, die aktive Form und die neutrale Form. Die *aktiven* Atheisten machen sich stark für ein gottloses Weltbild. Deren moderner Vordenker ist der englische Evolutionsbiologe *Richard Dawkins* mit seiner Behauptung: „Gott existiert mit ziemlicher Sicherheit nicht." (102) Seine Nachbeter im deutschen Sprachraum haben sich als Freidenker auf den Werbespruch festgelegt: „Da ist wahrscheinlich kein Gott, also sorge dich nicht und genieße das Leben!" Daher spottet der Theologe *Manfred Lütz*: „Atheisten verplempern kostbare Zeit für irrationale Bedenken und leben so, als gäbe es Gott vielleicht doch ein bisschen." (103) Freigeister machen sich gerne zu Jüngern des griechischen Philosophen *Epikur*, der mit seinem Hedonismus (gr. *hedone*: Genuss, Lust) bereits im Altertum empfahl: „Mach dir das Leben gut und schön. / Kein Jenseits gibt's, kein Wiedersehen." Diese Geisteshaltung mag ihnen genügen, solange sie gesund und lebensfroh sind. In Notsituationen aber oder wenn der Lebensgenuss keinen Spaß mehr macht und es ans Sterben geht, kommt mancher auf andere Gedanken. Selbst der überzeugte Atheist *Ernest Renan* soll kurz vor seinem Tod, als er in den letzten Zügen lag, gebetet haben: „Vater im Himmel, falls du existierst, rette meine Seele, falls ich eine habe." (104) Die Freidenker haben sich in mehreren europäischen Ländern zu selbstständigen Organisationen zusammengeschlossen. Sie lehnen die Religion an sich nicht ab, sie kämpfen aber gegen die Konfessionen und deren unzulässige Machtansprüche. Sie halten sich von diesen fern, um unabhängig von kirchlichen Denksystemen leben und denken zu können. Wie sich dies anfühlt, beschreibt der 75-jährige Schlagersänger *Tony Marshall* wie folgt: „Ich bin Freidenker und habe jeden Tag, wenn ich auf meiner Terrasse sitze, meine eigene Religion vor Augen: die Tier- und Pflanzenwelt. Wenn zu diesem Augenblick noch ein paar gute Menschen kommen, bin ich glücklich. Ich brauche keine Kirche." (105) Was Freidenker anstreben, ist ein freier Humanismus, mit dem Ziel, ein anständiges und glückliches Leben zu führen, ohne sich einer Kirche verpflichtet zu fühlen. Sie sind für Toleranz und Unabhängigkeit, verteidigen die Menschenrechte und sind für Frieden unter den Menschen. Die oberste Instanz für sie ist das eigene Gewissen. Aktiv kämpfen sie für Gleichberechtigung, für die Trennung von Staat und Kirche, für die Befreiung von der Kirchensteuer, für eine liberale Haltung zur Familienplanung, für Sterbehilfe, für eine religionsneutrale Schule, für Eigenverantwortung und für die Förderung eines naturwissenschaftlichen Weltbildes. (106)

Die *passiven* Atheisten verhalten sich dem traditionellen Gottesbild der Bibel und der Kirchen gegenüber mehr oder weniger gleichgültig. Für sie ereignet sich das Göttliche in der liebenden Begegnung mit ihren nächsten Mitmenschen. Dies meinte *Dietrich Bonhoeffer* mit dem Hinweis: „Den Gott, den es gibt, gibt es nicht." (107) Die evangelische Theologin *Dorothee Sölle* widerspricht in ihrem Buch „Atheistisch an Gott glauben" (108) der kirchlichen Lehre von der Allmacht Gottes und behauptet, Gott sei tot, da er nicht an einem bestimmten Ort zu finden sei. Er zeige sich ausschließlich im gerechten Handeln der Menschen, wie es *Jesus* beispielhaft vorgelebt und in der Bergpredigt gepriesen habe. Auch der evangelische Pfarrer *Klaas Hendrikse* aus Holland bekennt heute öffentlich: „Ich glaube nicht, dass der Gott, den das Christentum für sich geschaffen hat, existiert." (109) Laut einer Umfrage in Holland aus dem Jahr 2006 glaubt jeder sechste evangelische Pfarrer nicht mehr im traditionellen Sinne an die Existenz Gottes. (110) Einen geradezu tragischen Gottesverlust erlitt die Nonne *Mutter Teresa* (1910-1997). In einem religiösen Burn-out war ihre Gottesliebe aufgezehrt, ihre Menschenliebe ausgebrannt. Gegen Ende ihres aufopfernden Lebens für Kranke und Sterbende im indischen Kalkutta schrieb sie an ihren Bischof: „In meinem Inneren ist es eiskalt, abgewiesen – leer – kein Glaube – keine Liebe – kein Eifer. Die Seelen ziehen mich nicht mehr an – der Himmel bedeutet nichts mehr – für mich schaut er aus wie ein leerer Platz." (111) In diesem Sinne hat der Schriftsteller *Julian Barnes* einmal gesagt: „Ich glaube nicht an Gott, aber ich vermisse ihn." (112)

Für viele Menschen, die sich zum Atheismus bekennen, beruht ihr Unglaube nicht auf einer vernünftigen Überzeugung, sondern auf einem bloßen Gefühl. So erklärte der Publizist *Alain de Botton,* der sich als „sanfter Atheist" bezeichnet, in einem Interview: „Ich selber fühle nicht, dass Gott existiert. Aber ich würde niemanden überzeugen wollen, der dieses Gefühl nicht hat." (113)

Gehen wir den Gründen nach, die zum Agnostizismus und Atheismus führen, sind diese recht vielfältig. Manchen Menschen fehlt offenbar die natürliche Veranlagung zu spirituellem Denken. So wie es Menschen gibt ohne musikalisches Gehör, so gibt es auch solche, denen in diesem Leben die Fähigkeit fehlt, sich eine übernatürliche geistige Welt vorzustellen. Weitaus die meisten Ursachen sind aber psychoreaktiver Natur. Häufig liegen diese in einer verfehlten Erziehung. Ein anerzogenes schlechtes Gewissen, Schuldgefühle, schwere Versündigungsideen, Strafangst und Höllenandrohungen können dazu führen, dass man sich später davon zu befreien sucht durch die Ablehnung jeglicher religiöser Vorstellungen. Schwere seelische Verletzungen im Kindes- und Jugendalter, verursacht durch Fremderzieher, können später ebenfalls eine Abweisung jedes religiösen Glaubens zur Folge haben. (114) Manchmal kann das Fehlen des Gottesglaubens auch in einem negativ erlebten Vaterbild liegen oder mit dem frühen Verlust des eigenen Vaters zu tun haben. So erging es den beiden Philosophen *Arthur Schopenhauer* und *Friedrich Nietzsche*. Beide haben ihren Vater bereits in der Kindheit verloren. So führte ihre frühe Vaterlosigkeit später zu einer rebellischen „Gottlosigkeit". (115) Ähnlich erging es *Rainer Maria Rilke*. So wie er sich von seinem bürgerlich-traditionell eingestellten Vater in seinen Jugendjahren unverstanden fühlte, lehnte er als Erwachsener das Bild von einem „himmlischen Vater" ab. Mit dem Tod seines Vaters starb auch seine Vorstellung vom christlichen Gottesbild. Später beklagte er den Tod seines „Kindheitsgottes". An dessen Stelle wuchs ein „neuer Gott" in seiner Seelentiefe. Er nannte ihn „den dunklen Unbewussten". (116) Dass des Menschen Gottesbild vielfach eine Projektion des eigenen Vaterbildes ist, hat *C.G. Jung* aufgezeigt. Seine therapeutische Erfahrung fasste er in den Satz: „Des Menschen Gottesbild ist sein Vaterbild." (117) Auch der Arzt *Rhaban Liertz* hat erfahren: „Der Einfluss des Vaterbildes ist hervorragend mitbestimmend für die Gottesvorstellung des Kindes." (118) Häufig wird das erlebte Vaterbild auf den „Über-Vater" Gott übertragen. Hat ein Kind seinen eigenen Vater als eine übermäßig strenge und angstauslösende Macht empfunden, kann es leicht geschehen, dass auch seine Vorstellung vom „göttlichen Vater" beängstigende Wesenszüge annimmt. So wie ein Mensch an seinem eigenen Vater leiden kann, kann er später an seinem „Gott-Vater" leiden. (119) Die kindliche Furcht vor dem eigenen Vater kann sich so zur neurotischen Gottesfurcht auswachsen. Auch kann dies dazu führen, dass robuste Naturelle aus Gründen der Selbstbehauptung höhere Autoritäten infrage stellen, diese ablehnen oder gar für nicht existent erklären, so auch Gott. Demgegenüber hat das eigene Muttererlebnis eine weittragende Bedeutung für die seelische Gesundheit und die spätere mitmenschliche soziale Beziehungsfähigkeit. *Rilke* hat auch dies erfahren: „Ich kann kein Liebhaber sein, weil mich meine Mutter nicht geliebt hat." Eine weitere Ursache für den Atheismus und Agnostizismus sieht *Hans Küng* im „falschen und schiefen" kirchlichen Gottesbild der Christenheit. (120) Ein weiterer Grund liegt in der „Bürde widersprüchlicher Lehren und Dogmen der Kirchen", die nicht mehr zeitgemäß sind. (121)

    Schließlich besteht ein enger Zusammenhang zwischen Lebensangst, Todesangst und Atheismus. Wer nicht weiß, woher er kommt und wohin er geht, der bekommt es früher oder später mit der Angst zu tun. Es ergeht ihm wie einem Menschen, der sich in einem finsteren Wald verirrt hat. Angst und Atheismus gehören nach *Leopold Szondi* zusammen, ähnlich wie schwer voneinander zu trennende siamesische Zwillinge. (122) Seiner Erfahrung nach hat Gottesglaube etwas zu tun mit dem Grad des eigenen spirituellen Bewusstseins. Dieses wird sich jeder Mensch im Verlauf von

aufeinander folgenden Erdenleben selber erwerben müssen. Mit der Zeit wird jeder zur Einsicht erwachen, dass es Gott gibt, ja geben muss, sonst hätte das Ganze überhaupt keinen Sinn. Wir können mit dem Theologen *Hans Küng* einig gehen: „Man verliert in jedem Fall nichts, wenn man an Gott glaubt, kann aber alles gewinnen." (123)
Leider besteht heute weit herum eine erschreckende Unwissenheit in Bezug auf den Gottesglauben. Viele kümmern sich nicht darum, ob es einen Gott gibt. Sie sind ganz auf das Diesseits bezogen und verdrängen jeden Gedanken an ein Jenseits. Gott ist für sie überhaupt kein Thema. Sie sind trotz jahrelangem religiösen Unterricht in der Schule weitgehend Unwissende geblieben. Es fehlt ihnen schlicht an der eigenen religiösen Erfahrung. Interessant ist in diesem Zusammenhang der Hinweis *Gabriel Loosers*. Er hat als Sterbebegleiter festgestellt, dass nach einem Nahtod-Erlebnis kaum jemand noch Atheist ist. (124) Auf einmal ist der Mensch ein Wissender geworden. So lässt sich mit *Bo Yin Ra* sagen: „Wer aber zum ‚Wissenden' in den Dingen des Geistes wurde, der hat wahrlich mehr erreicht, als wenn ihm alle Wissenschaft der Erde eigen wäre." (125) Aus Glaubenden werden Wissende. In diesem Sinne lehrt uns eine esoterische Weisheit:

Wer nicht weiß und nicht weiß,
dass er nicht weiß, ist ein Narr.
Ihn sollst du meiden.
Wer nicht weiß und weiß,
dass er nicht weiß, ist ein Kind.
Ihn magst du belehren.
Wer weiß und nicht weiß,
dass er weiß, ist ein Schlafender.
Ihn darfst du wecken.
Wer weiß und weiß, dass er weiß,
ist ein Wissender, ein Weiser.
Ihm kannst du folgen.

12.8 Religion als Lebenshilfe

Laut einem KIPA-Bericht aus dem Jahr 2013 kam der Hirnforscher *Raphael Bonelli,* Direktor des „Instituts für Religiosität in Psychiatrie und

Psychotherapie" an der Universität Wien, zu erstaunlichen Ergebnissen. In Zusammenarbeit mit Kollegen von der Duke University in den USA stellte er in einem breitangelegten Studienvergleich fest, dass sich bei 72% ihrer Patienten der Gesundheitszustand schneller besserte, wenn diese religiös ansprechbar und für spirituelle Fragen offen waren. Religion als Gesundheitsfaktor erwies sich vor allem bei Depressiven, Suchtkranken und Suizidgefährdeten als recht wirkungsvoll. Nach ihrer Erfahrung leiden nicht religiös eingestellte Menschen besonders häufig an geistiger Orientierungslosigkeit, an Lebensüberdruss und an der Sinnlosigkeit ihres Lebens. Die Wiener Forscher versicherten. „Wäre Religion ein Medikament, würde es mit Sicherheit als solches zugelassen". (126)

Religion wirkt als eine Art seelische Schutzfunktion, welche sich sinngebend, motivierend, stabilisierend und regulierend auf das gesundheitliche, sittliche und soziale Verhalten der Menschen auswirken kann. Als geistige Orientierungshilfe ist sie demnach eine wertvolle Lebenshilfe. Daher sollte sie Hilfsbedürftigen frei zugänglich sein. Auch darf sie sich nicht aus konfessionellen Gründen abgrenzen, um andere auszugrenzen. Religion kann Menschen helfen, das Leben zu verstehen. Sie lässt uns die Härten des irdischen Daseins leichter ertragen. Sie verleiht dem Leben einen tieferen Sinn. Sie schafft Vertrauen auf eine höhere Führung und lässt auf eine spirituelle Zukunft hoffen. Daher muss die praktische Seelsorge wieder näher bei den Menschen sein. Die Kirche darf nicht länger nur erwarten, dass die Menschen zu ihr kommen. Wichtig ist, dass sie zu den Menschen geht. Denn Kirche ist da, wo Menschen sind. Eine Frau klagte: „Als wir unsere kleine Tochter bei einem tödlichen Unfall verloren haben, ist niemand von der Kirche zu uns gekommen."

Unter echter Seelsorge ist die psychologische und religiöse Führung und Betreuung der Menschen zu verstehen. Als erfahrene Fachleute gelten sowohl religiös orientierte Psychologen als auch psychologisch ausgebildete Theologen. Beide Fachgebiete, Theologie und Psychologie, müssen sich in Zukunft vermehrt und besser ergänzen, was natürlich eine vertiefte Ausbildung der Studierenden verlangt. Ein Psychologe ohne Religion ist ebenso hilflos wie ein Theologe ohne Psychologie. Auffallend ist, dass heute die Menschen mit ihren Sorgen und Problemen immer häufiger einen Psychologen oder Psychiater aufsuchen, statt einen Theologen, der den Menschen in Not oft nichts weiter als ein paar fromme Sprüche zu sagen weiß. Zunächst verlangen rat- und hilfesuchende Menschen, dass sie sich aussprechen können und in ihren Alltagssorgen verstanden werden. Diese fragen zunächst nicht nach ihrem ewigen Seelenheil, sondern erwarten Heilung von ihren menschlichen Verletzungen. Sie wollen nicht von Wundern hören, sondern von ihren Verwundungen reden können. Dies war ja am Anfang des Christentums auch eine der wichtigsten und vornehmsten Aufgaben der Priester, die sich noch heute gerne Seelenhirten nennen. Dabei spielt der weltanschauliche und religiöse Hintergrund der Ratsuchenden sicher eine wesentliche Rolle. Eine meiner ersten Fragen in der psychologischen Beratung lautete häufig: „Wie haben Sie es mit der Religion?" Je nach der Antwort wusste ich sogleich, wessen „Geistes Kind" ich vor mir hatte und wo ich mit meiner Arbeit ansetzen konnte.

Vor etlichen Jahren ging eine Amerikanerin zu unserem Pfarrer und bat ihn lediglich, dass er mit ihr bete. Dies tat er jedoch nicht, sondern erkundigte sich nach der Art eines Psychologen nach ihren Lebensverhältnissen, nach ihren Problemen und Schwierigkeiten. Die Frau wollte auf seine Fragen gar nicht eingehen und wünschte nur, dass er mit ihr bete. Da der geistliche Herr fand, es handele sich um einen Psychofall, schickte er die Frau zu mir in die psychologische Sprechstunde. Weil diese Frau auch von mir nichts anderes wünschte, als dass ich mit ihr bete, nahm ich ihre Hand und sprach auf meine Art: „Vater-Mutter-Gott, der du bist in den Himmeln, auf Erden, in dir, in mir und in allen Wesen, dein Name sei uns heilig..." Nach dieser Kurztherapie stand die Frau auf und verabschiedete sich wortlos. So übernahm der Psychologe die Aufgabe des Theologen, statt umgekehrt, was offenbar für alle Beteiligten sinnvoll und hilfreich war.

Religion und Psychologie sollten sich in Zukunft besser ergänzen. Es hat sich erwiesen, dass die heutige Psychotherapie, will sie erfolgreich sein, unbedingt das religiöse Moment mit in die Heilbehandlung einbeziehen muss. Immer mehr bestätigt sich, dass für die seelische Gesundheit des Menschen auch die Religion von Bedeutung ist. *David Jordahl* hat diesbezüglich eine größere Anzahl von Psychotherapeuten im deutschen Sprachraum befragt. Den Einbezug religiöser Fragen in die Therapie befürworten rund 70%, 25% hielten dies für weniger wichtig und 6% äußerten sich hierzu nicht. Immerhin waren drei Viertel der befragten Psychologen und Psychiater der Ansicht, eine positive religiöse Einstellung sei für die gesunde Entwicklung der Persönlichkeit notwendig. (127)

Nach der praktischen Psychologie ist der religiöse Glaube ein wichtiges Element für die seelische Gesundheit. Die religiöse Ausrichtung ist für die seelische Gesundheit eines Menschen wichtig. Dies bestätigte *C.G. Jung* aufgrund seiner langjährigen psychotherapeutischen Erfahrung immer wieder. (128) Ihm stimmte der Psychologe *Erich Fromm* zu: „Der Psychoanalytiker entdeckt beim Studium von Neurosen, dass er ein religiöses Problem vor sich hat." (129) Daraus folgert der Wiener Psychologe *Viktor Frankl*, dass die „Religion dem Menschen eine Geborgenheit und Verantwortung sondergleichen ermöglicht, die er nirgendwo anders findet als in der Beziehung zum Übernatürlichen". (130) Gleicher Ansicht ist auch der amerikanische Psychologe *David Larson* vom „National Institute for Healthcare Research" in Rockville / Maryland. Er hat elf medizinische Forschungsarbeiten ausgewertet, die ihn zum Ergebnis führten: „Religiös gläubige Menschen sind weniger anfällig für stressbedingte und psychosomatische Krankheiten, sie sind weniger suizidgefährdet, weniger suchtanfällig und haben eine niedrige Scheidungsquote." (131)

Die heutige Psychologie ist der Ansicht, dass religiöses Denken die Selbstheilungskräfte des Menschen begünstigt. So ist *Ulrich Schnabel* überzeugt, es gehe beim religiösen Glauben um mehr als bloß um eine Placebowirkung, die Krankheitssymptome vorübergehend besiegt. Vielmehr gehe es um echte „Heilung in einem umfassenden Sinn, der auch unsere existenzielle Einsamkeit, die Angst vor dem Tod und die Grundfrage nach dem tieferen Sinn des Lebens einschließt". (132) Heute wird im schulischen Religionsunterricht, in der kirchlichen Unterweisung, in der Sonntagspredigt und vor allem in der pastoralen Seelsorge auf diese theologischen Fragen kaum noch eingegangen. Dagegen werden soziale und verhaltenspsychologische Fragen und allgemeine Lebensprobleme in der Sonntagspredigt am häufigsten zur Sprache gebracht. So begrüßenswert dies ist, birgt diese Einseitigkeit doch einige Gefahren in sich. Die Schriftstellerin *Christa Meves* bemerkt hierzu: „Die Reduktion kirchlicher Aktivität auf die Sozialarbeit bedeutet Substanzverlust, ja Verrat am Glauben, vor dem nicht eindringlich genug gewarnt werden kann. Sozialarbeit ohne Religion ist außerordentlich kurzatmig." (133)

Das Christentum muss sich erneuern, und zwar von seinen Wurzeln her, wie dies bei jedem natürlichen Wachstumsprozess geschieht. Dazu genügt es freilich nicht, das kirchliche Leben in den Pfarreien gleichsam als „Glut unter der Asche" (134) mit PR-Methoden und Unterhaltungsprogrammen und Aperitifs wieder zu entfachen. Hinter diesem neuen Werbestil fehlen zumeist sinnstiftende Antworten auf die alten Lebensfragen nach dem Woher und Wohin des Menschen. Die religiöse Glaubenslehre muss vom jahrhundertealten Gestrüpp abergläubischen Wildwuchses befreit werden, damit die spirituelle Sehnsucht nach dem Ewigen und Unendlichen wieder ans Licht kommt. Wichtig ist die gegenseitige Entspannung und Entkrampfung in den Beziehungen unterschiedlicher Glaubensbekenntnisse. Unsere Kirchen müssen zu Begegnungsstätten auch mit Andersdenkenden werden. Eine einzelne Konfession darf nicht mehr glauben, sie sei allein im Besitz der Wahrheit. Es ist anzuerkennen, dass jedes religiöse Bekenntnis auf der Suche nach der Wahrheit ist. Allenthalben wird ein besseres Demokratieverständnis erwartet, welches die Mitsprache und das Mitwirken auch der Laien ermöglicht. Die Kirchen müssen sich heute freier organisieren können, damit den Ortsgemeinden und den Bistümern mehr Eigenständigkeit und mehr Gestaltungsfreiheit eingeräumt wird. In einem ZDF-Interview aus dem Jahr 1998, unter dem Titel „Zeugen des Jahrhunderts", gab sich der frühere Theologieprofessor *Hans Küng* in Bezug auf die gegenwärtige römische Kirchenleitung überzeugt: „Mit diesem hierarchischen System hat die Kirche im dritten Jahrtausend keine Zukunft." (135)

Es muss heute und morgen vermehrt darum gehen, das Gemeinsame unter den Konfessionen zu suchen und zu betonen und nicht das Trennende. Es ist nicht mehr zeitgemäß, mit *Karl Rahner* behaupten zu wollen, das Christentum sei „die für alle Menschen bestimmte, absolute Religion, die keine andere als gleichberechtigt neben sich anerkennen kann". (136) Der Anspruch einer einzelnen Konfession, die einzige wahre Kirche zu vertreten, kann nicht zum religiösen Frieden führen. (137) Dieser Sinnes- und Gesinnungswandel muss dazu führen, dass wir uns auf die gemeinsamen Werte besinnen und nicht uns um Nebensächlichkeiten streiten. Solange sich die Konfessionen gegenseitig bekämpfen, und das tun sie seit Jahrhunderten, kann es keinen Frieden unter den Völkern und Nationen geben. Angestrebt werden muss ein Bekenntnis zu einer „versöhnten Verschiedenheit". (138) Der evangelische Theologe *Thomas Wipf* ist seit dem Jahr 2012 Vorsitzender des „Europäischen Rates der Religionsführer". In diesem sind alle großen Konfessionen vertreten. In einem Interview umriss er seine Aufgabe wie folgt: „Sich für die Menschenrechte einsetzen, die interreligiöse Zusammenarbeit unter den verschiedenen Kirchen fördern, gemeinsame Gespräche über gemeinsame spirituelle Grundwerte führen, kulturelle und konfessionelle Fronten in einzelnen Ländern abbauen, interkonfessionelle Schulen und Bildungssysteme aufeinander abstimmen und die Gleichberechtigung und Gleichbehandlung der Geschlechter befürworten." (139) Bereits nach dem Zweiten Weltkrieg sah *Sri Aurobindo* für unsere Zukunft eine geeinte Menschheit voraus. (140) In seinem „Weltethos" betont der Theologe *Hans Küng* immer wieder, der Kern aller religiösen Glaubensrichtungen sei die Begegnung mit dem Heiligen und Göttlichen. Aus dieser Gemeinsamkeit ergäben sich allgemein gültige Richtlinien für das sittliche Handeln aller Menschen, welches das Ziel aller Völker und Nationen sein muss, ohne das auch kein Weltfrieden möglich ist. (141) *Hans Küng* hat bereits Mitte der 90er-Jahre das „Projekt Weltethos" ins Leben gerufen. Im Jahr 1993 versammelten sich über 1000 Angehörige verschiedener Konfessionen in Chicago und unterzeichneten gemeinsam die „Erklärung zum Weltethos". Dessen Grundgedanke ist, dass kein Friede unter den Nationen möglich ist, wenn kein religiöser Friede unter den Völkern herrscht. Er nennt vier ethische Prinzipien, die zum Religionsfrieden und zum Weltfrieden führen können: Gewaltlosigkeit, Gerechtigkeit, Wahrheit und Gleichberechtigung. Dabei sollen die konfessionellen Unterschiede im Glaubensverständnis durchaus anerkannt werden. Dieser Haltung pflichtet auch *Georg Korf* zu, wenn er schreibt: „Es gibt nur eine Religion – das Streben nach der einen Wahrheit, das auch die Liebe zu allen Geschöpfen in sich einschließt." (142) Auf der Suche nach der spirituellen Einheit aller Völker und Nationen muss die religiöse Intoleranz weltweit abgebaut werden. In Zukunft brauchen wir Kirchen und Konfessionen mit mehr Menschlichkeit und gegenseitiger Anerkennung und weniger Dogmen und Dekreten, denn diese sind für den Menschen da, aber nicht umgekehrt. Die Zukunft der Religion ist die Mystik, nicht die Dogmatik. Bereits im Jahr 1960 teilte *Carl Gustav Jung* dem Theologen *Oscar Niessen* in einem Brief mit: „Genau gesagt halte ich mich für einen Christen, bin aber zugleich davon überzeugt, dass das heutige Christentum nicht die letzte Wahrheit darstellt; das beweist die chaotische Situation unserer Zeit. Der augenblickliche Zustand erscheint mir unerträglich, darum erachte ich eine grundlegende Weiterentwicklung des Christentums für absolut notwendig." (143) Was das heutige Christentum angeht, befinden wir uns gegenwärtig in einer schweren Sinn- und Glaubenskrise, die nur durch eine Rückbesinnung auf dessen Anfänge behoben werden kann. Die Chance hierzu bietet uns das moderne *Geistchristentum*. Durch dieses kann sich bewahrheiten, was der Theosoph *Erhard Bäzner* in einem Gedicht ankündigt:

Einst wird der Baum der Menschheit grünen;
dann werden ihren alten Zwist
der Himmel und die Erde sühnen
durch den, der beider teilhaft ist.
Ein sanftes Leuchten wird durchdringen
des Schicksals unverstandne Pein.
Das Leben wird den Tod bezwingen
und ein Gesetz der Liebe sein.

12.9 Das heutige Geistchristentum

Was wir heute das Christentum nennen, ist eine Sammlung von religiösen Bekenntnissen, die alle in der Nachfolge *Christi* stehen. Aus der Einheit des Urchristentums sind im Verlauf der Jahrhunderte durch Trennungen, Abspaltungen und nicht zuletzt durch Glaubenskriege eine größere Anzahl von christlichen Konfessionen entstanden, die sich zwar alle auf das Evangelium berufen, bei dessen Verwirklichung aber unterschiedliche Wege gehen. Ursprünglich hat sich das Christentum in seinen bescheidenen Anfängen aus der jüdischen Anhängerschaft *Jesu* entwickelt. Was heute zu einem weltumspannenden Baum des Christentums geworden ist, hat als kleines Pflänzchen auf dem Boden des Judentums seine frühesten Wurzeln geschlagen. (144),

Die drei prophetischen Konfessionen des Judentums, des Christentums und des Islam können mit einem dreistöckigen Gebäude verglichen werden. Ihr gemeinsames Fundament bildet der Ein-Gott-Glaube des Monotheismus. Diese drei Stockwerke wurden nacheinander in größeren zeitlichen Abständen errichtet. Die Wohnung des Judentums wurde nach dem Bauplan der Thora erstellt, die des Christentums nach der Bibel und die des Islams nach dem Koran. So wie beim Ausbau eines mehrstöckigen Wohnbereichs zahlreiche Handwerker beteiligt sind, so haben auch beim Entstehen dieser Konfessionen mehrere Verfasser mitgewirkt. Auch deren „heilige Bücher" sind nicht auf einmal und sozusagen aus einem Guss entstanden. Vielmehr stellen sie eine Sammlung von zahlreichen Einzelschriften dar, die von verschiedenen Autoren in unterschiedlichen Zeitabschnitten verfasst wurden. Daher können diese nicht mit einer Stimme sprechen. Dessen ungeachtet erklärte eine vatikanische Verlautbarung aus dem Jahr 1965, die „Bibel habe Gott zum Urheber und sei daher in allen Teilen auf das irrtumsfreie Wirken des Heiligen Geistes zurückzuführen". (145)

Beschränken wir uns nachfolgend auf die heute bekannten biblischen Schriften. Diese enthalten historische Berichte, die mit mythologischen Bildern vermischt sind. Dazu kommen inspirierte Kundgaben, legendäre Nacherzählungen, populäre Weisheitsdichtungen und Aussagen von Zeitzeugen. Die Namen der Verfasser wurden manchmal verändert. Einigen anonymen Schriften wurden bekannte Namen untergeschoben, entweder um diese glaubwürdiger erscheinen zu lassen oder um deren Urheber vor Verfolgung zu schützen. Das „Alte Testament" umfasst die fünf Bücher Mose, mehrere Bücher zur Geschichte des Volkes Israel, Sammlungen von Spruchweisheiten sowie Psalmen und Prophetenschriften. Das „Neue Testament" enthält die vier Evangelien, die Apostelgeschichte, die Briefe der Apostel und Jünger und die Offenbarung des Johannes. Von all diesen Schriften enthält die Bibel keinen einzigen Originaltext, sondern nur Abschriften von Abschriften. Die meisten sind erstmals in der Zeit von 60 bis 90 n. Chr. verfasst worden. *W. J. Glashower* schreibt in einem Zeitschriftenartikel aus dem Jahr 2013: „Vom Neuen Testament kennen wir nicht weniger als 4000 griechische Handschriften, dazu 13.000 Handschriften aus Teilen des Neuen Testaments und daneben etwa 9000 Handschriften der antiken Übersetzungen des Neuen Testaments." (146)

Im Jahr 370 wurde der Kirchenlehrer *Hieronymus* vom Papst *Damasus I.* (305-384) beauftragt, die zahlreichen biblischen Abschriften aufeinander abzustimmen, was dieser anfänglich für aussichtslos hielt, da diese stark voneinander abwichen. In einem Brief an den Papst äußerte er hierzu große Bedenken und hielt es für eine gefährliche Anmaßung, „eine Bibel schreiben zu wollen, die den richtigen Text wiedergebe". Schließlich traf er eine Auswahl und übersetzte eine größere Anzahl hebräischer und griechischer Handschriften ins Lateinische. So entstand die „Vulgata", die auf dem Konzil von Trient im Jahr 1546 zur offiziellen christlichen Bibel erklärt wurde. (147) Auch noch in der Zeit danach kam es zu verschiedenen Abänderungen, Fehldeutungen und Auslegungen von Bibeltexten, so dass wir heute nicht mehr wissen, was deren ursprünglicher Wahrheitsgehalt wirklich war. Um die heutige kritische Situation der christlichen Kirchen zu verstehen und uns über deren Zukunft Gedanken zu machen, wollen wir uns zunächst auf die Wurzeln des frühen Christentums besinnen.

Nachdem sich *Christus* von dieser Erde verabschiedet hatte und in sein Reich zurückgekehrt war, hatte er seiner verunsicherten und verängstigten Jüngerschar verheißen, zu ihrer weiteren Belehrung und Führung den „Geist der Wahrheit" zu senden. Er fügte bei: „Dieser wird nicht aus sich selbst reden, sondern er wird sagen, was er hört, und euch verkünden." (Jh 16,13-14) Diese Worte zeigen klar, dass damit nicht der „Heilige Geist" gemeint sein konnte, sondern jenseitige Geistlehrer, die von höherer Stelle beauftragt waren, dieses Versprechen einzulösen. Auf die gleiche Weise wurden später auch die ersten Christengemeinden unterrichtet. Diese Möglichkeit ergab sich durch die charismatische Gabe und mediale Begabung des „Zungenredens". In der Bibel wird mehrfach darauf hingewiesen. Mediale Jenseitskontakte waren offensichtlich schon bei den Israelis üblich. *Moses* warnte sein Volk vor Lügengeistern, als er die Weisung erließ: „Ihr sollt die Toten nicht befragen." (5 Mo 18,11) Damit hat er nicht jeden Kontakt mit dem Jenseits untersagt, sondern lediglich das Befragen der von Gott getrennten Geister. (148) Auch im Evangelium des *Markus* wird die Gabe des Zungenredens erwähnt. (Mk 16,17) Auf diese Weise vermochten sich jenseitige Wesen aus der hohen Geisterwelt den Menschen mitzuteilen und sie zu belehren. Der Apostel *Paulus* erwähnt in seinem 1. Korintherbrief diese Art von Jenseitskundgaben. (1 Ko 12.8-11) Die Christengemeinde von Korinth lässt er wissen: „Drum, Brüder, bemüht euch um prophetisches Reden und verhindert das Zungenreden nicht! Alles aber geschehe in Würde und Ordnung." (1 Kor 14,39-40) Da auch niedere Geister aus der Unterwelt diese Fähigkeit von Medien ausnützen konnten, enthielt der 1. Johannesbrief folgende Warnung: „Glaubt nicht jedem Geist, sondern prüfet die Geister, ob sie von Gott stammen; denn viele falsche Propheten sind in die Welt ausgegangen. Daran erkennt ihr den Geist Gottes: Jeder Geist, der bekennt, dass Jesus Christus Mensch geworden ist, stammt von Gott; und jeder Geist, der dies abstreitet, ist nicht von Gott." (1 Jh 4,1-4) Erstmals erlebten die Apostel am Pfingstfest zu Jerusalem in einer Vision, wie „feurige Zungen" vom Himmel auf sie herabkamen und „Geister der Wahrheit" sie in fremden Sprachen reden ließen, „wie es der Geist ihnen eingab". (Apg. 2,1-4) In der Folge wiederholte sich dieses Zungenreden in den ersten Christengemeinden. Erst als sich diese im 2. Jahrhundert zur organisierten Kirche zusammenschlossen, verboten deren Vorsteher diese medialen Jenseitskontakte als angebliche Einflüsterungen des Teufels. (149) Offenbar versuchten bereits in den urchristlichen Gemeinden dämonische Lügengeister den Frieden zu stören, indem sie Zweifel, Missgunst und Eifersucht auf medialem Weg bei diesen schürten. Mit seiner Gleichnisrede vom Unkraut (Mt 13,25) und mit seiner Warnung vor falschen Propheten (Mt 7,15) hat *Jesus* schon zu seinen Lebzeiten auf diese Gefahr hingewiesen. Wegen dieser negativen Einflüsse, die mancherorts zu Meinungsverschiedenheiten und Streitereien führten, zogen sich die guten Geister zurück und die Quellen der Wahrheit versiegten. (150) Wenn es im Verlauf der nachfolgenden Jahrhunderte durch das Mitwirken medial begabter Visionäre und Mystiker vereinzelt zu neuen Kundgaben aus der hohen Geisterwelt kam, wurden diese von den kirchlichen Glaubenshütern nicht zur Kenntnis genommen oder sogar als Teufelswerk verurteilt. (151) Die christliche Theologie hält die allgemeine Offenbarung mit dem Tod der Apostel für endgültig abgeschlossen. So schreibt *Karl Rahner* in seinem „Handbuch theologischer Grundbegriffe": „Es gibt keine neue Offenbarung mehr; weil das absolute Heil in *Christus* gegeben ist, kann sich keine neue, die bisherige wesentlich überbietende Offenbarung mehr ereignen." (152) Diese Aussage widerspricht allerdings dem Versprechen *Jesu,* das er seinen Jüngern bei seinem Abschied gegeben hat: „Und ich werde den Vater bitten, und er wird euch einen anderen Beistand geben, der für immer bei euch bleiben soll. Es ist der Geist der Wahrheit, den die Welt nicht empfangen kann, weil sie ihn nicht sieht und nicht kennt." (Jh 14,16-17) Die christliche Kirche hat daraus die Existenz des „Heiligen Geistes" als dritte Person der Gottheit abgeleitet, obwohl im griechischen Urtext lediglich von einem „heiligen Geist" (*pneuma hagion*) die Rede ist. Daher sei, so behauptet das kirchliche Lehramt, jede weitere geistige Belehrung überflüssig, und auf anderslautende Offenbarungen sei zu verzichten.

Erst in neuer Zeit und Dank des Aufkommens der Parapsychologie im 19. und 20. Jahrhundert wurden diese jenseitigen Erkenntnisquellen wieder neu erschlossen und auch wissenschaftlich anerkannt. Dadurch entstand in den vergangenen 150 Jahren eine reiche Jenseitskunde, wie sie die christlichen Kirchen bisher nicht zu vermitteln wussten. Auf diesen jenseitigen Kundgaben und Belehrungen aus der hohen Geisteswelt gründet das heutige *Geistchristentum*. (153) Es handelt sich um jene spirituelle Lehre, die uns Menschen klare Antworten geben kann auf die Fragen nach unserem Woher und Wohin. Diese stützt sich auf Belehrungen, die uns auf dem Weg medialer Jenseitskundgaben mitgeteilt wurden. Sie erklärt uns Sinn und Ziel der geistigen und materiellen Schöpfung, indem sie die ursprüngliche wahre Geistlehre wiederherstellt, wie sie uns durch jenseitige Lehrer vermittelt wurden. (154)

Nach der Lehre des modernen *Spiritualismus* und *Mediumismus* handelt es sich bei einem echten Medium um eine Person, die aufgrund einer besonderen Begabung und speziellen Ausbildung fähig ist, mit jenseitigen Wesen in Verbindung zu treten, von diesen Botschaften zu empfangen oder von diesen inspiriert zu werden. In diesem Sinne waren auch die biblischen Propheten medial begabte Menschen. (155) Je nach der Art dieser jenseitigen Kontaktnahme wird zwischen einem Halbtrance-Medium und einem Tieftrance-Medium unterschieden. Beim medialen Sprechen und Schreiben in Halbtrance bleibt das Medium bei Bewusstsein. Es weiß zwar, dass es spricht oder schreibt, doch der Inhalt seiner Mitteilung stammt von einem fremden Geistwesen, das seine Sprech- und Schreibfähigkeit benutzt. Das Trance-Medium befindet sich während der Durchgabe in einem unbewussten Zustand, bei dem die Geistseele zumeist den eigenen Körper verlässt, um ein anderes Geistwesen eintreten zu lassen, das sich der menschlichen Sprache und Gestik bedient. Nach dem Erwachen aus der Tieftrance ist das Medium nicht in der Lage, sich an seine Aussagen oder an seine Niederschrift zu erinnern.

Echte und seriöse Medien zeichnen sich durch religiöse Gesinnung, ehrliche Offenheit und die Bereitschaft aus, im Dienst der guten Geisterwelt als Vermittler zwischen Diesseits und Jenseits zu wirken. Auf eine besondere Art der Sicherheitsprüfung wies ein jenseitiger Geistlehrer hin: „Nur aus dem Inhalt der Kundgebungen und dem Benehmen der Geistwesen in den menschlichen Medien kann man erkennen, ob sie von guten oder bösen, hohen oder niederen Geistwesen stammen." (156) *Arthur Brunner,* der auf diesem Gebiet große Erfahrung hatte, stellte folgende Bedingungen zu dieser medialen Tätigkeit auf: „Jede Berührung mit dem Übersinnlichen bedarf eines klaren Kopfes; alle, die nicht im Gleichgewicht ihrer Geisteskräfte sind, sollten die Hände davon lassen. Denn dazu braucht es Bescheidenheit und eine gesunde Kritik, frei von aller Überschwänglichkeit... Vor allem muss das eigene Ich zurückgestellt werden." (157) Wenn dies nicht geschieht, besteht die Gefahr, dass bösgesinnte Lügengeister das Medium missbrauchen und mit Unwahrheiten die Beteiligten in die Irre führen. Im schlimmsten Fall kann es zur krankmachenden Umsessenheit oder Besessenheit kommen. (158) Das heutige Geistchristentum schließt an das Urchristentum an. Dieses enthält ein Wissensgut, das sich neben der traditionellen Lehre der Kirchen über Jahrhunderte sozusagen „im Untergrund" erhalten hat. Dieses wurde im Geheimen von Eingeweihten weitergetragen, nicht selten unter der Gefahr, als Ketzer und Irrlehrer verurteilt zu werden. Dieses geheime Geistesgut wurde durch alle Jahrhunderte von Weisen und Wissenden gelehrt, von den Kirchen aber oft verfälscht und bis heute dogmatisch verleugnet. (159)

Ein erster Pionier des modernen Geistchristentums war in England der evangelische Pfarrer *George Vale Owen* (1869-1931), der zunächst in der kleinen Gemeinde Orford in der Nähe von Liverpool tätig war. Im Jahr 1908 übernahm er die anglikanische Pfarrei in Padgate. Mit dreiundfünfzig Jahren ließ er sich vom Pfarrdienst beurlauben und zog nach London, wo er sich der Vortragstätigkeit und der schriftstellerischen Arbeit widmete. In der Zeit von 1913 bis 1921 erhielt er auf medialem Weg und durch direkte Inspirationen zahlreiche Jenseitsbotschaften mit Schilderungen von Ereignissen in der geistigen Welt und mit zahlreichen Erlebnisberichten von Verstorbenen, die später veröffentlicht wurden. (160) Ein anderer wichtiger Wegbereiter des heutigen Geistchristentums war *Johannes Greber*. Nach seinem Theologiestudium war er zunächst Pfarrer in einer kleinen Landgemeinde im Hunsrück, wo er sich während des ersten Weltkriegs durch die Gründung eines Hilfswerkes für kriegsgeschädigte, kranke und hilfsbedürftige Kinder einsetzte. Ab dem Jahr 1921 übernahm er eine seelsorgerische Tätigkeit in Kell im Brohltal. Dort wurde er im Jahr 1923 von jungen Männern seiner Pfarrei zu medialen Sitzungen in Koblenz eingeladen, die er nach anfänglichem Zweifeln und Zögern besuchte. In deren Verlauf wurde ihm durch ein Trance-Medium von hohen Geistwesen ein für ihn völlig neues Wissen über Gott und die Schöpfung mitgeteilt. Im Jahr 1929 ließ er sich von seinem Bischof beurlauben und wanderte aufgrund einer Vision nach Amerika aus. Dort gründete er eine eigene Kirche, die sich „Church of Believers in God" nannte. (161) In New York setzte er seine Arbeit mit begabten Medien fort. Die medial empfangenen Jenseitsbotschaften veröffentlichte er in seiner Schrift „Von Gottes Boten inspiriert". (162) Dort veröffentlichte er im Jahr 1932 auch sein Hauptwerk: „Der Verkehr mit der Geisterwelt Gottes, seine Gesetze und sein Zweck". (163) Im Jahr 1936 folgte unter der Anleitung hoher Engelwesen eine Neuübersetzung des „Neuen Testamentes". (164) In den geistchristlichen Werken von *Georg Vale Owen* und *Johannes Greber*, beides studierte Theologen, die einander offensichtlich nicht kannten, sind keine wesentlichen Abweichungen oder Widersprüche enthalten. *Werner Dostal* stellte beim Vergleich von deren Schriften fest: „Lediglich die Sichtweise ist etwas unterschiedlich, die Schwerpunkte sind oft andere, aber im großen Ganzen ist die Geistlehre in allen drei medialen Verkündigungen einheitlich und homogen." (165)

Der dritte, wohl wichtigste Beitrag zur Entfaltung des Geistchristentums stammt aus den Jenseitsbotschaften, welche das Medium *Beatrice Brunner* (1910-1983) in Zürich erhalten hat. Weihnachten 1945 kam bei ihr die Gabe des Hellsehens und Hellhörens erstmals zum Durchbruch. Bald danach entwickelte sie sich zum Tieftrance-Medium. Vorerst kamen interessierte Menschen im privaten Kreis zu medialen Anlässen zusammen. Am 23. Oktober 1948 hielt der jenseitige Geistlehrer *Josef,* der als Mensch im Jahr 1925 in Schottland verstorben war (166), vor einer größeren Zuhörerschaft seine erste Trance-Ansprache. Dieser Tag gilt als Gründungsdatum der „Geistigen Loge Zürich". Ohne größere Unterbrechung wurde während dreiunddreißig Jahren, von 1947 bis 1982, in rund 2.000 medialen Vorträgen von mehreren Geistlehrern aus dem jenseitigen „Hause Linus" ein umfassendes und reichhaltiges Geisteswissen aus der hohen Engelwelt vermittelt. (167) Diese Jenseitsbelehrungen fanden in der Regel im großen Konservatoriums-Saal der Stadt Zürich statt und waren allen Interessierten frei zugänglich. Dr. h.c. *Walther Hinz*, der 1. Präsident dieser Gemeinschaft, berichtet aus eigener Erfahrung: „Ohne äußeres Mitwirken der Zuhörerschaft kam, sobald die Musik endete, *Beatrice Brunner* fast unbemerkt in den Zustand höchster Geistwirkung, nur daran erkennbar, dass bei geschlossenem Mund der Atem plötzlich stark eingezogen wurde und der Oberkörper sich straffte. Unmittelbar darauf meldete sich mit einem ‚Gott zum Gruß' ein Geistwesen zu Wort." (168)

Aus eigener Erfahrung kann ich diese Ausführungen von Prof. *Hinz* bestätigen. An zahlreichen medialen Gottesdiensten im großen Konservatoriumssaal in Zürich, der regelmäßig voll besetzt war, konnte ich im Verlauf von zwanzig Jahren immer wieder beobachten, dass in den medialen Ansprachen keinerlei Unstimmigkeiten und keine Widersprüche festzustellen waren. Während der einstündigen Lehrvorträge, die das Tieftrance-Medium stets bei geschlossenen Augen und im bewusstlosen Zustand gehalten hat, kam es nie zu einem Versprecher. Auch waren der sprachliche Stil, der Satzbau, der Tonfall, die Mimik und die Gestik verschieden, je nachdem welches Geistwesen sich des Mediums bediente. Bei einem persönlichen Gespräch mit *Beatrice Brunner* wurde ich davon überzeugt, dass sie vom Inhalt des von ihr gesprochenen Vortrags nichts wahrgenommen hatte. Sie erfuhr davon erst nachträglich über die Tonbandaufzeichnungen.

Diese Jenseits-Belehrungen aus der hohen Geisterwelt knüpfen an die Tradition des Urchristentums an. Das aus der hohen Geisteswelt empfangene Gedankengut wird uns durch mehrere Buchveröffentlichungen und seit 1948 durch die Wochen-Zeitschrift „Geistige Welt" des Verlags Pro Beatrice in Zürich zugänglich gemacht. Nachdem *Beatrice Brunner* im Jahr 1983 in die Geistige Welt heimgekehrt ist und diese mediale Wissensquelle versiegt ist, werden ihre Lehrvorträge regelmäßig als Tonband- und Videoaufzeichnungen im Zentrum „Pro Beatrice" in Zürich, Letzigraben 117, wiedergegeben. (Telefon +41 (0)44 383 60 10; Internet: www. Probeatrice.ch) Das gleiche geistchristliche Wissen wird seit dem Jahr 1999 auch durch die Zeitschrift „Medium", von der „Geistchristlichen Gemeinschaft" (GCG/IGL) in Zürich, Postfach 4920, verbreitet.

Nach *Werner Dostal* geht es dem modernen Geistchristentum „vor allem darum, die traditionelle christliche Lehre von ihren Widersprüchen zu befreien, sie dort zu ergänzen, wo Lücken sind, und ihr jene Kraft zurückzugeben, die sie bei den ersten Christen hatte." (169) Die wichtigsten Aussagen des Geistchristentums (170) seien in den folgenden zwölf Merksätzen zusammengefasst:

1. Der Urquell allen geschaffenen Seins ist der göttliche Geist.
2. Die einzige unmittelbare geistige Schöpfung Gottes war Christus. Daher konnte dieser von sich sagen: „Ich bin der Anfang... " (Off.22,13)
3. Im göttlichen Auftrag hat Christus eine sehr große Zahl von Geistwesen ins Dasein gerufen, die wir Engel nennen.

4. Alles wurde in der geistigen Welt nach bestimmten Ordnungsgesetzen geschaffen. Durch Gottes Wille entstand ein himmlisches Königsreich unter der Regentschaft Christi.
5. Nach langer Zeit versuchte einer der höchsten Engel, mit dem Namen Luzifer, die Königswürde für sich zu beanspruchen. Dabei wurde er unterstützt von einer großen Schar von Anhängern und Mitläufern aus den Engelreichen.
6. Deswegen kam es in den Himmeln zu einem heftigen Kampf zwischen den Christus zugewandten und den Christus abgewandten Geistern. Die ungetreuen Besiegten wurden aus dem Paradies gewiesen und fielen in die lichtlose Finsternis der Gottferne.
7. Gott erbarmte sich seiner ungehorsamen Söhne und Töchter und entwarf mit seinem Sohn Christus einen Plan zu deren Rettung und Heimführung.
8. Ein erster Versuch mit Hilfe einer Gehorsamsprüfung in den jenseitigen Aufstiegsstufen des Paradieses scheiterte am Versagen des Geistpaares *Adam* und *Eva,* was zu deren Rückfall unter die Herrschaft Luzifers führte.
9. So wurde als zweite Möglichkeit der beschwerlichere, aber sicherere Umweg über die Menschwerdung auf Erden gewählt.
10. Vorbedingung hierzu war die endgültige Befreiung der Gefallenen aus der Gefangenschaft des Fürsten der Finsternis.
11. Diese einmalige und einzigartige Erlösungstat hat Jesus Christus auf sich genommen. Nach seinem Sieg über Luzifer und seine dämonische Anhängerschaft hat er die Tore der Hölle geöffnet und den Weg für die Heimkehr aller Gefallenen vorbereitet.
12. Demzufolge sind wir Menschen ehemals gefallene Lichtwesen, die sich um den geistigen Wiederaufstieg bemühen. Über wiederholte Erdenleben sind wir auf dem Weg zurück in unsere himmlische Heimat.

(171)

Wer diese Aussage annehmen kann, der ist imstande, sämtliche Grundfragen des Lebens einleuchtend und verständlich zu beantworten. Wir können dieses Wissen handhaben, ähnlich wie die Zahl Pi 3,1415... in der Mathematik. Diese magische Zahl, auch Kreiszahl oder Ludolfsche Zahl genannt, wurde neuerdings mit einem Computerprogramm auf 314 Stellen durchgerechnet. „Die genaueste Berechnung dieser Zahl stammt aus dem Jahr 2011 und hat zehn Billionen Dezimalstellen". (172) Wir dürfen darauf vertrauen, dass diese Zahl Pi stimmt, wenn beim Einsatz dieser Chiffre die Kreisberechnungen zu richtigen Resultaten führen. Ähnlich können wir von der Annahme ausgehen, dass die Fragen nach Wesen und Bestimmung des Menschen richtig beantwortet werden können, wenn wir die genannten zwölf Thesen des Geistchristentums in das geistchristliche Erklärungsmodell einsetzen. Daher vermag keine andere Lebensphilosophie, keine Konfession und keine Weisheitslehre uns eine klarere Antwort zu geben auf die Grundfragen nach dem Wesen des Menschen und dessen Woher und Wohin als das heutige Geistchristentum.

Es handelt sich hier um ein Deutungsmodell, das dem Christentum eine hoffnungsvolle und glaubwürdige Zukunft eröffnen kann. In den Worten des Theologen *Wilhelm Schamoni* klingt diese Zukunftshoffnung an: „Welcher Blüte wird dann die Theologie entgegengehen, wenn die gesicherten Ergebnisse der Naturwissenschaften sowie der Geschichts- und Religionswissenschaften zu einer neuen theologischen Synthese gebracht worden sind." (173) Allerdings liegt noch ein weiter Weg vor uns. Noch immer gelten die Worte *Martin Luthers*:

Das Leben ist nicht ein Frommsein, sondern ein Frommwerden,
nicht ein Gesundsein, sondern ein Gesundwerden.
Überhaupt nicht ein Wesen, sondern ein Werden,
Nicht eine Ruhe, sondern eine Übung.
Wir sind's noch nicht, wir werden's aber,
es ist noch nicht getan und geschehen,
es ist aber im Schwang.
Es ist nicht das Ende, es ist aber der Weg.

Schlussgedanken

Wir Menschen sind Wanderer auf dieser Erde, um wieder heimatberechtigt zu werden im Himmelreich. Gegenwärtig sind wir in dieser irdischen Welt, aber wir sind nicht von dieser Welt. Unser Aufenthalt hier ist nur von kurzer Dauer, und nur vorübergehend ist der Planet Erde unser Wohnort. Wir sind einstmals in der göttlichen Welt als geistige Wesen ins Dasein getreten. Wegen einer selbstverschuldeten Fehlentscheidung haben wir die Verbindung mit der göttlichen Welt verloren und sind ins Abseits geraten. Dadurch haben wir das Licht der Gotterkenntnis eingebüßt und sind in die gottferne Finsternis des Nichtwissens und der Unwissenheit gefallen. Nach sehr langer Zeit wurden wir von *Christus,* unserem ältesten Bruder, aus höllischer Gefangenschaft befreit und befinden uns jetzt auf dem Weg nach Hause. Auf die Frage: „Wohin gehen wir?", antwortete *Novalis* richtig: „Immer nach Hause." Um dem Gesetz der Wiedergutmachung zu genügen, bemühen wir uns auf dem langen Weg der wiederholten Erdenleben um unseren Wiederaufstieg ins Licht. Indem wir alle karmischen Belastungen, die wir im Verlauf vieler Existenzen auf uns geladen haben, wieder abgetragen haben, steht der Rückkehr in unser himmlisches Ursprungsland nichts mehr entgegen. Der Weg ist offen, nur gehen müssen wir ihn selber.

Wer bei der Lektüre des vorliegenden Buches die Antworten auf unsere Fragen nach dem Woher und Wohin des Menschen verstanden hat und in seine Gedankenwelt einbaut, der kann als *Eingeweihter* in die Geheimnisse der Schöpfung bezeichnet werden. Er wird nachfolgende Gedanken auf sich beziehen können:

- Der Eingeweihte sieht das All durchströmt und erfüllt von der göttlichen Urkraft des ewigen Geistes. Er begreift, was wahr, wirklich und wesentlich ist. Weil er über den Dingen steht, vermag er auch

- hinter die Dinge zu sehen, und er erkennt die großen Zusammenhänge von allem Geschehen.
- Er weiß, dass es keine schlechten Kräfte gibt, sondern nur schlecht gebrauchte. Er kennt die drei Arten des Tuns und ist sich bewusst, dass wir Gutes und Böses bewirken durch unser Handeln in Gedanken, Worten und Werken.
- Er lebt all-ein und fühlt sich eins mit der ganzen Kreatur, weil er weiß: „Das bist du alles auch." Ehrfurcht vor allem Lebendigen verbietet es ihm, sich an wehrlosen Geschöpfen zu vergreifen und ihnen ohne Notwendigkeit Leiden und Schmerzen zuzufügen.
- Jedes geschaffene Wesen betrachtet er als einen geweihten Tempel des göttlichen Lichtes, in dem das unendliche Bewusstsein in Erscheinung tritt. Die Bewahrung der Schöpfung betrachtet er als eine vorrangige Aufgabe von uns Erdenbewohnern.
- Die Natur ist seine gute Helferin und Heilerin, und er unternimmt nichts, was ihren gültigen Gesetzen widerspricht. Die Erde ist ihm ein lebendiger Leib, der leben will, damit wir das Leben haben.
- Die Grundfragen des Menschen nach unserem Woher und Wohin sind ihm keine Rätsel mehr, denn er ist sich bewusst, warum und wozu wir auf unserer Erde sind, die er als unsere Lernschule versteht. Diese soll uns wieder in jenen ursprünglichen Zustand der Reinheit und Einheit mit dem Göttlichen führen, den wir verloren haben.
- Er ist sich im Klaren, dass alles Widerwärtige, Böse und Sündhafte nur aus der Absonderung von der göttlichen Geisteswelt entstanden ist und unsere Selbstvergessenheit die eigentliche Ursache für all unser Leiden in der Welt ist.
- Er hat gelernt, in Jahrhunderten und Jahrtausenden zu denken und überblickt große Zeiträume, so dass er Vergangenheit und Zukunft als eine sich stets wandelnde Gegenwart erkennt.
- Über zahlreiche Daseinsformen hinweg vermag er sich Rechenschaft zu geben, weil er weiß, dass wir immer selber verantwortlich sind für das, was uns begegnet und zustößt.
- Ob er im Getriebe des Alltags oder in der Einsamkeit seinen selbstlosen Dienst am Edlen und Wahren vollbringt, die Launen von Mode und Masse berühren ihn nicht, denn er unterscheidet das Beständige vom Wandelbaren.

- Nichts Vergängliches vermag ihn zu erschüttern oder zu betören, weil er weiß, dass das einzig Beständige in der steten Wandlung liegt. Sein ruhiges Gemüt ist verankert in den Tiefen seiner Seele, die auf die Führung durch himmlische Wesen vertraut.
- Er ahnt die letzten Geheimnisse um Leben und Tod und versteht, dass unser Leben nur ein Sterben ist, das Sterben aber ein Erwachen zu neuem Leben.
- Nichts Unheilvolles und Falsches kommt an ihn heran, denn er verströmt aus seinem Inneren nur Wohlwollen und Güte, da er sich bewusst ist, dass die Liebe die stärkste heilende und helfende Kraft im ganzen Universum ist.
- Er hat erkannt, dass alle Zweifel darin begründet sind, dass wir vergessen haben, wer wir eigentlich sind. Wer nicht weiß, wer er ist, kann auch nicht verstehen, woher er kommt, wozu er lebt und wohin er geht. So besteht die Gefahr, dass sein Leben leidvoll und sinnlos wird.
- Unser Menschsein hier auf Erden ist ein Wandern im Ungewissen und Rätselhaften. Doch eines Tages werden wir Gewissheit haben, wozu das alles gut war. Lasst uns in dieser Zukunftshoffnung an die Worte von *Carl Maria Feuerbach* denken:

Noch kann ich meine Bahnen
von gestern nicht verstehen,
ich kann den Weg nicht ahnen,
den morgen ich soll gehen.

Mir fallen meine Lose
wie Rätsel tiefster Art,
doch ist im Zeitenschoße
die Lösung aufbewahrt

Einst seh' ich jede Wendung
und Windung meiner Bahn
geführet zur Vollendung
mit neuen Augen an.

Dann wird mir Gottes Walten
in jeder Stunde klar,
vor jeder möcht' ich falten
die Hände tausend Jahr.

Anmerkungen

Abkürzungen: gr.: griechisch ; lat.: lateinisch.

Die Bibel-Zitate wurden folgenden Ausgaben entnommen:
Die Bibel im heutigen Deutsch. Verlag der Deutschen Bibelgesellschaft, 2. Aufl., Stuttgart 1982
Die Bibel. Altes und Neues Testament", Herder Verlag, Freiburg, Basel, Wien 1980
Die Heilige Schrift des Alten und Neuen Testaments. Verlag der Zürcher Bibel, Zürich 1942.

Vorwort

1. Ruben, Walter: Die Philosophie der Upanishaden. Francke Verlag, Bern 1947.
2. Claudius, Matthias: Einfältiger Hausvater-Bericht über die christliche Religion. Sämtliche Werke. Im Selbstverlag, Wandsbeck 1774, Bd. 3-4, S.127.
3. Desmond, Shaw: Wie du lebst, wenn du gestorben bist. H. Bauer Verlag, Freiburg i. Br. 1960, S. 217.
4.. Imhof, Beat: Wege zur Weisheit. Symbolgeschichten. Rothus Verlag, Solothurn 2006, 3.Aufl., 2006, S. 39.
5. König, Michael: Das Urwort. Die Physik Gottes. Scorpio Verlag, Berlin, München 2011, 2. Aufl. 2011.
6. Perls, Hugo: Plato. Seine Auffassung vom Kosmos. Francke Verlag, Bern, München 1966, S. 75.
7. Seiling, Max: Goethe als Esoteriker. Verlag „Die Silberschnur", Melsbach / Neuwied 1988, S. 107-108.
8. Jaffé, Aniela: Erinnerungen, Träume, Gedanken von C. G. Jung. Rascher Verlag, Zürich, Stuttgart 1963, S. 360.

Einleitung

1. Imhof, Beat: Wege nach Innen. Symbolgeschichten. Rothus Verlag, Solothurn 2006, 3. Aufl., S. 15-16.
2. Heindel, Max: Die Weltanschauung der Rosenkreuzer. Verlag der Rosenkreuzer-Gemeinschaft, Zürich o.J., S. 19.
3. D'Sa, Francis X.: Gott, der Dreieine und der All-Ganze. Patmos Verlag, Düsseldorf 1987, S. 63.
4. Steinpach, Richard: Wieso wir nach dem Tode leben. Verlag Weirauch, München 1979, S. 1.
5. Mohr, Till: Kehret zurück, ihr Menschenkinder! Aquamarin Verlag, Grafing 2004, S. 27.
6. Camus, Albert: Der Mythos von Sisyphos. Ein Versuch über das Absurde. Rowohlt Verlag, Reinbek bei Hamburg 1959, S. 36.
7. Heuer, Manfred: Über des Menschen Pein. In: Esotera, Nr. 3, 1975, S. 208.
8. Reschika, Richard: Christentum. 50 Fragen – 50 Antworten. Gütersloher Verlag, Gütersloh 2011, S. 12.
9. Seneca: Briefe an Lucilius. In: Natur und Bestimmung des Menschen. Texte aus der Antike, hrsg. Von Walter Rüegg. Buchclub Ex Libris, Zürich 1964, S. 542.
10. Kästner, Erich: Doktor Erich Kästners Lyrische Hausapotheke. Atrium Verlag, Zürich 1981, S. 13.
11. Pascal, Blaise: Gedanken. Verlag Philipp Reclam, Stuttgart 1956, S. 34.
12. Einstein, Albert: Worauf es ankommt. Historische Originalaufnahmen. Schallplatte. Hrsg. von Wolfgang Korruhn, Buchclub Ex Libris, Zürich 1968, S. 4.
13. Monod, Jacques: Zufall und Notwendigkeit. Philosophische Fragen der modernen Biologie. Deutscher Taschenbuch Verlag, Verlag. 1988, S. 211.

14. Currie, Ian: Niemand stirbt für alle Zeit. C. Bertelsmann Verlag, München 1979, S. 14.
15. Dalliard, Alfred: Entstehung der Schöpfung im Geistigen. In: Medium, Nr. 6, Verlag der Geistchristlichen Gemeinschaft, Zürich 1999, S. 1.

Kapitel 1

1. Dobbelstein, Hermann: Im Anfang war der Geist. Spee-Verlag, Trier 1977, S. 7, 112.
2. Jung, Carl Gustav: Archetypen und Unbewusstes. Weltbild Verlag, Augsburg 2000, S. 77 f.
3. Eliade, Mircea: Die Schöpfungsmythen. Rascher Verlag, Zürich 1991, S. 12 ff.
4. Lüth, Paul: Der Mensch ist kein Zufall. Deutsche Verlagsanstalt, Stuttgart 1981, S. 33-34.
5. Stapleton, Michael und Servan-Schreiber, Elizabeth: Lexikon der griechischen und römischen Mythologie. Xenos Verlagsgesellschaft, Hamburg 1978, S. 126, 303.
6. Young, Arthur: Der kreative Kosmos. Kösel Verlag, München 1987, S. 270.
7. Risi, Armin: Licht wirft keinen Schatten. Govinda Verlag, Neuhausen und Jestetten, 2. Aufl., 2005, S. 362-364.
8. Risi, Armin: Gott und die Götter. Govinda Verlag, Zürich 2007, 6. Aufl., S. 59-61.
9. Kerényi, Karl: Die Mythologie der Griechen. Rhein Verlag, Zürich 1951, S. 23.
10. Marx, Helma: Das Buch der Mythen aller Völker aller Zeiten. Bastei Lübbe Taschenbuchverlag, Bergisch Gladbach 2000, S. 7 ff..
11. Davies, Paul: Die Urkraft. Auf der Suche nach einer einheitlichen Theorie der Natur. Deutscher Taschenbuch Verlag, München 1984, S. 27 f.
12. Blavatsky, Helena P.: Schlüssel der Theosophie. Leipzig 1924, S. 78.
13. Risi, Armin: Gott und die Götter. Das Mysterienwissen. Govinda Verlag, Zürich 2007, 6. Aufl., S. 60.
14. Hoffmann, Hellmuth: Die kosmische Kraft. In: Esotera, 1974, Nr. 12, S. 1086-1098.
15. Risi, Armin: Unsichtbare Welten. Govinda Verlag, Neuhausen, Jestetten 2003, 4. Aufl., S. 221.
16. Cooper, J. C.: Der Weg des Tao. Scherz Verlag, Bern, München, Wien 1977, S. 15.
17. Wilhelm, Richard: Laotse. Tao Te King. Buchclub Ex Libris, Zürich 1984, S. 65.
18. Platon: Timaios. In: Hauptwerke, hrsg. Von Wilhelm Nestle, Verlag Alfred Kröner, Stuttgart 1965, S. 278 ff.
19. Hawking, Stephen: Eine kurze Geschichte der Zeit. Suche nach der Urkraft des Universums. Rowohlt Verlag, Reinbek bei Hamburg 1993, S. 195.
20. Müller, Karl H.: Informationen aus dem Jenseits. Turm Verlag, Bietigheim 1982, S. 85.
21. Teilhard de Chardin, Pierre: Der Mensch im Kosmos. Verlag C. H. Beck, München, 4. Aufl., 1959, S. 15-16.
22. Hinz, Walther: Neue Erkenntnisse über die Schöpfung Gottes. ABZ Verlag, Zürich 1991, S. 130 ff.
23. Brunner, Beatrice: Das Od ist eine Lebensgrundlage – Art und Beschaffenheit von Odströmen. In: Geistige Welt 2011, Nr. 2, S 17-21.
24. Jeans, James: Der Weltraum und seine Rätsel. List Bücher Verlag, München 1963, S. 45.
25. Von Ditfurth, Hoimar: Am Anfang war der Wasserstoff. Verlag Hoffmann & Campe, Hamburg 1972.
26. Lutz, Walter: Die Grundfragen des Lebens in der Schau des Offenbarungswerkes Jakob Lorbers. Lorber Verlag, Bietigheim. 3. Aufl., 1979, S. 46.
27. Heisenberg, Werner: Der Teil und das Ganze. Gespräche im Umkreis der Atomphysik. Deutscher Taschenbuch Verlag, München 1988, S. 34 f.
28. Dürr, Hans-Peter: Warum es ums Ganze geht. Neues Denken für eine Welt im Umbruch. Fischer Taschenbuch Verlag, Frankfurt a. M. 2011, S. 86.
29. Markus, Siegfried: Der Gott der Physiker. Birkhäuser Verlag, Basel, Stuttgart 1986, S. 218-219.
30. Hinz, Walther: Neue Erkenntnisse über die Schöpfung Gottes. ABZ Verlag, Zürich 1991, S. 17-25.
31. Brunner, Beatrice: Der Beginn der geistigen Schöpfung. In: Geistige Welt, Nr. 4, 2010, S. 4.

32. Dalliard, Alfred: Die geistchristliche Lehre. In: Medium Nr. 43, 2007, S. 9.
33. Dalliard, Alfred: Luzifer, der einstige Lichtträger. In: Lexikon der Geistchristlichen Lehre. Verlag PH. C. W. Schmidt, Neustadt/Aisch 2010, S. 359.
34. Stausberg, Michael:. Zarathustra und seine Religion. C. H. Beck Verlag, München 2005, S. 22.
35. Risi, Armin: Unsichtbare Welten. Govinda Verlag, Neuhausen, Jestetten, 4. Aufl., 2003, S. 212.
36. Flemming, Beatrice: Das theosophische Weltbild. F. Hirthammer Verlag, München, Bad. 3, 1976, S. 189.
37. Steiner, Rudolf: Die Geheimwissenschaft im Umriss. Rudolf Steiner Verlag, Dornach 1977, S. 347, 358.
38. Das White Eagle Heilungsbuch. Aquamarin Verlag, Grafing, 8. Aufl., 2000, S. 97.
39. Newhouse, Flower: Der Weg der göttlichen Liebe. Aquamarin Verlag, Grafing 1986, S. 97-98.
40. Snell, Joé: Der Dienst der Engel. Turm Verlag, Bietigheim 1960, S. 19.
41. Wallimann, Silvia: Mit Engeln beten. Hermann Bauer Verlag, Freiburg im Breisgau, 7. Aufl., 1995, S. 40.
42. Leuenberger, Hans-Dieter: Engelmächte. Verlag H. Bauer, Freiburg i. Br., 3. Aufl. 1993, S. 13.
43. Moolenburgh, H.C.: Engel als Beschützer und Helfer der Menschheit. Verlag Hermann Bauer, Freiburg im Breisgau 1985, S. 29-33.
44. Hauck, Rex (Hrsg.): Engel – unsichtbare Boten. Deutscher Taschenbuch Verlag, München 1995, S. 9, 13f, 99.
45. Schweizer Depechen Agentur: Glaube an Engel weit verbreitet. In: Luzerner Zeitung, Nr. 297, 2011, S. 40.
46. Imhof, Beat: Wege zur Weisheit. Symbolgeschichten. Rothus Verlag, Solothurn, 3. Aufl., 2006, S. 49.
47. Lees, Robert J.: Reise in die Unsterblichkeit. Drei Eichen Verlag, München, Bd. II, 1968, S. 72.
48. Hinz, Walther: Neue Erkenntnisse zu Leben und Wirken Jesu. ABZ Verlag, Zürich 1984, 5. Aufl., S. 21, 34. 49.
49. Joel, David H.: Die Religionsphilosophie des Sohar. Hildesheim 1977, S. 327 f.
50. Risi, Armin: Gott und die Götter. Govinda-Verlag, Zürich, 6. Auflage, 2007, S. 53, 95, 152.
51. Young, Arthur: Der kreative Kosmos. Kösel Verlag, München 1978, S. 279.
52. Hinz, Walther: Zarathustra. Verlag W. Kohlhammer, Stuttgart 1961, S. 104, 138.
53. Hinz, Walther: Die älteste Nachricht vom Abfall. In: Geistige Welt, 1983, S. 97-106.
54. Risi, Armin: Unsichtbare Welten. Govinda Verlag, Neuhausen / Jestetten, 4. Aufl. 2003, S. 127, 137, 190, 222, 249.
55. Rosenberg, Alfons: Die Seelenreise. Turm Verlag, Bietigheim 1971, S. 28-29.
56. Platon: Das Gastmahl. Hauptwerke. Hrsg. von Wilhelm Nestle, A. Kröner Verlag, Stuttgart 1965, S. 115-117.
57. Plotin: Enneaden. Zenodot Verlagsgesellschaft, Berlin, 2011, 5. Buch, S. 325.
58. Andreas, Peter und Davies, Rose: Das verschleierte Wissen. Ansata Verlag, Interlaken 1984
59. Streuli, Robert: Origenes der Diamantene. ABZ Verlag, Zürich 1987, S. 224, 676-680.
60. Mohammed: Der Koran. Das heilige Buch des Islam. Orbis Verlag, München 1993, S. 123.
61. Mohr, Till: Kehret zurück, ihr Menschenkinder. Aquamarin Verlag, Grafing 2004, S. 99.
62. Lutz, Walter: Der Fall Luzifers und die Entstehung der Materie. Jakob Lorber Verlag, Bietigheim 1925, S. 28.
63. Beatrice, Brunner: Vortrag des Geistlehrers Josef vom 15. Mai 1976. In: Geistige Welt, 1998, S. 32.
64. Michel, Peter: Das Geistchristentum. Aquamarin Verlag, Forstinning-München 1983, S.42 ff.
65. Eisenbeiss, Wolfgang: Geistlehre aus dem Jenseits. August von Goethe Literaturverlag, Frankfurt a. M., 2. Aufl. 2009, S. 140.
66. Brunner, Beatrice: Einblicke in den Ursprung der Schöpfung und den Heils- und Erlösungsplan Gottes. In: Geistige Welt, Nr. 5, 2012, S. 5.

67. Hinz, Walther: Geborgenheit. ABZ Verlag, Zürich, 5. Aufl., 1977, S. 90.
68. Brunner, Beatrice: Meditationswochen 1964-966. Verlag Pro Beatrice, Zürich 1977, S. 58.
69. Dalliard, Alfred: Entstehung der Schöpfung. Abfall und Engelsturz. In: Medium Nr. 6, 1999, S. 15.
70. Dalliard, Alfred: Die geistchristliche Lehre. Medium Nr. 43, Verlag der Geistchristlichen Gemeinschaft, Zürich 2007, S. 13-14.
71. Mohr, Till A.: Kehret zurück, ihr Menschenkinder! Aquamarin Verlag, Grafing 2004, S. 323.
72. Waters, Frank: Das Buch der Hopi-Indianer. Eugen Diederichs Verlag, München, 6. Aufl., 1990, S. 37.
73. Thyssen, Karl-Wilhelm: Der Teufel ist die dunkle Seite Gottes. Verlag Shaker Media, Maastricht und Herzogenrath bei Aachen 2012, S.15 ff.
74. Risi, Armin: Licht wirft keinen Schatten. Govinda Verlag, Neuhausen / Jestetten, 2. Aufl. 2005, S. 69 f, 159 f.
75. Stausberg, Michael: Zarathustra und seine Religion. C. H. Beck Verlag, München 2005, S.17.
76. Jaspers, Karl: Drei Gründe des Philosophierens. Piper Verlag, München 1964, S. 102 f.
77. Prophet, Elizabeth: Gefallene Engel und der Ursprung des Bösen. Ansata Verlag, München, 3. Aufl. 2010, S. 15-17, 42-44.
78. Andreas, Peter und Davies, Rose: Das verheimlichte Wissen. Ansata Verlag, Interlaken 1984, S. 76-77
79. Stählin, Otto (Hrsg.): Des Clemens von Alexandria ausgewählte Schriften. Kösel Verlag, München 1934, Bd. 7, S. 21 f.
80. Streuli, Robert: Origenes – der Diamantene. ABZ Verlag, Zürich 1987, S. 334.
81. Augustinus, Aurelius: Bekenntnisse. Ph. Reclam Verlag, Stuttgaert 1977, S. 178.
82. Kälin, Bernard: Logik und Metaphysik. Verlag des Benediktinerkollegiums, Sarnen 1940, S. 96-97
83. Swinburne, Richard: Das Problem des Übels. In: Die Existenz Gottes. Verlag Ph. Reclam, Stuttgart 1987, S. 273.
84. Küng, Hans: Was ich glaube. Piper Verlag, München, Zürich, 3. Aufl., 2009, S. 246.
85. Haag, Herberth: Abschied vom Teufel. Benziger Verlag, Einsiedeln 1969, S.9 f.
86. Orthbandt, Eberhard: Die Geschichte der großen Philosophen. Verlag Werner Dausien, Hanau o. J. S. 315.
87. Heiss, Robert: Allgemeine Tiefenpsychologie. Verlag H. Huber, Bern, Stuttgart 1956, S. 228.
88. Szondi, Leopold: Kain. Gestalten des Bösen. Verlag Hans Huber, Bern, Stuttgart, Wien 1969, S. 48 ff.
89. Jung, Carl Gustav: Zur Psychologie westlicher und östlicher Religion. Walter Verlag, Olten, Freiburg i. Br., 2. Aufl. 1973, S. 619, 671, 682,
90. Allgeier, Kurt: Götter, Engel und Propheten. Ullstein Verlag, Berlin 2011, S. 129.
91. Drewermann, Eugen: Der sechste Tag. Die Herkunft des Menschen und die Frage nach Gott. Walter Verlag, Zürich, Düsseldorf 1998, S. 54-55.
92. Hinz, Walther: Woher – Wohin. ABZ Verlag, 3. Aufl., 1989, S. 84-93.
93. Risi, Armin: Licht wirft keine Schatten. Govinda Verlag. Neuhausen/Jestetten, 2. Aufkl. 2005, S. 225-227, 240.
94. Hinz, Walther: Neue Erkenntnisse über die Schöpfung Gottes. ABZ Verlag, Zürich 1991, S. 17, 41 f., 61 f.
95. Dalliard, Alfred (Hrsg.): Lexikon der geistchristlichen Lehre. Verlag Ph. Schmidt, Neustadt/ Aisch 2010, S. 378-381.
96. Michel, Peter: Karma und Gnade. Aquamarin Verlag, Grafing 1988, S. 45.
97. Lutz, Walter: Der Fall Luzifers und die Entstehung der Materie. Jakob Lorber Verlag, Bietigheim 1925, S. 28.
98. Forsboom, Bernhard: Das Buch Emanuel. Drei Eichen Verlag, Münhen 1957, S. 31.
99. Guitton, Jean: Gott und die Wissenschaft. Verlag Artemis & Winkler, München 1992, S. 80.
100. Wagner, Richard. Der Engelsturz und die Rückkehr ins Reich Gottes. Verlag Universelles Leben, Würzburg 1987, S. 16-17.
101. Hawking, Stephen: Der große Entwurf. Eine Erklärung des Universums. Rowohlt Verlag, Reinbek bei Hamburg 2011, S. 67 f.

102. Binggeli, Bruno: Primum mobile. Ammann Verlag, Zürich 2006, S. 303 f.
103. Bogdanov, Igor und Grichka: Das Gesicht Gottes. Was war vor dem Big Bang? Riemann Verlag, München 2011, S. 110, 168, 174.
104. Von Ditfurth, Hoimar: Wir sind nicht von dieser Welt. Verlag Hoffmann & Campe, Hamburg 1981, S. 225.
105. Fritzsch, Harald: Vom Urknall zum Zerfall. Deutscher Taschenbuch Verlag, München 1996, S. 326.
106. Davies, Paul: Der Plan Gottes. Die Rätsel unserer Existenz und die Wissenschaft. Insel Verlag, Frankfurt a.M. 1995, S. 65.
107. Tipler, Frank: Ein Designer-Universum. In: Wabbel, Tobias: Im Anfang war (k)ein Gott. Patmos Verlag, Düsseldorf 2004, S. 72 f.
108. Kupfer, Karl-Heinz: Unzerstörbare Energie. Ariston Verlag, Genf 1987, S. 9.
109. Fritzsch, Harald: Vom Urknall zum Zerfall. Deutscher Taschenbuch Verlag, München 1996, S. 326.
110. Kupfer, Karl-Heinz: Unzerstörbare Energie. Ariston Verlag, Genf 1987, S. 9.
111. Klein, Stefan: Die Welt aus dem Nichts. Der Spiegel, 1989, Nr. 523, S. 179.
112. Jantsch, Erich: Die Selbstorganisation des Universums. Hanser Verlag, München, Wien 1992, 93, 343.
113. Markus, S. M.: Der Gott der Physiker. Birkhäuser Verlag, Stuttgart 1986, S. 218.
114. Benz, Arnold: Die Zukunft des Universums. Patmos Verlag, Düsseldorf 1997, S. 38.
115. Heisenberg, Werner: Der Teil und das Ganze. Gespräche im Umkreis der Atomphysik. Deutscher Taschenbuch Verlag, München 1988, S. 95 f.
116. Höni, Hellmut: Max Planck und die Physik. Verlag Alber, Freiburg i. Br. 1949, S. 37 f.
117. Dürr, Hans-Peter: Es gibt keine Materie. Crotona Verlag, Amerang 2012, S. 36, 51 f.
118. Hawking, Stephen: Eine kurze Geschichte der Zeit. Die Suche nach der Urkraft des Universums. Rowohlt Verlag, Reinbek bei Hamburg 1993, S. 161.
119. Davies, Paul: Der Plan Gottes. Insel Verlag, Frankfurt a. M., 1995, S. 65.
120. Risi, Armin: Gott und die Götter. Das Mysterienwissen der vedischen Hochkulturen. Govinda Verlag, Zürich, 6. Aufl., 2007, S. 415.
121. Calaprice, Alice (Hrsg.): Einstein sagt: Zitate, Einfälle, Gedanken. Piper Verlag, München, Zürich 2001, S. 17.
122. Hoyle, Fred: Das intelligente Universum. Ullstein Verlag, Berlin 1950, S. 168 ff.
123. Dawkins, Richard: Die Schöpfungslüge. Ullstein Verlag, 2010, S. 11 ff.
124. Einstein, Albert: Das kosmische Erlebnis der Religion. In: Barnett, L.: Einstein und das Universum. Frankfurt a. M. 1952, S. 15.
125. Rees, Martin: Das Rätsel unseres Universums. Deutscher Taschenbuch Verlag, München 2006, S. 137-138.
126 Von Ditfurth, Hoimar: Wir sind nicht nur von dieser Welt. Verlag Hoffmann & Campe, Hamburg, 2. Aufl., 1981, S. 246.
127 Monod, Jacques: Zufall und Notwendigkeit. Philosophische Fragen zur modernen Biologie. Piper Verlag, München, 5. Aufl., 1973, S. 141.
128. Davies, Paul: Gott und die moderne Physik. C. Bertelsmann Verlag, München 1986, S. 14.
129. Dawkins, Richard: Der blinde Uhrmacher. Deutscher Taschenbuch Verlag, München, 3. Aufl., 2009, S. 10-19, 174.
130. Davies, Paul: Gott und die moderne Physik. C. Bertelsmann Verlag, München 1986, S. 215.
131. Musard, Jean: Gott und der Zufall. Origo Verlag, Zürich, Bd. 1, 1966, S. 96.
132. Seelig, Carl: Albert Einstein. Eine Biografie. Europa Verlag, Stuttgart, Wien 1954, S. 98.
133. Hawking, Stephen: Eine kurze Geschichte der Zeit. Rowohlt Verlag, Reinbek bei Hamburg 2006, S. 156.
134. Bogdanov, Igor und Grichka: Das Gesicht Gottes. Was war vor dem Big Bang? Riemann Verlag, München 2011, S. 121-122.
135. Dawkins, Richard: Interview mit dem deutschen Nachrichtenmagazin Focus, 1996, Nr. 52, S. 145.
136. Dawkins, Richard: Der Gotteswahn. Ullstein Verlag, Berlin, 8. Aufl., 2010, S. 46.
137. Davies, Paul: Gott und die moderne Physik. C. Bertelsmann Verlag, München 1986, S. 219.

138. Smooth, George und Davidson, Keay: Das Echo der Zeit. Piper Verlag, München, Zürich 1995, S. 349.
139. Guitton, Jean u.a.: Gott und die Wissenschaft. Verlag Artemis & Winkler, München, 1992, S. 105.
140. Hawking, Stephen: Eine kurze Geschichte der Zeit. Die Suche nach der Urkraft des Universums. Rowohlt Verlag, Reinbek bei Hamburg, 1988, S. 23-25, 161.
141. Markus, Siegfried M.: Der Gott der Physiker. Birkhäuser Verlag, Basel, Boston, Stuttgart, 1986, S. 119.
142. Niemz, Markolf H.: Bin ich, wenn ich nicht mehr bin? Kreuz Verlag, Freiburg i. Br., 3. Aufl., 2012, S. 43 f.
143. Budde, Ingeborg: Die Evolutionstheorie ist der Versuch, die Entstehung der Welt ohne Gott zu erklären. In: Reformiert, Nr. 3, 2009, S. 11.
144. Shaoiro, Robert: Schöpfung und Zufall. Vom Ursprung der Evolution. Goldmann Verlag, München 1991, S. 32 ff.
145. Davies, Paul: Der Plan Gottes – das Rätsel unserer Existenz und die Wissenschaft. Insel Verlag, Frankfurt a. M., Leipzig 1995, S. 49-50.
146. Einstein, Albert: Zitate, Einfälle, Gedanken. Piper Verlag, München 1999, S. 78.
147. Vaas, Rüdiger: Hawkings Kosmos einfach erklärt. Franckh-Kosmos Verlag, Stuttgart 2011, S. 204-208.
148. Brunner, Beatrice: Über die Entstehung und Beseelung der Erde. In: Geistige Welt, Nr. 1, 2011, S. 3.
149. Risi, Armin: Unsichtbare Welten. Govinda Verlag, Neuhausen, Jestetten, 4. Aufl., 2003, S. 156.
150. Jung, Otto: Hatte die Welt einen Schöpfer? Wassermann-Verlag, Bockenem 1986, S. 195.
151. Lutz, Walter: Grundfragen des Lebens. Lorber Verlag, Bietigheim 1979, S. 40.
152. Blavatsky, Helena Petrovna: Die Geheimlehre. Studienausgabe, hrsg. von Hank Troemel. Aquamarin Verlag, 2. Aufl., Grafing 2003.
153. Lersch, Harald und Müller, Jörn: Sternstunde des Universums. C. Bertelsmann Verlag, München 2011, S. 198.
154. Bossart, Pirmin: Ein Urknall vor dem Urknall? In. Sonntags-Zeitung der Neuen Luzerner Zeitung, Nr. 13, 2012, S. 51.
155. Weiner, Monika: Multiuniversen. Interview mit dem Physiker und Nobelpreisträger David Gross. In: P.M. Magazin, Nr. 3, 2013, S. 83-86.
156. Benz, Arnold: Die Zukunft des Universums. Zufall, Chaos, Gott? Patmos Verlag, Düsseldorf, 4. Aufl., 2001, S. 183.
157. Hoyle, Fred: Das intelligente Universum. Eine neue Sicht von Entstehung und Evolution. Ullstein Verlag, Berlin 1950, S. 168-171, 181-187.
158. Veneziano, Gabriele: Die Zeit vor dem Urknall. In: Spektrum der Wissenschaft. Nr. 5, 2005, S. 22-31.
159. Fritzsch, Harald: Vom Urknall zum Zerfall. Die Welt zwischen Anfang und Ende. Deutscher Taschenbuch Verlag, München, 2. Aufl., 1996, S. 253.
160. Davies, Paul: Der Plan Gottes. Die Rätsel unserer Existenz und die Wissenschaft. Insel Verlag, Frankfurt a. M., Leipzig 1995, S. 65, 80.
161. Vaas, Rüdiger: Hawkings Kosmos einfach erklärt. Franckh-Kosmos Verlag, Stuttgart 2011, S. 144-147.
162. Markus, S. M.: Der Gott der Physiker. Birkhäuser Verlag, Stuttgart 1986, S. 218.
163. Weinberg, Steven: Die ersten drei Minuten. Der Ursprung des Universums. Piper Verlag, München, 6. Aufl., 1997, S. 173, 207-213.
164. Hawking, Stephen: Das Universum in der Nussschale. Verlag Hoffmann & Campe, Hanburg 2001.
165. Hawking, Stephen: Eine kurze Geschichte der Zeit. Die Suche nach der Urkraft des Universums. Rowohlt Verlag, Reinbek bei Hamburg 1993, S. 149-150.
166. Barrow, John D.: Der Ursprung des Universums. W. Goldmann Verlag, München 1998, S. 18 f., 120.
167. Anwar, André: Drei Weltraumforscher verändern das Weltbild. In: Neue Luzerner Zeitung, Nr. 230, 2011, S. 32.

168. Goodwin, Simon: Mission Hubble. Das neue Bild des Universums. Bechtermünz Verlag, Augsburg 1996, S. 120.
169. Agentur Press: Zwölf Milliarden alte Galaxie entdeckt. In: Neue Luzerner Zeitung, Nr. 20, 2010, S. 40.
170. Slawik, Eckhard: Der Sternenhimmel. Spektrum Akademischer Verlag, Heidelberg 2011.
171. Bührke, Thomas: Weltblick vom Feuerberg. In: Bild der Wissenschaft, Nr. 11, 2012, S. 64-70.
172. Vasek, Thomas: Was bedeutet die Entdeckung erdähnlicher Planeten? In: P. M. Magazin, Nr.1, 2013, S. 80.
173. Boschke, Friedrich. Die Schöpfung ist noch nicht zu Ende. Fischer Taschenbuch Verlag, Frankfurt a.M. 1971, S. 12 f.
174. Benz, Arnold und Vollenweider, Samuel: Würfelt Gott? Patmos Verlag, Düsseldorf, 2. Aufl., 2004, S. 205.
175. Panek, Richard: Das 4%-Universum. Hanser Verlag, München 2011, S. 3.
176. Vaas, Rüdiger: Das Higgs-Teilchen. In: Bild der Wissenschaft, Nr. 11, 2012, S. 44-53.
177. Schweizerische Depechen Agentur: Das „Gottesteilchen" sorgt bei Forschern für Euphorie. In: Neue Luzerner Zeitung, Nr. 154, 2012, S. 32.
178. Benz, Arnold: Die Zukunft des Universums. Zufall, Chaos, Gott? Patmos Verlag, Düsseldorf 2005, S. 38.
179. Davies, Paul: Das fünfte Wunder. Scherz Verlag, Bern, München, Wien 2000, S. 163.
180. Singh, Simon: Big Bang. Der Ursprung des Kosmos und die Erfindung der modernen Naturwissenschaft. Deutscher Taschenbuch Verlag, München, 4. Aufl., 2011, S. 369.
181. Streuli, Robert. Origenes – der Diamantene. ABZ Verlag, Zürich 1987, S. 332.
182. Eisenbeiss, Wolfgang: Geistlehre aus dem Jenseits. August von Goethe Literaturverlag, Frankfurt a. M., 2. Aufl. 2009, S. 184.
183. Imhof, Beat: Urknall und Geisterfall. In: Wegbegleiter, 2007, Nr. 3, S. 3-20.
184. Lenz, Johann Maria: „Die Himmel rühmen....", Tyrolia Verlag, Innsbruck, Wien, München, 8. Aufl., 1956, S. 5.
185. Dawkins, Richard: Interview im deutschen Nachrichtenmagazin FOCUS, Nr. 52, 1996, S. 145.
186. Monod, Jacques: Zufall und Notwendigkeit. Piper Verlag, München, Zürich 1971, S. 219.
187. Becker, Volker: Gottes geheime Gedanken. Verlag V. J. Becker, Norderstedt 2006, S. 33, 36.
188. Horner, Noel: Planet Erde: Glücksfall oder Meisterwerk?. In: Gute Nachrichten, Nr. 3, 2012, S. 4-7.
189. Lüth, Paul: Der Mensch ist kein Zufall. Deutsche Verlags-Anstalt, Stuttgart 1981, S. 35-37.
190. Popper, Karl und Eccles, John: Das Ich und sein Gehirn. Piper Verlag, München, Zürich 1982, S. 13, 61.
191. Benz, Arnold: Die Zukunft des Universums. Patmos Verlag, Ostfildern, 7. Aufl., 2012, S. 97 f.

Kapitel 2

1. Faessler, Andreas: Wortkarg mit Tiefgang. Interview mit Max Huwyler. In: Neue Luzerner Zeitung, Nr. 3, 2012, S. 9.
2. Wittek, Gabriele: Der unpersönliche und der persönliche Gott. Verlag Universelles Leben. 3. Würzburg, 2. Aufl. 1985, S. 38.
3. Bonin, Werner: Lexikon der Parapsychologie und ihrer Grenzgebiete. Scherz Verlag, Bern, München, Wien 1976, S. 87.
4. Maharshi, Ramana: Gespräche des Weisen vom Berge Arunachala. Ansata Verlag, Interlaken 1984, S. 60.
5. D'Sa, Francis: Gott, der Dreieine und der All-Ganze. Patmos Verlag, Düsseldorf 1987, S. 69.
6. Risi, Armin: Gott und die Götter. Govinda Verlag, Zürich, 6. Aufl., 2007, S. 218.
7. Flemming, Beatrice: Welchen Gott können wir anbeten? In: Das Theosophische Weltbild. F. Hirthammer Verlag, München, Bd. 3, 1976, S. 20

8. Gandhi, Mohandas: All Religions Are True. Edition Bharantiya Vidya Bhavan, Bombay 1962, S. 199.
9. Bossart, Pirmin: Bekenntnis zu Leben und Natur. Interview mit der Shinto-Expertin Madeleine Bieri. In: Neue Luzerner Zeitung Nr. 71, 2011, S. 11.
10. Wagner, Richard: Der unpersönliche und der persönliche Gott. Verlag Universelles Leben, Würzburg 1986, S. 32.
11. Lutz, Bernd (Hrsg.): Baruch de Spinoza. In: Metzlers Philosophen Lexikon. Metzlersche Verlagsbuchhandlung, Stuttgart 1989, S. 750.
12. Einstein, Albert: Mein Weltbild. Ullstein Verlag, Frankfurt a. M. 1970, S. 18.
13. Niemz, Markolf: Bin ich, wenn ich nicht mehr bin? Ein Physiker entschlüsselt die Ewigkeit, Kreuz Verlag, Freiburg i. Br., 2. Aufl., 2011, S. 45, 88 und 187.
14. Dürr, Hans-Peter: Geist-Kosmos-Physik. Crotona Verlag, Amerang 2010, S. 42.
15. Dürr, Hans-Peter: Es gibt keine Materie. Crotona Verlag, Ameran g 2012, S. 31.
16. Schrödinger, Erwin: Das arithmetische Paradoxon. In: Physik und Transzendenz. Bern 1988, S. 169.
17. James, Eliott: Erleuchtung und Meisterschaft. Ansata Verlag, Interlaken 1991, S. 100.
18. Jannes, Kim-Anne: Das Jenseits und die geistige Welt. Knaur Taschenbuch Verlag, München 2011, S. 101.
19. Estermann, Guido: Der persönliche Gott. In: Pfarreiblatt für die katholischen Pfarreien des Kantons Zug. Nr. 11, 2010, S. 20.
20. Hodgson, Joan: Warum? Ein White Eagle Buch über den Sinn des Lebens. Aquamarin Verlag, Grafing, 2. Aufl., 1984, S. 12.
21. Küng, Hans: Was ich glaube. Piper Verlag, München, Zürich, 3. Aufl. 2009, S. 173-174.
22. Küng, Hans: Existiert Gott? Piper Verlag, München, Zürich 1978, S. 692.
23. Küng, Hans: Der Anfang aller Dinge. Naturwissenschaft und Religion. Piper Verlag, München, 2. Aufl. 2005, S. 123-125.
24. Hinz, Walther: Woher – Wohin. ABZ Verlag, Zürich, 3. Aufl., 1989, S. 66.
25. Hinz, Walther: Neue Erkenntnisse über die Schöpfung Gottes. ABZ Verlag, Zürich 1991, S. 13.
26. Michel, Peter: Weltreligion. Aquamarin Verlag, Grafing 2001, S. 41.
27. Küng, Hans: Christentum und Weltreligionen. Piper Verlag, München, Zürich 1984, S. 554.
28. Holroyd, Stuart: Der Mensch und seine Götter. Christoph Kolumbus Verlag, Glarus 1979.
29. Spalding, Baird: Leben und Lehren der Meister im Fernen Osten. Kommissionsverlag J. Bollmann, Zürich o. J., 5 Bände.
30. Küng, Hans: Christentum und Weltreligionen. Piper Verlag, München, Zürich 1984, S. 547.
31. Jung, Otto: Hatte die Welt einen Schöpfer? Wassermann Verlag, Bockenhem 1986, S. 148.
32. Pawlak, Manfred. Opern- und Operettenführer. Florian Noetzel Verlag, Wilhelmshaven 1986, S. 192-196.
33. Zihlmann, Rudolf: Christentum – der Konflikt mit der Schöpfung. In: Neue Luzerner Zeitung, Nr. 12, 2004, S. 11.
34. Freud, Sigmund: Der Mann Moses und die monotheistische Religion. Verlag Buchclub Ex Libris, Ges. W. Bd. 9, Zürich 1977, S. 457-581.
35. Schulz, Mathias: Gott kam aus Ägypten. Pharao Echnaton und die Geburt des Monotheismus. In: Der Spiegel, Nr. 52, 2006, S.112-123.
36. Von Jankovich, Stefan: In der Welt von Osiris-Isis-Horus. Drei Eichen Verlag, München, Engelberg 1986, S. 72.
37. Stausberg, Michael: Zarathustra und seine Religion. C. H. Beck Verlag, München 2005, S. 16-18.
38. Hinz, Walther: Die älteste Nachricht vom Abfall. In: Geistige Welt, 1983, S. 100.
39. Nestle, Wilhelm: Die Vorsokratiker. Alfred Kröner Verlag, Stuttgart 1956, S. 102.
40. Nestle, Wilhelm: Platon. Hauptwerke. Alfred Kröner Verlag, Stuttgart 1965, S. 277 f.
41. Von Rohr, Wulfing: Was lehrte Jesus wirklich? W. Goldmann Verlag, München 1995, S. 136-137.
42. Streuli, Robert: Origenes – der Diamantene. ABZ Verlag, Zürich 1987, S. 159.
43. Michel, Peter: Der Anti-Weltkatechismus. Aquamarin Verlag, Grafing 1995, S. 37-40.

44. Deschner, Karlheinz: Der gefälschte Glaube. Verlag Knesebeck & Schuler. München 1988, S. 61, 91, 101.
45. Lüdemann, Gerd: Der große Betrug. Und was Jesus wirklich sagte und tat. Verlag zu Kampen, Lüneburg 1998, S. 60.
46. Von Jankovich, Stefan: In der Welt von Osiris-Isis-Horus. Drei Eichen Verlag, München, Engelberg 1986, S. 94-96.
47. Risi, Armin: Gott und die Götter. Govinda Verlag, Zürich, 6. Aufl. 2007, S. 62 f., 66 f., 86 f.
48. Greber, Johannes: Der Verkehr mit der Geisterwelt. Verlag der Johannes Greber Memorial Foundation. Teaneck N. J., 10. Aufl. 1987, S. 299, 329, 368-369, 370.
49. Werner, Martin: Die Entstehung des christlichen Dogmas. Paul Haupt Verlag, Bern, 2. Aufl. 1953, S. 302 f.
50. Halbfas, Hubertus: Das Christentum. Patmos Verlag, Düsseldorf 2004, S. 57, 324-325.
51. Gimbutas, Marija: Die Sprache der Göttin. Zweitausendundeins Verlag, Frankfurt a.M., 4. Aufl. 1998, S. 3-19, 63 ff.
52. Stapleton, Michael und Servan, Elizabeth: Lexikon der griechischen und römischen Mythologie. Xenos Verlag, Hamburg 1978, S. 314-315.
53. Beltz, Walter: Die Mythen der Ägypter. Claasen Verlag, Düsseldorf 1982, S. 56 f, 70-73.
54. Pauwels, Louis und Bergier, Jacques: Die Entdeckung des ewigen Menschen. Scherz Verlag, Bern, München, Wien 1973, S. 255-256.
55. Jung, Carl Gustav: Psychologie und Alchemie. Walter Verlag, Olten, Freiburg i. Br. Ges. W. Bd. 12. 1972, S. 396.
56. Jung, Carl Gustav: Mysterium Conjunctionis. Walter Verlag, Olten, Freiburg i. Br., Ges. W., Bd. 14/II, 2. Aufl., 1978, S. 311.
57. Deschner, Karlheinz: Das Kreuz mit der Kirche. Econ Verlag, Düssseldorf, Wien, 2. Aufl., 1974, S. 28.
58. Imhasly, Bernard: Name unerwünscht. In: Folio. Neue Zürcher Zeitung, Nr. 261, 2013, S. 54.
59. Ranke-Heinemann, Uta: Eunuchen für das Himmelreich. Verlag Hoffmann und Campe. Hamburg 1988, S. 131 f., 184 f.
60. Lampart, Albert: Gott – eine Frau? In: Vaterland, Nr. 239, 1972, S. 13.
61. Jung, Carl Gustav: Psychologie und Religion. In: Zur Psychologie westlicher und östlicher Religion. Walter Verlag, Olten, Freiburg i.Br., Ges.W., Bd. 11, 2. Aufl., 1973, S. 68.
62. Jung, Carl Gustav: Psychologische Deutung des Trinitätsdogmas. In: Zur Psychologie westlicher und östlicher Religion. Walter Verlag, Olten, Freiburg i. Br., Ges. W., Bd. 11, 2. Aufl., 1973, S. 186-187.
63. Neumann, Erich: Die Große Mutter. Eine Phänomenologie der weiblichen Gestaltungen des Unbewussten. Walter Verlag, Olten, Freiburg i.Br. 1974, S. 58-59, 64.
64. Reschika, Richard: Christentum. 50 Fragen – 50 Antworten. Gütersloher Verlagshaus, Gütersloh 2011, S. 53.
65. Lapide, Pinchas: Ist die Bibel richtig übersetzt? Gütersloher Verlag, Gütersloh, 2. Aufl., 2008, S. 201.
66. Bichsel, Peter: Über Gott und die Welt. Suhrkamp Verlag, Frankfurt a. M. 2009, S. 15.
67. Michel, Peter: Die Botschafter des Lichtes, Bd. 1. Aquamarin Verlag, Forstinning-München 1983, S. 52 f.
68. Küng, Hans: Christentum und Weltreligion. Piper Verlag, München, Zürich 1984, S. 584.
69. Dalliard, Alfred (Hrsg.): Lexikon der Geistchristlichen Lehre. Ph. C. W. Schmidt Verlag, Neustadt/Aisch 2010, S. 241
70. Kortina, Liv: Wer und was und wo ist Gott? In: Vaterland, Nr. 224, 1976, S. 7.
71. Büttner, Herman (Hrsg.): Meister Eckehart. Ges. Schriften. Diederichs Verlag, Jena 1934, S.70.
72. Jung, Carl Gustav: Die Dynamik des Unbewussten. Walter Verlag, Olten, Freiburg i. Br., Ges. W. Bd. 8, 1971, S. 235.
73. Jung, Carl Gustav: Was ist Gott?. In: Alt, Franz: Das C. G. Jung Lesebuch. Walter Verlag, Olten, Freiburg i. Br., 2. Aufl., 1983, S. 346.
74. Jung, Carl Gustav: Briefe 1906-1945. Walter Verlag, Olten, Freiburg i. Br. 1972, S. 165.

75. Jung, Carl Gustav: Die Bedeutung des Vaters für das Schicksal des einzelnen. In: Freud und die Psychoanalyse. Walter Verlag, Olten, Freiburg i. Br., Ges. W. Bd. IV, 2. Aufl., 1971, S. 351-370.
76. Schultz, Jürgen (Hrsg.): Wer ist das eigentlich – Gott? Kösel Verlag, München 1969, S. 146.
77. Jung, Carl Gustav: Beiträge zur Symbolik des Selbst. Walter Verlag, Olten, Freiburg i. Br., Ges.W., Bd 9/II, 1976, S. 284.
78. Küng, Hans: Existiert Gott? Piper Verlag, München, Zürich 1978, S. 215, 269, 726-727.
79. Gnädinger, Louise (Hrsg.): Angelus Silesius. Cherubinischer Wandersmann. Manesse Verlag, Zürich, 5. Buch, 1986, S. 346.
80. Le Saux, Henri.: Die Gegenwart Gottes erfahren. Matthias-Grünewald-Verlag, Mainz 1980, S. 103.
81. De Rosa, Peter: Der Jesus-Mythos. Droemer Knaur Verlag, München 1991, S. 100.
82. Burkert, Walter: Antike Mysterien. C. H. Beck Verlag, München 1990, S. 52.
83. Jaspers, Karl: Drei Gründer des Philosophierens: Plato, Augustinus, Kant. Piper Verlag, München 1964, S. 128.
84. Wehr, Gerhard: Damaskus-Erlebnis. Der Weg zu Christus nach C. G. Jung. Kreuz Verlag, Stuttgart, Berlin 1982, S. 64.
85. Feuerbach, Ludwig: Philosophie der Freiheit. Ges. W., Bd. 4, Weimar 1894, S. 239.
86. Vorländer, Karl: Philosophie des Altertums. Rowohlt Verlag, Reinbek bei Hamburg 1969, S. 25.
87. Kaminski, Ralf: „Die Evolution ist eine Art permanente Schöpfung". Interview mit dem Nobelpreisträger Werner Arber. In: Migros-Magazin, Nr. 38, 2001, S. 32-37.
88. Schamoni, Wilhelm: Die Seele und ihr Weiterleben nach dem Tode. Verlag Josef Kral, Abensberg 1981, S. 122-123.
89. Renggli, Arno: Interview mit der Theologin Judith Hardegger. In: „Religion und Wissenschaft", Neue Luzerner Zeitung, Nr. 54, 2009, S. 8.
90. Birnstein, Uwe: Kleines Lexikon christlicher Irrtümer. Gütersloher Verlagshaus, Gütersloh 2011, S. 60.
91. Rilke, Rainer Maria: Worte, die verwandeln. Hrsg. Von Adelheid Niessen. Herder Verlag, Freiburg, Basel, Wien, 3. Aufl. 1999, S. 123.
92. Risi, Armin: Licht wirft keinen Schatten. Govinda Verlag, Neuhausen / Jestetten, 2. Aufl. 2005, S. 259 ff.
93. Lubahn, Erich: Warum schweigt Gott? In: Wegbegleiter Nr. 1, 2005, S. 25.
94. Kälin, Bernard: Logik und Metaphysik. Verlag des Benediktinerkollegiums, Sarnen 1944, S. 167.
95. McClure, Kevin: Erscheinungen der Jungfrau Maria. Knaur Verlag, München 1987, S. 19 ff.
96. Pfrunder, Lorenz: Arabischer Winter. In: Neue Zürcher Zeitung Folio Nr. 247, 2012, S. 25.
97. Imhof, Beat: Wie auf Erden so im Himmel. Aquamarin Verlag, Grafing 2012, S. 23.
98. Keller, Werner: Was gestern noch als Wunder galt. Buchclub Ex Libris, Zürich 1974, S. 369.
99. Schamoni, Wilhelm: Auferweckung vom Tode. Selbstverlag, Paderborn 1968, S. 19 ff.
100. Greber, Johannes: Der Verkehr mit der Geisterwelt. Seine Gesetze und sein Zweck. Verlag Johannes Greber Memorial Foundation, Teaneck, USA, 10. Aufl., 1987, S. 66 und 336-338.
101. Carrel, Alexis: Das Wunder von Lourdes. Deutsche Verlagsanstalt, Stuttgart 1951, S. 124 f.
102. Drewermann, Eugen: Der sechste Tag. Die Herkunft des Menschen und die Frage nach Gott. Walter Verlag, Zürich, Düsseldorf 1998, S. 226.
103. Brier, Robert: Zauber und Magie im alten Ägypten. Scherz Verlag, Bern, München, Wien 1981, S. 163.
104. Vorländer, Karl: Philosophie des Altertums. Rowohlt Verlag, Reinbek bei Hamburg 1969, S. 25.
105. Mohammed: Der Koran. Das heilige Buch des Islam. Orbis Verlag, München 1993, S. 142, 438.
106. Mussard, Jean: Gott und der Zufall. Origo Verlag, Zürich, Bd. 1, 1965, S. 10.
107. Allgeier, Kurt: Götter, Engel und Propheten. Ullstein Verlag, Berlin 2011, S. 129.
108. Schiebeler, Werner: Ist unser Schicksal festgelegt? In: Wendezeit, Nr. 2, 2011, S. 38.
109. Greber, Johannes: Der Verkehr mit der Geisterwelt. Verlag der Johannes Greber Memorial Foundation, Teaneck, N.J. USA, 2. Aufl., 1937, S. 260.

110. Jung, Carl Gustav: Antwort auf Hiob. In: Zur Psychologie westlicher und östlicher Religion. Walter Verlag, Olten, Freiburg i. Br., Ges. W., Bd. 11, 2. Aufl., 1973, S. 393 ff.
111. Katholischer Katechismus der Bistümer Deutschlands. Herder Verlag, Freiburg i. Br. 1955, S. 22.
112. Sölle, Dorothee: Leiden. Kreuz Verlag, Stuttgart, Berlin 1973, S. 29 und 37.
113. Koch, Kurt: Lässt Gott das Leiden zu? In: Luzerner Zeitung, Nr. 50, 1992, S. 38.
114. Nager, Frank: Die heilsame Absicht der Krankheit. In: Der weiße Lotos, Nr. 86, 2003, S. 16-18.
115. Rahner, Karl: Warum lässt uns Gott leiden? Herder Verlag, Freiburg, München, Wien 2010, S. 20-26.
116. Lange-Eichbaum, Wilhelm: Genie, Irrsinn und Ruhm. E. Reinhardt Verlag, Basel, München 1961, S. 265 ff.
117. Rieser, Ruth: Ich liebe mein Leben trotz allem. Kunstverlag, Au 1987, S. 21 f.
118. Jung, Carl Gustav: Briefe I 1906-1945, Walter Verlag, Olten, Freiburg i. Br.1972, S. 299.
119. Scheich, Henning: „Wir lesen keine Gedanken". In: Publik Forum, Nr. 18, 2008, S. 25.
120. Küng, Hans: Was ich glaube. Piper Verlag, München, Zürich, 3. Aufl. 2009, S. 248.
121. Flemming, Beatrice: Das theosophische Weltbild. F. Hirthammer Verlag, München, Bd.2, 1976, S. 144.
122. Bühlmann, Benno: Interview mit Bernhard Elias. In: Neue Luzerner Zeitung, Nr. 87, 2010, S. 8.
123. Allgeier, Kurt: Götter, Engel und Propheten. Ullstein Verlag, Berlin 2011, S. 276.
124. Essner, B. und Venhoff, M. (Hrsg,): Chronik des Zweiten Weltkriegs. Weltbild Verlag, Augsburg 1997, S. 207.
125. Buber, Martin: Gottesfinsternis. Betrachtungen zur Beziehung zwischen Religion und Philosophie. Zürich 1953, S. 21.
126. Schlegel, Maria: Interview mit Erika Rotschild. Auschwitz-Überlebende. In: SonntagsZeitung vom 7. 8. 1994, S. 61.
127. Elias, Ruth: Die Hoffnung hielt mich am Leben. Piper Verlag, München, Zürich, 2. Aufl., 1988, S. 234, 280.
128. Halbfas, Hubertus: Das Christentum. Patmos Verlag, Düsseldorf 2004, S. 354.
129. Hinz, Walther: Geleit von oben. Erfahrungen und Belehrungen aus der geistigen Welt. Verlag Geistige Loge, Zürich 1975, S. 15, 22-23, 27-28, 120-127 und 137-138.
130. Michel, Peter: Karma und Gnade. Aquamarin Verlag, Grafing 1988, S. 145.
131. Mohr, Till: Kehret zurück, ihr Menschenkinder! Die Grundlagen der christlichen Reinkarnationslehre. Aquamarin Verlag, Grafing 2004, S. 413.
132. Hawking, Stephen: Eine kurze Geschichte der Zeit. Rowohlt Verlag, Reinbek bei Hamburg 1993, S. 155.
133. Vaas, Rüdiger: Hawkings Kosmos einfach erklärt. Franckh-Kosmos-Verlag, Stuttgart 2011, S. 204, 208.
134. Wehr, Gerhard: Rudolf Steiner. Leben, Erkenntnis, Kulturimpulse. Kösel Verlag, München 1987, S. 134.
135. De Rosa, Peter: Der Jesus-Mythos. Über die Krise des christlichen Glaubens. Droemer Knaur Verlag, München 1991, S. 65.
136. Drewermann, Eugen: ... und es geschah so. Walter Verlag, Zürich, Düsseldorf 1999, S. 627.
137. Drewermann, Eugen: Der sechste Tag. Die Herkunft des Menschen und die Frage nach Gott. Walter Verlag, Zürich, Düsseldorf 1998, S. 226.
138. Dawkins, Richard: Der Gotteswahn. Ullstein Verlag, Berlin, 8. Aufl. 2010, S. 209-211.
139. Bühlmann, Benno: Persönlicher Gott oder höhere Macht? In: Neue Luzerner Zeitung, Nr. 290, 2011, S. 43.
140. Heidelberger Katechismus. Hrsg. von der Evangelisch-Reformierten Kirche. Neukirchener Verlag, Neukirchen-Vluyn, 2. Aufl. 2001, S. 22.
141. Mackie, John L.: Das Wunder des Theismus. Argumente für und gegen die Existenz Gottes. Ph. Reclam Verlag, Stuttgart 1975, S. 27-28.
142. Küng, Hans: Existiert Gott? Piper Verlag, München, Zürich 1978, S. 727.

143. Küng, Hans: Der Anfang aller Dinge. Naturwissenschaft und Religion. Piper Verlag, München, Zürich, 2. Aufl., 2005, S. 123-124.
144. Küng, Hans: Existiert Gott? Antwort auf die Gottesfrage. Piper Verlag, München, Zürich 1978, S. 151.
145. Orthbandt, Eberhard: Geschichte der großen Philosophen. Verlag Werner Dausien. Hanau o. J., S. 188.
146. Küng, Hans: Der Anfang aller Dinge. Piper Verlag, München, Zürich 2. Aufl. 2005, S. 59 ff.
147. Pascal, Blaise: Gedanken. Verlag Ph. Reclam, Stuttgart 1980, S. 110, 119-120.
148. Davies, Paul: Gott und die moderne Physik. C. Bertelsmann Verlag, München 1986, S. 15.
149. Renggli, Arno: Der Physiker, der Gott sucht. Interview mit Josef Tomiska. In. Neue Luzerner Zeitung, Nr.35, 2010, S. 11.
150. Wabbel, Tobias: Im Anfang war (k)ein Gott. Patmos Verlag, Düsseldorf 2004, S. 11.
151. Orthbandt, Eberhard: Geschichte der großen Philosophen. Verlag Werner Dausien, Hanau o.J., S. 323 f.
152. Reschika, Richard: Christentum. 50 Fragen – 50 Antworten. Gütersloher Verlag, Gütersloh 2011, S. 46.
153. Küng, Hans: Existiert Gott? Piper Verlag, München, Zürich 1978, S. 587.
154. Becker, Patrick: Kein Platz für Gott? Theologie im Zeitalter der Naturwissenschaft. Verlag Friedrich Pustet, Regensburg 2009, S. 53.
155. Swinburne, Richard: Die Existenz Gottes. Verlag Ph. Reclam, Stuttgart 1987, S. 196.
156. Kälin, Bernard: Logik und Metaphysik. Verlag des Benediktinerkollegiums, Sarnen 1940, S. 74.
157. Binggeli, Bruno: Primum mobile. Ammann Verlag, Zürich 2006, S. 51-52 und 275-277.
158. Seiglie, Mario: Beweise für einen Gott. In: Gute Nachrichten, Nr. 3, 2013, S. 8-9.
159. Augustinus, Aurelius: Bekenntnisse. Artemis Verlag, Zürich 1950, S. 29.
160. Hawking, Stephen: Eine kurze Geschichte der Zeit. Die Suche nach der Urkraft des Universums. Rowohlt Verlag, Reinbek bei Hamburg 1991, S. 147 ff.
161. Jaspers, Karl: Drei Gründer des Philosophierens. Plato, Augustin, Kant. Piper Verlag, München 1964, S. 291.
162. Südbeck, Wolf: „Leben bedeutet Dilemma". Interview mit Peter Bichsel. In: Neue Luzerner Zeitung, Nr. 93, 2010, S. 8.
163. Greber, Johannes: Der Verkehr mit der Geisterwelt. Verlag der Johannes Greber Memorial Foundation, Teaneck N. J., 2. Aufl. 1937, S. 257-258.
164. Hirsch, Eike Christian: Das Ende aller Gottesbeweise? Furche Verlag, Hamburg 1975, S. 9.
165. Jung, Carl Gustav: Über Gefühle und den Schatten. Winterthurer Fragestunden. Textbuch. Walter Verlag, Zürich, Düsseldorf 1999, S. 35-36.
166. Eliade, Mircea: Schamanismus und archaische Ekstasetechnik. Fischer Verlag, Frankfurt a. M. 1979, S. 48-52.
167. Drewermann, Eugen: Tiefenpsychologie und Exegese. Traum, Mythos, Märchen, Sage und Legende. Walter Verlag, Olten, Freiburg i. Br. 1984, S. 119.
168. Eliade, Mircea: Mythen, Träume, Mysterien. O. Müller Verlag, Salzburg 1961, S. 52 ff.
169. Gerster, Georg: Interview mit C. G. Jung aus dem Jahr 1960. Radiosendung DRS vom 27.7.1975 zum 100. Geburtstag von C. G. Jung.
170. Jung, Carl Gustav: Das symbolische Leben. Walter Verlag, Olten, Freiburg i. Br. I. Halbband, 1981, S. 258, 267.
171. Resch, Andreas: Unsterblichkeit: Geschichte und Forschung. In: Fortleben nach dem Tode. Sammelband Imago Mundi Nr. 7, Resch Verlag, Innsbruck 1980, S. 25 ff.
172. Mussard, Jean: Gott und der Zufall. Origo Verlag, Zürich, Bd. III. 1967, S. 98.

Kapitel 3

1. Boschke, Friedrich: Herkunft des Lebens. Fischer Taschenbuch Verlag, Frankfurt a. M. 1972, S. 78 f.
2. Davies, Paul. Das fünfte Wunder. Auf der Suche nach dem Ursprung des Lebens. Scherz Verlag, Bern, München, Wien 2000, S. 11.

3. Ahlheim, Karl-Heinz (Hrsg.): Die Biologie. Dudenverlag, Mannheim, Wien, Zürich, 2. Aufl. 1986, S. 45, 462,
4. Gleiser, Marcello: Die unvollkommene Schöpfung. Akademischer Verlag, Heidelberg 2011, S. 236.
5. Davies, Paul: Das fünfte Wunder. Auf der Suche nach dem Ursprung des Lebens. Scherz Verlag, Bern, München, Wien 2000, S. 28.
6. Ripota, Peter: Unsere Erde. Wo kommt sie her – wo geht sie hin? In P. M., Nr. 11, 2005, S. 51-56.
7. Calvin, William: Die Geschichte des Lebens. Weltbild Verlag, München, Augsburg, Wien 1997, S. 343.
8. Flemming, Beatrice: Das theosophische Weltbild. F. Hirthammer Verlag, München 1976, 2. Bd., S. 250.
9. Dalliard, Alfred: Od – Die Lebenskraft. Medium Nr. 28, 2003, S. 1-9.
10. Hinz, Walther: Neue Erkenntnisse über die Schöpfung Gottes. ABZ Verlag, Zürich 1991, S. 15, 130 f.
11. Dalliard, Alfred: Erschaffung der Erde und der Menschheit. Medium Nr. 7, Zürich 2000, S. 11-12.
12. Teilhard de Chardin, Pierre: Der Mensch im Kosmos. Verlag C. H Beck, München, 4. Aufl., 1959, S. 85-90.
13. Drewermann, Eugen: Atem des Lebens. Die moderne Neurologie und die Frage nach Gott. Patmos Verlag, Düsseldorf, 3. Aufl., 2006.
14. Küng, Hans: Der Anfang der Dinge. Piper Verlag, München, Zürich 2005, S. 158.
15. Monod, Jacques: Zufall und Notwendigkeit. Philosophische Fragen der modernen Biologie. Deutscher Taschenbuch Verlag, München 1975, S. 9 ff.
16. Dawkins, Richard: Der blinde Uhrmacher. Kindler Verlag. München 1987, S. 295 f, 383.
17. Dawkins, Richard: Die Schöpfungslüge. Ullstein Verlag, Berlin 2010, S. 496 ff.
18. Drewermann, Eugen: ... und es geschah so. Walter Verlag, Zürich, Düsseldorf 1999, S. 35.
19. Dawkins, Richard: Der Gotteswahn. Ullstein Verlag, Berlin, 8. Aufl., 2010, S. 188-189, 196.
20. Lorenz, Konrad: Die Rückseite des Spiegels. Piper Verlag, München 1973, S. 48.
21. Von Ditfurth, Hoimar: Wir sind nicht von dieser Welt. Verlag Hoffmann & Campe, Hamburg, 2. Aufl., 1981, S. 97.
22. Hoyle, Fred: Das intelligente Universum. Eine neue Sicht von Entstehung und Evolution. Umschau Verlag, Frankfurt a. M. 1984, S. 12.
23. Seiglie, Mario u.a.: DNA-Entdeckungen offenbaren göttliches Design. In: Gute Nachricht, Nr. 1, 2013, S. 11.
24. Schenk, Gustav: Vor der Schwelle der letzten Dinge. Safari Verlag, Berlin 1955, S. 64.
25. Eisely, Loren: Die ungeheure Reise. Von der Entstehung des Lebens und der Naturgeschichte des Lebens. Verlag der Deutschen Buchgemeinschaft. Berlin, Darmstadt, Wien, 7. Aufl., 1965, S. 181.
26. Schwedt, Georg: Die Chemie des Lebens. Wiley-VCH Verlag, Weinheim 2011, S. 1-5.
27. Haeckel, Ernst: Die Welträtsel. Verlag Emil Strauss, Bonn 1900, S. 298-299.
28. Teilhard de Chardin, Pierre: Der Mensch im Kosmos. C. H. Beck Verlag, München, 2. Aufl., 1959, S. 77.
29. Dawkins, Richard: Die Schöpfungslüge. Ullstein Verlag, Berlin 2010, S. 472.
30. Elsässer, Hans: Sind wir allein im Kosmos? Piper Verlag, München 1970, S. 151-165.
31. Bühlmann, Benno: „Göttlicher Regisseur liegt nahe." Interview mit Lorenz Marti. In: Neue Luzerner Zeitung, Nr. 167, 2012, S. 7.
32. Pauwels, Louis und Bergier, Jacques: Die Entdeckung des ewigen Menschen. Scherz Verlag, Bern, München, Wien 1973, S. 123-124.
33. Hoyle, Fred: Das intelligente Universum. Eine neue Sicht von Entstehung und Evolution. Umschau Verlag, Frankfurt a.M., 1984, S. 51.
34. Boschke, Friedrich L.: Die Schöpfung ist noch nicht zu Ende. Naturwissenschaftler auf den Spuren der Genesis. Econ Verlag, Düsseldorf, 1962, S. 32 f.
35. Al-Shamery, Katharina (Hrsg.): Moleküle aus dem All. Wiley-VCH Verlag, Oldenburg 2011, S. 91-92 und 117 f.

36. Wells, Richard: Leben aus dem fernen All. DVD-Film, Meister Verlag, Zürich 2007.
37. Newth, Erik: Leben im Weltall. C. Hanser Verlag, München, Wien 2004, S. 15.
38. Fellmann, Fabian: „Wir werden Leben im All finden". Interview mit dem Planetenforscher St. Udry. In: Neue Luzerner Zeitung, Nr. 96, 2007, S. 3.
39. Schweizer Depechen Agentur: Neue „Erde" entdeckt. In: Luzerner Neue Nachrichten, Nr. 28, 2012, S. 44.
40. Fellmann, Fabian: „Wir werden Leben im All finden." Interview mit dem Astronomen Stéphane Udry. In: Neue Luzerner Zeitung, Nr. 96, 2007, S. 3.
41. Marks, Bernard: Marslandung sorgt für Jubel. In: Neue Luzerner Zeitung, Nr. 181, 2012, S. 36.
42. Bürki, Hans-Martin: Ist da wer? Außerirdisches Leben. Interview mit dem Astrobiologen Hansjürg Geiger. In: Schweizer Familie, Nr. 48, 2012, S. 30-35.
43. Wirthlin, Annette: Eine Reise von 300 000 Jahren. Interview mit dem Astrophysiker Hans Martin Schmid. In: Neue Luzerner Zeitung, Nr. 37, 2011, S. 41.
44. Greber, Johannes: Der Verkehr mit der Geisterwelt. Seine Gesetze und sein Zweck. Verlag der Johannes Greber Memorial Foundation, Teaneck, N. J. 1937, S. 67.
45. Hinz, Walther: Neue Erkenntnisse über die Schöpfung Gottes. ABZ Verlag, Zürich 1991, S. 139.
46. Brunner, Beatrice: Über die Entstehung und Beseelung der Erde. In: Geistige Welt, Nr. 1, 2011, S. 3-5.
47. Benz, Arnold: Die Zukunft des Universums. Zufall, Chaos, Gott? Patmos Verlag, Düsseldorf, 4. Aufl., 2005, S. 134.
48. Küng, Hans: Der Anfang aller Dinge. Naturwissenschaft und Religion. Piper Verlag, München, Zürich 2005, S. 156.
49. Eigen, Manfred und Winkler, Ruthild: Das Spiel. Naturgesetze steuern den Zufall. Christian Rieck Verlag, Esborn 2010, S. 24 f.
50. Woltersdorf, Hans Werner: Die Schöpfung war ganz anders. Walter Verlag, Olten, Freiburg i. Br. 1976, S. 250.
51. Gleiser, Marcelo: Die unvollkommene Schöpfung. Spektrum Akademischer Verlag, Heidelberg 2011, S. 236.
52. Teilhard de Chardin, Pierre: Der Mensch im Kosmos. Verlag C. H. Beck, München, 2. Aufl., 1959, S. 77.
53. Kälin, Bernard: Logik und Metaphysik. Verlag des Benediktiner Kollegiums, Sarnen 1940, S. 314.
54. Gitt, Werner: Am Anfang war die Information. SCM Hänssler Verlag, Holzgerlingen, 3. Aufl., 2004, S. 12.
55. Reichholf, Josef: Der schöpferische Impuls. Eine neue Sicht der Evolution. Deutscher Taschenbuch Verlag, München 1994, S. 25-26.
56. Young, Arthur: Der kreative Kosmos. Am Wendepunkt der Evolution. Kösel Verlag, München 1987, S. 106, 119.
57. Riedl, Rupert: Die Strategie der Genesis. Naturgeschichte der realen Welt. Piper Verlag, München 1976, S. 122.
58. Flemming, Beatrice: Das theosophische Weltbild. F. Hirthammer Verlag, München, Bd. 2, 1976, S. 56.
59. Brunner, Beatrice: Über die Entstehung und Beseelung der Erde. In: Geistige Welt, Nr. 1, 2011, S. 3.
60. Greber, Johannes: Der Verkehr mit der Geisterwelt. Verlag der Johannes Greber Memorial Foundation, Teaneck, N. J. USA, 10. Aufl., 1987, S. 280.
61. Brunner, Beatrice: Die weitere Entfaltung der geistigen Schöpfung. In: Die geistige Welt. Nr. 4, 2010, S. 7.
62. Dalliard, Alfred (Hrsg.): Leben aus Gott. In. Lexikon der Geistchristlichen Lehre. Ph. C. W. Schmidt Verlag, Neustatd/Aisch 2010, S. 341.
63. Thoms, Sven: Ursprung des Lebens. Fischer Taschenbuch Verlag, Frankfurt a. M. 2005, S. 34-39.
64. Davies, Paul: Das fünfte Wunder. Auf der Suche nach dem Ursprung des Lebens. Scherz Verlag, Bern, München, Wien 2000, S. 88-94.

65. Eigen, Manfred: Stufen zum Leben. Die frühe Evolution im Visier der Molekularbiologie. Piper Verlag, München, Zürich 1992, S. 90.
66. Benz, Arnold und Vollenweider, Samuel: Würfelt Gott? Patmos Verlag, Düsseldorf 2004, S. 189.
67. Calvin, William: Die Geschichte des Lebens. Bechtermünz Verlag. Augsburg 1997, S. 67 f.
68. Capra, Fridjof: Lebensnetz. Ein neues Verständnis der lebendigen Welt. Scherz Verlag, Bern, München, Wien 1996, S. 100-101.
69. Schrödiger, Erwin: Was ist Leben? Die Zelle mit den Augen des Physikers betrachtet. Piper Verlag, München, Zürich 1989, S. 35 f.
70. Künz, Günter: Was verbirgt sich hinter dem Geheimnis des Lebens? In: Erwachet vom 8. 9. 1999, S. 9-12.
71. König, Michael: Das Urwort. Die Physik Gottes. Scorpio Verlag, Berlin, München, 2. Aufl., 2011, S. 137 und 140.
72. MacGregor, Geddes: Reinkarnation und Karma im Christentum. Aquamarin Verlag, Grafing, Bd. II 1986, S. 33 f.
73. Vogel, Günter und Angermann, Hartmut: Atlas zur Biologie. Deutscher Taschenbuch Verlag, München, 2. Aufl. 1968, S. 19-29.
74. Calvin, William: Die Geschichte des Lebens. Bechtermünz Verlag, Augsburg 1997, S. 68.
75. Ahlheim, Karl-Heinz (Hrsg.): Die Biologie. Duden Verlag, Mannheim, Wien, Zürich 1986, S. 21-22.
76. Dawkins, Richard. Die Schöpfungslüge. Ullstein Verlag, Berlin 2010, S. 361.
77. Schweizer Depechen Agentur: Hitparade der skurilsten Neuentdeckungen. In: Neue Luzerner Zeitung, Nr. 118, 2013, S. 40.
78. Lexikon-Institut: Ich sage dir alles. Bertelsmann Verlag, München 1980, S. 82-83.
79. Streble, Heinz und Krauter, Dieter: Das Leben im Wassertropfen. Mikroflora und Mikrofauna des Süßwassers. Frankh'sche Verlagshandlung, Stuttgart, 8. Aufl.,1988, S. 9, 80.
80. Schrödiger, Erwin: Was ist Leben? Die lebende Zelle mit den Augen des Physikers betrachtet. Piper Verlag, München, Zürich 1989, S. 35 f.
81. Bolle, Fritz: Knaurs Tierreich in Farben. Niedere Tiere, Buchclub Ex Libris, Zürich 1960, S. 15.
82. Klots, Alexander und Elsie: Knaurs Tierreich in Farben. Insekten. Buchclub Ex Libris, Zürich 1959, S. 5.
83. Gilliard, Thomas und Steinbacher, Georg: Knaurs Tierreich in Farben, Höhere Tiere. Buchclub Ex Libris, Zürich 1959, S. 9.
84. Sanderson, Ivan. Knaurs Tierreich in Farben. Säugetiere. Buchclub Ex Libris, Zürich 1956, S. 6.
85. Nestle, Wilhelm (Hrsg.): Platon. Hauptwerke. Alfred Kröner Verlag, Stuttgart 1965, S. 300.
86. Roth, Ulrich und Heusser, Sibylle: Hast du gewusst? In: Coopzeitung, Nr. 17, 2012, S. 30.
87. Mussard, Jean: Gott und der Zufall. Origo Verlag, Zürich, Bd. III, 1967, S. 25, 81.
88. Spiesberger, Karl: Elementargeister, Naturgeister. H. Bauer Verlag, Freiburg i. Br. 1962, S. 5 f.
89. Newhouse, Flower A.: Die Engel der Natur. Aquamarin Verlag, Grafing 1995.
90. Brunner, Beatrice: Die weitere Entfaltung der geistigen Schöpfung. In: Geistige Welt, Nr. 4, 2010, S. 7.
91. Scott, Cyril: Der Junge mit den lichten Augen. Aquamarin Verlag, Forstinning / München 1984, S. 194.
92. Passian, Rudolf: Der verhängnisvolle Irrtum unserer Zeit. Amadeus Verlag, Fichtenau 2011, S. 205.
93. Maclean, Dorothy: Du kannst mit Engeln sprechen. Aquamarin Verlag, Forstinning / München 1983, S. 84.
94. Bäzner, Erhard: Die Naturgeister. Aus dem Reich der Gnomen, Nixen, Sylphen, Salamander und Sturmgeister. Aquamarin Verlag, Grafing 2004, S. 27.
95. Newhouse, Flower A.: Engel und Devas. Aquamarin Verlag, Forstinning / München 1982, S. 13.

Anmerkungen | 639

96. Hamann-Mentelberg, Ymelda: Die heilige Botschaft der Blumen. Aquamarin Verlag, Grafing 1985, S. 17.
97. Arpe, Werner: Knauers Spielführer. Buchclub Ex Libris, Zürich 1957, S. 87.
98. Newhouse, Flower A.: Lichtwesen. Aquamarin Verlag, Forstinning / München 1984, S. 69.
99. Van Gelder, Dora: Im Reich der Naturgeister. Aquamarin Verlag, Grafing o. J., S. 20.
100. Passian, Rudolf: Licht und Schatten der Esoterik. Droemersche Verlagsanstalt, München 1991, S. 355 ff.
101. Tischler, René: Naturwesen sichtbar gemacht. In: GlücksPost Nr. 27, 2013, S. 48.
102. Wehr, Gerhard (Hrsg.): Jakob Böhme. Mysterium pansophicum. H. Bauer Verlag, Freiburg i. Br. 1980, S. 90.
103. Von Weizsäcker, Carl Friedrich: Der Garten des Menschlichen. C. Hanser Verlag, München, Wien 1977, S. 151.
104. Wiemers, Wolfgang: Natura. Lehrbuch der Biologie. Balmer & Klett Verlag, Zug, Bd. 1, 1996, S. 11 und 46-49.
105. Von Ditfurth, Hoimar: Der Geist fiel nicht vom Himmel. Deutscher Taschenbuch Verlag, München, 8. Aufl. 1980, S. 194-195.
106. Koechlin, Florianne: Zellgeflüster. Streifzug durch naturwissenschaftliches Neuland. Lenos Verlag, Basel 2007, S. 89.
107. Goethe, Johann Wolfgang: Aphorismen. Naturwissenschaftliche Schriften, hrsg. Von Rudolf Steiner, Anthroposophischer Verlag, Dornach 1975, S. 8.
108. Von Weizsäcker, Carl Friedrich: Die Geschichte der Natur. Zürich 1964, S. 93.
109. Benz, Arnold: Die Zukunft des Universums. Patmos Verlag, Ostfildern, 7. Aufl., 2012, S. 107 und 125.
110. Zulley, Jürgen und Knab, Barbara: Unsere innere Uhr. Herder Verlag, Freiburg, Basel, Wien 2000, S. 26 ff.
111. De Rosa, Peter: Der Jesus-Mythos. Droemersche Verlagsanstalt. München 1991, S. 167.

Kapitel 4

1. Leonhardt, Rudolf: Kästner für Erwachsene. Atrium Verlag, Zürich 1966, S. 69.
2. Pascal, Blaise: Gedanken. Ph. Reclam Verlag, Stuttgart 1980, S. 29.
3. Rhine, Joseph B.: Die Reichweite des menschlichen Geistes. Deutsche Verlagsanstalt, Stuttgart 1950, S. 25.
4. Steiner, Rudolf: Luzifer-Gnosis. R. Seiner Verlag, Dornach 1960, S. 20.
5. Haas, Adolf: Der Entwicklungsgedanke und das christliche Weltbild. In: Evolution und Bibel. Rex Verlag, Luzern 1963, S. 59.
6. Koesters, Paul-Heinz: Deutschland deine Denker, Buchclub Ex Libris, Zürich 1981, S. 299-300.
7. Campell, H. J.: Der Irrtum mit der Seele. Scherz Verlag, Bern, München, Wien 1966, S. 180.
8. Risi, Armin: Gott und die Götter. Govinda Verlag, 6. Aufl., Zürich 2007, S. 207 f.
9. Perls, Hugo (Hrsg.): Plato – Seine Auffassung vom Kosmos. Francke Verlag, Bern, München 1966, S. 180.
10. Orthband, Eberhard: Geschichte der großen Philosophen. Verlag Werner Dausien, Hanau o. J., S. 110, 207, 292 ff.
11. Lutz, Bernd (Hrsg.): Philosophen Lexikon. I. B. Metzlersche Verlagsbuchhandlung, Stuttgart 1989, S. 447.
12. Koestlers, Paul-Heinz: Deutschland, deine Denker. Geschichten von Philosophen und Ideen, die unsere Welt bewegen. Buchclub Ex Libris, Zürich 1961, S. 201.
13. Beltz, Walter: Die Mythen der Ägypter. Claassen Verlag, Düsseldorf 1982, S. 25, 72, 205.
14. Kälin, Bernard: Logik und Metaphysik. Verlag des Benediktinerkollegiums, Sarnen 1941, S. 245, 271.
15. Luyten, Norbert Todesverständnis und Menschenverständnis. In: Tod – Ende oder Vollendung? In: Grenzerfahrungen. Verlag Karl Alber, München 1980, Bd. 10, S. 191.

16. Boros, Ladislaus: Mysterium mortis – Der Mensch in der letzten Entscheidung. Walter Verlag Olten, Freiburg i. Br. 1964, S. 85.
17. Pannenberg, Wolfhart; Was ist der Mensch? Die Anthropologie der Gegenwart im Licht der Theologie. Verlag Vandenhoeck & Ruprecht, 8. Aufl., 1995, S. 35.
18. Conrad-Martius, Hedwig: Die Geistseele des Menschen. Kösel Verlag, München 1960, S. 67 f.
19. Mohr, Till A.: Kehret zurück, ihr Menschenkinder! Aquamarin Verlag, Grafing 2004, S. 466
20. Moody, Raymond: Licht von drüben. Rowohlt Taschenbuch Verlag, Reinbeck bei Hamburg, 2. Aufl., 2006 S. 17 ff.
21. Delacour, Jan-Baptiste: Aus dem Jenseits zurück. Econ Verlag, Düsseldorf, Wien 1973, S. 181.
22. Störig, Hans Joachim: Kleine Weltgeschichte der Philosophie. Buchclub Ex Libris, Zürich 1961, S. 220 ff.
23. Rhine, Joseph B.: Die Reichweite des menschlichen Geistes. Deutsche Verlagsanstalt, Stuttgart 1950, S. 24.
24. Küng, Hans: Ewiges Leben? Piper Verlag, München, Zürich 1982, S. 144-145.
25. Eggenstein, Kurt: Der Prophet Jakob Lorber verkündet bevorstehende Katastrophen und das wahre Christentum. Lorber Verlag, Bietigheim 1975, S. 134.
26. Dürckheim, Karlfried: Erlebnis und Wandlung. Grundfragen der Selbstfindung. Scherz Verlag, Bern, München, Wien 1978, S.140 f.
27. Iranschär, H. K.: Das Mysterium der Seele. Walter Verlag, Olten, Freiburg i. Br. 1949, S. 37.
28. Von Vay, Adelma: Geist, Kraft, Stoff. Bedellion Verlag, St. Goar, 7. Aufl., 1993, S. 27 ff.
29. Greber, Johannes: Der Verkehr mit der Geisterwelt Gottes. Selbsterlebnisse eines katholischen Geistlichen. Verlag der Johannes Greber Memorial Foundation, Teaneck N.J. / USA 1932, S. 67.
30. Brunner, Beatrice: Alles, was Odem hat, lobe den Herrn. In: Geistige Welt, Nr. 4, 2010, S. 13, S. 37.
31. Popper, Karl: Das Ich und sein Gehirn. Piper Verlag, München Zürich 1982, S. 13.
32. Imhof, Beat: Die sieben Körper des Menschen. In: Form und Geist, Nr. 2, 2007, S. 32 ff.
33. Besant, Annie: Der Mensch und seine Körper. Aquamarin Verlag, Grafing 2011, S. 13 ff.
34. Bäzner, Erhard: Das Rätsel des Lebens und das Geheimnis des Todes. Aquamarin Verlag, Grafing, 3. Aufl., 2007, S. 22.
35. Isaac, Stephen und Newhouse, Flower: Die sieben Körper des Menschen. Aquamarin Verlag, Grafing 2000.
36. Besant, Annie: Ein Studie über das Bewusstsein. Edition ADYAR, Aquamarin Verlag, Grafing 2010, S. 7 f.
37. Schmidt, Karl Otto: Kinder des Kosmos. Drei Eichen Verlag, Engelberg, München 1970, S. 3.
38. Von Ditfurth, Hoimar: Kinder des Weltalls. Verlag Hoffmann und Campe, Hamburg, 5. Aufl., 1976, S. 4.
39. Huter, Carl: Handbuch der Menschenkenntnis. Amandus Kupfer Verlag, Schwaig bei Nürnberg 1930, S. 94 ff.
40. Atteshlis, Stylianos: Esoterische Lehren. Knaur Esoterik Taschenbuch, Droemersche Verlagsanstalt, München 1991, S. 119.
41. Imhof, Beat: Biodynamik. Rothus Verlag, Solothurn 2001, S. 77.
42. Yogananda, Paramahansa: Autobiographie eines Yogi. O. W. Barth Verlag, 13. Auflage, 1983, S. 252 f.
43. Radke, Gertraud: Prana. Mit geistiger Lebensenergie die inneren Selbstheilungskräfte entfalten. Aquamarin Verlag, Grafing 2008, S. 91-95.
44. Leadbeater, Charles W.: Die Astralwelt. Aquamarin Verlag, Grafing 2008, S. 74.
45. Michel, Peter: Die Botschafter des Lichtes, Bd. 2. Aquamarin Verlag, Forstinning 1983, S. 117.
46. Steiner, Rudolf: Geheimwissenschaft im Umriss. Rudolf Steiner Verlag, Dornach 1977, S. 422.
47. Welkisch, Carl: Der Mensch zwischen Geist und Welt. O. Reichl Verlag, Remagen, 7. Aufl., 1976, S. 114.

48. Waelti, Ernst R.: Psychologische Modelle zur Erklärung außerkörperlicher Erfahrungen. In: Wendezeit, Nr. 2, 2012, S. 53.
49. Goethe, Johann Wolfgang: Aus meinem Leben. Dichtung und Wahrheit. Gesamtausgabe, Verlag Editio-Service Freizeit-Bibliothek, Genf o. J., Bd. 2, S. 538.
50. Schiebeler, Werner: Das Fortleben nach dem Tode. In: Imago Mundi. Resch Verlag, Bd. 7, Innsbruck 1983, S. 547.
51. Waelti, Ernst R.: Der dritte Kreis des Wissens. Außerkörperliche Erfahrungen. Ansata Verlag, Interlaken 1983, S. 27 f.
52. Zurfluh, Werner: Quellen der Nacht. Neue Dimensionen der Selbsterfahrung. Ansata Verlag, Interlaken 1983, S. 245.
53. Risi, Armin: Unsichtbare Welten. Der multidimensionale Kosmos. Govinda Verlag, Neuhausen, Jestetten, Band 2, 1998, S. 50.
54. Leadbeater, Charles W.: Die Mentalwelt. Wie uns Gedanken im Diesseits und im Jenseits prägen. Aquamarin Verlag, Grafing 2008, S. 7, 27.
55. Koestler, Arthur: Der göttliche Funke. Scherz Verlag, Bern, München, Wien 1966, S. 54.
56. Goldberg, Philip: Die Kraft der Intuition. Scherz Verlag, Bern, München, Wien 1985, S. 48.
57. Besant, Annie: Die höheren Körper des Menschen. Aquamarin Verlag, Grafing 2009, S. 69.
58. Brunton, Paul: Karma – Kette von Ursache und Wirkung. Bauer Verlag, Freiburg i. Br. 1986, S. 57.
59. Zeisel, Johannes: Vergeistigung der Seele. In: Esotera, Nr. 7, 1980, S. 627-628.
60. Steiner, Rudolf: Die Stufen der höheren Erkenntnis. Rudolf Steiner Verlag, Dornach, 6. Aufl., 1979, S. 53 f.
61. Safranski, Rüdiger: Nietzsche. Biographie seines Denkens. Carl Hanser Verlag, München, Wien 2000, S. 125.
62. Holm-Hadulla, Rainer: Der schöpferische Prozess. Mythen und Fakten. In: Psychologie Heute, Nr. 3, 2002, S. 34-37.
63. Abel, A. M.: Gespräche mit berühmten Komponisten über die Entstehung ihrer unsterblichen Werke. In: Esotera, Nr. 5, 1993, S. 435-440 und Nr. 6, 1993, S. 534-539.
64. Schmidt, Karl Otto: Dynamisierung. Der Schlüssel zum Glück. Drei Eichen Verlag, München 1972, S. 141.
65. Besant, Annie: Der Mensch und seine Körper. Edition ADYAR, Aquamarin Verlag, Grafing 2011, S. 102.
66. St Clair, Marisa: Das Geheimnis des Todes. Weltbild Verlag, Augsburg 1998, S. 75.
67. Kalweit, Holger: Das wissende Licht. In: Esotera, Nr. 5, 1982, S. 459.
68. Rosenberg, Alfons: Die Seelenreise. Turm Verlag, Bietigheim 1971, S. 175.
69. Zeisel, Johannes: Das unaussprechliche Unendliche. In: Esotera Nr. 2, 1976, S. 139.
70. Zeisel, Johannes: Vergeistigung der Seele. In: Esotera Nr. 7, 1980, S. 628.
71. Radke, Gertraud: Die höheren Körper des Menschen. Aquamarin Verlag, Grafing 2009, S. 76.
72. Schmidt, Karl Otto: Wir leben nicht nur einmal. Drei Eichen Verlag, München 1973, S. 20-21.
73. Pascal, Blaise: Gedanken. Verlag Ph. Reclam. Stuttgart 1980, S. 31.
74. Schäftlein, Marjana: Können Tiere denken? Eine Arbeit über Verstand, Vernunft und Rationalität bei Tieren. GRIN Verlag, 2009, S. 10, 15-21 f.
75. Jahn, Andreas (Hrsg.): Wie das Denken erwachte. Spektrum der Wissenschaft Verlagsgesellschaft, Stuttgart 2012, S. 23.
76. Schäftlein, Marjana: Können Tiere denken? GRIN Verlag, 2009, S. 18.
77. Masson, Jeffrey und McCarthy, Susanne: Wenn Tiere weinen. Rowohlt Verlag, Reinbek bei Hamburg 1996, S. 37 f.
78. Fried, Erich: Wandergedichte. München 1964, S. 120.
79. Hediger, Heini: Tiere verstehen. Erkenntnisse eines Tierpsychologen. Kindler Verlag, München 1980, S. 64 ff.
80. Nietzsche, Friedrich: Also sprach Zarathustra. Carl Hanser Verlag, München, Wien. Ges. W., 3. Bd. 1980, S. 319.
81. Scobel: Paläontologie: Was uns in den Genen steckt. TV-Sendung 3SAT vom 17. 1. 2013.

82. Johannes Paul II: Katechismus der Katholischen Kirche. Oldenbourg Verlag, München 1993, S. 609.
83. Kupfer, Edgar: Die Tierbrüder. F. Hirthammer Verlag, München 1960, S. 56.
84. Michel, Peter: Das illustrierte Aura-Buch. Aquamarin Verlag, Grafing 2009, S. 51.
85. Stevens, Anthony: Das Phänomen C. G. Jung. Walter Verlag, Solothurn, Düsseldorf 1993, S. 12.
86. Neuhäusler, Anton: Telepathie, Hellsehen, Präcognition. Franke Verlag, Bern 1957, S. 101-104.
87. Schweizer Depechen Agentur: Tagblatt der Stadt Zürich vom 20. 7. 1994, S. 15.
88. Tenhaeff, Wilhelm: Der Blick in die Zukunft. Universitas Verlag, Berlin 1976, S. 119-160.
89. Wiesendanger, Harald: Was können die Propheten? In: Esotera, Nr. 10, 1991, S. 31.
90. Dürr, Hans-Peter: Es gibt keine Materie. Crotona Verlag, Amerang 2012, S. 69.
91. Stead, Estelle: Die blaue Insel. Schroeder Verlag, Garmisch-Partenkirchen 1961, S. 7.
92. Scheppach. Joseph: Die unheimliche Gabe der Prophetie. In: Peter Moosleitners Magazin, Nr. 6, 2008, S. 28-35.
93. Escher, Claudia: Besondere Merkmale des letzten Jahrhunderts. In: Welt der Esoterik Nr.3, 2012, S. 65-67
94. Robbins, Shawn: Hunderte von Toten lagen überall. In: Esotera, Nr. 6, 1974, S. 496-497.
95. Schweizer Depechen Agentur: 580 Jumbo-Opfer. In: Vaterland vom 23.4.1977, S. 7.
96. Giovetti, Paola: Im Traum in die Zukunft. In: Esotera, Nr.9, 1981, S. 786-793.
97. Ostrander, Sh. und Schroeder, L.: Vorauswissen mit Psi. Scherz Verlag, Bern 1975, S. 131.
98. Sedlacek, Klaus-Dieter: Ist unser Schicksal vorherbestimmt? In: Esotera, Nr. 8, 1976, S. 728.
99. Jürgenson, Friedrich: Eingriffe aus der Anti-Welt. In: Esotera, Nr. 2, 1976, S. 118 und Nr. 3, 1976, S. 238-243.
100. Styger, Anton: Erlebnisse mit den Zwischenwelten. Styger Verlag, Oberägeri, Bd. 1, 2008, S. 337-347.
101. Jaffé, Aniela: Geistererscheinungen und Vorzeichen. Walter Verlag, Olten, Freiburg i. Br. 1978, S. 25 ff.
102. Schmidt, Karl Otto: Zufall oder Karma. In: Esotera Nr. 5, 1973, S. 424.
103. Dostal, Werner: Versuchungen – Die irdische Herausforderung. In: Medium, Nr. 46, 2006, S. 9.
104. De Jouvenel, Marcelle: Weisungen aus dem Jenseits. Walter Verlag. Olten, Freiburg i. Br. 1953, S. 310.
105. Greber, Johannes: Der Verkehr mit der Geisterwelt. Verlag der Johannes Greber Memorial Foundation, Teaneck N. J. 4. Aufl. 1975, S. 80.
106. Schopenhauer, Arthur: Vom Unterschied der Lebensalter. Insel Verlag, Stuttgart 1963, S. 130.
107. Picard, Max: Das letzte Antlitz. Knorr & Hirth Verlag, München und Ahrbeck 1959, S. 9 f.
108. Huber, Bruno und Louise. Die Lebensuhr. API Verlag, Adliswil 1980, S. 5.
109. Vogel, Friedrich und Popping, Peter: Ist unser Schicksal mitgeboren? Verlag Severin und Siedler, Berlin 1981, S. 339.
110. Frankl, Viktor E.: Logotherapie und Existenzanalyse. Piper Verlag, München, Zürich 1987, S. 261.
111. Dostal, Werner: Versuchungen – Die irdische Herausforderung. In: Medium Nr. 46, S. 9 und Nr. 47, 2006, S. 6.
112. De Jouvenel, Marcelle: Weisungen aus dem Jenseits. Walter Verlag, Olten, Freiburg i. Br. 1953, S. 310.
113. Risi, Armin: Unsichtbare Welten. Govinda Verlag, Neuhausen, 4. Aufl., 2003, S. 106.
114. Michel, Peter: Der Anti-Weltkatechismus. Aquamarin Verlag, Grafing 1995, S. 11.

Kapitel 5

1. Marx, Helma: Das Buch der Mythen aller Zeiten aller Völker. Styria Verlag, Graz Wien, Köln 1999, S. 22, 31, 45, 68.

2. Nestle, Wilhelm: Platon. Hauptwerke. Das Gastmahl. Verlag Alfred Kröner, Stuttgart 1965, S. 115-117.
3. Dalliard, Alfred: Lexikon der Geistchristlichen Lehre. Verlag PH. C. W. Schmidt, Neustadt/Aisch 2010, S. 31-34, 186-187.
4. Bossart, Pirmin: Was Darwin (nicht) gemeint hat. In: Luzerner Zeitung, Nr. 31, 2009, S. 44. 2.
5. Stausberg, Michael: Zarathustra und seine Religion. C. H. Beck Verlag, München 2005, S. 8.
6. Braden, Gregg: Der Gottes Code. Koha Verlag, Burgrain, 2. Aufl. 2011, S. 42.
7. Boschke, Friedrich: Die Herkunft des Lebens. Fischer Taschenbuch Verlag, Frankfurt a. M. 1970, S. 42-43.
8. Von Padberg, Lutz: Die Bibel-Grundlage für Glauben, Denken und Erkennen. Stuttgart 1986.
9. Oertl, Marianne: Mit Gott gegen die Evolution. In: P. M. Peter Moosleitners Magazin, Nr. 5, 2006, S. 41.
10. Dawkins, Richard: Die Schöpfungslüge. Ullstein Verlag, Berlin 2010, S. 483.
11. Neukamm, Martin (Hrsg.): Evolution im Fadenkreuz des Kreatianimus. Verlag Vandenhoeck & Ruprecht, Göttingen 2009, S. 27 ff.
12. Ashton, John F.: Die Akte Genesis. Warum es 50 Wissenschaftler vorziehen, an die Schöpfung in 6 Tagen zu glauben. Schwengeler Verlag, Berneck 2001, S. 5 ff.
13. Reinhardt, Susie: Woher kommt der Mensch? Der Angriff auf die Darwinsche Evolutionslehre. In: Psychologie Heute, Nr. 3, 2008, S. 48.
14. D'Anna-Huber, Christine: Kirchenkreise stören sich an Zeugnissen der menschlichen Evolution. In: Tages-Anzeiger vom 13. Sept. 2006, S. 36.
15. Kälin, Bernhard: Logik und Metaphysik. Verlag des Benediktinerkollegiums, Sarnen 1940, S. 273.
16. Seiglie, Mario: Märchen der Evolution. In: Gute Nachrichten, Nr. 6, 2007, S. 8-10.
17. Rüdiger und Blume, Michael: Gott, Gene und Gehirn. S. Hirzel Verlag, Stuttgart, 2. Aufl., 2009, S. 47-48.
18. Horn, Stephan O.: Schöpfung und Evolution. Sankt-Ulrich Verlag, Augsburg 2007, S. 25 f.
19. Bucher, Delf: Hat Darwin Gott vom Thron gestoßen? In: Reformiert, Nr. 2, 2009, S. 6.
20. Geisler, Samuel und Jost, Rita: Abschied vom Lückenbüßer Gott, Darwin sei Dank. Interview mit Silvia Schroer. In: Reformiert, Nr. 2, 2009, S. 8.
21. Becker, Patrick: Kein Platz für Gott? Theologe im Zeitalter der Naturwissenschaften. Verlag Friedrich Pustet, Regensburg 2009, S. 51.
22. Schroeder, John R.: Schöpfung oder Evolution. In: Die gute Nachricht, Nr. 3-4, 2010, S. 6.
23. Young, Arthur: Der kreative Kosmos. Kösel Verlag, München 1987, S. 197.
24. Von Brakel, Bejamin: Das Gedächtnis der Bäume. In: Neue Luzerner Zeitung, Nr. 45, 2011, S. 51-52.
25. Seiglie, Mario: Lebende Fossilien. In: Schöpfung oder Evolution. Verlag „Gute Nachrichten", Bonn, 2008, S. 12-13.
26. Dawkins, Richard: Der blinde Uhrmacher. Deutscher Taschenbuch Verlag, München, 3. Aufl. 2009, S. 18 und 33.
27. Eibl-Eibelsfeld, Irenäus: Galapagos. Die Arche Noah im Pazifik. Piper Verlag, München, Zürich, 7. Aufl. 1984, S. 28 f.
28. Darwin, Charles: Die Entstehung der Arten. Ph. Reclam Verlag, Stuttgart 1963, S. 229-230, 429-430.
29. Eigen, Manfred: Stufen zum Leben. Piper Verlag, München, Zürich 1987, S. 25.
30. Stone, Irving: Der Schöpfung wunderbare Wege. Das Leben des Charles Darwin. Buchclub Ex Libris, Zürich 1982, S. 97.
31. Michel, Peter: Die Botschafter des Lichtes. Aquamarin Verlag, Forstinning 1983, Bd. I, S. 91, 104.
32. Darwin, Charles. Die Abstammung des Menschen. Fischer Taschenbuch Verlag, Frankfurt a. M. 2009, S. 14 ff.
33. Simpson, George: Leben der Vorzeit. Deutscher Taschenbuch Verlag, Stuttgart 1953, S. 123 f.
34. Darwin, Charles: Die Entstehung der Arten. Ph. Reclam Verlag, Stuttgart 1963, S. 229-230.
35. Bucher, Delf: Hat Darwin Gott vom Thron gestoßen? In: Reformiert, Nr.2, 2009, S. 6-7.

36. Kummer, Christian: Evolution und Schöpfung. In: Stimmen der Zeit, Nr. 1, 2006, S. 31-32.
37. Dawkins, Richard: Der Gotteswahn. Ullstein Verlag, Berlin, 8. Aufl., 2010, S. 155 ff.
38. Koestler, Arthur: Der Mensch. Irrläufer der Evolution. Eine Anatomie menschlicher Vernunft und Unvernunft. Fischer Verlag, Frankfurt a. M., 1990.
39. Wuketits, Franz: Evolutionstheorien. Wissenschaftliche Buchgemeinschaft, Darmstadt 1988, S. 170.
40. Conrad-Martius, Hedwig: Utopien der Menschenzüchtung. Der Sozialdarwinismus und seine Folgen. Kösel Verlag, München 1965, S. 25 f.
41. Lieber, Klaus: Der fatale Traum vom Übermenschen. In: Schweizer Familie. Nr. 6, 2009, S. 30.
42. Renz, Tilman und Stöcklin, Stefan: „Evolution ist etwas Göttliches". Interview mit dem Mikrobiologen und Nobelpreisträger Werner Arber. In: Neue Luzerner Zeitung, Nr. 31, 2009, S. 43.
43. Drewermann, Eugen: Der sechste Tag. Die Herkunft des Menschen und die Frage nach Gott. Walter Verlag, Zürich, Düsseldoerf 1998, S. 205-206.
44. Bachmann, Klaus: Was den Menschen prägt. In: Geo, Nr. 4, 2007, S. 161-162.
45. Delfgaauw, Bernard: Teilhard de Chardin und das Evolutionsproblem. Verlag C. H. Beck, München 1964, S. 34.
46. Teilhard de Chardin, Pierre: Das Auftreten des Menschen. Walter Verlag, Olten, Freiburg i. Br. 1964, S. 57 f.
47. Teilhard de Chardin, Pierre: Der Mensch im Kosmos. Walter Verlag, Olten, Freiburg i.Br. 1960, S. 57 f.
48. Portmann, Adolf: Vom Ursprung des Menschen. Verlag E. Reinhardt, Basel 1965, S. 57.
49. Gander, Josef: Stoff und Geist – Raum und Zeit. H. Böhlaus Verlag, Wien, Köln, Graz 1984, S. 12..
50. Küng, Hans: Der Anfang aller Dinge. Naturwissenschaft und Religion. Piper Verlag, München, Zürich, 3. Aufl., 2009, S. 147.
51. Risi, Armin: Gott und die Götter. Der multidimensionale Kosmos. Govinda Verlag, Bd. 1, Zürich, 6. Aufl., 2007, S. 37, 79, 85, 88, 359.
52. Risi, Armin: Evolution oder Involution? Die Frage nach dem Ursprung des Lebens – jenseits von Darwinismus und Kreatianismus. DVD-Video, Govinda Verlag, Zürich 2006.
53. Risi, Armin: Licht wirft keinen Schatten. Govinda Verlag, Neuhausen, 2. Aufl., 2005, S. 405, 423, 426.
54. Heindel, Max: Die Weltanschauung der Rosenkreuzer. Verlag der Rosenkreuzer Gemeinschaft, Zürich o. J., S. 364.
55. Jahn, Andreas: Wie das Denken erwachte. Verlagsgesellschaft „Spektrum der Wissenschaft", Stuttgart 2012, S. 23.
56. Küng, Hans: Große christliche Denker. Piper Verlag, München, Zürich 1994, S. 54.
57. MacGregor, Geddes: Reinkarnation und Karma im Christentum. Aquamarin Verlag, Grafing Bd. 1, 1985, S. 68.
58. Streuli, Robert: Origenes – der Diamantene. ABZ Verlag, Zürich 1987, S. 334.
59. Kälin, Bernard: Logik und Metaphysik. Verlag des Benediktinerkollegiums, Sarnen 1940, S. 274-275.
60. Moody, Raymond: Leben vor dem Leben. Rowohlt Verlag, Reinbek bei Hamburg 1999, S. 54 f, 155 ff.
61. Hemleben, Johannes: Jenseits. Rowohlt Verlag, Reinbek bei Hamburg 1975, S. 203.
62. Jerrentrup, Christa: Die Menschheit. Woher – wohin. Ansgar Verlag, Köln 1971, S. 10.
63. Mohr, Till A.: Kehret zurück, ihr Menschenkinder! Aquamarin Verlag, Grafing 2004, S. 313.
64. Wallimann, Silvia: Die Umpolung. Vom Materiellen zum Geistigen. Verlag H. Bauer, Freiburg i. Br. 1988, S. 171.
65. McLean, Penny: Zeugnisse von Schutzgeistern.Verlag Peter Erd, München, 2. Aufl. 1989, S. 104.
66. Gibran, Khalil: Der Prophet. Walter Verlag, Olten, Freiburg i. Br. 1987, S. 25.
67. Rigos, Alexandra: Haben Tiere eine Persönlichkeit? In: P. M. Magazin Nr. 11, 2012, S. 71-75.

68. Dunkel, Daniel: Unser Urahne. In: Schweizer Familie Nr. 8, 2013, S. 27.
69. Calvin, William: Die Geschichte des Lebens. Vom Urknall bis zum Großhirn des Homo sapiens. Hanser Verlag, München, Wien 1994, S. 183-184.
70. Coopens, Yves: Geotektonik, Klima und der Ursprung des Menschen. In: Spektrum der Wissenschaft, Dossier-ND 2, 2004, S. 6-13.
71. Lutz, Bernd (Hrsg.): Metzlers Philosophen-Lexikon. C. E. Poeschel Verlag, Stuttgart 1989, S. 626 ff.
72. Risi, Armin: Gott und die Götter. Govinda Verlag, Zürich, 6. Aufl., S. 238.
73. Becker Fritz: Hier irrt die Menschheit. Die Fleischnahrung, der folgenschwere Irrtum des Menschen. Waerland Verlagsgesellschaft, Mannheim 1973, S. 45.
74. Imhof, Beat: Die vegetarische Ernährung. Warum ich kein Fleisch esse. In: Erfolg ist lernbar, Bd.1, Biodynamik, Rothus Verlag, Solothurn 2001, S. 156.
75. Kneissler, Michael: Waren Adam und Eva Chinesen? In: P. M. Moosleitners Magazin, Nr. 4, 2004, S. 21-32. 76.
76. Salza, Alberto: Evolution des Menschen. Neuer Kaiser Verlag, Klagenfurt 1993, S. 8.
77. Kuhn, Emil: Die Phylogenese des Menschen. In: Condrau, Gion: Das Wesen des Menschen. Benteli Verlag, Bern 1977, S. 35.
78. Leaky, Meave und Walker, Alan: Frühe Hominiden. In: Spektrum der Wissenschaft, Dossier 2- ND, 2004, S. 14-19.
79. Straumann, Felix: Weder Affe noch Mensch. In: Zentralschweiz am Sonntag, Nr. 40, 2009, S. 49.
80. Pauwel, Louis und Bergier, Jacques: Die Entdeckung des Menschen. Scherz Verlag, Bern, München, Wien 1970, S. 24.
81. Weber, Peter: Der domestizierte Affe. Galita Verlag, Etsdorf 2011, S. 40-42.
82. Tattersall, Ian: Wir waren nicht die Einzigen. In: Die Evolution des Menschen. Spektrum der Wissenschaft, Dossier-ND, Nr. 2, 2004, S. 40-47.
83. Schweizer Depechen Agentur: Knochen wohl ältester Vorfahren. In: Neue Luzerner Zeitung, Nr. 31, 2001, S. 40.
84. Wong, Kate: Der Streit um die Neandertaler. In: Spektrum der Wissenschaft. Dossier: Evolution des Menschen, Nr.2, 2004, S. 64-71.
85. Königswald, Wighart: Frühe Jäger im Eiszeitalter Mitteleuropas. In: Eiszeitforschung, Verlag der Naturwissenschaftlichen Gesellschaft, Luzern, Bd. 29, 1987, S. 173-191.
86. Deutsche Depechen Agentur: Sensationeller Knochenfund. In: Neue Luzerner Zeitung, Nr. 71, 2010, S. 40.
87. Annaud, Jean-Jaques. Am Anfang war das Feuer. Spielfilm 1981.
88. Bar-Yosef, Ofer und Vandermeersch, Bernard: Koexistenz von Neandertaler und modernen Homo Sapiens. In: Spektrum der Wissenschaft, Dossier-ND 2, 2004, 48 ff.
89. Eiseley, Loren: Die ungeheure Reise. Verlag Deutsche Buch-Gemeinschaft, Berlin, Darmstadt, Wien, 7. Aufl., 1965, S. 113.
90. Jahn, Andreas: Wie das Denken erwachte. Verlagsgesellschaft „Spektrum der Wissenschaft", Heidelberg 2012, S. 49 f. und 52.
91. Henke, Winfried und Rothe, Hartmund: Die phylogenetische Stellung des Neandertalers. In: Biologie in unserer Zeit. Bd 29, Heft 6, 1999, S. 220-329.
92. Pauwels, Louis und Bergier, Jacques: Die Entdeckung des ewigen Menschen. Scherz Verlag, Bern, München, Wien 1973, S. 177, 180, 195.
93. Kneissler, Michael: Waren Adam und Eva Chinesen? In: P.M. Moosleitners Magazin, Nr. 4, 2004, S. 21 f, 30-32.
94. Welkisch, Carl: Der Mensch zwischen Geist und Welt. O. Reichl Verlag, Remagen 1976, S. 17.
95. Heitler, Walter: Die Natur und das Göttliche. Verlag Klett und Balmer, Zug 1975, S. 115.
96. Barriel, Véronique: Der genetische Ursprung des modernen Menschen. In: Spektrum der Wissenschaft, Dossier-ND, 2004, S. 80-87.
97. Augustinus, Aurelius: Bekenntnisse. Ph. Reclam Verlag, Stuttgart 1977, S, 374 f.
98. Rahner, Karl: Theologisches zum Monogenismus. In: Schriften der Theologie, Benziger Verlag, Einsiedeln, Zürich, Köln. Bd. 1, 1962, S. 253-332.

99. Schamoni, Wilhelm: Theologisches zum biologischen Weltbild. Verlag Ferdinand Schöningh, München, Paderborn, Wien 1964, S. 84.
100. Küng, Hans: Der Anfang aller Dinge. Piper Verlag, München, Zürich, 2. Aufl., 2005, S. 148.
101. Dalliard, Alfred: „Dein Leben sei Lernen!" In: Medium, Nr. 70, 2012, S. 2.
102. Besant, Annie: Der Mensch und sein Körper. Aquamarin Verlag, Grafing 2011, S. 104.
103. Michel, Peter: Der Anti-Weltkatechismus. Aquamarin Verlag, Grafing 1995, S. 42.
104. Brunner, Beatrice: Gottes Ordnung hält die Welt zusammen. In: Geistige Welt, Nr. 7, 1980, S. 94.
105. Mohr, Till A.: Kehret zurück, ihr Menschenkinder! Aquamarin Verlag, Grafing 2004, S. 204.
106. Brunner, Beatrice: Was uns erwartet. ABZ Verlag, Zürich 2012, S. 234.
107. Haas, Jana: Jenseitige Welten. Die Reise der Seele ins Licht. Knaur Verlag, München 2012, S. 29-30.
108. Dostal, Werner: Schuld und Vergebung. In: Medium Nr. 47, 2006, S. 14.
109. Kardec, Allan: Das Buch der Geister. Hermann Bauer Verlag, Freiburg i. Br. 1964, S. 122.
110. Goethe, Johann Wolfgang: Faust I. Verlag Birkhäuser, Basel 1944, S. 40.
111. Stevens, Anthony: Das Phänomen C. G. Jung. Walter Verlag, Solothurn, Düsseldorf 1993, S. 86.
112. Brunner, Beatrice: Meditationswoche 1973, ABZ Verlag, Zürich 1974, S. 102.
113. Szondi, Leopold: Wahl in Liebe, Freundschaft, Beruf, Krankheit und Tod. Schwabe Verlag, Basel, Stuttgart 1965, S. 35 ff.
114. Jaffé, Aniela: Erinnerungen, Träume, Gedanken von C. G. Jung. Rascher Verlag, Zürich 1962, S. 237.
115. Imhof, Beat: Menschliche und fachliche Voraussetzungen für den Lehrberuf. Ergebnisse einer Umfrage bei 1050 Lehrerinnen und Lehrern. Verlag Eberhard Kalt, Zug 1961, S. 37-48.
116. Thorwald, Jürgen: Blut der Könige. Sternbücherverlag, Hamburg 1954, S. 25.
117. Rilke Rainer Maria: Stunden-Buch. Ges. W. Insel Verlag, Frankfurt a. M., Bd. 1, 1955, S. 328.
118. Vogel, Friedrich und Popping, Peter: Ist unser Schicksal mitgeboren? Moderne Vererbungsforschung und menschliche Psyche. Verlag Severin & Siedler, Berlin 1981, S.59 .
119. Karcher, Helmut: Wie ein Ei dem anderen. Alles über Zwillinge. Piper Verlag, München, Zürich 1975, S. 25-34.
120. Zeisel, Johannes: Genetische Wiedergeburt. In: Esotera, Nr. 2, 1978, S. 124.
121. Andreas, Peter. Jenseits von Einstein. Econ Verlag, Wien, Düsseldorf 1978, S. 7-8.
122. Hall, Judy: Liebe, Schicksal oder Geschenk des Himmels? Gibt es Dualseelen wirklich? Aquamarin Verlag, Grafing 2011, S. 115.
123. Imhof, Beat: Wie auf Erden so im Himmel. Aquamarin Verlag, Grafing 2012, S, 413-416.
124. Schmidt, Karl Otto: Und der Tod wird nicht mehr sein. Drei Eichen Verlag, München 1973, S. 188 f.
125. Brunner, Beatrice: Geister Gottes als schützende Begleiter bei der Partnerwahl. In: Geistige Welt, Nr. 4, 2013, S. 3-9.
126. Coppes, Christophor: Der Himmel ist ganz anders. Aquamarin Verlag, Grafing 2012, S. 74
127. Knoblauch, Hubert: Berichte aus dem Jenseits. Mythos und Realität der Nahtod-Erfahrungen. Herder Verlag, Freiburg, Basel, Wien 1999, S. 16 ff.
128. Jung, Carl Gustav: Briefe. Walter Verlag, Olten, Freiburg i. Br., Bd. II, 1942, S. 44.
129. Zahrada, Hella: Ephides. Ein Dichter des Transzendenten. Anthos Verlag, Weinheim 1984, S. 56.

Kapitel 6

1. United Press: 230 000 Dollar für den Nachweis der Seele. In: „Die Tat" vom 23. Oktober 1967, S.18.

2. Brunton, Paul: Der Weg nach innen. Scherz Verlag, Bern, München, Wien, 8. Aufl., 1978, S. 85.
3. Passian, Rudolf: Abschied ohne Wiederkehr? R. Fischer Verlag. Pforzheim 1973, S. 29.
4. Wunderli, Jürg: Rätsel Mensch und moderne Psychosomatik. ABC Verlag, Zürich 1970, S. 44.
5. Furger, Andres: Das Bild der Seele im Spiegel der Jahrtausende. Verlag Neue Zürcher Zeitung, Zürich 1997, S. 39 f.
6. Tempelmann, Orith: Totenkult und Mumien im Alten Ägypten. In: Wendezeit, Nr. 5, 2011, S. 25.
7. Zbinden, Ernst: Die Seele im Glauben früherer Kulturen. In: Svilar, Maja (Hrsg.): Seele und Leib – Geist und Materie. Verlag Peter Lang, Frankfurt a. M. 1979, S. 39 f.
8. Kälin, Bernard: Logik und Metaphysik. Verlag des Benediktinerkollegiums, Sarnen 1940, S. 194.
9. Gosztoni, Alexandra: Das große Buch der Seele. Windpferd Verlag, Oberstdorf, 2. Aufl., 2013, S. 15.
10. Hell, Daniel: Die Wiederkehr der Seele. Wir sind mehr als Gehirn und Geist. Herder Verlag, Freiburg, Basel, Wien 2009, S. 61.
11. Haeckel, Ernst: Die Welträtsel. Verlag Emil Strauss, Bonn 1900, S. 105.
12. Campbell, H. J.: Der Irrtum mit der Seele. Scherz Verlag, Bern, München, Wien 1973, S. 106.
13. Bütler, Heinz: Der Mensch als Ganzes. Interview mit Mario Etzensberger. In: NZZ Folio der Neuen Zürcher Zeitung, Nr. 1, 2011, S. 28.
14. Hell, Daniel: Die Wiederkehr der Seele. Wir sind mehr als Gehirn und Geist. Herder Verlag, Freiburg, Basel, Wien 2009, S. 18.
15. Inglin, Barbara: Interview mit dem Herzchirurgen Thierry Carrel. In: Neue Luzerner Zeitung, Nr. 12, 2013, S. 3.
16. Jung, Carl Gustav: Die Struktur der Seele. Walter Verlag, Olten, Freiburg i. Br., Ges. W., Bd. 8, 1976, S. 402.
17. Schultz, Hans Jürgen: Was weiß man von der Seele? Erforschung und Erfahrung. Kreuz Verlag, Stuttgart, Berlin 1968, S. 7.
18. Forsboom, Bernhard: Das Buch Emanuel. Drei Eichen Verlag, München 1957, S. 55.
19. Imhof, Beat: Die Vitalseele des Menschen. In: Wegbegleiter, Nr. 1, 2009, S, 3-20.
20. Luther, Martin: Die Bibel oder die ganze Heilige Schrift. Verlag der Württembergischen Bibelanstalt, Stuttgart 1964, S. 6.
21. Radke, Gertraud: Prana. Mit geistiger Energie die innere Selbstheilungskräfte entfalten. Aquamarin Verlag, Grafing 2008, S. 74-76.
22. Störig, Hans Joachim: Kleine Geschichte der Philosophie. W. Kohlhammer Verlag, Stuttgart, 1961, S. 177 f.
23. Haeckel, Ernst Die Welträtsel. Verlag Emil Strauss, Bonn 1900, S. 105.
24. Bier, August: Die Seele. Kindler Verlag, München 1967, S. 11.
25. Lowen, Alexander: Der Körper als Retter der Seele. Scherz Verlag, Bern, München 1976, S. 34.
26. Jung, Carl Gustav: Wirklichkeit der Seele. Rascher Verlag, Zürich 1939, S. 24.
27. Holzer, Hans: Das Seelenleben der Pflanzen. Goldmann Verlag, München 1980, S. 59 f.
28. Apuzzo, Stefano und D'Ambrosio, Monica: Auch Tiere haben eine Seele. Aquamarin Verlag, Grafing, 5. Aufl., 2011, S. 119.
29. Jung, Carl Gustav: Psychologische Typen. Ges. W. Bd 6, Walter Verlag, Olten, Freiburg i. Br., 14. Aufl., 1981, S. 503.
30. Cooper, I. C.: Der Weg des Tao. Scherz Verlag, Bern, Munchen, Wien 1977, S. 14.
31. Brunner, Beatrice: Das Od als geistige Lebenskraft in den Stufen des Aufstiegs. In: Geistige Welt, Nr. 1, 2012, S. 3-13.
32. Kerner, Justinus: Die Seherin von Prevorst. Verlag J. F. Steinkopf, Stuttgart, 2. Aufl., 1963, S. 51 und 63-64.
33. Baumgartner, Friedrich: Das Mysterium der Nahrungslosigkeit. In: Die andere Welt, Nr. 4, 1963, S. 266-268.
34. Yogananda, Paramahansa: Autobiographie eines Yogi. O. W. Barth Verlag, München, 13. Aufl., 1983, S. 460.

35. Bartel, Albert: Das Phänomen der Nahrungslosigkeit. In: Esotera, Nr. 11, 1976, S. 1020-1029.
36. Schipperges, Heinrich: Hildegard von Bingen. Verlag Geuter Kodex, Salzburg 1965, S. 330.
37. Sabetti, Stephano: Lebensenergie. Scherz Verlag, Bern, München, Wien 1985, S. 115-116.
38. Genz, Henning: Die Entdeckung des Nichts. Weltbild Verlag, Augsburg 1997, S. 132.
39. König, Michael: Das Urwort. Die Physik Gottes. Scorpio Verlag, Berlin, München, 2. Aufl., 2011, S. 181.
40. Harlocher, Wolfgang: Experimente mit der Lebensenergie. In: Esotera, Nr. 2, 1975, S. 138-144.
41. Renggli, Arno: Welches Gewicht hat die Seele? Interview mit dem Wissenschafts-Journalisten Thomas Vasek. In: Neue Luzerner Zeitung, Nr. 281, 1010, S. 10.
42. Schnabel, Ulrich: Auf der Suche nach der Seele. In: Neue Luzerner Zeitung, Nr. 16, 2008, S. 53.
43. Passian, Rudolf: Der verhängnisvollste Irrtum unserer Zeit. Amadeus Verlag, Fichtenau 2011, S. 51.
44. Keller, Werner: Was gestern noch als Wunder galt. Buchclub Ex Libris, Zürich 1974, S. 295.
45. Grunewald, Fritz: Physikalisch-mediumistische Untersuchungen. Pfullingen 1920, S. 41, 89-99.
46. Korf, Georg: Die andere Seite der Welt. Aquamarin Verlag, Grafing 2011, S. 116-117.
47. Jung, Emma: Animus und Anima. Rascher Verlag, Zürich 1967, S. 15 ff.
48. Benz, Emil: Adam. Der Mythos des Urmenschen. Drei Eichen Verlag, München 1955, S. 96.
49. Jung, Carl Gustav: Die Beziehung zwischen dem Ich und dem Unbewussten. Rascher Verlag, Zürich, 5. Aufl. 1950, S. 73.
50. Jacobi, Jolanda: Die Psychologie von C. G. Jung. Fischer Taschenbuch Verlag, Frankfurt a.M. 1975, S. 123.
51. Colegrave, Sukie: Yin und Yang. Die Kräfte des Weiblichen und des Männlichen. Scherz Verlag, Bern, München, Wien 1980, S. 219.
52. Hawking, Stephen: Der Große Entwurf. Rowohlt Verlag, Reinbek bei Hamburg, 2010, S. 90.
53. Lendenmann, Jürg: Meridiane – Leitbahnen der Lebensenergie. In: Vista, Nr. 2, 2012, S. 12.
54. Imhof, Beat: Erfolg ist lernbar. Bd. 1: Biodynamik. Rothus Verlag, Solothurn 2001, S. 82-83.
55. Leadbeater, Charles W.: Die Chakras. Eine Monographie über Kraftzentren im menschlichen Ätherkörper. Verlag Hermann Bauer, Freiburg i. Br., 6. Aufl., 1986, S. 3-6.
56. Webster, Richard: Das große Aura Praxis Buch. Aquamarin Verlag, Grafing 2011, S. 73-78.
57. Bohm, Werner: Die Wurzeln der Kraft. Chakras – Die Kraft der Lotusblumen. Scherz Verlag, Bern, München, Wien 1985, S. 15 ff.
58. Krishna, Gopi: Kundalini. Erweckung der geistigen Kraft im Menschen. Scherz Verlag, Bern, München, Wien 1977, S. 25 ff.
59. Atteshlis, Stylianos: Esoterische Lehren. Die Botschaft des „Magus von Strovolos". Knaur Esoterik Taschenbuch 4279, Droemersche Verlagsanstalt, München 1991, S. 62 ff.
60. Krämer, Dietmar: Der Aufstieg der Kundalini. Aquamarin Verlag, Grafing 2008, S. 12 ff.
61. Hoffmann, Hans: Der Schreibknecht Gottes. In: Esotera, Nr. 2, 1976, S. 119-123.
62. Rampa, Lobsang: Das dritte Auge. W. Goldmann Verlag, München, 2. Aufl. 1980, S. 119-126.
63. Wallimann, Silvia: Die Umpolung. Vom Materiellen zum Geistigen. Hermann Bauer Verlag, Freiburg i. Br. 1988, S. 184.
64. Stone, Maryan: Energievampire. W. Heyne Verlag, München 2010, S. 25 ff.
65. Besant, Annie: Der Mensch und seine Körper. Aquamarin Verlag, Grafing 2011, S. 108.
66. Bloom, William: Wie schütze ich meine Aura. Aquamarin Verlag, Grafing, 7. Aufl., 2010, S. 45 und 66.
67. Imhof, Beat: Wege zur Weisheit. Rothus Verlag. Solothurn 2006, S. 29-30.
68. Pierrakos, John: Core Energetik. Synthesis Verlag, Essen 1987, S. 72,
69. Kröner, Walter: Um die Aura-Analyse. In: Zeitschrift für Spagyrik, Nr. 4, 1955, S. 118-128.
70. Kirlian, Semjon: Fotografie mit Hilfe von Hochfrequenzströmen. In: Krippner, St. und Rubin, D.: Lichtbilder der Seele. Scherz Verlag, Bern, München 1975, S. 35 ff.

71. Rosetree, Rose: Die Aura erkennen mit allen Sinnen. W. Heyne Taschenbuch-Verlag, München, 2. Aufl., 2008, S. 125.
72. Pierrakos, John: Core Energetik. Synthesis Verlag, Essen 1987, S. 77.
73. Oetinger, Manuela: Die Aura. Aquamarin Verlag, Grafing 2001, S. 49.
74. Styger, Anton: Erlebnisse in den Zwischenwelten. Styger Verlag, Oberägeri, Bd. 1, 2008, S. 120, 162, 415 und 551.
75. Walther, Gerda: Die menschliche Aura. In: Die neue Wissenschaft, Jg. 1952, S. 53 f.
76. Tweedie, Irina: Der Weg durchs Feuer. Ansata Verlag, Interlaken 1988, S. 167-168.
77. Weigl, Gisela und Wenzel, Franz: Die entschleierte Aura. Aquamarin Verlag, Forstinning 1983, S. 142-143.
78. Newhouse, Flower: Fragen und Antworten I. Aquamarin Verlag, Grafing 1991, S. 11-12.
79. Singer, Fritz: Unser Leben nach dem Tod. Verlag Universelles Leben. Würzburg o. J., S. 50.
80. Engel, Leopold: Im Jenseits. Führung einer Seele. Lorber Verlag, Bietigheim 1981, S.52.
81. Scholem, Gershom: Die jüdische Mystik in ihren Hauptströmungen. S. Fischer Verlag, Frankfurt a. M. 1967, S. 311.
82. Meurois-Givaudan, Anne und Daniel: Essener Erinnerungen. Hugendubel Verlag, München 1987, S. 341-342.
83. Peale, Vincent: Die Kraft des positiven Denkens. Emil Oesch Verlag, Zürich 1994, S. 64.
84. Iranschähr, Hossein K.: Das Mysterium der Seele. Walter Verlag, Olten, Freiburg i. Br. 1949. S. 45.
85. Mynarek, Hubert: Die Kunst des Seins. Verlag „Mehr Wissen", Düsseldorf 1989, S. 60.
86. Waggerl, Karl Heinrich: Die Kunst des Müßiggangs. Arche Verlag, Zürich 1959, S. 52.
87. Monty, Don: Ein Garten für die Sinne. BLV Verlagsgesellschaft, München, Wien, Zürich 1998, S. 8.
88. Schweitzer, Albert: Vom Sinn des Lebens. P. Haupt Verlag, Bern, Stuttgart 1983, S. 6.
89. Arnold, Wilhelm(Hrsg.): Lexikon der Psychologie. Buchclub Ex Libris, Zürich 1979, Bd. 1, S. 654-657.
90. Gut, Ursula: „Anfassen bitte." Neue Luzerner Zeitung, Nr. 237, 1997, S. 37.
91. Stern, Regula: Zärtlichkeiten. In: Senioren Express, Juni 1994, S. 10-12.
92. Johannes XXIII. Geistliches Tagebuch. Herder Verlag, Freiburg, München, Wien 1964, S. 75.
93. Kobald, Karl: Franz Schubert und seine Zeit. Amalthea Verlag, Zürich, Leipzig, Wien 1928, S. 85.
94. Kösters, Winfried: Warum das Immunsystem schwach wird. In: Psychologie Heute, Nr. 11, 1994, S. 54-56.
95. Ernst, Heiko: Das Immunsystem der Seele. In: Psychologie Heute. Nr. 2, 1995, S. 21-28.
96. Hirthammer, Fritz: Ärztestreik. In: Der weiße Lotos, Nr. 7, 1983, S. 12.
97. McGuire, William: C. G. Jung im Gespräch. Rascher Verlag, Zürich 1986, S. 81.
98. Hannah, Barbara: C. G. Jung – Sein Leben und Werk. Fellbach 1982, S. 74-75.
99. Vogel, Alfred: Krebs – eine Krankheit der Seele. In: Gesundheits-Nachrichten, Nr. 7, 1985, S. 103.
100. Schmid, Hans J.: Hat der Krebs psychische Ursachen? In: Vaterland, Nr. 168, 1981, S. 12.
101. Zorn, Fritz: Mars. Kindler Verlag, München, 3. Aufl., 1977, S. 132.
102. Kurz, Wolfram: Suche nach Sinn. In: Zeitschrift für Logotherapie und Existenzanalyse, Nr. 1, 1992, S. 19.
103. Ortega y Gasset. José: Vom Menschen als utopisches Wesen. Klipper Verlag, Stuttgart 1951, S. 78.
104. Buddeberg, Else: Rainer Maria Rilke. Eine innere Biographie. Metz Verlag, Stuttgart 1955, S. 143.
105. Waggerl, Karl Heinrich: Die Kunst des Müßiggangs. Verlag „Die Arche", Zürich 1959, S. 36.
106. Glueck, Sheldon und Eleonore: Gefährdete Jugendliche. In: Eltern, Nr. 2, 1967, S. 6.
107. Goethe, Johann Wolfgang: Faust I. Birkhäuser Verlag, Basel 1944, S. 103.
108. Freud, Anna: Das Ich-und die Abwehrmechanismen. Fischer Taschenbuch Verlag, Frankfurt a. M. 1968, S. 4 ff.
109. Jung, Carl Gustav: Über die psychische Energie und das Wesen der Träume. Walter Verlag, Olten, Freiburg i.Br., Ges. W., Bd. 8, 2. Aufl., 1948, S. 197 f.

110. Imhof, Beat: Wege nach Innen. Rothus Verlag, Solothurn 2006, S. 24.
111. Heiss, Robert: Allgemeine Tiefenpsychologie. Verlag Hans Huber, Bern 1956, S. 231 ff.
112. Ernst, Heiko: Das Unerträgliche in seelische Stärke verwandeln. In: Psychologie Heute, Nr. 2, 1995, S. 27.
113. Lukas, Elisabeth: Gesinnung und Gesundheit. Herder Verlag, Freiburg, Basel, Wien 1990, S. 164.
114. Willi, Jürg: Was hält Paare zusammen? Rowohlt Verlag, Reinbek bei Hamburg 1991, S. 18.
115. Goleman, Daniel: Emotionale Intelligenz. Hanser Verlag, München 1996, S. 7 ff.
116. Jaffé, Aniela: Erinnerungen, Träume, Gedanken von C. G. Jung. Rascher Verlag, Zürich, Stuttgart 1963, S. 145.
117. Hinshaw / Fischli: C. G. Jung im Gespräch. Daimon Verlag, Zürich 1986, S. 280.
118. Frankl, Viktor: Logotherapie und Existenzanalyse. Piper Verlag, München, Zürich 1987, S. 11.
119. Renzikowski, Christoph: Warum religiöse Menschen gesünder leben. In: Neue Luzerner Zeitung, Nr. 117, 1997, S. 55.
120. Nager, Frank: Gesundheit, Krankheit, Heilung, Tod. Verlag der Stiftung Akademie 91. Luzern 1997, S. 17.
121. Zwicky, Fritz: Jeder ein Genie. Buchclub Ex Libris, Zürich 1972, S. 116.
122. Pahlow, M.: Das große Buch der Heilpflanzen. Verlag Gräfe und Unzer. München 1993, S. 9.
123. Yogananda, Paramahansa: Autobiographie eines Yogi. O. W. Barth Verlag, München, 13. Aufl., 1983, S. 252 f.
124. Imhof, Beat: Erfolg ist lernbar. Bd. 1: Biodynamik. Rothus Verlag, Solothurn 2001, S. 70-85.
125. Müller, Rudolf. Nahrung als Heilmittel. Verlag „Sonnenseitig leben". Ittigen, 5. Aufl., 1980, S. 25.
126. Schrader, Christopher: Wie gesund bin ich? In: Facts, Nr. 44, 1999, S. 125-126.
127. Kunz, Dora: Die verborgenen Quellen der Heilung. Aquamarin Verlag, Grafing 1987, S. 129.
128. White Eagle: Die vier großen Einweihungen. Aquamarin Verlag, Grafing, 2. Aufl., 1988, S. 13.
129. Challoner, H. K.: Der Pfad der Heilung. Die verborgenen Gesetze von Gesundheit und Krankheit. Edition Adyar im Aquamarin Verlag, Grafing 2005, S. 46.
130. Myss, Caroline: Mut zu Heilung. Knaur Verlag, München 2000, S. 24.
131. Moody, Raymond: Lachen und Leiden. Rohwolt Verlag, Reinbek bei Hamburg 1981, S. 36 f.
132. Cousins, Norman: Der Arzt in uns. Rowohlt Verlag, Reinbek bei Hamburg 1981, S. 12 f.
133. Nestle, Wilhelm. Platon. Hauptwerke. Alfred Kröner Verlag, Stuttgart 1965, S. 233 f.
134. Luther, Martin: Tischreden. Ph. Reclam Verlag, Stuttgart 1960, S. 276.
135. Stiefl-Cérmak, Maria: Die Heilkraft der Musik. In: Reform-Rundschau, Nr. 8, 1994, S. 11.
136. Rueger, Christoph: Die musikalische Hausapotheke. Ariston Verlag, Genf, München 1991, S. 9 ff.
137. Pontvik, Aleks: Heilen durch Musik. Rascher Verlag, Zürich 1955, S. 25 ff.
138. Verres, Rolf: Die Kunst zu leben. Krebsrisiko und Psyche. Piper Verlag, München, Zürich 1991, S. 65 f.
139. Van Deest, Heinrich: Heilen mit Musik. Trias Verlag, Stuttgart 1994, S. 36 ff.
140. Schmid, Markus E.: Wie Klänge und Rhythmen wirken. In: Natürlich, Nr. 1, 1993, S. 10.
141. Lukas, Elisabeth: Die magische Frage wozu? Herder Verlag, Basel 1991, S. 74.
142. Schwarz, Günther: Geistige Selbstheilung. Verlag der Helfenden, Krünn / Obb. 1970, S. 12 f.
143. Schur, Max: Sigmund Freud. Leben und Sterben. Suhrkamp Verlag, Frankfurt a. M. 1973, S. 592.
144. Coué, Emil: Selbstbemeisterung durch bewusste Autosuggestion. Schwabe Verlag, Basel 1972, S. 34.
145. Frankl, Viktor: Der Wille zum Sinn. Piper Verlag, München, Zürich 1991, S. 281.
146. Ionesco, Eugène: Tagebuch. Darmstadt-Neuweid 1970, S. 145.

147. Monahan, Evelyn: Das Wunder der metaphysischen Heilung. Wissenschaftlicher Verlag August Sten, Lindau 1980, S. 15 ff.
148. Kast, Verena. Trauer. Phasen und Chancen des psychischen Prozesses. Kreuz Verlag, Stuttgart, Berlin, 11. Aufl., 1990, S. 25 ff.
149. Canacakis, Jorgos: Ich sehe deine Tränen. Trauern, Klagen, Leben können. Kreuz Verlag, Stuttgart, Berlin, 2. Aufl., 1988, S. 7 f.
150. Flemming, Beatrice: Das theosophische Weltbild. F. Hirthammer Verlag, München, 3. Bd. 1976, S. 240-241.

Kapitel 7

1. Jung, Carl Gustav: Zur Phänomenologie des Geistes. In: Archetypen und das kollektive Unbewusste. Walter Verlag, Olten, Freiburg i.Br. Ges. W. Bd. 9/I, 1976, S. 224.
2. Von Ditfurth, Hoimar: Der Geist fiel nicht vom Himmel. Rowohlt Verlag, Reinbek bei Hamburg 1976, S. 49, 318.
3. Vasek, Thomas: Die Gene des Geistes. In: Peter Moosleitners Magazin P. M., Nr. 9, 2007, S. 22-29.
4. Conrad-Martius, Hedwig: Die Geistseele des Menschen. Kösel Verlag, München 1960, S. 11.
5. Kälin, Bernard: Logik und Metaphysik. Verlag des Benediktinerkollegiums, Sarnen / Schweiz 1940, 251.
6. Luyten, Norbert: Todesverständnis und Menschenverständnis. In: Grenzerfahrungen, Bd. 10, Verlag Karl Alber, München 1980, S. 191.
7. Pannenberg, Wolfhart: Was ist der Mensch? Verlag Vandenhoeck & Ruprecht, Göttingen, 8. Aufl., 1995, S. 35.
8. Boros, Ladislaus: Leib, Seele und Tod. In: Orientierung, Nr. 8, 1965, S. 94.
9. Cullmann, Oscar: Unsterblichkeit der Seele oder Auferstehung der Toten? Kreuz Verlag, Stuttgart 1962, S. 19.
10. Monroe, Robert: Der zweite Körper. Neue Forschungen und Erfahrungen im Bereich des Unvorstellbaren. Ansata Verlag, Interlaken 1987, S. 294-301.
11. Töpper, Adalbert: Erfahrbarkeit außerkörperlicher Daseinsebenen. Verlag „Die Silberschnur", Melsbach / Neuwied 1986, S. 91 f.
12. Faltin, Thomas: Wunderbare Landschaft jenseits des Tunnels. In: Wegbegleiter. Nr. 1, 2006, S. 17
13. Kälin, Bernhard: Logik und Metaphysik. Verlag des Benediktinerkollegiums, Sarnen 1940, S. 251.
14. Monroe, Robert: Der zweite Körper. Expeditionen jenseits der Schwelle. Ansata Verlag, Interlaken 1987, S. 294 ff.
15. Frankenstein, Peter: Gegen weltfremde Dogmatiker in der Kirche. In: Neue Luzerner Zeitung, Nr. 98, 2013, S. 22.
16. Marx, Helma: Das Buch der Mythen aller Zeiten aller Völker. Styria Verlag, Graz, Wien, Köln 1999, S. 9 ff.
17. Orthbandt, Eberhard: Geschichte der großen Philosophen. Verlag Wernder Dausien, Hanau o. J., S, 153 f.
18. Schuré, Eduard: Die Priesterin der Isis. Ansata Verlag, Interlaken 1980, S. 24.
19. Marx, Helma: Das Buch der Mythen aller Zeiten und aller Völker. Styria Verlag, Graz, Wien, Köln 1999, S. 682.
20. Gross, Julius: Entstehungsgeschichte des Erbsündendogmas. E. Reinhardt Verlag, Basel, München, Bd. 1, 1961, S. 342-345.
21. Streuli, Robert: Origenes – der Diamantene. ABZ Verlag, Zürich 1987, S. 333 und 335-337.
22. Rahner, Karl: Herders Theologisches Taschenlexikon, Herder Verlag, Freiburg i. Br., Bd. 6, 1972-1973, S. 396.
23. Haas, Giulio: Die Weltsicht von Teilhard und Jung. Walter Verlag, Olten, Freiburg i. Br. 1991, S. 19.
24. Teilhard de Chardin, Pierre: Der Mensch im Kosmos. C. H. Beck Verlag, München, 4. Aufl., 1959, S. 155-157.

25. Boris, Ladislaus: Leib, Seele und Tod. In: Orientierung, Nr. 8, 1965, S. 93.
26. Von Ditfurth, Hoimar: Der Geist fiel nicht vom Himmel. Verlag Hoffmann und Campe. Hamburg, 7. Aufl., 1976, S. 14.
27. Rahner, Karl: Immanente und transzendente Vollendung. In: Teilhard de Chardin und das Problem des Weltbilddenkens. Verlag Karl Alber, Freiburg, München 1968, S. 174-202.
28. Küng, Hans: Der Anfang der Dinge. Naturwissenschaft und Religion. Piper Verlag, München, Zürich 2005, S. 165.
29. Schamoni, Wilhelm: Theologisches zum biologischen Weltbild. Verlag Ferdinand Schöningh, München, Paderborn, Wien 1964, S. 72.
30. Dalliard, Alfred: Der Weg des Menschen. In: Medium Nr. 10, 2000, S. 15.
31. Kälin, Bernhard: Logik und Metaphysik. Verlag des Benediktinerkollegiums, Sarnen 1940, S. 273.
32. Rahner, Karl: Phänomen Seele. In: Herders Theologisches Taschenlexikon. Herder Verlag, Freiburg i. Br., Bd. 6, 1972-1973, S. 396 f.
33. UNO: Vier Geburten pro Sekunde. In: Neue Luzerner Zeitung, Nr. 50, 2013, S. 5.
34. Hack, Tobias: Der Streit um die Beseelung des Menschen. Herder Verlag, Freiburg i. Br. 2011.
35. Ranke-Heinemann, Uta: Eunuchen für das Himmelreich. Verlag Hoffmann und Campe, Hamburg 1988, S. 316-318.
36. Rahner, Karl: Phänomen Seele. In: Herders Theologisches Taschenlexikon. Herder Verlag, Freiburg i. Br. Bd. 6, 1972-1973, S. 396 f.
37. Vogel, Thomas: Vom Reagenzglas in die Wiege. Interview mit dem Reproduktionsmediziner Bruno Imthurn. In: Migros-Magazin Nr. 2, 2011, S. 14-17.
38. Bühlmann, Benno: Kinderwunsch schafft Probleme. Interview mit dem Sozialethiker Markus Zimmermann. In: Neue Luzerner Zeitung, Nr. 34, 2012, S. 8.
39. Küng, Hans: Was ich glaube. Piper Verlag, München, Zürich, 3. Aufl. 2009, S. 264.
40. Rutz, Eveline: Gentests für Embryos. In: Neue Luzerner Zeitung, Nr. 130, 2013, S. 4.
41. Reichmuth, Christopher: Deutsche Bischöfe lockern das Verbot für die „Pille danach". In: Neue Luzerner Zeitung, Nr. 8, 2013, S. 5.
42. Kälin, Bernhard: Logik und Metaphysik. Verlag des Benediktinerkollegiums, Sarnen 1940, S. 274-275.
43. Lutz, Walter: Die Grundfragen des Lebens. Lorber Verlag, Bietigheim, 3. Aufl. 1979, S. 182.
44. Schamoni, Wilhelm: Theologisches zum biologischen Weltbild. Verlag Ferdinand Schöningh, München, Paderborn, Wien 1964, S. 126.
45. Holthuizen, Anouk und Kramm, Reinhard: Sind Embryonen Menschen? In: Reformiert, Nr. 11, 2011, S. 3.
46. Koch, Kurt: Wann beginnt menschliches Leben? In: Vaterland, Nr. 126, 1978, S. 6-7.
47. Geisler, Hans: Zeitpunkt der Beseelung. In: Die andere Welt. Nr. 5, 1968, S. 427-428.
48. Greber, Johannes: Der Verkehr mit der Geisterwelt Gottes. Verlag der Greber Memorial Foundation, Teaneck, New Jersey, 10. Auflage 1987, S. 289.
49. Brunner, Beatrice: Ein Geist des Himmels hat das Wort. In: Geistige Welt, Nr. 12, 1976, S. 92.
50. Cerminara, Gina: Erregende Zeugnisse für Karma und Wiedergeburt. H. Bauer Verlag, Freiburg i. Br. 1964, S. 190.
51. Hillringhaus, Herbert (Hrsg.): Brücke über den Strom. Novalis Verlag, Schaffhausen, 4. Aufl., 1999, S. 295.
52. Schiebeler, Werner: Die Entstehung menschlichen Lebens und frühkindlicher Tod. In: Wegbegleiter, Nr. 1, 2003, S. 15-41.
53. Wambach, Helen: Leben vor dem Leben. W. Heyne Verlag, München, 2. Aufl. 1980, S. 101-154.
54. Heider, Angela: Berichte aus dem Jenseits. Verlag Books on Demand. Norderstedt 2006, S. 61.
55. Gabobianco, Flavio: Ich komme aus der Sonne. Ch. Falk Verlag, Seeon 1994, S. 9.
56. Bäzner, Erhard: Das Rätsel des Lebens und das Geheimnis des Todes. Aquamarin Verlag, Grafing, 3. Aufl., 2007, S. 95.

57. Steiner, Rudolf: Reinkarnation und Karma. Verlag Freies Geistesleben. Stuttgart, 2. Aufl., 1961, S. 203.
58. Burkhardt, Martin: Die Erlebnisse nach dem Tod. Der nachtodliche Weg des Menschen durch die übersinnliche Welt. Verlag „Die Pforte", Dornach 1996, S. 46.
59. Schiebeler, Werner: Der Mensch und seine Bindung an Gott. Wersch Verlag, Ravensburg 1990, S. 132
60. Hinz, Walther: Neue Erkenntnisse über die Schöpfung Gottes. ABZ Verlag, Zürich 1991, S. 106-110.
61. Müller, Karl E.: Informationen aus dem Jenseits. Turm Verlag, Bietigheim 1982, S. 101.
62. Vasek, Thomas: Die Gene des Geistes. In: Peter Mossleitners Magazin P. M.: Nr. 9, 2007, S. 22-29.
63. Klaus, Stephan: Auslaufmodell Seele? In: Wendezeit, Nr. 4, 2012, S. 14.
64. Jaynes, Julian: Der Ursprung des Bewusstseins. Rowohlt Verlag, Reinbek bei Hamburg 1976, S. 83 ff.
65. Meili, Richard: Das Ich. In: Lexikon der Psychologie. Verlag Buchclub Ex Libris, Zürich 1979, Bd. 2, S. 149-152.
66. Töpper, Adalbert: Erfahrbarkeit außerkörperlicher Daseinsebenen. Verlag „Die Silberschnur", Melsbach / Neuwied 1986, S. 29.
67. Meckelburg, Ernst: Der unsterbliche Geist. In: Esotera Nr. 6, 1981, S. 507-514.
68. Arends, Michael: Elementare Fragen zur Reinkarnation. J.G. Bäschke Verlag, St. Michael / Austria 1981, S. 51.
69. Wilzbach, Erich (Hrsg.): Gespräche mit dem Weisen vom Berge Arunachala. Ansata Verlag, Interlaken 1984, S. 236.
70. Von Jankovich, Stephan: Ich war klinisch tot. Drei Eichen Verlag, München, Engelberg, 2. Aufl. 1985, S. 39 ff.
71. Niemz, Markolf H.: Bin ich, wenn ich nicht mehr bin? Herder Verlag, Freiburg i. Br., 3. Aufl. 2012, S. 49 f.
72. Pelletier, Kenneth T.: Unser Wissen vom Bewusstsein. Kösel Verlag, München, 1982, S. 255 f.
73. Truttmann, Marianne: Finanzspritze für Hirnforschung. In: Neue Luzerner Zeitung, Nr. 23, 2013, S. 13.
74. Vaas, Rüdiger und Blume, Michael: Gott, Gene und Gehirn. S. Hirzel Verlag, Stuttgart, 2. Aufl., 2009, S. 198.
75. Pelletier, Kenneth: Unser Wissen vom Bewusstsein. Kösel Verlag, München 1982, S. 255 f.
76. Looser, Gabriel: Wohin geht die Seele? Ein Reiseführer ins Jenseits. Kösel Verlag, München 2012, S. 41.
77. Drewermann, Eugen: Atem des Lebens. Die moderne Neurologie und die Frage nach Gott. Patmos Verlag, Düsseldorf, 3. Aufl., 2006, S. 13.
78. Wilber, Ken: Wege zum Selbst. Kösel Verlag. München 1984, S. 11-29.
79. Bonhoeffer, Dieter: Widerstand und Ergebung. Chr. Kaiser Verlag, München 1970, S. 64.
80. Hoeres, Walter: Die Existenz der Geistseele. In: Schamoni, Wilhelm: Die Seele und ihr Weiterleben nach dem Tode. Verlag Josef Kral, Abensberg 1981, S. 176.
81. Jaffé, Aniela: Erinnerungen, Träume, Gedanken von C. G. Jung. Rascher Verlag, Zürich 1962, S. 325.
82. Michel, Johannes: Berichte von der Jenseitsschwelle. Authentische Fälle von Nahtoderfahrungen. Verlag Goldmann Arkana, München 2008, S. 205-207.
83. Böhm, Adolph: Mein Bruder Gerd. Seltsame Erlebnisse in Kopenhagen. G. E. Schroeder Verlag, Garmisch-Partenkirchen 1963, S. 41 ff, 66 ff, 78 ff, 116 ff.
84. Coppes, Christophor: Der Himmel ist ganz anders. Nahtod-Erfahrungen. Aquamarin Verlag, Grafing 2012, S. 49-50.
85. Sculthorp, Frederick: Meine Wanderungen in der Geisterwelt. H. Bauer Verlag, Freiburg i. Br. 1962, S. 103 f.
86. Katzmann, Bo: Zwei Minuten Ewigkeit. Giger Verlag, Altendorf 2012, S. 25f.
87. Dawkins, Richard: Die Schöpfungslüge. Ullstein Verlag, Berlin 2010, S. 450.
88. Nahm, Michael: Wenn die Dunkelheit ein Ende findet. Crotona Verlag, Amerang 2012.

89. Serrano, Miguel: Meine Begegnungen mit C. G. Jung und Hermann Hesse. Rascher Verlag, Zürich, Stuttgart 1987, S. 120.
90. Meckelburg, Ernst: Paraphysikalische Deutung von Erscheinungen. In: Wendezeit, Nr. 3, 2011, S. 11.
91. Markus, Siegfried: Der Gott der Physiker. Birkhäuser Verlag, Basel, Stuttgart 1986, S. 371-372
92. Morse, Ralph: Das Gehirn des Genies. In: Peter Moosleitners Magazin, Nr. 7, 2010, S. 7.
93. Eccles, John: Die Evolution des Gehirns – die Erschaffung des Selbst. Piper Verlag, München, Zürich 1993, S. 389 und 391.
94. Coppes, Christophor: Der Himmel ist ganz anders. Nahtod-Erfahrungen. Aquamarin Verlag, Grafing 2012, S. 46.
95. Alexander, Eben: Blick in die Ewigkeit. Ansata Verlag, München 2013, S. 76.
96. Schiebeler, Werner: Nachtodliche Schicksale. Wersch Verlag, Ravensburg, 2. Aufl., 1996, S. 22 ff.
97. Sheldrake, Rupert: Das Gedächtnis der Natur. Scherz Verlag, Bern, München, Wien 1990, S. 158-161.
98. König, Michael: Das Urwort. Die Physik Gottes. Scorpio Verlag, Berlin, München, 2. Aufl., 2011, S. 181.
99. Leirner, Sebastian: So lernt man lernen. Herder Verlag, Freiburg i. Br., Basel, Wien 1998, S. 41.
100. Kroeger, Fritz: Gehirn und Bewusstsein. In: Esotera Nr. 1, 1979, S. 18-25.
101. Eichelbeck, Reinhard: Das Geheimnis der Erfinder. In: Esotera, Nr. 2, 1998, S. 46.
102. Meckelburg, Ernst: Der unsterbliche Geist. In: Esotera Nr. 6, 1981, S. 513-514.
103. Schiebeler, Werner: Das Fortleben nach dem Tode im Hinblick auf Naturwissenschaft und Parapsychologie. In: Imago Mundi. Resch Verlag, Insbruck, Bd. 7, 1980, S. 546.
104. Jung, Carl Gustav: Die Archetypen des kollektiven Unbewussten. Walter Verlag, Olten, Freiburg i. Br. 1976, S. 56.
105. Steiner, Rudolf: Aus der Akasha-Chronik. Rudolf Steiner Verlag, Dornach, 4. Aufl., 1987, S. 16 ff.
106. Zürrer, Ronald: Reinkarnation. Die umfassende Wissenschaft der Seelenwanderung. Govinda Verlag, Neuhausen / Altenburg, 4. Aufl., 2000, S. 136.
107. Heiler, Angela: Berichte aus dem Jenseits. Verlag Books on Demand, Norderstedt 2006, S. 76.
108. Platon. Hauptwerke. Hrsg. Von Wilhelm Nestle. Alfred Kröner Verlag, Stuttgart 1965, S. 67 und 253-254.
109. Stapleton, Michael und Servan, Elizabeth: Lexikon der griechischen und römischen Mythologie. Xenos Verlagsgesellschaft, Hamburg 1978, S. 32, 119, 201-202.
110. Binggeli, Bruno: Primum Mobile. Dantes Jenseitsreise und die moderne Kosmologie. Ammann Verlag, Zürich 2006, S. 99.
111. Lessing, Gotthold Ephraim: Die Erziehung des Menschengeschlechts. 1780, S. 99.
112. Goethe, Johann Wolfgang: Faust. Zweiter Teil. Verlag Birkhäuser, Basel 1944, S. 149.
113. Goethe, Johann Wolfgang: Iphigenie auf Tauris. Ges. W., Bd 6, Dramatische Dichtungen. Freizeit-Bibliothek, Verlag Editio-Service, Genf o. J., S. 678.
114. Schmidt, Karl Otto: Wir leben nicht nur einmal. Drei Eichen Verlag, München, 4. Aufl., 1973, S. 138.
115. Von Wiese, Benno (Hrsg.): Deutsche Gedichte. Verlag August Bogel, Düsseldorf, 1967, S. 117.
116. Burkhardt, Martin: Die Erlebnisse nach dem Tod. Verlag „Die Pforte", Dornach 1996, S. 47.
117. Douval, H. E.: Beweise der Wiedergeburt. H. Bauer Verlag, Freiburg i. Br., 2. Aufl. 1959, S. 54-55.
118. Fährmann, Johannes: Großer Theosophischer Katechismus. Schatzkammer Verlag, Claw / Württ., Band II, 1954, S. 21-26.
119. Michel, Peter: Weltreligion. Aquamarin Verlag, Grafing 2001, S. 126.
120. Kübler-Ross, Elisabeth: Warum wir hier sind. Verlag „Die Silberschnur", Güllesheim, 3. Aufl., 2000, S. 25.

Anmerkungen | 655

121. Lobsang Rampa: Das dritte Auge. Goldmann Taschenbuch Verlag, München, 2. Aufl., 1980, S. 119, 242 f.
122. Schmidt, Karl Otto: Wiederverkörperung und Karma. Baum Verlag, Pfullingen, 3. Aufl., 1962, S. 142.
123. Oetinger, Manuela: Transformation und Zeitenwende. Aquamarin Verlag, Grafing 2010, S. 27-28.
124. Herrmann, Eva: Von Drüben. Otto Reichl Verlag, Remagen, Bd. II, 1978, S. 68.
125. Haas, Jana: Jenseitige Welten. Die Reise der Seele ins Licht. Knaur Verlag, München 2012, S. 31, 154-155.
126. Brunner, Beatrice: Danach. 13 Erfahrungsberichte aus dem Jenseits. ABZ Verlag, Zürich 1983, S. 271.
127. Dethlefsen, Thorwald: Schicksal als Chance. C. Bertelsmann Verlag, München, 3. Aufl., 1989, S. 211.
128. Hinz, Walther: Geborgenheit. ABZ Verlag, Zürich, 5. Aufl., 1977, S. 170.
129. Ziemer, Anni: Höheres Bewusstsein beim geistigen Heilen. In: Mitteilungsblatt der Deutschen Vereinigung für Geistheilung, Nr. 27, 1986, S. 9.
130. Stearn, Jess: Der schlafende Prophet. Ariston Verlag, Genf, München 1974, S. 120 f.
131. Edwards, Harry: Geistheilung. H. Bauer Verlag, Freiburg i. Br., 1968, S. 23 ff., 38.
132. Barbanell, Maurice: Was ist Spiritismus? Verlag „Die Silberschnur", Melsbach/Neuwied 1987, S. 177.
133. Veenhof, Jan: Therapie in der Kirche. In: Wegbegleiter, Nr. 2, 2004, S. 26-42.
134. Hark, Helmut: Jesus der Heiler. Walter Verlag, Olten, Freiburg i.Br. 1988, S. 52 f.
135. Michel, Katarina und Peter: 12 Gesetze der Heilung. Die Hintergründe von Gesundheit und Krankheit. Aquamarin Verlag, Grafing 2011, S. 100.
136. Carrel, Alexis: Das Wunder von Lourdes. Deutsche Verlagsanstalt, Stuttgart. Jahr 1951.
137. Eisenbeiss, Wolfgang: Geistlehre aus dem Jenseits. August von Goethe Literaturverlag. Frankfurt a. M., 2. Aufl., 2009, S. 46-48.
138. Steiner, Rudolf: Die Erkenntnis des Menschenwesens nach Leib, Seele und Geist. Rudolf Steiner Verlag, Dornach 1994, S. 6 ff.
139. Degen, Rolf: Placebo: Glaube als Medizin. In: Psychologie Heute, Nr. 7, 1988, S. 54-59.
140. Robbins, Anthony: Grenzenlose Energie. Das Power Prinzip. W. Heyne Verlag, München 1994, S. 204.
141. Coué, Emil: Die Selbstbemeisterung durch bewusste Autosuggestion. Schwabe Verlag, Basel 1972, S. 21, 38.
142. Imhof, Beat: Gedanken schaffen Tatsachen. Rothus Verlag, Solothurn, 1997, S. 177-182.
143. Hamilton, Max: Psychosomatik. In: Lexikon der Psychologie. Hrsg. von Richard Meili, Buchclub Ex Libris, Zürich 1979, S. 95-102.
144. Willi, Jürg: Was hält Paare zusammen? Rowohlt Verlag, Reinbek bei Hamburg 1991, S. 18.
145. Müller, Karl H.: Informationen aus dem Jenseits. Turm Verlag, Bietigheim 1982, S. 71.
146. Eccles, John C.: Das Gehirn des Menschen. Piper Verlag, München, Zürich 1975, S. 275.
147. Lepp, Ignace: Hygiene der Seele. Herder Verlag, Basel, Freiburg i. Br. 1967, S. 163.
148. Frankl, Viktor: Logotherapie und Existenzanalyse. Piper Verlag, München, Zürich 1987, S. 11.
149. Renzikowski, Christoph: Warum religiöse Menschen gesünder leben. In: Neue Luzerner Zeitung, Nr. 117, 1997, S. 55.
150. Borasio, Gian Domenico: Über das Sterben. Was wir wissen. Was wir tun können. Wie wir uns darauf einstellen. C. H. Beck Verlag, 8. Auflage, München 2012, S. 45f.
151. Küng, Hans und Jens, Walter: Menschenwürdig sterben. Piper Verlag, München 2009, S. 42, 132
152. Bürgin, Luc: Das Wunder Mirin Dajo. Der unverletzbare Prophet und seine phänomenalen Kräfte. In: Wendezeit, Nr. 3, 2013, S. 39.
153. Passian, Rudolf: Ein Exempel für die Herrschaft des Geistes über die Materie. In: Wegbegleiter, Nr. 3, 1998, S. 107 ff.
154. Rilke, Rainer Maria: Das Stunden-Buch. Insel Verlag, Frankfurt a. M 1955, S. 313.

Kapitel 8

1. Haehl, Mathias: „Ich war sogar Messdiener". Interview mit Franz Hohler. In: Neue Luzerner Zeitung, Nr. 155, 2012, S. 8.
2. Pfister, Philipp: Papst erklärt: Das geschieht nach dem Tod. In: Blick, Nr. 252, 1998, S. 1.
3. Ratzinger, Josef: Jenseits des Todes. In: Internationale katholische Zeitschrift „Communio", Nr. 5/6, 1972, S. 231.
4. Helbling, Hans Rudolf: Was kommt danach? Selbstverlag der reformierten Kirche Bolligen, Bolligen 2003, S. 44.
5. Huber, Max: Bekenntnis eines evangelischen Pfarrers. In: Geistige Welt, Nr. 40, 1969, S. 318.
6. Imhof, Beat: Wie auf Erden so im Himmel. Aquamarin Verlag, Grafing, 2. Aufl., 2012.
7. Long, Jeffrey und Perry, Paula: Beweise für ein Leben nach dem Tod. Verlag Goldmann/Arkana, München 2010, S. 299-318.
8. Drewermann, Eugen: Der sechste Tag. Die Herkunft des Menschen und die Frage nach Gott. Walter Verlag, Zürich, Düsseldorf 1998, S. 170-171, 181.
9. Rust, Alfred: Die jüngere Steinzeit. In: Historia Mundi, Bd. I: Frühe Menschheit. Francke Verlag, Bern 1952, S. 289-317.
10. Tempelmann, Orith: Totenkult und Mumien im Alten Ägypten. In: Wendezeit, Nr. 5, 2011, S. 25-40.
11. Küng, Hans: Ewiges Leben. Piper Verlag, München, Zürich 1982, S. 73.
12. Looser, Gabriel: Wohin geht die Seele? Ein Reiseführer ins Jenseits. Kreuz Verlag, München 2012, S. 34 ff.
13. Michels, Johannes: Berichte von der Jenseitsschwelle. Authentische Fälle von Nahtoderfahrungen. Verlag Goldmann Arkana, München 2008, S. 205-207.
14. Taschner, Uta: Das Jenseits ist anders. Verlag Rudolf Runzenheimer, Lindau, 2. Aufl. 1994, S. 89 f.
15. Voggenhuber, Pascal: Nachrichten aus dem Jenseits. Meine Kontakte mit Verstorbenen und der geistigen Welt. Giger Verlag, Altendorf, 4. Aufl., 2009, S. 40 ff.
16. Von Purucker, Gottfried: Tod – Was kommt danach? Verlag Esoterische Philosophie. Hannover 2010, S. 37 ff.
17. Henry, Maurice: Der wissenschaftliche Beweis unseres Weiterlebens nach dem Tode. Karl Rohm Verlag, Lorch / Württ. 1963, S. 12.
18. Bedford, J., und Kensington, W. B.: Das Delpasse-Experiment. Econ Verlag, Düsseldorf, Wien 1974, S. 24 ff.
19. Meckelburg, Ernst: Das Delpasse-Experiment. In: Esotera, Nr. 6, 1981, S. 515.
20. Dalliard, Alfred: Lexikon der Geistchristlichen Lehre. Verlag Ph. C. W. Schmidt, Neustadt/Aisch 2010, S. 419-420.
21. Hinz, Walther: Neue Erkenntnisse über die Schöpfung Gottes. ABZ Verlag, Zürich 1991, S. 61-62.
22. Sorge, Johannes Martin: Reise gegen die Zeit. Ariston Verlag, Genf 1980, S. 37, 165, 177, 195.
23. Hawking, Stephen: Das Universum in der Nussschale. Verlag Hoffmann und Campe. Hamburg 2001, S. 10.
24. Dethlefsen, Thorwald: Schicksal als Chance. C. Bertelsmann Verlag, München. 3. Aufl., 1989, S. 202.
25. Meckelburg, Ernst: Transwelt. W. Heyne Verlag, München 2012, S. 12 f.
26. Klee, Paul: Tagebücher 1898-1918. Europa Verlag, Zürich 1957, S. 56.
27. Risi, Armin: Unsichtbare Welten. Govinda Verlag, Zürich, 4. Aufl., 2003, S. 177.
28. Nestle, Wilhelm (Hrsg.): Platon. Hauptwerke. Alfred Kröner Verlag, Stuttgart 1965, S. 151 f.
29. Passian, Rudolf: Leitgedanke zum Buch von Adelma von Vay. Sphären zwischen der Erde und Sonne. Irmgard Herrmann Verlag, Vierhöfen 2007, S. 9, 209-217.
30. Miers, Horst E.: Lexikon des Geheimwissens. H. Bauer Verlag, Freiburg i. Br. 1970. S. 326-327.
31. Brunner, Beatrice: Der Himmel ist für alle offen. In: Geistige Welt. Nr. 24, 1978, S. 328-329.
32. Jürgenson, Friedrich: Sprechfunk mit Verstorbenen. W. Goldmann Verlag, München 1981.

Anmerkungen | 657

33. Raudive, Konstantin: Unhörbares wird hörbar. O. Reichl Verlag, Remagen 1968.
34. Spirik, Herbert J. und Loos, Horst R.: Nachrichten aus dem Jenseits. Ennsthaler Verlag, Styria 1996, S. 41 f, 89 f, 103 f, 302 f, 237 ff.
35. Hausdorf, Hedwig: Rückkehr aus dem Jenseits. Argo Verlag, Marktoberdorf, 2. Aufl., 2007, S. 55.
36. Sherman, Laura und Andrew: Der magische Schlüssel des Kybalion. Die sieben Gesetze des Lebens. Thiele Verlag, München, Wien 2009, S. 12 ff.
37. Virtue, Doreen: Wie oben, so unten. Die sieben Gesetze des Lebens. Koha Verlag, Burgrain, 3. Aufl., 2008, S. 7 ff.
38 Dethlefsen, Thorwald: Schicksal als Chance. C. Bertelsmann Verlag, München, 3. Aufl. 1989, S. 28.
39. Von Glasenapp, Helmut: Die fünf Weltreligionen. H. Hugendubel Verlag, Kreuzlingen, München 2005, S. 142.
40. Steiner, Rudolf: Das Leben nach dem Tod. Verlag „Freies Geistesleben", Stuttgart, 5. Aufl., 2006, S. 28.
41. Burckhardt, Martin: Die Erlebnisse nach dem Tod. Verlag „Die Pforte", Dornach 1996, S. 49.
42. Fynn: Anna und Mister Gott. Scherz Verlag, Bern, München, Wien 1986, S. 45.
43. Greaves, Helen: Zeugnis des Lichts. Ein Erfahrungsbericht vom Leben nach dem Tod. Anthos Verlag, Hemsbach 1982, S. 52.
44. Müller, Karl H.: Informationen aus dem Jenseits. Turm Verlag, Bietigheim 1982, S. 79.
45. Boros, Ladislaus: Mysterium mortis. Der Mensch in der letzten Entscheidung. Walter Verlag, Olten, Freiburg i.Br.4. Aufl., 1964, S. 43 f.
46. Schweizer Depechen Agentur: Jungbrunnen für Zellen entdeckt. In: Neue Luzerner Zeitung, Nr. 234, 2012, S. 40.
47. Leadbeater, Charles: Die Astralwelt. Das Leben im Jenseits. Aquamarin Verlag, Grafing, 3. Aufl., 2009, S. 118-119.
48. Ringger, Peter: Kant als Pionier der Parapsychologie. In: Neue Wissenschaft, 4. Jg. 1954, S. 297.
49. Findlay, Arthur: Gespräche mit Toten. Hermann Bauer Verlag, Freiburg i. Br. 1960, S. 258.
50. Barbanell, Maurice: Was ist Spiritualismus? Verlag „Die Silberschnur", Melsbach / Neuwied 1987, S. 26.
51. Greaves, Helen: Zeugnis des Lichts. Ein Erfahrungsbericht vom Leben nach dem Tod. Anthos Verlag, Hemsbach 1982, S. 179.
52. Engel, Leopold: Im Jenseits. Führungen einer Seele. Lorber Verlag, Bietigheim, 4. Aufl., 1981, S. 52.
53. Ulrich, Thomas. Dualseelen. Aquamarin Verlag, Grafing 1969, S. 135 ff.
54. Desmond, Shaw: Wie du lebst, wenn du gestorben bist. Hermann Bauer Verlag, Freiburg i. Br. 1960, S. 61.
55. Greaves, Helen: Zeugnis des Lichts. Ein Erfahrungsbericht vom Leben nach dem Tod. Anthos Verlag, Hemsbach 1982, S. 124.
56. Lawrence, Thomas A.: Tagebuch von drüben. Ansata Verlag, Interlaken 1989, S. 72
57. Jakoby, Bernard: Wir sterben nie. Nymphenburger Verlag, München 2007, S. 177.
58. Van Praagh, James: Geister sind unter uns. Ansata Verlag, München 2008, S. 104.
59. Helmrich, Hermann (Hrsg.): Kybalion. Eine Studie über die hermetische Philosophie des alten Ägypten und Griechenland. Arkana-Verlag, Heidelberg, 2. Aufl. 1980, S. 90 f.
60. Sheldrake, Rupert: Das schöpferische Universum. Meyster Verlag, München 1981, S. 91-92.
61. Oetinger, Manuela: Die Aura. Die Energiefelder des Menschen. Aquamarin Verlag, Grafing 2001, S. 154.
62. Karcher, Helmut: Wie ein Ei dem anderen. Alles über Zwillingspaare. Piper Verlag, München, Zürich 1975, S. 25 ff.
63. Hänni, Pier: Wanderer in zwei Welten. AT-Verlag, Aarau, München 2010, S. 92 f.
64 Franckh, Pierre: Das Gesetz der Resonanz. Koha Verlag, Burgrain, 5. Aufl., 2012, S. 22, 32, 53, 65.
65. Jungclaussen, Emmanuel: Aufrichtige Erzählungen eines russischen Pilgers. Herder Verlag, Freiburg, Basel Wien, 7. Aufl., 1974.

66. Coppes, Christophor: Der Himmel ist ganz anders. Nahtod-Erfahrungen. Aquamarin Verlag, Grafing 2012, S. 115.
67. Engel, Leopold: Im Jenseits. Führung einer Seele. Lorber Verlag, Bietigheim, 4. Aufl., 1981, S. 12-13.
68. Lawrence, Thomas E.: Tagebuch von drüben. Ansata Verlag, Interlaken 1989, S. 74.
69. Hoffmann, Paul: Die Toten in Christus. Eine religionsgeschichtliche und exegetische Untersuchung zur paulinischen Eschatologie. Aschendorff-Verlag, Münster 1969, S. 204-205.
70. Ullmann, Ludwig (Hrsg.): Der Koran. Das heilige Buch des Islam. W. Goldmann Verlag, München 1959, S. 8 ff.
71. Andrea, Tor.: Mohammend. Sein Leben und sein Glaube. Verlag Vandenhoeck & Ruprecht, Göttingen 1932, S. 48.
72. Luther, Martin: Tischreden. Hrsg. Von Kurt Aland. Verlag Ph. Reclam, Stuttgart 1960, S. 73 ff.
73. Imhof, Beat: Wie auf Erden so im Himmel. Aquamarin Verlag, Grafing 2012, S. 133.
74. Desmond, Shaw: Wie du lebst, wenn du gestorben bist. Hermann Bauer Verlag, Freiburg i.Br. 1960, S. 55.
75. Borgia, Anthony: Das Leben in der Unsichtbaren Welt. Verlag „Die Silberschnur", Melsbach/Neuwied 1985, S. 47-49.
76. Schiebeler, Werner: Leben nach dem irdischen Tod. Die Erfahrungen von Verstorbenen. Verlag „Die Silberschnur", Melsbach/Neuwied, 2. Aufl., 1993, S. 111.
77. Schiebeler, Werner: Nachtodliche Schicksale. Wersch Verlag, Ravensberg, 2. Aufl., 1996, S. 155.
78. Borgia, Anthony: Das Leben in der Unsichtbaren Welt. Verlag „Die Silberschnur", Melsbach/Neuwied 1985, S. 47-48.
79. Heider, Helga: Berichte aus dem Jenseits. Verlag Books on Demand, Norderstedt 2006, S. 12-13, 29, 30.
80. Imhof, Beat: Wie auf Erden so im Himmel. Aquamarin Verlag, Grafing, 3. Aufl. 2013, S. 503-511.
81. Cullmann, Oscar: Unsterblichkeit der Seele oder Auferstehung der Toten? Kreuz Verlag, Stuttgart 1962, S. 19, 23-29.
82. Nestle, Wilhelm (Hrsg.): Platon. Hauptwerke. Alfred Kröner Verlag, Stuttgart 1965, S. 67 ff.
83. MacGregor, Geddes: Reinkarnation und Karma im Christentum. Aquamarin Verlag, Grafing 1985, S. 129.
84. Papst Johannes Paul II: Katechismus der katholischen Kirche. Oldenbourg Verlag, München 1963, S. 284.
85. Pannenberg, Wolfhart: Was ist der Mensch? Die Anthropologie der Gegenwart im Lichte der Theologie. Verlag Vandenhoeck und Rupprecht. Göttingen, 7. Aufl., 1985, S. 35-36.
86. Küng, Hans: Die christliche Herausforderung. Piper Verlag, München, Zürich 1980, S. 217.
87. Sartory, Thomas und Gertrude: In der Hölle brennt kein Feuer. Kindler Verlag, München 1968, S. 37-38.
88. Feuerstein, Otto: Wie sieht es im Jenseits aus. Turm Verlag, Bietigheim, 2. Aufl., 1965, S. 5.
89. Finkenzeller, Josef: Was kommt nach dem Tod? Don Bosco Verlag, München, 2. Aufl., 1979, S. 95.
90. Knoblauch, Hubert: Berichte aus dem Jenseits. Mythos und Realität der Nahtod-Erfahrung. Herder Verlag, Freiburg, Basel, Wien 2002, S. 15 ff.
91. Nestle, Wilhelm: Platon. Hauptwerke. Alfred Kröner Verlag, Stuttgart 1969, S. 245.
92. Schamoni, Wilhelm: Auferweckungen vom Tode. Verlag Ferdinand Schöningh, Paderborn 1968, S. 13 ff, 125.
93. Stausberg, Michael: Zarathustra und seine Religion. Verlag H. C. Beck, München 2005, S. 59.
94. Horner, Noel: Himmel oder Hölle. Was lehrt die Bibel wirklich? Verlag der Vereinten Kirche Gottes. Bonn 2002, S. 6.
95. Küng, Hans: Jesus. Piper Verlag, München, 2. Aufl., 2012, S. 247-248.
96. Schiebeler, Werner: Das Fortleben nach dem Tode im Hinblick auf Naturwissenschaft und Parapsychologie. In: Imago Mundi, Resch Verlag, Innsbruck, Bd. 7, 1980, S. 559 f.

97. Yoganada, Paramahansa: Autobiographie eines Yogi. O. W. Barth Verlag, München, 13. Aufl., 1983, S. 309, 311, 421.
98. Bäzner, Erhard: Das Rätsel des Lebens und das Geheimnis des Todes. Aquamarin Verlag, Grafing, 3. Aufl., 2007, S. 45.
99. Korf, Georg: Die andere Seite der Welt. Aquamarin Verlag, Grafing 2011, S. 160, 199, 202.
100. Leadbeater, Charles W.: Die Astralwelt. Das Leben im Jenseits. Aquamarin Verlag, Grafing, 3. Aufl. 2009, S.120-123.
101. Risi, Armin: Licht wirft keinen Schatten. Ein spirituell-philosophisches Handbuch. Govinda Verlag, Neuhausen, Jestetten, 2. Aufl., 2005, S., 426-427.
102. Braun, Herbert: Jesus, der Mann aus Nazareth und seine Zeit. Taschenbuchausgabe. Kreuz Verlag, Stuttgart 1988, S. 242.
103. Tempelmann, Orith (Hrsg.): Das Grabtuch von Turin. In: Wendezeit Nr. 4, 2009, S. 27-43.
104. Renggli, Arno: Grabtuch von Turin. Sehen wir das Gesicht von Jesus? In: Neue Luzerner Zeitung, Nr. 110, 2010, S. 11.
105. König, Michael: Das Urwort. Die Physik Gottes. Scorpio Verlag, Berlin, München, 2. Aufl., 2011, S. 224.
106. Brunner Beatrice: Fragenbeantwortung von Geistlehrer Josef. In: Geistige Welt, Heft 3, 2013, S. 20.
107. Rahner, Karl: Auferstehung des Fleisches. In: Herders theologisches Taschenlexikon. Herder Verlag, Freiburg i.Br. 1972, S. 255.
108. Michel, Peter: Der Anti-Weltkatechismus. Aquamarin Verlag, Grafing 1995, S. 42.
109. Helbling, Hans Rudolf: Auferstehung der Toten – was sie mir bedeutet. In: Was kommt danach? Predigt-Text vom 13. 7. 2003. Manuskript, Bolligen 2003, S. 47.
110. Eggenstein, Kurt: Der Prophet Jakob Lorber. Lorber Verlag, Bietigheim / Württ., 2. Aufl. 1975, S. 165.
111. Schlichter, W. P.: Auferstehung. Das Entwicklungsprinzip der Menschheit. In: Theosophie heute, Nr. 1, 1985, S. 2-21.
112. Feuerstein, Otto: Die Auferstehung des Fleisches. Turm-Verlag, Bietigheim 1960, S. 36 ff.
113. Engel, Leopold: Im Jenseits. Führungen einer Seele. Lorber Verlag, Bietigheim, 3. Aufl., 1949, S.1.
114. Trüssel, Erika: Er lebt! – Und wir? In: Neue Luzerner Zeitung, Nr. 67, 2008, S. 12.
115. Pascal, Blaise: Gedanken. Hrsg. von E. Wasmuth. Verlag Philipp Reclam, Stuttgart 1980, S. 88.
116. Von Hildebrand, Dietrich: Die Unsterblichkeit der Seele. In: Schamoni, Wilhelm: Die Seele und ihr Weiterleben nach dem Tode. Verlag Josef Kral, Abensberg 1981, S. 157.
117. Pfannmüller, Gustav (Hrsg.): Tod, Jenseits und Unsterblichkeit in der Religion, Literatur und Philosophie der Griechen und Römer. Ernst Reinhardt Verlag, Basel, München 1953, S. 167.
118. Brunner, Arthur: Eine Fülle von Unsterblichkeitsbeweisen. ABZ Verlag, Zürich, 2. Aufl., 1983, S. 29-30.
119. Platon. Hauptwerke. Hrsg. Von Wilhelm Nestle. Alfred Kröner Verlag, Stuttgart 1965, S. 67 ff.
120. Kant, Immanuel: Kritik der reinen Vernunft. Hrsg. von W. Weischedel, Frankfurt a.M., Bd. II, 1956-1964, S. 617-738.
121. Klimsch-Grabinski, Bruno: Leben die Toten? Walter Verlag, Olten 1949, S. 303.
122. Korrodi, Eduard (Hrsg.): Goethe im Gespräch. Manesse Verlag, Zürich 1944, S. 573.
123. Resch, Andreas: Unsterblichkeit: Geschichte und Forschung. In: Fortleben nach dem Tode. Imago Mundi, Bd. 7, Resch Verlag, Innsbruck 1980, S. 28-40.
124. Braun, Hans-Jürg: Das Jenseits. Die Vorstellung der Menschheit über das Leben nach dem Tod. Artemis Verlag, Zürich, Düsseldorf 1996, S. 317.
125. Michel, Peter: Weltreligion. Aquamarin Verlag, Grafing 2001, S. 47 ff.
126. Tipler, Frank: Die Physik der Unsterblichkeit. Piper Verlag, München, 5. Aufl., 1995, S. 330-332.
127. Sjöberg, Erik: Der Unsterblichkeitsglaube im palästinensischen Judentum. In: Schamoni, Wilhelm: Die Seele und ihr Weiterleben nach dem Tode, Verlag Josef Kral, Abensberg 1981, S. 53-54.

128. Ahlbrecht, Ansgar: Tod und Unsterblichkeit in der evangelischen Theologie. In: Schamoni, Wilhelm: Die Seele und ihr Weiterleben nach dem Tode. Verlag Josef Kral, Abensberg 1981, S. 87-89.
129. Cullmann, Oscar: Unsterblichkeit der Seele oder Auferstehung der Toten? Kreuz Verlag, Stuttgart 1962, S. 19.
130. Von Hildebrand, Dietrich: Die Unsterblichkeit der Seele. In: Schamoni, Wilhelm: Die Seele und ihr Weiterleben nach dem Tode. Verlag Josef Kral, Abensberg 1981, S. 157.
131. Gallup, George: Begegnungen mit der Unsterblichkeit. Universitas Verlag, München 1883, S, 84-85.
132. Müller, Karl H.: Informationen aus dem Jenseits. Turm Verlag, Bietigheim 1982, S. 63-64.
133. Stadelmann, Adolf: Die Frage nach dem Jenseits. In: Neue Luzerner Zeitung. Nr. 256, 1979, S. 2
134. Bühlmann, Walter: Leben, Sterben, Leben. Styria Verlag, Graz, Wien, Köln 1985, S. 144.
135. Von Balthasar, Hans Urs: Eschatologie. In: Frage der Theologie heute. Hrsg. von Feiner, Trütsch und Böckle. Benziger Verlag, Einsiedeln, Köln 1957, S. 403.
136. Küng, Hans: Die christliche Herausforderung. Piper Verlag, München, Zürich 1980, S. 218.
137. Koch, Kurt: Jenseitiger Himmel? In: Luzerner Zeitung, Nr. 59, 1993, S. 35.
138. Schroer, Silvia: Denn stark wie der Tod ist die Liebe. In: Neue Luzerner Zeitung, Nr. 87, 2001, S. 12.
139. Knobel, Robert: Interview mit Hans Küng. In: Neue Luzerner Zeitung / Sonntagszeitung Nr. 2, 2009, S. 8.
140. Bühlmann, Benno: Unsterbliches Leben. Kommentar zu einem Vortrag von Eugen Drewermann. In: Neue Luzerner Zeitung vom 13. 9. 1985, S. 12.
141. Brunner, Beatrice: Botschaften aus dem Jenseits. Verlag Geistige Loge, Zürich, Bd. 1, 1949, Bd. 2, 1950.
142. Schiebeler, Werner: Nachtodliche Schicksale. Wersch Verlag, Ravensburg, 2. Aufl. 1994, S. 126.
143. Stead, Estelle: Die blaue Insel. Ein Einblick in das Leben im Jenseits. G. E. Schroeder Verlag, Garmisch-Partenkirchen 1961, S. 81.
144. Swedenborg, Emanuel: Himmel und Hölle. Swedenborg Verlag, Zürich 1967, S. 493.
145. Myers, Erica: Meine Toten leben noch. G. E. Schroeder Verlag, Garmisch-Partenkirchen 1961, S. 87.
146. Brunner, Arthur: Eine Fülle von Unsterblichkeitsbeweisen. ABZ Verlag, Zürich, 2. Aufl., 1973, S. 88.
147. Bäzner, Erhard: Das Rätsel des Lebens und das Geheimnis des Todes. Aquamarin Verlag, Grafing, 3. Aufl., 2007, S. 53-54.
148. Feuerstein, Otto: Wie sieht es im Jenseits aus? Turm Verlag, Bietigheim, 2. Aufl., 1965, S. 10.
149. Coppes, Christopher: Der Himmel ist ganz anders. Aquamarin Verlag, Grafing 2012.
150. Barbanell, Maurice: Was ist Spiritualismus? Verlag „Die Silberschnur", Melsbach/Neuwied 1987, S. 21.

Kapitel 9

1. Imhof, Beat: Wie auf Erden so im Himmel. Aquamarin Verlag, Grafing 2012, S. 124 ff, 163 ff.
2. Looser, Gabriel: Wohin geht die Seele? Ein Reiseführer ins Jenseits. Kösel Verlag, München 2012, S. 233.
3. Dalliard, Alfred: Wie Verstorbene das Jenseits erfahren. In: Medium Nr. 2, 1999, S. 4.
4. Boros, Ladislaus: Mysterium mortis. Der Mensch in der letzten Entscheidung. Walter Verlag, Olten, Freiburg i.Br., 4. Aufl. 1964, S. 43 f.
5. Staudinger, Josef: Das Jenseits. Schicksalsfrage der Menschheit. Benziger Verlag, Einsiedeln, Zürich, Köln, 3. Aufl., 1950, S. 122.
6. Lawrence, Thomas E.: Tagebuch von drüben. Läuterung und Entwicklung nach dem Tode. Ansata Verlag, Interlaken 1989, S. 152.

Anmerkungen | 661

7. Hinz, Walther: Geleit von oben. Verlag Geistige Loge Zürich, Zürich 1975, S. 21.
8. Steiner, Rudolf: Aus der Akasha-Chronik. Rudolf Steiner Verlag, Dornach 6. Aufl. 1986, S. 16.
9. Sherwood, Jane: Das jenseitige Land. Die Brücke zu höheren Welten. Ansata Verlag, Interlaken 1991, S. 63.
10. Gottschalk, Karl: Dein Weiterleben nach dem Tode. Löwen Verlag, Braunschweig 1955, S. 123.
11. Desmond, Shaw: Die Liebe nach dem Tod. H. Bauer Verlag, Freiburg i. Br. 1959, S. 171.
12. Borgia, Anthony. Das Leben in der Unsichtbaren Welt. Verlag „Die Silberschnur", Melsbach / Neuwied 1985, S. 70.
13. Von Jankovich, Stefan: Ich war klinisch tot. Drei Eichen Verlag, München, Engelberg 1984, S. 74.
14. Ford, Arthur: Berichte vom Leben nach dem Tode. Scherz Verlag. Bern, München, Wien, 14. Aufl., 1983, S. 217.
15. Brunner, Beatrice: Sebastian. Erste Eindrücke in der geistigen Welt. In. Geistige Welt. Probenummer, Verlag Pro Beatrice, Zürich 2006, S. 8-14.
16. Greaves, Helen: Zeugnis des Lichts. Ein Erfahrungsbericht vom Leben nach dem Tod. Anthos Verlag, Hemsbach 1982, S, 11.
17. Goethe, Johann Wolfgang: Faust. Goethes Werke, Bd. 3, Birkhäuser Verlag, Basel 1944, S. 353.
18. Dalliard, Alfred: Wie Verstorbene das Jenseits erfahren. In: Medium Nr. 2, 1999, S. 5.
19. Findley, Arthur: Gespräche mit Toten. H. Bauer Verlag, Freiburg i. Br. 1960, S. 243-244.
20. Schiebeler, Werner: Jenseitserlebnisse Verstorbener. Wersch Verlag, Ravensburg 1995, S. 48-49.
21. Borgia, Anthony: Das Leben in der Unsichtbaren Welt. Verlag „Die Silberschnur", Melsbach / Neuwied 1985, S. 21-22, 137.
22. Greaves, Helen: Zeugnis des Lichts. Ein Erfahrungsbericht vom Leben nach dem Tod. Anthos Verlag, Hemsbach 1982, S. 119.
23. Theiler Willy (Hrsg.): Marc Aurel. Wege zu sich selbst. Buchclub Ex Libris, Zürich 1970. S. 71 f.
24. Waggerl,, Karl Heinrich: Liebe Dinge. Verlag Otto Müller, Salzburg, 23. Aufl., 1956, S. 103.
25. Von Jankovich, Stefan: Erfahrungen während des klinisch-toten Zustandes. In: Fortleben nach dem Tode. Imago Mundi, Bd. 7, Resch Verlag, Innsbruck 1980, S. 416.
26. Bühlmann, Theo: „Der Tod ist für mich eine Geburt." Interview mit Bo Katzmann über seine Nah-Toderfahrung. In: Neue Luzerner Zeitung, Nr. 77, 2000, S. 13.
27. Moody, Raymond: Nachgedanken über das Leben nach dem Tod. Rowohlt Verlag, Reinbek bei Hamburg 1978, S. 53.
28. Borgia, Anthony: Das Leben in der Unsichtbaren Welt. Verlag „Die Silberschnur", Melsbach / Neuwied 1985, S. 21-22, 137.
29. Schiebeler, Werner: Jenseitserlebnisse Verstorbener. Wersch Verlag, Ravensburg 1995, S. 48-49.
30. Willigis: Testament eines Eingeweihten. Aquamarin Verlag, Forstinning-München 1981, S. 63.
31. Heine, Helme: Herr Pfarrer und sein Teufel. Gespräche über Gott und die Welt. Carl Hanser Verlag, München 2009, S. 80.
32. Jung, Carl Gustav: Geleitwort und psychologischer Kommentar zum Bardo Thödol, in: Evans-Wentz: Das Tibetanische Totenbuch. Walter Verlag, Olten, Freiburg i. Br., 8. Aufl. 1985, S. 54.
33. Finkenzeller, Josef: Was kommt nach dem Tod? Don Bosco Verlag, München, 2. Aufl., 1979, S, 44 f.
34. Luther, Martin: Tischgespräche. Hrsg. von Kurt Aland. Verlag Vandenhoeck & Ruprecht, Göttingen 1984, S. 92.
35. Staudinger, Josef: Das Jenseits. Schicksalsfragen der Menschheit. Benziger Verlag. Einsiedeln, Zürich, Köln, 3. Aufl., 1950, S. 178.
36. Mohr, Till A.: Kehret zurück, ihr Menschenkinder!. Aquamarin Verlag, Grafing 2004, S. 56.

37. Schiebeler, Werner: Nachtodliche Schicksale. Wersch Verlag, Ravensburg, 2. Aufl. 1996, S. 196, 304-305.
38. Farnese, A.: Franchezzo. Ein Wanderer im Lande der Geister. Hrsg. Von Viktor Mohr, Turm Verlag, Bietigheim / Württ. 5. Aufl. 1961, S. 62.
39. Brunner, Beatrice: Was uns erwartet. ABZ Verlag, Zürich 2012, S. 197.
40. Bäzner, Erhard: Das Rätsel des Lebens und das Geheimnis des Todes. Aquamarin Verlag, Grafing, 3. Aufl., 2007, S. 3.
41. Iranschähr, Hossein: Der Meister und sein Jünger. Lukas Verlag, Gossau, 4. Aufl., 2004, S. 114.
42. Von Glasenapp, Helmuth: Die fünf Weltreligionen. H. Hugendubel Verlag, Kreuzlingen, München 2005, S. 95.
43. Augustinus, Aurelius. Bekenntnisse. Ph. Reclam Verlag, Stuttgart 1950, S. 435.
44. Brunner, Beatrice: Was uns erwartet. ABZ Verlag, Zürich 2012, S. 99.
45. Brunner, Beatrice: Erlebnisbericht des aufsteigenden Geistwesens Anita. In: Geistige Welt, Nr. 2, 2013, S, 4.
46. Von Weizsäcker, Carl Friedrich: Der Garten des Menschlichen. C. Hanser Verlag, München, Wien 1977, S. 166.
47. Flemming, Beatrice: Johann Wolfgang von Goethe – ein theosophischer Geist par excellence. In: Das theosophische Weltbild. F. Hirthammer Verlag, München, 3. Bd., 1976, S. 48.
48. Jakoby, Bernard: Das Leben danach. Lange Müller in der F. A. Verlagsbuchhandlung, München, 2. Aufl., 2002, S. 116-117.
49. Miers, Horst E.: Lexikon des Geheimwissens. H. Bauer Verlag, Freiburg i. Br. 1970, S. 330.
50. Greaves, Helen: Zeugnis des Lichts. Anthos Verlag, Hemsbach 1982, S. 135.
51. Brunner, Beatrice: Grundbegriffe der Geistlehre. In: Geistige Welt. Nr. 5, 2012, S. 13.
52. Speer, Herbert V.: Im Sommerland. In: Wendezeit, Nr. 1, 2013, S. 7-12.
53. Weidner, Gisela (Hrsg.): Woher komme ich – Wozu lebe ich – Wohin gehe ich. Eigenverlag G. Weidner, Wien, 8. Aufl. 2007, S. 25.
54. Herrmann, Eva: Von drüben. Otto Reichl Verlag, Remagen, Bd. II, 1978, S. 75.
55. Borgia, Anthony: Das Leben in der Unsichtbaren Welt. Verlag „Die Silberschnur", Melsbach / Neuwied 1985, S. 102-103.
56. Coppes, Christophor: Der Himmel ist ganz anders. Nahtod-Erfahrungen. Aquamarin Verlag, Grafing 2012, S. 11 f.
57. Greyson, Bruce und Bush, Nancy: Belastende Nah-Todeserfahrungen. In: Psychische Studien, Nr. 1, 2000, S. 140-155.
58. Greyson, Bruce und Bush, Nancy: Belastende Nah-Todeserfahrungen. In: Psychische Studien, Nr. 1, 2000, S. 151.
59. Landmann, P. H.: Wie die Toten leben. Protokolle aus dem Jenseits. H. Schwab Verlag, Gelnhausen 1954, S. 164-165.
60. Styger, Anton: Erlebnisse mit den Zwischenwelten. Band 1-3, Oberägeri 2008-2011.
61. Rilke, Rainer Maria: Worte die verwandeln. Hrsg. Von Adelheid Niessen. Herder Verlag Freiburg, Basel, Wien. 3. Aufl. 1999, S. 116.
62. Brunner, Beatrice: Über die Entstehung und Beseelung der Erde. In: Geistige Welt, Nr. 1, 2011, S. 6.
63. Hinz, Walther: Neue Erkenntnisse über die Schöpfung Gottes. ABZ Verlag, Zürich 1991, S. 215.
64. Finkenzeller, Josef: Was kommt nach dem Tod? Don Bosco Verlag, München, 2. Aufl. 1979, S. 110.
65. Boros, Ladislaus: Mysterium mortis. Der Mensch in der letzten Entscheidung. Walter Verlag, Olten, Freiburg i. Br., 4. Aufl., 1964, S. 138.
66. Brunner, Beatrice: Meditationswoche 1981, Verlag Geistige Loge Zürich, Zürich 1982, S. 24.
67. Mohr, Viktor (M. Kahir), Hrsg.: Ein Wanderer im Lande der Geister, Bietigheim1961.
68. Herrmann, Eva: Von Drüben. Otto Reichl Verlag, Remagen, Bd. II, 1978, S. 67.
69. Heider, Angela: Berichte aus dem Jenseits. Verlag Books on Demand, Norderstedt 2006, S. 24.
70. Hinz, Walther: Geleit von oben. Verlag Geistige Loge Zürich, Zürich 1975, S. 211.

Anmerkungen | 663

71. Mohr, Viktor (M. Kahir): Franchezzo. Ein Wanderer im Lande der Geister. Turm Verlag, Bietigheim, 5. Aufl., 1961, S. 116.
72. Holzer, Hans: Hinter der Grenze des Todes. W. Goldmann Verlag, München 1981, S. 116.
73. Borgia, Anthony: Das Leben in der Unsichtbaren Welt. Verlag „Die Silberschnur", Melsbach/ Neuwied 1986, S. 208.
74. White Eagle: Vom Leben jenseits der Todespforte. Aquamarin Verlag, Grafing, 7. Aufl., 1988, S. 38.
75. Mohr, Viktor (M. Kahir): Franchezzo. Ein Wanderer im Lande der Geister. Turm Verlag, Bietigheim, 5. Aufl., 1961, S. 321.
76. Borgia, Anthony: Das Leben in der Unsichtbaren Welt. Verlag „Die Silberschnur", Melsbach / Neuwied 1985, S. 56 ff.
77. Signorell, Gion u.a.: Blick ins Jenseits. In: Beobachter, Nr. 18, 2012, S. 28.
78. Steiner, Rudolf. Aus der Akasha-Chronik. Rudolf Steiner Verlag, Dornach. 4. Aufl., 1987, S. 16.
79. Ebd., S. 68.
80. Heiler, Helga: Berichte aus dem Jenseits. Verlag Books on Demand, Nordenstedt 2006, S. 68.
81. Hinz, Walther: Neue Erkenntnisse über die Schöpfung Gottes. ABZ Verlag, Zürich 1991, S. 215.
82. Haag, Herbert: Abschied vom Teufel. Vom christlichen Umgang mit dem Bösen. Benziger Verlag. Einsiedeln, Zürich, 8. Aufl., 1990, S. 9-10.
83 . Risi, Armin: Machtwechsel auf der Erde. Wilhelm Heyne Verlag, München, 4. Aufl., 2007, S. 27, 67-68. ff.
84. Stolp, Hans und Van den Brinck, Margarete: Zeitenwandel. Der große Umbruch. Aquamarin Verlag, Grafing 2011, S. 38 f, 87.
85. Bartlick, Regina: Geistige Botschaften. Nr. 12, 2012, S. 87.
86. Marx, Helma: Das Buch der Mythen. Styria Verlag, Graz, Wien, Köln 1999, S. 52, 68, 81, 93.
87. Brunner, Beatrice: Meditationswoche 1979, Verlag Geistige Loge Zürich, Zürich 1980, S. 63
88. Kübler-Ross, Elisabeth: Über den Tod und das Leben danach. Verlag „Die Silberschnur", Melsbach / Neuwied, 10. Aufl., 1988, S. 76.
89. Schiebeler, Werner: Nachtodliche Schicksale. Wersch Verlag, Ravensburg, 2. Aufl., 1996, S. 197-198.
90. Greyson, Bruce und Bush, Nancy: Belastende Nah-Todeserfahrungen. In: Psychische Studien, Nr. 1, 2000, S, 148.
91. Hinz, Walther: Geleit von oben. Verlag Geistige Loge Zürich, Zürich 1975, S. 130.
92. Jungclausen, Emmanuel: Aufrichtige Erzählungen eines russischen Pilgers. Herder Verlag, Freiburg, Basel, Wien, 7. Aufl., 1974, S. 160.
93. Styger, Anton: Erlebnisse mit den Zwischenwelten. Styger Verlag, Oberägeri, 3 Bde. 2008-2011.
94. Hänni, Pier: Wanderer in zwei Welten. AT Verlag, Aarau, München 2010.
95. Schiebeler, Werner: Nachtodliche Schicksale. Wersch Verlag, Ravensburg, 2. Aufl., 1996, S. 101-105.
96. Schiebeler, Werner: Nachtodliche Schicksale. Wersch Verlag, Ravensburg, 2. Aufl. 1996, S. 117.
97. Dostal, Werner: „Dein Leben sei Lernen." In: Medium, Nr. 70, 2012, S. 12-13.
98. Govinda, Anagarika (Hrsg.): Das tibetanische Totenbuch. Walter Verlag, Olten, Freiburg i. Br., 8. Aufl. 1971, S. 164, 173, 177, 248 ff.
99. Hinz, Walther: Geleit von oben. Verlag „Geistige Loge Zürich", Zürich 1975, S. 63.
100. Brunner, Beatrice: Kontrollgeist. In: Botschaften aus dem Jenseits. Verlag Geistige Loge, Zürich, Bd. I, 1949, S. 265.
101. Bäzner, Erhard: Das Rätsel des Lebens und das Geheimnis des Todes. Aquamarin Verlag, Grafing, 3. Aufl., 2007, S. 187.
102. Holm-Hadrilla, Rainer: Der schöpferische Prozess. In: Esotera, Nr. 2, 1998, S. 42.

103. Mohr, Viktor (M. Kahir): Ein Wanderer im Lande der Geister. Turm Verlag, Bietigheim, 5. Aufl., 1961, S. 46.
104. Schiebeler, Werner: Nachtodliche Schicksale. Gegenseitige Hilfen zwischen Diesseits und Jenseits. Wersch Verlag, Ravensburg, 2. Aufl. 1994, S. 244.
105. Fox, Matthew und Sheldrake, Rupert: Engel. Die kosmische Intelligenz. Kösel Verlag, München 1998, S. 295, 309-323.
106. Leadbeater, Charles W.: Das Jenseits. Hellsichtige Beobachtungen. Aquamarin Verlag, Grafing 2012, S. 155 f.und 233 f.
107. Snell, Joé: Der Dienst der Engel. Erlebnisse einer Krankenschwester an Kranken- und Sterbebetten. Turm Verlag, Bietigheim 1960, S. 20.
108. De Jouvenel, Marcelle: Weisungen aus dem Jenseits. Walter Verlag, Olten, Freiburg i.Br. 1953, S. 37.
109. Bäzner, Erhard: Das Rätsel des Lebens und das Geheimnis des Todes. Aquamarin Verlag, 3. Aufl., 2007, S. 45.
110. Schiebeler, Werner: Nachtodliche Schicksale. Wersch Verlag, Ravensburg, 2. Aufl., 1994, S. 125.
111. Snell, Joé: Der Dienst der Engel. Turm Verlag, Bietigheim 1960, S. 20.
112. Stolp, Hans: Behütet und geborgen – mein Engel und ich. Aquamarin Verlag, Grafing 2011.
113. Moolenburgh, H. C.: Engel als Beschützer und Helfer des Menschen. Bauer Verlag, Freiburg i. Br., 5. Aufl., 1991, S. 5 ff.
114. Haas, Jana: Jenseitige Welten. Reise der Seele ins Licht. Knaur Verlag, München 2012, S. 44-45.
115. Leadbeater, Charles: Unsere unsichtbaren Helfer. Aquamarin Verlag, Grafing 2009, S. 12 ff
116. Virtue, Doreen: Wie Schutzengel helfen. KOHA Verlag, Burgrain, 2008, S. 24 f.
117. Hinz, Walther: Geleit von oben. Verlag Geistige Loge Zürich, Zürich 1975, S. 35.
118. Von Jaminet, Ernst: Die jenseitige Welt. Turm Verlag, Bietigheim 1964, S. 97.
119. Roesermueller, Wilhelm O.: Hilfe aus dem Jenseits. Turm Verlag, Bietigheim, 8. Aufl., 2012, S. 42 ff.
120. Mohr, Viktor (M. Kahir): Franchezzo. Ein Wanderer im Lande der Geister. Turm Verlag, Bietigheim, 5. Aufl. 1961, S. 97.
121. Hinz, Walter. Geleit von oben. Verlag Geistige Loge Zürich, Zürich 1975, S. 137, 145.
122. Schiebeler, Werner: Nachtodliche Schicksale. Wersch Verlag, Ravensburg, 2. Aufl., 1994, S. 157.
123. Schiebeler, Werner. Jenseitserlebnisse Verstorbener. Wersch Verlag, Ravensburg 1995, S. 51.
124. Taschner, Uta: Botschaften aus dem Jenseits. Selbstverlag, Lindau 1997, S. 157.
125. Jungclausen, Emmanuel: Aufrichtige Erzählungen eines russischen Pilgers. Herder Verlag, Freiburg, Basel, Wien, 7. Aufl., 1974, S. 160.
126. Imhof, Beat: Das Herzensgebet. In: Wegbegleiter, Nr. 12, 2004, S. 61.
127. Bonhoeffer, Dietrich: Widerstand und Ergebung. Brief und Aufzeichnungen aus der Haft. Gütersloher Verlag, Gütersloh, 17. Auflage, 2002, S. 45.
128. Michel, Peter: Weltreligion. Aquamarin Verlag, Grafing 2001, S. 71 ff.
129. Spalding, Baird: Leben und Lehre der Meister des Fernen Ostens. Verlag Jacques Bollmann, Zürich, 9. Aufl. 5 Bde. o. J.
130. Küng, Hans: Unfehlbar? Eine unerledigte Anfrage. Piper Verlag, München 1989.
131. Greber, Johannes: Das Neue Testament aus dem Griechischen neu übersetzt und erklärt. Verlag Johannes Greber Memorial Foundation, Teaneck N.J. 1936, S. 6 ff.
132. Findlay, Arthur: Gespräche mit Toten. Verlag Hermann Bauer, Freiburg i.Br. 1960, S. 38 f.
133. Böhm, Adolph: Mein Bruder Gerd. Seltsame Erlebnisse in Kopenhagen. G. E. Schroeder Verlag, Garmisch-Partenkirchen 1963, S. 61 ff.
134. Michel, Peter: Das Geistchristentum. Aquamarin Verlag, Forstinning-München 1983, S. VII.
135. Michel, Peter: Die Botschafter des Lichtes. Aquamarin Verlag, Forstinning / München. Bd 1, 1982, S. 13 ff, Bd. 2, 1984, S. 11 ff.
136. Lutz, Walter: Die Grundfrage des Lebens in der Schau des Offenbarungswerkes Jakob Lorbers. Lorber Verlag, Bietigheim, 3. Aufl. 1979, S. 6.

Anmerkungen | 665

137. Kardec, Allan: Das Buch der Geister. Verlag Hermann Bauer, Freiburg i. Br. 1964, S. 19.
138. Forsboom, Bernhard: Das Buch Emanuel. Drei Eichen Verlag, München, 2. Aufl., 1957, S. 266.
139. Greber, Johannes: Der Verkehr mit der Geisterwelt. Seine Gesetze und sein Zweck. Selbsterlebnisse eines katholischen Geistlichen. Verlag Johannes Greber Memorial Foundation, Teaneck, USA, 10. Aufl. 1987, S. 2, 13 ff.
140. Schiebeler, Werner: Johannes Greber. Sein Leben und sein Werk. Verlag Martin Weber, Schutterwald 1998, S. 37.
141. Brunner, Beatrice: Was uns erwartet. ABZ Verlag, Zürich 2012, S.12-15.
142. Wittek, Gabriele: Das Evangelium Jesu. Die Christus-Offenbarungen, welche die Welt nicht kennt." Verlag Universelles Leben, Würzburg 1991, S. 47 ff.
143. Wunderli, Erich: Wie glaubwürdig sind medial empfangene Jenseits-Mitteilungen. In: Parapsychika, Nr.5, 1975, S. 24-29.

Kapitel 10

1. Kropatsch, Anton. Wiedergeburt und Erlösung. Heinrich Schwab Verlag, Gelnhausen 1963, S. 7-8.
2. Platon: Hauptwerke. Hrsg. Von Wilhelm Nestle. Alfred Kröner Verlag, Stuttgart 1965, S. 106.
3. Saller, Philipp: Wissenschaftler auf der Suche nach dem Garten Eden. In: P. M. Magazin, Nr. 12, 2012, S. 28-36.
4. Stausberg, Michael: Zarathustra und seine Religion. Verlag C.H. Beck, München 2005, S. 48, 73.
5. Marx, Helma: Das Buch der Mythen aller Zeiten aller Völker. Styria Verlag, Graz, Wien, Köln 1999, S. 30, 49, 77, 100, 148, 204.
6. Iranschähr, Hossein: Der geheimnisvolle Lebensbaum. Lukas Verlag, Gossau 2000, S. 31.
7. Dalliard, Alfred: Lexikon der Geistchristlichen Lehre. Verlag PH. C. W. Schmidt, Neustadt/Aisch 2010, S. 417.
8. Eisenbeiss, Wolfgang: Geistlehre aus dem Jenseits. August von Goethe Literaturverlag, Frankfurt a.M., 2. Aufl. 2009, S. 183.
9. Heider, Angela: Berichte aus dem Jenseits. Verlag Books on Demand, Norderstedt 2006, S. 7.
10. Martin, Werner: Die Entstehung des christlichen Dogmas. Verlag Paul Haupt. Bern, 2. Aufl., 1953, S. 697-699.
11. Rosenberg, Alfons: Die Seelenreise. Turm Verlag, Bietigheim 1971, S. 146.
12. Rüegg, August: Die Jenseitsvorstellungen von Dante. Benziger Verlag, Einsiedeln 1945, S. 54 f.
13. Swedenborg, Emanuel. Himmel und Hölle. Swedenborg Verlag, Zürich 1992, S. 41 f.
14. Rosenberg, Alfons: J. F. Obrlin. Bleibestätten der Toten. Turm Verlag, Bietigheim 1951, S. 113-116, 118, 133. 133
15. Schmöger, Karl Erhard (Hrsg.): Anna Katharina Emmerich. Visionen. P. Pattloch Verlag, Aschaffenburg, 2. Aufl. 1971, S. 17, 163.
16. Lutz, Walter: Die Grundfragen des Lebens. Lorber Verlag, Bietigheim, 3. Aufl., 1979, S. 516-519.
17. Kerner, Justinus (Hrsg.): Die Seherin von Prevorst. J. F. Steinkopf Verlag, Stuttgart, 2. Aufl., 1963, S. 122, 165.
18 Rahner, Karl: Zur Theologie des Todes. Herder Verlag, Freiburg i. Br., 2. Aufl., 1959, S. 33.
19. Schmaus, Wilhelm: Das Paradies. Max Huber Verlag, München 1965, S. 30.
20. Carles, Jules: Adam vor der Wissenschaft. In: Schamoni, Wilhelm: Die Seele und ihr Weiterleben nach dem Tode. Verlag Josef Kral, Abensberg 1981, S. 282-286.
21. Renckens, Henricus: Urgeschichte und Heilgeschichte. Matthias Grünewald Verlag, Mainz 1961, S. 212 f.
22. Meves, Christa: Die Bibel antwortet in Bildern. Tiefenpsychologische Textdeutungen im Hinblick auf Lebensfragen heute. Herder Verlag, Freiburg i. Br. 1973, S. 24 ff.
23. Spong, John: Was sich im Christentum ändern muss. Patmos Verlag, Düsseldorf 2004, S. 106.

24. Savramis, Demostenes: Das sogenannte schwache Geschlecht. Paul List Verlag, München 1972, S. 33.
25. Deschner, Karlheinz: Das Kreuz mit der Kirche. Eine Sexualgeschichte des Christentums. Econ Verlag, Düsseldorf, Wien 1974, S. 157.
26. Dalliard, Alfred: Lexikon der Geistchristlichen Lehre. Verlag Ph. C. W. Schmidt, Neustadt an der Aisch, 2010, S. 418-419, 498.
27. Haag, Herbert: Biblische Schöpfungslehre und kirchliche Erbsündenlehre. Verlag Katholisches Bibelwerk, Stuttgart 1966, S. 70.
28. Streuli, Robert: Origenes – der Diamantene. ABZ Verlag, Zürich 1987, S. 332 f.
29. Andreas, Peter: Der Bannfluch des Justinianus. In: Esotera Nr. 9, 1978, S. 832-853.
30. Michel, Peter: Botschafter des Lichtes. Aquamarin Verlag, Forstinning-München 1983, Bd. 1, S. 199-200.
31. Schamoni, Wilhelm: Adam vor dem Glauben. In: Die Seele und ihr Weiterleben nach dem Tode. Verlag Josef Kral, Abensberg 1981, S. 288.
32. Deschner, Karlheinz: Der gefälschte Glaube. Eine kritische Betrachtung kirchlicher Lehren und ihrer historischen Hintergründe. Verlag Knesebeck und Schuler, München, 1988, S. 190 f.
33. Ranke-Heinemann, Uta: Eunuchen für das Himmelreich. Verlag Hoffmann und Campe. Hamburg 1988, S. 83.
34. Augustinus, Aurelius: Bekenntnisse. Artemins Verlag. Zürich 1950, S. 296-297.
35. Hahn, Georg: Vom Sinn des Todes. Texte aus drei Jahrtausenden. Swedenborg Verlag, Zürich, 1975, S. 73.
36. Heidelberger Katechismus. Hrsg. Von der evangelisch-reformierten Synode. Neukirchner Verlag, Neukirchen-Vluyn, 2001, S. 10-12.
37. Haag, Herbert: Biblische Schöpfungslehre und kirchliche Erbsündenlehre. Verlag Kath. Bibelwerk, Stuttgart, 1966, S. 71.
38. Katechismus der katholischen Kirche. Oldenburg Verlag, Leipzig 1993, S. 51, 76, 131-133.
39. Gross, Julius: Entwicklungsgeschichte des Erbsündendogmas. Ernst Reinhardt Verlag, Basel, München, Wien, 4 Bände 1961-1963, 1971.
40. Schamoni, Wilhelm: Theologisches zum biologischen Weltbild. Verlag Ferdinand Schöningh, München, Paderborn, Wien 1964, S. 122.
41. Delfgaauw, Bernard: Teilhard de Chardin und das Evolutionsproblem. Verlag C. H. Beck, München 1964, S. 78-83.
42. Iranschähr, Hossein: Der geheimnisvolle Lebensbaum. Sündenfall, Erbsünde und Erlösung. Lukas-Verlag, Gossau, 2000, S. 35-45.
43. Schmitz-Moormann, Karl: Die Erbsünde. Walter Verlag, Olten, Freiburg i.Br., 1969, S. 74-75.
44. Greber, Johannes: Der Verkehr mit der Geisterwelt. Verlag der Johannes Greber Memorial Foundation, Teaneck, New Jersey, 1932, S. 37.
45. Mohr, Till A.: Kehret zurück, ihr Menschenkinder! Aquamarin Verlag, Grafing 2004, S. 29.
46. Jerrentrup, Christa: Die Menschheit – woher – wohin? Ansgar Verlag, Köln, 1971, S. 24.
47. Rahner, Karl: Theologisches zum Monogenismus. In: Schriften zur Theologie. Benziger Verlag, Bd. 1., Einsiedeln, 1954, S. 253-322.
48. Spong, John S.: Was sich im Christentum ändern muss. Ein Bischof nimmt Stellung. Patmos Verlag, Düsseldorf 2004, S. 121.
49. Haag, Herbert: Biblische Schöpfungslehre und kirchliche Erbsündenlehre. Stuttgarter Bibelstudien. Verlag Katholisches Bibelwerk. Stuttgart 1966, S. 11-12.
50. Haag, Herbert: Geleitbrief zu: Baumann, Urs: Erbsünde? Herder Verlag, Freiburg, Basel, Wien 1970, S. 5.
51. Dalliard, Alfred: Lexikon des Geistchristentums. Verlag Ph. C. W. Schmidt, Neustadt an der Aisch, 2010, S. 26-27, 220-221.
52. Dalliard, Alfred: Aufstiegsversuch und Abfall im Paradies. Erschaffung der Erde und der Menschheit. In: Medium 7, 2000, S. 6-7.
53. Greber, Johannes: Der Verkehr mit der Geisterwelt. Verlag der Johannes Greber Memorial Foundation, Teaneck N. J., 10. Aufl. 1987, S. 299.
54. Dalliard, Alfred: Der Weg des Menschen. In: Medium, Nr. 10, Zürich 2000, S. 3-14.

55. Brunner, Beatrice: Einblicke in den Ursprung der Schöpfung und den Heils- und Erlösungsplan Gottes. In: Geistige Welt, Nr. 5, 2012, S. 7-9.
56. Dalliard, Alfred: Die Geistchristliche Lehre. In: Medium, Nr. 43, 2007, S. 28.
57. Stapleton, Michael und Servan, Elizabeth: Lexikon der griechischen und römischen Mythologie. Xenos Verlagsgesellschaft, Hamburg 1978, S. 135.
58. Deschner, Karlheinz: Abermals krähte der Hahn. Rowohlt Verlag, Reinbek bei Hamburg 1972, S. 77-78.
59. Bultmann, Rudolf K.: Jesus Christus und die Mythologie. Das Neue Testament im Licht der Bibelkritik. Furche Verlag, Hamburg 1992, S. 111.
60. Clementz, Heinrich: Des Flavius Josephus Jüdische Altertümer. Fourier Verlag, Wiesbaden, Köln, 2. Aufl., 1979, S. 129.
61. Badford, Bill: Jesus Christus. Die wahre Geschichte. Verlag „Vereinte Kirche Gottes", Bonn 2009, S. 48-49.
62. Ranke-Heinemann, Uta: Eunuchen für das Himmelreich. Verlag Hoffmann und Campe, Hamburg, 6. Aufl., 1988, S. 35, 358.
63. Ahlheim, Karl-Heinz (Hrsg.): Lexikon der Biologie. Dudenverlag, Mannheim, Wien, Zürich, 2. Aufl.1986, S. 245.
64. Von Rohr, Wulfing: Was lehrte Jesus wirklich? Die verborgene Botschaft der Bibel. W. Goldmann Verlag, München 1995, S. 127.
65. Deschner, Karlheinz: Der gefälschte Glaube. Verlag Knesebeck & Schuler. München 1988, S. 46.
66. Drewermann, Eugen: ...und es geschah so. Die moderne Biologie und die Frage nach Gott. Walter Verlag, Zürich, Düsseldorf 1999, S. 801.
67. Giebel, Marion: Das Geheimnis der Mythen. Artemis Verlag, Zürich, München 1990, S. 20-21.
68. Reschika, Richard: Christentum: 50 Fragen – 50 Antworten. Gütersloher Verlagshaus, Gütersloh 2011, S. 93.
69. Burkert, Walter: Antike Mysterien. C. H. Beck Verlag, München 1990, S. 45, 70-73.
70. Deschner, Karl Heinz: Abermals krähte der Hahn. Reinbek bei Hamburg 1972, S. 362.
71. Greber, Johannes: Der Verkehr mit der Geisterwelt, seine Gesetze und sein Zweck. Selbsterlebnisse eines katholischen Geistlichen. Verlag der Johannes Greber Memorial Foundation, Teaneck N.J., 10. Aufl., 1987, S. 309 f.
72. Hinz, Walther: Neue Erkenntnisse zu Leben und Wirken Jesu. ABZ Verlag, Zürich 1984, S. 69.
73. Brunner, Beatrice: Von der Menschwerdung Christi. In: Geistige Welt, Nr. 7, 1978, S. 93.
74. Dalliard, Alfred (Hrsg.): Lexikon der Geistchristlichen Lehre. Verlag Ph. C. W. Schmidt, Neustadt/Aisch 2010, S. 365-368.
75. Werner, Martin: Die Entstehung des christlichen Dogmas. Verlag Paul Haupt, Bern, 2. Aufl. 1941, S. 304-307.
76. Brunner, Beatrice: Meditationswoche 1973, Verlag Geistige Loge Zürich, Zürich 1974, S. 26-30.
77. Brunner, Beatrice: Christi Erdensendung. In: Geistige Welt, Nr. 6, 2012, S. 6.
78. Risi, Armin: Licht wirft keinen Schatten. Govinda Verlag. Neuhausen, Jestetten, 2. Aufl. 2005, S. 427.
79. Gerster, Georg: Interview mit dem 85-jährigen C. G. Jung. Radio-Sendung DRS vom 27. 7. 1975 zum 100. Geburtstag von C. G. Jung.
80. Eisenbeiss, Wolfgang: Geisteslehre aus dem Jenseits. August von Goethe Verlag, Frankfurt a. M., 2. Aufl., 2009, S. 125.
81 Iranschähr, Hossein: Der geheimnisvolle Lebensbaum. Sündenfall, Erbsünde und Erlösung. Lukas Verlag, Gossau 2000, S. 6, 35-37, 42.
82. Dostojewski, Fjodor M.: Schuld und Sühne. Insel Verlag, Frankfurt a. M. 2003.
83. Brinton Perera, Sylvia: Der Sündenbock Komplex. Erlösung von Schuld und Schatten. Ansata Verlag, Interlaken 1987, S. 18.
84. Clauss, Manfred: Mithras. Kult und Mysterien. C. H. Beck Verlag, München 1990, S. 87, 124.

85. Evangelisch-reformierte Kirche (Hrsg.): Heidelberger Katechismus. Neukirchen Verlag, Neukirchen-Vluyn, 2. Aufl. 1997, S. 28.
86. Michel, Peter: Der Anti-Weltkatechismus. Aquamarin Verlag, Grafing 1995, S. 53.
87. Michel, Peter Das Geistchristentum. Aquamarin Verlag, Forstinning-München 1983, S. 101.
88. Von Jaminet, Ernst: Die jenseitige Welt. Turm Verlag, Bietigheim 1964, S. 69.
89. Küng, Hans: Was ich glaube. Piper Verlag, München, Zürich, 3. Aufl. 2009.
90. Küng, Hans: Ewiges Leben? Piper Verlag, München, Zürich 1982, S. 165.
91. Pohle-Gummersbach, H: Die Höllenfahrt Christi. In: Schamoni, W.: Die Seele und ihr Weiterleben nach dem Tod. Verlag Josef Kral, Abensberg 1981, S. 124-131.
92. Greber, Johannes: Der Verkehr mit der Geisterwelt. Seine Gesetze und sein Zweck. Verlag der Johannes Greber Memorial Foundation. Teaneck N.J., 10. Aufl. 1987, S. 347-350.
93. Brunner, Beatrice: Ursprung und Ursache des Lebens liegen in der geistigen Welt. In: Geistige Welt, Spezialausgabe 2009, S. 11.
94. Gietenbruch, Felix: Was bedeutet die Auferstehung Jesu Christi? In: Wegbegleiter, Nr. 6, 2001, S. 198.
95. Mohr, Till A.: Kehret zurück, ihr Menschenkinder! Grundlegung der christlichen Reinkarnationslehre. Aquamarin Verlag, Grafing 2004, S. 624.
96. Dalliard, Alfred: Die Erlösung durch Christus. In: Medium Nr. 8, 2000, S. 11.
97. Brunner, Beatrice: Christi Kampf in der Hölle und sein triumphaler Empfang im Himmel. In: Geistige Welt, Heft 3, 2013, S. 6-10.
98. Brunner, Beatrice: Von Christi Heimkehr ins Himmelreich – ein Erlebnisbericht von Geistschwester Lene. In: Geistige Welt, Heft 3, 2013, S. 18-19.
99. Streuli, Robert: Origenes – der Diamantene. ABZ Verlag, Zürich 1987, S. 71-72.
100. Finkenzeller, Josef: Was kommt nach dem Tod? Don Bosco Verlag, München, 2. Aufl., 1979, S. 80-83.
101. Binggeli, Bruno: Primum Mobile. Dantes Jenseitsreise und die moderne Kosmologie. Ammann Verlag, Zürich 2006, S. 96-99.
102. Schmöger, Erhard (Hrsg): Anna Katharina Emmerich. Visionen über die Engel, die Armen Seelen im Fegfeuer. Paul Pattloch Verlag, Aschaffenburg, 2. Aufl. 1971, S. 401.
103. Kerner, Justinus: Die Seherin von Prevorst. Steinkopf Verlag, Stuttgart, 2. Aufl., 1963, S. 204.
104. Rosenberg, Alfons: Die Bleibestätte der Toten. Turm Verlag, Bietigheim 1951, S. 97-98.
105. Goethe, Johann Wolfgang: Faust 1. und 2. Teil. Birkhäuser Verlag, Basel 1944, S. 361 und 363.
106. Rosenberg, Alfons: Die Seelenreise. Wiedergeburt, Seelenwanderung und Aufstieg durch die Sphären. Turm Verlag, Bietigheim 1971, S. 97.
107. Schmaus, Michael: Von den letzten Dingen. Max Huber Verlag, München 1948, S. 473.
108. De Jouvenel, Marcelle: Weisungen aus dem Jenseits. Walter Verlag, Olten, Freiburg i. Br. 1953, S. 70.
109. Bischofsberger, Norbert: Werden wir wiederkommen? Der Reinkarnationsgedanke im Westen und die Sicht der christlichen Eschatologie. Matthias Grünewald Verlag. Mainz 1996, S. 282.
110. Looser, Gabriel: Welches Leben nach dem Tod? Reinkarnation und christlicher Glaube. Patmos Verlag, Ostfildern 2013, S. 79.
111. Deschner, Karlheinz: Der gefälschte Glaube. Eine kritische Betrachtung kirchlicher Lehren und ihrer historischen Hintergründe. Verlag Knesebeck & Schuler, München 1988, S. 150.
112. Lindmayer, Maria Anna: Mein Verkehr mit armen Seelen. Christiana Verlag, Stein am Rhein 1974, S. 45 f
113. Von der Leyen, Eugenie: Meine Gespräche mit Armen Seelen. Christiana Verlag, Stein am Rhein, 2. Aufl. 1980, S. 37 ff.
114. Boros, Ladislaus. Mysterium mortis. Der Mensch in der letzten Entscheidung. Walter-Verlag, Olten, Freiburg i. Br., 4. Aufl., 1964, S. 145-146.
115. Greshake, Gisbert: Stärker als der Tod. Zukunft – Tod – Auferstehung – Himmel – Hölle – Fegefeuer. Matthias Grünewald Verlag, Mainz, 10. Aufl., 1988, S. 92.

Anmerkungen | 669

116. Styger, Anton: Erlebnisse mit den Zwischenwelten. Styger Verlag, Oberägeri, 1. Band 2008, S. 31, 146, 201.
117. Hillringhaus, Herbert: Brücke über den Strom. Novalis Verlag, Schaffhausen, 2. Aufl., 1985, S. 60.
118. Hänni, Pier: Wanderer in zwei Welten. Begegnungen des Sam Hess mit Totengeistern. AT-Verlag, Aarau, München 2010, S. 25 ff., 45-182.
119. Doucet, Friedrich: Psychoanalytische Begriffe, W. Heyne Verlag, München 1972, S. 72.
120. Hinz, Walther: Geleit von oben. Erfahrungen und Belehrungen aus der geistigen Welt. Verlag Geistige Loge, Zürich 1975, S. 168.
121. Resch, Andreas: Fragen der Eschatologie. In: Grenzgebiete der Wissenschaft, Nr. 4, 1979, S. 259.
122. Blavatsky, Helena Petrovna: Die Stimme der Stille. Adyar Verlag, Graz 1959, S. 19.
123. Biedermann, Hans: Knaurs Lexikon der Symbole. Weltbild Verlag, Augsburg 2000, S. 143.
124. Koester, Paul-Heinz: Deutschland deine Denker. Buchclub Ex Libris, Zürich 1981, S. 252.
125. Schiebeler, Werner: Nachtodliche Schicksale. Wersch Verlag, Ravensburg, 2. Aufl., 1996, S. 250.
126. Ranke-Heinemann, Uta: Nein und Amen. Anleitung zum Glaubenszweifel. Verlag Hoffmann und Campe, Hamburg 1992, S. 282-283.
127. Hausmann, Peter: Brennt in der Hölle wirklich ein Feuer? In: Die andere Welt, Nr. 2, 1963, S. 82.
128. Altomonte, Antonio: Dante. Eine Biographie. Rowohlt Verlag, Reinbek bei Hamburg, 1987, S. 371.
129. Sträuli, Robert: Origenes – der Diamantene: ABZ Verlag, Zürich 1987, S. 333-335.
130. Bauer, Hermann: Wiedergeburt. Verlag „Universelles Leben", Würzburg 1982, S. 101.
131. Luban, Erich: Kommt Gott mit allen Menschen zum Ziel des Heils? In: Wegbegleiter, Nr. 3, 2004, S. 32-33.
132. Deutsche Bibelgesellschaft Stuttgart: Die Bibel im heutigen Deutsch. Zweiter Teil: Das Neue Testament. Verlag Vandenhoeck & Ruprecht, Göttingen, 2. Aufl., 1982, S. 26.
133. Wittek, Gabriele: Das Leben nach dem Tod. Die Reise deiner Seele. Verlag Universelles Leben. Würzburg 1990, S. 132.
134. Küng, Hans: Ewiges Leben? Piper Verlag, München, Zürich 1982, S. 168-169.
135. Johannes Paul II: Katechismus der katholischen Kirche. Oldenbourg–Verlag, München 1993, S. 130.
136. Rittelmeyer, Friedrich: Gemeinschaft mit den Verstorbenen. Verlag Urachhaus, Stuttgart, 9. Aufl., 1983, S. 25.
137. Vorgrimler, Herbert: Hölle. In: Lexikon Theologie. Ph. Reclam Verlag, Stuttgart, 2. Aufl. 2007, S. 154.
138. Michel, Peter: Das Geistchristentum. Aquamarin Verlag, Fortsinnig-München 1983, S. 146-147.
139. Dalliard, Alfred: Teufel und Hölle als Realität. In: Medium Nr. 20, 2002, S. 1-7.
140. Rosenberg, Alfons: J. F. Oberlin. Die Bleibesstätten der Toten. Turm Verlag, Bietigheim 1951, S. 89 f.
141. Jakoby, Bernard: Gesetze des Jenseits. Nymphenburger Verlag, München 2009, S. 111.
142. Michel, Peter: Der Anti-Weltkatechimus. Aquamarin Verlag, Grafing 1995, S. 44.
143. Sartory, Thomas und Gertrude: In der Hölle brennt kein Feuer. Kindler Verlag, München 1968, S.6.
144. Lindenberg, Wladimir: Riten und Stufen der Einweihung. Aurum Verlag, Freiburg i. Br., 2. Aufl. 1988, S. 68.
145. Greaves, Helen: Zeugnis des Lichts. Ein Erfahrungsbericht vom Leben nach dem Tod. Anthos Verlag, Hemsbach 1982, S. 135.
146. Hillringhaus, Herbert (Hrsg.): Brücke über den Strom. Novalis Verlag, Schaffhausen, 2. Aufl., 1985, S. 152.
147. James, Eliott: Erleuchtung und Meisterschaft. Ansata Verlag, Interlaken 1991, S. 57.
148. Bauer, Hermann: Wiedergeburt. Verlag „Universelles Leben", Würzburg 1982, S. 72.
149. Engel, Herbert: Der Sphärenwanderer. Ansata Verlag, Interlaken 1982.

150. Champdor, Albert: Das ägyptische Totenbuch. Scherz Verlag, Bern, München, Wien 1977, S. 152.
151. Stapleton, Michael und Servan, Elizabeth: Lexikon der griechischen und römischen Mythologie. Xenos Verlag, Hamburg 1978, S.181.
152. Biedermann, Hans: Knaurs Lexikon der Symbole. Weltbild Verlag, Augsburg 2000, S. 326 f.
153. Stausberg, Michael: Zarathustra und seine Religion. C. H. Beck Verlag, Hamburg 2005, S. 73.
154. Gandhi, Mahatma: All Religions Are True. Edition Bharatya Vidya Bhavan. Bombay 1962, S. 199.
155. Tipler, Frank J.: Physik der Unsterblichkeit. Piper Verlag. München, Zürich, 5. Aufl., 1995, S. 330.
156. Schreiber, Matthias: Die Reise ins Licht. In: Der Spiegel. Nr. 15, 2007, S. 120-137.
157. Ullmann, Ludwig (Hrsg.): Der Koran. Das heilige Buch des Islam. W. Goldmann Verlag, München 1959, S. 9 ff.
158. Mohammed, Abu 'l-Kasim: Der Koran. Das heilige Buch des Islam. Orbis Verlag, München 1959, S. 53-70.
159. Swedenborg, Emanuel: Himmel und Hölle. Swedenborg Verlag, Zürich 1947, S. 23 ff.
160. Emmerich, Anna Katharina: Visionen. Hrsg. Von Karl Erhard Schmöger. P. Pattloch Verlag, Aschaffenburg 1971, S. 27, 39.
161. Coppes, Christophor: Der Himmel ist ganz anders. Aquamarin Verlag, Grafing 2012, S. 23, 31, 37 f.
162. Leadbeater, Charles W.: Das Leben nach dem Tode. Revidierte Neuausgabe. Verlag Theosophische Gesellschaft, Genf 1952, S. 19 f.
163. Michel, Peter: Der Anti-Weltkatechismus. Aquamarin Verlag, Grafing 1995, S. 87.
164. Bäzner, Erhard: Das Rätsel des Lebens und das Geheimnis des Todes. Eine umfassende Schau über den Weg der Seele nach dem Verlassen des Körpers. Aquamarin Verlag, Grafing, 3. Aufl., 2007, S. 65, 73-74.
165. Greaves, Helen: Zeugnis des Lichts. Ein Erfahrungsbericht vom Leben nach dem Tod. Anthos Verlag, Hemsbach 1982, S, 135, 191.
166. Werner, Martin: Die Entstehung des christlichen Dogmas. Verlag Paul Haupt, Bern 1941, S. 519.
167. Streuli, Robert: Origenes – der Diamantene. ABZ Verlag, Zürich 1987, S. 138, 159.
168. Lees, Robert James: Reise in die Unsterblichkeit. Drei Eichen Verlag, München, Bd. II, 2. Aufl., 1968, S. 50.
169. Rahula, Walpoa: Was Buddha lehrt. Origo Verlag, Bern 1982, S. 75.
170. Brunner, Beatrice: Die Seele Gottes. Seele und Gottesbewusstsein. In: Geistige Welt, Nr. 10, 1972, S. 75.
171. Pfeil, Hans: Unser Glaube ans Jenseits. Was erwartet uns nach dem Tod? Johannes Verlag, Lautesdorf, 2. Aufl., 1982, S. 22 f.
172. Brunner, Beatrice: Meditations-Woche 1974, ABZ Verlag, Zürich 1975, S. 27.
173. Bäzner, Erhard: Das Rätsel des Lebens und das Geheimnis des Todes. Aquamarin Verlag, Grafing, 3. Aufl., 2007, S. 74, 86.

Kapitel 11

1. Jung, Carl Gustav: Über Wiedergeburt. In: Die Archetypen und das kollektive Unbewusste. In: Ges. W., Bd. 9/I, Walter Verlag, Olten, Freiburg i. Br. 1976, S. 127 f.
2. Zürrer, Ronald: Reinkarnation. Die umfassende Wissenschaft der Seelenwanderung,. Govinda Verlag, Neuhausen/Altenburg, 4. Aufl., 2000, S. 47 f.
3. Jung, Carl Gustav: Die verschiedenen Aspekte der Wiedergeburt. In: Eranos Jahrbuch 1939. Rascher Verlag. Zürich 1940, S. 399-447.
4. Condrau, Gion: Der Mensch und sein Tod. Benziger Verlag, Zürich, Einsiedeln 1984, S. 374.
5. Von Weizsäcker, Carl Friedrich: Der Garten der Menschlichkeit. Carl Hanser Verlag, München, Wien 1977, S. 164.

Anmerkungen | 671

6. Challoner, H. K.: Das Rad der Wiedergeburt. Adyar Edition. Aquamarin Verlag, Grafing 2011.
7. Freye, Richard. Zarathustra. In: Brunner, Emma: Die Stifter der großen Weltreligionen. Herder Verlag, Freiburg i. Br., Neuausgabe 2007, S. 50-61.
8. Böhlig, Alexander: Mani. In: Brunner, Emma: Die Stifter der großen Weltreligionen. Herder Verlag, Freiburg i. Br., Neuausgabe 2007, S. 94-120.
9. Augustinus, Aurelius: Bekenntnisse. Ph. Reclam Verlag, Stuttgart 1977, S. 35.
10. Banerjee, Sri: Zur Frage der Überprüfung angeblicher Reinkarnationsphänomene. In: Neue Wissenschaft, Nr. 2, 1961/1962, S. 79.
11. Lindenberg, Wladimir: Über die Schwelle. E. Reinhardt Verlag, Basel, München 1972, S. 90-91.
12. Michel, Peter: Karma und Gnade. Aquamarin Verlag, Grafing 1988, S. 16
13. Bischoff, Erich: Das Jenseits der Seele. Zur Mystik des Lebens nach dem Tode. Hermann Barsdor Verlag, Berlin 1919, S. 105-106.
14. Riedweg, Christoph: Pythagoras. Leben, Lehren, Nachwirkung. Verlag C.H. Beck, München, 2. Aufl. 2007, S. 87-89.
15. Nestle, Wilhelm (Hrsg.): Platon. Hauptwerke. Das Gastmahl. Alfred Kröner Verlag, Stuttgart 1965, S. 30, 115 ff.
16. Bauer, Hermann: Wiedergeburt. Verlag „Universelles Leben", Würzburg, 2. Aufl., 1989, S. 13.
17. Origenes, Vier Bücher von den Prinzipien. Hrsg. Von Görgemanns, Herwig und Karpp, Heinrich. Verlag der Wissenschaftlichen Buchgemeinschaft, Darmstadt 1976.
18. Schönborn, Christoph: Reinkarnation und christlicher Glaube. In: Reinkarnation – Wiedergeburt. Arbeitsmappe „Neue religiöse Bewegungen in der Schweiz", hrsg. von der Paulus-Akademie Zürich, Zürich 1985, S. 116.
19. Nigg, Walter: Das große Buch der Ketzer. Artemis Verlag, Zürich, 6. Aufl., 1981, S. 167 ff.
20. Mariel, Pierre: Die wahren Söhne des Lichtes. Zeugnis eines Hochgrad-Freimaurers. Origo Verlag, Zürich 1963, S. 17.
21. Bock, Emil: Wiederholte Erdenleben. Die Wiederverkörperungsidee in der deutschen Geistesgeschichte. Verlag Urachhaus, Stuttgart 1932 und 1952, S. 32 ff.
22. Blavatsky, Helena Petrovna: Die Geheimlehre. N.C. Ettenhofen Verlag, Berlin, 3 Bde, 1932.
23. Steiner, Rudolf: Die Geheimwissenschaften im Umriss. Bd. 13 der Gesamtausgabe. Rudolf Steiner Verlag, Dornach 1977, S. 138, 422 f,
24. Lutz, Walter: Die Grundfragen des Lebens in der Schau des Offenbarungswerkes Jakob Lorbers. Lorber Verlag, Bietigheim, 3. Aufl. 1979, S. 536.
25. Braun, Hans-Jürgen: Das Jenseits. Die Vorstellungen der Menschheit über das Leben nach dem Tod. Artemis & Winkler Verlag, Zürich 1996, S. 442-449.
26. Capra, Fridjof: Wendezeit. Scherz Verlag, Bern, München, Wien 1983, S. 51 ff.
27. Wilber, Ken: Halbzeit der Evolution. Scherz Verlag, Bern, München, Wien 1984, S. 22-23, 52-54.
28. Kerkhofs, Josef: Du lieber Himmel. In: Concilium, Nr. 15, 1979, S. 140 f.
29. Von Jankovich, Stefan: Reinkarnation als Realität. Drei Eichen Verlag, Engelberg, München 1993, S. 118.
30. Gallup, George: Begegnungen mit der Unsterblichkeit. Universitas Verlag, München 1983, S. 184-185.
31. Wiesendanger, Harald: Zurück in frühere Leben. Kösel Verlag, München 1991, S. 9.
32. Bischofberger, Norbert: Reinkarnation – Schicksal oder Chance? In: Vaterland. Wochenend Journal, Nr. 5, 1990, S. 7.
33. Wichmann, Jörg: Wiedergeburt ist ganz anders. In: Esotera, Nr. 10, 1993, S. 19.
34. Caprez, Hans: Wiedergeburt – Wahn oder Wirklichkeit. In: Der Beobachter vom 1. 4. 1994, S. 20-26.
35. Wigert, Carl J.: Überraschende Ergebnisse. Umfrage „Jugend und Gott", In: Der Brückenbauer, Nr. 16, 2000, S. 12-15.
36. Bühlmann, Bruno: Auferstehungsglaube heute. In: Neue Luzerner Zeitung, Nr. 87, 2006, S. 9.

37. Sieber, Rudolf-Friedrich: Die Wahrheit über die Wiederverkörperungslehre. G. E. Schroeder Verlag, Eschwege 1972, S. 27-28.
38. Greshake, Gisbert: Tod – und dann? Ende – Reinkarnation – Auferstehung. Herder Verlag, Freiburg i. Br. Basel, Wien 1988, S. 31.
39. Adler, Gerhard: Wiedergeboren nach dem Tode? Die Idee der Reinkarnation. Verlag Josef Kral, Frankfurt a. M. 1977.
40. Paulus-Akademie Zürich: (Hrsg.): Reinkarnation – Wiedergeburt. Ihre Bedeutung in den östlichen Religionen und neueren religiösen Gruppen und die Haltung der christlichen Kirchen. Seminarbericht der Paulus-Akademie. Manuskript. Zürich 1985, S. 116.
41. Friedli, Richard: Zwischen Himmel und Hölle. Die Reinkarnation. Universitätsverlag, Fribourg 1986, S. 9.
42. Baumann, Adolf: Kommen wir wieder zur Welt?. Kommentar zur Basler Psi-Tagung. In: Tages-Anzeiger vom 11. November 1988, S. 2.
43. Mohr, Till A.: Kehret zurück, ihr Menschenkinder! Die Grundlegung der christlichen Reinkarnationslehre. Aquamarin Verlag, Grafing 2004, S. 625.
44. Looser, Gabriel: Welches Leben nach dem Tode? Reinkarnation und christlicher Glaube. Patmos Verlag. Ostfildern 2013,S. 93.
45. Adler, Gerhard: Wiedergeboren nach dem Tode? Verlag Josef Knecht. Frankfurt a. M. 1977, S. 15.
46. Hinz, Walther: Neue Erkenntnisse über die Schöpfung Gottes. ABZ Verlag, Zürich 1991, S. 104, 168-169
47. MacGregor, Geddes: Reinkarnation und Karma im Christentum. Aquamarin Verlag, Grafing, Bd. 1, 1985, S. 68.
48. Andreas, Peter: Der Bannfluch des Justinianus. In: Esotera, Nr. 9, 1978, S. 832-853.
49. Streuli, Robert: Origenes – der Diamantene. ABZ Verlag, Zürich 1987, S. 319-341.
50. Mohr, Till A.: Kehret zurück, ihr Menschenkinder! Aquamarin Verlag, Grafing 2004, S. 90.
51. Bauer, Hermann: Wiedergeburt. Verlag „Universelles Leben", Würzburg 1982, S. 92.
52. Dethlefsen, Thorwald: Schicksal als Chance. C. Bertelsmann Verlag, München, 3. Aufl. 1989, S. 249.
53. Singer, Fritz: Unser Leben nach dem Tod. Verlag Universelles Leben. Würzburg o. J., S. 40.
54. Kälin, Bernhard: Logik und Metaphysik. Verlag des Benediktinerkollegiums, Sarnen 1940, S. 272 f.
55. Luyten, Norbert: Todesverständnis und Menschenverständnis. In: Tod – Ende oder Vollendung. In: Grenzerfahrungen. Verlag Karl Alber, München 1980, S. 191.
56. Boros, Ladislaus: Leib, Seele und Tod. In: Orientierung, Nr.8, 1965, S. 94.
57. Frei, Gebhard: Reinkarnation und katholischer Glaube. In: Schweizer Rundschau, Jg. 47, 1947/48, S. 169-178.
58. Imhof, Beat: Wie auf Erden so im Himmel. Aquamarin Verlag, Grafing, 3. Aufl. 2012, S. 131-136.
59. Waelti, Ernst: Der dritte Kreis des Wissens. Ansata Verlag, Interlaken 1983, S. 27 ff.
60. Cabobianco, Flavio: Ich komme aus der Sonne. Ch. Falk Verlag, Seeon, 1994, S. 9.
61. Mohr, Till A.: Kehret zurück, ihr Menschenkinder! Aquamarin Verlag, Grafing 2004, S. 91.
62. Koch, Kurt: Leben wir nur einmal. Seelenwanderung und christlicher Glaube. Kanisius Verlag, Fribourg, Konstanz 1985, S. 11 ff.
63. Oehen, Valentin J.: Reinkarnationsglaube. Kein Widerspruch zum Christentum? In: Vita sana, Nr. 2, 2009, S. 18-19.
64. Risi, Armin: Gott und die Götter. Govinda Verlag, 6. Aufl., Zürich 2007, S. 316.
65. Torwesten, Hans: Sind wir nur einmal auf Erden? Herder Verlag, Freiburg, Basel, Wien 1983, S. 52.
66. Küng, Hans: Was ich glaube. Piper Verlag, München, Zürich, 3. Aufl., 2009, S. 237.
67. Sigdell, Jan Erik: Reinkarnation. Christentum und das kirchliche Dogma. Ibera Verlag, Wien 2001, S. 13.
68. Lessing, Gotthold Ephraim: Erziehung des Menschengeschlechts. Ges. W. München, Wien 1982, Bd.III, S. 658.

69. Brunner, Beatrice: Den Menschen lenkt, was er will und denkt. In: Geistige Welt, Nr. 14, 1982, S. 166.
70. Friedli, Richard: Zwischen Himmel und Hölle – Reinkarnation. Universitätsverlag, Fribourg / Schweiz 1986, S. 16.
71. Looser, Gabriel: Wohin geht die Seele? Ein Reiseführer ins Jenseits. Kösel Verlag, München 2012, S. 165.
72. Dürr, Hans-Peter u.a.: Gott, der Mensch und die Wissenschaft. Weltbild Verlag, Augsburg 1997, S. 134.
73. Friedli, Rudolf: Christentum und Wiedergeburt. Fischer Taschenbuch Verlag, Frankfurt a. M. 1982, S. 10.
74. Schmidt, Karl Otto: Wir leben nicht nur einmal. Wiederverkörperung und Schicksalsdynamik. Drei Eichen Verlag, Engelberg, München, 4. Aufl. 1973, S. 23.
75. Zurfluh. Werner: Quellen der Nacht. Neue Dimensionen der Selbsterfahrung. Ansata Verlag, Interlaken 1983, S. 38 ff.
76. Passian, Rudolf: Wiedergeburt. Ein Leben oder viele? Knaur Esoterik Taschenbuch 4154, Droemersche Verlagsanstalt, München 1985, S. 153.
77. Dethlefsen, Thorwald: Das Erlebnis der Wiedergeburt. C. Bertelsmann Verlag, München 1976, S. 210.
78. Bühler, Walther: Schicksal und Wiederverkörperung. Verlag des Vereins für ein erweitertes Heilwesen. Bad Liebezell, 3. Aufl. 1986, S. 29.
79. Webster, Richard: Die Engel-Enzyklopädie. Aquamarin Verlag, Grafing 2010, S. 17.
80. Flemming, Beatrice: Das Bevölkerungsproblem im Zusammenhang mit der Reinkarnationstatsache und dem Ernährungsproblem. In: Das theosophische Weltbild. F. Hirthammer Verlag, München, Bd. 1, 1976, S. 184-198.
81. Ahlheim, Karl-Heinz (Hrsg.): Die Umwelt des Menschen. Verlag des Bibliografischen Instituts, Mannheim, Wien, Zürich 1975, S. 524-530.
82. Wiesendanger, Harald: Zurück in frühere Leben. Kösel Verlag, München 1991, S. 155.
83. Schmidt, Karl Otto: Wiederverkörperung und Karma. Baum Verlag, Pfullingen, 3. Aufl., 1962, S. 18.
84. Steiner, Rudolf: Theosophie. Verlag Goetheanum, Dornach 1961, S. 32.
85. Judge, William Q.: Karma – das Gesetz von Ursache und Wirkung. In: Der Weiße Lotos, Nr. 88, 2003, S. 16.
86. Humphreys, Christmas: Karma und Wiedergeburt. Scherz Verlag, Bern, München, Wien 1974, S. 40.
87. Michel, Katarina und Peter: 12 Gesetze der Heilung. Aquamarin Verlag, Grafing 2011, S. 156.
88. Jaffé, Aniela: Erinnerungen, Träume, Gedanken von C. G. Jung. Rascher Verlag, Zürich, Stuttgart 1963, S. 320.
89. Hemblin, Theodor: Schicksalsbesinnung und Schicksalsmeisterung. In: Lebenserfolg Nr. 3, 1979, S. 12.
90. Schwerin, Hans: Kybalion. Eine Studie über hermetische Philosophie. Arkana Verlag, Heidelberg o. J., S. 142.
91. Iranschähr, Hossein: Der Meister und sein Jünger. Lukas Verlag, Gossau 2004, Bd. I, S. S.54.
92. Orthbandt, Eberhard: Geschichte der großen Denker. Verlag Werner Dausien, Hanau o. J., S. 96 ff.
93. Emmerich, Anna K.: Visionen. Pattloch Verlag, Aschaffenburg, 2. Aufl., 1971, S. 48.
94. Wolff, Hellmut: Schicksal und Wiedergeburt. Verlag „Dem Wahren – Schönen – Guten." Pforzheim 1974, S. 21.
95. Wallimann, Silvia: Die Umpolung. Hermann Bauer Verlag, Freiburg i. Br. 1988, S. 31.
96. Coué, Emil: Selbstbemeisterung durch bewusste Autosuggestion. Schwabe Verlag, Basel 1973, S. 33.
97. Singh, Sant Kirpal: Karma. Das Gesetz von Ursache und Wirkung. Origo Verlag, Zürich 1972, S. 34.
98. Steiner, Rudolf: Aus der Akasha-Chronik. Rudolf Steiner Verlag, Dornach 1975, S. 16-17.

99. Brunton, Paul: Karma-Kette von Ursache und Wirkung. H. Bauer Verlag, Freiburg i. Br. 1986, S. 57.
100. Korf, Georg: Die andere Seite der Welt. Aquamarin Verlag, Grafing 2011, S. 134.
101. Dalai Lama: Das Auge der Weisheit. Scherz Verlag, Bern, München, Wien 1975, S. 31.
102. Imhof, Beat. Das karmische Unbewusste. In: Wegbegleiter Nr. 2, 2004, S. 20-22.
103. Ebertin, Baldur R.: Das Modell eines Reinkarnationsbewusstseins. In: Meridian, Nr. 1, 1986, S. 18-22.
104. Brunner, Cornelia: Mein Weg zur Individuation. Rothenhäusler Verlag, Stäfa 1996, S. 119.
105. Cerminara, Gina: Karma und Wiedergeburt. H. Bauer Verlag, Freiburg i. Br. 1963, S. 74 f.
106. Fährmann, Johannes: Karma, das Gesetz der absoluten Gerechtigkeit im Weltgeschehen und Menschenleben. Verlag „Die Schatzkammer", Würzburg 1954, S. 11.
107. Schmidt, Karl Otto: Wiederverkörperung und Karma. Baum Verlag, Pfullingen, 3. Aufl., 1962, S. 100.
108. Wolff, Hellmut: Schicksal und Wiedergeburt. Verlag „Dem Wahren–Schönen–Guten", Pforzheimn 1974, S. 28.
109. Flemming, Beatrice: Johann Wolfgang von Goethe – ein theosophischer Geist par excellence. In: Das theosophische Weltbild. F. Hirthammer Verlag, Bd. 3, München 1976, S. 50.
110. Brunner, Beatrice: Auf den Wolken des Himmels. Meditationswoche 1979, Verlag Geistige Loge, Zürich 1980, S. 73.
111. Dalliard, Alfred: Ehe und Familie im Dienste des Wiederaufstiegs in den Himmel. In: Medium Nr. 35, 2004, S. 18.
112. Dalliard, Alfred: Wiedergeburt und christliche Lehre. In: Medium Nr. 13, S. 11-12.
113. Mohr, Till A.: Kehret zurück, ihr Menschenkinder! Aquamarin Verlag, Grafing 2004, S. 413.
114. Steiner, Rudolf: Über das Ereignis des Todes und Tatsachen der nachtodlichen Zeit. Verlag der R. Steiner-Nachlassverwaltung, Dornach 1967, S. 16 f.
115. Oetinger, Manuela: Transformation und Zeitenwandel. Aquamarin Verlag, Grafing 2010, S. 106.
116. Michel, Peter: Karma und Gnade. Aquamarin Verlag, Grafing 1988, S. 159-165.
117. Brown, Robert: Das Leben im Jenseits. Botschaften aus der Geistigen Welt. Giger Verlag, Altendorf 2008, S. 157.
118. Steiner, Rudolf: Wie erlangt man Erkenntnisse der höheren Welten? Verlag der Rudolf Steiner- Nachlassverwaltung, Dornach 1961, S. 194.
119. Schweitzer, Albert: Aus meinem Leben und Denken. Ges. W., hrsg. von Rudolf Grabs. C. H. Beck Verlag, München Bd. 1, 1974, S. 126.
120. Hodgson, Joan: Warum? Ein White Eagle Buch. Aquamarin Verlag, Grafing, 2. Aufl. 1984, S. 41.
121. Greshake, Gisbert: Tod – und dann? Ende – Reinkarnation – Auferstehung. Herder Verlag, Freiburg i. Br. 1988, S. 79.
122. Brunner, Beatrice: Meditationswoche 1979. Verlag Geistige Loge, Zürich 1980, S. 18.
123. Iranschähr, Hossein: Der Meister und sein Jünger. Lukas Verlag, Gossau, 4. Aufl., 2004, S. 113-114.
124. Wiesendanger, Harald: Zurück in frühere Leben. Möglichkeiten der Reinkarnationstherapie. Kösel Verlag, München 1991, S. 192.
125. Ebertin, Baldur R.: Reinkarnation und neues Bewusstsein. Hermann Bauer Verlag, Freiburg i. Br., 3. Aufl. 1995, S. 7
126. Weiss, Brian: Die zahlreichen Leben der Seele. Die Chronik einer Reinkarnationstherapie. Goldmann Verlag, München, 4. Aufl. 2005, S. 12 ff.
127. Rochas, Albert: Die aufeinander folgenden Leben. Dokumente zum Studium dieser Frage. Verlag Max Altmann, Leipzig 1914.
128. Passian, Rudolf: Wiedergeburt. Ein Leben oder viele? Droemersche Verlagsanstalt, München 1985, S. 48.
129. Morris, Netherton und Shiffrin, Nancy: Berichte vom Leben vor dem Leben. Reinkarnations-Therapie. Scherz Verlag, Bern, München, Wien 1979.
130. Dethlefsen, Thorwald: Das Leben nach dem Leben. Gespräche mit Wiedergeborenen. C. Bertelsmann Verlag, München 1974, S. 11 ff.

131. Vinmann, Ulrike: Reinkarnationstherapie zur Heilung der Seele. Die Ursprünge psychischer Verletzungen erkennen und überwinden. Aquamarin Verlag, Grafing 2011.
132. Dethlefsen, Thorwald: Das Erlebnis der Wiedergeburt. Heilung durch Reinkarnation. C. Bertelsmann Verlag, München 1976, S. 164-165.
133. Stevenson, Ian: Reinkarnation. Der Mensch im Wandel von Tod und Wiedergeburt. Aurum Verlag, Freiburg i. Br. 1976, S. 393.
134. Stearn, Jess: Der schlafende Prophet. F. Keller Verlag, Genf 1969, S. 73, 256 f.
135. Von Bernus, Alexander: Unsterblichkeit und Wiederkehr. Verlag Hans Carl, Nürnberg 1975, S. 23-24.
136. Lorenz, Andreas und Graber, Hans: Die vergessenen „Siebengescheiten". In: Neue Luzerner Zeitung vom 14. April 2013, S. 43.
137. Tempelmann, Orith: Wunderkinder – Wundermenschen – Savants – Hochbegabte. In: Wendezeit, Nr. 3, 2013, S. 25-40.
138. Eichenberger, Ursula: Über hochbegabte Kinder, ihre Familie, ihr Umfeld. In: Sonntags-Zeitung vom 18. 5. 1997, S. 23.
139. Agentur Press: 19-jähriger wird Doktor der Physik. In: Neue Luzerner Zeitung, Nr. 12, 2001, S. 44.
140. Schweizerische Depechen Agentur: Britisches Wunderkind. In: Luzerner Zeitung, Nr. 162, 1992, S. 32.
141. Agentur Press: Elfjähriger will an die Universität. In: Vaterland, Nr. 136, 1988, S. 7.
142. Schweizer Depechen Agentur: Professoren waren sprachlos. In: Luzerner Zeitung, Nr. 111, 1997, S. 40.
143. Schweizer Depechen Agentur: Zwölfjähriger nimmt Medizinstudium auf. In: Neue Luzerner Zeitung, Nr. 102, 2003, S. 40.
144. Köpf, Thomas: Das klügste Kind der Welt. In: Facts, Nr. 2, 1996, S. 91-93.
145. Schmidt, Karl Otto: Wir leben nicht nur einmal. Drei Eichen Verlag, München und Engelberg, 1969, S. 202-203.
146. Agentur Press: Texanisches Wunderkind. In: Neue Luzerner Zeitung, Nr. 29, 2000, S. 48.
147. Schweizer Depechen Agentur: Keiner zu klein, genial zu sein. In: Neue Luzerner Zeitung, Nr. 144, 2007, S. 36.
148. Agentur Press: Zehnjährige schaffte Prüfung in Oxford. In: Bildzeitung vom 23.10.1989, S.12.
149. Geisler, Hans: Ein koreanisches Wunderkind. In: Die andere Welt, Nr. 10, 1966, S. 945.
150. Sidon, Adi: Der 3-jährige Ejal studiert Physik an der Universität Haifa. In: „Für die Frau" vom 11. 11. 1989, S. 1-2.
151. O'Dell, Larry: Steile Karriere. In: Tages Anzeiger vom 23. April 2003, S. 12.
152. Wendt, Heide-Ulrike: Die Wunderkinder von nebenan. In: Stern, Nr. 17, 1992, S. 111.
153. Schweizer Depechen Agentur: Kleiner Mann ganz gross. In: Zuger Nachrichten, Nr. 280, 1992, S. 40.
154. Amacher, Corinne: Das jüngste Wunderkind der Wirtschaft. In: Facts, Nr. 2, 1996, S. 56-57.
155. Révész, G.: Das musikalische Wunderkind. In: Zeitschrift für pädagogische Psychologie, Nr. 19, 1918, S. 29-34.
156. Chang, Sarah: Die Violine ist ein Teil von mir. In: Facts, Nr. 48, 1997, S. 162-163.
157. Schenkel, Roland: Noch keine elf Jahre alt und doch schon ein Geigenvirtuose. In: Luzerner Zeitung, Nr. 41, 1995, S. 18.
158. Rivola, Flavia: Mit zwölf bereits preisgekrönt. In: Neue Luzerner Zeitung Nr. 280, 2003, S. 21.
159. Witte, H.: Karl Witte, ein Leben für Dante. Rowohlt Verlag, Reinbek bei Hamburg, 1971.
160. Weiser, Eric: Das Wunder der Wunderkinder. In: Tages-Anzeiger vom 16. 9. 1964, S. 3.
161. Geisler, Hans: Ein koreanischer Wunderknabe. In: Die andere Welt, Nr. 1, 1967, S. 77-78.
162. Häfliger, Alois: Professor Eduard Huber. Separatdruck aus der Heimatkunde des Wiggertals. Heft Nr. 36, 1978, S. 4, 7, 10-14, 26-29.
163. Häfliger, Alois: Das Genie aus Grosswangen. In: Vaterland, Nr. 185, 1979, S. 24.
164. Schmidt, Karl Otto: Wir leben nicht nur einmal. Drei Eichen Verlag, München und Engelberg, 1969, S. 82.

165. Lange-Eichbaum, Wilhelm: Genie, Irrsinn und Ruhm. Eine Pathographie des Genies. E. Reinhardt Verlag, Basel und München, 1961, S. 46 und 91.
166. Köpf, Thomas: Das klügste Kind der Welt. In: Facts, Nr. 2, 1996, S. 91.
167. Von Egloffstein, Peter: Der Wundersäugling. In: Die andere Welt. Nr. 8, 1967, S. 712.
168. Allgeier, Kurt: Du hast schon einmal gelebt. W. Goldmann Verlag, München, 1979, S. 154.
169. Zimmerli, Martin: „Mozart hat immer auf mich gewartet." In: Coop-Zeitung, Nr. 34, 2006, S. 22-25.
170. Fährmann, Johannes: Die siebenfache Natur von Mensch und Weltall. In: Großer Theosophischer Katechismus. Schatzkammer Verlag, München, Bd. I, Teil 3, o. J. S. 55.
171. Flemming, Beatrice: Das Theosophische Weltbild. F. Hirthammer Verlag, München, Bd. 1, 1976, S. 12.
172. Michel, Peter: Karma und Gnade. Aquamarin Verlag, Grafing, 1988, S. 129.
173. Dalliard, Alfred: Lexikon der Geistchristlichen Lehre. Verlag Ph. C. W. Schmidt, Neustadt /Aisch 2010, S. 593 f.
174. Baumann, Adolf: Kommen wir immer wieder zur Welt? Ein Bericht über die internationale Psi-Tagung in Basel vom 10.-13. November 1988. In: Tages-Anzeiger vom 11. November 1988, S. 2.
175. Iranschähr, Hossein: Der Meister und sein Jünger. Lukas Verlag, Gossau, Band II, 4. Aufl., 2004, S. 168.
176. Moser, Fanny: Das große Buch des Okkultismus. Walter Verlag, Olten, Freiburg i. Br. 1974, S. 511-516.
177. Hempe, Bruno: Beweise für die Richtigkeit einer Reinkarnations-Erinnerung. In: Die Andere Welt, Nr. 11, 1969, S. 987-991.
178. Caprez, Hans: Haben wir schon einmal gelebt? In: Der schweizerische Beobachter vom 1. April 1994, S. 25.
179. Hausdorf, Hartwig: Rückkehr aus dem Jenseits. Das phantastische Phänomen der Wiedergeburt. Argo Verlag, Marktoberdorf, 2. Aufl., 2007, S. 78.
180. Stevenson, Ian: Wiedergeburt. Kinder erinnern sich an frühere Erdenleben. Aquamarin Verlag, Grafing 1989.
181. Stevenson, Ian: Reinkarnation. Der Mensch im Wandel von Tod und Wiedergeburt. Aurum Verlag. Freiburg i. Br. 1976, S. 24 f.
182. Stevenson, Ian: Reinkarnationsbeweise. Geburtsnarben und Muttermale belegen die wiederholten Erdenleben des Menschen. Aquamarin Verlag, Grafing 2011.
183. Wiesendanger, Harald: Narben vom Tode vor dem Leben. In: Esotera, Nr. 7, 1992, S. 50-55.
184. Hausdorf, Hartwig: Rückkehr aus dem Jenseits. Das phantastische Phänomen der Wiedergeburt. Argo Verlag, Marktoberdorf, 2. Aufl., 2007, S. 176-177, 188.
185. Chopra, Deepak: Leben nach dem Tod. Ullstein Verlag, Berlin 2010, S. 215-216.
186. Reich, Markus: „Ich sprach auf einmal mit Schweizer Akzent". In: Glückspost Nr. 17, 2013, S. 21.
187. Matauschek, Franz: Träume von früheren Leben. In: Esotera Nr. 11, 1974, S. 985-989.
188. Bock, Emil: Wiederholte Erdenleben. Wiederverkörperungsidee in der deutschen Geistesgeschichte. Verlag Urachhaus, Stuttgart 1952, S. 147.
189. Zürrer, Ronald: Reinkarnation. Govinda Verlag, Neuhausen / Altenburg, 4. Aufl., 2000, S. 185-186.
190. Wambach, Helen: Leben vor dem Leben. Heyne Verlag, München, 2. Aufl. 1980, S. 152-155.
191. Kälin, Bernhard: Logik und Metaphysik. Verlag des Benediktinerkollegiums Sarnen, 1940, S. 271-275.
192. Schmidt, Karl Otto: Alles Lebendige kehrt wieder. Baum-Verlag, Pfullingen 1962, S. 107.
193. Thiede, Werner: Warum ich nicht an Reinkarnation glaube. Verlag der Evangelischen Zentralstelle für Weltanschauungsfragen. Berlin 2009, S. 14.
194. Looser, Gabriel: Welches Leben nach dem Tode? Reinkarnation und christlicher Glaube. Patmos Verlag, Ostfildern 2013, S. 124, 127-128.
195. MacGregor, Geddes: Reinkarnation und Karma im Christentum. Aquamarin Verlag, Grafing, 2. Bd. 1986, S. 96.

196. Looser, Gabriel: Welches Leben nach dem Tod? Reinkarnation und christlicher Glaube. Patmos Verlag, Ostfildern 2013, S. 141-143.
197. Mohr, Till A.: Kehret zurück, ihr Menschenkinder! Die Grundlegung der christlichen Reinkarnationslehre. Aquamarin Verlag, Grafing 2004, S. 365-472.
198. Adler, Gerhard: Wiedergeboren nach dem Tode. Verlag Josef Knecht, Frankfurt a. M. 1977, S. 60.
199. Sennwald, Gerhard: Die Lehre der Seelenwanderung in der Kulturgeschichte. In: Neue Wissenschaft. Zeitschrift für Grenzgebiete des Seelenlebens. Nr. 2, 1961/62, S. 75.
200. Champdor, Albert: Das ägyptische Totenbuch in Bild und Deutung. Scherz Verlag, Bern, München, Wien 1977, S. 139 f.
201. Giebel, Marion: Das Geheimnis der Mysterien. Antike Kulte in Griechenland, Rom und Ägypten. Artemis Verlag, Zürich, München 1990, S. 17, 149, 195.
202. Brunner, Arthur: Die Stellungnahme von Kirchenvätern zur Wiedergeburtslehre. In: Geistige Welt, Nr. 9, 1978, S. 125.
203. Augustinus, Aurelius: Bekenntnisse. Verlag Ph. Reclam, Stuttgart 1977, S. 35.
204. Zwingli, Huldrych: Predigt über die Vorsehung. Gesammelte Schriften, hrsg. Von U. Bächtold und Oskar Farner, Theologischer Verlag, Zürich, Bd. IV, 1995, S. 160.
205. Schmid Karl Otto: Wiederverkörpung und Karma. Baum Verlag, Pfullingen, 3. Aufl., 1962, S. 41.
206. Frei, Gebhard: Reinkarnation und christlicher Glaube. In: Schweizer Rundschau Nr. 47, 1947, S. 169-178.
207. Hausdorf, Hartwig: Rückkehr aus dem Jenseits. Argo Verlag, Marktoberdorf, 2. Aufl., 2007, S. 33-34.
208. Mohr, Till A.: Kehret zurück, ihr Menschenkinder! Die Grundlagen der christlichen Reinkarnationslehre. Aquamarin Verlag, Grafing 2004.
209. Frieling, Rolf: Christentum und Wiederverkörprung. Fischer Verlag, Frankfurt a. M. 1982.
210. Friedli, Richard: Zwischen Himmel und Hölle – Die Reinkarnation. Universitätsverlag, Fribourg 1986.
211. Schmidt, Karl Otto: Alles Lebendige kehrt wieder. Baum Verlag, Pfullingen 1962, S. 8.
212. Wambach, Helen: Seelenwanderung. Wiedergeburt durch Hypnose. W. Goldmann Verlag, München 1978, S. 119 ff.
213. Oehen, Valentin J.: Rückführungserfahrungen. Beweise für die Reinkarnation! In: Wendezeit Nr. 4, 2009, S. 52 ff.
214. Hausdorf, Hartwig. Rückkehr aus dem Jenseits. Das phantastische Phänomen der Wiedergeburt. Argo Verlag, Marktoberdorf, 2. Aufl., 2007, S. 176-177, 188.
215. Von Jankovich, Stefan: Reinkarnation als Realität. Drei Eichen Verlag, Ergolding 1993, S. 34-48, 84.
216. Vögele, Nicole: Dok-Film aus der Reihe „Jenseits retour". Nahtoderlebnisse und ihre Konsequenzen. Schweizer Fernsehen SRF1, 2010.

Kapitel 12

1. Imhof, Beat: Wege nach Innen. Wahrheit und Weisheit. Symbolgeschichten. Rothus Verlag, Solothurn, Bd. 1, 3.Aufl. 2006, S. 43.
2. Sommer, Antonius: Von der Lebendigkeit christlichen Glaubens. In: Geistige Welt, Nr. 16, 1981, S. 194.
3. Goethe, Johann Wolfgang: Faust I, Studierzimmer. Verlag Birkhäuser, Basel 1944, S. 58.
4. White Eagle: Die vier großen Einweihungen. Der Entwicklungspfad der Seele. Aquamarin Verlag, Grafing, 2. Aufl., 1988, S. 11.
5. Küng, Hans: Christentum und Weltreligionen. Piper Verlag, München, Zürich 1984, S. 19.
6. Von Weizsäcker, Carl Friedrich: Der Garten des Menschlichen. C. Hanser Verlag, München, Wien 1984, S. 473.
7. Von Glasenapp, Helmuth: Die fünf Weltreligionen. Diederichs Verlag, Düsseldorf 1963, S. 411 ff.

8. Bühlmann, Benno: „Hinter allen Fenstern das eine Licht". Interview mit Willigis Jäger. In: Neue Luzerner Zeitung, Nr. 115, 2005, S. 15.
9. Küng, Hans: Theologie im Aufbruch. Piper Verlag, München, Zürich 1987, S. 97.
10. Schiebeler, Werner: Der Mensch und seine Bindung an Gott. Wersch Verlag, Ravensburg 1990, S. 8.
11. Arpe, Werner: Knaurs Schauspielführer. Buchclub Ex Libris, Zürich 1957, S. 149.
12. Kuschel, Karl-Josef: Im Ringen um den wahren Ring. Lessings „Nathan der Weise" – eine Herausforderung an die Religionen. Patmos Verlag, Ostfildern 2011.
13. Borgia, Anthony: Das Leben in der Unsichtbaren Welt. Verlag „Die Silberschnur", Melsbach/Neuwied 1985, S. 22-23.
14. Brunner, Beatrice: Fragenbeantwortung aus dem Jahr 1954. In: Geistige Welt Nr. 3, 1978, S. 40-41.
15. Desmond, Shaw: Wie du lebst, wenn du gestorben bist. H. Bauer Verlag, Freiburg i. Br. 1960, S. 304-305.
16. Schiebeler, Werner: Nachtodliche Schicksale. Wersch Verlag, Ravensburg, 2. Aufl. 1996, S. 95.
17. Von Vay, Adelma: Die Sphären zwischen der Erde und Sonne. Irmgard Herrmann Verlag, Vierhöfen 2007, S. 79.
18. Imhof, Beat: Wege zur Weisheit. Symbolgeschichten. Rothus Verlag, Solothurn, 3. Aufl. 2006, S. 58.
19. Freud, Sigmund: Die Zukunft einer Illusion. Ges. W., Studienausgabe Ex Libris, Zürich, 1977, Bd. 9, S. 137-189.
20. Freeman, John: Interview mit dem 84-jährigen C. G. Jung. Sendung des Schweizer Radios DRS vom 25. 7. 1971.
21. Jung, Carl Gustav: Psychologie und Religion. In: Psychologie westlicher und östlicher Religion. Ges. W., Bd. 11, Walter Verlag, Olten, Freiburg i. Br., 2. Aufl. 1973, S. 1-9.
22. Lange-Eichbaum, Wilhelm: Genie, Irrsinn und Ruhm. Ernst Reinhardt Verlag, Basel, München 1961, S. 213, 232, 259.
23. Szondi, Leopold: Ich-Analyse. Verlag H. Huber, Bern, Stuttgart 1956, S. 516-519.
24. Becker, Patrick: Kein Platz für Gott? Verlag Friedrich Pustet, Regensburg 2009, S. 146.
25. Vaas, Rüdiger und Blume, Michael: Gott, Gene und Gehirn. S. Hirzel Verlag, Stuttgart, 2. Aufl. 2009, S. 107-108.
26. Knoblauch, Hubert: Berichte aus dem Jenseits. Mythos und Realität der Nahtod-Erfahrungen. Herder Verlag, Freiburg i. Br. 2002, S. 221.
27. Spranger, Eduard: Lebensformen und Psychologie. Siebenstern Taschenbuch Verlag, München 1965.
28. Jung, Carl Gustav: Psychologische Typen. Ges. W., Walter Verlag, Olten, Freiburg i. Br. 14. Aufl., 1981, S. S. 360 ff und 406 ff.
29. Riedweg, Christoph: Pythagoras. Leben, Lehre, Nachwirkung. C. H. Beck Verlag, München, 2. Aufl. 2007, S. 31.
30. Jung, Carl Gustav: Die Archetypen und das kollektive Unbewusste. Ges. W. Nr. 9/I, Walter Verlag, Olten, Freiburg i. Br. 1976, S. 69 ff.
31. Marti, Lorenz: „Kirchenluft ist ungesund". In: Reformiert, Nr. 3, 2010, S. 9.
32. Internet: http:/www.crc-resurection.org./580-ernest-psichari.html
33. Fülser, Hubert: Wie die Wissenschaft nach Gott sucht. In: P. M. Magazin, Nr. 9, 2012, S. 50-57.
34. Monod, Jacques: Zufall und Notwendigkeit. Piper Verlag, München 1971, S. 146.
35. Schröter, Michael: Das Jenseits in uns. In: Psychologie Heute, Nr. 6, 1963, S. 69.
36. Hamer, Dean: Das Gottes Gen. Warum uns der Glaube im Blut liegt. Kösel Verlag. Stuttgart 2006, S. 24 ff, 73, 141..
37. Bugmann, Urs: Glauben wir dank „Gottes Gen"? In: Neue Luzerner Zeitung, Nr. 81, 2007, S. 49.
38. Noll, Peter: Diktate über Sterben und Tod. Pendo Verlag, Zürich 1984, S. 65.
39. Foppa, Annatina: Gott und das Gehirn. In: Anzeiger der Region Bern, Nr. 91, 2011, S. 40.

40. Knop, Birgit: Wozu braucht der Mensch den Glauben? In: P. M. Magazin, Nr. 4, 2013, S. 82-84.
41. Lorenz, Andrea: Was geht im Kopf vor? In: Zentralschweiz am Sonntag, Magazin Wissen, Neue Luzerner Zeitung, Nr. 51, 2012, S 49.
42. Teupke, Andrea: Geist, Gott und Gehirn. In: Publik-Forum Nr. 160, 2008, S. 10-13.
43. Hendrikse, Klaas: Glauben an einen Gott, den es nicht gibt. Manifest eines atheistischen Pfarrers. Theologischer Verlag, Zürich 2012.
44. Bühlmann, Benno: „Gott ereignet sich im Menschen". In: Neue Luzerner Zeitung, Nr. 135, 2013, S. 8.
45. Jung, Carl Gustav: Das Seelenproblem des modernen Menschen. Ges. W. Bd. 10, Walter Verlag, Olten, Freiburg i. Br. 1974, S. 103.
46. Schnabel, Ulrich: Auf der Suche nach der Seele. In: Neue Luzerner Zeitung, Nr. 16, 2008, S. 43.
47. Knop, Birgit: Wozu braucht der Mensch den Glauben? In: P. M. Magazin, Nr. 4, 2013, S. 82-84.
48. Roman, Sanaya: Zum höheren Selbst erwachen. Das Herz dem Bewusstsein des Lichtes öffnen. Ansata Verlag im Scherz Verlag, Bern, München, Wien 1989, S. 21-25, 34, 110 f.
49. Knop, Birgit: Wozu braucht der Mensch den Glauben? In. P. M. Magazin. Nr. 4, 2013, S. 84.
50. Kreuzberg, G. W.: Götter, Gehirne und Gedanken, hrsg, von S. Matthiesen und R. Rosenberg. Sinen Verlag, Paderborn 2007, S. 29.
51. Lehmann, Martin: Welche Kirche hätten S' denn gern? In: Sämann, Nr. 9, 2006, S. 1.
52. Davies, Paul: Gott und die moderne Physik. C. Bertelsmann Verlag, München 1986, S. 18.
53. Auf der Maur, Jürg und Buholzer, Dominik: Interview mit Abt Christian des Klosters Engelberg. In: Neue Luzerner Zeitung, Nr. 15, 2012, S. 3.
54. Rosa, Peter: Der Jesus-Mythos. Über die Krise des christlichen Glaubens. Droemersche Verlagsanstalt, München 1991, S. 13.
55. Ranke-Heinemann, Uta: Nein und Amen. Anleitung zum Glaubenszweifel. Verlag Hoffmann und Campe, Hamburg 1992.
56. Kral, Herbert: Der wirkliche Jesus. Das total andere Gottesbild. Walter Verlag, Olten, Freiburg i. Br. 1988.
57. Rahner, Karl: Herders Theologisches Taschenlexikon. Herder Verlag, Freiburg i. Br. 1962-1972, Bd I, S. 719, und Bd. II, S. 292.
58. Deschner, Karl Heinz: Der gefälschte Glaube. Eine kritische Betrachtung kirchlicher Lehren und ihrer historischen Hintergründe. Verlag Knesebeck & Schuler, München 1988, S. 13 ff.
59. Kammeier, Wilhelm: Die Fälschung der Geschichte des Christentums. Verlag für ganzheitliche Forschung und Kultur. Webbenbüll/Husum 1982, S. 17 ff.
60. Schwarz, Günther: Das Jesus Evangelium. Zusammengestellt und übersetzt aus griechischen und altsyrischen Vorlagen und außerbiblischen Quellen. Ukkam Verlag, München 1993, S. V, VIII, XV und 349.
61. Lapide, Pinchas: Ist die Bibel richtig übersetzt? Gütersloh Verlag, Gütersloh 1996, S. 9.
62. Augstein, Rolf: Ein Mensch namens Jesus. In: Der Spiegel. Nr. 21, 1999, S. 216.
63. Lüdemann, Gerd: Der große Betrug. Und was Jesus wirklich sagte und tat. Verlag zu Klampen, Lüneburg 1998, S. 19, 35 f, 122.
64. Horner, Noel und Kieffer, Paul: Ist die Bibel wahr und zuverlässig? In. Gute Nachrichten Nr. 2, 2013, S. 4-9.
65. Reichmuth, Christoph: Interview mit Hans Küng. In: Neue Luzerner Zeitung, Nr. 220, 2011, S. 3.
66. Bommer, Josef: Das System ist krank. In: Neue Luzerner Zeitung. Nr. 53, 2011, S. 17.
67. Mohr, Till A.: Kehret zurück, ihr Menschenkinder! Aquamarin Verlag, Grafing 2004, S. 29.
68. Sternstunde Philosophie: Christentum am Ende? Gespräch zwischen Norbert Bischofberger und Hubertus Halbfas. Fernsehsendung Radio DRS 1, 2005.
69. Zweig, Stephan: Triumpf und Tragik des Erasmus von Rotterdam. S. Fischer Verlag, Frankfurt a. M. 1977, S. 79.
70. Meier, Michael: Je gebildeter die Menschen sind, desto eher treten sie aus der Kirche aus. In: Reformiert, Nr. 7, 2010, S. 10.

71. Fritschi, Werner: Vom Pendeln zwischen Erdgebundenheit und Jenseits. In: Neue Luzerner Zeitung, Nr. 110, 1999, S. 45.
72. Jost, Rita: Theologiestudium. Die Boomjahre sind vorbei. In: Reformiert Nr. 7, 2013, S. 4.
73. Küng, Hans: Ist die Kirche noch zu retten? Piper Verlag, München 2011, S. 49-52.
74. Halbfas, Hubertus: Glaubensverlust. Warum sich das Christentum neu erfinden muss. Patmos Verlag, Düsseldorf 2012, S. 24 ff.
75. Martinu, Jérome: Initiative zur Kirchenreform. In: Neue Luzerner Zeitung. Nr. 69, 2013, S. 27.
76. Aregger, Cyril: Bischöfe nach Rom zitiert. In: Neue Zuger Zeitung, Nr. 135, 2013, S. 28.
77. Stolz, Jörg: Alle wollen die Kirche im Dorf, aber keiner geht hin. In: Schweizer Familie, Nr. 23, 2011, S. 8.
78. Schaefer, Michael: Der Buddhismus-Boom. In: Esotera, Nr. 12, 1989, S. 25.
79. Wyneken, Gustav: Abschied vom Christentum. Szczesny Verlag, München 1963, S. 250.
80. Jaffé, Aniela: Träume, Erinnerungen, Gedanken von C. G. Jung. Rascher Verlag, Zürich 1963, S. 51.
81. Luger-Koch, Katja: Ursache eines kranken Christentums. Edition Octopus, Verlagshaus Monsenstein, Münster 2013, S. 168.
82. Biser, Eugen: Hat der Glaube eine Zukunft? Patmos Verlag, Düsseldorf 1995, S. 61-62.
83. Seewald, Peter: Christentum und katholische Kirche an der Jahrtausendwende. W. Heyne Verlag, München 1998, S. 152.
84. Schäfer, Michael: Der Buddhimus-Boom. In: Esotera, Nr. 12, 1998, S. 25.
85. Ledermann, Jörg und Wehrli, Patrick: Link-Umfrage 511. In: Coopzeitung, Nr. 48, 2008, S. 3.
86. Von Bergen, Stefan: Kommerzielle Auferstehung für Kirchen. In: Neue Luzerner Zeitung, Nr. 100, 2004, S. 51.
87. Kirchliche Presseagentur KIPA: Studie in Basel über die Erwartungen gegenüber der Kirchen. In: Pfarrblatt der katholischen Pfarreien des Kantons Zug, Nr. 51, 1998, S. 4.
88. Thielicke, Helmut: Auf der Suche nach dem verlorenen Wort. Gedanken zur Zukunft des Christentums. Verlag Hoffmann und Campe, Hamburg 1986, S. 13 f,
89. Jost, Rita: Mehr Freigeister, weniger Freikirchler. In: Reformiert Nr. 7, 2012, S. 3.
90. Wigel, Carl: Jugend und Gott. In: Brückenbauer, Nr. 16, 2000, S. 12-15.
91. Küng, Hans: Ewiges Leben? Piper Verlag, München, Zürich 1982, S, 239-241
92. Heitler, Walter: Rückkehr zu Gott. In: Häsler, Alfred: Gott ohne Kirche? Ex Libris Verlag, Zürich 1977, S. 15.
93. Jones, Andrew: Woran glauben eigentlich Ungläubige? In: Neue Luzerner Zeitung, Nr. 253, 2009, S. 37.
94. Comte, André: Woran glaubt ein Atheist? Spiritualität ohne Gott. Diogenes Verlag, Zürich 2008, S. 31 f.
95. Nietzsche, Friedrich: Die fröhliche Wissenschaft. Ges. W., Carl Hanser Verlag, München, Wien 3. Bd., 5. Aufl. 1966, S. 126-127.
96. Nietzsche, Friedrich: Also sprach Zarathustra. Ges. W., Carl Hanser Verlag, 3. Bd. 5. Aufl. 1966, S. 493-494.
97. Safranski, Rüdiger: Nietzsche. Biographie seines Denkens. Carl Hanser Verlag, München, Wien 2000, S. 320.
98. Lauterbach, Heiner: Mein Glaube. In: GlücksPost, Nr. 27, 2013, S. 18.
99. Comte, André: Woran glaubt ein Atheist? Spiritualität ohne Gott, Diogenes Verlag, Zürich 2009, S. 23 f..
100. Tzschaschel, Martin: Die geheime Physik Gottes. In: Moosleitners Magazin P. M. Welt des Wissens, Nr. 12, 2010, S. 45.
101. Benz, Arnold: Die Zukunft des Universums. Zufall, Chaos, Gott? Patmos Verlag, Düsseldorf, 4. Aufl. 2001, S. 50.
102. Dawkins, Richard: Der Gotteswahn. Ullstein Verlag, Berlin, 8. Aufl., 2010, S. 223.
103. Lütz, Manfred: Gott. Eine kleine Geschichte des Größten. Knaur Taschenbuch Verlag, München 2009, S. XIII.
104. Herbert, Nette: Adieu les belles choses. Ex Libris Verlag, Zürich 1971, S. 27.
105. Marshall, Tony: Mein Glaube. In: GlücksPost Nr. 28, 2013, S. 18.

Anmerkungen | 681

106. Kaminski, Ralf: Ein Leben ohne Glauben. In: Migros-Magazin, Nr. 36, 2011, S. 26-28.
107. Bethge, Eberhard (Hrsg.): Briefe und Texte von Dieter Bonhoeffer und seinen Predigerseminaristen. Gütersloh Verlagshaus, Gütersloh 2012, S. 12 f.
108. Sölle, Dorothee: Atheistisch an Gott glauben. Deutscher Taschenbuch Verlag, München, 1983, S. 37 f.
109. Jost, Rita: Der Pfarrer, der sagt: „Es gibt keinen Gott". In: Reformiert Nr. 9, 2011, S. 9.
110. Neubauer, Irene: Steckt Gott dahinter? Dossier Atheismus. In: Reformiert Nr. 9, 2012, S. 5.
111. Neubauer, Irene: (Un)Glauben. In: Reformiert, Dossier Atheismus, Nr. 9, 2012, S. 5.
112. Barnes, Julian: Brief aus London. Verlag Haffmans, Zürich 1995, S. 51 ff.
113. Renggli, Arno: Atheist setzt sich für Religion ein. Interview mit Alain de Botton. In: Neue Luzerner Zeitung, Nr. 90, 2013, S. 8.
114. Lepp, Ignace: Psychoanalyse des modernen Atheismus. Arena Verlag, Würzburg 1962, S. 31 ff.
115. Safranski, Rüdiger: Nietzsche. Biographie seines Denkens. Hanser Verlag, München, Wien 2000, S. 24.
116. Imhof, Heinrich: Rilkes „Gott". Lothar Stiehm Verlag, Heidelberg 1983, S, 32-33, 39.
117. Jung, Carl Gustav: Die Bedeutung des Vaters für das Schicksal des Einzelnen. In: Freud und die Psychoanalyse. Ges. W. Bd. 9, Walter Verlag, Olten, Freiburg i. Br. 1971, S. 351-370.
118. Liertz, Rhaban: Die Angst im Untergrund des modernen Lebens. In: Jugendnot und ihre Abwendung. Bad Godesberg 1952, S. 5.
119. Stein, Murray: Leiden an Gott Vater. Kreuz Verlag, Stuttgart 1988, S. 263-265.
120. Küng, Hans: Was ich glaube. Piper Verlag, München, Zürich, 3. Aufl., 2009, S. 129.
121. Eisenbeiss, Wolfgang: Geistlehre aus dem Jenseits. August von Goethe Literaturverlag, Frankfurt a. M., 2. Aufl. 2009, S. 90.
122. Szondi, Leopold: Ich-Analyse. Die Grundlage zur Vereinigung der Tiefenpsychologie. H. Huber Verlag, Bern, Stuttgart 1956, S. 526-527.
123. Küng, Hans: Existiert Gott? Piper Verlag, München, Zürich 1978, S. 85.
124. Looser, Gabriel: Wohin geht die Seele? Ein Reiseführer ins Jenseits. Kösel Verlag, München 2012, S. 186.
125. Bo Yin Ra: Das Buch vom Jenseits. Kober'sche Verlagsbuchhandlung, Basel, Leipzig 1929, S. 109.
126. Ambühl, Roman: Religion fördert die psychische Gesundheit. In: Pfarreiblatt des Dekanats Zug, Nr. 16, 2013, S. 5.
127. Jordahl, David: Psychotherapeuten denken religiös. Walter Verlag, Olten, Freiburg i. Br. 1990, S. 248-249.
128. Jung, Carl Gustav: Psychologie westlicher und östlicher Religion. Ges. W., Bd. 11, Walter Verlag, Olten, Freiburg i. Br. 1973, S. 362.
129. Fromm, Erich: Psychoanalyse und Religion. Kreuz Verlag, Stuttgart 1979, S. 38.
130. Frankl, Viktor: Der Mensch auf der Suche nach dem Sinn. Herder Verlag, Freiburg i. Br. 1972, S. 24.
131. Renzikowski, Christoph: Warum religiöse Menschen gesünder leben. In: Neue Luzerner Zeitung, Nr. 117, 1997, S. 55.
132. Schnabel, Ulrich: Auf der Suche nach der Seele. In: Neue Luzerner Zeitung, Nr. 16, 2008, S. 53.
133. Meves, Christa: Der Weg zum sinnerfüllten Leben. Herder Verlag, Basel, Wien, Freiburg i. Br. 1980, S. 141.
134. Werlen, Martin: Die Glut unter der Asche wieder entfachen. Verlag des Klosters Einsiedeln, Einsiedeln 2012.
135. Küng, Hans: Interview „Zeugen des Jahrhunderts". 3 SAT TV-Ausstrahlung vom 19. 2. 1999.
136. Rahner, Karl: Das Christentum und die nichtchristlichen Religionen. In: Schriften zur Theologie. Benziger Verlag, Einsiedeln, Bd. 5, 1962, S. 137-139.
137. Knitter, Paul F.: Ein Gott – viele Religionen. Gegen den Absolutheitsanspruch des Christentums. Kösel Verlag, München 1988, S. 18 f, 57-66.

138. Ludin, Walter: Zum ökumenischen Dialog gibt es keine Alternative. In: Neue Luzerner Zeitung, Nr. 144, 1999, S. 13.
139. Renggli, Arno: Tolerant und wachsam zugleich. Interview mit dem Schweizer Theologen Thomas Wipf. In: Neue Luzerner Zeitung, Nr. 207, 2012, S. 8.
140. Sri Aurobindo: Das Ideal einer geeinten Menschheit. Verlag Hinder & Deelmann, Bellenhausen 1973.
141. Küng, Hans: Weltreligion und Weltethos. In: Neue Zürcher Zeitung, Nr. 184, 1999, S. 13.
142. Korf, Georg: Die andere Seite der Welt. Aquamarin Verlag, Grafing 2011, S. 90.
143. Jung, Carl Gustav: Briefe III 1956-1961. Walter Verlag, Olten, Freiburg i. Br. 1973, S. 322.
144. Haener, Ruedi: Mögliche Wurzeln des Christentums. In: Vaterland vom 5. 9. 1996, S. 7.
145. Keel, Robert: Die Wahrheit über die Bibel. Swedenborg Verlag, Zürich o. J., S. 13-20.
146. Glashower, W. J.: Die Geschichte der Bibel – Von den Tontafeln über Qumran bis heute. In: Wendezeit Nr. 2, 2013, S. 21.
147. Dalliard, Alfred: Hieronymus. In: Lexikon der Geistchristlichen Lehre. Verlag Ph. C. W. Schmidt, Neustadt/Aisch 2010, S. 282.
148. Eisenbeiss, Wolfgang: Geistlehre aus dem Jenseits. August von Goethe Literaturverlag, Frankfurt a.M., 2. Aufl. 2009, S. 65, 66-68.
149. Pro Beatrice: Einführung in die christliche Glaubenslehre. Informationsheft. Verlag „Pro Beatrice", Zürich 2009, S. 4.
150. Brunner, Beatrice: Von Werdegang und Entwicklung des Geistchristentums. In: Geistige Welt Nr. 4, 2012, S. 3-11.
151. Weiss, Otto: Weisungen aus dem Jenseits? Verlag Friedrich Pustet, Regensburg 2011, S. 15 .
152. Rahner, Karl: Handbuch theologischer Grundbegriffe. Kösel Verlag, München 1962, Bd. 1, S. 721.
153. Michel, Peter: Das Geistchristentum. Aquamarin Verlag, Forstinning 1983, S. 1-180.
154. Dalliard, Alfred (Hrsg.): Lexikon der Geistchristlichen Lehre. Verlag Ph. W. C. Schmidt, Neustadt/Aisch 2010, S. 108-109, 225
155. Nigg, Walter: Prophetisches Denken. Artemis Verlag, Zürich, Stuttgart 2. Aufl., 1968, S. 21 ff.
156. Greber, Johannes: Der Verkehr mit der Geisterwelt. Verlag der Johannes Greber Memorial Foundation, Teaneck N. J., 10. Aufl. 1987, S. 182.
157. Brunner, Arthur: Über die Ausübung der Medialität. In: Geistige Welt, Nr. 37/38, 1976, S. 297.
158. Naegeli, Hans: Umsessenheit. R. G.Fischer Verlag, Frankfurt a. M. 1994, S. 14 f.
159. Drewermann, Eugen: Sind Propheten dieser Kirche ein Ärgernis? Pendo Verlag, Zürich 1991, S. 60.
160. Owen, George V.: Jenseits des Erdschleiers. Band I: Die Tieflande des Himmels. Band II: Die Hochlande des Himmels. Schmidt Verlag, Neustadt/Aisch 2009 und 2012.
161. Schiebeler, Werner: Johannes Greber. Sein Leben und sein Werk. Verlag Martin Weber, Schutterwald 1998.
162. Greber, Johannes: Von Gottes Boten inspiriert. Verlag Johannes Greber Memorial Foundation, Teaneck N. J. 1975.
163. Greber, Johannes: Der Verkehr mit der Geisterwelt, seine Gesetze und sein Zweck. Verlag John Felsberg, New York, 2. Aufl., 1937.
164. Greber, Johannes: Das Neue Testament, aus dem Griechischen neu übersetzt und erklärt. Verlag John Felsberg, New York 1936.
165. Dostal, Werner: George Vale Owen und Johannes Greber: zwei Pioniere des Geistchristentums. In: Medium Nr. 71, 2012, S. 3-22.
166. Müller, Karl H.: Informationen aus dem Jenseits. Turm Verlag, Bietigheim 1982, S. 31.
167. Dostal, Werner: Kleine Geschichte der Geistigen Loge Zürich. Medium Nr. 75, 2013, S. 2-35.
168. Hinz, Walther: Woher – Wohin. ABZ Verlag, Zürich 1980, S. 46-47.
169. Dostal, Werner: Lebenssinn. Verlag Geistchristliche Gemeinschaft, Zürich 2005, S. 66-67.
170. Dalliard, Alfred: Lexikon der Geistchristlichen Lehre. Verlag Ph. C. W. Schmidt, Neustadt an der Aisch 2010.

171. Hinz, Walther: Neue Erkenntnisse zu Leben und Wirken Jesu. ABZ Verlag, Zürich 1984, S. 168.
172. Zimmerli, Martin: Mythos einer Zahlt. In: Coopzeitung Nr. 29, 2013, S, 71.
173. Schamoni, Wilhelm: Die Seele und ihr Weiterleben nach dem Tode. Verlag Josef Kral, Abensberg 1981, S. 145.

Literatur zum Geistchristentum

Brunner, Beatrice: Botschaften aus dem Jenseits. ABZ Verlag, 3 Bände, Zürich 1949-1951.
Brunner, Beatrice: Darnach. ABZ Verlag, Zürich 1983.
Brunner, Beatrice: Meditationen 1954-1959. Verlag Pro Beatrice, Zürich 2005
Brunner, Beatrice: Erlebnisberichte 1958-1959, Verlag Pro Beatrice, Zürich 2008
Brunner, Beatrice: Gebete. Verlag Pro Beatrice, Zürich 2008.
Brunner, Beatrice: Geistige Welt 1950-1954. Verlag Pro Beatrice, Zürich 2010
Brunner, Beatrice: Was uns erwartet. ABZ Verlag, Zürich 2012
Dallaird, Alfred: Lexikon der Geistchristlichen Lehre. Ph. Schmidt-Verlag, Neustadt /Aisch 2010
Dostal, Werner: Lebenssinn. Einführung in das Geistchristentum. Schmidt Verlag, Neustadt/ Aisch 2005.
Eisenbeiss, Wolfgang: Geistlehre aus dem Jenseits. August von Goethe Literaturverlag, Frankfurt a.M., 2. Aufl. 2009.
Frosboom, Bernhard: Emanuel. Botschaften aus dem Ur-Licht. Aquamarin Verlag, Grafing 2009.
Forsboom, Bernhard: Kundgebungen des Geistes Emanuel. 2. Band, Martin Weber Verlag, Schutterwald 1997.
Greber, Johannes: Der Verkehr mit der Geisterwelt. Seine Gesetze und sein Zweck. Selbsterlebnisse eines katholischen Geistlichen. Verlag der Johannes Greber Memorial Foundation, Teaneck N. J. 1932, 4. Aufl. 1975.
Hinz, Walther: Einführung ins Geistchristentum. Verlag Geistige Loge, Zürich 1963.
Hinz, Walther: Geborgenheit. ABZ Verlag, Zürich, 5. Aufl., 1977.
Hinz, Walther: Woher – Wohin. ABZ Verlag, Zürich, 3. Aufl. 1989.
Hinz, Walther: Neue Erkenntnisse über die Schöpfung. ABZ Verlag, Zürich 1991.
Hinz, Walther: Neue Erkennisse zu Leben und Wirken Jesu. AB Z Verlag, Zürich 1984.
Imhof, Beat: Wie auf Erden so im Himmel. Aquamarin Verlag, Grafing, 3. Aufl.. 2013.
Michel, Peter: Das Geistchristentum. Aquamarin Verlag, Forstinning 1981.
Mohr, Till A.: Kehret zurück, ihr Menschenkinder! Aquamarin Verlag, Grafing 2004.
Owen, George Vale: Jenseits des Erdschleiers. Bd.1: Die Tieflande des Himmels. Bd. 2: Die Hochlande des Himmels. Verlag Schmidt, Neustadt/Aisch 2009/2012.
Streuli, Gabriel: Einführung in die christliche Glaubenslehre. Verlag Pro Beatrice, Zürich 2009.
Von Vay, Adelma: Geist, Kraft, Stoff. O. Reichl Verlag, St. Goar, 6. Aufl. 1969.

Zeitschriften:

- Geistige Welt, hrsg. von Pro Beatrice, Letzigraben 117, CH-8047 Zürich
- Medium, hrsg. von der Geistchristlichen Gemeinschaft GCG, CH-8000 Zürich
- Das Blatt der Wahrheit „Der Prophet", Verlag Universelles Leben, D-97070 Würzburg
- Geistige Botschaften, Verlag der Geistchristlichen Glaubensgemeinschaft Wuppertal. c/o Achim Kastenholz, Schlieperfeld 30, D-42857 Remscheid.

Ich danke meinem Verleger *Dr. Peter Michel* für die Herausgabe meiner Bücher im Aquamarin Verlag und für deren großzügige Ausstattung. Ebenso danke ich meiner Frau *Nelly* für ihre wertvolle Unterstützung und Begleitung beim Entstehen dieses Buches. Sie hat mir aus zahlreichen Buchhandlungen und Bibliotheken die erforderliche Literatur besorgt. Auch hat sie die ersten Niederschriften korrigiert und ergänzt und mir jenen Beistand gewährt, dessen ich bedurfte, um diese umfangreiche Arbeit zu bewältigen.

Charles W. Leadbeater
Das Jenseits
Hellsichtige Beobachtungen
(ISBN 978-3-89427-612-6)
Hardcover, 440 Seiten

Kein anderer Geistesforscher hat in der Gegenwart so umfangreiche Untersuchungen des Jenseits vorgenommen wie C.W. Leadbeater. Alle Sphären und Wesen hat er in ungezählten Forschungen immer wieder beobachtet und studiert. So entstand über Jahrzehnte hinweg seine große Monographie über die jenseitigen Sphären. Es gibt kein vergleichbares Werk, das so viele, so detaillierte und so überzeugend dargelegte Studien über die astralen, mentalen und kausalen Welten bietet wie diese Arbeit von Leadbeater. Viele seine Forschungen wurden in späteren Jahren durch Nahtod-Erfahrungen, Meditationserlebnisse oder mystische Schauungen bestätigt; aber das Original bleibt in seiner monolithischen Größe davon unberührt. Eines jener spirituellen Werke, die für Jahrhunderte Maßstäbe setzen und in ihrer Art stets unerreicht bleiben!

Beat Imhof
Warum und wozu sind wir auf der Erde?
Eine Antwort auf die Frage
nach dem Lebenssinn
(ISBN 978-3-89427-752-9)
Hardcover, 432 Seiten

Alle vergänglichen Werte können die existenzielle Herausforderung, eine Antwort auf die Grundfrage des Daseins zu finden, nicht meistern. Wer nicht in einem transzendenten Ur-Grund verwurzelt ist und sich dort gehalten fühlt, wird in den Stürmen des Lebens scheitern. Dieses Buch liefert keine billigen „Ratschläge zum Glücklichsein", sondern es deckt die Rolle des Menschseins im kosmischen Zusammenhang auf. Erst wenn der Mensch versteht, dass er aus dem LICHT kommt und in dieses LICHT zurückkehren will – vermag er die Frage zu beantworten, warum er auf dieser Erde lebt. Ein Meisterschlüssel, um ein sinnerfülltes Leben zu führen!

DAS JENSEITS

Beat Imhof
Wie auf Erden so im Himmel
Wie das Leben als Mensch das Leben im Jenseits bestimmt
(ISBN 978-3-89427-600-3)
Hardcover, 512 Seiten

Die Vorstellungen der meisten Menschen über den „Himmel" sind seltsam kindlich. Zahllose Umfragen in großen Tages- oder Wochenzeitungen belegen, dass zwar immer noch mehr als die Hälfte der Menschen „an den Himmel glaubt", aber sich davon nur sehr verschwommene Bilder macht, die eher an ein „Schlaraffenland" als an eine geistige Welt erinnern. Dr. Beat Imhof legt mit dieser Studie das zukünftige Schlüsselwerk zur Jenseitsforschung vor! Er hat in jahrzehntelangem Studium alle greifbaren Quellen der Mystik, der Weltreligionen und der spirituellen Forschung ausgewertet, um zu einer umfassenden Beschreibung der jenseitigen Welten zu kommen. Er schildert die Ankunftssphären, die eine rückkehrende Seele unmittelbar nach dem Ableben ihrer physischen Hülle erwarten, und skizziert ihren Weg durch die Geistigen Welten. Dabei wird deutlich, wie unbestechlich das „Gesetz der Anziehung" auch in den jenseitigen Reichen gilt. Der Verstorbene wird zu jenen Sphären gezogen, die seiner geistigen Reife entsprechen. Imhof beschreibt in seinem Meisterwerk auch die jenseitigen Tierreiche, die Kinderparadiese und die dunklen Sphären, die eine schmerzhafte Läuterung bewirken können. Er behandelt ausführlich die Frage des Fortbestandes von Beziehungen über den Tod hinaus und auch die Schulung in den „Tempeln der Weisheit". Das umfassende Panorama jenseitiger Welten, das sich aus diesem großen Werk erschließt, zeigt einerseits auf, dass die unmittelbar nach dem Ablegen des Körpers folgenden Jenseitswelten durchaus noch Ähnlichkeit mit dem Erdenleben aufweisen, während andererseits die höheren himmlischen Reiche weit jenseits des normalen menschlichen Denkens liegen. Ein Meilenstein der spirituellen Forschung, der die himmlischen Welten einem tieferen Verständnis nahebringt und eine unglaublich vielfältige und wunderbare Geistige Wirklichkeit aufzeigt!